Dialogus Miraculorum: Textum Ad Quatuor Codicum Manuscriptorum Editionisque Principis Fidem Accurate Recognovit Josephus Strange ......

Caesarius (of Heisterbach)

Nabu Public Domain Reprints:

You are holding a reproduction of an original work published before 1923 that is in the public domain in the United States of America, and possibly other countries. You may freely copy and distribute this work as no entity (individual or corporate) has a copyright on the body of the work. This book may contain prior copyright references, and library stamps (as most of these works were scanned from library copies). These have been scanned and retained as part of the historical artifact.

This book may have occasional imperfections such as missing or blurred pages, poor pictures, errant marks, etc. that were either part of the original artifact, or were introduced by the scanning process. We believe this work is culturally important, and despite the imperfections, have elected to bring it back into print as part of our continuing commitment to the preservation of printed works worldwide. We appreciate your understanding of the imperfections in the preservation process, and hope you enjoy this valuable book.

CAESARII

HEISTERBACENSIS MONACHI

ORDINIS CISTERCIENSIS

DIALOGUS MIRACULORUM.

TEXTUM

AD QUATUOR CODICUM MANUSCRIPTORUM
EDITIONISQUE PRINCIPIS FIDEM

ACCURATE RECOGNOVIT

JOSEPHUS STRANGE.

VOLUMEN PRIMUM.

ACCEDUNT SPECIMINA CODICUM, IN TABULA LITHOGR.

COLONIAE, BONNAE ET BRUXELLIS,
SUMPTIBUS J. M. HEBERLE (H. LEMPERTZ & COMP.).

MDCCCLI.

TYPIS J. S. STEVEN.

LT
97
A2
43
v.1

PRAEFATIO.

Saepe deploratum est a viris de fontibus historiae Germanicae medii aevi edendis et illustrandis meritissimis, in quibus Boehmer et J. Grimm inprimis nominandi sunt, novam eamque criticam editionem praeclari illius Dialogi de Miraculis, a Caesario Heisterbacensi conscripti, etiam nunc desiderari. Quo libro scriptor suae aetatis praestantissimus, non solum monachicae, quae illo tempore maxime floruit, vitae conditionem ac naturam insigniter illustravit, sed etiam gentis nostrae Rhenum accolentis eius temporis vitam et publicam et privatam tam luculenter et candide adumbravit, ut cum rerum varietate et narrationum simplicitate animum cuiusque lectoris suavissime alliciat, tum viris historiae et antiquitatis curiosis traditionum, morum atque institutorum terrae nostrae fontes aperiat uberrimos. Quare cum editiones Dialogi iam raro invenirentur, textusque earum vitiis scateret, auctore redemptore honestissimo hunc librum ad fidem codicum emendatum, pristinoque nitori redditum, denuo edendi provinciam suscipere non dubitavi, sperans, operam hanc viris litteratis non ingratam esse futuram. De vita et scriptis Caesarii loqui quod supersedere possum, debetur insigni

A. Kaufmanni specimini, quod prodiit hoc titulo: Caesarius von Heisterbach. Ein Beitrag zur Kulturgeschichte des zwölften und dreizehnten Jahrhunderts. Cöln, J. M. Heberle (H. Lempertz). 1850. Ad illud igitur lectorem, qui de auctore Dialogi Miraculorum plura cognoscere cupit, delegamus.

Jam res poscit, ut quae subsidia in edendo hoc Dialogo mihi praesto fuerint, accuratius exponam. Contuli omnino codices quatuor: in quibus duos bibliothecae Dusseldorpiensis, quos litterae A et D indicant, unum bibliothecae universitatis Bonnensis, quem littera B insignivi; quartus denique codex, littera C insignitus, asservatur in bibliotheca publica gymnasii catholicorum Coloniensis.

I. Codex A bibliothecae Dusseldorpiensis, membranaceus, saec. XIV, duabus columnis linearum 36, diversa ut videtur manu nitide exaratus, constat foliis 252. Tituli sunt miniati, litterae initiales variis coloribus, nec non interdum imaginibus distinctae. Distinctio prima et priora distinctionis secundae capita desiderantur. Distinctionis tertiae initium et ultima verba huius codicis in specimine manus codicum praemisso accurate expressa sunt, praeterquam quod color primarius initialium in codice caeruleus est.

II. Cod. D bibliothecae Dusseldorpiensis, membranaceus, saec. XV ineuntis, duabus columnis linearum 39, nitide scriptus, olim coenobii Altenbergensis fuit. Tituli et litterae initiales miniati sunt. Prologum et distinctionem primam duae exornant litterae initiales, coloribus auroque mirifice distinctae. Ex quibus altera in iam dicto specimine expressa est, ubi initium quoque distinctionis primae et finis codicis depicta deprehenduntur.

III. Cod. B bibliothecae universitatis Bonnensis, chartaceus, fol. minori, olim „liber sanctimonialium regularissarum domus sancti Dyonisii in Aemstelredam" fuit, postea ad bibliothecam Duisburgensem pertinuit. Hic liber ex praeclaro sane codice „manibus Johannis Eggairt filii Johannis anno Domini millesimo quadringentesimo tricesimo quairto" admodum negligenter descriptus est, cum loci non pauci passim ita sint depravati, ut sensu prorsus careant. Nihilo tamen minus dolendum est, quod plura in hoc codice capita, praesertim in fine distinctionum singularum, desiderantur.

IV. Cod. C bibliothecae gymnasii catholicorum Coloniensis, partim membranaceus, partim chartaceus, fol. minori, olim „liber fratrum s. crucis in Colonia" fuit, atque constat foliis 278. Liber scriptus est „circa ann. Domini MCCCCXL et deinceps."

Codicem bibliothecae gymnasii Confluentini, et alterum (qui sex tantum posteriores distinctiones continet) bibliothecae Aquisgranensis, sero, quod doleo, ad me transmissos, in ultimis tantum plagulis excutiendis adhibere mihi licuit: ubi litteris E et F eos insignivi.

Hi quidem fuerunt codices, quos contuli. Neque tamen muneri meo satisfecisse mihi visus sum, nisi editiones quoque antiquas, quae codicum fide nituntur, ad perpoliendum textum adhibuissem. Ex quibus mihi praesto fuerunt:

I. Editio princeps, charact. goth., sine custod. et pagg. num., duabus columnis, fol., typis expressa sine loco (Coloniae) et anno (circa a. 1475), et sine typographi (Udalr. Zell) nomine. Cuius quidem lectiones variantes littera P insignivi. Liber inde a saec. XVI rarissimus fuit, ita ut posterioribus Dialogi editoribus non ad manus fuerit. Hodie tamen tria exemplaria Coloniae reperis, unum in bibliotheca D. a Bianco, alterum inter libros D. Merlo; tertium honestissimus huius editionis redemptor acquisivit. Finis huius editionis inter specimina manus codicum expressus legitur.

II. Editio Koelhoffiana, Colon. 1481, paucis locis exceptis, ad fidem edit. princ. accurate expressa est. Littera K hunc librum insignivi.

III. Editiones recentiores littera R insignitae sunt. Ex quibus examinavi Colonienses a. 1591, 1599, Antverpiensem a. 1605. Editores Koelhoffianam quidem plerumque secuti editionem, tamen modo ex proprio ingenio, modo, ut aiunt, „ex quodam manuscripto codice, licet nec vetustissimo, nec correctissimo," textum saepissime mutarunt. Qua in re quin codice C, praecipue in distinctione quarta, quanquam temere satis ac sine iudicio, usi sint, et praeterea ex codice E plurimas lectiones deprompserint, dubitari non potest.

Ad loca s. scripturae, quae in Dialogo laudantur, quod attinet, respicienda sunt, quae Caesarius ipse in praefatione ad Homilias a Coppensteinio editas monuit: „Sententias et auctoritates tam veteris quam novi testamenti, cum a me expositionibus inserendae essent, ipsaque verba aliquando nescirem, et nimis esset taediosum libros revolvere, posui illas ut scivi, non ex industria, sed ex ignorantia quandoque verba ipsa, vel sensum verborum mutando."

Vale, benevole lector, et huic quicquid Caesario impendi operae fave.

CAESARII
IN DIALOGUM MIRACULORUM
PROLOGUS.

Colligite fragmenta ne pereant [1]. Cum ex debito iniunctae sollicitudinis aliqua ex his quae in ordine nostro nostris temporibus miraculose gesta sunt et quotidie fiunt, recitarem noviciis, rogatus sum a quibusdam [2] cum instantia multa, eadem scripto perpetuare. Dicebant enim irrecuperabile fore damnum, si ea perirent per oblivionem, quae posteris esse poterant ad aedificationem. Cum ad hoc minus essem paratus, tum propter Latini sermonis inopiam, tum propter invidorum detractionem, accessit Abbatis mei imperium, nec non et Abbatis Loci sanctae Mariae [3] con-

---

[1] Johan. 6, 12. Caesarius in Homil. II. p. 71: „Fragmenta sunt memoria digna virtutum exempla: de quibus maxima diligentia debet esse praelato, ut aliquibus fratribus literatis illa per scripta colligere praecipiat, ne per oblivionem pereant. Ego siquidem Abbate meo praecipiente, et fratrum caritate instigante, duodecim sportellas implevi ex fragmentis huiusmodi, dialogum ex eis conficiendo duodecim distinctionum." — [2] C multis. — [3] hoc est, Marienstatt, in Westerwaldia prope Hachenburg: de qua abbatia vide A. Kaufmann in libro a L. Lersch, Bonnae 1843, edito: Niederrheinisches Jahrbuch für Geschichte, etc. I. p. 115.

silium, quibus contradicere licitum non est. Memor etiam praedictae sententiae Salvatoris, aliis panes integros turbis frangentibus, id est, fortes scripturarum quaestiones exponentibus, sive excellentiora moderni temporis acta scribentibus [1]), ego micas decidentes colligens, propter inopes, non gratia, sed literatura, duodecim ex eis sportellas implevi. Totidem enim distinctionibus omne [2]) opus divisi. Prima distinctio agit de conversione, secunda de contritione, tertia de confessione, quarta de tentatione, quinta de daemonibus, sexta de virtute simplicitatis, septima de beata virgine Maria, octava de diversis visionibus, nona de sacramento corporis et sanguinis Christi, decima de miraculis, undecima de morientibus, duodecima de poena et [3]) gloria mortuorum. Ut autem competentius exempla ordinarem, more dialogi duas introduxi personas, novicii videlicet interrogantis et monachi respondentis: quia dum dictantis [4]) nomen pagina supprimit, detrahentis lingua citius deficit et arescit. Attamen qui nomen eius scire desiderat, prima distinctionum elementa compingat [5]). Plurima etiam inserui [6]) quae extra ordinem contigerunt, eo quod essent aedificatoria, et a viris religiosis, sicut et reliqua [7]), mihi recitata. Testis est mihi Dominus, nec unum quidem capitulum in hoc Dialogo me finxisse. Quod si aliqua forte aliter sunt gesta, quam a me scripta, magis his videtur imputandum esse [8]), a quibus mihi sunt relata [9]). Et quia continentia huius Dialogi satis miraculosa est, nomen ei indatur [10]) Dialogus Miraculorum. Est et ratio quare distinctiones sic sint [11]) ordi-

---

1) verba sive — scribentibus om D. — 2) C totum. — 3) BC vel, D nec non et. — 4) dictantis dictum pro scribentis, auctoris. — 5) primae literae duodecim distinctionum coniunctae repraesentant hoc CESARII MUNUS. — 6) C interserui. — 7) C cetera. — 8) B magis videtur esse imputandum, D magis videtur his imputandum. — 9) B recitata. — 10) B nomen est inditum ei. — 11) P sunt.

natae. Quia converti quis potest exterius sine contritione, prima distinctio loquitur de conversione. Item quia conversio inutilis est sine contritione in peccatore [1]), secundum locum tenet [2]) distinctio contritionis. Item quia contritio in se arescit, nisi subsequatur confessio oris [3]), recte ei subiungitur distinctio confessionis. Item quia confessio raro sufficit ad delendam [4]) peccati poenam [5]), bene ei continuatur satisfactionis distinctio, quam tentationem esse probavi. Item quia daemones tentationum auctores sunt sive incentores, sequens de [6]) eis distinctio subiungitur. Item quia simplicitas magnum est antidotum contra tentationem, distinctioni daemonum distinctio subnectitur simplicitatis. Sex istae distinctiones pertinent ad meritum, reliquae sex ad praemium. Ut autem sic ordinentur, etiam ratio numeri requirit [7]). Sicut unitas radix est omnium numerorum, ita et conversio signum est [8]) omnium iustificationum. Binario congruit contritio, quae duplex est, cordis per dolorem, et corporis per afflictionem. Ternario confessio, quae triplex est, laudis, fidei, criminis [9]). Quaternario tentatio, quia quatuor sunt quae nos tentant, Deus, diabolus, caro et mundus [10]). Quinarius congruit diabolo, eo quod numerus sit apostaticus. Senarius qui perfectus est, simplicitati, quae totum corpus lucidum reddit [11]). In principiis vero distinctionum, tam de istis, quam de [12]) ceteris quae sequuntur distinctionibus, ratio ordinationis plenius assignata est. Quia Christi benedictione collecta fragmenta in tantum multiplicata sunt, ut panibus integris in quantitate [13]) compa-

---

1) in peccatore om C. — 2) C obtinet. — 3) oris om C. — 4) D delendum. — 5) B culpam; mox C continuatur ei. — 6) de om C, qui paulo post coniungitur. — 7) B numeri ratio requirit, omisso etiam, C ratio numeri etiam exquirit. — 8) C est signum. — 9) BC et criminis. — 10) D mundus, caro. — 11) Matth. 6, 22. — 12) C in istis quam in. — 13) in quantitate om C.

rentur, ad instar duodecim panum propositionis [1]), in duobus codicibus illa posui, sex distinctionibus in uno et sex in altero ordinatis.

---

[1] librariorum errorem, propositionum, emendavi ex Dialogi locis VIII, 55. IX, 65. Conf. etiam Homil. I. p. 127. IV. p. 177.

DISTINCTIO PRIMA
DE CONVERSIONE.

CAPITULUM I.
De institutione ordinis Cisterciensis.

CUPIENS loqui de conversione, illius gratiam[1] invoco, qui loquitur pacem in plebem suam et super sanctos suos et in eos qui convertuntur ad cor[2]. Eius est scribenda inspirare, calamum gubernare, mercedem laboris recompensare[3]. Ab ipso enim salutaris est conversio, quia quos potenter convertit, ab his misericorditer iram suam avertit. NOVICIUS: Videtur mihi necessarium, ut priusquam tractes de virtute conversionis, summatim perstringas, quo in loco, a quibus personis, qua necessitate ordo noster sit institutus, ut sic posito fundamento superaedifices parietes spirituales ex lapidibus vivis, politis, pretiosis, qui volvuntur super terram. MONACHUS: In Episcopatu Lingonensi[4] situm est coenobium, nomine Molismus, fama celeberrimum, religione perspicuum, viris illustribus nobilitatum, possessionibus amplum, virtutibus clarum. Et quia divitiis virtutibusque diuturna non potest esse societas, viri nimirum sapientes et virtutum amatores, altius intelligentes, licet honeste in praefato coenobio viverent, minus tamen ipsam quam professi fuerant regulam, quia observarent considerantes, habito inter se communi[5] consilio, viginti et unus monachi una cum patre suo, nomine[6] Roberto, unanimi assensu, eodem spiritu, venerunt in locum horroris et vastae solitudinis, nomine Cistercium, ibi vivere cupientes de opere manuum suarum

---

[1] B gratiam illius, C gratiam eius. — [2] Psal. 84, 9. — [3] P compensare. — [4] B Lugdunensi. — [5] communi om BC. — [6] nomine om P.

secundum regulae praeceptum. Anno igitur [1]) Dominicae incarnationis millesimo nonagesimo octavo, venerabilis Hugonis Lugdunensis [2]) Ecclesiae Episcopi et tunc Sedis Apostolicae legati, atque [3]) religiosi viri Walteri Cabilonensis Antistitis, nec non et clarissimi Principis [4]) Odonis Ducis Burgundiae, freti [5]) consilio, auctoritate roborati, in praedicto loco abbatiam construere coeperunt. Et quia coenobium, de quo exierunt [6]), constructum fuerat in honore beatae Dei genitricis Mariae, tam ipsi quam eorum successores, de eodem novo monasterio propagati, omnes suas ecclesias in honore eiusdem gloriosae Virginis [7]) censuerunt esse dedicandas. Non multo post, cum instantia monachis Molismensibus Abbatem suum requirentibus, iussu secundi Urbani, consensu Walteri Cabilonensis Episcopi reducitur, et Albericus vir sanctus ac religiosus eius loco [8]) substituitur. Cuius sollicitudine, Dei gratia cooperante, non mediocriter vallis illa [9]) claruit, et in [10]) rebus necessariis crevit. Quo defuncto, Stephanus vir aeque sanctus [11]), natione Anglicus, successit. Et cum adhuc essent pauci [12]) numero, personis saecularibus venerantibus in eis vitae sanctitatem, sed abhorrentibus [13]) austeritatem, sanctus Bernardus anno quinto decimo cum triginta ferme sociis advenit, et suavi iugo Christi ibidem collum submisit. Ex tunc coepit vinea illa Domini Sabaoth [14]) crescere ac dilatari, atque palmites suos extendere a mari usque ad mare [15]), et impleta est terra possessione eius. Primae eius propagines [16]): Firmitas, Pontiniacum, Claravallis, Morimundus [17]). Istarum quatuor domorum Abbates tantae auctoritatis sunt, ut Abbatem Cisterciensem patrem suum [18]) visitent simul et singillatim ab eo versa vice visitentur. NOVICIUS: Quid est visitatio? MONACHUS: Disciplinae conservatio [19]). Duo enim primitivi patres instituerunt ad vitiorum correctionem et caritatis conservationem [20]) videlicet generale Capitulum et singulis annis

---

1) igitur om C. — 2) DP Lingonensis. — 3) atque om C. — 4) Principis om C. — 5) freti om P. — 6) C exierant. — 7) D add Mariae. — 8) eius loco om C. — 9) vallis illa habet C ante Dei. — 10) in om C. — 11) C aequae sanctitatis, omisso vir. — 12) C pauci essent. — 13) C add vitae. — 14) C vinea Domini Sabaoth coepit. — 15) Psal, 79, 12; conf. Homil. II. p. 27. — 16) B ergo propagines, C propagines eius. — 17) BDP Morimundis. — 18) patrem suum om DP. — 19) D observatio. — 20) C observationem.

visitationes domorum. Anno igitur Domini millesimo centesimo quinto decimo fundata est domus Claraevallis, cuius primus Abbas erat sanctus Bernardus; Claustrensis [1]) vero, millesimo centesimo tricesimo quarto. Deinde anno millesimo centesimo octogesimo octavo, sexto decimo Kalendas Aprilis, conventus noster exivit de Claustro cum Abbate suo Hermanno, et undecimo Kalendas eiusdem mensis venit super montem Stromberg. Postea quarto anno descendit in vallem, quae nunc dicitur [2]) Vallis sancti Petri. NOVICIUS: Cum ex his quae audivi, ordo Nigrorum [3]) et noster eiusdem sint regulae, miror cur tam disparis sint disciplinae. MONACHUS: Noveris Cluniacenses et Cistercienses unius quidem esse regulae, sed dissimilis observantiae. Aiunt enim rigorem regulae a quibusdam sanctis patribus esse temperatum, ut multi in ordine possint [4]) salvari. De habitu vero, in quo maxima videtur esse diversitas, audi quid dicatur: De colore aut grossitudine non causentur monachi, sed quales inveniri possunt in provincia qua [5]) habitant, aut quod vilius comparari potest [6]). Haec de his dicta sufficiant. Hoc autem fixum teneas, ordinis nostri auctorem esse Spiritum sanctum, institutorem sanctum [7]) Benedictum, innovatorem vero venerabilem Abbatem Robertum.

CAPITULUM II.

Quid sit conversio, unde dicatur, et de speciebus eius.

NOVICIUS: Considerans in praefatione tua ordinem propositae narrationis, miror contritioni antepositam gratiam conversionis, cum videatur prorsus superfluum, ut quis convertatur, nisi prius de peccatis suis conteratur. MONACHUS: Contritio aliquando praecedit conversionem, aliquando sequitur. NOVICIUS: Vellem mihi hoc exemplis probari; prius tamen audire delectat, quid sit conversio, unde dicatur, quot sint eius species, seu quibus occasionibus quis convertatur.

---

1) D Claustrenses. Intelligit auctor Hemmenrode, Himmerode, ordinis Cisterciensis monasterium, prope Kylburg in Eiflia situm. — 2) dicitur habet C post Petri. Haec vallis vocatur vulgo Heisterbach. — 3) C add monachorum. Nigri, monachi sunt ordinis S. Benedicti. — 4) BC possent. — 5) BC in qua. — 6) verba sunt Regulae S. Benedicti cap. 55. — 7) BC beatum.

MONACHUS: Conversio est cordis versio, vel de malo in bonum, vel de bono in melius, vel de meliori in optimum. De hac versione per Salomonem dicitur: *Verte impium, et non erit*[1]; subaudis, peccator, quod prius fuit. Prima versio est ad cor, secunda in corde, tertia de corde; prima contritionis, secunda devotionis, tertia contemplationis. Conversio ad cor, est redire de culpa ad gratiam, de peccato ad iustitiam, de vitio ad virtutem. De hac per Isaiam dicitur: *Praevaricatores, redite ad cor*[2]. Conversio in corde, est proficere in caritate, ire de virtute in virtutem, donec videatur Deus deorum in Sion, id est, in contemplatione. De hac per Psalmistam dicitur: *Ascensiones in corde suo disposuit*, et cetera[3]. Conversio de corde, est mentis excessus in contemplatione. Hac usa sunt coelestia illa[4] animalia, quae ibant et revertebantur[5]; ibant de corde ad Deum, per contemplationem ascendendo, revertebantur ad actionem rursum descendendo. Contemplatio supra cor est, unde excessus mentis in scripturis dicitur. Dicitur autem conversio quasi simul versio, id est, totalis[6]. Secundum hoc: Qui unum vitium deserit, et ab altero non recedit, se quidem vertit, sed non convertit. Unde Psalmista orat: *Converte nos Deus salutaris noster*[7]. Est et alia species conversionis, cum quis locum et habitum[8] mutat, zelo alicuius religionis. Talis conversio saepe fit sine contritione. Neque magnum[9] est coram Deo peccatorem mutare locum, et non vitium; mutare vestem, et non mentem. Monstruosa res est[10], sub vestitu ovium cor gerere lupinum. NOVICIUS: Numquid et hoc contingere solet? MONACHUS: Etiam, ecce exemplum[11].

---

1) Proverb. 12, 7. Mox subaudis dictum pro subaudi, subintellige. — 2) Isai. 46, 8. — 3) Psal. 83, 6. — 4) BC illa coelestia. — 5) Ezech. 1, 14. Homil. IV. p. 131: „animalia, quae vidit Ezechiel in visione Dei, ibant et revertebantur. Haec imitari debent viri religiosi, eundo ad vitam contemplativam et redeundo ad activam. Quando monachi, variis officiis deputati, psallendi, orandi meditandive causa praeparant se ad oratorium, sunt contemplativi; quando ad officia redeunt, activi." — 6) repete, versio. Conf. et infra II, 1. — 7) Psal. 84, 5. — 8) C habitum et locum. — 9) id est, parum. — 10) BC est res. Homil. III. p. 106: „monstruosa res est, monachus superbus." S. Bernard. Opp. IV. p. 27: „monstruosa res, gradus summus, et animus infimus." — 11) ecce exemplum om BC.

CAPITULUM III.

De Priore Claraevallis, qui conversus ut aliquid raperet, mirabiliter mutatus est.

Retulit mihi frater Godefridus monachus noster, quondam canonicus [1] sancti Andreae in Colonia, cum essemus simul in probatione, rem dignam memoria. Asserebat sibi a quodam monacho Claraevallis bene noto relatum, quendam clericum actu trutanum, quales per diversas vagari solent provincias [2], venisse ad Claramvallem, non quidem zelo ordinis, sed ut aliquid monasterio [3] raperet sub pallio religionis. Factus itaque novicius, cum per totum annum probationis suae insidiaretur ornamentis ecclesiae, et propter diligentem custodiam satisfacere nequivisset cordis sui malitiae, haec intra se cogitabat: Cum factus fuero monachus, et licuerit ministrare, sine nota ac labore [4] ipsos calices subtraham, sicque recedam. Ecce tali intentione legit professionem, promisit obedientiam, induit cucullam. Sed pius Dominus, qui non vult mortem peccatoris, sed ut convertatur et vivat [5], perversam voluntatem mirabiliter mutavit, et venenum in antidotum misericorditer convertit. Induto enim habitu monachi [6], contritus et conversus adeo profecit in sancta [7] religione, ut non multo post propter meritum vitae ad dignitatem Prioratus ascenderet in Claravalle. Et, ut iam dixi, ipsa [8] eius culpa aliis facta est [9] medicina: nam postea saepius ista recitare solitus erat [10] noviciis, et plurimum in eis aedificati sunt. NOVICIUS: Vellem nosse, unde ei talis ac tanta fuerit mutatio [11]. MONACHUS: Ut aestimo principaliter ex misericordia Dei, secundario ex virtute et benedictione sancti vestimenti [12], ut ait quidam sanctorum patrum antiquorum: Habitus monachi virtutem habet baptismi [13]. Noverunt multi Henricum conversum de Claustro,

---

1) Scholasticus nuncupatur hic Godefridus infra II, 13. IV, 49. Alius est a Godefrido, cuius mentio fit VI, 5. XI, 43. 44. — 2) C quales vagari solent per diversas provincias. — 3) monasterio om C; B de monasterio. — 4) ac labore om C. — 5) Ezech. 18, 23. — 6) P monachali. — 7) sancta om C. — 8) ipsa om C. — 9) B facta est aliis, C est aliis facta. — 10) B postea solitus erat ista recitare, C postea saepius haec recitare solebat. — 11) C mutatio fuerit. — 12) sancti vestimenti BC, monachali DP. — 13) Hieronym. Epist. 25 de obitu Blesillae.

magistrum in grangia, quae vocatur Hart, qui testatus est Spiritum sanctum in specie columbae super caput cuiusdam novicii [1]) descendisse, cum in monachum benediceretur ab Abbate. NOVICIUS: Audio in isto quod laetificat; sed quoddam occurrit memoriae, quod multum me terret: quosdam intellexi venisse ad ordinem bona intentione, et adolescentes magnae innocentiae, qui processu temporis respexerunt retro[2]) et perierunt. MONACHUS: Frequenter audivi talia. Dicere solitus erat dominus Johannes Archiepiscopus Treverensis, vir prudens et cui satis erant nota [3]) ordinis nostri secreta, rarum esse quod pueri vel iuvenes ad ordinem venientes, quorum conscientias[4]) pondus peccati non gravat, ferventes sint. Imo, quod miserabile[5]) est, vel in ordine tepide et[6]) minus bene vivunt, vel ab ordine prorsus recedunt: quia non est in[7]) eis timor accusatricis conscientiae; de virtutibus suis praesumunt, sicque subortis tentationibus minus resistunt. Nosti fratrem nostrum[8]), qui infra hunc mensem de grangia vicina[9]) deceptus a muliere recessit? NOVICIUS: Optime. MONACHUS: De isto mihi constabat [10]), quod corpore virgo fuit [11]), iuvenis disciplinatus, ita quod neminem inter conversos nostros aestimabam [12]) eo meliorem. NOVICIUS: Vere Dominus, ut dicit Propheta, *terribilis in consiliis super filios hominum* [13]). MONACHUS: Dicam tibi et [14]) aliud, quod temporibus seniorum nostrorum contigit in Claustro, matre nostra, sicut illorum relatione cognovi [15]).

CAPITULUM IV.*)

De novicio in Hemmenrode converso, de quo sanctus David dixit: Non est omnibus datum.

Venit illuc [16]) quidam adolescentulus multum devote et humiliter petens ingressum; susceptus autem, sine querela conversatus est [17]). Hunc vero venerabilis sacerdos David,

---

1) C cuiusdam novicii caput. — 2) BC retro respexerunt. — 3) C nota erant. — 4) C conscientiam. — 5) B miserabilius. — 6) BC vel. — 7) in om C. — 8) nostrum om DP. — 9) de grangia vicina om C. — 10) C constat. 11) C fuerit. — 12) C add esse. — 13) Psal. 65, 5. — 14) et om C. — 15) C audivi. — *) subsequens exemplum habes etiam in Homil. II. p. 40. — 16) C illic. — 17) BC add in probatione.

de cuius sanctitate mira dicuntur, specialiter amabat, et ad propositum religionis verbis suis mellifluis frequentius animabat [1]). Cui iuvenis idem sequentias et quaeque dulcia cantica [2]) de Domina nostra versa vice recitavit, quibus sanctam illius devotionem [3]) saepius excitavit. Eodem anno flante aquilone, a quo panditur omne malum [4]), coepit idem novicius fluctuare, et quia periculose tentaretur, sancto viro indicare. A quo multis sermonibus confortatus, cum tentatio non cessaret, tandem de perseverantia desperans [5]) ait: Ecce iam [6]) recedo, diutius quod patior [7]) sustinere non valeo. Et sanctus: Exspecta me, inquit [8]), donec vadam ad ecclesiam et orem. Et promisit. Festinante viro Dei ad oratorium, ille concito cursu rediit ad saeculum, timens eius sanctis orationibus [9]) retineri. Reversus venerabilis sacerdos ab oratione, cum non invenisset quem reliquerat in probatione [10]), gemens ait: Non est omnibus datum, scilicet ut perseverent in ordine. NOVICIUS: Stupenda sunt, quae audio. Prior, de quo supra dictum est, Claraevallis, in sua et a sua perversitate [11]) convertitur; adolescens iste in sua conversione pervertitur. Quid tibi de his sentiendum videatur, edicito. MONACHUS: Dico, sicut dixit sanctus: Non est omnibus datum. In illo manifesta Dei misericordia praedicatur; in isto occultum Dei iudicium formidetur. *Miserebor, ait, cui miserebor; et misericordiam praestabo cui miserebor: non enim volentis, neque currentis, sed miserentis est Dei* [12]). NOVICIUS: Procede ergo, quia expediri volo, quo instinctu, quibusve occasionibus homines saeculares convertantur ad ordinem.

CAPITULUM V.

Quibus occasionibus homines convertantur.

MONACHUS: Multae sunt causae conversionis: quidam converti videntur sola vocatione sive inspiratione Dei, alii solo instinctu spiritus maligni, nonnulli quadam levitate animi,

---

1) verba et ad propositum — animabat om CD. — 2) cantica om C. — 3) C devotionem eius. — 4) Jerem. 1, 14; vide et infra VII, 33. — 5) BCP desperatus. — 6) C add ad saeculum. — 7) quod patior om BC. — 8) me, inquit om C. — 9) C precibus. — 10) BC in probatione quem reliquerat. — 11) DP perversione. — 12) Rom. 9, 15.

plurimi etiam ¹) per ministerium aliorum convertuntur ²), videlicet verbo exhortationis, virtute orationis, exemplo religionis. Sunt et innumeri, quos trahit ad ordinem multiplex necessitas, id est, infirmitas, paupertas, captivitas, erubescentia alicuius culpae, periculum vitae, timor vel experimentum poenae gehennalis, desiderium patriae coelestis. Talibus congruit ³) illud Evangelicum: *Compelle intrare* ⁴). NOVICIUS: Licet haec videantur probabilia, minus tamen sufficient, nisi annexa fuerint exempla. MONACHUS: Quod quidam convertantur sola Dei vocatione, ex hoc quod nunc subiungam poteris exemplo dignoscere.

CAPITULUM VI.

De canonico Leodiensi ad praedicationem sancti Bernardi converso, et de angelo, quem specie monachi vidit confiteri volentis.

Temporibus Conradi Regis Romanorum cum sanctus Bernardus praedicaret crucem in Leodio, quidam canonicus maioris ecclesiae prostratus in oratione ⁵) ante quoddam altare, vocem huiusmodi coelitus demissam ⁶) audivit: Exi et audi, Evangelium revixit ⁷). Qui mox ab oratione surgens exivit et virum sanctum crucem contra Sarracenos praedicantem invenit: alios quidem signabat, alios ad ordinem suscipiebat. Qui compunctus et Spiritus sancti unctione intus instructus crucem suscepit, non tamen transmarinae illius expeditionis, sed ordinis, salubrius iudicans longam crucem imprimere menti, quam brevem zonam ad tempus assuere ⁸) vesti. Legerat ⁹) Salvatorem dicentem: *Qui non tollit crucem quotidie, et sequitur me, non est me dignus* ¹⁰). Non dixit, uno anno vel duobus, sed quotidie. Multi post peregrinationes deteriores fiunt et pristinis vitiis amplius se involvunt; hi similes sunt canibus revertentibus ad vomitum, et suibus lotis in volutabro luti sui ¹¹). Monachorum vita regulariter viventium tota crux est, eo quod in singulis membris eos obedientia crucifigat ¹²).

---

1) C autem, et mox ministeria. — 2) P convertuntur aliorum. — 3) C convenit. — 4) Luc. 14, 23. — 5) in oratione habet C post altare. — 6) BC dimissam. — 7) revixit om C. — 8) D assumere. — 9) C add enim. — 10) Luc. 9, 23. Matth. 10, 38. — 11) Petr. II, 2, 22. — 12) conf. infra VIII, 19.

NOVICIUS: Videris mihi praeferre ordinem¹) peregrinationi. MONACHUS: Non mea, sed auctoritate Ecclesiae praefertur²); habet ordo Cisterciensis a Sede sibi Apostolica indultum, ut cruce signatus, vel voto cuiuslibet alterius peregrinationis obligatus, si transire voluerit ad ordinem, coram Deo et facie Ecclesiae sit absolutus. Quod si istae duae cruces, ordinis videlicet et peregrinationis, aeque essent salubres, indifferenter fieret commutatio alterius in alterum. Monachus ordinem deserens et crucem suscipiens, vel, quod tolerabilius est, sine praecepto et³) licentia ordinis eidem peregrinationi⁴) se mancipans, non Christi peregrinus, sed apostata iudicatur. Novit successor Petri, cui specialiter commissae sunt claves regni coelorum, multo fore salubrius intus semper⁵) dimicare contra incentiva vitiorum, quam foris ad tempus adversus⁶) acies Sarracenorum. Quibusdam tamen converti volentibus sanctus Bernardus non consensit, sed cruce signari, ut postea dicetur⁷), praecepit. NOVICIUS: Non me poenitet hanc movisse quaestionem, quia multum me⁸) delectat talem audivisse solutionem. MONACHUS: Secutus est iam fatus⁹) clericus sanctum Bernardum cum socio suo Waltero ad Claramvallem, factique sunt ibidem ambo monachi. Contigit per idem tempus, ut conventus a Claravalle mittendus esset in Alna monasterium fratrum regularium, eo quod iidem fratres reddere se ordini consensissent. Habebat autem saepedictus Leodiensis¹⁰) magnum desiderium eundi cum fratribus ad ipsum locum, sed timuit dicere patri, verens ne forte deputaret levitati; conversusque ad Dominum oravit, quatenus sibi revelaret, quid facere deberet. Et facta est vox ad eum¹¹): Pete quod vis, et fiet tibi. Tunc accedens ad Abbatem suum, audacter dixit: Pater, si esset voluntas vestra, libenter irem cum fratribus istis. Et respondit: Vade cum eis in nomine Domini. Et missus est tam ipse quam Walterus cum novo conventu in Alna. Non multo post factus est Prior¹²) in eodem loco. Die quadam cum ei unus monachorum de confessione¹³) signum faceret, ille, eo quod sextam Dominae

---

1) C ordinem praeferre. — 2) C praefertur Ecclesiae. — 3) C vel. — 4) eidem peregrinationi habet C ante sine. — 5) C spiritualiter. — 6) BC contra. — 7) ut postea dicetur om DP. — 8) me om C. — 9) C iam praefatus. — 10) BD Leodicensis. — 11) C ipsum. — 12) C ipse Prior. — 13) de confessione habet C post faceret.

nostrae psalleret, innuit ei ut modicum exspectaret. Interim pulsata est sexta; et intravit chorum uterque. Stante Priore in stallo suo, angelus Domini, ut postea patuit, in figura et habitu eiusdem monachi quasi facturus confessionem ad pedes Prioris se prostravit. Quem cum levare vellet, disparuit. Et reversus in se Prior, intellexit angelum fuisse monachi[1] confiteri volentis, et confessionis repulsam sibi quodammodo[2] improperantis. NOVICIUS: Valde miror[3], quod angelus sanctus[4] Domini sic humiliter se pedibus hominis prosternere dignatus est. MONACHUS: Cum nobis a praelatis nostris negatur, quod saluti nostrae impendere tenentur, maxime quod ab angelis nobis deputatis utiliter suggeritur, quasi ipsis in hoc resistitur[5]. Angelus vero homini, tanquam coelum terrae, tanquam aurum luto, se prostravit, ut ex ipso facto illius negligentiae[6] exprobraret, et timore percussum de cetero cautiorem efficeret. Hinc est quod Salvator in Evangelio dicit: *Vae qui scandalizat unum de pusillis istis*, et post pauca: *Angeli eorum semper vident faciem Patris mei, qui in coelis est*[7]. Expleta hora canonica, Prior, vocato ad se[8] monacho, dixit ei: Modo fac confessionem tuam. Cui cum ille responderet: Bene exspecto[9], domine, usque in crastinum; in haec verba prorupit: Hodie non gustabo, nisi audiam[10] confessionem tuam. Erat enim hora prandii. Et acquievit ille. Ex illa hora Prior Deo promisit, quia nulla eum occupatio, nulla occasio, non[11] inceptio psalmi, neque cursus[12] genitricis Dei[13] ab audiendis confessionibus abstraheret, cum signum confessionis videret. Factus vero grandaevus, cum propter corporis debilitatem ad Prioratum non sufficeret, laborem Marthae commutavit in quietem Mariae: vovit enim[14] Deo, ut singulis diebus psalterium ex integro decantaret; sicque virtutibus plenus migravit ad Dominum,

---

1) C illius monachi. — 2) C quodammodo sibi. — 3) C miror valde. — 4) sanctus om C. — 5) D resistunt. — 6) C negligentiae illius; paulo post D perculsum. — 7) Matth. 18, 6.10. — 8) C ad se vocato. — 9) DP exspectabo. — 10) B audio, C audierim. — 11) C nulla. — 12) matutinarius cursus beatae Mariae est perantiquum officium ecclesiasticum. — 13) D add Mariae. — 14) C vovitque, et paulo post: psalterium singulis diebus decantaret ex integro.

coniunctus coetibus sanctorum [1]) angelorum. Walterus [2]) compatriota eius, qui haec, quae dicta [3]) sunt, domino Henrico Abbati nostro recitavit, et ipse mihi, cum cuperet dissolvi et esse cum Christo [4]), diceretque quotidie in oratione [5]): Quando veniam et apparebo ante faciem Dei [6])? vox illi divina respondit: Regem in decore suo videbunt oculi tui [7]). Qui cum moreretur, stella lucida die clara super locum migrationis eius apparuit, ita ut in tota illa provincia videretur. NOVICIUS: Satis credibile est, quod visio stellae illius radiantis meritum designaverit animae egredientis. MONACHUS: Recte moveris. Hoc autem scias, quod rarissime contingit [8]), ut sole exsistente in superiori hemisphaerio stella aliqua videatur. Quod vero super morientem stella visa est, signum fuit, quod illa sancta [9]) anima in magna virtutum claritate Christo soli iustitiae [10]) coniuncta est. NOVICIUS: Non miror si Deus eos quos tam evidenter ad conversionem vocat, tam excellenter in morte glorificat. MONACHUS: Dicam tibi adhuc conversionem unius monachi, in qua perpendere poteris, quia sola ibi [11]) operata sit vocatio, sive inspiratio Spiritus sancti.

CAPITULUM VII.

De Gevardo Abbate, quem dominus Everhardus plebanus sancti Jacobi in Colonia ante conversionem in cuculla vidit.

In ecclesia sanctae Mariae ad Gradus in Colonia erat quidam canonicus nomine Gevardus, aetate adhuc floridus et mundi vanitatibus satis deditus. In quadam sollemnitate cum statio esset ad eandem ecclesiam secundum consuetudinem, affuit et dominus Everhardus sancti Jacobi plebanus, vir iustus atque religiosus, et propter suam sanctitatem omni civitati reverendus. Qui cum venisset ante ostium chori et introspexisset, contemplatus est eundem Gevardum in tonsura et habitu monachi [12]) Cisterciensis inter concanonicos suos stantem;

---

1) sanctorum om C. — 2) C add vero. — 3) C scripta. — 4) Philipp. 1, 23. — 5) C orationibus suis. — 6) Psal. 41, 3. — 7) Isai. 33, 17. — 8) BC contingat. — 9) DP sancta illa; paulo post C virtutis. — 10) Malach. 4, 2; vide et infra VII, 20. — 11) DP ibi sola. — 12) C ordinis.

et miratus valde dicebat intra se: O quando¹) factus est Gevardus monachus? Et cum intellexisset²) visionem fuisse, hoc de illo in corde suo iudicavit, quod postea rei eventus probavit. Et quia consilium divinae dispositionis mutari non potest, omnimodis in illo impleri necesse fuit³), quod de illo⁴) Deus praeostendit. Modico elapso tempore idem iuvenis non sine multorum admiratione valedicens saeculo conversus est in Claustro, factusque⁵) novicius in eodem coenobio. Quod cum cognovisset praedictus⁶) sacerdos, Hemmenrode venit, Gevardum visitavit, et quid de illo⁷) viderit, omnibus noviciis recitavit. Haec mihi dicta sunt a nonno⁸) Frederico monacho, qui tunc praesens fuit, cum vir sanctus ista peroravit. Idem Gevardus postea in tantum profecit, ut domino Hermanno primo Vallis sancti Petri Abbati succederet, et non modicum per eum locus ipse⁹) tam in religione quam in possessionibus proficeret. Quod si minus tibi¹⁰) suffecerint haec nova exempla, referam tibi etiam de verbis sancti Bernardi testimonia satis vera. NOVICIUS: Quae nondum legi, audire delectat.

CAPITULUM VIII.

De conversione Mascelini clerici Episcopi Maguntiae.

MONACHUS: Cum ingressus fuisset aliquando regnum Germaniae sanctus Bernardus Abbas¹¹), pacem reformaturus inter Lotharium Regem Romanorum et praedecessoris eius Henrici nepotes, Maguntinorum¹²) Episcopus, Albertus nomine, clericum suum Mascelinum, sic ei nomen erat, obviam ei¹³) misit. Qui cum se missum diceret a domino suo ad serviendum ei, paulisper eum intuitus vir Dei dixit: Alius dominus te misit ad serviendum sibi. Et cum ille ad verba sancti expavesceret, asserens se ab Episcopo missum, respondit beatus Bernardus: Falleris, maior dominus misit te Christus. Tunc primum intelligens¹⁴), quorsum sermonem vibraret, ait: Putas me monachum velle fieri? absit a me, nec cogitavi, nec ascendit¹⁵) in cor meum. Nihilominus tamen illo renuente

---

1) quando om P. — 2) DP add postea. — 3) C est. — 4) DP eo. — 5) C add est; mox D monachus. — 6) C idem. — 7) D eo. — 8) BC domino. — 9) B ipsum locus ipse, C eum locus ille. — 10) DP tibi minus. — 11) Abbas om BC. — 12) D Moguntinorum. — 13) C ei obviam. — 14) intelligens habet C post vibraret. — 15) C intravit.

famulus Dei affirmabat omnimodo ¹) fieri debere, non quod ipse de se cogitaverat, sed quod Deus de illo disposuerat ²). Qui in eodem conversus itinere ³), valedicens saeculo, factus est monachus in Claravalle ⁴). Ecce, ubi in isto voluntas convertendi, in quo sola operata est voluntas Spiritus sancti? NOVICIUS: Placet quod dicis; sed dic quaeso exemplum de hoc, quod quidam econverso convertantur solo instinctu spiritus maligni MONACHUS: Exemplum praesto est ⁵).

CAPITULUM IX.

De conversione magistri Stephani de Vitreio.

Legitur in Vita ⁶) iam dicti patris, tempore quodam venisse ad Claramvallem magistrum Stephanum de Vitreio, virum magnae scientiae, ut putabatur gratia conversionis. De cuius adventu cum tota vallis exsultaret, personam tanti viri considerans, beatus Bernardus in haec verba prorupit: Diabolus eum adduxit; solus venit, solus revertetur. Ad hoc enim venerat, ut quosdam novicios, quos in literatura ipse informaverat, ad saeculum reduceret. Ne sanctus pater scandalizaret pusillanimes, hominem recepit, quem non perseveraturum sciebat; ut novicius fieret, consensit ⁷). At spiritus malignus, cum toto illo anno ⁸) per os sui mancipii in aure noviciorum sibilaret, nec proficeret, quem ad illorum ruinam adduxerat, solum, secundum prophetiam viri Dei, cum multa confusione reduxit. Audi et aliud exemplum de vicino.

CAPITULUM X.

De conversione Goswini sacerdotis, qui de probatione cum furto fugit.

Venerunt ad nos duo sacerdotes gyrovagi, ingressum petentes. De quorum perseverantia cum pene nulla esset

---

1) DP omnino. — 2) BDP cogitaverit — disposuerit. — 3) B Et in eodem conversus itinere, C Et in eodem itinere conversus. — 4) conf. Vit. S. Bernard. IV, 3. p. 901. — 5) exemplum praesto est om BC. — 6) Vit. S. Bernard. I. 13. p. 795. — 7) BC et ut novicius fieret, quem non perseveraturum (C perseverare) sciebat, consensit. — 8) C per totum annum illum.

spes¹), negatum est eis quod postulabant. Uno discedente²), alter, cui nomen erat Goswinus, importunitate sua ut reciperetur obtinuit. Qui vix per sex hebdomadas in probatione stetit, et nocte quadam infra matutinas, eius mandato³) qui eum adduxerat obediens, cum furto recessit. NOVICIUS: Forte simplici intentione venit⁴). MONACHUS: Nequaquam. Cum adhuc cum socio suo esset in hospitio, et paterentur⁵) difficultatem in recipiendo, dicebat alter ad alterum: Sine, licet modo nobis sint graves, tamen eos decipiemus. Hoc quidam conversorum nostrorum illis ignorantibus audivit. Nonnullos converti ex quadam levitate animi, saepius sumus experti⁶).

CAPITULUM XI.

De canonico quodam Coloniensi, qui antequam indueret habitum, resilivit.

Venit ad nos adolescens quidam canonicus in Colonia⁷), magis, ut postea rei exitus probavit, ex quadam levitate mentis⁸), quam devotione conversionis. Qui suum nobis aperiens propositum, iuvenibus nostris maxime, non parvum fecit gaudium. Dominus Gevardus Abbas noster intelligens solam in causa esse levitatem⁹), eo quod delusisset¹⁰) vestimenta sua, sola quippe tunica indutus¹¹) venit, cum tamen satis rogaretur suscipere iuvenem, non consensit. Qui mox eadem via, qua venit¹²), rediit, nec aliquando postea alicuius conversionis mentionem fecit.

CAPITULUM XII.*)

Item de alio iuvene, qui de probatione gratia solvendorum debitorum extractus, non est reversus.

Alius quidam adolescens bene natus et divitum filius ad nos parentibus ignorantibus venit, et ut reciperetur facile

---

1) B nobis spes esset, P esset nobis spes. — 2) B recedente. — 3) DP mandatis. — 4) C venerat. — 5) paterentur R, pateretur ceteri libri; conf. X, 35. — 6) D sum expertus, P expertus sum. — 7) C quidam adolescens in Colonia canonicus. — 8) C levitate quadam animi. — 9) BC solam levitatem fuisse in causa. — 10) hoc est, lusu perdidisset; conf. IV, 44. — 11) C vestitus tunica. — 12) DP venerat. — *) conf. Homil. I. p. 90.

obtinuit; nolo enim nomina tam huius quam supradicti exprimere, sperans adhuc eos¹) reversuros, ne forte ex hoc patiantur²) confusionem. Factus itaque novicius, vix tribus vel quinque diebus elapsis, venerunt amici eius dolentes, et ut reverteretur ad saeculum, plurimis³) verbis exhortantes. Noverant eum quandam summam pecuniae perdidisse, nescio quo ludo, et magis ex dolore quam devotione conversum. Et cum non proficerent, suaserunt ut debita persolveret⁴), et statim rediret. Sicque non vi, sed dolo ab amicis extractus, non est reversus. Et cum sollemne votum fecisset inter manus domini Abbatis, et propter hoc coram Clero ab eo⁵) tractus fuisset in causam, per literas legati et aliis⁶) modis, quibus potuit, se defendit, asserens se conversum ex quadam levitate et turbatione animi. Quod si verum non esset⁷), exemplum domini Henrici Abbatis nostri⁸) imitatus fuisset. NOVICIUS: Hoc quid sit, audire delectat.

CAPITULUM XIII. *)

De conversione Henrici Abbatis.

MONACHUS: In ecclesia Bonnensi idem Henricus⁹) canonicus fuit, plures habens redditus. Inspirante Domino¹⁰), fallax saeculum occulte¹¹) deseruit, et desiderio ordinis Cisterciensis accensus ad domum nostram conversionis gratia venit. Cum adhuc esset in hospitio, duo milites fratres eius, fugam eius intelligentes, et sicut homines saeculares, carnalia spiritualibus et temporalia aeternis praeponentes, unde gaudere debuerant¹²), turbati sunt. Et concito cursu¹³) venientes, praemiserunt puerum, qui ei quasi ex parte matris loqueretur, ut tali occasione a conventu abstraheretur. Quem cum in¹⁴) locum insidiarum idem puer duxisset, accurrentes milites, vi equo¹⁵) iniectum, nolentem et reluctantem, cum dolore totius conventus, reduxerunt: nondum enim habitum induerat. Per

---

1) C eos adhuc. — 2) C patiantur ex hoc. — 3) P plurimum; mox D exhortantes verbis. — 4) DP debita sua solveret; mox C iam pro statim. — 5) ab eo om C. — 6) DP aliisque. — 7) C fuisset. — 8) nostri om BC. — *) Homil. I. p. 90. — 9) idem Henricus om BC. — 10) BDP Deo. — 11) occulte om C. — 12) D debuerunt. — 13) DP gradu. — 14) C ad. — 15) pro vi equo habent CD in equo, B in equum; conf. IV, 92. XII, 20.

aliquod tempus cum eis commoratus, cum iam securi essent de eo, iterum fugit, indutoque habitu spem totius reversionis eius exclusit¹). Non iste fecit sicut duo superiores, quia non levitatis vitium, sed virtus constantiae in conversione²) fuit. Hoc exemplum et alia quaedam³), quae hic aedificationis causa scripturus sum, in Homeliis Moralibus de Infantia Salvatoris posuisse me memini. NOVICIUS: Puto grave esse peccatum, novicium redire ad saeculum. MONACHUS: Quanta sit culpa, facile perpenditur ex poena.

CAPITULUM XIV.*)

De miserabili morte Leonii novicii apostatantis.

Priusquam venirem ad ordinem, in ecclesia sanctae Mariae ad Gradus in Colonia canonicus quidam fuit, qui valedicens saeculo, religionis habitum in Hemmenrode suscepit. Nomen iuveni Leonius, et erat mihi bene notus. Habebat hic fratres milites in saeculo⁴) satis potentes. Qui cognita eius conversione turbati sunt, et venientes⁵) ad Claustrum, multis verbis suaserunt ut rediret ad saeculum, ordinis austeritatem ei proponentes. Et quia obligatus erat debitis, aiebant hoc esse⁶) rationabile ut rediret, debita persolveret⁷), sicque sine querela revertens⁸) Domino serviret. Et promiserunt quia⁹) eum reducerent. Quorum verbis miser seductus, exire consensit, inimici laqueos non observans. Quod videns dominus¹⁰) Hermannus Abbas ingemuit, et cum multo cordis dolore militibus dixit: Hodie fratrem vestrum eiicientes de paradiso, deponitis in inferno. Reversus ad praebendam suam, deterior factus est quam prius, magis operam dans explendis vitiis, quam solvendis debitis. Post annos aliquot¹¹) graviter infirmatus, iusto Dei iudicio ex nimietate infirmitatis in furorem versus est. Quem cum sui monerent de confessione et de sacra communione, verba salutis non attendit¹²); sed quasdam mulierculas, cum quibus sanus peccaverat, propriis nominibus

---

1) C eius excludit, P eis exclusit, D exclusit eis. — 2) C causa. — 3) quaedam om C. — *) Homil. I. p. 89. — 4) C hic habebat fratres in saeculo milites. — 5) DP venientesque. — 6) esse om P. — 7) BDP solveret. — 8) P revertens sine querela. — 9) C ut. — 10) dominus om P. — 11) C aliquos. — 12) P intendit.

crebrius vocitavit¹). Scissis etiam catulis carnes illorum calidas, quasi pro remedio, capiti eius nudo imposuerunt, sed nihil ei profuerunt. Non enim poterant carnes rabiem²) sanare, poenam apostasiae. Audi et aliud exemplum de alio novicio.

CAPITULUM XV.

De horrenda morte Benneconis novicii, et quod non liceat noviciis redire ad saeculum post votum.

Miles quidam Benneco nomine, de villa Palmirsdorp oriundus, mecum in probatione novicius³) fuit, vir quidem aetate⁴) grandaevus, sed circa propositum religionis minus devotus. Multis modis tentatus et in tentatione victus, cum non acquiesceret consilio⁵) fratrum, sicut canis ad vomitum, sic miser⁶) reversus est ad saeculum. Secunda vice id actitans, praeventus infirmitate, in domo propria in habitu saeculari diem clausit extremum, nullum poenitentiae demonstrans indicium. Qui cum moreretur, tantus fuit circa domum flatus ventorum, tanta super tectum multitudo corvorum, ut excepta una vetula omnes de domo territi⁷) fugerent et morientem desererent. Ecce quali morte moriuntur, qui a Deo recedunt. NOVICIUS: Puto quia flatus ille ventorum et turba crocitantium corvorum evidens fuerit⁸) signum praesentiae daemoniorum. MONACHUS: Plane ita est; ait enim Salvator: *Nemo mittens manum ad aratrum et respiciens retro, aptus est regno coelorum*⁹). Miles iste, quia per apostasiam retro respexit, de culpa non poenitendo, ministris gehennae de se¹⁰) gaudium fecit. NOVICIUS: Si tanta est culpa novicio¹¹) redire ad saeculum, quid est quod sanctus Benedictus praecepit, ut perlecta regula novicio in haec verba dicatur: Ecce lex sub qua militare vis: si potes observare, ingredere; si non potes, liber discede? MONACHUS: Mavult sanctus pater inter duo mala¹²) novicium discedere tem-

---

1) C saepius vocabat, B celebrius nominavit. — 2) sic legendum, non rabidae, ut exhibent libri. Mox BP sedare poenam, C vitium sedare. — 3) C novicius in probatione. — 4) aetate om D. — 5) C consiliis. — 6) C add ille. — 7) territi om B et pr C. — 8) BC fuit. — 9) Luc. 9, 62. — 10) de se om DP. — 11) C noviciorum. — 12) mala om D.

pore probationis, quam iam monachum post diem professionis. Unde eum liberum vocat[1] a loco, non a voto. Ut enim taceam de his, qui iam habitum religionis induerunt[2], qui semel ac secundo in facie[3] Capituli stabilitatem suam promiserunt: saecularibus personis, qui solo verbo votum fecerunt inter manus Abbatis, nequaquam licitum est vitam saecularem[4] sectari vel matrimonio ligari. Circa novicium in necessitate dominus Papa[5] dispensat, ut ad ordinem transeat mitiorem[6]; sed non permittit, ut ad vitam redeat saecularem. Ecce ex his[7] quae dicta sunt dignoscere poteris, quosdam converti sola vocatione Dei, alios solo instinctu spiritus maligni, nonnullos quadam levitate animi. Quod autem quidam[8] convertantur per ministerium aliorum, certum est; quia sicut olim in tabernaculo Dei cortina traxit cortinam, ita hodie in Ecclesia Dei frater trahit fratrem, et hoc tribus modis, sermone videlicet, oratione, exemplo religionis[9]. Ecce funiculus triplex, qui difficile rumpitur[10]. NOVICIUS: De his exempla requiro.

CAPITULUM XVI.

De conversione Henrici contracti de Claravalle.

MONACHUS: In Claravalle ante hos undecim annos monachus quidam Henricus nomine defunctus est, vir grandaevus et sanctus, corpore quidem contractus et confractus, sed corde multum diffusus[11] ac dilatatus. Multas hic habebat a Deo consolationes[12], plurimas revelationes, spiritu pollens prophetiae, nulliusque[13] expers spiritualis gratiae. Venerabilem hunc virum tempore generalis Capituli Abbates[14] frequentabant, quos plurimum suis sermonibus aedificabat. Huic familiaris erat[15] dominus Gevardus Abbas noster, cui inter cetera narravit totum ordinem conversionis suae. Cum

---

1) BD iudicat. — 2) C taceam qui habitum iam induerunt. — 3) C faciem. — 4) C saecularem vitam. — 5) dominus Papa om C. — 6) C mitiorem transeat. — 7) C Ecce in his, P Ex his. — 8) C aliqui. — 9) C et exemplo conversionis. — 10) Eccles. 4, 12. — 11) B distensus, C distentus. — 12) B habebat consolationes a Deo, C a Deo habebat consolationes. — 13) que om DP. — 14) Abbates habet C ante tempore. — 15) C fuit.

sanctus Bernardus praedicaret crucem in Dioecesi¹) Constantiensi, contigit eundem Henricum interesse sermoni. Qui cum esset homo dives et potens, multa habens castra, et cum divitiis infinita crimina, sermone viri Dei compunctus, ait ad ipsum²): Domine, si non terreret me illa consuetudo, quam intellexi esse in ordine vestro³), scilicet quod venientes ad vos indifferenter ad diversas emittitis regiones, ego me vobis redderem in continenti. Cui vir sanctus respondit: Ego sub conditione te non recipiam; sed hoc tibi promitto, quia si in Claravalle monachus fueris, ibi morieris. Audito hoc verbo, mox se reddidit, factusque est interpres Abbatis, eo quod in utraque lingua, Gallica videlicet et Teutonica, multum foret expeditus. Videns hoc quidam ballistarius servus eius, homo crudelis et pronus ad fundendum sanguinem, nimis de conversione domini⁴) turbatus, telum ballistae imposuit, ut sanctum Abbatem feriret. Statimque ab angelo Domini percussus, retrorsum cecidit, et exspiravit. De cuius tam repentina morte Henricus territus, et maxime de perditione animae contristatus, sciens Abbatis sanctitatem et in signis potentiam, cecidit ad pedes eius, humiliter et cum multa instantia supplicans, quatenus miserum de faucibus inferni suscitando liberaret. Compassus vir beatus tam unius dolori quam alterius perditioni, flexis genibus Deum cum lacrimis exoravit, et mortuum celerius suscitavit. Qui suscitatus, ad suscitantis pedes corruit⁵), et ut se in conversum susciperet, cum multis suspiriis petivit. Cui vir sanctus respondit: Scio quod naturaliter protervus sis ac distortus, nec expedit ut sis inter religiosos; sed volo ut crucem suscipias, mare transeas, et⁶) cum Sarracenis confligendo citius finiaris. Et fecit sic, crucem accepit, mare transivit, cum inimicis crucis dimicavit, et in conflictu necatus ad Deum⁷) migravit. — Eodem tempore mulier quaedam paralytica clamavit post hominem Dei, sanitatem ab eo⁸) postulans; et cum sequi non valeret, iam enim praecesserat, misertus illius Henricus levavit eam

---

1) C Episcopatu. — 2) B ad eum, C ei; mox DP si me non terreret. — 3) C quam in ordine vestro intellexi. — 4) CP domini conversione; mox C dolens pro turbatus. — 5) B ad suscitantis corruit pedes, C ad pedes suscitantis corruit. — 6) DP ut. — 7) BC Dominum. — 8) ab eo om C.

in equum suum, quam sancto praesentans¹) benedictione percepta deposuit²). Quae sana facta stetit, et propriis pedibus gaudens ad propria remeavit. Hoc ab ore domini Gevardi Abbatis³) audivi. Iste est Henricus, qui tempore quodam ab eodem sancto patre in partes remotiores missus, glacie sub pedibus eius fracta, longius sub unda tractus, mirabiliter est illius benedictione reductus⁴). Ecce iste sermone conversus est. Sed quid quaero exempla de remoto, cum hoc quod de aliis recito, impletum gaudeam in me ipso?

CAPITULUM XVII.

De conversione auctoris huius opusculi.

Eo tempore quo Rex Philippus primo vastavit Dioecesim Coloniensem, contigit me cum domino Gevardo Abbate de Monte sanctae Walburgis ire Coloniam. Et cum me in via cum multa instantia hortaretur ad conversionem, nec proficeret, retulit mihi visionem illam gloriosam Claraevallis, in qua legitur, quod quodam tempore messis, cum conventus in valle meteret, beata Dei genitrix virgo Maria et sancta Anna mater eius ac sancta Maria Magdalena de monte venientes, quodam viro⁵) sancto, qui stabat ex adverso, aspiciente, in vallem eandem in magna claritate descenderunt, monachorum sudores terserunt, flabello⁶) manicarum suarum ventum admoverunt, et reliqua quae ibidem posita sunt. Sermone huius visionis in tantum motus fui, ut Abbati promitterem, me non venturum nisi ad eius domum gratia conversionis, si tamen Deus mihi inspiraret voluntatem. Astrictus tunc fueram voto peregrinationis ad sanctam Mariam Rupis Amatoris⁷), quae maxime me retinuit. Qua post menses tres expleta, nullo amicorum meorum sciente, sola Dei misericordia me praeveniente et promovente, ad Vallem sancti Petri

---

1) BC et praesentans eam sancto. — 2) C percepta benedictione deposuit, B deposuit percepta benedictione. — 3) Abbatis om DP. — 4) de hoc Henrico vide etiam Vit. S. Bernard. VII, 19. V, 1. — 5) viro om BC. — 6) DP flabellis. 7) CP Salvatoris, B antodoris. Rupes Amatoris, Rocamadour in regione Cadurcorum, fuit ordinis S. Benedicti coenobium, Nostrae Dominae dedicatum. Conf. infra VII, 24. Vit. S. Engelb. I, 9. p. 304.

veni, et quod sermone concepi¹), novicius factus opere ostendi. Simile pene contigit fratri Gerlaco de Dinge, monacho nostro²). NOVICIUS: Non erit inutile his qui adhuc in saeculo sunt, exempli gratia talia audire.

CAPITULUM XVIII.

De Gerlaco de Dinge, occasione cuiusdam sermonis converso.

MONACHUS: Ante hos tres annos³) dominus Henricus, qui nunc est Abbas noster, dum⁴) vice Abbatis de Claravalle visitaret in Frisia, contigit eum hospitari in castro cuiusdam militis nomine Suederi. A quo cum multum devote susceptus esset, ut ei consuetudinis est, recitavit ibi⁵) quaedam mirifica, quae in ordine⁶) contigerunt; et cum adesset praedictus Gerlacus, filius fratris eiusdem⁷) militis, canonicus maioris ecclesiae in Traiecto, sicut terra bona, semen verbi in agro cordis sui suscepit, et non multo post fructum ex eo centuplum fecit. Qui, sicut mihi postea in probatione retulit, ex illa hora propter conversionem coepit fluctuare, et qualiter conceptum ardorem exstingueret, diligentius cogitare. Nacta igitur occasione, ne notaretur, quasi ad studium Parisios perrexit; ubi cum modicum fecisset tempus⁸), ad nos divertit, factusque novicius ad spirituale studium se convertit. Ex his duobus exemplis patet quosdam sermone converti, ut impleatur illud Apocalypsis: *Qui audit, dicat: Veni*⁹). Qui audit vocem Domini se vocantis per internam aspirationem¹⁰), iustum est, ut et alios vocare studeat per sermonis exhortationem. NOVICIUS: Fateor mihi ista sufficere de sermone; nunc procedas obsecro de oratione. MONACHUS: Sicut multos convertit exhortatio sermonis, ita plurimos ad ordinem trahit¹¹) virtus orationis. Unde Apostolus Jacobus dicit: *Orate pro invicem, ut salvemini; multum enim valet oratio iusti assidua*¹²). Cuius efficaciam per exempla subiecta¹³) plenius agnosces.

---

1) DP conceperam; mox C effectus. — 2) verba Simile — nostro om C. — 3) BC add cum. — 4) dum om BC; conf. V, 29. — 5) ibi om C. — 6) DP ordine nostro. — 7) P eius, B praedicti. — 8) D modicum tempus stetisset. — 9) Apoc. 22, 17. — 10) CP inspirationem. — 11) C trahit ad ordinem. — 12) Jac. 5, 16. — 13) subiecta om C.

CAPITULUM XIX.*)

De conversione Henrici germani Regis Franciae.

Accidit tempore quodam, ut Henricus germanus Regis Franciae veniret in Claramvallem, locuturus beato Bernardo super quodam saeculari negotio; totum etiam conventum visitans, illius se orationibus commendavit. Cui venerabilis Abbas inter cetera vitae salutaris monita respondit: Confido in Domino, te non moriturum in eo in quo nunc es statu, sed velociter experimento probabis, quantum tibi istorum prosit oratio, quos expetisti. Quod eodem die probatum est, non sine multorum admiratione, de tanti iuvenis exsultantes conversione. Sui eum lugebant, et tanquam mortuum cernerent, ita inconsolabiliter[1]) eiulabant. NOVICIUS: Non miror, si cito potuit converti, qui se habilem exhibuerat conversioni. MONACHUS: Quod si illius conversionem magis ascribis eius meritis, quam orationibus iustorum, audi quid post haec actum sit. Cum socii ac tota familia Henricum, ut iam dixi, deplangerent, Andreas quidam Parisiensis, ex nimia impatientia doloris[2]) quasi in furorem versus, dominum suum ebrium, insanum mentisque impotem vociferabatur[3]), nec conviciis neque blasphemiis parcens. Et cum Henricus virum sanctum deprecaretur, ut pro illius conversione operam daret, respondit: Ne sis pro illo sollicitus, anima eius modo in amaritudine est[4]), tuus est ille. Et cum repeteret audiente Andrea hoc verbum, ille sanctam religionem plurimum abhorrens, talia in corde suo tacitus volvebat[5]), sicut postea confessus est: In hoc te nuncio falsum esse[6]) prophetam; de hoc enim certus sum, quod locutus es verbum, et[7]) non fiet. Hoc tibi coram Rege et Principibus in celebri conventu improperabo, ut falcitas tua omnibus innotescat. Et cum altera die recederet, mala omnia monasterio imprecans, et vallem funditus subrui desiderans, in ipsa nocte victus et quasi vinctus, trahente se gratia et vim faciente spiritu Dei, vix diem exspectare potuit, et ad monasterium revertens, cunctis mirantibus, alterum se Saulum exhibendo, beato viro se reddidit. Ubi quaeso in

---

*) Homil. II. p. 8. — 1) C intolerabiliter. — 2) doloris om C. — 3) BDP vociferabat; conf. VI, 24. — 4) Reg. IV, 4, 27. — 5) C volvebat in corde suo tacitus; conf. Gen. 24, 45. — 6) C esse falsum; paulo post BC om de. — 7) C quod.

isto fuit convertendi voluntas, sive conversionis habilitas? Ecce Andreas iste, quantum in ipso fuit, a gratia se avertit; sed virtus orationis sanctorum aversum potenter convertit. NOVICIUS: Mira sunt haec et stupenda, et ut considero, iustorum oratio praecipue peccatoribus est [1]) appetenda.

CAPITULUM XX.

De conversione cuiusdam, qui alteri ante ostium portae nocte apparuit in specie infantis.

MONACHUS: In domo nostra quidam monachus est, qui ad ordinem veniens, germanum suum quem unicum habuit, adhuc conversioni propter aetatem minus habilem, in saeculo reliquit. Timens eum saeculi impedimentis irretiri, eiusque per hoc conversionem impediri, quotidie Dominum oravit [2]), maxime tamen beatam eius genitricem, ut illius suis precibus accelerare dignaretur conversionem, cuius in saeculo periculosam esse [3]) consideravit habitationem: noverat pueros a suo proposito facile posse averti. Attendens pius Dominus pium monachi circa germanum studium, cordi Abbatis immisit, ut puerum susciperet, quem infra annos sine officii sui periculo suscipere non potuit. Ea nocte qua habitum induit, quidam ex sacerdotibus huiusmodi visionem de illo [4]) vidit. Videbatur ei quod matrona pulcherrima ante ostium monasterii staret, et puerum pulchrum in brachiis teneret. A quo interrogata, cuius esset [5]) puer ille, respondit: Filius illius monachi est, fratrem eius nomine designans, simul et [6]) nomen novicii intrantis exprimens. Et sicut ipse intellexit, qui hanc visionem vidit, ipsa matrona pulcherrima beata Dei genitrix fuit. Secundum Apostolum: Qui alium verbo vel exemplo ad bene vivendum informat, hunc profecto tanquam proprium filium Christo generat [7]). Quod autem eundem novicium venerabilis virgo Maria ad ostium monasterii, quasi mater filium, dignata est [8]) praesentare, dedit patenter intelligere, eius conversionem praedictum monachum suis orationibus per eius magna merita obtinuisse. NOVICIUS: Satis ex his cognosco virtutem

---

1) C est peccatoribus. — 2) C Dominum nostrum rogavit. — 3) esse om C. — 4) de illo om C. — 5) C add filius. — 6) DP simulque. — 7) Cor. I, 4, 15. Philem. 10. — 8) C dignata est quasi mater filium.

orationis; superest ut cognoscam et virtutem, quae est in exemplo religionis. MONACHUS: Hoc scias, quia multi quotidie sine exhortatione sermonis, nullis specialibus adiuti orationibus, per sola exempla religionis ad ordinem trahuntur, et per quaedam signa [1] devotionis, disciplinae vel sanctitatis, quae vident, convertuntur.

CAPITULUM XXI.

De Theoderico et Bernardo monachis, qui ob visionem unius veniae in sepultura mortui conceperunt conversionem.

Frater Theodericus monachus noster, cum adhuc adolescens esset in saeculo, sacerdotem quendam cognatum suum iam novicium visitare venit; sed non ut converteretur venit. Contigit interim fratrem mortuum sepeliri, quo sepulto, cum conventus dicta antiphona, Clementissime Domine, circa sepulchrum hinc inde cum multa humilitate veniam peteret, diceretque: Domine, miserere super peccatore; ita est compunctus, ita ad conversionem accensus [2], ut qui prius a domino Gevardo Abbate admonitus, converti noluerat, ab illa hora ut susciperetur, vix multis precibus [3] obtineret. Talem modum suae conversionis saepius mihi recitavit tempore suae [4] probationis. Recitavit mihi et [5] frater Bernardus monachus noster, in Vilario [6] monasterio ad visionem similis veniae primum voluntatem convertendi se concepisse. NOVICIUS: Miror quod res tam modica tam magnam salutem operatur in anima. MONACHUS: Quid de hoc miraris? Quantum ad massam, multum modica est pillula, sed quantum ad efficaciam, virtus illius [7] maxima; omnes corporis venas percurrit, humores solvit et eiicit, infirmum ad sanitatem convertit [8]. Si tanta virtus consistit in perceptione unius corporalis pillulae, quare mirari debes, maiorem esse, et ideo maiorem, quia spiritualem, in visione unius veniae [9]? Audi et aliud.

---

1) signa om C. — 2) DP est accensus. — 3) multis precibus om C. — 4) suae om C. — 5) et om C. — 6) C add ordinis nostri. — 7) C eius. — 8) B convertens. — 9) B in unius veniae visione.

CAPITULUM XXII.

De conversione domini Adolphi Episcopi Osinburgensis.

Nobilis adolescens dominus Adolphus, nunc Episcopus Osinburgensis [1]), canonicus fuerat maioris ecclesiae in Colonia. Hic cum tempore quodam ad Campum, domum ordinis nostri, venisset, et post missas [2]) ad orationem in oratorio staret, vidit quomodo monachi, tam senes quam iuvenes, ad diversa discurrentes [3]) altaria, ad disciplinas suscipiendas nudabant dorsa sua, confitentes humiliter [4]) peccata sua. Quae visio, sicut mihi quidam eius familiaris narravit, tantum boni operata est in corde adolescentis, ut abire non posset, sed saeculi pompam contemnens, et totum se ad Dominum [5]) convertens, ibidem manens sacrum religionis habitum susciperet. In quo tantum profecit, ut non multo [6]) post, tum propter nobilitatem, tum propter religiositatem, in praedicta Ecclesia apicem conscenderet episcopalem.

CAPITULUM XXIII.

De conversione Henrici camerarii.

Nosti fratrem [7]) Henricum camerarium nostrum. Huius conversio talis fuit. Cum esset clericus, et maioris ecclesiae in Treveri canonicus, atque multis aliis ecclesiasticis stipendiis honoratus [8]), tempore quodam infirmatus est. Spe igitur recuperandae sanitatis, accepta secum pecunia, Coloniam navigio descendere disposuit [9]), ut et physicos, quorum illic copia est, de infirmitate sua [10]) consuleret, et ex ipsa aeris mutatione aliquod remedium perciperet. Veniensque contra monasterium nostrum, loci nomen requisivit, et agnovit. Dicensque se velle hospitari in monasterio, pueros suos ad Abbatem pro equis, quibus ascenderet, praemisit, et accepit. Eadem nocte, nescio quid viderit, vel quo instinctu con-

---

1) C Osenburgensis, B Osnaburgensis; mox C fuit. — 2) BP missam. — 3) D diversa currentes, P universa currentes. — 4) BP humiliter confitentes. — 5) DP Deum. — 6) P multo tempore. — 7) fratrem om DP. — 8) D stipendiis oneratus, P stipendiis honoratus vel oneratus. — 9) DP descendere navigio proposuit; conf. VI, 34. VIII, 68. — 10) de infirmitate sua om DP.

versus fuerit, mane familiam suam flentem cum nave ¹) remisit, et habitum regulariter induens nobiscum permansit.

CAPITULUM XXIV.
De conversione Gerlaci sacerdotis.

Frater Gerlacus sacerdos et ²) monachus noster propter signa unius devotionis, quam in quodam monacho nostro vidit, sicut mihi confessus est, primum conversionis amorem concepit ³). Die quadam cum monachus ille, quem bene nosti, missam in eius parochia celebraret, tantam secundum consuetudinem gratiam habebat ⁴) lacrimarum, ut Gerlacus, qui propter ministerium ex latere stabat, eandem considerans gratiam, admirans Dominum magnificaret ⁵). Ex illa hora ita coepit ordinem diligere, ut non quiesceret, donec unus ex ordinis personis fieret. Multa tibi adhuc dicere possem ⁶) de his, qui exemplo aliorum conversi sunt; sed brevitati studendum est. NOVICIUS: Ex his quae iam audivi, certum est, alios converti per sermonem exhortationis, alios per virtutem orationis, nonnullos solo exemplo religionis. MONACHUS: Dictum est superius, adhuc alias esse causas multiplices, quae multis occasiones sunt conversionis, scilicet infirmitatem, paupertatem, captivitatem, notam alicuius infamiae, periculum praesentis vitae, timorem sive visionem gehennalis poenae, solum desiderium coelestis vitae ⁷). NOVICIUS: De his precor ut exempla subiungas. MONACHUS: Quod quosdam compellat infirmitas converti, quotidie videmus.

CAPITULUM XXV.
De Lodewico milite propter votum conversionis sanato.

Ante hoc triennium miles quidam Lodewicus nomine, de castro Are, in acutis laborabat, et vocatus est dominus Abbas, ut infirmum visitaret. Invalescente ⁸) infirmitate, cum iam miles idem omnino esset desperatus, monitus est ab Abbate, ut se ordini redderet, et votum conversionis, ut mos est,

---

1) B navi. — 2) et om BC. — 3) D amorem conversionis accepit. — 4) B gratiam habuit, P habebat gratiam. — 5) DP glorificaret. — 6) P possem dicere. — 7) DP patriae. — 8) BDP inardescente.

verbis exprimeret. Qui consilio acquiescens, mox ut ex consensu uxoris se inter manus Abbatis reddidit, facies eius coepit immutari et quodammodo alterari, ita ut pallor verteretur in candorem, et color lividus proficeret in ruborem, cunctis qui aderant stupentibus et Dei donum in moribundo mirantibus. Et ut pius Dominus adhuc manifestius ostenderet, quia propter votum ordinis infirmum distulisset, coepit idem miles sine sudore, sine sanguine, sine sternutatione, contra infirmitatis naturam, celerius¹) convalescere. Qui non²) ingratus beneficiis divinis, deportari se fecit ad monasterium nostrum, in quo factus novicius et monachus, non multo post migravit ad Dominum. NOVICIUS: Sicut ex verbis tuis colligo, opinio tua est, infirmum per poenitentiam et orationes dies suos posse prolongare.

CAPITULUM XXVI.

De eo quod Deus aliquando differat peccatorem propter poenitentiam, et exemplum de Ezechia.

MONACHUS: Non hoc dico; quia non credo quempiam posse terminum sibi a Deo constitutum extendere, sed mortem quandoque imminentem evadere. Quod si verum non esset, Ecclesia superflue³) pro infirmantibus oraret. Cum oratio sancta mortuos suscitet ad vitam, cur non, quod minus est, morituris obtineat sanitatem? Ezechiae poenitenti et flenti per Isaiam a Domino dicitur: *Audivi orationem tuam, et vidi lacrimas tuas; ecce ego adiiciam super dies tuos quindecim annos*⁴), Super quem locum Haymo sic dicit: Sciendum vero, quod sicut protoplasto quasi sub conditione datum est, ut immortalis esset, si divinae iussioni obediret, ita in praedestinatione Dei hi quoque anni dati sunt illi, si innocenter vivens minime superbiret. Qui vero propter superbiam subtracti sunt, propter humilitatem⁵) restituti sunt. NOVICIUS: Vellem mihi ista, quia profunda sunt, ex scripturarum testimoniis apertius probari, quia nodus divinae praedestinationis multis via fuit erroris. MONACHUS: Nodus divinae praedestinationis mihi prorsus insolubilis est. Quis

---

1) celerius add BC. — 2) BC Neque. — 3) C frustra. — 4) Isai. 38, 5. — 5) P add iterum.

enim novit sensum Domini, aut quis consiliarius eius fuit [1])? Attamen quae superius posita [2]) sunt, scripturarum auctoritate roborantur [3]). Sanctus Job de hominis mutabilitate loquens, dicit Deo: *Constituisti terminos eius, qui praeteriri non poterunt* [4]). Ecce in hoc loco habes, homini [5]) terminum vivendi a Deo constitutum, et quod idem terminus intransgressibilis sit. Quod vero eundem terminum quandoque [6]) quis male vivendo poterit praeanticipare, testis est Psalmista, qui dicit: *Viri sanguinum et dolosi non dimidiabunt dies suos* [7]). Si non conceditur eis dies, quibus vivere poterant, si non peccarent [8]), dimidiare, certum est, illos longe infra terminum [9]) constitutum deficere. Similiter boni bene vivendo quandoque merentur terminum suum praevenire, sicut de uno bono in omnium bonorum persona dicitur: *Raptus est, ne malitia mutaret intellectum illius, et ne fictio deciperet animam illius* [10]). Desinant ergo homines stulti stulta dicere, stulta [11]) credere, quia hodie pauci sunt Principes, pauci [12]) nobiles, qui dies [13]) impleant et ad aetatem senilem perveniant. Quare hoc? Nimirum quia pauperes depraedantur, et pauperum lacrimis ante tempus suffocantur. Visne audire exemplum de quodam tyranno, qui quia dies suos [14]) curtare peccando non credidit, liberius peccavit? NOVICIUS: Volo et desidero.

CAPITULUM XXVII.
De errore Lodewici Lantgravii, et de praedestinatione.

MONACHUS: Ex relatione cuiusdam viri religiosi cognovi, Lodewicum Lantgravium, patrem Hermanni Lantgravii, qui ante hos duos annos defunctus est, in errorem periculosum non solum propriae animae, sed et subditorum substantiae decidisse. Qui cum esset praedo ac tyrannus maximus, duras et plurimas in sibi commissum populum faciens exactiones, plurimas [15]) ecclesiarum sibi usurpans possessiones, cum [16]) propter haec et multa alia mala [17]) a viris religiosis corriperetur,

---

1) Rom. 11, 34. — 2) P dicta. — 3) BDP reserantur. — 4) Job 14, 5. — 5) homini om C. — 6) quandoque om C. — 7) Psal. 54, 24. — 8) si non peccarent add BC. — 9) D longe ante terminum, C longe ante tempus. — 10) Sap. 4, 11. — 11) P stulta dicere stulte, B stulte dicere stulte. — 12) DP paucique. — 13) DP add suos. — 14) suos om P. — 15) DP multas. — 16) BDP et. — 17) B et alia mala multa, DP aliaque plurima mala.

qui ei proponebant in confessione poenam malorum gloriamque [1]) electorum, verbum miserabile respondit: Si praedestinatus sum, inquit [2]), nulla peccata poterunt mihi regnum coelorum auferre; si praescitus, nulla bona mihi illud valebunt [3]) conferre. Et, sicut mihi dicere solitus est [4]) nonnus Conradus senex monachus noster, de Thuringiae partibus oriundus, versiculum illum Psalmistae: *Coelum coeli Domino, terram autem dedit filiis hominum* [5]), loco proverbii ad suam excusationem [6]) arguentibus se proponebat: erat siquidem literatus, et ob hoc amplius induratus. Et cum ei dicerent viri timorati: Domine, parcite animae vestrae, desinite [7]) peccare, ne Dominus peccatis vestris [8]) provocatus peccatorem in peccatis occidat; iterum respondit: Cum venerit dies mortis meae, moriar, non illum potero bene vivendo extendere, neque male vivendo praevenire. Volens illum [9]) pius Dominus a tanto errore misericorditer revocare et reducere ad mentem, infirmitate periculosa coepit eum [10]) flagellare. Vocatus est medicus eius, vir bonus et discretus, et non solum in physica, sed etiam in theologia non mediocriter literatus. Cui Princeps dixit: Ut vides, infirmus sum valde; adhibe curam, ut possim convalescere. Memor medicus erroris illius, respondit [11]): Domine, si venit dies mortis vestrae, non vos poterit cura mea morti [12]) subtrahere; si vero moriturus non estis de infirmitate ista, superflua erit medicina mea. Et ille: Quomodo sic respondes? Si mihi non fuerit adhibita curae diligentia et diaeta proposita, potero tam a me ipso quam ab aliis imperitis negligi, et ante tempus mori. Audito hoc verbo physicus multum hilaris effectus, data occasione respondit: Domine, si creditis vitam vestram posse protelari virtute medicinae, quare hoc credere [13]) renuitis de poenitentia et operibus iustitiae, quae sunt antidota animae? Sine his anima moritur, sine his ad sanitatem, quae est in futura vita, nemo pervenit [14]). Considerans Lantgravius pondus verborum, et quia rationabiliter perorasset, dixit ei: De cetero medicus esto animae meae,

1) DP et gloriam. — 2) inquit om BC. — 3) B bona poterunt mihi illud, C mihi bona poterunt illud. — 4) P erat. — 5) Psal. 113, 16. — 6) C opinionem. — 7) P desistite. — 8) peccatis vestris om P. — 9) C eum. — 10) BC illum. — 11) C dixit. — 12) B mea cura morti, C morti cura mea. — 13) credere om C. — 14) C non pervenitur.

quia per tuam medicinalem linguam [1]) Deus liberavit me a maximo errore. NOVICIUS: Numquid non [2]) bene vixit postea Princeps iste? MONACHUS: Minime. Promisit verbis, quod non implevit factis. Qualis eius finis fuerit, cum quanta sarcina peccatorum obierit, poena tormentorum illius in sequentibus te [3]) docebit. Revertamur igitur ad praecedentia, quia longam hanc evagationem fecit interrogatio tua.

CAPITULUM XXVIII.

Quod quidam convertantur propter paupertatem.

Sicut multos trahit ad ordinem medicina infirmitatis, ita plurimos [4]) intrare compellit caminus paupertatis. Saepe vidimus et quotidie videmus, personas aliquando in saeculo [5]) divites et honestas, ut sunt milites et cives, cogente inopia, venire ad ordinem, magis ex necessitate volentes diviti Deo servire [6]), quam inter cognatos et notos egestatis confusionem sustinere. Cum quidam vir honestus exponeret mihi conversionis suae ordinem, adiecit: Certe si in rebus meis habuissem prosperitatem, nunquam venissem ad ordinem [7]). Novi quosdam, qui, patribus [8]) sive fratribus [9]) convertentibus, converti renuerunt, et cum consumsissent omnia [10]) dimissa, tunc primum venerunt, necessitatem pallio devotionis palliantes, vel potius de ipsa necessitate virtutem facientes. NOVICIUS: Non est necesse de talibus exempla quaerere, cum videamus tali occasione plures, maxime conversos [11]), ad ordinem venire; sed beati sunt illi, qui divitias habuerunt, et pro Christo illas contemserunt. MONACHUS: Non ideo beati, quia divitiarum possessores, sed ideo beati, quia divitiarum contemtores [12]). Plus placuerunt Deo [13]) duo minuta viduae [14]), quam multae divitum eleemosynae. Scias etiam quosdam converti propter erubescentiam alicuius culpae, sive notam qualiscunque infamiae.

---

1) DP linguam medicinalem. — 2) non om P; mox BP postea vixit. — 3) te om C. — 4) B multos. — 5) in saeculo habet C post honestas. — 6) B diviti Deo servire volentes. — 7) C ad ordinem venissem. — 8) C add suis. — 9) C add se. — 10) CD add sibi; conf. XII, 14. — 11) C conversos maxime. — 12) C divitiarum fuerunt pro Christo contemtores. — 13) Deo om BC. — 14) Marc. 12, 42.

CAPITULUM XXIX.

De canonico ob erubescentiam cuiusdam furti converso.

Juvenis quidam in domo nostra novicius fuit, quem occasio huiusmodi ad ordinem traxit. Fuerat siquidem canonicus cuiusdam ecclesiae in Colonia. Qui cum fecisset domino suo, clerico honesto, cuius tunc temporis commensalis fuit [1], furtum, licet parvum [2], et a servis illius deprehensus fuisset, in tantum erubuit, ut de saeculo [3] fugiens monasterium nostrum peteret atque novicius fieret. Maluit Deo servire, quam tantam confusionem inter suos confratres [4] sustinere. Ego eodem tempore in eadem ecclesia [5] positus, causam conversionis eius, ut iam dictum est, intellexi, et quia stabilis non esset talis conversio, satis timui.

CAPITULUM XXX.

De adolescente, cui sanctimonialis, ab ipso impraegnata, causa fuit conversionis.

Alius quidam adolescens sanctimonialem quandam impraegnavit [6], et confusione urgente simulque timore, eo quod femina nobilis foret, conversus est in ordine nostro [7]. Et quam diabolus ei praeparaverat in ruinam, per occasionem facta [8] est illi in salutem. Juvene supradicto, iusto Dei iudicio, ordinem deserente, iste adhuc perseverat, se misericordia Dei [9] conservante. NOVICIUS: Ut video, non est volentis, neque currentis, sed miserentis est Dei [10]. MONACHUS: Ita est. Quod quidam etiam [11] convertantur ob periculum vitae temporalis, hoc exemplo doceberis.

---

1) DP erat. — 2) furtum fuit unius tantum pomi; vide infra IV, 74. — 3) C ut saeculum. — 4) C confratres suos. — 5) C ecclesia eadem. — 6) DP impraegnaverat. — 7) nostro om C. — 8) pro quam — facta auctorem suspicor scripsisse quod — factum. VIII, 59: sed militi cessit ad gloriam, quod diabolus praeparaverat ad ruinam. IX, 9: quod oleribus in remedium, mihi teste diabolo factum est in tormentum. — 9) BD Dei misericordia se, P Dei se misericordia. — 10) Rom. 9, 16. — 11) etiam om C.

CAPITULUM XXXI.

De nobili viro, qui gratia conversionis capitali sententiae subtractus est.

Eo tempore quo Rex Otto profectus est Romam coronari in Imperatorem, imperium super [1]) Mosellam fratri suo Henrico Palatino regendum commisit. Hic nobilem quendam virum praedonem per iudicium capitali sententia damnavit. Advenit [2]) Daniel Abbas Sconaviae, suisque precibus apud Palatinum obtinuit, ut ei liceret vivere, et Deo pro peccatis suis in ordine Cisterciensi satisfacere. Sic homo pro suis sceleribus [3]) morti addictus [4]), per gratiam conversionis evasit sententiam [5]) damnationis. Frequenter huic similia audivi, scilicet ut homines flagitiosi pro suis criminibus variis suppliciis deputati, beneficio ordinis sint liberati. NOVICIUS: Licet haec videantur [6]) minima, non tamen sunt parvipendenda, eo quod sint aedificatoria. MONACHUS: Quibus haec videbuntur minima, audiant de his, quos timor poenae gehennalis convertit, magna atque terribilia.

CAPITULUM XXXII.

De conversione Abbatis Morimundi [7]), qui mortuus fuit, et revixit.

Ante hos annos viginti quatuor Abbas quidam in Morimundo [8]) fuit, quem talis necessitas ad ordinem traxit. Quae de illo dicturus sum, ex relatione domini Hermanni Abbatis Loci sanctae Mariae cognovi, qui eundem Abbatem vidit, loquentem audivit, atque gestus illius diligentius, utpote qui mortuus fuerat, et revixit, consideravit. Cum esset iuvenis, cum ceteris scholaribus studebat Parisiis. Qui cum esset duri ingenii, labilisque memoriae, ita ut pene nil posset capere vel [9]) retinere, ab omnibus irridebatur, ab omnibus idiota iudicabatur; unde coepit turbari, multisque doloribus cor eius affligi. Contigit ut die quadam infirmaretur, et ecce Satan affuit, qui

---

1) BP supra. — 2) BC add dominus; paulo post C om Abbas. 3) B sceleribus suis, C peccatis suis. — 4) C adiudicatus. — 5) C sententiam evasit. — 6) D sint. — 7) BP Morimundis. — 8) B in Morimundus, CP Morimundis. — 9) C nil.

diceret ei: Vis mihi facere hominium [1]), et ego tibi dabo scientiam omnium literarum [2])? Audiens haec iuvenis, expavit, et diabolo talia suggerenti respondit: Redi post me, Satanas, quia nunquam eris dominus meus, neque ego homo tuus. Et cum ei non acquiesceret, manum illius quasi violenter aperuit, lapidemque imponens dixit: Quamdiu conclusum [3]) tenueris lapidem istum in manu tua, scies omnia. Recedente inimico, iuvenis surrexit, scholas intravit, quaestiones proposuit, omnesque disputando superavit. Mirati sunt omnes, unde idiotae tanta scientia [4]), tanta facundia, novitas tam inusitata. Ille vero negotium celatum habuit, nec alicui hominum causam tantae scientiae exponere voluit. Non multo [5]) post infirmari coepit usque ad mortem; vocatus est sacerdos, qui eius audiret confessionem. Qui inter cetera etiam [6]) confessus est, quomodo a diabolo recepisset lapidem, et cum lapide scientiam. Respondit sacerdos: Proiice, miser [7]), artem diaboli, ne expers fias scientiae Dei. Territus ille, lapidem, quem adhuc manu tenebat [8]), proiecit, et cum lapide fallacem scientiam deposuit. Quid plura? Defunctus est clericus, et corpus eius positum in ecclesia, ordinatis circa feretrum scholaribus [9]), qui more Christiano psalmos decantarent. Daemones animam tollentes et ad vallem profundam, terribilem, fumumque sulphureum [10]) evaporantem, illam portantes, ordinabant se ex utraque parte vallis; et qui stabant ex una parte [11]), animam miseram ad similitudinem ludi pilae proiiciebant; alii ex parte altera [12]) per aera volantem manibus suscipiebant. Quorum ungues ita erant acutissimi, ut acus exacuatas [13]) omneque acumen ferri incomparabiliter superarent. A quibus ita torquebatur, sicut postea dicebat, cum eum iactarent vel exciperent, ut illi tormento nullum genus tormentorum [14]) posset aequiparari. Misertus illius Dominus, misit nescio quam coelestem personam, virum magnae reverentiae, qui daemonibus tale nuncium deferebat [15]):

---

1) B homicidium, hic et infra. — 2) C scripturarum. — 3) C inclusum. — 4) tanta scientia om P. — 5) C multum. 6) DK qui etiam inter cetera. — 7) miser om BC. — 8) B in manu tenebat, C manu gerebat. — 9) C ordinati sunt circa feretrum scholares. — 10) C sulphureumque fumum. — 11) C add vallis. — 12) C ex alia parte; mox idem aerem. — 13) sic omnes libri magno consensu. — 14) DP tormenti. — 15) B referebat.

Audite, praecipit vobis Altissimus[1]), ut animam a vobis deceptam dimittatis. Mox omnes simul inclinantes[2]) animam dimiserunt, nec eam amplius[3]) tangere praesumserunt. Quae reversa ad corpus, membra exanimata vivificavit, vivificata erexit, scholares circumsedentes in fugam convertit[4]). Descendensque de feretro, dicebat se vivere, et quid viderit, quidve audierit, magis opere quam sermone manifestavit. Nam statim conversus in ordine Cisterciensi, tam rigidus fuit sibi, tam durus castigator corporis sui, ut omnibus qui eum videre poterant[5]), patenter daretur intelligi, quia poenas senserit purgatorii, vel potius inferni. NOVICIUS: Expediri vellem, utrum locus ille[6]), in quo tormentabatur, infra metas fuerit inferni, sive purgatorii. MONACHUS: Si vallis illa pertinebat ad gehennam, constat eius confessionem fuisse sine contritione. Quod satis ex hoc probatur, quod[7]) maxime poenam illam, teste coelesti[8]) nuncio, sustinuerit propter consensum retenti[9]) lapidis. NOVICIUS: Numquid dicendus est daemoni consensisse? MONACHUS: Non ut ei faceret hominium, consensit, sed in tantum consensit, quod non statim lapidem de manu iactavit, sed ad usum scientiae diligentissime reservavit. Circa quem etiam tanto afficiebatur amore, ut nec quidem in infirmitate deponeret, sed cum dolore ad imperium sacerdotis proiiceret. Si eum dixero fuisse in purgatorio, suspecta est mihi absentia sanctorum angelorum, et praesentia daemoniorum, qui animam egressam suscipiebant, susceptam deducebant, deductam tam crudeliter torquebant[10]). Dicebat magister Rudolphus Scholasticus Coloniensis, in cuius scholis et ego frequentius eram, quod daemones animam electam de corporis ergastulo egredientem nunquam tangerent, sed beati angeli ad loca purgatorii, si tamen purgatorio digna esset[11]), deportarent. Tali enim exemplo utebatur: Non decet, ait[12]), ut carbonarius purget aurum, sed aurifex. Postea[13]) propter meritum vitae, suscitatus[14]) factus est Abbas in Morimundo[15]), in una de quatuor primis domibus, vir sanctus et iustus. De

---

1) P Dominus altissimus. — 2) DP inclinantes simul. — 3) C amplius eam. — 4) DP vertit. — 5) C potuerant. — 6) ille om P. — 7) DP eo quod. — 8) coelesti om C; paulo post BP sustinuit; conf. infra XII, 23 iuxta finem. — 9) retenti om B. — 10) DP extorquebant. — 11) P digna esset purgatorio. — 12) C inquit. — 13) DP add vero. — 14) suscitatus om BC. — 15) P Morimunde.

quo cum interrogassem praedictum Hermannum Abbatem, si viderit illum aliquando ridentem, quia de resurgentibus dicitur, quod ridere non soleant; respondit: Scias me hoc ipsum in illo¹) considerasse, nec potui deprehendere in gestibus eius nutum quidem levitatis, tantae erat gravitatis, tantae longanimitatis; nunquam illum vidi²) nec quidem subridentem, neque verba levitatis proferentem. NOVICIUS: Miror si aliquid³) dixerit de forma et virtute animae. MONACHUS: Etiam; asserebat enim⁴) animam suam fuisse tanquam⁵) vas vitreum et sphaericum, oculatam retro et ante⁶), plurimum habuisse scientiae, vidisse universa. Nam scholaribus circa feretrum sedentibus, quaecunque actitaverant, manifestavit. Vos, inquit, tesseribus⁷) lusistis; vos invicem capillis vos traxistis; vos diligenter psallebatis. NOVICIUS: Valde me laetificat, quod vir iste, qui corpore exutus tanta⁸) in poenis vidit, tanta audivit, ceteris religiosis ordinibus Ecclesiae⁹) omissis, ordinem nostrum intrare voluit. MONACHUS: Merito laetificare te debet¹⁰); sed aliud tibi dicam, quod eandem tuam laetitiam¹¹) geminet.

CAPITULUM XXXIII.*)

De clerico nigromantico mortuo, qui viventi socio apparens suasit ordinem intrare.

Duo iuvenes, sicut didici lectione, non relatione, apud Toletum studebant in¹²) nigromantia. Accidit ut unus illorum usque ad mortem infirmaretur. Qui cum moriturus esset, rogavit eum¹³) alter, ut infra viginti dies¹⁴) sibi appareret. Et promisit, si ei¹⁵) concederetur. Sedente eo die quadam in ecclesia coram imagine beatae Virginis, et psalmos pro anima illius¹⁶) legente, affuit miser ille, miserrimis gemitibus sua indicans tormenta. Quem cum interrogasset, ubi

---

1) B ipsum in ipso, C idem in ipso. — 2) C vidi illum. — 3) C aliqua. — 4) enim add BC. — 5) B sicut. — 6) BD ante et retro. — 7) R tesseris. Homil. III. p. 27: ego ludam vobiscum tesseribus. Vide et infra IV, 6. — 8) C tantum, hic et paulo post. — 9) Ecclesiae om DP. — 10) B potest. — 11) B add magnam valde. — *) Homil. II. p. 34. — 12) BC de. — 13) eum om P. — 14) Hom. infra tricenarium, hoc est, infra triginta dies. Mox C ei. — 15) DP si tamen sibi. — 16) BC illius anima.

esset vel quomodo haberet, respondit: Vae mihi, quia aeternaliter damnatus sum propter artem quam didici diabolicam, quia revera mors animae est, sicut titulus eius [1]) ostendit. Consulo autem tibi sicut [2]) socio meo unico, ut ab hac exsecrabili scientia recedas, et vitam religiosam sectando Deo pro peccatis tuis satisfacias. Quem cum vivus rogasset [3]), ut tutiorem sibi viam vivendi ostenderet, iterum respondit: Non est via securior [4]), quam ordo Cisterciensis, neque inter omne genus hominum pauciores descendunt ad inferos, quam personae religionis illius [5]). Retulit ei et alia plurima [6]), quae causa brevitatis omitto, eo quod in libro Visionum Claraevallis scripta sunt [7]). Juvenis vero mox renuncians nigromantiae, factus est novicius ac deinde monachus in ordine Cisterciensi. NOVICIUS: Fateor in hoc facto laetitiam cordis mei [8]) geminatam. MONACHUS: Quia in ore duorum vel trium testium stabit omne verbum [9]); vis audire de tertio clerico pene simili modo converso? NOVICIUS: Volo ac plurimum desidero.

CAPITULUM XXXIV.

Item de clerico, qui propter poenas Lodewici Lantgravii, quas vidit, ad ordinem venit.

MONACHUS: Narrante mihi saepius sene monacho nostro Conrado [10]), qui pene centenarius est, cuius supra feci mentionem, didici quod refero. Ipse quidem de Thuringia oriundus [11]), et in armis ante conversionem exercitatus, multa novit de actibus Lodewici Lantgravii, de quo supra capitulo vicesimo septimo longam texui narrationem. Hic cum moreretur, duos filios reliquit heredes, Lodewicum scilicet, qui in prima expeditione Jerosolymitana, quae facta est temporibus [12]) Frederici Imperatoris, defunctus est, et Hermannum, qui eidem in Principatu successit, qui nuper obiit. Lodewicus vero, qui satis erat tractabilis et humanus, et ut verius dicam, ceteris tyrannis

---

1) C illius. — 2) P tanquam. — 3) C nimis rogasset, P vivus interrogasset. — 4) C securior via. — 5) C illius religionis. — 6) C multa. — 7) C sint. — 8) cordis mei om C. — 9) Deut. 19, 15; conf. infra VIII, 32. — 10) Conrado habet C ante sene. — 11) D fuit natus. — 12) C tempore; verba quae — Imperatoris om D.

minus malus, tale edictum proposuit: Si modo aliquis esset, inquit [1]), qui veris indiciis vera mihi de anima patris mei [2]) dicere posset, bonam curtim [3]) a me reciperet. Audiebat haec miles quidam pauper, qui fratrem habebat clericum in nigromantia quandoque satis expeditum. Cui cum verba Principis indicasset [4]), respondit ille: Bone frater, diabolum aliquando per carmina vocare consuevi; sciscitabar ab illo quae volui; diu [5]) est quod eius colloquiis artibusque renunciavi. Instante milite oportune importune, ad memoriam ei reducens propriam paupertatem promissumque honorem, precibus eius tandem clericus victus, daemonem vocavit. Vocatus quid vellet inquisivit. Respondit clericus: Poenitet me tanto tempore recessisse a te. Indica mihi obsecro, ubi sit anima domini mei Lantgravii. Ait daemon: Si vis mecum pergere, ego tibi illum [6]) ostendam. Et ille: Libenter illum [7]) viderem, si sine periculo vitae meae illum videre possem. Cui diabolus: Juro tibi per Altissimum, et per tremendum eius iudicium, quia si fidei meae te commiseris, incolumem te illuc ducam hucque reducam. Ponens clericus propter fratrem [8]) animam suam in manibus suis, collum daemonis ascendit, quem infra breve tempus ante portam inferi deposuit. Introspiciens clericus, contemplatus est loca nimis horrenda, poenarumque diversa genera, et daemonem quendam aspectu terribilem [9]), super opertum puteum residentem [10]). Clericus ut haec vidit, totus contremuit. Et clamavit daemon ille ad daemonem baiulum: Quis est ille, quem tenes in collo? Adduc eum huc. Cui [11]) respondit: Amicus noster est, et iuravi ei per virtutes tuas magnas, quia eum non laederem, sed animam Lantgravii domini sui [12]) ostenderem, sanumque reducerem, ut omnibus tuam immensam [13]) praedicet virtutem. Ille vero statim [14]) operculum igneum, cui insedit, amovit, et tuba aenea puteo immissa, tam valide buccinavit, ut videretur clerico totus tinnire [15]) mundus. Post horam, ut ei videbatur,

1) inquit om BC. — 2) C patris mei anima. — 3) B curtem, R cortem. — 4) C recitasset. — 5) C sed diu. — 6) C eum tibi, P illum tibi. — 7) C Ego eum libenter. — 8) propter fratrem habet C post suis. — 9) aspectu terribilem om C. — 10) C sedentem. — 11) P qui. — 12) C domini sui Lantgravii. — 13) C immensam tuam. — 14) statim om C, qui paulo post: cui insedit igneum. — 15) P tremere, ut infra XII, 58.

nimis longam, puteo eructuante ¹) flammas sulphureas, Lantgravius inter scintillas ascendentes simul ascendens ²), videndum se clerico collo tenus praebuit. Ad quem ait: Ecce ³) praesto sum miser ille Lantgravius, quondam dominus tuus, et utinam nunquam natus. Cui clericus: Missus sum a filio vestro, ut ei renunciare possim de statu vestro; et si in aliquo potestis iuvari, mihi dicere debetis. Respondit ille: Statum meum bene vides. Hoc tamen scias, quia si filii mei restituere vellent tales possessiones talium ecclesiarum, propriis nominibus eas exprimens, quas mihi iniuste usurpavi, et sub titulo hereditario ipsis reliqui, magnum animae meae ⁴) conferrent remedium. Cui cum clericus ⁵) diceret: Domine, non credent mihi; respondit: Ego dicam tibi signum, quod nemo novit praeter me et filios meos. Accepto signo, et Lantgravio, eo vidente, mox ⁶) puteo immerso, per daemonem reductus est. Qui licet vitam non perdiderit, ita tamen pallidus et languidus rediit, ut vix agnosceretur. Verba patris filiis retulit, signa ostendit, sed modicum illi profuit. Non ⁷) in hoc consentire voluerunt, ut possessiones restituerent. Respondit tamen Lodewicus Lantgravius clerico: Signa cognosco, patrem meum te vidisse non dubito, propositum ⁸) tibi praemium dare non renuo. Ad quem ille: Domine, curtis vestra vobis maneat ⁹); ego cogitabo quid animae meae expediat. Relictisque omnibus, factus est monachus in ordine Cisterciensi, contemnens ¹⁰) omnem laborem ¹¹) sustinere temporalem, dummodo poenam evaderet aeternam. Ecce habes tria exempla, quod quidam convertantur timore vel visione poenae gehennalis. Possem tibi de his adhuc plura dicere, sed in aliis distinctionibus propono tibi illa ¹²) disserere. NOVICIUS: Si talia homines videre possent, puto quia tam ¹³) libere non peccarent. MONACHUS: Ita est ut dicis. Audi adhuc ¹⁴) quod superest

---

1) R eructante. Homil. II. p. 85: liquorem de gutture suo eructuans. Conf. infra IV, 22. XI, 7. — 2) BD ascendit et. — 3) ecce om C. — 4) meae om BD. — 5) clericus om C. — 6) mox add BC. — 7) C add enim. — 8) C promissum. — 9) C remaneat. — 10) B non contemtus, C contendens. Infra II, 32: vermibus morituris contemtis, immortales effugere cupiens, tum timore gehennae, tum amore coelestis patriae, nudus se super vermes iactavit. — 11) C poenitentiam. — 12) DP illa tibi propono. — 13) C quod ita. — 14) adhuc om C.

exemplum, videlicet quod quosdam converti cogat non morsus conscientiae, sed amor conservandae innocentiae, et desiderium coelestis patriae.

CAPITULUM XXXV.
De conversione Godefridi monachi Vilariensis, et de revelationibus eius.

In monasterio sancti Pantaleonis in Colonia, quod est nigri ordinis monachorum, iuvenis quidam fuit nomine Godefridus [1]), puritatis eximiae, inter fratres suos sine querela conversatus, secundum disciplinam ordinis illius. Et quia scriptum est: *Justus iustificetur adhuc, et sanctus sanctificetur adhuc* [2]), desiderio supernae vitae [3]) accensus idem Godefridus, et quia secundum regulae mandatum vivere non posset considerans, venit ad nos, humiliter et instanter supplicans, ut fratrum collegio iungi mereretur. Timens Abbas noster [4]) magis in causa esse levitatem, quam devotionem, eum heu suscipere non acquievit. Passus a nobis repulsam, Vilarium venit, et quod petivit, citius obtinuit. Qui quantae fuerit religiositatis, quantae sanctitatis, quam fervens in ordine, per sacras eius reliquias usque hodie Dominus [5]) non cessat ostendere. Tempore quodam dominus Karolus Abbas Vilariensis, qui fuerat Prior noster, veniens ad nos, duxit secum eundem virum venerabilem [6]); et, sicut mihi dixerunt qui viderunt, tantam gratiam devotionis ei Dominus in missa contulit, ut stillicidia lacrimarum ex eius oculis super altare vel pectus eius stillarent. Quem cum interrogaret nonnus [7]) Theodericus de Lureke, tunc novicius, quondam canonicus Bonnensis, quomodo orare deberet, respondit: Nihil debetis dicere in oratione [8]), sed tantum cogitare de Salvatoris [9]) nativitate, passione, resurrectione [10]) et aliis quae vobis nota sunt. Quod ipse frequenter in usu habuit, hoc et alios docere studuit. Habebat et spiritum prophetiae, ita ut quandoque monachis tentationes futuras praediceret, et ut corda sua per patientiam praepara-

---

1) BD Godefridus nomine. — 2) Apoc. 22, 11. — 3) C vitae supernae. — 4) BC dominus Abbas. — 5) C Dominus usque hodie. — 6) C venerabilem virum. — 7) B dominus. — 8) DP in oratione dicere. — 9) DP add nostri. — 10) C et resurrectione; paulo post BP nobis.

rent ¹) admoneret. Quantas habuerit consolationes, quam mirificas visiones, solus ille plene ²) novit, qui auctor illarum fuit. Dicam tibi quod mihi retulit monachus quidam religiosus ³) Vilariensis de illo. Cum esset tempore quodam hebdomadarius coquinae, et sabbato secundum consuetudinem lavaret pedes monachorum, dicto completorio, cum clausisset oratorium, erat enim sacrista, apparuit ei Salvator linteo praecinctus, et pelvim in manu tenens, et ⁴) ait ad Godefridum: Sede, ut lavem pedes tuos, eo quod dudum laveris pedes meos. Qui ⁵) cum territus renueret, coegit eum, flexisque genibus pedes eius lavit, sicque disparuit. Secunda feria post Palmas, stans in choro, cum psalmus, Eructavit cor meum, devote a conventu decantaretur ⁶), ecce virgo ⁷) gloriosa Dei genitrix Maria de presbyterio descendens, et chorum ⁸) more Abbatis circuiens, monachis benedixit, sicque inter Abbatis et Prioris stallum exiens, quasi ad conversorum chorum properavit. Exivit ille post eam, ut videret quo iret, sed eam videre non potuit. Statim, nescio utrum proxima vel tertia die, infirmari coepit. Et cum laboraret in acutis ⁹), usque in Pascha in conventu perseverans ¹⁰), dorsumque castigationibus lacerans, atque sacros pannos cum ceteris lavans, tandem infirmitate depressus, in infirmitorio ¹¹) depositus est. Qui cum iam agonizaret, et esset tempus comedendi, dixit ei minister suus: Invitus vado comedere, timens ne interim moriamini. Vade, inquit, securus, ante videbo te. Qui cum in mensa sederet, Godefridus ostium refectorii aperuit, monachum respexit et benedixit, sicque versus oratorium tetendit. Territus ille, putabat eum miraculose convaluisse. Statimque percussa est ad exitum eius tabula ¹²), et recordatus est infirmarius, quia ¹³) hoc ei promiserat. Nudato eius corpore ad lavandum, ita invenerunt dorsum eius plagis virgarum lividum, ut omnes mirarentur. Nuper per revelationem levata sunt ossa eius ¹⁴) et in sacrario posita, reservanturque pro reliquiis. Ipsi gloria qui sic ad se conversos magnificat, cui ¹⁵) cum Patre et Spiritu

1) C praeperarent per patientiam. — 2) plene om BD. — 3) religiosus om P. — 4) et om C. — 5) DP quod. — 6) C decantaretur a conventu. — 7) virgo add BC. — 8) C add monachorum. — 9) C in acutis laboraret. — 10) C perseveravit. — 11) BP infirmatorio; mox iidem positus. — 12) B tabula ad exitum eius, D tabula ad eius exitum. — 13) C quod. — 14) C eius ossa. — 15) cui om C.

sancto honor¹) et imperium per omnia saecula saeculorum. Amen. Multa alia de eo referuntur²), quae studio brevitatis supprimo. NOVICIUS: Satisfactum mihi fateor de causis sive occasionibus conversionis; nunc de modo vel forma³) eiusdem aliquid audire delectat.

CAPITULUM XXXVI.
De modo et forma conversionis.

MONACHUS: Quosdam enim ad conversionem venire videmus cum quadam gloriola et ostensione saeculari⁴), alios cum exhibitione multae humilitatis. NOVICIUS: Quod⁵) horum est melius? MONACHUS: Humilem conversionem Deo placere nemo dubitat; ostensio autem alicuius gloriae saecularis secundum intentionem se convertentis iudicatur. Quidam converti desiderantes⁶), de novo se vestiunt, cum cognatis et amicis ad monasterium veniunt, ne quasi vagi et pauperes⁷) repulsam patiantur; alii vero, cum divites sint, paupertatis habitum assumunt, ut ex humilitate conversionis amplius mereantur. De quibus tibi et⁸) exempla subiungam.

CAPITULUM XXXVII.
De conversione Walewani militis, qui armatus ad ordinem venit.

Miles quidam Walewanus nomine⁹) converti desiderans, cum dextrario et armis suis militaribus Hemmenrode¹⁰) venit, armatus claustrum intravit, et sicut mihi retulerunt seniores nostri, qui tunc praesentes erant¹¹), portario illum ducente, per medium chorum vadens, conventu inspiciente, et novam conversionis formam¹²) mirante, super altare beatae Virginis¹³) se obtulit, armisque depositis, in eadem domo religionis habitum¹⁴) suscepit. Visum est ei congruum, ibi militiam depo-

---

1) B sit honor. — 2) P referunt; verba Multa — supprimo om B. — 3) C de modo et forma, B de forma vel modo. — 4) saeculari om C. — 5) BD quid. — 6) C volentes. — 7) C pauperes et vagi. — 8) et om BD. — 9) P nomine Walewanus. — 10) D in Hemmenrode. — 11) D fuerunt. — 12) DP formam conversionis; mox C mirantes. — 13) D add Mariae. — 14) C habitum religionis.

nere saecularem, ubi assumere [1]) proponebat militiam spiritualem. Adhuc vivit, vir bonus ac religiosus, prius inter monachos novicius, postea ob humilitatem factus est conversus.

CAPITULUM XXXVIII.
De humili conversione Philippi Abbatis.

Abbas Philippus de Ottirburg contrarium fecit, sicut mihi retulit canonicus quidam Traiectensis, qui tunc temporis praesens fuit. Hic cum esset de honesta parentela natus, et maioris ecclesiae in Colonia canonicus, Rudolphum eiusdem ecclesiae Scholasticum Parisiis legentem audivit. Divina inspirante gratia, magistro suo ignorante, scholas deseruit, et cum esset adolescens [2]) delicatus bonisque vestibus indutus, pauperi scholari sibi occurrenti illas dedit, et vilia illius vestimenta [3]) reinduens, ad domum quandam ordinis nostri, quae Bonavallis dicitur, veniens, se in novicium suscipi humiliter petivit. Videntes illum fratres cappa trita atque vetusta indutum, aestimantes eum scholarem pauperem et vagum, suscipere renuerunt. Considerans moram repulsae esse periculosam, ingressumque sibi negari, novissime dixit: Si non susceperitis me, forte vos poenitebit, et cum facere volueritis, esse non poterit. Tunc demum susceptus est. Cognita eius conversione, magister Rudolphus dolens, cum sociis quibusdam ad monasterium venit, sed fundamentum supra petram positum movere non potuit [4]). Et quia idem Philippus se in conversione [5]) humiliavit, in tantum illum Dominus exaltavit, ut non multo post eidem domui Abbas [6]) praeficeretur.

CAPITULUM XXXIX.
De eo quod quidam in conversione ordines sacros celantes propter humilitatem conversi fiant.

Tanta est virtus humilitatis, ut eius amore saepe ad ordinem venientes clerici, laicos se simulaverint, malentes pecora pascere, quam libros legere, satius [7]) ducentes Deo in humi-

---

1) C sumere. — 2) C iuvenis. — 3) B illius indumenta, DP vestimenta illius. — 4) Luc. 6, 48. — 5) C in conversione se. — 6) C Abbas eidem domui. — 7) C sanius, D sanctius.

litate servire, quam propter sacros ordines vel literaturam ceteris praeesse. Hoc quia saepius in ordine contigit, ita ut de conversis fierent monachi, ante hos quatuor annos, ne de cetero fieret [1]), diffinitum est in Capitulo generali, ut tali modo conversi manerent inter conversos. Eodem anno quidam veniens, ut puto Diaconus, laicum se simulans, in conversum susceptus est. Cuius Abbas cum postea [2]), nescio quo prodente, ordines intellexisset, in sequenti Capitulo casum cundem [3]) proposuit. Et quia viris discretis videbatur omnino absurdum, ut quis in tam sublimi ordine positus, foret sine charactere coronae et sine sacrorum ordinum exsecutione, sententiam mutaverunt. NOVICIUS: Non miror, si aliqui celant [4]) suos ordines in conversione, cum legamus priscis temporibus feminas [5]), ut fuit beata Eugenia et sancta [6]) Euphrosyna atque beata Marina, zelo conversionis [7]) sexum virilem simulasse. MONACHUS: Quid hoc miraris factum temporibus priscis, cum recentiori tempore [8]) in ordine nostro contigisse sciamus? NOVICIUS: Hoc omnibus modis scire desidero, videlicet a qua persona, ubi, vel quomodo tam mirabilis facta sit conversio. MONACHUS: Femina, de qua dicturus sum, quae fuerit, vel quomodo ad ordinem venerit, seu quomodo in ordine fuerit, vel [9]) consummaverit, sicut nobis retulit monachus quidam, qui cum ea novicius fuerat in probatione, fida tibi pandam relatione.

CAPITULUM XL.

De mirabili conversione beatae Hildegundis virginis, quae se virum simulaverat.

In civitate Nussia, quae quinque milliaribus [10]) distat a Colonia civitate magna, civis quidam habitavit, filiam habens formosam ac dilectam, nomine Hildegundem [11]). Quam uxore defuncta, cum adhuc esset in aetate tenera, orationis gratia secum Jerosolymam duxit. In reditu vero infirmatus pater [12]),

1) ne de cetero fieret om DP. — 2) postea om C. — 3) C ostendere. — 4) C celent. — 5) feminas om C. — 6) CD beata; paulo post D et sancta. — 7) zelo conversionis add BC. — 8) DP add simile. — 9) B add vitam; verba seu quomodo — consummaverit om D. — 10) BD milliariis, hic et infra p. 50. — 11) CD Hildegundam. — 12) pater om BD.

apud Tyrum diem clausit extremum. Moriens autem filiam et omnia quae habuit ministri sui fidei commendavit. Sed fidem non servans servus domino, neque misericordiam exhibens defuncto, cum esset impius et avarus, puella nocte in domo relicta, clam navigavit, multis illam miseriis exponens. Quae mane surgens cum [1]) intellexisset, tutorem [2]) infidum cum patris sui substantia navigasse, vehementer doluit, et quid ageret vel quo se verteret, penitus ignoravit. Non intelligens idioma terrae, fame coepit tabescere; mendicando tamen scholas in eadem civitate anno uno [3]) frequentavit. Post haec peregrinis de Alemannia adventantibus calamitatem suam exposuit, et ut sui misererentur, lacrimabiliter exoravit. Ex quibus unus ceteris ditior, vir bonus et nobilis, consolans desolatam, assumensque in navim suam [4]) derelictam, datis necessariis, ad patriam reduxit peregrinam. Eodem tempore cum orta fuisset controversia in Ecclesia Treverensi inter duos electos, Wolmarum scilicet eiusdem Ecclesiae Archidiaconum, et Rudolphum maiorem Praepositum, dominus Papa Lucius priori favebat; partem alterius Fredericus Imperator defensabat. Et quia nulli erat tutum, apices ad Apostolicum, qui tunc temporis apud Veronam morabatur, deferre, propter insidias Imperatoris, Ecclesia Coloniensis cum uni partium faveret, et ob hoc literas ad iam dictum Papam destinaret, baiulus earundem vitae suae timens, praefatam puellam propter tonsuram et habitum adolescentem aestimans, prece simul et pretio, eo quod minor suspicionis nota foret [5]) in pedite quam in equite, clausas in baculo literas, ut portaret obtinuit. Quae cum iuxta Augustam devenisset [6]), furem offendit. Rogata ab eo, ut socius eius esset itineris, nihil mali suspicans, libens annuit. Cumque paululum processissent, et fur quasi sonum persequentium excepisset, onus cum furto penes puellam reposuit, ipse vero ad secessum se ire simulans, inter frutecta se abscondit. Quid morer? Illa a persequentibus comprehenditur, cum sacco ad iudicium trahitur, et per sententiam laqueo adiudicatur. Quae cum ob furti praesentiam nullam sibi prodesse cerneret allegationem, nullam excusationem, sacerdotem petivit, et obtinuit. Cui excessus suos confitens,

---

1) C cum mane surgens. — 2) C add suum. — 3) BC uno anno. — 4) C in navi sua. — 5) foret om C. — 6) BC venisset; mox PC furem obviam habuit.

satis simpliciter exposuit per ordinem viae suae causam, furis etiam [1]) nequitiam. Et ut sacerdoti verborum [2]) fidem astrueret, arundinem, literas pontificales continentem, ostendit; et adiecit: Si fuerit fur quaesitus, ocius invenietur. Mox ad consilium sacerdotis nemus retibus et canibus ambitur, fur quaesitus comprehenditur, ad iudicium uterque trahitur. Cumque [3]) miser ille ad criminis confessionem cruciatibus compelleretur [4]), ait: Iniuste compellor confiteri quod non feci; iste cum furto deprehensus secundum ius civile damnandus est. Econtra cum puella diceret, sibi onus dolose fuisse commissum, et restituere vellet depositum; respondit ille: Onus istud meum esse nego; vox unius testimonium est nullius. Ad haec virgo obmutuit. Tunc accedens sacerdos [5]) pro ipsa allegavit, et quod esset innocens doloque hominis circumventa, satis affirmavit. Et si minus, inquit, verbis meis creditur, examine ferri candentis, quis reus sit, quis innocens, facile comprobabitur. Quod cum omnibus placuisset, manus furis adusta [6]) est, puellae vero manus illaesa apparuit. Tunc fure celerius suspenso, confessor et liberator virginis gaudens illam in domum suam recepit. Et ecce, diabolo instigante, qui saluti virginis invidit, cognatio furis, de tam turpi morte eius furens, innocuam et Dei iudicio liberatam de domo sacerdotis extraxit, reoque deposito, loco illius [7]) illam suspendit. Mox angelus Domini affuit, qui et virginem, ne laquei sentiret angustias, sustentavit; et mirifico vultus sui odore refecit. Et cum nihil sentiret doloris, imo maximis se putaret interesse deliciis, in ipsa nocte tam suavem audivit melodiam, symphoniam tam diversam, tam [8]) iocundam, ut nullus chorus, sive corporalis, sive instrumentalis, tantae dulcedini posset comparari. Sciscitante ea, quid hoc esset; respondit angelus: Anima sororis tuae Agnetis cum hoc concentu angelico in coelum defertur, et tu post biennium feliciter sequeris. Sic beata illa per biduum pendente [9]), pastores in vicino pascentes, misericordia moti condixerunt, ut corpus deponerent, atque sepulturae commendarent. Inciso vero laqueo, non, ut consuetudo est cadaverum, cum pondere cecidit, sed paulatim, angelo

---

1) DP et furis. — 2) verborum om C. — 3) que add BC. —
4) C compelleretur cruciatibus. — 5) C sacerdos accedens. — 6) DP exusta. — 7) DP eius. — 8) C tamque.
9) C pendens.

sustentante, ad terram demissa [1]) stetit. Quo viso territi pastores fugerunt. Dixitque ei angelus Domini: Ecce libera es, vade quo libet. Respondit illa: Domine mi [2]), Veronam ire proposui. Statimque in momento translata est iuxta Veronam [3]). Et ait angelus: Verona hinc distat tribus milliaribus. Inter Augustam vero [4]) et Veronam septem dictae numerantur. NOVICIUS: Videntur mihi in hac puella antiqua iustorum miracula renovata, videlicet sancti Benedicti Abbatis et Abacuc Prophetae: ex quibus prior cum absens esset, vidit germanae suae Scholasticae animam in specie columbae coeli secreta penetrare [5]); alter vero, Propheta scilicet, de Judaea in momento in Babylonem [6]) translatus est. MONACHUS: Verum dicis, nec minus miror, quod audire meruit animam sororis [7]) cum concentu angelico tanto locorum spatio interposito deferri in coelum, quam quod beatus Severinus Coloniae positus, animam sancti Martini cum consimili [8]) concentu ascendere cognovit ad Dominum [9]). Adhuc alia duo magnae gloriae beneficia sunt ei exhibita, scilicet quod angelo sustentante, cculei dolores non sensit, et quod finem suum tam longe [10]) ante praescivit. Prospere vero apud Veronam negotio [11]) peracto, cum rediens Dioecesim intrasset [12]) Wormaciensem, non ingrata divinae misericordiae, prece et ope cuiusdam venerabilis inclusae obtinuit, ut a domino Theobaldo Abbate Sconaviae in novicium susciperetur. Est autem Sconavia locus amoenissimus, nomen trahens a re. Putans eam idem Abbas [13]) esse adolescentulum, post tergum suum in eodem equo sedere iussit. Quae cum loqueretur voce feminea et gracili, dixit ei Abbas: Frater Joseph, nondum mutasti vocem tuam? Respondit illa: Domine, nunquam illam mutabo [14]). Adolescentem se simulans, nomen sancti Joseph sibi imposuerat, ut eum quem validas tentationes vicisse noverat, contra duplicem hostem pugnatura, carnem scilicet et diabolum, memoriae suae arctius imprimeret, et per auxilium plenius sen-

1) CD dimissa. — 2) Domine mi om C. — 3) P translata est in Veronam, D translata est Veronam, C posita est iuxta Veronam. Forsitan scripsit auctor: transposita est, ut infra VI, 10: transpositus est iuxta castrum. — 4) vero om C. — 5) Gregor. Dialog. II, 34. — 6) BD Babyloniam. Dan. 14, 35. — 7) C add suae. — 8) CDP simili. — 9) Sever. Epist. ad Bassulam de transitu S. Martini. — 10) C diu, omisso ante. — 11) BC add suo. — 12) P intrasset Dioecesim. — 13) C Abbas idem. — 14) C mutabo illam.

tiret. Et videtur in ea illud Salomonis impletum: *Mulierem fortem quis inveniet*[1])? Non est inventum simile in ordine nostro, et ideo sine exemplo. *Mulierem,* inquit, *ex omnibus non inveni*[2]). Ingressa probationem[3]), manum suam misit ad fortia[4]). Inter viros dormivit, cum viris comedit et bibit, viris[5]) ad disciplinas dorsum suum nudavit. Et cum esset iuvencula multae gravitatis, tamen ne sexus eius notaretur, quandoque suis sociis in probatione signa aliqua ostendit levitatis; nam absente magistro, monachum, qui haec nobis retulit, Hermannum nomine, tunc puerum quatuordecim annorum, ad scyphum suum ducens, ait: Consideremus in hoc vitro[6]), quis nostrum sit formosior. Et cum relucentes in eo facies attenderet, iterum aiebat: Hermanne, quomodo placet tibi facies mea? Respondit ille: Videtur mihi mentum tuum dispositum sicut mentum mulieris. Tunc illa quasi indignando recessit. Postea pro neglecto[7]) silentio ambo vapulabant.
NOVICIUS: Miror, si aliquas in ordine habuerit tentationes[8]).
MONACHUS: De eius tentationibus nihil audivi; sed quod aliis fuerit causa tentationis, satis intellexi. Cum appropinquaret tempus resolutionis eius[9]), coepit infirmari. Et cum prae nimia debilitate ad lectum suum portaretur[10]), monachus quidam eam intuens, iuxta[11]) se stantibus clara voce dicebat: Homo iste vel femina est vel diabolus, quia[12]) nunquam illum respicere potui sine tentatione. Et satis probatur ex hoc ioco[13]), quod fortis sit vis naturae. Vocansque Priorem, cum ei peccata quaedam levia confiteretur, et ille interrogaret, si unquam[14]) aliquam cognovisset mulierem, respondit illa: Nunquam, domine, reus[15]) fui alicuius mulieris, sive viri[16]); hoc adiiciens propter sexum. Deinde recitavit ei[17]) per ordinem eo modo quo praedictum est, universa quae circa se acta sunt, tacito sexu. Priore stupente, ac dicente: Frater, quae loqueris fidem excedere videntur, et quo argumento probare potero illa esse vera? respondit puella: Hodie biennium ef-

---

1) Proverb. 31, 10. — 2) Eccles. 7, 29. — 3) B ad probationem, C in probationem. — 4) Proverb. 31, 19. — 5) C cum viris, et mox disciplinam. — 6) BDP vino; conf. IX, 3; paulo post C formosior sit. — 7) C postea autem pro fracto. — 8) conf. III, 33. VII, 37. — 9) C eius resolutionis tempus. — 10) C deportaretur. — 11) C coram. — 12) quia add C. — 13) libri loco. — 14) BC nunquam. — 15) BCD rea. — 16) C viri sive mulieris. — 17) C ei recitavit.

fluxit, ex quo angelus Domini pendenti mihi diem resolutionis meae praedixit; scio cui credidi, fidem servavi, cursum consummavi; de reliquo reposita est mihi corona iustitiae [1]). Si ea feria, qua praedixi, ante obitum meum non deposuero officium linguae, vix spatio unius missae legendae, non mihi credatis. Et adiecit: Cum defunctus [2]) fuero, apparebit in me unde stupeatis, et divinae virtuti gratias merito referatis. His dictis, quarta feria hebdomadae paschalis, duodecimo Kalendas Maii, anno Domini millesimo centesimo octogesimo octavo, sole tendente ad occasum, sancta illa anima de corpore virgineo egressa, migravit ad Dominum. Percussa tabula, cum tam Abbas quam ceteri fratres [3]) ad eius exsequias convolassent, et corpore exportato [4]) ad lavandum detectum fuisset, sexus femineus apparuit. Tunc omnibus in stuporem versis miraculi novitate, nunciatum est sacerdoti commendationes legenti. Qui cognito sexu, textum mutavit, et pro monacho monacham et pro fratre sororem nominavit. Postea cum brevia pro ea scribenda essent, et nomen eius ignorarent, sub tali forma scripta sunt: Duodecimo Kalendas Maii obiit ancilla Christi in Sconavia. Elapsis aliquot diebus, cum fratres nomen illius beatae scire disederarent, miserunt in vicinam [5]) Coloniae, unde se oriundam dixerat, et cum studiose circumquaque de eius cognatione investigarent, nutu divino inventa est quaedam anus, quae se eius [6]) cognatam fuisse [7]) diceret, asserens eam Hildegundem [8]) vocatam. Cum ante hos annos consecraretur novum [9]) oratorium in Sconavia, ex diversis provinciis ad dedicationem populi confluentes, et praedictas beatae Hildegundis virtutes audientes, tumulum eius frequentaverunt, matronae maxime, sanctis eius orationibus se commendantes, Deumque super tantis mirabilibus glorificantes. Et nos fratres cum illis gratias referamus Salvatori nostro, qui haec [10]) fieri voluit nostris temporibus in ordine nostro, ad gloriam suam et aedificationem nostram, qui vivit et regnat cum Patre et Spiritu sancto in saecula saeculorum. Amen.

Omnis homo miretur, homo quid fecerit iste [11]),
Haec, cuius fossa cineres inclusit et ossa.

---

1) Tim. II, 4, 7. 8. — 2) BCD defuncta. — 3) fratres om C. — 4) C portato. — 5) P viciniam. Conf. VII, 58. VIII, 47. — 6) C illius. — 7) fuisse om C. — 8) CD Hildegundam. — 9) novum om C. — 10) C hoc. — 11) C ista.

Vivens mas paret, moriens sed femina claret.
Vita fefellit, morsque refellit rem simulatam.
Hildegunt dicta, vitae est in codice scripta.
Maii bis senis est haec defuncta Kalendis.

NOVICIUS: De hac puella videtur intelligendum illud Salomonis: *Mulierem fortem quis inveniet*[1]? MONACHUS: Tanta est fortitudo mentis in quibusdam feminis, ut merito laudetur[2].

CAPITULUM XLI.

De vidua Coloniensi, quae in cappa conversi egressa est de civitate.

Honesta quaedam matrona de Colonia, divitiis pollens et aetate florens, cum post mariti mortem Christo nubere vellet, timore amicorum, a quibus eius desiderium impediebatur, habito consilio domini Karoli Abbatis Vilariensis, cappam conversi induit, sicque per illum de civitate educta, in Monte sanctae Walburgis monialis est effecta. NOVICIUS: De conversione viduarum seu maritatarum[3], quae de faece saeculi[4] gustaverunt, non multum miror; virginum vero contra parentum voluntatem se convertentium constantiam satis admiror[5]. MONACHUS: Quasdam ex his pro exemplo tibi ponam[6].

CAPITULUM XLII.

De conversione Methildis magistrae in Fusinnich.

Domina Methildis magistra hodie in Fusinnich, cum haberet parentes ditissimos, et ad saeculi nuptias nutriretur, adhuc in aetate tenera constituta, se solo Christo velle desponsari, monialisque[7] fieri quotidie protestata est. Cumque blanditiis sive minis non posset averti, die quadam vestibus purpureis contra voluntatem[8] induta, matri respondit: Etiamsi feceritis me auream, non poteritis mutare propositum meum. Tandem

---

1) Proverb. 31, 10. Verba De hac — inveniet? Monachus absunt a codice D. — 2) P laudentur. — 3) DP maritarum. — 4) C saeculi faece. — 5) C satis admiror constantiam. — 6) C quasdam tibi de his per exempla ponam, D quasdam pro his in exemplum tibi proponam. — 7) R monialemque. — 8) C add suam.

taedio affecti parentes eius, cum eam locare vellent in praedicto monasterio sanctae Walburgis, nec esse posset, eo quod completus fuisset statutus numerus sororum, in Fusinnich conversa est, ubi adeo profecit, ut non multo post, licet adhuc adolescentula, magistra efficeretur. Quam post annos paucos Aleidis soror eius carnalis, marito viduata, et ipsa adhuc adolescentula, secuta, in eodem coenobio [1] facta est Priorissa. Quarum exemplo quaedam earum cognata timore parentum de Dioecesi Traiectensi, in habitu virili egressa, apud sanctum Thomam, quae est domus ordinis nostri, et [2] in Episcopatu Treverensi posita, se convertit. Hanc cum soror imitari vellet, a parentibus capta est et viro tradita. Spero autem quod Deus tam ferventem conversionis voluntatem non relinquat irremuneratam.

CAPITULUM XLIII.

De conversione Helswindis Abbatissae de Porceto.

Laudabilem, imo satis mirabilem, dominae Helswindis Abbatissae de Porceto conversionem tibi replicabo. Haec cum esset et adhuc sit Arnoldi sculteti [3] Aquensis, viri potentis divitisque, filia, sic ab ineunte aetate fervebat zelo conversionis, ut matri frequenter diceret: Mater, fac me monialem. Solita enim erat cum matre ascendere Montem sancti Salvatoris, in quo tunc manebat conventus sororum [4] de Porceto. Die quadam per fenestram coquinae latenter intrans, dormitorium ascendit, et puellae cuiusdam cucullam induens, cum ceteris chorum intravit. Quod cum matri abire volenti per Abbatissam innotuisset, illa putans iocum esse, respondit: Vocate puerum, oportet nos ire. Venit illa intrinsecus ad fenestram, dicens: Monialis sum, non ibo tecum. Mater vero timens maritum, respondit: Modo tantum venias mecum, et ego patrem tuum rogabo, ut te faciat monialem. Sicque exivit. Matre vero tacente, contigit ut iterum montem ascenderet, filia dormiente. Quae cum surrexisset, matre in ecclesia quaesita, et non inventa, in monte eam esse suspicans, secuta est sola, et per [5] praedictam fenestram ingressa, rur-

---

1) P loco. — 2) et om P. — 3) sculteti om C; mox D filia, Aquensis viri potentis divitisque civis, sic. — 4) sororum om C. — 5) per om C.

sum habitum induit, matrique roganti ut exiret, respondit: Amodo me non decipies; verba sibi promissa replicans. Matre vero [1]) cum multo timore recedente, pater cum fratribus furibundus ascendit, fores effregit, filiam vociferantem eduxit, cognatis, qui eam averterent, commisit. Quibus illa, nondum, ut puto [2]), novem annorum, tam sapienter respondit, ut mirarentur. Quid plura? Episcopo Leodiensi patrem et eos a quibus educta fuerat excommunicante, loco restituta est, et post annos paucos ibidem in Abbatissam electa. Haec de conversione dicta sint [3]). Multa huiusmodi Christus in suis operatur electis, ad gloriam sui nominis [4]), cui cum Patre et Spiritu sancto honor sit et imperium per infinita saecula saeculorum. Amen.

DISTINCTIO SECUNDA
DE CONTRITIONE.

CAPITULUM I.

De contritione, quid sit, unde dicatur, quot sint eius species, quis fructus.

EX superiori distinctione declaratum est, conversionem aliquando praecedere contritionem, aliquando sequi, et exemplis probatum [5]). Nunc vero de ipsa contritione, prout Dominus donare dignabitur, dicere propono, atque eadem quae dicturus sum exemplis confirmabo. Et hoc scire debes, quod contritio sit magnum bonum, et perfectum, quoniam [6]) Dei donum, desursum descendens a Patre luminum, in quo non est transmutatio, neque vicissitudinis obumbratio [7]). Quandoque addit [8]) perfectioni, quia minima contritio maximam delet culpam, perfecta vero culpam simul tollit et poenam.

---

1) vero om C. — 2) ut puto om C. — 3) C sufficiant pro sint. — 4) nominis om C. — 5) C est probatum. — 6) quoniam om B; DP autem habent quandoque. — 7) Jac. 1, 17. — 8) B addi, D addidit, P additum.

NOVICIUS: Ut plenius intelligere valeam contritionis virtutem, primum mihi debes exponere, quid sit contritio, unde dicatur, utrum gratis infundatur, seu ab homine mereatur, quot sint eius species, vel quid operetur in peccatore. MONACHUS: Contritio est cordis poenitudo, scilicet[1] dolor de peccatis, partim surgens ex timore gehennae, partim ex amore coelestis patriae. NOVICIUS: Estne aliqua differentia inter poenitudinem et poenitentiam? MONACHUS: Etiam; poenitudo dolor est[2] interior, tollens culpam[3]); poenitentia satisfactio exterior, peccati delens poenam. NOVICIUS: Quae est differentia inter culpam et poenam? MONACHUS: Culpa est ipsum peccatum; poena[4] praemium peccati. Si culpa est mortalis, debetur ei pro praemio poena aeterna[5]. Hanc Deus per cordis poenitudinem in poenam convertit temporalem. Hanc, si insufficiens fuerit contritio, delet exterior satisfactio. Haec est poenitentia, quasi poenam tenens dicta. NOVICIUS: Unde dicitur contritio? MONACHUS: Contritio dicta est quasi simul tritio; componitur autem a con, quod est simul, et tritio, eo quod de omnibus peccatis[6] cor simul teri debeat per dolorem. Qui[7] de peccato uno dolet, et non de altero, nequaquam[8] conceditur, quod in corde huius sit contritio. Non debet peccator dividere culpam, quia Deus non dividit indulgentiam; simul enim totum debitum dimittit[9]. NOVICIUS: Si simul conterendum est de omnibus, quid est quod Psalmista dicit: *Lavabo per singulas noctes lectum meum*[10])? Lectum, sicut nobis exponere soles[11]), appellat conscientiam, singulas noctes singula peccata. Si per singula deflet, ut sic interpellatim[12] abluantur, quomodo pro omnibus simul conteritur? MONACHUS: Una debet esse generalis contritio, quae deleat culpam; deinde singulis, si fieri posset, diebus lacrimandum esset cum Thaide ad abluendam poenam. Unde Ezechias dicit: *Recogitabo tibi omnes annos meos in amaritudine animae meae*[13]). NOVICIUS: Unde oritur contritio? Infunditurne gratis, vel meretur ab homine? MONACHUS: Dicam tibi quid maiores de hoc sen-

---

1) C add cordis. — 2) C est dolor. — 3) C peccati minuens culpam. — 4) C add est. — 5) C aeternalis. — 6) peccatis om C. — 7) C add autem. — 8) C add ei. — 9) D dimittit debitum. — 10) Psal. 6, 7. — 11) conf. Homil. II. p. 46. 121. Mox C appellas, P appellant. — 12) BD interpolatim; mox C sciantur pro abluantur. — 13) Isai. 38, 15.

tiant [1]). In iustificatione peccatoris dicunt quatuor concurrere, gratiae infusionem, motum surgentem ex gratia et libero arbitrio, contritionem [2]), peccatorum remissionem. Quatuor ista appellant quatuor iustificationes. Primam non meremur, quia gratis infunditur, nec ea [3]) meremur, quia mox ex gratia et libero arbitrio motus quidam excitatur. Motum istum licet non mereamur, tamen eo meremur tertiam iustificationem, id est, contritionem. Hanc iustificationem meremur, et ea meremur quartam iustificationem, scilicet remissionem peccatorum. Ob hoc dictum est Mariae: *Dimissa sunt ei peccata multa, quoniam dilexit multum* [4]). Contritio enim esse non potest sine dilectione. Ecce habes [5]) quid contritio meretur. Et hoc scire debes, quod una iustificatio alteram non praecedat [6]) tempore, sed natura. NOVICIUS: Vellem mihi ista plenius exponi sub aliqua similitudine. MONACHUS: Adverte quae dico: Pluvia terrae infunditur, et [7]) ex utroque herba gignitur; deinde ex herba fructus producitur. Quid pluvia, nisi gratia? quid terra, nisi liberum arbitrium? Ex pluvia et terra gramen gignitur, et [8]) ex gratia liberoque arbitrio, ut dictum est, motus oritur. Herba fructificat, cum idem motus liberum arbitrium ad satisfactionem movet. Sterilis est terra sine pluvia, et absque fructu liberum arbitrium sine gratia; nihil etiam operatur pluvia sine terra, quia sicut auctoritas dicit: Deus potest hominem creare sine se, sed non iustificare sine se. Unde Apostolus: *Non ego, sed gratia Dei mecum* [9]). NOVICIUS: Quot sunt species contritionis? MONACHUS: Duae, interior scilicet et exterior. Interior est in amaritudine cordis; exterior in afflictione corporis. De illa per Psalmistam dicitur: *Cor contritum et humiliatum Deus non despicies* [10]). De ista vero Jeremias [11]): *Maledictus homo, qui prohibet gladium suum a sanguine* [12]), id est, a poena peccati, per quam corpus affligitur. NOVICIUS: Jam per-

---

1) C maiores nostri inde sentiant. — 2) D contritionem et. — 3) C eam, P secundam. Homil. III. p. 135: „notum est, quatuor esse iustificationes animae, quae simul insunt tempore, licet una alteram naturaliter praecedat. Prima est gratiae infusio. Hanc non meremur, nec ea meremur." — 4) Luc. 7, 47. — 5) C ecce hic habes; mox BD quia, R quod. — 6) C praecedit. — 7) et om C. — 8) et om C. — 9) Cor. I, 15, 10. — 10) Psal. 50, 19. — 11) B Jeremias dicit, C dicit Jeremias. — 12) Jer. 48, 10.

pendo, quod maxima sit virtus contritionis. MONACHUS: Tanta est eius¹) virtus, ut sine illa in adultis, qui actuale addiderunt originali, infructuosus sit baptismus, sterilis²) confessio, inutilis satisfactio. Ecce hic habes, quod contritio in non baptizatis baptismus sit primus; in baptizatis post lapsum secundus³). Baptismo igitur contritionis baptizatus est latro in cruce, Maria Magdalena ad pedes Salvatoris. Quod culpam, quantumlibet sit magna⁴), deleat contritio, subiecto doceberis exemplo.

CAPITULUM II.

De monacho apostata, qui in bello confossus, et in confessione contritus, elegit duo millia annorum in purgatorio.

Juvenis quidam nobilis conversus est in quadam domo ordinis nostri. Habebat autem Episcopum quendam cognatum, a quo unice amabatur. Qui cognita eius conversione, ad monasterium venit, et ut rediret ad saeculum, verbis quibus poterat suasit, sed persuadere non potuit. Anno probationis expleto, factus est monachus, et non multo post gradatim ascendens, in sacerdotem est⁵) ordinatus. Qui suadente diabolo, a quo primus homo eiectus est de paradiso, oblitus voti, oblitus sacerdotii, et quod pessimum est, Creatoris sui, ordinem deseruit; et quia ad parentes redire erubuit, praedonibus, quorum multitudo rutta⁶) vocatur, se coniunxit. Qui ita datus est in reprobum sensum⁷), ut qui prius bonis erat melior, postea etiam malis fieret deterior. Accidit ut in obsidione cuiusdam castri telo percussus⁸) et perfossus, ad extrema deveniret. Deportatus est a sociis in quandam villam, adhibitis quibusdam qui ei ministrarent. Et cum nulla spes esset evadendi mortem temporalem, hortabantur eum ad confessionem, ut saltem illius beneficio mortem evaderet aeternam. Quibus respondit: Quid mihi prodesse posset confessio, qui tanta et tam innumera feci mala, qui tam enormia⁹) commisi scelera? Ad haec illi: Maior est Dei misericordia, quam sit iniquitas tua. Vix tandem, importunitate

---

1) eius om C. — 2) C add sit. — 3) Ecce — secundus om D. — 4) DP magna sit. — 5) est om BC. — 6) B rota. — 7) Rom. 1, 28. — 8) C add esset; paulo post B perveniret. — 9) verba feci — enormia om D.

illorum victus, ait: Vocate [1]) sacerdotem. Qui cum vocatus adesset, et coram infirmo sederet, pius Dominus, qui potens est auferre cor lapideum, et dare cor carneum [2]), tantam cordi eius contulit contritionem, ut saepe [3]) confessionem inciperet, et propter singultus et lacrimas totiens in voce deficeret. Tandem collecto spiritu in huiusmodi verba prorupit: Domine, peccavi super arenam maris, monachus fui Cisterciensis [4]), et in ordine sacerdos factus. Ordinem, peccatis meis exigentibus, deserui; et non mihi suffecit quod, apostatavi, sed et praedonibus me coniunxi, quos omnes in crudelitate superavi. Quibus illi tollebant substantiam, ego abstuli vitam. Nemini parcebat oculus meus. Si illi parcebant quandoque humana ducti miseratione, ego cordis mei impellente malitia [5]), nemini, quantum in me fuit, parcere potui. Multorum uxores et filias violavi, incendiis etiam [6]) plurima vastavi. Enumeravit et alia quam plurima, quodammodo naturam humanam excedentia. Talibus sacerdos auditis, peccatorum eius [7]) enormitate territus, sicut stultus fuit, ita et stulte respondit: Maior est, inquit [8]), iniquitas vestra, quam ut veniam mereamini. Respondit ille: Domine, literatus sum. Saepius audivi et legi, quia nulla sit comparatio humanae malitiae ad divinam bonitatem. Ait enim per Prophetam Ezechielem: *In quacunque hora peccator ingemuerit, salvus erit.* Item: *Nolo mortem peccatoris, sed ut convertatur et vivat* [9]*).* Rogo vos igitur [10]) intuitu divinae misericordiae, ut aliquam mihi dignemini poenitentiam iniungere. Et sacerdos: Nescio quid tibi iniungere [11]), quia homo perditus es. Respondit monachus: Domine, ex quo non sum dignus a vobis recipere poenitentiam [12]), ego mihi ipsi poenitentiam iniungam; eligo enim duo millia annorum [13]) in purgatorio, ut post illos misericordiam inveniam coram Deo. Positus siquidem fuerat inter duas molas, timorem videlicet gehennae, et spem gloriae. NOVICIUS: Ut quid tam prolixum terminum elegit? MONACHUS: Quia et magnitudinem peccatorum suorum consideravit, et poenam temporalem re-

---

1) C add mihi. — 2) Ezech. 11, 19. — 3) C saepius. — 4) BC fui Cisterciensis ordinis, P sum ordinis Cisterciensis. — 5) C nequitia. — 6) B quam. — 7) C illius. — 8) inquit om BC. — 9) Ezech. 33, 11. — 10) C igitur vos, P vos ergo. — 11) C iniungam, R iniungere debeam. — 12) B poenitentiam recipere; paulo post C iniungam poenitentiam. — 13) CP add esse.

spectu aeternae poenae quasi momentum reputavit. Dicebat iterum sacerdoti: Ex quo negastis mihi¹) medicinam satisfactionis, peto ut non fraudetis me a viatico sacrae communionis. Respondit²) stolidus sacerdos: Si tibi ausus non fui iniungere poenitentiam, quomodo praesumam tibi³) dare Christi corpus et sanguinem? Et cum ad neutrum acquiesceret, unicam tandem rogavit petitionem, dicens: Statum meum in schedula scribere volo⁴), et vos deferre eam debetis tali Episcopo cognato meo, ex nomine eum designans, spero⁵) quia orabit pro me. Et promisit⁶) sacerdos. Mortuus est monachus, et ad purgatorium deportatus. Et venit sacerdos ad Episcopum, defuncti literas ei⁷) deferens. Quas cum legisset, amarissime flevit⁸), dixitque sacerdoti: Nunquam tantum dilexi hominem; dolui de eius conversione, dolui de apostasia, doleo de morte. Dilexi vivum, diligam et mortuum. Quia iuvari potest, et contritus obiit, orationibus Ecclesiae meae non carebit. Et convocàns praelatos Episcopatus sui, Abbates scilicet, Decanos⁹), Priores, Pastores ecclesiarum¹⁰), vel quibus commissa fuerat¹¹) cura animarum, et hoc ipsum demandans monasteriis sanctimonialium¹²), rogans cum multa humilitate et instantia, viva voce praesentes, literis absentes¹³), ut omnes speciales orationes quas ipse iniunxit, illo anno animae iam dicti defuncti impenderent, tam in missis quam in psalmis. Ipse vero praeter eleemosynas et¹⁴) orationes peculiares, quas pro eo fecit, singulis diebus hostiam salutarem pro absolutione animae eius immolavit. Quod si forte in maxima necessitate, vel infirmitate, hoc per se ipsum¹⁵) facere non potuit, alter defectum illum supplevit. Anno completo, in fine missae post altare stans defunctus apparuit Episcopo, pallidus, exilis, macilentus, in¹⁶) veste pulla; vultu habituque statum suum bene declarans. Quem cum interrogas-

1) C mihi negastis. — 2) DP add ei. — 3) D tibi praesumam. — 4) C scribam; mox B et vos deferre debetis, C et vos eam deferre debetis, D et deferre vos eam debetis. — 5) C add enim. — 6) BC add ei. — 7) D ei literas. — 8) C flere coepit. — 9) C et Decanos. — 10) B ecclesiarum Pastores, CR et Pastores ecclesiarum. — 11) B commissa est, C fuerat commissa. — 12) D monialium. — 13) C literis absentes, praesentes viva voce. — 14) DP praeter missas et eleemosynas ac. — 15) B semetipsum, et paulo post: illius pro illum. — 16) in om C.

set, quomodo haberet, vel¹) unde veniret, respondit: In poenis sum, et²) de poenis venio; sed gratias ago caritati tuae, quia annus iste propter eleemosynas tuas³) et orationes atque beneficia Ecclesiae tuae mihi exhibita abstulit mihi mille annorum poenas, quas sustinere habebam in purgatorio. Quod si adhuc uno anno similem mihi impenderis opem, omnino liberabor. Audiens haec⁴) Episcopus, laetus effectus, Deo gratias egit, missisque literis ad ecclesias sive monasteria, visionem omnibus exposuit, et ut adhuc uno anno iniunctas servarent orationes obtinuit. Episcopus vero annum sequentem praecedenti continuavit, tanto in exhibitione ferventior, quanto iam de liberatione securior. Expleto anno cum Episcopus missam pro eo celebraret, iterum affuit ille in cuculla nivea, et facie serenata, dicens sibi omnia optata succedere. Et ait Episcopo: Remuneret omnipotens Deus⁵) caritatem tuam, sanctissime pater, quia propter tuam sollicitudinem ereptus de poenis, iam ingredior gaudium Domini mei. Et ecce isti duo anni reputati sunt mihi pro duobus millibus annorum. Et non vidit eum amplius. NOVICIUS: Valde laetificant⁶) ista; sed duo mihi occurrunt admiratione digna. Primum est virtus contritionis, per quam merito damnandus, dignus effectus est vita aeterna. Secundum est virtus orationum, per quas⁷) tam celeriter liberatus est a poena purgatoria⁸). MONACHUS: Licet magna virtus sit in utroque, amplior tamen invenitur in contritione. Orationes enim Ecclesiae, sive eleemosynae, non sunt de substantia meriti. Valent quidem defuncto⁹) minuere poenam, sed non possunt augere gloriam. NOVICIUS: Miror etiam, quod homo apostata in habitu saeculari mortuus et sepultus, in cuculla apparuit. MONACHUS: Contritio de apostata monachum fecit, et vestem saecularem in cucullam convertit. NOVICIUS: Vellem mihi hoc evidentiori exemplo probari. MONACHUS: Exemplum ad manum est.

---

1) vel om C. — 2) et om C. — 3) tuas habent CP post orationes. — 4) BP hoc. — 5) ADP Deus omnipotens. — 6) B me laetificant, D laetificant me. — 7) ADP quam. — 8) BCR purgatorii. — 9) P defuncti.

CAPITULUM III.

Item de monacho apostata, qui in miraculo sancti Bernardi contritus, extra ordinem mortuus, et in clericali habitu sepultus, effossus in tonsura et habitu monachi apparuit.

Beatus Bernardus, sicut mihi quidam sacerdos retulit religiosus [1]), monachum quendam habuit, in quo hoc quod quaeris, per virtutem contritionis Deus manifestius ostendit. Multa adhuc a veteranis, qui eum viderunt, quorum adhuc quidam [2]) in domo nostra supersunt, narrari solent, quae non sunt scripto mandata. Monachus idem, de quo sermo coepit [3]), suadente inimico, habitum deposuit, et parochiam quandam, eodem cooperante [4]), regendam suscepit. Erat quippe sacerdos. Et quia saepe peccatum peccato punitur, desertor ordinis in vitium labitur libidinis. Concubinam, sicut multis consuetudinis est, ad sibi cohabitandum [5]) accepit, de qua et [6]) liberos genuit. Accidit ut post annos plurimos [7]), miserante Deo, qui neminem vult perire, sanctus Abbas per villam, in qua monachus habitavit, transiret, et ad domum illius hospitandi gratia diverteret. Quem ille [8]) bene cognoscens, et quasi proprium patrem cum multa reverentia excipiens [9]), devote ministravit, et tam ipsi quam sociis ac [10]) iumentis necessaria copiose procuravit. Non tamen recognitus est ab Abbate. Mane cum vir sanctus dictis matutinis paratus esset ad eundum, nec posset loqui sacerdoti, eo quod maturius surgens isset ad ecclesiam, ait filio ipsius sacerdotis [11]): Vade defer nuncium istud domino tuo. Erat autem puer [12]) mutus a nativitate. Qui praecepto obediens, et praecipientis virtutem in se sentiens, ad patrem cucurrit, et sancti patris verba, verbis valde absolute [13]) expressit, dicens: Haec et haec mandat tibi Abbas. Pater primam vocem filii [14]) audiens, et prae gaudio lacrimans, ut secundo ac tertio eadem verba repeteret admonuit, et quid sibi Abbas fecerit, diligenter inquisivit.

---

1) BC religiosus retulit. — 2) quidam om D. — 3) C sermo coepit esse, P coepit sermo. — 4) C eo suadente. — 5) B cohabitandam; mox C suscepit. — 6) et om C. — 7) C multos. — 8) C sacerdos. — 9) C suscipiens. — 10) sociis ac om C. — 11) C sacerdotis ipsius. — 12) B puer ille, C puer idem. — 13) B absolutis. — 14) BC filii vocem.

Cui ille: Nihil aliud mihi fecit, sed solummodo dixit mihi[1]: *Vade dic domino tuo verba haec.* Ad tam evidens miraculum sacerdos compunctus, festinanter ad sanctum virum venit, seque cum lacrimis ad pedes illius prostravit. Domine pater, inquit, monachus vester talis ac talis fui, et tali tempore a monasterio recessi. Rogo igitur paternitatem vestram, ut liceat mihi redire vobiscum ad monasterium, quia Deus in adventu vestro visitavit cor meum. Cui sanctus: Exspecta me hic, et ego peracto negotio ocius revertens ducam te mecum. Timens ille mortem, quam prius non timebat, respondit: Domine, timeo interim mori. Ad haec ille: Hoc, inquit, pro certo scias, quia si in tali contritione ac proposito mortuus fueris, coram Deo monachus invenieris. Recessit, rediit, illumque recenter mortuum ac sepultum audiens, sepulchrum aperiri[2] praecepit. Dicentibus qui aderant, quid facere vellet? respondit: Volo videre utrum in sepulchro iaceat monachus, an clericus. Clericum, inquiunt, in habitu saeculari[3] sepelivimus. Reiecta terra, non in veste qua sepultus fuit, sed in tonsura et habitu monachi cunctis apparuit. Et magnificatus est ab omnibus Deus, qui voluntatem pro facto reputat[4]. Ecce in isto manifeste habes, quod vera contritio coram Deo restituat quicquid tollit vitium apostasiae. Hoc tamen scias, quod tempus apostasiae totum infructuosum sit[5]. NOVICIUS: Bene ex his quae iam dicta sunt recognosco virtutem contritionis; sed amplius admiror ineffabilem misericordiam nostri Salvatoris. Homo iste apostata fuit, fornicator fuit, et quod amplius pondero, quotidie sacrosancta Christi mysteria tractare pollutis manibus non pertimuit. MONACHUS: Juste moveris. Ubi contemtus est maior, ibi et culpa gravior. Ait enim Apostolus: *Quicunque manducat panem et bibit calicem Domini indigne, reus erit corporis et sanguinis Domini*[6]. Super quem locum dicit glossa: Mortis Christi poenas dabit; ac si Christum occiderit, punietur. Si Christi crucifixoribus in poena similis erit, qui indigne, hoc est, in mortali quolibet exsistens, accesserit, quid de illo sentiendum est, qui in multis et assiduis morta-

---

1) C mihi dixit. — 2) DP aperire. — 3) libri clericali. At vide supra p. 61. — 4) Caesarius noster hanc historiam didicit, non relatione, sed lectione; vide Vit. S. Bernard. VII, 21. — 5) D fuit. — 6) Cor. I, 11, 27.

libus [1]) manens, non solum non manducans manducat [2]), sed etiam scelestis manibus conficit et tractat? Audi quid mihi dixerit nonnus Caesarius monachus noster, quondam Abbas Prumiae.

CAPITULUM IV.*)

De sacerdote qui dixit: Si peccata sunt peccata, nunquam salvabitur anima mea.

Loquente me, ait, tempore quodam cum quodam sacerdote de peccatis, ille non confitendo, sed peccata parvipendendo, respondit: Si peccata, sicut homines dicunt, sunt peccata, et tam gravia, nunquam salvari poterit anima mea. Quare? inquit [3]). Quia in hac nocte dormivi cum legitima cuiusdam, et hodie celebravi tres missas. Erat autem in eadem nocte duplex festivitas, scilicet Dominicae diei et sancti Laurentii Martyris. NOVICIUS: Stupenda sunt quae audio; sed miror [4]) valde, quod Deus tantum in se contentum potest sustinere. MONACHUS: Si Deus in peccatis statim occideret peccatores, non hodie tam innumeros haberet professores. Vis ergo audire rem horrendam de sacerdote huiusmodi, in quo et mirari poteris ineffabilem patientiam Dei? NOVICIUS: Volo et disidero, quia divina patientia permaxime nobis [5]) est necessaria.

CAPITULUM V.**)

De luxurioso sacerdote, cui columba in die Natalis Domini tribus vicibus sacramentum altaris tulit, et post contritionem restituit.

MONACHUS: Dominus Conradus, quondam Episcopus Halberstadensis, anno praeterito retulit nobis historiam satis mirabilem, quam contigisse dicebat ante paucos annos in regno Franciae. Erat ibi sacerdos quidam, qui in ipsa nocte Natalis Domini transire debebat per brevem campum de una villa ad aliam, ut ibidem secundum consuetudinem matutinas

---

1) C mortalibus et assiduis. — 2) sic emendavi. ABD non solum non manducat, C non solummodo manducat, PKR non solum manducat. Conf. IX, 1. — *) Homil. II. p. 72. — 3) scilicet, Abbas Prumiae. — 4) ABD mirum. — 5) BC nobis permaxime. — **) Homil. II. p. 84 sq.

diceret, missasque celebraret. Opere diaboli, ut creditur[1]), iuxta villam soli sola mulier occurrit, et quia sine teste fuit, solus cum sola peccavit. Perpetrata culpa tam nefaria, non eum retraxit a maiori contemtu accusatrix conscientia; sed magis timens humanam verecundiam, quam divinam vindictam, ecclesiam intravit, dictisque matutinis, missam de nocte in primo galli cantu, secundum morem, sollemniter inchoavit. Transsubstantiatione vero[2]) facta, panis videlicet in corpus, et vini in sanguinem Christi, columba nivea ipso sacerdote aspiciente, super altare descendit, totumque ebibens quod erat in calice, rostro suo hostiam tulit, et avolavit. Videns ista sacerdos, satis, etsi non salubriter, est territus, et quid faceret, non parum perplexus, canonem propter populum circumstantem[3], quantum ad verba et signa complevit, sed fructu canonis caruit. Post missam, decantatis laudibus, cum missam de mane diceret, eo quod non haberet qui vicem suam suppleret, eadem columba hora qua prius iterum venit, sacramentum abstulit, et recessit. NOVICIUS: Quare exemplo Abrahae Patriarchae non abegit eam[4])? MONACHUS: Talis columba non fuit, quae repelli aut teneri posset[5]). Puto eam similem fuisse illi columbae, quae in Jordane, vidente Johanne, super verticem Jesu[6]) resedit. NOVICIUS: Quid sentiendum est de illa columba? Eratne Spiritus sanctus? MONACHUS: Nequaquam, sed indicium praesentiae Spiritus sancti[7]). Peracto enim ministerio, ad quod a Spiritu sancto fuerat creata, in praeiacentem materiam est redacta. Natura divinitatis non potest oculis corporalibus videri, non[8]) auribus audiri, non manibus tangi. In subiecta creatura, ut est ignis et columba, saepe visus est. NOVICIUS: Quid postea egit sacerdos? MONACHUS: Non cessavit a praesumtione sua, sed tertio accedens ad altare celebraturus missam de die, per eandem columbam, eo modo quo primo et secundo, ei puer natus sacramentum corporis et sanguinis sui subtraxit. Tandem in se miser[9]) reversus, et de culpa, licet indignus, Dei tamen gratia compunctus, venit ad quendam Abbatem ordinis nostri, confessionem ei faciens tanti peccati. Exposuit ei et[10])

---

1) ut creditur om C. — 2) vero om DP. — 3) propter — circumstantem om C. — 4) Gen. 15, 11. — 5) C possit. 6) BP Domini; vide Matth. 3, 16. — 7) C sancti Spiritus. — 8) C nec, hic et paulo post. — 9) B miser ille in se, C miser in se; paulo post C culpa sua. — 10) et add BC.

omnem ordinem rei cum multis lacrimis, videlicet quam indigne tertio repulsus sit a divinis sacramentis. Abbas vero, sicut vir prudens et discretus, contritum eum ex toto corde considerans, virtutemque contritionis probare volens, dandam poenitentiam suspendit, et ut ocius iret celebrare missam praecepit. Ille vero quasi Deo obediens confessori suo, cum multo timore et [1]) lacrimis ad altare missam celebraturus accessit, quem pius Dominus, qui nihil horum odit, quae fecit, sed dissimulat peccata hominum propter poenitentiam [2]), mirabiliter laetificavit. Ante horam sumtionis columba rediens, tres hostias, quas singillatim [3]) tulerat, simul rostro deferens [4]), corporali imposuit, et trium missarum liquorem de gutture suo calici immisit, ac recessit. Videns haec presbyter, gaudio repletus est maximo, gratias agens Deo, qui facit mirabilia magna solus [5]). Reversusque ad Abbatem, divinam ei consolationem recitavit, et [6]) ut ab eo in monachum reciperetur, humiliter supplicavit. Cui respondit Abbas: Non te hoc tempore suscipiam, sed volo ut mare transeas, et pro peccato tuo tribus annis in hospitali infirmantibus servias. Si tunc reversus fueris, nullam a me repulsam patieris. Volebat enim, ut per laborem tanti itineris et pericula maris, poenam peccati [7]) deleret, et pauperes infirmosque propter opera misericordiae sibi intercessores faceret. Fecit ille quod Abbas praecepit, et post tres annos revertens, habitum religionis in eius domo suscepit. NOVICIUS: Felix peccatum, cuius occasione tantus peccator ad tantum pervenit bonum. MONACHUS: Licet mortalis noxa in se valde sit mala, aliquando tamen per occasionem quibusdam efficitur bona, id est, utilis. Timore unius peccati quandoque homo a multis, imo ab [8]) omnibus peccatis liberatur. Dum enim poenam imminentem timet, confitetur et dolet, et per poenitentiam totum delet. NOVICIUS: Bene hoc quod dicis concedo, quia si unam deformem maculam in veste mea videro, occasione illius totam vestem lavo. MONACHUS: Hoc tamen scire debes, quod quandoque Deus peccata dimittit mortalia, et non quaedam venialia: sed non dimittit aliquod veniale, nisi simul

---

1) C ac. — 2) Sapient. 11, 24. 25. — 3) C singulariter. — 4) CD in rostro deferens, Hom. rostro referens. — 5) Psal. 135, 4. — 6) et om C. — 7) C peccati poenam. — 8) ab om D.

dimittat quodlibet mortale. NOVICIUS: Quomodo hoc sit non intelligo. MONACHUS: Quaedam sunt venialia, ut est nimius affectus parentum circa liberos, de quibus non possunt[1]) dolere, nec ea possunt dimittere, et idcirco eis in praesenti non remittuntur. Sed quicquid de venialibus fiat, homo prudens de mortalibus caveat[2]), quia cum per se possit cadere, non tamen per se valet resurgere. Quis scit, si Deus lapso dignetur[3]) porrigere manum sublevantem, hoc est, gratiam illuminantem? Quidam cadunt, ut Judas, et non resurgunt; alii, ut Petrus, cadunt, et fortius resurgunt. Dicam tibi de his testimonia verissima, et tanto tibi esse debent gratiora, quanto sunt recentiora.

CAPITULUM VI.

De Hildebrando latrone impoenitente, et poena eius post mortem.

Recitavit mihi frater Bernardus monachus noster de quodam homine, divitis cuiusdam villico, qui graviter satis cecidit, et post lapsum surgere non voluit. Et ideo forte non voluit, quia non potuit. Revera non potuit, quia donum contritionis in corde non fuit. Nomen homini Hildebrandus, habitans in villa quadam Dioecesis Traiectensis, quae dicitur Holchoim[4]). Die quadam silvam cum alio quodam concive suo intravit, quem, suadente diabolo, cum soli essent, occidit. Fuerant[5]) aliquando inter eos inimicitiae; sed tunc temporis penitus erant sopitae. Reverso Hildebrando in villam, interrogabant eum amici occisi, ubi esset. Qui respondit: Nescio. Exspectantibus illis die illo et altero, cum non rediret qui[6]) iam redire non potuit, suspectum habentes iam dictum Hildebrandum propter antiquas inimicitias, coram iudice in causam traxerunt, crimenque homicidii imposuerunt. Quo timide negante, coepit ipsa facies eum[7]) prodere, et cum instantibus illis iam negare non posset, confessus est quia hominem occidisset. Statim data super eum sententia, poenae[8]) rotali adiudicatus

---

1) B non possunt non. — 2) C add vel doleat. — 3) C dignetur lapso. — 4) D Holchom. — 5) C add enim. — 6) D quia; mox C iam non redire. — 7) C ipsum. — 8) poenae om D.

est. Cumque duceretur ad mortem, sacerdos eiusdem villae, nomine [1]) Bertolphus, cum alio sacerdote, qui vocabatur Johannes, germano fratris [2]) supradicti Bernardi, et advocato villae, utpote aliquando [3]) virum honestum, traxerunt in partem, satis diligenter eum monentes de confessione atque contritione cordis [4]). Et quia miser homo per se surgere non potuit, nec manum in [5]) se sublevantem sensit, miserabiliter respondit: Quid mihi possent ista [6]) prodesse? Homo enim damnatus sum. Revera respondit sicut homo induratus et desperatus, similis illi qui dicebat: Maior est iniquitas mea, quam ut veniam merear [7]). Et ait illi sacerdos: Adiuro te per Patrem et Filium et Spiritum sanctum, ut infra hos dies triginta [8]) mihi appareas, et sine omni periculo vitae meae de statu tuo me certifices. Respondit: Si mihi licuerit [9]), libenter hoc faciam. Sicque rotali poena plexus, de tormento corporis transivit ad tormentum aeternae damnationis. Nocte quadam infra statutum tempus, Bertolpho dormiente in stratu suo, tantus esse coepit [10]) circa domum fragor arborum, tam vehemens flatus ventorum, ut ipsa animalia stuperent, et vix suis loris infra claustra stabuli retineri possent. Expergefactus Bertolphus, respexit ad ostium domus, et ecce ianuae quasi vi ventorum impulsae aperiebantur, viditque Hildebrandum in camino ardente residentem, sibique celerius propinquantem [11]). Territus autem supra modum, se signavit, et ut staret sub invocatione divini nominis praecepit. Ecce hic sum sicut promisi, inquit. Sciscitante illo de statu suo, respondit: Aeternaliter damnatus sum, aeternisque incendiis propter desperationem maxime deputatus. Si secundum tuum consilium egissem poenitentiam, per [12]) poenam temporalem evasissem aeternam. Non enim punit Deus bis in idipsum. Hoc autem scito, quia si non fuissem vivus a te adiuratus, ne tibi mortuus nocerem, malo tuo huc advenissem. Consulo tibi, ut vitam tuam emendes, ne post hanc vitam similem poenam recipias. Erat autem idem Bertolphus sacerdos nomine, non re. Nam usque ad illud tempus sine ordine presbyterii celebraverat. Qui

---

1) nomine om C. — 2) fratris om BC. — 3) aliquando add BC; mox C honestum virum. — 4) B de contritione cordis et confessione. — 5) in om D. — 6) BP illa. — 7) Gen. 4, 13. — 8) BC triginta dies. — 9) C liceat. — 10) CD coepit esse. — 11) C appropinquantem. — 12) C propter.

cum adhuc miserum amplius interrogare vellet, respondit: Non licet mihi hic diutius morari, quia multi daemones foris ante ostium praestolantur reditum meum. Hoc dicto, statim impulsus et expulsus cum stridore et ululatu [1]) maximo, ab eo discessit, transiensque secus stabulum, animalia, sicut prius, in stuporem et commotionem convertit. Bertolphus vero timore tam horrendae visionis saeculum deseruit, et in domo quadam ordinis nostri, quae vocatur Hersethusin [2]), religionis habitum suscepit. Abbas loci illius, eo quod intellexisset eum virum esse literatum et eloquentem, ut ei ad ordines liceret accedere, satis apud dominum Papam Innocentium laboravit, sed obtinere non potuit. Ante hoc biennium, sicut mihi retulit Prior de Campo [3]), in manu, quam extenderat temere ad arcam Dei, morbo, qui anthrax dicitur, punitus est. Quae cum ei, quasi pro remedio, eo quod morbus serpens sit, abscideretur, nihil illi profuit, imo dolori dolor additus, mortem eius [4]) potius acceleravit. Voluit eum Deus [5]), ut spero, punire in praesenti, ne puniret in futuro. Ecce iste villicus cecidit, et non surrexit. Si non cecidisset, nequaquam damnatus fuisset. NOVICIUS: Ex huius poena perpendo, quam periculosum sit in mortali manere peccato. MONACHUS: Scias non solum esse periculosum, sed et damnosum. Periculosum est, quia sicut febris acuta se habet ad mortem, ita mortale peccatum ad gehennam; damnosum autem, quia quicquid interim peccator boni facit, totum perdit. Nihil inde aeternae mercedis consequitur. NOVICIUS: Quaero etiam, utrum casus sit ex culpa hominis peccantis, vel ex occasione gratiae recedentis? MONACHUS: Nequaquam homini subtrahitur gratia, nisi prius praecedat culpa; alioquin merito refunderetur peccatum in auctorem gratiae Deum. NOVICIUS: Placet quod dicis. MONACHUS: Delectat te audire adhuc de alio quodam misero, qui propter suam culpam poenam sibi in gehenna praeparatam vidit, atque ab inferis rediens, poenitere contemsit? NOVICIUS: Etiam.

---

1) BC eiulatu. — 2) Hersethusen, Harthausen, monasterium in Episcopatu Paderbornensi prope Warburg situm. — 3) intelligit Veteris Campi coenobium ordinis Cisterciensis in Dioecesi Coloniensi prope Rhenobergam situm. — 4) CP ei. — 5) CP Dominus.

CAPITULUM VII.

De Godescalco usurario, qui sedem igneam sibi in poenis praeparatam vidit.

MONACHUS: Eo tempore quo magister Johannes Xantensis Scholasticus et magister Oliverus Scholasticus Coloniensis crucem contra Sarracenos praedicaverunt in Dioecesi Traiectensi, sicut mihi retulit supradictus Bernardus, qui tunc temporis collega fuit eiusdem Oliveri et cooperator in praedicatione, erat ibi quidam rusticus, si bene memini, nomine Godescalcus, opere usurarius. Iste cum ceteris, non ex devotione, ut postea patuit, sed ex circumstantium importuna admonitione, crucem suscepit. Cum dispensatores ex mandato Innocentii Papae pecuniam redemtionis colligerent a senibus, pauperibus et infirmis, idem usurarius se pauperem mentiens, cuidam dispensatori circa summam quinque talentorum dedit, talique dolo sacerdotem circumvenit. Testati sunt postea vicini eius, quod dedisse potuisset quadraginta marcas, nec tamen exheredasset liberos suos, quod ipse praetendebat. Deus autem, qui falli non potuit, eius fallaciae [1] postea terribiliter conclusit. Sedebat miser in tabernis Deum provocans, eiusque peregrinis exprobrans in hunc modum: Vos stolidi mare transibitis, substantiam vestram expendetis, vitamque vestram multis periculis exponetis. Ego vero cum uxore et liberis meis domi residens, propter quinque marcas, quibus redemi crucem meam, similem vobis habebo mercedem. Sed iustus Dominus, ut palam ostenderet quantum ei placeret labor et expensae peregrinantium, et quantum eius oculis displiceret dolus ac blasphemia detrahentis, hominem miserrimum tradidit Satanae, ut disceret non blasphemare. Nocte quadam dormiente eo cum uxore sua, in proprio molendino domui suae contiguo motum quasi rotae molentis audivit. Clamansque [2] puerum, dixit ei: Quis admisit molendinum? Vade vide quis ibi sit. Ivit puer, et rediit; nimio enim horrore perculsus [3] procedere non potuit. Cui dominus: Dic, quid [4] est ibi? Respondit: Tantus horror ad ostium molendini invasit me, ut compellerer redire.

---

1) BR fallaciam. X, 31: ac si ei oratione fidelis viduae conclusum fuisset. Homil. III. p. 112: non bene sciebant argumentari, quibus tam cito poterat concludi. — 2) R vocansque; conf. V, 35. — 3) BCP percussus. — 4) DP et corr A quis.

Et ille: Etiamsi diabolus ibi sit, ego vadam et videbo. Iniectaque toga scapulis, eo quod nudus esset, ad molendinum venit, ostium aperuit, introspexit [1]), in quo horrendam visionem vidit. Stabant ibi duo equi nigerrimi, et vir quidam deformis eiusdem coloris iuxta equos. Qui dicebat ad rusticum: Festina [2]), ascende equum istum, quia [3]) propter te adductus est. Expalluit ille et contremuit, quia iubentis vocem minus libenter audivit. Cumque ad talem obedientiam imparatus esset, iterato clamat diabolus: Quid tardas? Proiice vestem et veni. Erat autem crux, quam susceperat, eidem vesti assuta. Quid plura? Virtutem diabolicae vocis per desperationem in corde suo sentiens, et iam resistere non valens, vestem reiecit, et [4]) molendinum intravit; equum, imo diabolum, ascendit. Ascendit et diabolus equum alterum, et sub multa celeritate simul deducti sunt ad diversa loca poenarum. In quibus homo miser patrem et matrem miserabiliter vidit, aliosque plurimos, quos defunctos ignoravit. Vidit ibi etiam quendam honestum militem nuper mortuum, Heliam nomine de Rininge, burgravium in castro Huorst, vaccae furenti insidentem averso [5]) corpore, ita ut dorsum haberet ad cornua vaccae. Quae huc illucque discurrebat, et crebris ictibus dorsum militis cruentabat. Cui cum usurarius diceret: Domine, quare sustinetis tantam poenam? respondit: Vaccam istam rapui sine misericordia cuidam viduae, et ideo sine misericordia oportet me ab illa poenam hanc sustinere. Ostensa est ei in eisdem locis ignea sedes, in qua nulla poterat esse quies, sed sessio poenalis, et poena interminabilis. Dictumque est ei: Modo reverteris in domum tuam, post tres autem dies exuto corpore reverteris in [6]) locum tuum, et mercedem tuam accipies in sede ista. Mox a daemone reductus, et in molendino depositus, pene exanimis relictus est. Inventus ibi ab uxore et familia, atque in lectum deportatus, cum requireretur, ubi esset, vel unde veniret, respondit: Ad loca infernalia ductus fui, et haec atque haec ibidem vidi. Ostendit mihi in eisdem locis ductor meus sedem unam, et dixit, quia mihi foret praeparata, et quia post tres dies recepturus essem mercedem meam in ea. Vocatus est sub celeritate sacerdos,

---

1) BC et introspexit. — 2) C festine; conf. V, 16. — 3) BC qui. — 4) et om BC. — 5) ADP adverso. — 6) BC ad, et paulo post recipies.

rogatus ab uxore, ut pusillanimem confortaret, desperatum erigeret, et ad ea quae sunt salutis, hortaretur. Quem cum sacerdos moneret, ut contritionem haberet de peccatis suis, et ut puram faceret confessionem, dicens, neminem debere de Dei misericordia desperare; respondit: Quid prosunt verba ista? Non possum conteri, superfluum iudico confiteri. Quod de me dispositum est, necesse est impleri. Sedes mea parata est, post tertium diem illuc veniam, et secundum quod gessi, in ea recipiam. Sicque[1]) sine contritione, sine confessione, sine viatico et sacra unctione tertio die defunctus, in inferno sepultus est. Sacerdos vero cum ecclesiasticam ei negaret sepulturam, ab uxore eius corruptus, in cimiterio positus[2]) est. Propter quod postea in Synodo Traiectensi accusatus, poena nescio qua mulctatus est. Vix sunt tres anni elapsi, ex quo ista contigerunt. Ecce iste sicut superior cecidit, et minime surrexit. NOVICIUS: Videtur mihi aliquid habere significationis, quod in vacca inquieta poenam suam miles recepit, usurarius vero in sede quae signum est quietis et stabilitatis. MONACHUS: Deus secundum qualitatem et modum peccati ipsum punit peccatum. Miles iste quia vaccam rapuit, in vacca peccatum luit. Haec de qualitate. Vacca propter pascua per diversa prata discurrit, et assidua praecisione recrescentia gramina depascit. Vacca, ipsa sua inquietudine et depastione, nobiles et advocatos temporis nostri designat, qui domos et agros subditorum hospitando depascunt, et per assiduas exactiones, quas in illos faciunt, in substantia recrescere non sinunt. Isti praedonibus in poenis similabuntur, et sicut modo alios agitant, ita ipsi cum praedicto milite exagitabuntur. Haec de modo dicta sint. Usurarius vero, quia domi quiete residens pecuniam suam ad usuram dedit; in inferno sedem igneam recepit. Bene autem eadem sedes ignea fuit, quia sicut ignis stipulam, ita usura pauperum devorat[3]) substantiam.

---

1) B sicque miser, C sicque miser ille. — 2) BP sepultus. — 3) D consumit; mox C facultatem.

CAPITULUM VIII.

Quam grave peccatum sit usura.

NOVICIUS: Videtur mihi usura peccatum esse multum grave, et ad emendandum difficile. MONACHUS: Juste moveris. Non est aliquod peccatum, quin quandoque [1]) quiescat; usura vero nunquam a peccato cessat. Dormiente domino suo ipsa non dormit, sed semper crescit et ascendit. Difficilis est ad emendandum, quia Deus non dimittit reatum [2]), nisi restituatur ablatum. Fornicator, adulter, homicida, periurus, blasphemus, mox ut de peccatis suis conteruntur, indulgentiam a Deo consequuntur; usurarius vero, licet de peccato suo [3]) doleat, tamen quamdiu usuram tenet, cum possit restituere, nil consequitur indulgentiae. NOVICIUS: Quid si iam usuram consumsit, vel liberis suis distribuit, nil habens praeter possessiones iustas? MONACHUS: Illas tenetur vendere, et rapinam reddere. NOVICIUS: Quia Episcopi, qui sunt Ecclesiarum praelati et speculatores, usurariis communicant, et ad sepulturam Christianam recipiunt, idcirco multi sunt hodie. MONACHUS: Si solummodo vitia sibi commissorum dissimularent, et non eis similia facerent, tolerabile esset. Quidam Episcoporum tam graves in plebem sibi subiectam hodie faciunt exactiones, sicut personae saeculares. Isti sunt ficus malae, malae valde [4]). Valde timendum est talibus, ne sibi cathedras praeparent iuxta sedem usurarii in inferno, quia usura et exactiones violentae nil aliud sunt nisi praedationes et rapinae [5]). NOVICIUS: Quomodo valere possent [6]) membra, ubi tam infirma sunt capita? MONACHUS: Occasione huius sedis recordor cuiusdam parabolae a quodam Episcopo dictae.

CAPITULUM IX.

De parabola Lupoldi Wormaciensis Episcopi.

In Wormacia ante paucos annos quidam Episcopus fuit, nomine Lupoldus, solo quidem nomine Episcopus, opere autem

---

1) sic emendavi. C quod quandoque non, R quod non quandoque, ABDPK nisi quandoque. Conf. II, 17. IV, 15. — 2) BD peccatum. — 3) ADP peccatis suis. — 4) Jerem. 24, 3. — 5) ABDP sunt quam rapinae. — 6) C robusta possent esse.

tyrannus. Hic cum esset vanissimus, nil in se habens pietatis, nil religiositatis¹), dicebat ei quodam tempore germanus suus, vir nobilis: Domine Episcope, multum scandalizatis nos laicos vestro exemplo. Antequam essetis Episcopus, aliquid Deum timebatis, modo nil prorsus de illo curatis. Cui ille respondit: Frater, duo vicini erant, ex quibus unus exemplo alterius peccavit. Mortui sunt ambo, et deducti in infernum. Cum essent in tormentis, unus alteri dicebat: Vae tibi, quia tuo exemplo provocatus ad peccatum merui hunc locum. Cui alter: Bone vicine, si placet tibi amplius sedes mea, trade mihi illam, et ego dabo tibi meam. Sic dico vobis, frater, quando venerimus ad inferos, si videbitur vobis sedes mea honorabilior, ascendite eam, et ego recipiam vestram. Respondit ille: Mala consolatio haec. Iste Lupoldus ita diabolicus erat, ut tempore schismatis, quod erat inter duos Reges, Ottonem scilicet et Philippum, cum sibi usurpasset Episcopatum Maguntinensem eiusdem Philippi auctoritate, et multis interesset bellis, non parceret ecclesiis, non cimiteriis. Et cum ei milites sui dicerent: Domine, non licet nobis spoliare cimiteria; respondit: Si ossa mortuorum tollitis, tunc primum cimiteria spoliatis. Qui cum esset privatus ab officio et beneficio ab Innocentio Papa propter invasionem iam dicti Episcopatus, auxilio Philippi fretus, collecto exercitu, profectus est in Italiam, ipsum Papam debellare. Quem etiam in diversis locis, quod dictu horribile est, ardentibus candelis excommunicavit. Postea vero in odium Imperatoris Ottonis officio et beneficio restitutus est. Vir iste saepe et valde, ut iam dictum est, cecidit; nescio utrum surrexit in fine per contritionem. Hoc scio, quod legatio in qua hominem deposuit²), multae dissensionis seminarium fuit. NOVICIUS: Saepe quosdam vidi cadere, et per poenitentiam resurgere; sed quod quidam fortius resurgant, probari mihi vellem exemplis.

---

1) C nil misericordiae habens vel pietatis, nil in se religiositatis. — 2) conf. II, 15. VII, 56. XII, 49. Mox C multorum seminarium fuit dissensionis. Seminarium, id est, causa, occasio. Vit. S. Engelb. II, 4: „literas cum legisset, in ignem mittens pedibus conculcavit, ne discordiae seminarium fierent inter ipsum et cognatum suum." Infra III, 26. Gen. 37, 5.

CAPITULUM X.

De scholari Parisiensi, qui ob nimiam contritionem confiteri non potuit, cuius peccata in schedula scripta divinitus sunt deleta.

MONACHUS: Annus modo vicesimus est secundus, plus minus¹), eo tempore quo ad ordinem veni, qui fuit ab incarnatione Domini millesimus ducentesimus uno minus, in quo tale quid a viris religiosis et literatis, ut sunt Abbates et Scholastici, Parisiis contigisse veraciter intellexi. Erat ibi iuvenis quidam in studio, qui suggerente humani generis inimico, talia quaedam peccata commiserat, quae obstante erubescentia nulli hominum confiteri potuit. Cogitans tamen quae malis praeparata sunt tormenta gehennae, et quae bonis abscondita sunt gaudia perennis vitae, timens etiam quotidie iudicium Dei super se²), intus torquebatur morsu conscientiae, et foris tabescebat in corpore. Quid plura? Tandem miserante Deo, in adolescente³) timor ille servilis verecundiam vicit, qui⁴) sicut seta filum, caritatem inducere consuevit. Veniens⁵) ad sanctum Victorem, Priorem vocavit, et quia confitendi gratia venisset indicavit. Ille paratus ad tale officium, sicut omnes sunt fratres eiusdem monasterii, statim venit, in loco ad hoc deputato sedit, praemissaque exhortatione iuvenem confiteri volentem exspectavit. Mira res. Tantam hora eadem pius Dominus, cuius natura bonitas est, cuius voluntas potestas est, cuius opus misericordia est, cordi eius contulit contritionem, ut quotiens confessionem inciperet, totiens singultibus intercepta vox deficeret. In oculis lacrimae, suspiria in pectore, singultus erant in gutture. Haec ut vidit Prior, dicebat scholari: Vade scribe peccata tua in schedula, et defer ad me. Placuit consilium iuveni, abiit, scripsit, die altera rediit, et si confiteri posset iterum tentans⁶), ut prius defecit. Et cum nil proficeret, schedulam Priori porrexit. Legit

---
1) CP plus vel minus, D plus nec minus; conf. VI, 22. — 2) C Dei iudicium super se quotidie. — 3) in adolescente add ACD. — 4) A quae. Augustin. in Epist. Johan. Tract. IX, 4: sicut videmus per setam introduci linum, quando aliquid suitur; seta prius intrat, sed nisi exeat, non succedit linum: sic timor primo occupat mentem, non autem ibi remanet timor, quia ideo intravit, ut introduceret caritatem. — 5) C veniensque. — 6) D tentavit.

Prior et obstupuit, dixitque iuveni: Non sufficio tibi solus dare consilium. Vis ut ostendam Abbati? Et licentiavit ei. Venit Prior ad Abbatem, et¹) porrexit schedulam legendam, rem ei per ordinem exponens. Quid deinde gestum sit, audiant peccatores et consolentur, desperati et recreentur. Mox enim ut Abbas chartulam ad legendum aperuit, totam eius continentiam deletam invenit. Impletumque est in eo, quod Dominus per Isaiam dicit: *Delevi ut nubem iniquitatem tuam, et ut nebulam peccata tua*²). Et ait Abbas Priori: Quid legam in schedula ista? Nihil in ea scriptum est. Haec ut Prior audivit, schedulam simul cum Abbate respexit, dixitque ad illum: Sciat pro certo paternitas vestra, supradictum iuvenem in hac schedula scripsisse peccata sua, et cum a me fuissent³) lecta, vobis etiam donavi legenda. Sed, ut video, misericors Deus, qui maximam iuvenis contritionem attendit, culpam iam sufficienter punitam iuste delevit. Deletio siquidem totius scripti, abolitionem signat⁴) totius delicti. Et vocantes scholarem ostenderunt schedulam, dicentes, eius peccata divinitus esse deleta. Quam cum perspexisset et ex signis bene cognovisset, in tantum cor eius ex magnitudine gaudii est dilatatum, in quantum prius ex magnitudine tristitiae fuerat angustiatum⁵). Et nullam ei iniungentes satisfactionem, monuerunt, quatenus Deo de perceptis beneficiis gratias ageret, atque de cetero cautius viveret. Ecce iuvenis iste, ut satis videtur, ante ruinam imperfectus fuit, cecidit, et perfectus surrexit. NOVICIUS: In quo fuit perfectus? MONACHUS: In caritate. NOVICIUS: Quae⁶) est perfectio caritatis? MONACHUS: Quando mens non est sibi conscia alicuius peccati mortalis sive venialis, libera non solum a culpa, sed etiam a poena. Et puto, si saepedictus clericus decessisset in tali statu, minime sensisset poenam purgatoriam⁷), quia perfecta caritas consumit plumbum et stipulam, culpam et poenam. Haec est opinio multorum. Alii dicunt etiam viros perfectissimos secum trahere fenum et stipulam. NOVICIUS: Miror quare non fuerint peccata eius deleta, antequam Priori essent ostensa. MONACHUS: Ne superflua videretur confessio, sine cuius desiderio nulla fit remissio.

---

1) et om BC. — 2) Isai. 44, 22. — 3) D fuisset, et paulo post: legendam. — 4) AD significat. — 5) B angustatum. — 6) BC quid. — 7) BC purgatorii.

Ipsa etiam confessio propter erubescentiam maxima pars est satisfactionis. Nam in primo contritionis puncto dimissa fuerat ei culpa, deinde contritione inardescente et confessione accedente deleta est poena. NOVICIUS: Non minus miror contritionem huius hominis, quam Mariae, cui tantum lacrimanti et nil dicenti voce Salvatoris dictum est: *Dimissa sunt ei peccata multa, quoniam dilexit multum* [1]. MONACHUS: Ex quo mentionem fecisti Mariae Magdalenae, dicam tibi de mira contritione cuiusdam mulieris luxuriosae, in qua nostris temporibus Christus non minora ostendit gratiae suae miracula, quam olim in Maria.

CAPITULUM XI.

De muliere, quae de filio concepit, quam Innocentius Papa ob perfectam contritionem a peccati poena iudicavit absolutam.

In diversis locis a diversis personis hoc quod dicturus sum audivi. Ante hoc quadriennium, eodem, si bene memini, anno, quo defunctus est Innocentius Papa, mulier quaedam igne libidinis succensa, proprium adamavit filium, de quo concepit et peperit filium alterum. Terrore tam nefariae commixtionis perculsa [2], quolibet momento timens se tradi Satanae, vel morte subitanea interire, Deo miserante de satisfactione anxiari coepit. Praehabito prius consilio sacerdotis sui, infantulum secum tollens, ita enim mihi dictum fuisse puto, Romam venit, et cum multa importunitate domini Innocentii Papae oculis se ingessit, cum tantis lacrimis et clamoribus cunctis audientibus faciens confessionem, ut omnes verteret in stuporem. Gestavit in brachiis infantem, commissi facinoris testem. Videns dominus Papa in muliere tantam contritionem, et quia vere esset poenitens, misericordia motus super eam, sicut prudens medicus, volens infirmam plene et cito sanare, medicinam etiam contritionis probare, praecepit ut in tali veste ibi appareret, in quali venerat ad filium, cum peccaret. Illa confusionem aeternam temporali anteponens, mox exivit, vestes deposuit, in camisia rediit, et quam paratissima foret ad omnem satisfactionem, in tali obedientia satis ostendit [3]. Considerans vir literatissimus, tali obedientiae,

---

1) Luc. 7, 47. — 2) CP percussa. — 3) ABDP ostendens.

tali verecundiae, tali poenitentiae, nullius peccati poenam posse resistere, coram omnibus dixit ad mulierem: Dimissum est peccatum tuum; vade in pace. Et nil amplius iniunxit ei. Audivit haec quidam ex Cardinalibus, et cum Pharisaeo contra Papam murmurans, iudicium eius reprehendit, dicens ad tantam culpam tam brevem poenitentiam minus sufficientem [1]). Cui ille respondit: Si ego iniuste egi cum muliere ista, et insufficiens est eius coram Deo poenitentia, potestatem habeat diabolus ingrediendi corpus meum, et coram omnibus me vexet; si vero tu [2]) iniuste me reprehendis, simile tibi fiat. Statim diabolus Cardinalem eundem vexare coepit, per cuius vexationem perfectam mulieris poenitentiam Deus palam ostendit. Tandem omnium oratione purgatus Cardinalis, didicit in sua vexatione, divinae misericordiae de cetero non oblatrare. Ecce mulier ista, sicut supradictus clericus, infirma cecidit, et sanissima surrexit. NOVICIUS: Magna Dei clementia, quod tam magnum peccatum, cui poenitentia debetur quindecim annorum, tam brevis delet contritio. MONACHUS: Delet peccata multo maiora. NOVICIUS: Quae sunt illa? MONACHUS: Idolatria [3]), haeresis, abnegatio Creatoris. Ista sunt ex insania diabolica, peccata vero carnalia ex infirmitate humana. Unde ad mitigandam iram divinam in commendatione defunctorum dicitur: Licet tibi peccaverit, non tamen te [4]) negavit. NOVICIUS: Rogo, si nosti aliquem qui Deum abnegando cecidit, et per contritionem surrexit, exempli causa manifestes.

CAPITULUM XII.

De contritione nobilis iuvenis, qui Christum negavit, et per intercessionem beatae Virginis gratiae restitutus est.

MONACHUS: Infra hoc quinquennium iuxta Floreffiam, coenobium ordinis Praemonstratensis in Dioecesi Leodiensi, adolescens quidam nobilis habitavit, cui pater moriens, utpote vir magnus et potens, multas divitias reliquit. Factus miles idem iuvenis, ut gloriam sibi conquireret temporalem, in brevi ad magnam deductus est paupertatem. Causa enim laudis humanae torneamentis totus deditus erat, histrionibus larga

---

1) B sufficere. — 2) B si vero, C si tu vero. — 3) R idololatria. — 4) C tamen te non.

manu sua tribuebat. Et quia ad tales effusiones redditus annui minus fufficiebant, hereditatem paternam vendere compellebatur. Erat autem in proximo manens miles quidam dives et honestus, ministerialis tamen. Huic iuvenis iam dictus allodia, sive feoda¹) sua partim vendebat, partim in vadimonio exponebat. Et cum iam non haberet quod venderet vel exponeret, cogitabat exsulare, tolerabilius iudicans inter extraneos mendicare, quam inter notos et affines egestatis confusionem sustinere. Habebat autem villicum, hominem quidem malignum, nomine, non re Christianum, et daemonum ministerio totum mancipatum. Videns hic dominum suum tristem, et tristitiae non ignorans causam, dicebat ei: Domine, vultis dives fieri? Respondit: Libenter dives fierem, dummodo ipsae divitiae esse possent cum Deo. Et villicus: Nolite timere, sequimini tantum me, et bene erit vobis. Statim secutus est miserum, tanquam serpentis vocem Eva, quasi sibilum aucupis avicula, in laqueum²) diaboli celerius deponendus. Et duxit eum in ipsa nocte per quoddam nemus in locum palustrem, et coepit quasi cum aliquo habere sermonem. Cui iuvenis: Cum quo loqueris? Respondit domino suo villicus ille iniquitatis: Tacete tantum vos, nec sit vobis cura cum quo loquar³). Cumque secundo loqueretur, et iuvenis iterato sciscitaretur, respondit: Cum diabolo. Et coepit iuvenis nimis horrere. Quem non concuteret horror tali⁴) loco, in tali hora, et de tali sermone? Dicebatque villicus diabolo: Domine, ecce virum hunc nobilem dominum meum adduxi gratiae vestrae, maiestati vestrae supplicans, ut vestro auxilio pristinis honoribus atque divitiis restitui mereatur. Ad quem diabolus: Si mihi voluerit esse devotus⁵) ac fidelis, dabo ei divitias magnas, insuper addam gloriam et honores, quales non habuerunt patres eius⁶). Respondit villicus: Libenter vobis obsequiosus erit et fidelis, si talia fuerit consecutus. Et ille: Si voluerit ista a me consequi, abrenunciare in instanti debet⁷) Altissimo. Quod cum iuvenis audiret et facere renueret, dicebat ei homo ille perditionis: Quid timetis proferre verbulum unum? Dicite, abrenunciate⁸). Tandem miser iuvenis a villico persuasus, Creatorem suum ore negavit, manu

---

1) P feuda. — 2) C in laqueo. — 3) BC loquor. — 4) C in tali. — 5) C obediens. — 6) C sui. — 7) BCP debet in instanti. — 8) P abrenuncio.

exfestucavit, diabolo hominium [1]) faciens. Hoc scelere perpetrato, diabolus adiecit: Adhuc opus imperfectum est. Etiam abrenunciare debet matri Altissimi; illa est enim quae maximum nobis infert damnum. Quos filius per iustitiam abiicit[2]), mater, quia nimis misericors est, ad indulgentiam reducit. Sibilavit iterum serpens in aure adolescentis, ut domino suo in hoc obediret, ut sicut filium, ita etiam et matrem abnegaret. Ad quod verbum iuvenis nimis expavit, turbatusque supra modum, respondit: Hoc nunquam faciam. Quare? inquit. Fecistis quod maius est, facite nunc quod minus est. Maior est[3]) creator, quam creatura. Et ille: Nunquam eam negabo, etiamsi me oportuerit ostiatim mendicare per omnes dies vitae meae. Et non acquievit. Sicque infecto negotio, ambo reversi sunt, nihil quidem honoris consecuti, sed maximo peccati pondere gravati, villicus suadendo, iuvenis consentiendo. Pergentes vero simul venerunt ad quandam ecclesiam, cuius ianuam campanarius exiens reliquerat semiclausam. Mox iuvenis desiliens de equo, commisit eum villico, dicens: Exspecta me hic, donec revertar ad te. Et intrans ecclesiam ante ortum aurorae, prostravit se ante altare, et ex intimo corde ipsam matrem misericordiae coepit invocare. Erat autem super idem altare imago ipsius virginis et matris[4]), puerum Jesum in sinu tenens. Et ecce, meritis ipsius praeclarissimae stellae maris, verus lucifer oriri coepit in corde saepedicti adolescentis. Tantam ei Dominus propter honorem matris, quam non negaverat, contritionem donare[5]) dignatus est, ut pro fletu rugiret, et pro planctu nimiis clamoribus ecclesiam repleret. Eadem hora supradictus miles, qui omnia eius bona habebat, divino, ut creditur, nutu ad eandem ecclesiam divertit, et cum videret apertam, putans ibi divina celebrari, maxime propter clamores intrinsecos[6]), solus intravit. Inveniensque coram altari iuvenem sibi bene notum lacrimantem, et putans quia suam solummodo defleret calamitatem, retro quandam columnam latenter secessit, rei exitum exspectans. Cumque terribilem illam maiestatem, quam negaverat, nominare, vel invocare non auderet, sed tantum piissimam eius genitricem lacrimosis vocibus pulsaret, utroque audiente, per os imaginis suae be-

---

1) B homicidium. — 2) C abiecit. — 3) C add enim. — 4) D add Mariae. — 5) AD donari. — 6) DP intrinsecus, C intrinsecus auditos.

ata et singularis Christianorum advocata filio loquebatur in haec verba: Dulcissime fili, miserere huic homini. Puer vero matri nil respondit [1]), faciem ab ea avertens. Cumque iterum rogaret, hominem seductum asserens, matri dorsum vertit, dicens: Homo iste negavit me, quid ei faciam? Post haec verba imago surrexit, puerum super altare posuit, eiusque pedibus se prona prostravit. Et ait: Rogo, fili, ut propter me dimittas ei peccatum hoc. Mox infans matrem elevans, respondit illi: Mater, nunquam tibi aliquid negare potui, ecce propter te totum dimitto. Prius dimiserat culpam propter contritionem, deinde poenam peccati propter matris intercessionem. NOVICIUS: Quare tam durus tam dilectae matri fuit? MONACHUS: Ut iuveni ostenderet, quantum in se peccasset, et ut per dolorem cordis amplius in se peccatum ipsum puniret. Surgens autem iuvenis, exivit de ecclesia, tristis quidem de culpa, sed hilaris de indulgentia. Exivit post eum saepedictus miles latenter, et quasi rem ignoraret, quaesivit, quare tam humidos et tam tumidos oculos haberet. Respondit: De vento est. Et ille: Domine, non me latet causa tristitiae vestrae; habeo enim unicam filiam, si vultis illam ducere uxorem [2]), omnia vestra vobis cum illa restituam, insuper et divitiarum mearum heredem vos instituam [3]). Ad haec iuvenis laetus effectus respondit: Si hoc facere dignaremini, plurimum mihi placeret. Reversus miles ad uxorem suam, rem ei per ordinem retulit; consensit illa; nuptiae celebrantur; iuveni sub nomine dotis omnia sua restituuntur. Adhuc, ut puto, vivit, vivunt et soceri, post quorum mortem eorum hereditas ad ipsum revertetur. NOVICIUS: Multum iuvenis iste regratiari tenetur beatae Virgini, quia per ipsam meruit remissionem peccatorum, insuper et consolationem temporalium bonorum. MONACHUS: Verum dicis, quia ipsa intercedente Dominus cordi eius infudit contritionem, per quam peccati meruit remissionem. Poena etiam peccati, ipsa intercedente, iuvene audiente, dimissa est. Ecce homo iste gravissime cecidit, sed ceteris, de quibus supra dictum est, celerius surrexit. Cecidit intempesta nocte, surrexit in mane. NOVICIUS: Quid tibi videtur de his, qui in fine conterun-

---

1) BC respondens, et paulo post avertit. — 2) P in uxorem. — 3) ABCP constituam.

tur? MONACHUS: Audi de hoc non meam, sed beati Augustini sententiam; ait enim sic:

CAPITULUM XIII.

Quid Augustinus sentiat de sera poenitentia.

Si quis positus in ultima necessitate, voluerit accipere poenitentiam, et accipit, et mox reconciliatur, et hinc vadit, fateor vobis, non illi negamus quod petit, sed non praesumimus quia bene hinc exit. Si securus hinc exierit, ego nescio. Poenitentiam dare possumus, securitatem vero non. Numquid dico, damnabitur? Sed nec dico, liberabitur [1]. Vis ergo a dubio liberari? Age poenitentiam, dum sanus es. Si sic agis, dico tibi quia securus es, quia poenitentiam egisti, quando peccare potuisti. Si vis agere poenitentiam, quando iam peccare non potes, peccata te dimiserunt, non tu illa. Item: Duae res sunt: aut ignoscitur tibi, aut non ignoscitur. Quod horum tibi sit futurum, nescio. Ergo tene certum, dimitte incertum [2].

CAPITULUM XIV.

De Henrico converso, qui peccatum distulerat usque ad mortem.

Dicam tibi quid [3] ante paucos annos contigit in domo nostra. Conversus quidam Henricus nomine, homo senex, et secundum ingressum prior omnium conversorum, peccatum quoddam commiserat, quod nunquam Abbati, neque Priori, neque alicui [4] confessus fuerat. Saepius tamen solitus erat confiteri, et videbatur nobis omnibus, quod vir sanctus esset et multum religiosus. Cum iam in extremis laboraret, idem peccatum domino Danieli, tunc Priori nostro, confessus est. Et sicut nobis postea retulit, ut nos cautos redderet, tam grave erat peccatum, quod omnino damnatus fuisset, si tacuisset. NOVICIUS: Quid sentis de salvatione huius hominis? MONACHUS: Sicut Augustinum lego sensisse: Si contritio eius fuit in caritate, salvatus est; sin autem, damnatus. Qui sero poenitet, oportet non solum timere iudicem, sed diligere.

---

1) C salvabitur. — 2) Augustin. Serm. 393. — 3) B quod. — 4) forte alicui confessorum.

NOVICIUS: Meruit ergo vigilando, ieiunando, laborando, obediendo, aliisque operibus iustitiae, quamdiu in illo mortali fuit? MONACHUS: Nequaquam, quia opera extra caritatem facta, mortua sunt, et nunquam reviviscunt. Vae ergo illis qui quotidie in Dei servitio mortificantur, et nihil inde mercedis in vita aeterna consequuntur. Multi ista ignorant, de finali poenitentia plurimum praesumentes, nescientes poenitentiam, quae in fine agitur, ut supra dictum est, tam incertam esse. Dicam tibi tamen exempla de duobus, ex quibus unus in fine fictam, alter veram egit poenitentiam.

CAPITULUM XV.

De canonico Parisiensi, qui sacramentis in fine participans, et post mortem cuidam apparens, dixit se ob non veram contritionem damnatum esse.

Parisiis in ecclesia sanctae Dei genitricis Mariae canonicus quidam nuper obiit, qui multa habens stipendia, delicatissime vixerat. Et quia ex deliciis, maxime ex¹) his quae ad gulam pertinent, libido nascitur, nata nutritur, et quotidianis eius incitamentis augmentatur: idem iuvenis valde tunicam carnis suae maculavit, et tam illo quam aliis suis peccatis iram Dei in se provocavit. Tandem per infirmitatem tactus, timore mortis confessionem fecit, peccata deflevit, emendationem promisit, viaticum accepit, inunctus est, hominem deposuit. Cuius corpus, utpote viri nobilis divitisque, cum magna pompa saecularis gloriae tumulatum est. Et erat in illa die tanta serenitas, ut ipse aer eius exsequiis famulari videretur. Dixeruntque homines ad invicem: Multa bona praestitit Deus homini isti. Nihil ei defuit horum quae homo Christianus habere debuit. Dominicis sacramentis munitus est, aer in eius morte serenatus est, cum multa²) gloria sepultus est. Sed homo videt in facie, Deus autem intuetur cor³). Post paucos dies cuidam sibi valde familiari apparens, dicebat se esse damnatum. Cumque miraretur ille et expavesceret, poenitentiam eius atque confessionem, sacram etiam communionem et inunctionem commemorans, respondit defunctus: Unum bonum mihi defuit, sine quo nullum horum, quae enumerata

---

1) ex om CR. — 2) P magna. — 3) Reg. I, 16, 7.

sunt, mihi prodesse potuit. Quod¹) est illud? inquit. Respondit mortuus: Vera contritio. Licet enim Deo promiserim consilio confessoris mei continentiam, sive alia quae salutis sunt, tamen dicebat mihi conscientia, quia si convalueris, observare non poteris. Et quia cor magis declinabat ad transgressionem, quam ad voti observationem, nullius peccati merui remissionem. Deus²) requirit fixum propositum poenitendi. Ecce hominis huius poenitentia sera fuit et ficta; nec tamen fuisset sera, si fuisset vera. NOVICIUS: Non mirabor amodo poenitentiam seram vix esse veram. MONACHUS: Plures sunt in saeculo, quos ego bene novi, qui tempore infirmitatis, cum timerent mori, se inter manus Abbatis reddiderunt, et cum convaluissent, transgressores voti facti sunt. Anno praeterito apud Bonnam vicum Dioecesis Coloniensis, vagus quidam clericus³), Nicolaus nomine, quem vocant archipoetam, in acutis graviter laboravit, et cum mori timeret, tam per se ipsum quam per canonicos eiusdem ecclesiae, ut in ordinem susciperetur, apud Abbatem nostrum obtinuit. Quid plura? Cum multa, ut nobis videbatur, contritione tunicam induit, quam facta crisi celerius exuit, et cum quadam irrisione proiiciens, aufugit. NOVICIUS: Multi sunt peccatores, qui contritionem habere non possunt, et de hoc ipso dolent. Quid ergo sentiendum est de tali dolore? MONACHUS: Talis dolor meritorius non est, quia sine caritate; praeparat tamen aliquando viam caritati. Caritas et peccandi voluntas simul inesse non possunt. Quid de tali dolore sanctus Bernardus senserit, verbis et exemplo⁴) illius doceberis.

CAPITULUM XVI.

De milite Remensi, qui in praesentia sancti Bernardi communicans, contritus decessit.

Retulit mihi frater Godefridus monachus noster, quondam Scholasticus sancti Andreae in Colonia, cuius in superiori distinctione capitulo tertio mentionem feci, tale quid contigisse in civitate Remensi. Eo, inquit, tempore quo Remis fui in studio cum domino Philippo, postea Coloniensi Archiepiscopo, cuius magister et paedagogus eram, contigit ibidem

---

1) P quid. — 2) C add enim. — 3) ADP clericus quidam. — 4) CD exemplis.

militem quendam infirmari usque ad mortem. Instinctu diaboli idem miles, si bene memini, habebat avunculi sui filiam concubinam. Cui tanto conglutinatus fuerat amore, ut non admonitione, non excommunicatione, neque aliqua verecundia humana posset vel vellet ab ea separari. Timore autem mortis vocavit sacerdotem, satis puram et cum lacrimis de omnibus suis peccatis illi faciens confessionem. Quem cum sacerdos moneret, ut tam illicitam abiuraret commixtionem, ipsamque personam cognatam suam; respondit: Domine, non possum. Et ille: Si in tali voluntate mortuus fueris, gaudio coelestis vitae privaberis, et aeterna tormenta te suscipient. Milite in sua obstinatia[1]) perseverante, recessit sacerdos cum corpore Domini, quod secum detulerat ad communicandum infirmum. Nutu divino extra domum sacerdoti occurrit sanctus Bernardus Abbas Claraevallis. Quem cum interrogasset, quare infirmum non communicasset, causamque, quae nota erat omnibus, intellexisset, ait sacerdoti: Revertere mecum ad infirmum. Reversi autem, cum sanctus vir militi iam morituro, quae salutis erant suaderet, et ille praeter illam solam rem iam dictam in omnibus obedientiam sponderet, novissime subiunxit: Numquid non doles, quod non potes habere voluntatem recedendi ab illa? Respondit: Domine, valde doleo, me de hoc non posse dolere. Audito hoc verbo, Abbas mox dixit sacerdoti, ut corpus Domini daret infirmo. Mira res. Statim ut Salvator intravit, facta est salus illi domui. Ab illa enim hora tam perfecte mutata est voluntas eius perversa, ut amplius odiret quam illicite amaverat, ita ut sancto viro cum multis lacrimis diceret: Gratias[2]) Deo qui me liberavit, quia modo libentius viderem bufonem, quam illam. Sicque in bona confessione et perfecta contritione migravit ad Dominum. NOVICIUS: Miror[3]) utrum contritionem illam meruerit praedicto dolore, sive Dominici corporis participatione. MONACHUS: Christus in suo sacramento ad iudicium intrat, nisi gratia eius praecedat. Puto enim propter orationes viri sancti, gratiam Christi abyssum cordis eius illuminasse, dolorem sterilem fecundasse, ne et vir beatus iudicaretur de praesumptione, et morientis poena cresceret in sua damnatione. Ecce hominis huius contritio, sive poenitentia,

---

1) CD obstinatione. — 2) B add ago. — 3) C miror, frater.

multum fuit sera et pene morti contigua, vera tamen, teste sancto Abbate, per cuius meritum illam creditur habuisse. NOVICIUS: Revera iustorum praesentia morientibus multum est necessaria. MONACHUS: Hoc sanctus Gregorius manifestat in quadam Homelia [1]), loquens de quodam perverso iuvene, qui se devorandum draconi datum [2]) clamabat, quem fratrum circumstantium oratio fugavit, et contritionis gratiam infirmo obtinuit. Audi adhuc de quodam viro saeculari, cuius contritio finalis tam vera, imo tam verissima fuit, ut per eam non solum mereretur remissionem peccatorum, imo etiam gloriam miraculorum.

CAPITULUM XVII.

De contritione Philippi Comitis Namurcensis.

Ante hoc triennium defunctus est Philippus Comes Namurcensis, vir potens et nobilis, filius Baldewini Comitis Flandriae. Antequam moreretur, tantam ei contulit Dominus in infirmitate contritionem, ut talis contritio non esset visa in aliquo homine nostris temporibus. Quatuor Abbatibus ordinis nostri simul et saepe confessionem suam facere consuevit, in tantum se accusans, in tantum plangens, ut omnes ad lacrimas provocaret. Nec ei ista sufficiebant, quin laqueum collo suo iniiceret, rogaretque confessores suos, ut se traherent in plateam, dicens: Sicut canis vixi, dignum est, ut moriar sicut canis. Filias fratris sui Baldewini Comitis, qui factus fuerat Rex Graeciae, tradiderat Regi Franciae, cuius filiam duxerat uxorem. Quidam dixerunt, quia vendiderat [3]) eas. De quo facto plurimum dolebat. Deportari se fecerat [4]) in pauperrimam domum civitatis suae, in qua pauper spiritu migravit ad Dominum. Volens autem pius Dominus tantam remunerare contritionem, miraculis eum glorificare dignatus est, tanquam dilectum confessorem. Sepultus in ecclesia sancti Albani Martyris, in qua ipse instituerat conventum canonicorum, de suis iustis redditibus eis stipendia adhuc sanus ordinans, tantis usque hodie signis coruscat, ut de remotis regionibus infirmi advenientes ad eius tumbam sanitatem recipiant, ipsam-

---

1) Gregor. Homil. 19. in Evang. Vide et eiusdem Dialog. IV, 38. — 2) datum add B; R traditum. — 3) DP vendiderit. — 4) C fecit, ut I, 25.

que terram circa sepulchrum effodientes secum pro benedictione deportent. NOVICIUS: Miror utrum gratiam tantam meruerit conversatione, vel finali contritione. MONACHUS: Satis puto quod caritatem habuerit ante suam infirmitatem, quia satis erat [1] mansuetus et humilis; sed vix aliquis est qui noverit eius vitam et extremam poenitentiam, quin magis hanc gloriam [2] miraculorum ascribat extremae quae maxima fuit contritioni, quam pristinae conversationi. NOVICIUS: Videtur mihi, quod multum apud Deum valeant lacrimae contritionis. MONACHUS: Quanti sint apud Deum valoris, quantive ponderis, subiecto tibi exemplo demonstrabo.

CAPITULUM XVIII.

De contrita oratione conventus de Hemmenrode, quae tempore schismatis cor Frederici Imperatoris mutavit.

Tempore schismatis, quod fuit inter Alexandrum et Calixtum sub Frederico Imperatore, qui eiusdem schismatis auctor erat et defensor, compellebantur omnes Ecclesiae per universum orbem Romanum literis imperialibus iurare fidelitatem et obedientiam Calixto, quem ipse Papam creaverat. Resistentes vero iussi sunt exsulare. Cum huiusmodi literae exhibitae fuissent conventui de Hemmenrode, et fratres unanimi consilio dicerent, se nequaquam velle recedere ab unitate, praeceptum est eis, ut celerius de Romano exirent Imperio [3]. Viri illi virtutis divinum timorem minis regiis anteponentes, cum iam res suas et vestimenta sarcinassent, ordinatique fuissent in diversas domos regni Francorum, dicebat unus eorum venerabili sacerdoti David monacho ibidem: Pater, ignoras quia omnes migrabimus de loco isto? Ita enim intentus erat coelestibus, ut quid in exterioribus ageretur, prorsus ignoraret. Cui cum miranti et interroganti causam, ille negotium totum explicaret, maximam in Domino habens fiduciam vir beatus respondit: Confortamini, fratres, non enim deseret Dominus sperantes in se [4]. Antiphonam, quae in nocte dicetur super Magnificat, fortiter et cum lacrimis cantate, et Dominus consolabitur vos. Erat autem Dominica ante Adventum, in qua antiphona est super Magnificat: *Qui coelo-*

1) BC erat satis. — 2) BC gloriam hanc. — 3) CP exirent de Romano Imperio. — 4) Judith 13, 17.

rum contines thronos, et abyssos intueris, terram pugno[1] *concludis, exaudi nos in gemitibus nostris.* Ipse vero sanctus intrans oratorium, effudit animam suam in oratione, cum multis lacrimis divinam interpellans clementiam. Acquiescentes eius consilio fratres, eandem antiphonam tanto intentius[2] cantabant, quanto fortius cantantes angustia premebat, et ad cantandum incitabat. Flexus pius Dominus lacrimis servorum suorum[3], Imperatoris cor mutavit, et missae sunt literae sub festinatione, ut manerent, orarentque pro Imperio. Ex his poteris colligere, quam efficaces sint in auribus Dei lacrimae contritionis. NOVICIUS: Potest quis alteri tales obtinere lacrimas meritis sive precibus? MONACHUS: Quod alii aliis huiusmodi gratiam obtinere possint a Deo meritis, habes superius capitulo tertio, ubi apostata monachus meritis patris et hospitis sui sancti Bernardi per lacrimas contritionis iustificatus est. Aliud habes exemplum in capitulo sexto decimo, ubi miles apud Remis[4], in eius praesentia communicans, meritis ipsius per donum contritionis, cum in maximis esset peccatis, meruit illuminari. Pro nullo horum dicitur orasse. Item quod quidam aliis lacrimas contritionis, quibus peccata sua diluant, impetrare valeant, diversis tibi ostendam exemplis.

CAPITULUM XIX.

De religiosa femina, quae ter in hebdomada obtinuit monacho lacrimas infra matutinas.

Retulit nobis hoc anno dominus Walterus Abbas Vilariensis, te teste, quod monachus quidam, cum mitteretur ab Abbate suo ad coenobium quoddam sanctimonialium[5] ordinis nostri, rogaverit unam ex eis, quam amplioris meriti apud Deum sperabat, pro se orare. Respondit illa: Quid vultis ut orem pro vobis? Et monachus: Volo ut obtineatis a Domino ter mihi in hebdomada ad sollemnes vigilias, hoc est, feria secunda, feria quinta et sabbato, quando longiores sunt vigiliae, specialem gratiam lacrimarum et devotionis. Cui illa

---

1) BD palmo. — 2) C attentius. — 3) C suorum lacrimis servorum; paulo post D immutavit. — 4) Caesar. apud Boehmer. in Font. Rer. Germ. II. p. 279: „Episcopus apud Remis occisus est." Conf. etiam iuxta Aquisgrani, quod variis locis in hoc Dialogo occurrit. — 5) CD monialium; paulo post C rogavit, ADP rogaveritque.

constanter promisit, quia hoc ei obtineret. Reversus monachus ad claustrum suum, gratiam promissam stans ad vigilias exspectavit, et in eisdem noctibus per orationes sanctae illius mulieris a Domino copiose percepit [1]. Illa per spiritum intelligens se exauditam, eidem monacho per quendam clericum familiarem mandavit, et quia iam gratiam percepisset promissam intimavit. Cum vero Abbas eiusdem domus iam dictam gratiam pro aedificatione clerico recitaret, subrisit ille, dicens, se eo multo melius scire, utpote qui ab ipsa audierit, quae talem gratiam impetrare potuit. Recitavit nobis et simile huic idem Abbas, in sua sancta [2] iocunditate dicens: Vos non estis sancti, ego aliquid referam vobis de sanctitate mea, sic incipiens:

CAPITULUM XX.
Item de femina, quae domino Waltero Abbati Vilariensi impetravit a Domino gratiam lacrimarum.

Cum intellexissem supradictum monachum gratiam illam lacrimarum percepisse a femina tali [3] religiosa, rogavi Abbatem meum, tunc recenter factus monachus, ut liceret mihi tales visitare feminas. Et concessit mihi statim. Veniens itaque ad domum cuiusdam honestae matronae Brabantiae hospitandi gratia; cum intellexisset desiderium meum, dixit mihi in ioco: Quid quaeritis videre istas begginas [4]? Vultis, ego ostendam vobis mulierem bonam, quae quicquid vult, obtinet [5] a Deo. Respondi: Talem multum videre desidero. Et statim ad verbum eius mulier quaedam de cubiculo suo egressa, veniens ad me, coepit mecum loqui. In cuius adventu, cum mihi sentirem gratiam adesse, rogavi eam, ut oraret pro me. Quae cum diceret: Quid vultis ut orem pro vobis? respondi: Ut possim deflere peccata mea. Et illa: Numquid non estis monachus? Qui peccata sua non potest deflere, monachus non est. Et cum instarem, quatenus mihi gratiam hanc obtineret, respondit: Ite, abundanter habebitis. Proxima nocte orans ante lectum meum, cum de peccatis meis cogitarem, nec tamen mulieris promissum munus [6] attenderem, coepi ita abundanter et supra mo-

---

1) P lacrimas percepit; paulo post C cognoscens se. — 2) sancta om C. — 3) C percepisse lacrimarum a tali femina. — 4) BP beginas, C beghinas. — 5) B obtineat. — 6) DP minus.

rem solitum flere, pene usque ad mediam noctem, ut tandem timens capiti meo, vix me cohibere possem a fletu. Quae cum mihi mandasset, quod tali nocte gratiam illam lacrimarum mihi impetrasset, iterum reversus sum ad eam, et sciscitatus sum ab ea, dicens: Dicite mihi in caritate, qualiter mihi obtinueritis gratiam illam. Quae respondit mihi sub his verbis: Primo quidem Dominum durum inveni; sed dixi ei: Domine, non evades manus meas, nisi monachus ille habeat gratiam lacrimarum. Et statim concessit tibi. Adiecit et tertium exemplum de simili materia.

CAPITULUM XXI.

Item de monacho, qui eidem Waltero eandem gratiam obtinuit.

Alio, inquit, tempore, rogavi unum ex monachis nostris bonae opinionis virum, ut rogaret Deum [1]) pro me. Qui cum mihi daret optionem, quid mihi vellem a Deo [2]) impetrari, volens sermonis eius fiduciam probare, respondi ei: Volo ut obtineas mihi post missam [3]) gratiam lacrimarum, quibus peccata mea deplangam. Et promisit mihi multum confidenter. Sequenti die cum post missas [4]) moram facerem ante quoddam altare, et essem solus in oratione, tanta mihi affuit abundantia lacrimarum, ut mirarer. Postea cum vidisset me supradictus monachus, corpore quidem iuvenis, sed moribus valde maturus, coepit mihi signare [5]), si bene esset mecum, gratiam notans mihi collatam. Ego signum eius non intelligens, et ante Priorem illum ducens, quaesivi quid signaret. Qui dixit mihi: Numquid non copiose hodie habuistis lacrimas? Quem cum interrogassem, si vidisset me lacrimantem, respondit: Estis vos tam stultus, quod putatis me vidisse? Ego minui sanguinem, nec licuit mihi dictis missis [6]) morari in oratorio. Tunc interrogatus a me, quomodo mihi gratiam eandem obtinuisset, respondit pene sicut supradicta mulier. Dominum, inquit, primo durum inveni; sed dixi illi: Ecce, Domine, non dimittam te, nisi facias quod rogo. His verbis placatus, exaudivit me. NOVICIUS: Miror bonitatem Dei, quod sic [7]) cogi potest et vult a servis suis et ancillis, quo-

---

1) C Dominum. — 2) a Deo om C. — 3) B missas. — 4) P missam. — 5) C significare. — 6) C dicta missa. — 7) sic add BC.

modo pater dulcissimus cogi solet a filiis et filiabus delicatissime ab eo nutritis. MONACHUS: Qui eum perfecte diligunt, nullam ab ipso in orationibus suis patiuntur repulsam, si tamen saluti contraria non fuerint quae petuntur. NOVICIUS: Si Dominus confert alicui in oratione lacrimas, vel alia bona signa contritionis, et vult illa ab aliis videri, estne ei periculosum? MONACHUS: Secundum intentionem orantis pendet solutio huius quaestionis. Si ei placet, ut alii lacrimas eius videant, quatenus per eas aedificentur, ipse tamen humilitatem in corde custodiat, meretur; sin autem, demeretur.

CAPITULUM XXII.

De monacho, ad cuius lacrimas diabolus respexit, cum cor eius inani gloria extolleretur.

Monachus quidam magnae opinionis retulit mihi, quando novicius fui, de quodam monacho, quod die quadam, cum iaceret in oratione ante quoddam altare, et Dominus ei tantam contulisset gratiam lacrimarum, ut etiam irrigaret terram; ex immissione diaboli, ut postea patuit, cordi eius suborta est inanis gloria, ita ut diceret intra se: Utinam videret aliquis modo gratiam istam. Mox is qui immisit affuit, et ad lacrimas eius stans a latere diligentissime respexit. Transfiguraverat enim se in speciem nigri monachi. Levans oculos monachus, tam ex horrore mentis quam ex nigredine vestis, daemonem, totius superbiae auctorem, esse deprehendit; et, quem per vitium inanis gloriae invitaverat, per virtutem et signum crucis [1] fugavit. Ob huiusmodi pericula iubentur a Domino oraturi intrare cubiculum, et claudere ostium [2] super se, hoc est, vitare laudem humanam. NOVICIUS: Si nosti adhuc aliqua de contritione exempla, mihi ut edisseras obsecro [3]. MONACHUS: Cogitanti mihi de contritione, alia atque alia occurrunt exempla, in quibus Christus, totius virtutis auctor, glorificetur, et poenitens omnis consoletur.

---

1) D sanctae crucis. — 2) Matth. 6, 6. Mox B supra; conf. IV, 7. — 3) C mihi obsecro ut edisseras.

CAPITULUM XXIII.

De clerico, qui puellam Judaeam stupraverat: quem cum Judaei accusare vellent in ecclesia iam contritum, obmutuerunt.

In civitate quadam Angliae puella quaedam habitavit, Judaei cuiusdam filia, et secundum genus suum satis speciosa. Hanc iuvenis quidam clericus, Episcopi eiusdem civitatis cognatus, et ecclesiae maioris canonicus, ut vidit, concupivit, et verbis amatoriis ad consensum suae libidinis cum multo labore inclinavit. Ad cuius amplexus dum aspiraret, et nimiis incendiis aestuans, eam quotidie ad commixtionem sollicitaret, respondit illa: Patri meo multum sum dilecta, qui in tantum custodit me, ut neque ego ad te, neque tu possis venire ad me, nisi in nocte sextae feriae, quae Pascha vestrum praecedit. Tunc enim Judaei laborare dicuntur quadam infirmitate, quae fluxus sanguinis dicitur, circa quam occupati, aliis tunc minus intendere possunt. Juvenis haec audiens, et ob amoris nimietatem pene ratione carens [1], oblitus Christianae religionis, immemor Dominicae Passionis, nocte eadem ad virginem venit, et usque ad matutinum cum illa dormivit. Judaeus vero pater puellae ante lucem cum lumine cubiculum intrans, venit ad lectum filiae, volens videre quomodo iaceret, vel si forte operiri necesse haberet. Vidensque ad latus eius iam dictum iuvenem cubantem, expavit et infremuit, utrumque occidere cogitans. Cognoscens tamen quod esset cognatus Episcopi, timore illius manum cohibuit, et cum multa ira exclamavit: Quid facis hic, o male Christiane? Ubi est fides tua, ubi est religio tua? Traditus es iusto Dei iudicio in manus meas. Si non timerem dominum meum Episcopum, modo occiderem te. Ille timens et veniam postulans, cum maxima confusione eiectus est. Die eadem, cum Episcopus sollemne officium ad nonam esset celebraturus, et iuvenis idem, utpote hebdomadarius, epistolam lecturus, timuit cum tam immunda conscientia ad sacrum ministerium accedere, timuit propter notam alteri vicem [2] die tali committere, timuit tam turpe peccatum tam recenter per confessionem alicui aperire. Et cum victus erubescentia sacris

---

1) D careret. — 2) BC vicem suam.

DE CONTRITIONE.

vestibus indutus coram Episcopo staret in loco suo, supradictus Judaeus, multitudine Judaeorum stipatus, cum magno strepitu intravit ecclesiam, Episcopo de cognato suo facere volens querimoniam. Quem ut iuvenis vidit, et bene intelligeret, ad quid venisset, coepit timere, pallere, tremere, et dicere Deo in corde suo: Domine Deus, libera me in hac hora, et ego tibi promitto, quod de cetero te non offendam, imo de hoc peccato tibi satisfaciam. Creator piissimus, qui odit culpam, et diligit naturam, mox ut hominem contritum vidit, confusionem, quam timuit, in caput infidelium convertit. Mirante [1]) Episcopo quid quaererent Judaei in ecclesia, maxime tali die, quando Christiani Domini sui repraesentant passionem, annuit ut starent. Illis amplius se eius praesentiae ingerentibus, statim ut ora ad clerici accusationem aperuerunt, privati suis vocibus, omnes obmutuerunt. Videns Episcopus ora Judaeorum contra se hiantia, et nulla verba ex eis resonantia, putans quia ad hoc venissent, ut divinis mysteriis illuderent, cum indignatione omnes de atrio ecclesiae expelli praecepit. Clericus vero divinam in se expertus clementiam, statim completo officio, accessit ad Pontificem, confessus est culpam, suscepit poenitentiam. Episcopus, Domini misericordiam admirans et glorificans, tum pro magnitudine miraculi, tum pro poenitentia cognati, eidem suasit ac persuasit, ut puellam a se defloratam, per baptismi gratiam renovatam, legitime duceret, malens illum, sicut vir pius et iustus, ecclesiasticis carere beneficiis, quam illam multis expositam periculis in paternis manere delictis. Clericus non immemor divini beneficii [2]), satisfacere cupiens Deo pro peccato commisso, conversus est postea in ordine nostro, similiter et eius instinctu puella. Haec mihi saepius recitavit quidam religiosus Abbas ordinis nostri. Ecce vides, quantum boni operata sit in hoc homine contritio. Lapsum erexit, Judaeos elingues fecit, puellam infidelem ad fidem provexit. NOVICIUS: Bene video, admiror, et gaudeo, Deique bonitatem circa nos in multis considero. MONACHUS: Quia sermo est de Judaeis,

---

1) ABCP miranti. — 2) libri scripti et PK ingratus divini beneficii, R ingratus divinis beneficiis. Sed ingratus nil nisi lapsus librariorum esse videtur. Emendavi immemor ex loco Homil. II. p. 13: qui non immemor divini beneficii saeculum deseruit, et in quodam coenobio ordinis nostri religionis habitum suscepit.

vis adhuc aliam audire historiam, huic ex parte similem, ad honorem fidei nostrae atque Christianorum, confusionemque Judaeorum? NOVICIUS: Anima mea sitit talia audire.

CAPITULUM XXIV.
Item de virgine Hebraea a quodam clerico impraegnata: quam cum parentes parituram crederent Messiam, peperit filiam.

MONACHUS: In civitate, ut opinor, Wormacia [1]), Judaeus quidam manebat, filiam habens formosam. Hanc iuvenis quidam clericus, in vicino habitans, adamavit, devirginavit et impraegnavit. Erant enim domus illorum satis contiguae, et poterat idem clericus sine nota frequentius intrare, et pro libitu loqui cum virgine. Illa intelligens se concepisse, dixit iuveni: Concepi. Quid faciam? Si cognoverit pater meus, interficiet me. Respondit clericus: Noli timere. Bene liberabo te. Si dixerit tibi pater tuus vel mater: Quid est, filia? venter tuus intumescit [2]), videris nobis concepisse; respondebis: Si concepi, nescio; hoc scio quia virgo sum, et nondum virum cognovi. Ego [3]) bene agam cum illis, ut credant tibi. Ille diligentissime cogitans qualiter puellam liberaret, huiusmodi stropham [4]) invenit. Tollens arundinem, in silentio noctis ad fenestram camerae, iuxta quam illos dormire noverat, accessit, et verba huiuscemodi per immissam fistulam sibilavit: O iusti et Deo dilecti, propriis nominibus eos exprimens, gaudete, ecce filia vestra virgo concepit filium, et ipse erit liberator populi vestri Israel. Statimque paululum retraxit arundinem. Ad hanc vocem Judaeus expergefactus, excitavit uxorem suam [5]), dicens ei: Numquid non audisti quid nobis locuta sit vox coelica? Respondit mulier: Non. Et ille: Oremus, ut et tu audire merearis. Orantibus eis, clericus ad fenestram stans, et diligenter quid loquerentur auscultans, post [6]) morulam eadem verba quae supra repetivit, atque adiecit: Magnum debetis filiae vestrae honorem exhibere, magnam curam adhibere, et cum multa diligentia servare puerum, de eius virgineo corpore nasciturum, ipse enim est Messias, quem exspectatis. Illi exsultantes, et de revelatione

---

1) C in civitate Lemovicensi temporibus nostris. — 2) BC tumescit. — 3) B ego enim. — 4) CDP trupham. — 5) C uxorem eius. — 6) AD et post.

post repetitionem facti certiores, vix diem exspectare potuerunt. Puellam vero considerantes intumescente aliquantulum utero concepisse, dixerunt ad illam: Dic nobis, filia, de quo conceperis? Quibus illa, sicut edocta fuerat, respondit. Et vix prae gaudio sese capientes, non potuerunt se continere, quin familiaribus suis dicerent, quid ab angelo audierint. Illi aliis recitantes, fama dilatante divulgatum est per civitates et castra, quia talis virgo Messiam parturiret. Instante tempore pariendi, multi ad domum puellae confluxerunt Judaei, cupientes nova nativitate diu desiderati [1]) laetificari. Sed iustus Deus vanam spem iniquorum convertit in fabulam, gaudium in tristitiam, exspectationem in confusionem. Et merito; quia [2]) quorum patres olim cum Herode de nativitate salutifera filii Dei [3]) turbati sunt, decuit ut istis temporibus tali illuderentur phantasmate. Quid plura? Affuit hora ut pareret misera, et ecce secundum consuetudinem mulierum dolor, gemitus et clamor. Tandem enixa est infantem, non tamen Messiam, sed filiam. Quo cognito, valde confusi et turbati sunt Judaei. Ex quibus unus cum multa indignatione parvulum [4]) pede apprehendens, allisit ad parietem. NOVICIUS: Quid post haec [5]) actum est de puella? MONACHUS: Pater eius confusionem suam graviter ferens, afflixit eam, et cum tormentis extorsit ab illa confessionem totius doli. NOVICIUS: Miserabile fuit, quod virgo infidelis ab homine fideli seducta ac corrupta, non est ad baptismi gratiam, ut supradicta puella, perducta. MONACHUS: Forte clericus hoc efficere non potuit, vel potius non curavit, magis gaudens de Judaeorum confusione, quam de puellae illuminatione. Si, ut dicis, miserabile est, non baptizatam non illuminari per baptismum, multo miserabilius est, quod hodie ab Episcopo compellitur baptizata redire ad Judaismum. NOVICIUS: Casum istum audire desidero.

CAPITULUM XXV.

Item de puella Judaea apud Lovaniam baptizata.

MONACHUS: Nuper cuiusdam Judaei Lovaniensis filia

---

1) BP desiderata. — 2) quia add C. — 3) filii Dei, pro quo B filii eius, om C, qui paulo post ut filii eorum istis. — 4) C parvulam. — 5) B hoc.

tali ordine conversa est ad fidem. Clericus quidam Renerus nomine, capellanus Ducis Lovaniae [1]), solitus erat intrare domum Judaei eiusdem civitatis, et disputare cum eo de fide Christiana. Habebat autem filiam parvulam, quae valde diligenter intendebat disputationi, secundum capacitatem intellectus sui ponderans tam verba clerici opponentis quam verba Judaei respondentis. Sicque sensim per divinam dispositionem imbuebatur ad fidem catholicam. Suasa etiam a clerico, secrete tamen, contrita est in tantum, ut diceret se velle baptizari. Adhibita est ei mulier, quae sine nota puellam de domo patris educeret. Quam clericus iam dictus baptizari fecit; eamque in monasterio ordinis Cisterciensis, quod Parcus [2]) dicitur, locavit. Cognita eius conversione, pater infidelis doluit, multam pecuniam offerens Duci, quatenus sibi restitueret filiam, quam furtive conquerebatur fuisse sublatam. Dux vero cum vellet patri restituere filiam, Judaeo scilicet Christianam, restitit ei Walterus [3]) clericus, dicens: Domine, si hoc scelus commiseritis contra Deum et sponsam eius, nunquam salvabitur anima vestra. Restitit ei et dominus Walterus Abbas Vilariensis. Videns Judaeus se frustratum spe, quam habuit erga Ducem, corrupisse dicitur dominum Hugonem Episcopum Leodiensem. Qui Judaeo in tantum favebat, ut conventui sanctimonialium de Parco literis suis mandaret, quatenus illi filiam restituerent. Veniente vero Judaeo ad iam fatum [4]) coenobium cum amicis et cognatis suis, virgo infra constituta, cum de illorum adventu prorsus nil sciret, sentire coepit foetorem magnum, ita ut palam diceret: Nescio unde sit, foetor Judaicus me gravat. Interim Judaeis pulsantibus ad fenestram, cum puellae diceret Abbatissa, ut puto: Filia Katherina, sic enim vocata fuit in baptismo, parentes tui volunt te videre; respondit illa: Ecce iste est foetor quem sensi. Non videbo illos. Et non acquievit exire. Anno praeterito accusatus fuit idem Episcopus Leodiensis pro eadem causa coram domino Engilberto Archiepiscopo Coloniae in Synodo eius, et praeceptum fuit ei, ne de cetero molestaret supradictum coenobium pro puella baptizata. Tunc quidem subticuit, sed non obedivit. Postea vero literis suis puellam cita-

1) BP Lovanii. — 2) Parcus Dominarum, le Parc aux Dames, abbatia Galliae prope Crespy sita. — 3) P Renerus. — 4) C iam praefatum.

vit Leodium, sub poena excommunicationis, patri suo responsuram super obiectis. Venit Katherina, sub bona tamen custodia. Allegatum est pro Judaeo, quod infra annos rapta fuisset, et violenter baptizata. Et dixerunt quidam puellae [1]): Katherina, dictum est nobis, quod libenter redires ad patrem tuum, si permittereris. Respondit puella: Quis hoc dicit? Responderunt illi: Pater tuus. Tunc illa clara voce tale protulit verbum: Pater meus recte mentitus est per mediam barbam suam. Cumque adhuc instaret advocatus Judaei, commotus dominus Walterus Abbas Vilariensis, ait illi: Magister, vos loquimini contra Deum et contra honorem vestrum. Sciatis pro certo, si [2]) adhuc unum verbum locutus fueritis contra puellam, ego laborabo apud dominum Papam, ut perpetuum vobis in omnibus causis imponat silentium. Tunc ille timens, secrete respondit Abbati: Domine Abbas, quid nocet vobis, si potero pecuniam extorquere a Judaeo? Ego nihil loquar quod obesse poterit puellae. Qui mox ut salarium suum accepit, dixit Judaeo: Non audeo de cetero loqui de hac causa. Anno praeterito, quando dominus Wido Abbas Claraevallis visitavit in Episcopatu Leodiensi, eundem Episcopum convenit, monuit et rogavit, quatenus intuitu Dei et honoris sui cessaret a vexatione puellae iam Christo dicatae. Cui Episcopus respondit: Bone domine Abbas, quid ad vos de causa ista? Respondit Abbas: Bene ad me, duplici ex [3]) causa. Primo, quia homo Christianus sum; secundario, quia domus illa, in qua deget [4]), de linea Claraevallis est. Et adiecit: Puellam et causam eius sub protectione domini Papae constituo, et super literas contra illam a vobis datas appello. Tempore Capituli generalis, literas a domino Papa contra Episcopum impetratas, per Abbatem nostrum misit Priori de Parco, ut si forte Episcopus adhuc conventum vexare propter puellam attentaret, eisdem se [5]) literis defenderet. NOVICIUS: Sicut paulo ante in Episcopi Angliae aedificatus sum misericordia, ita in huius Episcopi scandalizatus sum avaritia. MONACHUS: Defensores eius dicunt eum non esse pertinacem in hoc negotio amore pecuniae, sed zelo iustitiae. Quibus minime creditur, quia si agitaretur stimulis iustitiae, nequa-

---

1) P ipsi puellae. — 2) B quod si. — 3) CP de; paulo post ACD homo sum Christianus. — 4) R degit; paulo post BC est Claraevallis. — 5) se om BP.

quam cogeret puellam ¹) baptizatam, virginem Christo consignatam et in religione Christiana, etiam supra aetatem, ferventem, ad Judaicam redire perfidiam. NOVICIUS: Hoc et mihi videtur. MONACHUS: Occurrit mihi huic exemplo aliud ex parte ²) simile, de quodam milite saeculari, ita ut ex ipso suo facto saepedicto Pontifici exprobrare videatur sententia illa prophetica: *Erubesce, Sidon, ait mare.* ³)

CAPITULUM XXVI.
De puella in Linse baptizata.

In villa nobis vicina, quae Linse ⁴) dicitur, infra hoc triennium quaedam puella Judaei cuiusdam filia, baptismi desiderio divinitus accensa; ad quandam feminam eiusdem villae venit, et quia baptizari vellet, satis simpliciter intimavit. Cui suasum est a muliere, ut Conradum militem adiret, voluntatemque suam exponeret. Quod cum fecisset, ille gavisus valde, pollicitus est, quia ei consilio, auxilio, vel temporali subsidio nullatenus deesset. Die quando baptizanda erat, dixit ad militem: Domine, procurate ne videat me pater meus infra hoc triduum, quia si ab eo visa fuero, tanta scit ⁵), quod iterum oportebit me redire ad Judaismum. Positi sunt, milite procurante, circa cimiterium homines armati, qui et ⁶) Judaeum vetarent intrare, ut ⁷) puella secure posset introire sive exire sine illius contemplatione. Procurante Deo, baptizata est virgo, et vocata est ⁸) Elizabeth. Paucis diebus elapsis post baptismum, occurrit ei mater infidelis, et ait: Bona filia, revertere ad Judaismum. Respondit illa: Non possum, quia Christiana sum effecta. Tunc mater: Ego bene tibi auferam baptismum. Volens puella probare quid mater dicere vellet, respondit: Quomodo hoc faceres? Ego, inquit Judaea, tribus vicibus te sursum traham per foramen latrinae, sicque remanebit ibi virtus baptismi tui. Quod verbum puella audiens et exsecrans, contra matrem spuit, fugiens ab illa. Praedictus miles, cum sit aetate iuvenis, nec tamen multum dives, virginem loco filiae nutrit, volens illam tradere viro, vel in ali-

---

1) BC virginem. — 2) C mihi et aliud exemplum huic ex parte. — 3) Isai. 23, 4. — 4) P Linze; paulo post C ante hoc. — 5) C certa sum. — 6) et om P. — 7) AD et. — 8) est add CD.

quo locare monasterio. NOVICIUS: Quid dicturus est Episcopus Leodiensis in die iudicii, cum viderit hunc militem de virginis huius conversione gloriari? MONACHUS: Non est nostrum Episcopos iudicare, cum saepe a multis multum, sine causa etiam quandoque iudicentur.

CAPITULUM XXVII.*)

De clerico, qui dixit Episcopos Alemanniae non posse salvari.

Clericus quidam Parisiis ante paucos annos verbum terribile contra Episcopos locutus est, dicens: Omnia credere possum, sed non[1]) possum credere, quod unquam aliquis Episcopus Alemanniae possit salvari. NOVICIUS: Quare magis iudicavit Episcopos Alemanniae, quam Episcopos[2]) Galliae, Angliae, Lombardiae[3]) vel Tusciae? MONACHUS: Quia pene omnes Episcopi Alemanniae utrumque habent gladium, spiritualem videlicet et materialem; et quia de sanguine iudicant et bella exercent, magis eos sollicitos esse oportet de stipendiis militum, quam de salute animarum sibi commissarum. Invenimus tamen ex Episcopis[4]) Coloniensibus, qui Pontifices simul fuerunt et Duces, aliquos fuisse sanctos, beatum videlicet Brunonem, sanctum Heribertum et sanctum Annonem. Occasione verbi iam dicti clerici, recordor et alterius cuiusdam verbi adhuc terribilius a quodam defuncto contra Episcopos prolati.

CAPITULUM XXVIII.

De monacho Claraevallis, qui non acquievit recipere Episcopatum.

In Claravalle nostris temporibus monachus quidam in Episcopum electus est. Quem cum electores requirerent, et ille onus suscipere renueret, imperium Abbatis eius, vel Episcopi[5]) accessit; sed imperantibus non acquievit. Et cessatum est ab eo, atque non multo post defunctus est[6]). Qui cuidam sibi familiari manifeste apparens post mortem, requisitus

---

*) Homil. II. p. 99. — 1) CP vix; mox P credere possum. — 2) Episcopos om BC. — 3) omnes libri Longobardiae. — 4) D ex ipsis, CP ex ipsis Episcopis. — 5) vel Episcopi om BD. — 6) est add B.

de statu suo, et si aliquid timeret de illa inobedientia, respondit: Non. Et adiecit: Si obediens fuissem, et Episcopatum illum suscepissem, damnatus essem aeternaliter. Subiunxitque verbum valde terribile. Ad hoc, inquit, iam devenit status Ecclesiae, ut non sit digna regi, nisi a reprobis Episcopis. NOVICIUS: Sanctum Wilhelmum Bituricensem [1] Episcopum, qui ante paucos annos defunctus est, esse de numero electorum, crebra eius testantur miracula. MONACHUS: Puto illum verbum tam horribile contra Episcopos proferendo, respexisse ad multitudinem malorum, et ad raritatem bonorum, et quod eandem raritatem exigat malitia subditorum, sicut testatur sacra scriptura, dicens: *Qui regnare facit hypocritam propter peccata populi* [2]. NOVICIUS: Relinquatur ergo horum oratio, quia ea quae residua sunt de contritione audire desidero. MONACHUS: Quod dictum est de puellis baptizatis et de Episcopis, ad contritionem pertinet, quia in adultis sine contritione nihil salutis [3] operatur baptismus, et Episcoporum est, mederi [4] contritis corde, confessiones illorum recipiendo, et poenitentiam iniungendo. Unde quia pauci nostri temporis [5] Episcopi in tali physica student, et practicam eius minus exercent, iuste aliquando a subiectis et infirmis [6] iudicantur.

CAPITULUM XXIX. [*]

De Episcopo Lombardiae, qui ostendit Christiano Episcopo Maguntinensi nomina sibi commissorum in chartula conscripta.

Tempore Frederici Imperatoris, avi huius Frederici, qui nunc regnat, sedente Christiano Episcopo Maguntiae [7] iuxta quendam Episcopum Lombardiae [8], requisitus est ab illo, si nosset omnes Episcopii sui homines. Subridente Episcopo, ac respondente: Puto Episcopatum meum non minorem esse tota Lombardia; expavit bonus ac sollicitus Episcopus ille,

---

1) Bituricensem om ABD. — 2) Job 34, 30. — 3) salutis om BC. — 4) C medere. — 5) C temporibus nostris. — 6) C ab infirmis et subiectis. — *) Homil. II. p. 100. — 7) D Moguntiae. — 8) BP Longobardiae.

considerans periculum eius in reddenda ratione.¹) NOVICIUS: Et merito. Quomodo ergo unus homo tot animas regere posset sine periculo? MONACHUS: Visio quaedam satis terribilis memoriae occurrit, quae et supradictis respondet et nostris temporibus videtur esse impleta. Cuius tenor talis est.

CAPITULUM XXX.

Visio cuiusdam de schismate Romani Imperii, de calamitate Dioecesis Coloniensis, de terra sancta, et adventu Antichristi.

Frater Simon²), cum esset in oratione ante altare sanctae Dei genitricis Mariae, audivit vocem dicentem sibi: Mone pastorem tuum superiorem, et dic ei: Oves tuae fundent sanguinem. Et praecipe ei, ne semet et eas interficiat veneno. Nam et ipse³) posuit cor suum in ventres luporum late hiantium. Membra mea incipient commoveri a crudeli bestia, quae homo facta est. Exi, et clama undique magnam Dei omnipotentis offensam, et dic: Nisi convertamini et emendemini, occidemini et in ignem aeternum mittemini. Inimici mei vindicabunt iniurias meas. Post haec apparuerunt oves quinque⁴) pinguissimae, ac deinde boves tres macilentae. Pro quibus dum⁵) quaereret quid significarent, responsum est⁶): Quinque oves anni sunt quinque magnae abundantiae; et boves tres anni famis validae. Et iterum: Falsi Romani excitabunt crudeles rumores, et iniquo consilio suo divident potestatem Romanam. Et iterum: Jerusalem capietur et destruetur⁷), et inimici mei vindicabunt iram meam, quia polluerunt vias meas, in quibus ego ipse ambulavi. Fame maxima arctabuntur. Coeli et terra trement⁸), sed homo non vult tremere a crudeli bestia. Postea sol convertetur in

---

1) hic prorsus oblitus est Episcopus Lombardiae chartulam suam ostendere, quod tamen fecit in Homiliis: ex quo libro quod ad narratiunculae integritatem desideratur, huc transcribam: „Episcopus periculum illius considerans, et expavescens, respondit: Ego novi nomina omnium ovium mihi commissarum: quae scripta continentur in hac chartula; extractam illi ostendens." — 2) B Frater quidam. — 3) ipse add BC. — 4) C ei quinque oves. — 5) R de quibus cum; mox ABD quaererem. — 6) C est ei. — 7) C destruetur et capietur. — 8) C tremunt, AP et pr D tremebunt.

tenebras. Deinde veniet dies habens longitudinem dierum duorum. Post obumbrationem[1] autem solis, scietur quod crudelis bestia ostentabitur decem tribubus, quae clausae sunt. Unusquisque felix, scilicet meorum membrorum[2], sanguinem fundet, quoniam tunc persecutiones antiquae aperientur[3]. Idcirco unusquisque felix praeparet se, ita ut recte vivat in hac brevi vita. Post haec frater Simon[4] vidit daemonem loricatum et galeatum, habentem squamas tanquam piscis, qui vocatur carpo. Pupillae oculorum eius tetrae et ardentes, tanquam[5] facula, quae a vento agitatur. De ore et naribus eius procedebat flamma sulphurea. Dentes eius partim albi, partim sulphurei. Post haec facta est vox: Post contenebrationem solis suscitabit crudelis bestia arte mala quosdam Judaeos tanquam a mortuis, qui tamen non erunt Judaei, sed falsi nuncii, dicentes se a mortuis resurrexisse, veris Judaeis spem vanam promittentes, et in infidelitate sua, et in errore Judaeos foventes, et multos decipientes. Et adiecit[6]: O Colonia, deplora calamitates tuas, quae venient tibi, quoniam non solum ex culpa solius Episcopi, sed etiam ex communi peccato venient mala supradicta. Verumtamen ipse Episcopus plurimum debet dolere, quoniam ipse omnibus aliis est praelatus. Hanc visionem conventus noster missus super montem[7] Stromberg, ibidem reperit. Eodem anno capta est Jerusalem et terra sancta, quod in eadem visione fuerat praedictum. NOVICIUS: Interpretationem huius visionis[8] nosse desidero. MONACHUS: Partim mihi tractare videtur de his, quae nostris temporibus contigerunt in Episcopatu Coloniensi, partim de adventu Antichristi. Quod autem facta sit haec revelatio in Episcopatu Coloniensi, et ad eiusdem Dioecesis Episcopum, ex fine eius colligo; sed quis fuerit idem Simon[9], penitus ignoro. Pastorem hunc superiorem, Adolphum Episcopum intelligo, qui post mortem Henrici Imperatoris quasi venale Imperium habens, veneno avaritiae se ipsum infecit, plurimosque interfecit. Nec mirum[10]. Posuit enim cor suum, id est, consilium suum, in ventres luporum,

---

1) BC umbrationem. — 2) BD membrorum meorum. — 3) verba quoniam — aperientur om P. — 4) Simon om B. — 5) C quasi. — 6) et adiecit om BC. — 7) montem om C. — 8) ACDP revelationis; conf. IV, 53. — 9) Simon om B. — 10) nec mirum om P.

ad thesauros Richardi Regis Angliae, late hiantium, quorum consilio Ottonem Saxonem, filium sororis eius, in Regem Romanorum elegit. Ex tunc crudelis illa bestia, scilicet avaritia, facta est homo, id est, hominibus ita sociabilis et cara, ut eius zelo Christianae potestates a iustitia et fide moti [1]), negligerent iuramenta, periuria parvipendentes. Missus est eodem tempore Cardinalis [2]) Coloniam, qui Ottonis electionem confirmaret, Principesque a iuramento quod Frederico, qui nunc regnat, fecerant, absolveret; quod magis, ut rei exitus probavit, Imperii fuit divisio, quam confirmatio. Ab illo tempore provinciae incendiis vastantur, et [3]) ecclesiae depraedantur; sanguis multus funditur [4]), Adolphus deponitur, Colonia obsidetur. Tunc impleta est extrema pars huius visionis: O Colonia, deplora calamitates tuas, et cetera. In principio Episcopatus eiusdem Adolphi, cum praecessissent anni magnae abundantiae, tres fuerunt anni tantae sterilitatis, ut in [5]) primo anno modius siliginis venderetur marca argenti. Reliqua huius visionis nimis sunt obscura, nec patent meo intellectui. NOVICIUS: Tempore divisionis Romani Imperii dominus Innocentius Papa a multis iudicabatur, ita ut eum dicerent eiusdem schismatis auctorem, primo partem Ottonis nimis fovendo, postea eundem amplius [6]) persequendo. MONACHUS: Propter hoc cum idem beatae memoriae Innocentius die quadam sermonem Romae aedificatorium faceret in populo, Johannes Capotius, qui Ottoni favebat, eius sermonem interrupit, dicens: Os tuum os Dei est, sed opera tua, opera sunt diaboli. NOVICIUS: Peto ut nunc revertaris ad contritionem, a qua occasione quorundam verborum satis digressum est. MONACHUS: Tanta est virtus contritionis, ut nullum ei obstare possit peccatum, non periuria, non homicidia, non furta [7]), nec usurae quidem.

CAPITULUM XXXI.

De contentione sanctorum angelorum cum daemonibus pro anima cuiusdam usurarii contriti.

Retulit mihi senex quidam sacerdos et monachus nigri

---

1) P motae. — 2) conf. VI, 2. IX, 51. — 3) et om BC. — 4) P effunditur. — 5) in om BC. — 6) amplius om P. — 7) C non furta, non homicidia.

ordinis [1]), natione Saxo, rem memoria dignissimam de quodam usurario. Nec constat mihi, si scripta sit. Dixit quendam fuisse usurarium divitem nimis, qui diversarum ecclesiarum thesauros loco pignoris tenebat. Cuius cor [2]) cum esset inexplebilis avaritiae, percussus est peremtoria infirmitate. Tunc primum in se reversus, licet sero, considerare coepit pondus usurae, tormenta gehennae, difficultatem poenitentiae. Et vocans ad se quendam nigri ordinis Abbatem sibi familiarem, dixit ei: Domine, graviter infirmor, non [3]) possum aliquid de rebus meis ordinare, neque usuras acceptas restituere; si volueritis de anima mea Deo reddere rationem, peccatorum meorum mihi promittere absolutionem, omnia bona mea, tam mobilia quam immobilia, potestati vestrae subiiciam, ita ut de illis quod vobis visum fuerit [4]) faciatis. Cernens Abbas hominem contritum, et vere poenitentem, respondit: Ego deliberabo. Festinansque ad Episcopum, verba usurarii ei exposuit, et quid consuleret inquisivit. Respondit Episcopus: Bonum mihi videtur, ut pro anima eius spondeas, ut [5]) substantiam suscipias, ita dumtaxat, ut Ecclesiae meae thesaurum [6]) mihi restituas. Mox Abbas ad aegrum rediens, ait: Ego deliberavi, ut bona tua suscipiam, et pro peccatis tuis Deo [7]) spondeam. Respondit infirmus: Nunc consilium meum est, ut allatis curribus, omnia mea prius efferas, et me novissime tollens, nullum patieris impedimentum in efferendo. Habebat enim duas arcas plenas auri et argenti, pignora etiam plurima in vasis, libris, variisque ornamentis; frumentum, vinum et [8]) supellectilem multam, pecoraque infinita. Tunc Abbas prius omnibus praemissis, novissime in gestatorio ponens infirmum, properavit ad monasterium. Sed mox ut ille monasterium intravit, spiritum exhalavit. Abbas vero, non immemor sponsionis, in quantum potuit usuras restituit, plurimas pro illius anima largiens eleemosynas. Residuum in usus fratrum convertit. Positum est corpus in oratorio, choris psallentium circa illud ordinatis. In ipsa nocte, cum fratres attentius psallerent, quatuor tetri spiritus apparentes, feretrum a parte sinistra circumstabant. Quibus visis, territi

---

1) C quidam monachus nigri ordinis et sacerdos, B quidam monachus et sacerdos nigri ordinis. — 2) cor add BC; paulo post P avaritia. — 3) BC nec. — 4) B visum fuerit vobis, P visum γobis fuerit. — 5) CP et. — 9) BC thesauros. — 7) C ego Deo. — 8) et om BP.

fratres, omnes, excepto uno seniore, fugerunt. Et ecce totidem angeli sancti contra quatuor daemones a parte dextera se ordinabant. Moxque is, qui primus inter daemones videbatur, in illud Davidicum [1]) erupit: *Dixit insipiens, ut delinquat in semetipso; non est timor Dei ante oculos eius;* hoc in isto homine impletum est. Alter dixit: *Quoniam dolose egit in conspectu eius, ut inveniatur iniquitas eius ad odium.* Cui tertius subiunxit: *Verba eius iniquitas et dolus; noluit intelligere, ut bene ageret.* Quartus dixit: *Iniquitatem meditatus est in cubili suo; astitit omni viae malae, malitiam autem non odivit.* Tunc simul omnes dixerunt: Si Deus iustus est, et verba eius vera, homo iste noster est, quia omnium horum reus est. Responderunt sancti angeli: Si contra eum carmen Davidicum profertis, procedite. Dixerunt daemones: Ista nobis sufficiunt ad eius [2]) damnationem. Ad quod angeli responderunt: Ex quo vos tacetis, nos incoepti Psalmi residua proferemus. Ait itaque primus: *Domine, in coelo misericordia tua, et veritas tua usque ad nubes.* Cui secundus adiecit: *Justitia tua sicut montes Dei; iudicia tua abyssus multa.* Tertius vero: *Homines et iumenta salvabis, Domine, quemadmodum multiplicasti misericordiam tuam, Deus.* Cumque quartus subiunxisset: *Filii autem hominum in tegmine alarum tuarum sperabunt;* simul in hanc vocem eruperunt: Quia Deus iustus est, et scriptura solvi non potest, filius hic hominis noster est, ad Dominum confugit, ad Dominum ibit, quia sub tegmine alarum illius speravit. Inebriabitur ab ubertate domus eius, qui se lacrimis contritionis inebriavit; et torrente voluptatis suae potabit eum: quoniam apud ipsum est fons vitae; et in lumine eius videbit lumen. Ad hanc vocem daemonibus confusis et obmutescentibus, coelestes nuncii animam contriti peccatoris tollentes, illis sociaverunt, de quibus Salvator in Evangelio dicit: *Gaudium est in coelo angelis Dei super uno peccatore poenitentiam agente* [3]). NOVICIUS: Quid amplius profuit huic usurario, eleemosynae, an contritio? MONACHUS: Hoc secure dico, quia si contritio defuisset, modicum illi eleemosyna profuisset. Vis audire quantum Deus acceptet eleemosynas usurarii? NOVICIUS: Volo et desidero.

---

1) Psal. 35. — 2) B ad veram eius, C ad eius iustam. — 3) Luc. 15, 7.

CAPITULUM XXXII.

De contritione cuiusdam usurarii, quem bufones ex eleemosynis eius orti devoraverunt.

MONACHUS: Multorum ore celebratur adhuc Coloniae factum cuiusdam usurarii, in ecclesia sancti Gereonis Martyris sepulti. Qui cum esset dives et avarus, tandem divina misericordia compunctus, sacerdotem adiit, confessionem fecit, et ut Deum pro suis peccatis placaret, pollicitus est quia omnia sua pro illius nomine pauperibus erogaret. Cui sacerdos respondit: Incide de panibus tuis eleemosynas, ita ut cistam ex eis impleas, claudesque illam. Qui cum die altera eandem arcam aperuisset, quot ibi posuerat [1]) eleemosynas, tot in ea reperit bufones. Cui cum sacerdos diceret: Vides nunc quantum Deo placeant eleemosynae de usura? Territus ille respondit: Domine, quid faciam? Si vis, inquit, salvus fieri, hac nocte inter vermes istos nudus iaceas. Mira contritio. Ille, licet talem [2]) stratum nimis abhorreret, vermibus morituris contemtis, immortales effugere cupiens [3]), tum timore gehennae, tum amore coelestis patriae, nudus se super vermes iactavit. Sacerdos vero arcam ipsam [4]) adiit, clausit, et abiit. Quam die postera cum aperuisset, nihil praeter ossa hominis ibidem invenit. Quae in porticu praedicti Martyris sepulta [5]), dicuntur tantae esse virtutis, ut usque hodie nullus bufo terminos eiusdem vivus possit intrare. NOVICIUS: Si eleemosynae usurariorum vertuntur in bufones, reliqua eorum substantia quales ex se gignet vermes? MONACHUS: Vermes infernales, vermes immortales, de quibus per Isaiam in persona talium dicitur: *Vermis eorum non morietur, et ignis eorum non exstinguetur; et erunt usque ad satietatem visionis omni carni* [6]). Subtus eos sternetur tinea [7]), corpora eorum comedent immortales vermes gehennae, animas semper rodet vermis conscientiae. NOVICIUS: Potuitne ergo Abbas ille, de quo superius dictum est, ex pecuniis usurarii fructuosas pro anima eius facere eleemosynas? MONACHUS: Prius, sicut me memini dixisse, usuras pro possibilitate restituit, de

---

1) C deposuerat. — 2) ACDP tale. — 3) ABDP vermibus tamen morituris immortales praeponens. — 4) BD ipsam arcam; mox adiit om CD. — 5) C sepelivit, quae. — 6) Isai. 66, 24. — 7) Isai. 14, 11.

reliquo eleemosynas fecit. Hoc in isto factum non est. Quod autem hoc liceat, ex hoc quod sequitur exemplo docebitur.

CAPITULUM XXXIII.*)

De contritione Theobaldi usurarii Parisiensis.

Temporibus Philippi Regis Francorum, praedecessoris huius [1]) qui hodie regnat, erat in civitate Parisiensi usurarius quidam ditissimus, Theobaldus nomine. Hic cum haberet possessiones plurimas, infinitasque pecunias ex usuris congregatas, divinitus compunctus, ad magistrum Mauritium eiusdem civitatis Episcopum venit, eiusque se consilio submisit[2]). Ille vero cum in aedificatione ecclesiae[3]) beatae Dei genitricis nimis ferveret, consuluit ei, quatenus pecunias suas ad structuram inchoati operis contraderet. Qui huiusmodi consilio aliquantulum sibi suspecto, adiit magistrum Petrum Cantorem, verba Episcopi ei insinuans. Cui ille respondit: Non dedit tibi bonum consilium hac vice; sed vade et fac clamari per civitatem sub voce praeconis, quia paratus sis restituere omnibus, a quibus aliquid supra sortem accepisti. Factumque est ita. Deinde rediens ad magistrum ait: Omnibus ad me venientibus, teste conscientia, omnia restitui ablata, et adhuc supersunt plurima. Tunc ille: Modo, inquit, poteris dare eleemosynam[4]) secure. Retulit mihi dominus Daniel Abbas Sconaviae, quod ad consilium eiusdem Cantoris, per plateas civitatis nudus in suis femoralibus incesserit, servo cum virga se impellente, ac dicente: Ecce iste est ille, quem pro suis pecuniis Principatus honorabat, qui filios nobilium obsides tenebat. NOVICIUS: Ex his duobus usurariis plenius agnosco virtutem contritionis, quia ut considero, de cuius corde fons eius scaturit, nullus labor, nullus horror, nullus pudor, venas illius obstruere valebit. MONACHUS: Verum dicis, quia contritio quae timore parvae poenitentiae exsiccatur, fontem non habet unde fluat. NOVICIUS: Videtur mihi usura multum esse defectivae naturae, quia raro ad tertiam, sive quar-

---

*) Homil. I. p. 141. — 1) verba praedecessoris huius, quae absunt ab omnibus libris, sensu flagitante addidi ex locis IV, 36. V, 21. VII, 39. — 2) ADP consilio se commisit. — 3) Hom. monasterii; conf. IX, 60. — 4) ADP eleemosynam dare.

tam illam durare videmus generationem [1]). MONACHUS: Non solum defectivae, sed et consumtivae naturae est, quia, ut dicis, in se celerius deficit, et nonnunquam sibi admixta sive coniuncta consumit. NOVICIUS: Da exemplum. MONACHUS: Haec quae dicturus sum, a quibusdam Abbatibus ordinis nostri audivi, sed nomen non retinui loci, in quo contigerunt [2]).

CAPITULUM XXXIV.

De pecunia usurarii, quae pecuniam monasterii iuxta se positam devoravit.

Usurarius quidam cuidam ordinis nostri cellerario quandam pecuniae suae summam commisit reservandam. Quam ille signatam in loco tuto iuxta pecuniam monasterii reposuit. Postea cum usurarius depositum repeteret, cellerarius arcam reserans, neque illam, neque suam invenit. Qui cum vidisset arcae seras intactas, et signacula sacculorum salva, ita ut nulla esset de furto [3]) suspicio, cognovit, quod pecunia usurarii devorasset pecuniam monasterii. Ex quo colligitur, quod per eleemosynam usurae, monasterii substantia non augeatur, sed deficiat. NOVICIUS: Magna sunt, quae dicta sunt de contritione; sed quaero, si is qui oculos non habet, contritionem habere possit, cum sine oculis flere non possit. MONACHUS: Contritio non est in lacrimis, sed in motu cordis, cuius signa lacrimae sunt oculorum, cum et cor lacrimas suas habeat.

CAPITULUM XXXV.

De contritione cuiusdam nobilis ab Henrico Duce Saxonum excaecati.

Dux Henricus Saxo, pater Ottonis Imperatoris, tempore quodam virum quendam nobilem pro suo scelere exoculavit. Deus vero ex sua misericordia excaecationis poenam viro convertens [4]) in medicinam, tantam cordi eius contulit contritionem, ut iugiter peccata commissa defleret, et pro desiderio

---

1) B generationes. — 2) omnes libri contigit. — 3) C de furto esset. — 4) C convertit.

patriae coelestis semper suspiraret. Non recedebat de ecclesia beatae Dei genitricis in Hildinsheim, orationibus et ieiuniis vacans. Casu contigit, ut stultus quidam verbum stultum, eo audiente, proferret dicens: Qui hic oculos non habet, nec in futuro oculos [1]) habebit, quibus Deum videat. De quo verbo turbatus nimis, dum quotidie gemeret, nec verborum consolationem reciperet, a multis culpatus, respondit: Nisi mihi ex scripturarum auctoritate probetur, consolari non potero. Quod ei facile probari potuit a viris literatis, quorum in eadem civitate copia fuit. NOVICIUS: Quomodo autem probatur? MONACHUS: Salvator dicit electis: *Capillus de capite vestro non peribit* [2]). Super quem locum dicit Augustinus: Perit caput, ubi non perit capillus? Ubi non perit palpebra, perit oculus? Quasi diceret, non. Omnes mortui integraliter resurgent. Mali [3]), ut in omnibus suis membris puniantur; boni, ut in omnibus remunerentur. Hoc secure dico et credo, quod omnis homo, sive iustus sit, sive peccator, si in contritione etiam minima decesserit, Deum visurus sit. Ad quam visionem nos perducere dignetur Dominus noster Jesus Christus, splendor gloriae, qui cum Patre et Spiritu sancto vivit et regnat Deus, per infinita saecula saeculorum. Amen.

1) oculos om C. — 2) Luc. 21, 18. — 3) B mali autem.

DISTINCTIO TERTIA
DE CONFESSIONE.

CAPITULUM I.

Quid sit confessio, qualis esse debeat, quae eius sit virtus, quis fructus.

SINE desiderio confessionis quia [1]) infructuosa est omnis contritio, videre debemus quid sit confessio, qualis esse debeat, quae sit eius virtus, quis fructus. NOVICIUS: Si sine proposito confessionis informis est contritio, necessarium est scire ista, noviciis maxime, qui mox post conversionem suam omnia peccata, quae commiserunt, tenentur Abbati suo confiteri: sicut sum a te edoctus, et in memetipso expertus. MONACHUS: Confessio tantum bonum est, ut solo eius desiderio, etiamsi necessitas actum [2]) excludat, peccata dimittantur. Unde Psalmista dicit: *Dixi: Confitebor adversum me iniustitias meas Domino; et tu remisisti impietatem peccati mei* [3]). Dixi, id est, deliberavi. NOVICIUS: Quid est confessio? MONACHUS: Scire debes, triplicem esse confessionem, laudis, fidei, criminis [4]). De confessione laudis Salvator in Evangelio dicit: *Confiteor tibi, Pater, Domine coeli et terrae* [5]). De confessione fidei dicit Apostolus: *Corde creditur ad iustitiam, ore autem confessio fit ad salutem* [6]). De confessione vero criminis ait Apostolus Jacobus: *Confitemini alterutrum peccata vestra, ut salvemini* [7]). Initium enim iustitiae confessio peccatorum est. Unde scriptum est in libro Machabaeorum: *Judas praecedet vos in bellum* [8]), id est, confessio. Confessio criminis est, per quam latens animae morbus aperitur, spe veniae consequendae. Haec multiplex esse debet, voluntaria, festinata [9]), debita, verecunda, generalis, specialis, individualis, nuda, integra, discreta, accusatoria, amara, sollicita, meticulosa, vera, aestimativa, hilaris, propria,

---

1) C add inutilis et. — 2) KR ipsum actum. — 3) Psal. 31, 5. — 4) BD et criminis. — 5) Matth. 11, 25. — 6) Rom. 10, 10. — 7) Jac. 5, 16. — 8) Mach. I, 2, 66. — 9) R festina, hic et infra.

pluralis [1]), frequens. Breviter ista transcurro, nec ad plenum, studio brevitatis, elucido, quia ad exempla festino. NOVICIUS: Habetne auctoritatem confessio a veteri testamento? MONACHUS: Confessio sacramentum esse dicitur veteris testamenti, figuris manifestis in illo declarata, verbis mandata, et[2]) exemplis confirmata. Leprosus ad arbitrium sacerdotis mundus vel immundus iudicatur[3]). Unde Salvator cuidam leproso a se sanato dixit: *Vade ostende te sacerdoti*[4]). In quatuor verbis huius clausulae, quatuor mihi videntur esse consideranda, quae maxime in confessione sunt observanda, videlicet, ut sit festinata, ut sit nuda, ut sit integra, ut sit debita, id est, ut fiat proprio Pastori. Ac si dicat Dominus: *Vade*, ut confessio tua sit cita, vel festinata; *ostende*, ut sit nuda; *te*, ut sit integra; *sacerdoti*, ut sit debita[5]). Quem gratia Jesu mundat intus per contritionem, ut foris mundus iudicetur, ostendere se debet sacerdoti per confessionem. Unde sponsus voce confessoris in Canticis Canticorum loquitur ad contritum peccatorem: *Ostende mihi faciem tuam*, per cordis contritionem, *sonet vox tua in auribus meis*[6]), per oris confessionem. Quid manifestius hac figura? Quod verbis mandata sit, testis est Propheta David, qui dicit: *Confitemini Domino, quoniam bonus*. Item: *Revela Domino viam tuam*[7]), subaudis, per confessionem. Et in Isaia secundum Septuaginta: *Dic tu iniquitates tuas, ut iustificeris*[8]). Quod autem exemplis sit confirmata, exemplum est nobis ipse David, qui super peccato Bersabeae, venienti[9]) ad se Nathan respondit dicens: *Peccavi Domino*[10]). NOVICIUS: Miror utrum sit maior virtus in contritione, sive in confessione. MONACHUS: Non nisi per contritionem peccatori culpa dimittitur, et hoc sub quadam conditione, scilicet ut confessio subsequatur. Quod si necessitas illam excluserit, defectum illum summus sacerdos supplebit. Est tamen confessio signum contritionis. Cuius virtutem et fructum magis tibi exemplis, quam scripturarum testimoniis ostendere proposui.

1) pluralis om C. — 2) et om BC. — 3) Levit. 13 et 14. — 4) Matth. 8, 4. — 5) Homil. III. p. 92: „in confessione illa quae supra dicta sunt, requiruntur, hoc est, ut sit festinata, propter quod dicitur ite; nuda, propter quod subditur, ostendite; integra, propter quod additur vos, quasi non partem corporis, sed totum; debita, dum concludit, sacerdotibus." — 6) Cant. 2, 14. — 7) Psal. 105, 1. 36, 5. — 8) Isai. 43, 26. — 9) BC veniente. — 10) Reg. II, 12, 13.

CAPITULUM II.*)

De clerico, qui stupraverat uxorem militis, quem post confessionem diabolus in stabulo dixit esse iustificatum.

Miles quidam in villa quadam habitavit, cuius uxorem eiusdem villae sacerdos per adulterium maculavit. Dictum est militi, quia sacerdos rem haberet cum uxore sua. Ille, cum vir prudens esset, nec verbis facile crederet, nullam de hoc mentionem facere voluit uxori sive sacerdoti, veritatem verius [1]) volens experiri. Non tamen sine suspicione fuit. Contigit ut in quadam villa, non multum a militis villa remota, quidam obsessus esset, in quo daemonium tam nequam erat, ut coram astantibus improperaret peccata, quae per confessionem veram non fuissent tecta. Quod cum miles ex multorum didicisset relatione, rogavit suspectum sibi sacerdotem, ut ad colloquium quoddam secum ire non recusaret. Et acquievit sacerdos. Cum venissent simul in villam, ubi obsessus erat, conscius ipse sibi sacerdos, suspectum coepit habere militem, quia non eum [2]) latebat, quod obsessus a tam nequam daemone in eadem villa habitaret. Timensque vitae suae, si a daemone proderetur, necessitatem naturae simulans, intravit stabulum ad servum militis, pedibusque eius prostratus, ait: Rogo te propter Dominum, ut audias confessionem meam. Quem servus expavescens levavit, audiens quae ab illo dicebantur. Facta vero confessione, cum sibi sacerdos iniungi peteret poenitentiam, servus satis prudenter respondit illi dicens: Quantum alteri sacerdoti pro tali crimine iniungeretis, hoc sit satisfactio vestra. Sicque exiens iam securior, cum milite ad ecclesiam venit. In qua daemoniosum offendentes, requisitus est a milite in haec verba: Nosti aliquid de me? Hoc enim [3]) ex industria factum est, ut iam dicto sacerdoti tolleret suspicionem. Cui cum daemon nescio quid responderet, adiecit: Quid tibi videtur de domino isto? Respondit ille: Nihil de eo scio. Et cum hoc [4]) dixisset lingua Teutonica, Latine mox subiunxit: In stabulo iustificatus est. Nullus tunc aderat clericorum. NOVICIUS: Satis puto, quod non sponte sua illa hora latinista factus sit diabolus. MONACHUS: Non est permissus loqui Teutonice, ne miles ver-

---

*) Homil. II. p. 13. — 1) Hom. plenius. — 2) eum add BC. — 3) C autem. — 4) ABD haec.

bum, et ex verbo factum intelligeret, nec tamen tacere licuit, ut virtutem confessionis sacerdoti ostenderet. NOVICIUS: Magna est virtus confessionis, quae et crimen adulterii a memoria diaboli delevit, et hominem ab imminenti periculo liberavit. MONACHUS: Audi et fructum huius confessionis. Sacerdos non immemor collati sibi beneficii, saeculum deseruit, et in quodam coenobio ordinis nostri monachum se fecit. Adhuc vivere putatur, sicut didici a quodam Abbate ordinis Cisterciensis. NOVICIUS: Prophetia huius protervi daemonis, causa ei exstitit magnae salutis. MONACHUS: Narravit mihi et aliud pene simile huic.

CAPITULUM III.

Item de servo alterius militis, qui cum uxore domini sui peccans, et in nemore idem peccatum rustico confitens, a diabolo prodi non potuit.

Cuiusdam militis uxor proprium servum admiserat, libidinis igne succensa. Cum quo cum per tempus aliquod occulte peccasset, nec iam latere posset, ad aures mariti pervenit. Ille vero de verbo dolens, nec tamen verbis ad plenum credens, tacuit, sciens, se investigante, rem tam nefariam diu non posse occultari. Quia vir erat dives et honestus, uxorisque fama tam inops et inhonesta, maluit rem inexpertam [1]) per silentium ad tempus tegere [2]), quam se et uxorem genusque tam suum quam illius, per suspiciones dehonestare. Interim ubique divulgatum est, in tali villa obsessum quendam esse, nescio tamen si idem fuerit, de quo superius dictum est, qui nemini parceret, sed praesentibus peccata occulta obiiceret et improperaret. Quod cum audisset miles, sperans per illum rei veritatem discere, assumto secum servo, coepit illo [3]) pergere, viae causam servo penitus ignorante. Venientibus eis ad nemus quoddam, cum dominus declinaret in quandam semitam, quae ad daemoniosi [4]) tendebat villam, coepit servus valde pavere, sciens pro certo, se ultra vivere non posse, si crimen adulterii proderetur a daemone. Positus in tanto timore, dum in cogitationibus suis fluctuaret, hominem in eodem nemore ligna incidentem audivit. Immisitque

---

1) D expertam. — 2) ADP detegere. — 3) BCD illuc. —
4) P daemoniaci.

Dominus menti eius, quem eadem hora satis diligenter invocaverat, quod contra imminens periculum confessio summum foret remedium. Et divertens a domino, quasi ad satisfaciendum naturae, venit ad rusticum, confessus est peccatum, suscepit poenitentiam. Statim reversus ad militem, de tali opere nihil suspicantem, simul venerunt ad daemonem. Qui cum servum adulterum, imo de adulterio iam iustificatum, diligentius intuitus fuisset, ait miles: Dic, si aliquid nosti de illo. Respondit daemon: Multa de eo novi, quae modo [1]) ignoro. Sicque per virtutem confessionis liberatus est servus [2]) a morte, et dominus a suspicione. Vides quantum valeat vera confessio? NOVICIUS: Quae est vera confessio? MONACHUS: In qua firmum propositum est satisfaciendi. NOVICIUS: Quid si ipsa satisfactio iniuncta negligitur? MONACHUS: Si ipsa negligentia non fuerit ex infirmitate, sive ex necessitate, sed iniuncta poenitentia, ut saepe contingit, parvipenditur et contemnitur, peccatum iam dimissum revertitur. Etiamsi peccatum fuerit veniale, et poenitentia per oblivionem negligatur, non dico quod poena illius peccati per illam oblivionem deleatur.

CAPITULUM IV.*)

De sacerdote, qui pro illusione nocturna psalmum in confessione iniunctum negligens, in locis genitalibus punitus est.

Sacerdos quidam in domo nostra, sicut ab eius ore audivi, die quadam confessionem fecit de illusione nocturna. Iniunctus est ei psalmus unus pro satisfactione. Quem cum per oblivionem negligeret, eadem die, circa loca genitalia tantum coepit pruritum et ardorem sentire, ac si carni eius ardentes urticae essent appositae. Qui cum territus tactu exploraret quid esset, et nihil ibidem inveniret, recordatus est psalmi iniuncti et neglecti. Imputansque immissam poenam eidem transgressioni, psalmum dixit, et dolor conquievit. Confitens fugere debet oblivionem. Audi aliud exemplum.

---

1) P nunc. — 2) CD servus liberatus est. — *) Homil. I. p. 148.

CAPITULUM V.

De clerico Praemonstratense, qui sine confessione cuiusdam venialis peccati commissi ad obsessum exiens, a daemone notatus est.

Canonicus quidam in Steinvelt ordinis Praemonstratensis, sicut mihi retulit canonicus quidam Monasteriensis, valde laudabilis vitae fuit, quem quasi ad fugandum daemonem de obsesso Prior ad ostium monasterii secum eduxit. Quo viso, mox diabolus per os hominis clamavit: Ego quaedam de eo scio, propter quae eum non timeo. Non tamen permissus est eadem publicare, eo quod minima essent, ne viro sancto verecundiam inferret. Ille bene [1]) verbum intelligens, remordente conscientia intravit, culpam confessus rediit, et si daemon adhuc [2]) aliquid sciret inquisivit. Respondit daemon: Adhuc aliqua culpae vestigia apparent in te, eo quod non sit subsecutus stimulus, plagam virgarum intelligens. Iterum intravit iuvenis, iniunctam accepit disciplinam, reversusque, si sciret aliquid interrogavit. Respondente diabolo, per iudicium meum nil modo [3]) novi de te, satis aedificati sunt fratres. NOVICIUS: Non modicum me perturbat [4]), quod inimicus in sancto viro post confessionem factam, aliquod deprehendere potuit signum peccati. MONACHUS: Hoc Deus permisit ad eius bonum. Quanto quis perfectior, tanto pro sua culpa delenda esse debet sollicitior. Disciplinam iniunctam, quam mox accipere potuit, maxime contra diabolum pugnaturus, differre non debuit. Nam in supradictis duobus, sacerdote scilicet et servo militis, quorum confessio neque debita fuit, neque aliqua adhuc exterior poenitentia subsecuta, diabolus nulla peccati vestigia deprehendere potuit. NOVICIUS: Placet quod dicis, quia necessitas in causa fuit. Sed nosse vellem differentiam inter veram falsamque confessionem. MONACHUS: Quanti ponderis confessio sit vera, et quam inefficax confessio sit ficta, per subiecta dignosces exempla.

---

1) bene add BC. — 2) adhuc habet C post sciret. — 3) BC modo nil. — 4) ADP turbat.

CAPITULUM VI.*)

De virgine, quam daemon in specie viri procabatur; item de viro, cui idem daemon peccata ficte confessa obiecit; et de puella, cuius devirginationem prodidit.

Tempore illo, quo Scholasticus Coloniensis Oliverus crucem praedicavit in partibus Brabantiae, sicut mihi narravit Bernardus monachus noster, tunc eius collega in praedicatione, fuit ibi puella quaedam¹) religiosa, et voto virginitatis gloriosa, orta de Nivella. Invidens diabolus tantae virtuti, in specie viri admodum pulchri satisque decenter vestiti apparens virgini, coepit illam verbis amatoriis sollicitare, clenodia offerre, laudare coniugii fecunditatem, virginitatis vituperare sterilitatem. Cui virgo, nesciens quis esset, respondit: Virum ducere non propono, Christi amore²) nuptias carnales postpono et contemno. Cumque lascivus ille spiritus nimis esset ei importunus³), in diversis locis ad illam veniens, sciens puella multas esse virgines se pulchriores, nobiliores atque ditiores, coepit amatorem phantasticum habere suspectum, ita ut ei diceret: Bone domine, quis vel unde estis, quod tanto mihi desiderio copulari affectatis? Cumque ille invitus se proderet, et virgo tanto propensius instaret, tandem daemon necessitate compulsus, confessus est dicens: Ego sum diabolus. Ad quod verbum illa expavescens, respondit: Ut quid ergo exigis⁴) carnale coniugium, quod naturae tuae dignoscitur esse contrarium? At⁵) ille: Tu tantum mihi consenti, nihil aliud a te nisi copulae consensum requiro. Ad quod puella respondit: Modo omnino tibi⁶) contradico; fugans illum sanctae crucis signaculo. Veniensque ad sacerdotem, revelavit illi daemonis insidias; a quo satis edocta, ne maligno consentiret, reversa est in domum suam. Daemon vero post confessionem eam omnino non deserens, de remoto tamen⁷) alloquens, in tantum illam vexavit, ut quaslibet immunditias in eius scutellam mitteret cum manducaret. Unde et mulierum custodiae ei adhibitae sunt. In quacunque domo illa fuit, illic daemon responsa dedit. Ab omnibus quidem audie-

---

*) Homil. I. p. 105. — 1) BC quaedam puélla; paulo post et om iidem. — 2) AP amori. — 3) B ei esset importunus, C ei importunus esset. — 4) B exigis a me. — 5) AC ait. — 6) BC tibi omnino. — 7) A tantum.

batur, sed a sola puella videbatur. Eratque tam nequam idem spiritus, ut praesentium peccata detegeret, crimina improperaret, nec aliquod peccatum eum lateret, nisi quod vera confessio tegeret. Ostendit et alia signa nequitiae suae. Stercora, ollasque confractas fimo plenas, super confluentes spargebat. Dixerunt ei quidam: Nosti, o diabole, Dominicam orationem? Respondente illo, optime scio, rogatus est illam dicere. Et ait: Pater noster, qui es in coelum, nomen tuum, fiat voluntas et in terra, panem nostrum quotidianes da nobis hodie, sed libera nos a malo. Et cum plures in eadem oratione fecisset [1]) saltus atque barbarismos, cachinnando subiunxit: Ecce sic vos laici dicere soletis orationem vestram. Requisitus etiam de symbolo, dixit se bene et optime scire, sic incipiens: Credo Deum Patrem omnipotentem. Cui cum quidam dicerent: Dicere debes, Credo in Deum; illeque subiungeret: Credo Deo; viri literati, qui tunc erant praesentes, diaboli verbum notantes, et vim accusativi intelligentes, institerunt ut diceret, Credo in Deum. Et non poterant eum ad hoc inducere. NOVICIUS: Vellem et ego scire, quid sit Credere in Deum. MONACHUS: Credere in Deum, est per dilectionem ire in Deum. Unde Salvator ait: *Omnis qui vivit, et credit in me, habet vitam aeternam* [2]). Daemon, sicut dicit Apostolus Jacobus, credit et contremiscit [3]), sed non diligit. Credit Deum esse, credit verba eius vera esse, sed non credit in eum, quia non diligit eum [4]). Salutationem vero angelicam idem daemon incipere non potuit, cum tamen se illam scire profiteretur. NOVICIUS: Cum dignior sit oratio Dominica salutatione angelica, miror cur permissus sit dicere illam, et non istam. MONACHUS: Voluit hoc fieri Dominus, tum propter honorem matris, tum propter eminen-

---

1) B in eadem fecisset oratione, C fecisset in eadem oratione. — 2) Johan. 11, 26. — 3) Jac. 2, 19. — 4) Homil. II. p. 109: „usque hodie per ora praedicatorum de peccato incredulitatis arguitur mundus. Ut enim taceam de infidelibus, non omnes Christiani, imo respectu multitudinis, pauci credunt in Christum. Credunt Christum esse filium Dei, natum de virgine, passum, resurrexisse a mortuis, et si qua alia de illo sunt credenda. Credunt etiam Christo, id est, Evangelio eius, scientes esse vera quaecunque dixit, egit vel promisit; sed non credunt in Christum. Credere in Christum, est fide et caritate ire in ipsum. Non qui credit Christum, vel Christo, sed qui credit in Christum, habet vitam aeternam."

tiam sacramenti suae incarnationis. Quantae virtutis sit eadem salutatio, per quam initiata est humani generis redemtio, ex sequentibus plenius agnosces. Interrogatus idem daemon, cur ita raucam haberet vocem, respondit: Quia semper ardeo. Dicebat eadem puella, quia quotiens veniebat ad me, cavit ne eum videre possem a dorso. NOVICIUS: Miror quare hoc fecerit? MONACHUS: Daemones, sicut intellexi ex alia quadam visione, posteriora non habent. Unde quidam daemon puellae cuidam apparens frequentius, cum ab ea divertens semper retrocederet, interrogatus cur hoc faceret, respondit: Licet corpora humana nobis assumamus, dorsa tamen non habemus. NOVICIUS: Exspecto exemplum, per quod fictae veraeque confessionis differentiam cognoscam. MONACHUS: Hoc in promtu est. Fuit in vicino vir quidam, qui supradictum daemonem audire nimis desiderans, propter turpia quaedam quae commiserat peccata, appropinquare non audebat, timens sibi illa coram omnibus improperari. Et veniens ad sacerdotem, confessus est universa, voluntate tamen peccandi retenta. Factusque ex eadem confessione securior, ad domum venit. Mira res. Mox ut limen attigit, et introspexit, daemon in aere clamavit: Amice, veni huc, veni, certe bene te dealbasti. Et statim coram omnibus omnia eius peccata turpia, licet confessa, prodidit, in tantum illum confundens, ut eadem hora esse [1]) voluisset in ortu solis. Tristis effectus, et conscientia accusante in se reversus, ad sacerdotem rediit, quae gesta sunt retulit, confessionem iteravit, et quia de reliquo emendatius vivere vellet, de corde pollicitus est Deo et sacerdoti. Tunc sacerdos: Modo, inquit, revertere securus, non te confundet amplius. Et fecit sic. Intrante eo domum, quidam ex circumsedentibus daemoni dixerunt: Ecce amicus tuus iterum venit. Quibus ille respondit: Quis est? Ille, inquiunt, cui paulo ante tam turpia peccata improperasti. Respondit daemon: Ego nihil illi improperavi, neque aliquid de eo novi mali [2]). Et mirati sunt [3]) daemonem mentitum fuisse, hi qui hominis ignoraverunt confessionem. Sicque per virtutem confessionis ille evasit notam maximae confusionis. In eadem domo matrona quaedam cum ceteris se-

---

1) B fuisse. — 2) B de eo mali novi, C mali de eo novi. 3) ABCDPK aestimati sunt, R aestimarunt. Scribendo mirati sunt, genuinam lectionem me restituisse arbitror.

debat, filiam iuvenculam, sicut mos est matribus, sub pallio tenens. Quae cum daemonem, nescio in quo provocasset, clamavit ille: Putas filiam tuam sub tuo mantello sedentem virginem esse? Vae tibi, male eam custodisti. Dicente muliere, mentiris; respondit ille: Nequaquam mentior. Si non credis, interroga Petronillam; illa bene dicet tibi [1]) veritatem. Erat enim eadem Petronilla mulier quaedam stupri puellae conscia. His verbis auditis, mater filiam a se repulit cum indignatione dicens: Recede a me, immunda, nunquam aliquid tibi boni continget ex parte mea. Illa bene sibi [2]) conscia, simulatis lacrimis egressa est eiulans, daemonem mentitum fuisse affirmans. Inspirataque a Deo ad vicinum cucurrit sacerdotem [3]), commissum peccatum confessa est, et quia nunquam de cetero carnem suam illicite coinquinaret promisit. Tunc a sacerdote suasa, et quid dicere deberet diligenter edocta, reversa est ad matrem, quae nondum recesserat a loco. Dixitque illi: Vere mater, multum peccasti [4]), sine causa tam graviter me confundendo, et tam immisericorditer repellendo, propter verba daemonis huius, qui totus mendax est, et pater eius [5]). Coepitque lacrimari. Commota mater tam ex verbis quam ex lacrimis filiae, dixit ad daemonem: Dic, inique, ut quid tale crimen imposuisti filiae meae? Respondit ille: Quid enim mali locutus sum de filia tua. Bona est et munda; nihil de ea mali vel novi vel dixi [6]). Sicque puella, sicut vir supradictus, per beneficium confessionis liberata a suspicione fornicationis, ad matris gratiam reducta est. NOVICIUS: Quid est quod diabolus puellae stuprum ante confessionem novit, et [7]) Petronillam stupri consciam nominavit, virum vero stupri auctorem non expressit? MONACHUS: Satis puto de peccato illum egisse poenitentiam, per quam diabolo culpae subtraxerat notitiam. NOVICIUS: Placet quod dicis. Sed recordor adhuc supradictae virginis de Nivella, et non desino mirari, quod daemon, cum spiritus sit, copulam carnalem contra suam [8]) naturam concupiscat et requirat. MONACHUS: Non mirum quod daemones feminas procantur; sed quod illis commiscentur mirabile est valde. NOVICIUS:

---

1) BC tibi bene dicet. — 2) BC sibi bene. — 3) BC sacerdotem cucurrit. — 4) ABDP peccastis. — 5) Johan. 8, 44. — 6) ADP nihil de ea mali novi vel dixi, C nihil mali de ea vel dixi vel novi. — 7) et om BC. — 8) B sui, ut IV, 39.

Meministi hoc¹) unquam contigisse? MONACHUS: Et memini et legi, et ut feminae cautae reddantur, quae forte haec quae dicturus sum legent vel audient, diversa quae nostris contigerunt temporibus exempla replicabo. Quae ut maiorem habeant firmitatem, prius unum, quod in Miraculis sancti Bernardi legitur²), breviter praemittam.

CAPITULUM VII.

Exemplum de miraculis sancti Bernardi Abbatis, qui incubum daemonem a muliere fugavit.

Mulier quaedam in regione Manneti³) a quodam petulante daemone sex annis, habito eius consensu, incredibili libidine vexata est. Apparuerat ei in specie valde⁴) pulchri militis, et saepe abutebatur ea invisibiliter, marito eius in eodem lecto cubante, lascivus ille spiritus. Quae anno septimo timore correpta est⁵). Veniente in praedictam civitatem sancto Bernardo Claraevallis Abbate⁶), misera mulier ad pedes eius corruit, passionem horribilem et ludificationem diabolicam cum multis lacrimis confessa, succurri sibi flagitavit. A quo consolata, et quid facere deberet edocta, post confessionem diabolus ad illam accedere non potuit, sed tamen⁷) verbis terruit, et quia post Abbatis discessum ad eius supplicia reverteretur, acerrime minabatur; ita ut qui fuerat amator, crudelissimus fieret persecutor. Haec cum sancto indicasset, proxima die Dominica, cum duobus Episcopis, accensis candelis, cum omnium fidelium qui erant in ecclesia subscriptione, anathematizavit fornicatorem spiritum, auctoritate Christi tam ad illam quam ad omnes⁸) mulieres ei deinceps interdicens accessum. Exstinctis vero illis sacramentalibus luminaribus, tota virtus daemonis exstincta est, et mulier post generalem confessionem peccatorum suorum communicans, plene liberata est. Haec nostris temporibus contigerunt. NOVICIUS: Stupenda sunt ista. MONACHUS: Audi adhuc alia exempla his⁹) pene simillima, multo tamen recentiora.

---

1) D haec. — 2) Vit. S. Bernard. II, 6. p. 834 sq. — 3) A Mamneti, R Nanneti. Intelligit auctor urbem quae hodie Nantes dicitur. — 4) valde add ABD. — 5) est add B. — 6) BD Abbate Claraevallis. — 7) BC tantum; mox AD verbis eam terruit. — 8) R omnes alias. — 9) forte huic.

CAPITULUM VIII.

De filia Arnoldi sacerdotis, quam daemon corrupit.

Bonnae in parochia sancti Remigii ante paucos annos sacerdos quidam fuit, Arnoldus nomine, filiam habens speciosam. Quam nimis diligens, quia pulchra erat, propter iuvenes, et[1]) maxime canonicos Bonnenses, ei custodiam tantam adhibuit, ut quotiens de domo exiret, in solario domus illam[2]) clauderet. Die quadam apparens ei diabolus in specie viri, coepit animum eius in amorem suum intus suggestione latenti, foris locutione blandienti, inclinare. Quid plura? Persuasa misera, et corrupta, saepius postea daemoni ad suam perniciem consensit. Una dierum sacerdos solarium ascendens, filiam gementem flentemque invenit; a qua causam doloris vix extorquere potuit. Confessa est patri, quod delusa esset a daemone et oppressa, ideoque se merito dolere. Quae etiam ita dementata est, et a sensu alienata, tum ex dolore, tum ex diabolica operatione, ut vermiculos, quos de sinu colligebat, in os mitteret et masticaret. Tristis effectus pater, misit illam trans Rhenum[3]), sperans eam ex mutatione aeris aliquid posse meliorari, et ob fluminis interpositionem ab incubo daemone liberari. Transmissa puella, apparuit daemon sacerdoti, apertis ei vocibus dicens: Male sacerdos, quare abstulisti mihi uxorem meam? Malo tuo hoc fecisti. Et mox trusit eum in pectore tam valide, ut sanguinem vomens, tertia die moreretur. Huius rei testis est Abbas noster, testis etiam Gerardus monachus noster, aliquando Bonnensis Scholasticus, quibus res bene innotuit.

CAPITULUM IX.

Item de muliere in Briseke, quae moriens confessa est, se sex annis cum daemone incubo peccasse.

In villa Briseke, quae vicina est castro Rinecke[4]), sicut mihi narravit Arnoldus monachus noster, qui tunc temporis rem gestam intellexit, ante hos annos duodecim mulier quae-

---

1) et om C. — 2) D in solario eam, B in solario domus ipsam. — 3) ABCP flumen Rhenum. — 4) hodie Rheineck, in cuius vicinia est villa Breisig ad Rhenum sita.

dam fuit, quam daemon quidam, eo quo praedictum est modo, corrupit. Sedente ea die quadam in taberna, cordis coepit defectum sentire. Timensque adesse mortem, vocari sibi celerius petivit sacerdotem. Cui cum daemonis ludificationem et horrendam illam qua septem annis laboraverat commixtionem dixisset, lingua deficiente in ipsa confessione spiritum efflavit. Quae cum incredibili libidine a libidinis auctore vexaretur, nunquam alicui dicere voluit, vel potius ausa non fuit, vel, quod credibilius est, in illius amore delectabatur. NOVICIUS: Si daemones talia, cum eis permissum fuerit, facere possunt, valde cavendum est feminis, ne eis occasionem praebeant, vel aliquo consensu posse tribuant. MONACHUS: Non solum in his cavendum est mulieribus, sed et viris, quia sicut daemones per formas virorum, ut dictum est, feminas ludificant et corrumpunt, ita per species feminarum viros seducunt et decipiunt. Lege Vitaspatrum, et invenies ibi quosdam viros perfectos per phantasmata mulierum delusos, confractos et deiectos. Dicam tibi et alia exempla [1]), quibus cognosces viros a daemonibus in specie mulierum ludificatos.

CAPITULUM X.

De Johanne Scholastico Prumiae, qui cum daemone fertur concubuisse.

Prumiae Scholasticus quidam fuit, Johannes nomine, vir quidem satis literatus, sed levis et lubricus [2]). Isti, sicut de eo dicebatur, et sicut ab Abbate eiusdem monasterii audivi, femina quaedam promiserat, quod tali nocte ad eum veniret. Nocte condicta, illa quidem non venit, sed in eius specie consimilique voce diabolus clerici lectum ascendit. Quem putans feminam bene sibi notam esse, cognovit eum. Mane surgens, cum daemonem, quem [3]) feminam esse putavit, egredi compelleret; respondit ille: Cum quo putas te hac nocte iacuisse? Cumque ille diceret, cum tali femina; respondit daemon: Nequaquam, sed cum diabolo. Ad quod verbum

---

1) ADP tibi et aliqua exempla, C tibi exempla alia. — 2) Gregor. Dial. IV, 52: usque ad aetatem decrepitam levis ac lubricus exstitit. IV, 37: luxurioso ac lubrico. — 3) AD quam.

Johannes, sicut mirabilis fuit, ita mirabile verbum, quod dicere verecundor, respondit, diabolum irridens, et de opere nil curans.

CAPITULUM XI.

De Henrico cive Susaciae, qui a daemone in specie mulieris raptus, et in pasculo depositus, amens effectus est.

In civitate Susacia[1]) civis quidam erat Henricus nomine, cognomento Gemma. Huius officii[2]) fuit vinum in tabernis vendere. Habebat autem tabernam aliquantulum a domo sua remotam. Qui cum nocte quadam secundum consuetudinem tarde de taberna rediens, et pecuniam de vino collectam secum portans, domum festinaret, vidit quandam speciem muliebrem in alba veste et linea stantem in loco quodam, ubi cives solent placitare[3]). Nihil mali de ea suspicans, cum ad locum venisset, illa per vestem hominem traxit, et ait: O amice, diu te hic exspectavi; amare me debes. Illo vestem de manu eius excutiente, ac dicente: Sine me ire, luxuriae tuae non consentiam, sed vadam ad uxorem meam; illa fortiter institit, ad commixtionem eum invitans. Quae cum verbis non proficeret, inter brachia sua virum tollens, et multum comprimens, in aera levavit, atque ultra monasterium sancti Patrocli, quod satis altum est, illum transferens, in pasculo deposuit. Qui dimissus, extra mentem factus, cum post horam resumtis viribus respirasset, surrexit, et ad domum suam claustro vicinam, manibus pedibusque reptando, cum labore veniens, ad ostium pulsavit. Surgente familia ut lumen accenderet, clamavit ille: Nolite lumen accendere, non enim mihi expedit illud videre. Et reclinaverunt eum in lectulo suo, quia debilis erat valde, tam in sensu quam in corpore. Tribus noctibus continue intempesta nocte idem daemonium pulsavit ad ostium, Henrico clamitante[4]): Scio quia propter me venit; scio quia propter me pulsat. Postea supervixit annum, debilis et infatuatus. Haec mihi retulit monachus noster Theodericus Susaciensis, dicens celebre esse valde in eadem civitate, cuius frater adhuc vivit in ecclesia

---

1) Susacia oppidum Westphaliae, hodie Soest dictum. — 2) conf. IV, 4; paulo post B taberna. — 3) AB placidare. — 4) BC clamante.

sancti-Patrocli canonicus. NOVICIUS: Si daemones hominibus in assumtis corporibus commiscentur, sicut diversis iam exemplis ostensum est, miror si de feminis possint generare, sive de viris concipere et parere. MONACHUS: De hac quaestione solvenda nihil novi scio, sed quod in antiquis historiis legi, hoc replico [1]).

CAPITULUM XII.

Exemplum de Hunis, et de Merlino, et quod in filiis incuborum sit veritas humanae naturae.

Cum gens Gothorum [2]) de Asia migraret in Europam, sicut in eius gestis legitur, haberetque mulieres deformes in suo comitatu, eiecit illas, timens ne liberos nimis deformes gignerent, sicque nobilitatem Gothorum deformarent [3]). Quae de castris extrusae, cum errarent in nemore, accesserunt ad illas incubi daemones, genueruntque ex eis filios et filias. Ex quibus processit fortissima gens Hunorum. Legitur etiam Merlinus propheta Britannorum ex incubo daemone, et sanctimoniali femina generatus. Nam et Reges, qui usque hodie regnant in eadem Britannia, quae nunc Anglia dicitur, de matre phantastica descendisse referuntur. Merlinus vero homo rationalis et Christianus fuit; multa futura praedixit, quae quotidie implentur. NOVICIUS: Si homines ex utriusque parentis semine [4]) concipiuntur tantum et nascuntur, quomodo dicendi sunt homines, qui partim ex homine, partim ex daemone carnis suae trahunt originem? Numquid resurgit [5]) in iudicio, quod non est de veritate humanae naturae? MONACHUS: Dicam tibi quod audivi a quodam literato viro de hac quaestione. Ait enim: Crementum humanum, quod contra naturam funditur, daemones colligunt, et ex eo sibi corpora, in quibus tangi viderique ab hominibus possint, assumunt; de masculino vero masculina, et de feminino feminina. Sicque dicunt magistri in his, qui de eis nascuntur, veritatem esse humanae naturae, eosque in iudicio, ut vere [6]) homines resurgere. Haec de his sufficiant. [7]) Nunc revertamur ad con-

---

1) R replicabo. — 2) B Gottorum, ut apud Cam. Lus. III, 100: Gottica gente. — 3) P gigneret — deformaret. — 4) C semine parentis. — 5) AD resurget, B resurgent, ut Psal. 1, 5. — 6) C veros. — 7) BC dicta sufficiant.

fessionem, de qua occasione interrogationis tuae aliquantulum digressum est, exempli causa.

CAPITULUM XIII.*)

De Aleide sanctimoniali in Lancwade, quae per confessionem a visibili infestatione¹) daemonis liberata est.

Bonnae civitate²) Dioecesis Coloniensis sacerdos quidam fuit, nomine Petrus, eiusdem ecclesiae vicarius. Iste, nescio quo Dei iudicio, in camerae suae ostio se suspendit. Cuius concubina, Aleidis nomine, tam horrenda eius morte territa, saeculum deseruit, et in coenobio quodam sanctimonialium, quod Lancwade³) dicitur, religionis habitum suscepit. Die quadam, cum stans in dormitorio de fenestra prospiceret, contemplata est⁴) iuvenem, imo in iuvene daemonem, stantem iuxta puteum muro dormitorii contiguum; qui ea vidente unum pedem super lignum, quo ambiebatur puteus, posuit, et altero se quasi volitando, ad ipsam in fenestram deposuit. Quam cum extensa manu per caput rapere conaretur, territa retrorsum cecidit et clamavit, pene exanimis facta. Audito eius clamore, accurrere sorores, in lectum suum illam reclinantes. Recedentibus illis, cum paululum respirasset, solaque iaceret, daemon iterum affuit, et verbis quibusdam amatoriis eam sollicitare coepit. Cui⁵) cum contradiceret, intelligens spiritum eum esse malignum; respondit ille: Bona Aleidis, noli sic dicere, consenti mihi, et ego te habere faciam virum honestum, probum, nobilem, divitemque. Quare fame te crucias in hoc paupere loco, vigiliis aliisque multis incommodis ante tempus te interficiendo? Revertere ad saeculum, et⁶) utere deliciis, quas Deus homini creavit; nihil tibi, me duce, deesse poterit. Tunc illa: Doleo quod tamdiu te secuta sum, recede, quia⁷) non acquiescam tibi. Post haec verba daemon nasum mungens⁸), contra eam ipsam immunditiam ad parietem lecti tam fortiter proiecit, ut pars aliqua resiliens, vesti-

---

*) Homil. I. p. 25. — 1) ABP infestinatione. — 2) BP civitatis. — 3) Langwaden villa in Dioecesi Coloniensi, prope Wevelinghoven. — 4) AP et contemplata esset. — 5) P quae; paulo post B eum spiritum esse malignum, D eum spiritum malignum esse. — 6) et om BC. — 7) quia om BC. — 8) P emungens.

mento eius adhaereret; sicque disparuit. Eratque emunctio ipsa sicut pix nigerrima, et tanti foetoris, ut tolerari non posset. Deinde cum spiritus ille nequissimus die noctuque esset ei infestissimus, suaserunt quaedam ex sororibus, ut aquam benedictam semper paratam haberet, qua venientem aspergeret; aliae vero, ut eundem, si aquam non timeret, thurificaret. Omnia quidem haec tentavit, sed modicum ei profuit. Nam quotiens contra se signum crucis factum vidit, aspersionem etiam, sive thurificationem, ad modicum quidem cessit, sed mox[1]) rediit. Tunc una ceteris sororibus aetate maturior atque prudentior, suasit ei, quatenus daemonem propius accedere sineret, et tunc alta voce salutationem angelicam in eius faciem iacularet. Quod cum fecisset, diabolus, ac si sagitta esset percussus, vel turbine impulsus, aufugit, nec unquam propius ei ex illa hora accedere praesumsit. NOVICIUS: Hactenus mirabar[2]), quod diabolus angelicam salutationem dicere vel incipere non potuit, sicut te dixisse recolo superius capitulo sexto. MONACHUS: Huius loci ibidem recordatus sum. Sanctimonialis vero tali iaculo munita, daemonem ab illa hora vidit sine terrore, et audivit sine timore. Die quadam de his loquens cum viro quodam religioso, suasit ille ei[3]) dicens: Fac Priori tuo confessionem generalem pure, plene ac devote, in quantum occurrunt memoriae[4]), et liberaberis omnino a daemonis huius infestatione. Cui cum consilium tale placuisset, mox accedens ad Priorem, rogavit sibi praefigi locum et horam audiendae confessionis. Mane, dictis matutinis, illa se praeparans, festinavit ad locum praefixum, capellam scilicet monasterio adhaerentem, ubi Prior exspectabat. Et ecce, daemon occurrens in via festinanti, dixit: Aleidis, quo vadis? quo properas? Et illa: Vado confundere me et te. Tunc daemon: O Aleidis, noli, noli, revertere, revertere. Respondit illa: Saepius confudisti me, ego modo confundam te. Non revertar. Quam cum non posset blanditiis sive minis retrahere, sequebatur eam usque ad locum confessionis, sicut milvus in aere super ipsam volitans. Quae mox ut genua coram Priore flectens ad confessionem os ape-

---

1) P statim. — 2) ABCDPK hactenus non mirabor, R deinceps non mirabor. Conf. infra VI, 15. VII, 45. VIII, 86. — 3) ABP ei ille. — 4) C memoriae occurrunt, P occurrit memoriae.

ruit, ille clamans et eiulans evanuit, nec unquam ab illa hora ab ea visus vel auditus est. Ecce hic habes manifestum exemplum, quantae virtutis sit pura confessio. Haec mihi relata sunt a domino Hermanno Abbate Loci sanctae Mariae. Cum [1]) talia, fama divulgante, cognovisset de praefata femina, sibi, cum esset Bonnae canonicus, optime nota, ad locum per se ipsum accessit, et eo ordine, quo dicta sunt, ab illius ore cuncta audivit. NOVICIUS: Si confessio tanti ponderis non esset, nequaquam daemones tam graviter turbaret. MONACHUS: Occurrit aliud[2]) exemplum, in quo satis cognosces, quam gravissime exacerbentur, cum peccata nostra confitemur. Haec quae dicturus sum, post conversionem meam facta sunt, et a domino Karolo mihi relata, aliquando Priore nostro, tunc Abbate Vilariensi; sed nomen personae sive[3]) loci satis doleo me non retinuisse. Ait enim sic:

CAPITULUM XIV.

De sacerdote a diabolo per prophetiam mortis decepto, et per confessionem liberato.

Erat quidam sacerdos, et adhuc est, admodum religiosus et ob vitae meritum multis dilectus, in partibus nostris parochiam regens. Invidens gratiae eius milleartifex diabolus, nolebat eum apertis tentationibus molestare, sperans illum sub specie boni ad suum consilium efficacius inclinare. In angelum lucis se transfigurans minister ille tenebrarum, ostendit se sacerdoti, et ait: Amice Dei, missus sum ad te, nunciare quae ventura sunt tibi. Praepara te, quia hoc anno morieris. Sacerdos vero, nullam habens de angelo malo suspicionem, sed ita credens esse futurum, ut praedixerat, coepit se diligenter quasi ad mortem praeparare, conscientiam per confessionem mundare, corpus ieiuniis, vigiliis assiduisque orationibus castigare, annonam suam cum supellectili egentibus erogare. Cumque multi ab eo quaererent, cur tam indiscrete sua distraheret, uni tamen[4]) illorum sub typo confessionis causam aperuit, dicens: Angelus Domini revelavit mihi, quod hoc anno moriturus sim[5]). Ille vero, cum hoc minime celare

---

1) R qui cum. — 2) C mihi aliud. — 3) R ac. III, 24: nomen vero domus sive personae subticuit. III, 32. VIII, 32. — 4) BC tantum. — 5) CP sum.

posset, alteri cuidam sibi familiari dixit; sicque per eum ad notitiam totius parochiae pervenit. Anno expleto [1]), sacerdos non est mortuus, et inventus est falsus propheta diabolus. Et quia electis omnia cooperantur in bonum [2]); in eo, in quo vir sanctus videbatur a diabolo deceptus, est promotus. Nimis enim de tam dolosa circumventione erubescens, propter homines, ad quos verbum pervenerat, nec habens unde viveret, saeculum cum parochia deseruit, et in quadam domo ordinis nostri, cuius nomen excidit, se convertit. Facto eo novicio, iterum diabolus affuit, et huiusmodi verbis praedictum dolum palliavit: Ne turberis, inquit, homo Dei [3]), quod mortuus non es, ut praedixi, quia Deus sua providentia vitam tuam distulit ad multorum aedificationem. Missus sum ab illo, ut tibi assistam, instruam et custodiam. Et credidit ei ille. Circa quem diabolus frequenter versabatur, et semper, sicut postea notavit, ad ea quae ad commodum sunt, eum hortabatur. Cum eum fervor quandoque impelleret amplius orare, vigilare, sive manibus laborare, arguit eum ille [4]) dicens: Discretio mater virtutum est. Diu adhuc poteris vivere, et ideo tibi debes parcere, ut possis Deo diu servire. Quando lapidem levare volebat maiorem, iterum dicebat: Nimis magnus est, leva istum. Cum factus esset monachus, ait illi: Roga Priorem, ut concedat tibi ire ad singulares labores, quatenus liberius [5]) uti possis meo colloquio, et ego tuo. Et licentiavit ei Prior, ut causam cognovit. Nocte quadam volens diabolus dolum diu praetractatum [6]) perducere ad effectum, intempesta nocte ad lectum monachi accessit, excitans eum et dicens: Surge, Dominus vult remunerare labores tuos magnos. Vade ad cameram privatam, et in tali trabe zona tua suspendas te, ut sic martyrem recipiat te. Audito hoc verbo monachus expavit, et contra diabolum crebrius spuens, clamavit: Recede, inique, a me, recede; modo novi quis sis. Et signans se, fugavit illum. Vides quanta sit circa nos clementia divina. Bene permisit ut servum suum diabolus in bono, licet insidiose, subtiliori propositione exercitaret; noluit tamen ut gros-

---

1) P completo. — 2) Rom. 8, 28. — 3) Dei om P. — 4) C ille eum. — 5) B uberius. — 6) BCP protractum. Vit. S. Engelbert. II, 1. apud Boehmer. in Font. Rer. Germ. II. p. 307: „atque inde coniici potest, hoc sacrilegium non tum primum, cum Episcopus occisus est, fuisse conceptum, sed diu praetractatum." Sic enim legendum pro pertractatum.

sam assumtionem subinferret, ne simplex deceptus, conclusionem aeternae mortis incurreret. Statim surgens, ad lectum Prioris accessit, et [1]) dormientem excitavit, signum ei faciens confessionis. Illo innuente, ut exspectaret usque mane, cum non acquiesceret, surrexit, atque cum eo Capitulum intravit. Mox se monachus prosternens ad pedes Prioris, confessus est qualiter a diabolo sub angeli specie sit multo tempore deceptus, et per consilium suspendii a se deprehensus. Confessus est et alia peccata sua. Cui cum Prior aliquam poenitentiam iniunxisset, et ut de cetero cautior foret monuisset, ad lectum suum rediit. Monachus vero, ob necessitatem naturae, privatam ascendens, dum in una sedium sederet, daemonem per confessionem exacerbatum cum arcu extento sagittaque imposita contra se vidit stantem et clara voce dicentem: Malo tuo confudisti me, ecce nunc occidam te. Cui cum ille responderet: Vade, maledicte, iam non timeo te; ad signum crucis evanuit; sicque per virtutem confessionis liberatus, amplius daemonem non vidit. NOVICIUS: Quid est quod huic sacerdoti diabolus nocere non potuit; Arnoldum vero plebanum sancti Remigii, de quo supra dictum est, tam crudeliter occidit? MONACHUS: Sicut dicit Psalmista: *Custodit Dominus omnes diligentes se, et omnes peccatores disperdet*[2]). Unde et eiusdem plebani filiam corrupit, virgini vero de Nivella nocere non potuit. Non sine causa diobolus tantam potestatem accepit in utrumque, patrem scilicet et filiam. NOVICIUS: Si daemones tantum turbantur, cum peccata nostra confitemur, puto eos plurimum exhilarari, cum eadem per silentium tegimus. MONACHUS: Hoc certissimum est. Hoc plenius agnosces in distinctione septima capitulo decimo, ubi gratia beatae Dei genitricis quibusdam ad confitendum lingua reserata est. Ipsi enim gloriosae Virgini eadem distinctio assignabitur. NOVICIUS: Ex his quae dicta sunt satis intelligo, confessionem animae esse medicinam; nunc nosse vellem [3]), si aliquid salutis per eam corpus recipiat. MONACHUS: Utriusque hominis medicina est: nam sicut animam peccatoris liberat a poena gehennali, sic nonnunquam corpus liberat a poena temporali. NOVICIUS: Videtur mihi utile nimis de his exempla audire,

---

1) et om BC. — 2) Psal. 144, 20. — 3) C vellem nosse.

quia multi sunt, si scirent fructum corporalem esse in confessione, paratiores essent in illius exsecutione. MONACHUS: Numquid non memor es, qualia vel quanta dominus Walterus Abbas Vilariensis nobis dixerit de confessione, veniens de sollemni curia Franckinvord, in qua filius Frederici Regis Romanorum electus est in Regem? NOVICIUS: Bene quidem recordor, sed quia mens hominis labilis est memoriae, placet semel audita, maxime quae saluti sunt necessaria, saepius audire. MONACHUS: Cum essem, inquit, Franckinvord, et loquerer cum magistro Conrado Decano Spirensi, inter cetera dixi illi: Quaedam novi de confessione, quae vos praedicatores scire deberetis. Praedicabat enim crucem; et rogavit me illa replicare. Quorum tenor talis est.

CAPITULUM XV.

De clerico Attrabatensi eiusque sorore, quae de incendio per confessionem liberata est, cum argentarium interfecissent.

Apud civitatem Attrabatensem[1]) ante annos paucos iuvenis quidam clericus exstitit, de eadem civitate natus, delicatius ibidem ab infantia educatus[2]), et inter honestos clericos conversatus. Qui cum non haberet aliquod stipendium ecclesiasticum, et mater eius coepisset egere, puduit eum manere cum illa. Inflatusque spiritu diabolico, ad domum cuiusdam divitis argentarii venit cum dolo. Cui et dixit: Mercator quidam dives venit in domum meam, volens comparare scyphos argenteos, calices etiam, et alia quaedam vascula, sive ornamenta de auro sive argento fabrefacta[3]). Si quid de tali opere vendere volueris, in saccello pone, et tali hora solus, quia secretum vult esse, venias ad domum meam. Argentarius de clerico bene sibi noto nullam habens suspicionem, ut iusserat fecit, tamen quo iturus esset familiae suae notificavit. Quem cum clericus solum venientem aspiceret[4]), post ostium se abscondit, intrantisque cerebrum securi divisit, et occidit. Deinde cum sorore virgine hominem membratim dividentes, in cloacam proiecerunt. Familia vero aurificis[5]), cum redire tardaret, ad domum clerici venit, ubinam dominus

---

1) Arras. — 2) C educatus ab infantia ibidem delicatius. — 3) C sive de argento fabricata. — 4) C prospiceret. — 5) R artificis.

suus esset inquisivit, clerico cum sorore respondentibus: Non venit huc. Quorum verba suspecta habentes, et oculis circumspicientes, vestigia fusi sanguinis repererunt. Quibus crimen mox homicidii [1] imponentes, accitis [2] iudicibus, cum iam negare non possent, tum pro fusi cruoris ostensione, tum pro thesauri repertione [3], sententia data est, ut ambo mitterentur in ignem. Similis casus Coloniae contigit cuidam monetario temporibus meis. Quid plura? Cum ducerentur ad poenam, dicebat puella germano: Frater, propter te modo ducor ad mortem, neque ob aliam causam cooperata sum tibi in hoc homicidio, nisi ut crimen tuum celarem. Attamen quia evadere non possumus mortem imminentem, consilium meum est, ut de commisso faciamus confessionem, ut saltem poenam evadamus aeternam. Ad haec verba clericus indignatus, quia desperatus, respondit: Non faciam. Quid enim mihi prodesse posset confessio tam tarda? Illo indurato, puella petivit sacerdotem, cui cum multa contritione confessa est crimen. Deinde ambo ligati sunt in stipite uno, igne copioso circumposito. Mira virtus confessionis, mira clementia Salvatoris. Clericum desperatum mox flamma devoravit, puellam vero ignis non tetigit, neque contristavit, nec aliquid molestiae intulit. Vincula tantum eius, sicut legitur de tribus pueris, combussit, ita ut libere deambulare posset; nec aliter sensit flammarum ardorem, quam ventum roris flantem [4]. Viso tanto miraculo, iudices puellam innocentem aestimantes, iusserunt ut exiret; sicque per confessionem incendii illius evasit ardorem. NOVICIUS: Quid iudicas de clerico? MONACHUS: Hoc quod in superiori distinctione capitulo sexto de se iudicavit Hildebrandus, desperatus latro [5]: Aeternaliter, inquit, damnatus sum, aeternisque incendiis propter desperationem maxime deputatus. Si egissem poenitentiam confitendo culpam, per poenam temporalem evasissem aeternam. Retulit nobis idem Abbas aliud miraculum, in quo adhuc amplius manifestata est virtus confessionis, in hunc modum.

---

1) BC mox crimen homicidii, P crimen homicidii mox. — 2) ABCD ascitis. — 3) II, 23: tum pro magnitudine miraculi, tum pro poenitentia cognati. — 4) Dan. 3, 50. — 5) CP latro desperatus. Latro, id est, homicida. Eodem sensu Barabbas latro dicitur apud Johan. 18, 40.

CAPITULUM XVI.

De haereticis apud Cameracum per candens ferrum examinatis et combustis, ex quibus unus beneficio confessionis salvatus est.

In Cameraco[1]) civitate episcopali infra hoc quinquennium plures haeretici comprehensi sunt, qui omnes timore mortis suam perfidiam negaverunt. Missus est ab Episcopo clericus, qui negantes per candens ferrum examinaret, adustos haereticos[2]) sententiaret. Examinati sunt omnes, et combusti sunt omnes. Qui cum traherentur ad poenam, unus ex eis vir nobilis sanguine, reservatur a clerico ad vitam, si forte illum quoquo modo reducere posset ad poenitentiam. Cui sic dixit: Homo nobilis es, misereor tui, et[3]) compatior animae tuae; rogo et moneo, ut adhuc de tanta perfidia resipiscas, de[4]) errore ad veritatem redeas, ne per mortem temporalem mortem incurras aeternam. Ad haec ille respondit: Experimento didici me errasse; si[5]) sera poenitentia mihi prodesse posset, non renuerem confiteri. Cui cum ille diceret, poenitentiam veram nunquam esse seram; vocavit sacerdotem. Confessus est homo suum errorem, ex toto corde Deo promittens, si vita concederetur, satisfactionem. Ut autem pius Dominus vim ostenderet confessionis, mox ut poenitens coepit peccata sua confiteri, coepit et[6]) ipsa combustura in manu confitentis paulatim minui. Quae in tantum eo aspiciente decrevit, in quantum confessio profecit. Medietate confessionis peracta, media pars plagae est sanata. Ut autem confessionem totam complevit, et[7]) virtus ipsa confessionis omnem combusturam tam in dolore quam in colore delevit, et manus pristinam sanitatem recepit. Vocatus est vir a iudice ad ignem. Ad quem clericus: Quare eum vocatis[8])? Ut ardeat, inquit, eo quod in examinatione combustus sit. Tunc clericus ostendens manum eius sanissimam, liberavit eum a poenis, ceteris igne consumtis. Haec cum audisset magister Conradus, respondit Abbati: Et ego dicam vobis simile, quod ante paucos annos apud Argentinam recordor contigisse.

---

1) Cambray. — 2) ABP haereticos esse. — 3) et om BC. — 4) P et de. — 5) C sed si. — 6) et om C. — 7) et om BC. — 8) B vocastis.

CAPITULUM XVII.

Item de decem haereticis apud Argentinam¹) examinatis et combustis, quorum unus dum esset per confessionem sanatus ac liberatus, per mulierem deceptus, redivivo incendio damnatus est.

Decem haeretici in eadem civitate, scilicet Argentina, quae est Strazburg, comprehensi sunt. Qui cum negarent, per iudicium candentis ferri convicti, sententia incendii sunt damnati. Die statuto cum ducerentur ad ignem, quidam ex comitantibus uni illorum dicebat: Miser, damnatus es, age vel nunc poenitentiam, peccata tua confitendo, ne post incendia corporis, quae momentanea sunt, animam tuam ignis gehennalis aeternaliter comburat. Cui cum ille diceret: Considero me bene²) errasse, sed timeo poenitentiam tantae necessitatis minus acceptam esse Deo; respondit: Ex corde tantum confitere, misericors est Deus, et³) poenitentem suscipiet. Mira res. Mox enim ut homo confessus est perfidiam, manus eius plenam recepit sanitatem. Tardante eo in confessione, cum a iudice vocaretur ad poenam, confessor eius iudici⁴) respondit: Non iustum est, ut homo innocens damnetur iniuste. In cuius manu dum nullum vestigium combustionis reperiretur, dimissus est. Habebat idem homo uxorem non longe a civitate manentem, horum quae dicta sunt prorsus ignaram. Ad quam cum venisset gaudens, dixissetque: Benedictus Deus qui me liberavit hodie ab interitu corporis et animae, causam ei exponens; respondit illa: Quid fecisti, o miserrime, quid egisti? Ut quid propter momentaneum dolorem recessisti a fide tua sana et sancta? Magis debueras, si fieri posset, centies corpus tuum incendiis subiicere, quam a tam probata fide semel recedere. Sed, quem non seducat vox serpentina? Immemor ille beneficii divinitus sibi collati, immemor tam evidentis miraculi, consilio uxoris acquievit, et errorem pristinum resumsit. Deus vero non immemor vindictae, pro tanta ingratitudine, manum plagavit utriusque. Renovatum est incendium in manu haeretici, et quia coniux auctrix exstitit

---
1) apud Argentinam om C; ceteri autem habent apud Spiream. — 2) AP considero quidem me, D considero me quidem, C considero me. — 3) et om BC. — 4) iudici om D.

resumti erroris, consors facta est redivivi doloris. Tam vehemens erat incendium, ut ossa manuum penetraret. Et cum uti non auderent clamoribus in villa, quos vis extorsit doloris, fugerunt in nemus vicinum, illic ut lupi ululantes. Quid verbis immorer? Proditi sunt, in civitatem reducti sunt, simulque in ignem nondum plene exstinctum missi, et in cinerem [1]) redacti. NOVICIUS: Juste actum est cum istis. MONACHUS: Confessione pura pugnantes merentur victoriam, damnandi indulgentiam.

CAPITULUM XVIII.

De milite, qui ob meritum confessionis coram Henrico Imperatore in duello triumphavit.

Tempore illo quo Henricus Imperator, pater Frederici, qui nunc regnat, novissime intravit Lombardiam [2]), accusatus est apud eum ab eisdem Lombardis [3]) castellanus quidam de rapinis aliisque insolentiis multis. A quibus etiam adductus est pugil quidam fortissimus, giganteae altitudinis, qui eum monomachia impeteret. Nolens eis Imperator negare iustitiam, militem adesse praecepit. Quem cum gigas ille ad duellum secundum ius civile citaret, frater eiusdem militis ad pedes Imperatoris se prostravit, et ut sibi pro germano tenerrime dilecto pugnare liceret, multis [4]) lacrimis obtinuit. Qui cum se praeparasset diligentissime per contritionem, confessionem et orationem, omnem suam spem in Christo posuit, cuius signaculum tam in veste quam in clipeo atque manu [5]) pugnaturus pro munimento circumtulit. Erat enim vir gracilis, nec multum fortis. Cui cum occurrisset pugil aspectu horribilis, alterum se illi exhibens Goliath, ictum tam valide in clipeo eius dedit, ut tonitruum putares [6]). Miles vero ictum ictui continuans, antequam manum retraheret, cum tanto nisu illam [7]) percussit, ut baculum lapsum levare non posset. Deinde crebris ictibus mactans pugilem, per confessionis virtutem vicit insuperabilem. Qui, sicut mihi retulit Henricus monachus noster, qui praesens fuit, sicut bos mugiens, in

---

1) C pulverem. — 2) BP Longobardiam. — 3) ABDP Longobardis. — 4) B cum multis. — 5) D atque in manu. — 6) DP putaret. XI, 56: ut caballos indomitos putares. — 7) CD illum.

haec verba prorupit: Vae mihi misero, quomodo tam turpiter confusus sum ab hoc homunculo? Sicque per fratris humilem confessionem, homo morte dignus evasit mortem, adeptus est victoriam. Quod autem damnandis confessio tribuat veniam, praesto est exemplum.

CAPITULUM XIX.

De fure, qui Coloniae beneficio confessionis mortem evasit.

Circa illa tempora, quando positus fui ad literas, fur quidam in cippo tenebatur ante Portam Martis Coloniae. Quem sacerdos quidam satis laudabilis vitae, nomine Eustachius, eiusdem portae capellam regens, invisit, confessionem audivit, et per eleemosynas suas visitavit. Et, sicut mihi retulit idem sacerdos, saepe ei ex industria mittebat scyphum suum, in quo ipse bibere consuevit. Viderunt haec[1]) homines, et mirabantur. Et cum honor a sacerdote tali furi exhibitus delatus fuisset ad iudices, hominem innocentem putantes, dimiserunt illum. NOVICIUS: Quare non consequuntur huiusmodi beneficia omnes rei[2]) per confessionem? MONACHUS: Non expediret, quia multis fieret occasio peccandi. Vult Deus aliquando huiusmodi miracula fieri per confessionem exempli causa, ut quantum animae, cuius medicina est, valeat, per signa exteriora ostendat. Bene vult ut reus post[3]) confessionem puniatur in praesenti, ne eum in futuro puniat, quia non punit bis in idipsum[4]). De hoc tibi dicam manifestum exemplum a quodam ordinis nostri Abbate mihi relatum.

CAPITULUM XX. *)

Item de fure, qui ab Episcopo Leodiensi ob versiculum Psalmi centesimi quinti sententiam mortis accepit.

In Ecclesia[5]) Leodiensi Episcopus quidam fuit, vir religiosus ac timens Deum. Die quadam cum sederet in capella sua solus tempore quadragesimali, et psalterium lectitando, venisset ad illum locum[6]) Psalmi centesimi quinti, scilicet:

---

1) DP hoc. — 2) P omnes rei huiusmodi beneficia. — 3) BC per. — 4) Nahum 1, 12. — *) Homil. II. p. 111. — 5) C civitate. — 6) AP locum illum.

Quis loquetur potentias Domini, auditas faciet omnes laudes eius? Ingressus quidam ex officio, orationem eius interrupit dicens: Domine, quid iubetis ut fiat [1]) de illo criminoso? Episcopus misericordia motus, respondit illi: Parce pauperi propter sacrum tempus Quadragesimae. Recedente iudice, ut reum dimitteret, Episcopus reflexit oculos ad Psalmum dimissum, statimque occurrit [2]) versiculus: *Beati qui custodiunt iudicium, et faciunt iustitiam in omni tempore.* Qua voce territus, ac si divino responso correptus esset et instructus, sicut revera fuit, iudicem revocavit, dicens: Discute causam diligenter hominis [3]), et iuste iudica illum. Sicque ob vocem propheticam reus vita privatus est. Forte iste contritus decessit, et si supervixisset, deterior factus, mortem incurrisset aeternam, sicut supra legitur de haeretico Strazburgensi per confessionem sanato et recidivo. NOVICIUS: Placet quod dicis. MONACHUS: Confessio summum remedium est in periculis, etiam in mari longe.

CAPITULUM XXI.

De peregrinis, qui propter peccata unius hominis in mari periclitati, eiusdem confessione sunt liberati.

Peregrini quidam, sicut magister Johannes Xantensis populo recitavit, in suis stationibus crucem praedicans, cum tempore quodam transfretarent in succursum terrae sanctae, orta est eis in mari tempestas tam valida, ut navis ipsa operiretur fluctibus. Fremebant venti, excitabantur fluctus turbulenti, nutabant viri fortissimi, spes omnis [4]) nautarum defecit. Videntes ante oculos mortem, coeperunt singuli, unusquisque sibi vicino de peccatis suis facere confessionem. Et merito. Nam propter unius hominis peccata Dominus eandem excitaverat tempestatem. Erat enim in navi illa homo quidam miserrimus, homo foetidissimus, cuius peccata fuere tam gravia, tam turpia, tam horrenda, tam in quantitate quam in qualitate, ut nec ipsum mare pondus illorum posset portare. Cum natura eius sit eiicere immunditias quaslibet corporales, quomodo aequanimiter sustineret tantas immunditias spiritua-

---

1) ut fiat om B. — 2) P occurrit ei. — 3) BC diligenter causam hominis, D causam hominis diligenter. —
4) BD omnium.

les, id est, peccata Creatori suo contraria? Timens homo ille peccator vitae suae simul et [1]) animae, et propter se omnes alios periclitari considerans, surrexit et ait: Audite, fratres, audite. Si propter peccata tempestas haec orta est, ego occasio sum tanti periculi. Rogo ut audiatis confessionem meam. Tacentibus omnibus coepit voce valida tantum venenum peccatorum evomere, ut aures humanae etiam horrerent audire. Mira clementia Dei. Mox ut massam iniquitatis per confessionem eiecit, mare furens siluit, et facta est tranquillitas magna, ita ut omnes mirarentur. Miris miranda succedunt. Statim ut navis ad litus pervenit, audita peccata Deus de memoriis [2]) singulorum delevit. Bene permisit, ut quamdiu erant in navi conclusi [3]), confunderetur in aspectu illorum; et ne exeuntes forte eius peccata propalarent, vel improperarent, induxit eis oblivionem. Bene retinuerunt se in mari fuisse periclitatos, hominem aliquid fuisse confessum; sed quid dixisset, prorsus ignoraverunt. Et hoc ipsum didicit experimento. NOVICIUS: Valde laetificant ista; sed mirum videtur, quod ob unius hominis peccata Dominus tantam turbavit multitudinem. MONACHUS: Legimus propter inobedientiam Jonae mare turbatum, et [4]) nautas periclitatos, illoque eiecto, mox mare stetisse a fervore suo. Nam sicut ob unius hominis peccatum aliquando Dominus multitudinem temporaliter affligit, ita propter unius iusti merita frequenter multis parcit. De hoc plurima habentur exempla. NOVICIUS: Scio nihil fieri sine iusto Dei iudicio; sed summae iudico esse dementiae, quod homo sciens se esse in peccatis mortalibus, periculis se audet committere. MONACHUS: Quibus nota est medicina confessionis, nec una die morari debent in peccatis, neque differre confessionem, nisi necessitas excludat confessorem [5]). Audi de hoc Episcopi cuiusdam verbum bonum, verbum sanctum, verbum memoria dignissimum.

---

1) C homo ille vitae suae pariter et. — 2) C memoria. — 3) C inclusi, et paulo post conspectu. — 4) et om BC. — 5) DP confessionem. Homil. III. p. 154: „modicum prodest cordis contritio, ubi non sequitur oris confessio, neque pro facto reputabitur voluntas, nisi confessorem excludat necessitas."

CAPITULUM XXII.

De quodam Episcopo Angliae, qui moriens propter exemplum noluit confiteri.

Sicut didici a quodam Abbate, nuper in Anglia Episcopus quidam defunctus est ordinis Praemonstratensis, vir bonus et magnae religionis. Hic cum ageret in extremis, nec confessorem requireret, dixerunt ei clerici sui: Domine, debilis estis valde, quare non facitis confessionem vestram? Respondit Episcopus: Non faciam. Illis verbum exhortationis repetentibus, adiecit: Putatis, stolidi, quod usque ad hanc horam distulerim confessionem meam? Dixerunt ei iterum: Consiliis Regis[1]) interesse solebatis. Quibus rursum respondit: Non aliter fui coram Rege, quam Christus coram Pilato. Haec[2]) quidem dixit et fecit Episcopus ille sanctus pro exemplo, sciens scriptum: *Ante mortem confitere; a mortuo quasi nihil perit confessio. Confiteberis vivens, vivus et sanus confiteberis, et laudabis Deum, et glorificaberis in miserationibus illius*[3]). Quotidie solitus fuit mundare conscientiam, nec differre[4]) confessionem suam de die in diem, sicut multi faciunt. Qui etiam post mortem miraculis claruit. NOVICIUS: Sicut colligo ex verbis Episcopi huius, non est perfectorum confessionem differre. MONACHUS: Dilatio ista confessionis ad memoriam mihi[5]) revocat casum quendam, qui anno praeterito apud nos contigit.

CAPITULUM XXIII.

De quodam monacho nostro, qui iam moriens primo plenariam fecit confessionem.

Quidam ex senioribus nostris, quem nolo nominare, habebat hanc consuetudinem, sicut ceteri multi, saepius renovare[6]) confessionem, ita ut Abbas putaret quod generalis esset, eo quod a pueritia usque ad senectutem peccata sua commemoraret. Ante mortem suam per aliquod tempus debilis, subito defecit et obmutuit. Accurrimus omnes, inungentes eum oleo

---

1) C Regum. — 2) P hoc. — 3) Eccli. 17, 26. — 4) AD deferre, C differre voluit. — 5) mihi add BC. — 6) P revocare.

sancto. Die, ut puto, sequenti dominus Abbas venit, in cuius adventu Dei misericordia desperati linguam reseravit, et coepit confiteri peccata quaedam mortalia ante conversionem commissa, quae nunquam ei fuerat confessus. Territus vero Abbas, requisivit si unquam [1]) eadem fuisset confessus peccata. Aliis, inquit, Abbatibus dixi ea. Habuerat ante ipsum tres Abbates [2]). Et sicut retulit nobis Abbas noster, propter hoc Dominus, qui magnos eius labores respexit, os aperuit, ut esset confessio eius integra. NOVICIUS: Quid si aliis Abbatibus de quibusdam peccatis mortalibus novissimo [3]) confessis Abbati simili modo aliqua [4]) ex verecundia subticuerat? MONACHUS: Sicut dixi in primo capitulo huius distinctionis, sicut confessio debet esse [5]) nuda et debita, ita debet esse integra, id est, non per plures confessores divisa. Quid prodest, ut ait Beda super Lucam, si tota civitas custodiatur, et unum foramen, per quod hostes intrent, relinquatur? Audi quid dicat Ozee Propheta de semiplene confitentibus: *Colligata est iniquitas Ephraim, absconditum peccatum eius; dolores parturientis venient ei* [6]). Spero enim [7]) eum alicui Abbatum integram fecisse confessionem, quia vir erat prudens, et multas in illo vidimus virtutes. NOVICIUS: Si peccaret confitens cum confessore, posset ei fructuose eadem confiteri peccata? MONACHUS: Talis confessio nulla est, quia nulla ibi erubescentia, neque aliqua ibi denudantur peccata. Dicam tibi pro exemplo, et ad solutionem tuae interrogationis quendam miserabilem [8]) casum, qui ante paucos annos contigit, quem dominus Abbas Cisterciensis omnibus Abbatibus in generali Capitulo loco sermonis recitavit, monens ut singuli eum monachis suis [9]) ad cautelam referrent.

CAPITULUM XXIV.
De confessore, qui cum adolescente peccavit, atque post mortem ad confessionem eundem hortabatur.

In quodam, inquit, monasterio sacerdos quidam nuper de-

1) B nunquam; conf. supra I, 40. p. 51. — 2) B habuerat enim tres Abbates ante ipsum. — 3) BD novissime. — 4) aliqua om C. — 5) AP esse debet, hic et paulo post. — 6) Ose. 13, 12. 13. — 7) R autem; sed eodem modo in Homil. IV. p. 44. Mox eum add BC. — 8) P mirabilem; paulo post C annos paucos. — 9) C monachis suis eum, D eum suis monachis, B suis monachis.

functus est, cui Abbas suus ob meritum vitae¹) iniunxerat, quatenus fratrum suorum confessiones audiret. Nomen vero domus sive personae subticuit. Erat in eadem domo adolescens quidam, qui ad eum confitendi causa frequenter venit, cum quo, diabolo instigante et humana fragilitate consentiente, idem confessor semel tantummodo peccavit. Statim opere perpetrato, coepit dolere et flere amarissime, dicebatque iuveni: Male fecimus; aliis hoc peccatum confiteri ob verecundiam non possumus²), sed consulo ut tu mihi confitearis, et ego tibi, alterque ab altero suscipiat poenitentiam. Quid plura? Placuit iuveni consilium, confessi sunt peccatum invicem, et tam duram unus ab altero suscepit poenitentiam, qualem nec Abbas sive aliquis confessorum illis iniunxisset. Parvo post tempore sacerdos idem infirmatus est usque ad mortem. Et cum iam in extremis ageret, et ad exitum festinaret, timore gehennae peccatum utcunque³) dixit; personam vero peccati consortem, non expressit. Defuncto eo, Abbas vehementer doluit, quod scire non potuit cum quo peccasset. Ait tamen intra se: Ad confessionem tibi veniet, quisquis est ille. Interim mortuus clara die apparuit adolescenti cum esset solus, facie lurida et veste trita. Quem ut⁴) ille vidit, mox agnovit, timuit et exhorruit. Cui mortuus: Sta, ne timeas, quia propter te veni, ut indicem tibi de statu meo. Confortatus iuvenis verbis eius et animatus, cum interrogaret, unde veniret, vel quid quaereret; respondit ille: In maximis poenis sum propter illud tantum quod tecum commisi peccatum; ignea enim catena genitalia mea constringit⁵), qua suspensus torqueor. Confessio illa, quam fecimus invicem, nihil mihi profuit, quia nulla fuit. Et nisi in extremis quoquo modo peccatum expressissem, aeternaliter damnatus fuissem. Cui cum iuvenis dixisset: Est aliquid, quod possit vobis prodesse⁶)? respondit ille: Si tu pure et plene confessus fueris peccatum tuum⁷), multum mihi proderit; sin autem, aeterna te poena suscipiet. Sicque disparuit. Territus iuvenis recenti visione, cum facere vellet confessionem, nec posset propter Abbatis absentiam, interim distulit. Intercedente vero⁸) temporis dila-

---

1) BC vitae meritum. — 2) C audemus. — 3) P utriusque. — 4) P cum. — 5) P astringit. — 6) AD vobis possit prodesse, C vobis prodesse possit. — 7) ABP nostrum; mox CP mihi multum. — 8) vero om C.

tione, timor conceptus coepit tepescere, et [1]) verecundia crescere, in tantumque est erubescentia victus, ut cum Abbas venisset, nihil ei confiteretur. Abbas vero non immemor culpae sibi confessae, cum ad confessionem non veniret quem quotidie exspectavit, cogitavit diligentissime, qualiter male latentem salubriter deprehenderet. Praecepitque toti conventui, sacerdotibus et [2]) ordinis inferioris sanis et [3]) infirmis, ut omnes, nescio in qua sollemnitate, ad maius altare communicarent. Visum est ei, quod nequaquam auderet accedere [4]) reus de culpa illa. Sedensque contra altare, respexit ad ora singulorum. Adolescens vero, hoc propter se factum putans, et si se subtraheret, notari timens, cum ceteris accessit. Qui cum propinquasset altari, tantus eum horror invasit, tantus timor perculit, ut et [5]) praesumtuosus vetaretur procedere, et ocius compelleretur redire. Veniensque ad Abbatem, fecit ei signum confessionis. Qui gaudens et exsultans, dicebat intra se: Eia, certe cepimus bestiam, invenimus praedam, iste enim est. Et surgens intravit cum eo Capitulum. Cuius pedibus iuvenis prostratus, fecit de peccato confessionem, retulit visionem, suscepit poenitentiam. Sicque per prudentiam medici denudatum ac sanatum est vulnus stolidi aegroti. Haec nobis retulit dominus Gevardus Abbas noster, rediens de Capitulo generali. NOVICIUS: Magnum donum Dei est, quod sic mortui vivos hortantur ad confessionem. MONACHUS: Tantum bonum est confessio, ut etiam eo [6]) utantur spiritus mortuorum. Saepius percepi mortuos vivis apparuisse in somnis, et ob quae peccata detinerentur in poenis, confessos fuisse, et quibus beneficiis liberari possent, veraciter indicasse. Quod postea veracibus signis probatum est. Similibus enim similia [7]) congaudent, quia corpus dormientis modicum distat a mortuo, et dum homo exterior quiescit, interior saepe efficacius vigilat. Non semper somnia sunt vana, sed nonnunquam revelationes divinae, sicut habes de Joseph Patriarcha, de Daniele, de Joseph sponso Mariae et de tribus Magis [8]). NOVICIUS: Vellem mihi aliquo demonstrari exemplo, quod spiritus mortuorum spiritibus confiteantur vivorum.

---

1) et om BC. — 2) et om B. — 3) et add BC. — 4) P accedere auderet. — 5) et om BC. — 6) BC ea. — 7) C similibus similia, D simili enim similia, B similia enim similibus. — 8) Genes. 37. Dan. 7. Matth. 1 et 2.

CAPITULUM XXV.

De novicio, qui Abbati confessus est in somnis.

MONACHUS: Juvenis quidam in quadam domo ordinis nostri susceptus est in novicium. Modico elapso tempore, idem novicius graviter infirmatus, ad extrema pervenit. Nondum enim [1]) secundum consuetudinem ordinis confessionem generalem fecerat Abbati [2]), quia absens erat. Quem cum exspectaret cum desiderio magno, et ille non veniret, confessus est Priori quaecunque commiserat. Sicque ante Abbatis adventum, diem clausit extremum. Eadem nocte cum Abbas in quadam sua grangia dormiret, et de obitu novicii nihil prorsus sciret, ante lectum Abbatis defuncti spiritus se [3]) inclinavit, et ut suam audire dignaretur confessionem, humiliter supplicavit. Abbas iste esse dicitur sanctus Hugo Abbas Bonaevallis [4]), qui iam incipit clarescere miraculis. Respondente eo novicio, libenter te audiam; ille omnia peccata sua confessus est ei eo ordine et [5]) modo, quo confessus fuerat Priori. Cuius contritio tanta fuit, ut etiam lacrimae ex oculis novicii se inclinantis et confitentis cadere viderentur super [6]) pectus Abbatis. Confessione completa, haec verba protulit: Modo, inquit, pater, cum benedictione tua vado, quia salvari non potui, nisi fecissem tibi confessionem meam. Ad quod verbum Abbas evigilans, experiri volens utrum visio esset vera, vel, sicut saepe evenit, phantastica, cucullam circa [7]) pectus suum palpavit, quam totam invenit madidam, lacrimarumque stillicidiis respersam [8]). Tunc satis admirans, cum domum redisset, et Priori somnium [9]) recitasset, respondit ille: Vera fuit visio, et verissima confessio. NOVICIUS: Quid est quod novicius dixit, se non posse liberari sine tali confessione, cum confessionem debitam non excluserit contemtus [10]), sed necessitas? Si contritus decessit, iam de salvandis erat; sin autem, nil ei post mortem confessio profuit, quia a mortuo, quasi non sit, perit confessio [11]). MONACHUS: Puto quod Deus tantum verbis vel

---

1) R autem. — 2) C consuetudinem fecerat Abbati generalem confessionem. — 3) P se spiritus. 4) Bonnevaux, abbatia Galliae in Dioecesi Viennae. Conf. supra I, 38. — 5) BC et eo. — 6) ACDP supra. — 7) P supra. — 8) P perfusam et respersam. — 9) BD somnum. — 10) P ei tempus. S. Bernard. Opp. V. p. 249: „confessionem non contemtus exclusit, sed impedivit necessitas." — 11) Eccli. 17, 26.

actis eius voluerit ostendere, quantum ei placeat debita confessio, id est, illa, quae fit proprio praelato. Quod autem ait, non potui salvari, sic dictum intelligo, id est, tam cito de purgatorio, sicut modo, liberari¹). De huiusmodi collocutionibus²) mortuorum cum vivis satis audies in duodecima distinctione. Nec te moveat quod spiritus hominum electorum dixi confessos fuisse peccata sua post mortem, cum etiam confessione criminum suorum usi fuisse maligni spiritus memorentur. NOVICIUS: Eorum confessionem audire delector. MONACHUS: Quod³) dicturus sum, non legi, sed a viris religiosis audivi.

CAPITULUM XXVI.
De confessione cuiusdam daemonis.

Sacerdos quidam cum tempore quadragesimali in ecclesia sua sederet, et sibi commissorum confessiones audiret, aliis recedentibus atque aliis accedentibus, inter exspectantes quidam stabat, quantum ad apparentiam, corpore iuvenis et robustus, confitendi tempus exspectans. Omnibus expeditis, ipse novissimus accessit, coram sacerdote genua flexit, et⁴) ad confessionem os aperuit. Qui tanta et tam enormia confessus est crimina, tam multa homicidia, furta, blasphemias, periuria, discordiae seminaria, et alia his similia, quorum se auctorem, incentorem sive suggestorem esse dicebat, ut sacerdos tam horrore quam taedio gravatus, diceret ad illum: Si mille esses annorum, nimis esset, tam gravia et tam multa te commisisse peccata. Ad quod verbum ille respondit: Amplius sum quam mille annorum. Tunc amplius territus sacerdos ait: Quis ergo es⁵)? Respondit ille: Daemon ego sum, unus ex his qui cum Lucifero ceciderunt. Peccata mea ex⁶) minima tibi parte confessus sum; si velles audire residua, quae sunt innumerabilia, paratus essem tibi confiteri. Sciens sacerdos peccatum diaboli fore insanabile, dixit: Quid tibi commune cum confessione, o diabole? Respondit daemon: Stabam ex opposito tui, vidique peccatores ad te accedere, et

---

1) B add non potui. — 2) P collationibus. — 3) B quae. — 4) et om BC. — 5) C es tu. — 6) forte nec ex; mox BC parte tibi confessus sum, A parte confessus tibi sum, D parte confessus sum tibi. Conf. VIII, 60.

iustos redire, auscultans valde diligenter quid illi dixerint, quidve eis responsum sit a te, et quod post gravia peccata promissa sit eis indulgentia vitaque aeterna. Ego vero, idem sperans consequi, veni tibi peccata mea confiteri. Sacerdos vero, exemplo sancti Martini [1]), diabolo fiducialiter respondit: Si volueris uti consilio meo, et agere poenitentiam de peccatis tuis pure, sicut hi, quos hinc exire vidisti, similem indulgentiam consequeris. Respondit daemon: Si tolerabilem mihi iniunxeris satisfactionem, parebo tibi. Ego, inquit sacerdos, valde modicam, et minorem his, qui ante te confessi sunt, tibi iniungam poenitentiam. Vade et tribus vicibus in die iacta te in terram; sicque prostratus dicas: Domine Deus creator meus, peccavi tibi, ignosce mihi. Hoc solummodo sit poenitentia tua. Cumque diabolus diceret: Non possum hoc facere, nimis est mihi grave; respondit sacerdos: Quare in tam modico gravaris? Non possum, inquit, me in tantum humiliare ei. Aliud quicquid iniunxeris, libens suscipiam. Tunc indignatus sacerdos, subiunxit: O diabole, si tanta est cordis tui superbia, ut nec velis nec possis te in tam modico humiliare Creatori tuo, recede a me, quia neque hic neque in futuro misericordiam ab illo consequeris. Ad quam vocem mox ille evanuit. NOVICIUS: Mirum [2]) quod sic se superbus ille spiritus humiliare potuit homini, et non Creatori. MONACHUS: Hoc est quod David Deo dicit: *Superbia eorum*, id est, daemonum, *qui te oderunt, ascendit semper* [3]). Unde statim in sequenti Psalmo subditur: *Confitebimur tibi, Deus, confitebimur*; quasi dicat: Nos homines confitebimur tibi corde, confitebimur et ore; daemones vero impoenitentes sunt. NOVICIUS: Cum peccator habeat os et linguam ad loquendum, sufficit ei, si peccata sua scripto confiteatur?

CAPITULUM XXVII.

De eo quod non sufficiat scripto confiteri, nisi in necessitate.

MONACHUS: Non videtur [4]) sufficere, quia ore confessio fit ad salutem [5]). Qui si semel peccata sua ore fuerit confessus, postea scripto se amplius confundere poterit, sicut poenitentes,

---

1) Sever. in Vita S. Martin. cap. 24. — 2) BC mirum est. — 3) Psal. 73, 23. — 4) C add ei. — 5) Rom. 10, 10.

et sicut sanctus [1] Augustinus fecisse legitur, in libro Confessionum. Scholaris ille Parisiensis, de quo supra dictum est distinctione secunda capitulo decimo, quia propter nimiam compunctionem loqui non poterat, defectum illum scripto supplevit. NOVICIUS: Quid est ergo quod in Vita sancti Johannis Eleymon [2] legitur, mulierem quandam [3] peccata sua scripsisse, et sigillata eidem sancto tradidisse, et sine oris confessione, quam sola prohibuit verecundia, indulgentiam consecutam fuisse? MONACHUS: Simile aliquid legitur de Karolo Imperatore in Vita sancti Aegidii; sed miracula non sunt in exemplum trahenda. Hoc etiam scias, quod huiusmodi scripturae authenticae non sunt. NOVICIUS: Iterum quaero, si confitens confessori prodere debeat personam, cum qua peccavit? MONACHUS: Nequaquam, quia poenitentialis hoc prohibet. NOVICIUS: Quare prohibet? MONACHUS: Propter diversa quae inde evenire possent mala. Talis forte esset confessor, qui personam proditam et iam per poenitentiam iustificatam despiceret vel aliquas propter illius inconstantiam tentationes incurreret.

CAPITULUM XXVIII.

Quod confitenti non liceat prodere personam peccati consortem, et exemplum de clerico et sanctimoniali.

Adolescens quidam infirmus, cum cuidam suo concanonico, nondum sacerdoti, compellente necessitate, confessus fuisset, quod a quadam illectus sanctimoniali, osculatus fuisset eam, interrogatus est, si rem haberet cum illa. Respondente eo, non, sed illa libenter vidisset, satis me [4] verbis invitans ad commixtionem, ipsam etiam personam exprimens, confessor eandem personam ab illo tempore semper [5] in corde suo despexit, nec potuit eam tantum diligere et venerari, ut ante. Sunt ibi adhuc alia pericula. Talem posset confitens prodere personam, ut inter ipsum et confessorem odium perpetuum nasceretur. NOVICIUS: Verbi causa. MONACHUS: Si diceret confitens: Domine, ego peccavi cum sorore, filia [6], vel

---

1) sanctus om BC. — 2) P Eleymonis, BC Eleemosynarii. Conf. VIII, 77. Beatus Johannes, propter multas eleemosynas Eleymon cognominatus, Episcopus fuit Alexandrinus: Homil. I. p. 113. III. p. 51. — 3) omnes libri mulier quaedam. — 4) sic libri. — 5) semper om BD. — 6) B sorore vestra.

concubina vestra; puto vix posse fieri quin ille turbaretur. NOVICIUS: De hoc mihi dicas exemplum.

CAPITULUM XXIX.

De clerico Susaciensi, qui confessus est sacerdoti, se peccasse cum concubina sua.

MONACHUS: Sacerdos quidam in Susacia habuit concubinam, quam adolescens quidam concupiscens cum eadem peccavit. In Quadragesima vero ad eundem sacerdotem veniens, confessus est peccatum, simul et personam. Quod cum audisset sacerdos, turbatus est valde, et ab illius eum amore[1]) abstrahere volens, durius arguit, peccatum aggravavit, poenitentiamque duram nimis iniunxit. Rancor iste sine periculo non fuit. Unde invectio tam aspera, poenitentia tam dura, nisi ex propalata persona? Haec mihi retulit Theodericus Susaciensis monachus noster, qui utrumque novit, sacerdotem videlicet[2]) et adolescentem. Non ergo prodere debet confitens personam peccati consortem, cum tamen ea, quae peccatum ipsum[3]) aggravant, confiteri teneatur. NOVICIUS: Vellem instrui quomodo dicere deberet. MONACHUS: Huiusmodi formam posset servare: Domine, ego peccavi cum legitima, concubina, filia vel sorore cuiusdam cognati, affinis, amici vel inimici mei, solis peccatis meis exigentibus, sive ab illa inductus. Et in hunc modum de ceteris peccatis, sive carnalia sint, sive spiritualia. In hunc modum et femina dicat. Quaedam tamen peccata sic committuntur, ut vix exprimi valeant, nisi confessor de persona intelligat. Non inde multum curandum est. NOVICIUS: Quid si duo contra suum praelatum conspirarent, et unus illorum poenitentia ductus, peccatum suum eidem praelato confiteretur, deberet[4]) alterum prodere, an non? MONACHUS: Video ex omni parte periculum. Si non proderet personam, praelatus periclitari posset; si vero proderet, forte perpetuum illi odium adversus conspiratorem suscitaret. Audi exemplum ad cautelam satis necessarium.

---

1) B amore eum. — 2) BC scilicet. — 3) ipsum om CD. — 4) R deberetne.

CAPITULUM XXX.

De Abbate, qui persecutus est monachum, eo quod ex confessione cuiusdam intellexisset, illum scire sua vitia.

Abbas quidam de claustro mihi bene noto, de quodam vitio notatus fuit. Per cuiusdam monachi sui [1]) confessionem cum intellexisset, hoc alium quendam scire, diabolo instigante, coepit eum occulte persequi, timens ab eo in visitatione accusari. Et cum illum mittere vellet ad quandam domum remotam, nescio quid praetendens occasionis [2]), ille bene considerans causam persecutionis, respondit Abbati: Domine, domum meam non demerui, si vultis me mittere ad matrem nostram [3]), ibo; sin autem, Visitatorem hic exspectabo. Bene sciebat, quia illuc [4]) eum non mitteret, ne forte detegeret de quo timebat. Haec mihi relata sunt a quodam seniore domus illius in qua contigerunt. Si Abbas iste tam dure persecutus est hominem innocentem, quomodo persequi haberet [5]) conspiratorem? Cernis qualiter uterque periclitatus sit, Abbas persequendo, monachus gravissimis tentationibus laborando. NOVICIUS: Licet in aliquo casu confitenti personam prodere [6]) alterius? MONACHUS: De hoc a me requisitus magister Hermannus Decanus Bonnensis, vir literaturae magnae, respondit: Si talis persona fuerit, de qua constet confitenti, quod peccatum commune confiteri noluerit, bene eam prodere debet, ne tacendo pereat. De hoc mihi retulit exemplum utile satis.

CAPITULUM XXXI.

Quod liceat in aliquo casu confitenti prodere personam alterius, et exemplum de adulterio.

Cum essem, inquit, plebanus apud sanctum Parvum Martinum in Colonia, quidam ex parochianis meis vir honestus, cum die quadam cuiusdam concivis et amici sui domum solus intrasset, et uxorem illius solam in gradibus solarii repe-

---

1) sui om BC. — 2) P accusationis. — 3) hoc est, Cistercium.
4) C illic. — 5) C persequeretur, si haberet; mox B
per conspiratorem. — 6) BP prodere personam.

risset, amplexibus atque osculis ipsius ad libidinem inflammatus, cum ea contra propositum peccavit. Mox ad me quasi hausto veneno currens, de fonte confessionis bibit, venenum exspuit, poenitentiam suscepit, et adiecit: Domine, ego personam vobis [1]) exprimam. Femina turpis est, et multos corrumpit, et certum mihi est, quia peccatum illud minime confitebitur. Tempore vero Quadragesimae venit [2]) illa, magis ex consuetudine, quam ex aliqua contritione, peccata quaedam minima ac quotidiana mihi confitens, adulteriumque omnino subticens. Ego non immemor peccati mihi confessi, cum nollem eam confundere, neque confitentem prodere, dixi: Domina, ite modo, et cras revertimini; interimque dicite tres orationes Dominicas, quatenus Deus illuminare dignetur cor vestrum, ut digne ac plene confiteri possitis peccata vestra. Illa vadens, et in crastino rediens, nihil adiecit, sed tantum peccata prius confessa replicavit. Quam cum secundo iussissem abire, easdemque orationes quas prius repetere, illa non sine suspicione discessit, et sequenti die reversa, audiente quodam clerico cognato suo, quem secum adduxerat, in haec verba prorupit: Ecce dominus iste, me digito demonstrans, adulteria mihi imponit. Ego domino Episcopo conquerar de illo. Cumque verbis illius satis essem iniuriatus, nec tamen motus, solus soli cum multa modestia dixi: Bona domina, quare peccata vestra absconditis, et [3]) quare negatis quod modo dicitis? Numquid non commisistis adulterium in tali loco, et cum tali viro? Illa intelligens crimen me non latere, tandem ad se reversa, satis humiliter respondit: Domine, verum est, ego cum tali viro adulterium commisi, parata sum confiteri, parata poenitentiam suscipere, et de cetero caste vivere. Sicque factum est, ut quae peccatrix venerat, plebani industria iustificata rediret. Si non fuisset a confitente prodita, forte non esset iustificata. NOVICIUS: Si non licet confitenti personam peccati consortem, nisi in tali vel consimili [4]) casu prodere, quid sentis de confessore? Licet illi in aliquo casu peccata confitentium, sive personas ipsas confitentes prodere? MONACHUS: Peccata quidem confitentium in multis casibus prodere poterit, tacitis personis; ipsas vero personas prodere non debet, nisi in uno casu,

---

1) BC ego vobis personam. — 2) ABDP veniens. — 3) et om BC. — 4) C in consimili, P in simili.

quem infra hoc quinquennium dominus Innocentius Papa tali modo determinavit.

CAPITULUM XXXII.

De monacho, qui sine ordinibus celebravit, et quod ex sententia Innocentii Papae liceat confessori talem prodere, si noluerit ultro confiteri.

In domo quadam ordinis Cisterciensis monachus quidam sine ordinibus celebravit. Hoc cum die quadam Abbati suo retulisset in confessione, nec tamen cessare vellet a tanta praesumtione, Abbas dolens ac lacrimans, ut a blasphemia tam magna desisteret, miserum rogavit, monuit[1] et praecepit, sed non profecit. Ille vero timens notari, si cessaret, celebravit ut prius. In sequenti Capitulo generali Abbas idem proposuit casum eundem[2], interrogans quid faciendum foret confessori, si forte tale quid in aliqua domo emergeret. Cumque dominus Cisterciensis sive ceteri Abbates super hoc nihil auderent diffinire, casum scripserunt[3] Innocentio Papae. Qui convocans Cardinales virosque literatos, casum eis proposuit, et quid de hoc sentirent, a singulis requisivit. Omnibus pene in hoc consentientibus, quod confessio non esset prodenda, respondit: Ego dico confessionem in tali articulo esse prodendam, quia talis confessio non est confessio, sed blasphemia; nec debet confessor blasphemiam tantam ac insaniam celare, per quam periculum incumbere poterit toti Ecclesiae. Et placuit sententia[4] omnibus. Scripsitque sequenti[5] Capitulo quod a se fuerat determinatum et a Cardinalibus approbatum. Nec debes dubitare, quin confessores multum torqueantur, cum tale quid audierint, quod soli portare non possunt.

---

1) B lacrimans miserum rogavit, ut a tali blasphemia desisteret, et monuit. Conf. IV, 11. — 2) C casum eundem proposuit. — 3) C add domino. — 4) B sententia eius, C sententia sua. — 5) P sequenti anno, C in sequenti anno.

CAPITULUM XXXIII.

Narratio longa et utilis de Simone converso de Alna, eiusque prophetiis.

Non est diu, quod monachus quidam peccatum quoddam gravissimum[1]) confessus est Priori suo; sed cuius fuerit generis idem peccatum, ignoro[2]). Quem cum Prior secundum consuetudinem remittere vellet ad Abbatem, non acquievit. Prior vero cum pondus auditi peccati solus portare nequiret, et monachus eius consilio minus acquiesceret, ex nimia animi moestitia corpore tabescere coepit. Intelligens hoc per Spiritum sanctum frater Simon de Alna[3]) conversus bene mihi notus, dixit Priori: Domine, quid habetis[4])? ut quid sic marcescitis? Respondente illo: Tristis sum; ait Simon: Nolite turbari. Causam tristitiae vestrae bene novi, in brevi Dominus vos consolabitur. Accedensque ad monachum dixit: Quare non confiteris peccatum tuum Abbati tuo? Deus mihi revelavit illud, et si non fueris confessus debito modo, ego te prodam. Ille conversi sanctitatem non ignorans, magis ex timore, quam ex devotione peccatum Abbati confessus est, et Prior ab angustia liberatus est. NOVICIUS: Videtur mihi vir iste spiritum habere prophetiae[5]). MONACHUS: Revera spiritum habet prophetiae, si tamen adhuc vivit, sicut ex sequentibus[6]) cognosces. Notarius quidam Romanae curiae, cum eundem fratrem Simonem ex multorum relatione didicisset spiritum habere prophetiae, desiderio videndi eum, ab Urbe venit in Alna monasterium, volens illo praesente peccata sua confiteri, sperans ab eo corrigi, si aliquid omitteret; animari, si minus plene diceret. Quem cum non invenisset in abbatia, ductus est in[7]) grangiam eiusdem coenobii, quae Colemies[8]) vocatur, in qua ille magister erat. Quem mox ut frater Simon respexit, causam adventus eius intellexit, et ait: Domine, exspectate me hic; ego enim ibo pro negotio

---

1) B peccatum gravissimum quoddam, C peccatum quoddam, D peccatum gravissimum. — 2) C penitus ignoro. — 3) Alna, Aulne, abbatia Brabantiae prope oppidum Tulnum; vide IV, 54. — 4) C habetis in corde. — 5) C spiritum prophetiae habuisse. — 6) CD consequentibus. — 7) C in quandam. — 8) P Celenies. Verba quae — vocatur om ABD.

domus meae[1]) ad talem locum, et cum rediero, paratus vobis ero ad omnem vestram voluntatem. Ivit et rediit, et cum a clerici ore didicisset, quod tamen non ignoravit, misit ad monasterium, petens sibi transmitti confessorem discretum. Cui cum, praesente converso, idem clericus peccata sua satis devote confiteretur, et in diversis locis aliqua per oblivionem transsiliret, quaedam[2]) etiam propter erubescentiam minus integraliter cum suis circumstantiis exprimeret, interrumpens eius confessionem iam dictus Simon ait: Quare haec et haec peccata subticetis? Ista in tali aetate commisistis, et[3]) illa et illa in tali loco ex levitate, nonnulla ex necessitate fecistis; ubique eum corrigens, ita ut valde miraretur, et cum Regina Austri mediam partem gratiae eius[4]) non se audisse fateretur[5]). Rediens vero ad Urbem cum gaudio magno, per totam curiam in tantum suum prophetam magnificavit, ut dominus Papa Innocentius ad Concilium[6]) suum generale illum vocaret, vocatumque de pluribus interrogaret[7]), a quo tam ipse quam ceteri Cardinales didicerunt experimento, quod spiritu polleret prophetico. Haec mihi retulit beatae memoriae[8]) Walterus de Birbech[9]) monachus in Hemmenrode, qui ei familiarissimus fuit, et plura de illo recitare consuevit. Alio tempore videns quandam mulierculam peccatricem, hortabatur eam ad confessionem, dicens: Confitere me audiente. Quod cum fecisset, non sinebat eam aliquid per oblivionem sive per erubescentiam supprimere, ubique eius corrigens confessionem, sicut supra dictum est de clerico Romano, ac si illam peccasse vidisset. NOVICIUS: Considero in isto viro quievisse spiritum Elisei, qui corpore absens et spiritu praesens, peccantem Giezi corripuit[10]). MONACHUS: Non alius spiritus operatur in iustis veteris testamenti, atque alius in sanctis[11]) gratiae, sed idem, dividens singulis prout vult[12]). NOVICIUS: Si nosti adhuc aliqua de hoc converso, precor ut edisseras mihi, quia magis videtur miraculosum, occulta cor-

---

1) C nostrae. — 2) C et quaedam. — 3) et om BC; paulo post AD tali in loco. — 4) C eius gratiae; mox se add C. — 5) Reg. III, 10, 7. — 6) BC consilium. — 7) C interrogavit. — 8) C add nonnus. — 9) pro Birbach scripsi Birbech: in qua scriptura certe aliquot locis codices nostri consentiunt. Intelligit auctor villam Bierbais, Bierbec, in Brabantia prope Lovanium sitam. — 10) Reg. IV, 5, 26. — 11) C tempore; conf. IX, 30. — 12) Cor. I, 12, 11.

dium nosse, et cogitationum secreta revelare, quam mortuos suscitare. MONACHUS: Verum quidem dicis, quia scire interiora hominis, solius Dei est. Unde Apostolus: *Quis scit hominum, quae sunt hominis, nisi spiritus hominis qui in ipso est [1])?* Solus hic excluditur spiritus divinus, qui ubique est et implet omnia, et cui ipse voluerit revelare [2]). Tempore illo quo dominus Conradus, nunc Episcopus Portuensis [3]) Cardinalis, novicius fuit in Vilario, contigit fratrem Simonem cum [4]) Waltero monacho, nunc Abbate Vilariensi, et aliis quibusdam monachis atque conversis ordinis nostri in quadam ecclesia saeculari missam audire. Infra canonem vero eiusdem missae, vidit idem Simon spiritum iam dicti Conradi, corpore satis a se remoti, coram se stare, et coronam auream in capite gestare. Vidit et cogitationes cordis eius, atque orationes [5]), in quibus tunc versabatur in Vilario. Finita missa, secrete locutus est [6]) Waltero, dicens: Cum videritis nonnum Conradum novicium Vilariensem, dicite ei, ut caveat sibi, quia huiusmodi tentationes patietur hoc anno. Tales enim cogitationes, talesque orationes iam habuit in missa, et sciatis quia magna persona erit in ordine. Postea cum idem Walterus vidisset novicium, coepit per ambages illum interrogare, quid infra missas soleret orare, quidve cogitare. Respondente illo, sic et sic orare consuevi; adiecit: Rogo etiam, ut dicatis mihi, quae fuerit oratio, qualisve cogitatio vestra die illa Dominica infra missam. Cui cum diceret novicius: Cur tam diligenter investigatis de cogitationibus meis? respondit: Dicite mihi, quod quaero, et ego vobis postea causam exponam. Tunc recitans [7]) ei novicius per ordinem, quid oraverit, vel [8]) cogitaverit infra missam illam, in magnum eum vertit stuporem, quia nec in uno verbo discrepavit a verbis fratris Simonis. Mox ei insinuans, quid de illo viderit, simul et modum tentationis, monuit, ut cautus esset, ne forte sub specie boni a diabolo deciperetur. Mira res. Cum satis idem novicius admonitus, satisque praemunitus esset, non tamen evadere potuit tentationem praedictam, quin satis ab illa anno

---

1) Cor. I, 2, 11. — 2) Matth. 11, 27. — 3) Portus Romanus, vulgo Porto, urbs est Italiae ad Tiberidis ostium sita. — 4) C add nonno. — 5) atque orationes om D. — 6) C add domino; paulo post BD dominum. — 7) C recitavit, et infra et in. — 8) CD vel quid.

eodem vexaretur. Quam sublimis persona factus sit postea, non solum in ordine, sed et in Ecclesia, novimus omnes. Primo Prior factus est in Vilario, et [1]) deinde ibidem electus est in Abbatem; postea in Abbatem Claraevallis; deinde promotus in Abbatem Cisterciensem. Nec in illo gradu stare potuit, sed a domino Honorio Papa [2]) vocatus est in Cardinalem et Episcopum Portuensem [3]). Quid adhuc de illo futurum sit, ignoramus. — Die quadam cum idem Simon in choro Vilariensi staret inter ceteros conversos, conversus quidam Evirgeldus nomine, frater carnalis beatae memoriae [4]) Ulrici eiusdem domus monachi, ex opposito eius stans coepit in eo scandalizari, et dicere in corde suo: Non videtur mihi talis esse conversus iste, sicut ab omnibus praedicatur; neque ea quae dicit, spiritu praedicere prophetico, sed tantum coniiciendo; et coepit eum despicere. Mox finita hora, frater Simon [5]) assumto Ulrico monacho, coepit ei per ordinem replicare, quae ille tractaverat in corde suo, dicens: Monete fratrem vestrum, ne de cetero tam insipienter gratiam Dei in aliis iudicet, ne forte ex hoc vindictam sentiat. Quod cum fecisset, expavit Evirgeldus, discens experimento, quod aliis narrantibus credere non potuit de illo. Horum autem quae dicta sunt, testis est dominus Walterus Abbas Vilariensis, cuius superius feci mentionem, a cuius ea ore [6]) audivi. NOVICIUS: Stupenda sunt quae dicis. MONACHUS: Vix elapsi sunt anni quatuor, quod dominus Simon, nunc Abbas Foniacensis [7]), tunc Prior ibidem, locum nostrum visitans, eundem venerabilem conversum secum duxit [8]), nec tamen, ut aestimo, ipso converso petente; quamdiu apud nos fuit, quis esset, dicere noluit. Cui quaedam secreta, apud nos correctione digna, divinitus sunt revelata, quae recedens ipse cuidam seniorum nostrorum indicavit, et ipse nobis, quae postea vera esse comperimus. Eodem tempore veniens Coloniam, cum in monasterio sanctae Dei genitricis [9]) ad orationem staret, sororesque psallere

---

1) et om BC; paulo post est om AB. — 2) B Papa Honorio. — 3) et Episcopum Portuensem om AD. — 4) C add nonni. — 5) frater Simon om ADP; paulo post C nonno Ulrico. — 6) BC ore ea. — 7) C Funiacensis; sic et infra XI, 30. Intelligit auctor Fusniacum, Foigny, abbatiam ordinis Cisterciensis in territorio Laudunensi prope oppidum Vervins sitam. — 8) C adduxit. — 9) D add Mariae. Fortasse intelligit monasterium beatae Mariae virginis in Horto: de quo vid. Gelen. de Magn. Colon. p. 542.

audiret, ingemiscens ait: Heu quod in omni collegio harum sanctimonialium nec una est de adultis, quae caritatem habeat, id est, quae sit sine peccato mortali. Hoc eum posse[1] nosse per spiritum praescientiae, non solum ex praecedentibus, sed et ex subsequentibus cognosces. Descendens cum praedicto Simone Priore frater Simon ad partes inferiores, simul venerunt ad dominam Methildam[2] de Smithusin, matronam valde honestam ac devotam, quae diu illum desideraverat videre[3], eo quod multa audisset de illo. Sedensque iuxta eam, per interpretem[4] cogitationes cordis eius ei revelavit, ita ut plurimum miraretur tantam in homine gratiam. Haec ab eiusdem matronae ore audivi. Vere, inquit, domine, ipse mihi dixit quaecunque[5] cogitavi. — Anno praeterito, cum[6] dominus Engilbertus Archiepiscopus Coloniensis Decanum Hermannum et Godescalcum eius concanonicum direxisset ad curiam Romanam pro absolutione crucis[7], et invenissent eundem Simonem in quadam grangia, sciscitati sunt ab eo de processu negotii[8]. Sicut eis evenit, ita de eis prophetavit. Nuncii, inquit, Episcopi parum in curia proficient, monachus vero bene negotium suum expediet. Utrumque rei exitus comprobavit. Nam illi infecto[9] negotio reversi sunt; monachus vero noster, quem cum eis misimus, ibi obtinuit quod voluit. Sunt adhuc alia multa et magna conversi huius opera, quae ad meam notitiam non pervenerunt. Ex quibus tamen quaedam audivi, quae scribere nolui, eo quod relata minus bene retinuerim. Satius[10] duxi etiam vera subticere, quam falsa scribere. NOVICIUS: Miror, si vir talis ac tantus aliquas pertulerit tentationes. MONACHUS: Sicut audivi a

---

1) **posse om C.** — 2) B **Machtildam**, C **Mechtildem**. Smithusen, hodie **Schmithausen**, prope Cliviam est; conf. G. von Velsen: Die Stadt Cleve, etc. p. 270. — 3) B **quae illum diu videre desideraverat**; paulo post ADP **de eo**. — 4) id est, per Spiritum sanctum. — 5) C **omnia quaecunque**. — 6) C **dum**. — 7) Vit. S. Engelb. II, 8. p. 317: „sicut testis est magister Johannes Abbas sancti Trudonis, proposuerat ante mortem suam beatus Martyr renunciare negotiis regni, et pro peccatis suis cruce signari atque personaliter transfretare. Nam circa illud tempus, quo in Episcopum electus est, signatus fuerat. Sed propter necessitatem communem detentus, domino Honorio Papa dispensante, pro se milites misit cum sumtibus magnis." — 8) **negotii** om B et pr A. — 9) ADP **imperfecto**. — 10) D **sanctius**, C **satius enim**.

quodam eius familiari, ita eum vexabat, et forte adhuc vexare non cessat, spiritus fornicationis per incentiva carnis, ut dicere possit cum Apostolo: *Ne magnitudo revelationum extollat me, datus est mihi stimulus carnis meae, angelus Satanae, qui me colaphizet* [1]). Dicitur tamen adhuc corpore esse virgo. A pueritia enim in Alna nutritus pecora eiusdem monasterii pavit. Deinde factus conversus, adeo profecit, ut cuiusdam grangiae [2]) magister efficeretur. Qui bene ac fideliter administrans exteriora, sicut bonus ac fidelis dispensator, dona meruit interiora. NOVICIUS: Utinam haberent omnes confessores conversi huius spiritum, quia tunc confitentes nullum eis, sive per erubescentiam, sive per ignorantiam, possent subtrahere peccatum. MONACHUS: Licet multis confessoribus desit spiritus prophetiae, inest tamen pluribus spiritus sapientiae atque prudentiae, per quem defectus ille suppleatur. NOVICIUS: Dic quaeso, prodest aliquid peccata confiteri, retenta voluntate peccandi?

CAPITULUM XXXIV.

De eo quod confessio, quae fit cum voluntate iterum peccandi, sit inutilis.

MONACHUS: Modicum prodest, quia Deus non proiicit [3]) iniquitatem, nisi homo prius malam proiiciat voluntatem. Qua proiecta, sequitur quod dicit Propheta Michaeas: *Deponet omnes iniquitates nostras, et proiiciet in profundum maris omnia peccata nostra* [4]). Jubemur enim per alium Prophetam, scilicet [5]) longe proiicere iniquitates nostras, non iuxta nos ponere, sicut illi faciunt, qui ante Pascha peccata sua per confessionem, ut eis videtur, deponunt, et mox post octavam resumunt. *Longe*, inquit, *proiicite iniquitates vestras* [6]). NOVICIUS: Estne melius sic confiteri, quam omnino tacere? MONACHUS: Melius, id est, utilius est, cum voluntate iterum peccandi confiteri, quam tacere. NOVICIUS: Quare? MONACHUS: Quia peccator in confessione a confessore per poenam, quae peccato debetur, terretur et avertitur, admonetur et in-

---

1) Cor. II, 12, 7. — 2) C add quae vocatur Colemies. — 3) ABD proiiciet. — 4) Michae. 7, 19. — 5) A per alium Prophetam, Isaiam scilicet, D per Prophetam Isaiam, C per alium Prophetam. — 6) Ezech. 18, 31.

struitur; et fit nonnunquam, ut tam verbis quam exemplis ab illo edoctus, ad se revertatur, et de sua perversa voluntate conteratur. Quod si confessor iustus est, et pro confitente orat, Deus illum aliquando pro meritis eius illuminat. Vides quantus sit fructus in confessione? NOVICIUS: Video et gaudeo, atque de his exempla requiro. MONACHUS: Quod quis a confessore territus, peccandi voluntatem deserat, exemplum hoc te doceat.

CAPITULUM XXXV.*)

De confessore, qui nummum proiecit in terga confitentis et poenitere nolentis.

Quidam veniens ad confessionem cuidam sacerdoti discreto, confessus est illi peccata quaedam criminalia. Admonitus ab eo, ut peccata confessa desereret, deserta defleret, et de reliquo [1]) emendatius viveret, respondit: Confiteri possum, sed peccata dimittere non possum. Sacerdos hoc audito, poenitentiam illi iniungere recusavit. Oblatus est ei ab illo nummus. Quem quidem sacerdos recepit, sed in recedentis terga [2]) eundem cum clamore proiecit, dicens: Pecunia tua tecum sit in perditionem [3]). Ille vero tam de verbo quam de facto sui confessoris territus, in crastino rediit, confessionem [4]) iteravit, poenitentiam condignam suscepit et egit. Vides nunc quantum valeat prudentia confessoris? Si imprudens confitens tali modo non fuisset territus, fortassis nec [5]) esset iustificatus. Audi aliud exemplum, quantum confitentibus prosit consilium bonum.

CAPITULUM XXXVI.

De Abbate sancti Pantaleonis in Colonia, qui fratri carnali pecuniam ecclesiae suae tribuens depauperavit [6]).

In monasterio sancti Pantaleonis in Colonia Abbas quidam fuit, fratrem habens carnalem [7]) eiusdem civitatis civem. Quem carnaliter diligens, saepe pecuniam monasterii illi occulte largiebatur. Quam propriae substantiae admiscens, et in ea

---

*) Homil. II. p. 14. — 1) C de cetero. — 2) B tergo. — 3) Act. 8, 20. — 4) ADP et confessionem. — 5) BC non. — 6) id est, ad paupertatem redegit, scilicet fratrem. — 7) carnalem add BC.

negotians, quocunque perrexit, semper cum damno rediit. Factaque est ei, licet non adverteret, monasterii pecunia tanquam ignis, et substantia propria quasi stipula[1]). Et cum esset in mercationibus satis gnarus, atque circumspectior ceteris suis sodalibus, illorum prosperitatem suumque dispendium mirari non sufficiebat. Compassus eius infelicitati Abbas, cum semper ei daret, et ille non proficeret, imo semper minus haberet, tandem ad paupertatem devenit. Cui Abbas: Quid est quod agis, frater[2])? Quare tam viliter consumis substantiam tuam ad confusionem tuam atque meam? Respondit ille: Valde parce vivo, mercatum meum diligentissime custodio, et quid sit quod circa me agitur, penitus ignoro. Tandem in se reversus, venit ad sacerdotem, ei omnia circa se gesta aperiens per confessionem. Cui dixit sacerdos: Utere consiliis meis, et cito dives eris. Pecunia fratris tui furtum est, et ipsa substantiam tuam devoravit. De cetero nihil recipias ab eo, et de modico, quod adhuc superest, negotiare, videbisque manum Domini bonam super te[3]). Quicquid autem lucratus fueris, medietatem fratri tuo reddes, de reliquo tu vives, et hoc tamdiu facies, donec omnem pecuniam monasterii tibi datam illi restituas. Mira clementia Dei. Obediens homo confessoris sui consilio, in brevi adeo ditatus est, ut et ipse abundaret et fratri recepta restitueret. Cui cum Abbas diceret: Unde tibi istae divitiae, frater? respondit: Quamdiu substantiam fratrum tuorum recepi, semper pauper et miser fui, et tu graviter peccasti, non tua mihi largiendo, ego vero aliena recipiendo. Ex quo enim[4]) de his poenitui, et furtum abhorrui, benedicente Domino abundavi. Ecce quantum valeat consilium bonum in confessione. Simile aliquid legitur in Vitaspatrum. Dicam tibi adhuc exemplum, quod mihi retulit Hermannus Decanus Bonnensis, asserens se audisse a sacerdote cui contigit.

CAPITULUM XXXVII.

De duobus mercatoribus in Colonia, quibus in confessione consultum est, ne iurarent et mentirentur, et facti sunt ditiores.

Duo cives Colonienses inter cetera sua peccata confessi

---

1) Isai. 47, 14. — 2) ADP frater, quod agis. — 3) Esdr. I, 7, 9. ADP super te bonam. — 4) C autem.

sunt duo peccatorum genera, quae quidem in se valde sunt magna, licet propter usum, mercatoribus maxime, parva videantur, et quasi nulla, mendacium scilicet atque periurium. Domine, inquiunt, pene nihil possumus emere, nihil[1]) vendere, nisi oporteat nos mentiri, iurare, et saepe periurare. Quibus cum diceret plebanus: Peccata ista valde sunt gravia, et a Salvatore prohibita, ipso dicente: *Sit sermo vester, est, est; non, non*[2]); responderunt: Non possumus hoc praeceptum in negotiationibus nostris custodire. Ait sacerdos: Utimini consilio meo, et bene cedet vobis. Nolite mentiri, nolite iurare, sicut mercatum vestrum dare vultis, sic eum laudate. Et promiserunt ei, quia tentare vellent uno anno. Hoc enim petivit. Impediente eos Satana, qui semper saluti humanae adversatur, pene nihil anno illo vendere potuerunt. Reversique anno evoluto ad suum plebanum, dixerunt: Obedientia huius anni multum fuit nobis damnosa, homines a nobis defluunt, nec aliquid sine iuramento vendere possumus. Tunc sacerdos: Nolite timere, quia tentatio est. Fixum tenete in corde vestro, quod nulla adversitas, nulla vos paupertas a tali proposito avertat, et Dominus vobis benedicet. Promiseruntque ei Domino inspirante, quia custodire vellent eius consilium divinumque[3]) praeceptum per omnes dies vitae suae, etiamsi oporteret eos mendicare. Mira res. Statim Dominus immissam compescuit tentationem, et coeperunt eos homines plus quam ceteros mercatores frequentare; factique sunt in brevi divites, ita ut mirarentur. Et reversi ad suum confessorem, gratias egerunt, eo quod per eius salubre consilium a tam gravibus peccatis forent exonerati, et foris in rebus ditati. NOVICIUS: Huiusmodi exempla praedicari deberent in ecclesiis mercatoribus; forte expavescerent, de pecuniis male conquisitis[4]) negotiari, et in suis venditionibus iurare vel mentiri. MONACHUS: Verum dicis. NOVICIUS: Nunc audire delectat, quod quidam peccatores meritis sui confessoris iustificentur.[5])

---

1) C vel. — 2) Matth. 5, 37. — 3) que add BC. — 4) CD acquisitis. — 5) C iustificantur.

CAPITULUM XXXVIII.*)

De muliere iracunda, quae propter confessionem sancto Malachiae factam spiritum meruit mansuetudinis.

MONACHUS: In Vita sancti Malachiae Hiberniensis Episcopi, qui nostris fuit temporibus, beatus Bernardus Abbas Claraevallis scribit, mulierem quandam ita fuisse iracundam, ut animi eius furorem non vicini, non cognati, nec quidem ipsi filii ipsius [1] possent sustinere. Ad sanctum Malachiam illam ducentes, et querimoniam de ea facientes, ut eius misereretur deprecantur. Hortatur vir sanctus miseram ad confessionem. Paret illa. Iniungit poenitentiam, orat Deum, ut impatienti tribuat patientiam. Et ecce facta est super eam mutatio dexterae Excelsi [2]. Tantam ab illa hora patientiam et tranquillitatem propter confessoris sui merita Dominus illi tribuit, ut quae prius omnes exasperare solita fuit, nullis damnis, sive contumeliis, deinceps [3] turbari posset. Item quod quidam ex sola Dei misericordia in confessione conterantur, dictum est in secunda distinctione capitulo secundo, de monacho apostata, qui duo millia annorum elegit in purgatorio. NOVICIUS: Quia tam multiplex est fructus confessionis, videtur mihi iustum, ut hi qui alios debent mundare, et ipsi sint mundi et sancti. MONACHUS: Ausculta.

CAPITULUM XXXIX.

Qualis esse debeat confessor.

Confessor ut sit perfectus, debet esse timoratus, prudens et literatus, discretus et misericors, affabilis, paratus volentibus confiteri. Quantum exinde boni proveniat, si haec habeat; mali vero, si eis careat, exempla varia te doceant [4].

---

*) Homil. III. p. 103. Vide etiam S. Bernardi Vit. S. Malach. cap. 25. — 1) CP eius. — 2) Psal. 76, 11. — 3) BC deinde. — 4) B docebunt. Subsequens capitulum, usque ad Novicii verba, abest a libris excusis et a codice D; in A autem deletum est, ita ut ne vestigium quidem literae appareat.

CAPITULUM XL.

De sacerdote avaro, qui duobus sibi confitentibus, uni pro incontinentia, alteri pro continentia, eandem iniunxit poenitentiam.

Juxta Susaciam, quae est civitas Dioecesis Coloniensis, sacerdos quidam parochiam regit, Hegennairdus nomine, satis quidem in literatura exercitatus, sed modicum timoratus [1]). Ad hunc quidam ex parochianis suis venit tempore Quadragesimae, inter cetera confitens quod per illos [2]) sacros dies frena laxasset incontinentiae. Quem cum dure satis corripuisset sacerdos, dicens, sacrum illud tempus deputatum esse orationibus, ieiuniis, continentiae [3]) ceterisque operibus misericordiae, adiecit: Iniungo tibi pro satisfactione huius peccati, ut des mihi decem et octo denarios ad totidem missas decantandas ad diluendum [4]) culpam incontinentiae tuae. Ille vero dare spopondit [5]). Quo recedente, et alio ad confessionem accedente, dum eum de statu suo interrogasset, et [6]) quia per totam Quadragesimam continens esset intellexisset [7]), ait: Valde male fecisti, tempore tanto ab uxore tua te cohibendo. Prolem illa poterat [8]) de te concepisse, quam per tuam continentiam exclusisti. Territus homo, sicut mos est simplicibus, cum ab eo consilium quaereret pro tali delicto, respondit confessor: Tu mihi dabis decem et octo denarios, et ego totidem missis Deum pro te placabo. Et ipse [9]) promisit, quod certo tempore daret ei [10]) pecuniam. Post paucos dies nutu Dei contigit, ut illi duo homines simul cum saccis singulis pergerent ad forum, et saccus equi unius ob dispendium viae caderet in lutum. Accurrente altero [11]) ut socium iuvaret, iratus ille clamavit: Diabolus remuneret nostrum sacerdotem, quia propter ipsum hunc tolero laborem. Sciscitante illo causam, respondit: Ego ei confessus sum meam incontinentiam, et ipse mihi huiusmodi iniunxit poenitentiam [12]), unde nunc ante tempus compellor annonam meam vendere, et pe-

---

1) C In Episcopatu Coloniensi, sicut ex cuiusdam relatione didici, sacerdos quidam manebat parochiam regens, vir satis literatus. — 2) B inter hos. — 3) continentiae om C. — 4) C diluendam. — 5) C spopondit dare. — 6) et om B. — 7) C cognovisset. — 8) C poterat illa prolem. — 9) ipse om B. — 10) C ei daret. — 11) C illo. — 12) C poenitentiam iniunxit.

cuniam postulatam¹) deferre. Ad quod alter respondit: Quid est quod audio? Ego illi contrarium sum confessus, et tamen simili poena mulctatus. Scias me ob eandem necessitatem modo²) ad forum venire. Certe male sacerdotati sumus³). Intrantesque civitatem, accusaverunt illum apud Decanum et canonicos sancti Patrocli, magnam ei facientes confusionem. Ecce si aliquid timoris Dei esset in hoc sacerdote, nequaquam avaritiae suae consulens tam horrenda praesumsisset, maxime in confessione. Non iste fecit, sicut sacerdos, de quo supra dictum est capitulo tricesimo quinto, qui pecuniam in terga⁴) nolentis poenitere proiecit⁵). NOVICIUS: Puto quod multum detestetur in sacerdotibus avaritiam Dominus.

CAPITULUM XLI.

De avaritia et luxuria sacerdotum.

MONACHUS: De hoc non meam, sed ipsius Domini sententiam audias per os Jeremiae Prophetae: *Extendam*, inquit, *manus meas super habitatores terrae; a minimo usque ad maximum, omnes student avaritiae; et a propheta usque ad sacerdotem, omnes faciunt dolum*⁶). Item per Ezechielem: *Propter pugillum hordei, et fragmen panis violabant me ad populum meum, ut interficiant animas, quae non moriuntur, et vivificent, quae non vivunt*⁷). NOVICIUS: Sicut audivi, quidam confessores pro uno gallinacio⁸) et vini sextario multorum poenam peccatorum⁹) vel relaxant vel dissimulant. MONACHUS: Idcirco eis per Ozee dicitur: *Peccata populi mei comederunt*¹⁰). Et hoc scias, quod non solum vitium avaritiae, sed etiam vitium luxuriae in sacerdotibus reprehendat Dominus, dicens per Prophetam: *Vaccas Bethaven coluerunt habitatores Samariae*¹¹). Samaria interpretatur custodia, habitatores Samariae sacerdotes sunt, qui semper in sui et aliorum sibi commissorum custodia manere debent. Hi vaccas Bethaven colunt, dum luxuriose vivunt. Horum domus inutilis est, quia hoc Bethaven interpreta-

---

1) B postulatam pecuniam. — 2) modo om B. — 3) pr C sacerdoti confessi sumus. — 4) C tergo. — 5) B pecuniam proiecit in terga nolentis confiteri. — 6) Jerem. 6, 12. 13. — 7) Ezech. 13, 19. — 8) sic libri. — 9) BC peccatorum poenam. — 10) Ose. 4, 8. — 11) Ose. 10, 5.

tur. Vaccae, quae animalia sunt lasciva, luxuriam designant, sive ipsas sacerdotum concubinas, quas heu multi hodie sine timore colunt. Quanta mala mali sacerdotes Deum non timentes braxent¹) in confessionibus, plurimis exemplis tibi possem ostendere, sed parcendum est ordini, parcendum sexui, parcendum religioni. Unum tamen tibi dicam ex remoto, quod quidam mihi sacerdos recitavit.

CAPITULUM XLII.

De matrona, quae pupillo a se nutrito, et in sacerdotem provecto, peccata sua confessa est, et ab illo prodita.

Matrona quaedam dives et honesta, peccata quaedam commiserat tam inhonesta, ut nulli ea confiteri posset sacerdoti prae verecundia. Die quadam infantem reperiens destitutum, levavit, et loco filii illum nutriens, literis imbui fecit, atque in sacerdotem ordinari. Tunc demum fiduciam sumens de exhibita caritate, confessa est ei peccata diu latentia. Quibus auditis stultus ille, immemor Dei, immemor impensi beneficii, ex hoc sumens audaciam, quia si quod peteret negaret, minaretur se eius vitia debere²) propalare, coepit illam ad consensum suae libidinis sollicitare. Cuius verba cum femina iam iustificata abhorreret, et ille contradicentem diffamaret, illa fiduciam habens de confessione, ne apud homines notae perpetuae subiaceret infamiae, sufficienter se expurgans, beneficio confessionis liberata est, et criminator de provincia eliminatus est. NOVICIUS: Duo haec exempla mihi sufficiunt de confessoribus malis; nunc aliquod³) mihi dicas de confessoribus timoratis.

CAPITULUM XLIII.

De matrona, quae confessorem suum ad libidinem incitavit.

MONACHUS: Dum⁴) quaedam matrona nobilis cum quodam Abbate ordinis nostri sub typo confessionis de secretis conscientiae suae loqueretur, dixit se in eius amore graviter

---

1) braxare dictum pro conficere; proprie valet cerevisiam coquere, Gallice brasser. — 2) debere om BC. — 3) CD aliquid. — 4) ACD cum.

succensam. Ille, sicut sacerdos iustus ac timens Deum, cor suum signavit, male ad se conversam verbis quibus potuit avertit, dicens se monachum esse, senem, pannosum ac neglectum. Et sicut ipse dixit cuidam monacho, qui mihi recitavit, femina eadem tam praeclara [1] fuit, et tam potens, ut si essem, inquit, in saeculo, sicut aliquando fui, nunquam illi de tali re nec in minimo verbo facere auderem mentionem. Cernis, inquit, quomodo nobis iam mortuis saeculo diabolus insidietur? Fuerat enim idem Abbas ante conversionem miles in armis strenuus, pulcher, satisque nominatus; et si vis scire, ipse erat dominus Karolus Abbas Vilariensis. NOVICIUS: Vtinam haberent omnes confessores timorem Domini, ut vir iste. MONACHUS: Non solum necessarius est eis timor Domini, quo se a peccato custodiant, sed etiam prudentia, per quam inter peccata discernant, ut cum clave potentiae in usu habeant clavem scientiae, ut sciant differentiam inter scabiem et lepram, id est, inter veniale et mortale; item inter lepram et [2] lepram, id est, inter mortale et criminale, quia peccata peccatis sunt graviora, sive venialia sint, sive mortalia; et secundum hoc satisfactio debet extendi, et de scabie sive lepra iudicari.

CAPITULUM XLIV.

De indiscreto sacerdote, qui sibi confitentibus iniungere solet poenitentiam anni praeteriti.

Quidam sacerdos et plebanus in provincia nostra est, qui in Quadragesima venientibus sibi ad confessionem dicere consuevit: Qualis poenitentia iniuncta fuit vobis ab antecessore meo, talem vobis modo iniungo. Aliis dicebat: Quod vobis iniunxi anno praeterito, hoc et isto anno servetis, non attendens quid postea peccaverint, vel qualiter pro praeteritis satisfecerint. Hoc [3] nobis recitavit unus de parochianis eius [4].

2) BCP clara. — 2) AD et non. Homil. III. p. 91: „lepra mortale peccatum est. Diversas species in Levitico distinguuntur leprae, per quas varia peccata animae figurantur. Lepra est idolatria, alia species periurium, tertia homicidium, quarta adulterium, et sic de ceteris. Quantum enim distat inter scabiem et lepram, tantum differt inter peccatum veniale et mortale." — 3) P haec. — 4) CD suis.

CAPITULUM XLV.

Item de plebano, qui pluribus confiteri volentibus, generalem praedicens confessionem, omnibus eandem iniunxit poenitentiam.

Alius quidam plebanus, sicut audivi ab eius successore, hanc habebat consuetudinem, ut in Quadragesima confluentibus ad ecclesiam confessionis gratia parochianis suis, ipse sex vel octo simul duceret ante altare, et stola collis eorum imposita, Teutonice generalem eis praediceret confessionem, singula verba illis post eum iterantibus. Quibus omnibus similem atque eandem iniungens poenitentiam, simul abire praecepit. Sic faciebat omnibus, non considerans quid fecerint, quis plus, quisve minus peccaverit. Defuncto eo, cum quidam ex parochianis, vir grandaevus, et in saecularibus prudens, pro successore eius mitteret, postulans sacram communionem, eo quod infirmaretur usque ad mortem, veniens sacerdos dixit: Prius debetis facere confessionem. Respondit ille: Vos mihi eam facite. Notabat enim consuetudinem supradictam. Cumque sacerdos monendo illum instaret, commotus ille dixit: Certe, domine, nunquam mihi talia fecit praedecessor vester. Et cum negaret ei communionem, tandem in haec verba prorupit: Confiteor me peccasse in adulteriis, furtis, rapinis, homicidiis, periuriis, aliisque multis criminibus [1]). Tunc sacerdos: Fecistis haec omnia? Respondit ille: Vere, domine, nihil horum commisi. Ex antiqua tantum consuetudine sic confitebatur. Et non poterat eum [2]) inducere, ut peccata a se commissa confiteretur. Vides quales confessores, quales doctores, quales animarum rectores. Unde tanta negligentia, unde tam stulta iudicia, nisi ex divinae legis ignorantia? Vis nosse quantum prosint confitentibus confessores literati? NOVICIUS: Volo et [3]) desidero.

---

1) P criminibus multis. — 2) D eum ad hoc. — 3) D et multum.

CAPITULUM XLVI.

De muliere in confessione se iustificante, cui prudens confessor ostendit plura mortalia peccata habere.

MONACHUS: Hermannus Decanus Bonnensis, quando plebanus fuit apud[1] sanctum Martinum in Colonia, venit ad eum mulier quaedam tempore quadragesimali peccata sua confiteri. Flectens coram eo genua, quicquid se boni meminerat commisisse, coepit enumerare, et cum Pharisaeo evangelico iustificare se, dicens: Domine, tot sextis feriis soleo per annum in pane et aqua ieiunare, eleemosynas meas dare, ecclesiam[2] frequentare, et multa in hunc modum. Cui plebanus dixit: Ad quid, domina, venistis? Numquid pro istis operibus vultis suscipere poenitentiam[3]? Quare non dicitis peccata vestra? Respondente illa: Nihil mihi conscia sum; ait plebanus: Cuius estis officii? Respondit mulier: Ferrum vendere soleo. Ad quod ille: Soletis[4] aliquando minores ferri particulas in ligaturis maioribus intermiscere, ut sic totum simul vendatis? Dicente illa, soleo; respondit: Ecce hoc mortale peccatum est, quia dolus. Et adiecit: Soletis aliquando mentiri, iurare, periurare, aemulis vestris maledicere, aliis plus vendentibus invidere? Respondit illa[5], quia in talibus saepe excedo. Plebanus dixit: Et ista omnia peccata sunt mortalia, et nisi poenitentiam egeritis condignam, ocius ibitis in gehennam. Territa illa in verbis[6] eius, peccasse se recognovit, et quid de cetero confiteri deberet, didicit[7]. Bene iste, utpote vir prudens et literatus, novit fodere parietem, et ostendere idola in corde mulieris depicta. NOVICIUS: Quid est fodere parietem? MONACHUS: De peccatis eorumque[8] circumstantiis interrogare confitentem. Verba sunt Ezechielis, et a sancto Gregorio plene et excellenter exposita[9]. Cavere[10] debet confessor, ne sic incaute parietem, id est, confitentis conscientiam per interrogationem fodiat, ut eum peccare doceat.

---

1) AP ad. — 2) CP ecclesias, D et ecclesiam. — 3) D poenitentiam suscipere. — 4) C soletisne. — 5) BC respondente illa. — 6) VI, 2: in simplicitate eius motus. — 7) C ibi didicit. — 8) ABCPKR de peccatis, eiusque, D de peccato eiusque. Peccatorum circumstantiae sunt tempus, peccandi modus, et loca cum personis: Homil. IV. p. 22. — 9) Ezech. 8, 8. Gregor. Regul. Pastor. II, 10. — 10) D cavere tamen.

CAPITULUM XLVII.

Quod confessor non debet de ignotis peccatis investigare, et exemplum de virgine in hoc scandalizata.

Virgo quaedam religiosa in partibus Brabantiae sacerdoti cuidam confessionem fecit. Ille, sicut imprudens, incaute coepit conscientiam eius fodere, id est, de quibusdam peccatis ignotis, quae nunquam fecerat vel audierat, interrogare. Quae mox de eisdem peccatis coepit tentari, et in[1] tantum turbari, ut diceret sacerdoti: Male habeat caput vestrum, quod hodie fecistis mihi horum mentionem. Et, sicut alteri postea confessa est sacerdoti, non sine maximis laboribus ab eisdem peccatis se[2] continuit. Ita fodiendus est paries, ne domus deiiciatur, sic quaerenda[3] idola sub stramentis, ut tabernaculum non evertatur. Debet tamen confessor valde esse sollicitus de peccatis sibi commissorum, eosque ad confessionem provocare tam verbo[4] quam exemplo.

CAPITULUM XLVIII.

De Abbate, qui alterum Abbatem suo exemplo provocavit ad confessionem.

Abbas quidam ordinis nostri scire volens conscientiam alterius cuiusdam Abbatis filii sui, sicut ab eius ore audivi, generalem illi de peccatis suis fecit confessionem. Deinde dixit: Domine Abbas, si vos aliquid vultis dicere, libenter[5] audiam. Verecundatus ille, confessus est ei versa vice peccata sua contra propositum, provocatus illius exemplo magis quam verbo. Non enim tenebatur ei confiteri. NOVICIUS: Ut video, prudentia confessoribus satis est necessaria. MONACHUS: Hoc amplius in subiecto probabis exemplo. Quod autem dicturus sum, didici a quodam venerabili sacerdote et[6] Priore ordinis Praemonstratensis.

---

1) in add BC. — 2) D se peccatis. — 3) CP quaerenda sunt. — 4) B de verbo, P verbis. — 5) C ego libenter. — 6) et om R.

DE CONFESSIONE.

CAPITULUM XLIX.

Item de Abbate, qui cum monachis suis in vase ex industria carnes comedens, eosdem ad confessionem suo provocavit exemplo.

Abbas quidam nigri ordinis, vir bonus et disciplinatus, monachos habebat satis mirabiles ac dissolutos. Die quadam quidam ex eis praeparaverant[1] sibi diversi generis carnes et vina delicata. Quibus cum uti non auderent in aliqua officina timore Abbatis, congregati sunt in vas vinarium maximum et vacuum, quod vulgo dicitur tunna[2], illuc deferentes praeparata. Dictum est Abbati, quod tales monachi in vase[3] tali convivium celebrarent. Qui statim cum magno moerore animi accurrens, et introspiciens, convivantium laetitiam sua praesentia convertit in tristitiam. Quos cum territos aspiceret, iocunditatem simulans, intravit ad illos, et ait: Eia fratres, voluistis sic sine me comedere et bibere? Non[4] hoc arbitror iustum. Credite mihi, ego vobiscum prandebo. Lavitque manus, cum illis comedens et bibens, exemplo tali territos confortans. Die sequenti, Priore tamen praemonito, et quid facere deberet instructo, Abbas[5] monachis illis praesentibus in Capitulo coram illo surgens, et veniam petens cum multa humilitate, tremorem ac timorem[6] simulans, in haec verba prorupit: Confiteor vobis, domine Prior, fratribusque meis universis, quod vitio gulae victus, ego peccator heri in absconso loco, et quasi furtive in vase vinario, contra praeceptum et regulam patris mei[7] sancti Benedicti, carnes manducavi. Statim residens, cum se inciperet praeparare ad disciplinam, Priore ne[8] hoc fieret prohibente, respondit: Sinite ut vapulem, quia melius est ut luam hic quam in futuro. Qui cum accepta disciplina, nec non et poenitentia, reversus fuisset in locum suum, praedicti monachi timentes ab eo proclamari, si dissimularent, ultro surgentes, eundem confessi sunt excessum. Quibus Abbas, a monacho ad hoc praeordinato, dari iussit bonas ac fortes disciplinas, durius illos corripiens, et

---

1) A praeparant, D praeparabant. — 7) B tunna dicitur, C tonna dicitur. — 3) B in tali loco et in vase, C tali in loco et vase. — 4) C fratres, quod sic sine me voluistis comedere et bibere, non. — 5) Abbas om ABD. — 6) C timorem ac tremorem. IX, 10: tremens ac timens. — 7) C nostri. — 8) AP ut.

ne unquam de cetero talia praesumerent, sub interminatione magnae vindictae praecipiens. Sicque prudens medicus, quos verbo minus emendare potuit, exemplo correxit. NOVICIUS: Placet quod dicis. MONACHUS: Audi nunc exemplum, quod prudentia confessoris discretione temperanda sit.

CAPITULUM L.

De peccatore, qui de modica poenitentia gradatim ascendit ad maiorem.

Peccator quidam magnus cum pro suis peccatis nullam condignam suscipere vellet poenitentiam, quia confessor valde prudens ac discretus fuit, ait illi: Potes pro peccatis istis magnis saltem unam orationem Dominicam per singulos dies dicere? Respondente illo, possum; eandem ei iniunxit. Mira clementia Dei. Ita eadem oratio coepit[1] homini dulcescere, ut rediens amplius peteret, hocque tamdiu faceret, quousque ad condignam poenitentiam perveniret. Ad discretionem confessoris pertinet, ut pro peccatis magnis magnam, et pro parvis parvam iniungat poenitentiam. Et quia omnis poenitentia arbitraria est, secundum qualitatem personae, moderari poterit qualitatem seu quantitatem poenae. Misericordiam semper superexaltet iudicio[2], sive secreta, vel[3] manifesta sit confessio, ut idem ipse consequatur a Deo.

CAPITULUM LI.

De Abbate Gisilberto, qui iracundis in Capitulo parcens, ad satisfactionem ampliorem provocavit.

Dominus Gisilbertus Abbas in Hemmenrode tantae fuit misericordiae, ut si aliquando quis monachorum sive conversorum coram eo proclamatus fuisset in Capitulo, et ille neglecta virtute patientiae[4] extra se fieret, infirmitati illius compassus diceret: Bone frater, vade modo sedere, et cras eandem culpam recognosce. Qui datis induciis ad tranquillitatem animi reductus, et de commotione verecundatus, in crastino rediit, seque peccasse recognoscens, duram poenitentiam cum multa patientia suscepit. Quantum etiam[5] boni

---

1) C coepit eadem oratio. — 2) Jac. 2, 13. — 3) C sive. —
4) C patientiae virtute. — 5) C enim.

conferat poenitentibus confessoris affabilitas, sequens declarabit exemplum.

CAPITULUM LII.

De plebano, qui usurarium et homicidam dulcibus verbis in confessione ad satisfactionem provexit.

Supradictus Decanus Bonnensis, cum tempore quodam [1]) Quadragesimae sedens in ecclesia sancti Martini [2]), in qua erat plebanus, audiret confessionem cuiusdam vetulae, vidit eminus contra se duos ex parochianis suis in fenestra sedere, et fabulis vacare. Ex quibus unus erat usurarius, alter vero homicida manifestus. Vetula recedente, cum accessisset ad eum confessionis gratia idem usurarius, ait illi plebanus: Amice, ego et tu hodie bene decipiemus diabolum. Tu tantum verbo tenus confitere peccata tua, voluntate peccandi [3]) deposita, et acquiesce consilio meo, et ego tibi vitam aeternam promitto. Sic tibi temperabo poenitentiam, ut non fiat tibi onerosa. Bene noverat vitium, in quo [4]) laborabat. Respondit ille: Si hoc quod promittitis mihi constaret, libens uterer consilio vestro [5]). Et promisit ei. Qui cum confessus fuisset, et abiurata usura poenitentiam suscepisset, socio suo iam dicto homicidae occurrens, ait: Vere dulcissimum habemus sacerdotem; nam pietate verborum suorum ad poenitentiam me adduxit. Cuius exemplo ille provocatus, ad confessionem venit, et similia circa se pietatis sentiens [6]) indicia, poenitentiam suscepit et explevit. NOVICIUS: Ex multis, quae iam dicta sunt, considero, quod confessio multam requirat perfectionem, tam in confitente quam in confessore. MONACHUS: De uno adhuc superest dicendum, per quod omnes confessoris virtutes consummantur, scilicet ut promtum et hilarem confiteri volentibus se exhibeat. De hoc habes exemplum in distinctione prima capitulo sexto, vbi angelus Domini Priori de Alna in specie monachi [7]) improperavit, quod eundem monachum confiteri volentem, signo suspenderat. Si confessor ad hoc fuerit paratus, quantum placeat Deo, et quantum peccatoribus expediat, sequens sermo declarabit.

1) quodam om B; mox P quadragesimali. — 2) BC add Coloniae. — 3) BC peccandi voluntate. — 4) B quo ipse. — 5) BCD promittis — tuo. — 6) C sentiens pietatis. — 7) BC monachi apparens.

CAPITULUM LIII.*)

De monacho Claraevallis, qui fratrum adiutus orationibus Priori conscientiam suam revelavit.

Ante hoc biennium, cum dominus Wilhelmus Abbas Claraevallis cum ceteris Abbatibus contra Galonem Cardinalem profectus fuisset Romam, quidam ex monachis eius cuidam ex confessoribus peccatum quoddam criminale confessus est. Cui ille¹) dixit: Bene te audio, bene consilium do, sed absolvere te non potero, quia confessio haec debita non est; consulo et rogo, ut confitearis Priori, qui potestatem habet. Illo respondente: Hoc nunquam faciam; confessor dolens ac fluctuans corde, tacita persona atque peccato, periculum confitentis domino Sigero Priori revelavit. Qui multum dolens, et de salute periclitantis cogitans, magni consilii angelum cum lacrimis invocavit. Eodem tempore, cum conversus quidam ex eis perversus multa furaretur, Prior Dei nutu, nacta occasione, in Capitulo monachorum vitio²) furti exprobrans, hoc adiecit: Si forte aliquis est inter vos³), cauteriatam habens conscientiam⁴), ita ut non possit eam suo praelato aperire, pro tali tribus diebus tales vobis iniungo orationes. Omnibus orantibus, cuidam iuveni sacerdoti, nomine Wilhelmo, in vigilia Omnium Sanctorum cum lacrimis oranti, vox divina respondit: Monacho pro quo oras, confessio sua, quia debita non fuit, nihil profuit; sed dic Priori, ut cras, dicta prima, post missam ante Capitulum stet; ipse enim ad eum veniet. Sicque factum est. Exhibente se Priore coram Capitulo, ecce monachus venit, signumque confessionis Priori faciens, cum eo intravit, et facta confessione cum multo gemitu ac lacrimis poenitentiam condignam suscepit⁵).

---

*) Homil. III. p. 92. — 1) ille om ADP. — 2) R vitium. I, 6. p. 14: „ut ex ipso facto illius negligentiae exprobraret." — 3) ABD nos. — 4) Tim. I, 4, 2. — 5) AD recepit.

DISTINCTIO QUARTA
DE TENTATIONE.

CAPITULUM I.

De eo quod vita religiosorum sit tentatio; et exemplum de Rege Karlomanno[1]), et de fure a sancto Bernardo a suspendio liberato.

ASCENDENTES filii Israel de Aegypto, mox tentati sunt in deserto. Aegyptus designat mundum sive peccatum, desertum monasterium. Respectu enim multitudinis a multis deseritur, et a paucis incolitur. Aegyptus interpretatur tenebrae, vel tribulatio, vel angustia, vel persequens. Et ubi maiores tenebrae, tribulationes, angustiae et persecutio, quam in mundo et in peccato? Nusquam. Filii Israel sunt electi quique, qui statim ut[2]) egressi fuerint de saeculo per conversionem, et de peccato per contritionem atque confessionem, vix esse potest, quin in monasterio quasi in deserto, circa principium maxime, multimodam incurrent[3]) tentationem. Et congrue videtur in quarta distinctione tractandum esse de tentatione, quia quaternarius stabilitatis numerus est; corpus enim quadratum in quamcunque partem vergat, stationem naturalem servat. Cum peccator ad Dominum corpore, deserendo saeculum[4]), fuerit conversus, corde pro peccatis suis contritus, et oris confessione iustificatus atque confirmatus, tunc ad pugnam tentationis procedet securius, et cum hoste dimicabit efficacius. Unde Salvator post baptismum, non ante, permisit se tentari a diabolo. Confessio oris cum contritione cordis, secundus baptismus est. Hinc est quod Apostoli post adventum Spiritus sancti persecutionibus exponuntur, in cuius

---

1) ACP Karlomannorum, B Karolo Romanorum, D Karolo Francorum. — 2) C statim cum, B mox ut; paulo post C fuerint de Aegypto, id est, de saeculo. — 3) D incurrunt, CR incurrant. Hroswitha Opp. p. 9: nec dubito, quin divinae inspiratione gratiae ad credendum estis perventurae. — 4) BC saeculum deserendo.

figuram mox post Pentecosten libri Regum leguntur, in quibus bella fidelis populi cum gentibus, id est, virtutum cum vitiis, commemorantur. NOVICIUS: Videtur is rectus esse ordo iustificationis, ut sicut contritionem confessio, ita confessionem sequi debeat satisfactio. MONACHUS: Juste quidem moveris, sed tentationis vim non intelligis. Quod apud religiosos et maxime in ordine monastico, satisfactio pro peccatis sive poenitentia sit tentatio, facile tibi ex verbis bene experti, id est, sancti Job probabo. Ait enim: *Militia est vita hominis super terram* [1]. Alia translatio habet: *Tentatio est vita hominis.* Et militia est et tentatio; militia propter exercitium, tentatio propter laborem et periculum. Et nota, quod non dicit, tentatio est vita animalis, sed hominis, id est, humane et rationabiliter viventis, qualis est vita religiosorum, qui secundum spiritum vivunt, et carnis desideria non perficiunt [2]. Saeculares vero atque carnales, qui secundum carnem ambulant, improprie tentari dicuntur, quia mox ut tentamenta sentiunt, vel consentiunt, vel tepide resistunt, similes equo et mulo, quibus non est intellectus [3]. Si ergo tentatio est religiosorum vita, qui vigilando, ieiunando, orando, in prosperis et adversis obediendo, et propter Christum nihil in hoc mundo terreni possidendo, semper vitiis et concupiscentiis contradicunt, necesse est, ut ipsam tentationem concedas pro peccatis illorum satisfactionem. Venientibus ad ordinem nostrum, etiamsi innumera et gravissima commiserunt peccata, nihil eis aliud [4] iniungitur pro satisfactione, nisi ut ordinem servent. Hinc est quod sanctus Bernardus, cum tempore quodam quendam Regem Francorum in ordinem recepisset [5], illi solummodo post factam confessionem, Dominicam orationem iniunxit. Quo turbato, putans sibi a sancto illudi, respondit Abbas beatus: Tu tantum hanc orationem dicito, et ordinem custodi, et ego pro peccatis tuis rationem reddam in die iudicii [6]. Item: Cum alio tempore idem sanctus transiret casu, ubi homo reus erat suspendendus, et peteret eum sibi dari, iudexque diceret: Domine, fur est, et suspendio dignus; respondit Abbas: Da mihi eum, et ego illum suspendam; ordinis districtionem suspendium appellans [7]. Hoc indultum est ordini a Sede Apostolica, ut

---

1) Job 7, 1. — 2) Galat. 5, 16. — 3) Psal. 31, 9. — 4) **AD nihil aliud eis.** — 5) **B in ordine suscepisset.** — 6) de simili Arnulphi cuiusdam conversione vide in Vita S. Bernard. VII, 22. — 7) Vit. S. Bern. VII, 15.

eius observatio pro qualibet satisfactione peccatoribus sufficiat. NOVICIUS: Si religio nostra pro peccatis nostris est satisfactio, et eadem satisfactio exterior est tentatio, nosse vellem, in quibus et a quibus tentemur. MONACHUS: In quibus tentamur, innumerabilia sunt; a quibus vero tentamur, quatuor sunt, Deus scilicet, caro, mundus et [1]) diabolus. Quod a Deo tentamur, testis est Moyses, qui dicit: *Tentavit Deus Abraham* [2]). Item Judaeis: *Tentat vos Dominus Deus vester*, et cetera [3]). Deus vero, secundum quod Apostolus Jacobus dicit, *intentator est malorum* [4]). Tres residui tentatores, sunt hostes, et ideo ut hostes cavendi. Cedendo eis confundimur; resistendo meremur; vincendo coronamur. Quantus sit in tentatione labor, quantus timor, quantum dispendium, quantumve meritum, sequentia declarabunt exempla.

CAPITULUM II.

De septem vitiis principalibus.

Septem sunt vitia principalia de una virulenta radice, superbia scilicet, pullulantia, ex quibus pene universa procedunt tentamenta. Primum vitium superbiae succedens est inanis gloria, secundum ira, tertium invidia, quartum accidia [5]) vel tristitia, quintum avaritia, sextum gula vel castrimargia [6]), septimum luxuria. Ex his quaedam spiritualia sunt, ut inanis gloria, ira, invidia; quaedam corporalia, ut gula, luxuria; quaedam mixta, ut accidia, avaritia. Accidia, in quantum pertinet ad dolorem cordis, vitium spirituale est; in quantum ad torporem corporis, corporale est. Septem istae pestes, septem sunt rivuli, quibus irrigatur terra Aegypti, id est, tenebrosum cor peccatoris. Et sicut Nilus, ex cuius dividuntur abundantia [7]) septem rivuli, fluit ex paradiso, et derivatur per Aegyptum, ita Lucifer propter superbiam eiectus de coelo, per haec septem vitia se diffundit per cor humanum peccatis mortalibus tenebrosum. Septem haec vitia designant septem illae gentes immundae [8]), quas Dominus a facie Israel de terra promissionis delevit [9]). Designantur et per septem daemonia, quae Salvator de corde

---

1) et om ADP. — 2) Genes. 22, 1. — 3) Deut. 13, 3. — 4) Jac. 1, 13. — 5) R acedia. — 6) R gastrimargia. — 7) CDP abundantia dividuntur; mox septem rivuli om ABC. — 8) CR illas gentes immundas. — 9) Deut. 7.

Mariae Magdalenae eiecit [1]). Ex quatuor rotis huius septenarii Johel Propheta quadrigam construit Pharaoni [2]), dicens: *Residuum erucae comedit locusta, residuum locustae comedit bruchus, residuum bruchi comedit rubigo* [3]). Per erucam beatus Gregorius notat libidinem, per locustam inanem gloriam, per bruchum ingluviem ventris, per rubiginem iram [4]). Multi domant libidinem, sed inde eriguntur in superbiam; de superbia ruunt in ingluviem; de nimia comestione et ebrietate in iram vertuntur. Tres equi currum hunc trahentes, tria vitia sunt residua, invidia scilicet, tristitia, avaritia. Ecce tria et quatuor scelera, quibus diabolus vehitur, secundum Amos Prophetam, in Damascum, in Gazam, in Tyrum, in Edom, in Amon, in Moab, etiam in Judam, et in Israel [5]). NOVICIUS: Cum vitiis istis tentamur, sunt in nobis, vel extra nos? MONACHUS: Post ingressum virtutum non sunt in nobis per habitum et usum, sed secundum fomitem. Sicut in ingressu filiorum Israel septem illae gentes non sunt omnino deletae, sed tributis subactae, sic ingressis virtutibus in terram cordis nostri, vitia non prorsus exstinguuntur, sed restringuntur. Et sicut postea filii Israel saepius a reliquiis earundem gentium impugnabantur, ita per fomitem vitiorum frequenter virtutes nostrae tentantur et exercitantur. NOVICIUS: Rogo, ut de viribus horum septem vitiorum me expedias, et quam acriter nos tentent, subiunctis exemplis ostendas.

CAPITULUM III.

De superbia et filiabus eius.

MONACHUS: Superbia, quae primum locum tenet inter vitia, est singularis excellentiae super alios quidam appetitus. Unde dicta est superbia, quasi supra [6]) briam, id est, mensuram, se extollens. Sub hoc vitio in praedicto septenario a quibusdam inanis gloria comprehenditur. Duo enim genera sunt superbiae, unum intus est in cordis elatione, alterum foris in operis [7]) ostensione. Primum proprie dicitur superbia, alterum iactantia vel inanis gloria. Superbiae propagines et vires sunt inobe-

---

1) Marc. 16, 9. — 2) id est, diabolo. Conf. S. Bernard. in Cant. Serm. 39. p. 276. — 3) Joel 1, 4. — 4) Gregor. Moral. XXXIII, 39. — 5) Amos 1 et 2. — 6) BC super. — 2) B operum.

dientia, inconstantia, hypocrisis, contentiones, pertinacia, discordia, novitatum praesumtiones. Quantum per vitium superbiae caro, mundus et diabolus, non solum saeculares, sed et personas claustrales tentent, sequentia déclarabunt.

CAPITULUM IV.
De converso a spiritu superbiae tentato et per angelum per ostensa cadavera mortuorum liberato.

In Hemmenrode conversus quidam fuit natione Coloniensis, nomine Liffardus, vir satis humilis ac mansuetus. Huius erat officii sues monasterii custodire [1]. Circa finem vitae eius, sicut mihi retulit dominus Hermannus tunc Abbas illius, tali ordine tentatus est a spiritu superbiae. Cum esset senex, et diu porcos pavisset, talia coepit in cogitationibus suis tractare: Quid est quod ago? Homo sum bene [2] natus, sed propter hoc vile officium omnibus amicis meis despectus. Non ero diutius in hoc loco subulcus ad illorum confusionem. Ex quo mihi non parcitur, recedam hinc. Qui cum fixum teneret in animo, quod mane recederet de monasterio, tentationes diutius non valens sustinere, nocte eadem, cum in lecto suo sederet et vigilaret, persona quaedam reverenda illi apparuit, et ut se sequeretur, manu signavit. Mox ille surgens, calciamenta induit, et praecedentem secutus, ad ostium dormitorii venit. Quo coelitus patefacto, simul ad ianuam accesserunt ecclesiae [3], quam eadem potentia considerans apertam, simul ingressi sunt. Ita ei signis erat importunus, ut non posset non [4] sequi praecedentem. Cumque duceretur per medium chorum conversorum, et coram altari sancti Johannis Baptistae [5] transiens, profunde inclinaret et ordinate, inclinavit et ille, dicens: Bene fecisti, sic profunde inclinando. Venientesque ad meridionale ostium ecclesiae, per quod itur in claustrum, viderunt illud apertum similiter ostium quod ducit ad cimiterium. Universa ostia haec [6] noctibus etiam clavibus firmantur. His visis, frater Liffardus miratus est valde, nec tamen ausus

---

[1] B sues custodire monasterii, C monasterii sues custodire. — [2] BC bene sum. — [3] B ecclesiae accesserunt, C ecclesiae pervenerunt. — [4] non om B, in D erasum est. — [5] Baptistae om ABCD; sed vide infra IX, 28. — [6] CP haec ostia.

fuit illum interrogare: Tu quis es, vel quo me ducis? Ingressis eis cimiterium, statim aperta sunt sepulchra omnia mortuorum, et cum conversum duxisset ad hominem recenter sepultum, dicebat illi: Vides hunc hominem? Cito talis eris. Quo ergo vis ire? Quem cum adhuc ducere vellet ad alia corpora putrida multumque foetentia, coepit conversus reniti et clamare: Parce mihi, domine, parce, non enim illa possum videre. Respondit ductor: Si non potes hoc quod cito futurus es videre, ut quid propter modicam superbiam vis de portu salutis recedere? Si ergo vis, ut parcam tibi, promitte mihi, quod non recedas ab hoc loco. Et promisit ei. Quem cum reduceret, mox clausa sunt sepulchra, clausa sunt post eos ostia singula. Et cum transiret ante altare conversorum, ibique inclinaret, denuo de hoc eum commendavit, satis ostendens quod Deo placeret inclinatio profunda. Ingressis eis dormitorium, statim post eos clausum est ostium. Mox vero ut conversus in suum lectum se reclinavit, persona ducentis disparuit, et ab illa hora tentatio immissa cessavit. NOVICIUS: Puto angelum Domini fuisse personam illam, quae [1]) conversum superbientem tam horrenda visione erudiret, et ad statum humilitatis reduceret. MONACHUS: Bene sentis. Tanta enim est clementia Redemtoris, ut licet sinat suos aliquando servos gravibus tentationibus pulsari, non tamen eosdem permittit, tentationibus cedendo, mercede suorum laborum [2]) fraudari. NOVICIUS: Timeo enim [3]), quod saepe inanis gloria religiosorum merita impediat. MONACHUS: Vana gloria virtutibus nimis est importuna, et de sanctitate [4]) nascitur.

CAPITULUM V. *)

De casto monacho, quem diabolus dixit se non timere, eo quod esset superbus.

Obsessum quendam amici sui ad quoddam coenobium ordinis nostri spe liberationis traxerunt. Ad quem egressus Prior, assumto secum monacho magnae opinionis adolescente, quem noverat virginem corpore, ait daemoni: Si praeceperit tibi monachus iste, ut exeas, quomodo audebis manere? Respondit daemon: Non eum timeo; superbus est enim [5]). NO-

---

1) BP qui. — 2) BC laborum suorum. — 3) enim om BCR. —
4) D superbia. — *) Homil. I. p. 139. — 5) BC enim est.

VICIUS: Ex hoc loco satis intelligo, quod ex virtute corporalis innocentiae in mente huius monachi natum sit vitium inanis gloriae. MONACHUS: Nec Deo placet, nec diabolus timet sine humilitate virginitatem, cum tamen Deo placeat, et diabolus timeat sine virginitate humilitatem. Ecce exemplum.

CAPITULUM VI.
De Theobaldo novicio, qui immunditias bibendo motus superbiae restrinxit.

Apud nos monachus quidam fuit, Theobaldus nomine [1], ante conversionem leccator [2] opere, vino et tesseribus deditus totus, et propter suam scurrilitatem in tota civitate Coloniensi notissimus. Saepe illum nudum per plateas eiusdem civitatis incedere vidi. Tandem de scurrilitate sua compunctus, ad intercessionem Priorum [3] Coloniensium a domino Gevardo Abbate nostro susceptus, in domo nostra novicius est effectus. Cum esset in probatione, sperans Deo nihil esse acceptabilius operibus humilitatis, ut sibi lavare concederetur panniculos cauteriorum petivit, et obtinuit. Quod cum fecisset per dies aliquot, tentator affuit, et sagitta superbiae cor eius vulnerans, huiusmodi cogitationes immisit: Quid agis, o stulte? Quid ad te pertinet horum immunditias, quorum tu forte natione maior es [4], lavare? Dum huiusmodi cogitationes aliquanto tempore in eius corde versarentur, a diabolo illas esse intelligens, qui rex est super omnes filios superbiae [5], die quadam panniculos solito [6] diligentius lavit, et ut diabolum amplius confunderet, immissamque superbiam retunderet, ipsam ablutionem bibit. Vidit haec diabolus, et invidit, et quem per spiritum superbiae prosternere non potuit, terroribus aggressus est. Haec quae dicta sunt, retulit mihi dominus Henricus Abbas noster, asserens se ab eius ore audivisse [7] sub typo confessionis. Ex ipsa enim immunda et foe-

---

1) CP nomine Theobaldus. — 2) hoc est, scurra; conf. XII, 5. — 3) Priores hoc loco sunt presbyteri priores, ut sunt Praepositi et Decani. IX, 23: „statim Coloniam cncurrit, Conradum, nunc Praepositum maiorem, tunc Decanum, ceterosque Priores convenit." Conf. VI, 27. VII, 39. IX, 25. 65. — 4) B natione superior es, C superior es natione. — 5) Job 41, 25. — 6) solito om BC. — 7) C audisse.

tida potatione ita in ventre tortionibus fortissimis torquebatur, ut omnia eius interiora dirumpi [1] viderentur. Nocte quadam, cum natura cogente iret ad privatam, duos homines in trabe eiusdem camerae suspensos vidit. Erant enim corpora eorum [2] nigra, vestimenta laniata, facies velatae, ut nihil aliud quam fures putarentur [3]. Quos ut novicius ex improviso conspexit [4], valde territus, et pene extra mentem factus, ad dormitorium recurrit, et iuxta lectum Henrici monachi, postea maioris cellerarii [5], anhelus resedit. Et, sicut mihi idem Henricus recitavit, ita contremuit, ita crebris singultibus pectus pulsavit, ut valde miraretur, quid haberet vel quid vidisset. Cui cum signasset ut iret dormitum, eo quod frigus esset, et ille in sola tunica sederet, non acquievit. Tunc scapulis eius partem operimenti sui [6] iniecit, sicque usque ad signa matutinalia sedere permisit. NOVICIUS: Mirum quod paries novus tam valide impulsus, subsistere potuit. MONACHUS: Diu non stetit, quia crebris tentationum ictibus quassatus, tandem sub specie boni deceptus est et deiectus. Factus vero monachus, ut sibi liceret visitare cognatos suos in Francia, quos ante conversionem in viginti annis non viderat, nec videre curaverat, et illic esse per annum in quadam domo ordinis nostri, ab Abbate cum multa importunitate extorsit. Ivit et rediit, ac deinde apostasiam incurrens, extra ordinem defunctus est. Retulit nobis quidam vagus clericus, qui fini eius interfuit, quod cuidam saeculari sacerdoti [7] fuerit confessus, et ab eo inunctus atque communicatus [8], sicque in bona contritione defunctus est [9]. NOVICIUS: Ex nimis importuna daemonum tentatione hic disco, plus eos timuisse novicii huius humilitatem, quam supradicti monachi virginitatem. MONACHUS: Quam contraria sit illorum superbiae vera humilitas, ex sequenti capitulo plenius agnosces. Quod [10] dicturus sum, de sancto Bernardo gestum [11] audivi, et quia nusquam scriptum inveni, scripto mandare dignum duxi.

---

1) BP disrumpi. — 2) D erant enim corpora, ACP erant eorum corpora. — 3) dictum pro viderentur. V, 5: „in quo quicquid erat vivere putabatur." — 4) C aspexit. — 5) A celerarii. — 6) sui om BD; conf. XII, 19. — 7) sacerdoti om ADP. — 8) C communicatus atque inunctus. — 9) A sit; conf. IV, 43. — 10) ABC quae. — 11) C gesta, et paulo post inveni scripta.

CAPITULUM VII.

De sancto Bernardo Abbate, quem calcios suos inungentem superbiae spiritus subsannavit.

Die quadam humilitatis causa sanctus Abbas Bernardus[1] a ferrario sibi iussit ungentum dari, et in calefactorio ignem fieri. Qui super se ostium claudens, ne ex opere despecto laudem quaerere videretur, calcios suos inungere coepit. Invidens tantae humilitati superbiae spiritus, officinam humilitatis in forma honesti hospitis intravit, et ubi esset Abbas clare voce requisivit. Ad quem cum vir sanctus oculos levasset[2], daemon clamavit: Vach[3] qualis Abbas! Certe magis deceret illius honestatem hospitibus occurrere, quam ad confusionem fratrum suorum in calciis inungendis occupari. Statim vir sanctus per sanctum Spiritum[4] illum intelligens spiritum esse immundum, rursum ad opus humilitatis oculos reflexit, et spiritus ille ventosus in aerem resolutus, nusquam comparuit. NOVICIUS: Si viri iusti in operibus despectis timent elationem, vel quod minus est, notari ob illa[5], multum nobis cavendum est de vana gloria, quando opera exercemus sancta et honesta. MONACHUS: Quid appellas opera sancta et honesta? NOVICIUS: Orare, cantare, praedicare, hisque similia. MONACHUS: Nobis, qui iusti nondum[6] sumus, ut dicis, plurimum cavendum est de inani gloria, quia orantes frequenter etiam nolentes extollit ipsa lacrimarum gratia et devotio cordis; cantantes sive psallentes dulcedo vel sonoritas vocis; praedicantes saepe tentat et inflat scientia, eloquentia et sublimitas sermonis. Alii, quod omnino stultitiae deputandum est, cum non habeant gratiam orandi, vel vocem cantandi, sive scientiam facundiamque praedicandi, quasi de habitis gloriantur. Quod etiam maioris dementiae est, quidam ad hoc tantum orant, cantant et praedicant, ut laudem humanam atque temporale emolumentum ex eis consequantur. De talibus Salvator dicit: *Amen, dico vobis, receperunt mercedem suam*[7],

---

1) B Bernardus Abbas; paulo post CD iussit sibi. — 2) B cum oculos levasset vir sanctus, C cum oculos vir sanctus levasset. — 3) vach dictum pro vah. Eiusdem generis sunt ach, och, proch, quae passim occurrunt in hoc Dialogo. — 4) BC Spiritum sanctum. — 5) ADPKR notari ab illa, BC ab illa notari. — 6) BC nondum iusti. — 7) Matth. 6, 5.

id est, hoc quod quaesierunt, laudem scilicet hominum et lucrum. In iam dictis operibus sanctis quosdam tantum superbia ad meritum[1]) tangit; alios per delectationem iam[2]) angit; plurimos, ut hypocritas, per consensum et desiderium victos fortiter premit. Vis nunc aliqua de talibus audire exempla? NOVICIUS: Hoc dudum desideravi. MONACHUS: De extollentia orationis habes exemplum in secunda distinctione capitulo vicesimo secundo, ubi diabolus ad monachi lacrimas respexit, cum eum gratia eadem[3]) extulisset. Quantum sit periculum in vocis extollentia, exempla te instruent[4]) subsequentia.

CAPITULUM VIII.*)

De monacho Montis Cassini, qui in vigilia Paschae, benedicto cereo, translatus est.

Sicut didici, non ex lectione, sed ex cuiusdam magni, tam vita quam doctrina, viri relatione, monachus quidam erat in Monte Cassino vocem habens suavissimam. Hic cum in vigilia Paschae in veste levitica cereum benediceret, et voce dulcissima dulcissimam eiusdem benedictionis melodiam resonaret, et esset[5]) vox eius in auribus omnium tanquam musica in convivio vini[6]), benedicto cereo, nusquam comparuit[7]). Et nescitur usque in hodiernum diem, a quo sit translatus, vel in quem locum depositus. NOVICIUS: Quid si illum transtulit angelus Domini? MONACHUS: Hoc non est visum fratribus eius, qui vitam illius[8]) noverant. Magis timetur, quod causa raptus eius fuerit vitium subortae elationis, quam meritum devotionis. Audi quid Augustinus dicat: Quotiens plus me delectat, inquit, cantus, quam res quae cantatur, totiens me graviter peccare confiteor[9]). Et organum illud sancti Spiritus[10]), beatus scilicet Papa Gregorius etiam dicit: Cum blanda vox quaeritur, vita sobria deseritur. Ecce exemplum.

---

1) C superbia, non meritum. — 2) iam add BC. — 3) C earum. — 4) D instruant. — *) Homil. I. p. 101. — 5) esset add BC. — 6) Eccli. 49, 2. — 7) P aliorsum translatus nusquam comparuit. — 8) B fratribus eius, qui vitam eius, C fratribus, qui eius vitam, P eis, qui vitam illius. — 9) Augustin. Confess. X, 33, 3. — 10) sic de S. Bernardo in eius Vita V, 2. p. 944: „dulcissimum sancti Spiritus organum."

CAPITULUM IX.*)

De clericis superbe cantantibus, quorum voces diabolus in saccum misit.

Tempore quodam clericis quibusdam in ecclesia quadam saeculari fortiter, id est, clamose, non devote, cantantibus, et voces tumultuosas in sublime tollentibus, vidit homo quidam religiosus, qui forte tunc affuit, quendam daemonem in loco eminentiori stantem, saccum magnum et longum in sinistra manu tenere, qui cantantium voces dextera latius extensa capiebat, atque in eundem saccum mittebat. Illis expleto cantu inter se gloriantibus, tanquam qui bene et fortiter Deum laudassent, respondit ille, qui viderat[1] visionem: Bene quidem cantastis, sed saccum plenum cantastis. Mirantibus illis, et interrogantibus cur hoc diceret, visionem eis exposuit. Haec mihi retulit Abbas ordinis Cisterciensis, vir summae gravitatis. His exemplis non reprehenditur[2] devotus clamor, quo Deus laudatur in cantu et psalmodia, sed tantum inanis gloria. Memini Prophetam dixisse: *Circuibo et immolabo in tabernaculo eius hostiam vociferationis, cantabo et psalmum dicam Domino*[3]. Quantum ei devota placeat[4] vocum exaltatio, satis audies in sequenti distinctione capitulo quinto. Ibidem invenies, quantum ex hoc daemones laetentur, si sine humilitate in psalmodia voces exaltentur. Audi nunc exemplum satis terribile de superba et lucrativa praedicatione.

CAPITULUM X.

De sacerdote signato, quem diabolus, edito sermone a quodam praedicatore crucis, invasit.

Eo tempore quo Oliverus Scholasticus Coloniensis, cuius in secunda distinctione mentionem feci, crucem praedicavit inter Brugge[5] et Gint, civitates Flandriae, venit ad fratrem Bernardum monachum nostrum, qui tunc comes erat verbi, et collega eiusdem Oliveri, sacerdos quidam Sigerus nomine, in habitu religioso, cappam habens in pectore signatam, quasi Templarii.

---

*) Homil. I. p. 101. — 1) ADP vidit. — 2) CR confunditur. — 3) Psal. 26, 6. — 4) CR placeat devota. — 5) B Brug, D Bruck, C Brugis; mox BP Ghent, C Gandavum.

Erat autem facie pulcher, et statura procerus, atque in suo idiomate satis facundus. Hic cum obtulisset iam dicto Bernardo diversi coloris gemmam¹), et dixisset se illam attulisse de Septia²), et tantae esse virtutis, ut victoriosos efficeret, qui ea uterentur; respondit ille: Domine, vestra non recipiam; si potero vos apud magistrum rationabiliter promovere, bene experiemini. Ad hoc videbatur laborare, ut haberet auctoritatem ab illo praedicandi. Eadem die concessum est ei sermonem facere ad populum. Sequenti die cum praefatus Bernardus in proxima statione verbum exhortationis proposuisset turbis, et Sigerus adesset, finito sermone idem Sigerus pronus in terram corruit, et quasi obsessus, sicut revera fuit, omnes sui corporis gestus formavit. Mox accurrens magister Oliverus cum clericis, hominem signavit, et in ecclesiam tractum coram altari deposuit, ubi multas blasphemias et verba quaedam horribilia miser ille in Deum et in eundem Oliverum evomuit. Tunc coreo³) ligatus, curruique impositus, ad notos suos deportatus est. Quem, ut aiunt, daemon quinta die, prout ei promiserat, exstinxit. Ex cuius vexatione seu morte satis datum est⁴) intelligi, quod eius praedicatio non fuerit devotionis, sed magis ambitionis. Dicitur et apostata fuisse, et a domino Papa literas, ut eum provincia toleraret, obtinuisse. Alii dicebant, quod etiam fuerit in nave illa excommunicata, quae Sarracenis arma bellica vendiderat in Septia. NOVICIUS: Miror, quare Dominus in isto huiusmodi contemtus tam acriter vindicaverit, cum tales sint hodie⁵) plurimi sacerdotes Christi sacrosancta mysteria indignissime tractantes, et tantum per occasionem illum praedicantes. MONACHUS: Ad terrorem arbitror factum⁶) aliorum sacerdotum, tum ne fermentarent illam purissimam praedicationem crucis, quae tantum fiebat⁷) ad honorem Christi, tum propter merita iam dicti Oliveri. Quam dure Christus tunc temporis vindicaverit dolos et iniurias sibi in praedicatoribus irrogatas⁸), habes exemplum in distinctione secunda capitulo septimo de Godescalco usurario, qui dispensatorem dolose circumvenit; habebis et aliud in

---

1) CDR gemmam diversi coloris. — 2) Ceuta, urbs Mauritaniae. D et corr A Seucia; sic et infra. — 3) ACDP corio; paulo post iidem libri curruque. — 4) CR datur. — 5) hodie om ADP. — 6) CR esse factum. — 7) CR fuit. — 8) CR illatas. X, 20: „quicquid eius imagini iniuriae vel contemtus irrogatur." Homil. III. p. 110: „iniuriam, quam irrogavit Dei genitrici."

capitulo sequenti de superba vetula, quae magistrum Arnoldum, praedicti Oliveri discipulum, praedicantem subsannavit.

CAPITULUM XI.

De vetula, quae per choream verbum crucis a magistro Arnoldo prolatum impediens et irridens, infra triduum defuncta est.

Cum [1]) esset idem Arnoldus Pastor in Burgende, quae est villa Duentiae [2]), et in die Apostolorum Petri et Pauli, eius parochiani quendam ludum [3]) annuum in choreis et musicis instrumentis recolerent, ipse iam habens praedicandi auctoritatem, cum cruce ad choream accessit, et ut a ludo diaboli recederent, omnes monuit, rogavit et praecepit. Qui cum in eodem loco praedicare coepisset, quidam obedientes ad praedicationem eius venerunt; alii cum indignatione recedentes, contra choream steterunt; nonnulli in sua pertinacia permanserunt [4]). Inter quos erat vetula una stulta ac superba, quae quotiens ad [5]) sacerdotem Domini in chorea circueundo venisset, contra eum [6]) respiciens cantando subsannavit. Quae infra triduum subito defuncta est. Quam vir sanctus sic deflevit, ac si manibus suis [7]) illam exstinxisset. Per vitium superbiae multos diabolus tentat. Unde studendum est omnibus, maxime religiosis [8]) et claustralibus, ut sic se in verbis, in gestibus, in vestimentis, et in ceteris omnibus, quae ad usum exteriorem pertinent, exhibeant, ne apud saeculares in vitio superbiae notabiles fiant.

CAPITULUM XII.

De Philippo Rege Francorum, qui nigrum monachum ob stricta calciamenta reprehendit.

Nobilis quidam monasterium quoddam in Francia spoliavit. Erat enim de ordine Nigrorum. Placuit Abbati et fratribus, ut unus ex monachis ad Regem Philippum, qui tunc regnabat, mitteretur, per quem ei violentia militis exponeretur. Missus

1) B dum. — 2) Duentia, vulgo Twente, pars est provinciae Transisalanae, id est, Over-Yssel. — 3) CR ludum quendam. — 4) AP remanserunt. — 5) CR ante; conf. V, 4. — 6) BCR illum. — 7) manibus suis om BCR; mox CR eam. — 8) CR religiosis maxime.

est iuvenis, sanguine nobilis, tanquam qui apud Regem propter cognatos aliquid amplius posset impetrare quam ceteri [1]). Veniens ad Regem ait: Domine, vir ille nobilis multum indebite monasterium nostrum damnis et iniuriis vexat; saepe fratres ac familiam nostram minis ac [2]) contumeliis molestat; rogat maiestatem vestram humilis conventus noster, quatenus, intuitu divinae remunerationis, eundem nobilem ab iniuriis tantis compescatis, et ad satisfactionem condignam de ablatis compellatis. Considerans Rex gestus et habitum monachi, ait: Domine, quis, vel unde estis? Cui cum iuvenis diceret: Domine, filius sum illius, patrem suum nominans; respondit Rex: Bene nobilis estis. Cumque Rex post haec nescio quid diceret, monachus subiunxit: Vere, domine, omnia quae habemus rapit, et iam pene [3]) nihil nobis dimisit. Ad quod respondit Rex: Vere, domine, hoc bene apparet in calciis vestris. Si aliquid dimisisset vobis [4]) corei, non essent tam stricti. Quanto estis ceteris nobilior, tanto esse debetis humilior. Tunc volens post correptionem illum placare, adiecit: Non vos gravare debet correctio [5]) mea, quia ad bonum vestrum facta est [6]). Revertimini ad claustrum vestrum, et de cetero non molestabit vos nobilis ille.

CAPITULUM XIII.

De Philippo Rege Romanorum, qui Abbatem ordinis Cisterciensis eadem de causa notavit.

Philippus Rex Romanorum simile verbum, nescio si habuerit a iam dicto Rege Francorum, in quendam Abbatem ordinis nostri iaculavit. Ad quem cum Abbas in equo accessisset, de necessitate domus suae cum illo locuturus, Rex eius calciamenta, quae nimis erant stricta, consideravit. Quem cum interrogasset, unde esset; respondit ille: Domine, de paupere domo. Et Rex: Bene apparet in calciis vestris, quod domus vestra pauper sit; nam coreum [7]) ibi carum est. De quo verbo valde confusus est Abbas. NOVICIUS: Merito superbia confunditur.

1) B cognatos aliquid ceteris posset impetrare, C cognatos posset amplius aliquid ceteris impetrare. Mox B veniensque. — 2) BC et. — 3) B rapuit et pene. — 4) BC vobis dimisisset; mox C corii. — 5) BC correptio. — 6) ADP factum est. — 7) ACD corium.

CAPITULUM XIV.

Item de Abbate, qui sedens in equo superbo, Frederico Regi Romanorum propinquare non potuit.

MONACHUS: Anno praeterito Abbas quidam de ordine nostro, bene notus mihi, cum occurreret Frederico Regi Romanorum, qui avunculo suo Philippo successit in Imperio, habens cum illo loqui aliquid, ita coepit equus eius hinnire, lascivire et in saltus se dare, ut Regi in equo satis mansueto sedenti, nullo nisu posset propinquare. NOVICIUS: Quid posset tunc tantus Princeps cogitasse[1]? MONACHUS: Puto illum non modice fuisse scandalizatum. Nam simile ei in equo eodem contigit mecum, et ego scandalizatus fui in eo propter equum. Recedens vero a Rege cum multa erubescentia, equo illo effreni uti noluit de cetero[2]. Abbas iste homo erat senex, simplex satisque humilis ac disciplinatus, licet in hac equitatura minus fuisset circumspectus. NOVICIUS: Quod iuste in religiosis saecularibus displicet, Deo placere non potest. MONACHUS: Verum dicis, quia Deo debemus conscientiam, famam hominibus. Omnibus Christianis dicitur a Christo: *Discite a me, quia mitis sum et humilis corde*[3]. Ut enim taceam de scandalo saecularium in superbia religiosorum, cum Judaei et pagani superbiam vel signa superbiae vident in Christianis, religionem Christianam horrent, et blasphematur nomen Christi per eos. De hoc tibi referam verba cuiusdam Sarraceni, memoria valde dignissima.

CAPITULUM XV.

De pagano, qui apud Achonem dicebat Christianos propter superbiam et gulam de terra sancta eiectos.

Frater Wilhelmus aliquando camerarius noster, ante conversionem canonicus fuerat apud Traiectum inferius[4]. Hic tempore adolescentiae suae cruce signatus, gratia Dominici sepulchri transfretavit. Antequam navis, in qua erat, portum Achonis[5] attigisset, ignem facularum ante ortum aurorae

---

1) BC quid poterat (C poterit) tunc tantus Princeps cogitare, R quid putas tantum Principem tunc cogitasse. — 2) BC de cetero uti noluit. — 3) Matth. 11, 29. — 4) Ultraiectum, Utrecht. — 5) Saint Jean d'Acre.

circa civitatem in diversis locis tam ipse quam ceteri viderunt. Qui cum interrogassent nautas causam ignis, responderunt: Tempus est aestivum, et cives propter calorem tentoria sua ob refrigerium circa civitatem metati sunt. Hoc ita esse putantes, in portum Achonis devenerunt, et tunc primum quia Sarraceni obtinuissent civitatem cognoverunt. Eodem tempore, peccatis nostris exigentibus, data fuerat terra sancta in manus Salatini[1]) Regis Syriae, regnante Frederico Romanorum Imperatore. Noradinus autem filius Salatini, vir naturaliter pius et beneficus, tunc erat in civitate. Hic cum navim[2]) Christianam in portu vidisset, et eum causa adventus eius, eo quod esset sola[3]), non lateret, misertus Christianorum, quendam nobilem paganum, in lingua Gallica satis expeditum, ad navem[4]) cum galea misit, per quem ne timerent mandavit. Usque ad illam horam fuerant in suspenso positi, ignorantes utrum essent occidendi vel capiendi. Interim nobilis quidam Christianus de Alemannia oriundus, in extremis laborans, omnia sua arma valde decentia, cum tribus dextrariis per eundem paganum Noradino misit, pro vita fratrum illi supplicans. Ego, inquit, tribus annis voveram Christo in his armis servire, sed ut video, non est eius voluntas. Destinati sunt et nuncii Christiani, ex quibus unus erat frater Wilhelmus propter scientiam linguae Gallicae, qui munera Principi praesentarent. Noradinus vero, ut vidit xenia[5]) transmissa, cum multa devotione suscepit, et singula, id est, loricam, clipeum, galeam, gladium, nec non et dextrarios deosculans, quia per semetipsum visitare vellet infirmum, remandavit. Interim milite mortuo, et caute lapide appenso[6]), eiecto ac demerso, alioque milite aegroto, aeque nobili viro, in loco[7]) infirmitatis eius reposito, Rex mane cum multis diversi coloris galeis egressus advenit, navem[8]) intravit, et de transmissis gratias referens, ante infirmum sedit, atque cum medico, quem secum adduxerat[9]), de convalescentia illius disputavit. Obtulit ei et quaedam nobilissimi generis poma, quae crevisse dicebat in horto patris sui apud Damascum. Deinde ait infirmo: Propter te omnibus Christianis

---

1) CR Saladini. — 2) CD navem. — 3) BC sola esset. — 4) B navim. — 5) B encaenia. — 6) ACP appenso lapide. — 7) forte lecto, ut X, 12: „rediit ad lectum infirmitatis suae." Paulo post B posito. — 8) B navim. — 9) BC duxerat.

benefaciam. A quo cum peterent conductum ad civitatem sanctam Jerusalem, quam adhuc tenebant Christiani, respondit: Non esset vobis tutum, neque mihi honestum, si latrunculi, qui modo per omnes vias illius vagantur, vos laederent, et conductum meum violarent. Egressus vero de navi, tam aegroto quam ceteris valedixit, dans eis licentiam repatriandi, contra impetus Sarracenorum signo teli regalis illos muniens. Tunc supradictus nobilis paganus reducens secum in civitatem fratrem Wilhelmum, interrogavit eum dicens: Dic mihi, o iuvenis, quomodo servant Christiani legem Christianam in terra tua? Ille dicere nolens quod verum fuit, respondit: Satis bene. Ad quod Admiraldus [1]: Ego dicam legem Christianorum [2] terrae huius. Pater meus erat vir nobilis et magnus, et misit me ad Regem Jerosolymitanorum, ut Gallicum discerem apud illum, ipse vero versa vice misit patri meo filium suum [3] ad discendum idioma Sarracenicum [4]. Unde omnis vita Christianorum bene et optime mihi nota est. Non fuit aliquis civis adeo dives in Jerosolyma, quin pro pecunia sororem, filiam, vel, quod exsecrabilius erat, luxuriae peregrinorum uxorem propriam exponeret [5], sicque illos mercedibus laborum suorum evacuaret [6]. Ita omnes gulae et carnis illecebris dediti erant, ut nihil omnino a pecoribus differrent. Superbia vero sic in eis regnavit, ut excogitare [7] non sufficerent, quali modo vestimenta sua inciderent, stringerent [8] atque cultellarent. Idem dico de calciamentis. Et adiecit: Considera vestimenta mea, calciamenta mea, quam sint rotunda, quam ampla, quam simpliciter et humiliter formata. Sicut nobis retulit idem Wilhelmus, manicas habebat laxas et amplas, sicut monachus. Nulla erat in vestibus plicarum multiplicitas, curiositas nulla, licet ipsa vestium materia foret satis pretiosa. Ecce, inquit, ista sunt vitia propter quae eiecit Deus Christianos superbos et luxuriosos de terra ista; non enim diutius potuit tantas illorum iniquitates sustinere. Putas quia nostris viribus obtinuerimus illam? Nequaquam. Novissime etiam hoc adiecit: Neminem ex Regibus vestris timemus, neque ipsum Imperatorem ve-

1) C Amiraldus. — 2) AC Christianam, D Christiani. — 3) AP suum filium. — 4) BC Sarracenorum. — 5) AP qui — non exponeret. — 6) Homil. I. p. 4: „ut labor meus non vacuetur a mercede." — 7) ADP cogitare. — 8) stringerent om B; mox BC et corr D cutellarent; conf. V, 45. X, 11.

strum Fredericum; sed, sicut legimus in libris nostris, Christianus¹) Imperator quidam cito²) surget, Otto nomine, qui terram hanc cum civitate Jerusalem cultui Christiano restituet. Nos ista³) audientes, sperabamus quia prophetia illa implenda esset in Ottone Imperatore Saxone, qui ante hos duos annos⁴) defunctus est. Eodem tempore Salatinus humanitatem exhibuit Christianis satis magnam. Cum esset exercitus Christianorum partim ab eius exercitu occisus, partim captus atque dissipatus, reliquias civitatum, quae se ultro reddiderunt, in civitatibus eisdem⁵) esse permisit, sub bona tamen custodia. Diebus aliquot elapsis, cum requisisset a suis, quomodo se haberent Christiani, responderunt illi: Domine, non aliter vivunt quam pecora, ludis tantum, gulae et⁶) illecebris servientes. Tunc iratus iussit eos de civitatibus expelli. NOVICIUS: Proch dolor. Quod abhorret Judaeus et quod exsecratur paganus, hoc quasi pro lege habet Christianus. MONACHUS: Haec de tentatione superbiae dicta sint; nunc ad iram accedamus.

CAPITULUM XVI.

De ira.

Ira est irrationabilis perturbatio mentis; vel, ira est, secundum aliam descriptionem, strictus concitati furor animi, ulciscendi libidine fervens. De ira nascuntur rixae, tumor mentis, contumeliae, clamor, indignatio, blasphemiae. Ira in corde latet, in verba prorumpit, iniurias exercet. Unde Salomon in Proverbiis: *Vir iracundus provocat rixas; et qui ad indignandum facilis est, erit ad peccandum proclivior*⁷). Item Ecclesiasticus: *Ira et furor, utrumque exsecrabile est*⁸). Et in Epistola sua Jacobus Apostolus: *Ubi zelus et contentio, ibi inconstantia, et omne opus pravum*⁹).

---

1) Christianus om BC. — 2) cito add B. — 3) ADP ita. — 4) C ante hos annos duos, ADP ante aliquot annos. — 5) BR eiusdem. — 6) BC et gulae. — 7) Proverb. 29, 22. — 8) Eccli. 27, 33. — 9) Jac. 3, 16.

CAPITULUM XVII.

De eo, qui conservum propter verbum contentiosum occidit.

Duo servi ex familia nostra verbis inter se contenderunt. Ex quibus unus ita est ira inflammatus, ut quasi in furorem versus, alterum, minus talia suspicantem, extra monasterium ei occurrens occideret. Valida erat huius tentatio. Ecce quam modica scintilla in magnum ignem profecit. Scintilla ira, ignis sequens homicidium. Novi aliquos ita propter verbulum unum tentatos, ut apostasiam incurrerent. Hos revera tetigerat sexta plaga Aegypti, scilicet vesicae bullientes [1]), id est, ira cum insania. Apostatare, insanire est. Naturale est irasci, sed cum motus idem immoderatus est, pro vitio reputatur. NOVICIUS: Vellem aliqua nunc audire exempla de viris religiosis, quae nobis iram temperarent, et ad patientiae virtutem amplius accenderent. Nam apud saeculares irasci et indignari quasi pro nihilo habetur, et nisi provocati se ulciscantur, a ceteris despiciuntur. MONACHUS: Vis audire exempla, per quae cognosces, quam sit periculosum, Deoque contrarium, subiectis irasci, et indignari suis praelatis, etiam ab illis provocatis [2])? NOVICIUS: Volo. MONACHUS: Dicam tibi sicut ab eius ore audivi, cui contigit.

CAPITULUM XVIII.

De Priore, cui Christus in cruce nocte per visum apparuit spinis ligatus.

Prior quidam ordinis nostri, vir bonus et disciplinatus, ab Abbate suo plus quam necesse esset et quam meruisset, exacerbatus est, et hoc saepius. De qua re satis tentatus, non tam aequanimiter illius verbum [3]), sicut debuit, tolerare potuit. Volens illi Dominus exemplo suae passionis temperare fervorem tentationis, ostendere etiam, quod praelati inaequales aequaliter propter ipsum forent supportandi, tali exemplo eum [4]) informavit. Visum est ei nocte quadam levi [5]) somno presso, quod ipse simul cum Abbate suo crucifixum portaret, ille in brachio dextro, ipse vero in sinistro. Dum sic illum inter

---

1) Exod. 9, 9. — 2) PK provocatus, R provocati. — 3) BC verba. — 4) BC eum exemplo. — 5) B leni.

se¹) tenerent aequaliter, brachium crucis quod Prior tenebat, de manu eius est elapsum, et alterum erectum, factaque est inaequalitas. Mox Prior evigilans visum intellexit, dicens²): Quid agis, o miser? Non aeque portas corpus³) cum Abbate tuo, rancorem adversus illum servans in corde tuo. Interpretatus est, sicut revera fuit, corpus Christi esse congregationem, crucem, cui fratres per obedientiam affixi sunt, ordinis rigorem. Ad Abbatem enim et Priorem specialiter spectat conventum, qui Christi corpus est, portare, tenere et⁴) sustentare. Portare per orationem, tenere per disciplinam, sustentare per consolationem. Abbas loco patris, Prior vice matris. Cum Prior cum Abbate suo minus bene concordat, non aequa lance cum illo Christi corpus portat. Idem Prior cum hac visione, eiusque, ut iam dictum est, interpretatione minus esset correctus, nec a concepto rancore diductus⁵), alteram ei ostendit, tanto efficaciorem, quanto terribiliorem. Nocte quadam, licet in somnis, non in pictura, non in sculptura, sed in carneo corpore, manifesta visione vidit Salvatorem contra se in cruce pendentem. Eratque vinculis spineis in quinque corporis sui partibus eidem cruci alligatus. Unum vinculum ambiebat caput eius, frontem scilicet et timpora⁶); aliud erat circa pectus; tertium circa manum dexteram; quartum circa sinistram; quintum erat in pedibus circa talos et lignum. Ac si diceret illi Dominus: Ego propter te passus sum cruciamina tam dira, et tu aequanimiter ab Abbate tuo propter me tolerare non potes, non dico verbera, sed verba. Te gravat quae cordi tuo non sapit obedientia, et ego factus sum propter te obediens Patri usque ad mortem crucisque opprobria, quae sunt quasi vincula spinosa. Sicut ipse mihi retulit, Dominus mox dedit ei intelligere visionem hoc modo: In hoc, inquit, quod Christus, qui caput est Ecclesiae, ligatus fuit spinis, ostendit tibi⁷), quod capiti tuo, id est, Abbati, obedire debeas etiam in adversis. Quod ligatus fuit in pectore, docet te, quia tuum velle Abbatis tui voluntati debeat⁸) concordare. Cor in pectore est, et in corde voluntas. In tantum

---

1) inter se om ADP. — 2) B intelligens dixit. — 3) BC add Christi. — 4) et om BC. — 5) BCR deductus. — 6) P tempora. Sic etiam in Vit. S. Engelb. II, 8. p. 317 timporibus pro temporibus legendum est. — 7) tibi om BC. — 8) BD debet.

enim tentatio eius processerat, ut locum mutare, si posset, firmiter proposuisset. Vincula, inquit, manuum eius insinuant, te nihil aliud debere facere, nisi quod ipse praecipit. Quod autem spinis pedibus se ad crucem ligatum ostendit, significat [1]), quod tibi non liceat sine eius consensu [2]) locum mutare, sed secundum illius arbitrium stare vel ambulare. Ex his duabus visionibus territus simul et edoctus, de cetero studuit verba sive facta sui Abbatis aequo animo propter Christum sustinere. NOVICIUS: Ut video, non est nobis tutum, cum praelatis nostris contendere.

CAPITULUM XIX.

De cellerario, quem crucifixus per visum a se removit, quia durius responderat Priori suo.

MONACHUS: Anno praeterito cellerarius quidam maior cum Priore suo de rebus exterioribus verbis contendit, et videbatur ei, quia valde rationabiliter moveretur. In ipsa nocte Salvator ei in cruce apparuit iacens in terra, eratque velamen tenue ac perspicuum super corpus illius expansum. Cuius cum vellet vulnera retracto panno deosculari, imago manu aversa indignabunde illum amovit, tanquam diceret: Non es dignus attactu corporis mei, qui sero me in Priore tuo provocasti. Ille mox evigilans, et causam repulsae non ignorans, dictis matutinis, me praesente, ad pedes Prioris se prostravit, veniam pro excessu suo postulans. NOVICIUS: Si dignus est iudicio, qui irascitur fratri suo [3]), iam non ambigo, quin maioris poenae sententiae subiaceat, qui iratus fuerit patri suo, id est, praelato. MONACHUS: Ita est, ut dicis, quia maiorem reverentiam debemus patribus, quam fratribus, sive carnales sint, sive spirituales. NOVICIUS: Quid si ex commotione animi verbum irae [4]) iaculetur in sanctos, vel quod maius [5]) est, in ipsum Deum? MONACHUS: Tale verbum dicitur blasphemia, quae ex ira nascitur, et saepe multum acriter a Deo vindicatur.

---

1) BP signat. — 2) B concessu. — 3) Matth. 5, 22. — 4) irae om C. — 5) R magis; paulo post AP Dominum.

CAPITULUM XX.

De scholare, qui tertio die defunctus est, eo quod maledixisset sancto Abrahae.

Scholaris quidam Parisiis, eo tempore quo Abbas noster ibi studuit, verbum contumeliosum in sanctum Abraham evomuit. Quo die tertio defuncto, cognoverunt omnes, qui verbum audierant, quod per poenam mortis Dominus sanctum suum vindicasset.

CAPITULUM XXI.

De milite, cuius filium tonitruum occidit, eo quod ob intemperiem aeris in blasphemiam prorupisset.

Ante hoc quinquennium, quando valida illa erant tonitrua, et pene a quotidiana aeris intemperie messis impediebatur, miles quidam provinciae nostrae, homo liber, de villa satis nobis [1] vicina, videns a parte occidentali aerem obscurari, nubesque imbriferas oriri, iratus dixit: Ecce ubi [2] iterum diabolus ascendit. Vix sermonem finierat, et ecce orta tonitrua filium eius in sinu nutricis percusserunt, ipsa incolumi permanente. Sed et in aliis, aedificiis scilicet et iumentis, blasphemus ille satis flagellatus est, ut disceret de cetero non blasphemare. Haec eodem tempore gesta sunt, quando fulminata est curtis nostra in villa Cassele [3]. Unde stultum est valde, ut homo mortalis, cinis et vermis, ponat in coelum os suum [4]. Ecce huiusmodi mala aliaque innumera parit ira [5]. NOVICIUS: Si Deus tam terribiliter peccatum irae vindicat in praesenti, puto quod huic vitio subiectos acriter puniet in futuro. MONACHUS: Hoc ex capitulo sequenti cognosces.

---

1) BC nobis satis. — 2) BC ibi. X, 67: „ecce, inquit, ubi diabolus ille." — 3) sic emendavi. PK fulminata est turris villae nostrae Cassele, ABCDR fulminata est turris villae nostrae in Cassele. Obiter moneo, in Vita S. Engelb. I, 5. p. 301: „in quibusdam civitatibus et turribus suis turrita satisque pulchra construxit palatia," pro turribus, non terris, sed potius curtibus esse legendum. — 4) Psal. 72, 9. — 5) BC ira parit.

CAPITULUM XXII.

De virgine iracunda, quam sepultam ignis ab umbelico et supra devoravit.

Narravit mihi anno praeterito scultetus [1]) proximae villae, quae Wintere [2]) dicitur, rem satis terribilem. Non est diu, inquit, quod homo quidam religiosus et peregrinus in ecclesia nostra ad missam stetit. Stabant iuxta eum matronae delicatae, quorundam militum uxores, fabulis vacantes, quae [3]) illum orare non sinebant. Expleta missa, quosdam ex militibus seorsum ducens, dixit illis: Vos domini, orationis causa ad ecclesiam hanc diverti; et ecce, diabolo instigante [4]), tantus erat circa me clamor et susurrium illarum matronarum, ut omnino orare non possem. Dicam vobis rem terribilem, quae meis temporibus in villa mea contigit. Erat ibi puella quaedam bene nata, et divitum filia, sed ita iracunda, ita contentiosa atque clamosa, ut ubicunque esset, sive in domo, sive in ecclesia, ibi rixas suscitaret, odia nutriret, et beatum se iudicaret, qui evadere posset flagellum linguae illius. Tandem defuncta est, et in atrio ecclesiae sepulta. Mane venientes ad ecclesiam, vidimus tumbam eius ad instar fornacis fumum eructuantem. Unde exterriti, et videre volentes quid hoc portenderet, terram eiecimus; et ecce, medietatem corporis superiorem ignis consumserat, inferior vero pars ab umbelico [5]) et deinceps illaesa apparuit. NOVICIUS: Quid hoc significabat? MONACHUS: Quod homines qui noverant illius vitam dixerunt, hoc et ego dico: Voluit Deus in eius corpore ostendere, quantum ei placeret virtus castimoniae, et quantum abhorreret vitium iracundiae. Quia virgo fuit, castitatis gratia crura eius cum femoribus illaesa servavit; et quia iracunda erat nimis, fel, cor, linguam, manus cum suis sedibus ignis devoravit. Ira ignis est. Unde Ecclesiasticus: *Ne struas ligna in ignem iracundi* [6]), id est, ne des illi materiam et occasionem irascendi. Item: *Homo iracundus incendit ignem* [7]). Et Apostolus Jacobus: *Lingua ignis est,*

---

1) AC scoltetus. — 2) Königswinter. — 3) AD qui; unde suspicor auctorem scripsisse: fabulis atque rumoribus vacantes, qui. Sic alibi dicit: „confabulationibus atque rumoribus vacantes." — 4) B excitante. — 5) sic B constanter. Conf. Homil. I. p. 21. — 6) Eccli. 8, 4. — 7) Eccli. 28, 11.

universitas iniquitatis. Lingua constituitur in membris nostris, quae maculat totum corpus nativitatis nostrae, inflammata a gehenna [1]). NOVICIUS: Ita me tua terret oratio [2]), ut proponam omnino non irasci fratribus meis. MONACHUS: Tunc beatus eris. *Qui autem,* ut ait idem Apostolus, *putat se religiosum esse, non refrenans linguam suam, sed seducens cor suum, huius vana est religio* [3]), id est, inutilis et immunda. *Lingua inquietum malum est, plena veneno mortifero. In ipsa benedicimus Deum et Patrem, et in ipsa maledicimus homines, qui ad similitudinem Dei facti sunt* [4]). Unde alibi scriptum est de illa: *Mors et vita in manibus linguae* [5]). NOVICIUS: Qua similitudine dicitur lingua habere manus? MONACHUS: Quia saepe causa mortis efficitur corpori et animae, si fuerit dura; vitae vero utrique, si fuerit mollis et gratiosa. Unde Salomon: *Responsio mollis mitigat iram; sermo durus suscitat furorem* [6]). Hoc impletum est in David. Sermo durus Nabal in necem propriam gladium eidem porrexit, quem sermo sensatus Abigail retraxit [7]). Et quia in manibus linguae mors est, Creator prudentissimus duplicem ei murum, osseum scilicet et carneum, id est, dentes et labia, anteposuit; propter vitam vero utrumque pervium fecit. Loqui de bonis [8]) vitale est. NOVICIUS: Placet quod dicis. MONACHUS: Haec de ira dicta sint.

CAPITULUM XXIII.
De invidia et filiabus eius.

Irae succedit invidia, et de ipsa nascitur. Est enim invidia ira inveterata, odium videlicet [9]) felicitatis alienae. Huius filiae sunt, odium [10]), susurratio, detractio, exsultatio in adversis proximi, afflictio in prosperis eiusdem. Hoc vitium de angelo diabolum fecit. Hoc vitium hominem de paradiso eiecit. Invidia enim diaboli mors intravit in orbem terrarum [11]). Quam grave et periculosum sit hoc vitium, in Epistola sua Johannes brevi sermone concludit dicens: *Qui odit fratrem*

---

1) Jac. 3, 6; conf. Homil. III. p. 101 sq. — 2) B terret tua oratio, C terret oratio tua. — 3) Jac. 1, 26. — 4) Jac. 3, 8. 9. — 5) Proverb. 18, 21. — 6) Proverb. 15, 1. — 7) Reg. I, 25. — 8) C loqui debemus quod. — 9) BC scilicet. — 10) ADP odia. — 11) Sapient. 2, 24.

suum, homicida est [1]). Hoc vitium quanto est occultius, tanto periculosius.

CAPITULUM XXIV. *)

De monacho, qui ab altero ob invidiam criminatus et incarceratus est, et gloriose eductus.

Non est diu, quod monachus quidam stimulis invidiae agitatus et superatus, quendam ex fratribus suis adolescentem accusavit apud Abbatem, imponens ei crimina pessima. Cui cum minus Abbas crederet, ille ad maiorem vindictam usque ad Visitatoris praesentiam suam accusationem reservavit. Quid plura? Tantum [2]) apud illum invidi machinatio profecit, ut ipse Visitator iuveni vitia relata in Capitulo coram omnibus obiiceret, neganti et Deum innocentiae suae testem invocanti non crederet, sed habitu truncato carceri manciparet. Post cuius discessum, Deus iudex iustus invidum infirmitate peremtoria flagellavit. Timens vero mori, confessus est iuvenem ex invidia se [3]) accusasse. Quod cum ex consilio confessoris senioribus propalasset, statim pro Visitatore missum est. Qui territus ad monasterium ocius rediit, per se ipsum carcerem intravit, ad pedes monachi se prostravit, et ut sibi ignosceret, quod ignoranter in eum deliquerat, supplicans, etiam reluctantem cum gloria eduxit. Haec mihi relata sunt a quodam Abbate, qui visitationi eidem interfuit. NOVICIUS: Puto monachum istum multum in tam grandi tentatione meruisse. MONACHUS: Quod fornax auro, quod lima ferro, quod flagellum grano, quod uvae torcular, hoc ei eadem fuit tentatio. Servavit enim in tribulatione patientiam. Invido autem sua erat [4]) invidia, quod venenum stomacho, quod tinea vestimento, quod aerugo flori [5]), quod tabes corpori. NOVICIUS: Si nosti adhuc aliqua de tentationibus invidiae exempla, precor ut mihi recites illa. MONACHUS: Quia latens morbus est invidia, nullum ad praesens occurrit exemplum, quod vel memoria sit dignum, sive aedificationi necessarium. Referam tibi tamen quandam sanctam invidiam, quam te audire delectet.

---

1) Johan. I, 3, 15. — *) Homil. II. p. 22. — 2) ADP tanta. — 3) BC se iuvenem ex invidia (B per invidiam). — 4) BD erat sua. — 5) Psal. 77, 46.

CAPITULUM XXV.
De puella, quae invidebat studio consororis.

Anno praeterito in monasterio quodam ordinis nostri iuxta Frisiam¹), quod Yesse dicitur, duae parvulae puellae ²) ad literas positae fuerunt. Quae cum magno fervore discentes, satis inter se contenderunt, ut una alteri in studio et scientia superior haberetur. Interim contigit unam infirmari. Quae comparis suae³) profectui invidens, satis coepit tentari, timens quod interim multa discere posset. Vocansque Priorissam, coepit illi supplicare, dicens: Bona domina, quando venerit ad me mater mea, ego requiram ab ea sex denarios, quos vobis dabo, ut non patiamini discere sororem meam, donec convaluero. Timeo enim, ne ⁴) praecellat me. Ad quod verbum subrisit Priorissa, puellae fervorem satis admirans.
NOVICIUS: Dic obsecro, quae est medicina contra invidiam.
MONACHUS: Obsequia caritatis.

CAPITULUM XXVI.
Exemplum contra invidiam a magistro Rudolpho prolatum.

Magister Rudolphus Scholasticus Coloniensis, quem ego bene novi et frequenter audivi, discipulos suos instans ⁵) exemplum contra invidos docuit, dicens: Frater aliquis quendam ex fratribus suis ita exosum habuit, ut non sine cordis sui cruciatu illum respicere posset ⁶). Quod ille sentiens, et vulnus cordis eius sanare cupiens, fratrem tam periculose tentatum, imo in ipsa tentatione omnino superatum, obsequiis caritatis ad suum amorem, quantum ⁷) potuit, inclinavit. Capitale ⁸) eius vertit et mollificavit, vestes excussit, calciamenta circa lectum composuit, et quicquid ad illius commodum esse noverat, in quantum licuit et potuit, exhibuit. Sic ille invidus obsequiis eius devictus, et ad cor reductus, conceptum invidiae venenum exspuit, et quem prius aequo oculo respicere non potuit, plus postea

---

1) accuratius infra VII, 46: „in introitu Frisiae, iuxta civitatem Gruningen." — 2) BC puellae parvulae. — 3) ADP sui. — 4) D quod. — 5) P instituens. — 6) ADP ut sine — non posset. — 7) B in quantum. — 8) hoc est, cervical.

ceteris dilexit. Haec de vitio invidiae pro exemplo dicta sint. Hoc vitium quia ceteris Deo, qui caritas est [1]), plus videtur esse contrarium, idcirco ab omni homine magis ceteris vitiis est vitandum.

CAPITULUM XXVII.

De accidia et filiabus eius.

Quarto loco ponitur accidia, quae viris religiosis solet esse satis importuna. NOVICIUS: Quia nomen huius vitii aliquantulum barbare sonat, quid sit accidia, vel unde dicatur, scire desidero. MONACHUS: Accidia est ex confusione mentis nata tristitia, sive taedium, et amaritudo animi immoderata, qua iocunditas spiritalis exstinguitur, et quodam desperationis praecipitio mens in semetipsa subvertitur. Dicitur autem accidia, quasi acidia, eo quod opera [2]) spiritualia nobis acida reddat et insipida. De qua per Salomonem dicitur: *Manus remissa tributis serviet* [3]). Item: *Pigrum deiicit timor a bono opere; animae autem effeminatorum esurient* [4]). Dicit etiam de ea Seneca: *Magna iactura est, quae per negligentiam fit* [5]). Accidiae sive tristitiae propagines sunt, malitia, rancor, pusillanimitas, desperatio, torpor circa praecepta, evagatio mentis circa illicita. Accidia multos tentat, et multos per desperationem praecipitat. NOVICIUS: De tentatione huius vitii exempla subiungas. MONACHUS: Audi quam sit periculosum accidia vexari.

CAPITULUM XXVIII.*)

De monacho, quem accidia non sinebat surgere ad vigilias.

Monachum quendam diabolus, sicut exitus probavit, ita accidiosum reddiderat, ut quotiens esset ad matutinas surgendum, statim ex quadam pusillanimitate et timore vigiliarum sudore perfunderetur. Putans esse [6]) ex infirmitate, iacuit, vestibus se operuit, et sicut ostium, secundum Proverbium Salomonis, volvitur in cardine suo, sic piger ille vertebat

---

1) Johan. I, 4, 8. — 2) B omnia. — 3) Proverb. 12, 24. — 4) Proverb. 18, 8. — 5) Senec. Epist. I. — *) Homil. III. p. 118. — 6) C hoc esse.

se in lecto suo ¹). Nocte quadam ad signa nolarum surgentibus ceteris omnibus, festinantibusque ad divinum officium, cum ille surgere tentaret, audivit de sub lecto, quando iterum vetante accidia se reclinaret ²), vocem quandam incognitam clare satis sibi dicentem: Noli surgere, noli sudorem tuum interrumpere, quia non expedit tibi. Tunc primum sentiens sibi a diabolo per vitium accidiae esse illusum, a phantastico illo sudore se excussit, nec postea tanto torpori facile consensit. Hoc scias, quia non permittitur diabolus nos tentare quantum vult, et quamdiu vult, ne decepti ab illo pereamus. Saepe invitus, virtute divina compulsus, his quos tentat fallaciam suam manifestat.

CAPITULUM XXIX.

De sacerdote, cui in oratione dormitanti crucifixus dorsum vertebat.

Sacerdos quidam ex monachis nostris solitus fuit dictis matutinis in illo intervallo, quo fratres solent vacare orationi vel psalmis, super unam sedium se deponere, et inter orationis verba dormitare. Volens illi Dominus ostendere, quia tali hora, et maxime in tali loco, non esset dormitandum, sed in oratione vigilandum, apparuit in cruce ei ³), verso dorso ad illum, ut dicere videretur: Quia tepidus es et accidiosus, non es dignus faciem meam intueri. Et hoc sibi saepius contigisse ⁴) testatus est.

CAPITULUM XXX.*)

De tentationibus et visionibus Christiani monachi Vallis sancti Petri.

Alius quidam monachorum nostrorum, Christianus nomine, aetate quidem iuvenis, sed vitae tam sanctissimae fuit, ut unus crederetur de sanctis, qui sunt in terra Domini. Hic corpore tam debilis erat, ut eum vivere taederet. Nocte quadam dictis matutinis usque ad laudes, capiti suo parcere volens, super lignum ante quoddam altare se prostravit, sub

---

1) Proverb. 26, 14. — 2) IX, 9: „quando iuvencula eram, et hortum excolendum suscepissem." Mutato quando in et, verba iterum — reclinaret in BC ante audivit posita sunt. — 3) C in cruce illi, ABD ei in cruce. — 4) B accidisse. — *) Homil. I. p. 135. III. p. 184.

forma orationis ibi dormitans. Mox ut oculos clauserat, affuit gloriosa Domina nostra virgo Maria, et veste eum feriens excitavit, dicens: Christiane, non est hic locus dormiendi, sed orandi. Statim ille evigilans, apertis oculis posteriora feminae recedentis vidit, et vocem femineam iam dictum sermonem concludentem audivit. NOVICIUS: Quantum ex isto iuvene considero, non omne taedium boni operis ex vitio est, sed aliquando ex corporis infirmitate. MONACHUS: Ex vitio primi hominis omnis tentatio est et infirmitas. Septem ex culpa illius contraximus poenalitates, esuriem videlicet, sitim, frigus, calorem, lassitudinem, infirmitatem, mortem. Quando motus harum poenalitatum ordinatus est, poenam habet, sed non culpam; quando vero immoderatus[1] est, poenam habet et culpam. NOVICIUS: Quid appellas lassitudinem? MONACHUS: Somnolentiam, et alium quemlibet laborem, unde homo fatigatur. Caveamus ergo, ne hoc quod est naturae, vertatur in vitium; quia non solum ex naturalibus per usum malum gignuntur vitia, sed etiam ex virtutibus. Verbi gratia: Justitia dum modum excedit, vertitur in crudelitatem; nimia pietas in dissolutionem; indiscretum zeli studium iudicatur iracundia; nimia mansuetudo segnitia[2] dicitur et accidia. Sicque sentias de ceteris. NOVICIUS: Puto praedictum iuvenem non parvi fuisse meriti, quem beata Virgo sic familiariter excitavit. MONACHUS: Quanti fuerit meriti, quam dilectus coelestis patriae civibus, sequentia declarabunt. Cum propter nimiam capitis infirmitatem[3], generalem habuisset in Capitulo licentiam manendi[4] de vigiliis sollemnibus, quotiens voluisset, vix, nisi compulsus, de choro exivit. Dictis vero matutinis infirmorum, in oratorium rediit, et moram longiorem, quam ordo concederet, illic ex consuetudine fecit. Cui cum diceret die quadam dominus Henricus Abbas noster[5], tunc monachus simplex: Bone frater Christiane, vos frequenter nobis exponitis debilitatem capitis vestri, et tamen non vultis uti gratia vobis indulta; respondit: Non possum manere. Stans enim extra chorum, et alios psallere audiens, quia intrare non licet, corde crucior, eo quod recorder[6] consolationum, quibus Deus inter illos laetificat animam meam. Audito hoc verbo, dominus

---

1) R inordinatus. — 2) C segnities. — 3) C debilitatem. — 4) C remanendi. — 5) C noster nunc. — 6) BCD recordor.

Abbas de speciali praesumens amicitia, quae essent illae consolationes inquisivit, et [1]) ut sibi diceret, cum multa precum instantia obtinuit. Confessus est ei, quia saepius in choro tempore psalmodiae beatos angelos videret circuire, et quod multo fuit excellentius, ipsum Regem angelorum hominem Christum Jesum. NOVICIUS: Magna dona concessa sunt huic iuveni. MONACHUS: Et merito. Ex quo enim ad ordinem venit, nunquam sine tentatione fuit, tum propter nimiam debilitatem capitis, tum ob desiderium patriae coelestis. Flagellum Domini in tanta patientia sustinuit[2]), ut omnes eius fratres mirarentur. Tempore quodam Dominus, qui intentator est malorum[3]), gratiam lacrimarum, quam illi copiose contulerat, subtraxit, unde satis tentabatur. NOVICIUS: Antequam procedas, nosse vellem, cur Deus huiusmodi gratias viris iustis subtrahat. MONACHUS: Quatuor de causis videtur illa subtractio fieri, ne videlicet gratia assiduitate vilescat; ne mens de usu illius superbiat; ut cum maiori desiderio quaeratur, et recuperata diligentius custodiatur; quarta causa est culpa venialis. NOVICIUS: Placet quod dicis. MONACHUS: Christianus vero de amissa gratia satis dolens, et peccatis suis hoc imputans, cum die ac nocte pro illius recuperatione oraret, nec proficeret, recordatus est ligni Dominici, dixitque in semetipso: Si facultatem haberes deosculandi lignum pretiosum, in quo Salvator sanguinem suum fudit, gratiam tibi refunderet lacrimarum. Tali suspensus desiderio, in quadam sollemnitate dicta missa ad altare accessit, sacrumque lignum deosculans, cum augmento subtractam[4]) gratiam recepit. NOVICIUS: Duae cruces sunt apud nos; quae harum fuerit expediri volo. MONACHUS: Illa, in qua est lignum nigri coloris, quae de Apulia venit. Alteram, quae rubei coloris est, nondum habuimus, quam de ecclesia sanctae Sophiae apud Constantinopolim sublatam, contulit nobis Henricus de Ulme[5]). NOVICIUS: Vellem scire, quali fine vir tantae gratiae migraverit ab[6]) hoc saeculo. MONACHUS: Saepe ex manibus suis sentiebat tam aromaticum odorem, ut miraretur, et dicere posset cum sponsa,

---

1) et om C. — 2) B pertulerat. — 3) Jac. 1, 13. — 4) ADP susceptam. — 5) Ulme, Ulmen, Ulmene, Olmen, castrum et oppidulum Eifliae. De Henrico vide et Gelen. de Magn. Colon. p. 367. — 6) BC de.

cuius membrum fuit, etiam ad literam: *Manus meae stillaverunt mirram; digiti mei pleni sunt mirra probatissima* ¹). NOVICIUS: Forte manus habebat impollutas. MONACHUS: Noveris eum non fuisse carne virginem, ut scias odorem eundem fuisse magis ²) ex virtute mentis, quam ex integritate corporis. Accedens vero ad mensam corporalem, gratiam perdidit spiritualem. Licet semper debilis esset et infirmus, tamen ante obitum suum per dies multos amplius in camino aegritudinis excoctus ³), et sicut aurum in igne probatus est. Nocte quadam in somnis sancta Agatha martyr et virgo illi apparens, dixit inter verba consolatoria: Christiane, non sit tibi onerosa infirmitas haec, quia isti sexaginta dies reputabuntur tibi pro sexaginta annis. Expergiscens, quia visionem intelligere non potuit, quibusdam eam revelavit. Quam quidam ita interpretati sunt, quod tantum eum purgaret a peccatis infirmitatis illius acredo, quantum sexaginta anni in purgatorio. Aliis videbatur, quod verius fuit, quia infirmitas illorum sexaginta dierum, propter patientiam, esset ei pro merito sexaginta annorum. Nam in nocte sanctae Agathae spiritum reddidit, qui dies fuit sexagesimus ab ea nocte, qua haec audivit. Consummatus in brevi, explevit tempora multa ⁴). Et ut scias esse verum sermonem propheticum, qui dicit: *Filius non portabit iniquitatem patris* ⁵), noveris monachum hunc filium fuisse clerici et Bonnensis ecclesiae canonici. NOVICIUS: Audivi de quibusdam, quod nimis timeant, eo quod de legitimo thoro nati non sint. Illis expediret ista audire. MONACHUS: Sive sint filii legitimi, sive fornicarii, adulterini, vel incestuosi, id est, de incestu nati, omnes ante baptismum eadem catena astricti tenentur. Omnes quidem nati sumus filii irae; per baptismum vero effecti sumus filii gratiae; sed soli illi beati, qui per vitam bonam et gratiam finalem computabuntur inter filios gloriae. Revocat mihi ad memoriam oratio tua conversum quendam sanctum, sancti sacerdotis filium, qui de sua conditione ita erat tentatus, ita tristis et turbatus, ut pene missus ⁶) esset in desperationem. NOVICIUS: Scire vellem exitum tentationis eius. MONACHUS: Dicam tibi quod

---

1) Cant. 5, 5. — 2) BC magis fuisse. — 3) Isai. 48, 10. — 4) Sapient. 4, 13. — 5) Ezech. 18, 20. — 6) R lapsus. VIII, 57: „ut omnes mitteret in desperationem." Homil. IV. p. 104: „pondus tentationis multos mittit in desperationem salutis."

audivi ab ore cuiusdam Abbatis, qui illum novit et familiaris fuit. Sed et ego illum novi.

CAPITULUM XXXI.

De Henrico converso Vilariensi, qui graviter tentatus fuit, eo quod non esset filius legitimus.

Nomen converso Henricus fuit, in Vilario professus, et domini Christiani monachi de Claustro filius. De hoc Christiano mira tibi dicam in distinctione septima capitulo sexto decimo. Ministrabat autem idem Henricus in hospitali pauperibus, vir multae humilitatis, patientiae et compassionis; et quanto plus Deum timuit, tanto plus ab illo separari formidavit. Immiserat enim diabolus quandam desperationem cordi eius, ita ut diceret: Quia non es filius legitimi thori, non eris heres coelestis regni. Quae cogitatio in corde eius adeo creverat[1]), ut a confessoribus tam de scripturis quam de exemplis prolatam nullam prorsus reciperet[2]) consolationem. Misertus eius Dominus, nocte quadam, cum tentatio esset validissima, in domum amplam et longam illum transtulit, in somnis tamen. In qua vidit de utroque sexu multitudinem magnam. Et facta est ad eum vox: Henrice, vides hanc multitudinem? Omnes quidem de legitimo thoro sunt nati, sed omnes reprobi sunt praeter te. Evigilans statim, laetificatus est valde, intelligens visionem propter se factam. Ab illa hora tentatio immissa cessavit, et ipse quamdiu vixit, Deo, qui non deserit sperantes in se[3]), gratias egit. NOVICIUS: Estne accidia, in choro dormire? MONACHUS: Consuetudo vitium accidiae ex se gignit[4]), quod quidam per infirmitatem palliant, cum idem vitium magis ex diabolica operatione, quam ex infirmitate sit.

CAPITULUM XXXII.

De serpente, quem vidit frater Conradus in dorso conversi dormitantis in choro.

Loquente me die quadam cum viro valde religioso ex

---

1) C crevit. — 2) C expeteret. Conf. II, 35. — 3) Judith 13, 17. — 4) C Somnolentia vitium gignit ex se accidiae.

conversis nostris, de his qui frequenter in choro nostro[1] dormiunt, ipse mihi respondit: Sciatis pro certo, quod somnolentia illa ex diabolo est. Die quadam tempore aestivo, cum laudes decantarentur, vidi in dorso fratris Wilhelmi, qui libenter ibi dormit, clara die serpentem serpere, et statim intellexi quia diabolus esset, qui in eius somnolentia pascebatur. Huiusmodi visionem, teste fratre Richardo, dicebat se de eodem converso saepius vidisse. Conversus, qui haec vidit, vocabatur Conradus, vir bonus et iustus, de quo multa excellentiora tibi in distinctione octava[2] recitabo. Multos per somnolentiam tentat diabolus et vexat, et hoc in diversis formis.

CAPITULUM XXXIII.

De converso, cui cattus visus est oculos claudere, cum in choro dormitaret.

In Hemmenrode conversus quidam valde accidiosus fuit in choro, pene semper ibi dormitans. In cuius capite alter quidam conversus frequenter cattum sedere vidit, qui mox[3] ut pedes suos oculis conversi superposuit, statim ille oscitare coepit. Quod cum intellexisset ex relatione eius, qui hoc videre meruit, ne diutius illuderetur a diabolo, sedem stalli sui sic paravit, ut dum dormitaret, illa in partem declinando[4], sedentem praecipitaret. Sicque somnolentiae daemon per artem excussus est, et frater accidiosus ferventior in Dei servitio factus est. Haec mihi a quodam converso eiusdem coenobii relata sunt. Quantum daemones illic dormitantes irrideant, ex subiecto cognosces exemplo.

CAPITULUM XXXIV.

De Frederico monacho, cui in choro dormitanti diabolus nodum stramineum in oculos iecit.

Quidam ex senioribus nostris, Fredericus nomine, licet alias fuerit vir bonus, de vitio tamen somnolentiae satis fuerat notatus. Hic nocte quadam, antequam emissus esset conventus

---

1) nostro om BC. — 2) cap. 20. — 3) mox add BC. — 4) C inclinando.

noster, cum staret ad psalmodiam matutinarum in Hemmenrode, et dormitaret, vidit ante se, in somnis tamen, virum longum et deformem stantem, qui in manu nodum stramineum [1] et lutosum, unde equi terguntur, tenebat. Qui cum monachum proterve intuitus fuisset, et dixisset, quid hic tota nocte stas [2] et dormitas, magnae fili mulieris? ipso fimoso stramine in faciem [3] eum cecidit. Mox ille territus evigilavit, et ut ictum ferientis evaderet, caput retrahendo ad parietem dure satis allisit [4]. Vide quanta subsannatio.

CAPITULUM XXXV.

De monacho, circa quem in choro dormitantem porci videbantur.

Nuper audivi, quod silere non debeo. In eodem monasterio monachus quidam est, qui in choro saepe dormitat, et raro vigilat, multum tacens, et parum psallens. Circa istum saepe porci videntur, et porcorum grunnitus audiuntur. Puto quia colligant siliquas de ore eius cadentes. NOVICIUS: Quid sunt siliquae, vel quid significant [5]? MONACHUS: Siliquae sunt folliculi leguminum, significantque verba psalmodiae a virtute vacua, quae somnolenti sine intentione proferunt, et eadem semiplene prolata porcis, id est, daemonibus, colligenda proiiciunt. Hi vero qui vigilant, et libenter devoteque cantant, et psallunt intente, medullam [6] comedunt, quia gratiam, quae in verbis latet propheticis, percipiunt. Tales in futuro, cum laudatoribus coelestis Jerusalem, adipe frumenti Dominus satiabit [7], id est, visione suae deitatis [8]. NOVICIUS: Satis ex his quae dicta sunt colligo, quod taedium exercitii spiritualis sit a diabolo. MONACHUS: Ut dicis ita est, quia quidam sunt, qui statim ut coeperint [9] psallere, orare vel legere, mox dormitare incipiunt. Vigiles in lecto, somnolenti in choro. Idem dico de audiendo verbum Dei. Cum verba saecularia audiunt, bene vigilant; cum verbum Dei eis proponitur, mox dormitant.

---

1) hoc est, peniculum stramineum, Germanice Strohwisch. — 2) CD stas tota nocte. — 3) ACDP facie. — 4) P illisit. — 5) BP signant; sic et paulo post. — 6) C cantant, psalmorum intente medullam. — 7) Psal. 147, 14. — 8) C divinitatis. — 9) B coeperunt.

CAPITULUM XXXVI.

De domino Gevardo Abbate, qui monachos in sermone dormitantes per fabulam Arcturi [1] excitavit.

In sollemnitate quadam cum Abbas Gevardus praedecessor huius, qui nunc est, verbum exhortationis in Capitulo ad nos [2] faceret, et plures, maxime de conversis, dormitare, nonnullos etiam stertere conspiceret, exclamavit: Audite, fratres, audite, rem vobis novam et magnam proponam. Rex quidam fuit, qui Artus [3] vocabatur. Hoc dicto, non processit, sed ait: Videte, fratres, miseriam magnam. Quando locutus sum de Deo, dormitastis; mox ut verba levitatis inserui, evigilantes erectis auribus omnes auscultare coepistis. Ego eidem sermoni interfui. Non solum personas spirituales, sed et saeculares diabolus per somnolentiam tentat et impedit.

CAPITULUM XXXVII.

De Henrico milite apud nos carenam faciente, et de lapide, in quo dormiebat tempore orationis.

Miles quidam Bonnensis, Henricus nomine, tempore quodam quadragesimali carenam [4] fecit apud nos. Postquam reversus est in domum suam, die quadam occurrens praedicto Gevardo Abbati, ait ad illum: Domine Abbas, vendite mihi lapidem illum, qui iuxta talem columnam oratorii vestri iacet, et ego dabo pro illo quicquid postulaveritis. Cui cum diceret: Ad quid vobis est necessarius? respondit: Ego illum ponere volo ad lectum meum, quia talis est eius natura, ut qui dormire non potuerit, et caput super illum posuerit [5], statim dormiat. Illam confusionem fecerat ei diabolus tempore poenitentiae, ut quotiens veniens ad ecclesiam se super eundem lapidem causa orationis reclinaret, mox ei somnus subriperet [6]. Simile verbum nobilis quidam, qui ob similem poenitentiam fuerat [7] in Hemmenrode, fertur dixisse: Molliores, inquit, sunt lapides oratorii Claustri omnibus lectisterniis

---

1) Arcturi add ABD; conf. XII, 12. — 2) D ad nos in Capitulo, BC nobis in Capitulo. — 3) sic omnes libri. — 4) hoc est, castigationes orationesque in ieiunio quadragesimali. — 5) BC ponat. — 6) R obreperet. Conf. VII, 11. Dani. 6, 6. — 7) C similem causam poenitentiam fecerat.

castri mei. Non poterat se continere, quin tempore orationis in illis dormiret. NOVICIUS: Si non esset gravis culpa accidia in servitio divino, non nos ita diabolus ad illam sollicitaret. MONACHUS: Quanta sit culpa huius vitii, poena te doceat unius accidiosi.

CAPITULUM XXXVIII.

De monacho in choro frequenter dormitante, quem crucifixus in maxilla percussit et exstinxit.

Vix sunt duo menses elapsi, quod dominus Abbas Campensis retulit nobis de quodam monacho, qui semper in choro solebat dormire, rem valde terribilem [1]. Nocte quadam, cum ex more dormiret aliis psallentibus, crucifixus de altari venit, dormitantem excitavit, et cum tanto nisu maxillam eius percussit, ut infra tertium diem moreretur. NOVICIUS: Stupenda sunt quae dicis. MONACHUS: Monachus accidiosus nauseam Deo provocat et angelis sanctis. Unde cuidam accidioso in persona omnium per Johannem dicitur a Christo: *Utinam esses calidus aut frigidus; sed quia tepidus es, incipiam te evomere de ore meo* [2]. NOVICIUS: Recordor te superius dixisse, idem esse vitium accidiam et tristitiam. MONACHUS: Verum est, quia accidia est ex confusione mentis nata tristitia. Ex hac nascitur malitia et desperatio, sicut subiecto tibi ostendam exemplo.

CAPITULUM XXXIX.

De puella reclusa, quae Deum et angelos esse dubitans, de corpore egressa, per spiritum vidit angelos scilicet et animas, sicque ad corpus regressa est.

Abbas de Brunisbach [3] anno praeterito retulit Abbati nostro tentationem quandam ex tristitia natam, terribilem satis, sic dicens: In provincia nostra quaedam exstitit puella nubilis ac formosa, divitumque filia. Quam cum parentes tradere vellent marito, renuit illa dicens: Non nubam alteri viro, nisi

---

1) P terribilem valde. — 2) Apoc. 3, 15. 16. — 3) BCP Brumsbach. Intelligit Brumbach abbatiam prope Wertheim in Dioecesi Herbipolitana.

sponso coelesti Domino meo Jesu [1]). Tandem virginis pertinacia parentes taediati, propriae illam reliquere voluntati. Quae Christo, quasi de victoria gratias agens, cellam sibi fieri fecit, in qua ab Episcopo velata et reclusa [2]), ipsi soli sola satis devote [3]) per dies aliquot servivit. Invidens tantae virtuti diabolus, variis illam tentationibus conquassavit, et veneno tristitiae innocuum virginis pectus inficiens, sanam infirmavit. Mox illa coepit variis cogitationibus [4]) fluctuare, in fide nutare, de perseverantia desperare. Invasit eam et defectus cordis, tabitudo corporis, torpor in oratione, dolor de reclusione. Interim dum sic periculose puella nutaret, supradictus Abbas ordinis Cisterciensis, cuius curae ab Episcopo commissa fuerat, visitationis gratia advenit, et quomodo viveret, vel quomodo haberet [5]) inquisivit. Respondit illa: Male vivo, male valeo, et quare vel propter quem hic reclusa [6]) sim, prorsus ignoro. Cui cum Abbas diceret: Propter Deum et propter regnum coelorum; illa [7]) respondit: Quis scit, si Deus sit [8]), si sint cum illo angeli, animae, vel regnum coelorum? Quis ista vidit? quis inde rediens visa nobis manifestavit? Huiuscemodi sermones ut Abbas audivit, totus contremuit, conversusque ad virginem ait: Quid est quod loqueris, soror? Signa cor tuum. Respondit illa: Ego loquor sicut mihi videtur. Nisi videam ista, non credam. Rogo ut sinas [9]) me exire, quia reclusionem hanc diutius sustinere non valeo. Tunc Abbas intelligens [10]), ex immissione diaboli tam repentinam esse tristitiam, et ex tristitia desperationem, ait: Soror, inimicus gloriae tuae invidens, periculose te tentat, tu sta in fide, viriliter age, et confortetur cor tuum, et sustine Dominum [11]). Amicis et cognatis contradicentibus, tu sanctam hanc elegisti vitam, tu istam desiderasti reclusionem. Quae cum surda aure monentis et exhortantis verba perciperet, rogavit eam Abbas, ut saltem septem diebus ibi sustineret, donec ad claustrum iens et rediens, denuo eam visitaret. Quod ut promitteret cum vix obtinuisset, ad monasterium pergens periculum virginis fratribus exposuit, et ut orationes speciales per hebdomadam pro illa devote ad Deum funderent, omni-

---

1) BC add Christo. — 2) C inclusa. — 3) C devota. — 4) ADP tentationibus. — 5) C se haberet. — 6) B inclusa. — 7) B iterum illa, C rursum illa. — 8) BC sit Deus; paulo post B cum eo, C cum ipso. — 9) ABCP sinatis. — 10) C cognoscens. — 11) Psal. 26, 14.

bus praecepit. Ipse vero in propria persona, quantum valuit, Domino supplicavit pro illa. Hebdomada completa, reversus ad eam ait: Quomodo modo [1]) habes, filia? Respondit illa: Optime, pater. Nunquam melius [2]). Infra hos dies septem plus sum laetificata, plus consolata, quam ante tuum discessum fuerim contristata vel desperata. Sciscitante eo causam consolationis, ait illa: Pater, oculis meis vidi de quibus dubitavi. Post discessum tuum anima mea de corpore fuit educta, et vidi sanctos angelos, vidi animas beatorum, vidi praemia iustorum. Corpus autem meum vidi oculis animae in pavimento cellulae meae ita exsangue iacere et pallidum, sicut herbam sine succo et arefactam. Interrogata ab Abbate, qualis esset effigies animae; respondit: Anima substantia spiritualis est, et in sui [3]) natura sphaerica, ad similitudinem globi lunaris. Ex omni parte videt. Quando vero animae exsistenti in corpore angelus sive anima apparet, in liniamentis corporeis se ostendit. Quando anima exsistens in carne a carne libera est, animae consimili sicuti est apparet [4]). NOVICIUS: Huic visioni satis concordat quod Abbas Morimundi [5]) animam suam, a mortuis rediens, similem esse dixit vasi vitreo, et ex omni parte oculatam, sicut memini te dixisse in distinctione prima capitulo tricesimo secundo. MONACHUS: Quaedam [6]) etiam retulit eadem sanctimonialis de adventu Antichristi, quae hic ponere nolo, eo quod multi de illo [7]) prophetando decepti sint. NOVICIUS: Satis me terret, quod Dominus mentem tam sanctam, tam mundam et virginalem, tam immundis et tam nefandis tentationibus vexari permisit. MONACHUS: Incomprehensibilia sunt iudicia eius, et investigabiles viae eius [8]), sicut audies de tentatione alterius cuiusdam sanctimonialis, cuius tentatio tanto est periculosior, quanto incertum est quali sit fine terminanda.

---

1) C quomodo te modo, BDP quomodo. VIII, 42: quomodo habes modo, soror? — 2) C add habui. — 3) C sua. — 4) VII, 16: „anima educta a corpore quando non est revertenda, reliquas animas sive spiritus angelicos videt sicuti sunt. Quando vero reversura est ad corpus, non ei datur animas sive angelos contemplari, nisi sub aliqua similitudine et liniamentis, propter viventes." — 5) ACP et pr D Morimundis, B in Morimundis. — 6) BDP quoddam. — 7) C eo. — 8) Rom. 11, 33.

CAPITULUM XL.

De sanctimoniali, quae in fide dubitans [1]) et desperans, in Mosellam se praecipitavit.

Infra paucos menses quaedam sanctimonialis, femina provectae aetatis, et magnae ut putabatur sanctitatis, a vitio tristitiae in tantum est turbata, a spiritu blasphemiae, dubietatis et diffidentiae adeo vexata, ut caderet in desperationem. De his quae ab infantia credidit et credere debuit, omnino dubitare coepit, nec ab aliquo induci potuit, ut divinis communicaret sacramentis. Quam cum interrogassent sorores, nec non et neptis eius carnalis [2]), cur ita esset indurata? respondit: Ego sum de reprobis, de illis scilicet, qui damnandi sunt. Quadam die commotus Prior dixit ad illam: Soror, nisi resipiscas ab ista infidelitate, cum mortua fueris, in campo te faciam sepeliri. Quo verbo illa audito [3]) tunc tacuit, sed verbum bene retinuit. Die quadam, cum quaedam ex sororibus nescio quo essent iturae, illa latenter post eas exiens ad litus Mosellae, super quod [4]) situm est monasterium, venit, et cum navis, quae sorores portabat, amota esset, de litore [5]) in fluvium se praecipitavit. Hi vero qui in navi erant, sonum aquae motae audientes, et respiciendo [6]), corpus eius canem putantes, nutu Dei unus cognoscere volens certius quid esset, ad locum ocius cucurrit, et ut hominem vidit, flumen intravit et extraxit. Tunc considerantes quod supradicta foret sanctimonialis, iam pene suffocata, territi sunt omnes, et curam ei adhibentes, postquam aquam evomuit, et loqui potuit, interrogaverunt eam dicentes: Quare tam crudeliter egisti, soror? Respondit illa: Dominus iste, digito Priorem ostendens [7]), minatus est mihi, quia me mortuam sepelire deberet in campo. Unde magis elegi gurgitem hunc supernatando descendere, quam bestialiter in campo sepeliri. Tunc ad monasterium illam reducentes, diligentiorem ei custodiam adhibuerunt. Ecce quanta malitia nascatur de tristitia. Femina ista ab infantia nutrita est in monasterio, virgo

---

1) C dubitavit. — 2) BC neptes eius carnales. — 3) C audito illa. II, 2. p. 59: talibus sacerdos auditis. — 4) B supra quam. — 5) BCD esset a litore. — 6) P respicientes. — 7) B demonstrans, ut III, 31. VII, 16. XI, 62. XII, 29.

casta, devota, rigida, religiosa [1]), et, sicut mihi retulit vicini monasterii magistra, omnes puellae ab ea educatae ceteris virginibus magis sunt disciplinatae, magis devotae. Spero tamen quod Deus, qui multum est misericors, qui multis modis electos suos tentat, qui tam misericorditer de flumine illam liberavit, pristinos eius labores attendens, finaliter perire non sinet. Multa tibi possem huiusmodi tristitiae exempla recenter gesta referre, sed timeo quod infirmis non expediat talia legere vel audire. NOVICIUS: Ego iam satis didici nihil fieri sine ratione; forte ideo Deus talia permittit, ne aliquis, quantumlibet sit perfectus, de suis virtutibus vel virtutum operibus praesumat, sed Deo totum, a quo est bonum velle, posse, facere et perficere, attribuat. MONACHUS: Verum dicis. Idcirco uxor Loth inobediens versa est in statuam salis [2]), ut sit malis exemplum, bonis condimentum.

CAPITULUM XLI.

De converso, qui ex desperatione in piscina se suffocavit.

Vix sunt tres anni elapsi, quod conversus quidam ex nimia tristitia finalem incurrit desperationem miserabiliter [3]). Loquendo vel scribendo de huiusmodi tragoediis nefandis, invitus exprimo nomina locorum vel personarum, sive ordinis qualitatem, ne per hoc aliquam religiosis inferre videar [4]) verecundiam. Idem frater bene mihi [5]) fuit notus, vir a iuventute usque ad senectutem laudabiliter et sine querela inter fratres conversatus, ita ut nullus illo videretur in ordinis observatione districtior, et in virtutibus superior. Raro loquebatur, raro indultis consolationibus utebatur. Nescio quo Dei iudicio ita tristis et pusillanimis effectus est, ut tantum de peccatis suis timeret, et [6]) omnino de vita aeterna desperaret. Non quidem dubitavit in fide [7]), sed tantum desperavit de salute. Nullis scripturarum auctoritatibus poterat erigi, nullis exemplis [8]) ad spem veniae reduci. Modicum tamen creditur peccasse [9]). Cui cum fratres dicerent, quid habetis unde

---

1) BC et religiosa. — 2) Genes. 19, 26. — 3) D finalem desperationem miserabiliter finivit. — 4) BR videar inferre. — 5) BC mihi bene. — 6) B ut, C quod. — 7) C de fide. — 8) C exempli poterat. — 9) D peccavit, ut creditur.

timetis, quare desperatis? respondit: Non possum dicere, sicut consuevi, orationes meas, et ideo timeo gehennam. Quia tristitiae vitio laborabat, idcirco accidiosus erat, et ex utroque nata est in corde eius desperatio. Positus in infirmitorio [1], quodam mane ad mortem praeparatus ad magistrum suum venit, dicens: Non possum diutius contra Deum pugnare. Illo verba eius minus considerante, ad piscinam monasterio proximam abiit, et in eam se praecipitans suffocatus est.

CAPITULUM XLII.

De sanctimoniali, quae a quodam maligno converso dementata, in puteum se praecipitavit.

In alio quodam monasterio sanctimonialium [2] anno praeterito similis pene casus contigit, licet causa impellens dissimilis fuerit. Puella quaedam, sicut mihi retulit quaedam sanctimonialis eiusdem ordinis, a quodam homine misero, habitu quidem religioso, non animo, ita magicis artibus est dementata, ut tentationes ab illo conceptas sustinere non posset. Nemini tamen suam passionem aperire voluit, sed solummodo dixit: Exire volo, quia poenitet me huc venisse. Quae dum [3] exire non permitteretur, tristitia urgente, in puteum [4] se nullo vidente praecipitans exstincta est. Quam dum [5] ubique quaererent, nec invenirent, recordatae sunt quaedam sorores eam dixisse: Ego suffocabo me in puteo. Quaesita est ibi et inventa, sed mortua. Eodem tempore quidam [6] homo miserabilis, alterius cuiusdam monasterii sanctimonialem simili extraxit malitia [7], et impraegnavit, quae in saeculo mortua est.

CAPITULUM XLIII.

De iuvencula, quae ex tristitia se suspendit, ab amasio suo contemta.

Ante hos annos tredecim, conventus noster veniens de messione, cum navigio Rhenum ascenderet, et in villam Coloniae vicinam, quae Rodinkirge dicitur, veniret, iuvencula quaedam in ipsa hora vitam finierat, adhuc iacens in terra.

---

1) BP infirmatorio. — 2) C monialium. — 3) C cum. — 4) B puteo. — 5) C cum. — 6) BC idem. — 7) BC malitia extraxit.

De qua dicebatur, quod a quodam viro genuisset prolem, et quia ab eo fuerat repudiata, ex tristitiae vehementia talem sibi inflixerat mortem.

CAPITULUM XLIV.

De adolescente, qui vestibus suis delusis, ex tristitia se suspendit.

Ante illud tempus adolescens quidam Coloniae vestes suas deluserat. Pro quo infortunio ita tristis effectus est, ut solarium domus suae¹) ascenderet, et laqueo vitam finiret. Vides nunc, quam periculosa sit tristitia, quae non est secundum Deum? NOVICIUS: Quid sentiendum est de animabus istorum? MONACHUS: Si sola tristitia et ²) desperatio, non phrenesis, aut mentis alienatio, in causa fuit³), haud dubium quin damnati sint. De furiosis et fatuis, in quibus ratio non vivit, quaestio non est quin salventur, quocunque modo moriantur, si tamen prius habuerunt⁴) caritatem. De supradicto converso quidam vir sapiens, qui illum bene novit, me audiente sic ait: Non credo quod unquam perfecte fecerit confessionem suam. Deus enim iustos et timentes se, licet ex eis aliquando quosdam, iusto suo iudicio, permittat in sensu periclitari, non tamen illos sinit tam miserabili morte finiri. Ecce exemplum.

CAPITULUM XLV.

De Baldewino monacho quandoque in Brunswich advocato.

In Saxonia civitate Brunswich miles quidam nobilis fuit, nomine Baldewinus, eiusdem civitatis advocatus. Iste inspirante Deo saeculum deserens, in domo quadam ordinis nostri, quae Relaxhusen⁵) dicitur, habitum suscepit. Qui toto anno probationis ita sibi rigidus exstitit, ut tam ab Abbate quam a magistro suo saepe argueretur. Factus vero monachus, tanti fuit fervoris, ut non sufficerent ei communia, imo etiam communibus superadderet multa specialia, et praeponeret privata. Ceteris quiescentibus, ipse laboravit;

---

1) suae om BC. — 2) B vel. — 3) P fuerit. — 4) C habuerint. — 5) intelligit Riddagshausen, Rittershausen iuxta urbem Braunschweig. Eiusdem abbatiae mentionem facit infra XI, 36.

aliis dormientibus, ipse vigilavit. Tandem ex nimiis vigiliis et labore, exsiccato iam cerebro, tantam capitis incurrit debilitatem, ut nocte quadam, antequam conventus ad matutinas surgeret, oratorium intraret, formam noviciorum ascenderet, et fune campanae collo suo circumligata¹), desiliret, ipsamque campanam mole corporis trahendo crebris ictibus pulsaret. Territus custos, festinavit in oratorium; sed multo amplius territus est, dum sic pendere²) videret monachum. Accurrens tamen funem incidit, et adhuc palpitantem, et pene strangulatum deposuit atque refocillavit. Ab illo tempore nunquam sensum pristinum recuperare potuit. Adhuc dicitur vivere, nec est ei curae quando vel quid comedat, sive quamdiu dormiat. Sic quandoque de indiscreto fervore nascitur vitium accidiae. NOVICIUS: Dictum est superius, de accidia sive tristitia etiam nasci pusillanimitatem. Haec non videtur mihi esse vitium. MONACHUS: Arbor mala non potest facere fructum bonum³). Licet pusillanimitas ceteris filiabus accidiae sive tristitiae minor videatur esse malitia, satis tamen tentatio illius est periculosa. Ipsa converti volentes ad bonam vitam, saepe avertit; conversos ne proficiant impedit. NOVICIUS: Da exemplum⁴).

CAPITULUM XLVI.

De Scholastico, qui annum probationis complevit in nigro ordine timore silentii.

MONACHUS: Abbas quidam nigri ordinis, modo monachus in ordine nostro, narravit mihi, quod magister quidam Parisiensis ad ordinem nostrum venire desiderans, silentium primi anni ex quadam pusillanimitate mentis ita timuit, ut ordinem Nigrorum intraret, ibique probationis annum compleret. Qui mox ut factus est monachus, dixit ad conventum: Gratias vobis ago⁵), domini mei, de beneficiis mihi a vobis exhibitis, quia ad quod veni, hoc apud vos explevi. Modo cum licentia vestra migro ad ordinem Cisterciensem. Non enim veni ut vobiscum manerem, sed ut inter vos tentationes quas timui mihi temperarem. Veniensque ad quandam domum ordinis nostri, non ut novicius probationem intravit, sed habitum tantum mutavit.

1) CR circumligato; conf. VII, 38. — 2) D pendentem. — 3) Matth. 7, 18. — 4) AD exempla. — 5) CP ago vobis.

CAPITULUM XLVII.

De praelato, qui ordinem vocavit tentationem.

Recordor nunc cuiusdam viri valde literati et cuiusdam nobilis ecclesiae praelati. Huic cum nuper dicerem, quare non venitis, ut quid tamdiu exspectatis? respondit mihi: Non audeo intrare in tentationem; districtionem ordinis tentationem appellans. Ex multo enim tempore voluntatem habuit veniendi ad ordinem, sed quadam pusillanimitate impeditus est usque adhuc. Huic congruit illud Salomonis: *Qui observat ventum, nunquam seminat* [1]. Ventus est tentatio, seminatio conversio. Qui nimis timet in ordine tentari, vix poterit ad ordinem converti. Novi plures in saeculo, tam clericorum quam laicorum, qui a multo tempore votum fecerunt, nec tamen audent converti timore tentationum. Semper ante oculos habent tentationes, sed non considerant multimodas quae in ordine sunt consolationes. Ecce exemplum.

CAPITULUM XLVIII.

De milite, qui ordinem vitavit timore pediculorum.

Retulit mihi [2] Daniel Abbas Sconaviae, militem quendam honestum et in militia nominatum, in Campo factum fuisse monachum. Hic cum alium quendam militem, aeque in armis strenuum, in saeculo amicum habuisset, et die quadam ad conversionem eum hortatus fuisset; respondit ille magnae pusillanimitatis verbum: Vere, amice, ego forte venirem ad ordinem, si non esset una res quam timeo. Interrogante monacho, quaenam esset res illa; respondit miles: Vermiculi vestimentorum. Pannus enim laneus multos vermiculos nutrit. Tunc ille subridens ait: Och fortem militem! Qui in bello diaboli non timuit gladios [3], in militia Christi timere debet pediculos? Auferent tibi nunc pediculi regnum Dei [4]? Ille licet ad haec verba tunc tacuerit, tempore tamen modico emenso [5], effectu respondit. Nam et ordinem tam verbis quam exemplo illius provocatus intravit. Contigit ut postea hi duo

---

1) Eccles. 11, 4. — 2) C add dominus. — 3) B gladium. — 4) P coelorum. — 5) BC emerso.

convenirent ¹) Coloniae in ecclesia beati Petri. Monachus vero Campensis cum alterum regulariter salutasset, subridens adiecit: Quid est, frater? Timesne adhuc vermiculos? Ille bene recordans unde talis interrogatio haberet originem, et ipse subridendo respondit verbum bonum, verbum ²) memoria dignum: Crede mihi, frater, et hoc pro certo scias, quia si essent omnes vermiculi omnium monachorum in uno ³) corpore, non me de ordine morderent. Quo verbo audito, ille multum aedificatus est, multis illud ad aedificationem recitans. Vides quantae fortitudinis factus sit is, qui ante conversionem nimis fuerat pusillanimis? Unde hoc, nisi ex divinis consolationibus, quae sunt in ordine? Haec de his dicta sint, quos vitium pusillanimitatis ne convertantur avertit. Nunc audi aliqua exempla de his, quos post conversionem ne proficerent tentavit et impedivit.

CAPITULUM XLIX.

De tentationibus Godefridi Scholastici sancti Andreae in Colonia.

Scholasticus sancti Andreae in Colonia Godefridus, cum esset vir debilis et decrepitae aetatis, ad ordinem cum multa animi constantia ⁴) venit. Ego vero cum ipso in probatione fui. De quo etiam plurima quibus vexabatur tentationum genera vidi et audivi. Die quadam cum ad chorum festinaret, et cappam suam induere conaretur, diabolus conatum eius impedivit, cappamque fortiter retraxit ⁵). Tandem post non modicam ⁶) fatigationem ad se reversus, a diabolo se impediri considerans, cappam induere cessavit, et signans se fugavit inimicum, nec aliquod deinceps passus est impedimentum. Cum iam ad finem tenderet annus probationis, coepit ei diabolus ad mentem reducere diversa, quae in saeculo habuerat commoda, proponere etiam plurima, quae in ordine esse videntur incommoda, pondus videlicet vestimentorum, longas vigilias et silentium, calorem in aestate et frigus in

---

1) B postea convenirent hi duo, C hi duo convenirent postea. — 2) ADP et. III, 21: „verbum bonum, verbum sanctum, verbum memoria dignissimum." Conf. IV, 64. VI, 5. — 3) KR meo. — 4) ADP instantia. — 5) P extraxit. — 6) C post modicam, B non post modicam.

hyeme, regulare ieiunium et [1]) tenuem diaetam, et cetera his similia [2]). In quorum omnium consideratione ita pusillanimis effectus est, ut omnino de perseverantia desperaret. Et dixit mihi: Non putabam ordinem tantae esse [3]) districtionis. Usque ad hoc tempus aestimavi, quod minuti carnes comederent, et quod monachi sine cucullis suis dormirent. Poenitet me huc venisse. Propositum meum est, ut per memetipsum cantem in ecclesia mea in Herlisheim [4]), cuius Pastor sum, quae satis male modo locata est; et spero per Dei gratiam, quod honeste et sine querela regere debeam in ea plebem mihi commissam. Cui respondi: Tentatio diaboli est, qui vos sub specie boni eiicere conatur. Tunc ait: Si istud non est bonum, revertar ad praebendam meam, et in ambitu claustri cameram aliquam mihi [5]) eligam, ubi tam canonice vivam, ut alii exemplo meo aedificentur. Chorum frequentabo, et quicquid mihi subtrahere potero, pauperibus erogabo. Ad quod iterum respondi: Et hoc consilium diaboli est. Si reversus fueritis, omnibus eritis derisui, et qui haec [6]) suasit, ipse in peccata pristina vos praecipitabit. Sic eo fluctuante, cum die quadam ego ad latus eius sederem, et verba consolationis impenderem, codicem Psalmorum arripuit, aperuit, et ait: Videamus quid de me dicturi sint fratres mei, si reversus fuero. Primus autem versiculus qui occurrit, iste erat [7]): *Adversum me loquebantur, qui sedebant in porta, et in me psallebant, qui bibebant vinum* [8]). Statimque exclamavit: Verum praenosticum [9])! Ego, inquit, tibi exponam prophetiam istam: Si rediero ad sanctum Andream, concanonici mei, quotiens in porticu ecclesiae suae sedebunt, ipsi adversus me loquentur, me iudicantes, et de salute mea [10]) disputantes. Noctibus vero, quando sedebunt ad ignem, et vacabunt potationibus, ero psalmus eorum. Sicque Dei misericordia ad mentem reductus, et a se ipso confortatus, monachus effectus est, et non multo post in bona contritione defunctus, migravit ad Dominum.

---

1) et om BC. — 2) sic emendavi librorum lectionem, cetera huiusmodi similia. Conf. III, 26. — 3) BC esse tantae. — 4) Herlisheim est oppidulum in Alsatia Superiore prope Colmar situm. — 5) CD mihi aliquam. — 6) BD et pr C hoc; paulo post ipse add BC. — 7) BD erat iste. — 8) Psal. 68, 13. — 9) BC pronosticum; conf. X, 24. — 10) AD mea salute.

CAPITULUM L.

Item de tentatione Reneri successoris eiusdem.

Renerus iam dictae ecclesiae sancti Andreae Scholasticus, et fratris Godefridi successor, cum post eius mortem fieret apud nos novicius, in tantum coepit variis tentationibus turbari [1]), ut pusillanimis effectus, die quadam domino Gevardo Abbati diceret: Non possum hic diutius manere, quia nec ordinem valeo diutius sustinere. Quem cum interrogasset, quo vultis ire? respondit ille: Ad praebendam meam oportet me redire. Tunc Abbas, quasi vir prudens, quandam severitatem simulans, coepit nescio ad quem clamare: Afferte mihi securim. Cui cum diceret novicius, quid debet securis? respondit: Ut praecidentur [2]) pedes vestri. Credite mihi, magis volo vos sine pedibus semper pascere, quam vos sinam abire, et confundere domum nostram. Tunc ille subridens ait: Melius est ut maneam. Sicque per verba iocosa cessavit tentatio satis dura. NOVICIUS: Ut considero, novicius facile tentatur, et facile sanatur. MONACHUS: Hoc plenius scies in sequenti capitulo.

CAPITULUM LI.

De novicio, qui anno probationis completo, se radi non permisit.

Novicius quidam cum in Hemmenrode satis tranquille annum peregisset probationis, et voluntate stabilitatis expressa in Capitulo, radendus esset in monachum, atque is, qui eum radere debebat [3]), rasorium in corrigia corrigeret, diabolus eadem hora sic iuvenem contristavit, sicque pusillanimem reddidit, ut mutato animo rasorem non admitteret. Quo viso, dominus Hermannus Abbas Loci sanctae Mariae, tunc ibidem Prior, simulata quadam iocunditate accurrit, collum iuvenis utroque brachio strinxit, et quia eadem tristitia ex immissione esset diaboli docens, fluctuantem ocius ad tranquillitatem perduxit. Tentatione vero sedata, mox adolescentis facies, non sine assistentium admiratione, est serenata, et permisit se radi.

---

1) P vexari et turbari. — 2) BC praecidantur. — 3) C deberet.

Sicut mihi retulit iam dictus Abbas, ita vultus novicii subito fuerat immutatus, ut nigredo maxillarum et tremor labiorum satis ostenderent, quid corde concepisset. NOVICIUS: Ecce istud est quod iam dixi, quia noviciis tentatio facile veniat, et facile recedat. MONACHUS: Quaedam tentationes noviciorum[1]) tam durae sunt et tam validae, ut illas compescere valeant non verba, non exempla, sed sola potentia atque consolatio divina.

CAPITULUM LII.

De novicio a spiritu blasphemiae tentato, et in contemplatione crucifixi liberato.

Novicius quidam tempore probationis suae ex quadam tentatione diabolica, quam nunquam ante conversionem senserat, gravissime turbabatur. Erat enim eadem tentatio de incarnatione Verbi, non quod de illa male sentiret, sed diabolus per spiritum blasphemiae fervorem mentis illius nitebatur exstinguere, ut dum de ea dubitaret, tantos pro Christo subire labores recusaret. Die quadam cum staret ad primam in choro noviciorum contra altare, contemplatus est oculis corporeis imaginem crucifixi in aere venire ad se, ac si diceret: Quare dubitas? Respice in me. Ego sum ille, qui natus et passus sum propter te. Per aliquam horam ante faciem eius pendens erat ipsa imago, quam tantum videre potuit ab umbelico et supra. Interrogatus a me, si sciret quid hoc significaret[2]), respondit: Dominus mihi contulit gratiam illam, ut nihil impudicum, et quod laedere possit verecundiam meam, cogitare possim de illo. Et ideo intellexi, quod tantum partes corporis sui superiores, non inferiores ostendere mihi[3]) dignatus est. Ab eadem hora omnis illa cessavit tentatio, quam ante nulla confessio, nulla sanare potuit oratio. Et licet iam dicta tentatio cessaverit, non tamen tentator cessavit. Quem enim deiicere non potuit per blasphemiam, fugare conatus est per accidiam. Nam per plurimos dies, quotiens ire debebat ad ecclesiam ad horas canonicas, venissetque ad ostium cellae, sensibiliter et tam graviter scapulis diabolus illum depressit, ut compelleretur resi-

---

1) BE **noviciorum tentationes.** — 2) P **signaret.** — 3) P **mihi ostendere.**

dere et quiescere. Factusque monachus, tam fortis et tam fervens est in ordine effectus, ut taedere nesciret, quacunque specie accidiae impugnatus.

CAPITULUM LIII.

De novicio tentato, et per nocturnam visionem duarum viarum ad viam reducto.

Abbas Philippus de Ottirburg [1]) retulit Abbati nostro de quodam suo novicio tentationem satis gravem, et sola Dei revelatione sedatam. Cum enim idem novicius tam graviter esset tentatus, ut a nullo hominum posset consolari, et firmum concepisset [2]) propositum recedendi, eadem nocte, qua de mane ad saeculum redire voluit, tale somnium vidit. Visum est ei, quia staret ante ostium portae, de qua duas hinc inde consideravit vias exire. Una ex illis vergebat ad dexteram, altera ad sinistram; utraque tamen ducebat in [3]) silvam oppositam. Stante novicio in bivio, cum dubitaret quam illarum eligeret, senem quendam cominus stare conspexit. Cui sic ait: Bone vir, si nosti, ostende mihi quae ex his duabus viis sit rectior, ad [4]) ambulandum commodior. Ad quod ille respondit: Ego plene et bene te expediam. Via haec, quae est a dextris, in nemore per breve spatium spinosa est, inaequalis, lutosa et aspera. Postea sequitur campus amoenissimus, longus, planus, variisque floribus decoratus. Via vero quae est a sinistris, in silva quidem commoda est, plana, sicca, lata, et bene trita, satisque deliciosa, sed non longa. Cui campus mox continuatur longus, scopulosus, lutosus et asperrimus, etiam ipso visu [5]) horrendus. Ecce totum praedixi tibi; quodcunque volueris elige. Hoc dicto, novicius expergefactus est, non dubitans visionem propter se factam, utpote bene suae tentationi congruentem. NOVICIUS: Vellem scire interpretationem huius visionis. MONACHUS: Via ad dexteram, vitam significat monasticam et spiritualem; via ad sinistram, vitam saecularem atque carnalem. Silva praesens vita est, in qua more arborum homines crescunt per aetatem,

---

1) Ottirburg, Ottenburg, abbatia haud procul a Lutra Caesarea disiuncta. — 2) P cepisset, C recepisset. — 3) BD ad. — 4) BC et ad. — 5) ADP ipso visui, KR ipsi visui. Vit. S. Malach. cap. 30: „morbum ipso horrendum visu."

et succiduntur per mortem. Utraque vita brevis est, sive monastica sit, sive saecularis. Illa in praesenti spinosa est, per ordinis rigorem, inaequalis per multimodam tentationem, lutosa per humilitatem subiectionis, angusta per raritatem voluntariae paupertatis. Angusta est via, quae ducit ad vitam¹), quae per dexteram designata est. Campus vero longus et amoenus, paradisus est, quam²) per multas tribulationes oportet nos introire³). Econtra vita saecularis atque carnalis, quam sinistra designat, eo quod ad sinistram Christi in se gradientes ducat, cum haedis iudicandos, in praesenti commoda est, ob carnis necessaria, plana propter prospera, sicca propter inobedientiam, lata et bene trita, eo quod multi ambulent per eam, deliciosa propter concupiscentiam oculorum. In hunc modum visum interpretans, a tentatione apostasiae liberatus est atque a pusillanimitate spiritus et tempestate⁴). NOVICIUS: Satis est mirabile, quod Deus tam efficaciter spiritum instruit hominis dormientis. MONACHUS: Recordor nunc cuiusdam novicii, vigilando quidem satis tentati, et per visum nocturnum non minori virtute ab eadem tentatione liberati.

CAPITULUM LIV.

Item de Gerardo novicio in Alna, qui per Alleluia in somnis auditum⁵), a tentatione sua liberatus est.

Alna domus est ordinis nostri in Flandria⁶) sita, cuius mentionem feci in distinctione prima capitulo sexto. In hac ante non multos annos miles quidam nobilis Gerardus nomine de castro Tuino oriundus, conversus est. Cumque novicius in choro noviciorum staret, et clamores monachorum in choro superiori⁷) super caput suum cantantium frequenter exciperet, tentari coepit. Amplius tamen caput eius turbabatur, quotiens Alleluia cantabatur. In illo maxime voces exaltari solent. Et factus ex hoc pusillanimis, accessit ad Priorem, et ait: Domine Prior, caput meum doleo⁸), nec diutius tantum clamorem super caput meum tolerare potero. Cui Prior verba

---

1) Matth. 7, 14. — 2) BC quem. — 3) B intrare, iuxta Act. 14, 21. — 4) Psal. 54, 9. — 5) ACDP audito. — 6) imo, in Brabantia. C in Episcopatu Leodiensi. — 7) BC in superiori choro. — 8) VII, 24: „non dolebis caput." Vit. S. Engelb. III, 45: „frater adeo doluit dentes."

quaedam consolationis impendit, sed parum illi profuit. Nocte quadam cum maxime de hoc novicius tentaretur, vidit se in somnis a quibusdam militibus, aliquando inimicis suis, undique vallatum, nec aliquod refugii superesse subsidium. Cumque putaret celerius se [1]) esse capiendum vel interficiendum, clamavit ad Dominum dicens: Domine, libera me in hac hora. Et circumspiciens, mox vidit exercitum candidatorum de longe venientem, sibique in auxilium properantem. Signifer autem, qui praecedebat, pro signo militari Alleluia azinaliter[2]) clamavit, crebro id repetens, qua vociferatione hostes territi et dispersi fugam inierunt, novicium solum relinquentes. Qui expergefactus, non solum gavisus est se fuisse liberatum ab eis[3]) qui eum circumdederant in nocturna visione, sed, quod magis eum angebat, praedicta videlicet tentatione. Mane accedens ad Priorem, dixit ei satis hilariter: Rogo vos, domine Prior, ut adhuc altius et fortius cantetis Alleluia super caput meum. Non me amodo turbabit clamor divinae laudis; et recitavit ei visionem per ordinem. Ista nobis retulit sanctae recordationis Walterus de Birbech, qui eundem Gerardum et[4]) vidit et agnovit. NOVICIUS: Puto etiam nonnullos monachos de apostasia tentari. MONACHUS: Multi de ea tentantur, et viriliter reluctantur. Alii tentantur, et tam voluntate quam opere prorsus superantur. Quidam vero tentantur, et concepta voluntate, divinis revelationibus sive ordinatione ante casum revocantur. Nonnulli vero flagellis cohibentur. NOVICIUS: De his mihi dicas exempla. MONACHUS: De primis et secundis, quia tentatio eorum satis est usitata, non est necesse tibi dicere exempla. De novissimis vero tibi dicam quod audivi.

CAPITULUM LV.*)

De monacho in Ottirburg, qui per versiculum: Diabolus egredietur ante pedes eius, a tentatione apostasiae liberatus est.

Monachus quidam de Ottirburg, teste domino Philippo Abbate eius, qui haec retulit, tam duras[5]) tentationes incur-

1) BP se celerius. — 2) PKR finaliter, A szivalir, B szivaler, C vivaliter, in D vocabulum rasura deletum est. — 3) BC his. — 4) et add AD. — *) Homil. III. p. 166. — 5) tam duras add BC.

rit, ut redire proponeret ad saeculum. Nocte quadam cum staret in choro, et mente tractaret, quando vel quomodo de monasterio exiret, prae taedio cantare non potuit. In laudibus vero, dum¹) canticum sancti Abacuc psalleretur, eo quod esset feria sexta, iam dictus Abbas ad excitandum fratres circuivit. Qui cum venisset ad monachum illum fluctuantem, et non cantaret, putans eum dormire, se ad illum inclinavit, et versiculum, qui eadem hora psallendus erat, in aurem vigilantis fortiter clamavit, dicens: *Egredietur diabolus ante pedes eius*²). Qua voce audita, satis territus est ille, putans Abbatem per aliquam revelationem cogitationes suas perversas scire, quibus tam manifeste sententia³) prophetica visus est respondere. Nec aliter intelligens verba Prophetae, quam pro se facta, timuit maledictionem eius si abiret incurrere, et diabolum itineris sui ducem habere. Sicque virtute divina a malo proposito revocatus⁴), stabilis factus est, et miratus est Abbas ut intellexit.

CAPITULUM LVI.

De sanctimoniali, quae dum nocte vellet ire ad saeculum, et caput ostio illideret, a tentatione liberata est.

Sanctimonialis quaedam circa principium conversionis suae, sicut ipsa mihi retulit, tam graviter tentata fuit, ut doleret se venisse ad religionem. Reduxit ei diabolus ante cordis oculos⁵) delicias saeculi, quas dimiserat, penuriam monasterii, quam sustinebat, et coepit ex hoc tentari graviterque contristari⁶). Quae cum tentationes diutius sustinere non posset, nocte quadam voti sui immemor, de lecto surgens, et de monasterio egredi volens, ad ostium quoddam, quod ad cimiterium ducit, venit, ut transsilito muro ad saeculum iret. Nutu Dei factum est, ut in superiori limine tam fortiter capite impingeret, ut concusso cerebro retrorsum caderet, et diu quasi exanimis iaceret. Tandem ad se reversa ait: Quo vis ire, misera? Quod diabolo debuisti, hoc exsolvisti. Revertere nunc in claustrum tuum, quia non est voluntas Dei ut usquam vadas. Vides quam misericorditer Deus suos con-

---

1) D cum. — 2) Habac. 3, 5. — 3) Hom. voce. — 4) ADP revocatus a malo proposito. — 5) ADP ante cordis oculos diabolus. — 6) C tentari graviterque tristari, ADP graviter tentari et contristari.

servet, nunc per somnia, nunc per quaedam praesagia, nunc per flagella. Ex his satis poteris colligere, quod quaedam noviciorum tentationes, nec non et monachorum, non verbis humanis et exemplis possint curari, sed sola [1]) divina virtute. Haec tibi dicta sufficiant de tentationibus accidiae vel tristitiae. Vis nunc aliqua audire exempla de avaritia? NOVICIUS: Volo et desidero, quia hoc vitio non solum saeculares, sed et claustrales satis tentantur. Unde peto ut idem vitium mihi describas [2]), filias eius enumeres, et sic exempla subiungas.

CAPITULUM LVII.

De avaritia et filiabus eius.

MONACHUS: Avaritia est gloriae, seu quarumlibet rerum insatiabilis et inhonesta cupido. Hoc vitium alio nomine vocatur philargiria. Videtur tamen inter haec duo aliqua [3]) esse differentia, quia avaritia est immoderatus appetitus habendi omnium rerum; philargiria vero, per quam singulari appetitu pecuniae colligendae frena laxantur. Avaritiae autem filiae sunt, fallacia, fraus, proditio, periuria, inquietudo, violentia, contra misericordiam obdurationes cordis. Avaritia in duobus consistit, in acquirendo scilicet et retinendo. De cuius malitia per Salomonem dicitur: *Conturbat domum suam, qui sectatur avaritiam* [4]). Dominus volens Zachariae ostendere, unde maxime procederent mala mundi, ostendit ei amphoram, per cuius amplum os intelligeret cupiditatem [5]). Ipsa in eodem Propheta dicta est oculus in universa terra [6]). Secundum Apostolum: *Radix omnium malorum est avaritia* [7]). Per eam non solum tentantur personae saeculares, sed etiam spirituales. Jacob regredientem ad terram nativitatis suae, secutus est Laban, volens illum retinere. Quem cum retinere non posset, ait: *Ad tuos ire volebas, cur furatus es deos meos* [8])? Jacob, qui interpretatur luctator vel supplantator, significat virum monasticum, qui esse debet supplantator vitiorum. Laban vero, qui sonat candidus, designat mundum.

---

1) B sed in sola. — 2) B describas et, P describens. — 3) inter duo et aliqua videtur excidisse vocabula. — 4) Proverb. 15, 27. — 5) D intelligitur cupiditas. — 6) Zachar. 5, 6. — 7) Tim. I, 6, 10. — 8) Genes. 31, 30.

Contingit frequenter, ut aliquis mundum per conversionem deserat, nec tamen conversus ab avaritia cor suum cohibeat. Hunc iuste mundus insequitur, et dicit: *Desiderio erat tibi domus patris tui,* id est, patria coelestis, *cur furatus es deos meos?* Ac si dicat: Cur sectaris avaritiam? De auro et argento, quod religiosi satis appetunt, idola fiunt. Non ergo sine causa avaritiam idolorum servitutem vocat Apostolus [1]. Rachel, quae interpretatur videns Deum, anima est religiosi, quae dum mundi huius divitias concupiscit, quasi idola sub stramentis abscondit [2]. Omnia enim corporis necessaria, quae monachis regula concedit, quia vilia sunt, stramenta dici possunt. NOVICIUS: Saepe ordo noster a saecularibus de avaritia iudicatur. MONACHUS: Quod illi avaritiam, hoc nos esse dicimus providentiam. Omnes enim hospites supervenientes, ex mandato regulae tenemur sicut Christum suscipere. Quibus si negaretur hospitalitas, qui modo ordinem iudicant de avaritia, tunc forte amplius eundem iudicarent de impietate et immisericordia. Pene nulla domus est ordinis, quae non sit obligata debitis, tum propter hospites et pauperes, tum propter eos, qui quotidie convertuntur, et sine scandalo repelli non possunt. Ut enim dispensatores nostros excusem, non de toto, sed de tanto, saepe hac necessitate oportet illos velint nolint avere. Quanta poena vitium avaritiae in praesenti sive in futuro plectatur, vel quanta gloria et fructu divitiarum contemtus in praesenti etiam [3] remuneretur, quibusdam tibi ostendam exemplis. Magna erit eius gloria in futuro.

CAPITULUM LVIII.

De Caesario milite, qui canonicis Bonnensibus debitam pecuniam negavit, et gressum perdidit.

Miles quidam Caesarius nomine, de proxima [4] villa Wintere oriundus, fratrem habuit carnalem nomine Hirminoldum, Bonnensis ecclesiae Decanum. Iste eidem Caesario accommodaverat de pecunia ecclesiae suae viginti marcas Coloniensis monetae. Mortuo Decano, Praepositus et fratres militem,

---

1) Coloss. 3, 5. — 2) Genes. 31, 34. — 3) C etiam in praesenti. — 4) proxima om D; paulo post C Ruchmere.

quia pecuniam sibi commodatam reddere recusavit, imo, quod deterius erat, omnino negavit, quia illum testibus convincere non potuerunt, iurare compulerunt. Miles vero, stimulatus avaritia, iuravit et periuravit, equum ascendit et abiit, sed manum Domini effugere non potuit. Cum autem complesset medium viae, ire volens ad domum suam, procedere non potuit. Nam propter avaritiam, quae radix est omnium malorum [1]), Dominus gressum illius in terra fixit, et quia mentitus fuerat, linguae eum officio privavit. Sentiens se ille iusto Dei iudicio non posse loqui, neque procedere, vel saltem Bonnam redire, sanctum Abraham Patriarcham, qui tunc ei in mentem venit, satis devote invocavit dicens: Sancte Abraham, si tuis meritis cum officio linguae gressum recepero, mox Bonnam revertar, et fratribus suam pecuniam restituam. Statim ut haec [2]) vovit, loqui coepit, gressumque recepit; pecuniam reddidit, et de periurio poenitentiam egit. Haec idem Caesarius retulit Abbati nostro, vir quidem simplex et satis bene morigeratus, obiitque novicius in domo nostra. NOVICIUS: Si Deus sic dure punit avaritiam in personis saecularibus, puto quod multo acrius illam puniat in claustralibus. MONACHUS: Verum est, maxime ubi filiae assunt, fallacia scilicet et fraus, violentia, et contra misericordiam induratio [3]) cordis.

CAPITULUM LIX.

De monasterio, quod Dominus ob fraudem cellerarii plagavit.

Cellerarius quidam ordinis nostri tentatus avaritia, viduam quandam defraudavit, immemor parabolae illius [4]) Salomonis: *Conturbat domum suam, qui sectatur avaritiam* [5]). Dominus vero non immemor vindictae, anno eodem totum pene vinum, quod monasterio creverat, ita deterioravit, ut nullius esset saporis vel coloris. Sentiens Abbas tantam plagam non esse sine causa, virginem Christi Aczelinam, quae temporibus meis Coloniae fuit, ut sibi a Domino causam illius flagelli peteret revelari, humiliter exoravit. Quod cum fecisset, responsum est ei, quia propter fraudem esset cellerarii sui, quam in talem

---

1) Tim. I, 6, 10. — 2) C hoc. — 3) B obduratio. — 4) illius add BC. — 5) Proverb. 15, 27.

viduam exercuerat. Et adiecit Dominus: Adhuc eum tangam una plaga maiore. Quod factum est ita[1]). Eodem enim anno miles quidam omnem pene annonam monasterii in horreis incendit; sicque plaga cessavit. NOVICIUS: Cum Deus valde sit misericors, quid est quod propter unius hominis fraudem omnem punivit congregationem? MONACHUS: Sicut legitur in Josue[2]), propter avaritiam Achor, qui de anathemate Jericho tulit, in omnem populum ira Dei desaevit. Nam sicut Deus misericors est, ita et iustus est. Si propter unius meritum saepe multitudini parcit, quid miraris, si dictante eius aequitate, aliquando propter unius delictum multos punit? NOVICIUS: Si haec ita se habent, videtur mihi utile subiectis, et necessarium praelatis, ut frequenter officiales suos moneant, ne alicui fraudem inferant, ne forte per hoc flagellum contra se iudici porrigant. MONACHUS: Verum dicis, quia modicum fermentum totam massam corrumpit[3]). Non solum Deus punit, si instinctu avaritiae damna aliis inferamus, imo etiam si nostra avare retinendo, egentibus non impartiamur, vel exhibita immisericorditer ante tempus subtrahamus.

CAPITULUM LX.

De plaga domus Vilariensis.

In Brabantia domus est ordinis nostri, quae Vilarium dicitur, in qua hospitibus et egenis multa bona saepe exhibita sunt, et adhuc quotidie exhibentur. Hoc anno cum essent in eadem provincia tempora cara, fratres eiusdem coenobii summam annonae suae taxantes, et, sicut mos est humanae infirmitati, defectum timentes, ex diabolica, ut patuit, tentatione, subsidium quod pauperibus satis large[4]) impendere consueverant, usque ad messem subtrahere consiliati sunt. Eadem nocte, sicut retulit nobis quidam monachus, de eadem domo veniens, piscina, quae erat ultra claustrum, erupit, et per diversas se diffundens officinas[5]),

---

1) BC quod et factum est. — 2) Jos. 7. Paulo post R Achan. Homil. IV. p. 168: „sicut unum membrum putridum aliquando totum corpus corrumpit, ita saepe Deus propter unum fratrem vitiosum, sicut exemplum habemus de Achor, multitudinem punit." Isidor. Hispal. Episc. Opp. p. 188: „Achor, qui de Hiericho anathemate concupivit, significat nequam Christianum." — 3) Cor. I, 5, 6. — 4) ADP largiter. — 5) officinae sunt domus diversae intra claustri terminos sitae.

graviter illos damnificavit. Quod fratres, utpote viri iusti et timorati, peccatis suis, et maxime conceptae in pauperes avaritiae deputantes, mutato consilio, sicut ante beneficia illis solita impenderunt. NOVICIUS: Vellem nunc aliqua audire exempla de poena avaritiae in vita futura. MONACHUS: Hoc differendum est usque ad distinctionem duodecimam, in qua tractandum est de poena et gloria mortuorum. Interim tibi dicam quaedam exempla contra avaritiam, ut cognoscas quantum boni, quantumve gloriae consequantur hi, qui ab avaritia tentati, superati non fuerint.

CAPITULUM LXI.

De Abbate, qui, cellerario suo ob dolum deposito, adversariis bona, pro quibus contendebant, ultro dimisit, et eadem ab eis coactus recepit.

Abbas quidam nigri ordinis, sicut mihi retulit quidam Abbas de ordine nostro, venit ad Abbatem quendam Claraevallis, dicens illi: Domine Abbas, date mihi falcem [1]), et ego dabo vobis curvum baculum. Ille quid facere vellet statim intelligens, virum suscepit, habitum mutavit, et quia hominem prudentem eundem esse consideravit, non multo post domui cuidam ordinis nostri Abbatem eum praefecit. Eodem tempore domus illius fratres pro quibusdam possessionibus cum personis quibusdam saecularibus contenderunt. Ventilata est causa coram iudicibus, et data est sententia pro Abbate et fratribus. Postea cellerarius Abbati secrete dicebat: Domine, bene hodie placitavimus [2]). Sciatis tamen causam nostram non ex omni parte fuisse iustam. Audito hoc verbo, Abbas satis turbatus est, tacuit tamen. Sequenti die Capitulum intravit, cellerarium proclamavit, et deposuit, eo quod avaritiae suae consulens suppressisset veritatem. Et misso pro ad-

---

1) Quid hic **falx** significet, intelligitur ex Homil. IV. p. 179, ubi de praedicatoribus loquens Caesarius, sic ait: „qualis esse debeat operarius, ex ipsa falce figurative demonstratur. Habet enim sinum recurvatum et dentatum. Curva est, ut segetem ad manum metentis colligat; dentibus armata est, ut collectam facilius praecidat. Sic omnis praedicator incurvare se debet per humilem habitum atque conversationem, ut per exemplum humiliationis auditores verbi sibi attrahat, ut ita per aciem mordentem, id est, verba correptionis, quod in eis vitiosum fuerit, efficacius abscidat." —
2) B **placidavimus**.

versariis nuncio, ait illis: Boni homines, bona vestra vestra sint, ego a die hodierna non repetam illa. Qui cum gaudio recedentes, ita in Abbatis simplicitate et iustitia aedificati sunt, ut compuncti ocius redirent, et bona pro quibus diu contenderant, grato animo monasterio libere conferrent. Quae cum non consentiret Abbas recipere, responderunt: Domine, quicquid nostri¹) iuris fuit in his bonis, remittimus; quod ad nos pertinebat, Deo in eleemosynam offerimus. Tunc primum Abbas acquievit sua recipere, magis claustrum suum aedificans sua simplici iustitia, quam cellerarius sua astuta avaritia. Simile pene audies de domino Petro Abbate Claraevallis in distinctione sexta capitulo undecimo. Viri iusti multum detestantur avaritiam, sicut audies in sequenti capitulo.

CAPITULUM LXII. *)

De Ulrico Praeposito Steinveldensi, et converso avaro, quem amovit.

Apud monasterium sancti Crisantii²) Scholasticus quidam demoratus fuit³), vir magnae prudentiae atque scientiae, natione Gallicus, nomine Ulricus. Cui cum redditus scholastriae non sufficerent, necesse erat ut debitis obligaretur. Quidam ex fratribus Steinveldensis monasterii ordinis Praemonstratensis, eo quod virum magnae literaturae illum⁴) conspiceret, frequentius monuit, ut ad domum suam gratia conversionis⁵) se transferret. Tandem ille divinitus inspiratus, in haec verba respondit: Pecuniam aliquantulam debeo, solvite illam, et ego veniam ad vos. Quod cum intellexisset Praepositus praedicti monasterii, pecuniam libentissime solvit, et Scholasticus statim habitum suscepit. Qui non multo post eiusdem coenobii factus est Praepositus. Nondum enim in ordine Praemonstratensi erant Abbates. Sciens ille cum officio animas se regendas suscepisse, non pecora, vel possessiones, operam dabat exstirpandis vitiis, non pecuniis congregandis,

---

1) ADP vestri. — *) Homil. III. p. 34. — 2) Sancti Chrysanthi coenobium fuit Monasterii in Eiflia. — 3) R quidam fuit, ut infra VII, 31: „apud monasterium sancti Crisantii Scholasticus quidam fuit, nomine Daniel." Ceteri libri omnes ferunt quidam vocatus fuit. — 4) BC eum; paulo post ADP frequenter. — 5) BC conversionis gratia.

sciens avaritiam radicem esse omnium vitiorum [1]). Habebat autem unum conversum, in administratione exteriorum ita sciolum et circumspectum, ita sollicitum et perfectum, ut omnia per manus eius transirent, et curtibus ecclesiae, quae necessaria erant, tam in aratris quam in pecoribus sive expensis, ipse quasi solus universa provideret. Omnia ipse erat, omnia [2]) disponens, nihil negligens, agrum agro copulans, et vineam vineae coniungens. Praepositus ista considerans, et in scripturis legens, nihil avaro esse scelestius [3]), die quadam conversum eundem ad se vocans ait: Nosti, barbate [4]), quare venerim ad ordinem? Quia non bene exprimere potuit Teutonicum idioma, habere non potuit verba ornata, et ideo quicquid loquebatur, conversis videbatur esse [5]) perversum atque distortum. Respondit conversus: Non novi, domine. Tunc ille: Ego dicam tibi. Ad hoc enim veni, ut peccata mea in hoc loco defleam. Quare ergo tu venisti? Respondente eo: Domine, simili de causa; ait Praepositus: Si venisti peccata tua deflere, formam debueras poenitentis tenere, hoc est, ut frequenter sis in oratorio, ut vigiles, ut [6]) ieiunes, Deumque pro peccatis tuis iugiter exores. Non enim poenitentis est, ut tu facis, vicinos suos exheredare [7]), et densum lutum contra se congregare [8]). Ad haec conversus respondit: Domine, bona illa quae comparo, agris vel vineis ecclesiae nostrae [9]) continuantur. Et Praepositus: Bene. Cum illa fuerint emta, necesse est, ut emas etiam illa, quae emtis coniunguntur. Nosti quid dicat Isaias? *Vae*, inquit, *qui coniungitis domum ad domum, et agrum agro copulatis. Numquid habitabitis vos soli in medio terrae* [10])? Tu vero avaritiae tuae nullum terminum ponis. Cum omnia, quae in hac provincia sunt, a te fuerint comparata, flumen Rheni pertransibis pede; deinde procedes usque ad montana; nec sic quiesces, donec pervenias ad mare. Puto quia ibi gra-

---

1) B esse radicem omnium malorum, P radicem esse omnium malorum et vitiorum. — 2) omnia om C. — 3) Eccli. 10, 9. Paulo post BC eundem conversum. — 4) Miraeus Chronic. Cisterciens. p. 26: „tuncque definierunt se conversos laicos barbatos, licentia Episcopi sui suscepturos, eosque in vita et morte, excepto monachatu, ut semetipsos suscepturos." — 5) D conversis videbatur, C videbatur conversis. — 6) BC et. — 7) ACDP exhereditare. — 8) Habac. 2, 6. — 9) C vestrae. — 10) Isai. 5, 8.

dum sistes, eo quod pelagus sit latum et spatiosum, gressus autem tuus strictus. Mane ergo in claustro tuo, frequenta oratorium tuum [1]), ut die noctuque possis peccata tua deplangere. Exspecta paulisper, et habebis satis terrae subtus te, et supra te, et intra te, quia pulvis es, et in pulverem reverteris [2]). Haec audientes quidam ex fratribus senioribus, dixerunt: Domine, domine, si conversus iste fuerit amotus, domus nostra [3]) subsistere non poterit. Ad quod ille respondit: Melius est ut domus pereat, quam anima. Et non acquievit petitioni eorum. NOVICIUS: Iste fuit verus pastor, sciens oves sibi commissas, non corruptibilibus auri et argenti fuisse redemtas, sed pretioso sanguine agni immaculati [4]). MONACHUS: Hoc satis in eius verbis et actibus [5]) claruit. Nam tempore illo, quo Reynaldus factus est Coloniae Archiepiscopus, et essent Episcopii redditus obligati, curtesque desolatae, suasum est ei ut ex diversis domibus ordinis Cisterciensis Dioecesis suae conversos fideles atque providos accommodaret, qui et curtibus praeessent, et annuos redditus sua industria reformarent. Qui cum consilio tali acquievisset, et tam ex Campo quam ex Monte, domibus religiosis, conversos aliquos collegisset [6]), suasum est ei, ut etiam praedictum conversum assumeret. Pro quo cum honestum misisset nuncium, et ille ex parte Episcopi salutasset Praepositum, adiecit: Dominus meus modicam petitionem petit a vobis, quam ei negare non debetis. Cui cum Praepositus respondisset: Non est domini mei rogare me, sed praecipere; subiunxit ille: Petit obnixe, ut talem conversum ad tales usus ei accommodetis. Ad quod verbum Praepositus satis humiliter, constanter ac mansuete respondit: Habeo ducentas oves in tali grangia, in aliis vero tot et tot, similiter boves et equos; dominus meus tollat ex illis [7]) quantum voluerit; conversum vero animae meae commissum ad tales usus non habebit. Ego autem non de ovibus [8]) et bobus, sed de commissis mihi animabus, summo pastori in die iudicii rationem redditurus sum. Et non concessit ei. Reliquit et aliud liberalitatis suae indicium, contra avaritiam religiosorum utile satis exemplum. Die quadam, antequam amotus esset

---

1) tuum om BC; conf. VII, 15. — 2) Genes. 3, 19. — 3) C vestra. — 4) Petr. I, 1, 18. 19. — 5) B actis, C actionibus. — 6) D elegisset. — 7) D eis. — 8) D add meis.

praefato modo supradictus cónversus ab administratione sua, Praepositus ad unam grangiarum suarum venit, in qua pullum equinum pulchrum satis vidit. De quo iam dictum fratrem, cuius esset vel unde veniret, interrogavit. Cui cum conversus responderet: Talis homo bonus et fidelis amicus noster moriens eum nobis legavit; ait Praepositus: Utrum ex devotione, vel ex aliquo iure legavit eum? Respondit conversus: Ex decessu illius emersit. Nam uxor eius, eo quod esset de familia nostra, iure curmeidiae¹) illum obtulit. Tunc ille movens caput, respondit verbum pium²): Quia bonus homo et amicus noster fidelis erat, idcirco uxorem eius spoliasti? Redde ergo feminae destitutae equum suum, quia rapina est, aliena vel³) rapere vel retinere. Tuus enim antea non fuit. Quia idem Praepositus vir prudens erat, pro negotiis monasterii egrediens, secum iuvenes minus libenter ducebat. Noverat enim hoc eis non expedire, propter tentationes diabolicas. Die quadam cum unum ex adolescentibus secum adduxisset⁴), et simul equitantes, nescio quid vel unde conferrent, obviam habuerunt iuvenculam formosam. Quam cum ex industria equum suum retrahendo Praepositus salutasset officiosissime, stetit illa, et inclinato capite resalutavit eum. Cum paululum processissént, volens Praepositus tentare iuvenem, ait: Puella ista videbatur mihi multum formosa fuisse. Cui cum ille diceret: Credite mihi, domine, et hoc ipsum visum est mihi; respondit Praepositus: Unum tantum⁵) deformat eam, scilicet quod monocula est. Respondit iuvenis: Vere, domine, utrumque oculum habet; ego enim satis diligenter consideravi eam. Tunc motus Praepositus ait: Et ego considerabo dorsum tuum. Tantae debueras esse simplicitatis, ut utrum esset mas⁶) vel femina, scire non posses. Reversus vero ad monasterium, dixit senioribus: Vos domini, quandoque arguitis me, quod mecum non educam iuniores. Et exponens eis causam⁷), praedictum iuvenem durius arguit, atque castigavit. — Tantae enim erat literaturae, ut tempore quodam pro negotio ordinis sui Cistercium pergens, in Capitulo generali faceret sermonem. Haec mihi retulit quidam ex

---

1) C curmeidae, D curmediae. Curmedia est ius domini in bona vasalli defuncti. — 2) BP pium verbum. — 3) vel add BC. — 4) C eduxisset, D duxisset. — 5) P tamen. — 6) D masculus. — 7) C casum.

senioribus domus illius. NOVICIUS: Contingit frequenter, ut potentes viri pecunias sive possessiones titulo minus iusto a suis subditis obtineant, et ex eis domos religiosas aedificent. Licetne religiosis huiusmodi recipere eleemosynas [1] scienter? MONACHUS: Quicquid conscientiam remordet, conscientiam polluit. Scias tamen hoc quandoque fieri iusto Dei iudicio, sicut subiecto doceberis exemplo.

CAPITULUM LXIII.

De Abbate, qui audivit in oratione: Dedisti hereditatem timentibus te, dum timeret abbatiam a potente aedificatam suscipere.

Vir quidam potens et nobilis in terra sua domum ordinis nostri construere desiderans, cum locum religioni congruum invenisset, habitatores eius partim pretio, partim minis eiecit. Abbas vero qui ad eundem locum missurus erat conventum, timens Deo non placere, tali modo pauperes a suis possessionibus alienare, oravit Deum, ut sibi super hoc suam dignaretur voluntatem revelare. Et non est permissus vir ille iustus de hac re diu tribulari [2]. Nam die quadam cum esset in oratione, huiusmodi vocem audivit: *Dedisti hereditatem timentibus nomen tuum, Domine* [3]. Qui surgens mox intellexit per vocem propheticam coelitus demissam [4], voluntatis esse divinae, ut homines indevoti de eisdem possessionibus eiicerentur, et viri timorati Deumque laudantes ibidem locarentur. Sic legitur Dominus terram Chananaeorum et reliquarum immundarum gentium dedisse filiis Israel [5]. Non tamen ista trahenda sunt in exemplum, quia omnis avaritia omnisque iniustitia a religiosis detestanda est. NOVICIUS: Tanto amplius in talibus scandalum vitandum est, quia [6] saeculares non libenter claustrales habent vicinos.

---

1) P recipere huiusmodi eleemosynas, B huiusmodi eleemosynas recipere, C ha's recipere. — 2) P turbari. — 3) Psal. 60, 6. — 4) C dimissam. — 5) Josue 12. — 6) C quanto.

CAPITULUM LXIV.

Quid Episcopus Philippus dixerit, cum domum nostram construeret.

MONACHUS: Cum [1]) conventus noster a domino Philippo Archiepiscopo super montem Stromberg vocaretur, quidam homines provinciales heredibus suis timentes [2]), illum arguerunt. Quibus ipse respondit verbum bonum, verbum sanctum: Utinam, inquit, esset in qualibet villa Dioecesis meae conventus iustorum, qui et Deum iugiter laudarent, et tam pro me quam pro [3]) mihi commissis orarent. Puto quia tunc melior multo [4]) esset status Ecclesiae meae, quam modo sit; nulli nocerent, cum multis prodessent [5]). Aliena non rapiunt, cum sua omnibus impartiantur.

CAPITULUM LXV.

De largitate pauperibus famis tempore a domo Vallis sancti Petri exhibita.

Eo tempore quo fames illa validissima, quae anno Dominicae incarnationis millesimo centesimo nonagesimo septimo fuit, incubuit [6]) et plurimos exstinxit, domus nostra, licet tunc temporis pauper fuerit ac novella, multis subvenit. Sicut dixerunt hi qui numerum inopum ante portam consideraverunt, aliquando una die mille quingentis eleemosynae datae sunt [7]). Dominus Gevardus tunc Abbas singulis diebus ante messem, in quibus carnibus uti licebat [8]), bovem unum in tribus caldariis cum oleribus circumquaque collectis coqui iussit, et cum pane per singulos pauperes divisit. Simile factum est de ovibus

---

1) ABD dum. — 2) Homil. II. p. 15: „cum conventus noster vocatus a domino Philippo Coloniensi Archiepiscopo ascendisset in montem Stromberg, tantus motus excitatus est in provincia, non solum a militibus et rusticis, sed etiam ab ipso Comite, ut necessitate compulsi fratres eidem promitterent, quod nulla bona ipsius advocatiae attinentia contra eius voluntatem compararent." — 3) pro om BC. — 4) BC multo melior. — 5) BC nocent — prosint. — 6) lacunam, quae hic in omnibus libris est, explevi addito verbo incubuit. — 7) Homil. II. p. 68: „quaedam sunt domus ordinis Cisterciensis adeo divites, ut una earum singulis diebus quinque millia hominum pascere sufficiat, ita tamen, si monachis et conversis coloni cum mercenariis, hospites cum pauperibus connumerentur." — 8) BC licuit.

aliisque pulmentariis. Sicque per gratiam Dei[1] omnes pauperes supervenientes, usque ad messem sustentati sunt. Et sicut audivi ab ore iam dicti Gevardi[2] Abbatis, cum timeret ne forte annona pauperum ante tempus deficeret, et pistorem pro[3] eo quod panes nimis magnos faceret, argueret; respondit ille: Credite mihi, domine, in pasta valde parvi sunt, et in fornace crescunt. Parvi immittuntur, et magni extrahuntur. Retulit mihi idem pistor, frater scilicet Conradus rufus, qui adhuc vivit, quia non solum panes in fornace, imo etiam farina creverit in saccis et in vasis, ita ut pistores omnes mirarentur, nec non et pauperes, qui inde nutriebantur. Dicebant enim: Domine Deus, unde venit omnis annona ista[4]? Eodem anno dives Dominus caritatem servorum suorum etiam in hac vita per centuplum remuneravit. Nam magister Andreas Spirensis per pecunias, quas in curia Frederici Imperatoris, nec non et in Graecia congregaverat, magnum allodium in Blitirsdorp[5] emit, nobisque in eleemosynam dedit. Unde talis voluntas, nisi a Deo?

CAPITULUM LXVI.

Item de humanitate, quam domus in Hemmenrode eodem tempore in pauperes fecit, et quod multo plus a Deo recepit.

Eodem tempore domus in Hemmenrode, mater nostra, non minorem caritatem, imo tanto maiorem, quanto ditior fuit, pauperibus exhibuit. Tanta enim fames pauperes premebat, ut mulieres praegnantes ante portam in nemore pariendi tempora implerent. Christus vero non immemor illius[6] promissi: *Date, et dabitur vobis[7]*, quia largi erant in dando, largam illis misit eleemosynam. Gerardus enim Praepositus sancti Simeonis in Treveri moriens circa sexcentas[8] libras argenti illis legavit, ex quibus centum ad portam in usus pauperum sequestravit. Portarius vero centum libras suas recipiens, non ex eis vineas vel agros, sed totidem maldra siliginis apud

---

1) BC Dei gratiam. — 2) Gevardi om BC. — 3) pro om B. — 4) B ista omnis annona, C omnis ista annona. — 5) Plittersdorf villa prope Bonnam ad Rhenum sita. — 6) illius ad BC. — 7) Luc. 6, 38. — 8) P ducentas. At literae dc significant sexcentas.

Confluentiam comparavit, quibus satis sufficienter usque ad [1]) messem pauperes sustentavit.

CAPITULUM LXVII.

Item de claustro Westfaliae, cui Deus expensas pauperibus exhibitas duplo restituit.

Retulit mihi frater Godescalcus de Volmuntsteine [2]), monachus noster, post eadem cara tempora cellerarium quendam ordinis nostri de Westfalia occurrisse sibi. Quem cum interrogasset, quo festinaret, respondit ille: Ad concambium. Ante messem ob necessitatem pauperum pecora nostra occidimus, calices et libros nostros impignoravimus. Modo Dominus misit nobis hominem, qui tantum nobis auri dedit, ut eius quantitas in duplo erogatis respondeat. Unde vado illud cambire pro argento, ut ex eo possim pignora nostra [3]) redimere, et greges reparare. Tria haec exempla dicta sint contra illos, qui viros claustrales iudicant de avaritia. NOVICIUS: Nunc primum intelligo quid sit, *Date, et dabitur vobis.* MONACHUS: Non intelliges perfecte nisi in futura vita, quando pro terrena substantia, quam pro Christo dimisisti, sive pauperibus in illius nomine dedisti, recipies regnum, quod paratum est electis a constitutione [4]) mundi. In illa die filius hominis tibi cum ceteris electis tuum enumerabit datum, et tu eius recipies [5]) promissum. Quid enim dicet? *Esurivi, et dedistis mihi manducare,* et cetera quae ibi sequuntur [6]). Viri tamen perfecti cum Domino iudicabunt. NOVICIUS: Si tanta bona sequuntur eleemosynam, vae illis, qui in hoc brevi tempore sectantur avaritiam. MONACHUS: Duo illa verba Domini, scilicet *Date, et dabitur vobis,* revocant memoriae meae rem gestam, his qui hospitalitatem exercent pro exemplo satis necessariam.

---

1) **ad** om AD. — 2) conf. Gelen. de Magn. Colon. p. 162. — 3) P **pignora nostra possim.** — 4) ADP **ante constitutionem**, iuxta Ephes. 1, 4. Sed vide etiam Matth. 25, 34. — 5) BC **recipies eius.** — 6) Matth. 25, 35.

CAPITULUM LXVIII.*)

De claustro ob Abbatis avaritiam depauperato et ob receptionem duorum fratrum, scilicet Date et Dabitur, rursum ditato.

Abbas quidam, ut puto de ordine nigro, sicut ex relatione cuiusdam Abbatis ordinis nostri didici, hospitalis erat valde, et circa pauperes multum misericors. Et quia in operibus misericordiae fervens fuit, tales dispensatores domui suae ordinare studuit, qui non eius fervorem impedirent, sed magis incenderent [1]. Quanto plures hospites suscepit, quanto plus caritatis pauperibus exhibuit, tanto illi et domui eius Dominus amplius benedixit. Post cuius mortem, successor eius stimulatus avaritia, pietatis officialibus amotis, et eis quos tenaciores noverat institutis, ait: Praedecessor meus nimis erat dapsilis et indiscretus, officiales eius [2] nimis prodigi. Sic ordinare debemus expensas monasterii atque temperare, ut si forte seges nostra grandinata fuerit, et tempora cara emerserint, habeamus unde pauperibus subveniamus. Huiusmodi verbis avaritiam suam pallians, hospitalitatem prorsus exclusit, et consueta beneficia pauperibus subtraxit. Caritate subtracta, proficere non potuit monasterii substantia, imo in brevi ad tantam devenit [3] paupertatem, ut vix haberent fratres quod [4] manducarent. Die quadam vir quidam venerandae canitiei venit ad portarium, quaesivit hospitium. Quem ille quidem clanculo et cum timore collegit, atque hospitalitatis officia pro posse et tempore illi exhibens, adiecit: Non te scandalizare debet, bone vir, quod tam negligenter te procuro, quia necessitas in causa est. Aliquando vidi talem [5] statum huius monasterii, ut si venisset Episcopus, cum magna caritate et abundantia fuisset susceptus. Respondit ille: Duo fratres expulsi sunt de monasterio isto; nisi illi duo fuerint reversi, nunquam bonus erit status eius. Unus eorum vocatur Date, alter vero Dabitur [6]. Sicque ab oculis eius recessit. Puto

---

*) Homil. III. p. 41. — 1) AB intenderent. — 2) B et officiales eius, P eius officiales. — 3) B pervenit, ceteri libri devenerunt. — 4) P quod fratres. — 5) BC talem vidi. — 6) B alter Dabitur, P et Dabitur vobis alter, A et Dabitur vobis vocatur alter, D et Dabitur vobis alter vocatur.

aliquam fuisse personam angelicam, per quam Dominus primam fratrum illorum revocare voluit caritatem[1]). Portarius, cum esset laicus, nomina eadem retinuit, Abbati et fratribus audita recitavit. Resumta est hospitalitas, et coepit eis mox Dominus benedicere ut prius. NOVICIUS: Quid sentiendum est de illis, qui hospites colligunt et eleemosynas tantum faciunt propter gloriam inanem? MONACHUS: Tales dando sua peccant, et nihil aliud recipiunt, nisi quod quaerunt, scilicet laudem humanam. Alii sua Christo dant tantum propter vitam aeternam, et hos Dominus non deserit in praesenti. Quidam vero propter utrumque, videlicet ut in praesenti ditiores fiant, et in futuro habeant vitam aeternam. Et istos Dominus saepe duplici mercede remunerat, hic per bona temporalia, in futuro per bona aeterna. Nonnulli vero sunt, qui etiam pauperes, sua Christo largiuntur, et dum coeperint ab ipso ditari, tunc ex diabolica tentatione amplius tentati, manum suam retrahunt, egestatem timentes. NOVICIUS: De hoc dicas exemplum.

CAPITULUM LXIX.

De femina, quae hospitalitatem Abbatibus Cisterciensis ordinis exhibuit, et ditata est, et eadem exclusa, pauperata.

MONACHUS: Non est diu, quod femina quaedam, adhuc forte vivens, et in quadam civitate manens, in qua Abbates nostri, euntes ad generale Capitulum, hospitari solent, plures ex eis lucri sui causa hospitio suscepit. Sentiens sibi illa[2]) ad ingressum illorum benedici, fenum illis gratis dedit, deinde pabulum[3]). Quanto plus dabat, tanto plus habuit. Et cum hospitum suorum meritis et oratione iam dives facta esset, bonisque omnibus abundaret, coepit defectum timere, et dicere intra se: Non potes diu sustinere tantas expensas, modo contrahe[4]) manum, ne forte paupertatem incurras. Mira res. Mox ut hospitibus stipendia consueta negavit, et Dominus illi manum subtraxit. Non enim in domo illa frater Dabitur habitare poterat, de qua germanus eius Date expulsus erat. Tandem ad se reversa, cum se egere conspiceret, de omissione poenitentiam egit, et priora resumens opera, iterum ditari coepit.

---

1) verba Puto — caritatem in libris editis NOVICIO assignata sunt. — 2) CD illa sibi. — 3) id est, hospitium, convivium. — 4) C retrahe.

CAPITULUM LXX.

Quomodo intelligendum sit: Omni habenti dabitur; ei autem qui non habet, etiam quod habet auferetur ab eo [1]).

NOVICIUS: Nosse vellem, quomodo intelligendum sit quod Christus ait: *Omni habenti dabitur; ei autem qui non habet, etiam quod habet auferetur ab eo* [2]). MONACHUS: Ei qui habet gratiam hospitalitatis, et caritative, bonoque animo, et hilari vultu, hospites [3]) suscipit, atque libenter pauperes introducit, Domino procurante dabitur ei [4]) in praesenti tantum, et nonnunquam, ut supra dictum est, centuplum, et abundabit, et in futuro vita aeterna. Qui autem gratiam hospitalitatis et eleemosynae non habet, ita ut invitus pauperes hospitesque [5]) videat et recipiat, atque cum malo animo et murmure hoc ipsum quod negare non potest, impendat, huic iusto Dei iudicio hoc ipsum quod habet in substantia temporali, vel in se ipso deficit, vel ab aliis rapitur atque distrahitur, nec fidelium eleemosynis augetur. NOVICIUS: Satis placet expositio ista, et hoc propter exempla praecedentia. MONACHUS: Licet frequenter contingat, ut claustrales propter Christum largi locupletentur, et contra ipsius mandatum tenaces depauperentur, de utroque tamen subiungam exemplum.

CAPITULUM LXXI.

De hospitalitate monachorum de Lacu.

In Menevelt [6]) provincia Dioecesis Treverensis situm est quoddam coenobium nigri ordinis, quod Lacus [7]) dicitur, nomen habens a re, personis possessionibusque pollens, et in religione ceteris [8]) terrae nostrae coenobiis amplius florens. Ad hoc die quadam Saxo quidam hospitandi gratia divertit,

---

1) **Quomodo intelligendum sit: Date, et dabitur vobis.** Sic omnes habent libri, excepto C, in quo codice titulus omissus est, et verba **Nosse vellem** usque ad sequens capitulum, praecedenti continuata sunt. Sed vide infra V, 47. 49. VI, 5. IX, 7. X, 67: quibus ex locis patet, centum et tria capitula posuisse auctorem in hac quarta distinctione. — 2) Matth. 13, 12. — 3) BC **illos**. — 4) **ei** om B. — 5) ACD **hospites pauperesque**. — 6) regio Eifliae, hodie **Mayenfeld** dicta. Conf. XII, 15. — 7) vulgo **Laach**. — 8) C **prae ceteris**, omisso **amplius**.

qui multum caritative illic susceptus, aedificatus recessit. Non multo post dives quidam in Saxonia amicus eius in extremis agens, cum testamentum suum illo praesente faceret, ait: Vellem aliquid [1]) legare pro anima mea, si scirem in quo loco optime esset locatum. Cui ille respondit: Juxta Coloniam claustrum quoddam est valde religiosum, in quo veraciter sunt homines Dei, et in hospitalitate, me teste, praecipui. Nusquam poteritis eleemosynam vestram melius, et animae vestrae locare utilius, quam in eodem loco. Ad eius consilium Saxo, ut puto quadraginta marcas argenti legavit, et decessit. Missa est per servum pecunia Coloniam, et quia status Dioecesis Coloniensis propter schisma, quod erat inter Ottonem et Philippum Reges, malus fuit, pecuniam ibi reliquit, et ad Lacum pedes veniens, Abbati rem per ordinem retulit. Qui misso cellerario, pecuniam ibidem [2]) recepit. Haec mihi relata sunt a quodam religioso converso ordinis nostri.

CAPITULUM LXXII.

De inhospitali Praeposito nigri ordinis.

Eiusdem ordinis cella [3]) quaedam in Episcopatu Coloniensi sita est, quam nominare nolo propter tempus, quam Praepositus tam tenax regit, ut neminem sponte sua hospitio secundum regulam suscipiat, cum tamen satis abundet. Episcopus [4]) vero, qui et advocatus eiusdem cellae est, sciens hominem pecuniosum esse et inhospitalem, semel vel bis in anno cum plurimis equitaturis et multitudine militum hospitatur apud ipsum. In quorum receptione tantum expendit Praepositus, quantum sufficere posset ad susceptionem hospitum totius anni. Aliis vero monasteriis multo ditioribus idem Episcopus parcit, et sua largitur, ut impleatur praedicta sententia Salvatoris: *Omni habenti dabitur, et abundabit* [5]); *ei autem qui non habet, etiam quod habet auferetur ab eo.* NOVICIUS: Satis mihi dictum fateor tam verbis quam exemplis contra avaritiam; nunc precor, ut idem facere non pigriteris contra

---

1) ADP aliqua. — 2) BC ibi. — 3) cellae vocabulum saepe pro ipso monasterio usurpatur. — 4) Engelbertum intelligit Gelenius ad eius Vit. p. 118. — 5) et abundabit om D.

gulam. MONACHUS: Prius expedire te [1] debeo de gula quid sit, quae sint eius filiae, et quam periculosa sit illius tentatio, si ei consensus adhibeatur, corpori et animae, et [2] quibusdam tibi hoc ostendere testimoniis.

CAPITULUM LXXIII.
De gula et filiabus eius.

Gula est solius corporis causa immoderatus et illecebrosus comedendi bibendique appetitus. Huius filiae sunt, immunditia, scurrilitas, inepta laetitia, multiloquium, hebetatio sensus circa intelligentiam. In gula sunt quinque gradus peccandi. Primus est cibos pretiosos et delicatos exquirere; secundus cibos [3] curiose praeparare; tertius ante tempus sumere; quartus nimis avide; quintus in nimia quantitate. Gula primus homo in paradiso victus succubuit [4]. Haec Esau primogenita subripuit. Gula Sodomitas ad peccatum maximum incitavit [5]. Ipsa filios Israel in deserto prostravit: *Adhuc escae eorum erant in ore ipsorum, et ira Dei ascendit super eos* [6]. Iniquitas Sodomae fuit saturitas panis et abundantia [7]. Homo Dei, Abdo scilicet, missus in Bethel, propter comestionem a leone occiditur [8]. Dives, qui epulabatur quotidie splendide, in inferno sepelitur [9]. Nabuzardan princeps cocorum, id est, gula, Jerusalem destruxit [10]. Vides quanta pericula sint in illa? Accedant et [11] testimonia. Ait enim Salomon: *Vae terrae, cuius Principes mane comedunt.* Item: *Omnis labor hominis in ore eius, et anima eius non replebitur* [12]. Et in Evangelio Dominus: *Videte ne corda vestra graventur in crapula et ebrietate* [13]. Item Apostolus: *Honeste ambulemus, non in comessationibus,* et cetera [14]. Prima Christi tentatio a diabolo per gulam facta est [15]. Unde Hieronimus dicit: In pugna Christi prius agitur contra gulam ieiunando, per quam victus est primus

---

1) BC te expedire. — 2) et om B; paulo post C ostendam. — 3) cibos add BC. — 4) B in paradiso succubuit victus, P victus in paradiso succubuit. — 5) Genes. 3. 25. 13. — 6) Psal. 77, 30—31. — 7) Ezech. 16, 49. — 8) Reg. III, 13. — 9) Luc. 16, 22. — 10) Reg. IV, 25. Homil. IV. p. 58: „princeps cocorum gula est, quae muros Jerusalem, id est, virtutes animae fidelis, destruit et delet." — 11) et om BC. — 12) Eccles. 10, 16. 6, 7. — 13) Luc. 21, 34. — 14) Rom. 13, 13. — 15) Matth. 4.

homo. Quam valida et importuna sit nobis vitii huius tentatio, quibusdam recentiori tempore gestis pandam exemplis. Ordinem etiam, in quantum potero, nec non et modum supradictarum tentationum, Adae scilicet et [1]) Esau et reliquorum, qui illic enumerati sunt, servare studebo.

CAPITULUM LXXIV.

De Conrado scholare, qui propter esum unius pomi, avunculi sui gratia privatus est.

Coloniae in maiore ecclesia Decanus quidam erat natione Suevus, vir dives, prudens et [2]) honestus, in consilio Frederici Imperatoris satis acceptus. Hic cum in pomerio suo pomum novellam plantatam haberet, et iam flores eius in poma profecissent, praecepit omni familiae suae sub interminatione gratiae suae [3]), nec non et poenae, ne aliquis aliquod ex eisdem pomis, quae pauca erant, ante maturitatem carperet, probare volens eius primitias. Cumque omnes praeceptum illius custodirent, scholaris quidam nomine Conradus, cognatus eius, et per ipsum in ecclesia sancti Andreae in canonicum promotus, poma eadem videns et desiderans, patrui praeceptum neglexit, unum tantum, ut puto, de pomis tulit et comedit. Quod cum Decanus intellexisset [4]), tanta ira et odio exarsit in illum, ut dilectum eiiceret, nec ab aliquo posset induci, ut culpam ei ignosceret. Et quem multum cogitaverat diversis stipendiis ditare, ab illo die, in quantum potuit, depressit. Ego eundem Conradum bene novi, et erat cantor praefatae ecclesiae. Satis ut vides tentationis pueri huius poena concordat cum poena Adam. Ille propter pomum eiectus est de paradisi deliciis; iste de domo avunculi sui atque divitiis. NOVICIUS: Cum Adam in potestate haberet omnes fructus paradisi, mirum [5]) quod se ab una arbore continere non potuit. MONACHUS: Multi temere Adam iudicant [6]) de inobedientia, pomi vilitatem attendentes, et vim tentationis non considerantes, sicut subiecto probabitur exemplo.

---

1) et add BC. — 2) et om B; paulo post BC et in. — 3) VI, 12: ego praecipio vobis sub interminatione gratiae meae. IX, 38: sub interminatione oculorum tuorum. — 4) ADP intellexit. — 5) C miror; mox P quod ab una se. — 6) BC iudicant Adam.

CAPITULUM LXXV.

De servo, qui pixide contra praeceptum domini sui aperta gratiam eius perdidit.

Quidam paterfamilias servum habebat fidelem et utilem omnium rerum suarum dispensatorem. Contigit ut die quadam sermo esset de inobedientia Adae inter eos de esu[1]) pomi contra praeceptum Domini, et servus indignando illius inconstantiae diceret: Ut taceam de Deo, si mihi tam districte aliquid a vobis praeciperetur, nunquam transgressor efficerer. Tacuit tunc dominus, et post dies aliquot, cum ille minus sibi caveret, nec sermonem contra Adam prolatum in memoria haberet, pixidem ei clausam, sed non firmatam porrexit dicens: Pixidem istam custodiae tuae commendo[2]). Quod si aperueris illam, totius laboris tui mercede privaberis, et gratia mea[3]) perpetuo carebis. Hoc cum crebrius ei inculcasset, et ille in conclavi suo se recepisset, statim diversis cogitationibus coepit fluctuare, tentationibus aestuare, quid esset in pixide scire desiderans. Et saepius illam vertens atque circumspiciens, ait intra se: Quid si aperuero illam? Solus sum, nemo videt. Interrogatus, negabo. Non est testis, qui me convincere possit. Victus tandem tentatione, pixidem aperuit, et avicula, quae intus clausa erat[4]), evolavit. Tunc tristis effectus valde, mysterium intellexit, et ad domini pedes, pixidem requirentis, se prosternens, veniam postulavit, sed non invenit. Ad quem dominus: Serve nequam et contumax, tu primum parentem nostrum de inobedientia iudicans, tuamque constantiam apud me commendans, te ipsum condemnasti. Recede ergo a me, et faciem meam de cetero non videas. Haec mihi retulit canonicus quidam sancti Severini in Colonia, vir senex aetate, verax in verbis, et vita religiosus. Simile ex parte contigit in Saxonia.

---

1) BC sermo inter eos esset de inobedientia Adae in esu. — 2) B committo. — 3) ADP gratiae meae. — 4) BP erat clausa.

CAPITULUM LXXVI.*)

De uxore militis, quae tentatione victa paludem a marito prohibitam intravit.

Henricus de Wida miles fuit dives valde, potens et nominatus, ministerialis Henrici Ducis Saxonum. Adhuc plures vivunt, qui illum noverunt, et rei, quam recitaturus sum, forte recordantur. Habebat enim uxorem nobilem ac dilectam. Die quadam cum sermo inter eos haberetur de culpa Evae, coepit illa, ut mos est mulieribus, eidem maledicere et de inconstantia iudicare animi[1], eo quod pro modico pomo, gulae suae satisfaciens, tantis poenis ac miseriis omne genus humanum subdidisset. Cui maritus respondit: Noli illam iudicare. Tu forte in tali tentatione simile fecisses[2]. Ego volo tibi aliquid praecipere, quod minus est, et propter amorem meum minime poteris custodire illud. Respondente illa: Quod hoc est mandatum[3]? ait miles: Ut die illa qua balneata fueris, paludem curiae nostrae non ingrediaris nudis pedibus[4]. Aliis diebus, si libet, intres. Erat enim aqua putens et fimosa, ex totius curiae sordibus collecta. Illa subridente, et praecepti transgressionem etiam[5] abhorrescente, subiunxit Henricus: Volo ut poenam addamus. Si tu fueris obediens, quadraginta marcas argenti a me recipies; sin autem, totidem mihi solves. Et bene placuit ei. Ille vero, ipsa ignorante, secretos custodes paludi adhibuit. Mira res. Ab illa hora[6] matrona tam honesta et tam verecunda nunquam per curiam transire poterat, nisi ad praedictam paludem respiceret. Et quotiens balneabatur, totiens graviter[7] de eadem palude tentabatur. Die quadam exiens de balneo, dixit pedissequae suae: Nisi ingressa fuero paludem illam, moriar. Statimque succingens se, cum circumspexisset, et neminem videret, separata[8] comi-

---

*) Homil. II. p. 56. — 1) BC animi iudicare. — 2) C similiter fecisses, P fecisses simile. — 3) CD quod est hoc mandatum, P quod est mandatum; mox ADP subiunxit. — 4) ACDP nudis pedibus non ingrediaris. — 5) etiam om. BP. — 6) BC die. — 7) graviter om ADP; B habet: ab eadem palude graviter. — 8) B videret, omisso separata; ceteri libri videre putaret. Emendavi ex Homiliae verbis: „ut die quadam, separata comitante pedissequa, paludem intraret, et cum multa delectatione concupiscentiae suae satisfaceret."

tante ancilla, aquam illam foetidam usque ad genua intravit, et huc illucque deambulando, bene concupiscentiae suae satisfecit. Quod statim nunciatum est marito eius. Ille gaudens, mox ut eam vidit, ait: Quid est, domina? Fuistisne hodie bene balneata? Respondente illa: Fui; adiecit: In dolio, vel in palude? Ad quod verbum confusa tacuit, sciens eum suum excessum non latere. Tunc ille: Ubi est, domina mea[1]), constantia vestra, obedientia vestra, iactantia vestra? Eva vilius tentata fuistis, tepidius restitistis, turpius cecidistis. Reddite ergo quod debetis. Et cum non haberet illa quod solveret, omnia vestimenta eius pretiosa tulit, et per diversas personas distribuit, sinens eam per aliquod tempus bene torqueri. NOVICIUS: Valde miserabile est, quod sic mens hominis semper nititur in vetitum. MONACHUS: Antequam sermo Dei audiatur: Non est tribulatio vel tentatio, sed ubi signum belli praedicationis tuba ostendit, tribulationum pugna consurgit[2]). Verba sunt Origenis super illum locum: *Ex quo locutus sum Pharaoni, afflixit[3]) populum tuum[4]).* Quam valida sit quandoque pugna tentationis post prohibitionem, exemplum tibi proponam militem quendam, qui magis elegit mori, quam in tentatione sua superari.

CAPITULUM LXXVII.

De milite poenitente, quem tentatio arboris vetitae exstinxit, sed non superavit.

Miles quidam, sicut audivi a quodam viro religioso, multa scelera commiserat. Tandem ductus poenitentia, venit ad sacerdotem, de commissis fecit confessionem, satisfactionem suscepit, sed susceptam servare non potuit. Cumque hoc saepius actitasset, die quadam dixit illi sacerdos: Nihil sic proficimus. Dic ergo mihi: Estne aliquid quod pro peccatis tuis possis custodire? Respondit ille: Est pomus in possessione mea tali, cuius fructus tam amarus et pessimus est, ut nunquam ex eo comedere possem. Si videtur vobis bonum, poenitentia mea sit, ut quoadusque vivam de eiusdem[5]) pomis non gustem. Sciens sacerdos maxime post prohibitionem,

---

1) mea om BC. — 2) ADP insurgit. — 3) libri afflixisti. — 4) Exod. 5, 23. Origen. Homil. 3. in Exod. — 5) B eius, P eisdem.

excitante carne, vel diabolo, sive utroque, consurgere tentationem, respondit: Pro omnibus peccatis tuis tibi iniungo, ut nunquam de fructu eiusdem arboris scienter comedas. Abiit miles, poenitentiam iniunctam quasi pro nihilo reputans. Sic sita erat ipsa arbor, ut quotiens curiam suam exiret vel intraret, eandem arborem respicere posset. Respiciendo semper prohibitionis recordabatur, et recordando mox gravissime tentabatur. Die quadam ante arborem eandem transiens, et poma in ea considerans, ab eo, qui primum hominem per lignum prohibitum tentavit et prostravit, tam valide tentatus est, ut ad arborem quidem veniret, et ad pomum nunc manum extendendo, nunc extensam retrahendo, totum pene diem contrariis nisibus continuaret. Tandem adiuvante gratia [1]) triumphans, in tantum concupiscentiae restitit, ut corde coangustato [2]) sub arbore iacens spiritum exhalaret. NOVICIUS: Si tentatio Adae tam dura fuit, non mirum si cecidit. MONACHUS: Graviter cecidit tentationi consentiendo, quia sicut foris habuit causam impellentem, sic intus gratiam adiuvantem. Haec dicta sint occasione pomi, propter quod eiecti sunt de paradiso protoplasti. NOVICIUS: Non minus miror quod Esau esuriens, propter lenticulae decoctionem, primogenita sua perdidit coram Deo, quam quod illi propter pomum inobedientes, eiecti sunt de paradiso. MONACHUS: Non esuriendo, non lenticulam concupiscendo [3]), primogenituram suam perdidit, sed per contemtum, quo rem tam pretiosam, tam indigno pretio, incitante gula, vendidit. Nec nobis hoc debet [4]) esse terrori, qui frequenter tali cibo vescimur, et ardenter sumimus, quia magnum Dei donum est, quando viris delicatis, postquam conversi fuerint ad Christum, incondita pulmentaria leguminum vertuntur in convivium. Audi de hoc verbum satis iocundum.

CAPITULUM LXXVIII.

De tribus granis, quibus Abbas Gisilbertus se condire dicebat pulmenta monachorum.

Eo tempore quo milites illi honesti et in saeculo nominati, videlicet Ulricus cognomento Flasse, et [5]) Gerardus cogno-

---

1) B Dei gratia. — 2) D coangustiato. — 3) ADP comedendo. — 4) BC debet hoc. — 5) et om BC.

mento Waschart, Karolus et Marcmannus [1]) Colonienses, aliique tam ex clericis quam ex laicis viri divites in Hemmenrode conversi fuissent et in ordine confortati, quidam ex saecularibus et iam dictorum militum notus et amicus ait beatae memoriae domino Gisilberto eorum Abbati: Non sufficio mirari, quod tales viri in saeculo tam delicati, oleribus inconditis, pisa et lente possunt uti. Cui ille respondit: Ego tria grana piperis appono, quibus eadem grossa pulmentaria ita condiuntur, ut pene nihil in suis scutellis comedentes relinquant. Mirante illo, et non intelligente quod audierat, Abbas subiunxit dicens: Ego tibi exponam. Primum granum piperis sunt longae vigiliae matutinarum; secundum labor manuum; tertium granum est desperatio ferculi lautioris. Ecce ista sunt tria grana, quibus appositis optimi saporis fiunt pulmentaria nostra. Et puto vehementer, quod monachus magis peccet pisam suam sive lenticulam propter tortiones vel humores melancolicos vitando, quam nimis ex illis sumendo. Si apposita sumere noluerit, necesse est ut lautiora vel appetat vel requirat. Si ei [2]) data fuerint ex consuetudine, pusillanimes scandalizat; si negata, ante tempus deficiet. Monachus vacuo ventre non potest bene ieiunare, vigilare aut laborare. Hinc est quod sanctus Bernardus tales in quodam Sermone satis acriter reprehendit. Cibaria nostra non sunt multum confortativa, et ideo oportet nos ex eis sumere usque ad satietatem. NOVICIUS: Quid sentiendum est de illis, qui per occasionem frequenter in saeculo sunt, et pene quotidie cibis delicatis vescuntur? Eruntne aequales fratribus suis in merito, qui cibis regularibus tormentantur? MONACHUS: Non est meum illos iudicare, unusquisque secundum suum laborem [3]) recipiet. Dicam tibi tamen de hoc cuiusdam laici sententiam satis delectabilem, contra quendam Cardinalem ioculariter [4]) prolatam.

CAPITULUM LXXIX.

De sermone monachi illiterati ad Henricum Cardinalem Albanensem.

Sanctae recordationis dominus Henricus Albanensis Epi-

1) B Marcimannus, CP Marcinannus; conf. XI, 11. — 2) ADP ea. — 3) D add mercedem, iuxta Cor. I, 3, 8. Sed vide Homil. IV. p. 117. — 4) B iocaliter.

scopus et Cardinalis, anno Domini millesimo centesimo octogesimo octavo missus a Clemente Papa temporibus Frederici Imperatoris praedicare crucem in Alemannia contra Sarracenos, quosdam sibi monachos terrae nostrae ordinis Cisterciensis socios itineris assumsit [1]). Die quadam cum simul equitarent, et ipse diceret in generali: Quis vestrum dicet nobis aliquid boni? respondit unus: Ille, demonstrato quodam monacho [2]) laico, cuius nomen excidit. Et praeceptum est ei statim a Cardinale, ut verbum proponeret exhortationis. Ille primum se excusans, dicens laicum non debere literatis aliquid [3]) loqui, tandem sic exorsus est: Quando mortui fuerimus et deducti ad paradisum, occurret nobis sanctus pater noster Benedictus. Visis nobis monachis cucullatis, cum gaudio introducet; viso vero Henrico Episcopo et Cardinale, mirabitur infulatum eum [4]), et dicet: Quis enim es tu? Et ille: Pater, ego sum monachus Cisterciensis. Respondebit sanctus: Nequaquam; monachus corniculatus non est. Tunc Henrico satis pro se allegante, tandem huiusmodi data sententia, dicet ostiariis sanctus Benedictus: Ponite eum supinum, et stomachum eius scindentes aperite. Si inveneritis ibi olera incondita, fabam, pisam, lentem, pultes cibosque regulares, cum monachis intromittatur; sin autem, scilicet pisces grossos et cibos saeculares atque delicatos, foris maneat. Deinde conversus ad Cardinalem, subiecit: Quid illa hora dicturus es, pauper Henrice? Ad quod verbum Cardinalis subridens, sermonem commendavit. Ego eundem venerabilem Episcopum et monachum in ecclesia sancti Petri Coloniae adhuc puer audivi crucem praedicantem, et plurimos ibidem vidi signantem, eratque vir iustus et sanctus, manus suas ab omni munere excutiens [5]), et tam verbo quam exemplo multos aedificans. NOVICIUS: Recordor superius te dixisse, iniquitatem Sodomae fuisse [6]) saturitatem panis et abundantiam. MONACHUS: Verba sunt Ezechielis Prophetae [7]). Ut ait Moyses, *antequam subverteret Dominus Sodomam, omnis eius regio irrigabatur*

---

1) C quosdam sibi terrae nostrae monachos Cisterciensis ordinis socios assumsit, ADP quosdam sibi terrae nostrae monachos ordinis Cisterciensis assumsit. — 2) CP quodam converso monacho. — 3) aliquid om BC; paulo post C tamen. — 4) BC Cardinale infulato, mirabitur. — 5) Isai. 33, 15. — 6) fuisse om AD. — 7) Ezech. 16, 49.

sicut paradisus Dei, et sicut Aegyptus [1]), eratque nimiae fertilitatis. Unde quia Sodomitae comessationibus vacabant, per libidinem exfluebant [2]). Gula luxuriam plurimum accendit. NOVICIUS: Quid ergo? Estne periculosum, si monachus pane saturaretur [3])? MONACHUS: Quod superius dixi de lenticula, hoc modo dico de pane. In pane Sodomorum, eo quod cibus sit [4]) principalis, intelligitur copia omnium cibariorum [5]), quo illi abundabant. Panis vero noster, quia grossus est et niger, magis est necessitatis, quam superfluitatis, et puto magis monachum peccare, si illum abhorreat vel delicatum requirat, quam si eo satietur. Maxima quandoque in pane solet esse tentatio.

CAPITULUM LXXX.

De clerico, cui Christus panem hordeaceum lateri suo intinctum porrexit.

Diu est, quod ad Claramvallem conversionis gratia clericus [6]) venit delicatus valde. Cumque panem conventus, qui tunc temporis valde grossus erat, et pisam abhorreret, atque ex ipso timore, non solum famis, sed et futurae refectionis tabesceret, nocte quadam Salvator ei in visu [7]) apparuit, quo fratres vescebantur frustum panis [8]) in manu tenens, quem ei porrexit, et ait: Comede panem hunc. Cui cum novicius responderet: Domine, nequaquam [9]) vesci potui pane hordeaceo; Christus vulneri lateris sui panem eundem [10]) intinxit, et porrectum comedere iussit. De quo cum gustasset, factus est sicut mel dulcis in ore eius. Ab illo enim tempore panem sive cibos regulares, quos prius vix tangere potuit, cum multa delectatione comedit. Hoc scias, quod diabolus eos, quos decipere nequit per gulam, deiicere per indiscretam et indebitam conatur abstinentiam.

---

1) Genes. 13, 10. — 2) BCP **effluebant.** — 3) BCD **saturetur.** — 4) P quod panis cibus sit, BC quod panis sit cibus. 5) BCD ciborum. — 6) C clericus quidam. — 7) C in visu ei. — 8) BC frustum panis quo fratres vescebantur (B utebantur). — 9) BC nunquam. — 10) B eundem panem, C **Christus eundem panem vulneri lateris sui.**

CAPITULUM LXXXI.

De novicio, quem diabolus formam dimidii panis offerendo decepit.

Sicut referre solent nostri seniores, in Hemmenrode sub specie angeli daemon [1] cuidam monacho minus circumspecto per aliquot dies in mensa formam dimidii panis ostendit, et ne plus simul sumeret dissuasit [2]. Obedivit ille daemoni, et post breve tempus tantam debilitatem corporis incurrit, ut in sensu deficeret et periret. NOVICIUS: Dixisti superius, gulam prostravisse filios Israel in deserto. Quod ergo incitamentum gulae videtur tibi maxime fuisse causa illius plagae? MONACHUS: Desiderium carnium. Cum enim Dominus dedisset eis manna, panem angelorum, omne habens in se delectamentum [3], ingrati tanto beneficio, murmurabant contra Moysen dicentes: *Quis dabit nobis ad comedendum carnes? Recordamur piscium, quos comedebamus in Aegypto gratis. In mentem nobis veniunt cucumeres et pepones et cepe et allea. Anima nostra arida est. Nihil aliud respiciunt oculi nostri nisi manna* [4]. Et in alio loco: *Anima nostra nauseat super cibo isto levissimo* [5]. Vides quanta ingratitudo, et cum quanto iurgio? Culpam mox poena subsequens [6] denudat. *Adhuc*, inquit, *erant carnes in ore et dentibus eorum, nec defecerat huiusmodi cibus; et ecce furor Domini concitatus in populum, percussit eum plaga magna nimis* [7]. Saepe diabolus religiosos per carnes tentat, nunc dormitantes, nunc vigilantes, nunc visibiliter, nunc invisibiliter. Quosdam vincit, a quibusdam vincitur. NOVICIUS: De his audire delectat exempla. MONACHUS: Exempla satis vera et manifesta tibi dicam.

CAPITULUM LXXXII.[*]

De Arnoldo monacho, cui in choro dormitanti diabolus carnes obtulit.

Non est diu, quod monachus quidam apud nos defunctus est, Arnoldus nomine, Coloniae in ecclesia sanctorum Aposto-

---
1) BC daemon sub specie angeli. — 2) ACDP persuasit. — 3) Sapient. 16, 20. — 4) Numer. 11, 4—6. — 5) Numer. 21, 5. — 6) B mox subsequens poena, D poena mox subsequens. — 7) Numer. 11, 33. — [*] Homil. II. p. 48.

lorum canonicus. Fuerat enim ante conversionem vir dives et delicatus valde [1]). Iste mihi referre solebat, quod per gulam multum tentaretur a diabolo, etiam cum leviter dormitaret in choro. Quandoque cum propter lassitudinem in choro stans oculos clauderet, scutellam carnibus plenam ante os suum sensit, de qua etiam more canino, ut sibi videbatur, comedit. Cumque sic bestialiter comedere erubesceret, caput quandoque retraxit, et satis dure parieti illisit.

CAPITULUM LXXXIII.

De converso in missa dormitante, qui lignum pro carnibus rodebat.

Conversus quidam, sicut ab eius ore [2]) audivi, cum die quadam auditor esset cuiusdam privatae missae, in canone modicum quid dormitans, ex illusione diaboli ipsum super quod prostratus iacebat lignum dentibus rodere coepit, ac si aliquid masticaret. Et erat stridor dentium eius, ut sonus muris testam nucis dentibus suis perforantis. Frater Richwinus cellerarius noster, qui ad missam eandem ministrabat, haec [3]) audiens, in orationibus suis impediebatur. Et cum posset converso loqui, interrogabat eum, quid in missa inter dentes haberet, dicens, non potui propter vos orare. Respondit ille: Credite mihi, ego comedi bonas carnes. Unde habuistis illas? inquit. Respondit conversus: Diabolus infra illum canonem praeparaverat ori meo scutellam carnium bene refertam. Si non creditis, notate lignum, in quo iacui, vestigia dentium meorum bene ibi reperietis. Et narravit ei qualiter a diabolo dormitans fuisset illusus. Lignum revera [4]) ex dentibus eius fuerat corrosum. Sic inimicus viros religiosos quos decipere per gulam non potest vigilando, ad minus illis illudere conatur dormitando. Audi nunc de quadam virgine, quam per carnes non dormitantem, sed vigilantem visibiliter tentavit, nec tamen praevaluit.

---

1) valde om BC. — 2) AD ab ore eius. — 3) C hoc. — 4) ADP vero.

CAPITULUM LXXXIV.

De virgine abstinente, cui diabolus anserem obtulit.

Virgo quaedam de Nivella nata, domum patris et parentes amore Christi deserens, quibusdam feminis religiosis illius provinciae se sociavit, cum quibus de opere manuum suarum victitans, orationibus ieiuniisque vacavit. Cuius virtutibus diabolus invidens, anserem de domo patris eius tulit, et in triclinio, in quo cum ceteris feminis sedebat, deposuit, dicens: Quid te, misera, fame crucias? Accipe et manduca. Cui cum illa diceret: Non licet mihi ex eo comedere, quia de furto est; respondit diabolus: Nequaquam, de domo enim patris tui tuli illum. Tunc virgo: Non poteris negare quin rapina sit. Tolle anserem velocius, et restitue ubi rapuisti. Videns ille nihil se [1] proficere, feminis videntibus, avem levavit, et tuguriolo, unde eam rapuerat, restituit. Testata est familia domus patris eius, magnum se inter reliquos anseres audivisse clamoris strepitum, et cum praefatum anserem tolleret, et cum eundem loco suo restitueret. Dicam tibi adhuc duo exempla, per quae scies qualiter diabolus eos, quos per desiderium carnium superat [2], terreat et confundat.

CAPITULUM LXXXV.

De converso in cellario comedente carnes.

Conversus quidam, sicut audivi a quodam viro religioso, carnium desiderio tentatus atque superatus, cum illas requirere erubesceret, sicut nec licuit, die quadam assaturam sibi praeparatam, cellarium intrans, comedit [3]. Erat enim officio cellerarius, et de ordine Praemonstratensi. Permissione Dei diabolus, quia aliud facere non potuit, gulosum illum rapuit, et in tecto campanilis in modum vestimenti sparsit. Ubi cum haereret, vel potius a diabolo sustentaretur, cui datus fuerat [4] ad terrendum potius, quam ad occidendum, clamavit valide, fratrum auxilium implorans. Quem ibi haerere cernentes, causamque ignorantes, satis mirati sunt, et turrim cum festinatione ascendentes, tegulasque incidentes [5], per foramen illum retraxerunt.

1) BC se nihil. — 2) ADP superet. — 3) C cellarium intulit, et comedit, ADP cellario intulit, et comedit. — 4) P fuit. — 5) tegulasque incidentes add BC.

CAPITULUM LXXXVI.

De gallina, cuius viscera versa sunt in bufonem.

Non est diu, quod quidam ex monachis Prumiensibus¹), feria tertia ante Cineres in domo cuiusdam saecularis sacerdotis convivantes, diversas carnes cum vino exquisito usque ad mediam pene noctem comederunt²). Et cum saturati essent nimis, in ipso galli cantu sacerdos vocans scholarem adultum, nomine Johannem, quem ego bene novi, dixit: Certe adhuc comedemus. Vade affer nobis gallinam, quam inveneris in pertica iuxta gallum sedentem, quia ceteris pinguior esse consuevit, et praepara nobis. Quam cum strangulasset, et ventre aperto, manuque imposita, cum se omnia intestina eius simul eiicere putaret, maximum bufonem extraxit. Cuius motum cum in manu sensisset, et proiecisset, vidissetque quid esset, repentino suo clamore omnes advocavit. Videntes gallinae intestina in bufonem versa, confusi a loco convivii recesserunt, intelligentes opus esse diaboli. Haec mihi unus fratrum illorum, qui interfuit et vidit, recitavit. NOVICIUS: Magis me tentant pisces, quam carnes, quia istis mihi vesci licet, illis non. MONACHUS: Puto te recordari cum filiis Israel piscium, quos comedebas in Aegypto, id est, in saeculo. NOVICIUS: Non possum quandoque non recordari. MONACHUS: Ad memoriam mihi revocant pisces isti magnam quandam nequitiam cuidam incluso a diabolo factam.

CAPITULUM LXXXVII.

De Hermanno incluso, cui diabolus pro piscibus obtulit stercora equina.

Retulit mihi frater Godescalcus de Volmuntsteine, quod die quadam diabolus fratri Hermanno incluso de Arnisberg³), in specie hominis sibi noti⁴), scutellam attulit⁵) cum piscibus. Ille, eo quod adhuc mane esset, dixit ut poneret et recederet. Tempore quo erant praeparandi, in disco, in quo prius nihil esse videbatur nisi pisces, stercora reperta sunt equina. NOVICIUS: Puto eundem virum religiosum pisces

---

1) BDP Prumensibus. — 2) C comederent. — 3) Arnsberg. — 4) B sibi noti hominis. — 5) C obtulit.

desiderasse, et poenam eiusdem peccati illusionem fuisse diaboli. MONACHUS: Hoc satis probabile est. Per hoc etiam quod filii Israel cum carnibus et piscibus desideraverunt cepas et allea, recordor cuiusdam periculosae tentationis, in qua quidam poenitens per allea cecidit.

CAPITULUM LXXXVIII.

De Steinhardo proditore, qui per allea cecidit.

Duae cognationes militum in Episcopatu sunt Coloniensi [1], tam multitudine quam divitiis et probitate fortes satis atque magnanimes. Ex quibus una illarum [2] de villa Bacheim [3] originem ducit; altera de villa, quae Gurzenich vocatur. Erant autem [4] inter eas quandoque tam validae et tam mortales inimicitiae, ut tunc temporis a nullo hominum, sive Episcopo ipsorum domino possent sopiri, sed quotidie rapinis, incendiis et homicidiis renovarentur. At illi de Gurzenich in terminis suis fecerunt sibi domum munitam in nemore, non quidem timore inimicorum, sed ut ibi possent confluere, quiescere, et simul procedendo illos acrius impugnare. Habentes autem servum quendam originarium, Steinhardum nomine, fidei eius claves munitionis commiserunt. Ille vero, instinctu diaboli, clanculo nuncium adversariis direxit, promittens quod tam dominos suos quam munitionem potestati eorum traderet, nescio quid causae contra illos praetendens. At milites de Bacheim traditionem timentes, verbis eius minus attenderunt. Quibus cum secundo ac tertio eundem nuncium destinasset, illi die praefixo se armantes, et cum multitudine timore insidiarum venientes, in loco domui satis vicino servum praestolati sunt. Ad quos proditor exiens, cum adhuc haesitarent, allatis omnium dominorum suorum, in castellulo meridiano tempore dormientium, gladiis, certos illos effecit. Ad quos armati intrantes, omnes occiderunt, servum secundum quod illi iuraverant [5], in sua recipientes. Postea miser ille, de tam exse-

---

1) B sunt in Episcopatu Coloniensi, C in Episcopatu Coloniensi sunt. — 2) vox illarum salvo sensu abesse posset; sed simili modo dicit in Homil. IV. p. 94: „ex quibus quaelibet illarum dies est." — 3) Bacheim, prope Frechen; Gurzenich, iuxta Marcodurum. — 4) B enim; mox C inter eos. — 5) DP iuraverunt.

crabili facinore territus et compunctus, Sedem Apostolicam adiit, ubi culpam confitens, poenitentiam satis duram suscepit; sed tentationi succumbens, susceptam minime custodivit. Qui mox recurrens ad Papam, renovavit poenitentiam, sed non perseveravit in obedientia. Cumque hoc crebrius actitasset, dominus poenitentialis taedio affectus, se ab illo liberare volens, considerans nihil eum proficere, dixit: Nosti aliquid quod possis pro poenitentia suscipere et custodire? Respondit ille: Nunquam [1]) allea comedere potui. Certum est mihi, quia illorum carentiam, si pro peccatis meis suscepero [2]), nunquam transgrediar. Ad quod verbum [3]) confessor respondit: Vade, et de cetero pro peccatis tuis magnis allea [4]) non comedas. Egressus homo Urbem, in horto quodam allea conspexit, quae ex immissione diaboli mox concupiscere coepit. Stans vero, et allea attendens, fortiter tentabatur. Concupiscentia invalescens non sinebat miserum abire, nec tamen allea prohibita ausus erat attingere. Quid verbis immorer? Tandem gula vicit obedientiam, hortum intravit [5]), et comedit. Mira res. Allea, de quibus nunquam gustare potuit cum essent cocta et accurate praeparata et ad comedendum sibi licita, contra vetitum cruda manducavit et immatura. Sic viliter in tentatione victus, cum multa confusione ad curiam rediit, et quid egerit recitavit. Quem poenitentialis cum indignatione repellens, ne sibi de cetero molestus esset praecepit. Quid post haec [6]) miser ille egerit, non audivi. NOVICIUS: Misera est conditio hominis, quae sic prona est ad transgressionem. Sed dic quaeso, in quo genere gulae peccavit homo Dei, qui comedendo in Bethel a leone occisus est [7])? MONACHUS: Non comedendo, sed contra divinum praeceptum [8]), etiam in tali loco deceptus comedendo, talem poenam incurrit. Quanta sit culpa, illicita, sive etiam licita, contra praeceptum comedere aut bibere, nonnullis tibi ostendam [9]) exemplis.

---

1) P nequaquam. — 2) C quia si illorum carentiam pro poenitentia suscepero — 3) verbum add B. — 4) B illa; mox C ne. — 5) D intravit, rapuit. — 6) P hoc; paulo post ABP fecerit. — 7) Reg. III, 13. — 8) BC praeceptum divinum. — 9) B pandam.

CAPITULUM LXXXIX.

De Florino Praeposito, cui morsellus carnium gutturi infixus est.

Magister Absalon vir honestus et literatus, in ecclesia sancti Victoris Parisiis canonicus, ante hos annos in Sprenkirsbach [1]) Abbas est electus. Est enim idem monasterium in Episcopatu Treverensi. Antequam idem Absalon in locum electionis suae veniret, unus ex fratribus in visu noctis vidit, quod candela ardens praefatum monasterium intraret, quae suo lumine omnium fratrum candelas exstinctas [2]), quas in manu tenebant, reaccenderet. Interpretatio visus talis [3]) erat, quia is adveniret, qui disciplinam dissolutam repararet. Factus vero Abbas, honestas consuetudines, quas in suo monasterio didicerat, induxit, inter cetera praecipiens, ut tam suae congregationis fratres quam subiectae sorores, nec non et Praepositi earum, ab escis carnium omnes [4]) abstinerent. Contigit post haec [5]) quandam saecularem matronam religionis habitum in Insula sancti Nycholai [6]) suscipere. Pertinet autem idem monasterium ad Sprenkirsbach. In die reclusionis supradictae feminae, amicis eius cum Praeposito sanctimonialium [7]), nomine Florino, viro pinguissimo, et bene mihi noto, convivantibus [8]), cum ipsi carnibus vescerentur, et ipse piscibus propter mandatum Abbatis sui Absalonis, videns in scutella clerici iuxta se [9]) sedentis carnium assaturam, concupivit, immissaque manu morsellum rapuit, et cum quadam iocunditate in os suum misit. Mox iusto Dei iudicio idem morsellus in guttur inobedientis integer descendit, ita ut meatum eius obstruens, nullo conatu posset in os revocari vel deglutiri [10]). Quem de mensa trahentes, cum iam eversis oculis putaretur esse suffocandus, Henricus monachus et camerarius noster, tunc Decanus Monasteriensis [11]), sicut ex eius ore audivi,

1) hodie Springirsbach, prope Wittlich. — 2) exstinctas om AD. — 3) D talis visionis. — 4) BC omnes ab esu carnium. — 5) P hoc. — 6) monasterium sanctimonialium, vulgo Stupa dictum. Vide infra V, 14. — 7) D monialium. — 8) Homil. IV. p. 157: „forte exemplo huius convivii (Matth. 9, 10) usque hodie mos inolevit in diversis ordinibus Ecclesiae tam feminarum quam virorum, ut hi qui habere possunt, in die conversionis, suis cognatis et amicis adductis, conventui copiose ministrent." — 9) se add BC. — 10) vel deglutiri add BC. — 11) Intelligit Monasterium Mayenfeldiae. Conf. etiam I, 23.

pugno tam valide collum illius¹) percussit, ut morsellus infixus exsiliret. Et cognoverunt omnes, quod dolor ille atque confusio, poena peccati foret inobedienti Praeposito. Et hoc pro certo scias, quod sicut diabolus plures, ut dictum est, tentat desiderio carnium, ita et vini.

CAPITULUM XC.
De cellerario, qui post completorium sitiens, inclinando liberatus est.

Monachus quidam ordinis nostri, officio cellerarius, die quadam post completorium, opere, ut post patuit²), diaboli, intolerabiliter sitire coepit. Tentatus igitur tam valide, cum fluctuaret et cogitaret, utrum sibi contra regulam esset bibendum, vel cum periculo vitae abstinendum, tandem victus, proposuit cellarium intrare³), et bibere. Interim intrans oratorium, cum ante altare quoddam transiret, et multum tepide, de potu cogitans, inclinaret, in se, cum paululum processisset, erubescens, ad idem altare rediit, stetit, et cum multa reverentia inclinavit. Levans autem caput, daemonem in specie monachi nigerrimi iuxta se stare conspicatur, huiusmodi verba proferentem: Pro certo tibi dico, si non fuisses reversus ad inclinationem, ego tibi talem potum in cellario propinassem, quem digerere vix⁴) posses, quamdiu viveres. Hora eadem diabolus disparuit, et omnis tentatio immissae sitis cessavit. Haec mihi retulit dominus Eustachius Abbas de Hemmenrode, asserens ante annos septem contigisse. NOVICIUS: De cetero studiosior ero ad inclinandum profunde. MONACHUS: Diabolus omnem odit humiliationem, illam maxime, per quam homo Deum agnoscit⁵) suum creatorem, se creaturam. Quando hoc videt hominem devote exhibere Deo, quod ipse facere contemsit, volens illi similis esse, sustinere non potest, fugitque confusus. Unde Abbas Philippus de Ottirburg, cuius supra memini, vir prudens et literatus, sorores de Insula sancti Nycholai, sicut mihi retulerunt, docuit dicens: Quando tentat vos⁶) diabolus, profunde inclinate in locis debitis, et statim fugiet a vobis. Loca inclinationi debita sunt altaria,

---

1) BC eius. — 2) B ut postea patuit, P ut patuit postea. — 3) ADP intrare cellarium. — 4) BD vix digerere. — 5) libri cognoscit. — 6) BC vos tentat.

et ubicunque ex opposito¹) est imago crucifixi, et reliquiae sanctorum. Ad Gloria Patri etiam inclinamus, nec non et Abbati, aliisque in multis locis, in quibus ordo hoc praecipit²). Vis nunc audire de quodam, quem gula, et maxime appetitus vini³), de ordine traxit? NOVICIUS: Volo, quia multi vini desiderio afficiuntur. Vinum apostatare facit etiam sapientes⁴). MONACHUS: Dicam tibi visionem terribilem, quam ab eius ore audivi, cui datum est illam videre.

CAPITULUM XCI.
De Henrico cognomento Fikere⁵).

Quidam ex senioribus nostris, Hermannus nomine, cantor officio, vir bonus et disciplinatus, ante paucos annos defunctus est. Iste⁶) plures habuit visiones, ex quibus unam praesenti loco exempli causa inseram. Cum nuper monachus factus fuisset in Hemmenrode, alium quendam monachum, tam in choro quam in refectorio proximum habebat. Ante huius ora quandoque in choro infra psalmodiam amphoras cum vino vidit. Amphoras, ut dixi, oculis vigilantibus vidit, vini odorem sensit, sed manus tenentes videre non potuit. In quibus ille cogitando delectabatur, haec ante eius oculos opere diaboli formabantur. Vidit etiam et⁷) ursum cum dormitaret nocte quadam ante illum erectum stantem, brachia⁸) super pectus eius ponentem, cuius os dormitantis auri coniungebatur. Non multo post, secundum quod ei suasum fuerat a diabolo, apostatavit. Neque sine causa diabolus illum per ursum⁹) extraxit. Ursus dicitur quasi orsus, eo quod ore fetum suum formet¹⁰). Et diabolus ita¹¹) informavit illum scurrilitate verborum, ut ob loquacitatem oris sui tam Regibus quam Principibus multum sit acceptus. Vocatur enim Henricus cognomento Fig. Susceptus a domino Gisilberto Abbate in novicium, mox ut eum per confessionem cognoverat nigrum monachum fuisse¹²), cappam illi mutavit in cucullam. Fertur etiam fuisse in ordine Praemonstratensi. Prius

---

1) ADP exposita. — 2) B praecepit. — 3) BC vini appetitus. — 4) Eccli. 19, 2. — 5) CP Fig. — 6) ADP ipse. — 7) et om DR; conf. IV, 96. V, 1. Vit. S. Malach. 6. p. 516. — 8) B et brachia. — 9) C per ursum illum. — 10) C format. — 11) ita om BD. — 12) B nigrum fuisse monachum, C fuisse nigrum monachum.

tamen, ut audivi, se feminam simulans¹), pro femina in claustro quodam sanctimonialium susceptus, quasdam corrupit, et nonnullas impraegnavit. Nam usque hodie histrionis officio fungitur, et forte his peiora operatur. Haec de gula sufficiant, quia ad vitium luxuriae festino.

CAPITULUM XCII.

De luxuria et filiabus eius.

Luxuria est ex immundis descendens desideriis lubrica et effrenata mentis et carnis prostitutio. Huius filiae sunt, amor sui, odium Dei, affectus praesentis saeculi, horror vel desperatio futuri, praecipitatio, inconstantia, inconsideratio, caecitas mentis. Gradus luxuriae sunt, fornicatio, stuprum, adulterium, incestus, vitium²) contra naturam. Luxuria, sicut et gula, mala plurima operata est in mundo. Luxuria diluvii permaxima causa fuit³). Ipsa Pentapolim sulphure et igne consumsit⁴). Luxuria Joseph sanctum incarceravit⁵). Ipsa multos filiorum⁶) Israel in deserto prostravit. Hoc factum est, quando peccantes cum Madianitis initiati sunt Beelphegor⁷). Luxuria Sampsonem fortissimum ligavit, infirmavit, exoculavit⁸). Ipsa et filios Hely gloria sacerdotii simulque vita privavit. Dormiebant enim cum mulieribus, quae cubabant ad ostium tabernaculi⁹). Luxuria David Domini electum adulterum fecit et homicidam¹⁰). Ipsa Salomonem sapientissimum infatuans perduxit ad idolatriam¹¹). Luxuria Susannam condemnavit¹²). Johannem Baptistam decollavit¹³). De luxuria dicit Dominus per Ozee: *Omnes nequitiae eorum in Galgal*, id est, in voluptatibus; *ibi exosos habui eos*¹⁴*)*. Dicit et Johel de illa: *Computruerunt iumenta in stercore suo*¹⁵*)*, id est, in foetore luxuriae. Behemoth, secundum Job, dormit in locis humentibus¹⁶), id est, in luxuriosis. In Evangelio duobus se excusantibus, is qui uxorem duxit, superbe respondit, dicens: *Uxorem duxi, venire non possum*¹⁷*)*. NOVICIUS: Quid est quod Dominus in Evangelio aperte prohibet gulam, et figu-

---

1) BP feminam se simulans, AC feminam simulans. — 2) vitium add C. — 3) Genes. 6. — 4) Gen. 19. — 5) Gen. 39. — 6) ADP filios. — 7) Numer. 25. — 8) Judic. 16. — 9) Reg. I, 2, 22. — 10) Reg. II, 11. — 11) Reg. III, 11. — 12) Dani. 13. — 13) Matth. 14. — 14) Ose. 9, 15. — 15) Joel 1, 17. — 16) Job 40, 16. — 17) Luc. 14, 20.

rative luxuriam? De illa dicit: *Videte ne corda vestra graventur in crapula et ebrietate* [1]). De ista vero: *Sint lumbi vestri praecincti* [2]). MONACHUS: Noverat Creator totius naturae, de gula luxuriam oriri, illiusque fomentis nutriri. Genitalia [3]) ventri coniunguntur. Ac si diceret Dominus: Ne fias luxuriosus, gulae indulge parcius [4]). Sine Cerere et Bacho friget Venus [5]). Tria sunt quae fomitem luxuriae inflammant, victus immoderatus, vestitus pretiosus, otiositas. Haec tria Propheta fuisse dicit iniquitatem Sodomae, videlicet *saturitatem panis*, id est, gulam; *superbiam vitae*, scilicet superfluitatem vestium: per quae [6]) libido provocatur; *et otium ipsius et filiorum et filiarum eius* [7]). Multa mala, ut dicit Salomon, docuit otiositas. David propter otium peccavit cum Bersabee [8]). Unde quidam ait:

Otia si tollas, periere Cupidinis artes [9]).

Mala bestia est luxuria, castitatis impatiens, nulli sexui parcit, vix aliquem quiescere sinit. Excitat dormientes, concitat [10]) vigilantes, nunc per motus naturales, nunc per cogitationes, nunc per formas oculis subiectas. Tentat incipientes, tentat proficientes, tentat perfectos. NOVICIUS: Satis audivi luxuriae pericula, audivi [11]) et contra illam medicamenta; nunc precor ut subiungas exempla. MONACHUS: Non de illis dicere volo, qui luxuriae consentientes ceciderunt, sed qui ab ea tentati et conquassati, Dei gratia conservati sunt.

CAPITULUM XCIII.

De milite converso, quem uxor tempore probationis [12]) *repetivit.*

Miles quidam dives et honestus, more ecclesiastico ab uxore sua separatus, ad quandam domum ordinis nostri gratia conversionis venit. Cui omnia sua contulit, tali pacto, ut domus eadem uxori, quoad viveret, certam assignaret pensionem, quae in loco religioso vitam promiserat ducere [13]) reli-

---

1) Luc. 21, 34. — 2) Luc. 12, 35. — 3) C genitalia enim. Isidor. Sentent. de Summo Bon. II, 42, 4: „in ordine namque membrorum genitalia ventri iunguntur." — 4) Hieronym. in cap. I. ad Titum. — 5) Terent. Eunuch. IV, 5, 6. — 6) P quam. — 7) Ezech. 16, 49. — 8) Reg. II, 11. — 9) CP arcus. Versus est Ovidii Remed. Amor. 139.— 10) B concitat et. — 11) audivi om B. — 12) ADP tentationis.— 13) BC ducere promiserat.

giosam. Nolo nominare domum sive militem, ne forte aliquam ex his, quae dicturus sum, quia adhuc vivit, sustineat verecundiam. Facto eo novicio, in tantum diabolus illam [1]) stimulavit, ut a proposito resiliret, maritumque iam in fratrem conversum repeteret. Dum sic nihil proficeret, cum amicis ad monasterium insidiose veniens, ut sibi cum illo extra septa monasterii loqui liceret, petivit et obtinuit. Quem milites rapientes, et vi super equum trahentes abducere conabantur. Ille vero in quantum ex una parte levabatur, in tantum ex altera parte deorsum labebatur. Tandem nihil videntes se proficere, cum matrona reversi sunt. Tunc illa siluit toto anno illo. Finito vero [2]) anno probationis, exigente necessitate, assumto secum monacho venit in domum suam, in qua supradictam reperit matronam. Illa simulans se [3]) velle ei loqui secretius, in cameram duxit, clausoque post illum ostio clanculo, amplecti ac deosculari coepit. Sperabat enim, quia si illum ad peccandum inducere posset, quod deserto ordine, ad ipsam rediret. Sed filius integritatis Christus, qui innocentem puerum Joseph liberavit de manibus adulterae, eripuit et hunc militem suum ab amplexibus illicitis suae legitimae. Nam de brachiis eius se excutiens, illaesus exivit, et in igne non arsit. Rediens hic in domum suam dicere poterat [4]) cum Salomone: *Inveni amariorem morte mulierem, quae laqueus venatorum est, et sagena cor eius, vincula sunt manus eius.* Cui merito congruit quod subiungitur: *Qui placet Deo, effugiet illam* [5]). NOVICIUS: Grandis tentatio haec. MONACHUS: Grandior ista fuit quae sequitur.

CAPITULUM XCIV.

De gravi tentatione Richwini cellerarii ob literas sanctimonialis.

Juvenis quidam Coloniensis, Richwinus nomine, novicius factus est in domo nostra. Hic cum satis devote ac quiete per aliquod tempus in probatione ageret, ordinemque suum disceret, diabolus paci ac saluti eius invidens, per quandam sanctimonialem beatae Caeciliae iam dictae civitatis tantam guerram in eius corde movit, tantis libidinum stimulis carnem

---

1) BC illam diabolus. — 2) vero add BC. — 3) D se simulans. — 4) CP potuit. — 5) Eccles. 7, 27.

eius vulneravit, ut quiescere non posset. Literas revocationis ipsa dictavit et scripsit, in quibus eum arguit de conversione, hortabatur ad reditum, dicens se ipsam, domum et praebendam, vel si qua haberet, in eius debere esse potestate quoad viveret, si redire vellet. Has literas cum misisset per puerum, et ille quaereret novicium, Henricus, eiusdem novicii[1] germanus, qui hodie cellerarius noster est, servo occurrens, et hoc ipsum, quod postea evenit, formidans, non permisit ut ei loqueretur, praecipiens ut ocius exiret de curia. Qui tamen novicium in oratorio praestolans, literas porrexit et abiit. Quas ut legit, mox totus incanduit, ac si telum ignitum cordi eius infixum fuisset. Ab illa hora[2] cum tentaretur nimis, ita ut singulis horis ad saeculum redire proponeret, semper tamen pia fratrum oratione atque exhortatione detentus est. Die quadam cum esset solus in probatione, et valde fluctuaret, super terram se pronus prostravit, pedes[3] super limen cellae extendit, voce satis alta clamans et dicens: Diabole, nisi vi[4] pedibus hinc me extrahas, non te sequar. Tandem per Dei gratiam triumphans, factus est monachus. Requisitus a me, si adhuc aliquas de supradictis cogitationibus[5] sentiret reliquias, respondit: Vere, frater[6], tentationes quae tunc temporis sciderunt cor meum, modo vix vestimenta mea foris[7] attingunt. Postea maior cellerarius apud nos factus, in eodem officio defunctus est. Ecce sic diabolus quandoque per carnis incentiva tentat incipientes, tentat et proficientes.

CAPITULUM XCV.

De iuvene per verba haec: Diabole, confessor meus praecipit tibi, ut cesses me tentare, a stimulo carnis liberato.

Retulit mihi Abbas Hermannus, eo tempore quo Prior fuerat in Hemmenrode, iuvenem quendam monachum ibidem per carnis incentiva graviter fuisse tentatum. Cui cum idem iuvenis eandem tentationem, qua nimis afficiebatur, cum lacrimis confessus fuisset, consolatus est eum Prior, et ait: Quando stimulus carnis te impugnat, sic diabolo voce satis alta dicere debes: Diabole, confessor meus praecipit[8] tibi, ut cesses me tentare. Postea cum idem tentaretur, et tentatio

---

1) AP novicii eiusdem. — 2) hora om B. — 3) B et pedes. — 4) D in. — 5) BC tentationibus. — 6) omnes libri frater Caesari. — 7) foris add BC. — 8) CP praecepit.

eadem maxime inardesceret, simpliciter et valde confidenter, voce satis clara, sicut edoctus fuerat, contra daemonem clamavit dicens: Diabole, confessor meus praecipit tibi, ut cesses me tentare. Mira virtus confessionis. Ad hanc vocem diabolus, spiritus videlicet fornicationis, confusus fugit, et tentatio a iuvene cessavit. NOVICIUS: Unde habes, quod tentatio talis sit a diabolo? MONACHUS: Apostolus stimulum carnis appellat angelum Satanae, eo quod ipsum excitet et inflammet[1]). NOVICIUS: Ut audio, confessio contra carnis tentamenta multum est necessaria. MONACHUS: De hoc satis in praecedentibus dictum est, in distinctione ipsius confessionis. In confessione enim peccati fomes debilitatur, tentatio cessat vel temperatur, gratia augmentatur, confitens consiliis animatur, diabolus confunditur et enervatur. Cum alio itidem tempore supradictus monachus dure satis eadem tentatione vexaretur, supradictis verbis, ex consilio sui sacerdotis[2]), etiam hoc adiecit: Quid me vexas, o diabole? Non poteris me plus tentare, quam te permiserit Dominus. Ipse est et Dominus tuus. Qui statim levius se[3]) sensit, quia spiritus ille superbus pondus verbi[4]) suam elationem deprimentis portare non potuit.

CAPITULUM XCVI.*)

De tentationibus monachi, qui resistendo coronam meruit imperialem.

Alter quidam monachus, isto, de quo iam dictum est, aetate maturior, et in observantia religionis ferventior, a spiritu luxuriae multifarie multisque modis[5]) et duris impugnabatur. Tempore quodam, cum esset in infirmitorio[6]), et dictis matutinis in angulo claustri stans veniam peteret cum angelica salutatione, diabolus post tergum eius veniens, sagittam ignitam post eum direxit, ita ut illam monachus videret iuxta oculos suos volitare, fulgurare, et ex repercussione parietis scintillare. Quem cum sic terrere non posset, neque fugare a loco ora-

---

1) Cor. II, 12, 7. — 2) BC confessoris. — 3) se abest ab omnibus libris. — 4) C verbi sui. — *) Homil. I. p. 98. — 5) Vit. S. Bernard. V, 2. p. 946: „nam et usque modo multifarie multisque modis paternus erga filios amor — eorum dignatur solari lacrimas." Conf. Caes. Homil. III. p. 140. — 6) B infirmatorio, P oratorio.

tionis, tantum circa illum strepitum excitavit[1]), ut superficies totius pavimenti, in quo stabat, coturnis[2]) monachorum discurrentium atteri videretur. Qui cum de tali phantasmate nihil curaret, et completis orationibus abiret, quasi multitudinem Maurorum post se venientium vidit. Alio tempore spiritus fornicationis, cuius anhelitus prunas ardere facit[3]), corpus eius igne libidinis intolerabiliter succendit. Cuius importunitatem venerabilis vir ille[4]) considerans, in haec verba alta voce prorupit: Quid me tam crudeliter crucias, o diabole? Non enim in me[5]) amplius facere poteris, quam a Deo permissus fueris. Dominus meus, ipse est etiam[6]) et Dominus tuus. Doctrina est praedicti confessoris. Ad quam vocem tali ordine tentator ab eo discessit. Verbis quidem prolatis, mox coepit in vertice eius, quasi aliquid motabile[7]) serpere, et paulatim per utrasque aures usque ad collum descendere cum sudore. Deinde per scapulas et latera, per coxas et crura sensim se trahens, per talos exivit. Et sicut mihi confessus est idem monachus, ita spiritus ille, ut iam dictum est, gradatim descendit, ut sentiretur in uno loco[8]), et non in alio. Qui mox ut per pedes exiens fugit, ignis ab eo excitatus refriguit, et tentatio omnis cessavit. NOVICIUS: Miror, si aliquam occasionem praebuerit spiritui fornicationis sic terribiliter se cruciantis. MONACHUS: Sicut ab eius ore audivi, die quadam cum visitaret cum Abbate in quodam claustro sanctimonialium, matrona quaedam eiusdem congregationis, quam ante conversionem bene noverat, brachium suum super collum eius posuit, oculos in eum defigens. Quod cum considerasset plus quam oporteret, tunc quidem nihil ex hoc tentationis sensit, sed postea, quando diabolus illam oculorum defixionem menti eius reduxit, ita tentatus est ab illa hora, et postea per annos aliquot, ut eum vivere taederet. Quanto enim quis perfectior est, tanto plus sensus suos restringere debet, tactum maxime et visum. Tactum, quia sicut in Vitaspatrum legitur, corpus mulieris ignis est. Visum, quia mors ingreditur per fenestras oculorum. Quantum tamen monachus iste in tentationibus meruerit, sequens sermo declarabit. Cum esset Prior in Claustro supradictus Hermannus, nunc Abbas

---

1) C generavit; forte creavit, ut infra VIII, 37: „tantum creavit strepitum." — 2) B catervis. — 3) Job 41, 12. — 4) BC vir ille venerabilis, D vir venerabilis ille. — 5) in me add BC. — 6) etiam add ACD. — 7) Genes. 1, 21. — 8) BC loco uno.

Loci sanctae Mariae, iam dictus monachus nocte quadam tentabatur gravissime, et fuit eadem tentatio non tantum valida, sed et periculosa, et sicut ex eius confessione cognovit[1]), talis erat status eiusdem tentationis, ut in tam brevi morula, sicut quis manum posset vertere, ei satisfecisset, si voluntas peccati affuisset. Puto tamen quod fuerit de incentivo carnis. Impugnabatur fortiter, restitit viriliter, vicit feliciter. In eadem hebdomada venit ad eum[2]) conversus quidam simplex de grangia, dicens se velle ei loqui[3]) secretius. Et cum dedisset ei copiam, ait: Domine, in hac septimana visum est mihi in somnis, quomodo coram me staret columna fortis, et ferrum infixum erat eidem columnae, pendebatque in clavo illo ferreo corona pulcherrima, quasi corona Imperatoris. Et affuit quidam pulcherrimus dominus, qui ambabus manibus tollens de clavo coronam, ponensque illam in manibus meis, sic dixit: Accipe coronam istam, et defer eam illi monacho, designans eum ex nomine, quia hac nocte meruit eam. Mox Prior, qui tentationem monachi noverat, visum intellexit, et interpretatus est columnam fortem, monachum fuisse in tentatione sua insuperabilem; clavum, qui etiam de calibe fuisse videbatur, duram quam patiebatur tentationem; coronam de labore mercedem. *Qui vicerit*, inquit Dominus, *faciam illum columnam in templo meo*[4]). Quod corona appensa sit columnae, id est, quod[5]) merces debeatur victoriae, testis est Apostolus, qui dicit: *Bonum certamen certavi, cursum consummavi, fidem servavi; de reliquo reposita est mihi corona iustitiae*[6]). NOVICIUS: De quo certamine loquitur hic Apostolus? MONACHUS: De eo quod fit contra hostem triplicem, carnem scilicet, mundum et diabolum. Tantum Deo placet, fidelem, propter conservationem innocentiae, pacis tempore semper dimicare cum vitiis et concupiscentiis, quantum illi placet, si tempore persecutionis semel corpus exponat gladiis atque tormentis. Unde Ecclesia psallit:

Plus currit in certamine
Confessor iste sustinens,
Quam martyr ictum sufferens,
Mucrone fundens sanguinem.

---

1) sic ex Homilia emendavi librorum nostrorum lectionem, ex eius relatione cognovi. — 2) C ad Priorem. — 3) B ei velle loqui, C velle loqui ei. — 4) Apoc. 3, 12. — 5) quod om BC; mox C adhibeatur. — 6) Tim. II, 4, 7. 8.

NOVICIUS: Mirari non desino, quod Deus, qui est summa munditia, viros religiosos, sanctos atque perfectos tam immundis tentationibus, et quandoque diu, vexari permittit. MONACHUS: Hoc fieri creditur ex dispensatione divinae pietatis, duabus de causis, videlicet ad custodiam humilitatis, et ut habeant materiam exercendae virtutis. Quis in hoc mundo maior Apostolo? Ipse est qui dicit: *Ne magnitudo revelationum extollat me, datus est mihi stimulus carnis meae, angelus Satanae, qui me colaphizet, propter quod,* et cetera[1]). Sicut dicit scriptura, relictae sunt reliquiae immundarum gentium in terra promissionis, *ut experiretur in eis Israel*[2]). Nam cum Domino placuerit, una hora tentationes in nobis fortissimas compescit.

CAPITULUM CXVII.[*])

De Bernardo monacho tentato, qui se in somnis vidit eunuchizari.

In Claravalle sacerdos quidam religiosus est, si tamen adhuc vivit, genere nobilis, sed virtutibus multo[3]) nobilior, nomine Bernardus. Iste tempore quodam a Satana per stimulum carnis ita est vexatus, ita turbatus, ut iam proponeret tentationi omnino cedere, atque post plurimos sudores ad saeculum redire. Confessus fuerat passionem eandem semel, secundo et multotiens; sed non cessavit. Tandem quasi victus accessit ad Priorem, petens sibi cappam dari, dicens se velle redire ad saeculum, eo quod non posset carere muliere. Multis precibus vix Prior obtinuit, ut exspectaret illa nocte. Exspectavit; et Dominus, qui salvat sperantes in se[4]), consolatus est eum nocte illa in somnis, sicut et beatos illos Magos, quibus praecepit, ne redirent ad Herodem. Vix tenuiter obdormierat, et ecce conspexit eminus virum horribilem in effigie carnificis ad se properantem, et cultellum longum in manu tenentem, sequebaturque eum canis magnus et niger. Quo viso contremuit. Nec mirum. Ille vero multum impetuose arreptis eius genitalibus abscidit, canique proiecit. Quae mox ille[5]) devoravit. Evigilans autem ex horrore visionis, putabat se fuisse eunuchizatum. Quod revera ita erat, et si

---

1) Cor. II, 12, 7. — 2) Judic. 3, 4. — [*]) Homil. I. p. 111. — 3) multo add B. — 4) Dani. 13, 60. — 5) ACD ille mox.

non ut visio ostendit cultro materiali, gratia tamen spirituali. Mane veniens ad Priorem, dicebat se liberatum a tentatione, visionem illi per ordinem exponens. Et glorificavit Prior Dominum, qui tam mirabiliter et tam celeriter liberavit servum suum Bernardum. Adhuc dicitur carne esse virgo [1]). Et est haec historia satis celebris in ordine nostro. NOVICIUS: Si sancti viri sic turpiter tentantur, non amodo verecundabor tantum [2]), ut hactenus, confiteri meas immundas tentationes. Timui ne confessores me despicerent turpia confitentem. MONACHUS: Si sunt confessores discreti, non debent accusantes se spernere, sed consolari, ne similem tentationem incurrant. Hoc cuidam sacerdoti sancto et decrepito contigisse cognovi.

CAPITULUM XCVIII.

Vita domini Everhardi plebani sancti Jacobi.

Coloniae parochiam sancti Jacobi Apostoli [3]) sacerdos quidam sanctus et religiosus regebat, quem splendor multarum virtutum illustrem fecerat. Erat autem [4]) literatus, humilis, castus, affabilis, pauperum pater, religiosorum susceptor, totius Christianae religionis amator, Deo carus, toti civitati acceptus. Ipse est dominus Everhardus praedictae ecclesiae plebanus, qui conversionem Abbatis nostri Gevardi praevidit, sicut dictum est in prima distinctione capitulo septimo. Ea quae de se beatus Job enumerat bona, huic iusto copiose satis gratia contulerat divina. Tempore quadragesimali cum civium filii, iuvenes divites ac delicati, confiterentur peccata sua, maxime carnis incentiva, quae fomentare solent multum [5]) cibaria delicata; quia tales minus in se experiebatur passiones, durius quandoque illos quam expediret arguit, dicens: Turpe est, quod homines Christiani motibus tam turpibus agitantur. Et scandalizavit pusillos, aliquam illis ingerens desperationem. Sed iustus et misericors Deus, qui Petrum ob [6]) gregis salutem cadere permisit, servum sibi dilectum flagello tentationis erudivit, et, ut subditis sciret compati, passione corripuit con-

---

1) D adhuc dicitur esse virgo carne, ACP adhuc virgo dicitur esse carne. — 2) BC tantum verecundabor. — 3) Apostoli om B. — 4) B enim. — 5) ADP multum solent. — 6) B ad.

simili, ita ut dicere posset cum Apostolo: *Ne magnitudo revelationum extollat me, datus est mihi stimulus carnis meae, angelus Satanae, qui me colaphizet.* Ex hoc in se ipso didicit, quomodo aliis deberet mederi. Tempore quodam cum Abbas Hermannus, de quo supra dixi, noviter monachus factus, stimulo carnis plus quam ei placeret tentaretur, et audita fama sanctitatis eius, ipsum adisset, sperans se meritis precibusque illius aliquid posse relevari, ad missas [1]) se praeparantem ipsum invenit. Cui cum propter tempus confessionem facere, sicut proposuerat, non posset, in aure eius [2]) secretius dixit: Pater, graviter patior stimulum carnis; orate Deum, ut liberet me. Quem cum ille respexisset, quasi ex abrupto clamosa voce respondit: Certe ego simile patior; quid ergo pro vobis orare potero? Et sicut mihi retulit idem Hermannus, ex hoc ipso aedificatus recessit, quod hominem sanctum et senem sibi similia pati cognoverat. De quo narravit mihi sacerdos quidam religiosus, qui satis de vita eius noverat, quod quotiens osculum pacis alicui clericorum in missa porrigebat, magis illum, timore tentationis, ore in aliqua parte faciei tunderet, quam oscularetur. Quia virtus in infirmitate perficitur [3]), tempore quodam Dominus dilectum suum tam valido dolore capitis, quem etiam glossa una in Apostolo vocat stimulum carnis, tentavit et afflixit, ut illum vivere taederet. Qui cum minus orare posset aut legere, adiit quendam medicum peritum, rogans sibi propter Christum contra dolorem tam continuum aliquod dari consilium. Ille magis appetens pecuniam, quam mercedem divinam, respondit: Si dederitis mihi tres marcas, bene curabo vos. Cui cum diceret vir sanctus, tres marcas non habeo, dimidiam autem libens impendam [4]); respondit physicus: Pro tantillo nolo laborare. Tunc ille: Si haberem tres marcas, prius darem eas [5]) pauperibus, quam vobis; infirmitatem meam Deo committo. Justum Dei iudicium. Hoc cum dixisset vir beatus, et recederet, in ipsa hora dolor capitis totaliter eum deseruit, et ipsum [6]) medicum invasit. Nihil de infirmitatis quantitate minuebatur, nihil de modo et qualitate mutabatur. Ex tunc poterat ei verbo evangelico exprobrare: *Medice, cura te ipsum* [7]). Hoc miraculum cuidam canonico sancti Severini,

---

1) C missam. — 2) AP ei. — 3) Cor. II, 12, 9. — 4) B dimidium — expendam. — 5) BC eas darem. — 6) ACDP impium. — 7) Luc. 4, 23.

nomine Rudolpho, arte medico, a quo in eiusdem Confessoris festo fuerat invitatus, in mensa [1]) me audiente recitavit. NOVICIUS: Quia huius venerabilis sacerdotis fama valde celebris est in urbe Colonia, peto, ut si aliqua de illo nosti aedificatoria, dicere mihi non pigriteris. MONACHUS: Ex operibus eius plurimis [2]) pauca percepi, quae tecum communicabo. Dum [3]) die quadam corpus Domini deferret in pixide ad infirmum communicandum, et devenisset in Stratam Altam et angustam, quam ego saepius ambulavi, essetque platea eius nimis lutosa atque profunda [4]), obvios habuit azinos frumento oneratos. Sacci enim parietem ex parte una [5]) contingebant, ex altera de strata dependebant. Scholaris vero, qui praecedebat eum [6]) cum laterna, magno cum labore, nunc azinos impellens, nunc ab ipsis impulsus pertransivit. Sacerdos haec videns, et quod vir senex esset ac debilis considerans, pallere coepit ac tremere, timens ab azinis impelli, et in luti illius profunditatem cum sacramento praecipitari. Necesse erat ut tentatio talis iustum probaret, quatenus fides eius amplius claresceret. Cernens humanum deesse auxilium, ab eo quem portabat inspiratus, in haec verba prorupit: Quid est quod agitis, o azini? Numquid non consideratis quem gestem in manibus [7])? State, descendite [8]), date honorem Creatori vestro. In eius siquidem nomine vobis praecipio. Mira obedientia animalium brutorum. Ad vocem sacerdotis simul omnes steterunt, simul [9]) descenderunt. Accessit miraculum miraculo. Cum esset descensus laboriosus, non sunt lapsi sacci de dorsis azinorum [10]). Quorum obedientiam vir sanctus admirans, Deumque glorificans, sine periculo ad infirmum pervenit. Hoc factum satis celebre est usque hodie in civitate Colonia. Quantae fuerit humilitatis, lectio sequens declarabit. Solebat ex consuetudine pauperes ad prandium suum vocare. Inducti sunt die quadam duo, ex quibus unus ita erat infirmus, ipsoque aspectu tam horridus, ut alter cum illo manducare recusaret. Fuerat eis mensula ex opposito sacerdotis praeparata. Quod cum vir Dei considerasset, pauperem despectum vocans

---

1) in mensa add BC. — 2) plurimis add ABD. — 3) CP cum. — 4) C immunda; conf. IX, 51. — 5) BC ex una parte parietem. Paulo post C ex altera parte. — 6) eum add C. — 7) ADP manibus meis. — 8) subintellige, de platea in lutum. — 9) B simul omnes. — 10) B eorum.

et in paupere Christum honorans, sellam sibi [1]) contra se ponere iussit, et ex una scutella unoque scypho cum eo comedere et bibere non contemsit. Dicitur etiam fuisse consuetudo ei, delicata cibaria, tum propter socios et hospites, tum propter infirmos pauperes, quos in domibus lectis decubare noverat, saepius praeparasse. Cumque sibi apposita fuissent, diligentius illa conspexit, odorem hausit, manu vertit, ut sic appetitu provocato amplius tentaretur, et eis propter Christum non utendo plus mereretur. Deinde dixit puero: Vade defer scutellam istam viduae illi, vel tali pauperi sive infirmo, quia magis indigent[2]) quam ego. Cum huiusmodi operibus lucerna illa ardens luceret in domo Dei[3]), placuit Deo, ut per talem occasionem amplius adhuc claresceret. Dominus Philippus Coloniensis Archiepiscopus dum propter castra, quae emerat beato Petro, multis debitis esset obligatus, dictum est ei a quibusdam, quod plebanus supradictus multam haberet pecuniam repositam. Missi sunt qui pecuniam accommodarent. Negante sacerdote, quod pecuniam non haberet, datis arcae suae clavibus, nihil in ea[4]) inventum est nisi calciamenta bovina et uncta, quae ad usus pauperum comparaverat. Reversi cum erubescentia qui missi fuerant, nunciaverunt haec Episcopo. Qui sibi timens, sicut audivi a quodam sacerdote, pro eodem venerabili sacerdote[5]) misit, ad pedes illius se prostravit, de illata iniuria veniam postulans[6]). Ordinem nostrum specialiter dilexit, et cum vellet in eo converti, a quibusdam Abbatibus eiusdem ordinis est aversus, ut intellexi, scientes vitam eius esse sanctissimam, et personis saecularibus valde necessariam. Cum esset decrepitae aetatis, virtutibus consummatus migravit ad Dominum, sepultusque est in ecclesia beati Georgii Martyris. NOVICIUS: Si virum tam sanctum et tam senem luxuria tentavit, non mirabor, si iuvenes invadit. MONACHUS: Sicut dixi, luxuria vix alicui parcit aetati. Luxuria coluber est in via, cerastes in semita, mordens ungulas equi, ut cadat ascensor eius retro[7]). Ecce exempla.

---

1) ABCP illi; paulo post BC poni. — 2) BD indiget. — 3) C Domini. — 4) in ea om C; ceteri libri habent in eis. — 5) P sacerdote venerabili, B viro venerabili. — 6) B sibi postulans. — 7) Genes. 49, 17.

CAPITULUM XCIX.

De clerico in Susacia ad accusationem adulterae combusto.

Non est diu, quod in Susacia clericus quidam fuit peregrinus, Hermannus nomine, aetate iuvenis, corpore procerus, pulcher aspectu. In hunc femina quaedam eiusdem civitatis civis oculos iniecit, adeo ab illo inflammata, ut diceret: Si volueris meis amplexibus uti, omnia mea tua erunt. Cuius verba vel promissa cum iuvenis, memor sancti Joseph, despiceret, et illa nihil se proficere cerneret, de oppressione illum coram iudicibus accusavit. Qui cum negaret, nec ei crederetur, missus est in claustrum murorum, locum scilicet damnatorum. Illa, stimulante luxuria, a clerico se dementatam simulans, murum cum scala ascendit, deorsum se praecipitavit, iuvenem amplexatur, ad commixtionem illum sollicitans. Nec sic profecit. Hoc cognito iudices, extrahentes innocentem, tanquam maleficum et magum[1]) miserunt in ignem. Qui cum arderet, ita ut patentibus costis pulmo eius videretur, salutationem angelicam, id est, *Ave Maria* et cetera, cunctis audientibus decantavit. Mox unus de[2]) circumstantibus, mulieris cognatus, titionem ardentem arripiens, orique eius immittens[3]), ait: Ego auferam tibi orationes istas; et suffocavit eum. Quid plura? Mortuus est, et in campo ossa eius[4]) sepulta. Ad cuius tumbam saepius visa sunt luminaria, et diversa contingunt miracula. Territi vero parentes praedictae adulterae, coram canonicis sancti Patrocli se prostraverunt, veniam postulantes, et pro nece iusti poenitentiam suscipientes[5]). Super cuius tumulum ecclesia fabricata est. Juvenem hunc luxuria per feminam, ut coluber in via, id est, manifeste, pervasit[6]), corpus eius incineravit, sed non superavit. Alteri cuidam facta est cerastes in semita, hoc modo.

---

1) BC magum et meleficum. — 2) BC ex. — 3) B imponens. — 4) B eius ossa. — 5) de hoc Hermanni martyrio vide etiam Gelen. ad Vit. S. Engelb. p. 75. — 6) BD invasit. Vit. S. Malach. 20. p. 542: „sed nondum exsaturata nequitia eius, miseram invadit mulierculam, quae forte prope assisteret. Et Malachias: Non ad hoc, inquit, tibi illam tuli, ut hanc pervaderes; exi et ab ea."

CAPITULUM C.

De converso, ad cuius pedes sibi ancilla lectum fecit.

Conversus quidam, vir bonus ac devotus, quem ego bene novi, cum ante annos paucos navem portantem vinum monasterii sui deduxisset in Flandriam, nocte quadam ancilla hospitis sui, dum secundum consuetudinem lectum illi in solario domus [1] praeparasset, sibi alium ad pedes conversi stravit. Conversus cum dicto completorio isset cubitum, essetque lucerna exstincta, illa silenter vestes exuit, in lectum praeparatum se reclinavit, nudis pedibus conversi plantas pulsans, et quia ipsa foret, tusciendo [2] se prodens. Non has cerastis insidias conversus observaverat, aestimans alicui virorum eundem lectum fuisse praeparatum. Mordebat illa ungulas equi, id est, conversi [3], sed assessor [4] eius, scilicet spiritus, per consensum non cecidit retro, quia mox ut vocem muliebrem audivit, ilico surrexit, vestes induit, et ad fenestras solarii vadens, orationes suas dicendo, mane illic exspectavit. Illa diutina exspectatione suspensa, tandem confusa descendit. NOVICIUS: Quid est cerastes? MONACHUS: Serpens habens cornua, omni ferro duriora, ad instar gladii ex utraque parte incisiva. Unde Graece cerasta vocantur cornua [5]. Luxuria cerastes est, quia non solum animam interficit, sed et corpus irreparabiliter corrumpit. Omne enim peccatum extra corpus est, teste Apostolo, qui autem fornicatur, in corpus suum peccat [6].

CAPITULUM CI.

De Praeposito, qui moriens spe convalescentiae cum femina peccavit.

Recordor cuiusdam sacerdotis in ordine Regularium Praepositi, quem nimis insidiose nimisque periculose luxuria per feminam cornibus suis ventilavit. Cum enim graviter infirmaretur, dictum est ei a medico, imo per medicum a diabolo, quod convalescere non posset, nisi uteretur muliere. Ille spe vitae praesentis, immemor futurae, feminam cognovit, nec

---

1) domus om B. — 2) BKR tusciendo; conf. IX, 10. V, 20. — 3) BC plantas conversi. — 4) DP et corr A ascensor. — 5) ABDP unde Graeci cerasta vocant cornua. — 6) Cor. I, 6, 18.

tamen ei profuit, imo magis obfuit, quia post paucos dies defunctus est. Sicque suasu antiqui serpentis tempus poenitentiae factum est illi tempus luxuriae. Judicium animae Deo committo. Haec in eadem domo, in qua Praepositus fuit, a quodam sacerdote eiusdem ordinis mihi relata sunt, quem et ego facie et nomine novi. NOVICIUS: Estne praedicta sententia sancti Job: *Tentatio est vita hominis super terram*, de utroque sexu intelligenda? MONACHUS: Est, quia hoc nomen homo, utrumque sexum comprehendit, et eisdem motibus uterque sexus subiacet. Sicut enim diabolus per feminas [1]) viros deiicit et enervat, ita per viros mulierum multitudinem lucratur. Unde de illo ad [2]) Job a Domino dicitur: *Virtus eius in lumbis eius, et fortitudo illius in umbelico ventris eius* [3]). Super quem locum dicit sanctus Gregorius, viris esse luxuriam in lumbis, feminis in umbelico [4]). Quae quantum quandoque tententur, exemplis tibi pandam.

CAPITULUM CII.

De nobili castellana, quae stimulum carnis in aqua restrinxit.

Matrona quaedam nobilis, sicut mihi retulit sacerdos quidam religiosus, die quadam cum in castro, in quo manebat, sola esset, et nescio quid ageret vel cogitaret, spiritus fornicationis solam illam esse non permisit. Nam subito tam valide est inflammata, ut huc illucque discurrens, stare vel sedere non posset, ac si ferrum candens in suo femore excepisset. Cumque ignem amoris tolerare non posset, ad portarium castri, castitatis oblita, descendit, et ut sibi commisceri vellet, cum multa instantia supplicavit. Cui ille, sicut vir bonus, respondit: Quid est quod loqueris, domina? Ubi est sensus tuus? Respice Deum, attende honorem tuum. Illa nihil horum curans, cum a portario repulsam pateretur, nutu Dei, de castro exiens, ad flumen praeterfluens cucurrit, aquis gelidis se immersit, in quibus tamdiu sedit, donec fomitem ardentis libidinis restringeret. Tunc ad portarium rediens, et de repulsa gratias agens, ait: Si dares mihi mille marcas auri, modo non paterer, quod paulo ante te facere rogavi. Et reversa est in locum suum. Facitque pius Domi-

---

1) ADP feminam. — 2) BC per. — 3) Job 40, 11. — 4) Gregor. in Evang. Homil. XIII, 1.

nus, ut mater pia, quae infantem dilectum circa ignem reptantem bene ignis calorem sentire permittit, sed intrare volentem cum multa festinatione retrahit. Hoc plenius auditurus es in capitulo sequenti.

CAPITULUM CIII.

De sanctimoniali in Anglia, quae a suo Provisore tentata est.

In Anglia vir quidam religiosus monasterio praefuit sanctimonialium. Erat autem staturae procerae[1], decorus aspectu, genas habens rubicundas, oculos laetos, ita ut vix aliquis aliquid in eo religiositatis[2] esse crederet, qui virtutes animi illius ignoraret. In cuius contemplatione iuvencula quaedam illius congregationis adeo coepit tentari, et tam gravissime stimulis carnis agitari, ut verecundia postposita passionem suam illi aperiret. Expavit vir sanctus, et quia timor Dei ante oculos eius fuit, coepit virginem, in quantum potuit, avertere, dicens: Christi sponsa es, et si Domini mei sponsam corrupero, non patietur impune transire, neque homines diu poterit latere. Dicente illa, si non consenseris mihi, moriar; respondit ille: Ex quo aliter esse non potest, fiat ut vis. In quo ergo loco conveniemus? Respondit illa: Ubicunque tibi placuerit, ego in hac nocte veniam ad te. Ad quod ille: Oportet ut in die fiat. Ostenditque virgini domum in pomerio, monens et praecipiens, ut nemine sciente, nemine vidente, tali hora illuc[3] veniret. Quae cum venisset, dixit vir Dei[4] ad eam: Domina, dignum est et vobis expedit, ut corpus meum, quod tam ardenter concupiscitis, prius inspiciatis, et si tunc placuerit, desiderio vestro per illud satisfaciatis. Hoc dicto, illa tacente, vestimenta sua exuit, cilicium asperrimum quo indutus erat, ad carnem deposuit, corpusque nudum vermibus corrosum, cilicio attritum, scabiosum atque nigerrimum illi ostendens, ait: En quod amas, exple nunc si placet voluptatem tuam. Videns haec illa, expavit, et nunc in pallorem, nunc in ruborem versa, ad pedes eius ruens, veniam postulavit. Cui ille: Revertere secrete in monasterium tuum, et vide ne me vivente prodas secretum meum. Ab

---

1) C procerus; conf. VIII, 96. — 2) BC religiositatis in eo. — 3) B illic. — 4) vir Dei add C; mox domina add BC.

illa hora tentatio, quam visus incautus in virgine excitaverat, conquievit. Haec exempli causa de tentatione luxuriae sint dicta. NOVICIUS: Quibus armis resistendum est his septem vitiis, de¹) quibus iam sermo in longum protractus est? MONACHUS: Virtutibus eis oppositis. NOVICIUS: Quid sunt virtutes vel unde dicuntur? MONACHUS: Virtutes sunt qualitates mentis, quibus recte vivitur. Dicuntur autem virtutes, quasi contra vitia stantes. Stare debet contra superbiam humilitas, contra iram lenitas, contra invidiam caritas, contra tristitiam spiritalis iocunditas, contra avaritiam largitas, contra gulam potus cibique parcitas, contra luxuriam castitas. Quod si in pugna tentationum virtutes vitiis effectae fuerint superiores, victoriam meritum, et meritum praemium sequitur aeternum. Quod perseveranti se daturum pollicitus est Dominus noster Jesus Christus, qui est via in exemplo, veritas in promisso, vita in praemio. Ipsi cum Patre et Spiritu sancto honor et imperium in saecula saeculorum. Amen.

DISTINCTIO QUINTA
DE DAEMONIBUS.

CAPITULUM I.

De eo quod daemones sint, quod multi sint, quod mali sint et hominibus infesti.

RECTE post tentationem tractandum videtur esse²) de tentatoribus. Daemones anthonomasice³) dicuntur tentatores, quia maxime⁴) tentatio mentem impellens ad peccandum, vel ipsis fit⁵) auctoribus, vel incentoribus. Si diabolus primum hominem tentavit in paradiso, si Christum tentare praesumsit in deserto, quem hominum⁶) tentare non audebit in hoc mundo? Duo siquidem angeli cuilibet homini sunt deputati,

---

1) de om ADP. — 2) BC esse videtur. — 3) BCP anthonomatice. — 4) BC omnis. — 5) C maxime fit vel ipsis. — 6) BCP hominem.

bonus ad custodiam, malus ad exercitium. NOVICIUS: De angelis sanctis mihi nulla [1]) inest dubietas, quin sint, quia Prophetarum scripta de illis saepe loquuntur. Quod vero daemones sint, quod multi sint, quod mali sint, et quod incendiis aeternis deputati sint, ex scripturis utriusque testamenti vellem mihi demonstrari. MONACHUS: Plurima ad haec probanda exstant [2]) testimonia. De Lucifero, id est, diabolo, propter decorem suae creationis sic dicto, eiusque casu ait Isaias: *Quomodo cecidisti, Lucifer, qui mane oriebaris?* et cetera [3]). Quod factus sit diabolus, et quod de coelo ceciderit, testis est Salvator, qui ait: *Vidi Satanam tanquam fulgur de coelo cadentem* [4]). De quo Job: *Quadam die cum venissent filii Dei, ut assisterent coram Domino, affuit inter eos etiam et Satan* [5]). Et in Psalmo David loquens de Juda proditore: *Diabolus,* inquit, *stet a dextris eius* [6]). Item Abacuc de Christo: *Egredietur diabolus ante pedes eius* [7]). Et in aliis multis locis diabolum scriptura commemorat. Quod autem solus non fuerit, nec solus ceciderit, testatur Johannes in Apocalypsi dicens: *Factum est proelium magnum in coelo; Mychael et angeli eius pugnabant cum dracone, et draco pugnabat et angeli eius; et non valuerunt, neque locus eorum inventus est amplius in coelo* [8]). Factus est per malitiam suam draco Lucifer gloriosus, de cuius decore ac pulchritudine per Ezechielem dicitur: *Tu signaculum similitudinis Dei, plenus sapientia atque decore, in deliciis paradisi Dei fuisti. Omnis lapis pretiosus operimentum tuum,* et cetera [9]). Decima pars angelorum creditur cecidisse. Unde ob multitudinem Apostolus vocat eos aereas potestates [10]). Cadendo enim aerem repleverunt. De quorum malitia Propheta Christo dicit in Psalmo: *Malitia* [11]) *eorum, qui te oderunt, ascendit semper* [12]). Et Dominus in Evangelio Judaeis: *Vos opera patris vestri diaboli facitis. Ille mendax fuit ab initio, et pater eius* [13]). Quod hominibus infestus sit, testis est Job, qui ait: *Absorbebit fluvium, et non mirabitur,* id est, infideles: paganos scilicet, Judaeos et haereticos; *et habet fiduciam quod in-*

---

1) BCD nulla mihi. — 2) C exsistunt. — 3) Isai. 14, 12. — 4) Luc. 10, 18. — 5) Job 1, 6. — 6) Psal. 108, 6. — 7) Habac. 3, 5. — 8) Apoc. 12, 7. — 9) Ezech. 28, 12. — 10) Ephes. 2, 2. — 11) DP et corr A superbia. — 12) Psal. 73, 23. — 13) Johan. 8, 41. 44.

fluat Jordanis in os eius [1]), scilicet fideles baptizati [2]). Unde Apostolus Petrus nos admonet dicens: *Fratres, vigilate, sobrii estote, quia adversarius vester diabolus tanquam leo rugiens circuit, quaerens quem devoret; cui resistite fortes in fide* [3]). Quod de uno dicitur, de ceteris intelligendum est, quia saepe numerus singularis pro plurali ponitur [4]). Quod aeternaliter damnandi sint, habetur ex verbis Domini, qui in iudicio reprobis dicturus est: *Ite, maledicti, in ignem aeternum, qui paratus est diabolo et angelis eius* [5]). Bene autem in quinta distinctione loquendum arbitror de daemonibus, quia quinarius a philosopho apostaticus vocatur, eo quod ceteris numeris imparibus coniunctus, et per se ipsum multiplicatus, semper se ipsum vel in capite vel in fine ostendit [6]). Sic diabolus a quaternario perpetuae firmitatis recedens, primus cum hominibus malis, quasi numeris inaequalibus, sociatur, semper in principio vel in [7]) fine operis vel sermonis, illius nequitia demonstratur. NOVICIUS: Satis mihi fateor probatum esse, unde haesitavi, divinae scripturae testimoniis; neque mihi satisfactum fateor, nisi eadem vivacibus declares exemplis. MONACHUS: Daemones esse, multos esse, malos esse, plurimis tibi exemplis potero probare.

CAPITULUM II.

De Henrico milite, qui daemones esse non credens per nigromanticum illos vidit.

Miles quidam Henricus nomine, de castro Falkinstein [8]) oriundus, pincerna fuit Caesarii monachi nostri, tunc Abbatis Prumiae. Et sicut eodem Caesario recitante didici, cum iam dictus miles daemones esse dubitaret, et quicquid de illis audiret vel audisset [9]), quasi frivolum reputaret, quendam clericum Philippum nomine in nigromantia famosissimum accersivit, et ut daemones sibi ostenderet, cum multa instantia [10]) petivit. Cui cum ille responderet, visio daemonum horribilis

---

1) Job 40, 18. — 2) BC Jordanis, id est, fideles baptizati, in os eius. — 3) Petr. I, 5, 8—9. — 4) BC ponitur pro plurali. — 5) Matth. 25, 41. — 6) C ostendat. — 7) in om AD. — 8) Falkenstein, castrum in Dorso Canino. — 9) D quicquid audiret de illis vel audisset, BC quicquid de illis audisset. — 10) BC instantia multa.

est, periculosa est, neque hos omnibus expedit¹) videre; et cum miles importune nimis instaret, adiecit: Si securum me feceris, quod neque a cognatis sive ab amicis tuis nihil mihi ex hoc mali eveniat²), si forte a daemonibus deceptus vel territus vel³) laesus fueris, acquiescam tibi. Et fecit eum securum. Die quadam tempore meridiano, eo quod tunc maiores habeat vires daemonium meridianum, Philippus militem in quoddam bivium duxit, gladio illum circumcircinavit, circuli legem infra circulum posito praedixit, et ait: Si aliquod membrorum tuorum extra hunc circulum ante meum reditum extenderis, morieris, quia mox a daemonibus extractus, peribis. Monuit etiam, ut nihil petentibus daret, nil promitteret, nec se signaret. Et adiecit: Multis modis te daemones tentabunt et terrebunt, nec tamen tibi nocere poterunt, si mandata mea custodieris. Discessitque ab eo. Solo sedente illo in circulo, ecce vidit contra se venientes inundationes aquarum, deinde audit grunnitus porcorum, flatus ventorum, et alia phantasmata his similia multa, quibus illum daemones terrere moliebantur. At quia iacula praevisa minus feriunt, contra haec a semetipso confortatur. Novissime vero contemplabatur in nemore vicino quasi umbram humanam tetram, summitatem arborum excedentem⁴), quae ad ipsum properabat. Et intellexit statim, quia diabolus esset, ut fuit. Qui ut circulum attigit, stetit, et quid sibi vellet militem interrogavit. Erat autem quasi magnus vir, imo maximus et nigerrimus, vesteque⁵) subnigra indutus, et tantae deformitatis, ut in eum miles respicere⁶) non posset. Cui sic ait: Bene fecisti veniendo, ego enim videre te desideravi. Ad quid? inquit. Et ille: Multa de te audivi. Respondente diabolo, quid de me audivisti? subiecit miles: Pauca bona, et multa mala. Ad quod diabolus: Saepe me iudicant et condemnant homines sine causa. Ego neminem⁷) nocui, neminem laedo, nisi provocatus. Philippus magister tuus, bonus amicus meus est, et ego illius; quaere si unquam illum offenderim. Ego facio quod illi placet, et ipse mihi in omnibus obtemperat. Vocatus ab illo, modo huc veni ad te. Tunc miles: Ubi fuisti,

---

1) BC neque omnibus expedit illos; paulo post cum add C. — 2) ACDP evenerit. — 3) vel add B. — 4) ADP ascendentem. — 5) que add BC. — 6) BC miles in eum respicere, D in eum respicere miles. — 7) R nemini.

quando te vocavit? Respondit daemon: Tantum ex illa parte maris fui, quantum ab hoc loco distat usque ad mare. Et ideo iustum est, ut in aliquo munere laboribus meis respondeas. Cui miles: Quid vis? Respondit ille: Volo et rogo, ut des mihi palliolum[1]) tuum. Dicente milite, non tibi dabo; poposcit cingulum, deinde ovem unam de grege. Quae cum omnia negaret, novissime gallum domus eius petivit. Cui cum diceret, quid opus habes gallo meo? respondit daemon: Ut cantet mihi. Et ille: Quomodo caperes eum? Respondit iterum daemon: Non sollicteris de hoc, tu tantum da mihi illum. Tunc miles: Ego nihil dabo tibi. Et adiecit: Dic mihi, unde est tibi tanta scientia? Dixit daemon: Nihil fit mali in mundo, quod me lateat. Et ut hoc scias verum esse, ecce in tali villa et[2]) in tali domo virginitatem tuam perdidisti, ibi[3]) et ibi peccata illa et illa commisisti. Et non potuit contradicere miles, quin verum diceret. NOVICIUS: Non puto, quin miles aliquando eadem confessus fuerit peccata. Quomodo ergo scire potuit diabolus confessa? MONACHUS: Quia cum voluntate iterum peccandi miles confessus fuit, diaboli scientiam in nullo minuit. NOVICIUS: Placet quod dicis, quia idem dixisse te[4]) recolo in distinctione tertia capitulo sexto. MONACHUS: Cumque rursum diabolus nescio quid postularet, et ille dare[5]) renueret, quasi eum rapere vellet et extrahere, manum contra eum extendit, atque in tantum terruit, ut retrorsum cadens clamaret. Audita eius voce, Philippus accurrit, in cuius adventu phantasma mox disparuit. Ab illa hora miles idem semper pallidus fuit, nativum colorem nunquam recuperavit, emendatius vivens, et daemones esse credens. Non est diu, quod defunctus est.

CAPITULUM III.

De sacerdote, qui per diabolum a circulo extractus et confractus tertia die mortuus est.

Eodem tempore sacerdos quidam stolidus eundem Philippum rogavit atque remuneravit, ut sibi daemones ostenderet. A quo cum fuisset, modo supradicto, in circulo positus et instructus, a diabolo territus et extractus est, atque ita ante-

---

1) ADP pallium. — 2) et om BC. — 3) BD et ibi. — 4) BC te dixisse; paulo post in om ACDP. — 5) dare om B.

quam adveniret Philippus, confractus, ut tertia die moreretur. Cuius domum Walerammus Comes de Lutzelinburg confiscavit. Ego eundem Philippum vidi, qui ante paucos annos procurante, ut creditur, magistro et amico suo diabolo occisus est.

CAPITULUM IV.

Item de clerico, qui apud Toletum dolo diaboli extractus et ad inferos ductus et magistri sui querimoniis reductus, factus est monachus.

Retulit mihi bonae memoriae monachus noster Godescalcus de Volmuntsteine, quod silere non debeo. Cum die quadam rogaret praedictum [1] Philippum, ut aliqua sibi recitaret de arte sua mirabilia; respondit ille: Ego dicam vobis rem satis mirabilem, temporibus meis apud Toletum veraciter gestam. Cum plures ex diversis regionibus scholares in eadem civitate studerent in arte nigromantica, iuvenes aliqui de Suevia atque Bauwaria stupenda quaedam et incredibilia a suo magistro audientes, et utrumnam vera essent probare volentes, dixerunt illi: Magister, volumus ut ea quae nos doces, oculo tenus ostendas, quatenus aliquem ex studio nostro fructum capiamus. Quos cum averteret, et non acquiescerent, eo quod natio illa gens sit mirabilis, hora idonea in campum illos duxit, gladio [2] circa illos circulum fecit, monens sub interminatione mortis, ut infra circulum se cohiberent, et ne aliquid rogantibus darent, vel ab offerentibus reciperent praecepit [3]. Secedens ab eis paululum, daemones carminibus suis advocavit. Mox assunt illi in formis militum decenter armatorum, militiae circa iuvenes ludos [4] exercentes. Nunc lapsum simulabant, nunc lanceas et enses contra eos extendebant, omnibus modis satagentes, ut illos extra circulum [5] extraherent. Qui cum sic nihil proficerent, in puellas speciosissimas se transformantes, choreas circa illos ducebant, variis anfractibus iuvenes invitantes [6]. Ex quibus una forma ceteris praestantior unum ex scholaribus elegit. Ad quem quotiens venisset chorizando, totiens anulum aureum porrigebat,

---

1) C dictum, B eundem. — 2) B et gladio. — 3) praecepit om BC; mox B et secedens. — 4) ADP ludos circa iuvenes. — 5) BC extra circulum eos. — 6) B incitantes.

intus suggerendo, et foris motu corporis ad amorem suum illum inflammando. Quae cum per multas vices hoc actitasset, victus iuvenis, digitum contra anulum extra circulum porrexit, quem illa mox per eundem digitum extrahens, nusquam comparuit. Capta praeda, conventus malignantium in turbinem resolvitur. Fit clamor et strepitus discipulorum, accurrit magister, de raptu consocii [1] omnes conqueruntur. Quibus ille respondit: Ego sine causa sum, vos me coegistis. Ego vobis praedixeram, non eum amodo videbitis. Ad quod illi: Nisi nobis restituas illum [2], interficiemus te. Timens tamen [3] vitae suae, sciens Bauwaros esse furiosos, respondit: Ego tentabo, si spes aliqua sit de illo. Vocansque principem daemoniorum, fidele suum ministerium ad memoriam illi revocans, dixit, disciplinae eius multum esse derogandum, seque a discipulis occidendum, nisi iuvenis restitueretur. Cui diabolus compassus respondit: Crastino concilium [4] propter te in tali loco celebrabo, tu esto praesens, et si aliquo [5] modo illum per sententiam obtinere poteris, gratum habebo. Quid plura? Ad imperium principis concilium malignantium cogitur. De violentia in discipulum facta magister [6] conqueritur. Ab adversario respondetur: Domine, inquit, non illi feci iniuriam, non violentiam, magistro suo inobediens fuit, legem circuli non custodivit. In hunc modum illis contendentibus, diabolus daemonem quendam sibi collateralem de sententia interrogavit, dicens: Olivere [7], semper curialis fuisti, contra iustitiam personam non accipis, solve quaestionem huius litis. Respondit ille: Ego iuvenem restituendum esse iudico magistro suo. Moxque ad adversarium conversus, ait: Redde illum, quia nimis ei importunus fuisti [8]. Ceteris sententiae eius assensum praebentibus, ad mandatum iudicis eadem hora scholaris ab inferis reducitur, magistro suo restituitur, concilium solvitur, ad discipulos reducta praeda magister laetus revertitur. Cuius vultus ita erat macer et pallidus, color tam immutatus, ut hora eadem a sepulchro videretur resuscitatus. Qui sociis apud inferos visa [9] recitans, quam Deo contraria

---

1) B et pr C socii. — 2) B nisi restituas nobis illum, C nisi eum nobis restituas, P nisi nobis restituas. — 3) C tandem. — 4) BC consilium; sic et infra. — 5) D in aliquo. — 6) ACDP a magistro. — 7) conf. infra cap. 35. — 8) C importunus fuisti ei, D importunus ei fuisti. — 9) BC visa apud inferos.

et exsecrabilis foret illa disciplina, magis exemplo, quam verbo ostendit; et a loco recedens, in quodam ordinis nostri monasterio monachum se fecit. NOVICIUS: Recordor nunc illorum duorum, iuvenis videlicet, qui apud Toletum defuncti socii admonitione conversus est, et alterius clerici, cui visa poena Lantgravii conversionis causa fuit, sicut dictum est in distinctione prima capitulo tricesimo tertio et capitulo tricesimo quarto. MONACHUS: Conradus senex monachus noster retulit mihi, se ante conversionem nocte quadam in plenilunio, demonstrante sibi quodam clerico nigromantico, in diversis formis daemones vidisse. Unde dubium non est, quin sint, qui sic ab hominibus videri, audiri et [1]) sentiri possunt. NOVICIUS: Licet satis mihi probatum sit, daemones esse, magis tamen delectarer de his testimonia religiosorum, quam saecularium audire. MONACHUS: Quod daemones sint, et [2]) multi sint, non dubiis, sed verissimis, non saecularium, sed claustralium personarum tibi ostendam exemplis, de quibus nihil omnino dubitabis.

CAPITULUM V.*)

De Hermanno Abbate Loci sanctae Mariae, qui in diversis formis daemones vidit.

Dominus Hermannus nunc Abbas Loci sanctae Mariae, quantae sit vir religiositatis, quantaeve gravitatis, bene nosti. Iste ante conversionem ecclesiae Bonnensis erat canonicus, vir nobilis et de alto sanguine natus. Factus vero monachus in Hemmenrode, non multo post cum emitteretur conventus noster de eodem claustro, primus ei Abbas efficitur, et post annos paucos nobis [3]) per electionem ablatus, eidem in Abbatem promotus restituitur. Erat tunc temporis illic conversus quidam, Henricus nomine, magister cuiusdam grangiae, quae Hart vocatur, vir bonus et iustus, maturus aetate, et corpore virgo. Iste inter reliqua dona, quae acceperat a Domino, saepe nocturnis horis, in choro maxime [4]), in diversis formis daemones discurrere [5]) vidit. Haec cum in confessione iam dicto retulisset Hermanno, illius exemplo videndi daemones

---

1) et om BC. — 2) B quod daemones, et quod, CD quod daemones sint, quod. — *) Homil. I. p. 101—104. — 3) nobis add BC. — 4) BC saepe in choro, nocturnis horis maxime. — 5) ADP currere; paulo post C Hoc.

desiderio accensus, intentissime Deum oravit, ut sibi hanc gratiam donare dignaretur. Statimque exauditus est. In proxima vero sollemnitate sancti Martini cum staret in matutinis, contemplatus est daemonem unum in forma rustici quadrati inferius iuxta presbyterium intrare. Habebat enim pectus latum, scapulas acutas, collum breve, capillum in fronte satis superbe tonsoratum, crines reliquos sicut haristas [1]) dependentes. Ascendens venit ad quendam novicium, stans coram illo. Quem cum dominus Hermannus, qui tunc temporis non erat Abbas [2]), intuitus fuisset, oculosque parumper avertisset, ac denuo illum videre voluisset, disparuerat. Alio tempore transformans se daemon in caudam vituli, et super formam [3]) cadens, cui idem novicius se apodiabat [4]), motu levissimo trahebat se ad novicium. Cuius scapulas cum eadem cauda tangeret, mox in psalmodia fallebatur novicius. Qui cum super articulos se demitteret [5]), regulariter satisfaciens, daemon quasi turbine impulsus, ad longitudinem cubiti unius recessit ab eo, sicque disparuit. Non enim spiritus ille superbiae, qui blandimento caudae suae tertiam partem stellarum post se trahit [6]), ad unius humilitatis signum stare potuit. Novicius iste nonnus Alexander fuit, nunc Prior in Claustro. Verisimile est, tunc eum aliquid levitatis cogitasse, quando per motum levem tentatus est et impeditus. NOVICIUS: Placet quod dicis. MONACHUS: In nocte vero sancti Kuniberti cum staret in choro Abbatis, tunc simplex monachus, vidit iuxta presbyterium duos daemones intrare, et paulatim ascendere ad stallum Abbatis, inter chorum monachorum atque noviciorum. Qui cum venissent contra angulum, ubi parietes conveniunt, exsiliit daemon tertius, duobus se socians, et cum illis exiens. Tam prope enim transeuntes venerunt ei [7]), ut manu illos tangere posset. Quos diligentius intuens, consideravit quod pedibus terram non tangerent, utpote aereae potestates. Habebat enim [8]) unus ex duobus prioribus femineum vultum,

---

1) aristas. — 2) C Abbas non erat, B Abbas non fuerat. — 3) conf. IV, 45. VIII, 6. — 4) hoc est, innitebatur. Homil. IV. p. 77: „paxilli validi iustorum sunt exempla, in quibus se apodiare debet infirmitas nostra". Ex quo loco hic addidi pronomen se, a nostris libris praetermissum. — 5) BDP dimitteret. Sensus est: cum veniam faceret, digitis tangendo terram. — 6) Apoc. 12, 4. — 7) C ei venerunt, B eum venerunt. — 8) B autem.

in capite vero [1]) velamen nigrum, nigro circumdatus pallio. Et sicut mihi retulit, monachus ille, qui tertium daemonem iuxta se foverat, satis erat murmuriosus [2]) et non parum accidiosus, in choro libenter dormiens, et invitus psallens, hilarior ad potandum, quam ad cantandum. Breviores vigiliae videbantur ei semper longissimae. Alio itidem tempore, in vigilia, ut puto, sancti Columbani, tunc eo exsistente Priore, cum chorus Abbatis inciperet primum matutinarum Psalmum, scilicet: *Domine, quid multiplicati sunt qui tribulant me* [3])? daemones in choro adeo multiplicati sunt, ut ex illorum concursu et discursu mox in eodem Psalmo fratres fallerentur [4]). Quos cum chorus oppositus conaretur corrigere, daemones transvolaverunt et se illis miscentes ita eos [5]) turbaverunt, ut prorsus nescirent quid psallerent. Clamavit chorus contra chorum. Dominus Abbas Eustachius, et Prior Hermannus, qui haec vidit, a stallis suis semoti, cum satis ad hoc conarentur, non poterant illos ad viam psalmodiae reducere, neque vocum dissonantias unire. Tandem Psalmo illo modico et valde usitato, cum labore pariter atque confusione qualicunque modo expleto, diabolus, totius confusionis caput, cum suis satellitibus abcessit, et pax turbata psallentibus accessit. Quem eadem hora praedictus Prior in forma draconis, hastae habentem longitudinem, evolare vidit, et hoc iuxta lampadem in choro ardentem, ne eius abcessus latere posset contemplantem. Reliqui daemones umbrosa habebant corpora, infantibus maiora, quorum facies ferro de igne extracto erant simillimae. NOVICIUS: Ex quo tot daemones congregati fuerant in loco uno ad impedimentum congregationis unius [6]), non dubito quin innumerabiles sint in orbe terrarum. MONACHUS: Teste Evangelio, legio intraverat hominem unum [7]). Unde quia multi sunt et mali, et ad impedimentum salutis nostrae, ut praedictum est, heu nimis parati, consulo, ut dum [8]) stamus ad psallendum, circumspecti simus et intenti, ferventes et humiles, ne meritum sancti fervoris exstinguat vitium superbae vociferationis. In quantum enim maligni spiritus turbantur in cordis nostri devotione, in tantum laetificantur in superba vocum exaltatione. Cum [9]) nocte quadam hebdomada-

---

1) C eius. — 2) BC murmurosus. — 3) Psal. 3. — 4) libri fallerent. — 5) eos add BC. — 6) CP unius congregationis. — 7) Marc. 5, 9. — 8) BC cum. — 9) AD dum.

rius invitatorii [1]) antiphonam inciperet, et monachus ei proximus voce mediocri Psalmum intonaret, Herwicus, tunc Subprior [2]), cum ceteris senioribus eadem voce qua ille inceperat, psallere coepit. Stabat iuvenis quidam minus sapiens in inferiori pene parte chori, qui indigne ferens Psalmum tam submisse inceptum, fere quinque tonis illum exaltavit. Subpriore ei resistente, ille cedere contemsit, et cum multa pertinacia victoriam obtinuit. Cuius partes in proximo versiculo quidam ex opposito choro adiuverunt. Propter scandalum et dissonantiae vitium ceteri cesserunt. Mox is, qui supra [3]), vidit daemonem de monacho sic triumphante quasi candens ferrum prosilientem, et in oppositum chorum in eos, qui eius partem roboraverant [4]), se transferentem. Ex quo colligitur, quod magis Deo placeat [5]) humilis cantus cum cordis devotione, quam voces etiam [6]) in coelum arroganter exaltatae. Alia quadam nocte, cum praevenisset [7]) fratres ad vigilias, et stans in loco suo propter aeris claritatem considerandam oculos direxisset ad fenestram, quae est in fronte ecclesiae, obiecit se visui eius daemon quidam in Aethyopis effigie, magnus et nigerrimus, ac si hora eadem ab igne infernali fuisset extractus. Qui ad eum per chorum superiorem veniens, ipsumque pertransiens, egressus est. Alio itidem tempore, cum modicum se movisset a stallo suo ad commonendum fratres, conspexit daemonem inter stallum Abbatis atque Prioris intrare cum impetu, ipso aspectu horribilem nimis. Qui cum in chorum Prioris nequiter respexisset, et vidisset sibi ingressum non patere propter ipsum, eo quod viam occupasset, raptim se in chorum noviciorum deposuit, et cuidam monacho seniori illic sedenti se coniunxit. Iste supradicto monacho, qui daemonem iuxta se foverat, dissimilis in moribus non erat, bibulus scilicet, accidiosus et libenter murmurans. Ecce ista debent esse terrori monachis accidiosis. NOVICIUS: Tam ista quam illa, quae te in distinctione superiori de vitio accidiae dixisse recolo, omnes qui in choro libenter dormiunt et inviti psallunt, merito terrere debent. MONACHUS: Saepius daemones per chorum

---

[1] invitatorium appellatur Psalmus nonagesimus quartus. — [2] librorum nostrorum lectionem, Prior, emendavi ex Homilia. De Herwico tunc Subpriore, postea Priore, vide infra XI, 10. — [3] scilicet Hermannus. — [4] libri in eum — roboraverat; mox se om ABDP. — [5] ADP placet Deo. — [6] etiam add C; paulo post BP exaltare. — [7] BC pervenissent.

in formis minutissimis discurrere, saepius in diversis locis eosdem contemplatus est terribiliter scintillare. Sentiens aspectum illorum oculis esse nocivum, nec ignorans nequitiam illorum, die quadam, missa dicta de Spiritu sancto, oravit Deum, ut se ab huiusmodi visionibus liberaret. Statim affuit inimicus in forma lucidissimi oculi, habentis quantitatem pugni, in quo quicquid erat vivere putabatur. Ac si diceret: Modo diligenter considera me, quia de cetero non videbis me. Postea tamen eum vidit, sed non tam manifeste, et [1]) tam saepe, ut prius. Factus Abbas in Loco sanctae Mariae, cum nobilis femina, Aleidis nomine, Comitissa de Froizbreth, tanquam loci fundatrix ibi sepeliretur [2]), et adhuc corpus eius iaceret in feretro, vidit daemonem ipsum feretrum circumgyrantem, et, quasi aliquid sui iuris perdidisset, ita omnes eius angulos oculorum indagine [3]) lustravit. Nondum est annus [4]), quod, Prior noster dum post sepulturam cuiusdam conversi nostri ad horam canonicam chorum intraret, et nescio quid de saecularibus foris tractasset, diabolum, tanquam ducem viae, ante illum ingredi conspexit. Erat autem forma assumti corporis admodum subtilis, ad instar nubis. Deinde, diebus paucis [5]) elapsis, nocte quadam, infra matutinas, in simili illum specie coram iam dicto Priore stare conspexit. NOVICIUS: Quid est quod personam huius venerandi Abbatis, cum scriberes de Infantia Salvatoris Homelias Morales, et pene omnes praedictas visiones ibi poneres, ita personam eius [6]) celare studuisti? MONACHUS: Ipse ex multa caritate secreta sua mihi revelans, tunc temporis ne eum proderem prohibuit, quod postea tamen, importunitate mea victus, concessit. Sciebam enim personae illius gravitatem posse non modicam scribendis praebere auctoritatem. Cuiusdam venerabilis magnarumque virtutum viri, cuius tam nota fuit sanctitas, et tam probata auctoritas, ut nemo de illius dictis merito dubitare debeat, nunc recordor: quorum visiones tam praesentibus quam futuris poterunt esse [7]) exemplum terroris.

---

1) C nec. — 2) BC ibi sepeliretur tanquam loci fundatrix.
— 3) BC ita oculorum indagine omnes eius angulos.
— 4) D annus elapsus. — 5) BC paucis diebus. — 6) personam eius om DR. — 7) BC esse poterunt.

CAPITULUM VI.
De Christiano monacho, qui daemones vidit.

In Hemmenrode sacerdos quidam venerabilis ad conversionem venit, nomine et opere Christianus. Huic daemones multum importuni fuerunt [1], et saepe illos vidit tam ante conversionem quam post. Huius tempore alter quidam saecularis sacerdos, nomine Karolus, in eodem coenobio factus est novicius, et erat eius in probatione socius Prior noster Ysenbardus [2]. Hic instinctu diaboli, cuius consilio utebatur, gulae et carnis suae commodis nimis consentiens, infirmitates saepius simulavit: pede claudicavit, lecto decubuit. Qui cum positus in infirmitorio [3] tantum carnem nutriret, et spiritum negligeret, vadens vel rediens de privata cum claudicaret, et in coquinam respiciendo, quae ibi praepararentur infirmis, consideraret, praedictus Christianus [4] diabolum eum sequi vidit, qui eo modo quo ille claudicaverat, et ipse claudicavit, et sicut introspexerat introspexit, in nullo ab illius gestibus discrepans. Tandem infra annum probationis deficiens, reversus est ad ollas Aegypti, et secuta est caro carnem. — Fratribus ad laborem post Capitulum praeparatis [5], cum starent circa auditorium, et exspectarent tabulae percussionem, essentque aliqui ex eis remissi per otiosam signorum consignificationem, vidit vir ille beatus cattos foeda quadam adustione maculatos, imo sub eorum specie daemones, caudarum suarum motibus eisdem blandiri, et continuatis vicibus corporum suorum compressionibus, in signum familiaritatis, illos demulcere. Eos vero qui gravitatem suam servabant, nec respicere quidem audebant. — Die quadam cum orationis gratia ante quoddam se altare [6] prostravisset, diabolus in bufonem maximum, ad instar gallinae, se transformans, ante eius ora resedit. Quo viso territus, ilico surrexit et fugit, hora eadem dolos diaboli minus observans. NOVICIUS: Videntur mihi tres istae visiones contra tria vitia satis esse necessariae; prima contra vitium gulositatis, secunda contra vitium vanitatis, tertia contra taedium orandi. MONACHUS: Licet non videamus, diabolus saepe

---

1) BC erant. — 2) BC Ysenbrandus; sic et infra XI, 3. — 3) B infirmatorio. — 4) ADP praedictum, omisso Christianus. — 5) BC fratribus post Capitulum praeparatis ad laborem. — 6) BCD altare se.

per huiusmodi phantasmatum horrores dulcedinem in¹) nobis exstinguit orationis. Haec mihi dicta sunt a supramemorato Hermanno Abbate, necnon et Waltero monacho de Birbech, qui illi familiares fuerunt. Reliqua eius acta et visiones audies in distinctione septima.

CAPITULUM VII.

De daemonibus, qui visi sunt Maguntiae in superba veste feminae.

Retulit mihi quidam civis honestus, asserens suis temporibus Maguntiae, si bene memini, hoc quod dicturus sum contigisse veraciter²). Die quadam Dominica, cum³) sacerdos in ecclesia, cuius erat plebanus, circuiret, et aqua benedicta populum aspergeret, ad ostium ecclesiae veniens, matronam quandam pompatice venientem, et ad similitudinem pavonis variis ornamentis pictam obviam habuit, in cuius cauda vestimentorum⁴), quam trahebat post se longissimam, multitudinem daemonum residere conspexit. Erant enim parvi ut glires, nigri sicut Aethyopes, ore cachinnantes, manibus plaudentes, et sicut pisces intra sagenam conclusi saltantes. Revera ornatus muliebris sagena diaboli est. Quod⁵) ut vidit, daemonum quadrigam foris exspectare fecit; plebem advocavit, daemones ne fugerent adiuravit. Territa illa stetit, et ut visiones populus videre mereretur, quia vir bonus ac iustus fuit, orationibus obtinuit. Intelligens mulier ob vestimentorum superbiam sic se a daemonibus derisui habitam⁶), domum rediit, vestimenta mutavit, et tam ipsi quam ceteris feminis eadem visio occasio facta est humilitatis. NOVICIUS: Si tot sunt daemones, qui nos miseros homines instigant ad culpam, puto quia multi erunt, qui consentientes trahent ad poenam. MONACHUS: De hoc magis te⁷) instruam exemplis quam verbis.

---

1) in om BC. — 2) BC veraciter contigisse. — 3) C dum. — 4) BC vestimentorum cauda. — 5) ADP quos. — 6) ADP esse derisam. — 7) BP te magis.

CAPITULUM VIII.

De sacerdote de Ditkirgen, qui in obitu suo multitudinem vidit daemoniorum. Item probatio quod plures sint mali [1]) homines, quam daemones.

In Ditkirgen sanctimonialium monasterio, quod in opido Bonnensi situm est, sacerdos quidam defunctus est, Adolphus nomine, vir valde saecularis et lubricus, iam dicti monasterii plebanus. Hic, sicut mihi retulit quidam sacerdos, qui fuerat Bonnensis [2]) canonicus, cum die quadam cum quodam suo cognato [3]) luderet in aleis, quidam ex parochianis eius flens supervenit, et ut matris suae confessionem audire, eamque communicare dignaretur, humiliter et [4]) cum lacrimis supplicavit. Respondente sacerdote: Non veniam nisi expleto ludo; et ille instaret, asserens infirmam exspectare non posse; commotus sacerdos secum ludenti dixit: Cognate, ego conqueror vobis de domino isto, qui me quiescere non sinit. Videns se ille nihil proficere, tristis ac gemens discessit, et infirma sine confessione atque viatico ab hac luce migravit. Die autem tertio is qui cum sacerdote luserat, defunctae filio occurrit, et sacerdotis querimoniae recordatus, illum sine causa occidit. Post haec et alia peccata plurima sacerdos idem peremtoriam incidit infirmitatem. Qui cum esset in desperatione, quaedam cognata eius sedens coram illo, cum signum contritionis videret in eo nullum [5]), tristis sic ait: Domine, debilis estis valde, praeparate vos propter Deum. Invocate illum, ut peccata vestra vobis dimittat, et spatium adhuc fructuosae poenitentiae concedat. Ad quod ille desperatus respondit: Vides horreum illud magnum ex opposito nostri? Non sunt in eius tecto tot calami, quot sunt circa me daemones congregati. Et hoc dicto, mox agonizans, exspiravit, eos videns adesse moriturus, quorum consilio vixerat sanus. Multa tibi de multitudine daemonum adhuc dicere possem, sed usque ad duodecimam distinctionem illud [6]) reservo. NOVICIUS: Cum mali male vivendo multos habeant daemones incentores, multos in morte accusatores, miror si tot in poenis habituri sint singuli tortores.

---

1) mali abest a libris nostris. — 2) C add ecclesiae. — 3) ADP suo cognato quodam. — 4) et om BC. — 5) B nullum videret in illo, C nullum in eo videret. — 6) B illa reservo, C reservo illa. Conf. IV, 60.

MONACHUS: Supra distinctione prima capitulo tricesimo secundo dictum est de Abbate Morimundensi, quod daemones animam ad locum¹) poenarum portantes cruciaverunt. Similiter distinctione secunda capitulo sexto Hildebrandus latro Bertolpho post mortem apparens, multa millia daemonum dicebat animam suam foris praestolari. NOVICIUS: Si haec ita se habent, certum est plures esse daemones, quam homines malos. MONACHUS: Quantum ad praesens tempus, quaestionis huius solutionem scire non possumus; sed certum habemus, quod in fine mundi, quando completus fuerit numerus reproborum²), multo plures erunt mali homines, quam daemones. NOVICIUS: Unde hoc probatur? MONACHUS: Decima pars angelorum cecidit, ex quibus daemones facti sunt. Teste beato Gregorio, tot ascensuri sunt ex electis hominibus, quot ibi angeli remanserunt³). Secundum hoc novem partibus numerus⁴) hominum electorum transcendet numerum daemoniorum. Quis ergo dubitet⁵), quin incomparabiliter plures sint homines mali, quam boni? Nec in hoc mali homines aliquam recipient⁶) consolationem, quod numero longe plures erunt daemonibus, quia tanta est illorum naturalis potentia, tanta contracta malitia, tanta torquendi industria, ut unus multis millibus hominum in poenis adhibendis sufficere possit. Haec de multitudine malignorum spirituum dicta sint. Quod autem incomparabiliter mali sint et immisericordes, variis tibi pandam exemplis.

CAPITULUM IX.

De daemone, qui dixit se malle cum una anima a se decepta descendere in infernum, quam redire ad coelum.

Daemon quidam dum⁷) hominem a se obsessum horribiliter torqueret, et diversis per os eius garriendo diversa responderet, dictum est ei a quodam ex circumstantibus: Dic, diabole, si posses ad gloriam in qua fuisti redire, quid velles propter hoc laboris sustinere? Respondit ille: Si hoc esset in meo arbitrio, mallem cum una anima a me⁸) decepta descendere in infernum, quam redire ad coelum. Mirantibus

---

1) ADP loca; paulo post AD cruciaverint. — 2) AP reproborum numerus. — 3) Gregor. in Evang. Homil. XXXIV, 11. — 4) C angelorum numerus. — 5) ABDP dubitat. — 6) BC recipiant. — 7) BCP cum. — 8) a me add BC.

omnibus cur ita diceret, iterum hoc verbum respondit: Quid de hoc miramini? Tanta est malitia mea, et tam obstinatus sum in illa, ut non possim aliquid velle boni. Huic verbo alterius cuiusdam daemonis sermo non concordat.

CAPITULUM X.

De alio daemone, qui contraria dicebat.

In ecclesia [1] beati Petri in Colonia [2] cum femina quaedam a daemone obsessa miserabiliter tormentaretur, contigit ut alia obsessa superveniret. Mox una contra alteram coepit insurgere, clamoribus et contumeliis sic se invicem afficere, ut omnes miraremur [3]). Daemon daemoni dicebat: Miser, ut quid consentiendo Lucifero sic de gloria aeterna ruimus? Ad quod alter respondit: Quare fecisti? Cumque ille adhuc quasi poenitudinis verba proferret, alter subiunxit: Tace, poenitentia ista nimis est sera, redire non poteris. Vides quanta sit in illis obstinatia [4])? Idem spiritus malignus de reditu ad gloriam, sicut superior, interrogatus, verbum sermoni eius valde contrarium audiente me respondit: Si esset, inquit, columna ferrea et ignita, rasoriis et laminis [5]) acutissimis armata, a terra usque ad coelum erecta, usque ad diem iudicii, etiam si carnem haberem, in qua pati possem, me per illam trahere vellem, nunc ascendendo, nunc descendendo, dummodo redire possem ad gloriam in qua fui. NOVICIUS: Quid est quod tam contraria senserunt? MONACHUS: Daemon superior, sciens propositionem sibi factam prorsus impossibilem, malitiam suam ostendit; iste quantum boni perdiderit, verbis quibus valuit declaravit. NOVICIUS: Timentne daemones poenam sibi praeparatam? MONACHUS: Sentiunt et timent. Hinc est quod omnes exorcismi, qui ad illorum nequitiam [6]) enervandam fiunt, per ignem et extremum iudicium concluduntur. Quam parati sint ad nocendum hominibus, aliis tibi ostendam exemplis.

---

1) C monasterio. — 2) BC Coloniae. — 3) BC mirarentur. — 4) BC obstinatio; conf. II, 16. — 5) sic emendavi librorum lectionem: calamis. — 6) BC malitiam.

CAPITULUM XI.

De daemone, qui confessus est, se intrasse feminam, eo quod sibi tradita fuisset a marito.

Dum Abbas noster anno praeterito in Monte sancti Salvatoris iuxta Aquisgrani missam celebraret, finita missa oblata est [1]) mulier obsessa. Super cuius caput cum legisset lectionem evangelicam de ascensione, et ad illa verba: *Super aegros manus imponent, et bene habebunt*[2]*)*, manum capiti eius imposuisset, daemon vocem emisit tam horribilem, ut omnes terreremur. Adiuratus ut exiret, respondit: Nondum vult Altissimus. Interrogatus quomodo intrasset, nec ipse respondit, nec mulierem respondere permisit. Postea confessa est, ad vocem mariti sui in commotione animi sui dicentis: Vade diabolo, quod[3]) intrare illum senserit per auriculam. Erat autem eadem femina de Aquensi provincia, et satis nota.

CAPITULUM XII.

Item de puero, quem diabolus invasit, cum ei pater diceret: Vade diabolo.

Homo quidam iratus, sicut audivi a quodam Abbate, dixit filio suo: Vade diabolo. Quem mox diabolus rapuit, et nusquam comparuit. NOVICIUS: Quid est quod filius punitus est ob peccatum patris, cum scriptura dicat: *Filius non portabit iniquitatem patris*[4])? MONACHUS: Idem quod supradicta mulier dixit, dico [5]). Utrumque fieri permisit Deus propter exemplum, ut dum iracundi in vexatione uxoris, mariti audierint cruciatus cordis, et in raptu filii, patris dolores, animi sui furorem cohibeant et a stultiloquio linguas compescant. NOVICIUS: Placet quod dicis. MONACHUS: Qui daemones esse dubitant, energuminos attendant[6]), quia dum per illorum ora diabolus loquitur, et in corporibus tam crudeliter debachatur, manifestum praesentiae suae indicium illis demonstrat. NOVICIUS: Verum diceres, si non esset

---

1) C est ei. — 2) Marc. 16, 18. — 3) quod habent BC ante ad vocem. — 4) Ezech. 18, 20. — 5) B idem quod de supradicta muliere dixi dico, C idem quae dixi de muliere supradicta dico, ADPKR eadem quae de supradicta muliere dixi, et hic dico. — 6) libri dubitat — attendat.

ibi aliqua¹) simulatio. MONACHUS: Obsessos fuisse, saepe prodit Evangelium, produnt et Actus Apostolorum, et in multis locis Vitae vel Passiones Sanctorum. Quod autem quidam propter quaestum se obsessos simulent²), non nego; quod vero in quibusdam nulla sit fictio, subiecto probabitur exemplo.

CAPITULUM XIII.

De obsessa, quae dixit diabolum ligatum tribus verbis canonis.

Retulit mihi Gerardus Praepositus Pleysensis, mulierem obsessam, multis bene notam, Sigeberg³) venisse gratia curationis. Quae cum in oratorio sancti Mychaelis Archangeli de diversis interrogaretur, et incideret mentio de Lucifero apud inferos ligato, respondit per os eius diabolus: Stulti, quibus catenis putatis magistrum meum ligatum in inferno? Ferreis? Nequaquam. Tria verba posita sunt in silentio missae, quibus ligatus est. Requirentibus quibusdam ex fratribus: Quae sunt illa tria verba? dicere noluit, vel potius ausa non fuit, sed ait: Afferte mihi librum, et ego vobis ostendam illa. Allatus est ei liber missalis, et clausus porrectus. Quem illa aperiens, primo ictu canonem invenit, et digitum ponens super illum locum: *Per ipsum, et cum ipso, et in ipso,* in quibus memoria fit summae Trinitatis, ait: Ecce ista sunt tria illa verba, quibus ligatus est magister meus. Haec⁴) audientes ex monachis plures qui aderant, scientes mulierem illiteratam esse, aedificati sunt valde, vim verborum intelligentes. Per Patrem enim, et cum Filio, et in Spiritu sancto, quorum opera indivisa sunt, fortis ille ligatus est, et vasa eius direpta⁵).

CAPITULUM XIV.

De obsessa, quae in Insula sancti Nycholai prodidit reliquias.

In festo Omnium Sanctorum hoc anno cum essem cum Priore meo in Insula sancti Nycholai, quae vulgo Stupa vocatur, et

---

1) aliqua add BC. — 2) BD simulant. — 3) Sigeberg, nobilis abbatia nigri ordinis, a beato Annone fundata in rupe fortissima in oppido Siegburg: cui abbatiae subdita fuit praepositura Pleisensis in villa Ober-Pleis, haud procul disiuncta ab Heisterbach; vide Ph. E. Schwaben: Geschichte der Stadt, Festung und Abtei Siegburg. p. 131 sq. — 4) ADP hoc. — 5) Marc. 3, 27.

est monasterium sanctimonialium, vidimus ibi puellam ante adventum nostrum obsessam, sed tunc tam beneficio reliquiarum quam sororum orationibus liberatam. De qua nobis retulit eiusdem coenobii magistra, femina religiosa, quod die quadam, dum¹) crudeliter ab immundo spiritu discerperetur, volens quidam clericus honestus illum probare, saccellum spinarum Dominicae coronae de tabula aurea, ea nesciente, tollens, et manu clausa super caput obsessae tenens, maximos ei clamores excitavit. Cui cum dicerent circumstantes, causam furoris eius ignorantes, quid clamas, diabole, quid habes? respondit: Hoc quod fuit in capite Altissimi, hoc²) caput meum deprimit et pungit, et dicitis mihi quid clamas? Et aedificati sunt valde circumstantes, maxime sorores, duplicis rei habentes verum experimentum, videlicet quod spinae essent verae, et quod femina veraciter obsessa esset³) a daemone. Quod si minus haec duo tibi sufficiunt exempla, recordare trium illorum daemoniorum in capitulo primo et secundo atque tertio distinctionis tertiae.

CAPITULUM XV.

Quomodo daemones sint in hominibus.

NOVICIUS: Cum de his mihi satisfactum sit, est adhuc quod me movet. Quidam asserunt, daemones non esse in hominibus, sed extra, eo quod castrum, non intus, sed extra dicatur obsideri. Alii contrarium sentiunt, innitentes verbis Salvatoris dicentis: *Exi ab eo, spiritus immunde*⁴). MONACHUS: Improprie dicitur exire, nisi quod intus est. Utrique tamen verum dicunt, secundum aliquid, scilicet quod in homine possit esse, et non esse. Non potest esse diabolus in anima humana, secundum quod Ginnadius⁵) in distinctione⁶) ecclesiasticorum docmatum diffinit, dicens: Daemonem per inergiam, id est, operationem, non credimus substantialiter illabi animae, sed applicatione et oppressione uniri. Illabi autem menti, illi soli possibile est qui creavit, qui natura subsistens incorpo-

---

1) BCP cum. — 2) hoc add BC. — 3) B veraciter esset obsessa, D esset veraciter obsessa, C veraciter obsessa foret. — 4) Marc. 5, 8. — 5) Gennadius de Eccles. Dogm. cap. 82. — 6) BC distinctionibus.

reus¹), capabilis est suae facturae. Mentem hominis iuxta substantiam nihil implere potest, nisi creatrix Trinitas. NOVICIUS: Quid est ergo²) quod diabolus dicitur cor hominis intrare, tentare vel immittere? MONACHUS: Non aliter intrat vel implet vel immittit, nisi quod animam decipiendo in affectum malitiae trahit. Et haec est differentia inter adventum Spiritus sancti et spiritus maligni, quod ille proprie dicitur illabi, iste immitti. Spiritus sanctus exsistens intus in anima peccatrice per essentiam et potentiam et sapientiam, quasi de prope illi³) illabitur per gratiam. Spiritus vero malignus cum extra sit ut dictum est per substantiam, mala suggerendo et vitiis mentem afficiendo, quasi sagittam, suam immittit malitiam. Unde habes: *Immissionem per angelos malos*⁴). Hinc est quod homo post adventum Spiritus sancti plus et fortius potest diligere bonum, quam ante dilexit malum, quasi de remoto immissum. ǁ Cum diabolus dicitur esse in homine, non intelligendum est de anima, sed de corpore, quia in concavitatibus eius et in visceribus ubi stercora continentur, et ipse esse potest. NOVICIUS: Satis expeditus sum de quaestione hac; sed quaero, si adhuc aliquae viae sint aliae, quibus daemones hominibus soleant nocere? MONACHUS: Habent daemones mille nocendi artes, ex quibus quatuor tibi pandam. Quibusdam nocent falsa promittendo, aliis nocent per suos ministros in fide subruendo, nonnullis nocent in corpore eos laedendo, aliis quod periculosius est, in peccatis occidendo. Ista omnia iusto Dei fiunt iudicio, et de singulis tibi subiungam exempla.

CAPITULUM XVI.

De converso Campensi, qui promissione Episcopatus Halberstadensis deceptus, suspensus est.

In Campo, domo ordinis Cisterciensis, quae sita est in Episcopatu Coloniensi, sicut audivi a quodam sacerdote ordinis nostri, homine veridico, quem res non latuit, conversus quidam fuit, qui a monachis, cum quibus loquebatur, in tantum literas didicerat, ita ut textum legere sciret. Huiusmodi occasione illectus et deceptus, libellos sibi ad hoc idoneos occulte fecit

---

1) C in corpore eius; mox B corporabilis. Bernard. in Cant. Serm. V, 10. p. 24: „nullus angelorum, nulla animarum hoc modo mihi capabilis est, nullius ego capax." — 2) ADP ergo est. — 3) illi add BC. — 4) Psal. 77, 49.

conscribi, coepitque in vitio proprietatis delectari. Cumque huiusmodi¹) studium eidem converso ad hoc nimis converso prohiberetur, amore discendi apostasiam incurrit. Modicum tamen propter aetatem profecit. Deinde ad monasterium poenitentia ductus rediens, et hoc usque tertio actitans, nunc ad scholas saeculares exeundo, nunc revertendo, diabolo copiosam in se praebuit materiam decipiendi. Visibiliter enim illi apparens in specie angeli, ait: Disce fortiter, quia futurum est, et a Deo diffinitum, ut Halberstadensis fias Episcopus. Stultus ille diaboli dolos non observans, sperabat in se antiqua renovanda fore miracula. Quid plura? Die quadam seductor converso se ingerens, clara voce et hilari facie²) dicebat: Hodie Episcopus Halberstadensis defunctus est, festina venire ad civitatem, cui a Deo Antistes destinatus³) es. Ipsius enim consilium mutari non potest. Statim miser de monasterio silenter exiens, nocte eadem in domo cuiusdam honesti sacerdotis iuxta opidum Xantense hospitatus est. Ut autem gloriose ad sedem suam veniret, nocte ante lucem surgens, equum hospitis valde bonum stravit, cappam eiusdem induit, ascendit et abiit. Mane familia domus, damno cognito, apostatam insequens apprehendit, a qua ad iudicium saeculare cum furto tractus, et per sententiam damnatus, non cathedram ut Episcopus, sed sicut fur patibulum ascendit. Vides ad quem finem promissio diaboli tendat? Alium conversum, etsi non tam manifeste, non minus tamen periculose decepit.

CAPITULUM XVII.

Item de converso, qui voce cuculi deceptus in apostasia mortuus est.

Narravit nobis anno praeterito beatae memoriae Theobaldus Abbas Eberbacensis, quod quidam conversus, cum nescio quo tenderet, et avem, quae cuculus dicitur, a voce nomen habens, crebrius cantantem audiret, vices interruptionis enumeravit⁴), et viginti duas inveniens, easque quasi pro omine accipiens, pro annis totidem vices easdem sibi computavit. Eia, inquit, certe viginti duobus annis adhuc vivam. Ut quid tanto tempore mortificem me in ordine? Redibo ad saeculum,

---

1) D eiusmodi. — 2) B vultu. — 3) D donatus. — 4) BC numeravit.

et saeculo deditus, viginti annis fruar deliciis eius¹), duobus annis, qui supersunt, poenitebo. Haud dubium, quin diabolus qui supradictum conversum, ut Episcopus fieret, ad credendum induxerat aperto sermone, et huic suaserit, ut tali augurio fidem adhiberet, occulta suggestione. Sed Dominus, qui omne²) augurium odit, aliter, quam ille ordinaverat, disposuit. Nam duos quos poenitentiae deputaverat annos, eum in saeculo vivere permisit, et annos viginti deliciis ordinatos, iusto suo iudicio subtraxit. Ecce tales sunt promissiones diabolicae. Quod autem nonnullos, imo plurimos, per ministros suos in fide subvertat, sequentia declarabunt.

CAPITULUM XVIII.*)

De duobus haereticis, qui apud Bizunzium miraculis phantasticis multis deceptis, ibidem exusti sunt.

Duo homines, non mente, sed habitu simplices, non oves, sed lupi rapaces, Bizunzium³) venerunt, summam simulantes religiositatem. Erant autem pallidi et macilenti, nudis pedibus incedentes, et quotidie ieiunantes; matutinis sollemnibus ecclesiae maioris nulla nocte⁴) defuerunt, nec aliquid ab aliquo praeter victum tenuem receperunt⁵). Cumque tali hypocrisi totius populi in se provocassent affectum, tunc primum coeperunt latens virus evomere⁶), et novas atque inauditas haereses rudibus praedicare. Ut autem eorum doctrinae populus crederet, farinam in pavimento cribrari⁷) iusserunt, et sine vestigii impressione super illam ambulaverunt⁸). Similiter super aquas gradientes non poterant mergi; tuguria etiam super se facientes incendi⁹), postquam in cinerem sunt redacta, egressi sunt illaesi. Post haec dixerunt turbis: Si non creditis verbis nostris, credite miraculis. Audiens talia Episcopus et Clerus, turbati sunt valde. Et cum eis vellent resistere, haereticos et deceptores diabolique ministros illos affirmantes, vix evaserunt, ut non a populo lapidarentur. Erat enim¹⁰) idem Episcopus vir bonus et literatus, atque de nostra pro-

---

1) BC et saeculi deliciis viginti annis fruar. — 2) omne add BC. — *) Homil. III. p. 58. — 3) Besançon. — 4) B nullo tempore, C nunquam. — 5) BC accipere voluerunt. — 6) B emittere. — 7) CP et pr A cribari. — 8) D deambulaverunt. — 9) C incendi facientes, B incendi fecerunt. — 10) B autem.

vincia natus. Bene illum novit senex monachus noster Conradus [1]), qui mihi ista retulit, et qui eodem tempore in eadem civitate fuit. Videns Episcopus nihil se verbis proficere, et per ministros diaboli populum sibi commissum in fide subverti, clericum quendam sibi notum, et in nigromantia peritissimum ad se vocans ait: Sic et sic per tales homines actum est in civitate mea. Rogo te ut investiges a diabolo per artem tuam, qui sint, unde veniant, vel qua virtute tanta ac tam [2]) stupenda operentur miracula. Impossibile est enim, ut signa faciant virtute divina, quorum doctrina Deo nimis est contraria. Dicente clerico: Domine, diu est quod arti huic renunciavi [3]); respondit Episcopus: Bene cernis quantum arter. Vel oportebit me doctrinae illorum [4]) consentire, vel a populo lapidari. Iniungo ergo tibi in remissionem peccatorum [5]) tuorum, ut mihi in hac parte acquiescas. Obediens clericus Episcopo, diabolum vocavit, causam suae vocationis sciscitanti respondit: Poenitet me recessisse a te. Et quia de cetero magis obsequiosus tibi esse desidero, quam fuerim, rogo ut dicas mihi, qui sint homines isti, quae doctrina eorum, vel qua virtute tanta operentur mirabilia. Respondit diabolus: Mei sunt, et a me missi, et quae in ore illorum posui, illa praedicant. Respondit clericus: Quid est quod laedi non possunt, nec in aquis mergi, neque igne comburi? Respondit iterum daemon: Cyrographa mea, in quibus hominia mihi ab eis facta, sunt conscripta, sub ascellis [6]) suis inter pellem et carnem consuta conservant, quorum beneficio talia operantur, nec ab aliquo laedi poterunt. Tunc clericus: Quid si ab eis tollerentur? Respondit diabolus [7]): Tunc infirmi essent sicut ceteri homines. Audiens ista clericus, regratiabatur daemoni dicens: Modo recede, et cum vocatus fueris a me, iterum venias. Reversus ad Episcopum, haec ei per ordinem recitavit. Qui magno repletus gaudio, totius civitatis populum in locum ad hoc idoneum convocavit, dicens: Ego pastor vester sum, vos oves. Si homines isti, ut dicitis, doctrinam suam signis confirmant, volo illos vobiscum imitari; sin autem, dignum est ut illis punitis, vos ad fidem patrum vestrorum mecum poenitentes revertamini. Respondit populus:

1) Conradus add BC; conf. I, 34. V, 4. — 2) tam add BR. — 3) BC abrenunciavi; conf. I, 34. p. 41. — 4) BC eorum. — 5) ADP omnium peccatorum. — 6) B acellis, C asellis. — 7) diabolus om ABD; P habet daemon.

Nos plurima ab eis signa vidimus. Quibus Episcopus: Sed ego illa non vidi. Quid multa? Placuit populo consilium. Vocati sunt haeretici. Affuit Episcopus. Accensus est focus in medio civitatis. Prius tamen quam intrarent, ad Episcopum secreto¹) vocati sunt. Quibus ipse ait: Volo videre si aliqua circa vos habeatis maleficia. Quo audito, mox exspoliantes se²), cum magna securitate dixerunt: Quaerite diligenter tam in corporibus quam in vestimentis nostris. Milites vero, sicut ab Episcopo fuerant praemoniti, brachia eis levantes, et sub ascellis cicatrices obductas notantes, cultellis illas ruperunt, chartulas insutas inde extrahentes. Quibus acceptis, Episcopus cum haereticis ad populum exiens, facto silentio clamavit valide: Modo prophetae vestri ingrediantur ignem, et si laesi non fuerint, credam eis. Miseris trepidantibus, et dicentibus, non possumus modo intrare, Episcopo recitante, malitia eorum detecta est populo, et ostensa cyrographa. Tunc universi furentes, diaboli ministros, cum diabolo in ignibus aeternis cruciandos, in ignem praeparatum proiecerunt. Sicque per Dei gratiam et Episcopi industriam haeresis invalescens est exstincta, et plebs seducta atque corrupta, per poenitentiam mundata.

CAPITULUM XIX.

De haereticis Coloniae combustis.

Circa illa tempora sub Archiepiscopo Reynaldo Coloniae plures haeretici sunt comprehensi³), qui a literatis viris examinati et victi, per⁴) iudicium saeculare damnati sunt. Data vero sententia, cum ducendi essent ad ignem, unus illorum Arnoldus nomine, quem ceteri magistrum suum fatebantur, sicut narraverunt qui interfuerunt, panem et pelvim cum aqua sibi dari petivit. Quibusdam volentibus ut hoc fieret, viri prudentes dissuaserunt dicentes: Aliquid hinc⁵) fieri posset opere diabolico, quod infirmis esset in scandalum et in ruinam. NOVICIUS: Miror quid de pane et de⁶) aqua facere voluerit. MONACHUS: Sicut coniicio ex verbis cuiusdam alterius haeretici, qui ante hoc triennium a Rege Hispaniae comprehen-

---

1) B secrete. — 2) BC se exspoliantes. — 3) B comprehensi sunt haeretici, P sunt haeretici comprehensi. — 4) B examinati victi sunt et per. — 5) ACDP hic. — 6) de om BC.

sus est et combustus, sacrilegam ex eis facere volebat communionem, ut suis viaticum fieret¹) ad aeternam damnationem. Nam quidam Abbas Hispanus ordinis nostri per nos transiens, qui cum Episcopo et Ecclesiarum praelatis eiusdem haeretici errores damnavit, eum dixisse referebat, quod rusticus quilibet in mensa sua, et de pane suo quo vesceretur, conficere posset corpus Christi. Erat enim idem maledictus faber ferrarius. NOVICIUS: Quid ergo actum est de haereticis Coloniensibus? MONACHUS: Ducti sunt extra civitatem, et iuxta cimiterium Judaeorum simul in ignem missi. Qui cum fortiter arderent, multis videntibus et audientibus, Arnoldus semiustis²) discipulorum capitibus manum imponens, ait: Constantes estote in fide vestra, quia hodie eritis cum Laurentio; cum tamen nimis discordarent a fide Laurentii. Cum esset inter eos virgo quaedam speciosa, sed haeretica, et quorundam compassione ab igne subtracta, promittentium³), quia vel eam viro traderent, vel si hoc magis placeret, in monasterio virginum locarent, cum verbo tenus consensisset, iam exstinctis haereticis, tenentibus se dixit: Dicite mihi, ubi iacet seductor ille? Cumque ei demonstrassent magistrum Arnoldum, ex manibus illorum elapsa, facie veste tecta, super exstincti corpus ruit, et cum illo in infernum perpetuo arsura descendit.

CAPITULUM XX*).

De haeresi Valdosiana in civitate Metensi.

Paucis annis elapsis, sub Episcopo Bertrammo, viro valde literato, orta est haeresis Valdosiana in civitate Metensi⁴), hoc modo. Cum idem Antistes in festivitate quadam populo in ecclesia⁵) praedicasset, duos homines ministros diaboli in turba stare conspiciens, ait: Video inter vos nuncios diaboli. Ecce illi sunt, digito eos ostendens⁶), qui me praesente in Monte Pessulano⁷) propter haereses damnati sunt et eiecti. Qui Episcopo durius responderunt, habentes in comitatu suo scholarem, qui more canino contra eum latrabat, iniuriis eum lascesciens⁸). Egressi vero de ecclesia, multitudinem populi

---

1) CP fieret viaticum — 2) BC semiustus. — 3) BC promittentibus. — *) Homil. I. p. 138. — 4) Metz. — 5) in Homilia addit, sancti Stephani. — 6) B demonstrans. — 7) Montpellier. — 8) P lacesciens, C lacessiens, B lacescens.

circa se congregantes, errores suos illis praedicaverunt. Quibus cum quidam ex clericis dicerent: Vos domini, nonne Apostolus dicit: *Quomodo praedicabunt, nisi mittantur.*[1]? volumus scire quis vos miserit huc praedicare; responderunt illi: Spiritus. Non enim poterat illis Episcopus vim inferre propter quosdam potentes civitatis, qui eos in odium Episcopi fovebant, eo quod quendam usurarium defunctum ipsorum cognatum de atrio ecclesiae eiecisset. Revera missi fuerant a spiritu erroris, per quorum ora haereses Valdosianae, ab uno eorum sic dictae, in eadem civitate sunt seminatae, et necdum prorsus exstinctae.[2]). NOVICIUS: Heu quod tot hodie haereses sunt in ecclesia. MONACHUS: Hoc furor et malitia diaboli effecit.

CAPITULUM XXI.

De haeresi Albiensium.

Temporibus Innocentii Papae praedecessoris huius, qui nunc Papatum tenet, Honorii, durante adhuc schismate, quod erat inter Philippum et Ottonem Reges Romanorum, diaboli invidia haereses Albiensium coeperunt pullulare, vel ut verius dicam, maturescere. Cuius vires erant tam validae, ut omne triticum fidei gentis illius versum videretur in lolium erroris. Missi sunt Abbates ordinis nostri cum quibusdam Episcopis, qui zizania rastro catholicae praedicationis eradicarent. Sed obsistente homine inimico, qui illa seminaverat, modicum ibi profecerunt. NOVICIUS: Quis fuit error illorum? MONACHUS: Quaedam[3]) haeresiarchae eorum collegerant puncta ex docmate Manichaei, quaedam ex erroribus, quae in Periarchon scripsisse fertur Origenes, plurima etiam, quae de suo corde finxerant adiicientes. Duo credunt cum Manichaeo principia, deum bonum et deum malum, id est, diabolum, quem dicunt omnia creare corpora, sicut deum bonum omnes animas. NOVICIUS: Moyses et corpora et animas confirmat Deum creasse, dicens: *Formavit Deus hominem*, id est, corpus, *de limo terrae, et inspiravit in faciem eius spiraculum vitae*[4]), id est, animam. MONACHUS: Si Moysen et Prophetas reciperent, haeretici non essent. Corporum resurrectionem negant;

---

1) Rom. 10, 15. — 2) BC haeresis Valdosiana — dicta — est seminata — exstincta. — 3) BC quidam, hic et paulo post. — 4) Genes. 2, 7.

quicquid beneficii mortuis a vivis impenditur irrident; ire ad ecclesias, vel in eis orare, nihil dicunt prodesse. In his deteriores sunt Judaeis et paganis, quia[1]) illa credunt. Baptismum abiecerunt; sacramentum corporis et sanguinis Christi blasphemant. NOVICIUS: Ut quid tantas a fidelibus persecutiones sustinent, si nihil ex hoc in futuro retributionis exspectant? MONACHUS: Gloriam spiritus dicunt se exspectare. Quidam supradictorum Abbatum monachus, cernens quendam militem in equo sedentem loqui cum aratore suo, haereticum illum aestimans, sicut fuit, propius accedens ait: Dicite mihi, probe vir, cuius est ager iste? Respondente illo, meus est; subiecit: Et quid de fructu illius facitis? Ego, inquit, et familia mea de eo vivimus, aliquid etiam erogo pauperibus. Dicente monacho, quid boni speratis de eleemosyna illa? respondit miles hoc verbum: Ut spiritus meus gloriose pergat post mortem. Tunc monachus: Quo perget? Ait miles: Secundum meritum suum. Si bene vixit, et hoc apud Deum meruit [2]), exiens de corpore meo, intrabit corpus alicuius futuri Principis, sive Regis, vel alterius cuiuslibet personae illustris [3]), in quo delicietur; si autem male, corpus intrabit miseri pauperisque, in quo tribuletur. Credidit stultus, sicut et ceteri Albienses, quod anima secundum meritum transeat per diversa corpora [4]), etiam animalium atque serpentum [5]). NOVICIUS: Foeda haeresis. MONACHUS: In tantum enim Albiensium error invaluit, ut brevi intervallo temporis infecerit usque ad mille civitates, et si non fuisset gladiis fidelium repressus [6]), puto quod totam Europam corrupisset. Anno Domini millesimo ducentesimo decimo praedicata est contra Albienses in tota Alemannia et Francia crux, et ascenderunt contra eos anno sequenti de Alemannia Lupoldus Dux Austriae, Engilbertus tunc Praepositus, postea Archiepiscopus Coloniensis, et frater eius Adolphus Comes de Monte, Wilhelmus Comes Juliacensis, et alii multi diversae conditionis atque dignitatis. Simile actum est in Francia, Normannia atque Pictavia [7]). Horum omnium praedicator et caput erat Arnoldus Abbas Cisterciensis, postea Archiepiscopus Nar-

---

1) BC qui. — 2) B vixerit — meruerit. — 3) ADP sive alterius cuiuslibet illustris personae. — 4) ADP per diversa transeat corpora. — 5) ADP serpentium. — 6) B gladio repressus fidelium. — 7) Poitou.

bonnensis. Venientes ad civitatem magnam, quae Biders [1]) vocatur, in qua plus quam centum millia hominum fuisse [2]) dicebantur, obsederunt illam. In quorum aspectu [3]) haeretici super volumen sacri Evangelii mingentes, de muro illud contra Christianos proiecerunt, et sagittis post illud missis clamaverunt: Ecce lex vestra, miseri. Christus vero Evangelii sator iniuriam sibi illatam non reliquit inultam. Nam quidam satellites zelo fidei accensi, leonibus similes, exemplo illorum, de quibus legitur in libro Machabaeorum [4]), scalis appositis, muros intrepide ascenderunt; haereticisque divinitus territis et declinantibus, sequentibus portas aperientes, civitatem obtinuerunt. Cognoscentes ex confessionibus illorum [5]) catholicos cum haereticis esse permixtos, dixerunt Abbati: Quid faciemus, domine? Non possumus discernere inter bonos et malos. Timens tam Abbas quam reliqui, ne tantum timore mortis se catholicos simularent, et post ipsorum [6]) abcessum iterum ad perfidiam redirent, fertur dixisse: Caedite eos. Novit enim Dominus qui sunt eius [7]). Sicque innumerabiles occisi sunt in civitate illa. Aliam itidem civitatem magnam, a re Pulchramvallem vocatam, quae sita est iuxta Tholosam, virtute divina obtinuerunt. In qua populo examinato, cum omnes promitterent se velle redire ad fidem, quadringenti quinquaginta in sua pertinacia indurati a diabolo permanserunt, ex quibus quadringenti combusti sunt in igne [8]), ceteri patibulis appensi. Idem actum est in ceteris civitatibus atque castellis, miseris se ultro morti [9]) ingerentibus. Tholosani vero artati, omnem promiserunt satisfactionem, sed ut postea patuit, in dolo. Nam perfidus Comes sancti Aegidii, princeps et caput omnium haereticorum, omnibus sibi in Concilio [10]) Lateranensi abiudicatis, feodis videlicet et allodiis, civitatibus et castris, et ex maxima parte eisdem a Comite Simone de Fortimonte, viro catholico, iure belli occupatis, in Tholosam se transtulit, de qua usque hodie fideles vexare et impugnare non cessat. Et sicut hoc anno dominus Conradus Episcopus Portuensis et Cardinalis, contra Albienses missus legatus, scripsit Capitulo Cisterciensi, quidam ex potentibus Tholosanae civitatis quiddam

---

1) Biterrae, hodie Beziers. — 2) C esse. — 3) C conspectu. — 4) Machab. II, 11, 11. — 5) BC eorum. — 6) BP illorum, C eorum. — 7) Tim. II, 2, 19. — 8) BC igne combusti sunt, omisso in. — 9) ADP mortibus. — 10) BD consilio.

tam horrendum in odium Christi et ad confusionem nostrae fidei egit, ut etiam ipsos Christi inimicos movere merito debeat. Juxta altare maioris ecclesiae ventrem suum purgavit, et palla altaris ipsas immunditias detersit. Ceteri vero furori furorem adiicientes, scortum super sacrum altare posuerunt, in conspectu [1]) crucifixi eo ibi abutentes. Postea ipsam sacram imaginem detrahentes, brachia ei praesciderunt, multo militibus Herodis deteriores, qui mortuo, ne eius crura frangerent [2]), pepercerunt. NOVICIUS: Quis non stupeat ad tantam patientiam Dei? MONACHUS: Longanimis est enim et patiens redditor [3]). Qui Damiatanos post victoriam, eo quod crucifixi collo fune alligata [4]), per plateas illum traxerunt [5]), in collo et in gutture tam terribiliter [6]) punivit, puto quia has blasphemias minime dissimulabit. Albienses antequam veniret contra eos exercitus Domini, ut supra dictum est, Miralimomelinum Regem de Marroch in auxilium sibi invitaverant. Qui de Affrica in Hispanias cum tam incredibili multitudine venit, ut totam Europam se obtinere posse speraret. Mandavit etiam Innocentio Papae, quia equos suos in porticu ecclesiae beati Petri deberet stabulare, et super illam vexillum suum figere. Quod ex parte impletum est, etsi secus quam ipse cogitaverat [7]). Et quia Deus frangit omne superbum, eodem tempore, anno scilicet [8]) gratiae millesimo ducentesimo duodecimo, septimo decimo Kalendas Augusti, de exercitu eius occisi sunt quadraginta millia pugnatorum [9]). Ipse vero in Sibiliam [10]) se transferens, ex dolore mortuus est. Cuius vexillum principale in bello captum Innocentio est transmissum, et in ecclesia praedicta ad Christi gloriam erectum. Haec de Albiensibus dicta sint. NOVICIUS: Si fuissent inter homines istos viri literati, forte non tantum errassent. MONACHUS: Literati cum errare incipiunt, etiam illiteratis, instinctu diabolico, plus et gravius desipiunt.

---

1) ABP aspectu; mox B ea pro eo. — 2) D frangerentur. Johan. 19, 33. — 3) Eccli. 5, 4. ADP Altissimus est enim patiens redditor. — 4) libri alligato; conf. IV, 45: p. 213. — 5) AP traxerint. — 6) ADP mirabiliter. De Damiatanorum blasphemia atque poena vide et infra VIII, 27. — 7) ABCP cogitasset. — 8) ADP scilicet anno. — 9) ADP eius sexaginta millia pugnatorum ceciderunt. — 10) Sevilla.

CAPITULUM XXII.

De haereticis Parisiis exustis.

Eodem tempore quo manifestatae sunt haereses Albiensium, in Parisiensi civitate, in qua fons est totius scientiae et puteus divinarum scripturarum, quibusdam viris literatis persuasio diabolica perversum instillavit intellectum. Quorum nomina sunt haec, magister Wilhelmus Pictaviensis Subdiaconus, qui legerat Parisiis de artibus et tribus annis studuerat in theologia, Bernardus Subdiaconus, Wilhelmus aurifex [1]) propheta eorum, Stephanus sacerdos de Veteri Curbuel, Stephanus sacerdos de Cella, Johannes sacerdos de Uncinis: isti omnes in theologia studuerant, excepto Bernardo; Dudo specialis clericus magistri Almerici [2]) sacerdotis, qui fere decem annis in theologia studuerat, Elmandus Acolitus [3]), et Odo Diaconus, magister Garinus, qui conventaverat Parisiis de artibus, et hic sacerdos audierat theologiam a magistro Stephano Archiepiscopo Cantuariensi; Ulricus sacerdos de Lueri, qui sexagenarius studuerat in theologia tempore multo [4]), Petrus de sancto Clodowaldo sacerdos et sexagenarius, qui etiam audierat theologiam, Stephanus Diaconus de Veteri Curbuelo [5]). Isti instinctu diaboli haereses multas et maximas excogitaverant, et iam in plurimis locis disseminaverant. NOVICIUS: Quae fuerunt capitula, in quibus viri scientia et aetate tam magni errare potuerunt? MONACHUS: Dicebant non aliter esse corpus Christi in pane altaris, quam in alio pane et in qualibet re; sicque Deum locutum fuisse in Ovidio, sicut in Augustino. Negabant resurrectionem corporum, dicentes nihil esse paradisum, neque infernum, sed qui haberet cognitionem Dei in se, quam ipse habebant, haberet in se paradisum; qui vero peccatum mortale, haberet infernum in se sicut dentem putridum in ore. Altaria sanctis statui, et sacras imagines thurificare [6]), idolatriam esse dicebant; eos qui ossa martyrum deosculabantur, subsannabant. Maximam etiam blasphemiam ausi sunt dicere in Spiritum sanctum, a quo omnis munditia est et sanctitas. Si aliquis in spiritu [7]) est, aiebant, et faciat forni-

---

1) BC aurifaber, ut infra. — 2) ACDP Emelrici. — 3) acolythus est proximus subdiaconatui gradus. — 4) BC multo tempore. — 5) C Curbuel, ut supra. — 6) DP thurificari. — 7) DR add sancto.

cationem, vel¹) aliqua alia pollutione polluatur, non est ei peccatum, quia ille spiritus, qui est Deus, omnino separatus a carne, non potest peccare, et homo qui nihil est, non potest peccare, quamdiu ille spiritus, qui est Deus, est in eo ²). Ille operatur omnia in omnibus ³). Unde concedebant, quod unusquisque eorum esset Christus et Spiritus sanctus. Impletumque est in eis quod dicitur in Evangelio: *Surgent pseudo Christi et pseudo prophetae*, et cetera ⁴). Habebant etiam miserrimi illi argumenta sua nullius prorsus valoris, quibus suos errores confirmare nitebantur. Quorum perfidia hoc ordine detecta est. Praedictus Wilhelmus aurifaber venit ad magistrum Rudolphum de Naumutico, dicens se esse ⁵) missum a Domino, et hos infidelitatis articulos ei ⁶) proposuit: Pater sub quibusdam formis operatus est in veteri testamento, scilicet legalibus; Filius similiter sub quibusdam formis, ut in sacramento altaris et baptismi, et aliis. Sicut ceciderunt formae legales in primo Christi adventu, ita nunc cadent omnes formae, quibus Filius operatus est, et cessabunt sacramenta, quia persona Spiritus sancti clare se manifestabit in quibus incarnabitur, et principaliter per septem viros loquetur, quorum unus ipse Wilhelmus erat. Item ⁷) prophetabat quod infra quinque annos istae quatuor plagae evenire deberent. Prima super populum, qui fame consumetur ⁸); secunda erit gladius, quo se Principes interficient; tertia, in qua terra aperietur et deglutiet burgenses; in quarta descendet ignis super praelatos Ecclesiae, qui sunt membra Antichristi. Dicebat enim quia Papa esset Antichristus, et Roma Babylon; et ipse Papa ⁹) sedet in monte Oliveti, id est, in pinguedine potestatis. Iam enim tredecim anni elapsi sunt, et nihil horum contigit quae pseudo ille propheta futura infra quinquennium praedixerat. Et ut favorem sibi captaret Philippi Regis Franciae, etiam hoc adiecit: Regi Francorum subiicientur omnia regna et filio eius, qui erit in tempore Spiritus sancti, et non morietur, et dabuntur duo-

---

1) ACDP et. — 2) C et homo, qui in illo est, non potest peccare, quamdiu abest spiritus. Verba, et homo — peccare, absunt a codice B, qui sequentia in hunc modum exhibet: Quamdiu illum spiritum, qui est Deus, habet, in eo ille operatur omnia in omnibus. — 3) Cor. I, 12, 6. — 4) Matth. 24, 24. — 5) esse om CD. — 6) C ei articulos. — 7) AP ipse. — 8) B conficietur. — 9) Papa add BC.

decim panes Regi Francorum, id est, scientia scripturarum et potestas. His auditis, magister Rudolphus interrogavit, si aliquos haberet socios, quibus ista fuissent revelata. Cui [1]) cum respondisset, habeo multos, supradictos viros nominans, perpendens vir prudens imminens periculum Ecclesiae, et se solum ad investigandam [2]) eorum nequitiam, eosque convincendos non posse sufficere, ex quadam simulatione dicebat, sibi esse revelatum a Spiritu sancto de quodam sacerdote, qui cum eo praedicare deberet sectam eorum. Et ut famam suam servaret illaesam, nunciavit haec omnia Abbati sancti Victoris, et magistro Roberto, et fratri Thomae, cum quibus adiit Episcopum Parisiensem, et tres magistros legentes de theologia, videlicet Decanum Salebergiensem [3]), et magistrum Robertum de Kortui [4]), et magistrum Stephanum, omnia haec eis insinuantes. Qui territi valde, iniunxerunt saepedicto Rudolpho in remissionem peccatorum suorum, et alteri sacerdoti, ut se fingerent esse [5]) de illorum consortio, donec scientias omnium audivissent, et plenius omnes articulos incredulitatis eorum explorassent. Magister vero Rudolphus et suus socius sacerdos in exsecutione huius laboris cum ipsis haereticis circuierunt Episcopatum Parisiensem, Lingonensem, Trecensem, et Archiepiscopatum Senonensem in tribus mensibus, et quam plurimos de eorum secta invenerunt. Ut itaque ipsi haeretici plene de ipso magistro Rudolpho confiderent, quandoque vultu elevato se spiritu in coelum raptum simulabat, et postea aliqua quae se vidisse dicebat, in conventiculis eorum narrabat [6]), et publice eorum fidem de die in diem se praedicaturum spopondit. Tandem reversi ad Episcopum, visa et audita enarraverunt. Quo audito, Episcopus praedictus [7]) per provinciam pro eis misit, eo quod non essent in civitate, excepto uno Bernardo. Qui cum essent in custodia Episcopi, congregati sunt ad eorum examinationem vicini Episcopi et magistri theologi; proposita sunt eis supradicta capitula, quae quidam ex eis in praesentia omnium protestabantur, quidam vero cum resilire vellent, et se convinci viderent, cum ceteris stabant in eadem pertinacia, nec negabant. Tanta audita perversitate, consilio Episcoporum

---

1) AP qui. — 2) P investigandum. — 3) P Saleburgiensem — 4) A Korcui. — 5) esse om BC. — 6) BC in conventibus eorum enarrabat. — 7) BC praedictus Episcopus; mox D per provincias.

et theologorum ducti sunt in campum, et coram universo Clero et populo degradati, et in adventu Regis, qui tunc praesens non erat, exusti. Qui mente obstinata nullum ad interrogata dabant responsum, in quibus in ipso mortis articulo nullum perpendi poterat poenitentiae indicium. Cum ducerentur ad tormenta, tanta exorta est aeris inclementia, ut nemo dubitaret quin ab eis aer fuisset concitatus, a quibus tantus error morientibus fuerat persuasus. In ipsa nocte is, qui inter eos potior habebatur, ad ostium cuiusdam inclusae pulsans, sero suum errorem confessus est, asserens se magnum hospitem esse in inferno, et aeternis incendiis deputatum. Quatuor ex eis fuerant examinati, sed non sunt combusti, videlicet magister Garinus, Ulricus sacerdos, Stephanus Diaconus, qui perpetuo reclusi sunt carcere; Petrus vero antequam caperetur, prae timore monachus effectus est. Magister Almericus [1]), qui praedictae pravitatis magister fuerat, eiectus est de cimiterio, et in campo sepultus. Eodem tempore praeceptum est Parisiis, ne quis infra triennium legeret libros naturales. Libri magistri David, et libri Gallici de theologia, perpetuo damnati sunt et exusti. Sicque per Dei gratiam haeresis exorta succisa est.

CAPITULUM XXIII.

De haeretico apud Trecas exusto, qui se dicebat esse Spiritum sanctum.

Vix sunt duo anni elapsi, quod quidam diabolo plenus apud Trecas [2]) se esse Spiritum sanctum publice praedicabat. Cuius insaniam populi non sufferentes, in crate posuerunt, et copioso igne circumposito in carbonem redegerunt. NOVICIUS: Puto vitam illorum multum exsecrabilem esse, quorum tam foeda est doctrina. MONACHUS: Ut amplius detesteris haereticorum sectas, unum tibi de illorum vita subiungam exemplum.

CAPITULUM XXIV.

De haereticis Veronensibus.

Tempore Frederici Imperatoris cum Lucius Papa fecisset Veronae civitate Lombardiae moram, multis tam Ecclesiarum

---

1) B Amelricus, C Emelricus. — 2) Troyes.

praelatis quam regni Principibus ibidem congregatis, et esset ibi Godescalcus monachus noster, tunc maioris ecclesiae in Colonia canonicus, cum fratre suo Everhardo canonico sancti Gereonis, hospes illorum pene singulis noctibus cum uxore et filia de domo propria egressus est. Quod cum considerasset Everhardus, interrogavit nescio quem illorum, quo irent, vel quid agerent? Cui cum responsum esset, veni et vide, secutus est illos in domum quandam subterraneam, amplam satis, in qua multis ex utroque sexu congregatis, quidam haeresiarches sermonem blasphemiis plenum cunctis tacentibus fecit, per quem vitam et mores illorum instituit. Deinde exstincta candela, unusquisque sibi proximam invasit, nullam habentes differentiam inter legitimam et absolutam[1]), inter viduam et virginem, inter dominam et ancillam, et, quod horribilius erat, inter sororem et filiam. Everhardus vero haec videns, utpote iuvenis luxuriosus atque vagus[2]), simulans se discipulum, hospitis sui filiae, vel alteri cuilibet puellae in sermone se coniunxit, cum qua exstincta candela peccavit. Cumque hoc[3]) actitasset pene annum dimidium, magister cunctis audientibus ait: Juvenis iste tam studiose frequentat auditorium nostrum, cito habilis erit ad docendum alios. Hoc verbo audito, non amplius intravit. Et, sicut mihi retulit praedictus Godescalcus, cum illum de hoc argueret, respondit: Sciatis, frater, me non frequentare conventicula haereticorum propter haereses, sed propter puellas. Ecce talis est vita et lex[4]) haereticorum. Nec mirum, quia non credunt resurrectionem vel gehennam, sive poenam malorum; impune enim[5]) transire putant quaecunque agunt. NOVICIUS: Audivi quod multi haeretici sint in Lombardia. MONACHUS: Hoc mirum non est, habent enim suos magistros in diversis civitatibus, aperte legentes, et sacram paginam perverse exponentes.

CAPITULUM XXV.*)

De haeretico, qui diabolum dicebat esse principem huius mundi, eo quod mundum creasset.

Eo tempore quo Otto Rex profectus est Romam coronari

---

1) XII, 5: „nullam habens differentiam inter matrem et filiam, inter legitimam et absolutam." — 2) libri vanus. Conf. XI, 59. — 3) AP haec; paulo post C annum et dimidium. — 4) BC lex et vita. — 5) enim om .BC. — *) Homil. III. p. 7.

in Imperatorem, et issent cum eo Johannes Episcopus Cameracensis, Henricus Scholasticus sancti Gereonis, magister Hermannus canonicus Bonnensis, simul ingressi sunt scholas cuiusdam haeresiarchae. Locus quem tunc legebat, is erat: *Jam iudicium mundi venit; iam princeps mundi huius eiicietur foras* [1]). Quem locum ita glossavit: Ecce Christus diabolum principem huius mundi vocavit, quia hunc mundum creavit. Cum quo praedictus Hermannus satis dure disputavit, et, sicut mihi retulit, quod Deus creasset omnia tantum verbo [2]), visibilia et invisibilia, corporalia et spiritualia, non solum ex scripturis, sed etiam [3]) ex ratione demonstravit. Haec dicta sint de haereticis, qui membra sunt diaboli. Hoc enim noveris, quod multo intensius suam diabolus exerceat malitiam [4]) in haereticis, quam in energuminis. NOVICIUS: Possunt energumini, id est, obsessi a diabolo, habere caritatem? MONACHUS: Etiam; sicut superius [5]) dictum est, non in animabus, sed in corporibus est.

CAPITULUM XXVI.

De puella, quam diabolus intravit cum esset quinquennis.

Mulier quaedam in Briseke satis crudeliter hoc angore [6]) vexabatur. Hanc diabolus cum esset quinquennis, hoc ordine intravit. Die quadam cum lac manducaret, pater eius iratus dixit: Diabolum comedas in ventrem tuum. Mox puellula [7]) sensit eius ingressum, et usque ad maturam aetatem ab illo vexata, hoc anno primum meritis Apostolorum Petri et Pauli, quorum limina visitavit, liberata est. Quis dicere audeat, quinque annorum infantulam baptizatam non habere caritatem? De qua idem daemon dicebat: Me egresso, nunquam aliud post hanc vitam sentiet purgatorium. Obsessi peccata sua confitentur, orant et communicant. Quod diabolus quosdam Dei permissione in corporibus suis laedat, quibusdam tibi ostendam exemplis.

---

1) Johan. 12, 31. — 2) tantum verbo add C. — 3) etiam add C; paulo post ADP monstravit. — 4) D exercet malitiam, BP malitiam exerceat. — 5) BC in superioribus. — 6) hoc angore om C; ceteri libri omnes habent hoc anno. — 7) BD puella, C puella illa.

CAPITULUM XXVII.

De Theoderico converso, quem diabolus transtulit ultra civitatem Lubech.

Theodericus Susaciensis conversus noster, sicut ab[1] eius ore audivi, cum esset iuvenis, puellam quandam in civitate Lubech alter quidam iuvenis ei procabatur, secundum quod illi promiserat. Femina consentiente, cum Theodericus se eius concubitu uti sperasset, socius eius ei[2] illudens, ad illam accessit. Quo cognito, iratus dixit: Diabolus qui me huc adduxit, poterit me etiam hinc reducere. Mox invitatus affuit, hominem rapuit et in aera levavit, et ultra civitatem transferens, iuxta ripam cuiusdam lacus incommode satis deposuit. Ad quem sic ait: Si non quocunque modo te signasses, modo occidissem te. Tenuiter enim et imperfecte in ipso raptu signum sibi crucis impresserat. Dimissus a daemone, tam graviter cecidit, ut in terra sine sensu iacens sanguinem vomeret. Tandem aliquantulum virium resumens, manibus pedibusque reptando ad aquam venit, faciem lavit, atque ex ea bibens, cum multo labore ad hospitium suum pervenit. Ingressus domum, mox ut lumen aspexit, secundo in excessum ruit. Vocatus est sacerdos, qui initium Evangelii Johannis[3] super eum legit, aliisque orationibus contra impetum[4] diaboli illum munivit. Postea per annum integrum ita corpus eius totum erat tremulum, ut scyphum manu tenere non posset ad bibendum! Ecclesiam sancti Nycholai, omniaque civitatis aedificia, luna splendente, cum a diobolo portaretur, et portando comprimeretur, se vidisse testatur. Simile pene habes supra distinctione tertia capitulo undecimo de Henrico cive Susaciensi, quem diabolus noctu in foro rapuit, et ultra monasterium sancti Patrocli translatum in pasculo deposuit. Tam mala enim et tam venenata est daemonum natura, ut solo illorum intuitu saepe homines corrumpantur.

---

1) B ex. — 2) B socius eius, ADP socius ei; mox P accessit ad illam. — 3) D initium sancti Johannis Evangelii. — 4) ADP impetus.

CAPITULUM XXVIII.

De Alberone converso, qui diabolum videndo infirmatus est, et quae sit ratio eiusdem defectus.

Albero conversus noster cum novicius esset, et nocte quadam cum alio converso propter timores nocturnos [1]) in curia vigilaret, ante signa matutinalia ambitum claustri circuiens, quasi umbram humanam eminus iuxta lavatorium conspexit. Aestimans quia frater Fredericus esset monachus noster, accessit propius, volens ei innuere, ut iret dormitum. Et quia noverat eum non esse sanae mentis, pedem retraxit, ab illo laedi timens. Dum sic staret, umbra in oculis eius usque ad tabulatum domus crevit. Mox signis sonantibus in dormitorio, pistrinum intravit, et quia clibanus coquendis panibus praeparatus erat, mox ut ignem, quem quasi per parietem vitreum intueri sibi [2]) visus est, aspexit, infirmari coepit. Statim exiens, et sub arbore se reclinans, pene octo diebus ab illa hora in tanta defectione fuit cordis et corporis, ut non posset manducare neque bibere neque dormire. NOVICIUS: Vellem rationem scire, quare homo viso daemone, mox igne conspecto extasim incurrat. MONACHUS: Ignis lucis minister est, diabolus vero princeps et auctor tenebrarum est [3]). Lux et tenebrae sibi invicem contraria [4]) sunt, sicut frigus et calor. Si egressus fueris de tenebris in radium solis, vel econverso, ex repentina mutatione visus tuus turbatur et deficit. Item si manum nimis infrigidatam igni adhibueris, sive de igne extractam aquae gelidae immerseris, contrarium elementum amplius te cruciabit. Quid ergo mirum, si ex visione diaboli, qui, ut dixi, auctor est tenebrarum et ignis aeterni, hominis natura turbatur et terretur, contrahitur et deficit, cum ignem huius mundi viderit, qui omnino contrarius est igni gehennae? Ille tenebrosus, iste luminosus. Multum ab eo discordat tam in sensu quam in effectu. Viri tamen perfecti, ut supra dictum est, saepe daemones sine terrore et sine sensus defectione vident. NOVICIUS: Si visio diaboli tam periculosa et tam nociva est in forma subiecta, quis illum videre posset in sua [5]) natura? MONACHUS: Oculus [6]) corporalis

---

1) timores nocturni hoc loco sunt, ut puto, tentationes diabolicae. — 2) sibi abest a libris. — 3) est om BC. — 4) C contrariae. — 5) B propria. — 6) C add humanus.

diabolum ut est, videre non potest. NOVICIUS: Quare? MONACHUS: Quia diabolus spiritus est, et spiritum, ut est opinio pene omnium magistrorum, non nisi spiritus videre valet. Vident eum animae reproborum[1]) in inferno. Et sicut summa beatitudo electorum est videre Deum, ita maxima dicitur esse poena malis cernere diabolum. Vis audire quorundam periculum, illum in sua substantia videre volentium? NOVICIUS: Volo et desidero, quia quanto plus horroris et malitiae de illo audiero, tanto amplius peccare pertimesco. MONACHUS: Audi ergo.

CAPITULUM XXIX.

De Abbate sanctae Agathae, monacho et converso eius, qui videntes diabolum defecerunt.

Ante hos annos duodecim Wilhelmus Abbas de sancta Agatha Dioecesis Leodiensis, quae est domus ordinis Cisterciensis, dum tempore quodam iturus esset Eberbachum[2]), ad quam pertinet domus illa, venissetque Coloniam, dixit monacho suo atque converso Adolpho nomine: Opus est misericordiae, ut videamus obsessam illam, germanam scilicet talis conversi nostri de Eberbacho, ut per nos eius ille statum[3]) cognoscat. Quod cum illis placuisset, et domum, in qua illa cum multis et inter multos sedens erat, intrassent, cum Abbas nescio unde eam[4]) interrogaret, et illa nihil omnino responderet, subiunxit: Vis aliquid mandare fratri tuo? Illa obmutescente, adiecit Abbas: Adiuro te per eum quem hodie in missa tractavi, ut respondeas mihi. Mox diabolo obediente, et per os feminae ad interrogata respondente, rogatus est Abbas tam a converso quam a monacho, ut illam super solarium duceret, quatenus privato eius uti possent colloquio. Quod cum factum esset, et de diversis ab Abbate diabolus interrogaretur, et respondendo nimis mentiretur, ait: Adiuro te per Altissimum, ut non nisi vera mihi respondeas. Quod cum promisisset, iussit monachum atque conversum[5]) paululum secedere. Quem cum interrogasset de statu quarundam animarum[6])

---

1) C add impiorum. — 2) Eberbacum prope urbem Moguntinam. — 3) B nos ille statum eius, D nos eius statum ille. — 4) BC eam nescio unde. — 5) BC monacho atque converso. — 6) ADP animarum, fratrum videlicet. Conf. similem locum in Vit. S. Engelb. II, 16.

tam apud Eberbachum quam apud sanctam Agatham nuper defunctorum, ita probabiliter de singulis, quos tamen nunquam femina[1]) viderat, disseruit, ut Abbas de veritate nihil ambigeret. Dicebat, tales et tales esse in gloria, alios adhuc in poenis retineri[2]). Pro quibus Abbas orationes instituit speciales. Instruxit eum et de aliis multis, ita ut vehementer miraretur. Postea rogatus a converso, ut sibi soli cum solo loqui liceret, et hoc Abbas annuens, cum monacho paululum secederet, ait conversus: Sicut praecepit tibi Abbas meus, videlicet ut ei non nisi vera ad interrogata responderes[3]), ita te moneo, ut si aliquid nosti in me[4]), quod nocivum sit animae meae, dicas mihi in instanti hora[5]). Respondit diabolus: Novi. Heri Abbate tuo ignorante, duodecim denarios apud Traiectum accommodasti a tali femina et in tali loco, misistique illos panniculo inligatos in sinum tuum satis profunde. Quod quidem verum fuerat. Nam idem conversus, sicut retulit, ista[6]) cogitavit: Si Abbas tuus alicubi te forte[7]) miserit, solidum istum ad expensas habebis. Qui ait: Nosti aliquid amplius? Dicente diabolo, novi te furem esse; respondit conversus: Ex quo veni ad ordinem, nullius mihi furti conscius sum. Tunc ille: Ego tibi furtum tuum ostendam. Quando cara illa fuerunt tempora, annonam et quaedam alia, quae monasterii tui fuerunt, et non tua, pauperibus erogabas. Respondente converso, non[8]) putavi huiusmodi misericordiae opera peccatum esse; ait daemon: Sunt per meam veritatem, quia sine licentia facta, nec aliquando inde susurrasti, susurrium confessionem appellans. Mox conversus ad Abbatem descendit, in[9]) locum secretum illum traxit, et quae sibi fuerant a diabolo obiecta, per humilem confessionem aperiens, condignam poenitentiam suscepit. Tunc ad obsessam rediens, et si adhuc aliquod in se sciret peccatum, obsidentem adinterrogans[10]), audire meruit: Per iudicium meum nihil modo de te novi, quia mox ut genua tua ad susurrium inclinasti, omnia mihi prius scita subtraxisti. NOVICIUS: In hoc facto satis ostensa sunt tam praesentia daemonis quam virtus confessionis. MONACHUS: Satis de

1) ADP quas tamen femina nunquam. — 2) D detineri. — 3) BC ut mihi — respondeas. — 4) DR nosti de me vel in me. — 5) hora om BC. — 6) C ita. — 7) BC forte alicubi te. — 8) B ego non. — 9) BC et in — 10) BC interrogans.

talibus in distinctione confessionis dictum est. Post haec daemon adiuratus ab Abbate ut exiret, respondit: Quo ibo? Dicente Abbate, ecce os meum aperio, si potes ingredere; ait: Non possum intrare, quia Altissimus hodie intravit. Tunc Abbas: Ascende super hos duos digitos, pollicem et indicem ei offerens. Non valeo, inquit, quia hodie Altissimum tractasti. Dixerat enim missam Abbas [1]) de mane. Insistente eo ut exiret, respondit: Nondum vult Altissimus. Adhuc duobus annis ero in ea; post haec [2]) in via illius Jacobi liberabitur [3]). Quod ita factum est. Deinde rogatus est Abbas tam a monacho quam a converso, ut diabolo praeciperet, quatenus se eis in sua forma naturali ostenderet. Respondente Abbate, non hoc mihi bonum videtur, sufficiat vobis quod hucusque ei praecepimus; illis obstinatius ut fieret insistentibus, tandem victus ait: Praecipio tibi in virtute Christi, ut in tua naturali specie nobis appareas. Respondente illo, non vultis carere nisi me videatis? et Abbate dicente, non; coepit mulier in oculis eorum turgescere, et ad instar turris ascendere, ita ut oculi eius scintillarent, atque ad similitudinem fornacis fumigarent. Quibus visis, territus ruit in extasim monachus, factus est extra sensum conversus, et nisi Abbas, qui eis constantior erat [4]), diabolo ut pristinam formam resumeret, ocius praecepisset, similem [5]) mentis defectum incurrisset. Si his verbis meis minus credis, interroga illos, adhuc, ut opinor, vivunt, viri religiosi sunt, non tibi dicent nisi meram veritatem. Diabolus vero praecipienti obediens, et ad priorem speciem vultum feminae reducens, ait Abbati: Nunquam tam stultum praeceptum praecepisti [6]). Pro certo scias, quia si hodie divinis non [7]) communicasses mysteriis, nullus vestrum ulli homini quae hodie vobis ingessissem, diceret. Putas quod possit me homo videre et vivere? Nequaquam. Homines qui erant inferius exspectantes, strepitum superius audientes [8]), ascenderunt, et conversum cum monacho semimortuos reperientes, aqua refocillaverunt, et inter manus illos deportaverunt. Tunc diabolus dixit Abbati: Quo iturus es modo? Respondente Abbate, Eberbachum; subiunxit ille: Ego

---

1) CP Abbas missam. — 2) D et post haec, CP post hoc. — 3) intelligit limina beati Jacobi in Compostella. — 4) BC erat constantior. — 5) C simul. — 6) ACP iussisti. — 7) C scias, nisi hodie divinis. — 8) B strepitum audientes superius, C audientes superius strepitum.

etiam in ¹) Sueverbacho fui, et satis ibi trufavi, yronice nomini alludens. Erat enim post illa tempora, quando ²) conversi se ordini opposuerant. Tam horrendus et tam venenatus est daemonum aspectus, ut non solum sanos infirmet, sed nonnunquam etiam interficiat.

CAPITULUM XXX.

De duobus iuvenibus, qui diabolum in specie mulieris videntes infirmati sunt.

Duo iuvenes saeculares nondum milites, ex quibus unus erat dapifer Abbatis Prumiae, qui mihi haec quae dicturus sum, retulit, in quadam vigilia sancti Johannis Baptistae post solis occasum circa rivulum, qui monasterium praeterfluit, in dextrariis suis spatiabantur. Videntes ex altera parte rivuli quasi speciem muliebrem ³) in veste linea, putantes quia maleficia exerceret, ut quibusdam mos est in nocte illa, ut caperent eam, aquam transierunt. Quae cum veste levata fugere videretur, illi in equis velocissimis insequentes, cum fugientem, quam quasi umbram ante se videbant, comprehendere non valerent, deficientibus equis, unus dixit: Quid agimus? Diabolus est enim. Et signantes se, monstrum ultra non viderunt. Ab illa hora tam homines quam iumenta multo tempore languerunt, vix mortem evadentes. NOVICIUS: Non ista miror de diabolo, cum legam basiliscum solo visu homines et aves et iumenta interficere. MONACHUS: Hoc ipsum agit diabolus, in Psalmo per basiliscum designatus ⁴), sicut subiectis tibi ostendam ⁵) exemplis.

CAPITULUM XXXI.

De femina, quae a diabolo in specie servi sibi noti pressa, mortua est.

In Kunincskirgen, sicut sacerdos eiusdem villae retulit Lamberto monacho nostro, matrona quaedam honesta dum nocte quadam cum alia ⁶) femina nescio unde veniens per villam eandem ⁷) transiret, diabolus cuiusdam servi admodum

---

1) in abest a libris ABCDPK. — 2) pro (q͞n, id est) quando, omnes libri habent: quo. — 3) P mulieris. — 4) Psal. 90, 13. — 5) D pandam. — 6) P alia quadam. — 7) BC eandem villam.

iocosi formam assumens, manum eius tenuit, et modicum strinxit. Cui cum diceret, dimitte me, mox illum non vidit. Quae statim male habere coepit, feminae sequenti se dicens: Servus ille compressit me, et ecce ex hoc defectio cordis invasit me. Dicente illa, nequaquam hic fuit; respondit matrona: Imo certissime, satis enim proterve respexit me. Vadensque in domum suam lecto decubuit, et post paucos dies defuncta est.

CAPITULUM XXXII.

Item de muliere in Are, quae a diabolo amplexata, post paucos dies defuncta est.

Mulieri cuidam iuxta castrum Are commanenti[1]) hoc anno simile contigit. Haec cum maritum haberet ebriosum, nulla praesumebat nocte ire dormitum, donec ille a taberna rediret. Quae dum una noctium, pasta ad coquendos panes praeparata, ante fores domus suae lassa sederet, viri praestolans adventum, duos in albis vestibus ad se venire vidit[2]). In cuius amplexus dum unus illorum rueret, eamque brachiis stringeret, illa clamante, ambo disparuerunt. Quae in domum fugiens, mox ut lumen vidit, amens facta ruit, filiamque propriam in clamorem convertit. Post paucos dies defuncta est. Ecce, quo Dei iudicio talia fiant, prorsus ignoro. NOVICIUS: Horrenda sunt haec. MONACHUS: Audi aliud, quod satis terrere nos poterit, qui dicimur viri religiosi.

CAPITULUM XXXIII.

Item de converso, quem diabolus in specie monialis meridie dormientem complexus, intra triduum exstinxit.

Tempore quodam aestivo conversis ordinis nostri in dormitorio suo meridie quiescentibus, diabolus in specie monialis nigri ordinis singulorum lectos[3]) circuivit. Ante quosdam stetit, quosdam cum festinatione praeterivit. Veniens ad quendam conversum, ante illum se inclinavit, et brachiis collum eius stringens tactuque meretricio demulcens, oscula in eius ore[4]) defixit. Quod cum quidam frater religiosus vidisset, et illa disparuisset, satis tam de persona quam de opere et in tali loco stupens

---

1) B manenti, C commoranti. — 2) D conspexit. — 3) AD lecta. — 4) ACDP ora.

surrexit, et conversi lectum adiit, quem quidem dormientem, sed incomposite et impudice nudatumque iacentem invenit. Ceteris ad signum nonae surgentibus, ille gravem se sentiens, surgere non potuit, et ad vesperam in infirmitorium ductus, infra triduum vitam finivit. Haec apud nos eiusdem ut puto loci grangiarius recitavit, asserens sibi dictum ab eodem converso qui vidit visionem, sub typo confessionis. NOVICIUS: Cum Deus summe sit misericors, et [1] dormiens modicum differat a mortuo, quid est quod idem conversus pro tantillo punitus est? MONACHUS: Forte nimis erat negligens circa usum verecundiae. Verecundia sive pudicitia, quae omnium ornamentum est virtutum, non solum esse debet in habitu, sed etiam in actu. Frequenter contingit, ut sicut homo interior libenter ea quae de die cogitat, nocte per imaginationem retractat, ita exterior illa quae vigilans factitat, dormiens frequenter repraesentet [2]. NOVICIUS: In hoc consentio, quia novi quosdam raptores, qui saepe noctibus dormiendo surgunt, arma induunt, exerunt gladios, feriunt parietes, et postquam lassati fuerint, singula in loca sua [3] reponunt, sicque cubitum redeunt, nec aliquid horum mane [4] recordantur. MONACHUS: Forte idem conversus nimis indulserat vino. Inebriationem libenter sequitur denudatio. Si Noe non fuisset inebriatus, nec fuisset denudatus. Et quia denudatus, idcirco a filio est [5] subsannatus. Non solum angeli sancti, sed et mali noctibus nos lustrant, et si per negligentiam sive dissolutionem contigerit nos in lectis nostris iacere irreverenter, bonos a nobis fugamus, et malos ad nostram irrisionem invitamus. Quanta gratia sic dormientes quandoque se privent, audies in distinctione septima capitulo tertio decimo et capitulo quarto decimo, in quibus beata Dei genitrix per se dormientes visitavit [6]. NOVICIUS: Habuitne conversus praedictus caritatem? MONACHUS: Non mihi hoc constat, sicut et de praedictis feminis, quas diabolicus exstinxit aspectus. Quod vero diabolus quosdam peccatores in peccatis [7] interficiat, subsequentia declarabunt exempla.

---

1) B et homo. — 2) ABDP repraesentat. — 3) BC loco suo. — 4) mane add BC. — 5) est add B. — 6) A visitabit. — 7) B add suis.

CAPITULUM XXXIV.

De Thiemone milite, cum quo diabolus nocte tesseribus ludens, viscera eius excussit.

In Susacia, quae civitas est Dioecesis Coloniensis, miles quidam Thiemo nomine habitabat, qui sic totus deditus erat ludo tesserum, ut non die, non nocte quiesceret. Semper sacculum cum nummis secum portabat [1], ut secum ludere volentibus obviaret. Ita in ludis expeditus et fortunatus erat, ut vix aliquis ab illo sine damno recederet. Ut autem posteris ostenderetur, quantum Deo tales ludi, in quibus irae, invidia [2], rixae et damna suscitantur, peccatique verba rotantur, contrarii forent, permissum est diabolo, ut cum eo luderet qui multis illuserat, atque evisceraret qui multorum marsubia [3] evacuaverat. Nocte quadam domum eius in specie cuiusdam ludere volentis intrans, saccellumque nummis refertum sub ascella portans, ad tabulam sedit, denarios liberaliter apposuit, tesseres iactavit, et acquisivit. Cui cum prospere succederet, et militi iam pecunia quam apponeret defuisset, iratus ait: Numquid non diabolus es tu? Et ille: Nunc satis est, appropinquat enim tempus matutinale, oportet nos ire. Tollensque illum, per tectum traxit, cuius viscera tegulis retrahentibus [4] miserabiliter excussit. Et quid de eius corpore factum sit, vel in quem locum illud proiecerit, usque hodie tam a filio eius [5] quam a ceteris qui illum noverant, ignoratur. Mane vero viscerum eius reliquiae tegulis inhaerentes repertae sunt, et in cimiterio sepultae. Bene diabolus suos ministros in hoc mundo sinit prosperari, quos semper in fine decipit.

CAPITULUM XXXV.

De homine, qui in Susacia spe [6] diaboli de turri saltans diruptus est.

In eandem civitatem, sicut mihi retulit magister Gozmarus, vir religiosus et sancti Patrocli canonicus, homo quidam ignotus venit, dicens se velle saltare de turri sancti Juliani, quae multum est sublimis, si tamen aliquid ex hoc consequi

---

1) BC ferebat. — 2) C invidiae. — 3) BC marsupia. — 4) C extrahentibus. — 5) eius om BC. — 6) Homil. I. p. 76: „praesentem Homeliam de nomine Verbi, spe Verbi tractandam suscepi."

posset honoris. Respondentibus civibus, sicut viris prudentibus: Nihil tibi propter hoc dabimus, ut te ipsum interficias; ait: Propter honorem civitatis saltabo. Congregata [1]) multitudine populi circa forum, cui turris eadem contigua erat, et de fenestris domorum aliis prospectantibus, turrim ascendit. Quem alius quidam a tergo clamans, ait: Dic mihi, o homo, cum quo daemone agis talia? Cui cum ille nescio quem daemonem nominasset, respondit: Scias pro certo, quia decipiet te. Nequam est enim. Si fidei Oliveri te committeres, non te deciperet, quia curialis est et fidus. Respondit ille: Nequaquam me decipiet, quia in multis sum eius fidem expertus. Puto hunc Oliverum fuisse eundem, de quo supra dictum est capitulo quarto. Quid plura? Ascendit turrim, et saltavit, sed post saltum surgere non valuit. Mirantibus turbis, quare non surgeret, et ignorantibus causam mortis eius propter amplam quam induerat cappam ad capiendum ventum, propius accedentes, hominemque de terra levantes, invenerunt omnia viscera eius effusa. Ecce sic diabolus ministros suos remunerat, corpora quidem occidendo, et animas in poenas aeternas detrudendo. De quarum cruciatibus in distinctione duodecima audies sufficienter. NOVICIUS: Quantum considero ex iam dicto Olivero, non omnes daemones aequaliter mali sunt. MONACHUS: In quibus in coelo amplius intensa fuerat contra Creatorem superbia atque invidia, in his usque hodie magis viget [2]) ad nocendum malitia. Quidam, ut dicitur, aliis cum Lucifero contra Deum se extollentibus simpliciter consenserunt, et hi quidem cum ceteris ruerunt, sed ceteris minus mali sunt, hominesque minus laedunt, sicut exempla subiecta explanabunt.

CAPITULUM XXXVI.

De daemone, qui in specie hominis militi fideliter servivit.

Daemon quidam adolescentis venusti speciem induens, ad quendam militem venit, obsequium suum illi offerens. Cui cum multum placeret tam in decore quam in sermone, gratanter ab eo susceptus est [3]). Qui mox militi servire coepit tam diligenter et tam timide, tam fideliter et tam iocunde,

---

1) B et congregata. — 2) C hodie viget contra nos magis. — 3) B gratanter illum suscepit.

ut satis ille miraretur. Nunquam equum suum ascendit, nunquam descendit, quin ille praeparatus¹) esset, et genu flexo strepam teneret. Discretum, providum et hilarem semper se exhibuit. Die quadam cum simul equitarent, et venissent ad flumen quoddam²) magnum, miles respiciens, et plures ex inimicis suis mortalibus post se venire considerans, ait servo: Mortui sumus. Ecce inimici mei post me festinant, fluvius ex opposito est, nullus superest locus refugii. Aut occident me, aut capient. Tunc ille: Ne timeas, domine, vadum fluminis huius bene novi, sequere tantum me, bene evademus. Respondente milite, nunquam homo fluvium istum in hoc loco³) transvadavit, spe tamen evasionis servum ducem secutus sine periculo pervenit⁴) ad litus. Et ecce eis transpositis, hostes ex opposito litore consistentes, mirati sunt dicentes: Quis unquam audivit vadum in flumine isto? Non alius nisi diabolus illum transvexit. Timentesque reversi sunt. Processu vero temporis accidit, ut militis uxor⁵) infirmaretur usque ad mortem. In qua dum omnes medicorum artes defecissent, ait iterum daemon domino suo: Si domina mea inungeretur lacte leonino, statim sanaretur. Dicente milite, unde haberetur lac tale? respondit ille: Ego afferam. Qui vadens, et post spatium unius horae rediens, vas plenum secum attulit. A quo cum fuisset peruncta, mox meliorata, pristinum recuperavit vigorem. Cui cum diceret miles, unde habuisti tam cito⁶) lac istud? respondit: De montibus attuli Arabiae. Recedens a te in Arabiam ivi⁷), leaenae speluncam intravi, catulos abegi, et ipsam mulsi, sicque reversus sum ad te. Stupente milite ad verba ista, et dicente, quis ergo es tu? respondit ille: Non solliciteris de hoc, servus enim tuus sum ego. Instante milite, tandem confessus est dicens: Daemon ego sum, unus ex illis qui cum Lucifero ceciderunt. Tunc magis milite stupente, subiunxit: Si natura diabolus es, quid est quod tam fideliter servis homini? Respondit daemon: Magna est mihi consolatio esse cum filiis hominum. Dicente milite, non audeo de cetero uti servitio tuo; iterum ille respondit: Hoc pro certo scias, quia si me tenueris, nunquam a me vel propter me aliquid mali tibi⁸) eveniet. Non audeo,

---

1) BC **paratus**. — 2 AD **fluvium quoddam**, CP **fluvium quendam**. — 3) BC **hoc in loco**. — 4) ABDP **venit**. — 5) BC **uxor militis**. — 6) BC **tam cito habuisti**. — 7) B **fui**. — 8) BC **tibi mali**.

inquit; sed quicquid pro mercede tua postulaveris, licet dimidium bonorum meorum, libens tradam tibi. Nunquam homo homini servivit tam fideliter et tam utiliter. Per tuam providentiam iuxta fluvium mortem evasi, per te uxor mea recepit sanitatem. Tunc daemon: Ex quo tecum esse non potero, nil pro servitio meo, nisi quinque solidos requiro. Quos cum recepisset, militi illos reddidit dicens: Peto ut ex eis nolam compares, et super tectum pauperis illius ecclesiae ac desolatae suspendas, ut per eam saltem Dominicis diebus fideles ad divinum convocentur officium. Sicque ab oculis eius disparuit. NOVICIUS: Quis unquam tale aliquid de diabolo speraret? MONACHUS: Dicam tibi aliud, ut sic dicam, diabolicae bonitatis exemplum, quod non minus isto mireris.

CAPITULUM XXXVII.

De daemone, qui Everhardum militem transtulit Jerusalem.

Eodem anno quo Rex Philippus primum ascendit contra Ottonem postea Imperatorem, miles quidam honestus Everhardus nomine, de villa quae Ambula vocatur natus, graviter infirmabatur. Cui cum rapta fuisset materia in [1] cerebrum, ita coepit furere, ut propriam coniugem ante infirmitatem multum dilectam in tantum haberet exosam, ut illam neque videre neque audire posset. Die quadam diabolus in forma hominis infirmo apparens, ait: Everharde, vis ab uxore tua separari? Respondente illo: Hoc omnibus modis desidero; subiunxit diabolus: Ego te in equo meo ducam Romam, bene obtinebimus a Papa [2]), ut divortium faciat inter te et illam. Quid plura? Visum est militi ut equum invitantis ascenderet, ut Romam cum illo post tergum eius sedens pergeret, ut illo pro se allegante, Papa eum ab uxore coram Cardinalibus sollemniter separaret, ipsumque divortium literis pontificalibus atque bullatis confirmaret. Mira res. Ab eadem [3]) hora qua sic mirabiliter infirmi spiritus a diabolo raptus est, ita corpus iacebat exsangue, ut tantum modicum caloris in eius pectore sentiretur. Propter quod a sepultura dilatus est. Milite, ut sibi videbatur, nimis gaudente divortii causa, ait diabolus: Vis modo ut ducam te Hierosolymam, ubi Dominus tuus crucifixus est atque sepultus, nec non et ad reliqua sacra

1) C ad. VIII, 77: „cui cum materia rapta esset in cerebrum." Conf. IX, 43. XI, 42. — 2) D apud Papam. — 3) B ea, C illa.

loca, quae Christiani videre desiderant? Ex his verbis maxime postea intellexit illum daemonem fuisse. Respondente illo, volo et desidero; spiritus spiritum repente per mare transtulit, et in basilica Dominici sepulchri deposuit. Deinde ostendit ei loca reliqua: in quibus orationes suas fecit. Ad quem iterum ait: Vis etiam videre Sephadinum inimicum vestrum eiusque exercitum? Cui cum diceret, volo; ductus est in momento ad loca castrorum, viditque illo demonstrante Regem et Principes eius, milites, arma, vexilla, tentoria atque exercitum universum. Post haec ait daemon: Vis modo redire ad patriam tuam? Et ille: Tempus est ut revertar. Quem statim spiritus levavit, et in Lombardiam¹) transtulit. Qui ait: Vides hoc nemus? Jam homo quidam de villa tua mercimonia sua ad has²) provincias in azino venalia portans ipsum intrabit, et a latronibus interficietur. Vis ipsum³) praemunire? Respondente eo, libenter, statim homini occurrit, et quia latrones in nemore essent praedixit. Quem sicut suum parochianum sibique⁴) notissimum hilariter resalutavit, et gratias agens alia via divertit. Venientibus eis Franckinvord, rursum ait daemon: Cognoscis Walerammum filium Ducis de Limburg? Bene, inquit, illum novi, et frequenter cum illo⁵) militavi. Dicente daemone, vis nunc eum videre? et miles responderet⁶), in partibus est transmarinis; ille subiecit: Nequaquam, sed iam in tali loco Regi Philippo confoederatur, et per ipsum terra vestra rapinis et incendiis vastabitur. Hoc impletum vidimus, quando ipso duce Andernachum, Remage, Bonna, aliaeque villae plurimae exustae sunt. Respondente milite, de hoc satis doleo; postquam Regem cum Principibus et Walerammo viderat, ad lectum et ad corpus sine omni laesione spiritus eius reductus est. Mox incipiens spirare et convalescere, uxorem ante raptum exosam amore pristino dilexit; et non sine multorum admiratione, quae viderat vel audierat saepius recitavit. Quicquid enim viderat Romae et in Hierosolyma, in Lombardia et in Alemannia, tam in locis quam in personis plenius utique vidit, melius visa cognoscere et retinere⁷) potuit, quam si oculis corporeis

---

1) BP Longobardiam; sic et infra. — 2) D istas. — 3) CP eum. — 4) ABDP valdeque. — 5) AP eo. — 6) C videre? miles respondit. Sed vide IV, 55. V, 8. 29. — 7) sic legendum, non ut libri exhibent, recitare.

illa prospexisset. Structuram urbis Romae, nec non et effigiem domini Innocentii tunc Papae, Cardinalium et ecclesiarum, et in partibus Hierosolymitanis formam Sephadini et exercitus eius, similiter montes, flumina, castra universaque loca per quae transierat, tam proprie in suis formis atque nominibus expressit, ut hi qui oculis corporeis illa viderant, quid [1]) contradicerent, non invenirent. Interim rusticus cum mercibus suis de Lombardia rediit, et quia illum ibidem vidisset, atque per eius cautelam latronum periculum evasisset, coram multis testificatus est. NOVICIUS: Audivi quod quidam daemones talis naturae sint, ut bene a se obsessos torqueant, sed eosdem criminaliter peccare non sinant. MONACHUS: De hoc satis evidens audivisse me recordor exemplum.

CAPITULUM XXXVIII.

De daemone, qui non permisit hominem a se obsessum de rapina in quinta generatione gustare.

Dives quidam sub typo eleemosynae pauperibus convivium fecit. Inter quos cum quidam obsessus esset, et ceteris manducantibus, carnes quidem [2]) ori applicaret, sed eisdem vesci non posset, ex circumstantibus hoc videntes dixerunt: Inique, cur non sinis hominem manducare? Quibus ille respondit: Nolo ut peccet, eo quod eleemosyna ista de rapina sit. Dicentibus eis: Mentiris, quia is qui fecit eam, homo bonus est; respondit: Nequaquam mentior. Vitulus iste qui in pauperes [3]) divisus est, in quinta generatione fuit ab illa vacca, quae per rapinam habebatur. Et satis mirati sunt qui aderant. NOVICIUS: Si daemones quintam generationem iudicant rapinam, puto quia multum acriter in poenis vindicabunt primam. MONACHUS: De hoc non dubites. Recordare vaccae illius, per quam et in qua punitus est Helias miles, sicut dictum est in distinctione secunda capitulo septimo. Revocat mihi etiam ad memoriam vacca haec verbum obsessae mulieris illius in Briseke, cuius superius mentionem feci capitulo vicesimo sexto. Haec cum die quadam Johannem burgravium de Rinecken vidisset, sicut mihi retulit qui audivit, multis praesentibus contra eum clamavit dicens: Vitulum illum, quem tali viduae abstu-

---

1) ABCP quod — 2) ADP manducantibus carnes, ipse quidem. — 3) AD qui hic pauperibus, P qui his pauperibus.

listi, flammis infernalibus a nobis liquatum guttatim mittemus in oculos tuos, et per omne corpus stillabimus pinguedinem eius. Vinum vero quod sub banno tuo in hac villa venditur, fervens in os tuum fundemus. Quibus verbis miles territus, tabernam amovit, et vitulum mulieri restituit. NOVICIUS: Satis mihi probatum iam[1] fateor, quod daemones sint, quod multi sint, et quod mali sint; nunc quam infesti nobis sint, aliquid sub exemplis audire delectat. MONACHUS: Ita infesti sunt hominibus, ut inter amicos discordias faciant, et inimicos reconciliari non sinant. Pro Christo et pro peccatis suis peregrinari volentes retrahunt, converti desiderantes avertunt, conversos multis modis turbant et impediunt. Ecce exempla.

CAPITULUM XXXIX.

De diabolo, qui visus est seminare discordiam inter duos peregrinos amicos.

Duo cives Colonienses, viri divites et honesti, et speciales ad invicem amici, ex quibus unus vocabatur Sistappus, alter vero Godefridus, ad sanctum Jacobum Apostolum[2] simul profecti sunt. Die quadam cum[3] soli equitarent, ceteris fratribus praecedentibus, diabolus invidens amicitiae et concordiae illorum[4], in ingressu cuiusdam nemoris, baculum Godefridi in dorso ipsius pendentem[5], satisque fortem, in duas partes fregit. Qui cum neminem adesse conspiceret, turbatus clamavit ad socium: Eia, frater, quare fregisti baculum meum? Illo negante etiam cum iuramento, sicut mihi iam dictus Godefridus retulit, ita in eum exarsit, ut vix manus ab eius laesione cohiberet. Tandem gratia Dei et meritis beati Apostoli ad mentem reductus, apud socium unice dilectum poenitentiam egit, et totius discordiae caput diabolus confusus[6] aufugit.

---

1) BC iam probatum. — 2) Apostolum om B. — 3) B dum. — 4) C et concordiae eorum, B eorum et concordiae. — 5) BC baculum in dorso Godefridi pendentem. — 6) confusus om BC.

CAPITULUM XL.

Item de daemone, qui in specie sacerdotis militem per spineta ducens inimicos illos effecit.

Sicut mihi retulit quidam honestus sacerdos, nunc monachus in ordine nostro, plebanus cuiusdam villae, parochianis suis placere volens, ludos saeculares cum illis exercuit, tabernas frequentavit, et in quantum potuit, moribus illorum suos conformavit. Impletumque est in eo illud Prophetae: *Et erit sicut populus sic et sacerdos* [1]. Habebat autem in villa militem compatrem [2], vitiis suis per omnia concordantem. Et erat eis, non in Christo, sed in mundo, cor unum et anima una [3]. Saepe alter ab altero ad ludos et ad epulas invitabatur, saepe ad tabernas trahebatur. Videns haec diabolus, totius doli artifex, ut amorem illorum [4] vitiosum in odium verteret periculosum, nocte quadam cum isdem [5] miles isset cubitum, in forma sacerdotis ad lectum eius venit, et ut se sequeretur, tam verbo quam signo importune satis institit. Miles cum territus pene nudus surgeret, et nudipes sequeretur praecedentem, per campum spinis et vepribus plenum ductus est. A quibus dum [6] plantae eius vulnerarentur et sanguinem stillarent, iratus post eum clamavit: Male sacerdos, malo tuo huc me adduxisti. Diabolo semper clamante, sequere, sequere, miles turbatus, ligone quem [7] casu reperit, ut sibi videbatur caput sacerdotis divisit. Sic illo prostratro, et vultu eius sanguine perfuso, miles cum multo labore ac dolore ad domum suam revertitur; qualiter [8] ei sacerdos illuserit, uxori, familiae amicisque conqueritur. Illis minus credentibus, subiecit [9]: Ego caput eius et coronam non modicum vulneravi. Eadem nocte sacerdos, horum prorsus inscius, cum ex necessitate naturae iturus esset ad cameram, cum tanto impetu caput limini superiori illisit, ut corona graviter vulnerata, sanguis erumpens totam eius faciem cruentaret. Quo ad lectum revertente, cum mane populus pulsata missa in ecclesia exspe-

---

1) Isai. 24, 2. — 2) BC comparem. — 3) Act. 4, 32. — 4) D illum. — 5) BCR idem. Sed pronominis forma, isdem, haud raro occurrit apud scriptores medii aevi. Gregor. Moral. p. 17 D: „hinc est quod isdem beatus Job sibimet attestatur." — 6) BC cum. — 7) ABCDPK lignum quod, R ligno quod. — 8) C et qualiter. — 9) B subiunxit.

ctaret, et ille minime ob vulneris dolorem veniret, cognoscens miles causam a referentibus, ait: Ecce hoc est quod dixi vobis. Quid plura? Insanientibus cognatis et amicis eius, cum sacerdos obiecta fortiter negaret, et illi non crederent, per biennium de ecclesia sua eliminatus, vix tandem illis reconciliatus est. Ex his duobus exemplis colligitur, quod inter amicos, sive spirituales sint sive carnales [1]), discordias seminent. Quod inimicos in quantum valent concordare non sinant, certum est.

CAPITULUM XLI.

De daemone, qui dixit se seminasse discordiam inter militem et coenobium.

Miles quidam nuper domum quandam ordinis nostri indebite satis vexabat. Garriente diabolo per os cuiusdam feminae, locutus est ad illum nescio quis de astantibus: Dic, inique, quare non suades illi militi, ut coenobium tale servorum Dei cesset inquietare? Cui daemon cachinnando respondit: Quid est quod loqueris, o imprudens? Meo consilio res agitur, et tu mihi dicis, ut suadeam ea quae sunt pacis? Quod autem pro Christo peregrinari volentes retrahant et impediant, praesto est exemplum.

CAPITULUM XLII.

De milite Mengoz, quem diabolus per pavimentum traxit.

Miles quidam Mengoz nomine, cum adolescens in Francia linguam disceret Gallicam, graviter infirmatus, spe convalescentiae ad sanctum Remigium Remis peregrinationis votum fecit, sed non solvit. Reversus vero in provinciam suam voti transgressor, multis diebus elapsis, cum alter quidam miles Guldolphus nomine vir nobilis, de villa Seffelingen [2]) oriundus, suscepta carena tempore Capituli generalis Cistertium ire proponeret, et hoc praedictus Mengoz cognosceret, rogavit illum ut se suscipere vellet in comitem peregrinationis. Quod cum ille gratum haberet, simulque ad villam, quae Tricastrum vocatur, iuxta Divionem [3]) sitam, venissent, cum ad prandendum

---

1) B sive sint carnales sive spirituales. — 2) BC Sefellingen. Intelligit, ut puto, villam Sevelen prope Geldern sitam. — 3) Dijon.

in terra more poenitentium consedissent, sanctus Remigius Remensis Episcopus, pontificalibus indutus, transgressori suo apparens ait: Mengoz, quare non solvis votum tuum? Miles vero cum tam de visione quam de voti improperatione terreretur, mox diabolus advolans, verbis admonitoriis verba dissuasionis subiunxit[1]) dicens: Noli festinare, bene votum solves quando poteris. Nihilque aliud dicens, hominem pedibus arripiens, per ventrem in pavimento tam immisericorditer traxit, ut facies eius in quatuor partibus vulnerata, sanguine erumpente terram infunderet. Quem cum Guldolphus sic trahi videret, et trahentem non aspiceret, sicut ab eius ore audivi, turbatus ilico surrexit, militemque brachiis stringens, cum fortis esset et sit, retinere[2]) vix potuit. A quo cum causam culpae simul et poenae didicisset, ait: Consulo ut reddas votum tuum. Respondente illo, non modo habeo expensas; dedit ei solidum sterlingorum, et ille solvit votum neglectum. NOVICIUS: Ut video, non multum a nobis daemones sunt remoti, qui ad puniendum nos tam sunt parati. MONACHUS: Quod semper sint iuxta nos et circa nos, in subiecto cognosces exemplo.

CAPITULUM XLIII.

De daemone, qui vineam pro mercede custodivit.

Anno praeterito tempore vindemiae cellerarius de Lacu cuiusdam curtis monasterii vineam duobus servis custodiendam commisit. Nocte quadam unus ex illis vigilias nocturnas sibi temperare volens, diabolum ioculariter[3]) vocavit dicens: Veni diabole, custodi hanc vineam, et ego tibi pretium dabo. Vix verba compleverat, et ecce diabolus affuit dicens: Praesto sum. Quid ergo dabis mihi, si eam custodiero? Et ille: Cophinum plenum uvis[4]), tali conditione, ut si aliquis[5]) intraverit ab ea hora, qua dies et nox separantur, usque ad ortum diei, neque propriam neque alienam excipiens personam, collum ei frangas. Quod cum diabolus promisisset, et servus sero, quasi de vinea securus, domum intrasset, ait illi cellerarius:

---

1) ADP adiunxit. — 2) ABCDPK esset, et sic retinere, R esset, retinere. Emendavi ex loco I, 43: „haec cum esset et adhuc sit Arnoldi filia." — 3) B iocaliter. — 4) AD de uvis. — 5) ADP si quis.

Quare non es in vinea? Respondente illo, socium meum ibi reliqui, diabolum notans; cellerarius, putans quia de conservo suo diceret, iratus ait: Vade cito, quia solus non sufficit ille. Ivit servus, et speculam¹), quae erat extra vineam, cum socio ascendens, circa medium noctis motum quasi hominis inter vites ambulantis²) audientes, ait is quem praedicta pactio latebat: Aliquis est in vinea. Respondit alter: Sede, ego descendam et videbo. Descendit, et vineam foris circuiens, cum nulla hominis vestigia in sepe reperisset, custodem suum adesse cognovit. Mane socio omnia aperiens, cophinum uvis refertum diabolo pro pretio dare volens, iuxta vitem unam fudit, et³) discedens, atque cum socio post paululum rediens, nec unum ibi granum reperit. NOVICIUS: Satis de his admiror⁴); sed dic quaeso, quomodo converti volentes impediant. MONACHUS: Referam tibi quod mihi sanctimonialis quaedam retulit, coacta a sua Abbatissa.

CAPITULUM XLIV.

De Eufemia sanctimoniali, quam diabolus infestavit.

Cum esset eadem sanctimonialis puella parvula in domo patris sui, diabolus illi saepius in diversis formis visibiliter apparuit, et teneram eius aetatem diversis modis terruit ac contristravit. Quae cum incurrere timuisset amentiam, ad ordinem nostrum converti proposuit, verbis voluntatem exprimens. Nocte quadam in specie viri diabolus illi apparens, conversionemque dissuadens⁵) ait: Eufemia, noli converti, sed accipe virum iuvenem pulchrumque, ut cum illo deliciis mundi fruaris. Vestes enim pretiosae et cibaria delicata non deerunt tibi. Si autem intraveris ordinem, semper eris misera et pannosa, famem, sitim frigusque patieris, nec unquam de cetero bene tibi erit in hoc saeculo. Ad quod illa respondit: Quid de me tunc erit, si in illis deliciis, quas tu mihi promittis, mortua fuero? Ad quod verbum diabolus nullum quidem⁶) responsum dedit, sed puellam rapiens, et usque ad fenestram solarii in quo iacebat deportans, praecipitare eam conabatur. Quae cum angelicam salutationem diceret, inimi-

---

1) sic emendavi librorum lectionem speluncam. — 2) ACDP transeuntis. — 3) C et ita. — 4) C miror. — 5) B dissuadendo. — 6) B quidem nullum, P nullum.

cus eam dimisit, et ait: Si ieris ad claustrum, semper tibi adversabor. Quod si in hac hora mulierem illam non invocasses, occidissem te. Et hoc dicto, virginem valde comprimens, in canem maximum transmutatus, de fenestra exsilivit, et nusquam comparuit. Sicque ad¹) invocationem Dei genitricis et Virginis virgo liberata est. Quam infestus conversis sit diabolus, et quam multis quamque diversis modis illos vexet et impediat, sequentia declarabunt. Cum praedicta puella fuisset monacha²) effecta, nocte quadam cum in lecto iaceret, et iacendo vigilaret, vidit circa se plures daemones in specie virorum. Ex quibus unus aspectu teterrimus stabat ad caput eius, duo ad pedes, quartus ex latere contra eam. Qui clara voce ad alios clamabat: Quid statis? Tollite illam totaliter sicut iacet, et venite. Responderunt illi: Non possumus. Invocavit enim mulierem illam. NOVICIUS: Quid est quod daemones matrem sui Creatoris nominare praesumserunt nomine tantum conditionis, et non honoris? Mulier nomen est corruptionis et naturae, Virgo, vel Maria, sive Dei genitrix, nomina sunt gloriae. MONACHUS: Non sunt ausi, quia indigni, ore polluto nomen integritatis vel gloriae nominare. Idem tamen daemon post verba angelicae salutationis, puellam brachio dextro traxit, et trahendo in tantum compressit, ut compressionem tumor, et tumorem sequeretur livor³). Quae cum haberet sinistram liberam, ex nimia simplicitate non est ausa se signare per illam, putans signum manus sinistrae nihil sibi prodesse. Cogente tamen necessitate, per eandem manum crucem sibi impressit, et daemones fugavit. Liberata ab illis, pene exanimis ad lectum cuiusdam sororis cucurrit, et fracto silentio, quid viderit vel quid passa sit, illi intimavit. Quam, sicut mihi retulit beatae memoriae domina Elizabeth, eiusdem coenobii Abbatissa, sorores in lecto suo ponentes, et principium Evangelii Johannis⁴) super eam legentes, mane regyratam invenerunt. Anno vero sequenti intempesta nocte cum eadem sanctimonialis in stratu suo iacens vigilaret, vidit eminus duos daemones in specie duarum sororum plurimum sibi dilectarum. Cui cum dicerent⁵): Soror Eufemia, surge, veni

---

1) B per. — 2) B esset monacha, P monacha fuisset. —
3) ADP livor sequeretur. — 4) BD sancti Johannis. —
5) P dicerent illae.

nobiscum in cellarium dimittere cervisiam conventui; illa habens eas suspectas, tum propter tempus intempestivum, tum propter fractum silentium, horrere coepit, operimento caput involvens, nihilque respondens. Statim[1]) unus spirituum malignorum propius accedens, et manum pectori eius imponens, ita illud compressit, ut sanguis concitatus per os et nares eius largiter efflueret. Sicque daemones illi formas caninas assumentes, de fenestra exsilierunt. Sorores ad matutinas surgentes, cum illam in defectu cernerent, utpote pallidam et exsanguem, causam per signa sciscitatae sunt. Quam cum ex eius relatione cognovissent, satis turbatae sunt tam de daemonum crudelitate quam de virginis vexatione. Ante hoc biennium, cum conventui novum factum fuisset dormitorium, et lecti in eo dispositi[2]), vidit eadem sanctimonialis daemonem in specie homuncionis deformis satis et inveterati, omne dormitorium circuire, et lectos singulos tangere, quasi diceret: Loca singula diligenter notabo, quia non erunt absque visitatione mea. NOVICIUS: Quid est quod pius Dominus puellas tam teneras et tam mundas, a duris et immundis spiritibus tam crudeliter vexari sinit? MONACHUS: Amaro poculo ut nosti praelibato, dulce plus dulcescit; et colore nigro substrato, albus amplius clarescit. Lege Visiones Witini, Godescalci, et aliorum, quibus concessum est videre poenas malorum et gloriam electorum, pene ubique visio poenalis praecedit. Volens Dominus sponsae suae secreta deliciarum suarum ostendere, bene eam prius permisit aliquibus visionibus horrendis[3]) tentari, ut postmodum amplius mereretur laetificari, scietque distantiam inter dulce et amarum, lucem et tenebras[4]).

CAPITULUM XLV.

De infestationibus Elizabeth sanctimonialis a diabolo.

In eodem monasterio, quod Hovene[5]) vocatur, sanctimonialis quaedam est Elizabeth nomine, quam saepe diabolus infestat. Die quadam in dormitorio illum videns, et quia ipse esset non ignorans, alapham illi dedit. Cui cum diceret:

---

1) C statimque. — 2) ADP lecta — deposita, et sic postea lecta singula. — 3) BC horrendis visionibus. — 4) AD tenebras et lucem. — 5) Hoven prope Tulpetum.

Ut quid tam dure me caedis? respondit illa: Quia saepe me turbas. Ad quod diabolus: Multo amplius hesterna die turbavi sororem tuam cantricem, non tamen me percussit. Satis quidem illa die turbata fuerat. Ex quo colligitur, quod ira, rancor, impatientia et alia huiusmodi vitia saepe ex immissione sint diaboli. Alia vice cum eadem Elizabeth, matutinis nimis tardatis, opere ut post apparuit diaboli, ad campanam festinaret, candelamque ardentem in manu portaret, iam intratura fores oratorii, daemonem in specie viri, tunica indutum cultellata¹), contra se stare conspexit. Putans aliquem intrasse virorum, territa retrorsum per gradus dormitorii cecidit, ita ut per aliquot dies tam ex repentino terrore quam ex lapsu langueret. Nam et Abbatissa ex eodem casu stupefacta infirmitatem concepit. Quae dum causam illius lapsus atque clamoris ab ea sciscitata fuisset, et illa visionem exposuisset, adiecit: Si scivissem quod diabolus fuisset, et non homo, bonam illi alapham dedissem. Jam enim accinxerat fortitudine lumbos suos, et contra diabolum roboraverat brachium suum²).

CAPITULUM XLVI.

De inclusa, quae per Benedicite liberata est a daemone.

Alteri cuidam feminae propter Christum inclusae ita infestus fuit diabolus, ut etiam lectum illius violenter et impudenter ascenderet. A quo cum nullo posset remedio spirituali liberari, non oratione, non confessione, non signo crucis, diaboli importunitatem, propriamque vexationem cuidam viro religioso conquesta est. Cui ille tale consilium dedit. Cum tibi, inquit³), propius accesserit, dicas, Benedicite. Quod cum illa fecisset, malignus spiritus quasi turbine impulsus, se in saltus dedit, nec ulterius ad illam accedere ausus fuit. NOVICIUS: Gaudeo quod tantam virtutem⁴) audio in verbo nostrae salutationis. MONACHUS: Tanta est daemonum malitia, ut quos terroribus seducere vel frangere⁵) non praevalent, phantasticis visionibus seducant. Verbi gratia:

---

1) C cucullata, B cultello. — 2) Proverb. 31, 17. — 3) BC cum, inquit, tibi. — 4) C tantum virtutis. — 5) B frangere vel seducere.

CAPITULUM XLVII.*)

De Bertrade inclusa.

Juxta castrum Volmuntsteine, quod situm est in Westfalia, quaedam habitat inclusa, Bertradis nomine, femina sancta et religiosa, et propter revelationes Dei, quibus illustratur, notissima. Haec multo tempore, quia minus circumspecta fuit, sicut audivi, pro angelo lucis angelum tenebrarum suscepit. Solebat enim diabolus phantastica circumfusus claritate, per quandam cellulae fenestram intrare ad illam, futura praedicere, et de interrogatis instruere. Ad quam si venisset quis[1]), volens cognoscere statum alicuius amici sui defuncti, sive de alia re occulta certitudinem, illa inducias usque in crastinum petivit, angelum suum consuluit, a quo saepius decepta, falsa pro veris respondit. Quod cum comperisset frater Hermannus inclusus de Arnisberg, cuius in superiori distinctione capitulo octogesimo septimo memini, daemonum nequitias non ignorans, iam dictae inclusae mandavit in hunc modum: Cauta esto, soror, quia saepe angelus Satanae in angelum lucis se transfigurans, multos seducit, et viris sanctissimis nonnunquam illudit. Sic ergo facias. Crucem de cera benedicta fenestrae, per quam intrare consuevit, imprime, et si intrans illam non vitaverit, angelus Domini est; sin autem, angelus tenebrarum. Quod cum illa fecisset, et diabolus nocturno tempore cum solito fulgore venisset ad fenestram, et lumine immisso non intraret, ait femina: Quare non intras? Respondente illo: Non possum intrare, nisi ceram de fenestra proiicias; illa diu se deceptam intelligens, contra eum spuit, in contumelias erupit, et ne de cetero talia praesumeret, sub invocatione summae Trinitatis illum adiuravit. Vides nunc qualiter Deus omnipotens contra diversas daemonum infestationes diversas creaverit medicinas? Alios a nobis compescit antidoto confessionis, alios verbis[2]) Dominicae annunciationis, scilicet, Ave Maria, quosdam per verbum Benedicite, multos per signum crucis. De his omnibus exempla habes in superioribus. NOVICIUS: Peccavitne inclusa haec, angelum tenebrarum pro angelo lucis recipiendo[3])? MONACHUS: Legi in scripturis maiorum, quod homo sic a diabolo

---

*) Homil. III. p. 188. — 1) B aliquis. — 2) ADP verbo. — 3) D suscipiendo.

deceptus [1]) ei credendo mereatur, et hoc quamdiu bona ei suadet [2]). Non enim omnibus data est discretio [3]) spirituum. Unde Apostolus dicit [4]): *Probate spiritus si a Deo sint* [5]). Nec hoc silendum, quod ipse angelus Satanae non solum in claritate, quam assumit, transfigurat se in angelum lucis, sed et in vili effigie quibusdam solet apparere. Nam modo in specie porci vel canis, modo in forma ursi, catti vel cuiuslibet alterius animalis se hominibus ad deceptionem solet exhibere.

CAPITULUM XLVIII.

De converso, qui vidit daemonem phantasmata minare in chorum.

Visus est tempore quodam in Hemmenrode diabolus [6]) quasi gregem porcorum in ecclesiam minare, et eadem via, qua intraverat, denuo exire. Alio tempore conversus quidam, qui nomen suum vult supprimi, daemonem vidit in forma Prioris; et gestabat in collo quasi factum de stramine leguminis circulum. Praecedebat eum [7]) unus de complicibus eius [8]), eumque eodem circulo quasi canem ducens. Interea [9]) cum in tali phantasia chorum transiret, accidit ut Prior eundem chorum ingrederetur, conversos, si quos dormientes invenisset, excitaturus. Quo intrante, visio illa phantastica ab oculis conversi mox subtracta est.

CAPITULUM XLIX.

De visionibus Hermanni cantoris.

Tempore quodam bonae memoriae Hermannus cantor noster, stans in choro, cum tempore aestivo laudes die clara decantarentur [10]), et oculos ex lassitudine clausos aperiret, posteriora quasi ursi de choro exeuntis conspexit. De qua visione cum satis miraretur, eundem ursum vidit redire, et stare ante

---

1) B a diabolo sic deceptus homo. — 2) BC ei bona suadet, D bona suadet. — 3) C gratia discretionis. Homil. I. p. 115: „non omnibus data est discretio spirituum." Conf. Cor. I, 12, 10. — 4) dicit add BC. — 5) Johan. I, 4, 1. — 6) diabolus add D. — 7) B enim. — 8) C suis. Mox omnes libri habent: eumque. Conf. VIII, 52. — 9) C praeterea. — 10) conf. similem locum IV, 32. p. 203.

presbyterium, in loco ubi monachi in viam exeuntes et redeuntes solent prosterni. Qui dum caput retorqueret, et hac illacque [1]) circumspiceret, in vocem humanam erupit dicens: Non curetis [2]). Licet modo sint firmi, ego egrediar, et iterum post modicum revertar. Sicque eo intuente egressus est. Huius visionis frater Richardus testis est, qui eam ab eius ore audivit. Iste est Hermannus, qui vidit coram Henrico Ficone [3]) amphoras cum vino, et ursum, sicut dictum est in distinctione quarta capitulo nonagesimo primo. NOVICIUS: Cum diabolus huiusmodi bestiarum formas ad nostram infestationem assumat, puto quod turpiter consentientibus illudat. MONACHUS: Hoc est certum.

CAPITULUM L.

De inclusa, quae daemones vidit super scapulas monachorum de Porceto.

Inclusa quaedam admodum religiosa Aquisgrani manet, satis mihi nota, cuius nomen supprimo, ne ei causa fiam persecutionis. Haec ante reclusionem, cum adhuc esset in aetate puellari, et in habitu saeculari, religiosa tamen, in humeris et in scapulis monachorum de Porceto deambulantium in oratorio daemones in formis symearum [4]) atque cattorum residere conspexit. Et quia [5]) quosdam ex illis iam per consensus vitiorum captivos tenebant, ad quemcunque locum sive personam phantasmata respiciebant, monachorum oculi sequebantur, et secundum levitates illorum gestus istorum formabantur. Vidit adhuc quod horribilius erat [6]). Quosdam ex illis canes magni et tetri antecedebant, ita ut catenae, quae in eorum collis videbantur, etiam colla monachorum ambirent, quibus ad sua ludibria illos trahebant. NOVICIUS: Heu quod homines ad imaginem et similitudinem Dei creati, et dignitate ordinis etiam hominibus maiores effecti, qui spiritibus immundis imperare debuerant, ab ipsis propter malam vitam tam viliter illuduntur. MONACHUS: Hoc est quod Psalmista conqueritur dicens: *Homo cum in honore esset, non intellexit; comparatus est iumentis insipientibus, et similis factus est*

---

1) ACDP huc illucque. Mox ACDPKR conspiceret, B aspiceret. — 2) conf. infra VII, 7. — 3) C Fig. — 4) simiarum. — 5) quia om B. — 6) B est, ut Homil. I. p. 144: „suadet adhuc quod periculosius est."

*illis*¹). NOVICIUS: Videtur mihi ex supradictis²), quod quandoque homo diabolo materiam det tentandi. MONACHUS: Hoc verum esse, uno tibi ostendam exemplo.

CAPITULUM LI.

De monacho a labore caulium recedente, et a diabolo per speciem mulieris mox tentato.

Stabat aliquando conventus de Hemmenrode in horto, plantaria caulium terrae infigens. Stabat et monachus unus cum ceteris, Thomas nomine, cui talis coepit cogitatio suboriri: Si modo esses in domo patris tui, ancilla tua non dignaretur tam vilissimum³) opus facere. Exivit ergo de medio fratrum cum indignatione, illuc eum ducente spiritu⁴) superbiae, ubi fortius eum posset impugnare. Cum ergo in silva solus esset, tentator affuit, et quem⁵) prius sola cogitatione pulsaverat, nunc aperta impugnatione et visibiliter aggreditur. In specie namque mulieris apparens, coepit alloqui eum. At ille digitum superponens ori suo, signavit sibi non licere loqui⁶). Sed mendaciorum omnium caput et pater, ilico per mulierem illam phantasticam, quam effigiaverat ad deceptionem⁷), respondit: Quid hoc sit, inquit⁸), nescio. Ego venio de conventu, et Prior dedit mihi licentiam ut loquerer tecum. Credidit ille, et locutus est. Tunc illa asseruit, parentes ipsius misisse pro eo, et oportere eum Treverim ire secum ad emendum equum, et sic transire in terram suam. Praecedendo igitur misera, miserum ducebat, ipsa quidem frutectorum omnium condensa sine impedimento transiens, ille vero cum magna difficultate sequebatur. Tandem asperitate itineris et laboris turbatus, in nomine, inquit, Patris, quomodo sic imus? Quo dicto, maligna illa mulier citius⁹) evanuit. Et cum coeli esset serenitas, magna eadem hora circa eum facta est tempestas et pluvia, ipsumque madefactum exterius, interius confusum remisit ad conventum. Confessus est postea¹⁰), quia quamdiu cum muliere illa deambulabat, maximam carnis titillationem habuerit¹¹).

---

1) Psal. 48, 13. — 2) B praedictis. — 3) B tam vile. — 4) A deducente spiritu, D ducebat spiritus. — 5) ACDP qui. — 6) C significavit non licere sibi loqui, ADP significavit non licere loqui sibi. — 7) B decipiendum. — 8) CD nescio, inquit. — 9) C citius maligna illa mulier, B citius illa maligna mulier. — 10) AP postea est. — 11) ACDP habuerat.

NOVICIUS: Puto quod fuerit spiritus fornicationis. MONACHUS: Juste moveris. Saepe enim peccatum peccato punitur, et per lapsum carnis superbia mentis in multis [1] humiliatur. Inde habes exempla plurima in Vitaspatrum. NOVICIUS: Potest diabolus laedere aliquem [2] prout vult? MONACHUS: Nequaquam sine Dei permissione, et hoc in corpore, sicut Job. Nunquam vero in anima hominem laedere potest, id est, ut eum peccare cogat, nisi mente consentiat.

CAPITULUM LII.

Quod diabolus similis sit leoni ad stipitem ligato.

Diabolus similis est urso sive leoni ad stipitem ligato, qui licet in catena sua rugiat circuiens, neminem tamen laedit, nisi quem infra suum circulum rapuerit. Diaboli potestas catena divinae cohibitionis sic artata est, ut neminem cogere possit ad peccandum, nisi ad eum ingrediatur per peccati consensum. Secundum Apostolum Petrum, tanquam leo rugiens circuit in sua catena, quaerens quem devoret [3]. Saepe sanctos viros terret et impedit, sed nocere non potest.

CAPITULUM LIII.

De canonico Bonnensi ab eo tentato.

In Bonnensi ecclesia, sicut audivi ab eius concanonicis, vir quidam exstitit castus multumque religiosus, cui diabolus ita erat infestus, ut saepe noctibus cum lecturus esset lectionem ad matutinas, literam tegeret vel folium verteret, et quandoque lumen exsufflaret. Hoc ideo egit, ut virum sanctum coram fratribus confunderet, et confundendo ad impatientiam provocaret. Cuius nequitia tanta est, ut cum religiosos irritare vel impedire non valet [4], saltem eos irrideat et [5] subsannet.

---

1) B in illis. — 2) BC aliquem laedere. — 3) Petr. I, 5, 8. — 4) B valeat. — 5) irrideat et om D; ceteri libri omnes habent impediat et.

CAPITULUM LIV.

Quod conventum Montis sanctae Walburgis irrisit.

Retulit mihi quaedam religiosa sanctimonialis ordinis nostri, Petrissa nomine, quod cum staret in quadam sollemnitate ad matutinas a ceteris sororibus semota, et aliis valide psallentibus, in gratiarum actionem erumperet dicens: Benedictus sis, Domine, quod iste dilectus conventus tam devote te laudat, tu illis retribuas; mox audivit strepitum horridum [1], quasi alicuius de retro ad conventum properantis, claraque voce dicentis: Hoc fiet pro Deo, orationem eius subsannans. Et inhorruerunt continuo omnes capilli [2] capitis eius. NOVICIUS: Saepe subitus horror invadit me, tam in choro quam in reliquis locis. Quae tibi videtur huius horripilationis esse ratio? MONACHUS: Ex praesentia daemonum est. Natura canis, qui lupum insequi consuevit, talis est, ut eum ex quadam vi naturae iuxta se sentiat, cum tamen oculis illum non videat. Et quia inter eos odium naturale est [3], statim turbatur et latrat. Sic est inter hominem et diabolum. Inimicitias posuit inter eos Dominus. Unde vae homini, qui cum illo pacificatur. Semper calcaneo eius diabolus insidiatur [4]. Et licet eum homo exterior non videat, interior [5], id est, spiritus, spiritus [6] illius maligni iuxta se praesentiam bene sentit. Quid ergo mirum si tunc turbatur, si horrorem patitur? Hoc verum esse, sub exemplo tibi demonstrabo.

CAPITULUM LV.

De sacerdote, quem cum gladio euntem ad ecclesiam diabolus terruit.

Juxta Coloniam sacerdos quidam fuit Mychael nomine, satis religiosus in genere suo. Hic [7] duarum villarum ecclesias rexit, ex quibus una Burge [8], altera Rode vocatur. Tempore quodam in [9] Parascheve, cum in una ecclesia sero matutinas dixisset, et ante diem, servo suo absente, solus ad alteram properaret, timore viae gladium secum portavit. Qui

1) BC horrendum. — 2) C pili. — 3) D est odium naturale, BC naturale est odium. — 4) Genes. 3, 15. — 5) C interior tamen. — 6) spiritus om BC. — 7) Hic add C. — 8) B Berge. — 9) in abest a libris.

cum ad quoddam nemus venisset, tantus timor et horror eum invasit, ut omnes pili capitis eius, sicut dici solet, sursum erigerentur, et gelido sudore omnes eius artus¹) perfunderentur. Quem tamen²) tanti horroris causa latere non potuit, quia mox ut oculos ad nemus vertit, hominem teterrimum iuxta arborem satis altam stare conspexit. Qui eo intuente in momento adeo crescendo ascendit, ut eidem arbori aequaretur; circa quem fragor arborum et nimii fremitus ventorum excitabantur. Territus supra modum sacerdos, fugit³), quem diabolus cum turbine a tergo insequens, usque ad villam Rode non deseruit. Postea cum idem sacerdos visionem simul et timorem converso coenobii Veteris Montis, Richardo nomine, recitaret⁴), ille, sicut vir erat⁵) religiosus, religiosum ei verbum respondit: Domine, inquit, ecclesiastice, si ad divina eundo⁶) psalmum in os vestrum assumsissetis⁷), non vobis haec in via evenissent. Terror ille poena peccati fuit. Diabolus revera timet psalmum, non gladium. *Corpus eius, ut ait Job, imo Dominus ab Job, quasi scuta fusilia, squamis*⁸) *se comprimentibus. Deputabit*⁹) *quasi paleas ferrum, et quasi lignum putridum, aes. Non est super terram potestas, quae comparetur ei*¹⁰). NOVICIUS: Sicut colligo ex his verbis sancti Job, si diaboli virtus ligata et limitata non esset, nullus hominum subsistere posset¹¹). MONACHUS: Quod autem hominem laedere non possit, nisi quantum a Deo fuerit permissus, in fine huius distinctionis satis manifesto tibi pandam exemplo.

CAPITULUM LVI.

De campanario, quem diabolus transtulit in pinnam castri Ysinburg.

In villa quadam, ante paucos annos Dioecesis Coloniensis, quae Ambula¹²) vocatur, campanarius¹³) fuit, et forte adhuc

1) BC artus eius. — 2) C etiam. — 3) C transivit. — 4) ACP converso nostro Richardo recitaret, B Richard converso nostro recitaret. — 5) ABCP est. — 6) BC eundo ad divina. — 7) BC sumsissetis. — 8) R compactum squamis; mox CP sese. — 9) R reputabit. — 10) Job 41, 6. 18. 24. — 11) BC subsisteret. — 12) si Ambula ante paucos annos Dioecesis Coloniensis fuit, liquet eam non esse villam Amelen prope Juliacum. Forte intelligenda est villa Amblava, hodie Amel dicta, sitaque ad fluvium Ambleve prope oppidum S. Vith. — 13) BC campanarius quidam.

DE DAEMONIBUS.

vivit, votum habens cuiusdam peregrinationis. Hic cum die quadam condixisset cum femina quadam villae suae, quod mane pariter ituri essent, illa eum rogavit, ut maturius[1]) matutinas pulsaret, propter solis fervorem. Et promisit. Eadem nocte diabolus ad lectum eius veniens, tetigit eum et ait: Pulsa matutinas. Sicque discessit. Qui mox surgens, et lumen in ecclesia ardens respiciens[2]), cum ante primum galli cantum esse deprehendisset, putans quia a praedicta femina fuisset excitatus, de ecclesia exivit, volens illi dicere ut iret dormitum, eo quod nimis mane esset. Quam cum quaereret, nec inveniret, bovem nigrum contra se stare vidit[3]). Qui lingua emissa hominem tetigit, eumque super dorsum suum per illam misit, et per aerem cum illo volitans, super pinnam turris castri, quod Ysinburg dicitur, deposuit. Cui cum diceret: Timesne aliquid[4]) modo? respondit ille: Dei permissione huc[5]) ductus sum, nihil contra me poteris, nisi quantum ille permiserit. Ad quod diabolus: Fac mihi hominium, et ego te deponam, daboque tibi divitias multas. Quod si non feceris, vel fame in hoc loco morieris, vel praecipitio interibis. Cui campanarius, spem habens in Christo, respondit: Adiuro te per nomen Jesu Christi, ne me laedas, et ut me sine periculo corporis mei deponas. Mox diabolus illum tollens, in campo iuxta villam Gerinsheim[6]) satis incommode deposuit ante lucem diei, in dedicatione ecclesiae eiusdem villae. Diluculo homines ad matutinarum sollemnia cum faculis properantes, cum hominem in agro in magno defectu reperissent, atque refocillassent, auditis his, quae ei contigerant, satis mirati sunt. Quarto vero die regressus in domum suam, situm tam locorum quam aedificiorum, quae nunquam ante viderat, tam plene omnibus exposuit, ut de raptu eius nihil dubitarent. NOVICIUS: Jam mihi satis fateor probatum tam sententiis quam exemplis, daemones esse, multos esse, malos esse, et infestos esse hominibus. MONACHUS: Unum[7]) consilium meum est, ut cognitis his, non illis consentiamus, ne nos audire contingat: *Ite, maledicti, in ignem aeternum, qui praeparatus est diabolo et angelis eius;* sed re-

---

1) DR maturius surgeret et. — 2) ADP ardere conspiciens. — 3) B conspexit. — 4) aliquid om BC. — 5) B hic. — 6) Gerresheim villa notissima iuxta Dusseldorpium. — 7) ADP unde.

sistendo illis, omnibusque vitiis, audire mereamur cum electis: *Venite, benedicti Patris mei, percipite regnum quod vobis paratum est ab origine mundi*[1]).

DISTINCTIO SEXTA
DE SIMPLICITATE.

CAPITULUM I.
De virtute simplicitatis.

INTER omnia virtutum antidota contra tentationum incommoda ipsosque tentatores daemones, maioris efficaciae esse videtur usus[2]) simplicitatis. Haec virtus felle caret totius amaritudinis, irae, invidiae atque[3]) rancoris, caret et oculo venenato suspicionis, denteque canino detractionis. Simplicitas maxime necessaria est noviter conversis, quia si voluerit novicius ordinis simplicitatem[4]) reprehendere, facta seniorum[5]) et instituta maiorum iudicare, quare sic vel sic illa et illa fiant, cum magistro suo[6]) disputare, nunquam quiescet. Unde Abbas Karolus, cum essem in probatione, mihi dicere consuevit: Frater, si vis quiescere in ordine, ordinis simplicitas sufficiat tibi[7]). Virtutem simplicitatis Isaias in electis admirans ait: *Qui sunt isti, qui ut nubes volant, et quasi columbae ad fenestras suas*[8])? Fenestrae columbarum sunt oculi simplicium monachorum. Horum volatus, sublimitas est contemplationis; visus columbinus, simplicitas intentionis. Uterque oculus religiosorum simplex esse debet, exterior videlicet et interior. Oculus corporis, ut procul sit suspicio; oculus cordis, ut recta sit intentio. Haec[9]) opus per se malum facit bonum, et econverso, sicut in sequenti capitulo satis aperto tibi ostendam exemplo. NOVICIUS: Bene hoc concedo, quia Salvatorem dixisse recolo: *Si oculus tuus fuerit simplex, totum corpus tuum lucidum erit*[10]). MONACHUS: Revera, ubi

---

1) Matth. 25, 41. 34. — 2) B videtur esse virtus. — 3) atque add BC. — 4) B simplicitatem ordinis, ADP ordinem simplicitatis. — 5) seniorum add C. — 6) cum magistro suo om C. — 7) BC tibi sufficiat. — 8) Isai. 60, 8. — 9) C hoc. — 10) Matth. 6, 22.

simplex fuerit intentio, ibi necesse est ut lucida sequatur actio; sicut econtrario, oculus nequam, id est, intentio mala atque perversa, totum corpus, id est, opus, efficit tenebrosum. Unde bene in sexta distinctione tractandum videtur de simplicitate, quia sicut senarius numerus naturaliter est perfectus, ita haec virtus, secundum iam dictam sententiam Salvatoris, totum hominem luminosum facit[1]) atque perfectum. Jacob simplex a patre benedicitur; filius eius Joseph simplex[2]) toti Aegypto a Pharaone praeficitur; Job simplex a Domino commendatur. Virtus simplicitatis a Christo discipulis praedicatur: *Estote*, inquit, *prudentes sicut serpentes, et simplices sicut columbae*[3]). Simplicitati coniungit prudentiam, propter vecordiam. Item dicit: *Nisi conversi fueritis, et efficiamini sicut pueri*[4]), id est, humiles et simplices, *non intrabitis in regnum coelorum*[5]). Simplicitas via est ad Deum, grata angelis, hominibus delectabilis. Unde ceteris virtutibus omissis, quantae sit efficaciae sancta simplicitas, paucis explicabo exemplis.

CAPITULUM II.

De simplici monacho, qui carnes in castro comedendo, pecora monasterii sui reduxit.

Dominus Wido Abbas Cisterciensis, postea Cardinalis, cum missus fuisset Coloniam ad electionem confirmandam, quae facta fuerat contra Philippum in Ottonem, retulit ibidem quandam sanctae simplicitatis historiam, satis iocundam satisque mirabilem. Dicebat domum quandam ordinis nostri in terra cuiusdam nobilis viri atque potentis fuisse sitam. Quam idem tyrannus, eo quod Deum non timeret, neque hominem revereretur, multis modis saepe molestavit. De annona, vino et pecoribus, quotiens et quantum voluit, tulit, quantum voluit fratribus dimisit. Cumque hoc ex consuetudine et quasi pro lege habens actitaret, et conventus, querimoniis multis inutiliter delatis, gemens taceret[6]), die quadam maximam partem rapuit armenti, praecipiens illam ad castrum suum minari. Quo cognito, Abbas et fratres satis turbabantur, in quorum consilio quid facto opus esset, satis tractabatur. Visum est eis

---

1) A fecit, BC efficit. — 2) simplex add BC. — 3) Matth. 10, 16. — 4) C parvuli. — 5) Matth. 18, 3. — 6) consentiunt omnes libri in hac vitiosa lectione: et conventus querimoniis multis inutiliter taediati, gementes tacerent.

aliquem ire debere ad castrum, per quem saltem merces ¹) ei innotesceret, maxime Abbatem. Qui respondit: Ego non ibo, quia monendo illum nihil proficimus, sed aerem tantummodo verberamus. Simili modo excusante se Priore et cellerario, subiunxit Abbas: Estne hic aliquis, qui adhuc semel ire velit? Tacentibus cunctis, unus divinitus inspiratus, promte ²) respondit: Monachus ille vadat, hominem senem ac simplicissimum nominans. Vocatus est monachus; si ire vellet ad castrum inquiritur, obedit, mittitur. Qui cum ab Abbate recederet, ex multa cordis sui simplicitate verbum hoc protulit: Pater, inquit, si aliqua portio mihi fuerit restituta, recipiam, an non? Respondit: Quicquid rehabere poteris, accipias ³) in nomine Domini. Melius est aliquid, quam nihil. Abiit ille, venit ad castrum, nuncium Abbatis et fratrum cum orationibus deferens tyranno. Et quia simplicitas iusti, secundum Job ⁴), lampas est contemta in oculis malorum, tyrannus sermones eius parvipendens et irridens ait: Domine, exspectate, donec pransus fueritis, tunc enim respondebitur vobis. Hora prandii ad mensam communem positus est, et cibaria communia, carnes scilicet in bona quantitate, ei sicut ceteris sunt appositae. Vir sanctus verbi Abbatis sui reminiscens, et carnes, quae tam laute ministrabantur, de pecoribus monasterii sui esse non dubitans, quantum ex carnibus sumere potuit, cum ceteris, ne inobediens esset, manducavit. Dominus castri ex opposito cum uxore residens, et quia monachus manducaret carnes, satis considerans, finito prandio hominem vocavit seorsum, et ait: Dicite mihi, bone domine, solet conventus vester manducare carnes? Respondente illo: Nequaquam; adiecit: Quid cum exeunt? Nec intus, inquit, nec extra carnes comedunt. Tunc tyrannus: Et quare vos comedistis hodie ⁵) illas? Respondit monachus: Cum Abbas meus huc me mitteret, praecepit mihi, ut quicquid ex pecoribus rehabere possem, accipere non recusarem. Et quia mihi constabat carnes appositas fuisse monasterii mei, item quia timui nil amplius mihi fore restituendum, nisi quantum dentibus capere possem, comedi propter obedientiam, ne omnino vacuus redirem.

---

1) hoc est, poena, quam accipiet a Deo propter suas depraedationes. Pro saltem merces omnes libri habent satis inepte: saltem res. — 2) ACDP yronice. — 3) C potueris, recipias. — 4) Job 12, 4. 5. — 5) B hodie comedistis, C hodie manducastis.

Et quia Deus simplicem non proiicit, nec porrigit manum impiis[1]), scilicet contra illum, audito eius verbo, et in simplicitate eius motus, imo a Spiritu sancto, qui per os senis loquebatur, admonitus, respondit vir nobilis: Exspectate me hic, ego consilium habebo cum uxore mea, quid vobis faciam. Ad quam cum venisset, et senis ei verba per ordinem recitasset, adiecit: Timeo celerem Dei super me vindictam, si vir iste tam simplex et tam rectus aliquam nunc a me passus fuerit repulsam. Similiter et illa respondit, quia eodem spiritu accensa fuit. Reversus ad senem, ait: Bone pater, propter sanctam simplicitatem vestram, quae me ad misericordiam inflexit[2]), monasterio vestro quicquid adhuc de pecoribus superest[3]) restituam, de illatis a me iniuriis in quantum potero satisfaciam, et nunquam ab hac die illud turbabo. Ad quod verbum senex gratias illi referens, cum rapina ad monasterium laetus rediit, et[4]) Abbate et fratribus stupentibus, verba potentis retulit. Pacem ab illo tempore habentes, quanta esset virtus simplicitatis exemplo didicerunt. Ecce habes[5]) exemplum, quod opus aliquando per se malum, propter oculum simplicem, id est, bonam intentionem[6]), efficiatur lucidum et bonum. Revera monachus idem comedendo carnes, et hoc in castro, peccasset, si simplicitas illum non excusasset. Quod autem non solum non peccaverit, imo etiam meruerit, rei exitus ostendit[7]). NOVICIUS: Peccantne illi, qui monachis exeuntibus carnes, sagimen, vel ius carnium apponunt, et illos aliquo artificio ut comedant, decipiunt? MONACHUS: Non videntur peccare, si eos impellit necessitas hospitalitatis, vel, quod dignius est, fervor caritatis. Edentem excusat a peccato ignorantia, vel simplicitas; ministrantem, ut dixi, caritas. Ecce exemplum.

CAPITULUM III.

De Christiano Decano Bonnensi, qui Abbati pisam sagimine conditam apposuit in simplicitate.

Bonae memoriae Christianus Decanus Bonnensis, vir bonae vitae, et valde literatus, qui apud nos novicius defunctus est, cum in virtute hospitalitatis plurimum ferveret, die quadam

---

1) Job 8, 20. — 2) BP reflexit. — 3) ACDP est. — 4) et om BC. — 5) ACDP hic. — 6) id — intentionem add C. — 7) C probavit.

Hermannum Abbatem de Hemmenrode, quondam Decanum sanctorum Apostolorum in Colonia, virum aeque literatum ac discretum, ad mensam suam invitavit. Et cum non esset ibi pulmentum sine carnibus, secrete praecepit ministro, ut lardum extraheret, sicque pisam Abbati apponeret. Comedente illo simpliciter apposita, monachus eius qui tam simplex non fuit, particulam lardi in scutella sua reperiens, Abbati mox ostendit. Qua visa, statim scutellam amovit Abbas propter conscientiam. Venientibus eis in viam, Abbas de curiositate monachum arguit, dicens: Male habeas, quod hodie abstulisti mihi pulmentum meum. Si tacuisses, ego ignoranter comedens comedendo non peccassem. Facto huic contrarium recordor fecisse Danielem Sconaviae [1]).

CAPITULUM IV.

De Godescalco monacho, qui in Sigeberg artocreas sagimine decoctas simpliciter manducavit.

Tempore quodam cum idem Daniel, tunc Prior noster, pranderet in Sigeberg, et esset cum eo frater Godescalcus de Volmuntsteine, monachus simplex et iustus, appositae sunt eis a fratribus eiusdem coenobii artocreae, in sagimine decoctae [2]). Quod Prior mox odoratu deprehendens [3]), comedere noluit, non [4]) tamen monachum comedentem prohibuit. Finito prandio, cum loqui possent, dixit Godescalcus Priori: Domine Prior, quare non comedistis de artocreis? Valde enim erant bonae [5]). Respondit ille: Non mirum si valde erant bonae, quia valde bene erant sagiminatae. Et quare, inquit; hoc non signastis mihi? Respondit Prior: Ego nolui vobis auferre cibum vestrum. Nolite contristari, quia ignorantia excusabit vos. Erat enim idem Daniel vir literatus, et ante conversionem Scholasticus. NOVICIUS: Non miror quod monachi quandoque decipiuntur in sagimine et carnium pinguedine; sed quod tam simplices sunt aliqui, quod in grossa substantia, id est, in ipsis carnibus seduci [6]) possunt, satis admiror. MONACHUS: Puto hoc quandoque fieri propter caritatem ministrantium. Cum sanctus Theophilus Alexandrinus Epi-

---

1) BC Danielem Abbatem Sconaviae. — 2) BC et pr A apposita — artocrea — decocta. — 3) D percipiens. — 4) BD nec. — 5) B et pr A bona; sic et paulo post. — 6) BC pie seduci.

scopus tempore quodam plures ex sanctis patribus [1]) ad prandium invitasset, eisque carnes ex avibus apposuisset, putabant se omnes olera comedere, donec ab ipso proditum est quod appositum fuerat. Non enim erat illis visus cum gustu ablatus, sed propter caritatem ministrantis, divinitus immutatus. Simile pene egit dominus Ensfridus [2]) Decanus sancti Andreae temporibus meis. Hoc etiam noveris, quod ex dissuetudine scientia [3]) discernendi inter cibos gustui minuatur. Non enim mirum si dominus Theobaldus Abbas Eberbacensis, qui in quinquaginta sex annis, quibus in ordine fuit, nunquam carnes comedit, sub typo piscium illas comedendo, falli potuisset. Praedictus enim Ensfridus pro rumbo monachis carnes apposuit, et illi comederunt. NOVICIUS: Casum hunc plenius nosse vellem. MONACHUS: Viri huius venerabilis vita tantis misericordiae operibus exstitit ornata, ut digna sit poni super candelabrum. Casum de quo quaeris, et reliqua eius opera, quae ex parte vidi, et ex parte aliis referentibus didici, fida tibi pandam relatione. In eadem enim ecclesia, in qua Decanus fuit, literas didici, et poenitet me nunc de eius virtutibus tam pauca investigasse.

CAPITULUM V.

Vita domini Ensfridi Decani sancti Andreae in Colonia.

Igitur Ensfridus de Episcopatu Coloniensi oriundus fuit, vir simplex et rectus et in misericordiae operibus praecipuus. Qualis eius vita ante sacerdotium fuerit, vel quid in adolescentia egerit, nescio. Quod autem cum illo creverit et convaluerit [4]) miseratio, ex actibus [5]) eius sequentibus colligo. Quod docilis fuerit ingenio, sollicitus in discendo, effectus comprobavit. Adeo enim in puerilibus fundatus erat, ut, sicut ab eo audivi, iuvenis scholas regeret, et plurimos tam verbo quam exemplo, non solum ad discendum, sed, quod pluris est [6]), ad bene vivendum informaret. Ordinatus sacerdos, ecclesiam in Sigeberg, parochiam scilicet bonam, id est, oblationibus pinguem, regendam suscepit, in qua scientiam in actum produxit. Foris non mansit peregrinus, ostium eius

---

1) B fratribus sanctis. — 2) BC Eufridus. — 3) C etiam fit ex dissuetudine quod scientia. — 4) DP et pr A coaluerit. — 5) BCD actis. — 6) ADP erat.

patuit viatori [1]). Pater erat viduarum, consolator orphanorum, lima peccatorum. Nam cum in domo eius plures nutrirentur scholares, et esset columbinae simplicitatis, tempore illo, quo matura erant cerusa [2]), dicebat cellerario suo: Bone, licentia pueris, ut ascendant arbores, ut [3]) de cerusis comedant, quantum volunt et quantum possunt, nec est necesse te alia eis dare cibaria, quia in nullo cibo tantum delectantur. Non hoc dicebat ex aliqua tenacitate, sed ex multa cordis sui pietate [4]). Quod cum per dies aliquot factum fuisset, et licentia concessa pueris sicut pueris placuisset [5]), ait illi cellerarius: Certe, domine, nisi pueri aliis utantur etiam cibariis [6]), cito deficient. Et acquievit statim. Post haec [7]) factus est Coloniae in ecclesia sancti Andreae canonicus, et non multo post, ob vitae meritum, in Decanum sublimatus. Qui licet vitae esset irreprehensibilis, et polleret virtute [8]) castimoniae, maxime tamen fervebat in operibus misericordiae. In parochia sancti Pauli, quae attinet ecclesiae sancti Andreae, pauper vidua non fuit, cuius lares ignoraret, quam suis eleemosynis non visitaret. Tantum panis ex eius mensa ostiatim mendicantibus dabatur, tantum aeris ex eius manibus in gazophilacium Christi, id est, in [9]) manus pauperum, mittebatur, ut multi, qui eius annuos redditus noverant, mirarentur. Habebat autem [10]) cognatum, Fredericum nomine, eiusdem ecclesiae canonicum, officio cellerarium. Iste avunculum saepius arguere consuevit de indiscreta liberalitate, et ipse versa vice increpabatur ab illo de nimia parcitate. Habebant enim communes expensas, et idcirco satis gravabatur Fredericus, quia quicquid rapere poterat Decanus, occulte dabat pauperibus. Tempore quodam idem Fredericus de officio suo multos et magnos habens porcos, occidit, et in pernas formavit, easque in coquina [11]) tempori congruo reservandas suspendit. Quas Decanus frequenter intuens, earumque suspendio satis invidens, cum nullam ex eis a cognato petere posset vel [12]) praesumeret, dolum sanctum, dolum pium, dolum memoria dignissimum ex-

---

1) Job 31, 32. — 2) ACP cerasa. — 3) ADP et. — 4) ADP simplicitate. — 5) ADP et licentia pueris esset concessa, sicut eis placuit. — 6) D aliis etiam utantur cibariis, C aliis etiam cibis utantur, B etiam aliis cibis utantur. — 7) C hoc. — 8) ACDP in virtute. — 9) in om C. — 10) ACDP enim. — 11) ACDP coquinam. — 12) posset vel om BC.

cogitavit. Quotiens neminem sensit esse in coquina, ipsam latenter intrans, et nonnunquam nacta occasione pueros emittens, scala suspensorium ascendit, et ex ea parte pernas, qua muro coniungebantur, omnes pene usque ad medietatem incidit. Anteriorem vero integram reliquit, ut aliarum incisiones celarentur. Ista faciebat per dies multos, carnes abscisas viduis, egenis atque pupillis distribuens. Quid plura? Tandem furtum rei familiaris cognoscitur, fur quaeritur, sed citius invenitur. Furit clericus, silet Decanus, et cum ille fratrum praebendam et totius anni subsidia se perdidisse conquereretur, vir sanctus verbis quibus potuit eum lenire studuit, dicens: Bone cognate, melius est ut modicum defectum patiaris, quam pauperes fame¹) moriantur. Bene tibi, Dominus restituet. Quibus verbis placatus tacuit. Alio tempore eunte eo ad sanctum Gereonem, puto quod in sollemnitate fuerit eiusdem Martyris, pauper eum importunis clamoribus sequebatur, et cum non haberet quod illi dare posset, scholarem se sequentem paululum antecedere iussit. Secedensque in angulum iuxta ecclesiam beatae Dei genitricis Mariae, ubi Episcopis in die Palmarum consuetudinis est populo facere indulgentiam, quia aliam vestem exuere non potuit, aspiciente paupere femoralia sua solvit, et cadere dimisit²). Quae ille levans, gaudens discessit. Quam virtutem cum vir sanctus occultare vellet, nutu Dei tali occasione posita est super candelabrum, ut posteris esset in exemplum. Reversus a³) sancto Gereone, cum ad prunas sederet, nec pelliceum se calefacturus secundum consuetudinem levaret, dixit ei praefatus Fredericus: Levate pelliceum, et calefacite vos. Erat enim frigus, et ipse senex homo erat. Respondente eo: Non est necesse; subiunxit ille: Satis puto quod non habeatis bracas, hoc ipsum in rubore vultus eius considerans. Tandem ille confessus est, sibi illas delapsas⁴) fuisse, tacita virtute. Ad quod verbum clericus risit, per cuius os haec publicata sunt. NOVICIUS: Tale aliquid non legitur in actis⁵) sancti Martini. Plus fuit bracas dare, quam pallium dividere. MONACHUS: Propter haec aliaque his similia facta⁶), quidam dixerunt, nunquam

---

1) fame add D. — 2) B permisit. — 3) C de. — 4) ABCD dilapsas. — 5) C actibus. — 6) AD aliaque eius etiam facta, PKR aliaque eius facta, etiam, B aliaque eius facta, C aliaque eius opera.

se legisse de aliquo homine, qui tantae fuerit circa pauperes compassionis, tantae misericordiae ac pietatis. Vestimenta sua pauperibus pene sine discretione largiebatur, et cum algeret, aliaque mitterentur, de illis simile faciebat. Semper habebat in corde illud Salvatoris: *Date, et dabitur vobis.* Compassus est ei venerabilis plebanus sancti Jacobi, dominus Everhardus, cuius memini in distinctione quarta capitulo nonagesimo octavo, quibus erat in Domino cor unum et anima una. Cum [1]) vellet ei vestem aliquam dare, ut illa diutius uteretur, dixit: Ego vobis hanc vestem accommodabo [2]). NOVICIUS: Puto quod multum liberalis fuerit circa hospites, qui sic profusus exstitit circa pauperes. MONACHUS: Quanta illos caritate susceperit, sequens narratio declarabit. Cum die quadam viros religiosos, non mihi constat utrum fuerint Cistercienses, vel Praemonstratenses, hospitio [3]) suscepisset, et cibi regulares deessent, piscesque non haberet, dicebat coco suo: Pisces non habemus, monachi simplices sunt et esuriunt, vade fac [4]) csicium, et ossibus eiectis, cum piperamentis praepara, sicque appones et dices: Comedite de bono rumbo. Quod cum factum fuisset, illi, sicut viri boni et simplices, boni sui hospitis ac simplicis pium dolum non observantes, nihil etiam, tum propter regulare silentium, tum propter conscientiam, interrogantes, apposita pro pisce comederunt. Scutella pene evacuata, cum unus auriculam porcinam reperisset, et socio, vidente Decano, ostendisset, ille [5]) aliquid indignationis simulans intulit: Comedite pro Deo, monachi non debent esse tam curiosi; rumbus etiam aures habet. Humani generis inimicus diabolus, tantis virtutibus invidens, illumque turbare volens, visibiliter tempore quodam se eius obtutibus obiecit, et versibus his eum alloquens, disparuit:

Mors exemplificat, quod longius [6]) *haud tibi restat*
Vita, nec incolumis amplius, Ensfrid, eris.

Vides quanta sit versuti diaboli stultitia? In quo virum sanctum putabat se impedire, in hoc illum promovit. Nam postea circa annos triginta vixit, tanto in operibus iustitiae ferventior, quanto prophetatus est morti fore vicinior [7]). In

---

1) DR cumque. — 2) BC ego vobis accommodo hanc vestem. — 3) ABCDPK in hospitio. — 4) ABDP accipe. — 5) ille add BC. — 6) C longior. — 7) C fore morti confinior.

quadam sollemnitate, cum eum dominus Adolphus, maioris ecclesiae Decanus, postea Coloniensis Archiepiscopus, ad convivium suum invitasset, renuit ille, dicens se magnos hospites habere. Dicta missa, cum ad domum suam vir beatus festinaret, Godefridus eius concanonicus, maioris[1]) Decani notarius, qui mihi ista recitavit, de fenestra solarii Portae Clericorum respiciens, vidit plures pauperes illum sequentes, ex quibus alii claudi, alii caeci fuere. Et cum non possent transire lapides, qui plateam illic[2]) dividunt, ipse, cum esset aetatis decrepitae, manum singulis porrigebat. Statim clericus dominum suum ad fenestram vocans, ait: Ecce domine, isti sunt magni hospites, quos Decanus meus dicebat se habere. Et non modicum aedificatus est uterque. Aliud quoddam pietatis opus simile huic ego de illo vidi. In anniversario domini Brunonis Coloniensis Archiepiscopi, ecclesiis conventualibus ad ecclesiam sancti Pantaleonis Martyris, quam idem Bruno exstruxit[3]), confluentibus, cum dicta pro anima eius missa, Priores, secundum institutum, refectorium pransuri intrassent, dominum Ensfridum nescio quot pauperes sequebantur usque[4]) ad ostium refectorii. Quem cum refectorarius introducere vellet, pauperibus exclusis[5]), commotus ille clamavit: Ego sine istis hodie non intrabo. Noverat vir prudentissimus, pauperes esse amicos Dei[6]), camerarios coeli, bene habens in memoria consilium illud filii Dei: *Facite vobis amicos de mammona iniquitatis, ut cum defeceritis, recipiant vos in aeterna tabernacula*[7]). Hinc est quod tempore quodam, cum positus fuisset iuxta[8]) reliquias, monere intrantes ut darent eleemosynas ad aedificia ecclesiae, cuius tunc custos erat, his verbis populum allocutus est: Boni homines, bene videtis quam grandia disposita sint hic aedificia, bene quidem facietis dando eleemosynas vestras ad illa, melius tamen et tutius in pauperes.[9]) eas locatis. Hanc praedicationem bonae memoriae Fredericus monachus noster intrans cum militibus ecclesiam sancti Andreae tunc audivit, mihique postea saepius illam recitavit. Personas Deum timentes, ut et ipse illarum meritis esset particeps, de suo stipendio

---

1) B maioris ecclesiae. — 2) B illuc, C illam. — 3) CP construxit. — 4) usque add BC. — 5) BC exclusis pauperibus. — 6) B Christi. — 7) Luc. 16, 9. — 8) ADP ante. — 9) ABDP pauperibus.

pascere curavit. Unde et venerabilem illam inclusam ordinis nostri, dominam Heylekam, secundum nomen suum vere sanctam, cuius cella monasterio sancti Andreae adhaerebat, de sua praebenda, quoad vixit, sustentavit. Aliorum enim eleemosynas beata illa recipere recusavit. Solebat autem inopes appellare thesauros coelestes [1]), quos tinea non demolitur et quos fures non effodiunt, neque furantur [2]). Unde, sicut supra dictum est, multo illi amplior [3]) cura fuit de consolatione pauperum, quam de aedificiis, vel thesauris et ornamentis perituris ecclesiarum. Pueros pauperes, manus ulcerosas et valde neglectas habentes, quando secretius epulabatur, ad mensam suam posuit, et de scutella sua comedere praecepit. NOVICIUS: Satis admiror Decani huius pietatem, humilitatem, simplicitatem. MONACHUS: Audi unde amplius mireris. Civis quidam Coloniensis, nomine Lambertus, familiaris illi erat, et in vicino manebat. Iste cum die quadam cum supradicto Godefrido notario coenaret, et confabularentur de eleemosynis domini Ensfridi, ait me audiente: Dicam vobis qualiter me tractaverit. Tempore quodam invitaverat me et uxorem meam ad coenam suam. Sedentibus nobis in mensa cum illo, diu eramus ferculum aliquod exspectantes, nihil ante nos praeter solum panem habentes. Et quia bene noveram consuetudines eius, vocavi ad me unum de pueris, in aure [4]) illi haec dicens: Dic, bone, dabitur nobis aliquid ad comedendum? Respondente illo: Nihil habemus, sufficienter enim vobis fuerat praeparatum, sed dominus meus ante horam refectionis coquinam intravit, et praeparata, etiam nobis reclamantibus, pauperibus divisit. Tunc ego subridens, eundem puerum ad domum meam misi, et tantum est de cibariis allatum, ut omnibus convivis nostris sufficeret. Die quadam cum coquinam eius intrassem, et anseres nescio quot versarentur ad ignem, dixi in corde meo: Certe bene procurat [5]) familiam suam Decanus iste. Assatis [6]) vero anseribus ipse intravit, eisque excisis [7]), et per scutellas ordinatis, viduis atque egentibus totaliter misit [8]). Saepe ei mittebantur anseres et pulli, tum ex officio Decaniae, tum ex dono, quia multi eum venerabantur, cognoscentes eius caritatem. Et quia

---

1) BC coelestes thesauros. — 2) Matth. 6, 19. — 3) BC amplior illi. — 4) ADP aurem. — 5) ADP procurat bene. — 6) ABCP assis. — 7) R concisis. — 8) C divisit.

multae fuerat pietatis: quicquid ex eis sive fratribus sive aliis suis vicinis mittere voluit, ut statim comederent, non vivum, sed occisum transmisit. Tantae, ut saepe dixi, circa pauperes compassionis fuit [1]), ut quandoque faceret, quod secundum humanum iudicium minus rectum videbatur. Civis quidam de Colonia, sicut mihi retulit quidam ex sacerdotibus sancti Andreae, uxorem propriam minus diligens, saepe illam affligebat. Propter quod illa furata est ei pecuniam in bona quantitate. Cui cum maritus crimen imponeret, et ipsa fortiter negaret, timens ab illo deprehendi, pecuniam proiecit in cloacam. Postea dolens de facto, ad Decanum venit, furtum furtique causam per confessionem aperuit, et satis puto virum sanctum illi suasisse, ut pecuniam marito proderet; sed quia illa cum iuramento negaverat, facere non audebat, timens propter hoc amplius affligi. Cui Decanus respondit: Si potero pecuniam habere sine nota, vis ut detur pauperibus? Dicente illa, hoc omnimodis desidero; post aliquot dies Decanus locutus est civi: Vis mihi licentiam dare, ut purgari faciam cloacam tuam, et si aliquid mihi Dominus ibi dederit, inde tollam? Sciens ille eum virum sanctum [2]) esse, cogitans etiam quia Deus aliquid ei revelasset, licentiavit. Purgata est cloaca, inventa est pecunia, et infra paucos dies per manus hominis Dei pauperibus erogata. NOVICIUS: In hoc loco posset detractor figere dentem. MONACHUS: Tria videntur eum hic excusare a peccato. Primum, quod pecunia eadem sicut mariti, ita et feminae fuit. Secundum, quod tamen perdita fuit, quam propter confessionem prodere non licuit. Tertium, quod pauperibus eam distribuit. Novissime caritas, quae eum ad hoc instigavit. Solent enim sacerdotes saepe [3]) licentiare feminis, ut maritis suis avaris et immisericordibus rapiant et indigentibus largiantur. Fecit et aliud quiddam quod magis adhuc [4]) disputabile fuit. Dum [5]) nihil haberet ad comedendum, pistrinum fratrum intravit, et cum essent panes ordinati et compositi in tabula ad deportandum, cuius essent illi vel illi pistorem interrogavit. Expeditus de singulis [6]) a pistore, panes illorum, quos noverat esse divites, in domum suam deportari [7]) iussit, dicens: Illi abun-

---

1) ACDP fuerat. — 2) BC virum sanctum eum. — 3) B interdum. — 4) libri huic. — 5) ACD cum; paulo post BD ad manducandum. — 6) ADP a singulis. — 7) BC deferri.

dant, et ego nihil habeo quod comedam. NOVICIUS: Quomodo excusabitur hoc factum? MONACHUS: Multa licent sanctis, quae his qui sancti non sunt, non licent. Ubi spiritus Domini, ibi libertas¹). Unde auctoritas: Habe caritatem, et fac quicquid vis. Excusavit eum caritas, excusavit eum necessitas, excusavit eum auctoritas, excusavit eum fraternitas. Caritas, quia consolatio pauperum fecit illum²) egere. Necessitas vero, quae³) legem non habet, de qua Rudolphus maioris ecclesiae in Colonia Scholasticus sic discipulis suis dicere consuevit: Antequam fame morerer, de pedibus⁴) raperem crucifixi quod comederem. Excusavit eum quodammodo auctoritas, quia Decanus erat, et quasi pater fratrum. Fraternitas, quia iudicabat omnia omnibus esse debere communia, sicut et sua omnibus fecerat communia. Cum iam ex defectu corporis aetatisque senilis diem mortis suae sibi imminere sentiret, ne pauperem spiritum aliqua terrena possessio repatriantem oneraret, domum suam vendidit, pretiumque illius, non cognatis, non amicis, sed Christi pauperibus propriis manibus divisit. Noverat enim concanonicos manufideles, post mortem minus esse fideles. Cui cum diceret is qui domum emerat, quidam ecclesiae illius sacerdos atque canonicus, nomine Conradus: Domine, ego volo habere domum meam; respondit ille valde simpliciter: Bone Conrade, homo sum decrepitus et senex, cito moriar, exspecta paululum, et⁵) bene habebis eam. Ubi vis ut maneam interim? Ille vir bonus, de necessitate faciens virtutem, satis patienter obitum eius exspectavit. Tantae igitur pietatis exstitit vir beatus, ut saepe in porticu ecclesiae sedens, cum pauperes musso⁶), quem de nemore collegerant, oneratos praeterire cerneret, emeret ipse, non quod⁷) eo in aliquo indigeret, sed ut pauperes a labore liberaret. De quo etiam retulit mihi Renerus monachus noster, quandoque eiusdem ecclesiae Scholasticus, quod die quadam cum pauper quidam plurima flabella portaret venalia⁸) in iam dicta porticu, nec vendere posset, sibi illum dixisse: Renere, eme flabella ista. Cui cum diceret: Domine, non eis indigeo; respondit ille: Eme ea⁹), et da amicis tuis. Qui emit illa, sciens compassionem Decani sui tantum esse in causa. Misericordiae visceribus

---

1) Cor. II, 3, 17. — 2) BCD eum. — 3) C quia. — 4) P panibus. — 5) et add C. — 6) sic libri, ut videtur pro musco. — 7) libri ut. — 8) BC venalia portaret. — 9) ea add B.

ita abundavit, ut sustinere non posset, in quantum vetare potuit, ut aliquis caederetur, vel iniuriaretur. Die quadam cum in scholis clamores cuiusdam canonici, qui graviter excesserat, et a quatuor scholaribus ad verberandum tenebatur, praeteriens audisset, scholas anhelus intravit, et sicut leo accurrens, baculumque contra Scholasticum et suum concanonicum nobis videntibus levans [1]), puerum de manibus eius liberavit. Quid agis, inquit, tyranne? Positus es, ut scholares doceas, non ut occidas. Ad quod verbum ille confusus obmutuit. Quantae fuerit patientiae, lectio sequens [2]) declarabit. Die quadam sedente eo secundum consuetudinem in ecclesia, sicut puto inter nonam et vesperam, Scothus quidam homo miserabilis et frequenter ebrius, presbyteriique honore prorsus indignus, ad solum solus accessit, et caputio illum trahens, extracto cultello minatus est ei dicens: Si non dederis mihi aliquid, modo occidam te [3]). Nutu Dei canonicus quidam iuvenis et fortis superveniens, Scothum dure satis abstraxit. Quem cum caedere vellet, morteque dignum iudicaret, compescuit eum vir mitissimus dicens: Ne turberis, frater, vide ne laedas eum, in ioco enim fecit hoc. Nemini reddidit malum pro malo, quia simplicitas columbina regnabat in illo. Et cum esset, ut saepe dictum est, mirae misericordiae, fervebat tamen zelo [4]) iustitiae. Tempore quodam obviam habuit Abbatissam sanctarum virginum undecim millium. Praecedebant illam [5]) clerici mantellis griseis monialium circumamicti, sequebantur domicellae et pedissequae, verborum inutilium aerem replentes strepitu [6]). Decanum vero inopes sequebantur, eleemosynam ab illo postulantes. Accensus vero vir iustus zelo disciplinae, cunctis audientibus exclamvit: O domina Abbatissa, magis deceret vestram professionem, plus vestram decoraret religionem, ut vos, sicut me, sequerentur pauperes, non histriones. Et erubuit illa valde, nihil praesumens tanto viro respondere. Tantus ei inerat amor iustitiae, ut die quadam cum nescio quis ipso audiente loqueretur de mala vita clericorum, quasi ex abrupto responderet [7]): Unum est qualiter vivant. Ac si diceret: De radice mala

---

1) C levans nobis videntibus. — 2) B sequens lectio. — 3) CD te occidam. — 4) ABDP in zelo. — 5) B illi. — 6) AP strepitu aerem replentes, BC aerem replentes. — 7) DR loquenti responderet.

non potest surgere arbor bona. Noverat enim paucos esse clericorum, qui canonice intrassent, ita ut non essent sanguinitae, id est, a cognatis introducti, vel choritae [1]), id est, per potentiam magnorum intrusi, sive symoniaci, pecunia scilicet vel obsequiis intromissi. NOVICIUS: Hoc vitium his temporibus valde regnat in Clero. MONACHUS: Verum est, maxime in illis ecclesiis, in quibus praelati sine electione stipendia porrigunt. Rudolphus enim Episcopus Leodiensis ita in symonia gloriabatur, ut tempore quodam, praebenda cuiusdam ecclesiae suae [2]) a se vendita, pecuniam ipsam in gremio suo teneret, et multis coram [3]) positis diceret: Ego valde Ecclesiam Leodiensem ditavi, ego redditus illius ampliavi. Praebendam enim quam antecessores mei pro decem marcis vendiderunt, ego ad quadraginta marcas perduxi. Et quia vir sanctus paucos consideravit canonicas suas simpliciter intrare, paucos iudicavit in eis simpliciter [4]) vivere. Habebat etiam cum zelo iustitiae amorem et studium regularis disciplinae. Nam post eum usque ad haec tempora non surrexit Decanus in illa ecclesia, sub quo tantum vigeret disciplina. Etiam cum esset in aetate occidua, usque ad diem mortis suae, non patiebatur se aliquam hebdomadam divini servitii praeterire. Saepe missam in conventu celebrans, alienis brachiis ne caderet sustentabatur. Alleluia festivis diebus, sicut ceteri, ad gradum ipse cantavit. Aliis exeuntibus de oratorio, ipse raro, nisi ad prandendum, exivit; et ante altare sanctae crucis residens, illic horam horae continuavit. Publice poenitentibus ita erat paratus, ut frequenter cum illis in porticu sedens, chartulas legeret, consolationem impenderet, orationum suffragia conscribi [5]) faceret. Tantae erat humilitatis, ut cum omnium esset supremus tam aetate quam dignitate, exceptis praecipuis sollemnitatibus, semper pene locum chori novissimum teneret. Vestimenta eius satis erant despecta et humillima, non grisea, non varia, sed ovina, eiusdem generis pilleo [6]) utens. NOVICIUS: Quid est quod de tanto viro nullum refers miraculum? MONACHUS: Quis maior Johanne Baptista? Nullum signum fecisse legitur [7]), quod de Juda pro-

---

1) clerici isti ideo **choritae** appellantur, quia antea quasi histriones fuerunt. Nam vocabulum **choritae** procul dubio descendit a **chorea**. Erant autem tunc temporis histriones tam Regibus quam Principibus multum accepti. — 2) ADP **ecclesiae suae cuiusdam**. — 3) D add **eo**. — 4) C **canonice**. — 5) ACDP **scribi**. — 6) id est, pileo. BCP **pallio**. — 7) Johan. 10, 41.

ditore Evangelium prodit[1]). Unde quibusdam nunc in Christi nomine miracula facientibus, ipse in fine dicturus est: *Nescio unde sitis; discedite a me omnes operarii iniquitatis*[2]). Miracula de substantia sanctitatis non sunt, sed signa sanctitatis. Volens Dominus militem suum emeritum remunerare post laborem, tali illum ordine vocavit ad gloriam. In vigilia Dominicae Resurrectionis, cum exspectaretur ad sollemne officium, eo quod hebdomadarius esset, repente coepit viribus destitui. Vocatus est supradictus Renerus, qui per tactum venae illius in ianuis mortem[3]) sentiens, de sacra inunctione eum monuit, modicum medicinae confortativae ori eius imponens. Quam cum ille exspueret, et diceret: Ego missam[4]) in conventu celebrabo; respondit: Missa in hac vita nunquam celebrabitis. Quo audito, se inungi petiit, et cum fratribus psalmos et letaniam decantavit. Circa horam nonam cum Christo reddidit spiritum, sociandus spiritibus iustorum. Sequenti die post sanctum Pascha cum tumularetur, dominus Everhardus sancti Jacobi plebanus, cuius vitam virtutibus plenam in distinctione quarta capitulo nonagesimo octavo descripsi, in audientia multorum tale de illo testimonium dedit: Hodie, inquit, hic terrae commendatur caro sanctissima, quae super terram vixit. Et quia de miraculis quaestio fuit, post mortem signis non caruit. Sacerdos quidam et stipendiarius ecclesiae, nomine Adam, sicut mihi retulit ore suo, cum tempore quodam vehementissimo capitis dolore torqueretur, ad sepulchrum eius accessit, et in hunc modum oravit: Domine, inquit, propter merita sancti huius viri mitiga dolorem capitis mei. Qui mox exauditus, sanus abcessit, qui infirmus accesserat. Multa adhuc alia fecit iustus iste opera memoria digna, quae studio brevitatis sunt omissa. NOVICIUS: Utinam essent tales omnes Decani, tam simplices et tam sancti. MONACHUS: Recordor nunc alterius cuiusdam Decani, viri simplicis ac Deo digni, de cuius virtutibus quaedam mihi nuper retulit magister Johannes Decanus Aquensis, de eadem civitate oriundus, in qua idem iustus fuerat Decanus, quae tecum communicabo.

---

1) Marc. 6, 13. — 2) Luc. 13, 27. — 3) BC mortem in ianuis. — 4) B missam hodie.

CAPITULUM VI.

Item vita domini Hermanni Decani Hildinshemensis Ecclesiae.

Fuit nostris temporibus in Hildinshemensi Ecclesia vir bonus Deoque carus, nomine Hermannus, variis virtutibus et virtutum operibus adornatus. Vigiliis sanctis; orationibus, ieiuniis et operibus misericordiae Deo omnipotenti studuit placere. Quibus operibus humani generis inimicus irritatus, cum illum omnibus modis impediret, dicere ei solitus erat: O multum male diabole, ut quid tantum me vexas? Tempore quodam cum arbusculam in pomerio suo plantaret, et trunculo [1]) illius duas virgulas [2]) insereret, una aruit, et altera convaluit. Mox signum petens a Domino ait: Rogo te, omnipotens Deus, si voluntas tua est [3]), ut sacerdos fiam, fac ut surculus hic aridus revirescat. Mira clementia Dei [4]). Statim virga arida succo coepit animari, et tempore suo fructificare. Sicque virtus divina, quae Aaron primum sacerdotem per virgam aridam contra naturam florentem in sacerdotio confirmavit [5]), hunc virum sacerdotio dignum eadem virtute praeostendit. Post cuius mortem cum quidam eius clericus, Everhardus nomine, cui ecclesiam vivus contulerat, visum perdidisset, et quotidie ad illius tumbam, de sanctitate ac pietate eius spem habens, oraret, postulans se propter merita domini sui illuminari, sanctus Hermannus die quadam visibiliter illi apparens, ait: Quid vis ut faciam tibi? Dicente caeco: Domine, ut videam; voce evangelica sanctus illi respondit: *Respice, nam fides tua te salvum fecit* [6]). Eadem hora clericus [7]) lumen recepit, et quia Dominus mirificasset [8]) sanctum suum in se ipso expertus, quamdiu vixit, gratias egit. Postea cum quidam aegrotus ad memoriam Martyrum fuisset deportatus, nec sanatus, consilio cuiusdam iam dicto Confessori votum fecit, et convaluit. Factum est, ut in anniversaria die domini Hermanni ecclesiam intraret, et compulsantibus campanis, cum ille causam inquireret, et quidam ei responderent: Hodie dies est

---

1) ACDP trunco. — 2) ADP virgas. — 3) C ut si voluntas tua est, B ut si est voluntas tua, ADPKR ut si voluntas tua sit. — 4) ACDP Christi. — 5) Numer. 17. — 6) Luc. 18, 42. — 7) B caecus. — 8) B mirificavit.

anniversaria domini Hermanni, ecclesiae huius quandoque Decani, viri boni et iusti, et dicenda est missa in conventu pro eo; respondit homo: Rogo ut ostendas mihi sepulchrum eius. Quod cum ille fecisset, et iste ibidem diutissime ac devote oraret, cantor ecclesiae hoc considerans, hominem solus convenit, causam orationis inquisivit, et agnovit. Sicque per os peregrini ostensa sunt merita domestici. Et quem fratres habuerant Decanum hactenus, nunc [1]) invocare coeperunt ut patronum. NOVICIUS: Rara sunt ista temporibus nostris. MONACHUS: Ego supradicti Decani opera pietatis, huius Decani praefero miraculis. Illa enim, ut dixi, sanctum faciunt, ista sanctum ostendunt. NOVICIUS: Satis placet quod dicis. Si adhuc aliqua nosti de operibus simplicitatis, referre ne pigriteris. MONACHUS: Dicam tibi historiam hominis simplicissimi secundum [2]) naturam, per quam satis cognosces [3]), quantum Deo placeat sancta et prudens simplicitas, quae habetur per gratiam.

CAPITULUM VII.

De simplicitate Werinboldi canonici sancti Gereonis in Colonia.

In ecclesia sancti Gereonis Martyris civitatis Coloniensis nostris temporibus canonicus quidam exstitit, Werinboldus nomine, genere nobilis, dives satis in stipendiis ecclesiasticis. Hic tantae simplicitatis fuit [4]), ut nullius rei summam caperet, nisi quantum ex paritate numeri vel imparitate colligere posset. Cum tempore quodam multas haberet pernas in coquina sua pendentes, ne aliqua ei subtrahi posset, intravit, et in hunc modum eas numeravit: Ecce perna et eius socia [5]), ecce perna et eius socia, sicque de ceteris. Una ex illis nequitia servorum subtracta, cum iterum intrasset, et praedicto modo suas pernas numerasset, impares inveniens exclamavit: Unam ex pernis meis perdidi. Cui servi subridentes responderunt: Domine, bene invenietur. Illoque educto, cum una iterum subtracta numerum parificassent [6]), et sic inductus secundo eas numerasset, paresque reperisset, satis iocunde dicebat illis: Eia vos domini, nimis diu poteram tacuisse. Quando servi sibi

---

1) nunc om BC. — 2) ACDP per. — 3) B agnosces. — 4) libri fuerat. — 5) C et socia eius. — 6) DP parificasset.

convivia facere voluerunt, dixerunt ad illum: Domine, quare non providetis vobis? Valde enim infirmus estis. Quibus cum diceret: Unde hoc nostis, boni pueri? responderunt: Bene consideramus in capillis vestris, eo quod inflati sint. Quem in lecto reclinantes, cibariis delicatis, quasi eius infirmitati praeparatis, se ipsos refecerunt. Audiens tantam simplicitatem rusticus quidam nequam et astutus, quia [1]) servus eius esset originarius ab omnibus attavis suis [2]) confinxit. Non potui, inquit, domine, ut res vestrae tali modo distrahantur sufferre, vel quod sic negligantur [3]). Servus enim vester sum, iustum est, ut nobilitati vestrae serviam, et quae vestra sunt fideliter custodiam. Quid plura? Commissa sunt ei omnia. Qui noctibus, cum dominus eius isset dormitum, ad prunas cum servis sedit, et potationibus vacavit. Cum vice quadam ioculatorem introduxisset, et ille dulcedine fialae dormientem excitasset, surgenti servus occurrit, dicens: Quo vultis ire, domine? Respondente illo: Melodiam audio dulcissimam, sed nescio ubi sit; servus subiunxit: Redite ad lectum vestrum, monachi Tuycienses [4]) in organis cantant. NOVICIUS: Puto quod peccent, qui sic simplices irrident. MONACHUS: Hoc fixum teneas. Audi quid sanctus Job dicat: *Deridetur enim iusti simplicitas* [5]). Super quem locum dicit Gregorius: Justorum simplicitas irridetur, quia ab huius mundi sapientibus puritatis virtus, fatuitas creditur. Omne enim quod innocenter agitur, ab eis procul dubio stultitia putatur, et quicquid in opere veritas approbat, carnali sapientiae fatuum sonat [6]). NOVICIUS: Videtur mihi vir iste magis fuisse stolidus, quam simplex, quia simplicitas prudentia carere non debet. MONACHUS: Prudentia in praecavendis malis consistit, cuius virtutis expers non fuit. Igitur [7]) divino nutu factum est, ut in ecclesia sancti Gereonis, cuius redditus multi sunt et ampli, cellerarius efficeretur. Et, sicut legitur de sancto Joseph [8]), cum nihil nosset nisi panem, quo vescebatur, nec hoc ad plenum, Dominus, cui accepta est simplicitas, defectum eius supplevit, et omnia, ad quae suas manus misit [9]), benedixit. Die quadam intrans granarium ecclesiae, cum plures cattos in annona dis-

---

1) ADP et quia. — 2) BC suis attavis. — 3) BC domine, pati, ut — distrahantur et negligantur. — 4) Tuitium, Deutz. — 5) Job 12, 4. — 6) Gregor. Moral. X, 29, 48. — 7) D ideo. — 8) Genes. 39, 6. — 9) BC misisset.

currere vidisset, vix horam Capituli exspectare potuit. Prosternens se ante pedes Decani, officii sui petivit absolutionem clavibus resignatis. Dicente Decano et fratribus: Bone domine Werinbolde, quid habetis? cur ista facitis? respondit: Quia non possum videre damnum ecclesiae [1]. Quale, inquiunt, damnum? Et ille: Hodie plures cattos vidi in granario, qui totam annonam vestram [2] devorabunt. Rogantibus illis et dicentibus: Catti annonam non comedunt, sed mundant, ut claves reciperet, vix obtinuerunt. Experimento enim didicerant, quod benedixerit [3] eis Dominus propter simplicitatem illius. Vice quadam cum diversae monetae ex diversis censibus pecuniam haberet, quidam ex servis eius [4] partem furtive tulit et fugit. Quo cognito, cum graviter lamentaretur, consolantibus se respondit: Ego non defleo damnum, sed periculum. Denarii dativi non sunt, miser capietur, et si pro eis fuerit damnatus, ego reus mortis ero [5] illius. NOVICIUS: Tales viri temporibus istis non eligerentur in cellerarios. MONACHUS: Sicut mutata sunt tempora, ita et homines. Nam usque hodie frequenter contingit, ut sub praelatis et officialibus simplicibus domus religiosae in exterioribus proficiant, et sub astutis atque in schola mundi exercitatis deficiant [6].

CAPITULUM VIII.

De simplicitate Christiani cellerarii in Bruwilre.

Apud monasterium sancti Nycholai in villa Bruwilre [7] monachus fuit simplicissimus, nomine Christianus. Huic Abbas cellerarii officium iniunxit. Deus vero, qui amator est rectae simplicitatis, omnia opera eius dirigebat, ita ut tempore provisionis eius plus abundaret domus [8] in rebus necessariis, quam antea [9] vel post. Saepius ei servi et mercenarii annonam, vinum et alia quam plura [10] furati sunt, uxoribus et liberis suis ea deferentes. Et cum sciret, et quandoque videret, ex multa cordis pietate videre se dissimulavit, dicens intra se: Isti pauperes sunt et indigent, fratribus necessaria

---

1) B ecclesiae meae. — 2) B nostram. — 3) D benedixerat, AP benedixit. — 4) C ex eis, et paulo post aufugit. — 5) BC ero mortis. — 6) ADP non proficiant. — 7) Brauweiler. Mox BC monachus quidam. — 8) C domus eius; mox ABDP in omnibus necessariis. — 9) B ante. — 10) BC alia quaeque. Conf. VIII, 48. IX, 16.

non deerunt. Simplex quandoque mimo vel ioculatori comparatur. Sicut illorum⁷) verba vel opera in eius²) ore vel manibus, qui ioculator non est, saepe displicent, et poena digna³) sunt apud homines; quae tamen ab eis dicta vel facta, placent: ita est de simplicibus. Ut sic dicam, ioculatores Dei sunt sanctorumque angelorum simplices. Quorum opera si hi qui simplices non sunt, quandoque facerent, haud dubium quin Deum offenderent, qui in eis, dum per simplices fiunt, delectatur.

CAPITULUM IX.
De monacho de Porceto.

In Porceto monachus quidam fuit tantae simplicitatis, ut singulis pene diebus in balneis, quae ibi ante ostium monasterii naturaliter calent, inter pauperes sederet, et pauperum dorsa fricaret, capita ablueret, vestimenta mundaret. Pro qua re cum tam ab Abbate quam a fratribus crebrius et acrius argueretur, non propter hoc dimisit, sed his verbis valde simpliciter respondit: Si ego modo desisterem, quis pauperibus ista exhiberet? Quod si alius, quem simplicitas excusare non posset, talia praesumsisset contra Abbatis sui imperium, haud dubium quin Deum graviter offendisset. Melior est enim obedientia, quam stultorum victimae⁴). Quod autem praedicti simplicis opera Deo placuerint, sequens miraculum declarabit. Tempore quodam cum orationis causa isset Coloniam, in domo cuiusdam Abrahae hospitatus est. Nocte eadem cum signum matutinarum pulsaretur in ecclesia beati Petri, surrexit, illucque festinans, cum solarii fenestram, in quo dormiebat, vidisset apertam, ostium esse putans, per eam exivit, sicque mirabiliter depositus ad ecclesiam pervenit. Finitis matutinis rediens, cum ad ianuam domus pulsaret, et interrogaretur ab intromittentibus, unde veniret vel ubi exivisset, ex eius responsione, quod non per ostium, sed per fenestram egressus fuerit⁵), cognoverunt. Ipse sibi tamen eiusdem miraculi conscius non fuit. Et cum eadem fenestra, bene mihi nota, satis alta sit, haud dubium quin a sanctis

---

1) ACDP illius. — 2) libri eorum. — 3) ACP digni; a codice D absunt verba: et poena — placent. — 4) Eccles. 4', 17. — 5) B fuerat.

angelis depositus sit, ut impleretur in eo quod de capite scriptum est: *Quoniam angelis suis mandavit de te, ut custodiant te in omnibus viis tuis. In manibus portabunt te, ne unquam offendas ad lapidem pedem tuum* [1]). Quam fidus custos simplicium sit Dominus, sequens ostendet relatio.

CAPITULUM X.
Vita Engilberti caeci.

Homo quidam simplex, Engilbertus nomine, de provincia Tulpeti natus, ante paucos annos defunctus est. Iste cum esset caecus natus, propter varia dona, quibus hominem eius interiorem illuminaverat gratia divina, in diversis provinciis noscebatur, et a multis magnisque personis sexus utriusque [2]) venerabatur. In cappa simplici et tunica lanea nudisque pedibus tam aestate quam hyeme [3]) incedebat, et puero se regente, sic limina sanctorum satis remota saepius visitavit [4]). Carnibus nunquam vescebatur, non lectisterniis, sed modico tantum straminis vel feni noctibus utebatur. Ego multa bona de eo [5]) vidi, et ipse multos tam verbo quam exemplo aedificavit. Hic tempore adolescentiae suae [6]) cum nocte quadam in domo materterae suae, matronae divitis, inter alios eius servos se cubitum locasset, in ipso conticinio duo fures parietem subfodientes ingressi sunt. Qui igne discooperto, et lumine incenso, cistis apertis, intrepide colloquebantur. Quos ut praedictus Engilbertus audivit, et fures esse non dubitaret [7]), cum servos ex utroque latere dormientes excitare non posset, subsellio cultello suo perforato [8]) collo iniecit, et clava manum armavit. Et quia illos quasi caecus videre non potuit, Deo duce auditum [9]) ad illos tendens, et clavam utraque manu vibrans, ex omni parte quicquid tangere potuit quasi furiosus feriens, de domo illos eiecit. Quos usque ad foramen secutus, dum aditum scala obstrueret, et illi stantes extra domum, neminem praeter ipsum solum vigilare sensissent, de tali expulsione confusi, habito consilio, denuo nisi sunt intrare. Quod ut ille ex motu scalae sensit, unam

---

1) Psal. 90, 11. 12. — 2) BD utriusque sexus. — 3) B tam hyeme quam aestate. — 4) BC visitabat. — 5) BC de illo. — 6) suae add C. — 7) D dubitavit. — 8) dictum pro: subsellium cultello suo perforatum. I, 40. p. 52: „cum — corpore exportato ad lavandum detectum fuisset." Sic saepissime apud nostrum. — 9) ACDP potuit, duce auditu.

partem scalae arcae magnae, in qua continebantur grana, et erat foramini contigua, supposuit, alteramque utraque manu servavit. Illis intrantibus [1]) usque ad umbelicum, Engilbertus dorsa eorum, quia proni iacebant, per scalam fortiter pressit et in tantum depressit, ut non solum eis progressum, imo etiam regressum prorsus adimeret. Qui quasi sub torculari positi, dum mane capi timerent, veniam postulaverunt. Datis vero terribilibus iuramentis, quod nunquam personam eius laederent, vel domum illam intrarent, dimissi sunt. Mane cum prodente Engilberto, a vicinis nulla arte dormientes possent excitari, et quaererentur circa domum maleficia, quorum virtute haec noverant fieri, supra foramen de tecto pendentem [2]) quasi spinam humani cadaveris repererunt. Qua amota, mox omnes excitati sunt. NOVICIUS: Magna sunt ista ab homine caeco et simplice gesta. MONACHUS: Maius est quod sequitur, quia ad salutem pertinet animarum. Postea [3]) multis annis elapsis, iidem fures fama et virtutibus iam dicti Engilberti excitati, eiusque ut opinor precibus compuncti, eum adierunt, et quia ipsi essent, confessi, deinceps vitam duxerunt [4]) religiosam. Hoc factum mirabile, et alia quaedam, de quibus in sequentibus dicetur, ab aliis mihi relata, et utrumnam vera essent a me interrogatus, ita gesta fuisse simpliciter testatus est. Et quia cum simplicibus sermocinatio Domini est [5]), dedit ei etiam spiritum prophetiae, ut damnum luminis exterioris claritate oculorum interiorum recompensaretur. Tempore quodam invitatus a Duxissa [6]) Saxoniae, uxore Henrici Ducis, matrona valde religiosa, inter alia multa quia unus ex filiis eius Imperator esset futurus praedixit. Quod postea impletum vidimus in Ottone, qui Henrico successit in imperio. Hic cum post electionem in maximis fuisset tribulationibus, et pene ab omnibus desperatus, ab eodem caeco confortatus est, ei asserendo [7]), quia omnimodis forent implenda, quae a Deo fuerant [8]) praeordinata. Ante illa tempora, cum Helswindis [9]) de Giemenich, vidua religiosa, ob discordiam duorum Comitum terrae nostrae timeret filiis suis, Arnoldo et fratribus eius, ipsumque rogaret, ut pro ipsorum incolumitate Deo supplicaret; respondit: Ne sollicita sis pro ista discordia, quia bene

---

1) ADP illos intrantes. — 2) ABCD pendens, PK procedens. — 3) ADP nam. — 4) ADP duxerunt vitam. — 5) Proverb. 3, 32. — 6) AD Ducissa. — 7) ABDP eo asserente. — 8) C fuerint. — 9) B Heylwingis, C Hildegundis.

sopietur; nam alia multo maior iam [1] in ianuis est, pro qua non solum filii tui, sed et tota terra concutietur. Hoc impletum est sub iam dicto Ottone et Philippo eius in regno adversario. Die quadam eunte eo in quadam strata Coloniae, occurrerunt ei plures honestae matronae eiusdem civitatis, euntes ad ecclesiam. Quae dum confabularentur, ait: State vos dominae. Stantibus eis, adiecit: Loquatur illa iterum [2] quae iam loquebatur. Haesitantibus matronis, de qua diceret, ad verbum illius quaelibet singulariter, ceteris tacentibus, loquebatur. Cum ventum fuisset ad Astradam, quae hodie sanctimonialis est in Monte sanctae Walburgis, voce eius audita Engilbertus cunctis audientibus prophetice respondit: Haec cum omni domo sua convertetur ad Christum. Quod non multo post impletum est. Nam cum marito, filio, et filia, quae hodie abbatizat in iam dicto coenobio, servo et ancilla ad [3] ordinem nostrum venit. Vides quam celeriter in apertione oris praefatae feminae Deus revelaverit auriculam eius [4]. De statu animarum plurima dicere consuevit, et nonnunquam, ut aiunt, spiritus erroris sive humanus eum fefellit. Nec mirum. Non semper Prophetae loquebantur spiritu prophetiae, sicut Nathan, qui David ad hoc spiritu suo hortabatur, quod Spiritus sanctus mox per eum fieri prohibuit [5]. In quadam sollemnitate Dominae nostrae cum matertera eius praedicta vespere iret ad proximam villam propter matutinas, et diceret illi: Engilberte, cras mane venias ad me; in ipsa nocte ante lucem audivit vocem cuiusdam ad ostium pulsantis atque dicentis: Engilberte, veni eamus ad matutinas. Quam vocem cum non agnosceret, surrexit tamen et secutus est illum. Ductusque est in ecclesiam quandam, in qua audivit matutinas, primam, tertiam, sextam, nonam [6]. Deinde cum solus reverteretur, et ubinam fuisset, interrogaretur [7], respondit: Nunquam audivi tam pulchrum cantum, tam suavem melodiam, missam tam gloriosam, sicut audivi hodie. Et hoc sequenti [8] anno ei iterum contigit. Nondum enim susceperat habitum religiosum. Nocte quadam de lecto suo raptus, transpositus est iuxta castrum Molbach [9] in solitudinem satis horrendam. In eodem loco egressa anima eius de corpore, universos angulos

---

1) iam add B. — 2) iterum add BC. — 3) ADP in. — 4) Reg. I, 9, 15. — 5) Paralip. I, 17. — 6) BCD et nonam. — 7) C interrogatus, ADP interrogatus fuisset. — 8) C in sequenti. — 9) C Molsbach. Videtur esse castrum Maubach.

et situs eiusdem solitudinis lustravit et consideravit, ita ut postea eo recitante multi mirarentur. Regressa anima, diabolus erranti occurrit dicens: Corpus tuum meum est. Illo se signante, et sanctam Dei genitricem invocante, adiecit: Media pars capitis tui mea est, eo quod pulsata vespera sabbati fuerit lota. Et statim massam picis misit in illam. Quae postea cum maximo labore multorum deposita est. Cum vero moriturus esset, mater eius flens sic [1]) ait: O fili dulcissime, modo recedens a me dimittis me in maxima infirmitate. Respondit ille: Sancta Maria liberabit te mater. Eoque exspirante, eadem hora sanata est illa ab [2]) infirmitate durissima, qua [3]) novem annis laboraverat. Legi in libro Visionum beatae Aczelinae, quod in coelesti mansione sedem viderit vacuam mirae pulchritudinis et gloriae, et dictum est ei, quod esset [4]) cuiusdam caeci de Alemannia. Et statim intellexi de fratre isto Engilberto. NOVICIUS: Ut audio, multum Deo cara est [5]) simplicitas. MONACHUS: Non solum Deo, imo et hominibus placet. Est [6]) quandoque maioris in auribus eorum efficaciae, quam prudentia saecularis.

CAPITULUM XI.

De domino Petro Abbate Claraevallis, in cuius simplicitate adversarii eius compuncti, bonis, pro quibus contenderant, renunciaverunt.

Dominus Petrus Abbas Claraevallis, monoculus ex infirmitate, vir sanctus, nomine et re Petri Apostoli imitator, filius [7]) columbae dictus est [8]), eo quod magnae et purae fuerit simplicitatis. Cum ipso et fratribus eius miles quidam pro quibusdam bonis contendebat. Praefixus est dies, in quo vel miles cum Abbate componeret, vel coram iudice litem intraret. Venit ad diem miles cum amicis suis, venit et Abbas solo monacho quodam simplice secum assumto. Non tamen in equis, sed pedites venerunt. Et cum esset Abbas venerabilis pacis et paupertatis amator, rerumque transeuntium contemtor, coram omnibus dicebat militi: Homo Christianus es. Si dixeris in verbo veritatis, quod bona ista, pro quibus contentio est, tua sint et tua esse debeant, bene

---

1) AD sic flens. — 2) B ab illa. — 3) ABCDPK in qua. — 4) B erat. — 5) BC multum cara est Deo. — 6) libri placet, et. — 7) libri et filius. — 8) dictus est add C.

sufficiet mihi testimonium tuum. Ille magis curans de bonis obtinendis, quam de verbo veritatis, respondit: In veritate dico, quod mea sint haec bona. Ad quod Abbas: Sint ergo tua tibi, ego de cetero illa non requiram¹). Sicque reversus est ad Claramvallem. Miles etiam ad uxorem suam quasi victor rediens, cum ei per ordinem recitasset quid ei²) Abbas dixisset, vel quid ipse egisset, illa territa ad verba tam pura et tam simplicia, respondit: Dolose egisti contra sanctum Abbatem³), ultio divina nos puniet. Nisi monasterio bona sua restituas, consortio meo carebis. Territus ille, ad Claramvallem venit, bonis ultro renunciavit, de indebita sancti Abbatis vexatione veniam postulans⁴). Vir iste beatus temporibus seniorum nostrorum visitavit in Claustro. Erat autem secundum carnem nobilis, et consanguineus Philippi Regis Franciae, qui praecipuus amator erat sanctae simplicitatis.

CAPITULUM XII.

De Philippo Rege Francorum, qui in Abbatis sancti Victoris simplici taciturnitate aedificatus, adversarios eius compescuit.

Retulit mihi Constantinus monachus noster, quod eo tempore quo Parisiis in studio fuit, Johannes Abbas sancti Victoris, qui natione Teutonicus est, cum quibusdam nobilibus et magnis viris pro magno allodio coram Rege Philippo placitaverit⁵). Qui cum secum adduxisset quosdam⁶) ex fratribus viros literatos et iurisperitos, haberentque adversarii advocatos in causis exercitatos, partibus hinc inde respondentibus, Abbas simpliciter sedens, nec unum verbum ad allegata respondit, ita ut magis videretur vacare orationi, quam litigationi⁷). Hoc cum Rex considerasset, ait Abbati: Domine Abbas, quare vos nihil loquimini? Respondente Abbate multum leniter et valde simpliciter: Domine, nescio quid loqui⁸); aedificatus Rex et compunctus subiecit: Revertimini vos in claustrum vestrum, et⁹) ego loquar pro vobis. Post quorum

---

1) ADP non repetam illa, ut IV, 61. — 2) ei add B. — 3) ADP Abbatem sanctum. — 4) ADP postulavit. — 5) pr A placidaverit. — 6) quosdam om BC. — 7) C legationi, ADP allegationi. — 8) II, 2. p. 59: „nescio quid tibi iniungere." — 9) et om B.

discessum Rex iram simulans, dixit militibus: Ego praecipio vobis sub interminatione gratiae meae, ne de cetero sanctum Abbatem istum inquietetis. Sicque factum est, ut bona quae fratres obtinere non poterant per multas querimonias, sola apud Regem obtineret Abbatis simplicitas. Et est impletum in eo illud Moysi: *Alius pugnabit pro vobis, et vos tacebitis* [1]. Aliis tibi adhuc ostendam exemplis, qualem locum venerationis in corde eiusdem Regis virtus obtinuerit simplicitatis.

CAPITULUM XIII.

Item de eodem, qui Laudunenses clericos commendavit ob simplicem electi sui praesentationem.

Tempore quodam clerici Laudunenses [2], Episcopo suo defuncto, quendam ex suis fratribus canonicum simplicem in Episcopum eligentes, sub his verbis praedicto Regi illum praesentaverunt: Domine, nos praesentamus vobis dominum Emelricum [3] electum nostrum. Hoc ei nomen erat. Rege tacente, et formam illius praesentationis considerante, tandem respondit: Quem praesentatis mihi? Responderunt [4]: Dominum Emelricum. Et Rex: Vultis aliquid plus dicere? Illis timentibus, ne forte aliquid Regi displiceret in persona, vel in verbis praesentationis, responderunt: Nihil, domine. Tunc ait Rex: Raro audivi talem praesentationem. Quando aliquis mihi praesentatur electus, nomen dignitatis eius exprimitur ab electoribus, in hunc modum: Domine, nos praesentamus vobis dominum N. Archidiaconum, Praepositum, Decanum, vel Scholasticum nostrum. Fateor vobis, satis mihi placet tam simplex simplicis canonici praesentatio, et idcirco spero, quod a Deo facta sit ipsa electio. Nostis qualiter in iam dictis dignitatibus electiones celebrentur? Si Scholasticus est, causas [5] canonicorum suorum fovendo, tum propter literaturam, tum propter comparatam amicitiam, ab ipsis in Episcopum eligitur. Si Decanus est, hypocrisi sua fratrum excessus dissimulando, cognatos et amicos [6] introducit a quibus sublimatur. Si Archidiaconus, vel Praepositus est, utpote vir nobilis, parentum potentia magis intruditur quam eligatur [7]. Ecce haec

---

1) Exod. 14, 14. — 2) Laudunum, Laon. — 3) B Amelricum, et infra Almericum. — 4) responderunt add C. — 5) B causam. — 6) B amicos suos. — 7) CP ēligitur.

est causa quare capita Ecclesiae sint infirma. Deinde conversus ad electum, ait: Domine Emelrice[1], quia electio vestra videtur mihi esse simplex, rationabilis et canonica, non vobis deero, ubicunque me[2] indigueritis. Lambertus monachus noster, qui mihi haec retulit, eodem tempore dicit se fuisse[3] Parisiis. Qualis vero ac quantus fuerit huius Regis circa simplices affectus, sequentis operis declarabit effectus.

CAPITULUM XIV.

Item de eodem Rege, qui simplicem monachum in Abbatem sancti Dyonisii promovit, praelatis ambitiosis prudenter amotis.

Ante hoc triennium, defuncto Abbate sancti Dyonisii gentis Francorum Apostoli, cum ditissima illa abbatia vacaret, et ad eam plures aspirarent, venit ad Regem saepedictum is qui in congregatione videbatur esse potior, Praepositus videlicet, pro abbatia supplicans, et dicens: Domine, ecce quingentas offero vobis libras, ut propitius mihi sitis in hac abbatia. Cui Rex nihil promittens, sed symoniacum muneris receptione quasi in arce spei ponens, respondit: Date pecuniam camerario meo secrete[4]. Recedente igitur Praeposito, et quasi de regio favore certificato, cellerarius, de his nihil sciens, eundem Regem adiit, et Praeposito similia petens, similem pecuniae quantitatem obtulit, a quo simile responsum accepit. Novissime venit thesaurorum infidus custos, et ipse pro abbatia Regi quingentas libras offerens. Cui sicut superioribus responsum est. Et licet Rex, sicut homo prudens, dissimularet, plurimum tamen ei displicebat trium illorum monachorum ambitio, et proprietatis vitium, imo tam exsecrabile furtum, sciens oblatam pecuniam monasterio fuisse subtractam. Praefixit tamen conventui diem, in qua eis Abbatem constitueret, eo quod abbatia in manus eius[5] devoluta fuisset. Sedente Rege in Capitulo, verbis ad hoc idoneis praemissis, cum diligenter circumspiceret, et personas consideraret, tres praedicti monachi, Praepositus videlicet, cellerarius et sacrista, in summa exspectatione erant positi, singuli per momenta singula abbatiam sibi sperantes esse porrigendam.

---

1) B Amelrice. — 2) ADP mei. — 3) forte studuisse. — 4) BC secrete camerario meo. — 5) C abbatia illa in manus Regis.

Et licet spes sancta non confundat¹), omnes tamen in sua exspectatione sunt confusi. Nam Rex videns monachum quendam simplicem in angulo Capituli residentem, et nihil minus quam de abbatia sperantem, inspiratione divina ut surgeret praecepit. Stante illo cum verecundia coram Principe, dictum est ei ab eodem Rege: Domine, en committo vobis abbatiam sancti Dyonisii. Quo audito, homo ille simplex cum Regi non assentiret²), imo fortiter reclamaret, asserens se personam esse humilem, privatam et despectam, atque ad tantam dignitatem nimis indignam nimisque insufficientem, se vituperando apud Regem commendavit. Et coegit eum. Postea subiecit: Domine, ecclesia ista plurimis debitis est obligata, nec est unde solvantur. Cui Rex subridendo respondit: En in instanti mille quingentas libras vobis dabo³), et cum necesse fuerit, vobis accommodabo pecuniam, insuper auxilium et consilium impendam. Praecepitque camerario suo praedictam⁴) pecuniam ei afferre⁵). Adhuc puto vivit, et forte per eum domus illa melius regitur, quam per illos esset regenda, qui ad eius regimen aspiraverant. Occurrit mihi et simile huic⁶).

CAPITULUM XV.

De simplici monacho, cui Fredericus Imperator contulit abbatiam occasione acus.

Ante haec tempora, cum sub Imperatore Frederico, huius Frederici avo, una ex imperialibus abbatiis vacaret, duoque electi essent, nec concordare possent, unus illorum magnam summam argenti, quam in monasterio congregaverat, eidem Frederico obtulit, quatenus sibi assisteret. Et promisit ei pecunia recepta⁷). Postea intelligens adversarium eius virum esse bonum, simplicem et ordinatum, coepit cum suis habere consilium, qualiter indignum amoveret, et ob virtutes suas electum confirmaret. Et dixit ei quidam: Domine, sicut audivi, monachi omnes ex regula tenentur acus portare. Sedente vobis in Capitulo, dicite illi inordinato, ut ad punctionem di-

---

1) Rom. 5, 5. — 2) R assentiretur. — 3) B do vobis. — 4) C suo supradictam, B praedictam, ADPKR supradictam. — 5) ACDP afferri. — 6) ADP huic in hoc exemplo. — 7) CD accepta.

gitorum vestrorum acum suam vobis accommodet, et cum non habuerit, invenietis contra eum occasionem quasi de irregularitate. Quod cum factum fuisset, et ille acum¹) non haberet, ait alteri: Domine, praestate vos mihi acum vestram. Quam cum ille mox exhiberet²), forte praemunitus; respondit Imperator: Vos estis monachus in ordine iustus³), et ideo tanto honore dignus. Ego decreveram honorare adversarium vestrum; sed ille irregularitate sua se reddidit⁴) indignum. Bene apparet in his minimis, quam negligens et dissolutus sit in maximis. Talique sophismate monachum astutum Imperator amovit, et simplicem in Abbatem promovit. NOVICIUS: Ignoravi hactenus tantam inesse⁵) virtutem in acu. MONACHUS: Virtus non est in acu, sed acus signum virtutis, id est, humilitatis est in monacho. Ad resarciendum vestimenta sua dissuta⁶) portat illam.

CAPITULUM XVI.

De Abbate, quem Otto Imperator commendavit propter acum.

Otto Imperator antecessor⁷) iunioris Frederici, qui nunc imperat, cum die quadam tres Abbates ordinis nostri illi loquerentur, volens eos probare, uni illorum dicebat: Domine Abbas, concedite mihi acum vestram. Respondente eo: Non habeo, domine; rogavit secundum, qui etiam non habuit. Tertius vero requisitus, cum haberet acum, respondit ei Imperator: Vos estis verus monachus. Ecce hoc est quod iam dixi, acum in monacho signum esse virtutis.

CAPITULUM XVII.

De monacho, super quem morientem diabolus acum ignitam proiecit, eo quod acum sanus portare contemneret.

Retulit mihi vir quidam religiosus de quodam monacho ordinis nostri rem satis terribilem, quae huic loco satis congruit pro exemplo. Cum acum secundum monachorum consuetudinem⁸) sanus portare non curaret, vel forte contemneret,

---

1) acum add B. — 2) ACDP extraheret. — 3) BC monachus ordinatus. — 4) BC reddidit se. — 5) libri fuisse. — 6) AP dissoluta. — 7) ADP Otto antecessor in imperio. — 8) BC consuetudinem monachorum.

posito eo in agonia, diabolus affuit, et acum ignitam, ad humani corporis longitudinem, manu [1]) ferens, iecit super illum dicens: Quia acum noluisti portare sanus, feras hanc acum moriturus. Qui visum astantibus referens, terruit omnes. NOVICIUS: Si haec ita se habent, de cetero sine acu non ero. MONACHUS: Monachus, nisi necessitas excludat, sine plenitudine ordinis esse non debet. NOVICIUS: Recordor monachorum supradictorum, qui pro abbatiis adipiscendis pecunias obtulerunt. Possuntne [2]) monachi ordinis nostri, qui pecunias non habent, in talibus symonias [3]) facere? MONACHUS: Possunt utique, quia sicut symonia est corporalis, ita et mentalis. Haec facit ut monachus ad dignitates aspiret, et qualiter adimpleri [4]) possit, diligenter excogitet, vel quod periculosius est, ut fiat, ingeniose procuret [5]). De hoc tibi referam exemplum, quod nobis retulit dominus Karolus Abbas Vilariensis, tunc recenter gestum.

CAPITULUM XVIII.*)

De Abbate, quem inclusa symoniace intrasse dicebat, eo quod electionem suam astute procurasset.

Abbas quidam ad quandam veniens inclusam, quam noverat feminam esse sanctam, et divinis revelationibus assuefactam, ait illi: Peto, soror, ut Deum roges pro me, quatenus tibi ostendere dignetur, si ei placeat, et mihi expediat, manere in officio huius abbatiae. Mox illa surgens abiit et oravit, celeriusque reversa, quae sibi fuerant revelata, Abbati manifestavit. Non est, inquit, voluntas Dei, neque expedit tibi, ut in hac abbatia maneas, neque salvare poteris in ea animam tuam. Quare? Quia symoniace intrasti. Abbate stupente super hoc verbo, ac dicente: Quid est quod loqueris, soror? non enim mihi alicuius symoniae in electione mea [6]) conscius sum; respondit illa: Ego tibi ostendam symoniace te intrasse. Mortuo antecessore tuo, tu ad abbatiam aspirans non simpliciter ambulasti, sed fratres tuos simplices tali modo nimis astute circumvenisti. Non est necesse, aiebas, ut aliquam per-

---

1) P in manu. — 2) B possentne. — 3) R symoniam. — 4) C qualiter id impleri, D qualiter adimplere. — 5) libri excogitat — procurat. — *) Homil. II. p. 50. — 6) B electione me sciente.

sonam extra domum nostram, quae valde honesta est, eligamus, ne nos ipsos confundere videamur. Tibi enim constabat, quia si electio fieret in domo, non aliam nisi tuam personam eligerent¹). Ecce sic factus es Abbas. Quod ille audiens, confessus est, et non negavit. Statimque patrem Abbatem adiens, donec absolveretur petere non cessavit. NOVICIUS: Si Abbas iste ad abbatiam aspirando tam graviter peccavit, quid est quod Apostolus dicit: *Qui Episcopatum desiderat, bonum opus desiderat*²)? MONACHUS: Apostolus non reprehendit Episcopatum, sed desiderium, quia in illo attendit laborem, in isto ambitionem. Unde mox subiunxit: *Oportet Episcopum irreprehensibilem esse, sobrium, pudicum, prudentem, ornatum, humilem, hospitalem, doctorem,* et cetera. Idem³) sanctus Benedictus diffinit de Abbate in regula: Licet nemo sibi assumere debeat honorem, sicut hodie heu multi faciunt, sed qui electus fuerit a Deo sicut Aaron⁴): videtur tamen quod aliquis possit desiderare sine periculo huiusmodi dignitates, ad hoc tantum, ut prosit, non ut praesit. Teste Salvatore, *si oculus tuus fuerit simplex, totum corpus tuum lucidum erit*⁵). NOVICIUS: De hoc audire delectat exemplum.

CAPITULUM XIX.

De Mauritio Episcopo Parisiensi, qui se ipsum simpliciter elegit.

MONACHUS: Dum⁶) nostris temporibus Parisiis vacaret Episcopatus, et electores inter se concordare non possent, tribus sua vota commiserunt. Qui tres cum in unam convenire nequirent personam, magistro Mauritio, qui unus trium erat, duo suam dederunt auctoritatem, ut quemcunque ipse nominaret, Episcopus esset. Et quia idem Mauritius, ut rei exitus probavit, magis cupiebat prodesse, quam praeesse, se ipsum nominavit, dicens: Aliorum conscientias et propositum ignoro, Episcopatum hunc, gratia Dei me adiuvante, irreprehensibiliter regere propono. Quod et fecit. Sanctae enim vitae fuit, tam verbo quam exemplo plurimis profuit, dies

---

1) libri esse eligendam. Homilia: „satis ei constabat, quod non aliam praeter suam eligerent personam." — 2) Tim. I, 3, 1. — 3) B item. — 4) Hebr. 5, 4. — 5) Matth. 6, 22. — 6) BCP cum.

suos in eodem Episcopatu clausit. Hoc etiam noveris, quod saepe ambitiosi a desiderio suo [1]) nutu Dei fraudentur, et si promoti fuerint eius permissione, vix evadant [2]), quin in ipsis dignitatibus periculose tribulentur, vel cum confusione deponantur. Audi de his exempla forte aliquibus necessaria.

CAPITULUM XX.

De astuto Priore, qui personam ob infamiam eiectam elegit, ne sua pars infirmaretur.

Prior quidam ordinis nostri, defuncto Abbate suo, ad abbatiam aspirans, cum tempore electionis a Visitatore, sicut ceteri seniores de persona idonea interrogaretur, non corde columbino monachum quendam de domo eadem ob infamiam eiectum nominavit. Sciebat enim Prioris auctoritatem non esse modicam, et si aliquem de conventu nominaret, per hoc suam electionem posse infirmari, et se in suo desiderio impediri. Factum est nutu ut creditur divino, ut ceteri, eius exemplo, eandem personam eligerent, dicentes intra se: Prior noster [3]) oculus noster est, nec talem personam nominasset, si ei de illius innocentia non constaret. Forte si idem Prior simpliciter ambulasset, factus esset Abbas. Et satis puto, quantum ex verbis cuiusdam Abbatis, qui mihi haec retulit, coniicio, quod tantum fuerit cruciatus in eiusdem monachi promotione, quantum ille tribulatus exstiterat in sua eiectione. Ecce sic astutos et dolosos punit etiam in praesenti Deus. De tribulatione, confusione et deiectione praelatorum Ecclesiae hodie magis [4]) quam ante nostra tempora abundant exempla. Et hoc forte ideo, quia Dei voluntas in illorum promotione non fuit. *Ipsi regnaverunt, et non ex me, principes exstiterunt, et non cognovi.* Verba sunt Dei per os Jeremiae [5]) Prophetae. NOVICIUS: Cum Deus in virtute simplicitatis, sicut probatum est exemplis, plurimum delectetur, puto quod in vitio ei contrario, id est, astutia multum exacerbetur. MONACHUS: Vitium simplicitati oppositum duplicitas est, cui sodalis est astutia. NOVICIUS: Unde dicitur duplicitas? MONACHUS: A duplici plica, sicut simplicitas quasi sine

---

1) ADP suo desiderio. — 2) CP evadunt. — 3) noster add B. — 4) B praelatorum hodie magis Ecclesiae. — 5) imo, Oseae 8, 4.

plica. Simplex enim hoc quod dicit, hoc intendit, hoc agit. Duplex autem aliud habet in corde, aliud in ore, aliud agit, et aliud intendit [1]). De quo per Apostolum Jacobum dicitur: *Vir duplex animo, inconstans est in omnibus viis suis* [2]). Bonum enim simulat, ut simplices efficacius decipiat. Unde per Ecclesiasticum dicitur: *Vae peccatori terram duabus ingredienti viis* [3]). Tales sunt illi, de quibus Dominus dicit: *Attendite a falsis prophetis, qui veniunt ad vos in vestimentis ovium, intrinsecus autem sunt lupi rapaces* [4]). Tales sunt multi ex his barbatis, qui in habitu et tonsura religionis terras circueunt, et plurimos decipiunt. Ex quibus nostris temporibus multi sunt propter sua maleficia interfecti. Et licet quidam ex huiusmodi viatoribus viri sint sancti et sine felle, propter malos tamen despiciuntur. Hinc est quod anno praeterito dominus Engilbertus Coloniensis Archiepiscopus in Synodo sua praecepit, ne aliquis illorum in sua Dioecesi hospitio reciperetur.

CAPITULUM XXI.

De homine, qui sub typo simplicitatis Bonnae plures decepit.

Non sunt multi anni elapsi, quod quidam sub typo religiositatis Bonnam venit, et simplicitatem simulans, orando, vigilando atque ieiunando plurimos decepit. Quem cum canonici eiusdem pagi talem esse putassent, qualem se simulaverat, hospitale illi pauperum [5]) commiserunt. Cui etiam plures saecularium pecuniam dederunt reservandam. Parvo emerso [6]) tempore coepit ille deceptor [7]) a simulato rigore discedere, bibere vinum, carnes comedere, orare rarius, dormire diutius. Quod cum ei fuisset obiectum, respondit: Ego ad tempus a sacerdote huiusmodi observantias suscepi. Quid plura? Tandem clanculo discedens, pecuniam commendatam detulit, et quam damnosum vitium esset duplicitatis [8]), operibus ostendit. Quo audito, Christianus Decanus tale verbum respondit: Eia fratres, certe animam meam pro nullius anima dabo. De

---

1) B aliud intendit, aliud agit. — 2) Jac. 1, 8. — 3) Eccli. 2, 14. — 4) Matth. 7, 15. — 5) BC pauperum illi. — 6) ABCP emenso. — 7) ADP simulator. — 8) BD esset vitium duplicitatis, C vitium duplicitatis esset.

huiusmodi trufatoribus plurima deceptionum genera, temporibus nostris gesta, tibi dicere possem, sed non sunt aedificatoria. Vis nunc audire quali poena Deus saepe puniat in praesenti vitium duplicitatis et astutiae? NOVICIUS: Volo et desidero. MONACHUS: Audi ergo.

CAPITULUM XXII.*)

De homine, qui per serpentem punitus est in collo, quia dolose egerat in matrem.

Juvenis quidam saecularis de Mosella natus, si bene memini nomine Henricus, matrem simplicem verbis quidem mellitis, sed intentione venenata, tali modo circumvenit. Mater, inquit, peto ut omnibus tuis bonis, feodis scilicet et allodiis, sollemniter renuncians [1], me illa suscipere sinas, ut divitiarum [2] gratia uxorem ducere valeam honestiorem. Omnia mea tua sunt, et ego tibi honestissime [3] providebo. Mater in filio serpentis astutias non observans, petitionibus eius annuit, omnium suorum usufructuario resignato, immemor dicti Sapientis: *Melius est ut rogent te filii tui, quam te respicere in manus illorum* [4]. Quid plura? Sponsa introducitur, et mater expellitur. Quae cum egeret, et plangeret quotidie [5], ille aures obturavit, ne gemitus matris audiret. Die quadam cum uxore in mensa sedens [6], et matris ad ostium pulsantis vocem [7] intelligens, ait: Ecce, iterum diabolus clamat ibi. Dixitque puero: Vade pone [8] pullum istum in cistam, donec recedat. Quod cum factum fuisset, et illa intromissa, dum [9] filio supplicasset, ut sui misereretur, cum multo verborum turbine expulsa est. Tunc ille ad puerum: Refer, inquit, nobis pullum. Puer vero, ut cistam aperuit, non in scutella pullum, sed serpentem complicatum conspexit. Qui territus rediens, quid viderit domino renunciavit. Post quem missa ancilla dixit se similia vidisse. Ille sibi putans illudi, ait cum indignatione: Etiamsi diabolus fuerit, ego tollam eum. Et surgens de mensa, mox ut se in cistam ad levandam scutel-

---

*) Homil. I. p. 141. — 1) C renunciatis, ADP renuncies et. — 2) libri ut sic eorum. Homilia: „quatenus divitiarum gratia honestiorem ducere posset uxorem." — 3) ADP honestius. — 4) Eccli. 33, 22. — 5) ADP quotidie plangeret. — 6) in Homilia addit: habens ante se pullum assum. — 7) ADP et ostium pulsantis vocem matris. — 8) ADP et pone. — 9) B cum.

lam inclinavit, serpens collo eius insiliens, ut vitium duplicitatis congrue puniret, circa eius guttur se colligando duplicavit. Cum comedente comedit, et quotiens ei subtrahebantur cibaria, vel adhibebantur aliqua quibus deponi deberet instrumenta, ita collum hominis strinxit, ut intumescente facie, oculi de sedibus suis moverentur. NOVICIUS: Merito autem videtur mihi punitus per serpentem, quia sicut diabolus per serpentem Evam decepit, ita per istum mulierem simplicem circumvenit [1]). MONACHUS: Recte sentis. Jam [2]) tredecim anni sunt elapsi, plus minus [3]), ex quo ista contigerunt. Nam ductus est idem Henricus in carruca per provinciam nostram ad diversa sanctorum limina, et viderunt eum multi. Quem praedicta mater, poenae eius compatiens, materno affectu sequebatur. Circa eadem tempora vitium duplicitatis et astutiae a supradicto Philippo Rege Franciae, tali ordine deprehensum, terribiliter est punitum.

CAPITULUM XXIII.

De Praeposito Parisiensi, quem Rex Philippus vivum infodi iussit, eo quod mortuo dolose vineam abstulisset.

Habebat idem Rex in civitate Parisiensi Praepositum, qui cuiusdam sui concivis vineam concupiscens, ut sibi venderet illam, importune nimis institit [4]). Respondente cive sicut Naboth respondisse legitur Achab Regi Israel: *Vivit Dominus, quia non vendam tibi patrum meorum hereditatem* [5]), eo quod nulla ad hoc me compellat necessitas; Praepositus minas intulit, sed non profecit. Contigit ut interim homo moreretur. Quo cognito, Praepositus effectus hilarior, huiusmodi dolos, sicuti homo astutus nimis, ad sui [6]) perniciem excogitavit. Duos siquidem ex scabinis, ut sibi testimonium falsitatis ferrent, pecunia corrupit. Cum quibus, sicut condictum fuerat, mox intempesta nocte defuncti sepulchrum adiit, terraque eiecta in fossam descendit, et sacculum pecuniae, quam vivo pro vinea obtulerat, in manu ponens mortui, ait: Testes estis vos domini, quod tantam pecuniam homini isti pro vinea sua

---

1) Homilia: „merito per serpentem punitus est, quia viperae naturam imitatus est." — 2) libri Nam. — 3) D plus nec minus, ut II, 10. — 4) ADP instabat. — 5) Reg. III, 21, 3. — 6) B suam.

tali dederim, quam ipse quidem, ut vos videtis, manu sua recipit, nec aliquid contradicit. Dicentibus illis, testes sumus, mox recepit pecuniam, et reiecit terram. Mane, testibus eisdem adhibitis, vineam sibi vendicavit. Quod cum relicta defuncti didicisset, stupens accurrit, et contradixit, asserens neque maritum neque se vineam illam Praeposito vendidisse, neque unquam pecuniae aliquid pro ea recepisse. Cui ille respondit: Ego tanto vineam comparavi, pecuniam sub testimonio horum scabinorum in manus viri tui posui, nec contradixit. Quae se nihil videns proficere, ad Regem cucurrit, de violentia Praepositi illi conquerens. Illo sub praedictorum testimonio contradicente, Rex, quia audientiae vacare non potuit, quibusdam causam commisit. Qui testimonio scabinorum decepti, in partem Praepositi declinantes, pro eo contra viduam dedere sententiam. Tunc illa amplius turbata, cum Regi clamosis [1]) fletibus nimis esset importuna, Rex testes vocari iussit, et quasi [2]) vir prudens [3]), prudenter illos examinavit, accersito [4]) prius uno, et solus loquens cum solo, ait: Nosti Dominicam orationem? Respondente illo: Novi, domine; subiunxit Rex: Dic ergo illam me audiente. Quod cum fecisset, nihil aliud ei loquens, praecepit ut in vicinam cameram parum secederet [5]). Et advocans alterum, severius eum allocutus est, dicens: Socius tuus de vinea illa tam meram [6]) mihi retulit veritatem, sicut est sanctum Pater noster, quo nihil est verius. Quod si ab eo discordaveris, punieris. Aestimans ille, quia Regi omnia dixisset, timens ac tremens ad pedes eius corruit, dicens: Miseremini nostri, domine, quia sic et sic fecimus, a Praeposito vestro [7]) inducti. Iratus Rex valde, vineam viduae restituit, et Praepositum vivum sepeliri praecepit. NOVICIUS: Juste actum est, ut is sine misericordia infoderetur vivus, a quo inhumane mortuus fuerat effossus. MONACHUS: Poena peccati a Deo est, et fit saepissime, ut secundum modum culpae formetur modus vindictae. De quo tibi subiungam exempla.

---

1) B clamorosis. — 2) libri quia. — 3) APKR prudens fuit, D prudens erat, BC prudens est. Conf. IV, 50. — 4) ACDP accito. — 5) B secederet parum. — 6) C veram. — 7) BP nostro.

CAPITULUM XXIV.

De fure a patibulo liberato, et denuo suspenso, dum suum liberatorem inique impeteret.

Canonicus quidam sancti Andreae in Colonia, sicut mihi retulit magister Renerus eius concanonicus, ad colligendam cuiusdam ecclesiae suae [1]) decimam singulis annis mittere consuevit servum suum [2]). Qui ante quoddam patibulum transiens, et hominem recenter in eo appensum adhuc palpitare cernens, misericordia motus, laqueum gladio [3]) incidit, atque allata aqua refocillavit. Qui resumtis viribus, mala pro bonis retribuens, ad proximam villam liberatorem suum secutus, in equi eius frenum manum misit, et quia eundem sibi vi abstulisset, vociferatus est. Mox homines circumquaque accurrentes, et de rapina frementes, sine audientia iuvenem ad idem patibulum, de quo fuerat fur depositus, duxerunt. Nondum homines alterius villae, qui ad suspendium iam dicti furis confluxerant, plene reversi fuerant [4]); et ecce concursum ad patibulum, quod commune erat utrique villae, videntes, nutu Dei reversi sunt, causam interrogantes. Data est homini copia loquendi. Ego, inquit, hominem istum de hoc [5]) patibulo liberavi, et ecce tam iniquum beneficium rependit mihi. Quem illi considerantes et cognoscentes, secundo eum plene suspenderunt, et liberatus est sanguis innoxius.

CAPITULUM XXV.

De falso peregrino iusto Dei iudicio suspenso, dum vero peregrino furti crimen impingeret.

Non est diu, quod peregrinis quibusdam de Alemannia ad limina sancti Jacobi tendentibus, falsus eis [6]) frater nocte quadam se [7]) sociavit. Mane exeuntibus de hospitio, usque ad portam civitatis illos secutus, uni illorum manus iniecit, clamans sibi equum eundem ab eo ablatum [8]). Et compulsi sunt redire in hospitium a iudice. Testificantibus peregrinis

---

1) suae add BC. — 2) B servum suum consueverat, AD consuevit servum, C servum consuevit. — 3) BC gladio laqueum. — 4) ADP nondum erant homines alterius villae plene reversi, qui — confluxerant. — 5) hoc add BC. — 6) eis om BC. — 7) BC se illis. — 8) D esse ablatum.

omnibus, quod is, quem ille iniquus¹) impetierat, esset vir simplex et bonus, iudex prudenter agens, fure absente, omnium equorum sellas et frena deponi, sicque eos in stabulum duci praecepit. Quo facto, dixit ad furem: Intra et educ equum tuum. Intravit ille, et adduxit equum foras²), non tamen illum, quem in porta sibi dixerat fuisse sublatum. Non enim plene tunc eum consideraverat. Tunc omnibus ridentibus, et cuius equus esset extractus, iudici exponentibus, dolosus ille patibulo appensus est. Vides nunc qualiter Deus in simplicitate ambulantes protegat, et male astutos puniat? NOVICIUS: Recordor te superius dixisse, poenam peccati esse a Deo. MONACHUS: Quod a Deo sit omnis poena³), testis est Amos Propheta dicens: *Si erit malum in civitate, quod Dominus non fecerit*⁴)? Item Dominus per Isaiam: *Ego Dominus, formans lucem et creans tenebras, faciens pacem et creans malum*⁵). Malum dicit poenam et tribulationem⁶), quae patientibus videntur mala, licet in se sint bona, utpote Dei creatura. Quod autem a Deo sit peccati poena, tibi exemplificabo.

CAPITULUM XXVI.

De Bertolpho Palatino de Wittillinbach, cui divinitus praeceptum est, ut hominem primo sibi obviantem suspenderet.

Bertolphus Palatinus de Wittillinbach iudex erat severissimus, ita ut furibus etiam pro damno unius obuli⁷) vitam auferret. Et sicut a quodam Abbate audivi, quotiens exivit, laqueos cingulo suo appendit, ne reorum poena caperet dilationem. Die quadam mane surgens, et laqueum cingulo suo solito subnectens, huiusmodi vocem in aere audivit: Bertolphe, quicunque tibi egresso de castro tuo primus occurrerit, hoc laqueo eum suspendas. Qui vocem pro omine accipiens, mox ut egressus est, occurrit ei quidam scultetus suus primo. Quo viso, cum satis doleret, eo quod hominem diligeret, dicebat illi: Doleo de occursu tuo. Quare? Quia

---

1) iniquus add BC; mox pr A impetiebat, CDP impetebat. — 2) BC et eduxit equum. Mox ADP sed non tamen. — 3) in libris post poena additum est peccati. — 4) Amos 3, 6. — 5) Isai. 45, 7. — 6) B poenam peccati et tribulationem, C tribulationem et poenam peccati. — 7) ABC oboli.

suspenderis. Et ille: Quare suspendar? Respondente illi [1]) Palatino: Nescio, sed praepara te per [2]) confessionem, et ordina de rebus tuis, quia voci divinae resistere non debeo; ille videns aliter esse non posse, ait: Justus est Dominus. Ego plures in domum meam declinantes, insequens occidi, multis multa rapui, nec tibi domino meo unquam fidelis exstiti, neque pauperibus peperci. Et mirati sunt omnes audientes eius confessionem, et cognoverunt in eius morte, peccati poenam esse a Deo. Et quia idem Palatinus sine misericordia iudicavit, cum in ultionem Philippi Regis, quem occiderat, ab Henrico marschalco eius interficeretur, misericordiam quaesivit, nec invenit. Non est aequum iudicium, nec a Deo praeceptum, ut minor et maior culpa simili poena plectantur [3]). NOVICIUS: Jam satis ex his didici, quod Deus peccatum [4]) puniat secundum modum et qualitatem culpae. MONACHUS: Hoc plenius scies in sequentibus capitulis, in quibus nostris temporibus evidentissime punire voluit vitium duplicitatis.

CAPITULUM XXVII.

De Theoderico de Erinportze, qui revoluto anno eadem die, eadem via mortuus est elatus, qua Philippus Rex eius industria fuerat introductus.

Tempore schismatis, quod erat inter Philippum et Ottonem Reges Romanorum, cum Colonienses tum propter obedientiam Sedis Apostolicae, tum propter iusiurandum eidem Ottoni factum [5]), fideliter assisterent, et multis expensis atque damnis et periculis [6]) subiacerent, quidam ex eis pecuniis [7]) a fautoribus Philippi, ut dicebatur, corrupti sunt occulte. Inter quos potior videbatur Theodericus de Erinportze. Per cuius astutiam tantum laboratum est, ut deserto Ottone Philippus in civitatem reciperetur. Ore quidem fuerat cum illo, sed corde cum isto. Die quadam cum idem Philippus patronos civitatis, qui circumferebantur, sequeretur, ducebat idem Theodericus eum [8]) ad matronas, respiciens et dicens: Ecce

---

1) illi om BC. — 2) ADP ad. — 3) B plectatur. — 4) peccatum om C. II, 7. p. 72: „Deus secundum qualitatem et modum peccati ipsum punit peccatum." — 5) factum om BC. — 6) ACDP et multis damnis atque periculis. — 7) pecuniis add BC. — 8) BC eum idem Theodericus.

vos¹) dominae, iste est Rex meus, quem semper optavi. Mira dispensatio Dei. Anno revoluto die eadem, per eandem plateam mortuus efferebatur. Et cum in monasterio sanctimonialium, quod Piscina ²) dicitur, esset sepeliendus, literis Priorum, quos saepe ³) nimis turbaverat, est prohibitus.

CAPITULUM XXVIII.

De Henrico Ratione, cuius praebendam obtinuit is qui eius consilio a Petro Cardinale ⁴) fuerat intrusus.

Ante hos paucos annos, cum Petrus Cardinalis de Saxo⁵) esset Coloniae, Henricus cognomento Ratio, ecclesiae sanctae Mariae ad Gradus canonicus, et causarum advocatus peritissimus⁶), ad hoc eundem Cardinalem induxerat, ut eiusdem ecclesiae canonicis praeciperet, quatenus cuiusdam civis filium, nullo stipendio vacante, in fratrem et concanonicum eligerent. Quod cum illis visum fuisset absurdum nimis, nec acquiescerent, suspensi sunt a divinis. Judicantes vero⁷) eandem suspensionem frivolam, unanimiter Praepositum elegerunt. Henricus autem, ut turbatos amplius turbaret, solus alium Praepositum elegit, cum quo et pro quo fratrum pacem litibus et damnis non modicum turbavit. Justo Dei iudicio eodem anno primus omnium defunctus est, et aperto ore sepultus. Obtinuitque praebendam illius adolescens consilio eius intrusus. Audivi veraciter, nulla arte os eius potuisse claudi, ut omnibus patesceret, quanta culpa esset, in causis vendere linguam. NOVICIUS: Rogo ut vitio duplicitatis postposito ad simplicitatem sermo redeat, quae in causis, ut praedictum est, etiam linguas disertas enervat. MONACHUS: Hoc plenius sequentis capituli declarabit oratio.

---

1) vos add BC. — 2) Piscina ante portam Weiherthor dictam fuit. Vide de hoc monasterio Gelen. de Magn. Colon. p. 358. — 3) saepe add B. Mox pro nimis fortasse legendum minis. — 4) ADP Cardinali; eodem modo P supra IV, 79: „Episcopo et Cardinali." Conf. sanctimoniali. — 5) ADP Saxonia. — 6) unde Ratio cognominatus fuit. — 7) C quoque.

CAPITULUM XXIX.

De sacerdote idiota, qui simplicitate verborum suorum coram Innocentio Papa ecclesiam obtinuit.

Dominus Innocentius Papa vir literatissimus [1]) et sermonis diserti, sicut mihi retulit Caesarius monachus noster, Abbas quandoque Prumiensis, qui praesens tunc erat, ita in cuiusdam sacerdotis simplici sermone compunctus est, ut ecclesiam, quam propter illiteraturam perdere merito [2]) debuerat, per eam obtineret. Cui cum quidam clericus ecclesiam suam nescio quo pacto abstulisset, et ille appellatus ab eo coram iam dicto Innocentio comparuisset, verbisque compositis et sententiis ponderosis pro se allegasset, simplex ille [3]) sacerdos sermonem eius interrumpens ait: Sancte pater, ipse non dicit verum, ipse magnam [4]) mihi fecit iniuriam. Considerans illum dominus Papa hominem simplicissimum [5]), respondit: Enarra mihi causam tuam. Et ille: Ego nescio Latine loqui. Loquere, inquit, sicut [6]) nosti, bene te intelligam. Tunc ille satis timide satisque corrupte his verbis usus est: Sancte pater, iste clericus multos habet ecclesias, et ego tantum habui unum, et eundem mihi rapuit, modo habet unum [7]) cum aliis. Hoc tibi conqueror. Cui Papa compassus, ait eius adversario: Quid ad haec loqueris, frater? Tua avaritia non sinebat te pluribus esse contentum ecclesiis, quin isti pauperi etiam suam auferres. Tam simplicis naturae est, ut si causam habuisset iniustam, nunquam venisset ad curiam Romanam. Justitia audaciam illi contulit. Praecipio tibi ne eum in ecclesia sua de cetero inquietes, et ego de ecclesiis tuis dispensabo. Quo audito, timens cessit, quia simplicitas pro eius adversario pugnavit. NOVICIUS: Cum simplicium verba et opera saeculi Principes tantum venerentur, puto quod in illorum oratione Deus plurimum iocundetur. MONACHUS: Hoc tibi Simplex Paulus [8]) ostendit, sed et ego recentioribus tibi pandam exemplis.

---

1) BC vir valde literatus. Conf. II, 11. — 2) BC merito perdere. — 3) ille om BC. — 4) ADP verum, magnam enim, C verum, magnam. — 5) C hominem simplicem, ADP simplicem hominem. — 6) ACDP ut; mox C ego bene. — 7) BCP multas — unam — eandem — unam. — 8) de Abbate Paulo Simplice vide Vitt. Patr. I. p. 1126. ed. Paris. 1849.

CAPITULUM XXX.

De simplici oratione conversi, qui minabatur Christo, quia matri eius conquesturus esset de illo, si non liberaret eum a tentatione [1].

In Claustro [2] quidam conversus simplex satis graviter tentabatur. Qui stans in oratione his verbis usus est: Vere, Domine, si non liberaveris me ab [3] hac tentatione, ego matri tuae de te conquerar. Pius Dominus magister humilitatis et amator simplicitatis [4], ac si timeret apud matrem accusari, conversi querimoniam praevenit, tentationem eius mox mitigans. Alius quidam conversus post tergum eius stans, cum hanc orationem audisset, subrisit, aliis eam [5] ad aedificationem recitans. NOVICIUS: Quem non aedificet tanta Christi humilitas? MONACHUS: Dicam tibi alias simplicium orationes, in quibus adhuc amplius iocunderis.

CAPITULUM XXXI.[*]

De inclusâ, quae Christum quaesivit in foramine, et invenit.

Magister Johannes, nunc Abbas sancti Trudonis [6], cum tempore quodam in Saxonia inclusam sibi familiarem visitaret, et illa fleret, ait: Quid habes, mulier? Quare lacrimaris? Respondente illa: Ego perdidi Dominum meum, devotionis fervorem notans, Abbas [7] sciens illam feminam esse sanctam, ioculariter [8] subiunxit: Circui angulos cellulae tuae, et dic: Domine, ubi es? responde mihi; forsitan in aliquo foramine muri reperies eum [9]. Quae verba simplicia simpliciter intelligens, post discessum illius parietes cellulae circuiens, et sicut

---

1) B matri suae — de ipso — de tentatione. — 2) C add nostro; mox B quidam simplex conversus, P conversus quidam simplex. — 3) ADP de. — 4) ADP simplicitatis et amator humilitatis. — 5) B et pr C aliis, ADPKR et corr C aliisque. Paulo post omnes libri habent: recitavit. IV, 48: „quo verbo audito, ille multum aedificatus est, multis illud ad aedificationem recitans." — [*] Homil. I. p. 134. — 6) BC Magister Johannes Decanus Aquensis. Sed idem narrationis exordium habes in Homil. III. p. 171. Magister Johannes Xantensis anno 1222 ex Decano B. M. V. Aquisgranensis in Abbatem S. Trudonis Dioecesis Leodiensis postulatus est. Conf. Gelen. ad Vit. S. Engelb. p. 198. — 7) BC magister. — 8) C (non B) iocaliter. — 9) AP illum.

edocta fuerat, dilectum invocans, quem quaesivit invenit, et quod perdiderat recepit. Saepe Deus gratiam suam subtrahit, ut avidius quaeratur, et inventa diligentius custodiatur. Post annos aliquot cum idem Johannes eam iterum visitaret [1], et de statu eius inquireret, illa [2] hilariter respondit: Optime. Gratias vobis ago, quia sicut me docuistis, ita Dominum meum inveni. Qui cum verbum non intelligeret, et illa, secundum quod praedictum est, ad memoriam ei cuncta revocaret, subrisit, Christum glorificans, qui simplicibus se conformat.

CAPITULUM XXXII.[*]

De simplici sorore in Kummede, cui in oratione Christus respondit, quod esset in saccello.

In Kummede [3] monasterio sanctimonialium ordinis nostri, simplex quaedam puella erat [4], ligneam habens imaginem crucifixi. Quam cum frequenter adoraret et deoscularetur, saccello impositam sub stramentis lectuli sui abscondit. Oblita ubi illam [5] posuisset, omnes angulos monasterii tristis circuivit [6], quaesivit, sed non invenit. Die quadam ante quoddam altare prostrata, cum pro eiusdem imaginis restitutione oraret, Christumque cum multis lacrimis interpellaret, desiderio puellulae condelectans Dei filius respondit: Noli flere, filia, quia in saccello sub stramine lectuli tui iaceo. Putabam mihi relatum fuisse a Priore loci illius, quod in somnis [7] vocem percepisset, sicuti posuisse me recolo in Homeliis Moralibus de Infantia Salvatoris; sed sic esse postea veraciter intellexi. Mox puella surgens, stramenta sua revolvit, et sicut audierat, sic invenit. Ecce hoc est quod dictum est superius, quod quandoque Dominus suam subtrahat gratiam, ut avidius quaeratur, et quaerendo amplius mereatur. NOVICIUS: Cum Deus in simplicium oratione tantum delectetur, puto quod in conspectu eius valde pretiosa sit mors illorum. MONACHUS: Veraciter pretiosa, quia virtus simplicitatis etiam martyrii palmam et miraculorum gloriam meretur. Tria de hoc subnectam exempla.

1) C iterum visitaret eam, ADP eam visitaret. — 2) B et ut videtur pr A illi. — *) Homil. I. p. 134. — 3) coenobium Kummede in Palatinatu situm, pertinebat ad Eberbacum; anno 1566 deletum est. — 4) ADP fuit. — 5) D oblita vero illam ubi. — 6) B circuiens. — 7) AP somno.

CAPITULUM XXXIII.

De passione simplicis Marcadelli.

In Ferraria civitate Lombardiae[1]) ante annos paucos erat homo quidam, Marcadellus nomine, mirae simplicitatis, et erga sanctorum loca maximae devotionis. Qui cum ob nimiam simplicitatem a multis pro fatuo haberetur, et in oculis Dei esset prudentissimus, quicquid de suis laboribus ultra necessitates naturae reservare poterat, illud in visitando limina sancti[2]) Jacobi in Compostella, aut beatorum Apostolorum Petri et Pauli fideliter expendebat. Tempore quo potuit hominum pecora pavit; et cum prae[3]) senectute ad hoc minus sufficeret, ostiatim mendicando eleemosynis fidelium victitabat[4]). Non recedebat de[5]) ecclesia, dum divina in ea agerentur, unde ab omnibus amabatur. Qui cum frequentius versaretur in quadam villa dictae Dioecesis, et in ecclesia eiusdem villae thuribulum argenteum negligentius pendere conspexisset[6]), timens tam[7]) ecclesiae quam suae conscientiae, ait sacerdoti: Non secure hic pendet tale thuribulum. Dicente illo, quia multis annis sine periculo illic pependisset; respondit Marcadellus: Hoc saepe una die evenit, quod in mille annis non contingit. Quid plura? Instinctu diaboli thuribulum subtrahitur, non[8]) tamen Marcadello furtum imponitur. Quod cum fur, Domino prohibente et servo suo occasionem martyrii praeparante, vendere non posset nec auderet, sciens Marcadellum hominem esse simplicissimum, et ecclesiae illius notissimum, eum secrete adiit, et quia ipse idem rapuisset vas, prius tamen sibi praestito iuramento[9]) ne se proderet, confessus est[10]). Cui ille respondit: Da mihi thuribulum, et ego illud nullo sciente bene restituam, et, si necesse fuerit, etiam animam meam ponam pro te. His auditis, fur thuribulum ei tradidit, quod ille feno involutum, sacculo suo immisit. Qui cum plus solito[11]) ecclesiam praefatam frequentaret[12]), ut thuribulum caute et sine nota in locum suum reponere posset, die quadam nimia tempestatum violentia a foribus

---

1) BP Longobardiae. — 2) ADP beati. — 3) C prae nimia. — 4) D eleemosynas — acceptabat. — 5) ADP ab. — 6) BC conspiceret. — 7) libri tam damno. — 8) B nec. — 9) C tamen sibi praestito sacramento, ADP tamen recepto sacramento. — 10) ADP sibi confessus est. — 11) B. add modo; mox ADP praefatam ecclesiam. — 12) B visitaret.

ecclesiae, quae tunc clausa fuerat, depulsus, vicinae domus solatium expetere cogebatur, saccelli sui oblitus. Quem homo quidam pertransiens levavit, et cuius esset non ignorans, uxori suae servandum commisit, ut Marcadello quaerenti illum restitueret. Quae sacci ponderositatem sentiens, marito respondit: Non potest tanti ponderis esse panis, puto quod ex nimia simplicitate illum impleverit lapidibus. Apertoque sacco, cum thuribulum in eo reperisset, et subito clamore vicinis inventum prodidisset, accurrit populus, accurrit tandem et ipse Marcadellus. Requisitus de sacco cuius esset, cum mentiri nollet, respondit: Saccus meus est, sed quod in eo est, vestrum est. Ego thuribulum furatus non sum, non tamen furem prodam. Et recitavit eis per ordinem, qualiter ad se devenerit, et quid furi promiserit. Dicentibus eis: Lex est Lombardiae, ut vel furem prodas, vel furis poenam subeas; respondit: In manibus vestris sum, quod iustum est facite de me. Illi sibi prospicere volentes, hominem Ferrariam ducentes, Potestati obtulerunt, casum exposuerunt, innocentiae eius ac simplicitati testimonium bonum perhibentes. Quem cum iudex inducere non posset, ut furem publicaret, capitali sententia super eum data[1]), ante fores maioris ecclesiae tanquam sacrilegii reus decollatus est. Cuius corpus a quibusdam in eodem loco sepultum est. Nocte sequenti cum quaedam religiosae matronae civitatis ad ecclesiam propter matutinarum sollemnia irent, venissentque ad tumulum eius, cantus angelicos illic audierunt, cereos ardentes viderunt, insuper et suavissimi odoris flagrantiam[2]) senserunt. Quod cum secunda et tertia nocte plenius comperissent, quaecunque audierant vel viderant, seu etiam[3]) senserant, Episcopo civitatis retulerunt. Qui cum esset vir religiosus, aliquibus secum assumtis, cum nocte quarta esse ita, ut[4]) mulieres dixerant, experimento didicisset, super tumulum hominis Dei basilicam fabricari fecit, et fiunt ibi miracula usque in hodiernum diem ad laudem nominis Christi.

---

1) B capitali super eum data sententia, C capitali super eum sententia data. — 2) codices fluctuant inter fragrantia, fraglantia, flagrantia. — 3) B viderant, audierant vel, C audierant, viderant vel. Mox ADP senserunt. — 4) D ita esse ut, B ita esse sicut.

CAPITULUM XXXIV.

De passione Margaretae virginis Lovaniensis.

Circa eadem tempora civis quidam Lovaniensis cum uxore sua rebus ordinatis ad Vilarium domum ordinis nostri se transferre disposuerat. Erant autem ambo religiosi et religiosorum susceptores devoti. Habebant secum puellam adultam cognatam suam, quae loco ancillae tam ipsis quam hospitibus, sicut testes sunt conversi nostri, satis simpliciter ac diligenter ministrabat, et nomen virginis Margareta. Scientes homines quidam maligni pecuniam illos habere collectam, eadem nocte, qua de mane erant profecturi, circa octo domum illorum sero ingressi, quasi cum eis hospitaturi, dictam [1]) puellam pro vino miserunt. Interim dominum et dominam totamque familiam ibidem repertam occiderunt [2]), et sublatis omnibus, puellam cum vino reversam secum educentes, domum quandam satis a civitate remotam simul ingressi sunt. Quae cum tristis sederet, et hi qui in domo erant aestimarent quod vi rapta esset, duxerunt illam ad fluvium. Cui cum quidam ex latronibus compaterentur, et diceret unus [3]), sinite eam vivere, et ego ducam illam uxorem; non consenserunt, timentes per eam prodi. Addentes autem portioni unius decem marcas, ut eam occideret, ille agnam simplicem suscipiens, tanquam crudelis carnifex, prius desecto eius gutture, cultrum lateri moribundae infixit, sicque hostiam Deo viventem in flumen proiecit. Hospita vero domus, quam intraverant, latenter egressos secuta, quae facta sunt vidit. Mane tam exsecrabili facinore cognito, turbata est civitas, quaesiti sunt latrones, sed non inventi. Consideratis occisorum corporibus, quaestio habita est de puella. Cuius corpus cum piscatores post dies aliquot invenissent, nec tamen prodere praesumsissent, timentes sibi crimen impingi, in litore sepelierunt. Circa cuius sepulchrum alii tempore nocturno luminaria videntes, effossam tulerunt inde [4]) Lovaniam, capellulam super eam fabricantes. Et fiunt usque hodie diversa [5]), meritis eis exigentibus, miracula tam in loco occisionis illius quam in loco translationis. Supradictus dominus eius, Amandus nomine,

---

1) C ingressi sunt — dictamque. — 2) ABDP occidentes. — 3) BC compateretur, et diceret. — 4) libri in. — 5) diversa add BC.

cum uxore monacho cuidam Vilariensi post mortem¹) apparens, cum de statu suo interrogaretur²), respondit: Nondum plenam habemus gloriam. Novissime³) requisitus de virgine, subiunxit: Quicquid nobis impensum est gratiae, ex meritis habemus Margaretae, nec audemus respicere ad gloriam, in qua illa est. Gernis nunc quantum operetur ad martyrium simplicitas et innocentia vitae? Omnes quidem occisi sunt, sed non omnes miraculis clarescunt. Unde patet quod non poena faciat martyrem, sed causa. NOVICIUS: Quaenam exstitit causa martyrii in puella ista? MONACHUS: Ut iam fatus sum, simplicitas et vita innocua. Diversae sunt species martyrii, innocentia videlicet, ut in Abel; iustitia, ut in Prophetis et Johanne Baptista; amor legis, ut in Machabaeis; confessio fidei, ut in Apostolis. Ob huiusmodi causas diversas agnus, id est, Christus, occisus dicitur ab origine mundi⁴). NOVICIUS: Quidam etiam ex nimia simplicitate se ipsos occidunt. MONACHUS: Tales a martyrii gloria prorsus immunes exsistunt, nisi per causam impellentem excusentur. Ecce exemplum.

CAPITULUM XXXV.

De simplici concubina sacerdotis, quae se ipsam in fornace exstinxit.

Sacerdos quidam, sicut mihi retulit quidam vir⁵) religiosus, cum die quadam multis praesentibus sermonem haberet de peccatis et poenis⁶) gehennae, mulier quaedam verba eius interrumpens, eo quod territa esset et compuncta, sic⁷) ait: O domine, quid fiet de concubinis sacerdotum? Ille sciens feminam valde simplicis esse naturae, in ioco respondit: Nunquam poterunt salvari, nisi clibanum ardentem ingrediantur. Erat et ipsa sacerdotis cuiusdam⁸) concubina. Quae verbum sacerdotis non in ioco, sed in multo suscipiens serio, dum die quadam clibanus coquendis panibus succenderetur, et ipsa adesset casu⁹), omnibus egressis, ostium clausit, et ut flammas evaderet aeternas, se ipsam in caminum ardentem prae-

---

1) post mortem add BC. — 2) ADP statu eum interrogaret. — 3) novissime om BC. — 4) Apoc. 13, 8. Conf. etiam Vit. S. Engelb. II, 16. — 5) B vir quidam. — 6) P de poenis. — 7) sic om BC. — 8) cuiusdam add BC. — 9) B casu adesset. IV, 1: „transiret casu."

cipitans, flammis excepta spiritum exhalavit. In ipsa hora hi qui circa domum fuerant, contemplati sunt columbam candidissimam de ore fornacis exire, et cum multa claritate coeli secreta penetrare. Stupefacti autem de visione, effractis foribus ingressi sunt, et feminam semiustam atque exstinctam extrahentes, ad verbum praedicti sacerdotis, tanquam proprii corporis interfectricem, in campo sepelierunt. Ut autem Deus ostenderet mortem tam simpliciter illatam, non fuisse ex malitia, sed ex obedientia, noctibus candelis ardentibus, videntibus multis [1]), tumulum eius illustravit. NOVICIUS: Non me scandalizat hoc factum, quia legitur in Vitaspatrum, quendam Abbatem cuidam volenti converti, ut fornacem ardentem [2]) intraret, praecepisse [3]). Obedivit ille, et reputatum est ei ad iustitiam. Hoc etiam scire delectat, quid columba de fornace egressa [4]) significet. MONACHUS: Animam simplicis feminae. Nam in specie eiusdem aviculae sanctus Benedictus, sicut in eius Vita legitur [5]), animam sororis suae Scholasticae vidit coelos penetrare.

CAPITULUM XXXVI.

De morte Lodewici simplicis monachi.

Columba haec ad mentem mihi revocat monachum quendam simplicem, Lodewicum nomine, qui ante hoc biennium apud nos defunctus est. Hic cum tempore meridiano agonizaret, et conventus dormiret, monachus quidam in somnis interim vidit columbam candidam in tecto cellulae, in qua moriens iacebat, residentem. Cui cattus niger insidiabatur; et cum esset ei nimis importunus, columba ab eo apprehendi timens, ad ecclesiam volitando fugiens, super crucem ascendit, ibi residens secura. Eadem hora visum [6]) alteri cuidam monacho fuit, quod fratribus circulariter hinc inde stantibus, leo circuiens stationem eandem irrumpere nisus sit [7]) et intrare; sed a singulis prohibebatur, et calcibus eorum impulsus fugabatur. Interim percussa tabula, conventus accurrit [8]), morientem circumstetit, dictaque letania, sacerdos defunctus, lotus

---

1) BC multis videntibus. — 2) ardentem add BC. — 3) C quidam Abbas — praecepisse, B quod quidam Abbas — praecepit. — 4) egressa add BC. — 5) Gregor. Dial. II, 34. — 6) BC visum est. — 7) B est. — 8) D occurrit.

et vestitus, cum sollemni cantu deportatus est in oratorium. Et spero quod catti leonisque evaserit insidias. Diabolus catto et leoni, qui satis in forma et in natura [1]) concordant, simplicium animabus morientibus maxime insidiando, propter rapacitatem assimulatur [2]). Quam fortiter impellatur et repellatur orationibus iustorum in hora illa terribili, satis audies in distinctione undecima de morientibus. Idem Lodewicus, licet natura simplex fuerit, satis tamen carnaliter ante conversionem vixerat usque ad aetatem decrepitam. Quantum vero virtus simplicitatis Deo, qui naturae simplicis est, placeat, cuiusdam sanctimonialis mors pretiosa declarabit.

CAPITULUM XXXVII.
De morte simplicis monialis, quae capram putabat esse feminam saecularem.

In Dioecesi Treverensi monasterium quoddam sanctimonialium situm est, Lutere [3]) vocabulo. In hoc ex quadam antiqua consuetudine nulla recipitur puella, nisi septennis sit, vel infra. Ad conservationem simplicitatis, quae totum corpus lucidum facit, huiusmodi constitutio sive consuetudo inolevit. Erat enim in eodem coenobio recentiori tempore virgo quaedam adulta, sed in rebus mundanis tam infantula, ut vix discernere posset inter pecus et hominem saecularem, eo quod huiusmodi formarum ante conversionem nullam habuisset notitiam. Die quadam murum pomerii capra ascendit. Quam illa videns, et quid esset prorsus ignorans, ait cuidam sorori iuxta astanti: Quid est hoc? Illa cognoscens eius simplicitatem, miranti iocularitur [4]) respondit: Mulier est saecularis. Et adiecit: Quando saeculares mulieres senescunt, cornua et barbas emittunt. Illa sic esse putans, aliquid se didicisse gratulabatur. Cumque per huiusmodi simplicitatis exempla saepius sororum maturitatem temperasset, gravissimam incurrit aegritudinem. Quae cum sic iaceret, ut vix loqui posset, visitante se infirmaria, primo verbo, deinde signo, ut ocius recederet indicavit. Illa neutrum intelligente, dum stupida staret, aegrota panni-

---

1) B satis tam natura quam in forma, C satis tam in forma quam in natura. — 2) BC concordant, propter rapacitatem assimilatur, et morientium (C morientibus) animabus maxime insidiatur. — 3) C Loctore; sic et infra VIII, 51. Intelligendum, ut puto, Lutzerath. — 4) C iocaliter.

culum capitis sui complicans, contra pectus stantis leniter iecit, quae mox ac si lapide percussa esset, in terram corruit. In qua dum sine sensu aliquamdiu iacuisset, erecta per fenestram lecto infirmantis contiguam prospexit. Et ecce in cimiterio multitudo stabat dextrariorum, sellas deauratas frenaque aurea habentium. Cumque in ipsa hora praedicta virgo agonizaret, sororibus propius accedentibus, clara voce clamare coepit: Date locum, date locum; sinite dominos istos accedere. Viderat enim cellulam repletam personis miri decoris atque splendoris, quorum vestimenta deaurata videbantur. Sicque obdormivit in Domino. NOVICIUS: Puto coelestem fuisse exercitum, qui animam illius simplicis feminae in coelestem deducebant thalamum. MONACHUS: Bene sentis. Unum tamen notare debes, videlicet quod infirmaria equos vidit in cimiterio, moriens vero ascensores in domo. Testis huius visionis est Henricus Prior Praedicatorum in Colonia, qui se eam a praedicti loci Praeposito audivisse commemorat.

INDEX CAPITULORUM.

Distinctio prima de conversione.

I. De institutione ordinis Cisterciensis. 5
II. Quid sit conversio, unde dicatur, et de speciebus eius. . 7
III. De Priore Claraevallis, qui conversus ut aliquid raperet, mirabiliter mutatus est. 9
IV. De novicio in Hemmenrode converso, de quo sanctus David dixit: Non est omnibus datum. 10
V. Quibus occasionibus homines convertantur. 11
VI. De canonico Leodiensi ad praedicationem sancti Bernardi converso, et de angelo, quem in specie monachi vidit confiteri volentis. 12
VII. De Gevardo Abbate, quem dominus Everhardus plebanus sancti Jacobi in Colonia ante conversionem in cuculla vidit. 15
VIII. De conversione Mascelini clerici Episcopi Maguntiae. . 16
IX. De conversione magistri Stephani de Vitreio. 17
X. De conversione Goswini sacerdotis, qui de probatione cum furto fugit. 17
XI. De canonico quodam Coloniensi, qui antequam indueret habitum, resilivit. 18
XII. Item de alio iuvene, qui de probatione gratia solvendorum debitorum extractus, non est reversus. 18
XIII. De conversione Henrici Abbatis. 19
XIV. De miserabili morte Leonii novicii apostatantis. . . . 20
XV. De horrenda morte Benneconis novicii, et quod non liceat noviciis redire ad saeculum post votum. 21
XVI. De conversione Henrici contracti de Claravalle. . . . 22
XVII. De conversione auctoris huius opusculi. 24
XVIII. De Gerlaco de Dinge, occasione cuiusdam sermonis converso. 25
XIX. De conversione Henrici germani Regis Franciae. . . . 26
XX. De conversione cuiusdam, qui alteri ante ostium portae nocte apparuit in specie infantis. 27
XXI. De Theoderico et Bernardo monachis, qui ob visionem unius veniae in sepultura mortui conceperunt conversionem. 28
XXII. De conversione domini Adolphi Episcopi Osinburgensis. 29
XXIII. De conversione Henrici camerarii. 29
XXIV. De conversione Gerlaci sacerdotis. 30
XXV. De Lodewico milite propter votum conversionis sanato. 30
XXVI. De eo quod Deus aliquando differat peccatorem propter poenitentiam, et exemplum de Ezechia. 31
XXVII. De errore Lodewici Lantgravii, et de praedestinatione. 32

XXVIII. Quod quidam convertantur propter paupertatem. . . 34
XXIX. De canonico ob erubescentiam cuiusdam furti converso. 35
XXX. De adolescente, cui sanctimonialis, ab ipso impraegnata, causa fuit conversionis. 35
XXXI. De nobili viro, qui gratia conversionis capitali sententiae subtractus est. 36
XXXII. De conversione Abbatis Morimundi, qui mortuus fuit, et revixit. 36
XXXIII. De clerico nigromantico mortuo, qui viventi socio apparens suasit ordinem intrare. 39
XXXIV. Item de clerico, qui propter poenas Lodewici Lantgravii, quas vidit, ad ordinem venit. 40
XXXV. De conversione Godefridi monachi Vilariensi, et de revelationibus eius. 43
XXXVI. De modo et forma conversionis. 45
XXXVII. De conversione Walewani militis, qui armatus ad ordinem venit. 45
XXXVIII. De humili conversione Philippi Abbatis. 46
XXXIX. De eo quod quidam in conversione ordines sacros celantes propter humilitatem conversi fiant. 46
XL. De mirabili conversione beatae Hildegundis virginis, quae se virum simulaverat. 47
XLI. De vidua Coloniensi, quae in cappa conversi egressa est de civitate. 53
XLII. De conversione Methildis magistrae in Fusinnich. . . 53
XLIII. De conversione Helswindis Abbatissae de Porceto. . . 54

Distinctio secunda de contritione.

I. De contritione, quid sit, unde dicatur, quot sint eius species, quis fructus. 55
II. De monacho apostata, qui in bello confossus, et in confessione contritus, elegit duo millia annorum in purgatorio. 58
III. Item de monacho apostata, qui in miraculo sancti Bernardi contritus, extra ordinem mortuus, et in saeculari habitu sepultus, effossus in tonsura et habitu monachi apparuit. . . 62
IV. De sacerdote qui dixit: Si peccata sunt peccata, nunquam salvabitur anima mea. 64
V. De luxurioso sacerdote, cui columba in die Natalis Domini tribus vicibus sacramentum altaris tulit, et post contritionem restituit. 64
VI. De Hildebrando latrone impoenitente, et poena eius post mortem. 67
VII. De Godescalco usurario, qui sedem igneam sibi in poenis praeparatam vidit. 70
VIII. Quam grave peccatum sit usura. 73
IX. De parabola Lupoldi Wormaciensis Episcopi. 73
X. De scholari Parisiensi, qui ob nimiam contritionem confiteri non potuit, cuius peccata in schedula scripta divinitus sunt deleta. 75
XI. De muliere, quae de filio concepit, quam Innocentius Papa ob perfectam contritionem a peccati poena iudicavit absolutam. 77

XII. De contritione nobilis iuvenis, qui Christum negavit, et per intercessionem beatae Virginis gratiae restitutus est. . 78
XIII. Quid Augustinus sentiat de sera poenitentia. 82
XIV. De Henrico converso, qui peccatum distulerat usque ad mortem. 82
XV. De canonico Parisiensi, qui sacramentis in fine participans, et post mortem cuidam apparens, dixit se ob non veram contritionem damnatum esse. 83
XVI. De milite Remensi, qui in praesentia sancti Bernardi communicans, contritus decessit. 84
XVII. De contritione Philippi Comitis Namucensis *). . . . 86
XVIII. De contrita oratione conventus de Hemmenrode, quae tempore schismatis cor Frederici Imperatoris mutavit. . . 87
XIX. De religiosa femina, quae ter in hebdomada obtinuit monacho lacrimas infra matutinas. 88
XX. Item de femina, quae domino Waltero Abbati Vilariensi impetravit a Domino gratiam lacrimarum. 89
XXI. Item de monacho, qui eidem Waltero eandem gratiam obtinuit. 90
XXII. De monacho, ad cuius lacrimas diabolus respexit, cum cor eius inani gloria extolleretur. 91
XXIII. De clerico, qui puellam Judaeam stupraverat: quem cum Judaei accusare vellent in ecclesia iam contritum, obmutuerunt. 92
XXIV. Item de virgine Hebraea a quodam clerico impraegnata: quam cum parentes parituram crederent Messiam, peperit filiam. 94
XXV. Item de puella Judaea apud Lovaniam baptizata. . . 95
XXVI. De puella in Linse baptizata. 98
XXVII. De clerico, qui dixit Episcopos Alemanniae non posse salvari. 99
XXVIII. De monacho Claraevallis, qui non acquievit recipere Episcopatum. 99
XXIX. De Episcopo Lombardiae, qui ostendit Christiano Episcopo Maguntinensi nomina sibi commissorum in chartula conscripta. 100
XXX. Visio cuiusdam de schismate Romani Imperii, de calamitate Dioecesis Coloniensis, de terra sancta, et adventu Antichristi. 101
XXXI. De contentione sanctorum angelorum cum daemonibus pro anima cuiusdam usurarii contriti. 103
XXXII. De contritione cuiusdam usurarii, quem bufones ex eleemosynis eius orti devoraverunt. 106
XXXIII. De contritione Theobaldi usurarii Parisiensis. . . 107
XXXIV. De pecunia usurarii, quae pecuniam monasterii iuxta se positam devoravit. 108
XXXV. De contritione cuiusdam nobilis ab Henrico Duce Saxonum excaecati. 108

Distinctio tertia de confessione.

I. Quid sit confessio, qualis esse debeat, quae eius sit virtus, quis fructus. 110

*) non, Namurcensis.

II. De clerico, qui stupraverat uxorem militis, quem post confessionem diabolus in stabulo dixit esse iustificatum. . . 112
III. Item de servo alterius militis, qui cum uxore domini sui peccans, et in nemore idem peccatum rustico confitens, a diabolo prodi non potuit. 113
IV. De sacerdote, qui pro illusione nocturna psalmum in confessione iniunctum negligens, in locis genitalibus punitus est. 114
V. De clerico Praemonstratense, qui sine confessione cuiusdam venialis peccati commissi ad obsessum exiens, a daemone notatus est. 115
VI. De virgine, quam daemon in specie viri procabatur; item de viro, cui idem daemon peccata ficte confessa obiecit; et de puella, cuius devirginationem prodidit. 116
VII. Exemplum de miraculis sancti Bernardi Abbatis, qui incubum daemonem a muliere fugavit. 120
VIII. De filia Arnoldi sacerdotis, quam daemon corrupit. . 121
IX. Item de muliere in Briseke, quae moriens confessa est, se sex annis cum daemone incubo peccasse. 121
X. De Johanne Scholastico Prumiae, qui cum daemone fertur concubuisse. 122
XI. De Henrico cive Susaciae, qui a daemone in specie mulieris raptus, et in pasculo depositus, amens effectus est. . 123
XII. Exemplum de Hunis, et de Merlino, et quod in filiis incuborum sit veritas humanae naturae. 124
XIII. De Aleide sanctimoniali in Lancwaden, quae per confessionem a visibili infestatione daemonis liberata est. . . 125
XIV. De sacerdote a diabolo per prophetiam mortis decepto, et per confessionem liberato. 127
XV. De clerico Attrabatensi eiusque sorore, quae de incendio per confessionem liberata est, cum argentarium interfecissent. 130
XVI. De haereticis apud Cameracum per candens ferrum examinatis et combustis, ex quibus unus beneficio confessionis salvatus est. 132
XVII. Item de decem haereticis apud Argentinam examinatis et combustis, quorum unus dum esset per confessionem sanatus ac liberatus, per mulierem deceptus, redivivo incendio damnatus est. 133
XVIII. De milite, qui ob meritum confessionis coram Henrico Imperatore in duello triumphavit. 134
XIX. De fure, qui Coloniae beneficio confessionis mortem evasit. 135
XX. Item de fure, qui ab Episcopo Leodiensi ob versiculum Psalmi centesimi quinti sententiam mortis accepit. . . . 135
XXI. De peregrinis, qui propter peccata unius hominis in mari periclitati, eiusdem confessione sunt liberati. . . . 136
XXII. De quodam Episcopo Angliae, qui moriens propter exemplum noluit confiteri. 138
XXIII. De quodam monacho nostro, qui iam moriens primo plenariam fecit confessionem. 138
XXIV. De confessore, qui cum adolescente peccavit, atque post mortem ad confessionem eundem hortabatur. 139
XXV. De novicio, qui Abbati confessus est in somnis. . . 142

XXVI. De confessione cuiusdam daemonis. 143
XXVII. De eo quod non sufficiat scripto confiteri, nisi in necessitate. 144
XXVIII. Quod confitenti non liceat prodere personam peccati consortem, et exemplum de clerico et sanctimoniali. . . 145
XXIX. De clerico Susaciensi, qui confessus est sacerdoti, se peccasse cum concubina sua. 146
XXX. De Abbate, qui persecutus est monachum, eo quod ex confessione cuiusdam intellexisset, illum scire sua vitia. . . 147
XXXI. Quod liceat in aliquo casu confitenti prodere personam alterius, et exemplum de adulterio. 147
XXXII. De monacho, qui sine ordinibus celebravit, et quod ex sententia Innocentii Papae liceat confessori talem prodere, si noluerit ultro confiteri. 149
XXXIII. Narratio longa et utilis de Simone converso de Alna, eiusque prophetiis. 150
XXXIV. De eo quod confessio, quae fit cum voluntate iterum peccandi, sit inutilis. 155
XXXV. De confessore, qui nummum proiecit in terga confitentis et poenitere nolentis. 156
XXXVI. De Abbate sancti Pantaleonis in Colonia, qui fratri carnali pecuniam ecclesiae suae tribuens depauperavit. . . 156
XXXVII. De duobus mercatoribus in Colonia, quibus in confessione consultum est, ne iurarent et mentirentur, et facti sunt ditiores. 157
XXXVIII. De muliere iracunda, quae propter confessionem sancto Malachiae factam spiritum meruit mansuetudinis. . 159
XXXIX. Qualis esse debeat confessor. 159
XL. De sacerdote avaro, qui duobus sibi confitentibus, uni pro incontinentia, alteri pro continentia, eandem iniunxit poenitentiam. 160
XLI. De avaritia et luxuria sacerdotum. 161
XLII. De matrona, quae pupillo a se nutrito, et in sacerdotem provecto, peccata sua confessa est, et ab illo prodita. 162
XLIII. De matrona, quae confessorem suum ad libidinem incitavit. 162
XLIV. De indiscreto sacerdote, qui sibi confitentibus iniungere solebat poenitentiam anni praeteriti. 163
XLV. Item de plebano, qui pluribus confiteri volentibus, generalem praedicens confessionem, omnibus eandem iniunxit poenitentiam. 164
XLVI. De muliere in confessione se iustificante, cui prudens confessor ostendit plura mortalia peccata habere. 165
XLVII. Quod confessor non debet de ignotis peccatis investigare, et exemplum de virgine in hoc scandalizata. . . 166
XLVIII. De Abbate, qui alterum Abbatem suo exemplo provocavit ad confessionem. 166
XLIX. Item de Abbate, qui cum monachis suis in vase ex industria carnes comedens, eosdem ad confessionem suo provocavit exemplo. 167
L. De peccatore, qui de modica poenitentia gradatim ascendit ad maiorem. 168

LI. De Abbate Gisilberto, qui iracundis in Capitulo parcens, ad satisfactionem ampliorem provocavit. 168
LII. De plebano, qui usurarium et homicidam dulcibus verbis in confessione ad satisfactionem provexit. 169
LIII. De monacho Claraevallis, qui fratrum adiutus orationibus Priori conscientiam suam revelavit. 170

Distinctio quarta de tentatione.

I. De eo quod vita religiosorum sit tentatio; et exemplum de Rege Karlomanno, et de fure a sancto Bernardo a suspendio liberato. 171
II. De septem vitiis principalibus. 173
III. De superbia et filiabus eius. 174
IV. De converso a spiritu superbiae tentato et per angelum per ostensa cadavera mortuorum liberato. 175
V. De casto monacho, quem diabolus dixit se non timere, eo quod esset superbus. 176
VI. De Theobaldo novicio, qui immunditias bibendo motus superbiae restrinxit. 177
VII. De sancto Bernardo Abbate, quem calcios suos inungentem superbiae spiritus subsannavit. 179
VIII. De monacho Montis Cassini, qui in vigilia Paschae, benedicto cereo, translatus est. 180
IX. De clericis superbe cantantibus, quorum voces diabolus in saccum misit. 181
X. De sacerdote signato, quem diabolus, edito sermone a quodam praedicatore crucis, invasit. 181
XI. De vetula, quae per choream verbum crucis a magistro Arnoldo prolatum impediens et irridens, infra triduum defuncta est. 183
XII. De Philippo Rege Francorum, qui nigrum monachum ob stricta calciamenta reprehendit. 183
XIII. De Philippo Rege Romanorum, qui Abbatem ordinis Cisterciensis eadem de causa notavit. 184
XIV. Item de Abbate, qui sedens in equo superbo, Frederico Regi Romanorum propinquare non potuit. 185
XV. De pagano, qui apud Achonem dicebat Christianos propter superbiam et gulam de terra sancta eiectos. . . . 185
XVI. De ira. 188
XVII. De eo, qui conversum propter verbum contentiosum occidit. 189
XVIII. De Priore, cui Christus in cruce nocte per visum apparuit spinis ligatus. 189
XIX. De cellerario, quem crucifixus per visum a se removit, quia durius responderat Priori suo. 191
XX. De scholare, qui tertio die defunctus est, eo quod maledixisset sancto Abrahae. 192
XXI. De milite, cuius filium tonitruum occidit, eo quod ob intemperiem aeris in blasphemiam prorupisset. . . . 192
XXII. De virgine iracunda, quam sepultam ignis ab umbelico et supra devoravit. 193

XXIII. De invidia et filiabus eius. 194
XXIV. De monacho, qui ab altero ob invidiam criminatus et incarceratus est, et gloriose eductus. 195
XXV. De puella, quae invidebat studio consororis. 196
XXVI. Exemplum contra invidiam a magistro Rudolpho prolatum. 196
XXVII. De accidia et filiabus eius. 197
XXVIII. De monacho, quem accidia non sinebat surgere ad vigilias. 197
XXIX. De sacerdote, cui in oratione dormitanti crucifixus dorsum vertebat. 198
XXX. De tentationibus et visionibus Christiani monachi Vallis sancti Petri. 198
XXXI. De Henrico converso Vilariensi, qui graviter tentatus fuit, eo quod non esset filius legitimus. 202
XXXII. De serpente, quem vidit frater Conradus in dorso conversi dormitantis in choro. 202
XXXIII. De converso, cui cattus visus est oculos claudere, cum in choro dormitaret. 203
XXXIV. De Frederico monacho, cui in choro dormitanti diabolus nodum stramineum in oculos iecit. 203
XXXV. De monacho, circa quem in choro dormitantem porci videbantur. 204
XXXVI. De domino Gevardo Abbate, qui monachos in sermone dormitantes per fabulam Arcturi excitavit. . . . 205
XXXVII. De Henrico milite apud nos carenam faciente, et de lapide, in quo dormiebat tempore orationis. . . . 205
XXXVIII. De monacho in choro frequenter dormitante, quem crucifixus in maxilla percussit et exstinxit. 206
XXXIX. De puella reclusa, quae Deum et angelos esse dubitans, de corpore egressa, per spiritum vidit angelos sanctos*) et animas, sicque ad corpus regressa est. . . . 206
XL. De sanctimoniali, quae in fide dubitans et desperans, in Mosellam se praecipitavit. 209
XLI. De converso, qui ex desperatione in piscina se suffocavit. 210
XLII. De sanctimoniali, quae a quodam maligno converso dementata, in puteum se praecipitavit. 211
XLIII. De iuvencula, quae ex tristitia se suspendit, ab amasio suo contemta. 211
XLIV. De adolescente, qui vestibus suis delusis, ex tristitia se suspendit. 212
XLV. De Baldewino monacho quandoque in Brunswich advocato. 212
XLVI. De Scholastico, qui annum probationis complevit in nigro ordine timore silentii. 213
XLVII. De praelato, qui ordinem vocavit tentationem. . . 214
XLVIII. De milite, qui ordinem vitavit timore pediculorum. 214
XLIX. De tentationibus Godefridi Scholastici sancti Andreae in Colonia. 215
L. Item de tentatione Reneri successoris eiusdem. 217

*) sic legendum pro scilicet.

LI. De novicio, qui anno probationis completo, se radi non permisit. 217
LII. De novicio a spiritu blasphemiae tentato, et in contemplatione crucifixi liberato. 218
LIII. De novicio tentato, et per nocturnam visionem duarum viarum ad viam reducto. 219
LIV. Item de Gerardo novicio in Alna, qui per Alleluia in somnis auditum, a tentatione sua liberatus est. 220
LV. De monacho in Ottirburg, qui per versiculum: Diabolus egredietur ante pedes eius, a tentatione apostasiae liberatus est. 221
LVI. De sanctimoniali, quae dum nocte vellet ire ad saeculum, et caput ostio illideret, a tentatione liberata est. . . . 222
LVII. De avaritia et filiabus eius. 223
LVIII. De Caesario milite, qui canonicis Bonnensibus debitam pecuniam negavit, et gressum perdidit. 224
LIX. De monasterio, quod Dominus ob fraudem cellerarii plagavit. 225
LX. De plaga domus Vilariensis. 226
LXI. De Abbate, qui, cellerario suo ob dolum deposito, adversariis bona, pro quibus contendebant, ultro dimisit, et eadem ab eis coactus recepit. 227
LXII. De Ulrico Praeposito Steinveldensi, et converso avaro, quem amovit. 228
LXIII. De Abbate, qui audivit in oratione: Dedisti hereditatem timentibus te, dum timeret abbatiam a potente aedificatam suscipere. 232
LXIV. Quid Episcopus Philippus dixerit, cum domum nostram construeret. 233
LXV. De largitate pauperibus famis tempore a domo Vallis sancti Petri exhibita. 233
LXVI. Item de humanitate, quam domus in Hemmenrode eodem tempore in pauperes fecit, et quod multo plus a Deo recepit. 234
LXVII. Item de claustro Westfaliae, cui Deus expensas pauperibus exhibitas duplo restituit. 235
LXVIII. De claustro ob Abbatis avaritiam depauperato et ob receptionem duorum fratrum, scilicet Date et Dabitur, rursum ditato. 236
LXIX. De femina, quae hospitalitatem Abbatibus Cisterciensis ordinis exhibuit, et ditata est, et eadem exclusa, pauperata. 237
LXX. Quomodo intelligendum sit: Omni habenti dabitur; ei autem qui non habet, etiam quod habet auferetur ab eo. 238
LXXI. De hospitalitate monachorum de Lacu. 238
LXXII. De inhospitali Praeposito nigri ordinis. 239
LXXIII. De gula et filiabus eius. 240
LXXIV. De Conrado scholare, qui propter esum unius pomi, avunculi sui gratia privatus est. 241
LXXV. De servo, qui pixide contra praeceptum domini sui aperta gratiam eius perdidit. 242
LXXVI. De uxore militis, quae tentatione victa paludem a marito prohibitam intravit. 243

LXXVII. De milite poenitente, quem tentatio arboris vetitae exstinxit, sed non superavit. 244
LXXVIII. De tribus granis, quibus Abbas Gisilbertus se condire dicebat pulmenta monachorum. 245
LXXIX. De sermone monachi illiterati ad Henricum Cardinalem Albanensem. 246
LXXX. De clerico, cui Christus panem hordeaceum lateri suo intinctum porrexit. 248
LXXXI. De novicio, quem diabolus formam dimidii panis offerendo decepit. 249
LXXXII. De Arnoldo monacho, cui in choro dormitanti diabolus carnes obtulit. 249
LXXXIII. De converso in missa dormitante, qui lignum pro carnibus rodebat. 250
LXXXIV. De virgine abstinente, cui diabolus anserem obtulit. 251
LXXXV. De converso in cellario comedente carnes. . . . 251
LXXXVI. De gallina, cuius viscera versa sunt in bufonem. 252
LXXXVII. De Hermanno incluso, cui diabolus pro piscibus obtulit stercora equina. 252
LXXXVIII. De Steinhardo proditore, qui per allea cecidit. . 253
LXXXIX. De Florino Praeposito, cui morsellus carnium gutturi infixus est. 255
XC. De cellerario, qui post completorium sitiens, inclinando liberatus est. 256
XCI. De Henrico cognomento Fikere. 257
XCII. De luxuria et filiabus eius. 258
XCIII. De milite converso, quem uxor tempore probationis repetivit. 259
XCIV. De gravi tentatione Richwini cellerarii ob literas sanctimonialis. 260
XCV. De iuvene per verba haec: Diabole, confessor meus praecipit tibi, ut cesses me tentare, a stimulo carnis liberato. 261
XCVI. De tentationibus monachi, qui resistendo coronam meruit imperialem. 262
XCVII. De Bernardo monacho tentato, qui se in somnis vidit eunuchizari. 265
XCVIII. Vita domini Everhardi plebani sancti Jacobi. . . 266
XCIX. De clerico in Susacia ad accusationem adulterae combusto. 270
C. De converso, ad cuius pedes sibi ancilla lectum fecit. . 271
CI. De Praeposito, qui moriens spe convalescentiae cum femina peccavit. 271
CII. De nobili castellana, quae stimulum carnis in aqua restrinxit. 272
CIII. De sanctimoniali in Anglia, quae a suo Provisore tentata est. 273

Distinctio quinta de daemonibus.

I. De eo quod daemones sint, quod multi sint, quod mali sint et hominibus infesti. 274

II. De Henrico milite, qui daemones esse non credens per nigromanticum illos vidit. 276
III. De sacerdote, qui per diabolum a circulo extractus et confractus tertia die mortuus est. 278
IV. Item de clerico, qui apud Toletum dolo diaboli extractus et ad inferos ductus et magistri sui querimoniis reductus, factus est monachus. 279
V. De Hermanno Abbate Loci sanctae Mariae, qui in diversis formis daemones vidit. 281
VI. De Christiano monacho, qui daemones vidit. 286
VII. De daemonibus, qui visi sunt Maguntiae in superba veste feminae. 287
VIII. De sacerdote de Ditkirgen, qui in obitu suo multitudinem vidit daemoniorum. Item probatio quod plures sint mali homines, quam daemones. 288
IX. De daemone, qui dixit se malle cum una anima a se decepta descendere in infernum, quam redire ad coelum. . 289
X. De alio daemone, qui contraria dicebat. 290
XI. De daemone, qui confessus est, se intrasse feminam, eo quod sibi tradita fuisset a marito. 291
XII. Item de puero, quem diabolus invasit, cum ei pater diceret: Vade diabolo. 291
XIII. De obsessa, quae dixit diabolum ligatum tribus verbis canonis. 292
XIV. De obsessa, quae in Insula sancti Nycholai prodidit reliquias. 292
XV. Quomodo daemones sint in hominibus. 293
XVI. De converso Campensi, qui promissione Episcopatus Halberstadensis deceptus, suspensus est. 294
XVII. Item de converso, qui voce cuculi deceptus in apostasia mortuus est. 295
XVIII. De duobus haereticis, qui apud Bizunzium miraculis phantasticis multis deceptis, ibidem exusti sunt. 296
XIX. De haereticis Coloniae combustis. 298
XX. De haeresi Valdosiana in civitate Metensi. 299
XXI. De haeresi Albiensium. 300
XXII. De haereticis Parisiis exustis. 304
XXIII. De haeretico apud Trecas exusto, qui se dicebat esse Spiritum sanctum. 307
XXIV. De haereticis Veronensibus. 307
XXV. De haeretico, qui diabolum dicebat esse principem huius mundi, eo quod mundum creasset. 308
XXVI. De puella, quam diabolus intravit cum esset quinquennis. 309
XXVII. De Theoderico converso, quem diabolus transtulit ultra civitatem Lubech. 310
XXVIII. De Alberone converso, qui diabolum videndo infirmatus est, et quae sit ratio eiusdem defectus. 311
XXIX. De Abbate sanctae Agathae, monacho et converso eius, qui videntes diabolum defecerunt. 312
XXX. De duobus iuvenibus, qui diabolum in specie mulieris videntes infirmati sunt. 315

XXXI. De femina, quae a diabolo in specie servi sibi noti pressa, mortua est. 315
XXXII. Item de muliere de Arc, quae a diabolo amplexata, post paucos dies defuncta est. 316
XXXIII. Item de converso, quem diabolus in specie monialis meridie dormientem complexus, intra triduum exstinxit. . 316
XXXIV. De Thiemone milite, cum quo diabolus nocte tesseribus ludens, viscera eius excussit. 318
XXXV. De homine, qui in Susacia spe diaboli de turri saltans diruptus est. 318
XXXVI. De daemone, qui in specie hominis militi fideliter servivit. 319
XXXVII. De daemone, qui Everhardum militem transtulit Jerusalem. 321
XXXVIII. De daemone, qui non permisit hominem a se obsessum de rapina in quinta generatione gustare. 323
XXXIX. De diabolo, qui visus est seminare discordiam inter duos peregrinos amicos. 324
XL. Item de daemone, qui in specie sacerdotis militem per spineta ducens inimicos illos effecit. 325
XLI. De daemone, qui dixit se seminasse discordiam inter militem et coenobium. 326
XLII. De milite Mengoz, quem diabolus per pavimentum traxit. 326
XLIII. De daemone, qui vineam pro mercede custodivit. . . 327
XLIV. De Eufemia sanctimoniali, quam diabolus infestavit. . 328
XLV. De infestationibus Elizabeth sanctimonialis a diabolo. 330
XLVI. De inclusa, quae per Benedicite liberata est a daemone. 331
XLVII. De Bertrade inclusa. 332
XLVIII. De converso, qui vidit daemonem phantasmata minare in chorum. 333
XLIX. De visionibus Hermanni cantoris. 333
L. De inclusa, quae daemones vidit super scapulas monachorum de Porceto. 334
LI. De monacho a labore caulium recedente, et a diabolo per speciem mulieris mox tentato. 335
LII. Quod diabolus similis sit leoni ad stipitem ligato. . . 336
LIII. De canonico Bonnensi ab eo tentato. 336
LIV. Quod conventum Montis sanctae Walburgis irrisit. . . 337
LV. De sacerdote, quem cum gladio euntem ad ecclesiam diabolus terruit. 337
LVI. De campanario, quem diabolus transtulit in pinnam castri Ysinburg. 338

Distinctio sexta de simplicitate.

I. De virtute simplicitatis. 340
II. De simplici monacho, qui carnes in castro comedendo, pecora monasterii sui reduxit. 341
III. De Christiano Decano Bonnensi, qui Abbati pisam sagimine conditam apposuit in simplicitate. 343
IV. De Godescalco monacho, qui in Sigeberg artocreas sagimine decoctas simpliciter manducavit. 344

V. Vita domini Ensfridi Decani sancti Andreae in Colonia. 345
VI. Item vita domini Hermanni Decani Hildinshemensis Ecclesiae. 356
VII. De simplicitate Werinboldi canonici sancti Gereonis in Colonia. 357
VIII. De simplicitate Christiani cellerarii in Bruwilre. . . . 359
IX. De monacho de Porceto. 360
X. Vita Engilberti caeci. 361
XI. De domino Petro Abbate Claraevallis, in cuius simplicitate adversarii eius compuncti, bonis, pro quibus contenderant, renunciaverunt. 364
XII. De Philippo Rege Francorum, qui in Abbatis sancti Victoris simplici taciturnitate aedificatus, adversarios eius compescuit. 365
XIII. Item de eodem, qui Laudunenses clericos commendavit ob simplicem electi sui praesentationem. 366
XIV. Item de eodem Rege, qui simplicem monachum in Abbatem sancti Dyonisii promovit, praelatis ambitiosis prudenter amotis. 367
XV. De simplici monacho, cui Fredericus Imperator contulit abbatiam occasione acus. 368
XVI. De Abbate, quem Otto Imperator commendavit propter acum. 369
XVII. De monacho, super quem morientem diabolus acum ignitam proiecit, eo quod acum sanus portare contemneret. 369
XVIII. De Abbate, quem inclusa symoniace intrasse dicebat, eo quod electionem suam astute procurasset. 370
XIX. De Mauritio Episcopo Parisiensi, qui se ipsum simpliciter elegit. 371
XX. De astuto Priore, qui personam ob infamiam eiectam elegit, ne sua pars infirmaretur. 372
XXI. De homine, qui sub typo simplicitatis Bonnae plures decepit. 373
XXII. De homine, qui per serpentem punitus est in collo, quia dolose egerat in matrem. 374
XXIII. De Praeposito Parisiensi, quem Rex Philippus vivum infodi iussit, eo quod mortuo dolose vineam abstulisset. 375
XXIV. De fure a patibulo liberato, et denuo suspenso, dum suum liberatorem inique impeteret. 377
XXV. De falso peregrino iusto Dei iudicio suspenso, dum vero peregrino furti crimen impingeret. 377
XXVI. De Bertolpho Palatino de Wittillinbach, cui divinitus praeceptum est, ut hominem primo sibi obviantem suspenderet. 378
XXVII. De Theoderico de Erinportze, qui revoluto anno eadem die, eadem via mortuus est elatus, qua Philippus Rex eius industria fuerat introductus. 379
XXVIII. De Henrico Ratione, cuius praebendam obtinuit is qui eius consilio a Petro Cardinale fuerat intrusus. . . . 380
XXIX. De sacerdote idiota, qui simplicitate verborum suorum coram Innocentio Papa ecclesiam obtinuit. 381
XXX. De simplici oratione conversi, qui minabatur Christo,

quia matri eius conquesturus esset de illo, si non liberaret
eum a tentatione. 382
XXXI. De inclusa, quae Christum quaesivit in foramine, et
invenit. 382
XXXII. De simplici sorore in Kummede, cui in oratione Christus respondit, quod esset in saccello. 383
XXXIII. De passione simplicis Marcadelli. 384
XXXIV. De passione Margaretae virginis Lovaniensis. . . . 386
XXXV. De simplici concubina sacerdotis, quae se ipsam in
fornace exstinxit. 387
XXXVI. De morte Lodewici simplicis monachi. 388
XXXVII. De morte simplicis monialis, quae capram putabat
esse feminam saecularem. 389

CORRIGENDA.

12, 14. Lege: quem in specie.
25, 1. Sic interpungendum: factus, opere ostendi.
26, 27. Ex Vita S. Bernard. IV, 3. p. 902 sic emendandum est: In hoc te nunc scio falsum esse prophetam; hoc enim. Conf. Act. Apost. 12, 11.
28, 19. vix multis precibus obtineret. Verba multis precibus delenda sunt, et pro vix obtineret legendum: obnixe peteret.
32, 29. Pro decidisse haud dubie legendum est cecidisse.
35, 19. Librorum lectio, quam — facta, sanissima est; et eodem modo dicit auctor Vitae S. Bernard. I, 13: „quem noviciorum paraverat in ruinam."
42, 25. contemnens omnem laborem sustinere temporalem. Verbum sustinere debetur librariis, et delendum est.
46, 18. Considerans moram repulsae esse periculosam. Vocabulum repulsae hoc loco ineptissimum est. Lege: arrepto proposito. Compendium scripturae errorem peperit.
51, 3. et ideo sine exemplo. Pro (īo, id est) ideo, legendum (oīo) omnino.
51, 25. Revocanda est librorum lectio loco. Conf. IV, 5.
55, 26. Quandoque addit perfectioni. Haec verba corrupta esse, nemo non videt. Forte legendum: Bene autem additum est, perfectum.
57, 12. contritio meretur. Haec librorum lectio sic emendanda est: contritio operetur.
64, 12. Quare? inquit. Verbum inquit librariis debetur, et delendum est. Conf. VI, 18. 26.
78, 24. Rogo, si nosti. Haud dubie legendum: Rogo, ut si nosti.
78, 36. Pro torneamentis lege tornamentis.
83, 3. Post opera videtur excidisse bona. Conf. VII, 58.
89, 23. Vultis, ego ostendam — a Deo. Haud dubie legendum: Vultis ergo ostendam — a Deo? Conf. Evang. Johan. 18, 39.
96, 12. quod Parcus dicitur. Pro Parcus, si non legendum, certe intelligendum est Parcum, coenobium monialium iuxta Lovanium.
111, 1. Caesarius noster scripsit, non pluralis, sed potius fiducialis.
116, 21. propensius instaret. Procul dubio legendum: impensius instaret.

118, 34. Et estīati sunt. Scribendo Et mirati sunt, minime restitui genuinam lectionem; quae potius haec est: Et testati sunt.
124, 10. Pro Gothorum lege Gottorum. Conf. XII, 13.
154, 10. Interpretatio illius per interpretem, falsissima est.
155, 25. Juxta A legendum: per alium Prophetam, Isaiam scilicet. Nam huiusmodi lapsus haud raro occurrunt apud Caesarium nostrum.
199, 12. poenalitatum ordinatus. Legendum poenalitatum moderatus, iuxta Homil. I. p. 43: „Motus iste aliquando est moderatus, aliquando immoderatns, Quando moderatus, non culpa est, sed poena; si vero immoderatus, poena est et culpa."
199, 15. Auctor scripsit, non ut libri exhibent, quemlibet laborem, sed quemlibet languorem.
203, 9. Pro multa procul dubio legendum multo.
210, 33. Sic interpungendum: quid habetis? unde timetis?
214, 32. Pro emenso iuxta BC lege emerso.
244, 18. Lege afflixisti, iuxta libros et Homil. II. p. 18.
261, 21. Vere, frater Caesari. Sic librarii, sed non Frater Caesarius, qui potius ita scripsit: Vere, frater, crede mihi. Dictantis nomen (Prolog. p. 2) legitur quidem X, 1, sed tantummodo in libris editis, non in scriptis.
262, 19. levius se sensit. Pronomen se, satis inconsiderate a me additum, delendum est.
267, 10. in aure eius. Lege: in aure ei.
276, 9. Pro qui paratus iuxta codices legendum, qui praeparatus.
351, 32. Male emendavi, magis adhuc. Potius legendum, magis hoc, id est, magis quam hoc.
351, 27. Pro tamen perdita fortasse legendum tunc perdita.
356, 6. Pro sanctis; haud dubie legendum scilicet,
364, 18. Lege: placet, et est quandoque.
373, 7. Lege iuxta libros: viis ingredienti.

Menda typographica.

26, 29.	Pro	falcitas	lege	falsitas
64, 16.	„	contentum	„	contemtum
64, 21.	„	disidero	„	desidero
71, 19.	„	Rininge	„	Riningen
105, 16.	„	incoepti	„	incepti
118, 38.	„	B fuisse	„	C fuisse
119, 23.	„	filia tua.	„	filia tua?
129, 25.	„	diobolus	„	diabolus
163, 24.	„	solet	„	solebat
179, 10.	„	clare	„	clara
347, 6.	„	ab- scisas	„	abs- cisas
353, 29.	„	exclamvit	„	exclamavit
356, 34.	„	responderent	„	responderet
365, 13.	„	antem	„	autem

CAESARII

HEISTERBACENSIS MONACHI

ORDINIS CISTERCIENSIS

DIALOGUS MIRACULORUM.

TEXTUM

AD QUATUOR CODICUM MANUSCRIPTORUM EDITIONISQUE PRINCIPIS FIDEM

ACCURATE RECOGNOVIT

JOSEPHUS STRANGE.

VOLUMEN SECUNDUM.

COLONIAE, BONNAE ET BRUXELLIS,
SUMPTIBUS J. M. HEBERLE (H. LEMPERTZ & COMP.).
MDCCCLI.
TYPIS J. S. STEVEN.

DISTINCTIO SEPTIMA
DE SANCTA MARIA.

PROLOGUS.

Praemissis sex distinctionibus, videlicet de conversione, de contritione, de confessione, de tentatione, de daemonibus et virtute simplicitatis, inter sex adhuc superstites primam distinctionem sibi vendicat beata Dei Genitrix Virgo Maria, eo quod ipsa sit dignissimum Ecclesiae membrum. Et hoc non incongrue fieri videtur in septimo loco, quia secundum philosophos septenarius numerus est virginitatis, eo quod infra primum limitem denarium, nullum numerum ex se generet. Quod virgo genuit, supra naturam fuit. Ipsa est enim virga de radice Yesse exorta, quae florem nobis protulit, super quem spiritus septiformis gratiae requievit. Cuius virtutem, ut digna scribere et scribenda possim perficere, suppliciter imploro.

CAPITULUM I.

De his quae beatam Virginem Mariam mystice designant, et de beneficiis humano generi per eam collatis.

JOHANNES in Apocalypsi vidit *mulierem amictam sole, et lunam sub pedibus eius, et coronam duodecim stellarum in capite eius* [1]. Mulier haec Virgo est [2] Maria, sole lucidior fulgore caritatis; luna, id est mundo, superior contemptu gloriae saecularis; omnium virtutum stellis tanquam dyademate gemmato coronata; et quod his dignius est, divino partu fecundata. Hanc designant per exemplum mons,

---

1) Apoc. 12, 1. — 2) BCD est Virgo.

castellum, aula, templum, thalamus et civitas, palma, cedrus, vitis, rosa, et cum istis numerosa nominum nobilitas. Miror in eius designatione virgam floridam, et rubum inter flammas virentem [1]), vellus madidum Gedeonis, thronum eburneum ac deauratum Salomonis, fontem signatum, hortum clausum [2]), et alia quam plurima, quae brevitatis studio sunt omittenda [3]). Sicut enim in creaturis universis matre Creatoris nil est sanctius, nil dignius, nil excellentius [4]), ita eius visione nulla sanctorum visio dignior, nulla iocundior, nulla eminentior.

Cuius preces, ut quidam ait, *vitia,*
Cuius nomen tristia,
Cuius odor lilia, et
Cuius vincunt labia
Favum in dulcedine.
Super nucem sapida, et
Super nivem candida,
Super rosam roscida,
Super lunam lucida
Veri solis lumine.

NOVICIUS [5]): Vere beati [6]) et ter beati, qui tantae Virginis [7]) digni habiti fuerint visione [8]) laetificari, et sermone iocundari, oratione consolari, benedictione confirmari. MONACHUS: Hoc plenius nosces per exempla. Audisti iam ex parte figuras et aenigmata; vis nunc scire qualia et quanta mundus per ipsam consequatur beneficia? NOVICIUS: Nihil plus sitio. MONACHUS: Ipsa est orbis conservatrix, et tribulatorum consolatrix, fida sibi famulantium defensatrix. Per ipsam peccatores illuminantur, desperati ad confessionem reparantur, apostatae a Deo per ipsam Deo mirabiliter reconciliantur, iusti revelationibus consolantur. Nomen eius et memoriale [9]) eius morbos sanat, daemones fugat, vincula solvit, timores pellit, tentationes compescit. Per ipsam pusillanimes confortantur, torpentes excitantur, eiecti misericorditer revocantur. Diligentes se

---

1) ADP urentem. — 2) Numer. 17, 8. Exod. 3, 2. Judic. 6, 37. Reg. III, 10, 18. Cant. 4, 12. — 3) B omissa. — 4) P praecellentius. — 5) in his posterioribus distinctionibus habent libri CP Apollonium et Caesarium interlocutores. — 6) ABD beati vere, CP beati vero. Scripsi vere beati ex Homiliis ineditis (codici A annexis) super Passionem Domini: „Vere beati et ter beati, quibus pervenire dabitur ad illud ultimum pascha." — 7) ACDP add visione. — 8) visione om P. — 9) Isai. 26, 8.

diligit, imo diligendo praevenit et honorat; contemnentes se, quia iusta est, punit et humiliat. Apud ipsam electuaria sunt confortativa, ungenta sanativa. Nomen eius *super mel dulce, et hereditas eius super mel et favum* [1]. Morientibus assistit, mortuorum animas ad vitam perducit aeternam. NOVICIUS: Licet omnia haec credam de illa, vellem tamen eadem mihi exemplis dilucidari [2]. MONACHUS: Quae a viris audivi religiosis, tibi referam, ipsius ut spero oratione adiutus. Quod vero mundus eius meritis precibusque conservetur, binis tibi pandam exemplis.

CAPITULUM II.

De imagine eius, quae sudavit timore divinae sententiae.

Ante hos annos quando validi illi fuere venti atque tonitrua, quorum mentionem feci in distinctione quarta capitulo vicesimo primo, cum in quadam ecclesia provinciae nostrae populus staret, et divina sacerdos celebraret, imago Dei Genitricis tam vehementer sudare coepit, ut astantes notarent et mirarentur, atque ipsae sudorum guttulae [3] peplis matronarum extergerentur. Nutu Dei obsessus eadem hora affuit. Requisitus de causa, respondit: Quid statis admirantes? Filius Mariae manum extenderat ad feriendum, quam si non ipsa tenuisset, mundus iam minime subsisteret. Ecce haec est causa sudoris. Et territi sunt omnes audientes verba tam stupenda. Haec mihi relata sunt a quodam Abbate religioso ordinis nostri, tunc temporis recenter gesta.

CAPITULUM III.

De plaga Frisiae ob iniuriam Dominici corporis.

Parvo post haec emerso [4] tempore, anno videlicet gratiae millesimo ducentesimo decimo octavo, mare in partibus Frisiae terminos suos egrediens, multarum provinciarum terras occupavit, villas delevit, ecclesias lapideas deiecit, tantam hominum extinguens [5] multitudinem, ut summa centum millia transcenderet. Ita exaltati sunt fluctus eius, ut turrium altitudines

---

1) Eccli. 24, 27. — 2) DP delucidari, R elucidari, ut III, 1. p. 111. — 3) CP guttae. — 4) ADP emenso. — 5) CP extinguens hominum.

operire viderentur, et procella procellam impellens, generale diluvium terris minaretur. Et sicut dictum fuit Abbati nostro, cum eodem anno visitationis gratia Frisiam intrasset, quod [1]) fluctus furentes etiam usque [2]) Coloniam pervenissent, si non is qui eos excitaverat, Genitricis suae, ut postea dicetur, precibus compescuisset. NOVICIUS: Nosti causam tantae plagae? MONACHUS: Novi. Friso quidam arte pugil in eadem provincia exstitit, qui quotiens de taberna ebrius rediit, totiens uxorem verberibus et plagis satis tribulavit. Tempore quodam timore mariti infirmitatem simulans, ne simulatio eadem posset notari, corpus Domini sibi dari postulavit. Venienti sacerdoti pugil cum scypho cervisiae ebrius occurrens, bibere eum [3]) monuit. Et cum ille responderet: Corpus Domini porto, non modo [4]) bibam; iratus Friso cum scypho pixidem percussit, et omnes hostias de illa excussit, ita ut per pavimentum dispergerentur. Matronae vero, quae consolationis gratia convenerant, super singulas hostias tanquam stellas radiantes viderunt. Quas sacerdos gemens ac dolens in pixidem recollegit et abiit. Friso vero a Decano provinciae citatus, excommunicatus est, sed non curavit. Qui tandem ad hoc compulsus est, ut cruce pro tanto sacrilegio signatus cum iam dicto sacerdote etiam cruce signato veniret Romam. Cui dominus Honorius Papa culpam confitenti pro poenitentia iniunxit, ut mare transiret, ibique tribus annis in armis Christo serviret [5]). Quid plura? Mare transierunt ambo, et ante Damiatam mortui sunt ambo. Quibus defunctis, cum anno eodem Dominus provinciam terribiliter, ut supra dictum est, plagasset, et causa plagae populum lateret, matronae cuidam valde religiosae, Domino ieiuniis [6]), orationibus, vigiliis et eleemosynis servienti, materterae videlicet domini Witboldi [7]) Abbatis sancti Bernardi, beata Dei Genitrix, lacrimis eius mota, populique miserta, apparens sic ait: Propter iniuriam filii mei in sacramentum corporis eius factam, submersa est Frisia, et adhuc amplius plagabitur, si condigna poenitentia non fuerit subsecuta. Ex quibus verbis colligitur, quod non solum pugilis, sed communibus populi peccatis exigentibus, hoc evenerit. Moxque adiecit mater misericordiae: Leva oculos tuos

---

1) quod om P. — 2) AD usque ad. — 3) eum add D. — 4) AD modo non. — 5) C deserviret. — 6) ABDP in ieiuniis. — 7) CD Wicboldi, B Wiltboldi, P Winiboldi.

contra mare. Quod cum fecisset, contemplata est pixidem a pugile percussam, in summitate fluctuum natantem. Quae cum in tantum approximasset[1]), ut posset cognosci[2]), ait: Ecce corpus filii mei. In loco enim ubi dispersum est, aedificanda est ecclesia, et debet ei tanta exhiberi reverentia, quomodo sepulchro Dominico. Hoc etiam noveris, quod ambo mortui sunt, pugil scilicet et sacerdos. Sed pugil, eo quod sine contritione obierit, sepultus est in inferno; sacerdos vero adhuc tenetur in purgatorio. Retulit tamen nobis Theodericus Prior de Yesse, eundem pugilem, quantum ad signa exteriora, cum proficisceretur, satis magnam habuisse contritionem; sed credendum est beatae Dei Genitrici. Hac visione cognita, dominus Theodericus Episcopus Monasteriensis, ad cuius Dioecesim maxima pars Frisiae pertinet, missis litteris suis per Ydidam sancti Bernardi cellerarium, sicut nobis ipse retulit, sollemnem provincialibus poenitentiam iniunxit. Quod autem insufficiens fuerit, ex hoc probatur, quod anno praeterito denuo punita est Frisia, multis millibus per aquarum inundationes submersis. Matrona quaedam praedives ex praedicti pugilis domo ecclesiam aedificavit. Ex his quae dicta sunt, considerare potes, quam sollicita sit circa hominum salutem beata Virgo Maria, cui tanta cura exstitit de poenitentia. Quod vero tribulatorum sit consolatrix, sequentia declarabunt.

CAPITULUM IV.

De sacerdote idiota, qui a sancto Thoma Cantuariensi degradatus, per beatam Mariam officium suum recuperavit.

Retulit mihi quidam Abbas de ordine nostro, de sancto Thoma Cantuariensi, qui nostris temporibus martyrizatus est, quiddam satis delectabile, quod nec in eius Passione legitur, neque in libris Miraculorum eius reperitur. Cum esset in eius Dioecesi sacerdos quidam idiota, nullam sciens missam nisi de Domina nostra, et illam quotidie celebraret, atque apud eum de hoc accusaretur, prohibitus est ob honorem sacramenti a beato Episcopo, de cetero dicere missas. Qui cum esset in tribulatione et egeret, beatamque Virginem iugiter invocaret, illa ei apparens ait: Vade ad Episcopum, et dic ei ex parte mea, quatenus tibi restituat officium tuum.

---

1) C appropinquasset. — 2) CP agnosci.

Respondit sacerdos: Domina, ego pauper sum et persona despecta, non me audiet, neque mihi patebit accessus ad eum. Beata Virgo subiunxit: Vade, et ego tibi viam praeparabo. Et ille: Domina, non credet verbis meis. Respondit illa [1]: Dices ei pro signo, quod cum tali hora et in tali loco cilicium suum dissutum resarciret, ego illud ex parte una tenebam adiuvans eum. Statimque credet tibi. Mane sacerdos sine impedimento intrans ad Episcopum et beatae Dei Genitricis ei deferens nuncium, cum ille diceret, unde credam te ab ea missum? praedictum signum de cilicio subiunxit. Quo audito, beatus Pontifex stupens simul ac pavens, respondit: Ecce reddo tibi officium tuum, et praecipio tibi ut tantum missam de Domina nostra cantes ac frequentes, oresque pro me. NOVICIUS: Satis miror pietatem Dominae nostrae, quod idiotam depositione dignum sic defenderet, et in [2] ministerio tanto dignum iudicaret. MONACHUS: Hoc actum [3] est ex ineffabili eius misericordia, sicut in sequenti capitulo amplius mirari poteris.

CAPITULUM V.

Item de sacerdote in Derlar idiota et deposito, cui sancta Maria ecclesiam restitui praecepit.

Canonicus quidam sancti Gereonis in Colonia, Harderardus [4] nomine, vir nobilis, oriundus de Merenberg [5], Pastor erat cuiusdam ecclesiae super fluvium Logonam [6] sitae, vocabulo Derlar [7]. Cum esset liberalis, et multa consumeret, nec annui ei redditus sufficerent, putans iam dictae suae ecclesiae vicarium multam habere pecuniam, cogitare coepit, qualiter aliquid extorqueret ab illo. Sciensque prorsus hominem illitteratum, assumpto secum Decano Limpurgensi, in ipsa Dominica infra Epyphaniae octavam, cuius officium difficillimum est, cum se sacerdos praeparasset, ecclesiam tanquam missam auditurus intravit. Expavit ille visis tantis viris. Facta tamen confessione, eo quod ignoraret officium diei, introitum de sancta Maria, scilicet, *Vultum tuum depreca-*

---

1) CP ei. — 2) in add ACD. — 3) B factum. — 4) AD Harderadus. — 5) Merenberg villa Nasgoviae prope Westerburg sita. — 6) Lahn. B Loganam. — 7) B Denar. Videtur esse Dern prope Dietz.

buntur, inchoavit. Quem Harderardus confundere volens, auctoritate curae pastoralis, officium diei incepit, id est, *In excelso throno*. Cui cum sacerdos resisteret, cessit ille, confusum se simulans. Finita missa, cum illum dure satis argueret, diceretque, domine, qualem missam dixistis hodie? et ille responderet, de Domina nostra, nonne bona fuit? adiecit Harderardus: Videte ne unquam de cetero missam dicatis in ecclesia mea. Sicque recessit, alio sacerdote substituto. Et cum egeret pauper ille amotus, compassa ei mater misericordiae, nocte quadam Harderardo, dictis matutinis, in ecclesia sancti Gereonis soli apparens, durius allocuta est dicens: Ut quid repulisti capellanum meum, avaritia tua ad hoc te instigante? Si non celerius eum restitueris, linguae officio a me privaberis. Ille ad pedes eius corruens, et veniam postulans, omnem satisfactionem promisit. Mox mane directo nuncio amotum restituit, mandans, sicut supra dictum est de sancto Thoma, ut missam de sancta Maria quacunque¹) die vellet celebraret, ipsamque pro suis peccatis interpellaret. Adhuc enim idem sacerdos vivit, et praeest cuidam monasterio sanctimonialium, cuius ipse initiator exstitit. NOVICIUS: Bonum est tali servire Dominae, quae sic sibi servientibus subvenit. MONACHUS: Non solum eos a quibus affliguntur monet et corripit, imo etiam quae illorum sunt potenter defendit.

CAPITULUM VI.

De domino Innocentio Papa, quem sancta Maria corripuit per Renerium, cum in ordinem Cisterciensem exactiones facere conaretur.

Tempore illo quo Baldewinus Comes Flandriae cum cruce signatis Constantinopolim expugnavit, dominus Papa Innocentius ordini²) litteris suis mandaverat, ut quadragesimam partem omnium rerum suarum mobilium in succursum terrae sanctae transmitteret. Ordo vero praevilegiis³) sibi ab eius antecessoribus indultis innitens, ne libertatem concessam vertere videretur in servitutem, tam gravi exactioni⁴) subiacere non acquievit. Unde Innocentius furens in tantum ordini in-

---

1) CP quocunque. — 2) C ordini nostro. — 3) ADP privilegiis. — 4) AD exactione.

dignabatur, ut dignitatibus saecularibus indulgere proponeret, quatenus possessiones ordinis sibi usurparent. In proximo vero generali Capitulo Abbates, qui confluxerant, spem suam in beata Dei Genitrice, quae ordinis patrona est et advocata, ponentes, scientes sententiam male conceptam eius precibus[1]) facile posse revocari, speciales pro eadem necessitate usque ad proximum Capitulum orationes iniunxerunt, hoc etiam adiicientes, ut a capite Quadragesimae nudis pedibus de Capitulo exeuntes, septem psalmos cum letania decantarent. Quod et fecimus. Interim beata Dei Genitrix viro cuidam religioso, nomine Renerio, iam dicti Innocentii confessori, apparens, in haec verba eidem mandavit: Tu ordinem Cisterciensem, cuius advocata sum ego, destruere conaris, sed non praevalebis. Et nisi citius de tuo malo proposito resipiscas, ego te et omnem potestatem tuam conteram. Huiusmodi nuncio dominus Innocentius audito, sciens Renerium virum esse sanctum ac veracem, timuit, in tantum de concepto peccato poenitens, ut ordinis praevilegia roboraret, hoc adiiciens, ut primo omnium negotia ordinis in curia expedirentur. Quam indulgentiam cum tam sua bulla, quam omnium Cardinalium subscriptionibus confirmaret, et unus tantum nigri ordinis Cardinalis contradiceret, ita in illum exarsit, ut statim eum amovere minaretur. Cumque in proximo Capitulo patribus nostris haec innotuissent, Christum eiusque Genitricem de tam inopinata mutatione[2]) glorificantes, orationes iniunctas cum gratiarum actione dimiserunt. NOVICIUS: Non miror, si advocatiam suam tam potens Regina defendit. MONACHUS: Verum dicis. Licet enim mater sit misericordiae, non tamen obliviscitur circa immisericordes vindictae.

CAPITULUM VII. *)

De vindicta hostium Loci sanctae Mariae.

Dum nobilis femina domina Aleidis [3]) de Molsberg cum consensu mariti sui Everhardi burgravii quaedam allodia sua per inspirationem divinam ad novam abbatiam ordinis nostri construendam in manus domini Henrici Abbatis nostri libere

---

1) DR add et meritis. — 2) P immutatione. Conf. II, 18. — *) Homil. II. p. 16. Conf. etiam Brower. Antiquit. et Annal. Trevirens. II. p. 125. — 3) Comitissa de Froizbreth. Vide supra V, 5. p. 285.

et sine omni contradictione tradidisset, et ante ipsius mortem domus quae vocatur Locus sanctae Mariae constructa fuisset, viri quidam nobiles ex eius cognatis post eius mortem contra iusiurandum venientes, eandem novellam plantationem querimoniis, minis, rapinis multisque aliis incommodis molestare coeperunt. Sancta vero Dei Genitrix Virgo Maria, eiusdem coenobii domina et advocata, sicut a multis dicebatur, hoc apud filium egit, ut Henricus de Molsberg, qui praecipuus videbatur, obsideretur, et supra vires damnificatus, de proprio castro eliminaretur. De Zegenberg vir nobilis, a quo multum domus praedicta vexabatur, a servo suo satis miserabiliter occisus est. Alius quidam ad eius depraedationem properans, in via crepuit medius[1]). Quam vindictam cum audisset alius quidam nobilis, unus de coheredibus, venit ad locum timore correptus, dicens: Domina mea sancta Maria, sint tua tibi, ego parti meae renuncio. Wilhelmus miles de Helpinstein[2]), ab uxore instigatus, quae se heredem possessionum collatarum dicebat, curtim meliorem invadens, fratres multis expensis gravabat. Interim sacerdos quidam religiosus, confessor eius, nocte quadam in Locum sanctae Mariae se per visum transpositum vidit, et cum quidam ex sacerdotibus celebraturus esset missam, et a supradicto Wilhelmo impediretur, vir quidam nigerrimus fuste illum percussit et occidit. Quem visum cum ei recitasset, asserens eum in brevi moriturum, nisi a vexatione monachorum cessaret, ille stimulis quotidianis uxoris suae se urgeri conquerens, non acquievit consulenti. Citatus litteris papalibus, cum esset in violenta possessione, et iudices cum advocatis iam negotium diutius pertractassent, tandem partibus duos dies praefixerunt, unum amicabilem ad componendum, alterum vero ad litigandum. Qui cum componere non possent, diesque tres adhuc superessent ad litigandum, Johannes de Horicheim in Veteri Monte conversus[3]), proxima nocte vidit se in somnis esse in Loco sanctae Mariae, audiens ipsam Virgi-

---

1) Act. 1, 18. Homilia: „Quidam illorum de suis castris eiecti sunt; alius miserabiliter satis lancea percussus est; alius cum ad damna domus armatus properaret, in via suffocatus crepuit medius. Unde quidam nobilis et ipse heres ad monasterium veniens, iuri suo abrenunciavit, dicens: Video, quod Dominus et beata eius Genitrix imperent pro vobis; non vos amplius inquietabo." — 2) Helpenstein fuit castrum sub Ehrenbreitstein ex opposito Confluentiae. — 3) „spiritum habens propheticum," ut dicit auctor in Vit. Engelb. II, 3.

nem gloriosam clara voce dicentem: Oportet me recedere a loco isto. Dicente converso: Quo ibis Domina? respondit: Ad filium meum, conqueri de Wilhelmo de Helpinstein, qui me non sinit quiescere in hoc loco. Mane vero visionem referens cellerario iam memorati Wilhelmi, subiunxit: Sciatis pro certo, quod dominus vester [1]) cito morietur propter conventum Loci sanctae Mariae. Cui ille subridendo respondit: Non curetis, tamen vellemus esse absoluti ab eo. Qui post dies paucos pede truncatus, poenam solvit [2]) irrisionis. Eadem vero die cum Wilhelmus circa nemus spatiaretur, nisum portans super pugnum, a duobus servis Comitis Seynensis, qui hominem sui iuris captivum ducebant, quem ipse excutere [3]) nisus est, lancea transfossus, animam protinus exhalavit. Eadem hora obsessa quaedam in villa, quae Tris.[4]) dicitur, a castro Helpinstein satis remota, ita coepit saltare, manusque cum cachinno complodere, ut vix a duodecim [5]) posset teneri. Interrogata quid haberet? respondit: Modo in hac hora magister meus acquisivit tres animas. Noveritis Wilhelmum de Helpinstein iam occisum. NOVICIUS: Quae fuerunt illae tres animae? MONACHUS: Occisi et occidentium, sicut coniicio, eo quod animam mortui habuerit in re, alias duas in spe. Non multo post interrogatus diabolus in Briseke de anima eiusdem Wilhelmi, per os alterius feminae respondit: Magister meus habet eam, et propter monachos quos spoliaverat, pice et sulphure illam infudit [6]), usque ad summum replens. Uxor vero quae ad tantum malum instigaverat eum, post breve tempus a praevingno [7]) de castro cum liberis eiecta est. Nam cum sit inexpugnabile, cum scalis nocte intrans illam turpiter eiecit, iniuriam beatae Dei Genitricis vindicans. Ab illo tempore usque hodie monasterium curtim eandem quiete possidet, meritis gloriosae Virginis adiutum. NOVICIUS: Satis

1) C quod noster inimicus, P quod adversarius noster. — 2) B exsolvit. — 3) eripere de manibus illorum servorum. — 4) videtur esse Trisch prope Uckerath. — 5) DR add hominibus. — 6) D infundit, B perfundit. — 7) CP praevigno, B privingio, R privigno. Simili modo auctores medii aevi gingnere pro gignere scribebant. Unde supra IV, 31: „Consuetudo vitium accidiae ex se gignit," iuxta A legendum est gingnit. Homil. ined. „Vitio discordiae etiam nomen Barrabae congruit, propter sonum stridentem, quem duplex . r . in eo gingnit." Quod autem attinet ad syllabam prae, comparetur verbum praevilegiare.

mihi iam probatum est, quod ipsa totius sit¹) orbis conservatrix, tribulatorum consolatrix, fida sibi famulantium defensatrix. Quod autem peccatores per ipsam illuminentur, quod his omnibus salubrius iudico, aliquo mihi ostendi precor exemplo. MONACHUS: Cum homo homini saepe primam obtineat gratiam, multo amplius hoc credendum est de matre Domini.

CAPITULUM VIII.

De Henrico canonico sancti Kuniberti, qui per intercessionem sanctae Mariae conversus est.

Canonicus quidam sancti Kuniberti in Colonia, nomine Henricus²), vita satis saecularis, cum die quadam solus equitaret, nubecula lucida viam ipsam eo intuente transvolavit, vocemque clarissimam de ipsa nube audivit³): *Fiat voluntas tua, sicut in coelo et in terra*. Eratque vox eadem tantae dulcedinis, ut quotiens eius postea recordaretur, lacrimis infunderetur. Cumque vocem hanc coelitus demissam⁴) minus attenderet, vel potius non intelligeret, nocte quadam per visum se stare vidit in capella domus suae ante altare coram imagine beatae Dei Genitricis. Quam cum verbis angelicis solito⁵) salutaret, respondit illa: Ut quid me salutas? Homo perditus es; et⁶) nisi vitam tuam emendaveris, citius⁷) peribis. Ego enim et Benedictus intercessimus pro te. Qui cum secundam hanc admonitionem, dulcedine vitae saecularis abstractus, negligeret, circa tempus sex hebdomadarum tam gravi infirmitate correptus est, ut inungeretur, nec ulla esset spes vitae eius. Tunc demum ad cor reversus, et quid audierit quidve viderit recordatus, fratribus quibusdam Bergensibus ordinis Cisterciensis ad se vocatis se reddidit, qui in proximo Pascha monachus factus, meritis⁸) et precibus beatae Virginis se illuminatum usque hodie gloriatur. NOVICIUS: Cuius fuit vox illa facta de nube, et quis sensus eius? MONACHUS: Quantum ex iam dictis colligitur, beatae Mariae et sancti Benedicti. Orabant enim Christum, ut sicut voluntas eius est in coelo, id est in iusto, ita et eius voluntas, quae semper

---

1) BC sit totius. — 2) de hoc Henrico vide et Vit. Engelb. II, 8.
— 3) DR audivit dicentem. — 4) B dimissam. — 5)
B solito modo. — 6) et om BC. — 7) B cito, AD ocius.
— 8) ACD factus est meritis, P factus est meritisque.

bona est, fieret in terra, hoc est in illo iuvene tunc peccatore. Nec mirari debes, si peccatores per eam illuminantur, quia *secundum nomen eius, ita et laus eius in fines terrae* [1]). Maria enim interpretatur stella maris, sive illuminatrix. Quod vero desperati et contra omnem gratiam indurati, per ipsam ad confessionem et veniam reparentur, praesto sunt exempla.

CAPITULUM IX.*)

De monacho apud monasterium infirmato, quod Trappa dicitur, cui sancta Maria gratiam confitendi obtinuit.

In provincia Pertica [2]) domus ordinis Cisterciensis sita est, quae Trappa vocatur. In hac, sicut mihi retulit dominus Henricus Abbas de Scimenu [3]), asserens sibi recitatum ab Abbate iam dictae domus, contigit quod dicturus sum, tunc temporis recenter gestum. Infirmatus est ibi monachus usque ad mortem. Deputati sunt ei duo monachi ad serviendum. Qui dum simul exissent, et aeger solus iaceret, ingressi sunt duo tetri spiritus, in angulo domus stantes. Complosis autem manibus cachinnantes dicebant ad invicem: Cras hora tertia cum magno gaudio deducemus animam huius ad infernum. Mox infirmus tremere coepit atque pallescere, maxime propter morsum [4]) conscientiae. Commiserat enim ante conversionem peccata quaedam gravia, quae vetante erubescentia confiteri non poterat, neque clericus in saeculo, neque novicius, neque [5]) monachus in monasterio. Pavens vero et circumspiciens, contemplatus est in angulo opposito matronam pulcherrimam, in haec verba daemonibus cachinnantibus respondentem: Nolite nimis gaudere, ego illi dabo consilium, qualiter dentes vestros evadat. Post quod verbum visio omnis, ministris intrantibus, disparuit. Consilium autem intelligens confessionem, matronam vero sanctam Dei Genitricem, quam in tanto periculo ut opinor invocaverat, Priorem vocari fecit, cui omnia sua peccata, meritis beatae Virginis adiutus, plene ac devote confitens, et ut eadem

---

1) Psal. 47, 11. — *) Homil. I. p. 109. — 2) hoc est, Perche, tractus Normanniae, in quo abbatia supradicta haud procul ab oppido Seez sita fuit. — 3) AD Scimenim, P Simenim, C Simentum, B Cunenu. Scripsi Scimenu ex locis VIII, 84. XI, 61. Sed quo in loco fuerit haec abbatia, penitus ignoro. — 4) CP remorsum. Conf. IX, 40. — 5) AB sive.

Abbati, qui tunc absens erat¹), revelaret, supplicans, oleo sacro inunctus, et Dominici corporis sacramento munitus, hora a daemonibus praedicta, sub spe veniae spiritum exhalavit.

CAPITULUM X.

Item de duobus mendicis, in hospitali eius Parisiis aegrotantibus, quos de confessione monuit.

Simile beneficium consecuti sunt duo pauperes Parisiis a beata Virgine, sicut mihi retulit Lambertus monachus noster, qui eodem tempore ibidem dicit se studuisse. Cumque²) collecti fuissent in hospitali, quod situm est ante eius oratorium in Paradiso, viro cuidam religioso, eiusdem hospitalis ministro, ipsa Virgo benignissima, cui cura est de omnibus, apparere dignata est, dicens: Bone, vide ut diligentia ac custodia adhibeatur illis duobus pauperibus³), quia in periculoso statu sunt, et daemones cum multa sollicitudine illos circueunt quomodo eis noceant. Quod cum indicasset sacerdoti, et ille eos ad emundationem⁴) conscientiae hortaretur semel ac secundo, nec proficeret, tandem subiunxit: Miseri, ego novi vos esse in peccatis gravissimis, citoque moriemini, et nisi confessi fueritis, intrabitis gehennam, poenis aeternalibus cruciandi. Illi vero territi, et quod credibilius est, precibus beatae Dei Genitricis illuminati, peccata sua confessi sunt, moreque Christiano decedentes, daemonibus luctum, et sanctis angelis gaudium fecerunt in coelo. NOVICIUS: Valde⁵) laetificant ista. MONACHUS: Non solum peccatores fidem sine operibus habentes, per ipsam, ut probatum est, illuminantur, imo etiam apostatae a fide, quod signum est maioris misericordiae, per eam Christo reconciliantur. De hoc habes manifestum exemplum in distinctione secunda capitulo duodecimo, de iuvene, qui iuxta Floreffiam Christum abnegans, et diabolo se reddens, eius precibus pervenit ad indulgentiam. NOVICIUS: Simile legitur de Theophilo Alexandrino. Quia iam sermo satis⁶) protractus est de beneficiis eius circa peccatores, precor ut etiam⁷) exemplis mihi ostendas, quantis vel⁸) qualibus per

---

1) AD praesens erat, CP praesens non erat. — 2) cumque dictum pro cum enim. Conf. VII, 38. VIII, 54. 77. — 3) pauperibus om BP. — 4) BR emendationem. — 5) D valde me. — 6) ABC satis sermo. — 7) etiam add B. — 8) CP et.

eam iusti revelationibus consolentur. MONACHUS: Quam mirifice iustos sibi servientes sancta Dei Genitrix consoletur, ex paucis quae subiiciam cognoscere poteris exemplis.

CAPITULUM XI.

De Petro monoculo Abbate Claraevallis, cui in ecclesia Spirensi sancta Maria benedictionem dedit.

Causa exstitit, ut quidam ex Abbatibus ordinis nostri pro negotio ordinis ad Henricum Imperatorem filium Frederici mitterentur. Inter quos praecipuus videbatur tam sanctitate quam dignitate, dominus Petrus monoculus Abbas Claraevallis, cuius mentio habita est in distinctione sexta capitulo undecimo. Et quia dominus Cisterciensis in propria persona venire non potuit, Priorem suum pro se misit. Venientibus eis Spiream [1], cum in ecclesia beatae Dei Genitricis, cuius structura stupendae magnitudinis est, orassent, cunctis ocius [2] ab oratione surgentibus, et eiusdem ecclesiae aedificia circumlustrando considerantibus, iam dictus Petrus, cuius cogitatus et delectatio non fuit in aedificiis corruptibilibus, sed in structura Jerusalem coelestis, in oratione perseveravit. Tandem omnibus egressis, cum in porticu ecclesiae a canonicis honorifice fuissent salutati, et cum instantia multa ad prandium invitati, requisitum est a quodam Abbate, in cuius honore ecclesia eadem esset consecrata. Respondentibus clericis, in honore Dominae nostrae; Abbas Claraevallis inconsiderate subiunxit: Et ego sciebam. Quod verbum Prior Cistercii considerans, tunc quidem tacuit, sed mox ut egressi sunt civitatem, eiusdem verbi recordatus, ait Abbati: Domine Abbas, dicite mihi, unde sciebatis Spirense monasterium in honore Dominae nostrae fuisse consecratum? Ille de verbo prolato dolens, respondit: Visum est mihi bene decere, ut tam mirificae structurae patrona foret mater Dei et coelorum Regina. Prior bene cognoscens eius sanctitatem, et quia aliquid sibi in ecclesia revelatum fuisset, ex responsione coniiciens, adiecit: Ego in hac via vicem gero domini Abbatis Cisterciensis, in cuius auctoritate vobis praecipio, ut non mihi dicatis nisi veritatem. Tunc ille obedientia artatus, cum verecundia respondit: Quando prostratus coram altari pro peccatis meis,

---

1) Spiram, Speyer. — 2) BC *citius.*

et viae nostrae negligentiis attentius oravi, ipsa beata Virgo Maria mihi apparens, benedictionem, quam ordo noster super redeuntes de via dicere consuevit, super me dedit in haec verba: Omnipotens sempiterne Deus, miserere huic famulo tuo, et quicquid ei in via subripuit [1]) visus aut auditus malae rei aut otiosi sermonis, totum ineffabili pietate propitiatus indulge, per Christum Dominum nostrum. Haec mihi relata sunt a quodam Abbate religioso ordinis nostri, in cuius domo [2]) idem Petrus saepius visitavit. Ex benedictione enim intellexit, eam ibidem fuisse patronam. NOVICIUS: Felix oratio, per quam tantae Virginis meretur benedictio. MONACHUS: Non solum orantes, sed et psallentes sua benedictione consolari consuevit.

CAPITULUM XII.*)

Item de monachis atque conversis in Hemmenrode, quibus ad vigilias benedixit, Henrico converso inspiciente.

Henricus conversus in Hemmenrode, cuius memini in distinctione quinta capitulo quinto, loquens de daemonibus, saepius, in sollemnitatibus maxime [3]), gloriosam Virginem inter psallentes videre consuevit. Quae nocte quadam, ipso intuente, de choro monachorum veniens, Dei filium ex se natum in brachiis gestans, chorum ingressa est conversorum. Et more Abbatis fratres excitando circuiens, ante quosdam, qui in oratione vigiles erant et devoti, gradum fixit, filium eis ostendens, ac benedicens, devotioni illorum [4]) congratulando. Tepidos autem et dormientes [5]) celerius pertransivit, nil consolationis eis impendens. Singulos vero conversos in illa coelesti circuitione visitatos, nec non et neglectos, praedictus conversus diligenter notavit, singulos domino Hermanno, tunc ibidem Priori, nunc Loci sanctae Mariae Abbati nominatim exprimens. Haec ab eius ore audivi. NOVICIUS: Simile recordor te dixisse in prima distinctione capitulo tricesimo quinto de Godefrido monacho Vilariensi. MONACHUS: Tanta caritate beata Virgo sibi devote famulantes complectitur, ut non solum orantibus, non solum psallentibus, sed et dormientibus benedicat.

1) Gregor. Moral. II, 49, 76: „dum menti ignavia subripit, prudentia frigescit." — 2) C cuius domum. — *) Homil. I. p. 102. — 3) maxime om C. — 4) BC eorum. — 5) AD dormitantes.

CAPITULUM XIII.

Item de eodem converso, et ceteris conversis infirmis, quos noctu visitans benedixit.

Nocte quadam cum conversus praefatus sederet in lecto suo in infirmitorio, et ceteris dormientibus diceret orationes suas, vidit Dominam nostram eandem cellulam [1]) in magna claritate intrantem, monacho quodam, quem nominare nolo, praecedente, matronis duabus subsequentibus. Super cuius caput cum manum posuisset, lectos infirmorum [2]) perlustrans, et dormientibus benedicens, iterum ad eum rediit, manuque super caput eius secundo posita, sic ait: Deus benedicat quicquid hic manet. Sicque egressa est. NOVICIUS: Si sic dormientes noctibus a speculo totius castitatis visitantur, valde decet, ut tam ordinate et tam composite religiosi in lectis suis iacere studeant, ut virgineus aspectus in eis non offendatur. MONACHUS: Juste moveris. Referam tibi de hoc exemplum, quod me audisse recolo a magistro meo in probatione.

CAPITULUM XIV.

Item de monachis, quibus dormientibus benedixit, uno tantum neglecto, quia inordinate iacebat.

Monachus quidam, sicut frequenter contingit, cum nocte quadam dormire non posset, diceretque orationes suas, contemplatus est in dormitorio feminam miri decoris. Quae cum dormientium lectos circuiret, singulis benedixit, uno tantum monacho neglecto, quem non [3]) respicere curavit. Hunc vigilans diligentius notans, cum visio ei fuisset intimata mane, confessus est quod eadem nocte inordinate iacuisset, aliquid sibi de rigore ordinis relaxando. Non mihi dicere potuit magister meus, utrum cingulum deposuerit, vel caligas demiserit [4]), sive tunicam denodaverit. NOVICIUS: Si pro culpa tam modica monachus iste gratia benedictionis privatus est, puto eum dignum esse poena, qui inordinate et impudice iacere dormiens consuevit [5]). MONACHUS: De hoc terribile satis habes exemplum in distinctione quinta capitulo tricesimo tertio,

---

1) B cellam. — 2) D singulorum infirmorum. — 3) B nec. — 4) BCDP dimiserit. — 5) B consueverit.

de converso quem diabolus impudice dormientem, in forma monialis deosculabatur, qui mox infirmatus, infra triduum mortuus est. Dormientes enim et peccare possumus et mereri. Quae enim vigilando cogitamus, sive ad quae movemur, sive bona sint sive mala, eadem nobis saepe per somnia occurrunt. Sicut in cathena cum trahitur et iactatur, pulsus pulsum impellit, ita in dormiente praecedens cogitatio, motus sive consensus opus bonum vel malum inducit. NOVICIUS: Placet quod dicis. Procede nunc de consolationibus iustorum.

CAPITULUM XV.

De eo quod beata Virgo Maria cum sancta Elizabeth et Maria Magdalena praedicto converso apparuit.

MONACHUS: Supradictum conversum Henricum [1] monachus quidam vitae laudabilis, cuius nomen prodere non licet, obnixius rogavit, ut beatam Dei Genitricem pro se interpellaret, cum ab illa visitaretur. Quod cum promisisset, et die quadam dicto completorio in oratorio grangiae, cuius magister erat, pro ipso preces funderet, apparuerunt oranti tres matronae mirae pulchritudinis. Ad quarum decorem dum stuperet, et quaenam essent vel unde venirent, intra se miraretur, una ex eis cogitationibus eius [2] respondit: Ego sum Maria Magdalena; haec est universalis Domina Dei Genitrix Virgo Maria, digito eam demonstrans; tertia vero [3] Elizabeth. Et adiunxit: Tu oras pro monacho illo, nomen eius exprimens, magis enim [4] indiges ut ipse oret pro te. Sicque disparuerunt. Super eiusdem monachi caput, cum adhuc esset Diaconus et Evangelium legeret ad missam, idem conversus columbam vidit descendentem, et usque ad finem lectionis ibidem manentem.

CAPITULUM XVI. [*]

Vita domini Christiani monachi de Hemmenrode.

In eodem Claustro monachus quidam exstitit [5], praedicto Henrico converso contemporaneus, nomine et opere Christianus. Istum multis modis Domina nostra consolari consuevit,

1) AC Henricum conversum. — 2) D suis. — 3) D vero est. — 4) R autem. — *) Homil. I. p. 66. — 5) CP fuit.

secreta sua illi manifestans. Huius beati viri vitam, videlicet qualis ante conversionem fuerit vel post, in quantum scire potui, succincte tibi perstringam. Non alia de illo referam, quam ea quae a religiosis viris, qui eum viderunt et noverunt, mihi dicta sunt. Cum adhuc esset scholaris, et scholas vitans per provincias discurreret, nocte quadam in domo cuiusdam mulieris hospitabatur. Cuius filia cum haberet caput scabiosum, et instaret adolescenti, ut si aliquid contra illum morbum nosset [1]), sibi diceret, asserens multa experimenta scholares scire, et ipse negaret, illaque neganti non crederet, tandem importunitate eius victus, ut se ab ea liberaret, respondit: Accipe barbam Jovis, fuliginem et sal, et fac ex eis ungentum. De quo mox ut filiae tuae caput perunxeris, melius habebit. Quae cum eidem morbo essent contraria, fecit tamen mater, sicut edocta fuit, et puella citius, non propter medicinam, sed propter scholaris simplicitatem ut opinor, plene convaluit. — Alio tempore cum in domo quadam sibi ignota dormiret, et propter necessitatem naturae solis femoralibus indutus surgeret, diabolus in specie nudae mulieris illi occurrens, dorso eius nudo insilivit. Quem [2]) cum nullo conatu de dorso suo [3]) excutere posset, sic usque ad tempus matutinale circumrotando [4]), magnum tam corporis quam mentis patiebatur [5]) defectum. — Ordinatus in sacerdotem, factus est capellanus Comitis Losensis [6]), in castro eius missas celebrans. Filius vero Comitis, sciens illum virum esse simplicem et timidum, ut eum terreret, ursi pelle se circumdedit, et more bestiae super pedes manusque incedens, ad solum in capella sedentem sic venit, rugitus contra illum emittens. Quo viso Christianus territus, et pene extra mentem factus, arrepto cultello, tam valide illum collo iuvenis infixit, ut rueret pene mortuus. Qui cum post [7]) modicum respirasset, timens vitae sacerdotis, ait: Fugite domine Christiane, quia filium Comitis occidisti. Mox ille territus fugit. Et cum venisset ad portam castri, dixit ostiario: Aperi, et sine me fugere, quia filium Comitis occidi. Vides quanta simplicitas? Statim ut haec innotuerunt parentibus et familiae, planxerunt valde. Ad petitionem tamen iuvenis Christianus revocatur, culpa ignoscitur, contra spem vulnera-

---

1) BCP nosceret. — 2) P quam. — 3) B de se. — 4) ACDP circueundo. — 5) ACDP incurrit. — 6) Lossa, le Comté de Lootz, in territorio Leodiensi. — 7) post add B.

tus citius convalescit. Haec mihi retulit beatae memoriae Walterus de Birbech. — Tempore quodam cum commendationem hominis mortui faceret, mortuus ille surrexit. Fugientibus omnibus qui aderant, fugit et ipse Christianus, venitque fugiendo ad fluvium, qui non longe aberat [1]. Quem mortuus sequens clamavit post tergum eius dicens: Domine, est mihi domi aries optimus, tollite illum, et orate pro me. Sicque ad feretrum de quo exilierat reversus, mortuus est [2] et sepultus. — Habebat autem praeter praedictam capellam, ecclesiam legitimam, cuius Pastor erat, ad quam quotiens ire debuisset, fluvium quendam transire habebat. Qui cum minor esset, equo vectore illum transvadabat; cum vero inundasset, navigio transibat. Quodam igitur tempore cum ad fluvium de more accessisset, maiorem quam crediderat reperit. Propter quod cum se et equum ei committere non auderet, et navicula deesset, et paululum quid faciendum esset deliberaret, ecce apparens ei beata Maria Magdalena, apprehendit eum de vestimento supra collum, et in ulteriorem ripam deposuit, ita ut erat in equo sedentem. Laetus itaque ad ecclesiam pervenit, et divina celebrare exorsus est, nullum habens adiutorem, nisi rusticum ecclesiae custodem. Beata vero Maria Magdalena, quae mirabiliter eum illuc perduxit, missae eius interesse non refugit [3]. Nam quotiens se vertebat dicendo: Dominus vobiscum, vidit matronam reverendissimam in oratorio deambulantem. In qua [4] nullum sciens esse mortalium praeter [5] praedictum custodem, eundem missa finita convenit, interrogans, si aliquid vidisset. Ipse autem et se eam vidisse asserebat. — Quia, teste scriptura, dignum est ut *iustus iustificetur adhuc, et sanctus sanctificetur adhuc* [6], considerans venerabilis sacerdos mundi pericula, diaboli tentamenta, carnis incentiva, divina gratia inspirante, mundum deseruit, et religionis habitum in Hemmenrode suscepit. Die quadam in solario probationis in oratione iacens, et de corporis sui imbecillitate, ordinis districtione, poenisque purgatoriis [7] cogitans, taedere coepit. Et mox mirabili quadam virtute animam suam a corpore separari sensit. Vidit et sepulchrum opere mirifico coram se compositum. Et ecce sancta Dei Genitrix

---

1) C habebatur. — 2) C reversus est mortuus. — 3) C defugit. — 4) sic libri. — 5) CP nisi. — 6) Apoc. 22, 11. — 7) BCP purgatorii.

in claritate maxima cum multa turba virginum ,per fenestram eo vidente ingressa est. Dictumque est ei [1]), quod ipsa esset mulier de Nazareth. Quae corpus exanime sacerdotis a capite levans, et Fredericus Imperator, avus huius Frederici, qui hodie imperat, a parte pedum, reverenter illud tumulaverunt. Deinde beata Virgo cum multitudine angelorum obsequentium ad coelestia rediens, animam tumulati, daemonum catervis sequentibus [2]), et massas igneas post eam exsufflantibus, secum duxit, illaesamque custodivit. Ducta tamen ad quendam ignem maximum, edocta est ab angelis, quod post mortem illuc esset reditura et ignem eundem transitura. Repente se corpori restitutam invenit. De modo illius transitionis et causa nemini aliquid dicere voluit. Testatus est autem animam suam ubique fuisse oculatam, et tantae scientiae, quamdiu exuta fuit a corpore, ut post suscitationem caecitatis suae caliginem miraretur. Interrogatus de formis angelorum sive daemonum, respondit, angelos se vidisse in specie puellarum pulcherrimarum, daemones vero in effigie corvorum. Hic recordor dicti cuiusdam, cuius anima nuper educta fuit a corpore, et reversa. Anima, inquit, educta a corpore, quando non est revertenda [3]), reliquas animas sive spiritus angelicos videt sicuti sunt. Quando vero reversura est ad corpus, non ei datur animas sive angelos contemplari, nisi sub aliqua similitudine et liniamentis, propter viventes. NOVICIUS: Satis videtur istud esse probabile. Sed quid significat quod praedictum sacerdotem Domina nostra cum Imperatore Frederico tumulavit? MONACHUS: Sicut mihi retulit praefatus Walterus, qui huius tumulationis solutionem cum maximo labore, et hoc secretissime, ab eo elicere potuit, quantum beata Virgo illum dilexerit, vel quanti meriti apud Deum fuerit, per eandem ei visionem ostendit. Ac si diceret: Nullus in regno terreno Frederico Caesare qui nunc imperat dignior est, nec ipse tamen praestare obsequium sepulturae tuae dignus est. Ita ipse intellexit. Daemones vero in diversis formis saepissime vidit, hominum videlicet, animalium, reptilium, sicut in quinta distinctione memini me plenius dixisse capitulo sexto. — Cum tempore quodam staret inter alios ad psallendum [4]) ad horam sextam, vidit mensam

---

1) ei add B. — 2) B insequentibus. — 3) C reversura.
— 4) B psallere.

in medio chori stantem decentissime praeparatam. Venientes autem tres miri decoris matronae, indumenta sacerdotalia apportaverunt, et explicantes ea super mensam ipsi [1]) praesentaverunt. — Alio itidem tempore cum in initio laudum Psalmus, *Deus misereatur nostri*, decantaretur, vidit dexteram Dei super medium chori dantem benedictionem super conventum. Ob quam causam concessum est fratribus conversis, in minoribus [2]) festis illum Psalmum peraudire. NOVICIUS: Miror quibus meritis vir iste ad tantam pervenerit gratiam [3]). MONACHUS: Virtutibus animae [4]) maxime, caritate videlicet, simplicitate, humilitate et his similibus. In his enim consistit regnum Dei, non in sermone, vel in labore corporali. Praedicare autem seu manibus laborare sine virtutibus modicum [5]) valet. Tantae siquidem fuerat humilitatis, ut si aliquem monachorum obvium [6]) habuisset, complicatis manicis se contraheret, et ne illum veste tangeret, in partem declinaret. Requisitus de hoc, respondit: Ego sum peccator, et non sum dignus ut hos sanctos viros tangam vel tangar ab eis. Duos siquidem filios ante conversionem in iuventute genuerat, non tamen legitime, Henricum videlicet conversum de Vilario, virum sanctum, de quo dictum est in quarta distinctione capitulo tricesimo primo, et Johannem monachum de Claustro, qui adhuc superest. NOVICIUS: Quid est quod maiorem in huiusmodi revelationibus gratiam videmus impendi peccatoribus et lapsis post poenitentiam, quam his qui innocentiam suam servaverunt? MONACHUS: Ubi superabundavit delictum, ibi frequenter superabundat et gratia [7]). Et fit hoc ex ineffabili misericordia Dei, ne videlicet et [8]) lapsi propter peccata commissa desperent, et ne innocentes de sua innocentia superbiant [9]). Sedente me tempore quodam in conventu sanctimonialium ordinis nostri, cum de huiusmodi visionibus conferremus, una ex virginibus dixit ad me: Videte quod Deus talibus secreta sua revelat, et non nobis, unam digito demonstrans, quam non virginem venisse ad ordinem suspicabatur [10]). Cui ego respondi quod iam supra dixi, hoc adii-

---

1) CP ei. — 2) B maioribus. — 3) ACDP gloriam. — 4) ACDP animi; sic et infra. — 5) ACDP ad modicum. — 6) C obviam. — 7) Rom. 5, 20. — 8) et add B. — 9) CP superbiant innocentia. — 10) B suspicaverat. Homil. IV. p. 114: „Audivi quandam sanctimonialem de sorore sua cum Pharisaeo huiusmodi verbis conquerentem: En, inquit, ista, digito illam

ciens: Vos forte eandem gratiam ascriberetis virginitati vestrae, et vult Deus magis vos esse humiles, quam virgines. Bene intellexeram, non sine superbia eam verba huiusmodi protulisse. Quod talium mentes quandoque virtus virginitatis extollat, ex verbis cuiusdam alterius [1]) sanctimonialis tibi plenius ostendam. Certe, inquit, non ero similis ego, quae virgo sum, viduis, quae filios et filias genuerunt [2]). Quantum tamen Deo humilis virginitas placeat, et quam mirifice sua illis secreta revelet, sequentia capitula declarabunt. NOVICIUS: Memini te superius dixisse, meritum magis consistere in virtutibus animae, quam in operibus exterioribus. Ut quid ergo quotidie mortificamur orando, legendo, vigilando, ieiunando, cantando, et manibus nostris laborando? MONACHUS: Haec omnia sine merito vitae aeternae fieri possunt; motus autem virtutum nunquam. Quicquid sine caritate et ceteris virtutibus fit, mortuum est. Audi ergo utilem distinctionem ex Regulis Theologiae, per quam [3]) cognoscere poteris, penes quid meritum consistat. Meritum vero consistit penes gratiam efficaciter, penes liberum arbitrium occasionaliter, penes virtutes formaliter, penes motus virtutum essentialiter [4]), penes opera virtutum, ut est oratio et reliqua paulo ante a te enumerata, instrumentaliter. Plenius tibi hanc distinctionem exponerem, si non ad eas [5]) quae adhuc supersunt huius beati viri visiones festinarem. — Quodam tempore cum graviter infirmaretur, et a ministro ut aliquantisper gustaret rogaretur, dixit quod septem dies transissent, in quibus singulis visitationem Domini nostri et dulcissimae matris eius accepisset, de quorum visitatione tam dulciter esset affectus [6]), quod

demonstrans, quae multis annis fuit in saeculo, multas consolationes, revelationes accepit a Domino. Nos vero virgines, quae ab infantia in monasterio conversatae sumus, nil tale sentimus. Unde tale verbum virgini, nisi ex supercilio Pharisaei?" — 1) B alterius cuiusdam. — 2) Homil. II. p. 33: „Non est diu, quod quaedam sanctimonialis ordinis nostri huiusmodi cogitationibus pulsata, confessori suo dixisse fertur: Bone domine, estne vidua una, quae forte tres vel quatuor liberos genuit in saeculo, et modico tempore laboravit in monasterio, mihi aequiparanda, quae virgo intravi et ab ineunte aetate Domino servivi?" — 3) B quod. — 4) Homil. II. p. 35: „Non ipsis virtutibus meremur, sed motibus virtutum. Cum meritum penes virtutem sit tantum formaliter, penes eius motum consistit essentialiter. Fides virtus est; credere, motus fidei est. Non enim adultus meretur fidem habendo, sed credendo." — 5) ABD ea. — 6) CP refectus.

nullum cibi vel potus haberet appetitum. — Alio itidem tempore cum aegrotaret infirmitate peremptoria, et filio suo praedicto Johanni quasdam visiones recitaret, cognoscens hoc dominus Gevardus, tunc infirmarius ibidem, postea Abbas noster, a quo haec audivimus, ad Priorem cucurrit, et quia dominus Christianus quaedam mirifica filio suo recitaret, nunciavit. Mox Prior ad illum veniens, et coram ipso sedens, si aliquid loqui vellet de confessione, ex industria interrogavit. Cui cum [1]) responderet, confessionem feci; subiunxit: Rogo ut aliquid mihi dicatis ad aedificationem. Tunc ille: Quid [2]) dicam vobis? Jam enim Domina nostra fuit ante me cum filio suo, et quia horas meas ob corporis imbecillitatem dicere non potui, ipsi me iuverunt. Quasdam horas speciales dicere consueverat. Universa haec audivit praedictus Gevardus post tergum Prioris sedens. Interrogatus etiam, qualia haberent vestimenta, respondit: Cucullas sicut et nos. In tali enim habitu se ei ostendere dignati sunt, qualem ille pro eis susceperat. Sicque fine beato decedens, ab ipsis receptus est, a quibus moriens fuerat visitatus, et in aeternis sedibus cum gloria locatus. Amen.

CAPITULUM XVII.

De sacrista de Lucka, qui nocte sanctam Mariam super altare residere conspexit.

Nuper monachus quidam ordinis nostri, Adam nomine, per nos transiens, inter cetera, mirifica quaedam de Domina nostra nobis recitavit, quae in suo monasterio veraciter contigisse testabatur, ex quibus duo statim proferam, reliqua locis competentibus reservabo. Vocatur autem domus eius Lucka [3]), et est sita in Saxonia. Est ibi custos, vir bonus et religiosus. Qui cum nocte quadam oratorium intraret, ante matutinas Dominam nostram tanquam oratorii patronam super altare in multa gloria residere conspexit. De qua visione valde laetificatus est, sperans ministerium suum illi placere. Alio vero tempore cum ostia oratorii reseraret, venissetque ad cancellos, ubi hospitibus stare moris est, diabolum super feretrum, in effigie hominis teterrimi, iacere vidit. Qui cum

---

1) B cum ille. — 2) D et quid. — 3) monasterium Lucka, Lokken, Locheim, tribus fere millibus procul ab urbe Minden fuit.

se signaret, nec ille fugeret, mox ut propius accessit, fantasma evanuit. Tunc ad confusionem diaboli, super ipsum feretrum se composuit, tamdiu in eo iacens, donec septem psalmos poenitentiales decantasset.

CAPITULUM XVIII.

Item de quodam monacho eiusdem coenobii, qui sanctam Mariam ad vigilias circuire, et singulorum monachorum vultus detegere vidit, duobus tantum neglectis.

Alius quidam ex monachis eiusdem loci, vir tanta gratia dignus, nocte quadam Dominam nostram vidit chorum psallentium circuire, et singulorum monachorum vultus detegere, duobus tantum neglectis. Ex quibus unus mox incurrit apostasiam; de altero quid adhuc futurum sit ignoratur.

CAPITULUM XIX.

Item de altero monacho eiusdem claustri, cui beata Maria super altare in aere inter multitudinem sanctorum apparuit.

In eodem coenobio monachus quidam nocte quadam putans in oratorio nolam ad matutinas esse pulsatam, cum multa festinatione surgens, oratorium intravit, veniensque ante presbyterium, circulum nimiae claritatis ad instar yris [1]) formatum in aere super altare conspexit. In quo Dei filium Salvatorem nostrum cum matre beatissima contemplatus est, et circa ipsos ex omni parte multitudinem sanctorum, illorum maxime, quorum in ecclesia reliquiae continebantur. Noverat enim illorum nomina, eo quod quandoque ibidem fuisset sacrista. Nec mihi constat, si idem esset qui supra. Stante eo in loco praedicto, ait Domina nostra duobus angelis: Adducite eum ad me. Quo facto, cum litteras in circuitu coronae beatae Virginis [2]) scriptas legere iuberetur, nec posset, ait illa angelis: Deponite eum ad terram, ibique petens veniam, dicat angelicam salutationem, et reducatur. Quod cum factum fuisset, et adhuc easdem litteras minime legeret, tertio eodem modo depositus et reductus, litteras quidem legere et intelligere potuit, sed ne scripturam ulli hominum proderet, interdictum accepit. Quo ad terram ab angelis deposito, disparuit et [3])

---

1) iridis. — 2) CP beatae Dei Genitricis. — 3) CP haec.

visio. NOVICIUS: Miror si sic Domina nostra visitet perfectas feminas, quomodo viros. MONACHUS: Non est apud ipsam differentia. Femina nata est, omnium [1]) virorum caput Christum ex se genuit. Utrumque sexum consolatur et visitat, utrique sua secreta revelat. Hoc esse verum, magis tibi ostendam exemplis quam verbis.

CAPITULUM XX.[*])

De visionibus nobilis virginis de Quida[2]).

In regno Franciae villa[3]) quae Quido[4]) dicitur, virgo quaedam fuit nobilis et religiosa, sed paralytica. Huic pater suus utpote vir magnus et dives, sacerdotem qui ei divina celebraret instituit, ministros annuosque redditus sufficienter ordinavit. Quae cum orationibus, ieiuniis et divinae contemplationi operam daret, ita illarum dulcedine pasta est, ut omnis cibus corporalis ei in nauseam verteretur, nec aliquid ex eo sumere posset, nisi succum modicum uvarum. Hospitalis erat valde, per quam et spiritum meruit prophetiae. Ordinem nostrum summo honore venerabatur[5]); et hoc ei saepissime contigisse fertur, ut cum aliqui monachorum sive Abbatum ad eius hospitium divertere proponerent, illorum adventum ipsa praesciret, atque in hunc modum hilaris familiae praediceret: Tali ac tali die illi et illi Abbates sive monachi ad nos venturi sunt, praeparate eis necessaria. Quod ita factum est. Visionem quandam mirificam de ordine nostro[6]) videre meruit, quae in ordinis amorem illam plurimum accendit. — Tempore quodam Capituli generalis, de[7]) ipso Capitulo scalam mirae pulchritudinis usque ad coelum vidit erectam, dominumque innixum scalae super Capitulum respicientem. Cuius latera et gradus tanti splendoris erant, ut radios solares[8]) superarent. NOVICIUS: Quid autem tibi significasse videtur haec visio? MONACHUS: Licet omnia quae in eodem Capitulo tractabantur ab Abbatibus, qui ex diversis mundi partibus illuc confluxerant, divina inspiratione fierent, haud dubium tamen quin sancti angeli descendentes et ascendentes[9]), eadem Christo, ob cuius honorem fiebant,

1) B omniumque. — *) Homil. III. p. 37. — 2) sic omnes libri. — 3) B in villa, praeter morem scriptoris; conf. IV, 45. — 4) B Quida. — 5) P reverebatur. — 6) nostro add CD. — 7) CP in. — 8) CP solares radios. — 9) B ascendentes et descendentes, iuxta Genes. 28, 12.

nunciarent. NOVICIUS: Videtur mihi sancta haec virgo in visione hac sancto Jacob Patriarchae aequalis, quem similem visionem in Bethel scriptura vidisse commemorat. MONACHUS: Judicio humano, videtur haec visio illa superior, eo quod illa facta sit in somnis, ista vigilando in excessu mentis. Sequenti Capitulo cum relata fuisset haec visio Abbatibus, exultantes in Spiritu sancto[1]) aiebant: Vere *terribilis est locus iste, non est hic aliud nisi domus Dei et porta coeli.* — Alio tempore cum in die Purificationis Dominae nostrae, clericis aliisque ministris divino nutu absentibus, sola iaceret, intra se tristis dicebat: Modo hic sola iaces, nec aliquid obsequii more Ecclesiae universalis hodie beatae Dei Genitrici impendis. Dum talia in mente volveret, spiritus eius mirabili Dei virtute de corpore eductus, ab angelo in coelestem Jerusalem est deductus. In qua[2]) maximam vidit processionem, ex diversis eiusdem beatae Civitatis ordinibus, Patriarchis videlicet, Prophetis, Apostolis, Martyribus, Confessoribus, Virginibus, ceterisque fidelibus. Ex quibus bini ac bini simul incedebant, et candelas ardentes in manibus gestabant. Antiphonas sive responsoria, ad diem pertinentia, more Ecclesiae militantis, omnes decantabant, stationes debitas observabant[3]). Angelus vero virginis ductor, alteri cuidam virgini, quam noverat esse consimilis meriti, illam sociavit, candelam porrigens ardentem. Tantus erat decor omnium, tanta gloria, in dispari tamen claritate singulorum, ut nulla lingua fari sufficeret. Salvator vero qui caput est omnium sanctorum, splendor gloriae et sol iustitiae, indutus pontificalibus, mitram gestans in capite suo, cum baculo, cyrothecis et anulo et reliquis episcopalibus ornamentis, novissimum locum cum matre tenebat. Cuius pulchritudinem omnis ille coelestis exercitus mirabatur. Qui cum post tertiam stationem inchoasset antiphonam: *Hodie beata Virgo Maria puerum Jesum*[4]), et cetera, ingressi sunt templum ex auro gemmisque constructum. Deinde inceptus est missae introitus, et ab omnibus simul decantatus. Interim Christo introeunte ad altare, postquam expletum[5]) est Kyrieleyson a choris alternatim, post Gloria in excelsis, quod ipse inchoavit, beatus Prothomartyr

---

1) sancto om BD. — 2) B quo. — 3) stationes — observabant om CD. — 4) praesentavit in templo. — 5) B completum, C impletum.

Stephanus Epistolam legit de libro Malachiae Prophetae. Sanctus vero Johannes Evangelista, dalmatica indutus, legit Evangelium secundum Lucam, scilicet, *Postquam impleti sunt dies purgationis Mariae*, et cetera [1]). Quo perlecto, Dominus secundum morem ordinis nostri ad gradum rediit, et ab offerentibus candelas suscepit. Praedicta autem virgo, per spiritum sentiens se ad corpus reversuram, candelam suam offerre noluit, etiam angelo suo praecipiente, volens illam secum ad terras deportare. Quod angelus considerans, candelam in manu eius fregit, superiorem partem auferens, et inferiorem illi relinquens. Sicque ad corpus reversa, partem eandem manu conclusam se retinuisse invenit. De qua plurimae fiebant, et forte usque hodie fiunt virtutes. Nam aquam superfusam infirmi bibunt, et convalescunt. Tam manifesta et tam sublimis erat visio, ut modum eius minime intelligeret, dicens illud Apostoli cum de ea interrogaretur: *Sive in corpore, sive extra corpus, nescio, Deus scit* [2]). Dominus Eustachius Abbas de Claustro, Visitator noster, audiens hanc visionem quibusdam Abbatibus referentibus, desiderio veritatis cognoscendae virginem praesentialiter adiit, et ab eius ore quae dicta sunt audivit. NOVICIUS: Non possum visionem Apostoli huic praeferre, qui se usque ad tertium coelum raptum fuisse testatur. MONACHUS: Nosti quid sit tertium coelum? NOVICIUS: Non. MONACHUS: Primum coelum visio est corporalis; secundum visio spiritualis; tertium visio mentalis. Hac usus est in suo raptu Apostolus, sicut et haec virgo. Quod viderunt, hoc [3]) intellexerunt. Si autem quaeris de loco, primum coelum intelligas aereum; secundum sidereum; tertium empireum. In hoc corpora electorum erunt post resurrectionem gloriosam. Utrum [4]) ad hoc coelum necne corpore rapta sit haec virgo, nescio, Deus scit. — Aliam vero Deus illi ostendit visionem, multo hac excellentiorem. Cum tempore quodam cogitaret de abysso aeternae praedestinationis, et de ineffabili sacramento atque remedio divinae incarnationis, facta in excessu, virginem coram se vidit cristallinam, id est ad instar cristalli perlucidam. In cuius utero contemplata est infantem pulcherrimum, regio dyademate coronatum. Habebat autem idem dyadema quatuor

---

1) Luc. 2, 22. — 2) Cor. II, 12, 2. — 3) C et, P hoc et. — 4) CP verum an.

flores eminentes, qui ea intuente sursum ascendentes, et virginis cerebrum excrescentes [1]), in ramos arboreos profecerunt, et modico spatio temporis emerso [2]), quatuor mundi partes impleverunt. Quorum fructus erant pulcherrimi, odoris eximii, mirique saporis. Et ecce sub ramis eisdem apparuit omne genus humanum a prothoplasto Adam usque ad ultimum qui in fine mundi nasciturus est. Soli vero electi fructus arboris carpebant eisque vescebantur, reprobi autem nihil ex eis contingere vel vesci potuerunt. In qua visione tantam divinitus accepit scientiam, ut postea loquens cum aliquo, mox intelligeret utrum esset praedestinatus, vel praescitus. Si vero praedestinatus, satis cum illo quasi cum concive loqui delectabatur; si autem praescitus, mox se ab eius colloquio liberavit. NOVICIUS: Mira sunt quae dicis. MONACHUS: Si Deus tanta ac talia iustis ostendit in via, quanta putas illis ostendet in patria? Revera, quae *oculus non vidit, nec auris audivit, nec in cor hominis ascenderunt* [3]). — Die quadam cum corporale quod ipsa laverat, panno mundissimo substrato, radiis solaribus per fenestram immissis super genua sua desiccaret [4]), matrona reverendissimi vultus ad illam ingressa, infantem pulcherrimum, quem manibus gestabat, eidem corporali superposuit, et abiit. Quem cum amovere vellet, ignorans quis esset, ait infantulus: Sine me sedere super lintheamen meum; sicque in oculis eius disparuit. Et cognovit, quia Christus esset, qui sub specie panis super sanctum altare eidem lintheo involvi consuevit. Multa alia huic revelata sunt virgini, quae mihi non sunt relata, quae forte ab aliis sunt conscripta. Non est diu, quod ab hac luce migravit, laboris sui ac patientiae mercedem receptura.

CAPITULUM XXI.

De Christina sanctimoniali, quae sanctam Mariam in sua Assumptione coronam de coelo super conventum Vallis sancti Petri demittere conspexit.

In Monte sanctae Walburgis coenobio ordinis nostri, quod duobus milliaribus [5]) distat a Colonia, quaedam sanctimonialis

---

1) Homil. II. p. 28: „qui per bonae vitae sublimitatem et incorruptae famae odorem alios excrescere debent." II. p. 70: „spes mensuram excrescens, generat praesumptionem." — 2) AD emenso. — 3) Cor. I, 2, 9. — 4) B exsiccaret. — 5) ABDP milliariis.

virgo ante annos paucos est defuncta, nomine Christina. Huic Dominus et beata eius Genitrix plurima de secretis suis revelaverunt, ex quibus aliqua, non per ordinem, sed sparsim tibi replicabo. Cum tempore quodam in festivitate Assumptionis gloriosissimae Dominae nostrae visitaret apud nos praedictus Eustachius pater noster, et essent cum eo plures Abbates, in ipsa sacratissima nocte iam dicta virgo de loco nostro visionem vidit huiusmodi. Cum Abbas praefatus dicto Evangelio hymnum, *Te Deum laudamus*, inchoasset, illa stans in choro suo, mentis excessum passa est, viditque coelum super congregationem nostram apertum. Et cum illo in¹) tempore oratorium nostrum totum esset ligneum, utramque eius frontem auream esse conspexit. Sustollens oculos, cum in²) coelum intueretur, gloriosam Dei Genitricem totius ordinis nostri patronam, in sede splendidissima vidit residentem, et circa illam sanctorum multitudinem, quorum aetas circa viginti quinque annos esse videbatur. Cum vero chorus monachorum inclinando devote cantaret, *Sanctus, sanctus, sanctus, Dominus Deus Sabaoth*, ipsa Virgo beatissima devotioni eorum congratulans, coronam mirae pulchritudinis, quales in ecclesiis pendere solent, per cathenam auream super conventum demisit³). Loco autem nodi gemma erat pretiosa nimis ac lucida, in qua scriptum erat, o clemens, o pia, o dulcis Maria. De ipsa gemma tria procedebant brachiola⁴), quae coronam dependentem retinebant. Ex nomine vero Maria, radii quidam exeuntes, nomina monachorum singulorum⁵), eadem hora in choro existentium, quae per circuitum coronae scripta videbantur, illuminabant. In eisdem nominibus magna erat inaequalitas tam in positione quam in claritate, quia secundum qualitatem meritorum erat claritas nominum; et quorundam nomina, qui recentiori tempore venerant, quorundam nominibus videbantur superiora, qui diu in ordine laboraverant. Ex quo colligitur quod merita Domino famulantium non consistant penes spatium temporis, non in labore corporis, sed magis penes fervorem devotionis. Cum autem

---

1) in om BD. — 2) in add B. — 3) B dimisit. — 4) CP brachia. Homil. IV. p. 176: „Nodus vel globus de quo quibusdam brachiolis corona ipsa dependet, rotunditate sua atque nitore solare corpus exprimens, Christum significat solem iustitiae, qui radiis suae gratiae tam Apostolos quam discipulos sibi attraxit, sustentavit, illuminavit." — 5) BP singulorum monachorum.

ventum esset ad illum locum [1]): *In te Domine speravi, non confundar in aeternum*, coronam retraxit in coelum, clara voce dicens: Sicut ego hodie sum in gloria mea, ita isti omnes mecum erunt in aeternum. Cum nihil apud nos de hac visione sciretur, Theodericus de Lureke monachus noster, mane accedens ad Abbatem nostrum dominum Henricum, conquestus est ei quod eadem sanctissima nocte nihil potuisset habere devotionis, antequam ventum fuisset ad praedictum locum hymni, scilicet, *Sanctus, sanctus, sanctus, Dominus Deus Sabaoth*. De quo verbo postea satis mirabatur, cum ei visio recitata fuisset. — Antequam eadem sanctimonialis veniret ad ordinem, essetque nubilis et adulta, die quadam stans ad missam in ecclesia quadam, cum lecto Evangelio campanarius exisset, putans se posse redire ante *Sanctus, sanctus, sanctus, sanctus, Dominus Deus Sabaoth*, et sacerdos expletis secretis dixisset, *Dominus vobiscum, Sursum corda*, et cetera, quae ibi sequuntur, imago Dei Genitricis desuper altare ad singula respondit. Illa novitatem vocis considerans, ut campanarium abesse deprehendit, defectum illum gloriosam Virginem supplevisse per os suae yconae non dubitavit. Ex quo nobis verecundia incutitur, si ibi desides et negligentes fuerimus, cum circa illud ineffabile sacramentum tanta sint sanctorum obsequia. Quod autem gloriosi nominis matris Domini invocatio aegrotis salus sit et medicina, subiecta probabunt exempla [2]).

CAPITULUM XXII.

De Ottone Praeposito Xantensi, qui precibus sanctae Mariae a duplici infirmitate curatus est.

Nobilis vir Otto quandoque Xantensis Praepositus, tempore quodam [3]) adolescentiae suae duplici laborabat infirmitate, febre videlicet acuta, et fistula in locis naturae secretioribus. Quam infirmitatem ob verecundiam medicis [4]) celans, et pro remedio sanitatis Dominam nostram frequenter invocans, febre invalescente desperatus, et depositus [5]), candela more

---

1) AD locum illum. — 2) B iam tibi subiecta probare poterunt exempla. — 3) quodam om B. — 4) R medicos. Homil. II. p. 39: „Hinc est quod quidam, cum transire volunt ad religionem, parentibus vel amicis summopere hoc celant, ne ab illis retrahantur." — 5) depositus de lecto ad terram. Conf. VIII, 30. XII, 5.

saecularium ¹) manui eius impressa, omnibus qui aderant visus est exspirasse. Et ecce beata Virgo, quam invocaverat, spiritui eius visa est adesse cum filio, his verbis eum pro iuvene ²) interpellans: Fili, inquit, da mihi puerum istum. Qui respondit: Mater, tuus sit. Ad quod verbum mox coepit aegrotus, vel, ut contristantibus ³) visum est, mortuus respirare, atque confortari, in tantum ut in lectulum ⁴) suum se iuberet reponi. De febre vero ⁵) per intercessionem beatae Virginis tunc plene curatus, cum adhuc fistula laboraret, tacito morbo per totam civitatem Traiectensem missarum suffragia, maxime de Domina nostra pro sua incolumitate sibi impendi postulavit. Et quia medicinam spiritualem medicinae corporali praeposuit, antequam missae essent percantatae, sacramenti virtus fistulam dirupit ⁶), et sanies erupit. Sicque integraliter sanatus, pro gratiarum actione cruce signatus est. Eodem tempore veniens Vercellis ⁷) domum ordinis nostri, dominum Walterum quandoque magistrum suum, et tunc noviter ibidem conversum, modo Abbatem Vilariensem, ibidem reperit, et salutavit, cui etiam per ordinem historiam suae miraculosae curationis recitavit, hoc adiiciens: Utinam modo non essetis hic, ut simul mare transire possemus. Quem cum interrogasset ⁸) de quibusdam vitiis, quibus illum aliquando subiacere noverat, et si se de illis emendasset, et ille respondisset, non, subiecit: Certe malas gratias ⁹) curatori et curatrici vestrae rependitis. Postea vero schisma propter ipsum in Episcopatu Traiectensi ortum est, et exstitit causa multorum malorum. Haec nobis praedictus retulit Abbas Walterus. Quam medicinale sit nomen Mariae, quodam iocundissimo tibi pandam miraculo.

CAPITULUM XXIII.

De clerico, cui sancta Maria pro lingua ab Albiensibus haereticis praecisa ¹⁰) novam restituit.

Ante hos annos cum catholici contra Albienses haereticos fuissent signati, et iam non modicum ab eisdem iidem essent

---

1) C scholarium. Conf. VIII, 74. — 2) BCD pro iuvene eum. — 3) BCP circumstantibus. — 4) ACDP lectum. — 5) vero add B. — 6) C disrupit. — 7) conf. Remis II, 18. — 8) B aliqua interrogasset. Auctor haud dubie scripsit: adinterrogasset. Conf. VIII, 20. — 9) C grates. — 10) BD praescisa.

haeretici exacerbati, duo honesti clerici per terram illorum transitum facientes, cum ecclesiam vidissent in via desolatam, ait unus alteri: Sabbatum est, intremus ecclesiam hanc, et dicamus missam in honore Dominae nostrae. Portabant enim secum librum, calicem, et indumenta sacerdotalia. Antequam esset missa completa, haereticis proditi sunt. Qui armata manu intrantes, et sacerdotem de ecclesia trahentes, linguam eius radicitus absciderunt. Quem socius cum multo labore Cluniacum¹) deducens, monachis commedavit. Illi vero sicut viri catholici et religiosi, sacerdotem catholicum et notum, propter fidem Christi et Genitricis eius honorem tam crudeliter mutilatum, devote suscipientes, omnem ei humanitatem exhibuerunt. In nocte vero Epyphaniae cum sollemnes decantarentur vigiliae, baculo parietem pulsans ministros advocavit. Qui cum quaererent quid vellet, et ille se in oratorium²) deportari signaret, volentes ei parcere, non acquieverunt. Tandem importunitate eius taediati, in ecclesiam eum ducentes, ante altare quoddam deposuerunt. Qui cum matrem misericordiae tota mentis devotione invocasset, illa ei apparens, et carnem linguae formam habentem in manu tenens, respondit oranti: Quia propter fidem filii mei et honorem mihi exhibitum lingua tua privatus es, ecce novam tibi restituo. Aperi ergo os tuum. Quod cum fecisset, digitis ori eius immissis, radici linguae praecisae³) carnem eandem coniunxit et univit, sicque disparuit. Qui mox cum angelo in vocem laudationis erumpens, clara voce clamavit: *Ave Maria, gratia plena,* usque in⁴) finem. Quam salutationem cum crebrius repeteret, stupentes accurrere ministri, accurrerunt et de choro monachi, de tam puro et tam iocundo miraculo Deum eiusque Genitricem glorificantes. Non immemor collati sibi beneficii clericus, in eodem coenobio factus est monachus. Cum Johannes Scholasticus Xantensis circa idem tempus esset in provincia Albiensium cum exercitu Domini, audiens de tanto miraculo, in reditu Cluniacum venit, iam dictum monachum sibi ostendi petivit et obtinuit, linguam vidit, ab eius ore quae dicta sunt audiens. Sicut nobis retulit idem Johannes, reliqua carne

---

1) Cluniacum, Clugny, celeberrima abbatia ordinis S. Benedicti, in Burgundia. — 2) BC in oratorium se. — 3) BDP praecisae. — 4) B ad.

candidior est, adhuc cycatricem in loco praecisionis [1]) servans. Huius miraculi testis est universus Cluniacensium conventus usque hodie.

CAPITULUM XXIV.

De Adam monacho de Luka per sanctam Mariam a scabie capitis sanato, et de sanitatibus quas operatur in Monte Pessulano, et imagine eius apud Sardanay.

Adam sacerdos et monachus in Lucka, cuius supra memini capitulo decimo septimo, considerans me in huiusmodi miraculis delectari, ex multa caritate mihi de se ipso retulit quod dicturus sum. Cum, inquit, essem puer, ita caput habebam scabiosum, ut prae foetore putredinis eius, mecum sedere vel legere [2]) scholares recusarent. Prima oratio quam didici, salutatio erat angelica, adhuc puerulus satis eam frequentans. Cum apud Monasterium Westfaliae positus fuissem ad litteras, et eundo ad scholas sive ad matutinas, quotidie transirem per quandam ecclesiam conventualem ex necessitate viae, sine intermissione ante oratorium in honore Dei Genitricis dedicatum, cum tribus veniis totidem feci salutationes. Nocte quadam putans ad matutinas fuisse compulsatum, surrexi tremens, et cum venissem ad iam dictum monasterium, essetque oratorium clausum, tribus vicibus secundum consuetudinem genua flectendo Dominam nostram angelico versiculo salutavi. Surgens vero, inveni ostium apertum, et tanta erat in ecclesia claritas, ut fulgori meridiano assimularetur. Quam cum stupidus intrassem, vidi ante maius altare septem matronas pulcherrimas residentes, unam in medio, quae ceteris clarior erat, et sex hinc inde, id est tres a dextris, et tres a sinistris. Media vero me vocans, cum propius accessissem, ait: Bone puer, quare non adhibetur cura capiti tuo? Respondente me: Domina, satis circa me laboraverunt amici mei, sed nihil profecerunt; subiunxit illa: Nosti quae sim? Cui cum dicerem, non domina; respondit: Ego sum mater Christi, et domina huius oratorii. Quia mei memoriam sollicitus [3]) es habere, ego tibi curam adhibebo [4]). Accipe fructus ligni fusilis, et

---

1) BCD praescisionis. — 2) Homil. II. p. 29: „quem proprii genitores ad monasterium tradiderunt, et in ecclesia coepit canere et legere, nec uxorem ducere, nec monasterium deserere poterit." — 3) BP solitus. — 4) DP adhibeo.

fac tibi hodie ex eo lavari¹) caput tribus vicibus ante missam, in nomine Patris et Filii et Spiritus sancti, statimque curaberis. Et adiecit: Accede ad me. Quod et feci. Flectente me coram ea genua, manum super caput meum ponens, ait: Ab hac hora usque ad²) diem mortis tuae non dolebis caput. Mane vero cuidam feminae, quae me nutrivit, omnia haec³) retuli. Quae in vallem proximam descendens, et ostensos fructus colligens, praedicto modo caput meum lavit, statimque convalui. Dolorem vero capitis nunquam ab illa hora passus sum, cum tamen hoc in ordine satis sit miraculosum. NOVICIUS: Ut video medicina beatae Virginis nihil efficacius, nil⁴) salubrius est. MONACHUS: Nec mirum. Ipsa medicum genuit, ipsa medicinam generis humani ex se produxit. Unde scriptum est: *Germinet terra herbam virentem secundum genus suum*⁵), id est Maria Christum hominem. Animatum corpus sumens, de virgine nasci dignatus est. Item expressius in Ecclesiastico: *Altissimus de terra creavit medicinam*⁶), id est ex carne virginis salvatorem. Jesus interpretatur salvator sive salutare. Quia salvator, medicus est, quia salutare, medicina est. Quod Maria terra sit, testis est Isaias, qui dicit: *Aperiatur terra et germinet salvatorem*. Quod de hac terra creatus sit, idem Propheta dicit in persona Patris: *Ego Dominus creavi illum*⁷). Et Apostolus dicit eum *factum ex muliere*⁸). Quid ergo mirum si apud ipsam sunt medicamenta sanitatum, quae hortus est aromatum? *Dilectus meus*, inquit, *descendit in hortum suum*, id est in uterum meum, *ad areolam aromatum*⁹). Considera Rupem Amatoris et alia loca in honore ipsius dicata, et non miraberis, si parata fuerit ad medendum, et efficax ad sanandum. Unde in Monte Pessulano, ubi fons est artis physicae, tantas operatur sanitates in quadam sua ecclesia, ut medici gratiae invidentes, pauperculis infirmantibus et pro remedio sanitatum ad se confluentibus dicere soleant: Ite ad ecclesiam sanctae Mariae, deferte ei lumen, et recipietis sanitatem. Et cum hoc yronice dicant, pauperes ab eis passi repulsam, ad ipsam confugiunt, et sanantur. Numquid non vides quam celerem sanitatem consequantur febricitantes, ieiunium trium sabbatorum

---

1) B lavare. — 2) B in. — 3) haec add B. — 4) B nil — nil, CD nihil — nihil. — 5) Genes. 1, 24. — 6) Eccli. 38, 4. — 7) Isai. 45, 8. — 8) Galat. 4, 4. — 9) Cant. 6, 1.

usque post solis occasum ipsi voventes? NOVICIUS: Video et admiror. MONACHUS: Considera yconam eius in Sardanay [1]), quae in carnem versa oleum sine cessatione stillat. Huius rei testes innumerabiles sunt, qui de eodem loco in instanti venientes, oleum quod in oculis ipsorum de eadem sacra imagine receptum est, tam nobis [2]) quam ceteris religiosis distribuerunt. In quibusdam vero ampullis te teste idem oleum incipit incarnari. Quod virtus nominis Mariae daemones fuget, praesto sunt exempla.

CAPITULUM XXV.

De converso, qui per Ave Maria ab infestatione diaboli liberatus est.

Retulit mihi Walterus de Birbech monachus de Claustro, diabolum cuidam converso ordinis nostri ita fuisse infestum, ut non per signationem, non per aliquam orationem ab illo posset liberari. Visibiliter illi apparens, multis modis eum terruit. Suasum est ei a quodam viro religioso, ut angelicam salutationem contra occurrentem proferret. Quod cum fecisset, malignus spiritus quasi turbine impulsus clamavit: Diabolus dentes ei excutiat, qui te hoc docuit. Sicque liberatus est ab eo.

CAPITULUM XXVI.

Item de inclusa, quae eodem beneficio illusiones diabolicas evasit.

Inclusa quaedam, sicut mihi retulit Subprior noster, qui illam novit, diu a daemone sub specie angeli illudebatur. Non ei data fuerat discretio spirituum. Diabolus saepius falsa quadam circumfusus claritate illi apparuit, et feminam simplicem familiarius alloquens, die quadam in huiusmodi verba prorupit: Nunc venio remunerare te. Requisita eodem tempore a confessore suo quomodo haberet, cum ei responderet, optime; sacerdos sicut vir prudens fiduciam responsionis eius considerans, causam inquisivit. Cui cum confiteretur, quod ab angelo Domini crebrius visitaretur, sciens ille docente Apostolo angelum tenebrarum se transfigurare in angelum

---

1) Sardanay videtur esse abbatia de Sarnay, ordinis Cisterciensis in Gallia. — 2) C Episcopis; conf. VIII, 84.

lucis[1]), respondit: Quando angelus denuo visitabit[2]) te, dices: Rogo, domine mi, ut Dominam meam mihi ostendas. Quod si fecerit, visa ea, genua flectes et dices: *Ave Maria, gratia plena*, et cetera. Et si tunc substiterit, fictio non est; sin autem, scias tibi a diabolo illudi. Quae cum fecisset sicut fuerat edocta, ait diabolus: Ut quid desideras videre illam? Bene tibi sufficere debet praesentia mea. Illa fortiter instante, opere diabolico virgo mirae pulchritudinis se oculis eius obiecit. Qua visa, mox ad pedes eius inclusa se provolvit, et contra fantasma angelicam salutationem proferendo, in turbinem illud resolvit. Quam tamen inimicus evanescens in tantum terruit, ut amens facta, vix post annum dimidium, multorum precibus adiuta, sensum reciperet[3]). Vides nunc quanti sit ponderis nomen Mariae? NOVICIUS: Bene video, et non sine admiratione tam ex praesenti quam ex praedictis exemplis virtutem eius considero. MONACHUS: Invocatio huius nominis non solum corruptores mentium, id est daemones, sed et corruptores corporum, scilicet malos ac libidinosos homines, enervat.

CAPITULUM XXVII.

Item de matrona, quae per eandem salutationem angelicam liberata est ab oppressione adulterii.

Matrona quaedam cuiusdam honesti militis uxor, instinctu diaboli militem alium admisit. Quae post tempus aliquod inspiratione divina ducta poenitentia de crimine doluit, et adultero prorsus contradixit. Ille vero mariti eius absentiam observans, domum illius intravit, et cum solam reperisset, verbis solitis ad crimen solitum eam invitavit[4]). Quod cum illa renueret, vi renitentem[5]) opprimere nisus est. Et cum videret se illi non posse resistere, utpote femina debilis ac delicata fortissimo militi, ad totius castitatis patronam confugit[6]) dicens: Rogo te Domina, per illud sanctum Ave Maria, quatenus in hac hora liberes me. Ad quod verbum virtus omnis in milite defecit et emarcuit, et femina se ab eius amplexibus excutiens, incorrupta evasit. Postea requisita[7])

---

1) Cor. II, 11, 14. — 2) C visitaverit. — 3) C recuperaret. — 4) B incitavit. — 5) B renuentem. — 6) B refugit. — 7) C inquisita.

a milite de causa virium sibi subtractarum, respondit illi: Non mea virtute, sed gloriosi nominis Dominae nostrae hoc actum est. Quod cum audisset ille, territus est, nec amplius adulterii verbum ad illam facere praesumpsit. NOVICIUS: Benedictum sit nomen Mariae. MONACHUS: Quod vincula solvantur eius virtute, etiam [1]) per exemplum tibi ostendam.

CAPITULUM XXVIII.

De Theoderico milite, cuius vincula meritis sanctae Mariae dirupta sunt.

Eodem tempore quo dominus Engilbertus Coloniensis Archiepiscopus aedificavit castrum in Furstinberg contra nobilem virum Gerardum de Brubach [2]), iuvenis quidam miles de eius exercitu, Theodericus nomine, facere sibi volens nomen, ante idem castrum captus est. Diu ibidem incarceratus, cum pecuniam pro sua solutione dare spopondisset, extractus de carcere, positus est in domo superiore [3]). Cui addita sunt vincula, et servi ad custodiam deputati. Habebat enim circa pedes anulos ferreos, et circa brachium eiusdem generis manicam, quae annexa cathena, parieti caute satis erat infixa. Nocte quadam cum esset dormiens inter sex satellites tam se quam reliquos captivos custodientes, et Dominam nostram, nec non et alios sanctos solito invocasset, obdormivit. Et ecce in somnis vidit se transpositum in monasterium nostrum. De quo cum vellet egredi, sedens in equo more femineo necessitate vinculorum, dixerunt ei duo ex monachis nostris, Manegoldus [4]) scilicet et Henricus cognati eius secundum carnem: Nolite egredi, sed revertimini, quia sancta Maria de Hesterbach [5]) liberavit vos. Hoc etiam nomine vocatur domus nostra. Ad quod verbum ille evigilans, gavisus est. Et de visione cogitans, utrumnam vera esset [6]) an fantastica scire volens, mox ut digitos admovit, pedem unum sine omni [7]) difficultate extraxit. Simili facilitate manum a cathena liberavit. Saepius ista tentaverat, sed non profecerat. Cumque ex motu vinculorum unus servorum evigilasset, territus miles, circulum reponere voluit, nec potuit. Tunc primum intelligens, tale

---

1) B etiam solvantur eius virtute. — 2) B Bubach. — 3) D superiori. — 4) B Wanegoldus. — 5) CD Heisterbach. Mox ABDP liberabit. — 6) BP esset vera. — 7) omni add B.

miraculum Dei Genitricis meritis circa se gestum, servo rursum obdormiente, leniter surrexit, et vincula adhuc servans in uno pede, per lintheamen per fenestram se demisit¹), et fugit. Quod dum servus comperisset, clamore fugam eius prodidit; sed manus humana capere non potuit quem virtus divina protexit. Multi eum²) tubis et canibus insecuti sunt, et cum saepius in proximo sub frutectis latitaret, invenire eum non potuerunt. Qui ad nos veniens, eosdem circulos pro gratiarum actione super altare beatae Virginis obtulit, et qualiter eius meritis liberatus sit, nobis per ordinem recitavit. Acta sunt haec anno gratiae millesimo ducentesimo decimo nono. NOVICIUS: Quia eosdem circulos vidi, amplius eidem credam miraculo. MONACHUS: De hoc etiam quod timores pellat nomen Mariae, rem quam nuper audivi tibi referam.

CAPITULUM XXIX.

De sacerdote de Polege, cui sancta Maria apparens timores tonitruorum temperavit.

In Polege³) villa Dioecesis Treverensis sacerdos quidam parochiam regit, vir secundum suam possibilitatem multae hospitalitatis, atque laudandae castitatis. Adhuc enim corpore virgo est. Die quadam quendam⁴) ex conversis nostris hospitio recipiens, ait ad illum: Ordinem vestrum plurimum diligo, quia multum boni mihi contigit per eum. Antiphonam illam gloriosam, scilicet, *Salve regina misericordiae*, ab illo habeo, et quid mihi propter illam contigerit, ad aedificationem vobis enarrabo. Ad omnes horas meas illam dicere consuevi. Cum die quadam campum brevem transirem, quandam visitare inclusam, iuxta ecclesiam solitariam habitantem, orta sunt tonitrua tam valida, ut ictus ictui succedens, vires ambulandi mihi adimerent⁵). Veniens tandem⁶) cum multo labore simul ac timore ad ecclesiam, ipsam intravi, et coram altari me prosternens, pro ipsa tempestate Dominam nostram interpellavi. Et ecce matrona virginei vultus magnique decoris de altari ad me veniens, cum admirarer quaenam esset, illa prior me allocuta est dicens: Quia antiphonam, *Salve regina misericordiae*, libenter ac frequenter decantas, nunquam

---

1) BCDP dimisit. — 2) BDP enim. — 3) Polch prope Mayen. — 4) B unum. — 5) CP adimeret. — 6) C tamen.

tonitrua neque fulmina, quorum timore saepius affligeris, te laedent. Sicque ad altare rediens, in oculis meis disparuit. Et statim intellexi, quia ipsa esset clemens illa, pia ac dulcis Maria. Ab illa enim hora usque hodie a timore praedicto tempestatum, quo nimis afficiebar, meritis beatae Virginis liberatus sum. NOVICIUS: Quantum ex hac visione colligo, videtur quod in sequentiis, cantilenis et hymnis aliisque cantibus in eius honore dictatis, plurimum delectetur. MONACHUS: Hoc certum est, si tamen humiliter et devote eis [1] laudetur.

CAPITULUM XXX.

De beata Elizabeth de Sconavia, quae ad illum versiculum: Audi nos, et cetera, vidit sanctam Mariam flexis genibus Christum pro conventu orare.

Tempore quodam, sicut ex relatione religiosorum didici, cum conventus sanctimonialium in Sconavia [2] sequentiam: *Ave praeclara maris stella*, in quadam sollemnitate sanctae Dei Genitricis decantaret devotissime, venerabilis virgo Elizabeth, tunc ibidem magistra, mentis excessum passa, ad illum versiculum: *Audi nos, nam te filius nihil negans honorat*, vidit Dominam nostram flexis genibus pro eodem conventu preces fundentem. Ab illa enim die usque hodie ex institutione iam dictae Elizabeth idem conventus ad eundem versiculum, cum sequentia decantatur, veniam petere consuevit.

CAPITULUM XXXI.

Item de clerico, cui ad illum versiculum: Ora Virgo, sancta Maria panem in os misit.

Apud monasterium sancti Crisantii scholasticus quidam fuit nomine Daniel, pueros illic instruens [3]. Huic consuetudo fuit, diebus singulis eiusdem ecclesiae criptam intrare, et coram altari flexis genibus praedictam sequentiam in eius honore decantare. Hoc cum per aliquod tempus actitasset, et ad illum versiculum: *Ora Virgo nos illo pane coeli dignos effici*, semper surgendo veniam peteret, die quadam beata

---

1) C cum eis, D in eis. — 2) Sconavia, Schönau, coenobium monialium Dioecesis Herbipolitanae, ad fluvium Jaxt. — 3) CP instituens.

Virgo super altare stans illi apparuit, et panem parvulum nive candidiorem manu tenens, ut os aperiret praecepit. Quem cum ori eius immisisset, tantam ex eo [1] sensit dulcedinem, ut omne mel et favum superaret. Juvenem hunc dominus Daniel Abbas Sconaviae [2] bene novit, qui mihi et ipsam visionem recitavit. Vis nunc scire, quia nominis eius invocatio etiam tentationes compescat? NOVICIUS: Hoc scire necesse est, quia tentationes nos frequenter molestant. MONACHUS: Dicam tibi quod audivi ab Abbate nostro, et ipse se hoc didicisse veraci relatione testatur.

CAPITULUM XXXII.

De milite propter domini sui uxorem tentato, quem sancta Maria per osculum liberavit.

Miles quidam aetate adolescens, cum quodam milite divite domino suo a quo beneficiatus erat, habitabat. Et licet aetate floreret, amplius tamen florebat virtute virginitatis [3]. Invidia operante diaboli, ab uxore domini sui gravissime coepit tentari. Qui cum per annum eadem incessanter tentatione laboraret, iamque ei intolerabilis esset, submota verecundia, dominae suae quid pateretur aperuit. A qua repulsam passus, amplius affligebatur. Casta enim erat matrona, et viro [4] suo fidelis. Veniens ad quendam heremitam, de cuius consilio totus pendebat, passionem suam illi cum lacrimis confessus est. Cui vir sanctus fiducialiter respondit: O [5] nihil aliud nocet tibi? Ego tibi dabo consilium [6], ut desiderium tuum consequatur effectum. Per annum istum singulis diebus si fieri potest in ecclesia Dominam nostram Dei Genitricem Virginem [7] Mariam centies cum totidem veniis angelico versiculo salutabis, et quicquid volueris, per illam impetrabis. Sciebat enim quod castitatis amatrix iuvenem castum licet in errore positum, non desereret. Cumque iuvenis in multa simplicitate Dominae nostrae iniunctum obsequium impenderet, die quadam sedens in mensa domini sui recordatus est, quia dies eadem terminus esset anni. Et statim surgens equum

---

1) C in eo. — 2) Sconavia, Schönau, abbatia Dioecesis Wormaciensis, prope urbem Heidelberg. Conf. I, 40. p. 50. — 3) B castitatis. Conf. VII, 16. 54. — 4) C marito. — 5) C o si. — 6) C bonum consilium. — 7) Virginem add B.

suum ascendit, vicinamque intrans ecclesiam, orationes solitas explevit ¹). Qui cum exiret de ecclesia, vidit matronam pulcherrimam, omnem decorem humanum transcendentem, equum suum per frenum tenentem. Miranti quaenam esset, illa respondit: Placetne tibi species mea? Dicente milite, nunquam pulchriorem te vidi; illa subiunxit: Sufficeret tibi si me posses habere uxorem, necne ²)? Cui cum responderet: Cuilibet Regi bene sufficeret species tua, et beatus iudicaretur tuo consortio ³); subiecit illa: Ego ero uxor tua. Accede ad me, et da mihi osculum. Et coegit eum. Dixitque: Modo initiatae sunt nuptiae, et in tali die coram filio meo perficientur. Ex hoc ⁴) verbo cognovit eam esse matrem Domini, cuius castitas humanae congaudet integritati. Apprehendensque strepam equi eius, ut ascenderet praecepit, cuius auctoritate miles pressus, obedivit. Ab illa hora ille ⁵) tam plene a tentatione praedicta liberatus est, ut etiam uxor domini sui miraretur. Haec ⁶) cum heremitae recitasset per ordinem, ille Genitricis Dei pietatem simul et humilitatem admiratus, respondit: Ego interesse volo diei nuptiarum tuarum. Interim de rebus tuis disponas. Quod cum fecisset, et heremita venisset ad diem praefixum, dixit iuveni: Sentis aliquid doloris? Respondente illo, non, cum secundo post horam id ipsum ab eo sciscitaretur, respondit: Modo sentio. Qui post paululum agonizans, spiritum exhalavit, et coelestem thalamum promissas nuptias celebraturus intravit.

CAPITULUM XXXIII.

Item de sanctimoniali, quam per alapham sanavit, cum in amore cuiusdam clerici esset accensa.

Quaedam sanctimonialis virgo a quodam clerico verbis luxuriosis stimulata, in tantum flante Behemoth, cuius *anhelitus etiam prunas ardere facit* ⁷), succensa est, ut corde et ore petitioni eius consentiret, promittens quod dicto completorio veniret ad locum condictum. Erat enim custos ecclesiae. Dicto completorio cum conventus ascendisset dormitorium, et illa exire vellet de oratorio, in ipso ostio Christum manibus

---

1) C complevit. — 2) necne add ABD. — 3) BCD consortio tuo. — 4) ACDP quo. — 5) CP ab illa hora, AD ab hora illa. — 6) C hoc. — 7) Job 41, 12.

in cruce expansis stare conspexit. Cui cum egressus non pateret¹), ad ostium quod erat in opposito cucurrit. Ita succensa fuerat in amore clerici, ut pene rationis expers, quid circa se divinitus ageretur, minus adverteret. Quid plura? Omnes ianuas adiit, et crucifixum in omnibus invenit. Tunc primum ad se reversa, et territa dixit: Forte voluntas Dei non est, ut usquam vadas²). Solita fuerat eadem virgo singulis diebus specialem quandam orationem dicere de passione Domini, quam Dominus in tanto periculo remuneravit visione tam utili. Quae tremens ante imaginem beatae Dei Genitricis se prostravit, de peccato suo veniam postulans. A qua cum imago faciem averteret³), et illa obnixius supplicatura propius accederet, imago maxillam eius manu percussit, dicens: Quo vis ire fatua? Vade in dormitorium tuum. Tam fortis erat alapha, ut in terram ruens sic iaceret usque ad tempus matutinale. Cumque signa in dormitorio sonarent, et illa in oratorio non pulsaret, putantes eam esse in oratione, vel pressam sopore, intrantes et in multo defectu illam reperientes, postquam refocillata loqui potuit, omnia quae circa se gesta sunt, ad honorem Dei consororibus suis recitavit. Licet gravis esset alapha, prorsus tamen a tentatione per illam fuit liberata. Durus morbus duram requirit medicinam⁴). NOVICIUS: Valde accendere debet sexum virilem in amorem⁵) Dominae nostrae, quod in milite tentationem compescuit ipsum deosculando, in femina maxillam eius feriendo, cum tamen⁶) utriusque voluntas mala fuerit ac perversa. MONACHUS: Per hoc enim ostendit, quod sexum nostrum non abhorreat, imo aeque ut femineum diligat. Magis etiam decet, ut domina ancillam peccantem castiget, quam servum. NOVICIUS: Placet quod dicis. MONACHUS: Referam tibi aliud benignitatis eius indicium, adhuc isto gloriosius.

CAPITULUM XXXIV.

Item de Beatrice custode.

In monasterio quodam sanctimonialium, cuius nomen ignoro, ante non multos annos virgo quaedam degebat nomine Bea-

---

1) B egressus pateret minime. — 2) B vadam. Conf. IV, 56. — 3) ABDP verteret. — 4) B durum — medicamentum. — 5) BC amore. — 6) tamen add D.

trix. Erat enim corpore speciosa, mente devota, et in obsequio Dei Genitricis ferventissima. Quotiens illi speciales orationes sive venias secretius offerre potuit, pro maximis deliciis reputavit. Facta vero custos, hoc egit tanto devotius, quanto liberius. Quam clericus quidam videns et concupiscens, procari coepit. Illa verba luxuriae spernente, istoque tanto importunius instante, serpens antiquus tam vehementer pectus eius succendit[1]), ut flammam amoris ferre non posset. Accedens vero ad altare beatae Virginis patronae oratorii, sic ait: Domina, quanto devotius potui, servivi tibi, ecce claves tuas tibi resigno, tentationes carnis diutius sustinere non valeo. Positisque super altare clavibus, clam secuta est clericum. Quam cum miser ille corrupisset, post dies paucos abiecit. Illa cum non haberet unde viveret, et ad claustrum redire erubesceret, facta est meretrix. In quo vitio cum publice quindecim annos transegisset, die quadam in habitu saeculari ad portam venit monasterii. Quae cum dixisset portario, nosti Beatricem quandoque huius oratorii custodem? respondit: Optime novi. Est enim domina proba ac sancta, et sine querela ab infantia usque ad[2]) hanc diem in hoc monasterio conversata. Illa verba hominis notans, sed non intelligens, dum abire vellet, mater misericordiae in effigie nota ei apparens ait: Ego per quindecim annos absentiae tuae officium tuum supplevi; revertere nunc in locum tuum, et poenitentiam age, quia nullus hominum novit excessum tuum. In forma siquidem et habitu illius, Dei Genitrix vices egerat custodiae. Quae mox ingressa, quamdiu vixit gratias egit, per confessionem circa se gesta manifestans. Quod pusillanimes per eam confortentur, subsequens ostendit exemplum.

CAPITULUM XXXV.

De milite in vigiliis deficiente, quem sancta Maria in visione confortavit.

Miles quidam iuvenis ac delicatus in Hemmenrode ante annos paucos[3]) est conversus, vocabulo Henricus. Factus monachus, cum die quadam a quodam commilitone suo[4]) requireretur, quomodo ei ordo placeret et quomodo haberet, re-

---

1) C accendit. — 2) C in. — 3) BP paucos annos. — 4) D suo commilitone.

spondit: Optime mihi placet ordo et bene habeo, sed per tempus valde male habui. Interrogatus de causa, quia hominem dilexit et aedificare voluit, subiunxit: Quando primo conversus sum, ita erant mihi graves sollemnes vigiliae, ut quotienscunque oportebat me ire ad matutinas, timore ac taedio illarum tam corpore quam corde tabescerem. Nocte quadam defectum passus, cum stare non possem, a Priore de choro sum eductus, et in sede infirmorum positus, converso ad custodiam mihi deputato. Mox in extasi factus, contemplatus sum dominam clarissimam, quam diversi ordinis personae praecedebant, per viam quae erat inter me et chorum, incedentem. Habebat enim in capite coronam diversorum colorum, et erat more Judaico velata. Cumque mihi propinquasset [1]), quasi ex necessitate me tangens, veste percussit, et ecce subito confortatus, ita omnis praedicta tentatio conquievit, ut ab illa hora deliciae mihi sint ire ad matutinas. Spero quod Domina nostra fuerit, quae pusillanimes confortat, ne tentationi succumbant. De his a me requisitus idem Henricus, non negavit. Quod vero torpentes ad devotionem excitet, habes exemplum in distinctione quarta capitulo tricesimo de Christiano monacho nostro, quem in oratorio dormientem [2]) tetigit dicens: Non est hic dormitandum, sed orandum. NOVICIUS: Bene recordor huius capituli. MONACHUS: Quod vero pro suis vitiis de ordine eiecti, beatae Virginis misericordia revocentur, sequens sermo declarabit.

CAPITULUM XXXVI.

De Henrico monacho eiecto, qui meritis beatae Mariae receptus est.

Eodem tempore quo Daniel monachus in Hemmenrode, vir simplex et rectus, ultimam incidit infirmitatem, laborabat in eadem domo ydropisi alius quidam monachus Henricus nomine, ordine sacerdos, non tamen adhuc lecto decumbens, sed ambulare vix [3]) sufficiens. Qui ad lectum infirmitatis [4]) appropians, haec verba ab eodem Daniele audivit: Monachus ille multas habet beatae Virgini referre gratias. Audiens hoc [5])

---

1) B appropinquasset. — 2) B dormitantem. — 3) AD sed ambulavit, C sed vix ambulare, BP sed ambulare. — 4) DP infirmantis. Conf. IV, 15. p. 186. — 5) D haec.

Henricus, miratus est, et inquiri fecit ab eo, quidnam¹) his verbis notare voluerit. Qui respondit, eum auxilio Dominae nostrae fuisse receptum. Fuerat namque ob excessus quosdam moresque reprobos idem Henricus eiectus de domo. Unde nimium dolens, die noctuque lacrimis et orationibus insistebat invocare beatam Virginem, ut ipsa ei regressum ad propriam domum donaret. Tempore generalis Capituli per Abbatem suum seniores interpellavit, qui unanimiter ei contradixerunt, eo quod incorrigibilis existeret. Quod ubi comperit²), iratus beatae Virgini omne servitium quod ei impendere consueverat³), subtraxit. Tandem ductus de hoc poenitentia, obsequium neglectum resumpsit, et valefaciens Portensibus⁴) ad Claustrum rediit, misericordiam quaesivit, sed non invenit. Suasit ei Abbas qui solus ei erat propitius, ut Archiepiscopum Treverensem adiret, et⁵) eius ope et interventu ingressum obtineret⁶). Utrumque factum est. Omnia tamen haec circa illum gesta fuisse per clementiam beatae Dei Genitricis praedicto Danieli revelata sunt. Vis nunc nosse quam sincero affectu diligentes se diligat, quantum dilectos honoret, et quam mirificis revelationibus eosdem glorificet? NOVICIUS: Talia audire cibus mihi est. MONACHUS: Quae dicturus sum, multorum didici fida relatione religiosorum⁷).

CAPITULUM XXXVII.*)

De miris visionibus domini Bertrammi monachi de Karixto.

In Lombardia quadam domo⁸) ordinis nostri, quae Karixtus dicitur, ante paucos annos monachus quidam exstitit nomine Bertrammus. Iste tam ferventi motu caritatis Dominam nostram sanctam Dei Genitricem amabat, ut non sine magno cordis cruciatu audire posset, si forte dubitative quis diceret vel legeret de corporali illius assumptione. Cum iam fecisset in ordine quindecim annos, adhuc virens⁹) aetate, in vigilia Assumptionis eiusdem gloriosae Virginis rogavit Abbatem, ut sibi liceret ire ad vicinam grangiam, dicens se non posse audire neque sermones Hieronimi in choro, neque ser-

---

1) libri quid in. — 2) C percepit. — 3) C consuevit. — 4) Porta, coenobium Saxoniae prope oppidum Naumburg; hodie vocatur Schul-Pforte. Conf. XI, 18. — 5) BC ut. — 6) B retineret. — 7) religiosorum add B. — *) Homil. I. p. 130. — 8) B domo quadam. — 9) ACDP iuvenis.

monem in Capitulo, timens quod praedictum est. **Erat enim grangiarius.** Abbas sanctitatem illius turbare timens, annuit eius petitioni. Cumque venisset iuxta grangiam, angelus Domini mirabili quodam modo illum rapuit, et ad spatium unius dietae, iuxta parvam quandam ecclesiam, vicinam satis castro fratris sui carnalis, viri nobilis, deponens, disparuit. Equus vero cui insederat, et servus iuxta grangiam dimissi sunt. Erat autem fluvius, qui sine nave [1]) transvadari non potuit, inter castrum et capellam. Qui cum sederet admirans ubinam esset, vel qualiter ad illum locum devenisset, iuvenis quidam splendidus de ecclesia exivit, et quia Domina nostra ipsi ocius ingredi [2]) ecclesiam mandaret, voce clara nunciavit. Ingressus ecclesiam, vidit sanctam Dei Genitricem in corpore glorificato in sede miri decoris residentem. Sedebant circa illam diversi ordines sanctorum, Patriarchae videlicet, Prophetae, Apostoli, Martyres, Confessores, Virgines, Viduae, Coniugati. Erat autem hora nona. Quem Virgo beatissima salutans familiarius, ait: Bertramme, meliores sermonibus Hieronimi hic audies sermones. Dicta nona a circumsedentibus [3]), per intervalla dictae sunt et horae reliquae, vesperae videlicet, completorium, matutinae, laudes, prima, tertia, sexta [4]). Eratque psalmorum sive reliquorum cantuum melodia tam suavissima, et vocum tanta concordia, ut sermo nullus exprimere posset. Deinde vultum iocundissimum ei exhibens, voce hilari ac dulci sic ait: Bene scio Bertramme, quare nunc egressus sis de claustro tuo. Noveris pro certo, me in utraque substantia, id est corpore et anima, glorificatam, et die quadragesimo a mortuis resuscitatam [5]). NOVICIUS: His verbis concordat visio dominae Elizabeth de Sconavia, in qua legitur sub eisdem verbis, Dominam nostram [6]) ei resurrectionem suam revelasse. MONACHUS: Tanto amplius fides adhibenda est huic visioni. Mox ut beata Virgo verba praedicta protulit, conventus ille coelestis disparuit, et monachus in loco se suae sessionis solum invenit [7]). Nutu divino germanus eius, de quo supra dictum est, adveniens, cum solum illum ibidem reperisset, et quid

---

1) CD navi. — 2) B citius intrare. — 3) C circumstantibus. — 4) BC et sexta. — 5) ACDP suscitatam. — 6) P et pr A Domina nostra. — 7) C se suae sessionis invenit solum, D se suae sessionis invenit, BP suae sessionis se solum invenit.

ibi solus sederet vel unde veniret adinterrogasset¹), omnia quae circa se gesta sunt, ne laicum scandalizaret, per ordinem recitavit. Tunc ille: Exspectate hic frater, donec equum vobis adducam. Mira res. Festinante illo ad castrum, angelus Domini monachum in momento in locum, de quo tulerat illum, reposuit. Reversus miles, cum non invenisset quem dimiserat, apostatam sive eiectum illum aestimans, ad monasterium cursitavit. Ad quod dicto completorio veniens, Abbatem vocavit, et ubinam frater suus esset requisivit. Cui cum Abbas signaret, ut exspectaret usque mane, et ille turbatus responderet, scio quia eiecistis eum, minareturque monasterio, rupto silentio respondit Abbas: Per licentiam meam ad proximam grangiam equitavit, non dubito quin ibi sit. Ierunt simul, et in capella conversorum orantem illum²) invenerunt. Et cognoverunt ex testimonio illorum, quia eadem hora qua miles eum iuxta castrum reliquerat, eandem grangiam intraverit³). NOVICIUS: In his quae dicta sunt, parem hunc iudico virum duobus antiquis Prophetis, Ezechieli scilicet et Abacuc. Ex quibus unus mirabiliter vidit quae agebantur in Jerusalem. Alter vero de Judaea subito translatus est in Babylonem⁴). MONACHUS: Aliquid amplius in isto considero. Magis miraculosum videtur⁵) corpus glorificatum sive coelestes ordines oculis corporeis posse videre, quam in spiritu, qualem visionem se Ezechiel vidisse testatur. NOVICIUS: Consentio. MONACHUS: Maiorem iudico visionem quae sequitur. — Die quadam angelus Domini ex parte Abbatis signum ei fecit, ut ad portam veniret; secutus est ille praecedentem, et cum ad portam non invenisset Abbatem, eodem signo angelus eum traxit in campum. Qui cum miraretur quonam esset iturus, et ille signis ex parte Abbatis sequenti nimis esset importunus, venerunt ad quosdam montes sublimes. Quibus transmissis, locum ingressi sunt amoenissimum, arboribus et diversi generis floribus nimis deliciosum. Erat enim paradisus terrestris. Inter cetera quae ibidem vidit, duos senes splendidos, Enoch videlicet et Heliam, conspexit et agnovit. Tenebantque in manibus librum maximum, litteris aureis scriptum⁶), uno tantum folio vacuo. Et dixit ei angelus

---

1) CP interrogasset, B ipsum interrogasset. — 2) illum add B. — 3) BC intravit. — 4) Ezech. 8. Dani. 14, 35. — 5) B quod magis videtur miraculosum. — 6) BD conscriptum.

Domini: Iste est liber praedestinationis, continens omnia nomina electorum, qui ab initio mundi usque ad diem hanc nati sunt. Cum autem folium quod vacuum cernis, perfectum fuerit, mundus consummabitur. Et ostendit ei nomen suum. Quod cum laetus legisset, adiecit: Nunquam delebitur nomen tuum de libro hoc. Iste est liber de quo David dicit in Psalmo: *Et in libro tuo omnes scribentur* 1). Et Dominus in Evangelio: *Gaudete et exultate, quia nomina vestra scripta sunt in coelo* 2). NOVICIUS: Si in illo libro soli electi scribuntur, quid est quod idem Propheta de reprobis dicit: *Deleantur de libro viventium* 3)? MONACHUS: Psalmista hic loquitur secundum spem illorum, qui de sua praesumentes iustitia, putant se ibi esse scriptos. Quod autem nullus reproborum in eo scribatur, mox ostendit, cum subiungit: *Et cum iustis non scribantur.* NOVICIUS: Placet quod dicis; sed rogo ut si aliquid adhuc nosti de hoc beato 4) viro, dicere mihi non differas. — MONACHUS: Tempore quodam cum esset in oratione, beatam Genitricem Dei 5) ex opposito sui supra cespitem virentem stare conspexit. Et ecce fons aurei coloris e regione cum impetu erumpens, rivulum suum ad pedes eius dirigebat. Cuius lapilli lapides erant pretiosi, smaragdi videlicet, carbunculi, topazii, saphiri, iacincti. Cumque de visione miraretur, ait illi Domina nostra: Nosti Bertramme, quid ista significent? Dicente illo, non Domina; respondit: Fons iste aurei coloris ordo Cisterciensis est, qui sicut aurum reliqua metalla, ita ceteros ordines tam dignitate quam sanctitate praecellit in Ecclesia. Illis iam 6) ex magna parte fluentibus a me, iste speciali quadam praerogativa dilectionis non cessat fluere ad me. Lapilli pretiosi quos vides in rivulo, speciales amici mei sunt in ordine, et in obsequio meo plus ceteris ferventiores. Sicque disparuit visio in oculis eius. Omnia haec recitata sunt Abbatibus tempore Capituli generalis. Multa alia vir iste beatus vidit et egit digna relatu, quae mihi non sunt recitata. NOVICIUS: Miror si aliquas vir tam sanctus habuerit in ordine tentationes. MONACHUS: In principio conversionis suae ut audivi de cibis regularibus plurimum tentabatur, sicut vir nobilis et delicatus. Hoc cum dixisset

---

1) Psal. 138, 16. — 2) Luc. 10, 20. — 3) Psal. 68, 29. — 4) BC bono. — 5) BCD Dei Genitricem. — 6) B namque.

Abbati, intelligens ille ex munditia conscientiae eius, Spiritum sanctum esse in eo, respondit: Roga Deum quod vis, et nón negabit tibi. Oravit ille, et exauditus est. Ab illo tempore in tantum delectabatur in cibis regularibus, ut de licentia maioris abstinentiae Abbati foret importunus. NOVICIUS: Beati sunt claustrales, qui ad tantam familiaritatem Dei Genitricis admittuntur. MONACHUS: Non solum claustrales, imo et personas saeculares se diligentes mater pulchrae dilectionis [1]) diligit et honorat. Ex quibus occurrit beatae memoriae Walterus de Birbech, cuius supra in diversis locis memini, quem non solum inferioris ordinis homines, sed et Reges et principes nobilesque venerabantur, audientes beneficia a matre Domini illi concessa. NOVICIUS: Cuius fuit [2]) professionis vir iste, ex superioribus novi; sed quis fuerit vel qualem duxerit vitam ante conversionem, sive conversus in ordine, scire desidero. MONACHUS: Quicquid de illius actibus memoria dignum novi, fida tibi pandam relatione.

CAPITULUM XXXVIII. *)

Vita domini Walteri de Birbech.

Igitur Walterus de Birbech villa oriundus exstitit, vir dives ac potens et [3]) nobilis valde, consanguineus Henrici Ducis Lovaniae. Qui cum esset militiae saeculari adhuc aetate florens deditus, et in ea strenuus satis atque nominatus, Dominam nostram sanctam Dei Genitricem semperque Virginem Mariam ab ipsa pueritia coepit invocare, et ex intimo cordis affectu diligere, atque ieiuniis, eleemosynis et missarum celebrationibus honorare. Licet enim corpore deditus esset, ut dictum est, tornamentis, corde tamen totus erat in obsequio beatae Virginis. — Tempore quodam cum properaret ad quoddam tornamentum, multos [4]) milites habens in comitatu, venissentque [5]) ad ecclesiam quandam, illos ut missam audire vellent hortabatur. Quod cum recusarent, moram tantam sibi periculosam esse praetendentes, illis recedentibus ipse mansit, missam de sancta Maria sibi cantari fecit, et obtulit; sicque socios insecutus est. Cui cum aliqui

---

1) Eccli. 24, 24. — 2) BP fuerit. — *) Homil. II. p. 5. — 3) D et potens et, BC et potens ac. — 4) multos add B. — 5) ACDP venissetque.

de tornamento occurrerent, et hoc ex responsione illorum cognovisset, subiunxit: Estne adhuc[1]) inceptum? Dicentibus illis, etiam, respondit: Quis fortius ibi facit? Dominus Walterus inquiunt de Birbech, ipse in ore omnium est, omnibus praefertur et ab omnibus laudatur. Aliis vero occurrentibus, et similia dicentibus, stupens admirabatur, quidnam hoc portenderet. Actum est ineffabili pietate beatae Virginis, ut militem devotum in obsequio suo tardantem, interim in tornamento honoraret, eiusque absentiam mirabili quadam virtute suppleret. Veniens tamen ad locum, armavit se, et intravit, sed nihil magni illic egit. Ludo vero expleto, quidam ex militibus hospitium eius intraverunt, et ut secum mitius agere dignaretur deprecabantur. Quibus cum diceret: Quae est causa petitionis vestrae? responderunt: Hodie cepistis nos, et rogamus ut bene nos tractetis. Waltero negante, ac dicente: Ego vos non cepi; responderunt: In rei veritate nos hodie dextras vobis dedimus, nos signa vestra militaria ibi vidimus, nos vocem vestram ibi audivimus. Et cognovit statim hoc actum fuisse gratia beatae Virginis, quam honoraverat in missa. NOVICIUS: Cum sit mortale peccatum, ire et exercere tornamenta, quomodo beatae Virgini placere potuerunt oratio et oblatio Walteri? MONACHUS: Duo ibi committuntur peccata mortalia, superbia scilicet et inobedientia. Superbia, quia fit intuitu laudis humanae; inobedientia, quia fit contra prohibitionem Ecclesiae. Unde in tornamentis occisi, extra cimiteria fidelium sepeliuntur. Cum autem obsequium praedictae missae Waltero potuisset esse meritorium vitae aeternae, si factum fuisset in caritate, nunc transivit in mercedem temporalem. Opera enim bona, id est de genere bonorum, temporaliter remunerantur[2]). Homo etiam per illa, ut quidam ex scripturis probant, habilem se reddit ad gratiam suscipiendam[3]). Hoc verum esse, sequens probat exemplum. — Cum[4]) alio quodam tempore nundinas illas execrabiles quaereret[5]), et inter multos stans milites[6]) missam

---

1) IX, 23: „estne tibi adhuc satisfactum tot et tantis exemplis." —
2) Homil. I. p. 152: „Melius est manere in caritate, et venialiter peccare, quam sine caritate opera bona, id est de genere bonorum actitare. Bona propter statum esse nequeunt, quia aeterna mercede carent. Meretur is tamen aliquod temporale, ut sunt divitiae, pulchra proles, in bello victoriae, et in futuro mitigatio poenae." — 3) B recipiendam. — 4) B dum. — 5) B exquireret. — 6) milites add B.

audiret, sacerdos ut in canone calicem levavit, crucem auream sub eius [1]) pede conspexit. Cui annexa fuit cartula, haec continens verba: Crucem hanc defer ex parte mea, Mariae scilicet matris Christi, amico meo Waltero militi de Birbech. Quam cum sacerdos legisset, post completionem missae pulpitum ascendit et clamavit: Estne aliquis hic miles, qui vocetur [2]) Walterus de Birbech? Respondentibus quibusdam, ecce iste est; sacerdos eum seorsum duxit, crucem porrexit, et ubi illam invenerit, vel quis miserit intimavit. Quam laetus suscipiens, in Hemmenrode conversus, eam Abbati resignavit. Postea Comitissa Hollandiae, missis honestis nunciis, eandem crucem sibi dari [3]) petivit, et tali modo obtinuit. Cumque conventus nunciis responderet, non possumus eam dare, nisi sit voluntas fratris Walteri, sperantes quod non annueret, requisitus de hoc respondit: Ego nihil proprietatis habeo, penes Abbatem est. Sicque dolentes illam miserunt. Cuius aurum tanti fulgoris est, ut omne aurum in eius comparatione pallescat. Quam Comitissa inter reliquias suas reposuit, ea uti non audens. Considerans Walterus adhuc in saeculo positus, tanta circa se beatae Dei Genitricis beneficia, in tantum in illius amore accensus [4]) est, ut in quadam paupere ecclesia, in eius honore dedicata, conscio sacerdote, fune collo suo iniecta [5]), servum glebae se illi super altare offerret, solvens singulis annis censum de capite suo, qualem servi originarii solvere consueverunt. Et quia propter honorem Reginae coelestis se tam valde [6]) humiliavit, ipsa suum dilectum etiam [7]) glorificavit. — Solitus erat in vigiliis omnium sollemnitatum [8]) beatae Virginis ieiunare in pane et aqua, et saepe etiam in sextis feriis, ob reverentiam sabbati. Die quadam servus ieiunanti vas parvulum [9]) fictile cum aqua obtulit, quam in eius manibus divina virtus in vinum optimum convertit. Qui cum gustasset aquam vinum factam [10]), servum secrete vocavit et arguit, dicens sibi vinum pro aqua ministratum. Quod cum ille negasset, asserens se hausisse aquam de situla, vas recepit, et effudit, sicque aqua purissima impleta [11]), ut securus esset, prae-

---

1) calicis. — 2) BC vocatur. Conf. VIII, 85. — 3) C donari. — 4) BD succensus. — 5) ABDP iniecto. Mox B servum ad glebam. — 6) BC valide. — 7) B etiam miraculis. — 8) B festivitatum. — 9) BC parvum. — 10) Johan. 2, 9. — 11) C repleta.

gustavit, et obtulit. De quo cum [1]) gustasset, sicut prius vinum invenit, et mox servo iratus sic ait: Ut quid mihi illudis en secundo [2]), vinum pro aqua mihi offerendo? Ad quod verbum stupens servus, cum iuramentis maximis negavit. Tunc primum intelligens ex multa misericordia Dei Genitricis hoc miraculum circa se gestum, eundem servum adiuravit, ne illud unquam alicui hominum quoad viveret, manifestaret. Ex quo colligitur quod non cupidus erat inanis gloriae. Servus vero tanti particeps miraculi, frater est Arnoldus, qui cum eo venit ad ordinem, vir sanctus et multum ordinatus, et in monte Stromberg sepultus. Antequam moreretur, idem miraculum ad Dei gloriam publicavit, timens de thesauro occultato post mortem reddere rationem. — Audiens saepedictus Walterus ordinem Cisterciensem beatae Virgini dedicatum, omnia quae sunt huius mundi, divitias videlicet, honores et amicos, ob illius amorem reliquit, et in Claustro quod alio nomine Hemmenrode dicitur, cuius fama tunc temporis, sicut et hodie, clarissima fuit, habitum regularem suscepit. In quo coenobio quam humiliter sit conversatus, quam fervens fuerit et obediens, et in obsequio beatae Virginis devotus, testes sunt omnes monachi eiusdem monasterii. Psalterium vero, hymnos, cantica et alias de Domina nostra orationes plurimas in probatione didicerat, quae omnia studiosissime frequentavit. Missae quotidianae Dominae nostrae semper interesse voluit; quicquid pene loquebatur, aedificatorium fuit. — Quia non solum verbis et aspectu, imo etiam odore famae eius multi aedificabantur, magister hospitum creatus est. Tempore quodam ductus est ad monasterium spe curationis quidam obsessus, et in hospitio receptus. Erat enim rusticus dives satis ac notus. Qui cum nullo remedio posset sanari, non reliquiis sanctorum, non orationibus monachorum, saepedictus Walterus auctoritate officii frequenter eum visitans, orationes et rithmos [3]) quos habebat, de Domina nostra conscriptos [4]), super caput hominis legit, sacras picturas ostendit, per quae omnia daemonem ut exiret adiuravit. Die quadam cum psalterium super obsessi caput posuisset, obsidens clamans et furens, in tantum hominem a quo exire cogebatur, turbavit et allisit, ut cadens in terram mortuus diceretur.

1) ADP dum. — 2) X, 36: „nescio quis domum hanc en altera vice succendit." — 3) CP richmos, BD rigmos. — 4) B compositos.

Post horam ad se reversus surrexit, a diabolo se liberatum clamitans. Conversus vero qui curationi huic interfuit, et rusticum furentem servavit, ista mihi recitavit. Vadens ille sanus in domum suam, post aliquantulum temporis rediit, gratias agens beatae Virgini eiusque servo suo curatori, hoc verbum audiente conventu adiiciens: Si nihil esset amplius reliquiarum in monasterio isto, praeter hunc sanctum virum cuius meritis curatus sum, toti loco sufficere deberet. NOVICIUS: Magna sunt quae dicis. MONACHUS: Non solum daemones, sed et bruta animalia illius sanctitati obediebant. Erat monasterio poledrus pulcherrimus, et tanti valoris, ut tam Episcopus Treverensis quam Dux Lotharingiae quadraginta ut puto marcas argenti offerrent [1] pro illo. Species enim optimi dextrarii in eodem erat poledro. Timens conventus alterum offendere, si uni venderetur, per dominum Walterum duobus adhibitis conversis, eundem equum Comiti Hollandiae gratis transmisit. Venientibus eis in [2] quendam saltum, poledrus equitiam [3], id est gregem equarum, de longe pascere conspexit. Qui statim hinniens atque lasciviens, ex ducentium manibus se excussit, et cursu velocissimo ad equitiam properavit. Quem cum conversi insequerentur, fugiente equitia, magis poledrus ab eis [4] elongabatur. Quibus frustrato labore reversis, ait Walterus: Procedamus, equus iste perditus est, nisi sancta Maria illum nobis redonet [5]. Vix ad duo milliaria processerant, et ecce poledrus velociter recurrens, qui nondum satis domitus fuit, velut ovis mansueta [6] ductorum suorum manibus colla subiecit. — Quia notus erat nobilibus terrae, et ab eis tum propter sanguinis nobilitatem, tum propter vitae sanctitatem venerabatur, saepe pro monasterii necessitatibus [7] contra voluntatem suam emittebatur. Tempore quodam descendens cum nave [8] domus quae vinum portabat, cum Zelandiam venissent, orta tempestas maxima omnes terruit, et navem [9] inclinavit. Accessit periculum periculo. Praedones ad eos remigantes, navim [10] de-

---

1) ACP offerret. — 2) B ad. — 3) ABDP equaritiam, C equariam, quam formam etiam A habet inferius. Emendavi ex loco XI, 17: ubi omnes codices in scriptura equitiae consentiunt. — 4) B insequerentur, fugiens ad equas poledrus ab eis magis. — 5) B restituat. — 6) B mansuetissima. — 7) B negotiis. — 8) C navi. — 9) B omnes in navi terruit et ipsam navim. — 10) C navem.

praedari conati sunt. Et ecce iusto Dei iudicio [1] duo vasa, vi ventorum eiecta, naviculam subverterunt, ipsosque praedones in profundum dimerserunt [2]. Acta sunt haec in vigilia sancti Nycholai post mediam noctem. Singuli vitae suae timentes, Deo supplicabant. Ipse vero vir beatus de gurgustio navis egrediens, servo suo seorsum ducto confessionem fecit, et intravit. Deinde imagine sanctae Dei Genitricis eburnea, quam semper penes se habebat, coram se posita, ante illam se prostravit, et oravit, atque in ipsa [3] oratione leniter obdormivit. Statimque visum est ei quod dominum Arnoldum in Claustro, virum sanctum et probatae vitae, tempore psalmodiae cytharizare [4] audiret; sicque ex ipsa dulcedine vocis expergefactus est. Erat enim tempus [5] matutinarum. Intelligens protinus quod vir iustus eadem hora pro ipsis oraret, laetus exivit, omnesque consolans his verbis ait: Nolite timere, nullum nobis periculum nocere poterit, dominum Arnoldum de sancto Severino monachum nostrum audivi cytharizantem. Mox virtute divina et meritis beatae Virginis quam invocaverat, et iam dicti Arnoldi, tempestas sedata est. Haec cum relata fuissent domino Hermanno Priori, nunc Abbati Loci sanctae Mariae, statim dominum Arnoldum horum prorsus inscium vocavit, et quid in nocte sancti Nycholai infra matutinas cogitaverit, vel quid ibi egerit interrogavit. Cui ille respondit: Credite mihi, ego cytharizavi ibi. Quali modo? inquit. Et ille: Quando non possum habere devotionem, sub cuculla digitos ad similitudinem cytharizantis moveo, et cordas corde tango, sicque mentis torporem ad devotionem excito. Et miratus est Prior nimis, audiens haec. Quia vir litteratus est, puto exemplo Helisei hoc [6] eum facere, in quo ad vocem psalterii excitatus est spiritus prophetiae [7]. — Ut enim taceam de fratribus, tantae fuit compassionis circa pauperes, ut in via directus, petentes praeveniret, ex nummis sibi ad expensas datis illis porrigens. Cum die quadam scholaris nudipes

---

1) AC iudicio Dei. — 2) sic libri etiam IX, 12. — 3) ACDP illa. — 4) B chitharizare, et aliis in locis, chithara vel chythara. Qui scribendi modus in memoriam mihi revocat illos choritas, quorum meminit auctor supra VI, 5. p. 354: ad quem locum etymologiam protuli ineptissimam. Nam isti clerici nomen acceperunt, non a chorea, sed a Chore, id est, Core, quem vivum deglutivit terra. Locus autem laudatus sic est accipiendus: das ist, die sich eingedrängt haben, unterstützt durch die Macht der Grossen. — 5) C hora. — 6) BC haec. — 7) Reg. IV, 3, 15.

illi occurreret, et frigus esset, stare eum fecit, et descendit, calciosque extractos illi tribuit, et novis quos in sacco habebat reindutis, equum ascendit et abiit. Haec me praesente facta sunt. Discordantes concordabat[1], inobedientes exorabat, iracundos et impatientes ad cor saepius revocavit, tentatos exemplis plurimis quae semper ad manum habebat, alleviavit. Hinc est quod tempore quodam[2], cum de quodam verbo conferrem cum illo, in partem me traxit, et ait: Et ego magnas carnis meae patior tentationes. Ut aliis posset mederi, proprias infirmitates illis non erubuit confiteri. — Requisitus die quadam a praedicto Priore, sicut ipse mihi retulit, quid in mensa cogitaret, eo quod non intelligeret lectionem, respondit: Ego habeo ibi lectionem meam. Quando manducare incipio, qualiter pro me Dei filius sit ab angelo nunciatus[3], et in utero Virginis de Spiritu sancto conceptus, mente retracto; sicque primum folium verto. Deinde cogito[4], quomodo angelis concinentibus sit natus, et pannis vilibus involutus, in praesepio reclinatus; et ecce perlectum est folium secundum. In hunc modum transcurro circumcisionem, adventum Magorum[5], oblationem eius in templo, baptismum, et ieiunium, passionem, et resurrectionem, ascensionem, et sancti Spiritus adventum, extremumque iudicium. Talis est lectio mea quotidiana, cuius finis, finis est prandii. Quod in tali libro comedens legerit, testabantur lacrimae quas in mensa fudit[6]. Plus enim delectabatur in sanctis meditationibus, quam in genuflexionibus, per quas spiritus contemplantis impeditur. Non multas ut dixi in oratione venias petivit, sed stans, vel super[7] genua iacens erecto vulto coelos respicere consuevit. — Antequam Deus eum vocaret de hoc mundo, cuidam monacho mirifica quaedam visio revelata est de illo. Existente eo in Vilari[8], quae domus est ordinis Cisterciensis, cum Abbate suo domino Eustachio, cum dies esset Dominica, totum conventum idem Abbas post coenam convocari fecit. Quod cum factum fuisset, et ipse diceret: Suntne fratres nostri modo hic omnes? responsum est ei: Omnes domine, exceptis duobus iuve-

---

1) B concordes faciebat. — 2) B una vice. — 3) B annunciatus. — 4) C cogito om C. — 5) D trium Magorum. — 6) B lacrimae eius — profudit. — 7) CP supra. — 8) ABDP eo Wilre. Homil. I. p. 137: „In Wilari domo Cisterciensis ordinis." Intelligit auctor, ut puto, Vilare, Villiers-Betnach, abbatiam quatuor fere millibus ab urbe Metz disiunctam.

nibus, qui de Francia hospites huc missi sunt, qui studiosi sunt valde circa silentium, maxime diebus quibus communicant. Secundo vero ex parte eius vocati, cum venissent, et eis Abbas moram improperaret [1]), humiliter se excusantes, consederunt. Sequenti die conventus a labore rediens, et ante portam facto primo signo nonae, secundum exspectans, senior ex eis cum stans super fossorium suum se reclinaret, et nonam de Domina nostra diceret, sic stando leniter obdormivit. Et ecce ipsam Dei Genitricem, diversorum ordinum personis stipatam, in mira claritate inter se et portam transire conspexit. A qua cum minime quasi ignotus respiceretur neque vocaretur, tristis ait intra se: Heu mihi misero, quare me non vocat? Quae cum paululum processisset, miserta illius, monachum familiarius sibi adhaerentem remisit dicens: Voca monachum illum. Quem cum reversus vocaret et diceret: Veni, Domina nostra vocat te; prae gaudio expergefactus est. Intrans, et dominum Walterum considerans, dicebat intra se: Simillimus est monachus iste monacho, per quem hodie Domina nostra in somnis vocavit me, nisi quod cuculla illius grisea, huius autem alba est. Et recitavit visionem socio suo. Sequenti die cum dominus Abbas et Walterus essent recessuri, et ab eis praedicti iuvenes ad portam vocati, Walterusque in sua grisea cuculla staret, alba quae sibi fuerat accommodata deposita, ait monachus socio: Revera, iste est monachus qui vocavit me, vestem cognosco, de persona non dubito. Post dies paucos idem Walterus coepit infirmari, qui fide et caritate plenus, confessus atque contritus, beata Dei Genitrice se vocante, de tenebris transivit ad lucem, de fide ad speciem [2]), de labore ad requiem, de merito ad praemium, de mundo ad patriam. Ad quam [3]) nos perducat ipse Dei filius Dominus noster Jesus Christus ex Maria Virgine natus, qui est via in exemplo, veritas in promisso vita in praemio. Amen. Monachus vero Vilariensis et ipse vocatus, sicut ei fuerat praeostensum, paucis diebus interpositis migravit ad Dominum. Haec mihi relata sunt a praedicto Abbate Eustachio. — Ut autem ostenderet Dominus, quanti apud ipsum esset meriti matris suae dilectus, signis post mortem illum glorificavit. Eodem tempore Winemarus de Aldindorp,

---

1) C improperasset. — 2) Cor. II, 5, 7. — 3) AP ad patriam ad quem, B ad Patrem ad quam. XI, 2: „de morte ad vitam, de mundo ad Christum."

miles dives et honestus, lecto totus paralyticus decubuit. Audiens hominem Dei unice sibi dilectum ad Dominum migrasse, mox nuncium ad Claustrum misit, per quem sibi defuncti coturnos transmitti supplicavit. Missi sunt ei novi, et mox remissi, eo quod intellexisset eos domini Walteri non fuisse. Mox per eundem nuncium boti viri Dei satis veteres mittuntur, quos infirmus cum fide ac devotione suscipiens, statim ut manus praemortuas imposuit, beneficium [1]) ex eis sensit. Simile actum est in pedibus. Ab illa enim hora coepit manus levare et pedes erigere, et totius corporis vires, sensim tamen, recipere. Eadem vero calciamenta ob amorem beati viri, et concessum sibi per illa beneficium, in tantum venerabatur, ut in castro suo capellam aedificaret, atque eosdem coturnos eius altario [2]) ligneo, Abbate nostro praesente, includeret. — Alius quidam miles periculosum habens apostema in pectore, audiens per praedictos calcios tantam in Winemaro virtutem factam, unum sibi transmitti petivit, per quem, mox ut ulceris locum tetigit, plene convaluit. NOVICIUS: Satis mihi iam fateor probatum, quod beata Maria diligentes se diligat et honoret. MONACHUS: Non solum suos dilectores ac dilectos ad vitam ducit [3]) aeternam, imo frequenter illos etiam ad honores provehit temporales.

CAPITULUM XXXIX.

De Abbate nostro, cui virgam pastoralem sancta Maria porrigere visa est antequam in Abbatem promoveretur.

Post mortem Abbatis nostri Gevardi, huius praedecessoris qui hodie abbatizat, fuit apud nos sacerdos quidam aetatis decrepitae, Syfridus nomine, spiritum aliquando ut nobis videbatur habens prophetiae. Hic multis diebus ante celebrationem electionis quibusdam secretius praedixerat, quod dominus Henricus tunc Prior, Abbas esset futurus, et in ecclesia Treverensi in Abbatem consecrandus. Requisitus unde hoc sciret, respondit: Dominam nostram vidi ante presbyterium eiusdem ecclesiae, videlicet beati Petri, virgam ei porrigere pastoralem. Modum tamen visionis nemini dicere voluit. Quid plura? Tam concorditer in Abbatem electus est, ut Visitator miraretur, dicens tam unanimem electionem non

1) B bene statim. — 2) BDP altari. — 3) ABCDP dili*
KR dirigit.

posse esse nisi a Deo. Et quia tunc temporis ordines Coloniae fieri non poterant, propter captivitatem Episcopi Brunonis, licentiatum est ei a Prioribus, ordinationem suam recipere ab Archiepiscopo Treverensi Johanne. Divulgatum nobis fuerat, quia ordines sollemnes celebraturus esset apud Confluentiam, sicut et fecit. Assumptis secum electus noster quibusdam monachis qui erant ordinandi, profectus est illuc. Et dixi ego in corde meo: Bonus iste homo ab aliquo spiritu erroris in parte deceptus est. Et quia ea quae divinitus ordinata sunt, mutari non possunt, cum dominus Archiepiscopus clericos ordinasset, et valde fatigatus esset, ait Abbati: Domine Abbas, multum sum lassus, in die Palmarum veniatis ad me Treverim, et libenter ibi vos consecrabo. Quod et fecit. Et miratus sum valde, nihil deinceps dubitans de veritate visionis. NOVICIUS: Quid si male se habuerint in praelaturis sic a beata Virgine promoti? MONACHUS: Sicut ab ea misericorditer exaltantur, ita dictante eius iustitia nonnunquam humiliantur, et hoc forte ad bonum suum. NOVICIUS: De hoc mihi dicas exemplum. MONACHUS: Exemplum non longe quaeram.

CAPITULUM XL.

Item de Episcopo Theoderico, qui per ipsam Coloniae in Antistitem est promotus, eiusque nutu depositus.

Mortuo praedicto Brunone, et post occisionem Philippi Ottone iam in regno [1]) confirmato, de successore in Ecclesia Coloniensi satis tractabatur. Hermannus Decanus Bonnensis, qui vir est ut nosti valde litteratus, cum Deum ciusque Genitricem, sicut ipse mihi retulit, toto cordis affectu deprecaretur, quatenus tantae Ecclesiae dignus praeficeretur, nocte in visu eadem Virgo beata ei apparens, et librum aureis litteris scriptum porrigens, ait: Defer librum istum Episcopo. Nihil aliud in libro continebatur, nisi angelicae salutationes, id est *Ave Maria gratia plena*. Per librum enim [2]) intellexit Episcopatum. Quem cum ferre [3]) vellet Johanni Episcopo Cameracensi, eo quod tam Rex quam ipse illi faverent, probitatem illius cognoscentes, revocavit eum beata Virgo dicens: Non Johanni, sed Theoderico sanctorum Apostolorum Praeposito deferas illum. Quod si in Episcopatu non

---

1) AD in regno iam. — 2) C autem. — 3) B deferre.

se bene habuerit, sicut per me illum[1]) adeptus est, ita per me illo privabitur. Semper in eius obsequio idem Theodericus devotus fuerat, et sicut tibi notum est, quotidie missae eius quotidianae vult interesse, nummum offerens singulis diebus. Tempore electionis cum Rex pro Episcopo Cameracensi intercederet, eique ab electoribus responderetur, quod idioma terrae ignoraret, cessavit. Hoc ipsum praedixerat praefatus Hermannus. Tunc electores personis quatuor vota sua commiserunt, a quibus Theodericus in Antistitem electus est. Qui post dies paucos a malis consiliariis[2]) in tantum depravatus est, ut modicam haberet differentiam inter personas laicas et ecclesiasticas, inter rusticos et monachos, aeque ab his ut ab aliis theolonea[3]) recipiens, indebitis exactionibus utrosque gravans. His aliisque eius actibus malis Dei Genitrix irritata, egit, sicut ex superiori visione colligitur, ut indigne satis[4]) a Maguntino deponeretur Episcopo, aemulo eius per electionem substituto. NOVICIUS: Quod durus fuerit ordini nostro in Episcopatu, satis intellexi. MONACHUS: Idcirco merito ab illa deiectus est, quae ordinis est advocata. Tanta illi cura est de ordine, ut etiam eos qui leviter detrahunt illi, sine correptione non transeat. Verbi gratia.

CAPITULUM XLI.

De scholare Coloniensi, quem sancta Maria in somnis corripuit, cum ordini malediceret.

Coloniae scholaris est pene quatuordecim annorum, cuiusdam civis filius, et ecclesiae sanctae Mariae in Capitolio canonicus.

---

1) ABCD illud. — 2) Homil. II. p. 98: „Ab his eductus et seductus, per totam Quadragesimam non orationibus et eleemosynis, sed incendiis vacavit atque rapinis. Unde eodem tempore iusto Dei iudicio excommunicatus est et depositus." — 3) BP theolonia, D thelonia, AC thelonea. — 4) indigne satis om C; sed vide Vit. Engelb. I, 3. Homil. III. p. 22: „Cum culpis suis exigentibus, indigne satis et indebite depositus, multisque vexationibus esset exulceratus, curiam adiit Innocentii Papae, qui dives erat valde tam in substantia quam in scientia; iustitia et misericordia sibi subveniri concupivit, sed neutrum accepit. Venerunt enim ex Cardinalibus quidam, vexationibus eius compatientes, qui causam eius fovebant, sed modicum illi profuit. Cumque cuidam iurisperito quinque marcae offerrerentur, quatenus pro eo in curia loqueretur, respondit iniquus ille: Ego pedem meum non verterem pro quinque marcis."

Iste miro modo ordinem nostrum diligebat. Hoc anno cum naves ordinis per Zelandiam timore praedonum transire non auderent, rumor venit Coloniam, quod omnes essent depraedatae. Et dixerunt quidam: Juste actum est cum eis, monachi avari sunt, mercatores sunt, Deus illorum avaritiam sustinere non potest. Huiusmodi verbis praedictus puer in tantum irritatus¹) est, ut odio adversus ordinem concepto, religioni detraheret, nec aequo oculo monachum sive conversum respicere posset. Nocte quadam in somnis ante imaginem Dei Genitricis sibi stare videbatur. Quem cum illa severius intueretur, et puer tremeret, faciem ab eo avertit, sic dicens: Maler puer, optimis amicis meis quos habeo in toto mundo, maledicis et detrahis. Quod verbum ille bene intelligens, et ex terrore evigilans, amorem extinctum gratia beatae Virginis in eius corde reaccendit. Quod autem Virgo piissima spernentes se quandoque²) puniat et humiliet, exemplis duobus tibi ostendam. Alia me memini tibi dixisse superius de invasoribus possessionum Loci sanctae Mariae, quos humiliavit, et adhuc humiliare non desinit.

CAPITULUM XLII.

De poena Sybodonis et sociorum eius, ob iniuriam beatae Virginis.

Anno praeterito duo milites germani, ministeriales Palatini Comitis Rheni, ex quibus unus Sybodo, alter Baldemarus vocabatur, multis secum assumptis, armata manu venerunt in villam Cussele³), forum rerum venalium in odium Walerammi Comitis de Lutzelinburg spoliantes, et multa pecora aliaque diversi generis spolia secum deducentes. Erat enim in eadem die triplex sollemnitas, dies videlicet Dominicus, Nativitas sanctae Dei Genitricis, et dedicatio ecclesiae eiusdem villae. Nocte praecedenti cuidam militi ex comitibus Sybodonis visio talis ostensa est. Beatam Virginem Christi pedibus vidit provolutam, et voce clara dicentem: Conqueror tibi Domine fili de Sybodone et complicibus eius, quia⁴) dedicationem ecclesiae meae⁵) turbaverunt, hominesque ad illam confluentes spolia-

---

1) ACDP iratus. — 2) quandoque om BC. — 3) Vit. Engelb. I, 4: „Aedificaverat enim Walramus castrum et villam forensem in Ducatu Coloniensi, quam dominus archielectus destruxit et exussit." — 4) ACDP qui. — 5) meae om D.

verunt, nullum tuae diei, neque meae Nativitati honorem deferentes. Quod enim eadem die futurum sciebat, iam pro facto reputabat. Miles de visione tremefactus, cum Sybodoni eam recitasset, et ille parvipendens recitata, ipsum somniasse diceret, renitentem ut se sequeretur coegit. Dominus vero virtutum, qui de Caldaea adduxit Nabugodonozor, per quem Judaeorum superbiam humiliavit [1]), Walerammum iuniorem, per quem matris iniuriam [2]) vindicaret, advocavit. Nam die eodem circa nonam inopinate cum armatis militibus Cussele intravit. In dimidio enim anno illuc non venerat. Hi qui bona sua perdiderant, querimoniam de Sybodone facientes, cum Walerammus quo isset, vel ubi esset interrogasset, responderunt: Domine ad quatuor milliaria in tali loco secure quiescit [3]). Tunc ille furorem suum dissimulans, ait: Hodie festum sanctae Mariae est, bellare nobis non licet. Jussit tamen dextrariis dari [4]) pabulum, ut modicum quiescentes, fortiores ad conflictum redderentur. Ante solis occasum cum omnibus suis, equis ascensis insecuti sunt hostes, et nocte super securos irruens, alios cepit, alios occidit, vixque aliquis evasit, praeter militem qui praedictam viderat visionem. His ita gestis, dicebat mulier quaedam Walerammo: Domine, ecce capita praedonum istorum quiescunt in tali loco. Recesserant enim modicum a villa in curtim quandam illic dormientes. Mox illic [5]) omnes divertentes, cum sepes et portam curtis inciderent, signumque militare Walerammi clamarent, et hoc intimaretur Sybodoni, ille territus, cum fugere vellet, surgere non potuit, neque pedem movere de loco. Cui cum Baldemarus diceret: Surge frater, fugiamus; respondit ille: Tu fugias frater, ego enim surgere non valeo, quia super genua mea quasi massam plumbi sentio. Ad quod ille: Nec ego fugiam, tecum volens manere. Sicque ambo capti sunt et occisi, solventes poenam sacrilegii in Dei Genitricem commissi. NOVICIUS: Satis manifesta fuit vindicta haec, concordans visioni et poenae factae in Wilhelmum de Helpinstein, sicut dictum est superius capitulo septimo. MONACHUS: Non solum matris iniuriam Christus vindicat in operibus malis, sed etiam in verbis contumeliosis.

---

1) Reg. IV, 24. — 2) D matris suae iniuriam, C matris suae irreverentiam. — 3) B issent — essent — quiescunt. — 3) BC dare. — 5) B illi.

CAPITULUM XLIII.

De poena lusoris, qui blasphemavit sanctam Mariam.

Legitur in libro Miraculorum Claraevallis de duobus lusoribus terribile quid. Cum uni male succederet, fortunae alterius invidens, ut furori suo satisfaceret, in Deum evomere coepit verba contumeliosa. Quem socius eodem maligno spiritu afflatus compescens, ait: Sile, tu enim nescis maledicere. Statimque Deum nimium blasphemans, cum in matris eius iniuriam erumperet; vox desuper audita est: Meam iniuriam quocunque modo sustinui, matris autem meae contumelias nequaquam potero tolerare. Moxque super ipsam tabulam vulnere visibili invisibiliter percussus, spumans exspiravit. Et quid dicam de verbis contumeliosis, cum etiam stultiloquia, sine felle malitiae contra sanctae Dei Genitricis imaginem prolata, noverim in praesenti acriter satis punita?

CAPITULUM XLIV.

Item de poena cuiusdam matronae de Veldenze, quae de imagine sanctae Mariae stulte loquebatur.

In capella castri Veldenze [1]) quaedam vetus imago est beatae Virginis, in sinu tenens filium, non quidem per opus bene formata, sed multa virtute dotata. Matrona quaedam eiusdem castri, quod situm est in Dioecesi Treverensi, die quadam in capella stans, ipsamque yconam respiciens, et sculpturae indignans, ait: Ut quid hic stat vetus haec rumbula [2])? Beata vero Maria mater misericordiae, feminam stultiloquam non ut arbitror apud filium accusans, sed poenam pro culpa futuram alteri cuidam matronae praedicens, ait: Quia domina illa, nomine eam designans, vocavit me veterem rumbulam, semper misera erit quoad vivet. Post paucos dies ab omnibus suis bonis mobilibus et immobilibus a filio proprio eiecta, miserabiliter satis usque hodie mendicat, poenam luens stultiloquii. Ecce sic beata Virgo diligentes se diligit et honorat, et [3]) contemnentes se punit et humiliat. NOVICIUS: Si

---

1) Veldenz iuxta Berncastel ad Mosellam. — 2) rumbula vocabulum est formatum ex Germanico **Rümpel**, cuius collectivum, **Gerümpel**, designat quod Latini vocant **scruta**. — 3) et add ACD.

sacras imagines contemnentes tantam¹) incurrunt poenam, puto quod venerantes illas magnam mereantur gratiam. MONACHUS: Hoc in sequentibus plenius agnosces²).

CAPITULUM XLV.

De alia matrona, quae filiam a lupo raptam, per eandem imaginem recepit.

In praedicto castro matrona quaedam habitat honesta ac devota, nomine Jutta. Haec est illa cui beata Virgo verba opprobriosa³) in suam yconam prolata, conquesta est. Et merito. Summo enim honore eandem imaginem veneratur, salutationes, orationes, multasque venias coram illa faciens. Tempore quodam cum filiam parvulam in villam proximam nutriendam tradidisset, et infantula iam triennis in area luderet, lupus ludentem quibusdam aspicientibus illam⁴) per gulam rapuit, raptamque in dorsum suum mittens, silvas vicinas petivit. Quem aliqui cum clamore insecuti, sine ereptione puellulae tristes sunt reversi. Ex quibus unus in castrum cucurrit, et matri in mensa sedenti raptum filiae nuncians ait: Domina, lupus comedit filiam vestram. Cui illa turbata nimis respondit: Certe lupus non comedit filiam meam. Mox tamen mensa amota surrexit, et in multa cordis amaritudine capellam intrans, imaginem Salvatoris de sinu matris evulsit, stansque contra illam cum multis lacrimis in haec verba prorupit: Domina, nunquam rehabebitis puerum vestrum, nisi mihi incolumem restituatis puerum meum. Mira humilitas Reginae coeli. Quasi timeret carere filio suo, si mulier non rehaberet filiam suam⁵), lupo protinus imperavit, et ille puellam dimisit. Insecuti plures de villa lupi vestigia, cum puellae reliquias ad tumulandum quaererent, iuxta quoddam frutectum illam deambulantem repererunt⁶). Cui cum dicerent, unde venis bona filia? respondit illa: Mummart momordit me. Vestigia enim dentium lupi in gutture eius cuti⁷) superficie tenus incisa apparuerunt, in testimonium tanti miraculi adhuc⁸) reservata. Tunc filiam ad matrem ducentes, mox ut illam sanam vidit, effecta laetissima cum gratiarum actione

---

1) A in tantam. — 2) BP cognosces. — 3) ACDP probrosa. — 4) illam om B. — 5) suam add BC. — 6) BD invenerunt. — 7) ABDP cute. — 8) libri ad hoc.

ad imaginem sacram cucurrit 1), et puerum sinui eius restituens ait: Quia restituisti mihi filiam meam, en tibi restituo filium tuum. Haec mihi relata sunt a saepedicto Hermanno Abbate Loci sanctae Mariae, qui puellam vidit, et a matris ore quae dicta sunt audivit. Cum adhuc Prior esset in Hemmenrode, et firmum haberet propositum resignare Prioratus officium, praedicta matrona ab Abbate eius domino Eustachio quem hospitio receperat, ut sibi eum transmitteret petivit, et obtinuit. Quem ante imaginem Dei Genitricis ducens, ne officium suum resignaret admonuit 2). Deo, inquit, non placet, si resignaveritis. Cui cum ille diceret, unde hoc nostis? respondit illa: Nemo mihi hoc revelavit, nisi Domina ista, digito imaginem ostendens 3). Multa siquidem eidem devotae feminae per sacram illam imaginem revelantur, plurima per illam beneficia consequitur. NOVICIUS: Nescivi hactenus tantas esse consolationes in imaginibus sanctorum. MONACHUS: Multas sancti in suis et per suas imagines virtutes operantur, maxime in illis locis ubi venerantur 4). Numquid non recordaris iuvenis apostatae iuxta Floreffiam, qui per imaginem beatae Virginis consecutus est indulgentiam; similiter et sanctimonialis, quae ab eius imagine alapha suscepta periculosam evasit tentationem? NOVICIUS: Utriusque bene memini, primi videlicet miraculi in distinctione secunda capitulo duodecimo, et secundi in distinctione praesenti capitulo tricesimo tertio; et stupor invadit me, cum in lignis audio vocem ad loquendum, manus ad feriendum, corporis incurvationem, erectionem, sessionem, et reliquos motus vitales. Magis haec 5) admiror, quam loquelam azinae contra Balaam 6). Illa enim animam habebat motabilem 7); in lignis, lapidibus, sive metallis, nullus spiritus est. MONACHUS: Divinus spiritus in omni creatura est per essentiam et per potentiam, cui nihil impossibile est, nihil miraculosum, qui ad honorem sanctorum suorum haec et his 8) similia quotidie operatur. De imagine vero beatae Virginis referam tibi quandam visionem mirificam, quae ante hoc triennium facta est.

---

1) B recurrit. — 2) B amovit. — 3) B digito eam demonstrans. — 4) B ubi honorantur, et hoc propter personas a quibus honorantur. — 5) C hoc. — 6) Numer. 22. — 7) B mortalem. — 8) ABDP huiusmodi.

CAPITULUM XLVI.

De imagine sanctae Mariae in Yesse.

In introitu Frisiae iuxta civitatem Gruningen coenobium quoddam sanctimonialium ordinis nostri de novo constructum est, vocabulo Yesse [1]). Quae dicturus sum, a Priore loci eiusdem audivi, et circa idem tempus imaginem ipsam vidi, et missam coram illa celebravi. Est enim opere angelico decenter exsculpta, effigiem repraesentans beatae Virginis filium in gremio tenentis. Die quadam cum custos candelam quae ante illam ardebat, dicta missa extinxisset, et duo carpentarii oratorium propter opus suum intrantes, illam reaccensam reperissent, dixerunt Priori: Domine, nisi moneatis custodem, ut cauta sit circa extinctionem huius candelae, oratorium perdetis. Omnia enim lignea sunt, altare scilicet, candelabrum, parietes [2]). Vocata est illa, et culpata; negavit, et extinxit. Carpentarii denuo ingressi, cum praedictam candelam rursum ardere viderent [3]), et mox hoc Priori prodidissent, iratus, dure satis invectus est in illam. Qui certus effectus ex verbis eius de extinctione, iussit ne deinceps extingueret illam, scire volens quid hoc portenderet. Tota illa die et sequenti nocte coram imagine praedicta ardebat candela, et in mane vix ad longitudinem dimidii articuli manus fuerat consumpta. In festivitate beati Andreae Apostoli, cum unus ex praefatis carpentariis, vir simplex ac devotus, modo in eodem coenobio conversus, ad missam [4]) staret, et sacerdos Evangelium inciperet, imago Salvatoris ipso intuente de sinu matris in quo sedebat, se erigens, coronam de capite eius tulit, eamque suo capiti imposuit. Dicto vero Evangelio, cum ventum fuisset ad illum locum symboli: *Et homo factus est*, coronam materno capiti restituit, et resedit. Haec [5]) cum simplex ille homo vidisset, et de novitate visionis expavisset, ait intra se: Melius est ut taceas; si dixeris, non creditur tibi [6]). Cumque in festo sancti Nycholai eandem visionem eodem modo quo prius vidisset, divinam timens offensam incurrere si taceret, Priori visa per ordinem recitavit. Et quia locum repositionis

---

1) coenobium Essenum, vulgo Essen, non procul ab oppido Groninga, circa annum 1216 institutum fuit. — 2) CD et parietes. — 3) D cernerent, B vidissent. — 4) ADP missas. — 5) C hoc. — 6) B nullus credet tibi.

coronae exprimere non poterat, utpote laicus, interrogatus de hoc respondit: Quando nominata fuit Maria. Mox Priori occurrit, quod in festo Confessorum Ecclesia Credo in unum Deum, dicere non consueverit. Vocansque socium suum ait: Dixistis vos missam in conventu in die sancti Nycholai? Ipse tunc domi non fuerat [1]). Respondente illo, etiam; subiunxit: Dixistis Credo in unum [2])? Dixi, inquit. Et Prior: Non recte fecistis, non enim Apostolus fuit. Ad quod verbum ille respondit: Certe ego sanctum Nycholaum aequalem habeo multis Apostolis. Sicque Prior de visione certificatus est. NOVICIUS: Mysterium visionis huius nosse desidero. MONACHUS: Dyadema regium videtur hoc loco signare [3]) carnem Virginis gloriosam, quam de semine traxit regio. Christus vero coronam maternam capiti proprio imposuit, cum per sacramentum incarnationis carnem de Virgine sumptam suae divinitati univit. Unde ad considerationem tanti mysterii Spiritus sanctus nos invitans, dicit in Canticis Canticorum: *Egredimini filiae Jerusalem* [4]), *et videte Regem Salomonem*, id est Christum verum pacificum, *in dyademate*, hoc est in [5]) carne humana, *quo coronavit eum mater sua*, Virgo Maria, *in die desponsationis eius* [6]), quando angelo nunciante [7]), in eius utero coelestes celebratae sunt nuptiae inter naturam divinam et humanam. Per hoc autem quod ad illa verba: *Et homo factus est*, coronam materno capiti reposuit, dicere videbatur: Mater, sicut ego per te particeps factus sum humanae substantiae, sic tu per me particeps facta es naturae divinae. Christi enim, qui Deus est et homo, corpus sumus et membra [8]). Haec de perfectorum consolatione dicta sint [9]) per sacram eius imaginem. Audi nunc aliud genus consolationis, de hoc quod in exordio huius distinctionis dictum est, apud ipsam esse electuaria confortativa.

---

1) CP erat. — 2) BD unum Deum. — 3) fortasse legendum (sigcare) significare. — 4) CD Syon. Homil. I. p. 66: „Egredimini filiae Jerusalem, id est animae electae." — 5) in add BD. — 6) Cant. 3, 11. — 7) D annunciante. — 8) C Christus enim — corpus suum et membra accepit de beata Virgine. Ephes. 5, 30. Homil. I. p. 64: „Factus est pluralis numeri in augmento corporis sui, quod est Ecclesia." — 9) ACD sunt.

CAPITULUM XLVII.

De monacho medico, cui sancta Maria in choro electuarium suum primo negavit, et postea emendato donavit.

Fuit in ordine nostro quidam physicus, magis habitu quam actu monachus, occasione medicinae per provincias discurrens, et vix unquam nisi in praecipuis festivitatibus ad monasterium revertens. In quadam sanctae Dei Genitricis sollemnitate cum nocte staret cum aliis ad psallendum, ipsa Virgo beatissima, multa claritate circumfusa, chorum ipso vidente intravit, psallentes circuivit, et de pixide quam in manu portabat, electuarium per coclear hauriens, singulis in os mittebat. Ad ipsum vero veniens, cum pertransiret et diceret: Tu de meo electuario non indiges, quia medicus es, et plurimas tibi impendis consolationes; ille tristis transeuntem oculis sequebatur[1], culpam recognoscens. Ab illo enim tempore non nisi per obedientiam coactus de monasterio egredi consensit; omnes corporales consolationes sibi temperavit. In proxima sua sollemnitate Domina nostra praedicto modo famulos suos visitans, postquam ad medicum venit, gradum fixit et ait: Quia te emendasti, tuis medicamentis mea praeferens, ecce de meo electuario sicut ceteris tibi impartior. De quo ut gustavit, mox tantum dulcedinis ac devotionis concepit, ut deinceps stabilis in congregatione maneret, et omnia carnis commoda tanquam stercora[2] reputaret. Electuarium istud gratia devotionis intelligitur, cuius virtute psallentes confortantur, cuius dulcedine labor vigiliarum vertitur in delicias. Huius species aromaticae sunt memoria compunctiva Dominicae conceptionis, nativitatis, et reliquorum sacramentorum Christi, quae omnia melliflua spe futurae retributionis condiuntur, et meritis beatae Virginis psallentibus infunduntur. NOVICIUS: Placet quod dicis. MONACHUS: Quod apud beatam Genitricem Dei[3] ungenta sint sanativa, testatur sponsus in Canticis dicens: *Meliora sunt ubera tua vino; odor ungentorum tuorum super omnia aromata*[4]*).* Et in alio loco in persona illius: *Sicut cynamomum*

---

1) B insequebatur. — 2) Philipp. 3, 8. — 3) BCD Dei Genitricem. — 4) Cant. 4, 10.

et balsamum aromatizans odorem dedi, et cetera [1]). Quantae virtutis et gratiae eadem sint ungenta, sequens declarabit exemplum.

CAPITULUM XLVIII.*)

De sanctimoniali, cuius tybiam laesam sancta Maria in visione perunxit et sanavit.

Contigit ante annos paucos in quodam coenobio sanctimonialium ordinis nostri satis mihi noto, res valde delectabilis. Est ibi quaedam soror, et ipsa mihi nota, vitae probabilis, multumque fervens in obsequio beatae Virginis. Haec cum in genuflexione, nimio impellente fervore, tempore quodam genu vel tybiam vulnerasset, atque meridie in infirmitorio dormiret, visa est in somnis ei[2]) astare beata Virgo Maria, pixidem ungenti portans in manu sua. Immissisque digitis, de eodem ungento perunxit vulneratam tybiam virginis. Statim tanta flagrantia affuit, ut sorores in proximo dormientes, odore illius excitatae surgerent, et ad lectum eius venientes, eo quod maior ibi sentiretur virtus odoris, dormientem excitarent. Cui cum signassent, quis vel unde esset odor tantus, illa causae non ignara, imo per eadem signa iam de veritate visionis certior effecta, nihil illis dicere vel resignare voluit[3]), tantum innuens, ut irent dormitum. Quae cum rursum obdormivisset[4]), iterum affuit mater Domini, secum illam per visionem ducens in pomerium. Cui manum sub mento ponens, dixit[5]): Modo demitte[6]) te super genua tua. Quod cum fecisset, Domina nostra subiunxit: De cetero sic modeste et disciplinate debes petere veniam, instruens illam. Et adiecit: Singulis diebus sequentiam, *Ave Dei Genitrix*, mihi[7]) dicere debes, et ad singulos versus veniam petere. Multum enim[8]) in ea delector. Sanctimonialis vero evigilans, ut experiretur si esset aliquis in visione effectus, tybiam conspexit, quam non sine multa admiratione sanatam invenit. NOVICIUS: Quantum ex hac visione coniicio, minus placet beatae Virgini in orationibus fervor indiscretus, et in genuflexionibus motus

---

1) Eccli. 24, 20. — *) Homil. I. p. 24. — 2) BCD **ei in somnis**. — 3) D **dicere voluit vel signare**. — 4) BD **obdormivissent**. — 5) B **ait**. — 6) BDP **dimitte**. — 7) ADP **mihi ad honorem**, B **mihi ad laudem**. — 8) **enim** om BC.

indisciplinatus. MONACHUS: Non contradico. Ut enim de persona beatae Dei Genitricis taceam, nomen eius non tam sententiis, quam vivis exemplis dulce super mel ostendam.

CAPITULUM XLIX.*)

De incluso, qui per Ave Maria sensit miram dulcedinem.

Juxta ecclesiam sancti Severini in Colonia inclusus quidam habitabat¹) Marsilius nomine, in Tuscia ad sanctum Sebastianum quandoque Episcopus, et tempore schismatis quod fuit inter Alexandrum et Paschalem, ab ipso Alexandro depositus. Hunc cum matronae civitatis frequentarent²), et una ei confessa fuisset, quod Dominae nostrae nomen dicere non posset³) sine quadam mira dulcedine, de causa tantae gratiae requisita respondit: Singulis diebus in honore eius quinquaginta Ave Maria, cum totidem veniis dicere consuevi, per quae tantam dulcedinem merui, ut omnis oris mei saliva orationis tempore in mel videatur conversa. Quod cum audisset iam dictus inclusus, exemplo devotae feminae vix per sex hebdomadas angelicam salutationem praefato modo et numero compleverat, et ecce tantam dulcedinem sentire coepit in illius dulcissimae salutationis prolatione in ore et in gutture, ut mellis dulcedinem longe transcenderet ipsa dulcedo. Eandem dulcedinem meruit quidam de ordine nostro monachus, exemplo illius provocatus. Haec mihi relata sunt ab eodem incluso. Ecce his tribus exemplis satis ostensum est, nomen eius esse *super mel dulce, et quod hereditas eius sit super mel et favum*⁴). NOVICIUS: Ut quid appositum est *hereditas eius super mel et favum?* MONACHUS: Repetitio confirmatio est⁵). Quod hereditamus, hoc frequentamus. In favo cera est et mel. Cera, quia tenax est, pertinet ad memoriam; mel exprimit dulcedinem. Non nisi per iugem memoriam nominis Genitricis Dei praemissa dulcedo poterit adipisci. Cera etiam⁶) illuminat, mel cibat et inebriat. Nomen Mariae *in compositionem odoris factum, opus pigmentarii. In omni ore quasi mel indulcabitur, et ut musica in convivio vini*⁷). Utrumque enim, illuminationem scilicet et refectionem, sancti

---

*) Homil. I. p. 24. — 1) BD habitat. — 2) B visitarent. — 3) B nostrae nil dicere posset. — 4) Eccli. 24, 27. — 5) similiter Augustin. de Civit. Dei XVII, 12: „illius enim spei est confirmatio verbi huius iteratio." — 6) ACDP enim. — 7) Eccli. 49, 1—2.

huius nominis invocatio operatur, sicut in supradictis ostensum est exemplis. NOVICIUS: Ex quo tanta bona per nomen beatae Virginis conferuntur peccatoribus et iustis, de cetero memoriae meae tenacius inhaerebit. MONACHUS: Hoc si feceris, in fine tuo consolationem eius experieris. Quod vero morientibus assistat, eisque suam mellifluam praesentiam ostendat, praesto sunt exempla.

CAPITULUM L.
De monacho, quem sancta Maria deosculabatur ante mortem.

In domo quadam Hispaniae ordinis nostri, quae¹) Pumerane vocatur, duo adolescentes sunt conversi, et tam laudabiliter in ea²) conversati, ut vita illorum aliis esset³) in exemplum. Ex quibus unus in obsequio beatae Virginis ita fervens exstitit ac devotus, ita in horis eius decantandis morosus et intentus, ut non solum in singulis versibus, sed etiam in singulis verbis memoriam ipsius haberet, sicque horam horae cum maximis laboribus pene continuaret. Qui cum annos decem et septem fecisset in ordine, graviter infirmatus est, et ministravit ei socius suus ex licentia Prioris. Sciens eum virum sanctum, et in servitio Dei Genitricis devotissimum, ut aliquid sibi diceret ad aedificationem, intuitu mutuae caritatis flagitavit. Cui cum ille nihil negare posset nec vellet, respondit: Heri Domina nostra visitavit me, et quia die septimo ad Dominum sim⁴) migraturus, praedixit. Et adiecit: Quia prae cunctis mortalibus mihi intentius servivisti, et ego tibi faciam quod nondum alicui feci. Collumque meum brachiis suis stringens, dedit mihi osculum. NOVICIUS: Hic legentibus oriri potest scrupulus, quia superius dictum est capitulo tricesimo secundo, quod militi tentato osculum dederit. MONACHUS: Visio ista illam tempore praecessit. Cum autem agonizaret die et hora praedicta vir beatus, Prior dormiens, cellam in qua iacebat, turbam candidatorum introire vidit, qui se propter animam illius deducendam advenisse dicebant. Statimque ad percussionem tabulae excitatus, surrexit et accurrit, et quia coelestis esset exercitus, a quibus devotus Genitricis Dei famulus foret de-

---
1) ABDP quod. — 2) in ea om BC. — 3) BP esset aliis. —
4) B essem, AP sum.

ducendus, minime dubitavit. Haec[1]) dominus Arnoldus Abbas Cisterciensis Treveri positus, multis recitavit, dicens, veraciter in domo in qua prius Abbas fuerat gestum.

CAPITULUM LI.

De Hermanno converso, pro quo defatigato sancta Maria horam decantavit, et finem praedixit.

In Claustro, quod vulgari nomine Hemmenrode dicitur, conversus quidam fuit vocabulo Hermannus, nemorali aratro cuiusdam grangiae deputatus. Erat autem sincerissimae vitae, et multas a Domino consolationes secreto percipiebat, ex quibus perpaucae ad nostram pervenerunt notitiam. Is in officio suo habebat inter alios boves iuvencum ferocem ac superbum, quem ad opus vix aut[2]) nullatenus sine magno labore adducebat. Hunc ergo cum vice quadam iugo vellet colligare, et modis omnibus recalcitrantem nequiret compescere, commotus animo in silvam divertit, et fustem ad rebellem taurum feriendum incidit. Cui minaciter cum vecte venienti, nescio quo spiritu ductus taurus occurrit, pedibusque eius prostratus, licet non verbis, gestu tamen humiliati corporis veniam flagitavit. Quo viso vir Dei placatus, ait: Misericordiam quaeris, misericordiam[3]) tibi non denegabo. Surge, et cave ne me de cetero inquietes. Ab illa autem die taurus idem omnem deposuit feritatem, adeo ut in gratia mansuetudinis nullo coniugalium suorum inveniretur inferior. — Isdem[4]) frater alio tempore cum diurnis[5]) laboribus fatigatus, post completorium pausaturus in suo se stratu collocasset, subito recordatus est quod ipsa die unam horam, quam decantare solebat in honore beatae Virginis, prae instantia occupationis distulerat, et dilatam oblivione interveniente[6]) neglexerat. Exiliit ergo[7]) de stratu suo, ut quod neglexerat, vel tunc suppleret. Sed eius miserata labores Domina mundi, repente astitit ei, imperans ut quiesceret, et ipsa pro eo horam neglectam supplere deberet. — Quando autem Dominus Deus iustam laboribus eius remunerationem reddere decrevit,

---

1) C hoc. — 2) ACP ac. — 3) pro misericordiam (miam) habet B et illam. — 4) BC idem. — 5) libri divinis. — 6) ABD intercidente, P intercedente, ut III, 24. p. 140. — 7) C exiliit igitur, B exsilivit igitur.

immisit ei infirmitatem corporis, sed animi gaudium et consolationem spiritus non subtraxit. Igitur cum per aliquot dies aegrotasset, venit Abbas Gisilbertus tam eum quam ceteros infirmos visitare. Cui cum diceret: Non erubescis frater Hermanne, quod¹) frater Godefridus erit prior tuus in regno coelorum? demonstrato quodam converso ibidem infirmo, qui triennium vix perfecerat in ordine; respondit: Non domine, sed quicquid boni ei Deus facere voluerit, bene cupio ei. Dixit ei²) Abbas: O tu semper rides. Facies enim eius naturaliter quasi ad ridendum disposita erat. Habe licentiam eundi ad chorum et ad opus tuum. Respondit³): Ego ibo quo Deus voluerit. Et quo, inquit, ibis? Respondit: Ad regnum coelorum. Quando ergo, ait, morieris? At ille: Post biduum. Nam et tertia post hanc diem incipiente missa hic ero, et incipiente Evangelio hic adhuc ero, sed antequam finiatur, in regno coelorum ero. Et videtur mihi hoc triduum prolixius esse, et amplius me gravat, quam totum tempus vitae meae, quod feci super terram. Unde, inquit, ista nosti? Respondit ille: Beata Virgo Domina nostra hic fuit, et consolata est me. Sed et ego raptus sum in coelum, ubi etiam videre merui beatitudinem, quam Deo largiente habiturus sum. Ab illo ergo die frequentissime eum Abbas visitavit. Jam advenerat dies tertia, et instante hora missae accessit ad eum felicis memoriae frater Theodericus de Cellario, minister eius, et dixit: Frater Hermanne, poterone ego ire ad missam? Erat⁴) enim dies Quadragesimae. Qui ait: Non. Sinite alios ire, vos autem manete mecum, et praeparate aquam calidam, unde lavari debeam. Et post paululum: Sternite mattam, et advocate duos fratres, qui vos adiuvent, tempus⁵) est migrandi. Pulsata igitur tabula circa principium Evangelii, conventus accurrit⁶), et ipse Abbas inter primos; sicque sancta illa anima sicut praedixerat ante finem Evangelii soluta est. NOVICIUS: Non miror si iustus iste⁷) desideravit mortem, quem auctrix vitae consolata est ante mortem. MONACHUS: Non solum praesentia eius infirmis dat fiduciam moriendi, sed etiam morientibus risum excitat, qui signum est magnae laetitiae.

---

1) B quia. — 2) C Dixitque. — 3) B respondit ille. — 4) ACP erant. — 5) B tempus enim. — 6) ABDP occurrit. Conf. VI, 36. XI, 8. 16. — 7) iste add B.

CAPITULUM LII.*)

De Pavone converso, qui sanctam Mariam in fine suo vidit.

Conversus quidam adolescens aetate, Friso natione, in Lucka cuius supra memini, graviter infirmabatur. Deductus ad extrema, in ipsa agonia, sicut mihi retulit monachus qui vidit et praesens fuit, ridere coepit. Cui cum diceret unus ex circumstantibus: Pavo, hoc ei nomen erat, cur modo rides? respondit: Cur non rideam? Ecce Domina nostra praesens est, et iam animam meam suscipiet. Videtur mihi in isto versiculus poetae impletus:

Incipe parve puer, risu cognoscere matrem [1].

Puer erat virtute idem conversus, quia simplex et purus; parvus, quia humilis et mansuetus. Haud dubium quin beata Virgo morienti maternos exhibuerit gestus; quia non risum, sed timorem vultus excitat severus.

CAPITULUM LIII.

Item de sanctimoniali, cui morienti apparuit.

Simile contigit Coloniae in ecclesia sancti Mauritii. Cum quaedam sanctimonialis bonae vitae in extremis ibidem laboraret, et sorores morientem circumstarent, illa serenata facie subridendo, cunctis audientibus in haec verba prorupit: Beneveniat dulcissima Domina mea, beneveniat. Sicque repressis labiis exspiravit. Multum enim illam diligebat. Unde et in hora illa terribili dilectam videre meruit, visam salutare, atque per eam et cum ea coelestem thalamum intrare. NOVICIUS: Spero quod daemones, qui etiam viris sanctissimis in exitu nimis sunt importuni, in praesentia tantae maiestatis subsistere non possunt [2]. MONACHUS: Hoc tibi ostendere volo per [3] exemplum.

CAPITULUM LIV.

Item de Warnero monacho, cui in extremis subvenit, cum a daemonibus terreretur.

Circa hoc triennium monachus quidam Warnerus nomine in Eberbacho defunctus est, aetate quidem adolescens, et im-

---

*) Homil. III. p. 178. — 1) Virg. Eclog. IV, 60. — 2) B **nullo modo possint**. — 3) B **per sequens**.

berbis, sed mente canus. Hic cum ante horam exitus sui, sicut ab eius Abbate didici, daemones circa se videret, illorum importunitate valde turbatus, clamare coepit: Sancta Maria, libera me ab istis vilissimis, crebrius hoc repetens. Audientes huiusmodi clamorem, hi qui circa eum erant satis mirabantur, scientes eum esse taciturnum, et vix ad interrogata respondere. Postmodum [1]) respirans et inclinans, ait: Beneveniat carissima Domina mea, beneveniat. Moxque manum contra daemones levans, et eis insultans, subiunxit: Modo iacete vos ibi, modo iacete vos ibi. Sicque post modicum [2]), placido vultu exspiravit, angelis gaudium faciens in coelo, sed non modicum dolorem fratribus in monasterio. Fuerat enim adolescens bonus et disciplinatus, virgo corpore et mente. Nec dubitandum est, quin in adventu Reginae coeli, omnis illa turba spirituum malignorum impulsa sit et deiecta, sicut in ortu solis nebula dispergitur matutina. NOVICIUS: Si Domina nostra clementissima, in morte peccatoris, sicut supra dictum est capitulo nono, sola sua misericordia daemonum cachinnos compescuit, non miror si in obitu huius iusti terrores illorum indebitos repressit. MONACHUS: Bene sentis. Dignum erat, ut mater totius castitatis etiam ante mortem in suo famulo tam iocunda visitatione remuneraret virtutem virginitatis. Nec hoc miror de perfecto monacho, cum ob eandem virtutem noverim suam praesentiam cuidam saeculari clerico morienti Dei Genitricem exhibuisse.

CAPITULUM LV.

Item de canonico Coloniensi, cui in fine se ostendit.

Quidam canonicus maioris ecclesiae in Colonia, cum in extremis ageret, beatam Mariam praesentem vidit et agnovit. Quam visionem cum circumstantibus recitasset, alapham sensibilem invisibiliter recepit. NOVICIUS: Quae fuit ibi culpa? MONACHUS: Puto quia inanis [3]) gloria, quae mox per eandem alapham est sanata. Vocabatur enim Albertus, et licet corpore fuerit castus, satis tamen exstitit saecularis et delicatus, atque

---

1) B post modicum. — 2) B post paululum. — 3) B inanis fuisset.

in vestibus curiosus¹). Ne autem causari possis, quod universis²) Domina tantum claustralibus virginibus vel continentibus decedentibus suam praesentiam visibiliter impendat, eosque ad vitam aeternam perducat, personam laicam et uxoratam tibi proponam.

CAPITULUM LVI.

De Konone cruce signato, quem sancta Maria morientem consolata est.

Civis quidam de Tulpeto, vir honestus, Kono nomine, in hac extrema expeditione signatus, cum aliis peregrinis ad mare usque pervenit. Ibi graviter infirmatus, cum moriturus esset, coepit mirabiliter iocundari. Requirentibus sociis³) de causa laetitiae, respondit: Quare non gaudeam? Ecce Domina nostra sancta Maria hic praesens est, et haec mihi dixit: Kono, quia reliquisti uxorem, filios et omnia tua propter honorem filii mei, periculis te exponens, ego bene et plene tibi retribuam. Qui statim exclamavit: En video coelum apertum, et in eo sedem mihi praeparatam, ad quam celerius sum ascensurus. Moxque sacro oleo postulans se inungi, et viatico Dominici corporis muniri, hominem peregre deposuit, et sicut verus peregrinus, in coelesti patria laboris sui praemium suscepit. NOVICIUS: Non miror si homo iste iustus vel potius per crucis signationem iustificatus, tam mirifica vidit, et

---

1) Homil. I. p. 144: „Cum esset apud nos novicius quidam Albertus nomine de Brule, quondam canonicus maioris ecclesiae in Colonia, et conquereretur magistro suo, quod in confessione non posset reducere ad memoriam omnia peccata sua; respondit ille: Notate in cedula peccata vestra. Et novicius: Liber octo quaterniorum peccata mea capere non posset. Erat enim ab ineunte aetate totus deditus luxuriae, verba otiosa, impudica, scurrilia et risum moventia multum amans. Cum adhuc esset iuvenis, habuit matrem Bingae in monasterio sancti Roberti conversam. Quae pro filii salute sollicita, cum beatae Hildingardi eiusdem coenobii matri tempore quodam cum dolore dixisset: O domina, quid fiet de filio meo Alberto, qui tam mirabilis est et tam instabilis? respondit sancta: Tandem salvabitur. Quod verbum occasio ei fuit multorum peccatorum, non recordans scripturae dicentis: Maledictus qui peccat in spe. In senectute tactus apoplexia, timore mortis venit ad ordinem, et non multo post eadem praeventus infirmitate defunctus est. In quo saepius vidimus lacrimas et signa contritionis, ita ut bona spes sit de eius salvatione." — 2) C universa. — 3) B requisitus a sociis.

promeruit; sed si nosti, dic unde mirer. MONACHUS: Duo tibi dicam exempla divinae pietatis, eiusque Genitricis, quae te non solum in admirationem, imo etiam in stuporem merito convertant.

CAPITULUM LVII. *)

De milite decollato, qui per eam evasit gehennam.

Miles quidam nobilis, sed criminosus, tempore quodam ab inimicis suis captus est. Et quia mortales erant inter eos inimicitiae, visum est eis expedire, ut in instanti occideretur. Cernens vir nobilis sibi mortem imminere, et nullum adesse remedium vitae, supplici voce dixit ad illos: Rogo vos intuitu Dei, ut ad modicum mortem meam differre dignemini, quatenus alicui sacerdotum peccata mea possim confiteri. Responderunt illi: Non esset nobis haec dilatio tuta. Contingere posset, ut cognati et amici tui venientes, eriperent te de manibus nostris, et esset error novissimus peior priore 1). Cui cum praecepissent, ut se prosterneret ad decollandum, dixit hoc verbum: Deus, tu scis voluntatem meam. Et subiunxit: Animam meam commendo Virginis filio. Sicque decollatus est. Erat tunc temporis obsessus quidam in vicino. Cui cum dicerent quidam, audita morte tanti tyranni: Modo magnum habetis gaudium propter animam militis illius facinorosi; lugubri voce respondit: Nequaquam. Unum enim verbum moriens 2) protulit, propter quod salvatus est. Haud dubium quin ope beatae Virginis, cuius filio animam occidendus commisit, poenis gehennae sit subtractus, et cum latrone 3) confitente paradisi gaudiis addictus. Aliud tibi referam, unde amplius mireris 4), quod mihi quidam Abbas ordinis nostri retulit, circa hoc quinquennium dicens illud contigisse.

CAPITULUM LVIII.

Item de latrone, quem decollatum sepeliri fecit in ecclesia.

In vicina civitatis 5) Tridentinae, sicut mihi retulit quidam Abbas, latro nominatus 6) versabatur, a quo multi depraeda-

---

*) Homil. II. p. 77. — 1) Matth. 27, 64. — 2) moriens om C; conf. XI, 20. — 3) Luc. 23, 43. B latrone sero. — 4) B miraberis. — 5) ACDP civitate. Conf. I, 40. p. 52. — 6) B nominatissimus.

bantur; et qui se defendere voluerunt nec potuerunt, occidebantur. Hic cum die quadam monachum quendam ordinis nostri obvium haberet, sperans quod pecuniam portaret, ait: Nisi voluntarie sequaris me, occidam te. Quem cum monachus sequeretur, et quaereret in via, quis esset, vel quid operis haberet; respondit ille: Ego sum latro ille famosus, nomen suum exprimens. Cui cum monachus diceret: Jam incipitis canescere, et non timetis animae vestrae? respondit ille: Non plus quam pecus. Et tacuit monachus. Veniens in speluncam illius, ait intra se: Si posses hominem hunc convertere, magnum Deo praestares obsequium. Dixitque ad latronem: Si[1] licet mihi aliquid vos interrogare? Respondente illo, licet; monachus subiunxit: Qualis exstitit vita vestra a principio? Respondit ille: Pessima. Quando puer eram, cum omnibus meis coaetaneis contendebam; factus adolescens, furtis operam dedi; deinde in virum proficiens, latrocinia exercui, in quibus adeo profeci, ut hodie caput et magister sim omnium latronum huius provinciae. Ad quod monachus: Numquid non timetis poenas aeternas, huiusmodi operibus praeparatas? Dicente illo, de anima nulla mihi quaestio est[2], eo quod perdita sit; monachus respondit: Quid si possem vobis ostendere viam salutis, velletis mihi acquiescere, necne? Ait latro: Etiam vobis consentirem. Et ille: Jeiunate unum diem in hebdomada in honore sanctae Mariae Genitricis Dei, et nullum in illa[3] laedatis, et sciatis pro certo quia gratiam apud filium[4] vobis obtinebit. Respondit latro: Haec revera faciam, et iam voveo; nihil ea die comedam, nullum depraedabor, nullum laedam. Elegitque diem sabbati, nihil in illo mali operans, imo plurimos a sociorum manibus depraedandos sive occidendos ob honorem beatae Virginis eripiens. Eodem tempore Tridentum ab hostibus per circuitum infestabatur, et exeuntes satellites civitatis cum hostes die sabbati insequerentur, iam dictum latronem inermem propter sabbatum cum ceteris ceperunt. Et cum esset fortissimus, non se defendebat cum caperetur, non se excusabat, nec loqui voluit interrogatus cum duceretur. Veniens[5] in civitatem, mox ut cognitus est, patibulo adiudicatus est. Nutu tamen ut cre-

---

1) si om B. Conf. Matth. 19, 3. — 2) B mihi nulla est quaestio. — 3) B in illa die. — 4) C filium suum. — 5) B venientes.

ditur beatae Virginis super pulchritudinem corporis eius iudices moti, in hoc convenerunt¹), ut provincia abiurata viveret. Quod cum ille abnueret, et diceret: Non faciam, melius est enim ut hic peccata mea luam quam in futuro; responderunt: Sine tunc²) ut decolleris. Non curo, inquit, qualis sit poena, dummodo occidar. Et illi: Vis ut vocetur tibi sacerdos? Respondit: Non est necesse. Omnes enim Christiani estis, omnibus vobis omnia peccata mea confiteor. Quod cum fecisset cum multa contritione, nihil se boni unquam fecisse testabatur, praeter illud ieiunium, quod a monacho didicerat. Sicque extra civitatem decollatus est, et in eodem loco sepultus. Nocte eadem vigiles portarum circa eius tumulum luminaria viderunt. Quinque enim matronae corpus effodientes, et caput corpori adaptantes, posuerunt in feretro³), mirae texturae purpura superiecta. Ex quibus quatuor singulas candelas ardentes in manibus habentes, per quatuor partes feretrum tollentes, quinta quae clarissima omnium erat, cum candela sequente ad portam usque venerunt, ibi corpus deponentes. Custodes ista videntes, timuerunt, putantes esse fantasma. Quibus illa dicebat: Dicite Episcopo vestro, ut capellanum meum a vobis decollatum, in tali loco ecclesiae honorifice sepeliat, minas addens si negligeret. Et nominavit se. Mane cum Episcopo haec nunciata essent, cum Clero et populo exiens⁴), purpuram deposuit, caput praecisum corpori unitum videns, expavit, texturamque purpurae humanum artificium excedentem admiratus, relatis credidit, hominemque cum timore et honore maximo, non ut latronem, sed sicut Christi martyrem in loco designato sepelivit. Ab illo tempore usque hodie vix aliquis adultus in illa provincia invenitur, qui eius exemplo diem sabbati in honorem⁵) Dominae nostrae non ieiunet. NOVICIUS: Cum opera bona extra caritatem facta, mortua sint, quomodo ieiunium, sive aliud opus secundum genus bonum⁶), tempore latrocinii gestum, Dei Genitrici placere potuit? MONACHUS: Per obequium quod beatae Virgini impendit, habilem se reddidit gratiae; per finalem contritionem factus est filius gloriae; per poenam temporalem quam libenter ac patienter sustinuit, purgatorii poenas evasit. Non enim punit Deus bis in idipsum, nisi me-

---

1) B moti, condixerunt. — 2) ABCD tamen. — 3) B feretrum. — 4) B ipse exiens. — 5) B honore. — 6) C bonorum.

dicina contemnatur. Non aliter audeo diffinire. Legimus enim in Vitaspatrum, cuidam latroni converso, pietatis opera[1] quae in latrocinio egit recitanti[2], sanctum respondisse Pafnutium: Nunquam aliquid tale egi, id est tam magnum, in vita mea[3]. NOVICIUS: Historia haec tam mirabilis valde accendere debet peccatores in amorem[4] sanctae Dei Genitricis. MONACHUS: Adhuc unum superest capitulum, quod omnes ordinis nostri professores magis omnibus, quae adhuc audisti, in illius amorem accendat. Propter quod praesenti distinctioni pro conclusione illud reservavi, quia quod novissimo loco dicitur, memoriae fortius imprimitur.

CAPITULUM LIX.

De monacho, qui ordinem Cisterciensem sub eius pallio vidit in regno coelorum.

Monachus quidam ordinis nostri Dominam nostram plurimum diligens, ante paucos annos mente excedens, ad contemplationem gloriae coelestis deductus est. Ubi dum diversos Ecclesiae triumphantis ordines videret, Angelorum videlicet, Patriarcharum, Prophetarum, Apostolorum, Martyrum, Confessorum, et eosdem certis caracteribus distinctos, id est in Canonicos, Regulares[5], Praemonstratenses, sive Cluniacenses, de suo ordine sollicitus, cum staret et circumspiceret, nec aliquam de illo personam in illa gloria reperiret, ad beatam Dei Genitricem cum gemitu respiciens, ait: Quid est sanctissima Domina, quod de ordine Cisterciensi neminem hic video? Quare famuli tui tibi tam devote servientes, a consortio tantae beatitudinis excluduntur? Videns eum turbatum Regina coeli, respondit: Ita mihi dilecti ac familiares sunt hi qui de ordine Cisterciensi sunt, ut eos etiam sub ulnis meis foveam. Aperiensque pallium suum quo amicta videbatur, quod mirae erat latitudinis, innumerabilem multitudinem monachorum, conversorum[6], sanctimonialium illi ostendit. Qui nimis exultans et gratias referens, ad corpus rediit, et quid viderit, quid-

---

1) C quendam latronem conversum opera pietatis. — 2) ABD enumerasse, C enumerasse et. — 3) Vitt. Patr. I. p. 1170. cap. 63. — 4) ABP amore. — 5) secutus sum codicem A; nam in ceteris libris verba, Canonicos regulares, coniuncta leguntur. Homil. III. p. 24: „Cluniacensium, Carthusiensium, Praemonstratensium, Clericorum regularium, sive Canonicorum." — 6) B add noviciorum et. Conf. VIII, 45.

ve audierit Abbati suo narravit. Ille vero in sequenti Capitulo haec referens Abbatibus, omnes laetificavit, ad ampliorem sanctae Dei Genitricis amorem illos accendens. Igitur quia Virginem beatam, imo speculum virginitatis, cuius merita et gloria omnem sanctorum altitudinem transcendunt, laudare non sufficio, quasi imperitus orator illam laudando deficio [1]): ipsam igitur tuis adiutus orationibus deprecor, ut defectum meum ipsa suppleat, et quae scripta vel scribenda sunt, fructuosa faciat. Amen.

DISTINCTIO OCTAVA
DE DIVERSIS VISIONIBUS.

CAPITULUM I.

Ratio quare in octava distinctione de diversis visionibus tractetur.

MIRARI poteris, quare distinctionem diversarum visionum ad octavum distulerim locum. Non absque ratione et causa sacramenti noveris hoc factum. Sicut enim Christus in Evangelio [2]) scalam composuit ex octo beatitudinibus, per quam coelos conscendere possit omnis Christianus, ita in hac distinctione scala erigenda est ex totidem ordinibus, per quam humanae visioni condescendat coelestis exercitus. Duo latera huius scalae duo sunt genera visionum, corporalis scilicet et spiritualis, ita tamen, ut per spiritualem omnis visio intelligatur, in qua solus spiritus operatur. NOVICIUS: Quae est visio corporalis? MONACHUS: Cum aliqua Dei dono corporaliter videntur, et per illa aliquid significatur [3]), ut sicut legitur [4]) Heliseus vidit currus igneos in raptu Heliae, et Rex Balthazar articulos manus scribentis in pariete [5]). Hac visione saepe angeli, nec non et animae sanctorum in subiectis corporibus a mortalibus oculis corporeis contemplantur, ut postea dicetur sub exemplis. NOVICIUS: Quae est visio spiritualis? MO-

---

1) B quia imperitus laudator illam laudare deficio. — 2) Matth. 5. — 3) BP signatur. — 4) legitur abest a libris. — 5) Reg. IV, 2. Dani 5, 5.

NACHUS: Quae fit per imagines sine corporibus, ut fieri solet in extasi et in somnis. Sub hac comprehendamus et visionem intellectualem, licet multum ab ea differat. Quam quidam dicunt esse triplicem, aenigmaticam scilicet quam habent viatores, praesentariam qua utuntur cives [1]), et mediastinam quam habuerunt Adam et Eva in paradiso. NOVICIUS: Quid est visio intellectualis? MONACHUS: Visio intellectualis sive mentalis est, quando nec corpora nec imagines rerum videntur, sed in incorporeis substantiis intuitus mentis mira Dei figitur potentia. In supremo gradu huius scalae locemus Christum, qui Deus est et homo, caput et origo sanctorum omnium; in secundo gradu descendendo, ordinem Angelorum; in tertio gradu ordinem Patriarcharum atque Prophetarum; in quarto gradu ordinem Apostolorum; in quinto gradu ordinem Martyrum; in sexto gradu ordinem Confessorum; in septimo gradu ordinem Virginum, Viduarum et Continentium; in octavo gradu visionem quarumlibet rerum miraculose apparentium. NOVICIUS: Quali modo sive in qualibus formis coelestes spiritus, utrum sint angeli seu humani, mortalibus se videndos [2]) exhibeant, magis exemplis quam sententiis scire desidero, praemissa tamen prius visione Dei ac Salvatoris nostri Jesu Christi. MONACHUS: Invoca mecum Spiritum sanctum, qui ab ipso procedit, de cuius etiam apparitione mirabili aliquid dicere propono, ut hoc quod postulas, digne valeam adimplere. Licet indivisa sint opera sanctae Trinitatis, et Patri Filius, atque utrique Spiritus sanctus credatur consubstantialis, nunquam tamen in subiecta creatura Pater mortalibus apparuisse reperitur, quod de Filio et Spiritu sancto dici non potest. Duas siquidem in Christi persona naturas confitemur, divinam et humanam. Secundum illam, *lucem habitat inaccessibilem, in qua nemo eum vidit unquam* [3]). Secundum istam, humanam scilicet, in terris visus est, et cum hominibus conversatus est. Visus est enim ante legem et sub lege a patribus, sed in aliqua subiecta creatura; visus est tempore gratiae in humana natura. Et licet semel ex Virgine sit natus, nutritus ac lactatus, semel a Magis adoratus, et in templo praesentatus, passus, et a mortuis suscitatus, ascenderitque in coelum, attamen usque ad diem iudicii eadem sa-

---

1) cives patriae coelestis. — 2) videndos om BC; AD videndum. — 3) Tim. 1, 6, 16. Johan. I, 4, 12.

cramenta mirabiliter quodammodo renovare non desinit, secundum praedicta visionum genera suis dilectis et electis nunc in infantia et pueritia, nunc in adolescentia et iuventute suam praesentiam exhibens, sicut sequentia declarabunt exempla.

CAPITULUM II.*)

De sacerdote cui nativitas Christi in somnis revelata est.

Sacerdos quidam de domo nostra, dum de sacramento incarnationis Christi plurima cogitaret, nocte quadam per visum in nativitatis eiusdem raptus est diversorium[1]. In quo dum audiret quia[2] virgo esset paritura, respondit: Christus semel natus est, denuo nasci non poterit. Si virgo haec paritura est, aliquis propheta magnus de ea nascetur, non Christus. Vix verba finierat, et ecce illa sine omni dolore peperit filium, pannisque involutum monacho porrigebat. Quem ille inter brachia sua colligens, ac deosculans, mysterium intellexit, et motu dulcedinis illius evigilans, praemissas cogitationes, tam iocunda visione remuneratas, minime dubitavit. Ecce visio haec spiritualis fuit, sed in somnis facta. Aliam huic subiungam visionem, quam discernere non possum, utrum in somnis sive per mentis excessum contigerit, propter diversorum relationem.

CAPITULUM III.**)

Item de sorore Christina et eadem nativitate.

Dominus venerabilem virginem Christinam cuius in praecedentibus memoria habita est, in Bergis[3] sanctimonialem, visione suae nativitatis laetificare volens, tempore quodam ei cum matre et Joseph apparuit, pannis involutus, et in praesepio reclinatus. Erant enim iidem panniculi lanei et albi, a pannis sororum nihil differentes. Fascia vero qua membra eius ligata erant, grisei coloris videbatur. Vides quanta humilitas, quanta pietas in Dei filio. Pannos suos pannis ordinis conformare dignatus est, ut amplius illa beata[4] de suscepto habitu gratularetur. Simile habes in superiori distinctione capitulo sexto decimo, ubi domino Christiano de Clau-

---

*) Homil. I. p. 67. — 1) stabulum. — 2) BC quod. — **) Homil. I. p. 67. — 3) id est, in Monte sanctae Walburgis. Conf. VII, 21. BP Burgis; sed infra VIII, 45 consentiunt codices nostri in lectione Bergis. — 4) B amplius exhilarata.

stro morienti in cuculla cum matre apparuit. NOVICIUS: Quod genus visionis videtur tibi praecellere, illud scilicet quod fit in somnis, sive illud quod fit in excessu mentis? MONACHUS: Ut plenius de hac quaestione te expedire valeam, diversas somniorum causas tibi distinguam.

CAPITULUM IV.
De diversitate somniorum, et visione spirituali.

Somnium quandoque fit ex reliquiis cogitationum et curis; quandoque ex crapula; quandoque ex inanitione ventris; quandoque ex illusione et fantastica imaginatione inimici sine praecedente cogitatione; quandoque ex praemissa cogitatione, illusione secuta; quandoque per revelationem Spiritus sancti[1]), quae multis modis fit; et est hoc genus somnii dignissimum. Nec tamen minus, imo magis meritorium est, si cogitatio sancta praecessit[2]). Igitur quocunque modo visio fiat nocturna, meo iudicio illa quae fit per mentis excessum antefertur, quia certior, quia rarior, quia iocundior. Prior visio quando de coelestibus est, proprie dicitur revelatio; secunda contemplatio. In utraque homo moritur exterior, et viget interior. Illa est infra rationem, et ideo habet meritum; ista supra rationem, unde magis pertinere videtur ad praemium. Quando mens per contemplationem in Deum vadit, sensus rationis deficit. Hinc est quod in ortu Benyamin Rachel moritur. Rachel, quae interpretatur visum principium[3]), designat rationem; Benyamin, cuius interpretatio est filius dexterae, contemplationem. Rachel vero in nativitate Benyamin moritur, cum de ratione coelestium contemplatio nascitur. Quantae sit infirmitatis sensus rationis, mens intra se experitur. Quod si verum non esset, Apostolus excessum suum manifestans non diceret: *Sive in corpore, sive extra corpus, nescio, Deus scit*[4]). NOVICIUS: Licet visio spiritua-

---

1) Gregor. Dial. IV, 48: „In hoc sciendum est, quia sex modis tangunt animum imagines somniorum. Aliquando namque somnia ventris plenitudine, vel inanitate, aliquando vero illusione, aliquando cogitatione simul et illusione, aliquando revelatione, aliquando autem cogitatione simul et revelatione generantur." — 2) BP praecesserit. — 3) Gregor. Moral. VII, 37, 61: „Rachel namque visum principium, Lia autem laboriosa dicitur." — 4) Cor. II, 12, 2. Homil. I. p. 56: „Sic devotio cum spiritum sursum in excessum rapit, ipsam rationem ad defectum trahit. Unde scriptum est, quod nascente Beniamin, mortua sit Rachel.

lis dignior sit corporali, magis tamen me delectat audire exempla de ista, quia coelestes spiritus, sive quod maius est, ipsum creatorem spirituum oculis corporeis posse videre, omnibus visionibus antepono. MONACHUS: Visionem nunc tibi referam, de qua iudicare debes, utrum spiritualis sit an corporalis; est enim de nativitate Christi.

CAPITULUM V.

De monacho qui Christum quasi recenter natum vidit cum Maria et Joseph.

In Claustro monachus quidam in magna erat devotione, et videbatur bonam Dei manum super se habere [1]). Erat quippe in opere manuum strenuus, in oratione et psalmodia devotus, potens ad vigilandum, et fervens ad quodlibet iniunctum. Cumque tam bonum circa festum Omnium Sanctorum habuisset [2]) spiritum, eiusque nullum aut [3]) modicum per plures dies sensisset detrimentum, coepit, non tam audacter quam reverenter a Domino precibus exigere, ut eum in festo suae sanctissimae nativitatis qualicunque consolaretur visitatione. Aderat iam vigilia Nativitatis Dominicae, et ille necdum tepuerat a devotione, nec a supradicta defecerat intentione, praesumens et praesagiens aliquid de divina dignatione. De nocte autem ubi surrectum est ad matutinas, tantus torpor invasit corpus eius et animam eius [4]), ut etiam taederet eum vivere. Intravit tamen chorum cum aliis, nil psallere valens aut volens, dulcissimam illam sollemnitatem ex toto ut sibi videbatur amissurus, a desiderio suo frustratus. Accessit vero ad eum alius monachus, innuens ut pro ipso responsorium decimum cantare debuisset. At ille, non infirmitate praepeditus, sed desidia devictus, signum refutabat. Sic ergo felices illas vigilias et sollemne gaudium infelici torpore transigebat, quippe quem nec psallere nec ad responsoria surgere libebat [5]). In decima tamen lectione sedebat, sibi vigilans quidem, sed clausis oculis, et cogitabat molestias suas

Beniamin significat gratiam contemplationis; Rachel sensum rationis. Illa dum per excessum nascitur, ista, id est ratio, per defectum moritur. Nonne ratio in Apostolo mortua erat, cum raperetur ad tertium coelum?" — 1) Esdr. I, 7, 9. — 2) B hausisset. — 3) BC vel. — 4) eius om B. — 5 ADP quem — licebat, C quod — valebat. Verbo libet accusandi casum adiunxit etiam Augustin. de Civit. Dei I, 3: „poetas libebat mentiri."

in amaritudine animi sui. Dicebatque sibi, secum ratiocinando: Ecce sic et sic habuisti; haec et haec petisti. Ubi nunc est illa devotio, ubi spes illa, et pia de divina pietate praesumptio? Quid nunc agitur tecum? Et adiecit: Petieras ut aliqua tibi revelatio fieret. Et si modo fieret, quid potissimum videre eligeres? Utique Dominum Christum, vel dulcissimam eius matrem, aut certe ambos simul. Cumque his et huiusmodi cogitationibus occupatus sederet, vigilans, ut supra dictum est, sed clausis oculis, lector[1]) dixit: *Tu autem.* Et cantor surgens subiunxit responsorium: *Benedictus qui venit in nomine Domini.* Et ecce astitit ante illum torpentem monachum matrona quaedam reverendi vultus et incomparabilis pulchritudinis, habens in brachio infantulum adeo parvulum, quasi recenter natum, involutum fasciolis vilibus valde et abiectis, in tantum ut etiam super vilitate earum ille compassionem conciperet. Stabat autem quasi retro ipsam senex amictus pallio, indutus tunica, et pilleus non acuminatus super caput eius, quae omnia videbantur esse de lana alba et munda. Vultum tamen senis videre non potuit, situ pillei impediente. Vidit etiam fusum cum licio[2]) pendere a latere matronae, sed colum vidisse se non meminit. Vidit, et quia clarius videre voluit, quam vidit, nihil vidit. Aperuit enim carnales oculos, et gloriosam illam visionem perdidit. Et intellexit, quod beata Virgo fuisset illa matrona, infans Christus, et senex Joseph. Et recepit in illa hora spiritum suum bonum, et reliquum sanctae sollemnitatis[3]) transegit in gaudio magno. Anno gratiae millesimo ducentesimo tertio decimo facta est visio haec. NOVICIUS: Quia genus huius visionis discernere non valeo, ad tuum illud examen transmitto[4]). MONACHUS: Expertorum esset talia diffinire. Quod si dixero visionem istam fuisse spiritualem, obiicitur quod non sit in somnis facta, quia monachus tunc vigilavit; neque in extasi, quia sensuum exteriorum eo tempore[5]) bene compos fuit. Item si iudicavero illam corporalem, respondes, quod oculis corporalibus clausis, corporaliter videre non potuit. Quid ergo? Audi de hoc meam opinionem, non assertionem. Quantum ex aliis visionibus colligo, corporalem illam iudico, quia lucidum Christi aspectum civiumque coelestium, tam subtilis pal-

---

1) B ecce lector. — 2) BC lino. — 3) D sollemnitatis officium. — 4) B ad tuum examen illud remitto. — 5) ADP temporis.

pebrarum prohibere non potest paries. Hinc est quod inclusa quaedam cum a Sathana sub specie angeli illuderetur frequentius, et hoc cuidam sacerdoti litterato confessa fuisset, dolos illius non intelligens; respondit ille: Cum denuo tibi apparuerit, oculos claude. Si angelus fuerit Domini bonus, non minus eum videbis; si vero malus, illum ita videre non poteris. Quod verum esse didicit experimento.

CAPITULUM VI.

De Priore qui vidit stellam in nocte Dominicae Nativitatis super cantantes.

Alteri cuidam sacerdoti supradictae domus, tunc Priori existenti [1]), Dominus sub alio typo nativitatis suae mysterium ostendit. Cum in quarta Dominica Adventus cantor responsorium: *Intuemini quantus sit iste qui ingreditur ad salvandas gentes*, inciperet, et pars conventus ad librum stans, inceptum perficeret, in choro Abbatis super formam, cui cantantes innitebantur [2]), circulum lucidum vidit, et in circulo stellam clarissimam radiantem. Et mox intellexit, sicut intelligere debuit, quod stella eadem designaret Christum; circulus vero lucidus orbem terrarum illius adventu illuminatum. Se stellam esse testatur in Apocalypsi dicens: *Ego sum radix et genus David, stella splendida et matutina* [3]). Et in sancto Evangelio se appellat lucem mundi [4]). Haec de Christi nativitate tibi dicta sufficiant. Sciasque me hanc visionem ab eius ore audivisse, qui eam videre meruit. Porro quam gloriosa visio cuidam sacerdotum nostrorum in Christi Nativitate de Christo sit ostensa, audies in distinctione sequenti [5]). NOVICIUS: Precor ut gradatim ascendas de festivitate ad festivitatem, et de infantia ad iuventutem nostri Salvatoris. MONACHUS: Sic faciam, visiones quas in illis et de illo factas novi tibi recitando.

CAPITULUM VII.

De Richmude quae in Epyphania Christum vidit in praesepio, Patris vocem audiens desuper.

Virgo quaedam circa hoc triennium defuncta est, Rich-

---

1) ACDP Priore existente. — 2) ABDP innitebant. — 3) Apoc. 22, 16. — 4) Johan. 8, 12. — 5) cap. 2.

mudis nomine, habitu¹) saecularis, sed vita religiosa valde ac spiritualis. Jeiuniis et obsecrationibus semper vacabat²), mente saepissime excedens, ita ut coeli secretis interesset, et coeli Regem cum coeli civibus frequentius videret. In quadam sollemnitate Epyphaniarum cum in Monte sanctae Walburgis interesset matutinis, et Abbatissa inchoasset responsorium duodecimum, scilicet, *In columbae specie*, illa vigilans et orans in excessu facta, Christum infantem pannis involutum et in praesepio positum, coram se vidit, et circa illum quasi thronum aereum ad similitudinem yris. Erantque³) ex utraque parte eius multitudo angelorum, manibus extensis eum⁴) adorantes, et oculorum suorum acies in illum indeclinabiliter defigentes. Nec mirum. Ipse⁵) est *speciosus* ille *forma prae filiis hominum*⁶), *in quem* teste Apostolo, *angeli concupiscunt prospicere*⁷). Cumque ventum fuisset ad locum illum⁸): *Paterna vox audita est*, non conventum illa beata in qua tunc temporis sensus exteriores defecerant, sed Patrem⁹) audivit dicentem: *Hic est Filius meus dilectus, in quo mihi bene complacui*¹⁰). Erat enim idem Dei Filius et hominis tanti decoris, et vox Patris tanti dulcoris, ut exprimere mihi¹¹) non sufficeret. Requisita¹²) etiam a me, quales essent effigies angelorum, respondit: Staturas habent humanas, facies virginibus simillimas, genas ad instar rosarum rubentes, et in reliquis membris intectis nive candidiores. Alias mihi adhuc¹³) retulit visiones, quas locis competentibus replicabo. De festo vero Purificationis habes in distinctione superiori capitulo vicesimo visionem mirificam virginis de Quidone. NOVICIUS: Puto huiusmodi revelationes quandoque ex affectu orationis obtineri. MONACHUS: Hoc certissimum est.

CAPITULUM VIII.

De virgine cui Christus apparuit in aetate trienni.

In Francia virgo quaedam Christum in aetate trium annorum quando iam loqui per naturam poterat, videre desi-

---

1) B habitu quidem. — 2) B vacans. — 3) BDP eratque. — 4) C manibus expansis ante eum. Conf. VIII, 90. — 5) B ipse enim. — 6) Psal. 44, 3. — 7) Petr. I, 1, 12. — 8) C illum locum. — 9) B Patris vocem. — 10) Matth. 3, 17. — 11) mihi om C. — 12) C Sed requisita. — 13) AC adhuc mihi.

derans, hoc ut fieret precibus instabat. Erat enim tam perfectae vitae, ut non immerito talia praesumeret, et se exaudiri speraret. Die quadam cum dicta missa ipsa, populo omni egresso, sola in ecclesia moram faceret, et oraret, infantem quasi triennem circa altare deambulantem conspexit, putans a matre illum ibidem neglectum. Erat enim tam [1]) speciosissimus, et tantae gratiae vultus eius, ut in illius aspectu delectata ad se vocaret et manibus demulceret, sic dicens: Dic mihi bone puerule, ubi est mater tua? Qui dum nihil ei responderet, aestimans illa utpote infantem eum nondum posse fari, subiunxit: Nosti dicere Pater noster tuum? Ad quod dum non responderet ut prius, adiecit: Dic post me, *Ave Maria gratia plena, Dominus tecum.* Et dixit post eam infantulus eadem verba tam hilariter et tam distincte, ut illa miraretur. Similiter factum est de clausula secunda, scilicet, *Benedicta tu in mulieribus.* Cum vero ei praediceret: *Et benedictus fructus ventris tui*, totius humilitatis magister sua inspiratione sciens scriptum: *Non te laudet os tuum, sed alienum* [2]), eandem clausulam dicere noluit, sed mox illa intuente per ostensam formam coelos penetravit. Tunc primum virgo venerabilis se exauditam intelligens, gratias egit Christo, qui tam celeriter implevit [3]) desiderium suum ex semetipso. Ipse revera Dominus Jesus est fructus ille benedictus, de quo Isaias cecinit: *Et erit fructus terrae sublimis* [4]). Fructus terrae, filius Mariae. *Benedixisti*, inquit Psalmista, *Domine terram tuam* [5]). Non potuit gingnere [6]) terra benedicta nisi fructum benedictum. NOVICIUS: Dignum mihi nota videtur, quod Dominus orationem ore proprio [7]) editam recitare renuit, et in verba quibus matrem beatificare videbatur mox erupit. MONACHUS: Exemplum nobis dedit, ut et ita faciamus. Sermonem iam in longum protraximus tam in praesenti distinctione quam in praecedentibus de apparitionibus [8]) infantiae Salvatoris; vis nunc aliquas audire [9]) ex illis visionibus quibus se ostendere dignatur suis amicis in aetate perfecta? NOVICIUS: Volo et desidero, et maxime tamen de illius passione. MONACHUS: Bene moveris. Passio enim Domi-

---

1) **tam** add AD. — 2) Proverb. 27, 2. — 3) B adimplevit. — 4) Isai. 4, 2. — 5) Psal. 84, 2. — 6) ABCP gignere. — 7) BP proprio ore. — 8) P apparitione. — 9) BD **audire aliquas.**

nica proxima est sollemnitas post Purificationem. Ipsa est festum propitiationis. Per ipsam tartarus est destructus, paradisus apertus, captivitas captivata, mors evacuata. Passio Domini omnium tribulationum humanarum est antidotum. Contritionem excitat, lacrimas producit, tentationes compescit.

CAPITULUM IX.

De praedicta Richmude quae Dominum vidit in domo pontificis inter persecutores.

Praedicta Richmudis tempore quodam, ut puto Dominicae Passionis, cum de ipsa meditando valde contereretur, mente excedens, mox per spiritum in domum quandam amplam et hyemalem rapta est, in qua Salvatorem stantem vidit nudipedem et quasi captivum, et circa illum multitudinem Judaeorum. Stabat enim demisso vultu, sola tunica indutus, atque discinctus, manibus etiam demissis. Tunica eius flavum videbatur habere colorem. Et sicut ipsa mihi retulit, in diversis angulis domus deni ac duodeni ad instar cyconiarum congregati susurrabant, de morte illius tractantes. Erat enim domus summi pontificis, in qua acta sunt secundum historiam, quae huic ancillae Dei ostensa sunt spiritualiter. Quantum huiusmodi visiones mentes religiosas compungant, visio subsequens ostendit, quae corporalis est.

CAPITULUM X.

De virgine cui Christus frequenter vigilanti apparet in cruce.

Nuper virgo quaedam religiosa, licet adhuc in habitu saeculari posita, Subpriori nostro Gerlaco cum multis lacrimis retulit, quod Salvatorem in cruce pendentem cruentis vulneribus videre soleat. Nec minus, ait, illum video, si compassione et dolore urgente oculos clausero. Ecce hic habes evidens argumentum, quod visio illa, de qua dictum est superius capitulo quinto, fuerit corporalis. Femina vero iam dicta ex eisdem visionibus tantum profecit, ut de Domini passione neque cogitare neque loqui possit sine lacrimis et contritione. Quod autem de eadem beatissima passione quasi de fonte torrentes lacrimarum¹) deriventur, sermo sequens declarat²). Lacrima quia cito siccatur, torrenti comparatur³).

CAPITULUM XI.

De Daniele monacho cui Christus apparens in cruce, contulit gratiam lacrimarum.

In Claustro sacerdos quidam ante annos paucos defunctus est, homo simplex et illitteratus, Daniel nomine, vitae satis durae. Orationibus et veniis⁴) infatigabiliter operam dabat; omnes pictancias⁵) sibi appositas recusabat. Hic cum vice quadam piscem sibi ab Abbate missum refutasset, sequenti nocte in choro diabolum prope se vidit assistere, et piscem quem ipse despexerat manducare. Pro qua inobedientia corporaliter quidem satisfecit, sed non plene ab obstinatione recessit. Positus vero in agone, sensibusque iam universis praemortuus⁶), sola in oratione labia movebat, et vox penitus non audiebatur, et sic ultimum in psallendo spiritum reddidit. Iste Daniel multas revelationes habuit, multa vidit, sed valde pauca innotuit. Confessus est tamen tribus vicibus sibi Dominum apparuisse. Prima vice in cruce ante gradum presbyterii; secunda in candidis vestibus ante maius altare; tertia in ignea forma desuper altare. Cui cum Salvator diceret, puto quod in prima fuerit apparitione: Daniel pete a me quod vis et fiet tibi; ille, sicut mihi retulit quidam seniorum domus illius, respondit: Domine sufficit mihi gratia tua, nil aliud a te peto, nisi tantum ut lacrimas habere possim, quo-

---

1) B torrentis, lacrimae. — 2) BD declarabit. — 3) Homil. IV. p. 196: „Hanc gratiam sanctarum lacrimarum Propheta sanctissimus non ignorans, ait: Deduc quasi torrentem lacrimas per diem et noctem, non des requiem tibi, neque taceat pupilla oculi tui. In torrente tria notanda sunt. Cum impetu fluit, in hyeme aquis pluvialibus semper nutritur et crescit, in aestate desiccatur et deficit. Effusio lacrimarum quanto in poenitente impetuosior fuerit, tanto sordes contractas validius eiicit. Hyemps ob dierum brevitatem et aeris intemperiem significat miseriam vitae praesentis, in qua semper lacrimandum est. Aestas vero in qua dies longi sunt et amoeni, tempus exprimit futurae beatitudinis, in quo Deus absterget omnem lacrimam ab oculis sanctorum suorum. Unde beati sunt qui nunc lugent per poenitentiam, quia consolabuntur, primo per indulgentiam, deinde per iustitiam, postremo per gloriam." — 4) CDP ieiuniis. — 5) BCP pitancias; conf. VIII, 94. — 6) BC praemortuis.

tiens passionis tuae fuero recordatus. Et Dominus: Habeas tibi hanc gratiam. Ab illa enim hora sicut audivi, quando de passione Christi cogitare aut loqui coepit, mox lacrimae eruperunt. Nec mirum. Christus Jesus ipse est silex ille limpidissimus, qui aquas indeficientes filiis Israel ministravit in deserto. *Bibebant omnes de spiritali consequente eos petra; petra autem erat Christus* [1]). NOVICIUS: Quomodo est intelligendum hoc quod in Psalmo legitur: *Percussit petram, et fluxerunt aquae; abierunt in sicco flumina* [2])? MONACHUS: Nota est de hoc historia, allegoria satis usitata; idcirco aliquid tibi [3]) dicere volo quod praesenti visioni congruat, et mentem tuam moraliter aedificet.

CAPITULUM XII.

Quomodo intelligendum sit: Percussit petram, et cetera.

Percussit petram, et cetera. Secundum intellectum tropologicum, id est moralem, Moyses homo est claustralis, quem Regis filia, id est gratia divina, misericorditer tulit de flumine vitae saecularis. Interpretatur enim Moyses, sumptus ex aqua. Petra, cordis est duritia; virga, crux Dominica; percussio, passionis Christi recordatio. Petrae scissio, cordis est compunctio. Bis Moyses ut legitur [4]) percussit silicem, et tunc primum profudit [5]) aquam. Primus ictus pertinet ad passionis Christi memoriam, secundus ad passi compassionem. Judaeus silicem semel percutit, quia Christum passum quandoque cogitat, sed non compatitur, et ideo cor eius scindi non potest ad lacrimas, quibus abluat sua peccata. Tu vero si cogitationi compassionem addideris, petram bis percutis, et vix esse poterit quin cor tuum scindatur ad compunctionem, et flumina lacrimarum inde erumpentium per oculos exeant, atque per maxillas decurrant, et quasi [6]) in sicco flumina, etiam impetu suo terram infundant. NOVICIUS: Placet quod dicis. MONACHUS: Quod Christi passio medicina sit contra tentationes, dicam tibi per exempla.

---

1) Cor. I, 10, 4. — 2) Psal. 104, 41. — 3) BD tibi aliquid. — 4) Numer. 20, 11. — 5) B produxit. — 6) ABD erumpentes — decurrentes quasi, P erumpentia — decurrentia quasi.

CAPITULUM XIII.

De Petro monacho de Claustro.

Fuerat in praedicto Claustro quod alio nomine Hemmenrode dicitur, iuvenis quidam bonae indolis et laudabilis admodum conversationis, Petrus nomine, de Confluentia oriundus, cui creberrimas Dominus Deus fecit consolationes. Quaedam ex his quae de illo[1]) dicturus sum, superius tibi recitavi; quae idcirco replicare dignum duxi, quia postea eadem plenius et verius[2]) a quodam eius confratre familiarissimo cognovi. Nam audivit aliquotiens voces psallentium in sublimi. — Quadam etiam vice cum ministraturus domino Karolo Abbati quondam Vilariensi, confessionem dixisset, et absolutionem de more devotius acciperet, audivit vocem de coelo dicentem sibi: Dimissa sunt omnia peccata tua. — Alio etiam tempore cum sacristae missam celebraturo ipse astaret, et lampas extincta fuisset, lumen aliunde afferre volens, sed angustia temporis praeoccupatus non valens, flatu lampadem reaccendit. — Sane huic iuveni studium erat, semel in die adminus revolvere et recitare sibi sanctissima et dulcissima passionis Christi improperia, gratiarum spiritualium efficacissima incitamenta. In quo studio tantam per dimidium circiter annum difficultatem passus est, ut quasi non sibi valere huiusmodi meditationes arbitrari debuisset. Tandem cum perstitisset pulsans, et illatas sibi iniurias et difficultates indefessus effregisset, secreta illa Christi violenter intravit, ac deinceps sine difficultate, et quasi ad manum paratis quotidie epulis, meditationibus illis suavissimis cum magna iocunditate usus est. In canone quoque non magnopere curabat orare, sed de passione Christi meditabatur. — Habebat item[3]) in desiderio et tam humiliter quam vehementer optabat revelari sibi divinitus aliqua imagine vultum Salvatoris, ut cum meditari debuisset, ad eundem vultum, quasi conspectum et bene cognitum, facilius intuitum mentis imaginarie dirigere posset. Et Dominus qui hoc ei inspiravit desiderium, non fraudavit eum a desiderio suo[4]). Laborabat ergo mirabili ac multiplici luxuriantis carnis molestia, diabolo interitum, sed Domino profectum ei de tentationibus ordinante. Unde cum quodam

---

1) de illo om BC. — 2) B veracius. — 3) B item habebat, C habebat idem. — 4) Psal. 77, 30.

tempore in angulo chori conversorum diutius et devotius orationi incubuisset, divinum implorans auxilium, ne sineretur labi in peccatum, post horam surrexit, et recessit. Siquidem in memoriam ei venit, quod aliud quid agere habebat [1]) ex praecepto. Ascendens [2]) igitur per stalla, transitum habuit per [3]) ante altare infirmorum et conversorum. Ubi [4]) cum pervenisset, veniam celeriter accepturus coram altari, et abcessurus, sub lampade se humiliavit; et ecce ibi Dominus Jesus stans ante eum, vel potius quasi pendens in cruce. Qui piissima brachia sua abstrahens a cruce, servum suum amplexatus est, et tanquam praecordialem sibi, in signum mutuae familiaritatis, eum ad pectus suum attrahendo strinxit, tentationesque illius validissimas stringendo compescuit. Sane cum terrae procumberet, optime sui compos erat; sed felici illa visione ita a sensu suo abstractus et ita dulciter affectus est, ut non plene scire potuerit, utrum corporeis oculis, an solo spiritu revelationem illam recepisset. Attamen cum [5]) multas tam ante quam postea consolationes acceperit, hoc tamen fatetur, quod ista supergressa est universas [6]). Tantam siquidem acceperat gratiam lacrimarum a Domino, ut infra matutinas vix aliqua hora oculi eius siccarentur. Huius rei testis sum ego, qui iuxta illum ad psalmodiam stabam aliquanto tempore. Ita enim fervebat in Christi passione, ut spe martyrii Theodericum Episcopum Livoniae sequeretur, sine Abbatis sui permissione. Acceperat ille auctoritatem a domino Papa Innocentio, secum ducere omnes qui ire vellent ad propagandam vineam Domini Sabaoth in populo barbaro. Adhuc vir Dei [7]) vivit, et ex praecepto Abbatis sui parochiam in Livonia regit, ubi praedicat et baptizat, multosque tam verbo quam exemplo aedificat et in fide confirmat.

CAPITULUM XIV.

Item de monacho eiusdem coenobii tentato, in cuius aspectu crucifixi vulnera peruncta sunt.

In supradicto Claustro alius quidam frater magnam lon-

---

[1]) B haberet. — [2]) B descendens. — [3]) per om BD. Vit. Bernard. VII, 29: „per ante universos novicios transiens." — [4]) B quo. — [5]) B at cum. — [6]) Proverb. 31, 29. — [7]) ACDP adhuc ut dicunt.

gamque tentationem habuerat, dicentibus sibi cogitationibus suis ut heremita fieret. Adeo hac tentatione devictus fuit, ut aliqua etiam loca perlustraverit, explorans aptum sibi habitaculum. Tandem conversus ad beatam Virginem, ei se totum commisit, ipsam sibi ipsi pro se fideiussorem constituens, quod [1]) quicquid ipsa suggessisset, hoc ille sine percunctatione [2]) aggrederetur. Cumque ad beatam Virginem sub hac conditione saepius recurreret, quadam vice orante eo [3]) coram altari, vox insonuit dicens: Fideiussorem me constituisti, ego me absolvere volo. Ille vero erigens se, vidit virum venerandi habitus ante altare assistere, crucem in manu tenere, crucifixi sancta quinque vulnera digito superinducere, et sic evidenter [4]) dicere: Sic omnis qui ordinem istum quem professus es servaverit, Dominum nostrum perungit, sicut me vides facere. Et sic ille a tentatione sua liberatus est.

CAPITULUM XV.

De Christina monacha cui crucifixus apparuit et senex perungens vulnera eius.

Beatae memoriae Christinae de Volmuntsteine, cuius supra memini, etiam crucifixus apparuit, et homo senex iuxta eum, qui ex pixide quam in manu habebat, perungebat vulnera illius [5]). Genus tamen visionis discernere non valeo.

CAPITULUM XVI.

De sanctimoniali tentata quam Christus complexus est.

Alteri cuidam sanctimoniali ordinis nostri, quam nominare nolo, tempore quodam cum esset gravissime tentata, Dominus Jesus Christus totius Ecclesiae sponsus, visibiliter apparens, amplexatus est eam, et omnem illius turbationem in magnam convertit tranquillitatem. Ecce in [6]) omnibus his exemplis habes quod visio Dominicae passionis, nec non et meditatio atque compassio maximum contra tentationes sit [7]) antidotum. Sunt et in illa multiplices consolationes, sicut subiecta declarabunt testimonia.

1) C quia. — 2) ACDP cunctatione. — 3) ACDP oranti ei. — 4) ABDP videnti. — 5) B eius. — 6) in add B. — 7) C sint.

CAPITULUM XVII.

De duobus conversis Claustri qui viderunt Christum in aere pendentem in cruce.

Duo conversi de [1]) Hemmenrode in quadam grangia eiusdem domus quodam tempore manebant. Stabant autem simul vice quadam, et hora completorii Deo suae servitutis pensum persolvebant. Dicto completorio, respiciens unus ad coelum vidit in sublimi crucem splendidam, et in ea Dominum crucifixum. Erat autem crux illa adeo splendida, ut ab ipso splendore sese invicem clarissime [2]) contuerentur. Nam alias tenebrae erant super faciem terrae. Erat enim hyemis tempus [3]). Et quia loqui non licebat, signum fecit alteri, quasi interrogans si aliquid videret. At ille nihil se videre signavit [4]). Tunc ipse signum illi fecit, ut genua flecteret et oraret. Quod cum fecissent ambo simul, erectus post pusillum tantae visionis factus est socius et testis. Ambo adhuc ut puto vivunt, nec licet prodere nomina illorum. NOVICIUS: Quae tibi videtur causa fuisse tantae visionis conversorum eorundem, meritum an culpa? MONACHUS: Si propter eos visio eadem facta est, alterum videtur causa fuisse, bona videlicet vita vel culpa aliqua, sive utrumque. Hoc verum esse, vel posse esse verum, visio subsequens declarabit.

CAPITULUM XVIII.

Item de converso de Lucka qui vidit Christum cum quindecim religiosis in aere crucifixum.

In Lucka domo ordinis nostri, cuius in superiori distinctione memini capitulo vicesimo quarto, conversus quidam est, sicut ab Adam eiusdem domus monacho didici, vir bonus et disciplinatus, Rudolphus nomine, cui divinitus multa revelantur. Hic cum nocte quadam dictis matutinis ante lucem sub divo staret, et orationes aliquas diceret, Christum in aere cruci affixum pendere vidit, et circa eum quindecim homines singulos in singulis crucibus. Ex quibus decem erant monachi, et quinque conversi, omnes ei bene noti, utpote congregatio-

---

1) BP in. — 2) clarissime om BC; mox D intuerentur. — 3) C hyemps. — 4) forte resignavit.

nis suae professi. Ita aer fuerat illuminatus ex Christi praesentia, ut singulos plene discerneret [1]). Cumque stupefactus staret ob tam mirabilem visionem, Dominus de cruce clamavit: Nosti Rudolphe, qui sint hi quos circa me vides crucifixos? Respondente converso: Novi Domine, qui sint, sed quid sit quod video, prorsus non intelligo; subiunxit Dominus: Hi soli ex omni congregatione mecum crucifixi sunt, meae passioni vitam suam conformantes. NOVICIUS: In quo se illi conformaverunt? MONACHUS: Utique in obedientia, in patientia, in humilitate, in abrenunciatione totius proprietatis, propriaeque voluntatis. Haec et his similia monachos martyres faciunt, in quorum persona per Psalmistam dicitur: *Quoniam propter te mortificamur tota die, aestimati sumus sicut oves occisionis* [2]). Ecce crux, de qua in Evangelio dicit ipse crucifixus: *Qui non tollit crucem suam quotidie, et sequitur me, non est me dignus* [3]). Non dicit, semel sicut Petrus, sed quotidie sicut Anthonius [4]). Sicut didici nuper a praedicto monacho, omnes illi quindecim adhuc vivunt, excepto uno, qui iam obdormivit in Domino [5]). NOVICIUS: Nemo claustralium visionem hanc ignorare deberet. MONACHUS: Verum dicis; quia multi putant se esse monachos et non sunt, ore et non vita dicentes cum Apostolo: *Mihi autem absit gloriari, nisi in cruce Domini nostri Jesu Christi, per quem mihi mundus crucifixus est, et ego mundo* [6]). NOVICIUS: Dic quaeso, quomodo nobis sit intelligendum [7]) quod idem [8]) Apostolus dicit: *Qui autem sunt Christi, carnem suam crucifixerunt cum vitiis et concupiscentiis* [9])? MONACHUS: Secundum praecedentia videtur sic intelligendum.

CAPITULUM XIX.

De crucifixione religiosorum.

Apostolus enumeratis operibus carnis, cum exposuisset fructum spiritus, subiunxit: *Qui autem sunt Christi*, et cetera.

---

1) C distingueret. — 2) Psal. 43, 22. — 3) Luc. 9, 23. Matth. 10, 38. — 4) Abbas Antonius, de quo in Vitis Patrum. — 5) C in Domino obdormivit, ceteri libri: dormivit in Domino. Conf. VI, 37. Act. 7, 59. — 6) Galat. 6, 14. — 7) D nobis intelligendum sit, P sit nobis intelligendum. — 8) C ibidem. — 9) Galat. 5, 24.

Duplex est religiosorum crucifixio, hominis interioris per alienam compassionem, et hominis exterioris per propriam carnis mortificationem. Crux dicitur a cruciatu. Crux monachorum rigor ordinis est, tum propter vigilias et orationes, tum propter ieiunia et castigationes, tum propter silentium et opera manuum, tum propter carnis continentiam et vestimentorum stratique duritiam. Qui autem sunt Christi, qui cum Apostolo dicere possunt: *Christo confixi sumus cruci*[1]; carnem suam crucifixerunt, id est cruci affixerunt, cum vitiis operum, et concupiscentiis desideriorum pugnantes. Nec ponuntur illi duo genitivi plurales instrumentaliter, sed passive, eo quod per virtutes in carnis maceratione mortificentur[2]. Tres clavi quibus corpus monachi cruci debet esse affixum, tres sunt virtutes, per quas teste Hieronimo martyres efficiuntur, scilicet obedientia, patientia, humilitas. Manum monachi dexteram configat obedientia sine murmuratione; sinistram patientia sine simulatione. Clavum obedientiae impellat amor supernae libertatis, clavum patientiae timor poenae gehennalis. Pedes illius vera humilitas configat, ut non solum praelatis, sed et fratribus se propter Christum subiiciat, ut dicere possit cum Psalmista: *Humiliatus sum usquequaque Domine*[3]. Et in alio loco: *Imposuisti homines super capita nostra*[4]. Duo pedes, duplex est superbia, mentis scilicet et corporis. Et licet superbia caput sit omnium vitiorum, non tamen incongrue per pedes qui infimae[5] sunt partes corporis, quandoque designatur. Quod enim valde odimus et despicimus, hoc pedibus conculcamus. Unde Josue filiis Israel, ut colla Regum calcarent praecepit[6]. NOVICIUS: Satis mihi placet quod dicis; nunc residuas Dominicae passionis visiones explana. MONACHUS: Quod Dominus suam passionem nunc ad consolationem, nunc ad correptionem iustis ostendat, praesto est exemplum.

---

1) Galat. 2, 19. — 2) Homil. ined. „Qui non sequitur Christum crucem suam quotidie tollendo, id est carnem macerando, non potest eius esse discipulus. Qui autem Christi sunt, ut ait Apostolus, carnem suam crucifixerunt cum vitiis et concupiscentiis, id est cum operibus et desideriis. Crux dicitur a cruciatu, significans alicuius ordinis asperitatem. Qui autem Christi sunt, vigiliis et ieiuniis, frigore et nuditate, laboribus et aerumnis, carnem suam affligunt, et vitia cum concupiscentiis, in se restringunt." — 3) Psal. 118, 107. — 4) Psal. 65, 12. — 5) ADP in fine, B infirmi. — 6) Jos. 10, 24.

CAPITULUM XX.

De Conrado converso qui in extasi factus, Christum vidit in cruce.

Conversus quidam apud nos ante annos aliquot defunctus est, vir bonus ac timoratus, nomine Conradus. Ipse est qui vidit in dorso fratris Wilhelmi, serpentem cum in choro dormiret, sicut dictum est in distinctione quarta capitulo tricesimo secundo. Hic tempore quodam cum in domo nostra Dollindorp[1]), cui praeerat, solus esset, et magnum cordis sui defectum sentiret, ait intra se: Och miser, debes sic mori sine homine. Vix verba finierat, et in extasim ruens, ecce[2]) Salvatorem coram se in cruce pendentem vidit. Qui ait: Conrade, vides quanta propter te sustinuerim? Moxque post verba consolationis adiunxit: Omnia enim[3]) opera tua bene placent mihi, uno tantum excepto. Quibus dictis, conversus ex visione tam salutifera confortatus, ad se rediit, et cum oculos aperiret, ut eum quem spiritu viderat cerneret, visio disparuit. Requisitus a fratre Richardo converso religioso, cum ei recitasset visionem, si Dominum adinterrogasset[4]) de eodem opere, respondit: Non, iam dictam praetendens necessitatem. NOVICIUS: Quid est quod Salvator in viro sancto opus reprehendit, quod tamen ei innotescere noluit? MONACHUS: Puto quia illum de omnibus suis operibus voluerit esse sollicitum, ut dum unum nesciret, de singulis timeret. Idem ante mortem suam confessus est Abbati nostro quod voces angelorum nocte quadam audierit in coelo. Obiit autem in ipsa dulcissima festivitate Assumptionis Dominae nostrae, ipsius ut spero precibus cui devote servierat, die tali de terris assumptus in coelum. Non solum consolatio est in Christi passione, imo etiam in sacris imaginibus quae eandem beatam passionem repraesentant. Nam honorantes illas Christus honorat et remunerat; punit indevotos et negligentes.

---

1) Dollendorf, haud procul a domo Heisterbach. — 2) C et ecce in extasim ruens. — 3) enim add AB. — 4) C interrogasset.

CAPITULUM XXI.*)

De milite cui crux inclinavit, quia inimico suo pepercerat ob illius amorem.

Temporibus nostris in provincia nostra, sicut audivi, miles quidam alterius cuiusdam militis patrem occiderat. Casu accidit ut occisi filius occisorem caperet. Quem cum in ultionem patris extracto gladio trucidare vellet, ille pedibus eius prostratus ait: Rogo vos domine per honorem sanctissimae crucis in qua Deus pendens misertus est mundo, ut mei misereamini. Quibus verbis ille compunctus, cum staret et quid facere vellet deliberaret, invalescente misericordia hominem levavit et ait: Ecce propter honorem sanctae crucis, ut mihi qui in ea passus est, peccata mea indulgeat, non solum tibi culpam remitto, sed et amicus ero. Deditque ei osculum pacis. Non multo post idem miles cruce signatus mare transiens, cum ecclesiam Dominici sepulchri aliis peregrinis viris honestis de sua provincia commixtus intraret, et ante altare proximum transiret, imago Dominici corporis illi profunde satis inclinavit de cruce. Hoc cum aliqui ex eis considerassent, nec tamen scirent cui tantum honorem exhibuisset, ex consilio singillatim¹) reversi sunt, nec tamen alicui eorum inclinatum est nisi cui prius. Tunc causam sciscitantes, cum ille diceret se indignum esse tanto honore, quae supra dicta sunt memoriae occurrerunt. Quae cum fratribus retulisset, mirati sunt de tanta Dei humilitate, scientes imaginis eius inclinationem factam fuisse pro gratiarum actione.

CAPITULUM XXII.

De sanctimoniali cui crucifixus tenebras temperavit.

Soror quaedam ordinis nostri capellam oratorii ingressa, cum ante altare coram crucifixo psalmos legeret, et iam²) tarde esset, custos illam ibi esse nesciens, ostium forinsecus clausit et recessit. Quod cum illa intrinsecus audiret, nec tamen pulsare praesumeret, ibidem pernoctavit. Et sicut ab eius ore audivi, radius quidam ad instar stellae de brachio exiens

---

*) Homil. III. p. 40. — 1) BC singulatim. — 2) ACD tamen, P cum.

crucifixi, tantum ei luminis praestitit, ut in tenebris illius beneficio psalmos suos legeret. Est super idem altare imago beatae Virginis lignea, filium tenens in sinu. Cumque eadem sanctimonialis tempore quodam coram illa psalterium lectitaret, puerulus inopinate advenit, et quasi scire vellet quid illa legeret, in librum respexit et rediit. Est autem eadem venerabilis femina laica et vidua, multumque circa ordinem fervens ac devota, plurimas habens a Deo consolationes.

CAPITULUM XXIII.

De novicio cuius fronti crux impressa est, cum inclinaret ad Gloria Patri.

Novicius quidam in Hemmenrode cum vice quadam in choro ad versiculum sanctae Trinitatis devote inclinaret, crucem fronti suae imprimi sensit, et puto quod eadem hora cogitaverit de passione. Vocatur autem Hartmannus[1], et adhuc vivit. NOVICIUS: Puto quod sculptores[2] et pictores sacrarum imaginum aliquod speciale praemium ex hoc percipiant. MONACHUS: De hoc dubitare non debes, si tamen magis sit devotio, quam avaritia mercedis in causa.

CAPITULUM XXIV.

De monacho pictore qui in Parascheve mortuus est.

Monachus quidam nigri ordinis de Episcopatu Maguntinensi, ante annos paucos defunctus est. Erat autem pictor bonus, et ordini nostro tam devotus, ut gratis, expensis tantum receptis, in diversis domibus ad diversa altaria miri decoris crucifixos depingeret. Nam nostros crucifixos ipse pene omnes fecit, nullas a nobis requirens expensas. Volens suo effigiatori ostendere summus ille crucifixus, ad cuius imaginem omnes facti sumus, quantum sibi labor ille sanctissimus placeret, in Parascheve, die scilicet in qua eius[3] passio specialiter repraesentatur, illum non sine multorum admiratione de hoc mundo assumere dignatus est. Quasi diceret Dominus: Quia circa meam passionem mente et corpore devote semper laborasti, de illa cogitando, illamque per picturas aliis exhibendo, ecce in die meae passionis te de labore ad requiem

---

1) CP Hermannus. — 2) ACDP scriptores. — 3) eius add B.

assumo, in qua non iam mentaliter vel per picturas figuraliter, sed praesentialiter, id est facie ad faciem me contempleris. Haec dicta sint [1]) de eo quod Dominus eos qui imagines suae passionis honorant [2]), rehonoret et remuneret. Nunc tibi ostendam quod negligentes illarumque contemptores puniat et confundat.

CAPITULUM XXV.

De crucifixo ecclesiae sancti Georgii in Colonia, qui campanarium trusit.

Coloniae in ecclesia sancti Georgii Martyris crux metallina est effigiem habens Salvatoris, per quam multa miracula facta sunt ac sanitates. Unde multa luminaria matronae civitatis coram illa accendere consueverunt. Maxima tamen causa illarum virtutum fuisse creditur, portio Dominici ligni quae inclusa habebatur, quae nunc extracta gemmis et auro circumdata est. Campanarius vero eiusdem ecclesiae, cum nullam ei reverentiam exhiberet, sed vadens cubitum frequenter luminaria inde subtrahens [3]) in usus suos converteret, nocte quadam cum se in lectulum [4]) suum reclinasset [5]) et adhuc vigilaret, crux eadem ad eum venit, et cum voce increpationis tam valide tutudit, ut infirmatus multis diebus sanguinem vomeret. Huius miraculi ego bene recordor, et erat celeberrimum in tota civitate, ita ut ab illo tempore in maiori veneratione habita sit eadem crux.

CAPITULUM XXVI.

De vindicta in milites qui hostes suos in ecclesia occiderunt.

In Cometia [6]) de Monte ante non multos annos inter duas cognationes militum tam graves inimicitiae ortae sunt, ut se invicem caperent et occiderent. Die quadam cum plures unius partis convenissent in ecclesia villae quae Wescupe [7]) dicitur, adversae parti per vetulam proditi sunt. Dederat enim eis [8]) signum dicens: Quot ex eis [9]) intraverint, totiens nolam traham. Quod cum fecisset, ecclesiam cum multitudine in-

---

1) BCP sunt. — 2) BD honorent. — 3) C subtracta. — 4) CD lectum. — 5) ACP inclinasset. — 6) ACDP Comitia. — 7) Westkotten? — 8) eis add BD. — 9) ACDP quotiens, B quando.

gressi, armati super inermes irruerunt. Quo viso illi arreptis sacris imaginibus, gladiis opposuerunt, sperantes sibi illarum beneficio parci debere. Percussores vero nullum loco exhibentes honorem, nullam sacris imaginibus reverentiam, ita hostium cruorem sitiebant, ut imagines oppositas mutilarent, ipsique crucifixo brachia praescinderent[1], et circiter octo milites in ecclesia trucidarent[2]. Quod sacrilegium dure satis vindicatum est. Nam infra breve tempus ab occisorum consanguineis occidentium numerosa multitudo sic gladio deleta est, ut vix duo superessent. Vetula vero quae illos prodiderat, tempore messis nimio calore aeris suffocata est. Et quid dicam de malis Christianis, cum apud Damiatam Sarraceni Christum ignorantes, ob iniuriam imaginis eius graviter sint[3] puniti?

CAPITULUM XXVII.
De vindicta Dei in Damiatanos qui fune crucifixum traxerunt.

Cum in obsidione Damiatae maxima pars exercitus Domini Sarracenis occurrisset, nescio quo Dei iudicio infideles fidelibus superiores effecti, eos in fugam verterunt, multos ex eis occidentes, et plurimos captivos abducentes. Quod ut cognoverunt in civitate obsessi, in tantam laetitiam resoluti sunt, ut in confusionem fidei nostrae laqueum collo crucifixi iniicerent, sicque sacram illam imaginem aliis additis iniuriis per omnes plateas civitatis traherent, cum multa vociferatione et plausu manuum, victoriam deo suo ascribentes. Christus vero qui mortuus et quasi nullius valoris videbatur, in tam execrabili culpa, post breve tempus valde terribiliter reviviscere coepit, in vindicta. Nam Damiatanos, ut poena concordaret illatae iniuriae, ulceribus percussit in gutture, sic ut etiam cibaria non possent glutire. Paulo post civitatem ipsam inexpugnabilem eis abstulit sua virtute, ita ut nec unus in eius vastatione caderet Christianus. Alia adhuc plura miracula de sacris imaginibus tibi dicere possem, sed usque ad decimam distinctionem illa reservo. Hoc etiam scias quod

---

1) ADP praesciderent, B praeciderent. — 2) B trucidaverunt. — 3) ABCD sunt.

usque hodie Christus in suis membris crucifigitur¹), nunc a Judaeis, nunc a Sarracenis, nunc a falsis Christianis. Unde per Malachiam conqueritur dicens: *Si homo configit Deum, quia vos me configitis.* Item: *Et vos me configitis gens tota*²). Christianos nostris temporibus a Judaeis esse crucifixos audivi³); a Christianis aliquem ad litteram esse crucifixum nondum audivi; quosdam a Sarracenis nuper fuisse crucifixos intellexi.

CAPITULUM XXVIII.

Item de concivibus quos crucifixerunt, cum confugere vellent ad Christianos.

Supradicta Damiata cum per obsidionem multum esset artata, quidam ex paganis occulte exeuntes de civitate, tum ut Christiani fierent, tum ut mortem evaderent, ad nostros confugere coeperunt. Quos Sarraceni insequentes et comprehendentes reduxerunt, singulisque crucibus singulos appendentes, ad confusionem Christianorum supra muros omnes suspenderunt. NOVICIUS: Quid sentiendum est de istis? MONACHUS: Si fidem sitiebant, et in fide timore poenarum non nutabant, haud dubium quin martyres sint. Non solum ab infidelibus Christus martyrizatur, sed etiam a malis Christianis per pauperum iniurias quotidie configitur et flagellatur.

CAPITULUM XXIX.

De Christo qui in paupere conquestus est converso se fuisse percussum.

Non est diu quod quidam pauper nescio qua impellente necessitate loqui volens Henrico Duci Lovaniae, qui adhuc superest, praesentiam illius adire tentavit. Cui cum unus camerariorum indignatus, scapulis eum impelleret et passim baculo caederet sine misericordia, conversus quidam ordinis nostri hoc vidit et ingemuit, compassus illi etiam usque ad lacrimas. Subsequenti nocte Salvator ei in somnis apparens super altare in gloria magna, ait: Gratias tibi⁴) quod heri tantum mihi compassus es, quando camerarius Ducis tam

---

1) P crucifigatur. — 2) Malach. 3, 8. 9. — 3) B audivimus. — 4) B tibi ago.

immisericorditer sine causa fustigavit¹) me. Ad quam vocem conversus evigilans, intellexit quod Christus adhuc in suis membris pateretur. NOVICIUS: Dic quaeso, estne adhuc aliqua alia forma despecta, in qua Christus mortalibus dignetur apparere? MONACHUS: Etiam. Tanta est humilitas in Christo, ut aliquando sub figuris infirmorum, aliquando quod amplius est, species leprosorum assumens, nobis appareat. Si primum verum non esset, nequaquam diceret in Evangelio: *Infirmus fui, et visitastis me*²). De secundo dicit Isaias: *Vere languores nostros ipse tulit, et dolores nostros ipse portavit; et nos putavimus eum quasi leprosum et percussum a Deo*, et cetera³). Licet in Dialogo sancti Gregorii et in aliis locis plura de his occurrant exempla, non tamen, quia ita promissum est, tibi dicere licet nisi nova, id est nostris temporibus gesta.

CAPITULUM XXX.

De Henrico contracto monacho Claraevallis, qui in somnis vidit Christum in pectore suo obdormire, cum infirmus moreretur.

Henricus contractus Claraevallis monachus, cuius memini in distinctione prima capitulo sexto decimo, qui ante paucos annos defunctus est, in eadem domo quandoque infirmarius fuit. Hic cum tempore quodam haberet magnum infirmum iam morti proximum, et nocte surgens ad signum matutinarum, cum eundem infirmum considerasset, sperans illum posse durare, chorum ex hoc securior intravit. In quo dum sedendo modicum quid dormitasset, ecce Salvator in figura infirmi affuit, et super pectus illius se reclinans requievit. Henricus vero de hoc territus⁴), cum surgere vellet, Dominus eum compescuit, dicens: Bone sine me quiescere⁵). Ad quod verbum expergefactus, mox recordatus est infirmi sui, et surgens atque in infirmitorium festinans, illum agonizantem reperit. Quem cum ad terram deponere vellet, super pectus eius in modum visionis exspiravit. Quod autem Dominus species quandoque leprosorum assumat, sequentia declarant exempla.

1) B fusticavit. Sed fustigare etiam in Homil. II. p. 74. — 2) Matth. 25, 36. — 3) Isai. 53, 4. — 4) B perterritus. — 5) C requiescere.

CAPITULUM XXXI.*)

De Theobaldo Comite qui in figura leprosi, Christi pedes lavit.

Nobilissimus princeps Theobaldus Comes Campaniae, de cuius operibus misericordiae in Vita sancti Bernardi Abbatis Claraevallis mira leguntur [1], tantae humilitatis erat, ut etiam praesentialiter tuguria leprosorum visitaret. Adhuc vivunt qui illum in carne viderunt. Habebat autem ante quoddam suum castrum leprosum quendam manentem, ante cuius domunculam quotiens eum contigit transire, de equo descendit, et ad illum intrans, postquam pedes eius lavit, eleemosynam dedit, et abiit. Post breve tempus idem leprosus Comite ignorante defunctus [2] est et sepultus. Die quadam Comes iterum via illa transiens, mox ut ante tugurium sibi notum venit, descendit dicens: Oportet me visitare patrem meum. Intransque non leprosum, sed in leprosi forma et habitu contemplatus est Dominum. Cui cum consueta opera misericordiae impendisset, et tanto devotius, quanto inspirabatur a visitato fortius, hilaris exivit. Cumque suis dixisset, gaudeo me vidisse leprosum meum; responderunt ei quidam: Domine sciatis pro certo eum dudum esse defunctum, et in tali loco sepultum. Quod ubi comperit princeps piissimus, exultavit in spiritu, eo quod videre [3] eique ministrare meruerit praesentialiter, quem multo tempore in suis membris veneratus est [4]. Ut autem Dominus Jesus tantam humilitatem tanti [5] principis etiam in praesenti remuneraret, et ut verba sua vera ostenderet quae dixerat: *Quicquid uni ex minimis meis fecistis, mihi fecistis* [6], se illi exhibere dignatus est. Audi aliam visionem, ista adhuc excellentiorem.

CAPITULUM XXXII.

De Episcopo qui leprosi nares lingens, gemmam decidentem suscepit.

Eo tempore quo haeresis Albiensium pullulare coepit, contigisse dicitur quod narro. Erat in regno Francorum Epi-

---

*) Homil. I. p. 117. — 1) Vit. II, 5. IV, 3. — 2) B mortuus. — 3) C eum videre. — 4) Homilia: „gavisus est valde se tunc vidisse eum praesentialiter, quem hactenus in suis membris veneratus est invisibiliter." Quod invisibiliter hoc loco excidisse videtur. — 5) tanti om B. — 6) Matth. 25, 45.

scopus quidam, aetate iuvenis sed magnae religionis. Nominis eius sive Dioecesis eius non memini. Hic tantae fuit pietatis, misericordiae ac humilitatis, ut equitans in via neminem leprosorum sibi occurrentium sine eleemosyna praeteriret. Saepe etiam de equo descendit, et petentes praeveniens, nummis manibus illorum tanquam Christi gazophilacio immissis, atque deosculatis, iterum ascendit et processit. Die quadam dum per stratam publicam incederet, leprosus quidam secus viam stans in agro, voce raucissima ut sui misereretur clamavit. Erat enim¹) aspectus eius tam horridus, et quasi a lepra tam corrosus, ut oculus humanus non sine cruciatu illum inspicere posset. Quem ut sanctus Episcopus vidit, misericordia motus, mox de equo ruit, et ad illum currens obtulit ei²) eleemosynam. Ad quem leprosus: Non sunt mihi necessarii nummi tui. Cui cum Episcopus responderet: Quid ergo vis ut faciam tibi? ille subiunxit: Ut putredinem huius infirmitatis meae abstergas, digito ostendens carunculam de naribus pendentem, magni horroris atque foetoris. Quam cum vir beatus Christi amore succensus, manu tergeret, clamavit ille dicens: Cessa, cessa, asperitatem digitorum tuorum tolerare non valeo. Cumque adhiberet partem camisiae suae quae de panno fuerat³) satis subtili, simili clamore prohibitus est. Tunc Episcopus: Si pati non potes manum, si non pannum delicatum, unde vis ut abstergatur? Respondit leprosus: Nihil aliud patiar praeter⁴) linctionem linguae tuae. Mox ad illud verbum lucta non modica oriri coepit in corde Pontificis inter gratiam et naturam; illa ut fieret volente, ista contradicente. Sed gratia Dei cooperante et naturae vim faciente, linguam apposuit, et promuscidem⁵) elefantinam⁶) linxit. Mira res. Mox de naribus eius qui leprosus videbatur, gemma pretiosissima lapsa est in os Episcopi. Et ut ostenderet se esse Christum, qui ad probandam Episcopi virtutem se finxerat leprosum, in oculis eius gloriose coelos ascendit. Et quia eiusdem gloriae particeps futurus esset Episcopus, ascendens repromisit. Dominus Gevardus Abbas noster rediens de Capitulo generali, haec nobis retulit, asserens tunc recenter fuisse gesta. NOVICIUS: Quid est gratia

---

1) B autem. — 2) ei add C. — 3) B fuit. — 4) C nisi. — 5) illud musso, quod supra VI, 5. p. 352 legitur, nunc dictum suspicor pro bosco, id est, bois, Holz. — 6) D elephantinum morbum.

cooperans? MONACHUS: Duplex est gratia Dei, operans, per quam Episcopus tantum bonum voluit; cooperans, per quam illud perfecit. Poterat Antistes iste venerabilis merito dicere, cum sancto Jacob Patriarcha: *Vidi Dominum facie ad faciem, et salva facta est anima mea* [1]). NOVICIUS: Magna sunt quae dicis. MONACHUS: Ut autem non solum in ore duorum, sed et trium testium stet omne verbum [2]), addam tertiam visionem duabus his non imparem, sed forte iudicio tuo propter opus maiorem.

CAPITULUM XXXIII.

Item de Episcopo Salzeburgensi qui leprosum communicans, vomitum eius sumpsit, cum sacramentum eiecisset.

In Salzeburgensi Ecclesia iam a multo tempore religiosi exstiterunt Episcopi, ex quibus unus, nescio utrum huius qui nunc est, sive eius qui ante eum fuit, praedecessor esset, infirmorum seu leprosorum lares studiose etiam quandoque per semetipsum visitavit. Die quadam tuguriolum quoddam intrans, et leprosum ut ei visum est hominem in eo [3]) lecto decubantem ac gementem reperiens, si aliquid vellet requisivit [4]). Cui cum ille responderet: Corpus Christi desidero; Episcopus festinus abiit et attulit, orique leprosi qui valde horridus videbatur, cum cautela qua potuit immisit. Ille vero ad comprobandam Antistitis fidem, antequam masticasset eucharistiam, nauseam simulavit, et cum foetidissimo vomitu quod sumpserat citius [5]) reiecit. Episcopus vero territus, manibus mento eius suppositis, eiectas recepit immunditias, quas statim in os mittens sumpsit ob honorem sacramenti. Postea cum eundem leprosum visitare vellet, et non inveniret, dictum est ei a circummanentibus quod multo tempore in eadem domuncula nullus habitasset leprosus. Et cognovit vir Deo plenus, tum ex testimonio referentium, tum ex gratia ex praedicta sumptione percepta, quia Christus esset, qui multis modis electorum suorum constantiam probare consuevit. Haec dicta sint [6]) de Christi persona [7]). Porro de illius resur-

---

1) Genes. 32, 30. — 2) Matth. 18, 16. — 3) ADP ea, C eius. — 4) C inquisivit. — 5) citius add B. — 6) CP sunt. — 7) C add vel passione.

rectione atque ascensione, nullas intellexi visiones relatu dignas, nisi solam¹), si tamen visio dici potest.

CAPITULUM XXXIV.

De odore aromatico in Pascha.

Sacerdos quidam de domo nostra, sicut ipse mihi retulit, cum anno praeterito in sacratissima nocte Paschae staret ad matutinas, finito duodecimo responsorio, et hymno, *Te Deum laudamus*, incepto, tantam circa se sensit flagrantiam aromatum, et per tantam moram, ut miraretur quid esset vel unde esset. Cui cogitationes suae dicebant: Non est aliunde odor iste aromaticus, nisi ex praesentia²) sanctarum mulierum, de quibus tota nocte cantatum est, quia venerunt cum aromatibus ut ungerent Jesum³).

CAPITULUM XXXV.

De passione Christi.

NOVICIUS: Cum resurrectio passione dignior sit, quid est quod tantae revelationes habentur de illa, et tam pauca⁴) de ista? MONACHUS: Primo hoc ascribendum est humilitati Christi, ne videatur iactanter manifestare ea quae egit gloriose, et supprimere illa quae pertulit ignominiose. Deinde quod nullum est sacramentorum, quod tam efficax sit divini amoris incentivum, quomodo opprobria passionis. Apostolus dicit *se nihil scire nisi Jesum Christum, et hunc crucifixum*⁵). Ergo Christi passio eius fuit lectio. O quantum legere desiderabat Job in libro passionis Christi, quando dicebat: *Quis mihi tribuat auditorem, ut desiderium meum Omnipotens audiat, et librum scribat ipse qui iudicat, ut in humero meo portem et circumdem illum quasi coronam mihi*⁶)? Liber vitae Christus est, secundum Johannem *septem signaculis signatus*⁷), in quo, ut ait Paulus⁸), est salus, vita et resur-

---

1) C solam unam. Homil. III. p. 46: „tantus erat super eum in aere ventus, a diabolo concitatus, ut non posset audiri, et non nisi solum hominem signaret." III. p. 78: „non nisi solam in ea colligens." — 2) B praesentia invisibili. — 3) Marc. 16, 1. — 4) R paucae. — 5) Cor. I, 2, 2. — 6) Job 31, 35—36. — 7) Apoc. 5, 1. — 8) ut ait Paulus om C.

rectio nostra, quem Apostoli cum multa gloria miraculorum, quasi coronam portaverunt per universum mundum. Quem cum primo obtulissent scienti litteras, id est Judaeo, et respuisset illum tanquam signatum, obtulerunt¹) illum nescienti litteras, scilicet gentilitati²), et cum illum intelligere non posset, exposuerunt ei, sicut Philippus eunucho³). Librum hunc Christus ipse⁴) scripsit, quia propria voluntate passus est. In pelle siquidem corporis eius scriptae erant litterae minores et nigrae, per lividas plagas flagellorum; litterae rubeae⁵) et capitales, per infixiones⁶) clavorum; puncta etiam et virgulae, per punctiones⁷) spinarum. Bene pellis eadem prius fuerat multiplici percussione⁸) pumicata, colaphis et sputis cretata, arundine liniata⁹). NOVICIUS: Gaudeo me cum fructu didicisse quod ignoravi. MONACHUS: Dicam tibi nunc aliquas visiones Spiritus sancti. NOVICIUS: Peto ut prius expedias me de Spiritu sancto, et si sit differentia inter ipsum et spiritum quem Christus in cruce emisit. MONACHUS: Hoc faciam ipso adiuvante, et hoc quanto compendiosius potero.

CAPITULUM XXXVI.

De Spiritu sancto.

Spiritus sanctus Deus est, tertia in Trinitate persona, a Patre Filioque procedens aeternaliter, ipsis consubstantialis, eiusdem sapientiae atque potentiae. Unde in Psalmo: *Verbo Domini coeli firmati sunt, et Spiritu oris eius omnis virtus eorum* ¹⁰). Quod Spiritus sanctus a Patre procedat, dicit Filius: *Non enim vos estis qui loquimini, sed Spiritus Patris vestri*¹¹). Item: *Qui a Patre procedit* ¹²). Quod a Filio procedat, testis est Apostolus dicens: *Misit Deus Spiritum Filii sui in corda vestra* ¹³). Ipse etiam Spiritus sanctus *ubi vult spirat* ¹⁴). *Sanctus, multiplex, unicus, subtilis, modestus, disertus, mobilis, incoinquinatus, certus, suavis, amans bonum, acutus, quem nihil vetat, benefaciens* ¹⁵), *humanus, benignus,*

---

1) B et pr A aperuerunt. — 2) CP gentili. — 3) Act. 8. — 4) D librum hunc Christus Jesus ipse, C librum Jesus Christus ipse, B librum ipse Jesus Christus. — 5) ABP rubrae. — 6) C infixionem. — 7) CP punctionem. — 8) ACDP persecutione. — 9) ADP lineata. — 10) Psal. 32, 6. — 11) Matth. 10, 20. — 12) Johan. 15, 26. — 13) Galat. 4, 6. — 14) Johan. 3, 8. — 15) libri: amans bonum actum, qui nihil vetat benefacere.

stabilis, securus, omnem habens virtutem, omnia prospiciens, et qui[1]) *capiat omnes spiritus, intelligibilis*[2]), *mundus, subtilis*[3]). Cuius varia dona cum Apostolus enumerasset, sic conclusit: *Haec autem omnia operatur unus atque idem Spiritus, dividens singulis prout vult*[4]). Inter hunc, Spiritum sanctum scilicet[5]), et eum quem Christus in manus Patris moriens commendavit[6]), tanta est differentia, quanta[7]) inter creaturam et creatorem. Nam spiritus ille anima Christi intelligitur, quae a corpore eius separata est per mortem, quod de Spiritu sancto dicere nefas est. NOVICIUS: Sub quibus speciebus Spiritus sanctus solet praesentiam suam mortalibus manifestare? MONACHUS: Duas tantum species reperio manifestiores, sub quibus in novo testamento visus est. In columba visus est super Christum; in linguis igneis super Apostolos[8]). Nec hoc sine causa. Septem enim naturales virtutes habet columba, quae avis est simplicissima, per quas dona[9]) Spiritus sancti mystice designantur. In igne calor est et splendor, et Spiritus sanctus ignit per amorem, illuminat per scientiae operationem. NOVICIUS: Petitioni meae satisfactum fateor per sententias; nunc precor ut si aliqua nosti exempla sub-

---

1) libri quia. — 2) libri intelligibiles. — 3) Sapient. 7, 22-23. — 4) Cor. I, 12, 11. — 5) ACP inter hunc Spiritum scilicet, BD inter hunc Spiritum sanctum. Homil. II. p. 62: „Ille vero, Spiritus sanctus scilicet, ipse est, de quo subditur." — 6) Luc. 23, 46. — 7) C quanta est. — 8) Matth. 3, 16. Act. 2, 3. — 9) B septem dona. De virtutibus columbae audiamus auctorem in Homil. I. p. 154: „Columba, secundum quod physiologi dicunt, felle caret; pullos alienos nutrit; rostro non laedit; vermiculis non pascitur; in cavernis petrarum nidificat; iuxta fluenta manet; grana eligit meliora; alis se defendit; gregatim volat; visum cum senuerit recuperat; pro cantu gemit. In undecim naturalibus virtutibus columbae, tota pene expressa est actio spiritualis vitae. Prima virtus religiosi esse debet, ut careat felle totius amaritudinis, irae atque rancoris; deinde ut pullos alienos nutriat, per amorem et sollicitudinem fraternae compassionis; ut etiam neminem laedat rostro detractionis; ut vermiculis non pascatur carnalis delectationis; ut in cavernis petrarum nidificet, per memoriam Dominicae passionis; ut iuxta fluenta sedeat sacrae lectionis; ut grana meliora eligat, per indagationem sententiae melioris; ut alis se defendat contra diabolum sanctae spei et timoris; ut congregatim volet, per sublimitatem communis conversationis; ut visum recuperare studeat, per meritum contemplationis; ut pro cantu gemat, tum ex taedio peregrinationis, tum ex desiderio futurae remunerationis."

iungas. MONACHUS: Quod nostris temporibus in columba et igne visus sit, verissimis tibi pandam exemplis.

CAPITULUM XXXVII.*)

De Henrico converso, et columba quam vidit super caput Hermanni Prioris.

Cum dominus Hermannus Abbas esset in Claustro, et in sollemnitatibus interim dum chorus hymnum¹), *Te Deum laudamus* decantaret, circuiret ad fratres commonendos, atque secundum consuetudinem in chorum conversorum diverteret, Henricus conversus cuius memini in distinctione quinta capitulo quinto, vidit columbam candidam de cruce quae erat super altare conversorum, in verticem ipsius descendentem. Ubi multum quiete sedebat, donec circuitis universis de choro exiret. Tunc avolans reversa est super crucem. Hymno vero expleto, cum inciperet lectionem evangelicam, eadem avis sacratissima volavit supra²) quandam columnam analogio³) proximam, illic sedens, et auscultans, sacraeque lectioni aurem diligentius adhibens. Qua perlecta, rursum rediit ad crucem. Et testatus est idem conversus saepius in festivitatibus se eandem visionem vidisse. Quotiens, inquit, chorum conversorum intravit, et coram altari profunde ut ei moris est inclinavit, mox columba praedicta⁴) crucem deserens, capiti eius insedit. In quo statim tantum creavit strepitum percussione alarum, tantum splendorem nitore pennarum⁵), ut ab omnibus potuisset audiri et ab universis videri, si illis datum fuisset audire vel videre⁶). Puto conversum hunc eundem fuisse, qui vidit super caput novicii cum in monachum benediceretur columbam, sicut dictum est in distinctione prima.

CAPITULUM XXXVIII.

De monacho in cuius capite visa est columba cum legeret Evangelium.

Cum in eadem domo monachus quidam iuvenis Evangelium legeret in conventu, praedictus Henricus columbam can-

---

*) Homil. I. p. 121. — 1) hymnum add B. — 2) BP super. — 3) analogium, ambo, pulpitum. — 4) pro praedicta legitur parata, in Homilia. — 5) ABCP alarum. — 6) Homilia: „si tamen datum eis fuisset tantam gloriam audire vel videre. Nec ipse quidem Abbas sensit tunc motum aliquem corporalem."

didissimam super caput eius descendere vidit, illic quiete residentem¹) usque ad finem Evangelii. Fuerat enim idem monachus ibi hospes, et tam bonae vitae ut tanta gratia dignus haberetur. Processu temporis cum factus fuisset sacerdos, cuidam monacho ex fratribus eius sacerdos quidam saecularis dicebat: Ego frequenter video columbam super caput illius monachi, quando missas celebrat. Non tamen puto eum aliquando missae eius interfuisse corpore, sed spiritu. Est enim vir religiosus, multas habens revelationes a Deo. NOVICIUS: Quid sentiendum est de huiusmodi columbis? MONACHUS: De hac quaestione quantum potui expedivi te in distinctione secunda capitulo quinto, loquens de sacerdote fornicario²), cui columba sacramentum altaris tulit, et post poenitentiam restituit. Signum est adventus Spiritus sancti columba. Si nihil fuisset divini in praedictis columbis, etiam alii eas vidissent. NOVICIUS: Hoc satis credibile est. MONACHUS: Quod autem Spiritus sanctus etiam in igne praesentiam suam quandoque manifestet³), audies in distinctione nona capitulo tricesimo quarto. Quia iam plures visiones tibi retuli de Christo, quasdam etiam de Spiritu sancto, unam tibi adhuc dicam de sancta Trinitate.

CAPITULUM XXXIX.*)

De sanctimoniali cui mentaliter ostensum est sacramentum sanctae Trinitatis.

Non est diu quod quaedam sanctimonialis ordinis nostri, dum in quadam die Dominica ad primam staret, et chorus psalleret fidem Athanasii, illa de mysterio summae⁴) Trinitatis cogitans, mente excessit. In quo excessu tanta ei sunt revelata de illa summa et aeterna Trinitate, ut suo confessori illa, sive modum eiusdem visionis explicare non posset. Ecce sic copiose Dominus visioni nostrae condescendit. Ipse est quem Jacob in somnis vidit innixum scalae. Angeli vero ascendentes sive descendentes, sunt ceteri ut dictum est ordines civium coelestium, descendentes nobis apparendo, et ascendentes se nostris visibus subtrahendo⁵). Ipsi enim sunt

---

1) ABD et pr C residens. — 2) ABD fornicatore. Conf. IX, 53. — 3) DP manifestat. — *) Homil. III. p. 10. — 4) BC sanctae. — 5) Genes. 28, 12. 13.

Christi corpus [1] et membra. NOVICIUS: Qua similitudine? MONACHUS: Similitudinem tibi dicam satis manifestam.

CAPITULUM XL.

Qua similitudine electi dicantur membra Christi.

Caput Christi Deus est [2]; caput Ecclesiae Christus. Oculi Christi sunt angeli, semper faciem Patris videntes [3]. Aures eius Patriarchae, legem Dei audientes. Nares Christi sunt Prophetae, quae futura erant procul odorantes. Os eius Apostoli, quae ab ipso viderunt et audierunt mundo praedicantes. Barba Christi sunt Martyres, fortitudinem mentis quam barba designat, in suis tormentis ostendentes. Ubera Christi sunt Confessores, verbo et exemplo infirmos nutrientes. Venter eius Virgines et Continentes, fructui carnis amorem castitatis anteponentes. De his sponsa dicit in Canticis Canticorum dilecto: *Venter tuus eburneus, distinctus saphiris* [4]. Ebur quod frigidissimum est, designat virginitatem; iacinctus [5] vero qui aerei coloris est, perfectionem vidualem. NOVICIUS: His non inutiliter praemissis, precor ut de [6] singulis ordinibus si quas nosti subiungas visiones. MONACHUS: Hoc libens faciam, et hoc primo de angelis.

CAPITULUM XLI.

De Angelis.

NOVICIUS: Quot sunt ordines angelorum? MONACHUS: Novem. Angeli, Archangeli, Virtutes, Potestates, Principatus, Dominationes, Throni, Cherubin et Seraphin. Dicuntur autem angeli, id est nuncii, quia divinam voluntatem suggerendo nobis nunciant. Quilibet homo habet angelum sibi a Deo deputatum ad custodiam, ab hora nativitatis usque ad diem mortis. Quorum ministerium quantum sit hominibus necessarium, quibusdam tibi pandam exemplis.

---

1) CD corpus Christi. — 2) est add B. Cor. I, 11, 3. Ephes. 5, 23. — 3) Matth. 18, 10. — 4) Cant. 5, 14. — 5) D saphirus. — 6) de om BD.

CAPITULUM XLII.*)

De virgine quae per angelum liberata est a stimulo carnis.

In Francia virginem quandam religiosam et inclusam Sathanas gravissime per stimulum carnis colaphizavit. Illa nesciens virtutem in infirmitate perfici[1]), iugiter cum multis lacrimis Deum rogavit, quatenus eius pietate a tam immunda tentatione mereretur liberari. Cui cum die quadam oranti angelus Domini apparuisset visibiliter, dixissetque[2]), vis ab hac tentatione liberari? et respondisset illa, volo domine, volo; coelestis nuncius subiunxit: Dic versiculum istum Psalmi: *Confige timore tuo carnes meas, a iudiciis enim tuis timui*, et liberaberis. Angelo vero recedente vel potius disparente, illa versiculum cecinit, et mox tentatio cessavit. Mira res. Fugato spiritu fornicationis, statim accessit spiritus blasphemiae, a quo tanto fortius, quanto periculosius tentabatur. Coepit enim dubitare de Deo et fide Christiana. Tunc magis quam prius misericordiam divinam invocans, se a tam nefanda tentatione liberari cum lacrimis oravit. Tunc angelus Domini secundo ei apparens, ait: Quomodo habes modo soror? Respondit illa: Nunquam peius domine. Et angelus: Putas te posse vivere sine tentatione? Necesse est ut alteram istarum habeas, elige quam volueris. Ad quod virgo respondit: Domine, si sic necesse est, eligo primam tentationem. Licet enim fuerit immunda, humana tamen erat. Ista vero quam nunc patior, prorsus diabolica est. Cui angelus: Dic versiculum istum: *Feci iudicium et iustitiam, non tradas me calumniantibus me*[3]), et liberaberis. Quod cum fecisset post angeli discessum, blasphemiae spiritus eam deseruit, et stimulum carnis recepit. NOVICIUS: Quis tibi videtur angelus iste fuisse? MONACHUS: Eius ut puto proprius, qui illam maluit in carne tribulari, quam non mereri. Tentatio enim custos est humilitatis, et materia exercendae virtutis. Virginibus et eis qui non peccaverunt, inanis gloria atque superbia importuniores esse consueverunt. Quam sollicite sancti angeli sibi commissorum opera bona considerent, ut Deo illa repraesentent, subsequens sermo declarabit.

*) Homil. I. p. 73. — 1) Cor. II, 12, 9. — 2) D dixissetque ei. — 3) Psal. 118, 120—121.

CAPITULUM XLIII.*)

De converso qui angelum frequenter vidit et dicendo gratiam perdidit.

Conversus quidam de Hemmenrode cuiusdam eiusdem domus grangiae magister erat, vir bonus ac disciplinatus. Juxta hunc cum exiret ad opera manuum sive ad negotia domus suae, alius quidam simplex conversus angelum Domini ambulantem frequenter vidit. Quod cum retulisset domino Hermanno Abbati suo, referenti respondit: Quia visionem retulisti, nunquam angelum de cetero videbis. Quod ita factum est. NOVICIUS: Non videtur mihi frater iste deliquisse, si sibi divinitus revelata, Abbati proprio manifestavit. MONACHUS: Satis puto quod non absque aliqua cordis iactantia conversus visionem eandem recitaverit. Et quia hoc Abbas consideravit, quod futurum aestimabat¹) praedixit. Erat²) enim vir prudens et litteratus ante conversionem, sanctorum Apostolorum in Colonia Decanus. NOVICIUS: Cum quilibet homo duos habeat angelos ut dicis sibi deputatos, bonum ad suggerendum bonum, et malum ad suggerendum malum, quid est quod tam facile hominis voluntas angelo malo consentit ad peccatum? Estne bono in consiliis efficacior, et ad vim inferendam valentior³)?

CAPITULUM XLIV.

Quid operetur angelus bonus sive malus circa hominem.

MONACHUS: Licet homo habeat angelum bonum ad custodiam, et malum propter exercitium, neuter tamen illorum voluntati humanae vim inferre valet, ut propter illius consilium violenter inclinetur ad bonum, sive ob huius suggestionem trahatur ad malum. Contulit Deus homini liberum arbitrium. NOVICIUS: Quid est liberum arbitrium? MONACHUS: Facultas voluntatis et rationis, qua eligitur bonum assistente gratia, malum vero desistente gratia. Liberum dici-

---

*) Homil. III. p. 187. — 1) D erat. — 2) D est. — 3) Homil. II. p. 62: „Incomparabiliter fortior est Spiritus sanctus spiritu maligno, quia cum ille humanae voluntati non possit inferre vim, ut peccato consentiat, iste, post consensum etiam gratiae renitentem, cum vult, iustificat."

tur, propter voluntatem quae libera est et sine necessitate; arbitrium, propter rationem quae ea quae voluntas appetit, arbitratur et discernit. Et licet ratio saepe voluntatem sequatur ad peccati consensum, nunquam tamen approbat malum. Quod vero voluntas tam prona est ad peccandum, causa subest. Habet enim diabolus duos satellites etiam se crudeliores, quibus illa impellitur, fomitem scilicet carnis, quem scriptura vocat tyrannum, et mundum. Caro concupiscit, diabolus concupita incendit, mundus incensa ne extinguantur, se obiicit. Ex peccati fomite multa oriuntur vitia; diabolus multa sibi assumit subsidia; mundus innumerabilia offert oblectamenta. Ecce currus et equites Regis Syriae, id est diaboli, missi ad capiendum Heliseum, id est iustum. Quibus visis, id est in circuitu tuo consideratis, si clamaveris cum ministro Helisei: *Heu heu heu, domine mi, quid faciemus?* voce prophetica tibi respondeo: *Noli timere, plures enim nobiscum sunt, quam cum illis. Aperi oculos et vide.* Habes intra te rationem contra carnis fomitem, circa te angelos contra diabolum, turbam contra turbam. *Et ecce,* inquit, *mons plenus equorum et curruum igneorum,* id est custodiam[1]), non unius sed multorum angelorum *in circuitu Helisei*[2]), id est hominis electi. Contra carnis incentiva oppone virtutes naturales. Habes super haec omnia gratiam divinam, quae mox ut menti tuae si[3]) in peccatis fueris infunditur, carnis incentiva restringit, diabolum retundit, mundi gloriam tibi in odium vertit. Hoc etiam scias quod quaedam facimus sine instinctu utriusque angeli. Quae si bona fuerint, amplius in eis meremur; si mala, plus demeremur. NOVICIUS: Satis de his expeditus sum; nunc quod residuum de visionibus angelicis nosti, mihi manifestes. MONACHUS: Quod animas sibi commissorum Deo repraesentent, ex hoc quod sequitur poteris probare.

---

1) C custodum. — 2) Reg. IV, 6. — 3) C si non. Homil. III. p. 44: „in illorum animam ascendit Jesus per gratiam, si in peccatis fuerint, illuminantem."

CAPITULUM XLV.
De sorore Christina quae vidit angelum praesentatorem animarum.

Soror Christina de Volmuntsteine sanctimonialis in Bergis, cuius in superioribus memini, tantae fuerat perfectionis, ut praesens vita ei esset in taedio, et mors in desiderio. Tempore quodam quadragesimali cum se in proximo Pascha putaret esse morituram, mente excedens rapta est in locum amoenissimum, haud dubium quin in paradisum. In quo vidit altare miri decoris, et ante altare multae reverentiae personam, cuius pulchritudo inaestimabilis erat nimis. Quam cum interrogasset quae[1]) esset, vel cuius officii, respondit: Ego sum Archangelus qui praesento animas ante Deum. Et illa: Numquid domine et animas de ordine nostro praesentas? Etiam, inquit. Omnium in ordine tuo bene viventium animas, monachorum videlicet, conversorum et sanctimonialium, ego praesento ante Deum. Et adiecit: Non modo morieris, sed in proximo Pascha. Quod ita factum est. Nam cum per aliquot dies aegrotaret, et pene quotidie communicaret, in agonia posita viaticum sibi dari petiit[2]), cum quo nondum plene masticato, spiritum reddidit coelo. Cum esset adhuc in praedicto mentis excessu venerabilis virgo Christina, vidit super altare mitram magni decoris pendentem. Et cum requireret ab angelo quid futurum esset de anima cuiusdam sacerdotis quem specialiter diligebat, cuius tunc recordabatur, respondit: Cum obierit, mitra hac[3]) capiti eius imposita, ante Dominum illum repraesentabo[4]). NOVICIUS: Quem putas angelum istum fuisse? MONACHUS: Sanctum Mychaelem, qui ut dicit auctoritas praepositus est paradisi. Ceteris enim angelis diligentior est circa genus humanum. Unde in Daniele legitur fuisse princeps filiorum Israel[5]). Hinc est quod suam memoriam in terris haberi voluit, ut ab hominibus de quorum salute semper[6]) sollicitus est, agnosceretur, diligeretur, et obsequiis veneraretur. NOVICIUS: Quid si in aliquo loco sibi deputato minus veneratur? MONACHUS: Ibi et minora eius beneficia experiuntur, ita ut aliquando etiam praesentialiter inde recedere videatur, secundum testimonium subsequentis visionis.

1) B Quem — quis. — 2) BC petivit. — 3) ACDP haec. — 4) BC praesentabo. — 5) Dan. 10, 13. — 6) semper add ABD.

CAPITULUM XLVI.

De hominibus qui viderunt reliquias montis Gudinsberg transmigrare in Stromberg.

Eo tempore quo dominus Theodericus Coloniensis Archiepiscopus qui adhuc superest, castrum in Gudinsberg aedificavit, sacerdos quidam religiosus a Colonia rediens, cum monti iam dicti nominis propinquasset, sanctum Mychaelem Archangelum in specie bene nota, de eo in vicinum montem qui Stromberg dicitur, in quo memoria est Petri [1] principis Apostolorum, alis extensis volare conspexit. Eodem tempore homo quidam Theodericus nomine, de villa proxima cum uxore ad ecclesiam properans, de praedicto monte capsellam cum reliquiis quam saepe viderat, super [2] Stromberg per aerem [3] duci vidit. Ambo illam viderunt, et usque hodie ambo [4] testes sunt tantae visionis. Si mihi minus credis, interroga dominum Wilhelmum sacerdotem de Stromberg, qui se ab ore illorum qui haec viderunt audivisse testatur, et dicet tibi. Habebat enim et adhuc habet sanctus Archangelus in Gudinsberg, vel ut alii dicunt in Wudinsberg, ecclesiam nomini suo consecratam [5]. Et cum esset mons idem fortis satis, et ad munimen provinciae bene situs, nullus tamen in eo castrum aedificare praesumpsit, quia hoc non posse fieri ob praedictam memoriam ab incolis referebatur. Praedictus vero Theodericus huiusmodi verba non attendens, et castrum in eo aedificans, antequam muros eius perfecisset, depositus est. Nec miror [6] si ab eodem castro angelica recesserunt subsidia, cuius omnia pene aedificia ex usuris cuiusdam Judaei quem praefatus ceperat Episcopus sunt constructa. Quam potenter sanctus Mychael electorum animas in exitu ab inimicis defendat, audies in distinctione duodecima capitulo quinto. Non solum beatus Mychael cum ceteris coelestis militiae exercitibus fideles protegit cum moriuntur, sed etiam in praesenti ab hostibus visibilibus.

---

1) BD beati Petri. — 2) B super montem. — 3) B aera. — 4) ambo om BD. — 5) B dedicatam. — 6) C mirum.

CAPITULUM XLVII.
De militibus Templi quos pagani videre non potuerunt dum horas suas dicerent.

Non est diu quod sex milites Templi in vicina¹) Sarracenorum horam quandam canonicam prostrati dicebant. Ex inopinato paganis supervenientibus, cum illi surgere vellent et fugere, magister eis innuit ut iacerent. Mira res. Ut Rex coelestis ostenderet, quantum ei magistri fides et discipulorum obedientia placeret, angelos suos misit, a quibus infidelium turba turbata²) est, quidam capti, et plures occisi. Cumque eos quos angeli vinxerant Templarii comprehendissent, et illi dicerent: Ubi est exercitus quem dudum vidimus, a quo capti sumus et occisi? responderunt: Quando necesse habemus, veniunt nobis in auxilium; quando non indigemus, revertuntur in tabernacula sua. Intellexerant enim sanctos angelos illos fuisse quos ipsi videre non potuerunt, qui laudantibus Deum semper assunt, ipsosque custodiunt. Ipsi revera sunt castra Dei, qui Iacob cum timore revertenti in terram suam venerunt in auxilium. *Fueruntque ei*, ut dicit scriptura, *obviam angeli Dei. Quos cum vidisset, ait: Castra Dei sunt haec*³). Hoc miraculum cum recitatum fuisset Regi Philippo, in castris cum rediret de obsidione Coloniae, respondit: Certe, si habuissem *legem pone*⁴) in ore, ego psalmum reliquissem, et fugissem. Haec dicta sint⁵) de visionibus angelorum. Porro de visionibus Patriarcharum atque Prophetarum pauca dicere habeo; quia rarius sanctis novi testamenti apparent. NOVICIUS: Quae sit causa illius raritatis, qui etiam fuerint Patriarchae, qui Prophetae, et quare sic dicti, precor ut edisseras; deinde si quas nosti visiones de illis subiungas. MONACHUS: Quanto brevius potero de requisitis te expediam.

CAPITULUM XLVIII.
De Patriarchis et Prophetis.

Patriarchae sunt viri iusti et gloriosi, cum quibus locutus est Deus, Abraham scilicet, Ysaac et Jacob, et alii quam plu-

---

1) ABCP vicinia. — 2) D prostrata. — 3) Genes. 32, 1—2. — 4) Psal. 26, 11. — 5) BC sunt.

res qui illos tempore et praecedebant et sequebantur¹). Dicuntur autem Patriarchae quasi patrum principes, eo quod aliis facti sint via recte incedendi²), et norma bene vivendi. Horum successores exstiterunt Prophetae, et ipsi viri magni et incliti, qui Christi sacramenta et Ecclesiae, et si qua alia futura erant, tam perspicue praeviderunt et praedixerunt, ac si oculis eorum corporeis fuissent obiecta. Unde quidam illorum dicebat: *Non faciet Dominus verbum super terram, quod non prius revelet servis suis Prophetis*³). Prophetae fuerunt Isaias, Jeremias, Ezechiel, Daniel et duodecim Prophetae, qui etiam ea quae praeviderunt vel praedixerunt, scripto perpetuaverunt. Unde Prophetae dicti sunt videntes, vel significantius Prophetae dicuntur quasi praefatores, vel quasi porro⁴) fantes, id est a longe. Quare autem rarius Apostolis sive Martyribus nobis appareant, causa esse videtur, quod respectu iam dictorum ordinum modica et pene nulla est illorum memoria apud Ecclesiam Latinorum. Graeci vero in nataliciis illorum⁵) sollemnizant, et ideo forte saepius illis apparent. De sancto Johanne Baptista cuius memoria celebris est per universam Ecclesiam, aliquas visiones subiungam. Ipse est enim novissimus Prophetarum, et plus quam Propheta. Nam *Lex et Prophetae*, teste Domino, *usque ad Johannem*⁶).

CAPITULUM XLIX.

De monacho Claraevallis qui sanctum Johannem Baptistam diligit.

In Claravalle monachus quidam iuvenis est aetate Johannes nomine, mirus dilector sancti Johannis Baptistae. In die siquidem Nativitatis illius est natus, et ob hoc a parentibus Johannes vocatus. Supra reliquos sanctos illum diligit, et quotiens aliquid ad ipsum pertinens psallitur, ut est canticum patris eius Zachariae, ibi voci penitus non parcit. Nocte quadam cum idem canticum cum choro cantaret⁷), et ventum fuisset ad illum versiculum: *Et tu puer Propheta Altissimi vocaberis, et cetera*⁸), sacerdos quidam stans in choro oppo-

---

1) B subsequebantur. — 2) ACDP credendi. — 3) Amos 3, 7. — 4) D procul. — 5) D eorum. — 6) Matth. 11, 13. — 7) B in choro cantaretur. — 8) Luc. 1, 76.

sito, flammam de capite[1]) eius surgere vidit. Vocatur enim[2]) Wilhelmus, estque sacerdos religiosus, cui multa divinitus revelantur. Qui dictis matutinis, dominum Sigerum Priorem adiit, et quid de fratre Johanne viderit exposuit. Quem statim vocavit Prior[3]) dicens: Dic mihi bone frater Johannes, quid cogitasti in laudibus, quando inchoatum est canticum, *Benedictus Dominus Deus Israel?* Cui ille respondit: Credite mihi domine, ego cogitavi, si esses in coelis, vox tua nunquam raucesceret, et semper Deum laudares cum angelis. Et Prior: Quid habuisti in corde infra istum versiculum: *Et tu puer Propheta Altissimi vocaberis?* Ad quod iterum respondit: Ita accensum est cor meum in hora illa ad memoriam[4]) sancti Johannis quem valde diligo, ut vix me capere possem prae gaudio. Et cognovit Prior quod flamma eadem signum fuisset vehementissimi amoris de corde adolescentis in coelum ascendentis. Anno praeterito visio haec a praedicto Priore Claraevallis Priori de Claustro recitata est, a quo ego illam didici.

CAPITULUM L.

Item de sanctimoniali eiusdem Praecursoris dilectrice.

Retulit mihi domina Irmingardis[5]) magistra de Insula sancti Nycholai anno praeterito cuiusdam sanctimonialis bene sibi notae miram dilectionem erga praedictum Domini Praecursorem. Plus[6]) omnibus sanctis illum dilexit. Nec suffecit ei de illo cogitare, illum obsequiis et orationibus honorare, consororibus illius praerogativas praedicare, quin etiam ad perpetuandam eius memoriam versificaretur de eius annunciatione, nativitate, et gaudio parentum. Litterata siquidem fuerat, et ideo versibus prosequi studuit, quicquid de illius sanctitate legerat. Omnes etiam personas saeculares cum quibus loquebatur, monuit et rogavit, ut liberos suos Johannem vel Zachariam nominarent, feminas vero Elizabeth. Cumque moritura esset, Johannes monachus de Claustro eam visitavit. Sciensque eius affectum circa sanctum Johannem, ait: Matertera, cum fueritis defuncta, qualem missam vultis ut primum cantem pro anima vestra, pro defunctis an de sancto Johanne

---

1) B vertice. — 2) C autem. — 3) BC Prior vocavit. — 4) B in memoria. — 5) B Richardis. — 6) B plus enim.

Baptista? Ad quod illa sine omni deliberatione respondit: De sancto Johanne, de sancto Johanne. Cumque ad extrema pervenisset, compassa sorori sibi servienti, ait: Vade soror super solarium, et quiesce modicum. Quod cum fecisset, et levi[1]) sopore quiesceret[2]), huiusmodi vocem per somnum audivit: Quid hic iaces? Sanctus Johannes Baptista inferius est cum sorore Hildegunde. Hoc illi nomen erat. Ad quam vocem sanctimonialis expergefacta, neglectis vestibus in camisia descendit, et iam illam exspirasse invenit. Circa quam tam suavissimus odor erat, ut non dubitaret illic adesse praesentiam sancti Johannis, qui animam suae dilectricis choris sociaret angelicis. Narravit mihi et aliam visionem, ista adhuc iocundiorem, quam sibi a magistra domus in qua visa est dicebat esse recitatam.

CAPITULUM LI.
De duabus monialibus contendentibus pro sancto Johanne Baptista atque Evangelista.

Duae sanctimoniales fuere, et adhuc sunt ut puto in Lutere[3]) monasterio Dioecesis Treverensis, ex quibus una specialiter diligebat sanctum Johannem Baptistam, altera vero sanctum Johannem Evangelistam. Quae quotiens conveniebant, inter se de illorum maioritate contendebant, ita ut magistra quandoque vix posset eas compescere. Illa omnia dilecti sui praevilegia[4]) in medium proponebat, cui ista sui dilecti praerogativis valide satis obviabat[5]). Nocte quadam ante matutinas sanctus Johannes Baptista suae dilectrici in somnis apparens, sic ait: Soror, noveris sanctum Johannem Evangelistam me maiorem. Nunquam homo castior fuit illo, mente simul et corpore virgo. Ipsum Christus ad Apostolatum elegit; ipsum ceteris Apostolis plus dilexit; ipsi gloriam suae transfigurationis ostendit. Ipse beatissimus in pectore Jesu in Coena recubuit; ipse morienti astitit; ipsi virgini Christus virgo matrem virginem commendavit. Ipse ceteris Evangelistis altius volans, et oculos mentis in rotam divinitatis plenius defigens, Evangelium suum sic exorsus est: *In principio erat Verbum*, et cetera. Scripsit et Apocalypsim, qua nihil in coelestibus figuris

---

1) C leni. — 2) B requiesceret. — 3) AP Luttere, C Loctore. — 4) ACDP privilegia. — 5) D obviavit.

obscurius est. Plurima etiam pro Christo passus est tormenta, flagella, fervens oleum, exilia. Ecce propter ista et alia multa sua [1]) praevilegia maior est me et dignior. Mane ergo voces [2]) sororem tuam ante magistram, et procidens ante pedes illius pete ut ignoscat tibi, quod totiens eam exacerbasti mei causa. Quae ad signa matutinalia expergefacta, de tam clara visione cogitare coepit. Dictis vero matutinis, cum se altera sopori dedisset, sanctus Johannes Evangelista per visum affuit, et sub sensu verborum horum suam allocutus est dilectricem: Soror, scias beatum Johannem Baptistam longe maiorem esse me. *Inter natos mulierum*, teste Christo, *non surrexit maior illo* [3]). Ipse Propheta est [4]), et plus quam Propheta. Ab angelo est annunciatus, a sterili matre contra naturam conceptus, in utero supra naturam sanctificatus, in heremo sine omni peccato conversatus. Quod de me dici non potest, qui lucris inhians, inter saeculares saecularis saeculariter vixi. Salvatorem quem in utero agnovit [5]), inter turbas ad se venientem digito demonstravit, et in Jordane sacris manibus baptizavit. Ipse coelos vidit apertos, Patrem audiens in voce, Filium videns in homine, Spiritum sanctum in specie columbae. Tandem pro iustitia martyrizatus est. Ergo me maior est. Unde hodie vocare debes sororem tuam ante magistram tuam, et prosternere te pedibus illius, sicque eam rogare ut tibi ignoscat, quod totiens illam exacerbasti, me contentiose Praecursori Domini praeferendo. Mane singillatim [6]) ad magistram veniunt, quid viderint exponunt. Tunc simul se prosternentes, et ab invicem ut eis iussum fuerat veniam postulantes, mediante matre spirituali reconciliatae sunt, monente illa ne de cetero de meritis sanctorum contenderent, quae soli [7]) Deo nota sunt. NOVICIUS: Satis me aedificat tanta in supernis civibus humilitas. MONACHUS: Nulla, quantum ex praesenti visione colligere poteris, in regno coelorum de maioritate praemiorum est contentio, quia illic teste Apostolo omnis evacuatur praelatio [8]). Hoc tamen scias quod sicut cives superni visitant cum multa consolatione se diligentes, ita quandoque cum invectione et plagis se contemnentes.

---

1) D alia sua multa, BC alia multa. — 2) B voca. — 3) Matth. 11, 11. — 4) est add B. — 5) BP cognovit. — 6) B singulatim. — 7) D solo, ut I, 42. — 8) Cor. I, 15, 24.

CAPITULUM LII.*)

De canonico Bonnensi quem sanctus Johannes Baptista trusit.

Canonicus quidam erat in ecclesia Bonnensi, qui frequenter cum sodalibus suis moniales in Ditkirgen solebat visitare. Nec erat in eadem visitatione aliquid religiositatis, sed levitas et periculum animarum. Quotiens enim eum oportebat intrare claustrum per monasterium quod in honore beati Petri et sancti Johannis Baptistae dedicatum est, transibat erecto collo, nec una quidem vice coram altaribus caput inclinans. Nocte quadam venerabilis Baptista in somnis illi apparens, et torvo vultu in eum respiciens, sic ait: Et tu inique totiens per oratorium meum transiens, nunquam aliquid mihi exhibuisti honoris, ut saltem[1] vel una vice cervicem flecteres coram altari meo. Levansque pedem tam valide trusit eum in ventre[2], ut tam ex terrore increpationis, quam ex dolore tunsionis[3] evigilaret. Ab illa enim hora coepit infirmari, et paulatim intumescente ventre ydropicus fieri, sicque vadens, donec invalescente morbo moreretur. Et si vis scire, Johannes erat nomen eius. Forte ex hoc ipso sanctus amplius turbabatur, quod ipsa nominis eius aequivocatio, nil memoriae, nil reverentiae cordi eius impresserat circa ipsum. NOVICIUS: Cum maior sit perfectio patriae quam viae, quid est quod sancti tam dure suas iniurias vindicant? MONACHUS: Voluntas comprehensorum[4] sic divinae voluntati unita est, ut non possint aliud velle, nisi quod illum noverint velle. Viatores vero pro inimicis tenentur orare, illique divinae iustitiae consentire[5]. Mercurius[6] martyr, Julianum[7], iam cum Christo

---

*) Homil. I. p. 121. — 1) C saltim. — 2) C ventrem. — 3) B B trusionis, C tonsionis. Conf. VIII, 67. Homil. III. p. 55. 78. — 4) Homil. II. p. 55: „Electorum animae corporibus exutae quamdiu visione Dei carent, supra viatores sunt, et citra comprehensores." — 5) Homil. III. p. 18: „Sanctorum voluntas, qui in Dei fruitione sunt, sic Deo unita est, ut nihil velint, nisi quod illum velle sciunt: quos si malorum poenae contristarent, perfectum gaudium non haberent. Nos, quia Dei voluntatem ignoramus, indifferenter pro bonis malisve oramus." — 6) BC Marcurius. Eodem modo scribebatur marca et merca, margo et mergo, et multa his similia. — 7) apostata iste mandato beatae Virginis per sanctum Mercurium, sancti Basilii precibus, traiectus fuisse dicitur.

regnans, occidit, qui in via forte pro occisoribus suis Christum exoravit. NOVICIUS: Placet quod dicis. Sed quid est quaeso quod sanctus Baptista quo nullus maior est inter natos mulierum [1]), tanta ludibria passus est in morte, ut consilio adulterae ad petitionem saltatricis occideretur? MONACHUS: Ut nullius iusti mors abhorreretur. Adhuc enim idem maximus Prophetarum in suis reliquiis ludibria experitur.

CAPITULUM LIII.
De mercatore cui meretrix vendidit brachium sancti Johannis Baptistae.

Non est diu quod quidam mercator terrae nostrae mare transiens, cum brachium sancti Johannis Baptistae in eius hospitali vidisset, et desiderasset, intelligens custodem reliquiarum quandam procari feminam, sciensque nil esse quod mulieres huiusmodi a viris nequeant extorquere, accersiens [2]) illam ait: Si feceris me habere reliquias sancti Johannis Baptistae quod est [3]) penes custodiam amasii tui, centum quadraginta libras argenti tibi tradam. Illa oblatam pecuniam sitiens, hospitalario consensum praebere recusavit, donec sacrum brachium obtineret. Quod statim negotiatori tradidit, et praedictum pondus argenti recepit. Cernis quantum ludibrium? Sicut olim caput sancti Johannis ab Herode pro mercede saltationis traditum est lascivae puellae, et ab illa datum matri adulterae, ita hoc tempore brachium eiusdem datum est pro munere fornicationis ab hospitalario non minus Herode malo, turpi feminae, et ab illa venditum mercatori. Quod ille non terrae sicut Herodias, sed purpura involvens, ad ultimum pene terrae fugit, et ad civitatem Gruningen quae sita est in introitu Frisiae pervenit. Domum in ea comparavit, et in quadam eius columna brachium occultans, valde ditescere coepit. Die quadam sedente eo in taberna, cum ei quidam diceret [4]): Ecce civitas concrematur, et iam incendium appropinquat domui tuae; ille respondit: Domui meae non timeo, bonum ibi [5]) reliqui custodem. Surrexit tamen, et domum intravit, in qua dum columnam immotam considerasset, ad tabernam rediit, mirantibus cunctis quaenam esset causa

---

1) Matth. 11, 11. — 2) conf. V, 20. — 3) BD quae sunt. — 4) B dicerent. — 5) B ei.

tantae securitatis. Interrogatus de custode domus suae, cum per ambages respondisset, et hoc ipsum concives notare intellexisset, timens ne forte sibi vim inferrent, brachium extrahens cuidam inclusae custodiendum commisit. Quae secretum celare nesciens, cuidam depositum prodidit, et ille civibus. Qui statim reliquias tollentes, et ad ecclesiam deportantes, depositori cum lacrimis sua repetenti, durius responderunt. Quem cum interrogassent cuius sancti essent reliquiae, se nomen nescire dixit, nolens eis illas prodere. Ex dolore tamen civitatem deserens, et pauperiem incurrens, non multo post infirmatus est gravissime. Qui cum mori timeret[1]), cuius essent reliquiae, et quomodo illas obtinuisset, confessori suo patefecit. Quod ubi compertum est civibus, thecam argenteam et deauratam, gemmisque pretiosis ornatam, ad similitudinem brachii fecerunt, in ea reliquias reponentes. Ego ante hoc biennium idem brachium vidi, et est pelle et carne vestitum. Vidi ibi et crucem parvam auream reliquiis refertam, Frederici Imperatoris, quae praedicto homini cum brachio data fuerat. NOVICIUS: Cum sancto Johanne sanctorum nemo credatur esse maior, quid est quod nullum signum legitur in vita sua fecisse? MONACHUS: Ut Dominus ostenderet sanctitatem non consistere in signis, sed in bona vita. Post mortem enim signis claruit innumerabilibus et magnis. Praedicti vero cives reliquiis sancti Johannis timentes, retro altare fecerunt domunculam ex tabulis satis firmam, in cuius cacumine noctibus sacerdotem dormire fecerunt. Sub quo prima nocte sic domus conquassata est, ut non parvum ei horrorem incuteret; secunda vero nocte dormientem excussit, in pavimentum illum proiiciens. Cumque unus ex potentibus de civitate infirmaretur, et Theodericus ecclesiae illius sacerdos ab illo rogatus, brachium in domum eius detulisset, ac denudasset, tam brachium quam purpuram cui fuerat involutum, reperit recenti sanguine infectum. Haec mihi ore suo retulit. Sacerdos ab eodem brachio modicum carnis praecidens[2]), cum illam in manu occulte deferret, tantum sensit ardorem ex eo[3]), ac si ignitum carbonem portaret. Multa siquidem signa ac sanitates per easdem reliquias in illa fiunt civitate, meritis sancti Johannis Baptistae.

---

1) B timuisset. — 2) D praescidens. — 3) R ex ea.

CAPITULUM LIV.*)

De dente eiusdem qui est apud nos, et de virtutibus per eum factis.

Est apud nos dens molaris et magnus eiusdem Praecursoris Domini, tria habens cornua; qui qualiter ad nos devenerit, et quid per illum apud nos operatus sit Dominus, tibi recitabo. Cumque vastata fuisset civitas Constantinopolitana a cruce signatis, et diversi diversa diripuissent, Henricus miles de Ulme inter reliquias pretiosissimas etiam iam dictum dentem sancti Johannis tulit de ecclesia sanctae Sophiae. Quem repatrians in tantum dilexit, ut in castro suo oratorium aedificaret, ibi eum condere volens in altari. Quem ei germana eius magistra in Insula sancti Nycholai, propter affectum quem habuit et habet erga domum nostram, dari nobis suasit [1]), sed tunc persuadere non potuit. Qui post breve tempus a Warnero de Bonlant captus, spe orationum nostrarum iussit eum nobis transmitti. Interim cuidam sororum praedicti coenobii in somnis ostensum est, quod quam cito dens veniret ad locum nostrum, Henricum fore liberandum. Quod ita factum intelleximus. Nam Prior noster per quem transmissus est, in flumine Rheni illius beneficio maximum evasit periculum. Henricus Comes Seynensis habens militem honestum, sed mente captum, cum eo ad nos venit, sperans illum tum virtute reliquiarum, tum beneficio orationum nostrarum posse sanari. Qui dente sacratissimo signatus et tactus, tam celerem

---

*) Homil. I. p. 122: „Henricus de Ulme, miles honestus, cum plurimas reliquias pretiosissimas, capta urbe Constantinopolitana, de monasterio sanctae Sophiae tulisset, quibus terram nostram locupletavit, dentem etiam beati Baptistae Johannis ibidem reperit. Quem in tantum dilexit, ut ceteris reliquiis distributis, ei in capella castri sui altare aedificare, et ibi eum perpetuo reponendum proponeret. Interim a Wernero de Bonlant capitur; datis tamen obsidibus, ad germanam suam magistram in Insula sancti Nicolai venit, ad cuius instantissimam petitionem, eo quod mater eorum apud nos fuisset sepulta, eundem dentem nobis obtinuit (obtulit?). Missus est pro eo superior noster, et ego cum eo. Henrico ex promisso in captivitatem reverso, una sororum in somnis huiusmodi vocem audivit: Mox ut dens venerit ad Vallem sancti Petri, a vinculis et captivitate liberabitur Henricus. Quod ita factum est." — 1) ABDP Quod ei — nostram, dissuasit.

virtutis eius sensit effectum, ut vix ad iactum ballistae de monasterio progrediens, se sanatum gratularetur. Est enim ut supra dixi, magnus et fortis, et tantomagis ad curandas infirmitates validus, quantominus in masticandis cibis delicatis est usitatus. Haec dicta sint de Prophetis. De Apostolis vero qui ordinem propheticum [1]) sequuntur tempore, aliquas tibi subiungam visiones. NOVICIUS: Prius mihi volo exponi, quare a Christo Apostoli sub duodenario numero sint electi, et quare Apostoli vocati. MONACHUS: Utrumque non absque magno sacramento factum est.

CAPITULUM LV.

De Apostolis.

Sicut dicunt Evangelia, Christus *ascendens in*[2]) *montem, vocavit ad se quos voluit, quos et Apostolos nominavit*[3]). Apostolus interpretatur missus, teste Christo qui ait: *Non est Apostolus maior eo qui misit illum*[4]). Bene autem duodecim sunt vocati, qui aliis mysteria fidei praedicarent, quia duodenarius numerus constat ex quater tribus, vel ex ter quatuor[5]). Ad hoc ergo duodecim sunt electi, ut per quatuor partes mundi[6]) missi, fidem sanctae Trinitatis omnibus nunciarent, et credentes ad unam gloriam aeternae beatitudinis convocarent. Duodecim Apostoli duodecim sunt signa coeli, duodecim menses anni, duodecim horae diei, duodecim stellae in corona sponsae[7]). Christus vero coelum est, annus aeternitatis est, lux est, corona sanctorum est. Apostoli, duodecim sunt filii Jacob, id est Christi; duodecim fontes deserti; duodecim lapides in veste pontificali; duodecim panes propositio-

---

1) C Prophetarum. — 2) in add B. — 3) Marc. 3, 13. Luc. 6, 13. — 4) Johan. 13, 16. — 5) AP ex ter quater, C ex tribus quater. Homil. I. p. 127: „In hoc etiam duodenarius privilegiatus est, quod septenario universitatis numero, singulari quadam affinitate et speciali familiaritate coniunctus est. Duae partes septenarii sunt tria et quatuor, ex quibus altera per alteram multiplicata, surgit in duodenarium. Haec affinitas in numeris, affinitas dicitur compositionis. Propter hanc affinitatem duodecim signa septem planetis illustrantur, et duodecim Apostolis septem Diaconi sociantur. Duodenarius ergo numerus est dignitatis Apostolicae, septenarius numerus septiformis gratiae. Quid aliud sunt septem lucernae candelabri in lapide uno, septem oculi, septem cornua agni, septem stellae in manu Christi, nisi septem dona Spiritus sancti?" — 6) B quatuor mundi climata. — 7) Apoc. 12, 1.

nis; duodecim lapides altaris; duodecim lapides de Jordane sublati; duodecim boves sub aeneo mari; duodecim fundamenta coelestis Jerusalem [1]). NOVICIUS: His utiliter praemissis, nunc secundum ordinem subnectas visiones. MONACHUS: Licet sancti Apostoli per visionem multis appareant, et multa per eos miracula quotidie fiant [2]), de paucis tamen pauca [3]) tibi referam, sed quantum ad exemplum sufficientia.

CAPITULUM LVI.

De femina sortilega quae sanctum Andream repudiavit.

Consuetudo est maxime provinciae nostrae matronis, ut tali sorte specialem sibi Apostolum eligant. In duodecim candelis duodecim Apostolorum nomina singula in singulis scribuntur, quae a sacerdote benedictae altari simul imponuntur. Accedens vero femina, cuius nomen per candelam extrahit, illi plus ceteris et [4]) honoris et obsequii impendit. In hunc modum cum quaedam matrona sanctum Andream extraxisset, et non ei placuisset, reposita candela alium habere voluit, sed iterum idem occurrit. Quid plura? Tandem traxit sibi placentem. Cui cum multum exhibuisset obsequii, per omnes dies vitae, et ad extrema perveniens esset moritura, non illum sed beatum Andream sibi assistere vidit. En, inquit, ego sum ille despectus Andreas. Ex quo colligitur quod nonnunquam sancti etiam ultro se ingerunt humanae devotioni. Quantum beatus iste Apostolus se invocantibus succurrere valeat, sequens narratio declarat.

CAPITULUM LVII.

De pelle ursina sancto Andreae empta, per quam mare furens sedatum est.

Erant duo iuvenes iuxta ecclesiam sancti Andreae habitantes, qui pro suis mercationibus remotas provincias petere solebant. Tempore quodam cum profecturi essent in Norwegiam, frater Renerus monachus noster, tunc sancti Andreae

---

1) Genes. 35, 22. Exod. 15, 27. 28, 21. Levit. 24, 5. Exod. 24, 4. Josue 4, 8. Reg. III, 7, 25. Apoc. 21, 14. — 2) CD fiant quotidie. — 3) B de paucis tamen et pauca, C de non paucis tamen pauca. — 4) et om BC.

in Colonia canonicus, sicut ipse mihi retulit, quinque solidos illis dedit, petens ut ex eis compararent pellem ursi albam quales regio illa gingnit¹), ad substratorium coram altari sancti Andreae. Quod cum fecissent, et reverterentur, tanta orta est in mari tempestas, ut omnes mitteret in desperationem. Hoc ideo factum reor, ut Dominus Apostoli sui virtutem ostenderet. Recordati vero praedicti iuvenes pellis sancti Andreae, contra procellas intumescentes, ventosque frementes, illam cum fide²) levaverunt. Et ecce Dominus meritis Apostoli sui, quem de mari vocavit, suffragantibus, imperavit mari et ventis, et facta est in ipsa hora tranquillitas tam magna, ut omnes qui in navi erant mirarentur. Revertentes vero Coloniam denarios reddiderunt, pellem beato Andreae gratis³) offerentes, collati non immemores beneficii.

CAPITULUM LVIII.

De homine per sanctum Jacobum a suspendio liberato.

Civis quidam de Traiecto inferiori, cum filio ad sanctum Jacobum profectus est. Accidit si bene memini ut in quodam loco hospes eius nescio quid perderet, et suspicionem de eo habens, furtum illi coram iudice civitatis imponeret. Quo negante et dicente, Deus novit et sanctus Jacobus testis est, me nunquam fuisse furem, neque furis socium; iudex verbis⁴) non credidit, sed suspendii sententia innocentem damnavit. Videns filius patrem damnatum, nec aliquid ei prodesse fratrum testimonia, flens et eiulans dixit ad iudicem: Rogo vos domine quatenus intuitu Dei et sancti Jacobi me suspendatis, patre meo dimisso. Ego enim novi innocentiam illius. Cuius fletibus et instantia tandem iudex victus, patrem absolvit, ipsumque⁵) suspendit. Pater vero tristis nimis cum sociis procedens, et limina beati Jacobi visitans, ipsique pro anima filii supplicans, postquam ad locum suspensionis rediit, ait fratribus: Ecce fratres filius meus; precor⁶) ut paululum subsistatis, donec illum deponam et sepeliam. Audita voce patris filius⁷) respondit: Benevenias pater, adhuc enim vivo. Depositus ab eo, et interrogatus quaenam esset causa tanti

---

1) ABCP gignit. — 2) B cum vera fide. — 3) B reverenter. — 4) C verbis eius. — 5) D filiumque, C et filium. — 6) C precor vos. — 7) filius add BCD.

miraculi, ait: Sanctus Jacobus Apostolus ab ea hora qua huic patibulo appensus sum, usque nunc manibus suis sustentavit me. Non esurivi, non sitivi, nihil doloris sensi, nec unquam melius mihi¹) fuit omnibus diebus vitae meae. Statimque pariter ad beatum properantes Apostolum, filius ut votum suum solveret, pater ut gratias rependeret, incolumes reversi sunt in civitatem Traiectensem. Et est idem miraculum in eadem civitate, sicut nobis retulit Wilhelmus monachus noster, ibidem canonicus, valde celebre atque notissimum. NOVICIUS: Stupenda sunt quae dicis. MONACHUS: Referam tibi aliud miraculum de sancto Thoma Apostolo, meo iudicio maius isto.

CAPITULUM LIX.

De Gerardo milite quem diabolus de ecclesia sancti Thomae in India in momento transtulit in terram suam.

In villa quae dicitur Holenbach, miles quidam habitavit nomine Gerardus. Huius nepotes adhuc vivunt, et vix aliquis in eadem reperitur villa quem lateat miraculum quod de illo dicturus sum. Hic sanctum Thomam Apostolum²) tam ardenter diligebat, tam specialiter prae ceteris sanctis honorabat, ut nulli pauperi in illius nomine petenti eleemosynam negaret. Multa praeterea privata³) servitia, ut sunt orationes, ieiunia et missarum celebrationes, illi impendere consuevit. Die quadam Deo permittente omnium bonorum inimicus diabolus ante ostium militis pulsans, sub forma et habitu peregrini, in nomine sancti Thomae hospitium petivit. Quo sub omni festinatione intromisso, cum esset frigus, et ille se algere simularet, Gerardus cappam suam furratam⁴) bonam satis, qua se tegeret iens cubitum, transmisit. Mane vero cum is qui peregrinus videbatur, non appareret, et cappa quaesita non fuisset inventa, uxor marito irata ait: Saepe ab huiusmodi trutanis illusus estis, et adhuc a superstitionibus vestris non cessatis. Cui ille tranquillo animo respondit: Noli turbari, bene restituet nobis hoc damnum sanctus Thomas. Haec egit diabolus ut militem per damnum cappae ad impatientiam provocaret, et Apostoli dilectionem in eius corde extingueret.

---

1) BC mihi melius. — 2) Apostolum om C. — 3) C add bona. — 4) id est, pellitam. C foratam.

Sed militi cessit ad gloriam, quod diabolus praeparaverat ad ruinam, et inde ille amplius est accensus, unde iste confusus est ac punitus¹). Nam parvo emerso²) tempore Gerardus limina beati Thomae adire volens, cum esset in procinctu positus, circulum³) aureum in oculis uxoris in duas partes dividens, easque coram illa coniungens, unam illi dedit et alteram sibi reservavit, dicens: Huic signo credere debes. Rogo etiam ut quinque annis reditum meum exspectes, quibus expletis nubas cui volueris. Et promisit ei. Qui via vadens longissima, tandem cum magnis expensis maximisque laboribus pervenit ad civitatem sancti Thomae Apostoli. In qua a civibus officiosissime est salutatus, et cum tanta caritate susceptus, ac si unus illorum esset eisque notissimus. Gratiam eandem ascribens beato Apostolo, oratorium eius intravit et oravit, se, uxorem, et omnia ad se pertinentia illi commendans. Post haec⁴) termini sui reminiscens, et in eodem die quinquennium completum considerans, ingemuit et ait: Heu modo uxor mea viro alteri nubet. Impedierat Deus iter eius propter hoc quod sequitur. Qui cum tristis circumspiceret, vidit praedictum daemonem in cappa sua deambulantem. Et ait daemon: Cognoscis me Gerarde? Non, inquit, te cognosco, sed cappam. Respondit ille: Ego sum qui in nomine Apostoli hospitium a te petivi, et cappam tibi tuli⁵), pro qua et valde punitus sum. Et adiecit: Ego sum diabolus, et praeceptum est mihi, ut antequam homines cubitum vadant, in domum tuam te transferam, eo quod uxor tua alteri viro nupserit, et iam in nuptiis cum illo sedeat. Tollens⁶) eum, in parte diei ab India in Theutoniam, ab ortu solis in eius occasum transvexit, et circa crepusculum in curia propria illum sine laesione deposuit. Qui domum suam sicut barbarus intrans, cum uxorem propriam cum sponso suo vidisset comedentem, propius accessit, eaque aspiciente partem circuli in scyphum mittens abcessit. Quod ubi illa vidit, mox extraxit, et partem sibi dimissam adiungens, cognovit eum suum esse maritum. Statim⁷) exiliens in amplexus eius ruit, virum suum Gerardum illum⁸) esse proclamans, sponso⁹) valedicens. Quem tamen Gerardus illa nocte pro honestate secum reti-

---

1) ACDP compunctus. — 2) ADP emenso. — 3) B anulum; sic et infra. — 4) BC hoc. — 5) D abstuli. — 6) D tollensque, C tollens igitur. — 7) BP statimque. — 8) illum om BC. — 9) C sponso suo.

nuit. Ecce tam in hoc quam in praedicto miraculo satis perpenditur, quantum beati Apostoli diligentes se diligant atque glorificent. NOVICIUS: Non miror si diligentes se diligunt, cum supra dictum sit de sancto Andrea quod etiam se contemnenti feminae ad diligendum ingesserit. MONACHUS: Sicut supra ostensum est de sancto Johanne Baptista, sicut Apostoli diligentibus se praemium impendunt, ita suos contemptores quandoque puniunt. NOVICIUS: Da exemplum. MONACHUS: Prius de sancto Bartholomaeo[1]) praemittam unum miraculum, deinde hoc[2]) quod petis subiungam exemplum.

CAPITULUM LX.

De dente sancti Bartholomaei de quo sanguis exivit cum deberet dividi.

In Monte sancti Salvatoris iuxta Aquisgrani nuper inclusa quaedam defuncta est, quae inter suas reliquias etiam dentem habuit sancti Bartholomaei Apostoli. Hoc cum scisset[3]) sacerdos qui ei missas celebrabat, eumque postulasset, et illa non annuisset, recessum minabatur, nisi saltem[4]) mediam ei partem donaret. Illa vero dentem multum diligens, et sacerdote carere nolens, ut divideretur consensit, licet invitissime. Mira res. Mox enim ut sacerdos cultellum denti superposuit, ac si denuo sanctus pateretur, guttatim de illo sanguis erupit. Quo viso sacerdos territus est, dentemque inclusae dimisit integrum. Ego vero eundem dentem anno praeterito vidi apud sanctimoniales in Porceto. Quod quandoque Apostoli contemnentes se puniant, ecce exemplum.

CAPITULUM LXI.

De femina quae sanctum Judam contempsit.

Matrona quaedam specialem Apostolum habere volens, cum eo modo quo supra dictum est de sancto Andrea, per candelam beatum Judam ut puto extraxisset, irata, retro altaris[5]) cistam candelam cum nomine iactavit. Volebat enim habere unum[6]) de nominatis Apostolis, ut est sanctus Johan-

---

1) BC Bertholomaeo. — 2) hoc add ACD. — 3) BD scivisset. — 4) C saltim; mox C ei mediam partem, BD mediam partem ei. — 5) altaris add B. — 6) BC unum habere.

nes Evangelista, sive beatus Jacobus. Cui nocte in somnis apparens, dure satis [1]) corripuit, conquerens se ab ea contemptum, et post cistam indigne proiectum. Nec sic quievit, donec verbis additae sunt plagae. Integro enim anno lecto paralytica decubuit. NOVICIUS: Licet sic per sortes Apostolos eligere? MONACHUS: Sorte Mathias Apostolus legitur electus [2]). Non tamen ideo est electus ut aliis anteponeretur, sed ut per eum duodenarius numerus [3]) per Judam diminutus suppleretur [4]). Puto tamen ab eadem electione huiusmodi sortes descendisse. Audivi Coloniae quendam litteratum sacerdotem, palam in ecclesia reprobrare tales electiones. Omnes, inquit, Apostoli aeque sunt sancti, et idcirco omnes a nobis aeque honorandi. Quod si alicui illorum specialis honor est exhibendus, beato Petro per quem regio nostra conversa est ad fidem, illum [5]) iudico esse impendendum. Ipsum specialem Apostolum nobis Christus destinavit. Beatus vero Heribertus et successor eius Peregrinus Colonienses Archiepiscopi in civitate Colonia omnibus Apostolis unam ecclesiam conventualem condiderunt, in qua [6]) omnibus simul aequalis honor idemque servitium exhiberetur. Quantum mereantur in ecclesia eadem Christo eiusque Apostolis digne servientes, ex modico quod sequitur [7]) poteris perpendere.

CAPITULUM LXII.

De braxatrice ecclesiae sanctorum Apostolorum, cuius domus inter flammas miraculose servata est.

Cum incendium illud maximum quod erat sub Adolpho Archiepiscopo, magnam partem civitatis Coloniensis consumpsisset, mulier quaedam quae ecclesiae sanctorum Apostolorum pro sua mercede braxare consueverat [8]), domum ligneam prope positam habebat. Cui cum incendium ex vicinis domibus propinquasset, filia eius vasa et supellectilem efferre coepit. Quod ubi mater comperit, restitit dicens: Noli filia, noli, sed omnia refer in domum. Sicque clausa domo, mater spem habens in sanctis Apostolis, ecclesiam eorum adiit, sicque oravit: Sancti Apostoli, si unquam vobis digne fideliterque

---

1) C satis eam. — 2) Act. 1, 26. — 3) numerus add D. — 4) B adimpleretur. — 5) BDP illi. — 6) ACDP quibus. — 7) B modico servitio. — 8) B consuevit.

servivi, custodite domum meam et vasa vestra. Mira fides feminae, mira et virtus Apostolorum. Qui propriam ecclesiam ex parte concremari permiserunt, braxatricis suae domum in mediis flammis positam, non sine maxima admiratione multorum illaesam servare curaverunt. NOVICIUS: Valde honorandi sunt Apostoli, per quos mundus iste iudicabitur. MONACHUS: Verba haec mihi revocant[1]) ad memoriam civis cuiusdam dictum sive factum relatione dignum.

CAPITULUM LXIII.

De Karolo cive qui lapides ad fundamenta ecclesiae eorundem Apostolorum obtulit.

In Colonia burgensis quidam erat, homo dives ac potens, Karolus nomine, pater domini Karoli Abbatis quandoque Vilariensis. Hic cum audisset, quia Apostoli iudicaturi essent orbem[2]), cogitavit intra se dicens: Peccatum grave est, et lapides anchorarei[3]) valde sunt ponderosi. Emam igitur lapides tales ad futuram fabricam sanctorum Apostolorum, ut cum in die iudicii opera mea bona, nec non et mala posita fuerint in statera, Apostoli qui iudices erunt, lapides istos lanci opera mea bona continenti immittent[4]), et mox praeponderabunt[5]). Emit ergo navim plenam lapidibus, quos per currus portari, et iuxta Apostolorum ecclesiam[6]) deponi fecit. Quem cum canonici interrogassent, quid sibi vellet per lapides illos; respondit: Aliqua dierum renovanda est ecclesia ista, et tunc erunt vobis necessarii. Non multo post cum ecclesia[7]) extenderetur, occasione ut puto eorundem lapidum, in fundamento positi sunt. Haec de Apostolorum visionibus dicta sint. Nunc aliqua tibi dicam de martyribus. NOVICIUS: Quid faciat martyres, quare martyres dicantur, vel quot sint genera martyrii, prius mihi edicas. MONACHUS: Facilis horum solutio est.

---

1) BD revocant mihi. — 2) orbem add B. Act. 17, 31. — 3) C anchorarii. Ancora sive ancon. est lapidum species. — 4) conf. incurrent et praecidentur IV, 1. 50. — 5) ACDP praeponderabit. — 6) CP ecclesiam Apostolorum, B ecclesiam sanctorum Apostolorum. — 7) B eadem ecclesia.

CAPITULUM LXIV.
De Martyribus.

Causa non poena facit martyres. Duo enim latrones Christo affixi sunt hinc inde; unus martyr effectus est propter virtutem confessionis, alteri poena sua initium fuit aeternae damnationis. Martyres enim Graece, testes dicuntur Latine, eo quod pro testimonio fidei occisi sunt. Sunt autem quatuor genera martyrii. Quidam occisi sunt propter solam innocentiam, ut Abel; alii propter iustitiam, ut Prophetae et Johannes Baptista; alii propter zelum legis, ut septem fratres Machabaei; alii propter fidem Christi, ut Apostoli eorumque successores, et hi anthonomasice dicuntur martyres, id est testes, quia sanguinis sui effusione fidei[1] Christi subscripserunt. NOVICIUS: Attendunt sancti cum a nobis venerantur? MONACHUS: Etiam. Adhuc enim per diversas visiones suas manifestant mortalibus reliquias, ut venerantibus illas debitores fiant.

CAPITULUM LXV.
De revelatione martyris nostri.

Quando renovata est ecclesia Bonnensis, quorundam martyrum corpora ex sacra legione Thebaeorum illic reperta sunt. Ex quibus cum unum corpus integrum, et praeterea pars alterius martyris nobis data fuisset, cuidam adolescenti talis de eis visio ostensa est. Videbatur sibi in somnis[2] stare iuxta scrinium earundem reliquiarum. Cui cum quidam diceret: Nosti quid in isto scrinio contineatur? et monachus responderet: Etiam, corpus martyris nostri; ille subiunxit: Falleris, nam vir unus et dimidius in eo iacent. Quod usque ad illud tempus omnes nos latuit. Tantae enim virtutis sunt eadem sacrata[3] ossa, ut aqua superfusa variis infirmitatibus[4] sit medela. Maxime tamen sanat tumores ac inflationes. Quod vero fidelibus in periculis succurrant, visio subsequens declarat[5].

---

1) BC fidem. — 2) B videbatur ei in somnis quidam. — 3) CP sacra. — 4) B languoribus. — 5) B declarabit.

CAPITULUM LXVI.*)

De sanctis ante Alkazer in aere visis, per quos Christiani adepti sunt victoriam.

Anno gratiae millesimo ducentesimo decimo septimo, cruce signati ex tota Alemannia ac Frisia cum trecentis fere navibus circa Idus Julii intraverunt portum Ulixisbonae. In quo dum per aliquot dies morarentur, plures naves illic exspectantes, ad petitionem Severi[1]) Episcopi iam dictae civitatis, et Episcopi Eborensis[2]), nec non et Templariorum atque Hospitalariorum, castrum Sarracenorum nomine Alkazer[3]), id est omnium carcer, obsederunt. Sexta vero feria post Nativitatem beatae Dei Genitricis Mariae congregati sunt contra eos quatuor Sarracenorum Reges[4]), habentes in exercitu suo ad centum millia pugnatorum. Quibus Christiani numero minores, sed fide maiores, sanctum Jacobum, beatumque Vincentium regionis illius patronum, et alios si quos poterant sanctos invocantes, hostibus occurrerunt. In primo vero congressu unus Regum cecidit[5]); interfectorum non erat numerus; plurimi captivati sunt. Qui cum per exercitum ducerentur, quaerebant a Christianis[6]) signa victorum, asserentes candidissimam aciem cruces rubeas in pectore gerentes, suorum multitudinem in fugam convertisse. Insuper et[7]) galeae quas per mare contra Christianos conduxerant, coelestis illius visionis terrore sunt fugatae. Quod peregrini audientes, gratias egerunt Christo, qui martyrum suorum auxilia[8]) eis destinare dignatus est de coelo. Haec mihi relata sunt ab his qui certamini interfuerunt, et ex ore Sarracenorum quae dicta sunt audierunt. NOVICIUS: Estne peccatum cum martyrum relequiis ire ad exquisita[9]) naturae? MONACHUS: Peccatum est, si gestantes illas non excusaverit necessitas. Sancti non abhorrent foetorem naturae, sed culpae.

---

*) Homil. I. p. 119. Vide etiam Schäfer Histor. Lusit. I. p. 137—140. — 1) Soeiro vocatur apud Lusitanos; pro quo Poeta, in errorem inductus Chronicis, posuit Episcopum Matheus, Lusiad. VIII, 24. — 2) Ebora, Evora. — 3) Alcacer do Sal. B Alkas. — 4) hoc est, praefecti urbium Sevilla, Cordova, Jaen et Badajoz. — 5) C cecidit et. — 6) P ducerentur a Christianis quaerebant. — 7) et add D. — 8) B signa et auxilia. — 9) C requisita.

CAPITULUM LXVII.

De reliquiis martyrum quae¹) Bernardum in latere stimulaverunt cum illicite moveretur.

Bernardus monachus noster tempore quodam ante conversionem nescio quo iturus, reliquias beatorum martyrum Johannis et Pauli in capsula ad latus portabat. Quem cum carnis incentiva ad delectationem moverent, sancti martyres, quia motus illicitos restringere non conaretur²), per capsellam latus eius dure satis tundere coeperunt. Quod cum ille non adverteret, et motibus libidinosis quiescentibus, etiam tunsiones³) cessarent, per horas aliquas⁴), cum iterum titillationes surgerent, renovatae sunt et punctiones. Ac si sancti suum baiulum voce prophetica increparent, dicentes: *Mundare, qui fers vasa Domini*⁵). Vasa Domini sunt corpora sanctorum. Hinc est quod Achimelech sacerdoti⁶) cum haesitaret pueris David dare panem sanctum, David respondit: *Et quidem si de mulieribus agitur, continuimus nos ab heri et nudiustertius quando egrediebamur; et fuerunt vasa*, id est corpora puerorum, *sancta*⁷), id est munda a concubitu. Et sicut mihi retulit praedictus Bernardus, mox ut notare coepit poenam, in quantum potuit compescuit culpam, ex hoc discens quod sanctis placeat⁸) non solum munditia mentium, sed et corporum⁹). NOVICIUS: Quid sentis de praedicatoribus illis, qui tantum propter quaestum reliquias sanctorum circumferunt, multosque decipiunt? MONACHUS: Quod sancti ad talium trufas indignentur, dicam tibi quid¹⁰) monachus quidam de Bruwilre mihi recitavit.

CAPITULUM LXVIII.

De dente sancti Nycholai in Bruwilre.

Quando ecclesiam suam monachi iam dicti coenobii ampliare disposuerunt, per quosdam sacerdotes saeculares in lingua potentes, et ad emungendam pecuniam efficaces, den-

---

1) P qui. — 2) B et pr A restringere conarentur. — 3) B tonsiones. — 4) B post horam. — 5) Isai. 52, 11. — 6) B sacerdos. — 7) Reg. I, 21, 5. — 8) ACDP placet. — 9) BP mentis — corporis. — 10) ACP quod.

tem patroni sui beati Pontificis Nycholai ad diversas transmiserunt provincias. Erat enim cristallo inclusus. Die quadam cum praedicatores illi [1]) conducticii inhoneste se gerendo vas tantarum reliquiarum circumferrent, cristallus crepuit, ac si illorum blasphemias Pontifex reverendissimus sustinere non posset. Quo miraculo viso monachi [2]), dentem retulerunt, neque ad tale opus ultra eum de monasterio efferri passi sunt. Ego rupturam eiusdem [3]) cristalli vidi. NOVICIUS: Quid est quod quidam martyres aliis maiora signa faciunt post mortem? Estne hoc ex aliqua eminentia sanctitatis? MONACHUS: Sicut superius dixi [4]), miracula non sunt de substantia meriti, sed signa sanctitatis. Quidam sancti in vita sua multa signa faciunt, et post mortem quiescunt. Alii econverso, quia nulla sanctitatis suae indicia in mundo dederunt, post mortem miraculis clarescunt.

CAPITULUM LXIX.

Quare beatus Thomas Cantuariensis plus ceteris martyribus miraculis choruscet.

Beatus vero Thomas Episcopus Cantuariensis qui nostris temporibus pro ecclesiae libertate usque ad mortem dimicavit, nullis miraculis in suis persecutionibus choruscavit, satisque de illo post occisionem disputatum est. Quidam dixerunt eum damnatum ut regni proditorem; alii martyrem uti ecclesiae defensorem. Eadem quaestio Parisiis inter magistros ventilata est. Nam magister Rugerus iuravit illum dignum fuisse morte, et si non tali, beati viri constantiam iudicans contumaciam. Econtra magister Petrus Cantor iuravit eum esse martyrem Deo dignum, utpote pro libertate ecclesiae trucidatum. Quorum quaestionem Christus solvit, cum multis et magnis illum signis glorificavit. Non ideo tamen Apostolis sive aliis magnis martyribus in meritis praeferendus est, qui tanta et tam crebra miracula post mortem fecisse non leguntur. Simile habes de sancto Annone Coloniensi Archi-

---

1) illi add B. — 2) B monachi viso. — 3) AP eius. — 4) VI, 5. VIII, 53. Homil. II. p. 36: „Prophetiae atque miracula non sunt de substantia sanctitatis, sed sanctitatis indicia, magis pertinentia ad praemium quam meritum. Judas cum ceteris Apostolis signa fecit; Cayphas reprobus prophetavit."

episcopo. Cui cum post mortem multi detraherent, dicentes eum ecclesiarum fuisse demembratorem[1], et civium suorum excaecatorem, Dominus Deus in translatione illius, quantae sanctitatis esset, signis plurimis ostendit. NOVICIUS: Probabile est quod dicis; sed aliud est quod me movet. Saepe contingit ut pro reliquiis sanctorum aliae res habeantur, et pro veris falsa venerentur. Videntur tibi huiusmodi veneratores peccare an mereri? MONACHUS: Meo iudicio ignorantia in talibus excusat culpam; pietas meretur gratiam. Hoc verum esse certum est, quia quandoque Dominus per falsas reliquias ad honorem sanctorum quibus ascribuntur, et fide[2] honorantibus illas[3] miracula operatur. Verbi gratia[4].

CAPITULUM LXX.

De freno per quod multa fiebant miracula, cum eiusdem martyris esse putaretur et non esset.

Miles quidam praedictum martyrem beatum Thomam Cantuariensem ardentissime diligens, si aliquid de illius posset habere reliquiis circumquaque investigavit. Hoc cum audisset quidam dolosus sacerdos in cuius domo hospitabatur, ait illi: Ego frenum quo diu usus est beatus Thomas penes me habeo, et saepe virtutes eius expertus sum. Quod miles audiens, et ita esse putans, sacerdoti pecuniam postulatam laetus obtulit, et frenum cum multa devotione recepit. Deus vero cui nihil est impossibile, fidem militis remunerare volens, ad honorem sui martyris multa per idem frenum facere dignatus est miracula. Quod miles considerans, in honore martyris ecclesiam condidit, loco reliquiarum frenum sacerdotis pessimi in ea reponens. Hic sit finis de visionibus martyrum, quia compendio uti volens, ad ordinem festino confessorum. NOVICIUS: Qui sint confessores, et quare sic dicti, mihi edicito; postea visiones subiungas.

---

1) BP dimembratorem. — 2) BC fidem. — 3) ABCP illos. — 4) AD causa.

CAPITULUM LXXI.
De Confessoribus.

MONACHUS: Ad ordinem confessorum pertinent Pontifices, Abbates, clerici, monachi, nec non et laici religiosi religiose viventes, Christumque[1]) vita et ore confitentes, et sine sanguinis sui effusione ad eum quem confessi sunt, migrantes. Tempore persecutionis omnes Christiani confessores dicti sunt, Christum in suis tribulationibus corde et ore confitentes, maxime tamen hi qui pro illo passi sunt. Qui postea anthonomasice dicti sunt martyres, et nomen confessorum specificatum est maxime ad sacerdotes Domini, peccatorum confessiones recipientes, quibus data est a Domino potestas ligandi atque solvendi. NOVICIUS: Qui tibi videntur maiores, martyres an confessores? MONACHUS: Quaestio haec solvenda est secundum excessus et excedentia. Licet ordo martyrum ordinem confessorum praecellat dignitate, quidam tamen confessores quibusdam martyribus merito longe sunt superiores. Unde habes in hymno:

> *Plus currit in certamine*
> *Confessor iste sustinens,*
> *Quam martyr ictum sufferens,*
> *Mucrone fundens sanguinem.*

Ecce exemplum. Certum est ordinem Episcoporum digniorem esse ordine[2]) Abbatum, attamen quidam Abbates regales[3]) quibusdam Episcopis gloria et honore maiores sunt. NOVICIUS: Consentio. MONACHUS: Quanta sit in visionibus beatorum confessorum consolatio, paucis tibi[4]) explicabo.

CAPITULUM LXXII.
De converso cui sanctus Nycholaus apparuit in choro.

Est quidam apud nos conversus, cuius nomen prodere non licet[5]), vir bonae conversationis, et sanctum Nycholaum specialiter diligens. Iste, sicut ab ore eius[6]) audivi, in quadam sollemnitate infra matutinas, iam dictum confessorem pontificalibus indutum in choro stare conspexit. De cuius

---

1) ACDP religiosi, Christum. — 2) AD ordini. — 3) BC regulares. — 4) B paucis exemplis, D paucis sub exemplis tibi. — 5) C nolo. — 6) BCD eius ore.

visione quae magnae fuit reverentiae, tantum gaudii cor eius concepit, ut sibi altitudine duorum pedum a terra suspensus videretur. Non solum hic beatissimus Pontifex perfectorum visitator, sed et miserorum in summis necessitatibus esse dignoscitur liberator.

CAPITULUM LXXIII.

De fure quem idem confessor a patibulo liberavit.

Nondum duo anni sunt elapsi, quod in villa quadam iuxta Coloniam, sicut nuper illic audivi cum praeterirem, loco furis quidam deprehensus est. Utrum esset reus vel innocens, mihi dici non potuit. Quo morti adiudicato [1]), et laqueo collo eius iniecto, in patibulo appendissent, ille nullum dolorem sustinens, cum iam mortuus aestimaretur, clara voce clamavit: Invanum laboratis [2]), non poteritis me strangulare, sanctus [3]) Episcopus dominus meus Nycholaus mihi assistit. En video illum. Quod multi audientes, et ita esse experimento cognoscentes, putantes eum innocentem, ob honorem sancti Nycholai depositum abire permiserunt. Qui Bruwilre ad memoriam sui liberatoris currens, gratias egit, se a suspendio illius meritis absolutum proclamans. NOVICIUS: Audivi ab infantia [4]) quod sanctus Nycholaus omnes Episcopos misericordia praecellat. MONACHUS: Tantae pietatis est et misericordiae, ut et malos a morte sicut dictum est saepe liberet, et bonos mori desideret. Illos, ut emendentur; istos, ut aeterna beatitudine fruantur. Revera *dissolvi et esse cum Christo, multo melius est. Et beati sunt mortui qui in Domino moriuntur* [5]).

CAPITULUM LXXIV.

De Adam monacho quem sanctus Nycholaus cum sancto Paterniano ab infirmitate sanaverunt.

Adam monachus de Lucka, cuius in superioribus memini, in quadam conventuali ecclesia Saxoniae, quae Bucka [6]) dici-

---

1) ACDP Quem cum morti adiudicatum. — 2) D laborastis. — 3) B sanctus enim. — 4) B infantia mea. — 5) Philipp. 1, 23. Apoc. 14, 13. — 6) Bucka videtur esse Bocke in Episcopatu Paderbornensi ad fluvium Lippe: quae villa satis celebris est in historia Caroli Magni.

tur, scholas frequentavit. Cumque in cimiterio multi lateres essent repositi ad fabricam oratorii, ipse sicut puer unum ex eis tulit, et in eo sculpere coepit. Quod cum magister eius vidisset, terruit eum dicens: Depone laterem, quia excommunicatus es. Ad quod verbum puer territus, mox coepit infirmari. Cumque invalescente morbo ad extrema devenisset, et quasi¹) iam morituro data fuisset candela in manu, duos Pontifices, beatum scilicet Nycholaum, et sanctum Paternianum praefatae ecclesiae patronum, coram se stare vidit et agnovit. Stabant autem in habitu pontificali, et in claritate magna. Dixitque ad sanctum Paternianum beatus Nycholaus: Vis ut tollamus puerum istum nobiscum? Respondit ille: Non, quia in alio ordine morietur. Sicque disparuerunt. Eadem hora puer convalescens surrexit, et magistro eius qui praesens fuerat tunc temporis miraculum divulgante, in ecclesia est compulsatum, et ad honorem tantorum Pontificum, *Te Deum laudamus* decantatum. Haec mihi ab eodem Adam nuper relata sunt.

CAPITULUM LXXV.

De puero opilione cui sanctus Nycholaus mortem suam praedixit.

In villa quae Leiglinge vocatur et circa duo milliaria distat a Colonia, ante hoc septennium contigit quod dicturus sum. Puer quidam simplex cuiusdam matronae illic pecora pavit. Hic beatum Nycholaum in tantum diligebat, ut singulis diebus medietatem panis sui in honore illius pauperibus erogaret. Orationibus etiam assiduis misericordiam eius interpellabat. Cuius devotis obsequiis beatus Pontifex delectatus, die quadam ei in agro apparens, in forma et habitu venerandi senis, ait: Puer bone, mina gregem domum. Cui cum ille responderet: Domine adhuc nimis est mane, si hoc facerem, domina mea increparet me; subiunxit sanctus: Fac quod dixi, quia hodie ante solis occubitum²) morieris. Ad quod verbum³) puer territus, cum interrogaret eum, domine quis es? respondit ille: Ego sum Nycholaus Episcopus, quem semper exoras, et cui prandiola tua dividere consuevisti; modo veni remunerare te. Vade ergo ad hospitium tuum,

---

1) quasi add B. — 2) B occasum. — 3) verbum add B.

et accipe corpus Domini, et praepara te, quia hodie ut dixi morieris. Sicque disparuit. Cumque puer cum ovibus reversus fuisset, et domina eius eum [1]) interrogasset, quare tam mature [2]) venisset, respondit: Necessitas compulit me, quia ante noctem moriturus sum. Et illa: Deliras. Reduc ergo gregem ad pastum, quia non morieris. Qui statim in lectum [3]) suum se reclinans, cum sacerdotem petivisset, et ille venisset, ait ei matrona: Timeo puerum istum aliquid fantasiae vidisse, investigate ab eo diligenter, quid viderit, quid habeat, vel quare talia loquatur. Quod cum fecisset sacerdos, puer ei visionem per ordinem recitavit. De cuius manibus cum communicasset, hora praedicta exspiravit. Ecce in his duobus pueris cognoscere poteris pietatem sancti Pontificis. Scholarem consilio sancti Paterniani distulit spe vitae melioris; pastorem hunc fidelem secum duxit ad pascua aeternae viriditatis. NOVICIUS: Quia sanctus Nycholaus crebrius ceteris [4]) Pontificibus in ecclesiis tam in sculpturis quam in picturis repraesentatur, vellem si esse posset aliquam videre imaginem faciei illius simillimam, per quam memoria eius menti meae tenacius imprimeretur. MONACHUS: Ostendam tibi quandam mirifici operis yconam, quae ab eo qui sanctum Nycholaum in carne vidit fertur formata, et ad illius similitudinem depicta.

CAPITULUM LXXVI.

De tabula sancti Nycholai apud Porcetum.

In Porceto monasterio quod iuxta Aquisgrani situm est, tabula cubitalis est, imaginem beati Pontificis Nycholai ab umbelico et sursum in se repraesentans, quam beatus Gregorius Regis Graeciae filius et coenobii eiusdem primus Abbas atque fundator, illuc advexit. Dicitur eadem fuisse ycona, quam barbarus, sicut in Miraculis sancti Nycholai legitur, tulit, et ad custodiam sui theolonei [5]) posuit, cuius occasione ad fidem conversus est, cum sua perdidisset, et caesa imagine eadem recepisset. Plurimae per eam virtutes factae sunt, maxime in praegnantibus. Tempore quodam cum ad domum cuiusdam honestae matronae in partu laborantis fuisset deportata, et contra eam ad parietem suspensa, ea hora qua partum

---

1) eum add ABC. — 2) CP mane. — 3) BC lectulum. — 4) CP aliis. — 5) ACDP thelonei.

edidit, ne parientem quasi attenderet, cunctis qui aderant intuentibus tabula se vertit. Est autem eiusdem imaginis facies oblonga, et exesa, multae gravitatis et reverentiae. In fronte calvities, capilli tam capitis quam barbae candidae canitiei. Nuper vero monachis cedentibus [1]), sanctimoniales ordinis nostri cum tabula locum receperunt. NOVICIUS: Satis me aedificat humilitas beati huius confessoris, qui se superius cibatum gloriatur in pane pauperis pastoris. MONACHUS: Quis maior Christo qui in iudicio dicturus est: *Esurivi, et dedistis mihi manducare* [2])? Nullus. Quantum vero Christo eiusque beatis confessoribus eleemosyna placeat, vel quam valenter his qui faciunt illam, in periculis succurrant, ex sequenti visione demonstrabitur.

CAPITULUM LXXVII.

De magistro Johanne cui infirmanti sanctus Martinus et sanctus Godehardus succurrerunt.

Magister Johannes Decanus Aquensis cum scholaris esset, tam graviter tempore quodam infirmatus est, ut confessus et inunctus, nihil ei nisi mors superesse videretur. Cui cum materia rapta esset in cerebrum, solus iacens in excessum venit, viditque homines sibi ignotos intrare, qui lances quas manibus portabant, cum lignis brevibus et quadratis ante ipsum ponebant. Stantibus eis ex una parte lectuli, contemplatus est introire tres inclitos confessores, sanctum videlicet Martinum Turonensem Episcopum, et sanctum Godehardum Episcopum Hildinshemensem, beatumque Berwardum, qui eum ex parte altera circumstetere. In quorum aspectu puer Johannes uni imponitur lanci, et ligna loco ponderis alteri [3]). Cumque elevata statera inventus esset aeger minus habens, praedicti confessores puerum parvulum et mendicum sinui eius imposuerunt, qui simul lancem adversam mox suspendentes, lignis graviores apparuerunt. Statimque Johannes, qui mihi visionem hanc retulit, in sudorem erumpens, chrisim [4]) fecit, et de eadem infirmitate citius convaluit. NOVICIUS: Quid scholaris aegrotantis ponderatio, vel quid pueri pauperis significet adiectio, penitus ignoro. MONACHUS: Puer idem valde pauper erat et despectus, cuius in tantum misertus est Johannes ut ei et

---

1) B recedentibus. — 2) Matth. 25, 35. — 3) ACDP alterae. — 4) BC crisim.

panem frequenter daret, et matri commendaret. Homines barbaros qui eum in lance appendebant, daemones fuisse suspicor, qui semper morientibus se ingerunt; ligna, pueri peccata. Quae quia meritis eius graviora videbantur, sancti confessores quos saepius interpellaverat, eleemosynarium eius lanci immiserunt, cuius beneficio adiutus est. Quod vero vita humana quandoque propter eleemosynas morti subtrahatur, habes exemplum in Vita [1]) sancti Johannis Eleymon [2]), de Petro theolonario [3]), pene in consimili casu et visione. Hinc est quod Nabugodonozor Regi dum se in visione vidisset sub figura arboris ab angelo esse praecidendum [4]), Daniel consuluit, ut peccata eleemosynis redimeret [5]). Quod vero ob peccata etiam ante tempus quandoque vita hominis praecidatur, idem Daniel testis est. Cumque Balthazar praedicti Regis filius, cum uxoribus et concubinis in vasis templi Domini convivando Deum irritaret, vidit contra se articulos manus scribentis in pariete tria haec verba, mane, techel, phares. Quam scripturam sic Daniel Regi interpretatus est. *Mane,* id est ante tempus, *dinumeravit Deus regnum tuum, et complevit illud. Techel, appensus es in statera, et inventus es* [6]) *minus habens,* scilicet de iustitia. Et [7]) quia peccata praeponderaverunt, eadem nocte occisus est, et divisum est regnum eius Medis et Persis [8]). NOVICIUS: Placet quod dicis. MONACHUS: Tres praefati Pontifices, aliorum trium Episcoporum visionem mihi ad memoriam revocant relatu dignam.

CAPITULUM LXXVIII.

De Gerardo [9]) *Abbate Claraevallis cui sanctus Eucharius cum sociis apparuit.*

Bonae memoriae dominus Gerardus [10]) Abbas Claraevallis qui nostris temporibus fuit, cum tempore quodam visitandi gratia pergeret ad Claustrum, et apud religiosos fratres sancti Mathiae hospitaretur, eadem nocte dictis matutinis ecclesiae criptam solus intravit, et ad sepulchra sanctorum Eucharii, Valerii, atque Materni, qui Treverorum primi erant

---

1) Vitt. Patr. I. p. 356. cap. 21. — 2) C Eleemosynarii. — 3) AC theloneario. — 4) D praescidendum; sic et paulo post. — 5) Dani. 4. — 6) libri appensum est — inventum est. — 7) D Phares divisio. Et, C Phares, id est. — 8) Dani. 5. — 9) ABCD Geraldo. — 10) B Geraldus.

DE DIVERSIS VISIONIBUS.

Episcopi, et nostrarum regionum Apostoli, devote satis oravit. Maxime tamen petivit sibi revelari divinitus, utrum magis expediret [1]) in officio abbatiae manere, vel illam resignare. Cui gloriosi illi tres praesules in multo splendore simul apparentes dixerunt: Frater [2]), nequaquam officium tuum resignes, quia in brevi cum palma martyrii ad nos pervenies. Sicque disparuerunt. Mane cum esset profecturus, Praepositus sancti Symeonis eum, ut secum in reditu hospitari dignaretur rogavit. Quod et promisit. Cumque completa visitatione rediret Treverim, de promissione satis eum poenituit, volens iterum orare ubi prius, quaedam neglecta in prima visione [3]) sperans sibi denuo esse revelanda. NOVICIUS: Quae fuerunt illa? MONACHUS: Ubi anima sancti Materni fuisset infra illos triginta [4]) dies quibus sepultus fuerat. Quid plura? Promissi sui memor, in domo Praepositi se recepit [5]), et sicut ipse procuraverat, in ipsa nocte solito maturius surgens et matutinas decantans, monachis relictis, et converso assumpto, ad ecclesiam sancti Eucharii perrexit, criptam intravit, et oravit. Ubi sub forma prioris visionis praefatos Pontifices videre meruit. Ad quem sanctus Eucharius: Novi ad quid [6]) veneris. Ecce Maternus, interroga eum. Quod cum fecisset, respondit ille: Anima mea per illos triginta dies fuit in paradiso. Et quia sciebat se ad corpus esse reversuram, mercede sibi in coelestibus praeparata frui non potuit. Mane ergo in officio tuo, quia per palmam martyrii cito nobis sociaberis. Quod ita factum est. Nam [7]) a quodam misero propter zelum ordinis latenter interfectus est. Deinde beatus Pontifex adiunxit: Existente me in paradiso, nil actum est in mundo quod non viderim. Vides quanta sit potentia electae animae a corpore exutae? Si tanta vidit in terrestri paradiso, quanta putas videt quando fruitur Deo? NOVICIUS: Non ambigo quin omnia tunc sciat et videat. Si sanctus Benedictus adhuc existens corruptibilis ex beneficio unius animae coelos penetrantis, totum mundum vidit sub uno radio solis ante oculos suos collectum [8]), non mirum si

---

1) B expediret eum. — 2) C fili. — 3) ACDP visitatione. — 4) CP quadraginta; sic et infra. — 5) C recepi fecit. — 6) AP quod. — 7) C nam et. — 8) Gregor. Dial. II, 35: „Omnis etiam mundus velut sub uno solis radio collectus, ante oculos eius adductus est. Qui venerabilis pater dum intentam oculorum aciem in hoc splendore coruscae lucis in-

anima Deo unita contemplatur omnia. MONACHUS: Bene sentis; et hic de confessoribus sit finis. De visionibus vero quarundam virginum aliqua tibi referam; prius tamen de ipso ordine virginali te expediam.

CAPITULUM LXXIX.
De Virginibus.

Tanta est gloria virginalis ut angelis comparetur, quia qui *non nubent*[1] *neque nubentur, erunt sicut angeli Dei*[2]. Hinc est quod in tabernaculo foederis tertio operimento quod erat de pellibus rubricatis, quartum fuerat superpositum de pellibus iacinctinis[3]. Per pelles rubricatas designatur martyrium, quod est consummatio omnium virtutum; per iacinctinas quae aerei sunt coloris, virginitas, quae ut quidam dicunt, supra omnem virtutem est, et angelicam redolet conversationem. Virgines *sequuntur agnum quocunque ierit*[4] utroque pede, id est integritate mentis et corporis. NOVICIUS: Ergo virgines continentibus et coniugatis maiores sunt? MONACHUS: Maiores sunt, si compares statum ad statum, quia dignior est ordo virginum, quam ordo coniugatorum. Attamen in ordine coniugatorum vel viduarum, multi sunt multis virginibus in merito multo maiores, quia penes carnis integritatem quae virtus non est, quam etiam infideles habent, meritum non consistit, sed penes caritatem. Quis ergo audeat aliquas virgines etiam sanctissimas, Patriarchis, Prophetis et Apostolis, qui coniugati erant pene omnes, anteferre? NOVICIUS: Quid ergo est quod sancti in tantum commendant virginitatem? MONACHUS: Ut ostendant quantum Deo placeat castitas. Haec in virginibus vocatur virginitas sive continentia virginalis; in coniugibus pudicitia coniugalis; in viduis continentia vidualis. Unde de eodem semine quod de manu seminantis cecidit in terram bonam, aliud fecit fructum tricesimum, aliud sexagesimum, aliud centesimum[5]. Primus debetur coniugatis, secundus viduis et continentibus, tertius virginibus. Et est saepe in praemio tricesimus maior centesimo, et hoc propter intensionem caritatis. Hinc est quod beatam Mariam Magdalenam Ecclesia in letaniis ante-

figeret, vidit Germani Capuani Episcopi animam in sphaera ignea ab angelis in coelum ferri." — 1) AD nubunt. — 2) Matth. 22, 30. — 3) Exod. 26, 14. — 4) Apoc. 14, 4. — 5) Matth. 13, 5.

posuit virginibus, ne illis propter ruinam inferior videatur. Noveris tamen melius esse continere quam nubere, quia Christus qui sapientissimus est, virginitatem elegit; et studium servandae virginitatis pro Christo, caritatis virtutem plurimum intendit. Quam sint iocundae, quam salutiferae visiones sanctarum virginum, sequentia declarabunt.

CAPITULUM LXXX.

De Theoderico Episcopo Livoniae qui sanctam Mariam Magdalenam viduis, et sanctam Margaretam virginibus assistere vidit cum eas velaret.

Venerabilis Theodericus Episcopus de Livonia cuius supra memini, cum tempore quodam sanctimoniales consecraret, sanctam Mariam Magdalenam viduis assistere unus monachorum vidit, beatam vero Margaretam virginibus. Inter stantes deambulabant, vocatas praesentabant, coronas et velamina componebant. Erat enim tali visione dignus, utpote vir bonus et religiosus.

CAPITULUM LXXXI.

De Arnoldo monacho Vilariensi quem sancta Maria Magdalena tactu sanavit.

In Vilario domo ordinis nostri et Dioecesis Leodiensis, monachus quidam est Arnoldus nomine, vitae laudabilis, et magnum habens zelum circa ordinis disciplinam. Hic cum ex nimia abstinentia in tantum stomachum suum infrigidasset, ut vix aliquos cibos reciperet, imo recepta mox reiiceret, tempore quodam ad tantum devenerat defectum, ut lecto decumbens, mortem minaretur. Cui beata Maria Magdalena nocte apparens visibiliter, pectore discooperto, contra locum stomachi manum misit, ac delinivit. Qui ex sacrae manus attactu adeo confortatus est, ut mane surgens sanus, non absque magna fratrum admiratione chorum intraret.

CAPITULUM LXXXII.

De Abbatissa in Hovenne cuius oculos sancta Linthildis curavit.

Recordor nunc dominae Gertrudis Abbatissae de Hovenne[1], quae satis mirabiliter per visionem cuiusdam sacrae virginis, sicut ipsa mihi retulit, sanata est. Haec cum pene per dimidium annum vehementi dolore oculorum cruciaretur, sanctam Linthildem[2] virginem cuius memoria in eodem coenobio celebris est, studuit invocare, meritis eius sperans adiuvari. Quodam mane in lecto suo pene caeca iacens et vigilans, iam dictam virginem in veste candida coram se stare conspexit. Cuius oculos cum tam veste quam manu tersisset, continuo clare vidit, et omnis dolor illa recendente recessit.

CAPITULUM LXXXIII.

De imagine sanctae Katherinae ibidem.

In eiusdem sacrae virginis altari, scilicet Linthildis, pro ornatu imago gloriosae martyris et virginis Katherinae lignea et sculpta decenter stare consuevit. Die quadam matrona quaedam honesta Aleidis nomine, uxor Wirici militis de Girzene[3], coram illa cum pedissequa sua ad orationem stetit. Erat autem ipsa imago per negligentiam ut puto sic posita, ut pene vultum totaliter haberet ad parietem. Quae dum se multum morose in oculis iam dictarum feminarum verteret, clamavit famula: Videte domina, videte, qualiter imago haec regyret se. Respondit illa: Et ego video. Viderunt hoc ipsum et aliae mulieres illic stantes. Vix annus expletus est, ex quo contigit haec visio miraculosa. NOVICIUS: Quia huius sacratissimae virginis Katherinae ossa oleum stillare non cessant, certum est illam multum esse suavem ac misericordem. MONACHUS: Virtutum earundem indicium, emanans ex ossibus eius est oleum.

[1] CDP Hovene. Monasterium hoc, Hovenne sive Hovene, non est illud eiusdem nominis coenobium prope Tulpetum; sed ex altera Rheni parte, et ut colligi potest ex aliis locis, non adeo procul a domo Heisterbach fuit situm. Hoc paternitati Abbatis Heisterbacensis erat subiectum; illud vero prope Tulpetum, pertinebat ad Veterem Montem. Ergo falsissimum est quod scripsi supra ad V, 45: Hoven prope Tulpetum. — [2] A Liuthildem; sic et infra. — [3] CD Guzene, P Grezue.

CAPITULUM LXXXIV.

De osse sanctae Katherinae quod oleum stillavit.

Retulit nobis dominus Henricus Abbas de Scimenu, quod de osse eius dum nobis de eodem particulam frangeret, **gutta olei erupit** [1]. Quam ne super terram caderet, vix retinuit. Sed quid dicam de gutta, cum eius sacra tumba [2]), sicut hi qui in instanti de Syna venerunt testantur, oleo sit repleta? Viderunt enim caput eius cum capillis et ossibus natare in oleo. De quo cum a monachis loci diversa vascula sacri liquoris reciperent, tam nobis quam ceteris religiosis revertentes eadem pro benedictione diviserunt. NOVICIUS: Vellem nunc aliquas de nostris virginibus, scilicet undecim millibus audire visiones, quae nos ad ampliorem illarum incitarent venerationem. MONACHUS: Referam tibi quaedam quae habentibus earum reliquias, terrori sint si circa illas fuerint negligentes, consolationi autem si habitas venerentur.

CAPITULUM LXXXV.

De duabus sacris [3]) virginibus quae de Folcoldesrode reversae sunt Coloniam.

In Folcoldesrode [4]) domo ordinis Cisterciensis quae in Thuringia sita est, Abbas quidam ante annos paucos defunctus est, qui circa sanctorum reliquias satis exstiterat devotus. Unde et Dominus huiusmodi ei visionem ostendere dignatus est. Nocte quadam in somnis Coloniam in ecclesiam sanctarum undecim millium virginum se transpositum vidit, ubi extra eius septa iuxta quendam murum duo [5]) virginum corpora sepulta intellexit [6]). Mox Coloniam pergens et locum revelatum ex cunctis [7]) indiciis cognoscens, Abbatissam adiit, visum exposuit, et ut sibi quaerere liceret quas viderat petivit, et

1) B eruperit. — 2) C theca. — 3) corr C de tribus sacris, P de sacris tribus. — 4) Volckenrode abbatia Dioecesis Moguntinae, tribus fere milliariis ab oppido Mühlhausen disiuncta, fundata est ab Helinburge Comitissa de Gleichen anno 1131. — 5) CDP et corr A tria. — 6) post intellexit in P leguntur haec verba: quarum nomina sunt Theumata, Eleumata, Christancia; in CD quarum nomina sunt Theumata et (et om C) Eleumata et Seucia; in A autem ab alia manu ad marginem scripta sunt haec: quarum nomina sunt Theumata, Eleumata, Sentia. — 7) B certis.

obtinuit. Ostensus est ei quidam nomine Ulricus, cui consuetudo erat earundem sacrarum martyrum corpora effodere. Conductus vero ab Abbate, cum in loco denominato duos reperisset sarcofogos¹), et uno aperto inter ossa sacra pectinem pulcherrimum vidisset, concupivit et tulit, eumque cyrothecae suae immissum, in sinum proiecit. A quo cum impediretur in fodiendo, eum extraxit, super fossam illum ponens in loco eminenti. Superveniens quaedam ex sororibus, tam curialitate²) quam sanctitate pectinis delectata, secrete tulit et abiit. Corporibus vero effossis et in scrinio decenter compositis, cum mane Abbas cum eis proficisci proposuisset, eadem nocte in forma et habitu virginali illi in somnis apparentes dixerunt: Tecum ire non possumus. Quibus cum respondisset, quare dilectissimae dominae? subiunxit una: Quia pectinem meum perdidi, quem³) mihi mater mea dedit cum de patria mea egrederer. Et ille: Quis habet illum domina mea? Respondit: Quando Ulricus sepulchrum meum aperuit, et vidisset illum, cyrothecae suae imposuit, cum qua abscondit illum in sinu suo. Quem cum extractum super marginem⁴) fossae posuisset, superveniens quaedam sanctimonialis Friderunis⁵) nomine, furata est illum. Mane ad Abbatissam veniens ait: Quod est nomen hominis, qui virgines has effodit? Respondit, Ulricus. Et adiecit: Est hic aliqua domina quae vocetur Friderunis? Respondente ea, etiam; subiecit: Peto, ut uterque vocetur. Quod cum factum esset, ait Ulrico: Quando corpora sacra effodisti, pectinem ibi invenisti, cetera quae supra dicta sunt adiungens. Respondente illo, domine verum est; conversus ad Friderunam⁶) dixit: Et vos domina tulistis illum. Qua confitente, subintulit: Rogo ut restituatis pectinem, quia sine illo mecum ire renuunt. Quem cum celerius retulisset, et ab Abbate in scrinio positus fuisset, ad monasterium suum illas devexit, in quo cum multa gloria sunt susceptae, et in loco honesto locatae. In magna ibi fuerant veneratione, sed hoc quamdiu vixit Abbas ille cui se revelaverant. Tempore schismatis quod erat inter Ottonem et Philippum Reges Romanorum, cum diversa bella occuparent Thuringiam, timore illorum eadem sacra corpora cum ceteris reliquiis

---

1) A sarchofogos, B sarcofagos, CP sarcophagos. — 2) C curiositate. — 3) A quod. — 4) B merginem. — 5) B Friderina, C Friderundis, P Friderindis. — 6) D Friderunem.

et ornamentis deportata sunt super quandam testudinem [1]), locum secretum satis. Pace terrae reddita, cum singula locis suis restituerentur, scrinium cum virginibus neglectum est in iam dicta testudine. Unde indignantes, duabus vicibus thecam suam terribiliter concusserunt, ita ut ab omnibus posset audiri. Bis etiam sacristae in somnis apparuerunt, dicentes, quod recedere vellent de loco in quo ita haberentur contemptui. Quae cum non proficerent neque concussionibus neque revelationibus, in quadam nocte sollemni infra matutinas ante gradum presbyterii stantes, et in habitu decentissimo omnibus apparentes, primum inclinaverunt versus altare, deinde more eorum qui in via sunt dirigendi se vertentes, Abbati et omnibus inclinantes, per quoddam ostium quod pene semper clausum [2]) erat exierunt. Quas licet [3]) omnes vidissent, aestimabant tamen singuli se illas singulariter vidisse. Dictis matutinis unus monachorum ducto seorsum Abbate confessus est se ante gradum hora et modo praedicto duas [4]) speciosissimas vidisse virgines. Cui cum respondisset: Et ego vidi; venerunt alii, et responsum est eis [5]) simile. Cumque deprehendisset quod ab omnibus visae fuissent, coepit cum [6]) omnibus quaestionari quaenam essent, vel quae causa foret illius visionis. Cui cum diversi diversa responderent, ait unus, divinitus ut puto inspiratus: Puto eas fuisse sacras illas virgines, quae de Colonia nobis allatae, tanto tempore supra [7]) testudinem talem a nobis neglectae sunt. Statim accedentes ad scrinium, cum nihil in eo reperissent, territi Abbatem miserunt Coloniam ut illas reduceret. Veniens vero Coloniam cum Abbatissae et conventui rem per ordinem recitasset, atque easdem virgines in locis unde sublatae [8]) fuerant, reperissent, Abbati ut sibi redderentur [9]) supplicanti, totus conventus respondit: Beneveniant nobis dilectissimae domicellae nostrae, beneveniant. Certe, ex quo vobiscum esse noluerunt, non eas illuc remittemus. Datumque est ei caput cuiusdam alterius virginis, cum quo tristis [10]) repedavit. Adhuc puto eandem Friderunam vivere, et vix aliqua soror est in eadem ecclesia, quam tam iocunda lateat historia.

1) Vit. Bernard. I, 4. p. 758: „testudinem quam solemus dicere celaturam." — 2) ADP pene superclausum. — 3) C cum. — 4) CDP et corr A tres. — 5) B et dictum est ab eis. — 6) D ab. — 7) P super. — 8) B receptae. — 9) D restituerentur. — 10) B et tristis.

CAPITULUM LXXXVI.

Item de duabus virginibus undecim millium, quae per revelationem sunt inventae et nobis donatae.

Sunt apud nos de eodem sacro collegio duae sacrae virgines, etiam per revelationes [1]) inventae. Domina Eufemia Abbatissa quae ante annos paucos defuncta est, cum adhuc puella esset in scholis, duae ei virgines in somnis apparuerunt, quae sub extrema parte dormitorii quod cellario contiguum erat, se indigne iacere conquestae sunt. Illa sicut puella visum ut visum reputans, tacuit. Postea cum esset adulta, secundo ei in loco eodem sub forma et habitu speciosissimarum virginum cingulo tenus apparuerunt. Quasi dicerent: Exire de loco isto non possumus, nisi per te. Tunc memor primae visionis, eam quae potior videbatur interrogavit dicens: Quod est nomen tuum? Respondit illa, Anathasia [2]). Ab illo tempore Eufemia importune conventui coepit suggerere, quatenus cellarium usque ad finem dormitorii extenderent, dicens sine ambiguitate duas ibi virgines esse reperiendas. Pollicebatur etiam quod tres solidos communibus expensis superadderet. Acquievit tandem conventus, et sicut mihi retulit Renbodo conversus noster cui idem opus fuerat commissum, cum terra tota fuisset eiecta in praesentia praedictae sanctimonialis, sub fundamento muri sacra illa duo corpora sunt reperta. Quas [3]) illa priusquam Abbatissa fieret, nobis transmisit, et celebrata est de eis eodem die missa sollemniter in conventu. NOVICIUS: Non putabam hactenus tam efficaces esse visiones nocturnas. MONACHUS: Saepe per ardentia luminaria corpora earum [4]) ostenduntur, nec tamen eadem luminaria ut aiunt quis videre potest, nisi corpore sit virgo. Multa de huiusmodi visionibus Conradus Prior Loci sanctae Mariae dicere consuevit, quae causa brevitatis omitto. NOVICIUS: Placetne sacris illis virginibus quod sic earum corpora per diversas provincias dividuntur? MONACHUS: Ad hoc enim se ostendere dignantur, ut in multis locis earum memoria habeatur.

---

1) D revelationem. — 2) CP Anastasia. — 3) B qualis, C qui, R quae. — 4) ABCD eorum.

CAPITULUM LXXXVII.

De Viatore qui de earum reliquiis miraculose obtinuit.

Homo quidam religiosus de ordine Viatorum, cum apud quandam matronam Tuyciensem hospitaretur, conquestus est illi quod decem annis laborasset pro reliquiis sanctarum undecim millium virginum, nec aliquid tamen ex eis posset obtinere. Cuius ad hoc cum auxilium implorasset, illa homini compassa ecclesiam earum adiit, sororibus pro eo preces porrigere volens. Cumque ad tumbam unius virginis oraret, genu lapidi superposito qui maximus erat apponens [1]), tentavit, quod tamen fieri posse non speravit. Mira pietas sacrarum martyrum. Mox ut imbecillis femina lapidem pressit modicum, ille cessit, adeo ut ea quae intus erant videret. Quae dum nullum adesse conspiceret, manu immissa quantum voluit de ossibus tulit, dans ea viatori. Statimque lapide qui vix a sex viris absque instrumentis moveri poterat, eadem qua prius facilitate revoluto, gratias sanctis agens [2]) virginibus, laeta rediit ad sua. Sanctorum animae licet semper vultum contemplentur divinum, habent tamen respectum ad corpora sua, et cum viderint nos devotos [3]) circa illa, multum in hoc delectantur.

CAPITULUM LXXXVIII.

De converso quem sacra virgo in somnis osculabatur.

Conversus quidam de ordine nostro, cum ex eadem societate quaedam virginum capita ad monasterium suum deferret, ex devotione ea cum vino lavit, lota deosculans. Eadem nocte puella valde speciosa in somnis eidem apparuit converso, eumque complexans [4]) ait: Heri quando caput meum lavisti, tam amicabiliter me deosculatus es; ego tibi modo vicem rependam. Ille professionem suam considerans, ut osculum puellae vitaret, caput retraxit, sicque ex eodem motu

---

1) R apponens manum, ut Homil. II. p. 114: „mox ut manus apposuit, lapis virtute divina levatus exiliit." Sed locus sanissimus est, sicque intelligendus: apponens genu lapidi qui tumbae superpositus erat. — 2) BCD agens sanctis. — 3) B devotos esse. — 4) B amplexans.

evigilavit. Qui statim intellexit visionem ¹). NOVICIUS: Cum in stratis et hortis civitatis Coloniae beatarum virginum undecim millium passim ossa reperiantur, videtur mihi fieri vix posse ²) quin saepe aliena eis ossa ³) admisceantur. MONACHUS: Retulit mihi monachus quidam de Veteri Monte in quo amplius quam mille dicuntur esse corpora ⁴), quod nullas falsas inter se esse ⁵) patiantur reliquias.

CAPITULUM LXXXIX.

De osse equino quod de earum ⁶) reliquiis miraculose proiectum est.

Tempore quodam cum plurima illuc allata fuissent corpora, monachi laverunt illa. Cumque eadem posuissent super sedes Capituli, pannis mundis substratis, et ⁷) siccarentur, foetor intolerabilis quasi ex eis exhalans, omnium nares infecit. Timens dominus Goswinus Abbas foetorem eundem ex aliquo diaboli ludibrio fuisse creatum, ut per eum devotionem fratrum erga reliquias martyrum extingueret, assumptis secum sacerdotibus, vestes sacras induit, cum quibus circa ostium Capituli stans, sic ait: Adiuro te immunde spiritus per eum qui venturus est iudicare vivos et mortuos et saeculum per ignem, ut si aliquid tui operis est in hoc foetore, manifestetur et annihiletur, desque honorem Deo et sanctis his. Mira res. Vix verba compleverat, et ecce os grande equinum cunctis videntibus de medio reliquiarum exiliens, extra Capitulum quasi turbine impulsum proiectum est. Cum quo et omnis foetor extractus est, advenitque odor suavissimus. Tunc omnes Deo gratias ⁸) egerunt, qui et diabolum in suo opere confudit, et sanctos suos glorificavit. Haec te de virginibus audivisse ⁹) sufficiat. Referam tibi adhuc unam visionem mirificam, a virgine visam, quae supradictis ordinibus aequaliter conveniat, et virginum visiones concludat.

---

1) C esse visionem. Vitt. Patr. I. p. 345 C: „Ego vero in memetipsum reversus, intellexi visionem." — 2) D vix posse fieri, P fieri posse vix. — 3) BC eis aliena ossa, D aliena ossa eis. — 4) D corpora earundem. — 5) esse om BD. — 6) ACP eorum. — 7) BC ut. — 8) BD gratias Deo. — 9) ACD audisse.

CAPITULUM XC.

De puella quae ad hymnum, Te Deum laudamus, chorum psallentium in coelum transferri vidit.

Narravit mihi nuper sacerdos quidam de Saxonia, in quodam monasterio cuius nomen mihi exprimere non potuit, puellam fuisse parvulam, quae tantum festivis noctibus vigiliis sollemnibus interesse permittebatur, et eisdem nondum expletis ire dormitum compellebatur. In quadam festivitate cum magistra in tertio ut puto nocturno [1] virginem scapulis ad exeundum impelleret, et illa reniteretur nec proficeret, tristis quidem exivit, sed iuxta chorum remanens, residua peraudire voluit. Cumque inceptus fuisset hymnus, *Te Deum laudamus*, coelos vidit aperiri, et in ipsos [2] chorum cum cantantibus [3] sublevari. Quando ventum est ad locum illum: *Tibi omnes angeli*, et reliqua, vidit universos ordines angelorum et singulorum ordinum angelos singulos, demissis [4] capitibus flexisque genibus, manibus extensis Deum adorare, simul omnibus proclamantibus, *Sanctus, sanctus, sanctus Dominus Deus Sabaoth*, qui trinitatem personarum in unitate essentiae confitebantur. Simile fecerunt Apostoli ad illum locum: *Te gloriosus Apostolorum chorus*. Et cum chorus incepisset, *Te Prophetarum laudabilis numerus*, omnes Patriarchae et Prophetae praedicto modo adorabant. Venerunt et Martyres in suis distinctionibus, et in proximo versiculo, scilicet, *Te Martyrum candidatus laudat exercitus*, in laudem erumpentes maiestati procidebant. Idem de Confessoribus vidit, atque Virginibus. Cumque extremus hymni versiculus, id est *In te Domine speravi, non confundar in aeternum*, decantaretur, chorus ad terram descendit, et coelum se clausit. Puella omnia haec videns et suspirans, se tanto bono defraudatam oculis propriis conquesta est. Cumque ubertim fleret, et mane sororibus causam sciscitantibus, visum dicere nollet, magistra eam aggressa est. Cui respondit: Deus vobis ignoscat quod tantam mihi gratiam [5] hac nocte subtraxistis. Et recitavit ei visionem. Cui illa: Noli flere bona filia, nunquam de cetero te

---

1) nocturnus, officium nocturnale. Noctis vigiliae quatuor erant, habebatque quaelibet vigilia tres horas. — 2) B coelum — ipsum. — 3) C psallentibus. — 4) B dimissis. — 5) B gratiam ac honorem.

exire compellam. NOVICIUS: Mirifica sunt quae recitas. MONACHUS: Vis nunc audire octavo loco ex his aliqua quae visu, auditu et gustu percepta sunt, nec tamen praedictis ordinibus propter distantiam inseri potuerunt? NOVICIUS: Volo ac desidero. MONACHUS: Sicut in capite huius distinctionis praemissum est, scalam erexi, per quam humanae visioni sancti condescenderent, cuius duo latera duo dixi genera visionum, corporale et spirituale. Octo etiam inserui scandilia, supremum attribuens Christo, reliquos[1] sex, sex ordinibus sanctorum, de quibus sufficienter dictum est. In octavo autem gradu diversarum rerum visiones locabo, primo tamen eam quae visa est de loco nostro.

CAPITULUM XCI.

De his quae Hermannus Abbas vidit de loco nostro.

Diu antequam conventus noster de Claustro emissus fuisset, dominus Hermannus, nunc Abbas Loci sanctae Mariae, tunc simplex monachus in Claustro, nocte quadam per visum ante gradum presbyterii sibi stare videbatur, et datus est ei in manus crucifixus, ut fieri solet in emissione alicuius conventus. Stabant et circa eum viri candidati. Vidit etiam in choro fluvium limpidissimum, qui per utrumque chorum fluebat, et in eo navim. Quam conscendens, cum tam rapidissimus esset cursus eius, ut navis in unam columnarum impegisset, nisi per themonem eius industria fuisset aversa, non stetit donec veniret ad locum quendam infirmitorio nostro proximum. Venerunt et cum eo supradicti viri candidati. Tunc ossa arida humana cum capitibus ex omni parte mirabili quadam virtute a deforis ultra murum cadebant. Erant enim, ut Ezechielis visionis recorder[2], multa valde. Stante conventu inter montem Stromberg et iam dictum locum, Salvator qui inter eos stare visus est, unum ex monachis dure satis retraxit, alium modestius amovens seorsum statuit. Ecce talis fuit visio. NOVICIUS: Quae est illius interpretatio? MONACHUS: Deus illi praeostendit quae futura erant de loco nostro, tunc quidem obscura, modo plana valde. Dominus Philippus Coloniensis Archiepiscopus sciens ordinem vigere in Hemmenrode, et de illo limpidissimo fluento ariditatem suae Dioecesis irrigare desiderans, de eadem domo conventum

---

1) reliquos gradus. P reliqua. — 2) DP recordor. Ezech. 37.

sibi dari petivit, et obtinuit. Electi sunt ex monachis duodecim, et praedictus Hermannus in Abbatem eis ordinatus est. Qui ante gradum presbyterii, ut longe ante praeviderat, crucem suscipiens, cum eis per navigium venit in montem Stromberg. In quo tribus annis commorati, descenderunt in vallem quae nunc dicitur Vallis sancti Petri, illic muro de quo supra dictum est, se claudentes. Ossa illa arida designant homines saeculares spiritualis gratiae immunes, qui in valle conversi sunt ad vitam religiosam. Fluvius qui per oratorium cum impetu fluebat, significat domus eiusdem religionem. Quae clara est per puritatem traditionum, et impetuosa per fervorem observationum. Quod navim a columna avertit, sine causa non fuit. Nam cum conventus super praefatum venisset montem, et multa eis necessaria deessent, quidam reminiscentes aedificiorum et aliorum multorum quae dimiserant, et murmurantes redire vellent, dominus Hermannus Abbas cum semel ac secundo de perseverantia eos monuisset nec profecisset, quasi per themonem navem[1]) a columna submovens, ait: Cessate, state, nullus vestrum revertetur[2]); ego arthemonem obieci[3]). Is autem quem dure retraxit Christus, cum aliis quidem fuerat scriptus et nominatus, sed subsequentis importuna petitione submotus. Ipse est Johannes sacerdos, quem Dominus modeste extrahens, seorsum stare fecit. Cum conventu emissus, cum conventu non stetit, quia per licentiam extortam remissus est. Haec est visionis interpretatio, secundum quod ab ipso didici Abbate Hermanno. NOVICIUS: Nihil hic ut video actum est sine nutu divino. MONACHUS: Navigantibus eis in Rheno, sicut adhuc omnes qui ex eis vivunt testes sunt, viderunt supra se in coelo circulum lucidum et septem in eo soles. NOVICIUS: Quid per circulum, vel quid per septem soles videtur tibi intelligendum? MONACHUS: Per circulum eundem intelligo

---

1) B navim. — 2) Homil. II. p. 16: „Et sicut ipse mihi retulit, cum iam de perseverantia desperassent, et quotidie illum de reditu molestarent, ipse cum quadam auctoritate surgens, pusillanimitatem eorum compescuit dicens: Quid timidi estis, modicae fidei? Cessate, cessate; quia nullus vestrum redibit. Confidite, quia Dominus orationibus vestris excitatus, citius quam putatis imperabit ventis et mari; et fiet tranquillitas magna. Quod post annos paucos impletum est, non sine admiratione multorum." — 3) C ego themonem abieci, ADP ego autem themonem abieci.

aeternitatem Spiritus sancti; per septem soles, septem eius dona, quibus bono exemplo eiusdem congregationis provincia erat illuminanda.

CAPITULUM XCII.

De Rudolpho qui illotis manibus timuit tangere aspersorium.

Quidam conversus qui cum eodem conventu missus est, Rudolphus nomine, vir bonus ac religiosus, cum die quadam de privata veniens, illotis manibus oratorium nostrum intraret, et ex ordine se aspergere teneretur, intra suas cogitationes dicere coepit: Aqua haec sancta est et benedicta, nec decet ut manibus immundis te illa aspergas. Cui mox in aere vox clare[1]) respondit: Quod ego mundavi, tu non potes polluere. Et cognovit ibi magis Deo displicere immunditias cordis quam corporis. In animae puritate Deus delectatur.

CAPITULUM XCIII.

De monacho qui in excessu factus, propriam vidit animam.

Monacho cuidam Deus ostendere volens animae suae puritatem, in excessum mentis illum adduxit. In quo excessu puerum pulcherrimum intra sua viscera contemplatus est. Ad se autem reversus, intellexit eundem fuisse animam suam, Dei munere ab omni labe criminum mundatam. Puer enim a puritate[2]) dictus est. NOVICIUS: Puto quod non sit tutum si homo multis consolationes suas manifestet. MONACHUS: Per multos labores et tentationes, et hoc secrete, divinae consolationes adipiscuntur, et facillime manifestatae subtrahuntur. Utrumque verum esse, singulis tibi ostendam exemplis.

CAPITULUM XCIV.*)

De sanctimoniali quae propter defectum unius pictantiae mirifice consolata est.

Cum nuper, hoc anno scilicet, in quadam domo sanctimonialium ordinis nostri, a celleraria per totum conventum

---

1) CP clara. — 2) ABD pueritia. Homil. I. p. 97: „Si vis plenus esse sapientia, crescat in te pueritia. Puer a puritate nomen accepit. Qui non fuerit puer, id est purus et mundus, non intrabit in regnum coelorum." Conf. VII, 52. XII, 37. — *) Homil. III. p. 27.

pictantia¹), id est ova frixa²) dividerentur, nescio quo casu una ex eis neglecta est. Non tamen arbitror actum casu, sed divino nutu, ut Dei gloria manifestaretur in illa. Patientissime autem defectum illum sustinens, imo neglectam se gratulans, cum Deo gratias referret, summus ille Abbas invisibilem ei pictantiam misit; cuius inenarrabili dulcedine sic repletum est os eius, fauces, viscera et venter, ut nunquam aliquid tale in vita sua sentiret. Dulcedo haec corporalis erat. Porro in mente et in anima, dulcedine spirituali Deus tam copiose visitavit eam, ut diceret Abbati nostro quod omnibus diebus vitae suae pictantiis omnibus carere vellet, dummodo in consimili dulcedine adhuc³) una tantum vice sibi liceret deliciari. Pro qua idem Abbas noster ad eius petitionem pro gratiarum actione, hymnum, *Te Deum laudamus,* singulis nobis iniunxit. NOVICIUS: Si Deus sic excellenter tantillum remunerat in praesenti vita, non ambigo quin magnas tribulationes mirifice remuneret in futuro. MONACHUS: Quod facile huiusmodi consolationes in praesenti perdantur, ecce exemplum.

CAPITULUM XCV.
De converso qui dicendo perdidit dulcedinem divinitus concessam.

Conversus quidam in Hemmenrode cum in orationibus suis mellifluam divinitus accepisset dulcedinem, et ob hoc saepe labores suos negligeret, magister suus crebro eum arguit dicens: Frater, certis temporibus est orandum, et certis temporibus laborandum. Ille sicut homo simplex ut increpantem placaret respondit: O magister, si scieretis causam, non mihi imputaretis. Rogo ut detis mihi osculum. Putabat enim quod impressione labiorum eandem sentire posset dulcedinem. Cui mox ut osculum dedit ille, gratiam irrecuperabiliter ut puto perdidit iste. Simile pene habes supra capitulo quadragesimo tertio⁴), de converso qui angelum saepe vidit, et dicendo gratiam perdidit. Causas vero subtractionis gratiae in praesenti plures esse, alibi⁵) tibi assignavi. Quidam tamen licet aliis sibi divinitus ostensa

---

1) C pitantia; sic et infra. — 2) B lixa. — 3) libri: et hoc. Homilia: „dummodo tantum adhuc una vice simili gratia visitari mereretur a Christo." — 4) libri secundo. — 5) supra IV, 30. p. 200.

crebro referant, non ob hoc gratiam perdunt, sicut supra dictum est de Henrico converso de ¹) Hemmenrode.

CAPITULUM XCVI.
De viatore prophetici spiritus qui apparuit Henrico converso.

Henricus idem cum grangiae quae Hart dicitur praeesset, et die quadam in Mayo segetes curtis, orationes suas ruminando, solitarius ²) circuiret, hominem quendam sub arbore, piro scilicet, quae illic in agro singulariter sita est, contra se stare conspexit. Erat enim decentis staturae, capillis canus, barba prolixa, tunicam habens talarem et clausam, scapulare vero latum ultra ³) genua longum, eratque vultus eius angelicus. Quem cum propius accedens salutasset, dicens, Benedicite frater; respondit ille, Dominus. Et adiunxit: Quomodo placet tibi ordo tuus frater? Converso respondente, bene; iterum adiecit: Bene tibi placere debet, quia nulla vita tantae perfectionis est in Ecclesia Dei. Cuius aspectus cum multam converso incuteret reverentiam, volens conversus aliquam ei dare occasionem petendi aliquid, ait: Cur sic nudis inceditis pedibus? Respondente illo, talis est consuetudo nostra; subiunxit: Peto ut mihi liceat vobis dare calcios, et nobiscum hodie prandeatis. Et recusavit utrumque, dicens: Modicus cibus mihi sufficit et sociis meis. Cumque aliqua secretius simul tractassent, is qui viator videbatur, converso alium diem ad eundem locum praefixit. A quo modicum discedens in plano loco nusquam comparuit. Quo viso Henricus expavit, festinansque ad Claustrum, Priori suo Hermanno, nunc Abbati in Loco sanctae Mariae, quae dicta sunt vel gesta per ordinem recitavit. Cui ille: Cautus esto frater, quia non omne verum est quod verum apparet. Mox ut eum videris ex remoto, signabis te, et cum appropinquaveris ⁴) ei, iterum eo vidente signabis te, dicesque, Benedicite. Quod cum fecisset, subrisit ille dicens: Juste facis signando te, quia non omne verum est quod verum apparet. Neque hoc ipsum habes a te, sed Prior tuus te docuit. Ego, inquit, illum diligo, eo quod religiosus sit et amator disciplinae, et quia quotidie orat pro omni ⁵) Ecclesia et ordine. Quod et verum est. Men-

---

1) BCP in. — 2) solitarius om BC. — 3) B et ultra. — 4) C appropinquabis, ADP propinquaveris. — 5) B tota.

tionem etiam habuit domini Eustachii Abbatis Claustri, et domini Henrici Abbatis nostri, in illo aliqua corripiens, et in isto plura commendans. Et recitavit ei omnia more Helisei quae in conclavi cum Priore sive aliis fuerat locutus. Postea cum idem conversus die quadam dicto completorio aliquid obtinere niteretur a Deo, veniis[1]) et lacrimis, et non profecisset, ille curia clausa, ostioque firmato diligenter oratorii, ad eum intravit, increpans eum et dicens: Stolide, putas quod vi possis aliquid extorquere a Deo? Si non esset tibi modo parcitum propter Priorem tuum, forte amentiam incurrisses. Nocte quadam cum idem Henricus defuncto aliquo in ecclesiam deportato sedisset ante altare infirmorum, viator de quo dicere non possum utrum angelus fuerit an[2]) homo, ei apparens, signavit ubi Prior esset. Cui cum ille resignasset, in infirmitorio est; signo respondit: Ego novi hoc, bene est ibi. Inclinansque coram eodem altari, recedens, et ante illa tria altaria quae sunt in abside, simile faciens, chorum monachorum intravit, et non comparuit. Saepe illum testabatur se vidisse in choro circueuntem in multa claritate. Cui cum ex parte Prioris conversus tunicam obtulisset et cingulum, tunicam recusavit, cingulo suscepto. Ego, inquit, eum dabo bono cuidam monacho Eberbacensi, et magis ei proderit, quam si ego uterer illo. Remisit ei et cingulum laneum, pretio quidem vilissimum, sed virtute pretiosum. Per quem[3]) et sanitates factae sunt, et plurimum valet contra stimulum carnis. Quem cum etiam rogaret ut se Priori ostendere dignaretur, respondit: Dominus noster nos frequenter mittit in Jerusalem et alia aeque remota loca, et si videret me Prior, posset per eius interrogationes legatio mea impediri. Et adiecit: Dic Priori ut sollicitus sit circa excitandos fratres, ne dormiant dum pro defunctis cantant, quia sicut milites congregantur ad tornamentum, ita animae confluunt ad officia defunctorum. NOVICIUS: Puto quod mortui vivis in hoc officio sollicitis, dum indigent, vicem caritatis rependant[4]). MONACHUS: Hoc tibi uno ostendam exemplo.

---

1) C veniis et orationibus. — 2) B vel. — 3) CP quod, AB quas. — 4) BC impendant.

CAPITULUM XCVII.

De Rudolpho canonico de Aldinsele cui viri candidati¹) horas canonicas decantaverunt.

Est quidam canonicus in Aldinsele²) Rudolphus³) nomine, homo grandaevus, et circa officia divina valde sollicitus. Nunquam aliquam horam in choro negligit, dummodo incedere possit, sicut testis est Allardus noster novicius, quandoque illius concanonicus. Quodam tempore dum defectum naturae pateretur, ita ut incedere non valens lecto decumberet, nec tamen aliquid doloris sentiret, cum horas suas dicere non posset, quosdam viros candidos in superpelliciis et tonsura clericorum, certis horis adesse vidit, qui ei omnes horas decantabant. Quibus dictis, dicebant ad invicem: Modo exeamus, et sinamus eum quiescere⁴). Quos cum frequenter contemplaretur, et filiam sororis quae ei ministrabat non posse illos videre deprehendisset, intellexit quia animae concanonicorum eius essent, quibus ipse beneficia impenderat. Quia ad sacramentum⁵) corporis et sanguinis Christi festino, diversis hic visionibus finem impono.

DISTINCTIO NONA
DE SACRAMENTO CORPORIS ET SANGUINIS CHRISTI.

PROLOGUS.

Locuturus tecum de sacramento corporis et sanguinis Christi, cum timore illud attento, quia ubi sola fides operatur, et rationis iudicium excluditur, non sine periculo discutitur. Unde nil novi sive inusitati inde dicere praesumo, sed quae sancti sive doctores eximii de illo senserunt, summatim replicabo. Adiiciam et exempla plurima, quae mihi a personis probatis memini recitata. In quibus si aliqua fuerint quaestione digna, ut scrupulus removeatur, tua discutiatur interrogatione.

---

1) P candidi. — 2) Aldensele, Oldenziel, oppidum Duentiae. — 3) C Eurardus, D et corr A Euerardus (Everhardus). — 4) B modicum requiescere. — 5) ACDP sacramenta.

CAPITULUM I.

De sacramento corporis et sanguinis Christi. Interrogatio quid sit sacramentum, quae res sacramenti, quae causa institutionis, quae forma, quis modus conversionis vel sumptionis.

UNIVERSA Ecclesiae sacramenta, corporis et sanguinis Christi sacramentum praecellit. In ipso via, veritas, et vita. Via, quia digne accedentes ducit ad Deum. Unde et viaticum dicitur. Veritas, quia edentes[1]) Christo incorporat. Unde et sacra communio vocatur. Vita, quia Christo incorporatos in anima mori non sinit. Unde et eucharistia[2]) dicitur, id est bona gratia. De primo Salvator dicit: *Ego sum panis vivus, qui de coelo descendi.* Ecce via. Qui descendit ipse est et qui ascendit, secum ducens omnia sua membra[3]), alia in re, alia vero in spe. De secundo item[4]) dicit: *Caro mea vere est cibus, et sanguis meus vere potus est[5]).* Ecce veritas. Ait et de tertio: *Qui manducat panem hunc, vivet in aeternum[6]).* Ecce vita. Simile intelligas de calice. Nec absque mysterio de corpore et sanguine Christi in nona distinctione tractandum suspicor; quia numerum novenarium philosophus exterminatori omnium, id est morti assignavit[7]); et Christus qui est vita omnium, nona hora diei in cruce exspiravit. Sacramentum hoc fit in commemorationem Dominicae mortis. Unde Apostolus in prima Epistola Tessalonicensibus[8]) scribit dicens: *Quotienscunque manducabitis panem hunc, et calicem bibetis, mortem Domini annunciabitis,* id est repraesentabitis, *donec veniat[9]),* ad iudicium scilicet. Ita glossa exponit. Apparente eo in gloria, cessabit figura. Omnia quae in superioribus distinctionibus dicta sunt, scilicet de conversione, de contritione, de confessione, satisfactione[10]) et simplicitate, quaedam sunt praeparamenta ad hoc sacramentum. Nullae etiam visiones magis fidem roborant, quam cum eum quem sub specie panis et vini latere credimus, oculis corporeis intuemur.

---

1) C digne edentes. — 2) codices eucharistia et eukaristia. — 3) BCD membra sua. — 4) BC idem. — 5) BCD est potus. — 6) Johan. 6, 51. 56. 59. — 7) Homil. III. p. 94: „Novenarium exterminatori omnium rerum philosophi dedicaverunt." — 8) C ad Chorintheos. — 9) Cor. I, 11, 26. — 10) B tentatione.

NOVICIUS: Antequam[1]) visiones edisseras, peto ut breviter me expedias, quid sit hoc[2]) sacramentum, quae res sacramenti, quae causa institutionis, quae forma, quis modus conversionis, quis modus sumptionis. MONACHUS: De sacramento eucharistiae tractandum est cum timore ac reverentia, quia magis in illo operatur fides quam ratio humana. Audi tamen breviter quae maiores nostri de illo senserunt. Tria sunt in sacramento hoc consideranda, unum quod tantum est sacramentum; alterum, quod est sacramentum et res; tertium, quod est res et non sacramentum. NOVICIUS: Quid est sacramentum tantum? MONACHUS: Species visibilis panis et vini. NOVICIUS: Quid est sacramentum et res? MONACHUS: Caro Christi propria et sanguis. NOVICIUS: Quid est res et non sacramentum? MONACHUS: Mystica Christi caro, Ecclesiae scilicet unitas. NOVICIUS: Quare dicitur sacramentum? MONACHUS: Quia sacrae rei est signum. Aliud ibi videtur, et aliud ibi creditur. NOVICIUS: Quae fuit causa institutionis? MONACHUS: Quia Dominus, ut dicit Eusebius Emisenus[3]), corpus assumptum ablaturus erat ab oculis nostris, et illaturus sideribus, necesse erat ut in die Coenae sacramentum veri corporis et sanguinis consecraret, ut coleretur iugiter per mysterium, quod semel offerebatur in pretium. NOVICIUS: Quae est utilitas in hac institutione? MONACHUS: Duplex est in eo utilitas, quia in illius perceptione augetur virtus, id est caritas, et est medicina quotidianae infirmitatis. Unde Augustinus: Iteratur quotidie haec oblatio, licet Christus semel passus sit, quia quotidie peccamus peccatis, sine quibus mortalis infirmitas vivere non potest; et quia quotidie labimur, quotidie Christus pro nobis mystice immolatur. NOVICIUS: Quae est forma huius sacramenti? MONACHUS: Forma attenditur in verbis et in rebus. In verbis, quia cum haec verba proferuntur, *Hoc est corpus meum;* et post, *Hic est sanguis meus,* conversio fit panis et vini in corpus et sanguinem Christi. Unde Ambrosius: Sermone Christi hoc conficitur sacramentum, quia sermo Christi creaturam mutat, et sic ex pane fit corpus Christi, et vinum cum aqua in calicem missum fit sanguis, consecratione verbi coelestis. NOVICIUS: Quis est modus conversionis? MONACHUS: Modus est

---

1) P antequam mihi. — 2) B quid hoc sit. — 3) BCP Emisenus.

ineffabilis. Panis ut dictum est cum haec verba proferuntur, *Hoc est corpus meum*, Dei virtute per ministerium sacerdotis transit in corpus Christi. Simile intelligas de vino, manentibus tamen accidentibus, colore scilicet, pondere et sapore. NOVICIUS: Potest de aliquo grano nisi de frumento hoc sacramentum confici? MONACHUS: Sicut sanguis non conficitur nisi de vino, et hoc expresso, ita nec corpus Christi nisi de frumento, et hoc in panem redacto; quia Dominus grano frumenti se comparavit, nec non et pani. NOVICIUS: Quis est modus sumptionis? MONACHUS: Dupliciter sumitur, spiritualiter et sacramentaliter. Bonus utroque modo manducat, malus vero sacramentaliter tantum. Sic non manducans manducat, et econverso. NOVICIUS: Quare sumitur sub duplici specie, cum sub utraque Christus sit totus? MONACHUS: Ut ostenderetur totam humanam naturam suscepisse, ut totam redimeret. Panis enim ad corpus, vinum[1]) ad animam refertur. Haec tibi breviter dicta sufficiant, quia in sententiis[2]) de his plenius tractatur. NOVICIUS: Cum iam[3] quae dicta sunt credam, quatuor tamen mihi probari desidero non sententiis sed exemplis. Primum est quod sub specie panis sit verum corpus Christi natum ex Virgine; secundum, quod sub specie vini sit verus eius sanguis; tertium, quod digne conficientes sive communicantes mereantur gratiam, indigne autem poenam. MONACHUS: Dicam tibi plura de singulis exempla fidei nostrae satis necessaria, quae mihi a personis probatis sunt relata.

CAPITULUM II.*)

De Godescalco de Volmuntsteine qui Christum sub specie infantis in manibus suis vidit.

Fuit apud nos monachus quidam Godescalcus nomine, de castro quidem Volmuntsteine oriundus, et in maiori

---

1) libri sanguis. Homil. ined. „Sumitur autem sub utraque specie, panis scilicet et vini, totus Christus. Panis refertur ad corpus, vinum ad animam. Ut autem Christus ostenderet totam se hominis naturam suscepisse, id est corpus et animam, et utramque redimere, sub duplici specie, panis scilicet et vini, voluit hoc sacramentum celebrari." — 2) in Regulis Theologiae, quarum meminit auctor supra VII, 16. p. 22. — 3) ACDP omnia. — *) Homil. I. p. 59.

ecclesia Coloniae canonicus. Ante conversionem satis exstiterat lubricus [1]), sed bene morigeratus. Modica ei scientia litterarum inerat; sed spiritus patientiae [2]) et pietatis ad magnam vitae perfectionem illum provexerat. Hic cum ante hos sex annos in die Natalis Domini ad privatum quoddam altare missam cum multa devotione et lacrimis ut ei moris erat inchoasset, scilicet, *Puer natus est nobis*, factaque esset transsubstantiatio [3]), non iam in manibus suis speciem panis, sed infantem pulcherrimum, imo *speciosissimum* illum *forma prae filiis hominum, in quem et angeli prospicere concupiscunt* [4]), tenuit et vidit. Cuius caritate succensus, et mira pulchritudine delectatus, complexus est eum ac deosculatus. Timens tamen moram propter circumstantes [5]), super corporale dilectum posuit, et ille ut missa perfici posset formam sacramentalem resumpsit. Quamdiu beatus ille vidit speciem infantis, nullam ibi vidit speciem panis, et econverso. Qui cum nescio cui visionem revelasset, tacita persona sua, et ille aliis, quodam die de auctore tantae visionis interrogatus, me audiente respondit: Certissime illa die Christus hic visus est; et nihil plus dicere voluit. Postea duobus sacerdotibus, Theoderico scilicet de Lureke et Constantino, visionem revelavit. Quod intelligens Winandus infirmarius noster, posito eo in infirmitorio, ait: Bone frater Godescalce, vidistis in missa Salvatorem? Respondente illo simpliciter, etiam; adiecit: In quali forma? In forma, inquit, infantis. Et ille: Quid fecistis ei? Respondit: Osculatus sum eum ante os suum. Ad quod Winandus: Et quid postea actum est? Ego, ait, super altare eum posui, et reverso eo in formam priorem, sumpsi illum. Eadem moriens confessus est Abbati nostro domino Henrico. NOVICIUS: Gloriosa sunt quae dicis. Sed miror si talia aliquando revelantur etiam malis sacerdotibus. MONACHUS: Sicut bonis ad bonitatis remunerationem, ita nonnunquam Dominus malis sacerdotibus se ostendere dignatur ad correctionem. Verbi causa [6]).

---

1) Homilia: „In clericali vita quam fuerit levis, quam totus deditus venationi, et ludis, aliisque vanitatibus, noverunt concanonici illius." — 2) ABDP scientiae. — 3) ADP factaque transsubstantiatione. Mox AD iam non. — 4) Psal. 44, 3. Petr. I, 1, 12. — 5) B populi circumstantis. — 6) BC gratia.

CAPITULUM III.

De Adolpho sacerdote qui in hostia vidit virginem cum infante, deinde agnum, postea crucifixum.

Cum dominus Abbas praedictam visionem [1], visitandi gratia pergens in Frisiam, cuidam militi recitasset, ille Adolpho sacerdoti [2] de Dyeferne [3] recitata replicavit. Quod ubi ille audivit, suspirans ait: Ad quid Dominus Deus viris sanctis et in fide perfectis talia ostendit? Mihi peccatori meique [4] similibus qui saepe de hoc sacramento dubitamus, huiusmodi visiones deberent revelari. Die quadam cum idem Adolphus missam celebraret, et ante Agnus Dei hostiam levasset ad frangendum, in ipsa hostia virginem in sede residere infantemque in sinu servare contemplatus est. Nosse volens quid esset ex altera parte, mox ut hostiam vertit, agnum in ea conspexit. Quam rursum regyrans, vidit in ea quasi per vitrum Christum in cruce pendentem capite inclinato. Videns hoc [5] sacerdos extimuit, diu stans et deliberans, utrum ibi subsistere vel sacramentum [6] perficere deberet. Cuius fletibus Dominus placatus, sacramento formam priorem reddidit, et ille missam perfecit. Cumque populus de tanta mora miraretur, ipse ambonem ascendens, cum lacrimis populo visionem retulit [7]; et signati sunt eadem hora ab eo homines quinquaginta. Erat enim octava Apostolorum Petri et Pauli. Nec miror si sic perspicue et tam iocunde sicut Godescalcus eum videre non potuit, quem quotidie sibi ad iudicium immolavit et sumpsit. Habebat enim concubinam. Nuper tamen audivi quod vitam suam occasione ut spero eiusdem visionis emendare incipiat, et feminam in monasterio sanctimonialium in Runengen [8] locare proponat. Haec mihi a Bernardo monacho nostro recitata sunt, ipsique ab eodem Adolpho. Salvator corporis sui veritatem in hoc sacramento ut praefatus sum bonis sacerdotibus ostendere dignatur ut consolentur; in fide nutantibus ut erigantur; male viventibus ut terreantur. Ecce exempla.

---

1) verba, praedictam visionem, habet B post Frisiam. — 2) sacerdoti om AD. — 3) Dieveren in provincia Transisalana. — 4) BC mihique. — 5) C haec. — 6) D et corr A missam. — 7) B ascendit — referens. — 8) C Rennengen.

CAPITULUM IV.

De Episcopo Livoniae qui Christum vidit in altari.

Venerabilis Episcopus[1] Livoniae et magister Lambertus Decanus sanctorum Apostolorum in Colonia, cum ante annos paucos simul ad curiam pergerent imperialem, et in via de scripturis sermocinarentur, etiam mentio habita est de corpore Domini. Decano in hoc sacramento efferente fidem Christianam, Episcopus respondit: Ego novi sacerdotem qui nuper oculis corporalibus Christum in altari vidit. A quo cum Decanus personam tanta visione dignam extorquere tunc non potuisset, ultima die quando separandi erant ab invicem Episcopus ei confessus est quia ipse esset. Haec idem Decanus retulit Praeposito Pleysensi[2], et ipse mihi. Quod vero Deus dubitantibus de hoc sacramento etiam suam carnem ostendat, subsequens sermo declarat.

CAPITULUM V.

De sacerdote de Wickindisburg qui in canone dubitans vidit crudam carnem.

Nondum puto duos annos esse elapsos, quod sacerdos quidam de sacramento corporis Christi dubitans, in castro cui nomen est[3] Wickindisburg celebravit. Qui cum in canone de tam mirabili conversione panis in corpus Christi satis[4] haesitaret, Dominus ei in hostia carnem crudam ostendit. Hanc cum vidisset etiam vir nobilis Widekinus, stans post tergum eius, dicta missa sacerdotem in partem traxit, et quid infra canonem egerit vel cogitaverit diligenter inquisivit. Ille vero tam de visione quam de[5] interrogatione territus, confessus est et non negavit se eadem hora de sacramento dubitasse. Et retulit uterque alteri se crudam carnem in hostia vidisse. Idem Widekinus filiam habet Syfridi de Runkel in coniugio, filiam sororis Abbatissae de Rindorp[6], quae mihi anno praeterito eandem visionem recitavit. Vis etiam

---

1) ut puto, dominus Theodericus, de quo supra VIII, 13. 80. — 2) vide V, 13. — 3) est add BC. — 4) satis add BC. — 5) de add BC. — 6) Rheindorf coenobium monialium, iuxta Bonnam. Conf. XII, 35.

nosse quod malae vitae sacerdotibus Dominus ostendat, quod ab eis crucifigatur? NOVICIUS: Volo. MONACHUS: Audi visionem terribilem [1]).

CAPITULUM VI.
De sacerdote qui hostiam in ore ob maleficia servans, de ecclesia egredi non potuit.

Sacerdos quidam luxuriosus feminam procabatur. Et cum illius non posset habere consensum, dicta missa corpus Domini mundissimum in ore tenuit, sperans si sic illam deoscularetur, quod vi sacramenti voluntas eius ad suos libitus inclinaretur. Sed Dominus qui per Zachariam [2]) Prophetam conqueritur de huiusmodi sacerdotibus dicens: *Et me crucifigitis gens tota die,* tali ordine maleficia eius impedivit. Cum exire vellet de ostio ecclesiae, sic sibi crescere videbatur, ut laquear oratorii vertice pulsaret. Territus miser hostiam de ore suo extraxit, et quia mentis inops erat, in angulo ecclesiae eam sepelivit. Timens vero ultionem divinam super se citius [3]) venturam, sacerdoti cuidam sibi familiari confessus est sacrilegium. Qui simul ad locum accedentes, reiecto pulvere non repererunt speciem panis, sed formam licet modicam hominis in cruce pendentis. Erat enim carnea et cruenta. Quid postea de ea factum sit, vel quid sacerdos egerit, non recordor, quia diu est ex quo haec mihi ab Hermanno cantore nostro, cui historia satis nota erat, recitata sunt. NOVICIUS: Deterior fuit iste crucifixoribus Christi. MONACHUS: Verum est quia *si illi cognovissent, nunquam Dominum gloriae crucifixissent* [4]). Iste cognitum contempsit, et [5]) contemnendo crucifixit. Jam tibi satis probatum arbitror quod sub specie panis sit verum corpus Christi, et tam a malis quam a bonis sacerdotibus conficiatur. NOVICIUS: Si sacerdotes omnes talia audirent, auditisque crederent, puto quod plus quam modo deifica sacramenta honorarent. MONACHUS: Satis miserabile [6]) est, quod nos homines pro quorum salute hoc sacramentum institutum est, tam tepidi circa illud [7]) sumus, cum bruta animalia, vermes et reptilia in illo Creatorem suum recognoscant [8]).

1) B satis terribilem. — 2) R Malachiam, ut supra VIII, 27. Idem locus occurrit infra X, 20, tacito Prophetae nomine. — 3) CP ocius. — 4) Cor. I, 2, 8. — 5) et om AD. — 6) ADP mirabile. — 7) circa illud add B. — 8) B cognoscant.

CAPITULUM VII.

De corpore Domini in ecclesia furato, quod a bobus in agro proditum est.

In villa quae Komele¹) dicitur, nocte fures ecclesiam infringentes, inter cetera etiam scrinium cum corpore Domini inde tulerunt. Qui cum nihil aliud in eo praeter reliquias et pixidem cum sacramento reperissent, nil prorsus de eis curantes, eandem pixidem super sulcum agri villae proximi ponentes confusi recesserunt. Mane cum rusticus quidam²) cum aratro et bobus in eodem agro araret, venissentque animalia iuxta pixidem, stupentes³) steterunt. Quos cum arator stimularet, nec procederent, nunc recalcitrando, nunc exorbitando, iratus ait: Quis diabolus est in bobus istis? Non enim clare videre poterat, quia in ortu diei arabat. Diligentius tamen circumspiciens, deprehendit ante pedes boum pixidem, et scrinium ecclesiae suae iuxta illam. Tunc causam rebellionis non ignorans, omnibus in agro dimissis, in villam recucurrit⁴), tam sacerdoti quam ceteris quae acta sunt referens. Tunc omnes simul in agrum descendentes cum cruce, thuribulo et cereis, corpus Dominicum in ecclesiam reportaverunt. Huic processioni interfuit Godefridus Prior de Hovenne⁵), qui mihi ista recitavit. Similem honorem ei azini exhibuerunt de platea in lutum descendendo, sicut me dixisse recolo distinctione quarta capitulo nonagesimo octavo. Audi nunc de vermiculis visiones satis dignas⁶).

CAPITULUM VIII.

De apibus quae basilicam corpori Dominico fabricaverunt.

Mulier quaedam cum apes multas nutriret, et illae non proficerent, imo passim morerentur, cum contra hoc remedium circumquaque quaereret, dictum est ei quia si corpus Domini inter illas locaret, mox lues ipsa cessaret. Quae ecclesiam adiens, et se communicare velle simulans, corpus Domini sumpsit; quod statim a sacerdote recedens extraxit, et in uno

---

1) BC Comede. — 2) quidam add BD. — 3) P stupentia, B stupendo. — 4) BC recurrit. — 5) ACDP Hovene. — 6) visiones satis dignas add B.

ex alveolis illud locavit. Mira Dei potentia. Vermiculi Creatorem agnoscentes¹), de favis suis dulcissimis hospiti²) dulcissimo capellulam³) mirae structurae fecerunt, in qua altare eiusdem materiae erigentes, sacratissimum corpus super illud posuerunt. Et benedixit Dominus operibus eorum. Processu temporis cum femina idem vasculum aperuisset, et iam dictum oratorium considerasset, expavit, currensque ad sacerdotem, confessa est ei omnia et quae egit et quae vidit. Tunc ille assumptis secum⁴) parochianis suis ad vasculum venerunt, apes circumvolantes et in laudem Creatoris bombizantes abegerunt, capellulae parietes, fenestras, tectum, campanile, ostium, et altare admirantes, corpus Domini cum laude et gloria ad ecclesiam⁵) retulerunt. Licet enim⁶) mirabilis sit Deus in sanctis suis⁷), mirabilior tamen in his minimis praedicatur. Ne ergo aliquis de cetero tale quid praesumat, referam tibi rem terribilem, quam mihi anno praeterito magistra de Insula sancti Nycholai recitavit.

CAPITULUM IX.

De poena mulieris paralyticae propter corpus Domini quod super caules suos seminaverat.

Fuit in eadem insula puella quaedam obsessa, laica tamen, quam et ego ibidem vidi. Requisitus diabolus a quodam sacerdote, cur tanto tempore tam crudeliter Hartdyfa de Cogheme⁸) torqueretur, per os puellae respondit: Quare? Bene et optime meruit. Ipsa Altissimum super olera sua seminavit. Qui cum verbum minus intelligeret, nec ille exponere vellet, sacerdos feminam adiit, quid de ea diabolus dixerit exposuit, monens ne negaret si intelligeret. Quae statim culpam confessa est dicens: Verbum bene intelligo, quod nunquam tamen homini per me publicatum est. Quando iuvencula eram et hortum excolendum suscepissem, nocte quadam mulierem vagam hospitio recepi⁹). Cui cum damna horti mei exposuissem, asserens omnia olera ab erucis devorari; respondit illa: Bonam te instruam medicinam. Accipe corpus Domini et comminue illud, sicque super olera spargas, et statim lues cessabit. Ego misera cui maior cura erat de

---

1) C Creatorem suum cognoscentes. — 2) C hospiti suo. — 3) BC capellam. — 4) secum add B. — 5) ad ecclesiam add BC. — 6) enim om ABD. — 7) Psal. 67, 36. - 8) Cochem. — 9) BC suscepi.

horto quam de sacramento, cum in Pascha corpus Domini suscepissem, et extractum de eo ¹) fecissem sicut edocta fueram, quod oleribus in remedium, mihi teste diabolo factum est in tormentum. NOVICIUS: Crudelior erat mulier haec ministris Pylati, qui Jesu mortuo pepercerunt, ne ossa eius comminuerent. MONACHUS: Idcirco usque hodie luit peccatum illud maximum, et sunt cruciatus eius inauditi. Attendant hanc poenam, et si non culpam, qui deifica sacramenta ad lucra temporalia, vel quod execrabilius est, ad maleficia convertunt. Etiam vermes si reverentiam circa hoc sacramentum negligant, aliquando poena mulctantur.

CAPITULUM X.

De musca quae circa corpus Domini in hora sumptionis volitans, mortis poenam solvit.

Anno praeterito cum quidam ex sacerdotibus nostris coram Episcopo Theoderico missam quotidianam de Domina nostra celebraret, in ipsa hora fractionis musca grandis circa et supra calicem volitare coepit ita importune, ut quasi vi velle intrare videretur. Sacerdos tremens ac timens cum manus haberet occupatas, et muscam exsufflaret nec proficeret, Henricum Diaconum qui hora eadem Episcopo pacem porrigebat, tusciendo ²) crebrius advocavit. Tunc illa alacri volatu altius labens, praesumptionis culpam ibi luit; quia post morulam, completa sumptione atque ablutione, intuente sacerdote quem turbaverat, quasi lapillus inter corporale et calicem extincta ruit. Quam Diaconus de altari proiecit. NOVICIUS: Satis me delectat horum oratio ³). MONACHUS: Etiam Dominus in simplici pane tanto sacramento assignato quandoque miracula operatur.

CAPITULUM XI.

De muribus qui hostias non benedictas rodentes litteras non tetigerunt.

Nondum annus ut puto transiit, quod hostiae plures a ministris propter fissuras ⁴) sive pustulas reprobatae in Eber-

---

1) ACDP ore. — 2) DP tussiendo. — 3) oratio, ut II, 28. X, 51. Eius loco legitur relatio IX, 38. — 4) C scissuras.

bacho, in fenestra altari contigua proiectae sunt. Accedentes vero mures omnia quae erant extra circulos devorabant, litteras et quae intus erant in nullo penitus laedebant. Sacrista ista considerans, reputavit pro miraculo. NOVICIUS: Quid est quaeso quod mures vel vermes in sacramento altaris comedunt? MONACHUS: Species tantum. In illa Christus videtur et tangitur, et ab indignis iniuriatur. Corpus eius verum quod sub illa latet, glorificatum est. Et quia immortale est, non potest corrumpi; quia splendidum est, non potest a nobis videri; quia subtile est, non potest a nobis palpari. A sacerdote quidem tenetur, sed non tangitur, nisi mediante specie. Species ipsa videtur, tangitur, frangitur, masticatur, satiat, corrumpitur et iniuriatur[1]. Quando aliquod[2] horum attribuitur corpori Christi, de specie debes intelligere. Tanta est gloria huius sacramenti, ut non solum bruta in quibus anima motabilis est, sed et insensibilia elementa virtutem illius sentiant. Verbi causa[3].

CAPITULUM XII.

De corpore Domini quod in flumen proiectum haereticos dimersit.

Tempore illo quando manifestari coeperunt haereses Albienses, quidam maligni virtute diabolica suffulti, quaedam signa atque portenta ostenderunt, quibus et easdem haereses roboraverunt, et multos fidelium in fide subverterunt. Super aquas ambulaverunt, et non sunt submersi. Cernens hoc sacerdos quidam fide catholicus et vita religiosus, sciens vera signa cum falsa doctrina esse non posse, corpus Domini cum pixide ad flumen ubi illi populis suas ostensuri erant virtutes deportavit. Dixitque in audientia omnium: Adiuro te diabole per eum quem in manibus porto, ne in hoc flumine ad huius populi subversionem per hos homines tantas exerceas fantasias. Post haec verba illis super undas fluminis ambulantibus ut prius, sacerdos turbatus, corpus Dominicum in flumen[4] iactavit. Mira Christi[5] potentia. Mox enim, ut elementum tetigit sacramentum, fantasia cessit veritati, et speudo illi sancti,

---

1) B minuitur. — 2) C quando autem aliquid. — 3) B gratia. — 4) BP flumine. — 5) C Dei.

quasi¹) plumbum descendentes in profundum sunt submersi. Pixis vero cum sacramento statim ab angelis sublata est. Videns sacerdos haec omnia, de miraculo quidem exultavit, sed de iactura sacramenti doluit. Totam vero illam²) noctem in lacrimis et gemitu transiens³), mane pixidem cum sacramento reperit super altare. Haec nobis eodem tempore relata sunt. Aliud in mari de corpore Domini contigit miraculum quod non silebo.

CAPITULUM XIII.

Item de corpore Domini quod nave confracta ad reliquas naves natavit.

Quando in ista magna expeditione naves ex omni parte Alemanniae congregatae mare intraverunt, ob causas diversas praeceptum est sacerdotibus ne in aliqua navi corpus Dominicum servaretur. Quae cum omnes iussis obtemperarent, una sola navis Frisonum obedire noluit, quae citius inobedientiae poenam solvit. Dei siquidem iudicio confracta est, et pixis servans corpus Domini cum ceteris quae in navi erant eiecta. Homines vero aliis navibus subvenientibus liberati sunt. Et ecce vident eminus pixidem in pelago natantem, quae tam celeri motu ad naves festinabat, ut velificare videretur. Quae cum in navim⁴) unam recepta fuisset, aliud in ea visum est miraculum. Cum operculum eius⁵) esset patulum, nec zona circa nodum firmatum, inter undas illas procellosas nec una quidem guttula intravit. Hermannus Decanus sancti Gereonis in Colonia qui praesens fuit et haec vidit, pro magno miraculo ea solet recitare. Terra etiam⁶) in hoc sacramento suum recognoscit auctorem.

CAPITULUM XIV.

De corpore Domini quod Coloniae de manibus sacerdotis labens lapidi miraculose impressum est.

Plebanus sanctae Columbae in Colonia cum in quadam sollemnitate paschali populum communicaret, hostia de manu

---

1) CDP illi, facti quasi. — 2) illam add BC. — 3) R transigens. Gregor. Dial. II, init. „aetatem quippe moribus transiens, nulli animum voluptati dedit." — 4) D navem. — 5) eius om AD. — 6) ACP enim.

eius lapsa cecidit super pavimentum lateribus stratum. Ut autem Dominus se ostenderet Dominum terrae sicut et maris, mox ut hostia quantum ad speciem modici ponderis, lapidem tetigit, lateris illi duritia cessit, ita ut circulus et litterae in illo apparerent, quemadmodum fieri solet cum molli cerae sigillum imprimitur. Sacerdos territus, mox hostiam levavit, et laterem eruit. In quo cum tam ipse quam multi alii tantum miraculum vidissent, et expavissent, consilii inops[1] sacerdos, locum tam mirabiliter hostia signatum rasit, pulverem ponens inter reliquias. Huic miraculo Arnoldus monachus noster dicit se interfuisse. Ut etiam Dominus ostenderet in aere potentiam suam, tale quid fieri permisit.

CAPITULUM XV.

De hostiis in Anrode clericorum insania excussis.

In villa cui Anrode[2] vocabulum est, sacerdos quidam est nomine Everhardus. Hic ante annos paucos ad ecclesiae eiusdem festivitatem vicinos sacerdotes convocavit. Sollemnizantibus eis in vesperis circa altare et insanientibus, unus ex eis pixidem quae super altare cum corpore Domini pendebat, casu evertit, et quinque ex ea hostias excussit. Quod ubi compererunt ceteri, mox organa sua suspenderunt. Quaerentibus eis hostias et non invenientibus, populo eiecto et foribus obseratis, dum omnes angulos perscrutarentur, nec comparerent, unus eorum divino nutu ambitum qui erat circa murum ascendit, ubi easdem hostias in modum crucis dispositas[3] attendit. Erat enim idem circuitus pixide multo altior[4]. Obsequens aer suo Domino, corpus eius de pixide lapsum excepit ne super terram laberetur; ubi ab angelis susceptum, in locum illum sublimem deportatum est. Haec mihi a Methilde magistra de Fusinnich relata sunt. Cognovit et ignis sacramenti huius virtutem.

---

1) C non inops. — 2) ADP Haynrode. — 3) B dissipatas. — 4) P pixidi multo altior, AD multo altior pixidi.

CAPITULUM XVI.

De ecclesia combusta et corpore Domini intacto.

Non est diu quod quaedam ecclesia in provincia nostra exusta est. Cumque omnia quae cremari poterant in cinerem fuissent redacta, flammis sopitis homines intrantes solam pixidem cum corpore Christi illaesam super altare repererunt. Quod pro miraculo magno sicut revera fuit, Conrado Priori Loci sanctae Mariae et aliis quam pluribus referentes Deum glorificaverunt, plurimum per hoc in fide confortati. Ecce habes ex [1]) his quae dicta sunt, evidentissima argumenta, quod omni creaturae, rationabili, ut homini, irrationabili, ut animalibus, insensibili, aquae scilicet, terrae, aeri et igni, manifestata [2]) sit virtus divini huius sacramenti. NOVICIUS: Satis mihi probatum est quod sub specie panis sit verum corpus Christi; nunc autem verum eius sanguinem esse sub specie vini, similibus mihi exemplis ostendas. MONACHUS: Noveris consimiles causas esse subsequentium visionum quas [3]) et praecedentium. Quibusdam, ut iustis, forma sanguinis ostenditur, ad devotionis suae remunerationem; de sacramento dubitantibus, ad confortationem; male viventibus, ad correptionem. Ecce exempla.

CAPITULUM XVII.

De Abbate Daniele qui formam sanguinis vidit in calice.

Bonae memoriae Daniel Abbas Sconaviae, quandoque Prior noster, cum die [4]) quadam missam celebraret, formam humani sanguinis in calice vidit. Et quia tunc temporis non fuit sibi conscius alicuius mortalis, eandem visionem nequaquam sibi ad iudicium, sed ad consolationem concessam speravit. Huius visionis testis est Gerardus [5]) monachus noster, aliquando coneanonicus eius in maiori ecclesia Coloniae. Comparetur igitur [6]) visio haec visioni Godescalci, qui Dominum vidit sub specie panis in forma infantis, sicut dictum est capitulo secundo. Porro quod aliquando forma sanguinis quibusdam de sacramento dubitantibus ostendatur ad confortationem, sermo sequens declarat [7]).

1) C in. — 2) AD manifesta. — 3) B quae. — 4) ABCP in die. — 5) KR Bernardus. — 6) igitur om AD. — 7) C declarabit.

CAPITULUM XVIII.

De Heylardo sacerdote de Wuninsdorp qui formam humani cruoris vidit in calice.

Heylardus sacerdos de Wuninsdorp, cum die [1] quadam in ecclesia iam dictae villae missam diceret, et de sacramento ex immissione diaboli periculose dubitaret, quando ventum est ad orationem Dominicam ubi calix discoopertus deponi solet, humani cruoris speciem in illo vidit, et expavit. Ac si ei diceret Dominus: Si non credis sacramento, veritatem discas experimento. Et cum fides via sit ad speciem [2], species haec sanguinea te reducat ad fidem. Duravit autem forma illa usque ad sumptionem. Interfuit eidem missae Hildeboldus Comes de Lunbere [3], vir fide et opere parum catholicus. Heylardus vero sibi timens, magistro Johanni Decano Aquensi visionem retulit, a quo ego illam didici. Quod autem huiusmodi visiones quandoque fiant non solum ex culpa sacerdotis, imo etiam ex perfidia circumstantium, subsequens probat exemplum.

CAPITULUM XIX.

De cive Hildinshemensi qui in canone vidit calicem cum dubitaret sanguine Domini exuberantem.

Retulit mihi iam dictus magister Johannes aliam de sanguine Domini visionem satis terribilem. Cum in ecclesia sanctae Walburgis in Hildinsheim unde ipse oriundus est, sacerdos missam celebraret nomine Albero [4], civis quidam post tergum eius stans, cum ea quae ibi tractabantur minus crederet, liquorem ita in calice exundare vidit, ut ad instar ollae ferventis superefluens totam altaris superficiem operiret. Qua visione satis est territus, et spero quod per illam ad fidem sacramenti sit reductus. Habebat autem liquor exuberans formam sanguinis humani. Ac si ei voce Christi diceretur: Ego in ara crucis propter te *sicut aqua effusus sum* [5], et tu de medicina tua dubitas?

---

1) AD in die. — 2) Cor. II, 5, 7. — 3) BC Limbere. — 4) CP Albertus. — 5) Psal. 21, 15.

CAPITULUM XX.

De Hertwico scholare qui vidit formam sanguinis in calice in Risene.

Johannes Pastor de Risene[1]) frater carnalis monachi nostri Bernardi, missam quadam die celebravit, et ministravit ei scholaris quidam adultus nomine Hertwicus. Qui cum[2]) post perceptionem corporis et sanguinis Christi vinum calici infunderet, visibilis cruoris formam in eo vidit. Sacerdos vero videre non potuit, et ideo forte quia ipse in culpa non fuit. Idem adolescens clericatum deserens factus est miles, et usque hodie se Christi sanguinem fundere ostendit, quia multos depraedatur et affligit. Referam tibi aliam visionem, de qua mihi non constat utrum propter sacerdotis aliquod meritum sive culpam, vel circumstantium ostensa est.

CAPITULUM XXI.

De Hildebrando sacerdote de Mestede[3]) qui vidit speciem cruoris in calice cum duobus militibus.

Hildebrandus sacerdos de Mestede[4]) iuxta Covardiam[5]), cum die quadam missam celebraret, facta transsubstantiatione, sanguinem sacramentalem saepedicto modo transformatum vidit in calice. Volens tanti miraculi habere testes, duos milites ex parochianis suis qui eidem missae intererant advocavit. Qui cum non vini sed cruoris speciem cum sacerdote vidissent, expaverunt valde; multum tamen confortati sunt in fide. NOVICIUS: Satis expeditus sum de sacerdote et circumstantibus; sed miror si aliquando huiusmodi miracula contingant propter eos qui praesentes non[6]) sunt. MONACHUS: Etiam frequenter.

---

1) B Reysene. — 2) B cum missam — celebraret, et ministerium ei — Hertwicus faceret, ille cum. — 3) A Nensteme, B Neynstede, C Niensteyne, P Musteine. — 4) B Neynstede, CP Mescede. — 5) B Covordiam. Cövorden oppidum provinciae Transisalanae. — 6) non add BD.

CAPITULUM XXII.

De corporali sacramento infuso, qui[1] ablui non potuit, donec inclusa dubitans illud videret.

Sacerdos quidam in Dioecesi Coloniensi, quadam die missam celebrans, iusto Dei iudicio calicem cum sanguine in canone fudit super corporale. Quod statim humani cruoris concepit formam. Cumque dicta missa sacerdos nimis moerens super calicem illud crebrius lavisset, rubeum colorem abluere non potuit. Tunc amplius territus, orationes omnibus suis parochianis instituit, corporale lavit, sed non profecit. Quo viso tollens secum sacrum[2] lintheum, Rudolphum Scholasticum Coloniensem, virum magni nominis accersivit, casum exposuit, corporale ostendit, et quod nullo liquore color ille sanguineus ablui, nullaque arte sive oratione posset deleri contestatus est. Cui ille sicut vir prudens respondit: Estne aliquis in parochia vestra, qui de hoc sacramento dubitet? Respondit sacerdos: Est quaedam inclusa, quae frequenter inde dubitat. At ille: Ostendite illi, forte idcirco Deus vestigia sanguinis in hoc corporali deleri non sinit, quatenus eis visis illa in fide roboretur. Quod cum factum fuisset, expavit mulier et credidit, et Deus statim pristinum colorem in lintheo reformavit.

CAPITULUM XXIII.

Item de corporali infuso, in quo sanguis humanus apparuit.

Similis casus contigit iuxta[3] nos, fine tamen dissimili. Cum sacerdos quidam in ecclesia, cuius nomen excidit sicut et sacerdotis, missam festinanter et negligenter diceret, calicem fudit. Timens vero pro tanta negligentia si ad aures praelatorum deveniret, diutius ab altaris officio suspendi, casum suppressit; dictaque missa corporale complicavit et abiit. Aestimabat enim quia nemo vidisset. Erat enim sacerdos ille et forte adhuc est malae vitae, vagus et negligens valde. Campanarius vero quem negligentia minime latuerat, post discessum sacerdotis corporale revolvit; et ecce sanguis ru-

---

1) P quod. — 2) AD tollens sacrum, B tollens secum. — 3) B circa, ADP apud.

bens ac madens in omnibus partibus per quas liquor calicis defluxerat apparuit. Territus homo de tam mirabili visione, statim Coloniam cucurrit, Conradum nunc Praepositum maiorem, tunc Decanum, ceterosque Priores convenit, et quid praedicto sacerdoti contigerit, quidve viderit per ordinem recitavit. Cui praeceptum est ut tali die allato secum corporali Coloniam rediret, ut et veritatem plenius agnoscerent, et qualiter de tanta negligentia satisfaciendum esset plenius¹) deliberarent. Ego eodem tempore veni Coloniam, et recitata sunt mihi omnia haec a Bernardo maioris ecclesiae canonico. Quid vero post haec²) actum sit, non intellexi. Estne tibi adhuc satisfactum tot et tantis exemplis, an adhuc plura requiris? NOVICIUS: Sic mihi satisfecit oratio tua, ut iam non dico credam, sed quod amplius est³), sciam post consecrationem sub specie vini verum esse sanguinem Christi. Cum enim Apostolus dicat, *fidem esse substantiam rerum sperandarum, argumentum non apparentium*⁴), quae visu tam manifeste ut dictum est percipiuntur; iam non creduntur, sed sciuntur. Quod sub tam multiplici testimonio visum est, me vidisse reputo. MONACHUS: Adhuc subiungam duo exempla, per quae cognosces quod etiam quandoque Dominus in simplici liquore operetur miracula, ad honorem tanti sacramenti.

CAPITULUM XXIV.

De infirmo cui ablutio conversa est in sanguinem.

Sacerdos quidam, sicut mihi alius quidam religiosus sacerdos retulit, infirmum aliquem⁵) visitavit. Erat idem infirmus laicus admodum religiosus. Qui ait sacerdoti: Domine, num⁶) hodie celebrastis? Respondente illo, etiam; aegrotus subiunxit: Peto ut manus quibus tractastis sacrum Christi corpus et sanguinem, coram me abluatis, eritque meae infirmitati eadem ablutio antidotum. Quod cum fecisset, aqua in crathera munda⁷) recepta est. De qua cum bibisset infirmus, residuam⁸) in cistam poni iussit, et diligenter operiri. Postea cum eandem aquam requireret, puer a cistam acce-

---

1) plenius om B. — 2) B hoc. — 3) est om AD. — 4) Hebr. 11, 1. — 5) B quendam. — 6) BCD non, P mi. — 7) D crathere mundo. — 8) B residuum.

dens non aquam in crathera, sed purum sanguinem reperit. Quo allato, pro sacerdote missum est, a quo in ecclesiam deportatus, inter reliquias positus est. NOVICIUS: Quid sentis de sanguine isto? MONACHUS: Non credo fuisse Christi sanguinem, quia aqua in illum minime vertitur, nec vinum quidem absque debita sacerdotis benedictione. Deus vero ob devotionem hominis elementum mutavit, ut ostenderet quod eundem sanguinem quem sacerdos quotidie sumit in ecclesia[1]) sacramentaliter, fidelis quisque in omni loco possit sumere spiritualiter.

CAPITULUM XXV.

De nobili femina cui ultima ablutio per panem suscepta conversa est in sanguinem.

Quaedam nobilis femina de Enthenich[2]), sicut a quodam edocta fuerat, tertiam ablutionem ex digitis sacerdotis in pane recepit, credens si eandem per quatuor partes agri sui reconderet, quod nulla aeris intemperies vel grando segetes laederet. Panem interim in scrinio suo reponens, dum tempore oportuno accederet, quatenus eum per agrum suum divideret, in sanguinem coagulum[3]) eum vidit conversum. Territa nimis marito eum ostendit atque sacerdoti. Pro qua re omnes a Prioribus Coloniensibus citati, sacerdos satis punitus est, illis vix se excusantibus quod nullum foret in causa maleficium. Non enim placet Deo si ad aliquos usus temporales sacramenta illa convertantur. NOVICIUS: Placet quod dicis. Nunc peto ut exempla proferas de digne conficientibus. MONACHUS: Prius tibi ostendere volo qualis esse debeat[4]) vita sacerdotum digne conficientium.

CAPITULUM XXVI.

Qualis esse debeat vita sacerdotum.

Gloria vitae sacerdotalis in duobus praecipue consistit, castimonia[5]) videlicet et scientia. Debet enim castus esse et litteratus. Exemplum castimoniae habes in Zacharia patre

---

1) BC in ecclesia quotidie sumit. — 2) Endenich villa iuxta Bonnam. — 3) D coagulatum. — 4) AD debeat esse. — 5) C in castimonia.

Johannis, de quo Lucas sic ait: *Et factum est ut impleti sunt dies officii eius, abiit in domum suam*[1]. Vicis suae tempore Pontifices templi tantum officiis mancipati, non solum a complexu uxorum, sed etiam a domorum ingressu abstinebant. Nostris autem sacerdotibus a quibus non carnalis successio, sed spiritualis perfectio quaeritur, qui quotidie praesto debent esse altari, perpetua castitas indicitur. Quod vero litteratus esse debeat, testis est Malachias qui dicit: *Angelus scientiarum est, et legem ex ore eius requirent*[2]. Hinc est quod Hely sedebat ante fores tabernaculi[3], ut responderet omni quaerenti. Audi quid illitterato sacerdoti per Ozee dicatur: *Quia tu scientiam repulisti, repellam te ne sacerdotio fungaris mihi*[4]. NOVICIUS: Numquid omnes sacerdotes illitterati repellendi sunt a Domino? MONACHUS: Non. Quibus deest usus scientiae exterioris, habeant ut praedictum est *lumbos praecinctos, et lucernas ardentes in manibus*[5], id est opera bona. Quod si sibi commissos illuminare non valent verbo praedicationis, ad divinum amorem illos accendere studeant exemplo bonae conversationis. Introiens sacerdos ad altare Dei, lavare debet faciem, os et manus, id est maculas cogitationis, locutionis et operum, in labro aeneo quod fecit Moyses ex speculis mulierum[6]. Aqua est contritio, manuterium[7] confessio. Quod illa abluit, ista abstergit. Specula mulierum sunt exempla sanctarum animarum, fides scilicet Abrahae, obedientia Ysaac, lenitas Jacob, mansuetudo Moysi, humilitas David, zelus Heliae, pietas Josiae, castitas Danielis. In his si sacerdos se consideraverit, facile cognoscet suam imperfectionem. NOVICIUS: Qualis esse debeat conficiens, satis ostendisti; nunc me expedias in quibus consistat potentia conficiendi. MONACHUS: Quae de his legi vel audivi, paucis explicabo.

CAPITULUM XXVII.

Quae exigantur in sacerdote, ut Christi corpus possit conficere.

Tria exiguntur in sacerdote ut possit conficere, ordo, verba, intentio. Quartum est substantia panis et vini. NO-

---

1) Luc. 1, 23. — 2) Malach. 2, 7. — 3) Reg. I, 1, 9. — 4) Osee 4, 6. — 5) Luc. 12, 35. — 6) Exod. 38, 8. — 7) BCDP manutergium.

VICIUS: Quid si post[1]) benedictionem panis, vinum per negligentiam non esset in calice? MONACHUS: Ex consuetudine ordinis nostri cogimur credere ibi esse corpus Christi, quia benedictionem panis non repetimus, sed calicis tantum. Simile sentio, si sacerdos post prolationem verborum illorum, *Hoc est corpus meum*, subsisteret, neque calicis benedictionem perficere posset. Magister Petrus Cantor et sequaces eius hoc non concedunt, dicentes non posse fieri transsubstantiationem panis in corpus Christi, donec prolata sint haec verba, *Hic est sanguis*, et cetera. Quibus multi doctorum contradicere videntur in suis scriptis; similiter et verba evangelica. Prius Dominus panem benedixit, porrigens illum discipulis ad manducandum, iam non panem, sed corpus suum. Postea quam coenatum est, aliquo intervallo interiecto, benedixit calicem. Quis dicere audeat ibi non fuisse corpus Christi, nisi calice prius consecrato? Nullus omnino. NOVICIUS: Estne in tali casu sanguis Christi? MONACHUS: Etiam, in corpore non in calice. Non enim corpus Christi est sine sanguine; nec tamen ibi est per conversionem, quia ante prolationem horum verborum, *Hic est sanguis*, vinum non est conversum in sanguinem. NOVICIUS: Da mihi exemplum, quod sub specie panis sit corpus Christi antequam calix benedicatur. MONACHUS: Superius capitulo secundo habes exemplum in visione Godescalci qui mox prolatis his verbis, *Hoc est corpus meum*, vidit Christum in forma humana. NOVICIUS: Si statim Christus est ibi totus, superflue videtur mihi calix consecrari. MONACHUS: Sub duabus ergo speciebus celebrat hoc sacramentum Ecclesia, ut animae et corporis susceptio in Christo, et utriusque liberatio in nobis significetur. Nec plus sub utraque, nec minus sub altera tantum sumitur hoc sacramentum. Eadem enim ratio est, ut ait Hylarius, in corpore Christi, quae in manna praecessit. De quo qui plus colligebat, non amplius habebat, nec qui minus paraverat, minus inveniebat[2]). NOVICIUS: Satis de his expeditus sum. MONACHUS: Non inutiliter his praemissis videamus quantum gratiae et gloriae mereantur sacerdotes digne conficientes.

---

1) ABP quid si in calice post. — 2) Exod. 16, 18.

CAPITULUM XXVIII.

De sacerdote Claustri in cuius manibus infra canonem Christus visus est.

In Hemmenrode sacerdos quidam senex Henricus nomine ante paucos menses defunctus est, vir sanctus et iustus, qui annis plurimis in eodem coenobio fuerat sacrista. Hic cum die quadam in choro conversorum ad altare sancti Johannis Baptistae celebraret[1]), quidam ex conversis circumstantibus Salvatorem in effigie hominis in manibus eius contemplatus est. Ipse tamen sacerdos non vidit. Haec mihi retulit quidam ex senioribus domus illius.

CAPITULUM XXIX.

De Hermanno Abbate in cuius manibus Henricus de Hart Christum vidit in missa.

Cum in eodem Claustro et ad idem ut puto altare dominus Hermannus die quadam missam diceret, Henricus conversus de Hart, cuius supra saepe memini, in canone columbam miri candoris iuxta calicem vidit residentem. Vidit et ante sumptionem infantem pulcherrimum, qui ex manibus eius usque ad summitatem crucis ascendere visus est. Qui mox descendens sub specie panis a sacerdote sumptus est. Ex qua visione colligitur quod sub specie panis sit veritas corporis Dominici, et quod illa ineffabilis transsubstantiatio auctoritate fiat Spiritus sancti. Hermannus vero visionem non vidit. NOVICIUS: De malis sacerdotibus quaestio mihi nulla est; quare autem boni sacerdotes eum quem in altari esse credunt non videant, satis admiror. MONACHUS: Ut non videndo, sed credendo amplius mereantur. Fides non habet meritum, ut ait Gregorius[2]), cui humana ratio praebet experimentum. Cum idem Hermannus tunc Prior existens in Hemmenrode, nocte quadam infra matutinas Deum orasset, ut sibi revelare aliquid[3]) dignaretur de statu suo, mox ut residens oculos clausit, quidam ei assistens fotrum in quali[4]) scyphi a conviantibus[5]) portari solent argentei ostendit. Ipse vero,

---

1) B missam celebraret. — 2) Gregor. Homil. in Evang. XXVI, 1. BCP fides ut ait Gregorius non habet meritum. — 3) BCD aliquid revelare. — 4) B quo. — 5) BDP conviventibus, C communicantibus.

sicut mihi retulit, orationis praemissae reminiscens, cum intra se diceret, quomodo pertinet ad statum tuum visio sotri humilis [1])? ille statim superiorem thecam cuius cacumen in nodum desinebat, manu suspendit; et ecce videt [2]) pixidem Dominici corporis, cathena aurea ex eodem nodo dependentem. Sicque visio disparuit. Et cognovit Prior corpus fuisse Dominicum, quod iugiter in theca sui cordis per memoriam circumferre consuevit, sperans ex hoc suum statum in oculis Domini minus esse despectum. Quantum in sacerdotibus digne celebrantibus gratia ascendat, et merita crescant, visiones subnexae declarant.

CAPITULUM XXX.
De sacerdote qui infra canonem a terra suspenditur.

Novi quendam sacerdotem ordinis nostri, qui hanc gratiam accepit a Domino, ut quotiens cum devotione missam celebrat, per totum canonem usque ad sacramenti perceptionem [3]), in aere ad mensuram pedis unius se stare sentiat [4]). Nec mirum. Devotio enim ignea est, et semper nititur sursum. Nec magnipendo, si quandoque sibi attrahat suum exterius domicilium. Interior vero eius casa sive domicilium mens est. In qua maiorem habet potestatem, quia illam in coelum sublevat. Cumque tantam gratiam ab alio quodam sacerdote eius amicissimo comperissem, scire volens veritatem, non absque timore ab ipso coepi sciscitari quae audieram. Qui statim rubore perfusus, cum me confundere nollet, ita esse confessus est. Quando festinanter et sine devotione celebrat, vel quando strepitu circumstantium impeditur, praedicta ei gratia subtrahitur. NOVICIUS: Quantum ex his colligo, summum silentium sacerdotis devotio in missae silentio requirit. MONACHUS: Verum dicis. Si sacerdos legalis oraturus pro salute populi solus intravit in sancta sanctorum, et omnis populus, sicut de Zacharia legitur [5]), erat foris exspectans hora incensi, ne orantem impediret: quantomagis sacerdos gratiae qui iam non corruptibile pro una gente sacrificium, sed pro totius mundi salute Patri offert Filium, summam in

---

1) BCP huius; mox C ille vero statim. — 2) BDP vidit. — 3) A confectionem. — 4) conf. VIII, 72. — 5) Luc. 1, 10.

altari pacem requirit et silentium? Unde et beatus Ambrosius post Evangelium monere solebat populum, ut a tusci[1]) et omni inquietudine se temperarent tempore canonis. Quod vero devotio ignea sit, et rursum nitatur ut praefatus sum, sequens visio demonstrat[2]).

CAPITULUM XXXI.

De Ulrico monacho Vilariensi.

In Vilario Brabantiae ante hoc biennium monachus quidam defunctus est nomine Ulricus, iuvenis disciplinatus, et valde gratiosus, tam corpore quam mente virgo. Hic cum in Namuco[3]) die quinto decimo ante mortem suam missam celebraret, sicut mihi retulit praedicti loci[4]) Prior, venerabilis inclusa Uda[5]) nomine, cui Deus multa revelare consuevit, globum igneum super caput eius conspexit. Erat enim tunc temporis grangiarius. Qui cum infirmatus, in extremis ageret, et Abbas deesset, dixit ei quidam ex circumstantibus: Velletis dominum Abbatem modo[6]) videre? Etiam, inquit, valde illum videre desidero, ut praesens congaudere posset mihi eunti ad nuptias. Et adiecit: Cras habebitis propter me festum, scilicet duas missas. Quod ita factum est. Nam altera die dicta missa in conventu, post primam, erat enim Kalendas[7]) Octobris, animam virgineam efflavit, quae a coelestibus paranimphis suscepta, in aethereum thalamum ad nuptias agni, et ad amplexus sponsi deducta est. Post tertiam vero celebrata pro eo missa sollemniter in-conventu, secundum quod ipse praedixerat, terrae commendatus est. Et sicut mihi dixit dominus Wilhelmus nunc Abbas Vilariensis, tunc Prior ibidem[8]), ne unum quidem peccatum mortale deprehendere potuit in eius extrema et generali confessione. Fuerat siquidem magnae spei iuvenis, vultum habens angelicum, moribus bonis adornatus, natione Coloniensis. Praedicti[9]) vero sacerdotis personam mihi prodere non licet. Est enim vir tantae perfectionis, ut tanta gratia dignus sit, et verbis eius non credere, si tibi propalaretur, sacrilegium iudicares. NOVICIUS: Ulricum quantum ad praedictam visionem similem iudico sancto

---

1) BCDP tussi; conf. IV, 100. — 2) C declarat, B declarabit. — 3) CP Namurco. — 4) ADP loci praedicti. — 5) BC Oda; sic et cap. 35. — 6) modo om AD. — 7) BC erant — Kalendae. — 8) BC ibidem Prior. — 9) cap. 30.

Martino, de cuius capite cum altare benediceret, etiam globus igneus emicuit. MONACHUS: In utroque signum fuit magnae devotionis, cuius auctor Spiritus sanctus est, qui in igne super Apostolos apparuit. Unde non immerito a sacerdote ante canonem sursum corda habere monemur.

CAPITULUM XXXII.

De sacerdote cui Dominus tantam contulit devotionem, ut venter eius dirumpi[1]*) videatur, accedenti ad altare.*

Alium itidem novi sacerdotem, cui accedenti ad altare tantam Dominus saepe contulit devotionem, ut esset *venter eius*[2]*)*, sicut scriptum est in Job[3]*), quasi mustum absque spiraculo, quod lagunculas novas dirumpit*[4]*).* Et sicut ipse mihi confessus est, adhuc enim vivit, tam vehementes motus nonnunquam in corde eius devotio excitavit, ut pectus dirumpi[5]) videretur. Oportebat eum motus eosdem propter circumstantes reprimere. Quae peccatorum vincula huiusmodi impulsus non dirumperent[6])? Huic congruit illud Davidicum: *Dirupisti*[7]*) vincula mea, tibi sacrificabo hostiam laudis,* et cetera[8]). NOVICIUS: Puto quod valde mundis manibus sacrificent, qui tam flammeum pectus habent. MONACHUS: Quod huiusmodi sacerdotes non solum mundas, sed[9]) lucidas tempore sacrificii manus habeant, exempla sequentia declarant[10]).

CAPITULUM XXXIII.

De Richmude quae hostiam in elevatione ad instar cristalli vidit perlucidam.

Cum die quadam sacerdos quidam in Monte sanctae Walburgis missam celebraret, religiosa virgo Richmudis, cuius memini in distinctione octava capitulo septimo, post tergum illius stans, hostiam in elevatione tam lucidissimam[11]) vidit, et tam perspicuam, ac si fuisset cristallina, et radio solari perlustrata. Nec impediebant pollices sacerdotis quibus ho-

---

1) CD disrumpi. — 2) AD ut eius venter. Conf. IV, 8. — 3) Job 32, 19. — 4) CP disrumpit, D dirumpit ebullit. — 5) CP disrumpi. — 6) P disrumperent; C reprimere, ne pectoris vincula huius (sic) impulsu disrumperentur. — 7) B disrupisti. — 8) Psal. 115, 16—17. — 9) B sed et. — 10) B declarabunt. — 11) BC lucidam.

etiam tenebat in aliqua parte hostiae claritatem, quia eadem gratia pollices dotabantur. Necdum tamen factam ibi fuisse puto transsubstantiationem. Vocabatur autem sacerdos Wilhelmus, aetate quidem iuvenis, sed vitae regularis, in capella iuxta Nussiam¹) professus. Visionem hanc Richmudis ipsa Subpriori nostro Gerlaco retulit, et ipse mihi. NOVICIUS: Si tanta claritas fuit in pane ut opinaris nondum benedicto, puto magnum esse fulgorem in ipso corpore²). Dominico. MONACHUS: Hoc³) sequens visio prodit.

CAPITULUM XXXIV.

Item de devotione eiusdem quando communicabat, et de claritate quam vidit super altare in canone.

Cum⁴) eadem Richmudis, sicut ab eius ore audivi, in praedicta ecclesia ad missam matutinalem staret, infra canonem circa sacramentum maximam contemplata est claritatem. Putans primo quod radius solis⁵) per fenestram demissus⁶) altare illustraret, propius accessit, et ecce claritas eadem sensim se oculis eius subtraxit. Et intellexit statim quia lux eadem fuisset ex claritate corporis Christi, non ex sole naturali, cuius ortum eadem hora longe praecesserat. De ipsa vero Richmude et de eius devotione circa illud sacramentum mira dicturus sum. Quando vero gratia communicandi accedebat ad altare, aliquando ante perceptionem, aliquando post labebatur, tenebatur, trahebatur, nunc mentis excessum, nunc corporis defectum incurrens, ita ut dicere posset cum Jeremia: *Factus est quasi ignis flammigerans in ossibus meis, et defeci sufferre non sustinens*⁷). Videntes haec sacerdotes saepe turbabantur, et circumstantes admirati sunt. Haec de sacerdotibus digne celebrantibus dicta sufficiant. Vis nunc audire aliqua de his qui digne accedunt, et tamen sacerdotes non sunt? NOVICIUS: Volo et desidero valde. MONACHUS: Quantum apud Deum mereantur gloriae et dulcedinis, quantum gratiae et fortitudinis, quantum salutis et honoris, digne communicantes, sive communicare desiderantes, variis tibi pandam exemplis.

---

1) Neuss. — 2) B corpore benedicto. — 3) A haec. — 4) B dum. — 5) B solaris. — 6) C dimissus. — 7) Jer. 20, 9.

CAPITULUM XXXV.

De femina religiosa Brabantiae quam Christus propriis manibus communicavit.

Nondum duo anni sunt elapsi quod quaedam religiosa femina in Brabantia Uda nomine, de villa quae Thorinbus[1]) dicitur, ardenter nimis communicare desiderans, gratiam eandem sibi a sacerdote suo impartiri humiliter satis[2]) et instanter postulavit. A quo repulsam passa, dicente illo non debere feminas laicas pro libitu suo communicare, sed certo tempore, flevit et ingemuit. Cuius ardorem summus sacerdos attendens, non diu eam passus est fraudari a desiderio suo. Eadem enim nocte cum in stratu suo iacens vigilaret, et orationibus vacaret, Salvator cum multo splendore cubiculum eius ingressus, pixidem in qua corpus eius in ecclesia solebat poni[3]), propriis manibus portabat. Erat quoque[4]) circa eum flagrantia miri odoris, et multitudo angelorum in circuitu eius, qui concorditer cantabant antiphonam, *Speciosus forma prae filiis hominum*, et cetera. Cumque illa beata ad tantam gloriam stuperet[5]), stans coram ea Dominus ait: Quia sacerdos ille corpus meum tibi negavit, ego meis manibus te communicabo. Quod et fecit, hostiam unam de pixide tollens. Sicque recessit. Erat autem alia femina religiosa eius socia, in eodem cubiculo iacens et ipsa vigilans, quae omnia quae dicta sunt vidit. Quod cum ignoraret altera, aestimans eam sopore fuisse[6]) depressam, mane sciscitata est ab ea, utrumnam aliquid vidisset. Quae respondit: Etiam. Haec et haec de te vidi. Tunc certior de visione effecta, mox ecclesiam intravit, altare adiit, sacerdotem per quasdam verborum ambages quid de corpore Domini facere vel ubi illud reponere soleret[7]) interrogavit. Cui cum locum ostendisset, subiecit: O si mihi semper hic liceret versari, et respicere ad locum hunc sanctum. Petivit etiam sibi thecam reserari. Quod cum factum fuisset, ait sacerdoti: Nostis domine quot hic reposueritis particulas? Sic enim hostias vocare solent. Respondente sacerdote, etiam optime; subiunxit mulier: Rogo ut numeretis

---

1) P Thorinbais, C Torembais. — 2) satis add BC. — 3) BC recondi solebat. — 4) BC eratque. — 5) D exstupesceret. — 6) fuisse om AD. — 7) BC soleret reponere.

illas. Quod cum ille fecisset, et una¹) minus reperisset, ex nimio terrore pene amens effectus, corruit et flevit. Cuncta siquidem firmacula, tam scrinii quam pixidis salva invenerat. Tunc eum femina consolata²), quid viderit vel quid de hostia actum sit exposuit, monens ne de cetero a tanta gratia tam vehemens desiderium repelleret. Haec nobis relata sunt a Johanne monacho nostro³), qui eodem tempore de praedicta villa veniens, veraciter ea ibidem contigisse cognovit. NOVICIUS: Benedicta sit gloria Domini de loco sancto suo⁴).
MONACHUS: Non minoris gloriae est quod sequitur, et si non tam manifestum.

CAPITULUM XXXVI.

Item de Hildegunde vidua quam Christus per se ipsum communicavit.

In villa Lubbelare⁵) quae duobus milliaribus⁶) distat a Colonia, vidua quaedam honesta et religiosa erat, Hildegundis nomine, amica domini Henrici Abbatis nostri. Haec more illius viduae evangelicae pene nunquam recedebat de templo, ieiuniis et obsecrationibus serviens Deo⁷). Habebat autem filium militem iuvenem nomine Wilhelmum, a quo modicum ei impendebatur honoris, amoris et⁸) consolationis. Et cum abundaret, immemor naturae, sinebat illam egere, multis modis eam exasperans. Non est recordatus scripturae dicentis: *Maledictus a Deo qui exasperat matrem*⁹). Similia perpessa est a nuru, uxore¹⁰) filii. Quae cum infirmata, ad extrema devenisset, dixissetque ancillae: Fac me habere sacerdotem ut communicem; illa verba eius detulit ad nurum dicens: Domina mea petit sacerdotem. Cui illa substomachando respondit: In hebdomada ista accepit corpus Domini, et tamen videtur mihi quod adhuc vivat. Et adiecit indignando: Vade voca illum. Qui cum venisset cum corpore Domini, ait infirma: Quare venistis domine? Respondente sacerdote, ut communicem vos; respondit: Dominus meus cuius corpus petivi, iam hic fuit praesentialiter, et suis manibus me communicavit.

---

1) BC unam. — 2) D consolata est. — 3) B a monacho nostro Caesario. — 4) Ezech. 3, 12. — 5) Liblar. — 6) ABDP milliariis. — 7) Luc. 2, 37. — 8) C aut. — 9) Eccli. 3, 18. — 10) C scilicet uxore.

Ex hoc nunquam suscipiam illud ab homine. Post aliquot vero dies defuncta est. Et quia scriptum est: *Qui non honorat patrem et matrem, non laetabitur in filiis*, Dominus eadem hebdomada Wilhelmi primogenitum extinxit; reliqui vero eius liberi, cum ferme [1]) essent duodecim, secundum ordinem infra breve tempus omnes defuncti sunt.

CAPITULUM XXXVII.
De converso Livoniae qui communicare desiderans hostiam reperit in ore suo.

Retulit nobis dominus Bernardus de Lippa Abbas Livoniae, nunc Episcopus ibidem, rem satis gloriosam. Cum quidam si bene memini conversus, qui nuper fidem susceperat, monachos communicare vidisset, et sibi hoc minime licere cognovisset, stans contra altare communicandi desiderio suspiravit. Et ecce pius Dominus sine sacerdotis ministerio de altari per sacramentum descendere dignatus est in os eius. Qui mox hostiam aperto ore ostendens, et causam tantae gratiae manifestans, cunctos qui aderant in stuporem convertit. Eandem enim hostiam defuisse repererunt in altari. Simile huic contigit ante hoc biennium, quod tanto erat mirabilius, quanto sensui humano profundius.

CAPITULUM XXXVIII.
Item de Erkenbaldo de Burdem, cui idem contigit, cum ei ob occisionem cognati sacramentum fuisset negatum.

Erkenbaldus de Burban [2]) vir nobilis et potens, erat tantus [3]) amator iustitiae, ut nullam in iudiciis respiceret personam. Hic cum graviter infirmaretur, lectoque decumberet, in proxima camera tumultum, clamoresque femineos audivit. Qui cum de causa sciscitaretur, nullus ei circumstantium veritatem dicere praesumpsit. Tunc mittens unum ex pueris, ait: Praecipio tibi sub interminatione oculorum tuorum, ut dicas mihi meram veritatem. Cui ille pavens respondit: Domine, domicellus meus filius sororis vestrae feminam vi [4]) opprimere voluit, et haec fuit causa clamoris. Ad quod

---

1) BDP fere. — 2) B Burbon, C Burbair, P Burbay. — 3) ACDP nobilis erat et potens, tantus. — 4) BC ibi.

verbum valde commotus, dixit militibus: Ite, et suspendite illum. Milites obedientiam simulantes, postquam egressi sunt, dixerunt ad invicem: Si occiderimus iuvenem hunc nobilem, et dominus noster sicut opinabile est mox [1]) mortuus fuerit, vel morte mulctabimur, vel erimus extorres. Omnia tamen iuveni intimantes, et ut praesentiae avunculi se subtraheret commonentes, post horas aliquas ad dominum suum ingressi [2]), se eius implesse mandatum affirmaverunt. Quinto vero die iuvenis aestimans avunculum de culpa esse placatum vel immemorem, aperto ostio introspexit. Quem ut infirmus conspexit, verbis blandis advocans [3]) iuxta se sedere praecepit. Uno vero brachio collum eius stringens, et manu altera cultellum suum clam extrahens, gutturi eius infixit, et occidit. Qui cum planctu [4]) et dolore multorum elatus, toti provinciae incussit horrorem. Sed et Erkenbaldo additus est dolor dolori, adeo ut invalescente infirmitate pro Episcopo mitteret, petens sacrum sibi corpus deferri. Qui cum venisset, ille cum multis lacrimis et contritione cordis omnia peccata sua confessus est, tacita tamen iuvenis interfectione. Super quo Episcopus miratus, respondit: Quare subticetis parricidium quod commisistis in cognatum vestrum? Dicente illo, fuitne hoc peccatum? subiecit Episcopus: Etiam, crudele nimis. Et ille: Ego neque peccatum iudico, neque a Deo mihi remitti deposco. Respondente Episcopo, ego vobis Christi corpus non tradam, nisi parricidium idem confiteamini; subiunxit vir nobilis: Sciatis me domine [5]) illum non occidisse ex aliquo rancore sive motu irae, sed solummodo ex Dei timore, zeloque iustitiae. Nunquam aliquis filium sororis plus diligere potuit, quam ego illum dilexi. Si mihi corpus Domini mei negaveritis, ego illi corpus et animam meam committo. Haec [6]) enim dixit et egit propter exemplum, ne iustitiae et iudicio derogare videretur. Vix enim Pontifex limen domus egressus fuerat, et ecce aegrotus eum revocavit dicens: Revertimini domine Episcope, revertimini. Videte si in pixide habeatis corpus Christi. Quod cum fecisset, nec aliquid in ea reperisset, subiunxit ille: Ecce, quem mihi negastis, ipse se mihi non negavit. Apparuitque hostia in ore eius. Et im-

---

1) mox abest a libris. — 2) BC regressi. — 3) advocans add BC. — 4) B planctu magno. — 5) CP domine me. — 6) B hoc. Conf. III, 22.

pletum est in eo quod per Sapientem dictum est: *Diligite iustitiam, qui iudicatis terram. Sentite de Domino in bonitate, et in simplicitate cordis quaerite illum; quoniam invenitur ab his qui non tentant illum, apparet autem eis qui fidem habent in illum* [1]). Episcopus vero pavens tantum miraculum ubique divulgavit, per quem etiam quibusdam Abbatibus ordinis nostri innotuit, qui anno praeterito illud in Capitulo generali recitaverunt, cunctis Deum glorificantibus, qui facit mirabilia magna solus [2]). NOVICIUS: Valde me laetificat horum relatio. MONACHUS: Adverte nunc quanta sit in corpore Christi dulcedo.

CAPITULUM XXXIX.

De corporali dulcedine sanctimonialis quam percipit in sacra communione.

Novi quandam sanctimonialem ordinis nostri, quae illam a Domino accepit gratiam, ut quando communicat tantam ex ipso sacro corpore dulcedinem sentiat, ac si mel receperit. Non saporem panis, sed mellis ut dixi in masticatione sentit tota illa die, maxime ante perceptionem cibi corporalis, salivam habens mellifluam. Nec mirum. Legitur enim de manna, quod gustus eius fuerit quasi simulae [3]) cum melle. Est autem eadem sanctimonialis virgo vitae venerabilis, cuius personam supprimo, eo quod adhuc vivat, et se prodi non permittat.

CAPITULUM XL.

Item de dulcedine Aleidis Abbatissae Monasteriensis ex sacra communione.

Similem gratiam et forte maiorem, audivi collatam fuisse dominae Aleidi primae Abbatissae Monasterii civitatis Westfaliae. Haec quotienscunque corpus Domini a sacerdote suscepit [4]), non panis soliditatem inter dentes, neque panis saporem intra fauces [5]) sensit, sed ipsum sacramentum quasi favus mellis sine masticatione per guttur eius in ventrem defluxit, sic ut mira suavitate omnia eius interiora replerentur. Quando defuncta est, dominus Florentius Abbas de Campo sanctae

---

1) Sapient. 1, 1—2. — 2) Psal. 135, 4. — 3) ABC similae. Exod 16, 31. — 4) C sumpsit. — 5) AD os.

Mariae[1]) qui pater eius fuerat spiritualis, atque confessor, post sepulturam eius omnibus qui confluxerant eandem gratiam praedicavit. NOVICIUS: Si de cadavere leonis, ut legitur in Judicum, egressa est dulcedo, non miror si de corpore Christi qui est leo de tribu Juda[2]), dulcedo egreditur. MONACHUS: Juste moveris. Videtur huic beatae congruisse illud sponsi in Canticis Canticorum: *Favus distillans labia tua sponsa*[3]), subaudis, est tibi corpus meum. NOVICIUS: Quae tibi videtur fuisse causa illius dulcedinis in sacramento atque liquefactionis? MONACHUS: Ardor perfectae caritatis qua aestuabat[4]). Nam cum esset naturaliter vel potius ex abstinentia et laboribus semper pallida atque macilenta, quotiens eam communicare contigit, ita inflammabatur ut facies illius[5]) igneo colore resplenderet. Legitur in Exodo quod incalescente sole liquefiebat manna[6]). Manna sua albedine atque dulcedine significat Christum, qui ait: *Ego sum panis vivus, qui de coelo descendi*[7]). De quo et in Psalmo scriptum est: *Panem angelorum manducavit homo*[8]). Sol quia calet et illuminat, perfecta caritas est. Si ergo manna liquefiebat incalescente sole, non mirum si eius significatum dulcescit et liquefit inardescente caritate. Et licet in sacra communione huiusmodi dulcedo corporalis sive liquefactio sit rarior, non tamen ea dulcedine seu liquefactione quae in anima fit spiritualiter, est salubrior. Bene Christi dulcedinem senserat, qui ait: *Dulcis et rectus Dominus.* Et in alio loco: *Quam dulcia faucibus meis eloquia tua, super mel ori meo*[9]). De liquefactione sponsa dicit in Canticis: *Anima mea liquefacta est, ut dilectus locutus est*[10]). NOVICIUS: Placet quod dicis. MONACHUS: Corpus Dominicum manna est absconditum, omne delectamentum in se habens, et omnis saporis suavitatem[11]). NOVICIUS: Si tanta gratia est in sacramento altaris, quid est quod alii aliis rarius communicant? MONACHUS: Quidam se subtrahunt ex humilitate indignos se iudicantes; alii minus curant, vel propter morsum conscientiae accedere non

---

1) Marien-Campe, Marienfeld, abbatia ordinis Cisterciensis, duobus fere millibus ab urbe Bielefeld. Coenobii huius alumnus fuit Bernardus Comes de Lippa, postea Episcopus in Livonia. — 2) Judic. 14, 8. Apoc. 5, 5. — 3) Cant. 4, 11. — 4) C add illa. — 5) BC eius. — 6) Exod. 16, 21. — 7) Johan. 6, 51. — 8) Psal. 77, 25. — 9) Psal. 24, 8. 118, 103. — 10) Cant. 5, 6. — 11) Apoc. 2, 17. Sapient. 16, 20.

audent. Priores spiritualiter communicant; sequentes magna gratia se privant. Quidam sunt qui et libenter communicant et tanta gratia se dignos exhibent; hi beati sunt. Ponatur duos aequales esse in caritate, et unus simpliciter ad Christi corpus[1]) accedat, alter vero simpliciter dimittat, in communicante sicut credo intenditur caritas, et fit in eis mox meriti inaequalitas. NOVICIUS: Unde hoc probas? MONACHUS: Manna non descendit sine rore, neque Christi corpus a bonis sumitur sine augmento gratiae. Quod bonum sit bonis communicare, duobus tibi sequentibus pandam exemplis.

CAPITULUM XLI.

De converso qui communicaturus vidit Christum sanguinem suum quasi stillare in calicem.

In Claustro cuius saepe memini, sicut mihi scripsit quidam ex sacerdotibus domus eiusdem, in quadam sollemnitate Nativitatis Domini, fratres ad sacram communionem se praeparabant. Cumque pacem iam accepturi, post Agnus Dei, terrae ut moris est procumberent, vidit frater quidam puerum Jesum, non tamen quasi recenter natum, sed in cruce quasi passum, cuius omnia vulnera cruorem stillabant, quem tamen calix sanctus subter positus totum recipiebat. Unde frater ille tantis sumendis sacramentis se indignum reputans, ad superiora stalla divertit, aliisque innuentibus ut procumberet[2]), se non processurum signavit. Prima autem cantata aliis ad Capitulum exeuntibus, ipse ad orationem faciendam ut quidam facere solent divertit. Veniensque ad altare sanctae crucis orationi intendit, et videbatur ei tempus breve prae devotionis magnitudine. Cumque[3]) orationem protraheret, et abire tempus non sentiret, apparuit ei beata Dei Genitrix, et alloqui eum dignata est. Cur, inquit, hodie sacrosanctum corpus et sanguinem dilecti filii mei non sumpsisti? At ille non ore sed corde se indignum clamabat. Ad quod beata Virgo respondit: Tu te indignum cogitas, et quis putas tanta re dignus esse potest? Hanc igitur offensam tibi condonabo; sed vide ne de cetero simile feceris. Igitur cum orationi intentus et confabulatione beatae Virginis delectatus, quasi in extasi raptus esset, tandem ad se rediit, et ad Capitulum

---

1) BC corpus Christi. — 2) D procederet. — 3) que om C.

post alios accurrere¹) festinabat. Ibat, et ecce occurrebant illi aliquanti fratres sacra altaria circueuntes. Capitulum vero finitum erat. Ipse autem nesciens, et se tempestive ad Capitulum accurrere aestimans²), adhuc orabat; sed subsequens monachus signum tertiae pulsavit. Tunc demum intelligens quae circa se gerebantur, se ab hac noxa illi ad solvendum³) commisit, qui eum sic absentaverat.

CAPITULUM XLII.

De converso qui vidit in os alterius conversi sacerdotem mittere puerum pulcherrimum.

Ibat post haec⁴) in Coena Domini quidam frater ad sacram communionem. Fuit plane in maximo torpore et diffidentia, ita quod etiam si fieri posset vellet se sacrae communioni non interesse. Procedebat igitur ad altare, vel potius eundo se quasi subtrahebat, adeo ut sequentibus esset molestus, ipsumque propellerent. Cumque ventum esset ad⁵) gradum presbyterii, conversus vidit alium fratrem de quo supra dictum est sequentem. Venitque ei in memoriam visio quaedam quam ab illo didicerat, ac subito mutatus in virum alterum, ibat spirans et anhelans, spiritu iudicii et ardoris accensus quasi furnus et inflammatus, ita ut se capere vix⁶) posset. In tali ergo spiritu cum esset, et iam ad altare alacriter festinaret, vidit ille subsequens, et ex signis apparentibus interioris hominis illius statum coniecit. Humiliante itaque se illo, vidit iste posterior⁷) speciosissimum puerum manibus sacerdotis desuper altare accipi, et in os illius fratris deponi. Et cum videret, terrae procumbens, ipsum quem viderat adoravit. Moti sunt autem super hac venia illius quidam, eo quod inordinate fecisse videretur. Et convenit eum unus in audientia plurium, minans⁸) se eum proclamaturum. At ille causam ei qui sciebat commisit, ut ab hac eum verecundia tueretur. Qui immisit ei spiritum silentii et quietis, et non movit illum. Porro ille qui puerum Jesu susceperat et portabat, ibat et revertebatur in similitudinem fulguris choruscantis⁹). Incedebat

---

1) AP occurrere, B currere. — 2) ACP occurrere existimans, B currere existimans. — 3) BCP illi absolvendum, R illi ad absolvendum. — 4) BC hoc. — 5) B ante. — 6) BD vix capere. — 7) C prior. — 8) minans om AD. — 9) Ezech. 1, 14.

vel potius ferebatur in iubilo cordis, in ardore spiritus vehementis, et in tantam spiritus ebrietatem devenerat, ut quasi a sensu alienatus prope modum se non sentiret, et vix ad stallum suum sine titubatione rediret. Super hoc ab illo alio saepe multumque conventus, omnimodis occultabat, donec ille tandem ei qui de statu eius coniecerat, aperire compulsus est. Et sic demum mutua sibi collatione quod[1]) viderant et senserant innotuerunt. NOVICIUS: Si se a sacra communione subtrahentes, a beata Dei Genitrice sic corripiuntur; si ipse Dei filius sub eodem sacramento tam veraciter et tam gloriose percipitur, et ex ipsa perceptione caritas intenditur, amodo libentius communicabo. MONACHUS: In sacra eucharistia quam multiplex sit gratia, quam multiplex virtus et medicina, subiecta declarabunt exempla.

CAPITULUM XLIII.

De Mauritio Episcopo Parisiensi qui in fine suo per communionem sacram sensum recepit.

Magister Mauritius Parisiensis Episcopus ante mortem suam tam graviter infirmatus est, ut materia rapta in cerebrum, sensum ei subtraxerit. In tali defectu positus, cum corpus Domini cum instantia postulasset, et hi qui circa eum erant propter sensus inopiam illud ei dare non auderent, procuraverunt cum sacerdote ut hostiam non benedictam apportaret. Qui cum venisset cum multa reverentia, qualiter decebat Episcopum communicare, mox ut limen domus sacerdos attigit, Episcopus clara voce clamavit: Tolle tolle, non est Dominus Deus[2]). Revelaverat Deus auriculam eius[3]), ut intelligeret quid circa se ageretur. Stupente sacerdote, nec non et aliis qui aderant, reversus est, verum Christi corpus deferens. Quod cum verbis catholicis valde atque compunctivis adorans, devote suscepit, cum quo et sensum ad Dei gloriam subtractum perfecte recepit. Sicque in bona confessione plenus fide et caritate migravit ad Dominum.

---

1) B quid. — 2) BC meus. — 3) Reg. I, 9, 15.

CAPITULUM XLIV.

De puerulo qui hostiam non benedictam corpus non esse Domini deprehendit.

Simile contigit cuidam infantulo, sicuti fratres eius carnales Ludolphus et Heydenricus monachi nostri mihi narraverunt. Qui cum infirmaretur, Spiritu sancto afflatus, corpus Christi sibi dari petivit. Cumque eum parentes compescerent, ille fortiter clamavit: Date mihi corpus Domini, date mihi corpus Domini. Delatum est verbum ad sacerdotem. Qui cum diceret, non est securum tali puero qui non intelligit quid sit, dare corpus Domini, hostiam ei detulit non benedictam. Quam cum ei porrigere vellet, et diceret: Ecce hic [1] est corpus Domini; ut Dominus ex ore infantis perficeret laudem [2], et destrueret perfidiam multorum, qui de eodem sacramento male sentiunt, inspiravit puero ut responderet: Quare me vultis decipere? Non est corpus Domini quod mihi offertis. Ad quod verbum sacerdos admirans, et puero aliquid divini [3] inspiratum arbitrans, sacram ei communionem attulit, quam ille devote satis suscepit. NOVICIUS: Sicut considero per desiderium eucharistiae uterque istorum meruit spiritum prophetiae. MONACHUS: Tantae virtutis est illius [4] desiderium, ut per ipsum [5] quidam etiam revelationibus illustrentur. Verbi causa [6].

CAPITULUM XLV.

De converso qui per desiderium communicandi spiritum meruit prophetiae.

Conversus quidam de Campo sanctae Mariae cum in quadam sollemnitate peteret a magistro suo licentiam eundi ad monasterium gratia communicandi, et ille non concederet, ceteris euntibus, ipse tristis remansit. Habebat enim maximum desiderium communicandi. Eadem nocte et sequenti die [7], omnia quae intra monasterium spiritualiter agebantur, divinitus ei sunt revelata. Et licet absens esset corpore, spiritu tamen praesens fuit, communicans spiritualiter, et si non sacramentaliter. Reversis fratribus ipse eis per ordinem indicavit,

---

1) C hoc. — 2) Psal. 8, 3. — 3) C divinum, BP divinitus. — 4) C illud. — 5) libri spiritum. — 6) BC gratia. — 7) BC die sequenti.

quis missam maiorem celebrasset, quis legisset Epistolam, quis Evangelium; similiter ad vigilias qui monachi quas lectiones vel quae responsoria cantassent[1]), cunctis mirantibus exposuit. NOVICIUS: Quantum ex hoc loco coniicio, non bene faciunt qui tam salubre desiderium impediunt. MONACHUS: Hoc verum esse, sequens narratio declarabit.

CAPITULUM XLVI.

De femina religiosa quae communione sibi negata, dulcedinem eius sensit in gutture, similiter eius odorem ex remoto percipiens.

Quaedam religiosa virgo, saecularis tamen, cum a sacerdote suo corpus Domini peteret, ille iratus cum indignatione respondit: Vos mulieres semper vultis communicare secundum libitum vestrum. Et non dedit ei. Illa vero per totam missam et postea diu in ore et in gutture suo tantam sensit dulcedinem, ut non dubitaret adesse totius dulcedinis auctorem. Eadem virgo cum die quadam ex remoto deferri videret corpus Domini, miri odoris sensit ex eo flagrantiam. Quam tanto plenius percepit, quanto sacramento plus approximavit[2]). Gerlacus Subprior noster haec mihi retulit, dicens se ab ore praedictae virginis ea audivisse. NOVICIUS: Cum corpus Domini tantae sit dulcedinis, tantique odoris, miror quare solo eius esu corpora non sustententur. MONACHUS: Corpus Domini licet ore percipiatur, magis tamen cibus animae quam corporis est, nec nobis incorporatur, sed Christo nos incorporat. Attamen quod corpus communicantis quandoque sustentetur illo, duplici tibi pandam exemplo.

CAPITULUM XLVII.

De femina quae de solo corpore Christi vixit.

Femina quaedam, sicut monachus noster Renerus quandoque Scholasticus sancti Andreae in Colonia[3]) mihi recitavit, ex multa devotione saepe solita erat communicare. Quae quanto plus cibum coelestem coepit appetere, tanto amplius

---

1) B quas legissent lectiones vel quae cantassent responsoria. — 2) C appropinquavit. Conf. VII, 3. — 3) in Colonia om AD.

corporalem coepit fastidire. Quod ubi sensit, ex permissione sui sacerdotis singulis diebus Dominicis communicavit. Cui cibus ille vitalis tantam contulit fortitudinem, ut sine omni esurie corporali proximam exspectaret Dominicam. Hoc multo tempore actitans, gratiam sibi collatam praedicto sacerdoti confessa est. Ille vero cum Episcopo loci rem tam mirabilem recitasset, timens Episcopus aliquid fallaciae esse in causa, sicut vir sapiens respondit: Cum denuo venerit ad te, loco Dominici corporis hostiam ei porrigas non benedictam, per quam citius rei huius experieris veritatem. Quod cum fecisset sacerdos, femina tentatam se ignorans, mox ut domum rediit, tam vehementer esurire coepit, ut morituram se crederet si non ocius[1] manducaret. Currens tamen prius ad sacerdotem, et eandem famem peccatis suis imputans, pedibus illius se prostravit, et gratiam divinitus collatam sibi subtractam lacrimabiliter exposuit. Quod ubi ille audivit, gavisus valde gratias egit Deo, qui facit mirabilia magna solus. Et dedit ei verum Christi corpus. Cuius virtute mox omnis esuries cessit, et gratia subtracta accessit. Episcopus vero haec[2] audiens a sacerdote, et ipse Deum glorificavit. NOVICIUS: Rem recitas valde miraculosam. MONACHUS: Si Helias Propheta in fortitudine panis hordeacei ambulavit quadraginta diebus et quadraginta noctibus usque ad montem Dei Oreb[3], quid miraris si femina haec incolumis potuit vivere pasta pane vitae? Multiplex ex illo fortitudo est, non solum animae, sed et corporis. Aliud habes supra exemplum de virgine de Quido[4], quae praeter Christi corpus nihil comedit, excepta uva quam sugebat. In distinctione septima capitulo vicesimo hoc reperies. Audi[5] nunc rem satis[6] gloriosam.

CAPITULUM XLVIII.

De milite qui virtute sacrae communionis in duello triumphavit.

Lodewicus Comes Losensis[7] pater huius qui adhuc superest, etiam Cometiam[8] tenebat de Renhecke[9]. Cui propter

1) B citius. — 2) AD hoc. — 3) Reg. III, 19, 8. — 4) B Quida. — 5) B sed audi. — 6) BC valde. — 7) apud Mutium nominatur Lodewicus hic Comes Lohensis, teste Gelenio ad Vit. Engelb. p. 56. — 8) CP Comitiam. — 9) B Renthecke, C Rethecke.

absentiam miles quidam ministerialis bene natus, multas inferebat iniurias, sua [1]) sibi usurpando, et homines ad Cometiam pertinentes depraedando. Quod cum omnibus amicis suis Comes conquereretur, et die quadam diceret cuidam [2]) nobili viro qui ab eo bona tenebat, quare mihi non capitis illum praedonem? respondit: Bene eum caperem, si essem securus quod a vobis in corpore non laederetur. Quem cum accepta fide cepisset, Comes sophisma faciens, protinus sepulchrum fieri iussit, in quo militem mollibus [3]) involutum sine poena poni fecit; sicque terra opertum extinxit. Cuius cognati mox furentes coram Imperatore Frederico avo huius qui nunc imperat, contra praefatum virum nobilem cum multa vociferatione querimoniam deposuerunt, dicentes quod accepta pecunia Comiti illum tradiderit. Cumque Imperator fremeret, innocentem damnare volens, miles quidam honestus ascenso scamno loquendi licentiam petivit et obtinuit: Domine, inquiens, medietatem vix verborum audivistis. Si miles praesens esset, forte bene se [4]) excusaret. Respondente Imperatore, licentiam habeas adducendi eum; miles militem adduxit. Qui cum per advocatum plene se excusasset, instigantibus adversariis Imperator respondit: Verba sunt, non sic poenam evadet. Resistente ei milite qui illum adduxerat, et dicente, domine, si eum laeseritis, nunquam de cetero verbis vestris credetur; placatus Imperator adiecit: Modo liber abcedat, et si a me vel a meis postea captus fuerit, traditionis poenam exsolvet. Cumque vir nobilis venisset ad limen palatii, sciens longas Regibus esse manus, stans et apud se deliberans, rediit ad iudicium, dicens: Domine, non possum effugere manus vestras; tantum praesumo de mea innocentia et Dei misericordia, ut in instanti paratus sim me defendere secundum quod iustitia dictaverit. Et cum sim nobilis, iuri meo cedo. Respondit Imperator: Modo loqueris sicut probus vir. Quaesitus est in parte adversaria miles fortissimus, qui eum singulari duello impeteret. Die vero altera vir nobilis praemissa confessione corpus Dominicum suscepit; sicque cum adversario suo spem habens in eodem sacramento circulum pugnaturus intravit. Quem cum ille sicut vir validissimus impelleret et propelleret, et venissent simul ante Imperatorem, audiente tam

1) C sua bona. — 2) cuidam om AD. — 3) mollibus vestimentis. — 4) BCD se bene.

Imperatore quam circumsedentibus [1] principibus, pugil clara voce ait ad militem: Dic mihi comedisti aliquid hodie? Respondente illo, etiam, corpus Domini mei comedi; miser ille subiunxit: Etiam si diabolum comedisses, hodie te prosternam. Ut autem pius Dominus sacramenti virtutem ostenderet, mox post verba blasphemiae vires blasphemo subtraxit, et suum militem adeo roboravit, ut illum coram se minaret ut puerum, nec stare posset. Qui tandem se reddidit. Sicque per esum Dominici corporis miles fidelis victoriam adeptus, cum multa gloria ad sua liber repedavit. Haec nobis retulit Theodericus monachus noster, quandoque Comes in Wiede [2]), qui duello interfuit, et haec quae dicta sunt vidit et audivit. Igitur sacra communio salus est et [3]) animae et corporis.

CAPITULUM XLIX.

De milite qui suspensus mori non potuit, donec Christi corpus percepit.

Miles quidam nobilis terram habens et castra, apud praedictum Fredericum Imperatorem a multis accusatus est quod provinciam spoliaret. Quem cum saepius citasset, et non comparuisset, tandem proscripsit, mandans suis ut illum caperent. Qui cum lateret, non [4]) tamen minus rapinas exerceret, casu a quodam ex officio captus, patibulo secundum quod Imperator praeceperat appensus est. Tertia die miles quidam praeteriens, cum vidisset illum, ait servo suo: Deus quam pulcher homo iste erat. Respondente puero, vir ille nobilis est consanguineus vester; accesserunt propius, ut depositum sepelirent. Ad quos ille de patibulo clamavit: Deponite me, adhuc enim vivo. Aestimantibus illis quia fantasma esset, subiunxit: Nolite timere, quia homo Christianus sum. Depositus vero, sic ait: Modicum obsequii ego peccator Deo impendi, propter quod misertus est mei. Singulis diebus tres orationes Dominicas, cum totidem veniis sanctae Trinitati dicere consuevi, angelica salutatione praemissa. Quinque vero orationes, cum quinque veniis, et Ave Maria, quinque vulneribus Christi. Simili modo unam orationem, id est Pater noster, angelo cui commissus sum. Item

---

1) ACDP circumstantibus. — 2) ACP Wieda, D Weda. Eadem varietas infra X, 53, nisi quod illic C habeat Wida, ut IV, 76. — 3) et om BCD. — 4) BC nec.

eodem modo unam corpori Christi, quod singulis diebus conficitur per universum mundum, quatenus in fine vitae meae tanto muniri viatico mererer. Quod et Dominus mihi praestabit¹) sua misericordia. Unde rogo ut vocetis mihi sacerdotem, a quo illud suscipiam. Qui cum venisset, confessione praemissa communicavit, moxque spiritum emittens, ad eum cui incorporatus fuerat feliciter migravit. Quem in cimiterio sepelientes, tam grande miraculum divulgaverunt ubique. NOVICIUS: Bene iam ex hoc considero quod sacra communio salus sit mentis et corporis. MONACHUS: Quod salus sit mentis, habes exemplum in distinctione secunda capitulo sexto decimo, de milite Remensi qui eius esu compunctus est ad poenitentiam. Quod vero salus sit corporis, non solum exemplum est nobis praesens miles qui eius virtute conservatus est, ne moreretur, sed et subiecto plenius cognosces exemplo.

CAPITULUM L.

De ancilla sacerdotis quae gratia Dominici corporis sensum recepit.

Anno praeterito in Wide civitate Westfaliae cum ancilla sacerdotis de domo sero exiret, et diabolum in forma cuiusdam a quo amabatur conspiceret, in²) aspectu illius horrens, se signavit, et monstrum mox disparuit. Cui diabolus iterum apparens ait: Si non fecisses hoc signum, domum viva non intrasses. Quam cum vocaret, et illa exire renueret, subiunxit: Tolle vestem istam. Erat enim stragulata³). Quae tam in voce quam in horrore diabolum intelligens, retrorsum cecidit, et sensum penitus amisit. Sacerdos vero hostiam quasi pro remedio mittens in os eius non benedictam, cum nihil ei prodesset, digito saliva madefacto corpus Domini tetigit. Quem cum in os misisset mulieris, mox illa sensum recepit, locuta est et sana surrexit. Haec apud nos canonicus quidam Praemonstratensis recitavit, asserens se eodem tempore fuisse in praedicta civitate. Praedictum miraculum⁴) audivi a quodam religioso Abbate nigri ordinis. Adverte nunc quantum consequentur⁵) honoris Christi corpus honorantes.

1) AD praestabit mihi. — 2) ADP et. — 3) diverso colore variata. B strangulata, quod idem valet. — 4) D add etiam. — 5) BP consequantur, C consequuntur.

CAPITULUM LI.
De milite qui coram Christi corpore in luto veniam petens, luti immunditias non sensit.

Tempore schismatis inter Philippum et Ottonem, dominus Wido Cardinalis, aliquando [1]) Abbas Cisterciensis, cum missus fuisset Coloniam ad confirmandam electionem Ottonis, bonam illic consuetudinem instituit. Praecepit enim ut ad elevationem hostiae omnis populus in ecclesia ad sonitum nolae veniam peteret, sicque usque ad calicis benedictionem prostratus iaceret. Praecepit etiam ut quotiens corpus Domini [2]) deferendum esset ad infirmum, scholaris sive campanarius sacerdotem praecedens, per nolam illud proderet; sicque omnis populus tam in stratis quam in domibus Christum adoraret. Retulit eis eodem tempore casum satis miraculosum. Miles quidam in Francia fuit tantae devotionis, ut quotienscunque Christi corpus elevari sive deferri videret, prostratus illud adoraret. Contigit ut die quadam vestibus suis pretiosis indutus intraret civitatem [3]). Cumque platea in qua equitabat nimis esset lutosa, ex improviso obvium habuit corpus Domini. Quo viso modicum intra se deliberans ait: Quid facies modo? Si in tanta profunditate te prostraveris, perdita sunt vestimenta tua haec delicata; si vero non descenderis, saluberrimae consuetudinis [4]) transgressorem te semper accusabit conscientia. Quid plura? Praevalescente devotione de equo prosiliens in lutum se misit, in quo flexis genibus manibus elevatis Christi corpus adoravit. Et quia dulcissimus Dominus honorantes se non solum in futuro remunerat, imo etiam in praesenti nonnunquam rehonorat, hoc egit sua potentia, ut totius luti nec una quidem guttula vestimentis eius adhaereret. Tunc equum cum multa admiratione reascendens, amplius in fide confortatus [5]), Deum glorificavit. Simile contigit cuidam religiosae feminae in provincia nostra. NOVICIUS: Satis delector in istis miraculis. MONACHUS: Hoc etiam noveris, quia sicut Dominus sua sacramenta ut praedictum est honorantibus rependet [6]) honorem, sic blasphemantibus illa nonnunquam in praesenti poenalem inducit confusionem.

---

1) BC quandoque. — 2) corpus Domini add D. — 3) A in civitatem. — 4) D add tuae. — 5) AD confortatus in fide. — 6) ACDP rependit.

CAPITULUM LII.

De haereticis qui in ecclesiis furati sunt corpus Domini, et uno propter hoc suspenso.

Non est diu quod quidam sub scemate religionis venientes in Dioecesim Coloniensem, in diversis ecclesiis corpus Domini furati sunt. De reliquis [1]) vero ornamentis, calicibus scilicet, libris sive indumentis sacerdotalibus, nulla eis cura fuit. Ex quibus unus in provincia nostra deprehensus, et ubinam fecisset [2]) corpus Domini requisitus, respondit: In lutum iactavi illud. Propter quod miser suspensus, proiectus est in cloacam inferni. In proxima vero Synodo a domino Engilberto Episcopo praeceptum est, ut in omnibus ecclesiis Dioecesis suae corpus Domini sub clausura servaretur. NOVICIUS: Quid est quod haeretici hoc sacramentum tam vehementer persequuntur? MONACHUS: Quia fideles illud ante omnia venerantur, idcirco haeretici idem sacramentum illis in odium maxime execrantur. Multa in distinctione quinta capitulo vicesimo secundo, de errore haereticorum dixisse me recolo, et forte nimis; timeo enim aliquos ibi [3]) posse scandalizari; sed quicquid ibi dictum est, sicut testis est mihi Dominus, dixi ad gloriam Christi atque catholicorum, et ad confusionem haereticorum. NOVICIUS: Satisfactum mihi fateor, quantum gratiae mereantur digne communicantes; nunc ad indigne conficientes sermo procedat. MONACHUS: Prius tibi ex scripturis ostendam, quam periculose, et quam graviter peccent sacerdotes indigne conficientes.

CAPITULUM LIII.

De sacerdotibus indigne conficientibus.

Sicut legitur in Regum, Oza sacerdos bobus recalcitrantibus ad arcam ne declinaret manum extendit, et mox super temeritate eum Dominus occidit [4]). Dicitur eadem nocte fuisse cum uxore sua. Si sacerdos accedens ad arcam figuralem sublevandam, ob iam dictam causam morte mulctatus est, quid putas poenae merentur sacerdotes adulteri et fornicarii,

---

1) D reliquiis. — 2) fecisset germanismus est: wohin er gethan hätte. C fuisset. — 3) P inde. — 4) Reg. II, 6.

manibus pollutis¹) verum Christi corpus tangentes? Si Johannes, ut ait Augustinus, a pueritia in heremo conversatus, in utero matris sanctificatus, ausus non fuit illum tremendum et reverendum angelis Domini verticem tangere, quomodo tu peccator et pollutus, non dico verticem, sed totum Christum Deum et hominem non solum tangere, sed in ergastulo polluti corporis quasi includere et incarcerare praesumis? Multa alia contra malos sacerdotes proferre tibi possem testimonia, sed magis te aedificant exempla.

CAPITULUM LIV.

De sacerdote in Hadenmare qui carbones visus est masticare in perceptione sacramenti.

In Hadenmare villa Dioecesis Treverensis, cum quidam sacerdos qui adhuc vivit, missam celebraret, Theodericus monachus Eberbacensis in hora sumptionis carbones nigerrimos illum vidit masticantem. Est enim²) sacerdos simplex et rectus, et multa ei³) divinitus revelantur. Existente me anno praeterito cum Abbate meo⁴) in eadem villa; habet enim domus de Eberbacho grangiam in eadem villa, et ad eum⁵) spectat divina illic procurare; retulit nobis magister grangiae dicens: Tantum pecuniae oportet me dare praedicto sacerdoti, ne ecclesia divinis careat; est enim homo vitae perversae ac luxuriosus, tres missas frequenter in die celebrans⁶). Cui Abbas respondit: Prius ei darem pecuniam ne celebraret. *Qui enim manducat et bibit indigne, iudicium sibi manducat et bibit*⁷). NOVICIUS: Quid significat⁸) quod carbones visus est masticare⁹). Sumuntne mali corpus Domini? MONACHUS: Sumunt sicut et boni, sed tantum sacramentaliter. Carbonem ignis creat, et est carbo extinctus¹⁰) ignis nutrimentum. Qui enim indigne Christi corpus tractat et manducat, gehennam sibi praeparat, et nisi de tanta culpa poeniteat, *erit in combustionem et cibus ignis aeterni*¹¹).

---

1) pollutis add B. — 2) nimirum idem Theodericus. — 3) BC illi. — 4) B nostro. Conf. V, 14. — 5) ad supradictum sacerdotem. BC eam. — 6) C celebrat. — 7) Cor. I, 11, 29. — 8) BP signat. — 9) ACDP manducare. — 10) B´extincti. — 11) Isai. 9, 5.

CAPITULUM LV.

De sacerdote Frisone qui calcavit corpus Domini.

Retulit mihi anno praeterito praelatus quidam religiosus de partibus Frisiae, rem nimis horrendam de quodam sacerdote. Habet enim manus tam tremulas, ut corpus Domini non nisi per fistulam possit sumere. Die quadam cum ex eius manibus sacramentum super terram cecidisset, timens ne ab aliquo posset videri qui culpam proderet, timens etiam ecclesiae suae plus quam animae, pede illud dicitur calcasse. NOVICIUS: In omnibus Christi passionibus non legi talem contemptum. MONACHUS: Idcirco dicit Augustinus super illum locum: *Dederunt in escam meam fel*[1]*)*, de crucifixoribus eius: Quibus similes sunt indigne, inquit, sumentes et conficientes. Gravius enim peccant contemnentes Christum regnantem in coelis, quam qui crucifixerunt ambulantem in terris. Quod vero ab eis conculcetur, alibi dicit: Conculcat Christum qui libere peccat, et qui eo indigne participat. Ob huiusmodi excessus his temporibus gravissime plagata est Frisia, sicut dixisse me memini in distinctione septima capitulo tertio, de pugile qui corpus Domini sacerdoti de manibus excussit. NOVICIUS: Si mali sacerdotes Christi corpus in altari ut mihi videtur crederent, nunquam talia praesumerent. MONACHUS: Quidam credunt, quidam non credunt. Ut enim taceam de malis, de bonis sacerdotibus tibi referam exemplum.

CAPITULUM LVI.

De Petro medico qui sub specie panis tantum credidit esse sacramentum et non rem.

Coloniae in ecclesia sancti Andreae canonicus quidam exstitit ordine sacerdos, arte medicus, Petrus nomine. Cum die quadam quidam ex eius concanonicis infirmus, eo praesente esset communicaturus, et ei sacerdos diceret, credis hoc esse verum corpus Domini quod natum est de Virgine, et pro te passum in cruce? illeque responderet, credo; praefatus Petrus utrorumque verba notans, expavit. Postea solus conveniens

---

1) Psal. 68, 22.

Everhardum Scholasticum ecclesiae, qui et ipse communioni interreat, ait: Interrogavit sacerdos infirmum illum bene, et respondit ille bene? Etiam, inquit. Qui aliter credit, haereticus est. Tunc Petrus eiulans, pectusque tundens, exclamavit dicens: Vae mihi misero sacerdoti, quomodo hactenus missas celebravi? Nam usque ad hanc horam putabam speciem panis et vini post consecrationem tantum esse sacramentum, id est signum et repraesentationem Dominici corporis et sanguinis. Postea vero ad deletionem eiusdem ignorantiae quae nimis erat crassa, in honore beatae Mariae Magdalenae in Stolgingaze[1]) et capellam et hospitale in quibus nunc habitant Praedicatores aedificavit. Si vero sacerdos litteratus, et bonae admodum vitae, sic errare potuit, quid dicam de idiotis et malis? NOVICIUS: Si Christus in altari tam a malis quam a bonis tractatur et sumitur, puto quod malos valde indigne respiciat. MONACHUS: Respectus Christi non potest esse sine misericordia; sed[2]) secundum subsequens exemplum, quod periculosius est, faciem avertit ab eis.

CAPITULUM LVII.

De sacerdote malo a quo infans Christus in missa faciem avertit.

Sacerdos quidam cum missam diceret, et Christi corpus in manibus haberet, quidam ex circumstantibus in manibus eius puerum vidit, facie ab eo aversa. Quod ubi agnovit, aversionem eandem merito peccatis suis[3]) imputans, turbatus est, ita ut dicere posset cum Psalmista: *Avertisti faciem tuam a me, et factus sum conturbatus*[4]). Spero quod postea vitam suam emendaverit. Quibusdam etiam sacerdotibus indigne conficientibus, pius Dominus sacramentum subtrahit, ne sibi ad iudicium illud sumant.

CAPITULUM LVIII.

De Erwino sacerdote qui corpus Domini in missa perdidit.

Quidam sacerdos Erwinus nomine, Coloniae in ecclesia beati Petri ad altare sanctae crucis missas celebrare consue-

---

1) strata civitatis Coloniae, hodie Stolckgasse dicta. — 2) sed add R. — 3) BC peccatis suis merito. — 4) Psal. 29, 8.

vit. Hic cum die quadam post factam transsubstantiationem hostiam deponeret, de altari rotabatur. Quam cum ubique circa altare quaereret, et populus cum eo, non est inventa. Haud dubium quin per manus sanctorum angelorum perlata sit in sublime altare Dei, ne sacerdos luxuriosus eam sumeret ad suam damnationem. Habebat enim concubinam suam manifeste. Simile habes in distinctione secunda capitulo quinto, de sacerdote cui columba ob fornicationem sacramentum tulit. Alii sunt sacerdotes circa sacramentum altaris tam negligentes, et tam indevoti, ut ex consuetudine conficiendi corpus Domini, a cibis aliis non discernant.

CAPITULUM LIX.

De Daniele Abbate qui in calice reperit crudam carnem.

Abbas Daniel de Sconavia cum Prior esset apud nos, sicut ipse nobis retulit, celebrandi gratia capellam sancti Reynoldi [1] quae sita est iuxta ecclesiam sanctorum Apostolorum in Colonia, intravit. Qui cum sacerdotalibus fuisset indutus, et populus ad audiendam missam per nolam convocatus, cum calicem praepararet, particulam crudae carnis illi intrinsecus reperit adhaerentem. Territus valde, cum deliberaret utrum sibi esset celebrandum vel cessandum, populum timens scandalizare si vestes exueret, panem calici superposuit, vinum et aquam infudit, sicque celebrans totum simul sumpsit. Dicta missa requisivit ab inclusa cui calix commissus fuerat, quis novissime in eodem calice celebrasset. Quae respondit: Dominus Bertolphus cognomento vorator lardi [2]. Erat enim iam [3] dictae ecclesiae sanctorum Apostolorum canonicus, sacerdos saecularis nimis, modicum vel nihil habens religiositatis, devotionis, sive divini timoris. Ego puto me eidem missae interfuisse. Confessus est nobis praefatus Daniel, et si tunc non mihi, nunquam se in aliqua missa tantum habuisse consolationis ante [4] vel postea quantum in illa. Postea cum idem Bertolphus hospitaretur apud nos, Abbas noster negligentiam ei recitavit; sed nescio qualiter Deo satisfecerit. NOVICIUS: Melius esset tam miserae vitae sacerdotibus de qualibus supra dictum est, tacitis verbis, et remota intentione, tantum simula-

---

1) C Reynaldi. — 2) ACDP dominus talis, nomine (D ex nomine) eum designans. — 3) iam add B. — 4) BCP antea.

torie celebrare, quam corpus Domini conficere et sumere ad iudicium sibi. MONACHUS: Plus istos quaedam auctoritas dicit peccare, quia nihil simulatorie, nihil praestigiose, vel aliter quam institutum est in ecclesia, in hoc sacramento fieri debet. Idem sentiendum est de his qui sine ordinibus celebrant, et more symearum alios imitantur. NOVICIUS: Unde hoc probas? MONACHUS: Ozias Rex Juda cum ex nimio fervore devotionis officium sacerdotale sibi usurparet, a Domino lepra percussus est [1]). Non puto quin multi fuere sub eo [2]) mali sacerdotes indigne offerentes, qui tamen puniti non sunt. Ex poena cognoscitur culpa. Audi de hoc recens exemplum.

CAPITULUM LX.

De sacerdote sine ordinibus celebrante, cuius manus sacer ignis devoravit.

Sicut mihi narravit supradictus Daniel, clericus quidam, quando Parisiis studuit, horrendum satis spectaculum in ecclesia sanctae Dei Genitricis populo praebuit. Nam sacer ignis pene manus eius devoraverat. Quem cum secretius [3]) campanarius interrogasset, cuius esset ordinis, et ille respondisset, sacerdos; subiunxit: Nunquam sacro chrismate manus istae perunctae sunt. Sentiens ille spiritu prophetico se deprehensum, confessus est culpam. Quantum Christo tanta praesumptio displiceat, sequens exemplum manifestat.

CAPITULUM LXI.

Item de alio qui sine ordinibus celebrans crucifixum vidit lacrimantem.

Diaconus quidam Steinveldensis de ordine Praemonstratensi, Gerardus nomine apostatans, circa quatuor tempora se ordinem sacerdotalem suscepisse finxit, et Coloniae in basilica sancti Mychaelis, quae in Porta Martis posita est, quasi primam missam instruente eum sacerdote miserrimus celebravit. Ego eidem missae tunc scholaris interfui; et multas recepit oblationes. Confessus est postea sacerdoti qui ei

---

1) Paral. II, 26, 19. — 2) B sub eo fuerunt, AP sub eo essent, C essent sub eo. — 3) ADP secretius cum.

astitit, a quo ego audivi, quod quotiens se vertit ad populum, crucifixum contra se stantem viderit lacrimantem. Est enim imago eadem antiqua et sculpta, magna satis. Nam pius Dominus qui olim flevit super malitia [1]) ruiturae civitatis Jerusalem, et de praesumptione tanta lacrimari dignatus est. Ex lacrimis vero imaginis divinae considerans magnitudinem culpae, poenitentia ductus, Sedem Apostolicam petiit [2]), et in eadem via vitam finivit. Haec dicta sufficiant de sacerdotibus indigne conficientibus. De indigne sumentibus aliqua tibi dicam exempla.

CAPITULUM LXII.

Quomodo sacra eucharistia sumi debeat.

In Exodo praecepit Dominus agnum paschalem comedi assum igni, et cum lactucis agrestibus, renibusque succinctis [3]). Si de agno figurali per significationem haec praecepta sunt, quomodo aliquis audebit accedere ad esum veri agni sine igne caritatis, sine amaritudine cordis, et castitate corporis? Nychodemus attulit mirrae et aloes quasi libras centum, et involvit Dominum syndone [4]) munda, et post sepelivit in monumento novo, in quo nondum quisquam positus fuerat [5]): et tu quisquis in peccatis es, sine mirra et aloe, id est sine amaritudine poenitentiae, cordisque contritione, Dominum in sepulchro foetido reponis? Agnus paschalis decima die mensis tollebatur, et quarta decima [6]) immolabatur: per quod ostenditur quod non debet accedere ad eucharistiam nisi qui impleverit praecepta Decalogi, et praecepta quatuor Evangeliorum. Audi nunc quid mereantur indigne communicantes.

CAPITULUM LXIII.

De Wirico converso qui carbones sumere visus est loco sacramenti.

In Hemmenrode conversus quidam fuerat [7]) nomine Wiricus. Hic ante conversionem male vixerat, et in ordine

---

1) BC malitiam. — 2) BC petivit. — 3) Exod. 12. — 4) BCP in syndone. — 5) Johan. 19, 39—41. Matth. 27, 59. — 6) CP add die. — 7) C fuit.

modicum se emendaverat. Die quadam cum iret ad sacram communionem cum ceteris fratribus, in hora illa qua ei sacerdos corpus Domini porrigebat, alius quidam conversus religiosus vidit in os eius mitti non sacramentum, sed carbonem nigerrimum. Rationem supradictam capitulo quinquagesimo quarto, hic assigna de sacerdote de Hadenmare. Quosdam Dominus corpus suum sumere non sinit, ut culpam eorum manifestet.

CAPITULUM LXIV.
De converso proprietario qui corpus Christi sumere non potuit.

Vix duo anni sunt elapsi, quod conversus quidam de ordine nostro infirmatus est graviter, in Pictavia domo quae dicitur Fumoringens. Cuius confessionem cum Abbas audivisset, eumque satis diligenter ad emundationem conscientiae monuisset, allatum est ei corpus Domini. Quod quidem aperto ore suscepit, sed os ad masticandum[1]) claudere non potuit. Mirantibus universis qui aderant, sacerdos sacramentum extrahens alteri dedit infirmo, quod ille devote satis sine omni suscepit impedimento. Non multo post conversus idem mortuus est; et causa salutem eius impediens declarata est. Nam quinque solidi, non argentei, sed aerei, cum esset abluendus, circa eum inventi sunt. Non enim ei licuit habere pecuniam. Et glorificaverunt Deum videntes haec. Ad mandatum vero Abbatis in campo[2]) sepultus est, et super eum iidem solidi proiecti, dicentibus omnibus qui aderant: Pecunia tua tecum sit in perditionem[3]). Haec cum idem Abbas recitasset in proximo Capitulo generali, subiunxit: Et ut sciatis nullam fuisse infirmitatem in causa, quare corpus Domini sumere non posset, eadem die gallinam integram comedit. Aestimo tibi iam satisfactum quod sub specie panis sit verum corpus Christi, et sub specie vini post consecrationem verus sanguis Christi, et quod digne conficientes atque sumentes mereantur gratiam, indigne vero poenam[4]). NOVICIUS: Etiam si de[5]) his dubitassem, amodo dubitare non possem. MONACHUS:

---

1) CD manducandum. — 2) Homil. IV. p. 247: „Proprietarii singulis annis excommunicantur; et si in eorum morte modicum quid inventum fuerit, quod proprietatem sapiat, extra cimiterium sine omnibus beneficiis Christianae religionis more animalium brutorum sepeliuntur." — 3) Act. 8, 20. — 4) ADP culpam. — 5) C in.

Dicam tibi in fine nunc [1]) huius distinctionis quantum Deo placeat, si munde et sollicite fiant, quae tanto sacramento fuerint necessaria.

CAPITULUM LXV.

De hostia quae in Belle de corporali resilivit, ob vermiculum in ea decoctum.

Circa hoc biennium iuxta Coloniam in villa quae Belle vocatur, gestum est quod dico. Die quadam cum sacerdos missam [2]) celebraret, et dicto Evangelio ut saecularibus mos est, ministrante scholare hostiam patenae superpositam super corporale locasset, illa mox resilivit. Putans hoc sacerdos casu accidisse, neque hostiam bene locatam, denuo eandem superposuit, quae remotius eo intuente resilivit quam prius. Cumque tertio id tentasset, quasi turbine impulsa, proiecta est de altari. Quo viso territus est valde, et se tanto ministerio indignum reputans, praecepit scholari, ut eadem hostia reservata, aliam superponeret, quam et consecravit. Dicta vero missa tollens secum hostiam praedictam, Coloniam properavit, inveniensque Priores apud sanctos Apostolos, hostiam eis ostendit; quid de ea actum sit recitavit. Cunctis causam mirantibus, unus clericorum hostiam contra lucem levans, maculam in ea contemplatus est. Quam cum in aspectu multorum fregisset, cymex qui vulgo pediculus parietinus [3]) dicitur, apparuit in ea decoctus. Et glorificaverunt Deum [4]) omnes qui aderant. Haud dubium quin a sanctis angelis reiecta sit, qui non sunt passi, ut panis tam foetido vermiculo corruptus, per ministerium sacerdotis transiret in corpus Domini sui. Hellewicus Prior Montis sanctae Walburgis testatur se eandem hostiam vidisse. Sacerdos adhuc vivit; qui mihi minus credit, interroget illum. Vides quanta sit negligentia sacerdotum nostrorum? Olim sacerdotes legales ad panes propositionis agros ipsi excolebant, seminabant, triturabant, molebant, pinsebant, panes formabant, et coquebant. Erantque de simula [5]) mundissima. Attamen in illis panibus sola erat figura. Heu modo panes sub quibus est veritas, id est corpus Christi post consecrationem, modo pinsunt, formant, et

---

1) BC nunc in fine. — 2) B missam ibidem. — 3) A paretinus. — 4) BP Dominum. — 5) C simila.

coquunt negligenter uxores campanariorum; et ideo tales eveniunt negligentiae. Unde cum Abbas noster die quadam celebraturus esset missam in quadam ecclesia, et essent hostiae nigerrimae, ait campanario: De quo grano sunt hostiae istae? Respondente illo, de havena, noluit celebrare; valde arguens illum, dixit quod nihil ibi fieret. NOVICIUS: Quid sentiendum est de spelta? MONACHUS: Requisitus de hoc dominus Papa Honorius per litteras cuiusdam Abbatis ordinis nostri, respondit, speltam magis pertinere ad hordeum quam ad triticum. De corporali vero tibi etiam referam exemplum.

CAPITULUM LXVI.

De corporali quod ob tactum impraegnatae sanctimonialis sanguineam contraxit maculam.

In domo quadam sanctimonialium, cum custos coenobii eiusdem femina religiosa, die quadam corporale lavisset, iuvencula quaedam quae ei ad solatium fuerat deputata, cum ea lotum extendit ad siccandum. Ad cuius tactum mox macula sanguinis apparuit. Qua visa custos iterum corporale lavit, et maculam abluit; sed mox ut iuvencula manum apposuit, mox eadem apparuit. Delatum est miraculum ad magistram; iniunctae sunt orationes, revelata est causa; quaesitum est et inventum. Fuerat enim impraegnata occulte [1], et ideo tactu corporalis indigna. Quantum Deo mundae manus placeant ad idem ministerium [2], sequens declarat exemplum.

CAPITULUM LXVII.

Item de corporali quod Godescalcus in exsiccatione rupit, et divina virtus reparavit.

Godescalcus de Volmuntsteine cuius supra memini, cum die quadam corporale cum sacrista nostro [3] extendisset ad poliendum, illudque per medium rupisset, custos illud complicans, in theca reposuit. Postea illud explicans, cum integrum reperisset, miratus est valde, sanctitati praedicti sacerdotis illud ascribens. Quantum gratiae in exsiccatione unius corporalis meruerit [4] virgo

---

1) BC occulte impraegnata. — 2) B servitium. — 3) nostro om AD. — 4) BC meruit.

de Quido¹), habes supra in distinctione septima capitulo vicesimo. Igitur pascha nostrum immolatus est Christus²). Ipse enim verus est agnus, qui abstulit peccata mundi. Sine esu huius agni, securi non egrediemur de Aegypto, id est de hoc mundo. Differentia et modus comestionis satis in capitulo primo huius distinctionis ventilata sunt. Sic illum comedere studeamus, ut eius virtute de deserto nostrae religionis pervenire valeamus in terram verae promissionis; in qua per ipsum et cum ipso ultimum et aeternum pascha celebrare mereamur. Amen.

DISTINCTIO DECIMA
DE MIRACULIS.

CAPITULUM I. *)

Quid sit miraculum; a quo vel a quibus fiant, seu in quibus; quae etiam sit causa miraculorum.

NON sine ratione post sacramentum corporis et sanguinis Christi tractandum suspicor de miraculis, quia qui digne illud conficiunt vel eo participant, nonnunquam gloria miraculorum illustrantur. Licet enim omnia quae in superioribus distinctionibus dicta sunt, satis sint miraculosa, attamen in praesenti distinctione aliqua de rebus miraculosis dicere proposui. Et bene hoc fieri arbitror in distinctione decima, eo quod Aegyptus decem plagis valde miraculose sit percussa³). NOVICIUS: Quid est miraculum? MONACHUS: Miraculum dicimus quicquid fit contra solitum cursum naturae, unde miramur. Secundum causas superiores miraculum nihil est. NOVICIUS: A quo vel a quibus fiunt miracula? MONACHUS: Miracula fiunt Deo auctore, secundum quod in Psalmo legitur: *Tu es Deus qui facis mirabilia*⁴). Fiunt

---

1) B Quida. — 2) Cor. I, 5, 7. — *) Ad has tres distinctiones postremas adhuc collatus est codex optimus, e bibliotheca Gymnasii Confluentini editori concessus. Cuius libri variae lectiones littera E signatae sunt. — 3) CP percussa est. — 4) Psal. 76, 15.

etiam miracula tam per malos quam per bonos¹). De bonis quaestio non est; de malis vero Salvator dicit in Evangelio: *Multi dicent mihi*²) *in illa die, Domine Domine, nonne in nomine tuo prophetavimus, et in nomine tuo daemonia eiecimus?* et cetera, usque illuc, *nescio qui estis*³). NOVICIUS: Quae est causa miraculorum? MONACHUS: Causa multiplex est, mihique inexplicabilis. Aliquando Deus miracula operatur ut⁴) in elementis, ut mortalibus suam ostendat⁵) potentiam. Aliquando genera dat linguarum, sive spiritum prophetiae, ut manifestet suam sapientiam. Aliquando gratiam dat sanitatum, ut suam magnam nobis revelet misericordiam. NOVICIUS: In quibus fiunt miracula? MONACHUS: In hominibus, in elementis, igne scilicet, aere, aqua et terra, in avibus, piscibus, animalibus et reptilibus. Quae ut magis tibi fiant nota, aliqua de singulis tibi subiungam⁶) exempla. De sanctis vero qui nostris fuere temporibus, miracula plurima tibi dicere possem; sed scripta aliorum silentium mihi imponunt. Aliqua tamen tibi referam unde satis miraberis. Nostris enim contigit temporibus⁷) quod sequitur.

CAPITULUM II.

De Winando qui infra unam horam ab Jerusalem translatus est in Dioecesim Leodiensem.

In Dioecesi Leodiensi villa quae Elzelo dicitur, laicus quidam habitabat religiosus nomine Winandus, matris⁸) monachi nostri Winandi, a quo nomen traxit, avunculus. Hic tempore quodam peregrinationis gratia cum quibusdam provinciae suae hominibus Jerosolymam profectus est. In die vero Paschae cum post sollemnia missarum se ad reditum illi praepararent, eisque⁹) praedictus Winandus ut homo devotus suaderet dicens, conveniens est fratres, ut in hac sacratissima die quiescentes, omnes eius horas peraudiamus; persuadere non potuit. Festinantibus eis ad portum, ipse remansit, omniaque diei illius officia peraudiens, solus post eos die sequenti iter

---

1) CP bonos quam per malos. — 2) CE dicunt mihi, AD dicunt. — 3) Matth. 7, 22—23. — 4) B uti. — 5) ABC suis ostendat, E suis ostendat suam, D ostendat suam. — 6) CP tradam. — 7) BC temporibus contigit. — 8) E frater matris, B pater matris. — 9) C eisdemque.

arripuit. Cui persona magnae reverentiae in ¹) equo occurrens atque salutans, ait: Cur sic bone homo solus incedis, vel unde venis? Respondente eo, ab Jerosolymis venio, et sic atque sic mihi contigit; ille protinus subiunxit: Ascende et sede post tergum meum, bene insequemur socios tuos. Quod cum fecisset, eadem die iuxta praedictam villam eum deposuit dicens: Cognoscis ubi sis? Dicente illo, provinciam quidem agnosco²), sed quid circa me agatur ignoro; eques adiecit: Quia Christum honorasti, idcirco missus sum ut te reducerem. Ecce domus tua, vade et enarra mirabilia eius quae circa te gesta sunt. Quem cum noti eius vidissent, dixissentque, ubi sunt socii tui? respondit: Hodie fui in Jerusalem, et reliquerunt me heri³) ibidem, praecedentes me. Et non crediderunt ei, dicentes: Senex iste delirat. Qui statim concivium subsannationes declinans, cum pecunia quae ei supererat ex⁴) gratia coelestis convectoris, limina beati Jacobi Apostoli petivit, et antequam socii eius redirent, ipse rediit. Duplici igitur⁵) testimonio glorificatus, peregrinorum videlicet quod in Pascha in Jerusalem sit relictus, et concivium quod die sequenti in Elzelo sit visus, ab utrisque magnificatus est Dominus, tanta mirabilia⁶) ubique divulgantes. NOVICIUS: Si Gerardus de Holenbach, sicut dictum est in distinctione octava capitulo quinquagesimo nono⁷), translatus est in ictu temporis ab India in provinciam nostram ministerio diaboli, Dei tamen praecepto, non hoc miror de coelesti nuncio. Antiqua nostris temporibus renovantur miracula. Helias Tesbites per currum⁸) et equos raptus est in paradisum⁹); hic vero non minus miraculose per equum et equitem in morula temporis transvectus est per multa spatia maris atque terrarum. MONACHUS: Ego tecum sentio. Audi nunc aliqua de personis ordinis nostri miracula.

CAPITULUM III.

De monacho idiota qui in somnis accepit scientiam praedicandi.

Relatione quorundam Abbatum ordinis nostri didici quod dicturus sum. Monachus quidam per visionem nocturnam

1) CP illi in. — 2) CP cognosco. — 3) heri om CP. — 4) ADE et. — 5) CDP ergo. — 6) CP miracula. — 7) ABEP octavo. — 8) CP currus. — 9) Reg. IV, 2, 11.

in coeleste templum se transpositum vidit, in quo alba et stola indutus, coram Domino Evangelium legit. Erat enim Diaconus et idiota. Qui cum legendi benedictionem postulasset a Domino, huiusmodi responsum accepit: Ab hac hora habeas scientiam atque [1]) virtutem praedicandi verbum Dei, quotienscunque tibi iniunctum fuerit. Lecto vero Evangelio evigilans, intellexit quod somnium esset. Miratus tamen de tam manifesta visione dicebat intra se: Hodie lecturus es Evangelium ad missam; si eiusdem coloris inveneris stolam qualem in coelo vidisti, vera est visio. Nutu vero factum est Dei [2]), ut a sacrista stola consimilis exponeretur. Mox quasi de visione certificatus, quid viderit Abbati exposuit. A quo iussus loqui verbum Dei, usque hodie impraemeditate [3]) tam excellenter et tam efficaciter illud proponit [4]), ut omnes suos auditores in stuporem convertat. Aliis siquidem temporibus nullius est litteraturae. NOVICIUS: Miraculum Salomonis qui in somnis scientiam accepit, in isto resultat [5]). MONACHUS: Deus enim scientiarum Dominus est [6]), aliis scientiam miraculose ut dictum est [7]) conferendo, aliis non minori miraculo habitam subtrahendo.

CAPITULUM IV.

De clerico qui per minutionem litteraturam perdidit, et rursum recepit eandem anno revoluto sanguinem minuendo.

Abbas de Lapide sancti Mychaelis [8]) tempore Capituli generalis per Hemmenrode transiens, casum mirabilem nimis ibidem recitavit. Fuit apud nos, inquit, clericus bonae admodum litteraturae. Hic cum die quadam in vena sanguinem minueret, sic omnem scripturarum scientiam perdidit, ut eam per sanguinem effudisse videretur. Litteram ab illa hora non cognovit, Latini sermonis nec unum quidem verbum intelligere vel proferre potuit. Et ut noveritis privationem sensus non fuisse in causa, sed divinam potentiam, omnium rerum prius habitarum plene retinuit scientiam. Qui cum tam mirabilem litteraturae suae iacturam cum dolore multis exposuisset, quidam ei suasit dicens: Anno revoluto, eodem die et eadem hora

---

1) CEP et. — 2) BEP Dei factum est. — 3) B **impraemeditative**. — 4) ADE **proposuit**. — 5) Reg. III, 3. — 6) Reg. I, 2, 3. Mox ADE alii. — 7) BP **ut dictum est miraculose**. — 8) Michaelstein, abbatia ordinis Cisterciensis, duobus fere millibus ab oppido Halberstadt.

iterum minuas; forte subtracta recipies. Quod cum fecisset, scientiam pristinam recepit. *A Domino factum est istud*[1]*), sicut et praecedentia, et est mirabile in oculis nostris*[2]*)*. Aliis etiam per alios Dominus tribuit gratiam sanitatum.

CAPITULUM V.

De converso Eberbacensi cuius tactu infirmi sanabantur.

In Eberbacho conversus quidam exstitit, homo simplex et bonus, aetatis decrepitae. Huic Dominus tantam contulerat gratiam, ut tactu manus eius diversae infirmitates fugarentur. Quod ubi saecularibus compertum est, ex utroque sexu, tam divites quam pauperes, gratia sanitatum ad monasterium confluentes, virtutem benedictionis eius senserunt. Ex quorum concursu videns Abbas fratrum quietem turbari[1]) et domum in expensis non modicum gravari, eidem converso ne alicui saeculari de cetero manus imponeret praecepit. Et cessavit ex illa hora in eo virtus miraculorum. Haec mihi ante hoc biennium cum essem in Eberbacho, a monachis recitata sunt. Ego vero virum sanctum adii, et cum rogassem eum ut pro me oraret, simpliciter respondit: Quotidie oro pro te, et pro toto mundo. NOVICIUS: Quibus operibus meretur tanta gratia? MONACHUS: Exemplo non verbis respondebo tibi.

CAPITULUM VI.

De monacho contemptore temporalium cuius tactu vestimentorum infirmi sanabantur.

Retulit nobis nuper Abbas quidam ordinis nostri de quodam monacho, cui tanta a Domino concessa est gratia, ut virtute vestimentorum eius multi sanarentur. Saepe, si tamen adhuc vivit, dum fratres vestes eius induunt, vel cingulo se cingunt, sanantur. Quod cum tempore quodam Abbas eius considerasset, nec aliquid specialitatis in illo[3]) vidisset, his verbis eum secretius allocutus est: Dic mihi fili, quae est causa tantorum miraculorum? Respondit ille: Nescio domine. Non plus ceteris fratribus oro, non plus ieiuno, non plus vigilo, non plus laboro; sed unum scio, quod me extollere

---

1) AD illud. — 2) Psal. 117, 23. — 3) ADE in eo.

non potest¹) prosperitas, neque frangere adversitas, sive de persona mea sit, sive de²) aliorum. Cui cum dixisset Abbas, non te turbavit³) quod miles talis nuper grangiam nostram incendit? respondit: Non. Totum enim Deo commisi. Si modicum habeo, cum gratiarum actione recipio⁴); si multum, iterum gratias ago. Et⁵) cognovit Abbas quod causa tantae virtutis esset amor Dei, et contemptus rerum terrenarum. Sanctae virtutes, fides videlicet, spes, caritas, iustitia, humilitas, obedientia, zelus disciplinae, atque compassio, saepe gloria miraculorum remunerantur, sicut subsequentibus exemplis declaratur.

CAPITULUM VII.

De rustico fornaci in Hemersbach incluso et per sanctum Jacobum liberato.

Juxta Coloniam duae generationes rusticorum inter se graves satis inimicitias exercebant. Ex quibus una infirmior, in castrum vicinum Hemersbach⁶) se transtulit. De quo partem adversam satis damnificans, cum die quadam unum ex eis cepissent, volentes tres ex eis pecuniae aliquid⁷) ab illo extorquere, dicebant: Si non dederis nobis pecuniam, puniemus te. Quibus ille respondit: Tres obulos⁸) habeo, emite ex eis cuneos⁹) et comedite, quia nihil amplius habebitis. Fidemque habens in Deo et in sancto Jacobo, subiecit: Quinque marcas domi habeo in cista mea, et calciamenta nova, quibus limina petam sancti Jacobi; non vobis dabo illam pecuniam. In die sancti Stephani profecturus sum, et ante ortum diei¹⁰) a vobis recessurus. Mirantibus eis verborum eius constantiam, duos¹¹) illi compedes imposuerunt¹²), et in fornacem illum mittentes, octo viros nocte illa ad custodiam ei¹³) deputaverunt. Quem semel ac secundo interrogantes, utrum adhuc ibi esset; et ille tot vicibus respondisset, etiam adhuc sum hic; tertio eadem sciscitantibus nihil re-

---

1) CP non potest extollere. — 2) de add ADE. — 3) B conturbavit. — 4) P actione accipio, D accipio actione. — 5) B tunc. — 6) Hemmersbach, iuxta Bottenbroich, prope Bergheim. — 7) BD aliquid pecuniae. — 8) C obolos. — 9) cuneus, species vel forma panis. — 10) B solis. — 11) B duas. — 12) B apposuerunt. — 13) AD ad custodiendum ei, E ad custodiendum eum.

spondit, quia virtus fidei iam illum clausa fornace eduxerat. De spe in superioribus multa dicta sunt; virtutem vero caritatis sequentia declarabunt.

CAPITULUM VIII.

De Abbate qui in caritate a monacho suo admonitus carnes comedit.

Abbas quidam ordinis nostri monacho suo infirmo¹) praecepit²) carnes manducare. Ille mox obediens licet invitus, Abbati respondit dicens: Et ego vos rogo in caritate eadem, ut mecum illas comedatis. Qui statim deprecanti consentiens resedit; morsellum de scutella monachi³) tulit et comedit. Sequenti die si bene memini in ecclesiam ubi homo quidam a daemonio vexabatur devenit. Rogatus a circumstantibus ut daemonem adiuraret, in⁴) haec verba prorupit: Adiuro te immunde spiritus in ea⁵) caritate qua pridie propter monachum meum carnes comedi, ut exeas ab hoc homine. Qui mox ad idem verbum exiit⁶) et fugit, ac si caritatis incendium sufferre non posset. Quantum Deo caritas placeat, ex vitio inobedientiae plenius ostenditur.

CAPITULUM IX.

De monacho qui carnem foetidam coepit comedere, cum Abbati suo obedire nollet ad esum carnium.

Alius quidam Abbas cum haberet monachum infirmum, ut ad recuperationem virium carnes comederet praecepit; sed ille pertinax nimis, praecipienti non acquievit. Ut autem Dominus⁷) ostenderet meliorem esse obedientiam, quam stultorum victimas⁸), inobediens monachus mox in rabiem versus in agrum cucurrit, ubi canem mortuum offendens⁹), carnes eius foetentes avidissime comedere coepit. Et quia in carnibus peccavit, in carnibus punitus est. Quid postea de eo actum sit ignoro. Haec duo miracula mihi narravit magister Johannes Decanus Aquensis, asserens sibi illa veraciter recitata. Audiant haec¹⁰) monachi et obediant, neque inconditam

---

1) infirmo om C. — 2) DE add in caritate. — 3) monachi om ADE. — 4) ADE ut eum adiuraret, Abbas vero in. — 5) CP hac. — 6) BP exivit. — 7) BP Deus. — 8) Eccles. 4, 17. — 9) DEP inveniens. — 10) C hoc.

abstinentiam caritati praeponant. Aliud adhuc referam exemplum, per quod cognosces quam bona sit virtus caritatis, et quam periculosum vitium inobedientiae.

CAPITULUM X.

De femina a daemonio liberata et ab eodem ob inobedientiam confracta.

Nobilem quandam feminam in Saxonia diabolus obsidens durissime vexavit[1]. Quam dum pro remedio sanitatis ad diversa sanctorum limina ministeriales eius duxissent, die quadam sacerdos quidam superveniens, forma quidem despectus, sed gratia Dei praeditus, vexationi illius compassus est. Ex multa enim caritate Dominum exorans, daemonium eiecit, feminam sanitati restituens[2]. Cui dedit in mandatis, ut per dies triginta in eodem loco manens quotidie communicaret, et singulas horas canonicas praedictorum dierum peraudiret. Quod cum fecisset novem diebus, nihil mali[3] sui deinceps suspicantes abduxerunt eam. In via turbine maximo impulsa, atque deiecta, sic totaliter confracta est a diabolo, ut omnia eius membra humanis visceribus simillima apparerent. NOVICIUS: Quae fuit causa poenae tam crudelis. MONACHUS: Inobedientia. Simile habes in Dialogo sancti Gregorii de quodam clerico obsesso, et a sancto Benedicto liberato. Cui cum praecepisset ne unquam ad sacros ordines accederet, et ille post annos multos[4] transgressor existeret, mox eum diabolus pervasit[5], tamdiu vexans donec spiritum exhalaret[6].

CAPITULUM XI.

De daemone quem Albertus Scodehart[7] iocularitet eiecit.

Abbas de Nuinburg[8] quae est abbatia ditissima nigri ordinis in Saxonia, nuper per nos transiens, retulit nobis miraculum de curatione cuiusdam obsessae iocundissimum. Est, inquit, apud nos miles quidam religiosus Albertus nomine,

1) B obsederat dirissime vexans. — 2) B restituit. — 3) mali om ADE. — 4) ADEP multos annos. — 5) CDE invasit. Conf. IV, 99. — 6) Gregor. Dial. II, 16. — 7) CP de Scodehart. — 8) Novum Castrum, Mönch-Neuburg, iuxta oppidum Bernburg.

cognomento Scothart. Hic ante conversionem in armis erat tam strenuus, in militia tam nominatus, ut pene omnes nobiles terrae nostrae certatim ei sua munuscula, dextrarios videlicet, et vestimenta pretiosa dirigerent, quatenus illum sibi associarent. Die quadam dum quaedam puella duodecim annorum cuiusdam militis filia, in quadam sedens ecclesia, a religiosis [1]) exorcizaretur, in risum resoluta clamavit: Ecce amicus meus venit, ecce amicus meus venit. Requirentibus illis [2]) de quo diceret, respondit illa: Bene videbitis eum. Dicebat enim de praedicto milite, qui eadem hora satis remotus fuerat ab ecclesia. Qui quanto plus propinquavit [3]), tanto plus illa exultavit. Qui cum ecclesiam intraret, illa ei assurgens, et manibus plaudens, salutavit eum dicens: Ecce iste est amicus meus, cedite cedite, sinite illum appropinquare. Erat enim indutus vestibus purpureis atque cultellatis [4]). Qui cum accessisset ad eam, et dixisset, sum ego amicus tuus? respondit per os puellae diabolus: Etiam amicus meus optimus, omnem enim voluntatem meam facis. De quo verbo miles satis turbatus est, licet dissimularet. Subridens tamen sic ait: Tu daemon stultus es et fatuus. Si prudens esses, nobiscum ad tornamenta pergeres, in quibus homines capiuntur [5]) et occiduntur. Ut quid sine causa vexas puellam hanc innocuam quae non peccavit? Dicente diabolo, si vis ut tecum pergam, sine ut intrem in corpus tuum; respondit miles: Certe non intrabis in me. Et diabolus: Concede ut sedeam in sella tua. Quod cum negasset, petivit locum in aliqua parte equi vel freni; quae omnia negata sunt ei. Ad quem rursum diabolus: Non possum pedes currere. Si vis ut tecum vadam, aliquem mihi saltem locum concedas circa te. Miles vero puellae compassus, ait daemoni: Si illam volueris deserere, concedam tibi unam lingulam pallii mei, tali conditione ut in nullo me laedas, et tamdiu mihi adhaereas, quamdiu tornamenta quaero. Quando tibi praecepero, bona tua voluntate sine contradictione recedes. Et iuravit ei diabolus dicens: Non te laedam, sed promovebo. Exiensque de puella, lingulae pallii eius insiliit, mirabili motu se prodens. Ab illa hora tantum gloriae in tornamentis militi accessit, ut quos lancea deiicere vellet deiiceret, quos capere caperet. Cum eunte ibat, et cum

---

1) a religiosis om ADE. — 2) illis om ADE. — 3) B appropinquavit. — 4) C cutellatis. — 5) BC et capiuntur.

loquente loquebatur. Quando prolixius in ecclesia orabat, dicebat: Modo murmuras nimis. Quando aqua benedicta se aspersit, iterum aiebat[1]): Vide ne me tangas. Cui miles: Si una gutta te tetigerit, non mihi placebit. Tempore illo quo crux praedicabatur, cum miles intraret ecclesiam gratia signationis, diabolus illum retrahere nisus est dicens: Quid hic agis? Respondit miles: Deo propono servire, et tibi renunciare. Recede ergo a me. Haec dicente milite, respondit Sathan: Quid tibi in me displicuit? Nunquam te laesi, sed ditavi. Per me gloriosus factus es nimis. Attamen tecum manere nisi consentias non potero, quia hoc promisi. Tunc miles: Ecce crucem iam suscipio, et ut ilico nunquam reversurus recedas a me, in nomine crucifixi te adiuro. Et reliquit eum diabolus. Qui mox cruce signatus mare transiit, ubi duobus annis Christo militans, reversus hospitale magnum atque ditissimum peregrinis et pauperibus aedificavit. Habebat enim annuatim in redditibus plus quam trecentas libras argenti, teste praefato Abbate. In quo hospitali usque hodie cum uxore sua in habitu religioso membris Christi servit, religiosorum omnium, maxime ordinis nostri susceptor devotus. Quibus[2]) in ioco dicere solet: Vos domini Abbates, et vos monachi non estis sancti; nos milites tornamentis operam dantes sancti sumus, quia daemones nobis obediunt, illosque eiicimus. NOVICIUS: Nescivi daemones sic iocularite[3]) eiici posse. MONACHUS: Non iocus sed virtus compassionis illum eiecit. Quantum apud Deum possit[4]) caritas atque fraterna compassio, subiecto declaratur miraculo.

CAPITULUM XII.

De Theoderico milite de Rulant qui fluxu[5]) sanguinis laborans Sarracenos miraculose fugavit.

Frater Walterus monachus in Hemmenrode referre solet miraculum mirabile, cui se interfuisse memorat. Cum peregrini in prima expeditione obsiderent civitatem Acharon[6]), contigit quodam[7]) die, ut egressi Sarraceni manu violenta propellerent Christianos in castra sua. Erat autem ibi tunc[8]) miles quidam iuvenis Theodericus nomine, frater domini Ko-

---

1) BC aiebit iterum. — 2) B quibus et. — 3) B iocaliter. — 4) BC possint. — 5) libri in fluxu. — 6) BCP Achon. — 7) CD quadam. Conf. IX, 2. — 8) DEP tunc ibi.

nonis de Rulant, qui adhuc vivit. Is[1]) fluxu sanguinis adeo laborabat et infirmabatur, quod in lecto suo non per se, sed in lintheamine vertebatur. Hic audito strepitu et clamore fugientium, interrogavit quid hoc esset. Et cum audisset rem, iussit sibi afferri arma sua, et se armari in lecto sedendo. Tandem strato dextrario suo, et[2]) accinctus ense, iussit se levari super equum suum, et fluebat sanguis etiam per sellam. Acceptaque lancea exivit dicens: Deus adiuva me, et sanctum sepulchrum. Qui tanta vehementia prorupit in Sarracenos, transiens et circumgyrans, percutiens et propellens, quod omnes Christiani animati et confortati sunt per eum solum, adeo quod eiecerunt hostes a castris[3]). Quo facto rediit ad lectum infirmitatis suae, et tertia die mortuus est. Audi nunc de iustitia miraculum satis gloriosum.

CAPITULUM XIII.*)

De milite cuius vinea collecta, ob perfectionem decimationis repleta est miraculose.

Miles quidam in dandis suis decimis tantae erat devotionis ac iustitiae, ut ei summum esset studium illas solvere sine mora, sine dolo, sine vexatione. Habebat autem[4]) vineam quandam quae circa decem carratas annuatim facere solebat. Tempore quodam ut post patuit magis ex Dei dispensatione quam ex aeris intemperie, postquam collectum est vinumque expressum, una tantum inventa est carrata. Quo audito miles, servo suo verbum memoria dignum respondit: Quod meum erat, inquit, mihi Dominus tulit, ego illi portionem suam non auferam; vade et da sacerdoti carratam hanc pro decima. Quod et factum est. Eodem tempore militis germanus sacerdos quidam iuxta praedictam vineam transiens, eam uvis refertam vidit; moxque ad fratrem intrans, de negligentia illum arguit dicens: Quare nondum collecta est vinea vestra? Respondente illo, diu collecta est; sacerdos subiunxit: Nequaquam; iam illam plenam vidi. Quaesitum est et inventum, nec unquam aliquo anno uberiores fructus fecit quam in illo. Haec nobis eodem tempore recitata sunt, et satis doleo quod nomen militis sive loci non retinui. Aliud tibi referam de humilitate miraculum satis magnum.

1) B in. — 2) et om B. — 3) CP a castris suis, B de suis castris. — *) Homil. III. p. 78. — 4) BC enim.

CAPITULUM XIV.

De converso cuius oratione olla confracta miraculose illa [1]) reparata est.

Fuit in Hemmenrode conversus quidam bonus Everhardus nomine, custos mediae portae. Is aliquando egressus cum fratribus carpentariis tempore hyemis in silvam, eorum utensilia custodiebat, et cibaria praeparabat. Una dierum cum solito tardius surrexisset ad vigilias, egressis fratribus ad laborem, ipse orationes suas accelerabat, ut illis pulmentaria tempestivius praeparare potuisset [2]). Inter orandum apposuit ollam aeream foco, sed aquam oblitus est infundere. Post horam olera impositurus, invenit ollam candentem; subitoque turbatus et factus sine consilio, ut subveniret ollae aquam frigidam infudit. At illa ut suae naturae est, dissiliendo statim [3]) confracta est. Aliam vero ollam in qua laborantes procuraret non habens, genua ad orationem flexit, et cum lacrimis Deum suppliciter imploravit, ut misericordiam et consilium sibi daret, quatenus pro nomine suo laborantes exspectato non privarentur edulio. Pius Dominus humilitatem ministerii eius attendens, orationem eius exaudivit. Qui surgens ab oratione, ollam eandem iuxta se integram stantem conspexit. Gratias igitur agens Deo, ollam arripuit, aquam infudit, ignibus admovit, olera imposuit et ea quam velocius potuit coxit. Quibus sufficienter decoctis, horam tertiam significavit [4]); et fratres oratione completa ad reficiendum consederunt. Post refectionem autem professi sunt, quia toto illo tempore quo ibi demorati fuerant, tam bona olera non comedissent, simul et mirati sunt, quod citius solito tertiam significasset, cum ille ex diverso ipsos indignantes [5]) putasset, quod tardius solito eam pulsasset. Nimirum in decoctione illa [6]) horam sibi plurimam praeterisse crediderat, quia divinae cooperationis inaestimabilem dispensationem non plene sentiebat. De obedientia vero subiungam miraculum, iam dicto [7]) excellentius.

---

1) illa add AE. — 2) B praepararet. — 3) BCP statim dissiliendo. — 4) D signavit, et infra signasset. Conf. V, 6. — 5) B cum ipse econverso ipsos indignaturos. — 6) CEP illam; mox E horam sibi plurimum, B tempus sibi plurimum. — 7) B miraculum isto.

CAPITULUM XV.

De converso ob cuius obedientiam pisa in agro siccans miraculose versa est.

In praefata domo conversi pisam messuerant. Quae dum ad siccandum sparsa iaceret in agro, venerunt iidem conversi ad Priorem dicentes: Nisi totus conventus ocius exeat, nec non et infirmi, pisamque vertant, tota peribit. Timebant enim pluviam imminentem. Et praecepit Prior omnibus qui ire possent, ut se praepararent. Mox ex infirmitorio conversorum frater quidam simplex exiens, ex multo fervore obedientiae ante omnes festinabat; et cum agro in quo pisa iacebat propinquasset, illa mirum in modum in oculis eius per diversa loca se vertebat. Quod ubi vidit, Deo gratias agens rediit. Cui Prior occurrens ait: Cur[1]) reverteris frater? Respondit ille: Domine non est necesse ut procedatis, quia pisa totaliter versa est. Quis, inquit, vertit illam? Respondente humiliter converso, ille qui bene facere potuit; Prior ut ita esse comperit, non absque multa admiratione cum conventu reversus est. NOVICIUS: Jam non ambigo quin magna sit virtus obedientiae, quae tanto miraculo remuneratur. MONACHUS: Sicut Deus obedientiam in subiectis, ita zelum disciplinae diligit in praelatis.

CAPITULUM XVI.

De Sophia Abbatissa cui tenuis cervisia versa est in vinum.

In Hovenne[2]) domo sanctimonialium ordinis nostri, quae Abbati nostro commissa est, anno praeterito quaedam Abbatissa defuncta est, nomine Sophia. Haec tam fervens et tam rigida fuit circa disciplinam, ut sorores saepe turbatae, quod erat virtutis vitium iudicarent. Huic aliquando tenuis cervisia est in vinum conversa. Quam etiam angelus Domini quadam nocte cum de matutinis exiret, cum laterna[3]) antecedebat. Haec duo miracula in extremis confessa est Abbati nostro domino Henrico. Hic cum canonicus esset in ecclesia Bon-

---

1) B cur sic. — 2) ACDEP Hovene. Homil. II. p. 5: „Beatae memoriae Sophiae Abbatissae de Hovenne, tenuis cervisia, quae modicum ab aqua differt, bis conversa est in vinum." Ubi editum est Terouenne. — 3) BP lucerna.

nensi, et ipsa sanctimonialis in Ditkirgen, quae est domus nigri ordinis, Deo inspirante ille relictis omnibus conversionis gratia ad domum nostram venit, et ipsa pro eius perseverantia quanto intentius potuit Domino supplicavit. Paucis diebus elapsis cum a fratribus suis carnalibus vi fuisset reductus ante habitus susceptionem, ipsa iam desperans dimisit orationem [1]. Quam ipse mox in somnis ob hoc arguens, et ut omissas orationes reinciperet [2] admonens, adiecit: Primam missam meam audies in ordine Cisterciensi. Quod ita Dei nutu factum est. Nam ipse ad nos rediit, et ipsa habitum mutavit; sicque in Monte sanctae Walburgis, ubi tunc Priorissa fuit, primam eius missam audivit. NOVICIUS: Non miror si Deus huic religiosae feminae praedicti potus mutavit saporem, cum mihi novicio, ut de perfectis taceam, amara quaeque converterit [3] in dulcorem. Melioris siquidem saporis nunc mihi videntur nostra incondita pulmentaria, quam ante conversionem fercula carnium delicatissima. MONACHUS: Farinula Helisei, id est gratia Christi facit [4] hoc. Jordanus vero monachus de Hemmenrode aliquibus annis quod magis fuit miraculosum, studio abstinentiae ab omni potu abstinuit, tempore tamen messionis sive in multo caumate cum reliquis laborans. Ut ad praedicta redeamus, sicut Deus bonis et amara quaeque cum gratiarum actione gustantibus convertit in dulcedinem, ita aliquando ingratis dulcia in amaritudinem [5].

CAPITULUM XVII.

De pistrice blasphemante cuius pasta versa est in fimum.

Cum post confirmationem Ottonis in regno tanta esset abundantia annonae, ut in Episcopatu Coloniensi maldrum quinque vel sex denariis multo tempore venderetur, contigit in quadam eiusdem Dioecesis villa, cuius nomen excidit, miraculum dignum memoria. Pistrix quaedam panes ad coquendum formaverat. Et quia tempore abundantiae pistores modicum lucrantur, illa commota clamavit ad puerum suum: Mittamus hunc fimum in clibanum. Justo Dei iudicio factum est ei secundum verbum suum, et pasta pulcherrima per

---

[1] B orationes. — [2] ACE ut omissas reciperet orationes, B omissas orationes ut reciperet. — [3] C convertit, B convertat. — [4] P fecit. Reg. IV, 4, 41. — [5] BC add convertit.

decoctionem conversa est in fimum. Extrahentes vero panes, cum reperissent ¹) formam non substantiam, extimuit, et fimum fimo miscens, tantum miraculum celare non potuit. Marcmannus ²) monachus noster, tunc temporis cellerarius, partem unius panis nobis attulit, quem curiosius considerantes, nil in eo vidimus nisi fimum conglutinatum. Valde enim celebre factum est hoc miraculum tempore eodem. Saepe enim ³) Deus homines in ea re qua peccant punit. Verbi gratia.

CAPITULUM XVIII.

De Ottone de Sconinburg qui per totam Quadragesimam carnes comedit, et post Pascha illis vesci non potuit.

Nobilis vir Otto de Sconinburg, patre suo existente ex illa parte maris in servitio Domini, ipse inique egit contra Dominum, et adversus servum eius parentem proprium. Nam sicut ipse cum suis auxiliariis ⁴) condixerat, cives opidi quod iam dicto castro attinet, dolose quasi aliquid cum eis tractaturus convocans ⁵), capere et exactionem in eos facere proponebat. Qui cum praemuniti ⁶) fugissent, uxores eorum et liberos spoliavit. Et quia tam inique egit contra suos, Dominus plaga insanabili illum percussit. Addita est et poena mirabilis. Nam in praeterita Quadragesima tantum appetitum habuit carnes comedendi, ut non solum eis non carere vellet, imo etiam cocum suum ad comedendum illas secum vi compelleret. Quas cum pertinacius manducasset per totam Quadragesimam, ventumque fuisset ad sextam feriam ante Pascha, dixerunt ei quidam: Domine, hodie dies est Dominicae passionis, dies Christianae afflictionis, hodie carnes omnino comedere non licet. Quibus respondit: Ego hodie comedam sicut hactenus comedi. Mira res. In ipso sanctissimo die Paschae quando carnes benedicuntur, et fidelibus per ⁷) sacram communionem illas comedere licentiatur, ipse illis ⁸) ob praedictam transgressionem iusto Dei iudicio vesci ⁹) non potuit, piscibus deinceps utens usque in diem mortis suae. NOVICIUS:

---

1) ABCEP extrahens — reperisset. — 2) EP Marcinannus, B Marcinamus. — 3) enim om B; mox BC Dominus. — 4) B auxiliatoribus. — 5) convocans add B. — 6) C praemoniti. — 7) B post. — 8) ABCDE illas. — 9) B comedere.

Justus est Dominus. MONACHUS: Ad honorem Domini Salvatoris, de eius sacra imagine aliqua subnectam miracula; deinde veniam ad elementa.

CAPITULUM XIX.

De crucifixo apud sanctum Goarem vulnerato, de quo sanguis exivit.

Tempore discordiae inter Ottonem et Philippum, in oratorium sancti Goaris Confessoris quod situm est in territorio Treverensi, et est firmissimum, tum propter situm loci, tum propter structuram, provinciales se suaque transtulerunt. Quo cognito Warnerus de Bonlant, vir potens et dives, cum ad expugnandum illud arietes, machinasque applicuisset, nec tamen profecisset, imaginem crucifixi ligneam hi qui deintus erant contra hostes in quandam fenestram posuerunt, sperantes quod ob illius venerationem [1]) loco parcerent. Quidam vero ex ballistariis de cruce non curans, imo locanti illam indignans, telum misit, et sacram yconam in brachio profunde satis vulneravit. Mox mirum in modum antiqua renovantur miracula, et ad instar venae humanae, sanguis de loco vulneris coepit stillare. Timore tanti miraculi postea praedictus Warnerus cruce signatus est. Audiens tanta mirabilia dominus Philippus Abbas Ottirburgensis, locum adiit, de rei veritate inquisivit. Cui cum ab omnibus hoc quod praedictum est diceretur, Judaeus qui tunc casu affuit, Abbatem in partem traxit, dicens: Vere domine, verissimum est quod audistis. Et sicut ipse mihi retulit, multo amplius delectabatur in testimonio inimici. Adhuc telum ibi reservatur, adhuc vulnus et sanguinis stigmata illic ostenduntur. Utrumque Abbas noster se vidisse testatur.

CAPITULUM XX.

Item de cruce lanceata cui simile contigit.

Circa idem tempus Otto contra Philippum ascendens cum exercitu, usque Wizinburg [2]) pervenit. Ubi satellitibus eius quandam ecclesiam intrantibus, unus ex illis crucifixum in eminenti loco positum, tunica linea et cum multo studio con-

---

1) B reverentiam. — 2) D Wisenburgh, BCE Wirzinburg.

suta tectum vidit et concupivit. Quam cum manu non potuisset[1]) attingere, lancea nisus est extrahere. Et quia firmiter imagini connexa fuit, in diversis locis illam pupugit. Dominus vero ut sibi factum ostenderet, quicquid eius imagini iniuriae vel contemptus irrogatur[2]), egit sua potentia ut de singulis punctionibus sanguis ubertim emanaret. Semel enim adhuc mortalis confixus atque lanceatus est in terris, et tamen quotidie sedens ad dexteram Patris se configi per Prophetam conqueritur dicens: *Et me configitis gens tota die.* Quanta vero poena tales sequatur, sequens miraculum declarat.

CAPITULUM XXI.

De furibus qui in Traiecto crucem furati sunt et suspensi.

Apud inferius Traiectum hoc anno sacrarium in ecclesia sancti Martini fures effringentes, quosdam thesauros una cum cruce pretiosissima gemmis et auro decorata asportaverunt. Qui cum essent plures, duobus crucem committentes, ipsi cum thesauris abierunt. Mane cum tantum sacrilegium ad notitiam Episcopi atque canonicorum pervenisset, dolentes valde, maxime de cruce ob portionem ligni Dominici, milites per diversas vias miserunt, qui fugientes insequerentur[3]). Hi vero qui crucem portabant, per stratam publicam incedebant. Ad quos cum pervenissent milites, nil de eis mali suspicantes, pertransierunt. Christus vero in quem peccaverunt fures a sensu alienavit, gressum fixit, ita ut a strata declinantes paludem intrarent, nec tamen motis pedibus procedere possent. Altera vero die praedicti milites reversi, cum eos pene in eodem loco et maxime lutum calcando vidissent, mirati dixerunt: Isti sunt quos heri hic dimisimus. Ad quos cum unus clamasset, boni homines male inceditis, quare non ascenditis stratam tritam? responderunt illi: Bene incedimus, non vos sollicitet iter nostrum. Tunc unus ex militibus Deo inspirante dixit ad socios: Aliquid istud portendit, forsitan rei sunt, teneamus illos. Ad quos cum descenderent, illi crucem paludi immerserunt. Interrogati vero de furto, responderunt: Nos

---

1) CD *posset.* — 2) Gregor. Moral. X, 29, 48: „irrogata ab aliis mala multiplicius reddere." Conf. supra IV, 10. — 3) AE insequuntur.

crucem tulimus, ubi sit scimus; sed nisi certi de vita fuerimus¹), nunquam illam ostendemus. Quid plura? Ducuntur ad Episcopum, gratia crucis promittitur immunitas, crux ostensa reportatur, extra provinciam conducuntur. Et quia iustus iudex nullum peccatum relinquit inultum, et saepe peccato punit peccatum, permisit ut sequenti die iterum ecclesiam infringerent, in qua capti sunt, et suspensi. NOVICIUS: Satis evidens fuit hoc miraculum. MONACHUS: Tanta est virtus crucis, ut et suis contemptoribus ut dictum est inferat poenam, et venerantibus illam restituat sanitatem.

CAPITULUM XXII.

De matrona quae sine dolore peperit, cum convenisset in mariti signatione.

Cum Scholasticus Coloniensis Oliverus crucem praedicaret in Flandria, sicut ipse nobis retulit, inter reliquos signatus est ibi miles dives et honestus. Quod ubi uxor eius comperit, afflicta est usque ad mortem. Erat enim vicina partui. Ad quam Oliverus consilio mariti ingressus, inter verba consolationis addidit et haec: Si consilio meo acquieveris, et virum tuum Christo militare permiseris, ab imminenti periculo sine dolore liberaberis. Cumque illa verbis eius placata fuisset, Scholasticus subiecit²): Tempore partus veste mariti tui signata te contegas, et crucis virtutem senties. Solebat enim cum maximis cruciatibus parere. Mira Christi³) clementia. Instante hora pariendi, illa non immemor consilii, pallio viri se texit, et pene sine omni dolore partum⁴) effudit. Alia de cruce aeque miraculosa in sequentibus tibi recitabo, quia ad elementorum miracula festino. NOVICIUS: Quot sunt elementa? MONACHUS: Quatuor, ignis videlicet, aer, aqua, terra⁵). In quibus videtur temporibus nostris impleri hoc quod per Salvatorem in Evangelio dicitur: *Erunt signa in sole et luna et stellis, et in terris pressura gentium prae confusione sonitus maris et fluctuum, arescentibus hominibus prae timore et exspectatione quae supervenient universo orbi, et reliqua quae ibi sequuntur*⁶). Alibi praedicit bella et terrae-

---

1) BE sumus, ADP simus. — 2) C adiecit, B subiunxit. — 3) C Dei. — 4) B fetum. — 5) CE et terra. — 6) Luc. 21, 25—26.

motus [1]) per loca, pestilentias et famem, terroresque de coelo, et signa magna [2]). Licet haec omnia ante diem iudicii plenius sint implenda, ex parte tamen ea vidimus impleta, secundum quod subiecta declarabunt exempla. Vidimus enim signa stellarum et pressuras gentium; audivimus sonitus maris et fluctuum [3]); audivimus etiam quod filius hominis in nubibus visus sit, terroresque de coelo, et signa magna. De igne, elementoque superiori ad quod stellae pertinent, primo loco dicendum est; postea de ceteris per ordinem.

CAPITULUM XXIII.*)

De divisione solis in tres partes.

Anno Domini millesimo ducentesimo sexto, Philippo Rege celebrante curiam sollemnem cum principibus, signum magnum apparuit in sole. In tres siquidem partes divisus est, ita ut intervalla essent inter partem et partem, ad instar lylii tres flores habentis. Quod ubi notari coepit, multi concurrerunt, super tanto miraculo disputantes. Hermannus vero Lantgravius interpretatus est, quod unus de principibus imperii eodem anno moriturus esset; nec erat idonea eius interpretatio. Post multam horam conierunt [4]) partes, et redintegratum [5]) est corpus solare. Abbas Karolus Vilariensis, nec non et monachus eius Wigerus eidem curiae interfuerunt; quae dicta sunt viderunt, nobis eodem tempore visa referentes. Facta est haec visio tertio Kalendas Februarii. NOVICIUS: Quid tibi significare videtur tripartita haec solis divisio? MONACHUS: Deus statum imperii principibus congregatis ostendere voluit. Sol videtur hoc loco designare Romanum imperium. Sicut [6]) sol magnitudine et splendore praecellit universa sydera coeli, sic idem imperium augustius fulget ceteris regnis mundi. Apud Romanum imperium quandoque fuit monarchia, ut sicut stellae lumen habent a sole, ita Reges ut regnare possent, haberent ab Imperatore. Triplex solis divisio designabat schisma imperii, in tres principes divisi, qui omnes nomen Romani Regis sibi usurpabant. Primus fuit Fredericus, qui adhuc patre vivente fuerat in Regem a prin-

---

1) B terraemotum. — 2) Luc. 21, 10—11. — 3) B add terraeque motum. — *) Homil. III. p. 170. — 4) AEP coierunt, CD convenerunt. — 5) BCE reintegratum. — 6) B add enim.

cipibus electus, cui etiam omnes iuraverant. Secundus erat avunculus eius Philippus, post mortem fratris neglecto Frederico in Regem a quibusdam principibus electus[1]). Tertius Otto fuit, a Coloniensi Archiepiscopo eiusque auxiliariis substitutus. Isti ambo Aquisgrani coronati fuerant in Regem. Horum uno occiso, et altero deposito atque defuncto, Fredericus eiectus[2]), qui hodie imperat, solus regnare coepit, et quasi ad suam plenitudinem sol divisus rediit. In quibusdam provinciis eodem die visae sunt quinque partes. Per tres partes supradictos tres Reges intelligo; per duas, quartam et quintam[3]), Bernardum Ducem Saxoniae, et Bertolphum Ducem Ceringiae, qui satis pro imperio ambo laborabant[4]), accipio.

CAPITULUM XXIV.
Item de eclypsi solis et morte Philippi Regis.

Mense sequenti, scilicet pridie Kalendas Martii, aliud signum apparuit in sole; non dico miraculosum[5]), quia naturale, sed magnae rei praenosticum[6]). Facta siquidem est eclypsis solis tam magna tempore meridiano, ut vix aliquid splendoris superesset[7]). Multi videntes extimuerunt, dicentes aliquid magni fore futurum. NOVICIUS: Quid tibi videtur eadem eclypsis figurasse? MONACHUS: Non sum Daniel, et ideo non asserendo, sed opinando interpretor. Videtur mihi defectus ille solaris praesignasse mortem Philippi, qui sequenti anno occisus est et defecit. Particula illa luminosa, quae recrescere coepit et augmentari, Otto fuit, qui post Philippi mortem factus est magnus atque gloriosus. Videturque eisdem temporibus impletum quod Dominus dicit in Evangelio: *Nam virtutes coelorum movebuntur*[8]). Coelum quandoque designat praesentem Ecclesiam et universalem; coeli vero Ecclesias particulares. Virtutes coelorum, sunt praelati Ecclesiarum, Episcopi videlicet, Abbates, Praepositi. In praedicto enim schismate non solum principes saeculares, sed et spirituales moti sunt, quia tum propter pecuniam, tum propter amorem, sive timorem, instabiles facti, nunc uni, nunc alteri

---

1) cui etiam — electus add B. — 2) E electus. — 4) ACE duas quintas, P duas reliquas. — 4) AE qui satis pro imperio laborabant, B qui ambo satis pro imperii dignitate laborabant. — 5) BCP miraculum. — 6) AB pronosticum. — 7) BP superesset splendoris. — 8) Luc. 21, 26.

iuraverunt. Nam ipse princeps Episcoporum, scilicet Papa Innocentius, primo Ottonem fovit et coronavit; postea ob causam multis notam¹) illum deponens, Fredericum ei adversarium suscitavit. In luna vero signa non defuerunt, quae eclypses magnas solito crebrius passa est. Quod si in stellis signa quaeris, quod vidi referam.

CAPITULUM XXV.

De stella quae visa est Coloniae post meridiem.

Post mortem Henrici Imperatoris cum de successore Coloniae in palatio tractaretur, post meridiem visa est stella lucidissima. Concurrentibus nobis in curiam Episcopi, omnes illam vidimus, sed quid portenderet visio tam insolita, scire non potuimus.

CAPITULUM XXVI.*)

Item de stella maxima quae apparuit post solis occasum.

Similiter hoc anno per duas hebdomadas visa est post solis occasum stella tantae magnitudinis, ut ad instar ignis splendorem de se emitteret. Judaei asserunt eam signum fuisse sui Messiae adventus²). Haec dicta sint³) de signis stellarum. Porro de igne aethereo, fulmine scilicet atque tonitruo, quae ex collisione nubium gignuntur, aliqua proferam exempla, ut noveris secundum verba Salvatoris terrores de coelo et signa magna etiam his temporibus contigisse.

CAPITULUM XXVII.

De tonitruo et fulmine in vigilia sancti Mathiae.

In vigilia sancti Mathiae Apostoli erit biennium quod in Colonia contigit res satis miraculosa, et ideo miraculosa, quia insolita. In crepusculo eiusdem noctis ignis cadens de coelo turrim sancti Andreae incendit, similiter et sepem circa curiam cuiusdam canonici, quae per multos civium labores extincta sunt. Eadem autem nocte glacies fuerat congelata. Unde et miraculum reputabatur, quod tonitrua audiri, et fulmina videri poterant. Aliud tibi referam exemplum terribile satis.

1) „propter retractionem terrae Mechtildis:" Vit. Engelb. I, 3. — *) Homil. III. p. 171. — 2) BCP adventus sui Messiae. — 3) AP sunt.

CAPITULUM XXVIII.

De theatro in Saxonia fulminato.

Sacerdos quidam de Saxonia nuper mihi retulit miraculum stupendum. Hoc, inquit, anno[1]) in terra nostra in quodam theatro fulminati sunt viginti homines, solo sacerdote evadente. Fugit enim cum alios ardere videret[2]). Decebat enim ut ignis quo nihil levius est, levitatis[3]) amatores puniret. NOVICIUS: Miror quod sacerdos non est punitus, cum ipse plus ceteris credatur[4]) peccasse. MONACHUS: Saepe Deus sacerdotibus parcit, propter ordinem, sicut legitur[5]) de Aaron, quem non percussit lepra, sed sororem, cum tamen non legatur[6]) sorore minus peccasse. Vel forte in eo aliquid boni Deus praevidit, propter quod illi pepercit. Quod vero aliquando ob huiusmodi levitates Deus sacerdotes puniat, praesto est exemplum.

CAPITULUM XXIX.

De sacerdote in Elyzacia fulminato.

Est villa in Episcopatu Treverensi, Elyzacia vocata, in qua anno praeterito quarta feria ante Nativitatem sancti Johannis contigit, hoc grande ac terribile miraculum. Sacerdos loci Henricus nomine dum sederet in taberna, facta est intemperies aeris maxima. Quo festinante cum campanario suo in ecclesiam, cum campanas pulsarent, crevit tempestas, et nebula, et inenarrabilis strepitus aeris in ecclesia. Veniensque repente ictus turbinis, prostravit utrumque, clericum scilicet et campanarium, ita quod campanarius sub clerico iacebat. Campanarius vero in nullo laesus est, clerico extincto. Cuius genitalia exusta sunt, reliquo corpore intacto. Quae filius eius accurrens, calcando extinxit, et avulsit. Ex quo patet fornicatorem illum fuisse. Vestimenta vero eius ita sunt lacerata, ut nulla particula cohaereret solidae parti, nec solida essent, excepta illa particula in qua dependere solebat manipulus in sinistro brachio. Sed et stivalia sua quae nova erant, ita sunt dilacerata, ac si fuscinulis dissipata essent. Soleae vero sic sunt factae[7]), ac si in aqua fervida

---

1) scilicet 1222. Vide infra cap. 48. 50. — 2) CP videret ardere. — 3) B leviter levitatis. — 4) B creditur. — 5) Numer. 12. — 6) E legitur. — 7) E fractae.

fuissent decoctae. Campanarius autem in maximo timore ac stupore iacens, vidit daemones insultum facientes in ecclesia; sed et capsula quae erat post altare, prosiliit super altare, et apertura facta est in ea, quae adhuc ita remanet. Sancti vero quorum reliquiae ibi sunt, egressi fortiter resistebant daemonibus, et factum est inter sanctos et daemones vehementissimum certamen. Tandem devicti daemones, cum corpus [1]) asportare non possent, partem tecti secum abstraxerunt. Refert idem campanarius quod corpus sacerdotis usque ad tectum turris, sub qua scilicet [2]) pulsantes steterant, et sub qua prostrati iacebant, violentia daemonum aliquotiens sit raptum, sed beneficio sanctorum relapsum. Aiunt clericum eundem tunc de novo acquisisse [3]) coronam coreizando [4]), quam quasi victor iuxta domum [5]) suspendit, ut ibi stulti homines luderent, ducerentque choreas [6]). NOVICIUS: Sicut in hoc sacerdote considero, in dilaceratione vestium atque calciamentorum Deus punivit superbiam; sicut [7]) in exustione genitalium, luxuriam. MONACHUS: Bene sentis; quia saepe poena respondit [8]) culpae. Hoc etiam te scire volo, et probare exemplo, quod sicut Deus ut dictum est malos per fulmina atque tonitrua de coelo punit, ita per eadem aliquando bonis succurrit.

CAPITULUM XXX.

De Richwino per tonitruum a praedonibus liberato.

Richwinus cellerarius noster cum die quadam tempore discordiae inter saepedictos Reges de Colonia exiret, non procul ab urbe plures armatos ex latere stratae publicae in suis dextrariis sedere conspexit. Quibus visis cum satis timeret, unus ex eis cursu rapidissimo ad eum veniens, equum eius per frenum tenuit, quem his verbis superbe allocutus est dicens: Domine monache descendite; oportet me habere equum istum. Vix verba finierat, et ecce Dominus non verbo sed tonitruo praedoni pro servo suo respondit. Nam cum tota illa die nulla fuissent audita tonitrua, ictus tam validissimus inopinate personuit, ut equus satellitis genibus terram peteret,

---

1) Domini. — 2) P simul. — 3) BC acquisivisse. — 4) BDEP corizando. Choreizare, choros agere, concinere. — 5) D add suam. — 6) BP coreas. — 7) C sic. — 8) B respondet.

et ipse nutantis tergo vix inhaereret. Moxque manum a freno monachi retrahens, ait satis humiliter: Ite in pace, bonus enim vir estis. Cui ille regratians, laetus processit, divinitus se liberatum recognoscens. Haec mihi idem Richwinus ore suo confessus est. NOVICIUS: Valde timendus est, cui sic aether famulatur. MONACHUS: Non solum ignis aethereus, sed et terrenus qui lignis nutritur, et ab hominibus succenditur, ei deservit, nunc ad Creatoris nutum vim naturalem cohibendo, nunc in re frigida non minus miraculose eandem exercendo.

CAPITULUM XXXI.

De vidua quae mensuras suas ponens contra ignem, domum suam ab incendio liberavit.

In Episcopatu Coloniensi opido imperiali quod Duseburg [1]) dicitur, vidua quaedam cervisiam braxare ac vendere solebat. Die quadam cum civitas casu fuisset incensa, ipsumque incendium domui eius appropinquasset, illa iam non habens spem in auxilio humano, ad divinum confugit. Nam omnia sua vasa quibus cervisiam emptoribus mensurare solebat, ad ostium domus contra flammas ponens, in multa cordis sui simplicitate, sic oravit dicens: Domine Deus iustus et misericors, si unquam aliquem hominum [2]) his mensuris decepi, volo ut domus haec comburatur. Si autem feci quod rectum est in oculis tuis, precor iustitiam tuam, ut in hac hora misericorditer respicias necessitatem meam, et mihi meaeque supellectili parcere digneris. Mira fides feminae, mira Dei humilitas. Is qui dixit: *Qua mensura mensi fueritis, remetietur vobis* [3]), ac si ei oratione fidelis viduae conclusum fuisset, flammas omnia in circuitu devorantes, a domo eius compescuit, cunctis stupentibus quod ignis furens materiam cremabilem lamberet, nec incenderet. Audi nunc alia aeque miraculosa.

CAPITULUM XXXII.

De cive Susaciensi cuius vestis combusta est, cruce custodita miraculose.

Apud Susaciam civitatem Dioecesis Coloniensis civis quidam in hac ultima expeditione cruce signatus fuit. Eodem

1) Duisburg. — 2) B hominem. — 3) Matth. 7, 2.

tempore ut militem suum Deus tentaret, sicut legitur de sancto Job, permisit ut domus eius incendio periret. Flammis vero sopitis, cum omnia quae incendi poterant, in cinerem fuissent redacta, particula vestis eius quam crux occupaverat, integra inter favillas est reperta. Et mirati sunt omnes, tantam sanctae crucis virtutem ubique dilatantes. Simile miraculum in alio loco contigit, sicut audivi a magistro Johanne Decano Aquensi.

CAPITULUM XXXIII.

Item de pomo combusto, zona crucis quae circumligata fuerat illaesa.

Retulit mihi et aliud de virtute crucis[1]) miraculum. Matrona, inquit, quaedam crucem susceptam pomo circumligavit, sicque super asserem iuxta piropum[2]) in quo ignis ardebat utrumque simul ponens abcessit. Casu, imo quod verius est Dei nutu, pomum cum cruce in carbones lapsum est. Post modicum femina reversa, cum repositum quaereret nec inveniret, tristis de cruce, ignem perscrutata est. Et ecce pomum vidit in carbonem redactum, zonam vero levavit intactam. Quod pro magno miraculo reputans, praedicto Johanni recitavit. NOVICIUS: Satis est mirabile quod idem elementum eodem momento sic in re diversa naturam suam mutat[3]). MONACHUS: Hoc fieri pro diversitate meritorum, quibusdam tibi pandam exemplis.

CAPITULUM XXXIV.

De clerico qui a meretrice infamatus incendium non sensit.

Gerungus Scholasticus Bonnensis, nuper veniens de studio Parisiensi, historiam retulit satis mirabilem, recentiori tempore illam asserens gestam. Familiam, inquit, cuiusdam viri nobilis atque potentis de Francia, meretrix[4]) speciosa sequebatur. Cum qua cum[5]) multi indifferenter peccarent, clericus quidam religiosus eiusdem nobilis capellanus, de subversione familiae dolens, dominum his verbis allocutus est dicens: Omnis pene familia vestra meretricis huius contubernio[6]) corrumpitur, quorum

---

1) BCDF sanctae crucis. — 2) pyropus, id est, focus. Sed auctor fortasse scripsit pirogum. — 3) DP mutavit. — 4) CF add quaedam. — 5) B dum. — 6) B concubitu.

peccata omnia Deus de manu vestra requiret. Et hoc sciat nobilitas vestra, quod meo servitio carebitis, si non fuerit amota. Mox illa vocatur, verba ei sacerdotis intimantur; ad quae sic respondit: Domine ex invidia loquitur haec. Quia voluptati[1]) eius consentire nolui, idcirco me persequitur. Illo respondente, mentiris, vir enim castus est; illa mox subiunxit: Ego celerius faciam vos experiri veritatem. Statim accedens ad clericum, sub forma poenitentis, lacrimis perfusa, post fictam confessionem adiecit: Domine tam vehementer de persona vestra tentata sum, nisi mihi consentiendo ignem a vobis succensum extinguatis, vivere non potero. Ad quod verbum cum se vir iustus signasset, eamque illa hora verbis quibus poterat submovisset[2]), sequenti die iterum venit, verba iam dicta repetivit, hoc etiam adiiciens: Si non feceritis quod postulo, ecce me ipsam interficio[3]). Quo audito, cum plurimum timeret, nec tamen aliquo modo libidini consentire proponeret, respondit: Ecce tali die, tali in loco, si volueris tecum dormiam, dummodo te non interfeceris. Sic illa laeto[4]) animo recedente, dominum suum mox adiit, et quia capellanus suus sibi talia ac talia promisisset, verbis procacibus indicavit. Interim clericus scholari suo praecepit, ut in designato loco lectum ex lignis planis componeret, ligna arida cum stramine subiiceret, deinde lintheamen decenter superextenderet. Quod et factum est. Die vero statuto venit clericus, venit et mulier; sed clericus stipula prius succensa, lectum ascendit; illam ut simul ascenderet vocavit. Quae flammas ex omni parte cernens exsurgere, retrocessit; crebriusque vocata, ad tam horrendos[5]) amplexus venire recusavit. Clericus vero Dei adiutus gratia, non aliter sensit illum ignem, quam ventum roris flantem, nec est adustus capillus eius[6]), neque vestimenta eius in aliquo sunt laesa. Quod ut misera illa vidit, territa, et ad horam de tam grandi miraculo compuncta, tam domino suo quam ceteris publice confessa est, quod sanctum virum, sine causa ex solo rancore et invidia ob vindictam praemissae accusationis infamasset. Ipse vero vir venerabilis non ingratus Deo, ad ordinem se transtulit Praedicatorum.

---

1) C voluntati. — 2) BD submonuisset. — 3) C interficiam. — 4) ADE laeta; mox P recedens. — 5) C horridos. — 6) Dani. 3, 50. 94.

CAPITULUM XXXV.

De piscatore fornicario quem candens ferrum ob confessionem non laesit, et postea recidivantem aqua frigida combussit.

Referre solet dominus Bernardus de Lippa, quandoque Abbas, nunc Episcopus in Livonia, quoddam miraculum iam dicto miraculo prorsus contrarium. Novi, inquit, piscatorem in Episcopatu Traiectensi, qui cum quadam femina multo tempore fuerat fornicatus. Et quia eius peccatum nimis erat notorium, tempore quodam in Synodo imminenti accusari timens, dicebat intra se: Quid nunc facies miser? Si in hac Synodo de fornicatione accusatus fueris, et confessus, illam in matrimonio mox ducere cogeris; si autem negaveris, candenti ferro convictus amplius confunderis. Statimque ad sacerdotem veniens, magis ut post patuit timore poenae quam amore iustitiae, peccatum confessus est; consilium quaesivit et invenit. Si habes, inquit sacerdos, firmum propositum nunquam peccandi cum illa, candens ferrum secure poteris portare, ipsumque peccatum negare; spero autem quod virtus confessionis liberabit te. Quod ita factum est, cunctis stupentibus quibus fornicatio innotuerat. Ecce hic ignis Dei potentia, sicut in superioribus exemplis, contra naturam vim suam restrinxit; et sicut in sequentibus audies, mirabilius contra naturam incanduit. Quid plura? Absolvitur homo. Post dies plurimos [1]) cum alio quodam piscatore officii sui causa in flumine navigans, cum domum praedictae mulieris vidissent, ait alter alteri: Valde miror et multi mecum, quare te in Synodo non inusserit ferrum, cum tam manifestum fuisset tuum peccatum. Ille de gratia sibi collata indigne glorians, eo quod iam voluntatem fornicandi cum illa concepisset, manu aquam fluminis percussit, et ait: Ecce tantum mihi nocuit [2]) ignis ille. Mira Dei iustitia. Qui misericorditer poenitentem custodivit, iuste et miraculose nimis punivit recidivantem. Mox ut aquam tetigit, candens ei ferrum aqua fuit. Quam [3]) statim cum clamore valido retrahens, pellem dimisit in aqua; omnia circa se gesta socio referens, sera ductus est poenitentia. Non discordat ab hoc miraculo quod monachus noster Lambertus recitare solitus est.

1) B paucos. — 2) CEF nocuit mihi. — 3) E qui.

CAPITULUM XXXVI.

De viatore incendiario quem frigidum ferrum inussit.

Rusticus quidam contra alium habens inimicitias, cuidam maligno homini de ordine viatorum, quales multi sunt, pecuniam dedit, ut domum illius incenderet. Quam sub specie religionis intravit, et tempore convenienti succendit. Immemor miserrimus hospitalitatis, postquam fuisset [1]) reaedificata, accepto pretio renovavit incendium. Turbatus homo de damno repetito, omnes de quibus suspicionem habuit accusavit, qui per ferrum candens [2]) se expurgaverunt. Denuo domus incensa reaedificata est, et ferrum idem in angulum eius proiectum [3]). Quid plura? Venit rursum pseudo viator ille, antiqua corruptus avaritia. Humane satis susceptus, cum ferrum iam dictum vidisset, et quis eius usus esset adinterrogasset [4]); respondit ille: Nescio quis domum hanc en altera vice succendit; et cum de quibusdam habuissem suspicionem, candens illud portaverunt, sed non sunt exusti. Tunc ille: Ad aliquos usus posset converti. Quod cum nutu Dei levasset, sic in manu adustus [5]) est, ut cum clamore illud iactaret. Quod ubi paterfamilias vidit, incendiarium [6]) per vestem tenens, exclamavit: Vere tu es reus. Mox ad iudicem ductus, culpam nollet vellet est confessus [7]), sicque poena rotali damnatus [8]). Multa enim huiusmodi miracula invenies in distinctione confessionis. Unde his omissis videamus quid Deus miraculorum nostris temporibus operatus sit in aere. Quod vero ipse Dei filius Jesus visus sit in nubibus coeli, non tamen in maiestate, sed in humilitate, exemplis veris tibi potero demonstrare.

---

1) B fuit. — 2) CFP candens ferrum. — 3) E add est. — 4) BCDFP interrogasset. — 5) B exustus. — 6) EF incendarium; sic E et in titulo. — 7) FP vellet nollet confessus est. — 8) E est damnatus, CF damnatus est, B condemnatus.

CAPITULUM XXXVII.*)

De crucibus quae apparuerunt in Frisia in aere tempore praedicationis crucis.

Cum[1]) Oliverus Scholasticus Coloniensis[2]), cuius verbis hic utor, crucem praedicaret in Frisia in Dioecesi Monasteriensi, villa Bedian[3]), mense Mayo sexta feria ante Pentecosten, sicut alibi me dixisse[4]) memini, triplex forma crucis apparuit in aere, una candida versus aquilonem; alia versus meridiem eiusdem coloris et scematis; tertia medio colore colorata, habens crucis patibulum, et figuram hominis in ea suspensam, elevatis brachiis et extensis, cum infixione clavorum in manibus et pedibus, et capite inclinato. Haec media fuit inter alias duas, in quibus non erat effigies humani corporis.

CAPITULUM XXXVIII.

Item de cruce quae apparuit in Sutherhusen iuxta solem.

Alia vice et alio loco, in villa Frisiae Sutherhusen, tempore praedictae praedicationis crucis, apparuit iuxta solem una crux caerulei coloris.

CAPITULUM XXXIX.

Item de alia cruce quae visa est in villa Docheym[5]) provincia Frisiae.

Tertia fuit apparitio in Dioecesi Traiectensi, in villa Docheym ubi sanctus Bonifacius coronatus fuit martyrio; ubi in die martyris eiusdem, cum multa millia accessissent ad indictam stationem, apparuit crux alba et magna, ac si trabs ex transverso trabis artificialiter composita fuisset. Hoc signum vidimus omnes: verba sunt praedicti Oliveri; movebatur autem paulatim ab aquilone ad meridiem. Huic visioni interfuerunt dominus Henricus Abbas noster, et Winandus monachus eius, qui et ipsi viderunt[6]).

---

*) Homil. III. p. 171. Oliveri relationem C. P. Bock vir doctissimus publicavit in libro: Niederrheinisches Jahrbuch für Geschichte etc. I. p. 98. — 1) BE dum. — 2) Coloniensis add B. Homilia: „Scholasticus Coloniensis, nunc autem Episcopus et Cardinalis sanctae Sabinae." — 3) B Bedim. — 4) B dixisse tibi, ACE tibi dixisse. — 5) Dockum. ADE Dochne; mox C provinciae, FP in provincia. — 6) B qui et mihi recitaverunt. Conf. IX, 48. p. 204.

CAPITULUM XL.

Item de crucibus quae visae sunt eodem tempore iuxta Coloniam in villa Hellendorp.

Retulit mihi quaedam femina religiosa hoc anno, quod modico tempore ante crucis praedicationem, in villa quae Ellendorp[1]) dicitur, non multum distans a Colonia, post solis occasum duas cruces viderit in aere, unam maiorem, et alteram minorem, quae paulatim ab occidente movebantur ad orientem. Volens habere testes tanti miraculi, quosdam advocavit, qui et ipsi viderunt. Similes visiones memini me dixisse superius in distinctione octava capitulo decimo septimo, nec non et decimo octavo: primo de duobus conversis qui Dominum viderunt in aere pendentem in cruce; deinde de Rudolpho converso de Lucka qui Christum vidit crucifixum in aere, et quindecim cum eo. Andi adhuc miraculum de aere factum, terribile valde.

CAPITULUM XLI.

De nube quae in Saxonia cadens multos submersit.

Hoc anno in Saxonia nubes integra de aere cadens inter duo montana, multis tam in corporibus quam in rebus fuit damnosa. Tantis enim aquis abundabat, ut monasterium in valle proxima situm pervaderet, et omnem in eo animam viventem, ab homine usque ad pecus, extingueret. Officinas evertit, supellectilem devexit, sepes destruxit[2]). Quinque tantum monachi in turrim fugientes, ex omnibus salvati sunt. Vocatur autem idem monasterium Winendenburg, et est de ordine Nigrorum. Deinde idem torrens intolerabilis impetu suo civitatem vicinam invadens, cuius vocabulum est Isleve[3]), similia ibi operatus est mala. Omnesque ecclesias, nec non et omnia civitatis habitacula violenter intravit, homines atque iumenta submersit. Et quia Deo non est cura de bobus sed de hominibus, magnum et memoria dignum in suffocatis ostendere dignatus est miraculum. Nam omnes illi qui transacto diluvio in ecclesiis sive[4]) domibus reperti sunt, niveo can-

---

1) P Hellendorp, ut in titulo. — 2) B detraxit. — 3) Eisleben, ubi hoc contigit anno 1222. — 4) E in domibus.

dore nitebant. Qui autem in tentoriis sive¹) tabernis extincti erant, carbonibus nigriores apparebant. Tali enim caractere Deus bonos distinguebat a malis. NOVICIUS: Sicut in hac plaga considero, non casu sed Dei iudicio iusto²) flagellamur. MONACHUS: Hoc plenius notare poteris in diluvio Frisiae, in quo amplius quam centum millia hominum simul extincta sunt, ac deinde anno tertio circa quadraginta millia. Tempus et causam eiusdem plagae satis expressi in distinctione septima capitulo tertio. NOVICIUS: Videntur mihi diluvia haec particularia celerem iudicis adventum praenunciare. MONACHUS: Verum est, quia eodem tempore impletum pro parte est, quod ipse promisit³) dicens: *Erit in terris pressura gentium prae confusione sonitus maris et fluctuum, arescentibus hominibus prae timore*⁴). Nam sicut mihi retulit Abbas sancti Bernardi, timor tantus erat in Frisia, ut singuli singulis momentis mortem suam exspectarent, et quasi arescerent prae exspectatione. In qua tanta facta est pressura populorum, ut multi Frisonum provincias peterent alienas. NOVICIUS: Ego ista tunc temporis intellexi. MONACHUS: Ex quo loqui coepi de aquis, ostendere tibi volo, quanta Deus miracula etiam nostris temporibus operatus est in illis.

CAPITULUM XLII.

*De puero monstruoso post baptismum sanato*⁵).

Godefridus magister noviciorum nostrorum, ante conversionem parochiam quandam regebat. Hic cum die quadam puerum baptizaret, de cuius latere pendebat caro miri horroris, mox ut infantem in nomine sanctae Trinitatis tribus vicibus immersum extraxit, monstruosum illud apostema nusquam comparuit. Quo viso hi qui aderant glorificaverunt Deum, baptismi virtutem ubique praedicantes⁶).

---

1) ACDEFP in theatris sive in. — 2) B iusto Dei iudicio, P Dei iusto iudicio. — 3) AP praemisit, C permisit. — 4) B add et exspectatione, et cetera. — 5) CFP de monstro in puero per baptismum fugato. — 6) B divulgantes.

CAPITULUM XLIII.

De pagano apud Babylonem baptizato et sanato.

Quando peccatis nostris exigentibus in obsidione Damiatae Christianus exercitus ex parte datus est in manus Sarracenorum, Episcopus Beluacensis[1]) ductus est in Babylonem captivus, et cum eo multi. Cumque satis humane a Soldano tractarentur, femina quaedam pagana civis Babylonica filium sic habebat infirmum, ut nulla spes vitae esset in illo. Nocte quadam ostensum est ei in somnis, ut si praedictus Episcopus illum baptizaret, mox omnem corporis sospitatem recuperaret. Illa sollicita de filio, mane cum[2]) familia ac parentibus ad Episcopum venit; quid viderit exposuit; baptizari illum humiliter petivit et obtinuit. Sicut retulit Henricus miles de Ulmene[3]) qui praesens erat, baptisterium pagani circumsteterunt, et riserunt; quorum risus versus est in admirationem. Nam adolescens qui[4]) desperatus intravit, baptizatus, sanissimus exivit. Spero quod usque hodie in fide Christi perseveret; et forte alii eius exemplo crediderunt. Sed quid baptismi virtutem in aliis commendo, cum illam mirabiliter satis expertus sim[5]) in memetipso?

CAPITULUM XLIV.

Item de auctore huius Dialogi, qui beneficio baptismi convaluit.

Cum adhuc scholaris parvulus tempore quodam in acutis laborarem, et semel ac secundo post chrisim[6]) recidivassem, contigit ut puella quaedam pagana, quam matertera mea pecunia comparaverat, baptizaretur. Habebat enim circa decem annos aetatis. Suasum est matri meae ut eodem lintheamine quo[7]) illa de baptismo exierat, adhuc madido me involveret; et sciret gratiam sanitatis celerius secuturam. Quod cum factum fuisset,

---

1) Bellovacum, Beauvais. — 2) B add filio. — 3) CF de Olmene miles. Oliverus Scholasticus apud Gelen. Vit. Eng. p. 335: „Capti sunt in illa defensione electus Beluacensis, et frater eius Camerarius Franciae, et filius eius, frater Andegauensis Episcopi, cum Joanne Darcies viro nobili et valde strenuo, Henricus de Ulma, et alii multi". — 4) B qui quasi. — 5) BCF sum. — 6) BCEFP crisim. Homil. III. p. 28: „iam chrisim fecisse eos." — 7) CF cum quo.

attactu¹) illius aquae sacratissimae mox in sudorem erupi, et convalui. Licet enim baptismus medicina sit animae, multi tamen illius virtute sanitatem corporum consecuti sunt, sicut legitur de Tarquilinio²), et Cromatio Urbis praefecto. NOVICIUS: Vellem aliquod audire miraculum in aquis simplicibus factum, quibus nec consecratio nec sacri chrismatis infusio tribuit virtutem. MONACHUS: Prius tibi adhuc unum referam de baptismo, cuius virtutem amplius etiam in re adversa³) cognosces.

CAPITULUM XLV.

De cane qui a scholaribus baptizatus, in rabiem versus est.

Tempore quodam quidam scholares⁴), sacerdotum morem imitantes, in quodam flumine canem sub invocatione trini nominis baptizaverunt. Canis vero virtutem tanti nominis sustinere non valens, mox illis videntibus versus est in rabiem. Pueris vero, eo quod genus illud insanissimum sit, pepercit Dominus⁵), sciens non malitia, sed ex stultitia sacramento factam iniuriam. De aquis vero simplicibus habes exemplum superius capitulo tricesimo quinto, de piscatore quem aqua exussit. Habes etiam exemplum aliud in distinctione tertia capitulo vicesimo primo, de homine peccatore, ob cuius vitia mare intumuit, et post confessionem tranquillum factum est. Simile tibi nunc recitabo de quo satis miraberis.

CAPITULUM XLVI.

De Richardo Rege Angliae et periculo eius in mari.

In prima expeditione Jerosolymitana Richardus Rex Anglorum cum multitudine peregrinorum copiisque maximis transfretavit. Die quadam circa crepusculum orta est in mari tempestas validissima, ita ut naves procellis concussae, et vi ventorum impulsae, mortem omnibus intentarent. Rex vero sicut et ceteri mortem ante oculos habens, tota illa nocte clamavit: O quando erit tempus, in quo⁶) grisei monachi surgere solent ad laudandum Deum? Tanta enim bona

1) B attractu. — 2) CF Tarquilino, A Tranquilinio, BEP Tranquilino. — 3) B in re adversa etiam, D in re etiam adversa. — 4) BC scholares quidam. — 5) Dominus add B. — 6) CF quando.

illis feci, ut non dubitem quin mox ut coeperint pro me orare, Dominus nos respicere debeat. Mira fides Regis. Dominus vero qui dicit: *Si habueritis fidem sicut granum synapis, dicetis huic monti, transi hinc, et transiet* 1), evidenti miraculo fidem iam dicti Regis remuneravit. Nam circa octavam horam noctis tempore matutinali, monachorum surgentium Dominus orationibus excitatus, et ipse per potentiam consurgens, imperavit ventis et mari, et facta est tranquillitas magna, ita ut omnes de tam subita maris immutatione mirarentur. Reversus vero idem Rex, gratia eiusdem miraculi amplius ordinem honoravit, quasdam domus eleemosynis ditando, de novo alias exstruendo 2). Haec de miraculis aquarum dicta 3) sufficiant, quia ad miracula terrae festino.

CAPITULUM XLVII.

De pressuris quae facta sunt nostris temporibus.

Videtur nostris temporibus impletum quod Dominus in Evangelio dicit: *Surget gens contra gentem, et regnum adversus regnum, et terraemotus magni erunt per loca, et pestilentiae et fames, terroresque de coelo, et signa magna.* Licet de his aliqua dixerim exempla, superaddam nunc plura. Nostris temporibus gens Sarracenorum duce Salatino Rege Syriae surrexit contra gentem Christianorum, a quo capta est Jerusalem cum terra sancta. Contra quam gentem perfidam tres vidimus expeditiones maximas fidelium. Prima fuit sub Frederico Imperatore; secunda sub Henrico filio eius; tertia sub Frederico qui hodie imperat. Nostris inquam temporibus gens Latinorum surrexit contra Graecos, illorum perfidia provocata, cepitque Constantinopolim et magnam partem Graeciae. Circa eadem tempora manifestari coeperunt haereses Albiensium. Unde zelo fidei *conturbatae sunt gentes* catholicorum, *et inclinata sunt regna* 4), utputa 5) Franciae et Hispaniae, ad illius destructionem; sed nondum est finis. Ut enim taceam de regnis gentium infidelium, quanta fuerint bella inter regna fidelia 6), uti regna 7) Francorum adversus regnum Anglorum, inter regnum Alemanniae contra Gallorum 8) regnum, novimus omnes. Quaedam etiam gens anno praeterito intravit regna Ruteno-

---

1) Matth. 17, 19. — 2) BCDF construendo. — 3) dicta om BD. — 4) Psal. 45, 7. — 5) AEFP utpote. — 6) B fidelium. — 7) B regnum. — 8) B Galliae.

rum, et totam ibidem gentem unam delevit; de qua nobis non constat, quae sit, unde veniat, vel quo tendat. De pestilentiis et fame legimus satis, non in libris, sed in pressuris nostris. Post mortem praedicti Henrici Imperatoris tanta fames erat, ut maldrum siliginis in Alemannia marca Coloniensium [1]), et in quibusdam provinciis decem et octo solidis venderetur, et ex magnitudine famis populus innumerabilis extingueretur. De terraemotibus per loca, nova et magna tibi referam miracula.

CAPITULUM XLVIII.

De terraemotu in Cipro.

In anno praesenti, qui est millesimus ducentesimus vicesimus secundus ab incarnatione Domini, sicut narrant quidam de eisdem partibus venientes, duae civitates in Cipro a terraemotu corruerunt. In una vero illarum dum Episcopus in altari staret, missamque celebraret, ecclesia tremefacta cecidit, et tam ipsum quam reliquum populum extinxit.

CAPITULUM XLIX.

De terraemotu in Brixa.

In Adventu Domini haeretici Mediolanenses haereticis qui erant in Brixa[2]), multa plaustra cum victualibus transmiserunt. In ipsa vero die Nativitatis Domini dum[3]) convivarent, Dominus terram concussit, et cadentibus aedificiis plus quam duodecim millia hominum extinxit. Alii fugientes in campum cum audirent clamores morientium, non fuerunt ausi redire in civitatem ad illorum succursum. Mediolanenses vero civitatem suam deserentes, plus quam per octo dies in tentoriis habitabant, timore eiusdem terraemotus. In Pergamo, in Cumis[4]), in Venetia, in Cipro, in Papho, et in aliis multis provinciis atque civitatibus eodem tempore multos terruerunt terraemotus. Nec mirum. Tot turres, tot aedificia corruerunt, ut nihil aliud, nisi finis mundi instare videretur. Quod a saeculo est inauditum, sicut in capite ieiunii magister Oliverus praedicavit Coloniae, duo montes in Papho habentes intra[5]) se

---

1) CF Coloniensi. — 2) B Brixia. — 3) BD cum; mox R convivarentur. — 4) Comis, Como. — 5) libri inter.

stagnum conierunt¹), ita ut efficerentur mons unus. Dominus vero terrae dum per montem aquae viam praepararet, cum tanta vi erupit, ut obviantia quaeque deleret.

CAPITULUM L.

De terraemotu in Colonia.

Parvo intervallo post iam dictum terraemotum, id est tertio Idus Januarii, factus est Coloniae et circa, novus terraemotus tam validus, ut parietes aedificiorum concussi, ruinam minarentur. Eadem hora Abbas noster in Monte sanctae Walburgis, erat enim ante ortum solis missam celebrans, sic concussus est, ut ex eodem motu ecclesiam lapsuram, et altare cui astabat a terra deglutiendum esse formidaret. Deinde circa tempus duarum hebdomadarum Aquenses alium terraemotum senserunt. Venti etiam²) tam validissimi his temporibus ut nosti fuerunt, ut non modicum terrorem nobis incuterent. In hoc eodem anno de quo nunc loquimur, contigerunt duo supradicta miracula³), scilicet conflagratio theatri, et casus nubis, ut habes capitulo vicesimo octavo et capitulo quadragesimo primo.

CAPITULUM LI.

De igne qui visus est de coelo in terra Comitis de Monte.

In hac septimana vigiles cuiusdam castri Comitis de Monte, sicut veraciter audivi, contra coelum respicientes, viderunt coelum ipsum⁴) aperiri, ignemque de ipso exire. Qui ad aerem inferiorem descendens, ad diversa loca terribiliter satis ac mirabiliter movebatur, alicuius magnae rei portentum se ostendens. NOVICIUS: Satis me terret horum oratio. MONACHUS: Adhuc habeo quod tibi dicam de miraculis terrae.

CAPITULUM LII.

De homine de fodina in qua per annum iacuerat obrutus, mirabiliter liberato.

In Dioecesi Treverensi villa cuius nomen est⁵) Wanebach, iuxta ecclesiam eiusdem villae duo homines in argenti fodina

---

1) ACEFP coierunt. — 2) CF autem. — 3) BP miracula supradicta. — 4) ipsum add ACDEF. — 5) est om B.

laborabant, unus inferius, alter vero superius in margine fossae. Interim lateribus fossae collapsis, homo qui in fundo erat molibus terrae atque petrarum obruitur; superior vero cum illis cadens, sic contritus est, ut tertia die moreretur. Uxor autem obruti putans eum defunctum, missam[1]) pro eius anima celebrari fecit. Et quia paupercula erat, nec sufficere potuit ad celebrationes missarum, singulis diebus in ecclesia coram altari pro remedio animae eius thus incendit, tribus tantum diebus neglectis. Quod cum fecisset per annum integrum, homines lucri causa purgare coeperunt fodinam. Cumque instrumentis suis obruto propinquassent, clamavit ille: Parcite, parcite; massam sic competenter reiicite, ut non obruatis me. Illi primum putantes fantasma esse, cum vocem eius cognovissent, fecerunt ut postulaverat. Nudatus[2]) autem, cum interrogatus fuisset, quomodo ibi tanto tempore vivere potuisset, respondit: Singulis diebus tali hora diei, quodam odore aromatico ita sufficienter refectus sum, ut tota illa die usque ad eandem horam neque manducare neque bibere delectarer. In toto hoc anno per tres tantum dies eodem odore carui, et tunc fame pene mortuus fui. Non tamen exprimere potuit virtutem vel causam eiusdem odoris. Uxor eius de hoc requisita, mox intellexit; quid pro anima eius fecerit, ut praedictum est omnibus exposuit. NOVICIUS: Si spiritualia animabus impensa sic prosunt corporibus, puto quod illis in poenis positis multum possint[3]) prodesse. MONACHUS: De hoc satis audies in sequentibus. Quantum enim prodest humilibus in sacramentis Ecclesiae fides et devotio, tantum stultis ac superbis eorundem sacramentorum obest irrisio.

CAPITULUM LIII.

De homine qui sacramentum cinerum irridens pulvere suffocatus est.

Retulit nobis Theodericus monachus noster quondam Comes in Wiede, rem satis mirabilem. Novi, inquit, in Confluentia carnificem quendam, hominem in officio suo probum satis, nomen illius exprimens. Hic cum tempore quodam tertia feria ante Cineres, totam pene noctem in comessationibus ex-

---

1) C missas. — 2) destitutus. — 3) FP possunt.

pendisset, mane quasi ad abluendas carnes cum quodam suo collega tabernam intravit. Cumque ad officium missae pulsaretur, et fideles ad ecclesiam confluerent, nec non ex eadem taberna, iamque soli hi duo illic remanentes potarent, ait alter carnifici: Certe modo nimis diu exspectamus; eamus ergo ad ecclesiam propter sacros cineres. Cui ille mysterium cinerum irridendo, respondit: Sede, ego tibi dabo cineres, et tu mihi. Tollensque cineres de lare, iactavit super caput eius. Et ecce mox poena irrisionis subsecuta est. Nam statim circa caput et faciem tantum sensit pulverem, ac si follibus ei insufflaretur. Cumque territus exclamaret, tantum ore cineris hausit, ut pene suffocatus fuisset. Accurrerunt multi, plagam tam mirabilem videntes. Ductus est in proximam insulam, in qua non pulvis sed gramen erat; sed nihil illi[1]) profuit. In Rheno, in pomerio, in solario, neque in aliquo loco a turbine cinerum se defendere potuit; a quibus tandem suffocatus, poenam irrisionis luit. Ecce homo de quo supra dictum est, devotionis gratia etiam sub terra vivere potuit; hunc in aere iam dicta culpa suffocavit. Duo nunc subiiciam miracula; primum meruit virtus humilitatis, sequens virtus castitatis.

CAPITULUM LIV.

De converso subulco et arbore eius meritis scissa.

Liffardus cuius memini in distinctione quarta capitulo quarto, conversus fuit in Hemmenrode. Hic cum esset homo bene natus, ut per humilitatem amplius mereretur, porcos monasterii pascere non despexit, imo precibus idem officium obtinuit. Die quadam cum iuxta nemus gregem porcorum pavisset, vidit ibi duas arbores quae de uno trunco processerant. Cui cum una placuisset, dixissetque in corde suo, Deus quam idonea esset haec arbor ad alveolos porcorum, mox cecidit, ac si securi succisa fuisset. Ecce non oranti sed cogitanti lignum obedivit. Haec de humilitate. Audi aliud miraculum de castitate.

---

1) BDP nihil ei, F nihil.

CAPITULUM LV.

De puella et silice in signum stabilitatis eius scisso.

Allardus novicius noster, sicut ipse mihi retulit, habet[1] materteram nomine Juttam, quae ante conversionem licet corpore fuisset casta, gestibus tamen nimis ostendebatur levis ac lasciva. Erat enim nubilis. Haec cum die quadam cum sororibus luderet, germanus eius magnae gravitatis clericus affuit. Qui dolens de sororis levitate, silicem solidissimum de flumine tulit, et ait: Prius scindetur lapis iste in manu mea, quam soror mea Jutta stabilis fiat, ac monialis. Deus vero ut ostenderet hominem non esse iudicandum secundum faciem, mox silicem in manu eius scidit. Quod ubi illa comperit, tum verbo fratris, tum miraculo lapidis compuncta, nuptiis ac saeculo valedixit, et in claustro sanctimonialium cui vocabulum est Bethbure[2]), religionis habitum suscepit, eundem lapidem usque hodie in testimonium castitatis atque conversionis suae reservans. Haec dicta sint de elementis. Placet nunc audire aliquid miraculosi de his quae in illis moventur, avibus scilicet, piscibus, animalibus ac[3]) reptilibus? NOVICIUS: Placet. MONACHUS: Quod dicturus sum, utrum scriptum sit an non, ignoro; ego enim illud non didici ex lectione, sed ex cuiusdam religiosi viri[4]) relatione.

CAPITULUM LVI.

De avicula meritis sancti Thomae Episcopi a milvo liberata.

Matrona quaedam beatum Thomam Cantuariensem plurimum diligens, assiduis infirmitatibus laborabat; et cum doloribus angeretur[5]), eundem martyrem his verbis invocabat: Sancte inquit Thoma adiuva me. Habebat autem[6]) nescio cuius generis aviculam, quae ex assiduitate audiendi, eandem absolute satis proferre didicerat orationem. Die quadam milvus extra domunculam eam videns, rapuit, et avolavit. In ipso raptu dum unguibus illius avis premeretur, cunctis qui aderant audientibus clamavit de aere: Sancte Thoma adiuva me. Ut autem mirabilis Deus martyris sui merita pretiosa demonstraret, milvo ut aviculam dimitteret praecepit. Quae

---

1) B habuit. — 2) Bedbur, iuxta oppidulum Calcar. — 3) EF et. — 4) EP viri religiosi. — 5) AP ageretur. — 6) C enim.

statim cum multa alacritate rediit ad dominam; et ille rapinae suae poenam luens, mortuus cecidit in terram. NOVICIUS: Quid est quod sanctus succurrit periclitanti aviculae, et non aegrotanti famulae? MONACHUS: Quia illa aliam vitam non habebat, quam ista per fidem exspectabat. Voluit etiam ei ostendere quod dilatio curationis eius non foret ex impotentia, sed ex providentia; quia virtus in infirmitate perficitur[1]). Audi aliud miraculum.

CAPITULUM LVII.

De columbis quibus miles licentiam dedit avolandi.

Miles quidam Anselmus nomine de villa Lisere, columbas plurimas nutrire solebat. Dictum est ei quia graviter nutriendo illas peccaret, eo quod sata et granaria laederent proximorum. Die quadam eis ad comedendum annonam proiiciens, cum omnes essent in unum coram eo congregatae, clara voce cunctis qui aderant audientibus dicebat: Vos columbae, si Dei voluntas est, ut penes me habitetis, manete; sin autem, praecipio vobis in eius nomine, ut statim recedatis. Ad quod verbum mox omnes columbae simul se levantes, simul avolaverunt, neque ultra reversae sunt ad illa domicilia. NOVICIUS: Quomodo ibi manere potuerunt contra voluntatem divinam? MONACHUS: Non fuit Dei voluntas, ut miles easdem columbas nutriret; non tamen contra Dei voluntatem ibi esse poterant. Voluntas Dei potentia eius est. Unde in Psalmo: *Omnia quaecunque voluit Dominus fecit in coelo et in terra*, et cetera[2]). Putas Deo placere, cum nisi, accipitres, grues, et ceterae huiusmodi aves ad levitates nutriuntur? Absit. Possunt tamen aliquae, utputa cyconiae, ad necessitates a religiosis nutriri, sive hospitari; de quibus propter occasionem miraculum tibi recitabo.

CAPITULUM LVIII.

De cyconiis quibus Prior Cisterciensis benedictionem dedit.

Apud Cistercium, ubi caput est ordinis nostri, plurimae nidificant cyconiae. Quod ideo a fratribus religiosis permittitur, quia per illas non solum monasterium, sed omnia in

---

1) Cor. II, 12, 9. — 2) Psal. 113, 11.

circuitu loca ab immundis vermibus mundantur. Hyeme appropinquante recedunt, et tempore certo redeunt. Die quadam cum acies suas ordinassent ad peregrinandum, ne hospitalitatis concessae immemores esse viderentur, conventum qui eadem hora in agro laborabat petentes, eumque crebrius grutillando¹) circumvolantes, omnes in admirationem verterunt, ignorantibus²) quid peterent. Ad quos Prior: Puto quod licentiam petant³) recedendi. Elevansque manum benedixit eis. Mox mirum in modum cum multa alacritate simul avolantes, monachis exeuntibus in viam qui regularem benedictionem accipere sive exspectare parvipendunt, magnam verecundiam incusserunt. NOVICIUS: Quid dicturi sunt homines rationales Dei donis ingrati, cum audierint columbas obedire, cyconias regratiari? MONACHUS: Hoc est quod Dominus per Jeremiam Prophetam populo suo Israel improperat dicens: *Turtur et hyrundo et cyconia custodierunt tempus adventus sui; populus autem meus non cognovit iudicium Domini Dei sui*⁴). NOVICIUS: Ubi habitant aves istae in hyeme? MONACHUS: In locis utique calidis.

CAPITULUM LIX.

Quod hyrundines semper solita repetant habitacula.

Sicut mihi retulit quidam sacerdos, pater aliquis familias⁵) plurimos habens nidos hyrundinum in domo sua, et hoc ipsum de quo tu quaeris, discere desiderans, unam ex eis cepit, cartulamque verba haec continentem: O hyrundo ubi habitas in hyeme? pedi eius alligans, abire permisit. Sciebat enim experimento, quia semper loca, nec non et habitacula solita repeterent. Illa cum ceteris in Asiam veniens, in domo cuiusdam Petri nidificavit. In cuius pede cum propter ingressus vel exitus quotidianos praedictam cartulam contemplaretur, scire volens quid esset, avem cepit, cartulam legit et amovit, alteramque annectens, tali modo interrogationi respondit: In Asia in domo Petri. Quod cum supradictus paterfamilias in reversione hyrundinis suae didicisset, historiam hanc pro miraculo multis recitavit. De cyconiis vero multa admiratione

---

1) CF guttillando. — 2) FP ignorantes. — 3) C petunt. — 4) Jer. 8, 7. — 5) E aliquis paterfamilias.

digna tibi recitare possem, si non ad utiliora festinarem. Masculi suas feminas valde zelant, adulteria gravissime vindicant. Habent tamen feminae unum remedium satis miraculosum. Si ante adventum sui comparis aquis se immergere potuerit, culpam adulterii ille minime cognoscit, sicque poenam mortis evadit.

CAPITULUM LX.

De cyconia propter adulterium occisa.

In curia cuiusdam militis, sicut a quodam religioso viro veraciter audivi, nidus erat cyconiarum, maris scilicet et feminae. Illa absente masculo adulterium admittens, frequenter paludi quae domui proxima erat se immersit. Quod cum miles notasset, causam scire volens, fossam sepibus operiri praecepit. Quid plura? Cum illa admisso scelere, solitam aquam peteret, nec ei ingressus pateret, interim mas venit, crimen agnovit, adulteram rostro impetivit. Ad cuius interfectionem cum solus non sufficeret, cum furore avolans, et post horam rediens, multis¹) cyconiis sibi associatis, in oculis omnium qui in curia aderant, miseram interfecit. NOVICIUS: Puto istam zelotypiam aliquid in se continere sacramenti. MONACHUS: Bene putas. Saepe enim in scripturis Deus avibus se comparat. Cuius sponsa, anima fidelis est. Adulterium vero, omne peccatum mortale, quod ab illo²) separat, et diabolo coniungit. Aqua baptismus est vel poenitentia, quae semper reiteratur, et culpam abluit, ne Deus illam videat vel cognoscat ad vindictam. His dictis pro exemplo, etiam de piscibus qui de eodem elemento, id est aqua facti sunt, unde aves, aliquid tibi miraculosi recitabo.

CAPITULUM LXI.

De anulo Conradi Praepositi in esoce reperto.

Conradus Praepositus sancti Severini in Colonia, etiam Praepositus erat Xantensis. Hic cum tempore quodam ad idem opidum navigaret, et manus extra navim³) in flumine lavaret, anulus aureus bonus valde ex eius digito labens, ce-

---

1) E cum multis. — 2) D quod a Deo, E quod nos a Deo. — 3) C navem.

cidit in Rhenum. Anno vero sequenti cum ad iam dictum opidum iterum iret navigio, circa eundem locum in quo anulum perdiderat, piscatores obvios[1]) habuit, a quibus si aliquos haberent pisces captos, inquiri praecepit. Responderunt illi: Habemus esocem unum qui Praeposito Xantensi debetur, quem vendere non audemus. Quibus cum dicerent, ecce Praepositus praesens est, piscem ei obtulerunt. Quem cum cocus exenterasset, anulus praefatus in eius visceribus est repertus. Quem cum celare non posset nec vellet, Praeposito eum ostendit. Quem ille mox agnovit, et non absque magno miraculo recepit.

CAPITULUM LXII.

De aquis in sanguinem versis et piscibus earum.

Sacerdos quidam et monachus de ordine nigro, anno praeterito retulit mihi de aquis et piscibus rem valde miraculosam. In provincia inquit nostra, sicut hodie multi sunt testes, tempore quodam omnes paludes et fluenta in sanguinem versa sunt. Quorum amaritudinem cum pisces sustinere non possent, relictis aquis aridam petiverunt. Anguillae vero sepes ascendentes, illisque inhaerentes, sic inventae sunt. Multitudo autem piscium in aquis mortua est, ad instar unius plagae Aegypti. Aliquid nunc subiiciam de animalibus et bestiis quae in terris gradiuntur, quod miraculosum sit.

CAPITULUM LXIII.

De bubalis qui custodem suum interfecerunt.

Cum Wilhelmus novicius noster in[2]) prima expeditione Jerosolymitana rediret Romam, casum ibi tunc recentem audivit, unde multi mirabantur. Bubulcus quidam bubalos[3]) iuxta urbem paverat viginti annis et amplius. Die quadam cum non procul a pascentibus in agro dormiret, quatuor ex eis convenientes, frontes quasi ad colloquium coniungebant, et post horam ad[4]) suum custodem currentes, tum pedibus calcando, tum[5]) cornibus ventilando, eum in frusta dividentes interfecerunt.

---

1) D obviam. — 2) R ex. — 3) E bubulos. Bubalus, bufalus, Germanice Büffel. — 4) CF ante. — 5) CEF cum — cum.

CAPITULUM LXIV.

De lupa quae scholarem interfecit in Carpania.

Retulit nobis Abbas Daniel de lupa rem satis mirabilem. In Carpania[1]), inquit, ubi Scholasticus eram, scholaribus die quadam licentiatum fuerat ire ad silvas. Qui in nemore lupae antrum reperientes, catulos omnes eiecerunt. Quorum pedes unus bipenni sua amputavit. Quibus recedentibus lupa rediit, et ut catulorum pedes praescisos[2]) vidit, recedentes insecuta, solummodo eum qui hoc egerat, nimium furens impetivit. Ille vero timens, arborem ascendit. Quem cum insequi non posset, coepit unguibus circa radices fodere. Et cum sic non proficeret, alios lupos advocavit. Interim nunciantibus scholaribus, homines de villa cum gladiis, cuspitibus[3]) et baculis ei in auxilium venientes, lupos abegerunt, in medio sui illum ducentes. Lupis invitatis ad horam sequentibus et redeuntibus, illa sola perseveravit, vindicare se tentans multis conatibus. Et cum essent proximi villae, lupa se periculo dans in ultionem catulorum, armatorum custodias irrupit, et scholaris gulae insiliens, protinus extinxit. Quae statim occisa est. NOVICIUS: Satis miror quod scholarem illum prae ceteris cognoscere potuit. MONACHUS: Multa huiusmodi fiunt Dei iudicio, ex quibus unum est quod sequitur.

CAPITULUM LXV.

De homine cuius omnes liberos lupi suffocaverunt.

Homo quidam iuxta Aquisgrani tres habuit liberos. Eo vero tempore quo Philippus ibidem coronatus est, multi in provincia lupi videbantur. Ex quibus unus iam dicti hominis infantem extra domum reperiens, rapuit, quem collo suo iniiciens, silvas petivit. Miles quidam casu per viam equitans, misertus infantis, post lupum cursitavit, eumque vivum et incolumem' ex dentibus illius excussit. Non multo post idem puer nescio quo Dei iudicio a lupo rapitur, praefocatur[4]) et comeditur. Habebat idem infans sororem maiorem se; quae cum die quadam missa fuisset in agrum ad hauriendam aquam de fonte, lupus multis videntibus ad illam cucurrit, et ante-

---

1) Kerpen, prope Bergheim. — 2) AFP **praecisos**. — 3) sic codices. — 4) D **suffocatur**.

quam homines subvenire possent, puellam extinxerat, intestina eius devorans. Sic homo ille duobus liberis privatus, cum tempore quodam guerrae uxorem cum supellectili sua in civitatem transtulisset, tertium puerum ad custodiam domus suae quoadusque reverteretur dimisit. Quem reversus non invenit, nec postea vidit; et veri simile est quod a lupo sicut ceteri fuerit raptus atque suffocatus. Ex quo loquimur de lupis, referam tibi de lupo quod nuper audivi, unde satis mirabar.

CAPITULUM LXVI.

De lupo qui puellam traxit in nemus, ut os de gutture socii erueret.

Juxta villam cuius nomen excidit, lupus puellam adultam invasit, dentibus brachium illius tenens. Quam cum secum traheret, quotiens illa clamare coepit, clamantem durius pressit, et tacenti pepercit. Quid plura? Ducta est ab eo in silvam ad alium lupum, cuius gutturi os fuerat infixum. Qui cum nimis torqueretur, per os alterius lupi manus puellae in guttur hiantis mittitur[1]), a qua os quod inhaeserat extrahitur. Sanatus vero mox cum suo collega puellam ad villam propriam reduxit. NOVICIUS: Ego quendam iuvenem vidi, qui in infantia a lupis fuerat raptus, et usque ad adolescentiam educatus, ita ut more luporum supra[2]) manus et pedes currere sciret, atque ululare. MONACHUS: Haec de bestiis dicta sint. Nunc vero de vermibus aliqua subiungam, sicque distinctionem concludam.

CAPITULUM LXVII.

De bufone qui persecutus est Theodericum cognomento Cancrum.

In Carpania villa Dioecesis Coloniensis cuius superius[3]) memini, homo quidam fuerat de quo mihi non constat utrum adhuc vivat, religiosus, sed caecus, Theodericus nomine, cognomento Cancer. Hic tempore quodam iuventutis suae dum in agro tribulos aridos levasset, bufonem sub eis magnum offendit. Qui cum se contra eum in pedes suos poste-

1) D immittitur. — 2) F super. — 3) CF supra.

riores quasi ad pugnam erexisset, ille iratus arrepto ligno vermem occidit. Mirabile dictu. Cum Theodericus nihil minus suspicaretur, vidit bufonem extinctum sua insequi vestigia. Quem cum denuo transfodisset, et multotiens concremando incinerasset, non tamen profecit. Non fuit locus adeo remotus, adeo mundus, qui ei ad dormiendum esset tutus. Noctibus per clipeum timore illius ad trabem suspendebatur. Cum tempore quodam equitaret cum quodam venatore socio suo, eique tanta mirabilia conquerendo recitaret, ecce vermem eundem ille vidit caudae equi eius inhaerentem, celeriusque ad eum scandentem. Qui mox exclamavit: Cave cave, en diabolus equum tuum ascendit. Mox ille desiliens, occidit eum. Alio itidem tempore sedente eo cum sociis suis, conspicatur saepedictum vermem in poste proximi parietis. Ecce, inquit, ubi[1] diabolus ille. Nunquam ab eo liberabor, nisi se vindicaverit. Moxque nudata coxa, sinebat vermem accedere. Quem cum momordisset, mordentem manu iactavit, ipsumque morsum celerius rasorio ad hoc praeparato abscidens[2], longius proiecit. Mox mirum in modum ipsa praecisura[3] ob infectionem veneni ad instar pugni intumuit, et crepuit. Sicque liberatus est a verme illo immundissimo. Postea idem Theodericus a quodam milite innocenter exoculatus, tantae effectus est religiositatis, ut semper nudipes incederet, sicque limina beatorum Apostolorum Petri et Pauli, nec non et sancti Jacobi apud Compostellam, multis vicibus frequentaret. NOVICIUS: Nunquam audivi talia. MONACHUS: Saepe per huiusmodi monstra Deus peccantes punit, ut noverint quanta sit in futuro, ubi vermis non morietur, et ignis non extinguetur[4], vanis, gulosis, nec non et luxuriosis, atque immundis poena praeparata. De vanis, ut sunt venatores, iam dictum est. De luxuriosis exemplum habes in Vita sancti Malachiae, ubi homo luxuriosus per bufonem fugatus est a femina religiosa[5]. De gulosis memini me dixisse in distinctione quarta capitulo octogesimo sexto, ubi intestina gallinae versa sunt in bufonem. Referam tibi de hoc etiam recens exemplum.

---

1) C ibi. Conf. IV, 21. — 2) F abscindens. — 3) CD praescisura. — 4) Isai. 66, 24. — 5) Vit. Malach. cap. 17. p. 538: „Venenatum et tumidum animal quod bufonem vocant, visum est reptans exire de inter femora mulieris."

CAPITULUM LXVIII.

Item de bufone qui in phyala bibuli sacerdotis repertus est.

In Berge villa Dioecesis Coloniensis sacerdos quidam celebrat, homo satis mirabilis, et gulae totus deditus. Nolo eum nominare; spero quod adhuc vitam suam debeat emendare. Huic consuetudo est tempore aestivo, propter incitamenta gulae, tantum in phyalis bibere, id est in scyphis vitreis. Die quadam phyalam suam vino repletam tollens, cum nescio cui illam ad potandum [1]) porrigeret, bufo magnus fundo insedit. De qua visione valde territi, mirabantur quomodo corpus tam grande intrare potuisset, cum eidem vasi quod inferius diffundebatur, esset collum longum et exile nimis. Cumque sacerdos non posset vermem eiicere, neque vas vellet frangere, in locum unde illud [2]) tulerat reposuit, et post horam reversus, nihil in eo reperit. Nimirum liquor ille miraculose conversus fuerat in vermem horridum, ut eius exemplo sacerdos abhorreret ebrietatem.

CAPITULUM LXIX.

De bufone qui repertus est super altare Judaeorum cum celebrarent cenophegia [3]).

Non est diu quod per huiusmodi vermem Deus Judaeos qui corpore et cultu omnino immundi sunt, miraculose satis confudit. In villa proxima quae Wintere nominatur, tempore quodam Judaei illic commorantes, in domo cuiusdam militis quam conduxerant, quasdam sollemnitates celebrabant. Cumque altare pannis multis ac mundis operuissent, tempore sacrificii vespertini simul intrantes, sacerdos ad altare accedens, postquam pannos revolvit, sub eis circa medium altaris maximum bufonem invenit. Qui cum ex nimio horrore clamasset, accurrere Judaei, accurrerunt et Christiani; nec potuit latere visio tam monstruosa. Plures enim milites, et eorum uxores ad spectaculum confluxerant, qui in risum resoluti, Judaeorum confusionem augmentaverunt. Per quos etiam recitatum est tunc temporis domino Gevardo Abbati nostro, a quo ego audivi. NOVICI-

---

1) DP ad potandum illam, F ad potandum. — 2) AEP illum, D ipsum. — 3) scenopegiam.

US: Satis delector in huiusmodi miraculis, quae sunt destructiva erroris atque vitiorum, et quaedam incentiva fidei atque virtutum. MONACHUS: Noveris etiam vermes venenatos, aliquas habere virtutes naturales.

CAPITULUM LXX.

De serpente qui vulnus satellitis suxit et sanavit.

Retulit nobis Henricus de Foresto, miles honestus et verax, rem de serpente satis mirabilem. Satelles inquit quidam iuxta nos anno praeterito vulneratus in latere et male sanatus, erumpente sanie amplius torquebatur. Die quadam cum nudato latere super truncum succisae arboris se reclinasset, ut sanies efflueret, obdormivit. Interim serpens advenit, et vulnus suxit. Expergefactus ille, serpentem excussit. Et licet territus fuisset propter venenum, magnum tamen mox sensit remedium. Suasum est ei ut denuo in eodem loco, praedicto modo colubro copiam sugendi daret; forte sanitatem omnino reciperet. Quod ita factum est. Sanissimus vero effectus, in tantum a serpente coepit diligi, ut vix in aliquo loco dormire posset, quin ad eius lectum veniret. Cuius consortium homo abhorrens, provinciam mutavit; interimque per annum fere dimidium illum non vidit. Reversum denuo serpens sequitur; et cum non posset intrare ubi ille cubabat, mane ante ostium repertus est. Suasum est ei ut monstrum occideret. Respondente illo, curatorem meum non occidam, tandem importunitate serpentis exasperatus, occidit illum. Sicque ab eo liberatus est. NOVICIUS: Melior erat serpens iste illo serpente de quo dictum est in distinctione sexta capitulo vicesimo secundo. MONACHUS: Ille peccatum maximum punivit; ad hoc enim creatus fuerat. Quantum serpentes hominibus parcant, duobus tibi pandam miraculis.

CAPITULUM LXXI.

De matrona Flandriensi quae serpentem in orbita bibit, et in partu eundem effudit.

Matrona quaedam in Flandria, sicut nuper audivi a Wigero monacho Vilariensi, cum infantem peperisset, circa illius corpusculum serpens maximus se complicaverat. De quo cum disputatum fuisset, quomodo foret sine periculo infantis abstrahendus, consilio cuiusdam gladius super eum positus est. Ad cuius frigiditatem coluber territus, se erexit, et ab infante cecidit. Qui baptizatus, paucos supervixit dies. In orbita eundem serpentem matrona fertur bibisse.

CAPITULUM LXXII.

Item de muliere cui dormienti serpens per os ingressus est, et per partum egressus.

Simile pene contigit in Dioecesi Traiectensi in villa Dulre. Nutrix Allardi novicii nostri, sicut ipse mihi retulit, cum quadam die iuxta alveola apum dormiret, ingens serpens per os ventrem illius intravit. Adveniente eius marito ut dormientem excitaret, vidit caudam ad mensuram digiti eiusdem serpentis adhuc superesse [1]). Quem cum retrahere [2]) non posset, illa evigilavit dicens: Valde incommode soporata sum. Et noluit ei maritus indicare quod acciderat, ne ex ipso timore moreretur. Erat enim vicina partui. Cui a matre consilio viri [3]) lac et dulcia quaeque ministrabantur, ut serpens eisdem potatus, quiesceret. In hora vero partus mulier cum infante serpentem effudit. Quem cum vir extracto gladio exspectasset, et ille sicut est naturaliter prudens, ad feminam rediret, praeoccupatis eius itineribus occisus est. Adhuc eadem mulier vivit. Si omnia recitare vellem quae meis temporibus miraculose, id est contra solitum cursum naturae facta sunt, ante me tempus deficeret, quam copia dicendorum. Interim ista teneas, in his delecteris; quia ad ea quae magis utiliora sunt festino. Quia scriptum est de Deo: *Mementote mirabilium eius quae fecit* [4]), horum quae dicta sunt recordemur, dicentes cum Propheta: *Tu es Deus qui facis mirabilia solus* [5]). *Non nobis Domine, non nobis, sed nomini tuo da gloriam* [6]). Nomen Patris Christus est, per quem facta sunt omnia. Cui cum eodem Patre et Spiritu sancto honor sit et imperium, per omnia saecula saeculorum. Amen.

---

1) P adhuc in ore superesse. — 2) CF extrahere. — 3) CF mariti. — 4) Psal. 104, 5. — 5) Psal. 76, 15. 135, 4. — 6) Psal. 113, 9.

DISTINCTIO UNDECIMA
DE MORIENTIBUS.

CAPITULUM I.

Quid sit mors, et unde dicatur; et de quatuor generibus morientium.

UNDECIMA hora diei solem trahit ad occasum. Haec est aetas decrepita, quae morti vicina est. Non sine mysterio in undecima distinctione de morientibus tractandum suspicor; quia undenarius[1]) eo quod denarium in quo praecepta legis divinae consistunt, primus transcendat, transgressionem designat. Per transgressionem enim prothoplastorum, mors introivit in orbem terrarum. Unde mors a morsu nomen accepit. Mox[2]) ut homo pomum vetitae arboris momordit, mortem incurrit, et tam se quam totam suam posteritatem necessitati illius subiecit. Dicitur etiam mors ab amaritudine; quia ut dicitur, nulla poena in hac vita amarior est, separatione corporis et animae. Sunt autem tria genera mortis ut dicit Ysidorus, acerba, immatura, naturalis. Acerba infantum; immatura iuvenum; merita[3]), id est naturalis, senum. Et quia de morientibus loqui proponimus, noveris quatuor esse genera hominum morientium. Quidam bene vivunt, et bene moriuntur; alii et male vivunt, et male moriuntur; alii male quidem[4]) vixerunt, sed Dei gratia bene moriuntur; et sunt qui quidem bene[5]) vixerunt, sed iusto Dei iudicio male moriuntur. Hanc diversitatem per Ezechielem Dominus satis expressit. De bene autem[6]) viventibus, et bene morientibus dicit: *Vir si fuerit iustus, et fecerit iudicium et iustitiam;* post enumerationem multorum operum bonorum[7]) ita

---

1) B numerus undenarius, E undenarius numerus. Homil. II. p. 117: „Undenarius transgressionis numerus est, eo quod denarium primus transcendat, et infra duodenarium deficiat. Denarius significat decalogum legis; duodenarius vero multis resultat privilegiis." — 2) B mox enim. — 3) P matura, ut apud Isidor. Orig. XI. p. 76: „Tria sunt autem genera mortis, acerba, immatura, naturalis. Acerba infantium; immatura iuvenum; matura, id est naturalis, senum." — 4) BC quidem male. — 5) B sunt qui bene, CEF sunt quidam qui bene. — 6) autem om B. — 7) BCF bonorum operum.

concludit: *Hic iustus est, vita vivet,* scilicet aeterna, *ait Dominus Deus.* De male vivente, et male moriente mox subiungit dicens: *Quod si genuerit latronem effundentem sanguinem;* enumeratis multis operibus iniustitiae, in fine sic dicit: *Numquid vivet? Non vivet. Cum universa haec detestanda fecerit, morte morietur,* scilicet aeterna, *sanguis eius in ipso erit.* De eo autem[1]) qui male vixit, et finaliter poenitet, sic ait: *Si autem impius egerit poenitentiam ab omnibus peccatis suis quae operatus est, et custodierit universa praecepta mea, et fecerit iudicium et iustitiam, vita vivet, et non morietur. Omnium iniquitatum eius quas operatus est non recordabor. In iustitia sua quam operatus est vivet.* NOVICIUS: Magna consolatio. MONACHUS: Non minus terribile est quod sequitur: *Si autem averterit se iustus a iustitia sua, et fecerit iniquitatem, secundum omnes abominationes suas quas operari solet impius, numquid vivet? Omnes iustitiae eius quas fecerat, non recordabuntur. In peccato suo quod peccavit, morietur*[2]). Petrus bene vixit et bene finivit. Symon Magus econtrario male vixit et male finivit. Latro in cruce male quidem[3]) vixerat, sed bene consummavit. Nycholaus advena creditur prius bené vixisse, sed non bono fine conclusit. NOVICIUS: Quare boni bene, et mali male moriantur, quaestio mihi nulla est; quare autem diu bene viventes non perseverent, et diu male viventes bono fine decedant, nosse vellem. MONACHUS: Non sum Chusi consiliarius David. Quis enim novit sensum Domini, aut quis consiliarius eius fuit[4])? NOVICIUS: Quae est mors bona, et quae est mors mala? MONACHUS: Qui in caritate decedit, per lumen eius videbit lumen aeternum. Hinc est quod foris[5]) morientes lumen ardens tenent in manibus. Qui vero sine caritate moritur, mittetur in tenebras exteriores. Una enim sententia, omnis haec diversitas concluditur: *Qualem,* inquit, *te invenero, talem te iudicabo.* NOVICIUS: Satisfactum mihi fateor per sententias; nunc precor ut exempla subiungas. MONACHUS: Faciam quod hortaris, et hoc secundum ordinem praedictum. Quam pretiosa sit in conspectu Domini mors sanctorum eius, et mors peccatorum quam pessima[6]), subiecta declarabunt[7]) exempla.

1) autem om B. — 2) Ezech. 18. — 3) BCF latro quidem in cruce male. — 4) Rom. 11, 34. — 5) in saeculo. Conf. VII, 22. — 6) Psal. 115, 15. 33, 22. — 7) B declarant.

CAPITULUM II.

De morte Meyneri sacerdotis de Claustro.

Eo tempore quo beatissimus David monachus Claustrensis ab hac luce migravit, facta est in eadem domo quae alio nomine Hemmenrode vocatur, mortalitas magna, Domino eligente sibi eos quos vita commendabat sanctior, ad similitudinem columbae quae melioribus granis pascitur. Erat ibi sacerdos quidam nomine Meynerus, quandoque ecclesiae sancti Symeonis in Treveri canonicus, et salutari admonitione sancti Bernardi Abbatis ad ordinem conversus. Amplius quam triginta annos in ordine fecerat, et per plurimos labores ad sublime sanctitatis culmen pervenerat. Cumque in eadem domo ob suam probitatem ad diversa electus fuisset officia, Prioratus scilicet, cellerariae, grangiariae, magisterii [1]) noviciorum, gradatim tamen, omnibus irreprehensibiliter administratis, graviter infirmatus, mortem [2]) adesse dolor vehemens indicavit. Cuius labores Abbas considerans, in domum secretiorem eum poni fecit, quatuor ad ministerium eius deputatis [3]). Ille vero licet gauderet de solitudine, tristabatur tamen de exhibito honore, dicens Abbati: Fratres isti vigilando atque laborando sunt lassi, neque mihi sunt necessarii. Grata est mihi solitudo, neque minus solus ero, cum solus ero [4]). Non enim solus est cui praesul et custos Dominus adest. Si careo hominum obsequio, credo quod non deerit praesidium de coelo. Abbate recedente, et ad sermones eius minus attendente, ipse fratres abire compulit, lucernamque extinguere. Media nocte Priore iubente in eandem domum ad dicendas horas minuti conveniunt, et ignis accensus est, quia hyemps erat. Dictis matutinis visitavit eum Prior, fratribus lectum eius circumstantibus. Quibus ait: Tota nocte sollemnizabam. Si centum linguas haberem, internae iocunditatis gaudium explicare non possem. Vidi deificum lumen, audivi coelestem harmoniam, interfui choris psallentium in coelo. Ach quam ordinate, quam distincte, quam reverenter psallebant. Voces quidem erant multae et diversae; sed quemadmodum in cythara varietas cordarum uniformem reddit concentum, ita concors illa diversitas in unam conveniebat melodiam, supra humanum sensum

---

1) codices **magisterio**. — 2) CF **infirmatus est. Mortem.** — 3) E **eius deputans**, B **ei deputans**. — 4) D **fuero**.

delectabilem. Gravibus succinentibus, puellares voces ascendebant, facientes dyapason. Cuius organi suavitatem humana infirmitas aestimare non potest. Admiranti mihi super his, astitit quidam in habitu venerabili, dicens: Quid miraris? Haec est laus Verbi Dei. Et cum haec dixisset, psallentibus adiunctus est, et tota virtute psallebat. Interea gratum occurrit spectaculum. Videbam stratam speciosam super me directam, iter e terris in coelum praebentem. Unus ex nostris subito de medio factus, hanc ingressus superna regna petebat. Laetabundus et laudans, angelorum vallatus copiis, nullumque passus omnino discrimen, coelo receptus est. Verumtamen frater ille non est mihi designatus ex nomine. Quidam autem calumniabantur fratres nostros, duo obiicientes, scilicet quod defunctis fratribus debitam pensionem negligenter solverent[1], et veteres tunicas non statim cum novas reciperent, redderent. In altero me reprehensibilem doleo; propter urgentes enim causas, missas nondum persolvi quas debeo, sed quam plura psalteria dixi. Deo enim gratias ago, labia mea nunquam otiosa fuerunt a laude Dei. Haec prosecutus est, et consequenter ab hac luce subtractus, fidem fecit dictis. Aiunt de eo quod in exterioribus agens, saepe per diem duo psalteria dicere solitus esset. Perspicuum est quod frater ille qui subito de medio factus, cum honore coelesti deduci visus est, ipsum Meynerum satis eleganter expressit, evidenti declarans indicio, quod velocius morte subveniente, sine omni discrimine transiturus esset de pressuris ad gloriam, de morte da vitam, de mundo ad Christum, cui est honor et imperium in saecula saeculorum. Amen.

CAPITULUM III.

De morte Ysenbardi sacristae eiusdem coenobii.

Aegrotabat in eodem coenobio sacerdos Ysenbardus[2] nomine, custos ecclesiae, plus quam tricesimum annum agens in ordine, et ad extrema perductus est. Media nocte cum[3] super eum ministrorum vigilaret diligentia, audierunt eum levi[4] susurrio verba sonare. Timentesque ne morti proximus aliena loqueretur, ori loquentis aure adhibita, intellexerunt verba subli-

---

1) D persolverent. — 2) BCF Ysenbrandus. — 3) B dum.
— 4) C leni.

mia, aedificationis plena, de gloria coelestium et inenarrabili laetitia sanctorum. Dignum ergo iudicantes testem his idoneum adhiberi, nunciaverunt haec Abbati, qui et ipse gravi laborabat infirmitate. Vocatus Abbas affuit. Interim cecidit horologium[1]), et occasione sumpta, sic fari coepit: Ach quam suavem noctem exegi; quam delectabili horologio temperando operam dedi; quam dulces et quam suaves concentus audivi, choris in coelo psallentium interfui. Ach quam concorditer, quam delectabiliter psallebant. In nostro cantu solet esse dissonantia, taedium, lassitudo; ibi longe aliter est. In unam omnes conveniunt melodiam, super omne quod delectat dulciorem. Infatigabiles laudare non cessant, et quanto plus laudant, tanto plus crescit amor laudandi, et mirabili atque ineffabili modo hoc provenit in usum gratissimae[2]) quietis, quod nunquam vacant a laude Creatoris. Ibi vidi homines nostri ordinis, super alios[3]) eminere dignitate, et gratia praecellere. Qui enim magis hic humiliati sunt, mediocribus pro Christo contenti, eo gloriosius ibi exultant, abundantiorem accipientes consolationem, facie splendidissimi, statura celsi, veste gloriosi. Cum his familiariter conversatus sum, et amico refectus colloquio. Apparuerunt etiam mihi fratres nostri, dominus Warnerus Prior, et dominus Mychael, et dominus Arnoldus, et dominus Kono, et dominus David honore celsior, candidissimis induti cucullis, quarum nitor oculis meis tam erat impenetrabilis, quam radius fulguris choruscantis. Tanta[4]) gloria vestium delectatus, sollicite quaerebam, si talem ego habiturus essem. Et dixerunt: Qui vivit irreprehensibiliter, talem vestem sperare potest. Si vero vitium latuerit in conversatione, macula apparebit in veste. Culpa enim vitae, maculam facit in veste. Immaculatam ergo merebitur habere vestem, qui se a maculis servat immunem. Et dixi: Quae sunt istae[5]) maculae? Et illi: Murmuratio, detractio, invidia, negligentia, et quicquid sinceritatem cordis[6]) maculat et confundit. Qui talia agunt, in gloria vestis maculam ponunt. Tu vero pro multis laboribus, et vitae honestate similem sortieris vestem. His dictis faucibus arefactis,

---

1) horologium temperare, pondera vel momenta librare, vel sursum evehere; quae cum in imum delapsa sunt, tum horologium cecidisse dicitur. — 2) B mansuetissimae. — 3) CF omnes, P homines alios. — 4) B in tanta. — 5) istae add B. — 6) B ordinis.

viribusque exhaustis, defecit loquens. Post modicum, instillata refocillatus aqua, resumptoque spiritu, ad loquendum se parans[1]), spem fecit auditoribus. Et ait: Utinam differret me Dominus usque dum plene opera Dei dominis meis[2]) loqui possem. Ach quam laeti nuncii baiulus essem, quam laeta, quam stupenda narrarem, quae vidi, quae audivi, et sensi, quae praeparata sunt diligentibus Deum, et in laude eius vigilantibus. Et Abbas: Frater quomodo haec vidisti? Et ille: Quater hac nocte raptus sum ante Deum. Pectus meum apertum est, et anima mea educta est, et statim fui inter choros angelorum, et vidi Dominam nostram in immensa claritate cum suis sacris virginibus, quae se mihi promisit in necessitate affuturam, et sanctum Mychaelem cum multo exercitu angelorum paratum ad opem[3]) mihi. Nam altari et memoriae suae honorem solebam semper[4]) impendere; et innumerabilem multitudinem sanctorum, et quos antea non videram, statim agnovi. Rursum spiritu et viribus deficiens, loqui cessavit. Compulsus itaque de sorbitiuncula pauxillum accepit, et gustans ait: O quam dulcis est Dominus gustantibus se[5]). O quanta est suavitatis[6]) eius abundantia, quam larga, quam indeficiens, et omnium deliciarum copiis affluens, qua me in hac nocte reficere dignatus est. O dulcedo illa, dulcedo gratissima, optabilis et praestantissima. O quam singularis, quam excellens et ineffabilis. Intus enim in corde utcunque teneo[7]), verbis autem explicare non valeo. Quam sentire potui, non possum effari, rei nimietate victus. Tam felici refectione pastus, hanc superaddere superfluum duco. Haec modicum et breve nutrimentum praestat; illa in perpetuum reficit et saginat. O quam beati sunt qui illa sine fine fruituri sunt. Jubente Abbate, vocati sunt quidam novicii, viri quondam in saeculo clari, virtute militari insignes; quos ita consolatus est: Vere felices estis, qui de vana vestra conversatione vocati estis, partem in coelis cum iustis habituri. Constat enim de salute vestra, si tamen perseveraveritis. Nam dominus David indesinenter pro vobis preces ad Dominum fundit, quatenus quod salubriter inchoastis, feliciter com-

---

1) B praeparans. — 2) ACEFP dum completo opere Dei, dominis nostris. — 3) ACEFP in auxilium. — 4) BCF semper solebam. — 5) se add E. — 6) E suavitas, B suavis. — 7) sic R; ceteri libri: Intus eram, in corde utrumque teneo.

pleatis. Unum autem eorum nomine exprimens, de eo dicebat, nisi portas Claustri ingressus fuisset, mortis aeternae portas non evasisset. Aderant et hospites convertendi gratia de sedibus suis evocati; sed nimio adhuc rerum temporalium amore detenti, rem arduam aggredi dubitabant. Qui fiducialiter accedentes ad virum Dei, mentisque fluctuationem confessi, quod videlicet velle adiaceret eis, perficere autem bonum non invenirent[1]), supplicabant ut orationibus eius adiuti mererentur in bono stabiliri. Et ille: Quamdiu mente adhaeretis saeculo, non potestis perfecte placere Deo, nec firmari in bono, habentes voluntatem fixam in malo. Quapropter recedite omnino[2]) ab his quae inutiliter amatis, et non deerit vobis gratia Salvatoris. Si vidissetis quae ego vidi, omnem gloriam mundi vilem reputaretis. Deinde multi[3]) multa quaerebant; ille de patre, ille de fratre, ille de suo statu futuro, ille de praesenti. Sed vir Dei ita singulis responsum temperavit, ut secretorum revelator, et conscientiarum inspector esse probaretur[4]). Mox vocante Domino sancta[5]) illa anima carne soluta est, ad dolores corporis ultra non[6]) reditura, sed ut credimus, immortalitatis luce vestienda et perennium gaudiorum suavitate reficienda. Duo haec capitula, sicut et quinque reliqua quae sequuntur, a quodam reperi[7]) notata, qui se ea quae dicta sunt vidisse et audivisse commemorat[8]); quae perire non sum passus. Habent praeterea plures testes, qui adhuc supersunt. NOVICIUS: Prosequere obsecro residua, quia tanto sunt audientibus gratiora, quanto tuo testimonio recenter gesta, scripto sunt mandata.

CAPITULUM IV.

De morte Sigeri monachi.

MONACHUS: Fuit in eadem domo monachus sacerdos nomine Sigerus[9]), aetate iuvenis, et amator ordinis, sui corporis severus castigator, qui inter cetera virtutum opera sanctam Dei Genitricem ardenter diligebat, et quibus poterat modis alios ad amorem eius accendebat. Cum autem accersionis suae hora imminebat, eo quod infirmaretur et languor

---

1) Rom. 7, 18. — 2) omnino om BCF. — 3) multi add B. — 4) C comprobaretur. — 5) B felix. — 6) CE corporis non, B corporis nunquam. — 7) E recepi. — 8) C memorat. — 9) B Sigerus nomine.

esset fortissimus, quidam conversus magna Dei gratia praeditus, quem Dominus secretis consolationibus suis frequenter consolari dignatur [1]), huiusmodi visionem vidit. Visa est ei tabula defunctorum pulsari, et ire coepit ad muniendum fratris exitum. Et forte transitum habens per palatium operis mirifici, invenit residentem in eo matronam reverendae dignitatis, cuius facies angelicam praeferebat gratiam, et niveum indumenta candorem. Haerebat igitur defixis in eam luminibus, certus tam desiderabili personae divinum numen inesse. Denique tantae divinitatis praesentia ausum praebente, propius accedit, non metuens offensae periculum, et familiariter verba conserit dicens: Amantissima domina, quid causae habes ingredi ad nos, cum hoc non sit licitum matronis? Et illa: Speciali inquit iure fungor in domo ista, et venio visitare familiares et domesticos meos. Et ille, piam pro fratribus gerens sollicitudinem, ait: Ecce fratres nostri viritim [2]) decedunt, iuvenes, et senes, et mediocres, et non est personarum acceptio. Quid inde nobis faciendum est? Et illa: Debetis decantare Te Deum laudamus [3]). Cum plura responderet, haec tantum verba retinuit, vir simplex et sine litteris. Interim vere [4]) pulsata est tabula, et cessavit visio figurativa. Credimus piam Dei Genitricem, utpote matrem misericordiae, fideli suo in morte non defuisse, et tale indicium adventus sui dedisse.

CAPITULUM V.

De morte adolescentis laici cum quo angeli cum moreretur loquebantur.

Ea tempestate venit ad conversionem adolescens laicus, mundi corruptelam incorruptus evadens, carnis integritate servata, quod est magnum [5]) divinae miserationis beneficium. Hic cum se Capitulo praesentasset, consequenter languore correptus inunctus est. Quo inuncto, alius defunctus est. Cuius exequiis cum universi interessent, infirmis interim sine custode relictis, audivit adolescens ille choros angelorum, obsequia funeris agentium, et suavitate [6]) psallentium magnifice [7]) delectatus est. Insuper quidam ex ipsis praesentialiter astite-

---
1) B dignabatur, CF dignatus est. — 2) CEF vicissim. — 3) B debetis de tanta re Deum laudare. — 4) BCDFP vero. — 5) ACE magnae. — 6) B et in suavitate. — 7) B mirifice, D nimis.

runt ei, et allocuti sunt dicentes: Amice tu quid dicis? Placetne tibi hac vice venire ad nos? Et ille: Vehementer cupio dissolvi, et esse cum Christo [1]). Et angeli: Esto paratus, expletis praesentibus exequiis, statim nobiscum ibis. Ille promissi haud dubius superni, futurorum gaudiorum primitias [2]) iam corde praesentiens, laetus et hilaris redeunti infirmario rem pandit per ordinem. Et adiecit: Sternite mattam, et pulsate tabulam, et quae paranda sunt parate celerius, iam enim iturus sum ad Dominum. Quod ita factum est. Porro quidam infirmus proximus iacebat ei, et quasi contiguus, tenui tantum pariete divisus ab ipso, qui audivit angelos cum eo loquentes, qui adhuc superest testis fidelis, cuius testimonio fidem facit vita laudabilis.

CAPITULUM VI.

De Oberto converso qui moriens coelestem audivit harmoniam.

Erat in eadem domo, Claustro scilicet, laicus conversus nomine Obertus, vir moribus ornatus, et actione circumspectus, a primis adolescentiae [3]) annis deserviens in ordine, ad omne iubentis imperium hilaris et promptus. Hic annis [4]) circiter triginta cum fratribus infirmis tam devotum quam sedulum exhibuisset obsequium, ipse quoque diversa corporis inaequalitate correptus est, et in magnis laboribus supervivens [5]), annis quasi viginti, longum trahebat martyrium. Verumtamen licet corpore invalidus, animi providentia non deerat fratrum necessitatibus, prudenter disponens omnia. Tandem obortae mortalitatis urgente procella, et languore invalescente, diem suum functus, vita simul et doloribus ereptus est. Nocte beati Stephani, quae proxima est Natali Domini, pulsata est tabula defunctorum pro eo, et surgentes festinanter, advenerunt fratres, orationibus munientes fratris exitum. Jacebat autem ut moris est positus super mattam, extremum trahens spiritum. Dicta letania cum adhuc aliquid spiramenti superesse videretur, incepti sunt septem Psalmi. Inter dicendum, tanquam de levi somno excitatus, revixit, circumferens oculos, et iubente Abbate repositus est in lectum suum, et reversi sumus. Quidam autem rei novitate perculsi [6]), manserunt circa eum, exspectantes donec convalesceret spiritus eius, cupientes audire

---

1) Philipp. 1, 23. — 2) B delicias. — 3) CF add suae. — 4) B annos. — 5) BF semper vivens. — 6) C percussi.

ab eo quid hoc esset miraculi. Postquam autem sibi redditus est, ita dicere exorsus est: Hic ego quid facio? Certe hic esse nolo [1]. Modo eram inter angelos, coelestis harmoniae suavitate demulcebar, deputatus eram beato prothomartyri, gloriae ipsius consors et collega futurus. Hic ego [2] quid facio? Certe redire volo. Post modicum iterum tabula pulsata est, et feliciter obdormiens in Domino, ut credimus non est fraudatus a desiderio suo [3], partem habiturus in sorte sanctorum. Quod autem praeostensa sibi gloria reversus ad horam caruit, in hoc pusillanimitati nostrae consultum esse non ambigimus, videlicet ut minus sollicitos devotos faceret, et proficientes studiis melioribus accenderet.

CAPITULUM VII.
De converso caeco qui audivit angelos officia exequiarum complere.

In eadem domo caecus quidam conversus fuit, cui Deus interioris hominis lumen contulit, damna corporis coelesti munere commutans. Dedit enim ei divinas videre visiones, aliquando gloriam sanctorum, frequenter poenas malorum, assidue ipsum daemonem, flammivomos ignium globos eructuantem. Mira sunt haec, et munera Dei. Frequenter autem patitur daemonum incursus et congressus, ita ut ipsi impingant in eum, et ipse vel pugno vel baculo affligat eos. Hos assultus pati solet in quolibet loco, magis in ecclesia, maxime cum pro defunctis orat. Ea tempestate coepit iste in exequiis defunctorum audire choros angelorum psallentium, modo cum monachis, modo divisim. Cum autem efferebantur corpora praecedente conventu, manebant angeli in choro, exequiarum officia complentes. Inter Sanctus autem et Pater noster ineffabiles solebat audire iubilos, et supra humanam aestimationem dulces. Haec coelestis modulatio post depositionem [4] domini David dulcior et magis intelligibilis audiebatur. Contigit aliquando, dominum Abbatem aedificationis causa venire ad hunc caecum, qui inter cetera acceptae gratiae beneficium [5] confessus est et hoc. Diligenter antem praemonitus est ab Abbate ut divinae gratiae gratus existens, omnem humanam glo-

---

1) B add Redire volo. — 2) CFP ergo. — 3) Psal. 77, 30. — 4) depositio corporis, mors. — 5) BCF beneficia.

riam excluderet, divinum apud se munus occultans, nec sanctum daret canibus. Et respondit se tantum hoc unico fratri suo carnali dixisse. Et intellexit Abbas lapsum hominis. Post dies aliquot reverso Abbate, humiliatus coram eo, coelesti se carere beneficio lacrimose confessus est. Et inflicta ei gravi poenitentia, quae superbienti subtracta fuit, poenitenti restituta est gratia.

CAPITULUM VIII.

De morte fratris Hildebrandi cuius animam in specie pueri speciosi conventus candidatorum deferebat.

Cum in extremis ageret frater Hildebrandus, tabula pulsata conventus accurrit[1]). Quo morientem circumstante, et exequias ex more celebrante, stetit frater quidam inter alios, cui talem visionem Dominus revelare dignatus est. Vidit, et ecce alius conventus supervenit hominum albatorum, qui in loco quo moriens iacebat, speciosum valde puerum accipiens, cum gaudio magno et canticis abiit. Itaque gemina felicis huius fratris substantia, a gemino conventu delata atque deducta est, anima scilicet a conventu albatorum ad beatam requiem, corpus vero a conventu albandorum ad ecclesiam; utroque sane pro eo quod deferebant, in Dei laudes, quanquam differenter[2]), concrepante. NOVICIUS: Quid est quod in quorundam iustorum morte tam mirifica videntur, et in aliorum qui eis in merito pares sunt, vel forte maiores, nulla ostenduntur? MONACHUS: Una causa est, ut latens sanctitas morientium viventibus manifestetur; alia, ut eorum virtutes quibus hoc meruerunt, imitentur; tertia est, ut iustorum innocentia, si male fuerint ut saepe fit infamati, demonstretur. Verbi causa.

CAPITULUM IX.

De converso mortuo circa cuis corpus frater Warnerus candelas stare vidit.

In eodem coenobio quodam fratre fautore nomine Warnero, conversum aliquem quidam ex fratribus calumniati sunt sine

---

1) E occurrit. — 2) libri indifferenter. Conf. XII, 39.

causa, ita ut abiiceretur¹) ab illis. Contigit post haec²) ut frater idem moreretur, et iam dictus Warnerus interesset commendationi eius. Moris autem tunc erat, ut aliquo super mattam posito, fratres sicut sine processione occurrerunt, ita sine ordine circa morientem steterunt, ubi cuique prior³) occursus aut devotio locum dedit, laicis fratribus hinc inde circa monachos stantibus. Corpore igitur mortui loto et allato, vidit idem Warnerus multas candelas in circuitu feretri statutas, et omnes ardentes. In parte autem qua ipse stabat, omnes candelae pariter extinctae sunt. Unde miratus simul et territus, cum corpus in ecclesiam delatum fuisset, ipse dominum Syfridum traxit in partem, et confessionem fecit⁴), extinctionem candelarum suis peccatis imputans⁵), et innocentiae fratris manifestandae. Reversus in ecclesiam, easdem candelas invenit, et omnes ex omni parte ardentes vidit.

CAPITULUM X.

De morte Herwici Prioris.

Anno praeterito defunctus est ibidem dominus Herwicus Prior, vir quidem grandaevus, et circa disciplinam ferventissimus. Qui cum sero putaretur esse moriturus, multis qui convenerant clara voce dicebat: Non modo moriar, sed crastina die, hora nona ero ante summum iudicem, de omnibus operibus meis ibidem redditurus rationem. Eadem siquidem hora exspiravit. In cuius transitu quidam confessi sunt se angelos audivisse. Simile habes de Ulrico monacho Vilariensi in distinctione nona capitulo tricesimo primo. NOVICIUS: Quid est quaeso quod ille praedixit se iturum esse ad nuptias, iste ad iudicium? MONACHUS: Ille utpote in adolescentia conversus, pie praesumebat de custodita innocentia; istum terruerunt peccata multo tempore commissa. Senex enim venerat ad conversionem. NOVICIUS: Beati mortui qui sic in Domino moriuntur⁶). MONACHUS: Quanta sit in Domino morientium beatitudo, subiecta declarabunt exempla.

---

1) ADEP eiiceretur. — 2) BC hoc. — 3) B ubicunque prior aut. — 4) B partem ad confessionem. — 5) ACEF reputans. — 6) Apoc. 14, 13.

CAPITULUM XI.

De morte Mengozi[1] conversi qui ad mandatum Gisilberti Abbatis revixit.

In saepedicto Claustro conversus quidam fuit nomine Mengoz, vir simplex et religiosus, in coquina conventus serviens. Accidit ut die quadam cum iuvene quodam monacho hebdomadario coquinae, lignum incideret. Quod[2] cum minus caute pede[3] ad scindendum servaret[4], monachus eundem pedem divisit. Deportatus in infirmitorium, cum nimis torqueretur, inunctus est. Instante tempore eundi ad Capitulum generale, dixit ei bonae memoriae dominus Gisilbertus Abbas: Frater Mengoz, non debes mori, sed exspectabis me. Respondente illo, si in me fuerit, faciam; subiunxit Abbas: Ego praecipio tibi. Ivit ergo ad Capitulum, et moratus est diutius. Reverso eo, et veniente ad portam, pulsata est tabula et campana. Interrogavit Abbas cui pulsaretur. Dicente portario, quia fratri Mengozo[5]; respondit Abbas: Ego deberem ei adhuc loqui. Festinansque ad orationem, cum venisset in infirmitorium, ille exspiraverat. Et cum se inclinasset ad mortuum, alta voce dicebat: Frater Mengoz. Et non erat ibi vox neque spiritus[6]. Cumque secundo idem nomen repetisset, respondit Prior: Nolite vos fatigare, exspiravit enim. Tunc Abbas se ad illius aurem magis inclinans, clamavit dicens: Ego tibi praeceperam, ne morereris donec venirem. Ego tibi iterum praecipio, ut respondeas mihi. Ad quod verbum ille quasi de gravi somno excitatus, oculos aperuit, et ingemuit. Och pater, inquit, quid fecisti? Bene eram; ut quid me revocasti? Ubi, inquit, eras? Respondit conversus: In paradiso. Posita mihi erat[7] sedes aurea secus pedes Dominae nostrae; et cum me revocares, advenit dominus Ysenbardus[8] sacrista noster, trahensque me[9] de sede eadem, dicebat: Non hic sedebis, inobedienter huc venisti; revertere ad Abbatem tuum. Sicque reversus sum. Attamen promissum est mihi, quod

---

1) BCF Mengoz. — 2) BDEF qui. — 3) CDEFP pedem. — 4) B scindendum hoc teneret. — 5) BC Mengoz, F Mengozi. — 6) C erat ei vox neque sensus. Vit. Bernard. II, 3. p. 819: „neque vox neque halitus erat in eo, tantum circa praecordia exiguus ei supererat vapor." — 7) BCF erat mihi. — 8) BCF Ysenbrandus; sic et infra. — 9) me add CDEF.

eadem sedes mihi foret reservanda. Vidi eundem Ysenbardum in multa gloria, in cuius pede apparuit macula, eo quod nobiscum existens, invitus iret ad labores. NOVICIUS: Cum sancti sine macula sint ante thronum Dei[1], quid est quod in gloria civis coelestis visa est macula? MONACHUS: Propter viventes visio eadem ostensa est, ut gloria monachis bene[2] viventibus esset ad consolationem, macula vero negligentibus ad correptionem. Licet enim invitus iret cum fratribus ad laborem manuum, valde tamen sollicitus fuerat circa divinum servitium[3]. Libenter mature matutinas pulsabat, libenter alte cantabat. NOVICIUS: Placet quod dicis. MONACHUS: Testatus est idem Mengoz, se dominum David ibidem vidisse, et alios multos, qui nuper fuerant defuncti. Dicebat etiam infra triginta dies aliquos de purgatorio esse liberandos. Cumque haec et his similia recitare coepisset, advocati sunt novicii, viri in saeculo nominati, Gerardus videlicet, Marcmannus[4], et Karolus postea Abbas, de cuius etiam manu comedit, in signum verae resuscitationis. Post haec cum postulasset licentiam redeundi, respondit Abbas: Modo vadas in pace. Et benedixit ei. Ad quod verbum mox oculos clausit, et exspiravit. Haec mihi recitata sunt a senioribus nostris, et a iam dicto Marcmanno, qui tanto miraculo interfuerat[5]. Cumque[6] praefatus Ysenbardus esset moriturus, et Gerardus cognomento Waschart ad pedes illius resideret, prophetico spiritu ad stabilitatem illum hortatus est dicens: O Gerarde, vide ne exeas ordinem, quia multa millia daemonum ante portam exspectant te. Quid postea de eodem Gerardo actum sit, novimus omnes.

CAPITULUM XII.

Item de morte Gozberti conversi qui reviviscens visa recitavit.

Simile miraculum contigit in eadem domo. Cum esset ibidem novicius dominus Hermannus, nunc Abbas Loci sanctae Mariae, sicut ipse mihi retulit, venit ad eum die quadam aliquis de senioribus dicens: Venite mecum, ego faciam vos

---

1) Apoc. 14, 5. — 2) bene add C. — 3) BCF officium. — 4) ABFP Marcinannus, E Marcianus; sic et paulo post. — 5) F interfuit, B interfuerunt. — 6) que om B.

audire in continenti, quae libenter audietis. Et duxit eum ad quendam conversum Gozbertum nomine, qui mortuus fuerat et revixit. Quem conversi nescio quot sunt secuti, sperantes quod novi aliquid essent audituri. Ad quos ille: Vos domini numeratis annos conversionis vestrae, alius quadraginta, alius viginti [1]), alius decem. Ego vobis dico, quod beatus est monachus ille sive conversus, qui bene uno anno, vel mense, vel quod minus est una hebdomada, in ordine conversatus est. Quibus cum amplius dicere nollet, recesserunt. Ad quem novicius: Rogo vos bone frater, ut aliquid mihi referatis quod me aedificet. Respondit ille: Ego cum nuper infirmarer, et essem in doloribus maximis, venit ad lectum meum nescio quid. Cumque primo tetigisset pedes meos, gradatim ascendendo, tetigit ventrem meum, ac deinde pectus, nec tamen ex eodem tactu aliquid mali sensi. Tacto vero capite meo, mox exspiravi, ductusque sum in locum amoenissimum, et nimis deliciosum, in quo diversi generis arbores, ac multi coloris flores aspexi. Occurrerunt mihi et iuvenes speciosissimi, a quibus officiosissime sum salutatus, et ante Dominam nostram coeli Reginam cum multa alacritate deductus. Posita est mihi sedes secus pedes eius. In qua cum sederem in [2]) multa cordis mei iocunditate, iussus sum redire ad corpus. De quo cum plurimum dolerem, consolati sunt me dicentes: Ne tristeris [3]), quia sedes haec tibi reservabitur, et post dies paucos redibis ad eam. Quos cum iturus adinterrogassem [4]) de statu futuro domus nostrae, responderunt: Bonus est status eius praesens sub Abbate hoc Gisilberto; neque plus ab eis obtinere potui. Circa tertium vero diem rursum exspiravit idem Gozbertus. NOVICIUS: Cum in primo capitulo huius distinctionis dictum sit, nullam poenam in hac vita morte esse amariorem, quid est quod neuter istorum conversorum de illius amaritudine conqueritur? MONACHUS: Puto tantum de illis esse intelligendum, quorum anima separatur a corpore non reversura, nisi ad diem iudicii. Lego Lazarum cum adolescente ac puella suscitatos, Tabytam [5]) etiam et Maternum, nec non et multos alios, quorum nullus de hac re aliquid conqueritur. Quosdam etiam tam placide videmus mori, ac si in somnum resolvantur. Unde

---

1) EP triginta. — 2) BCP cum. — 3) B contristeris. — 4) CFP interrogassem. — 5) Johan. 11. Luc. 7. 8. Act. 9.

de hac quaestione nihil certi diffinire possum. NOVICIUS: Si qua sunt residua de morientibus praedictae domus, precor ut mihi edisseras. MONACHUS: Hoc ut fiat, oportet me ordinem mutare propositum, ita ut interscalari modo loquar, nunc de bene viventibus et bene morientibus, nunc de male viventibus et bene morientibus, nunc revertendo ad illos. NOVICIUS: Dummodo loquaris aedificatoria, de ordine modica mihi cura est. MONACHUS: Audi ergo quanta sit misericordia Dei.

CAPITULUM XIII.
De finali contritione sacerdotis quandoque nigri monachi existentis.

Ante aliquot annos in Claustro sacerdos quidam defunctus est, cuius vita talis erat. In ordine quidem nigro factus fuerat monachus et sacerdos, in quo tantum profecerat, ut Prioratus officium adipisceretur. Sed faciente invidia diaboli, et propria temeritate, desertis castitatis et innocentiae castris, abiit in regionem dissimilitudinis, pactum facere cum delectationibus suis. Aliquando autem poenitentia ductus, Praemonstratensis ordinis regularis effectus est. Rursumque circumventus a Sathana, in pristinos cecidit errores. Dehinc ad nostrum ordinem se contulit. Iterumque factus apostata vilis, voluptatibus frena laxavit, non erubescens domesticam uxoris cohabitationem. Novissime diebus istis respectus a Deo Patre luminum [1]), saeculum cum concupiscentiis deseruit, veniensque Hemmenrode, ingressum petivit et obtinuit. Mox ad arma poenitentiae convolans, confessionibus assiduis, lacrimis, oratione et ieiuniis, omnibus vere poenitendi formam praebuit et exemplum. Decurso brevi tempore, anno scilicet necdum dimidiato, tactus molestia carnis, lecto decubuit; non tamen indulgentius circa [2]) se agens, coeptum viriliter consummabat agonem, modo psallens, modo orans, modo sanctam Dei Genitricem salutans. Habebat enim quasdam ipsius salutationes, sine quibus nec vigilans, nec dormiens inveniri poterat, quas ante horam exitus sui collo suo ipse circumligavit, in testimonium grandis [3]) fiduciae et bonae spei suae. Rogabat autem assistere sibi do-

---

1) Jac. 1, 17. — 2) circa add D. — 3) grandis add B.

minum Abbatem cum paucis fratribus, quibus sic prolocutus est: Reverende pater et domini, peccator ego et poenitens, testes vos mihi apud Deum esse cupio sincerae confessionis et verae poenitentiae. Paratus enim sum ad omnem satisfactionem, quaelibet tormenta, quoslibet subire labores, si Deus vitam mihi donaverit. Nihil durum, nihil difficile, nil erit[1] impossibile amanti et vere poenitenti. Sic vere compunctus et yere poenitens, benedictiones et gratiarum actiones adhuc in ore habens, Deo felicem reddidit spiritum. In cuius transitu cuidam monacho talis visio revelata est. Videbat angelos in infirmitorio epulis et gaudiis multis laetantes, medium autem sedere Salomonem, tam sollemnis laetitiae participem. Dicebatur enim Salomon. Supervenerunt et alii angeli, secum adducentes sex de fratribus nostris, qui eo tempore decesserant, sacerdotes in albis pretiosis, luce clarius fulgentes. Qui et dixerunt: His sex dimissa sunt peccata sua, et huic septimo, digito demonstrantes Salomonem. Interim pulsata[2] tabula, frater qui haec viderat evigilavit, et veniens invenit eum in eodem loco exhalantem spiritum[3], quo viderat eum participasse conviviis angelorum. NOVICIUS: Puto quod hi qui sunt in fruitione[4] saepe pro suis fratribus adhuc peregrinantibus Deum exorent. MONACHUS: Hoc sermo sequens declarabit.

CAPITULUM XIV.

De Rudingero monacho cui beatus David finem suum praedixit.

Fuit in eodem Claustro monachus quidam Rudingerus nomine, secundum nomen suum rudis satis in conversatione. In ordine siquidem minus ordinate vixerat, et quod deterius erat, saepius apostatando, tempus poenitentiae sibi concessum[5] inutiliter consumpserat. Circa finem vitae suae reversus, et receptus, ydropisi morbo percussus est. Qui cum die quadam ante lectum suum sederet et orationes aliquas diceret, beatus David, ante annos decem defunctus, in effigie nota ingrediens cum duobus aeque defunctis, ait: Frater Rudingere quid agis, aut quomodo habes? Respondit ille: Sicut homo pauper et infirmus. Corpus per tumorem distenditur, et quod me plus

---

1) P nil, ACDEF nihil, omisso erit. — 2) ACEFP pulsante. — 3) ACP exultantem spiritu. — 4) E add Dei. — 5) ACDFP concessae. Conf. V, 8.

anget¹), multorum criminum mole conscientia gravatur. Quem sanctus consolans dixit: Diu quidem male vixisti: sed hodie scias te²) moriturum. Ego Dominam nostram sanctam Dei Genitricem et reliquos sanctos pro te rogavi, et duros eos inveni, et nisi exauditus fuero, totum coelestem exercitum movebo. Sicque disparuit. Quod cum ille domino Hermanno Abbati, quandoque sanctorum Apostolorum Decano, et tunc in Claustro Priori, recitasset, respondit ille: Bone domine Rudingere, vos estis vir provectae aetatis, et infirmus, et cito moriemini, nolite dicere nisi veritatem. Bene noverat vitam eius. Respondit infirmus: Si non fuero mortuus hodie, hora nona diei, falsa sunt quae dixi. Quid plura? Hora praedicta monachus moritur, et de visione Prior certificatur. NOVICIUS: Puto daemones multum fremere, cum³) tales eis subtrahuntur. MONACHUS: Sicut sancti angeli morientium animas deducere nituntur in coelum, sic angeli mali eas detrudere conantur in infernum.

CAPITULUM XV.

De morte Gerungi quem homines nigri et vultures morientem observabant.

Mortuus est in eadem domo quidam conversus nomine Gerungus. Iste ante conversionem quorundam Episcoporum Treverensium, successive tamen, fuerat dispensator et durus pauperum exactor. Tandem quorundam admonitione persuasus, Hemmenrode venit, ubi in habitu saeculari tempore aliquanto de proprio vixit. Tactus gravi infirmitate, magis timore gehennae quam amore patriae habitum induens, in infirmitorium conversorum deportatus est. Qui cum ad extrema devenisset, et in lectulo⁴) suo solus iaceret, aspiciente quodam converso nomine Ludone, vultures advolantes, in pertica lecti eius resederunt, cum quibus homines tetri, magni atque deformes intrantes, eundem circumsteterunt. Jam dictus Ludo de visione primum admirans, et post paululum quod daemones essent, qui morientium animas quasi escam praestolantur, recogitans, alta voce clamavit: Quid statis ibi vos domini? Egredimini. Qui dum minime obedirent, secundo clamavit: Ego vobis praecipio in nomine Domini ut

---

1) DFP angit. Simile est illud deget supra II, 25. p. 97. — 2) C te esse. — 3) B quando. — 4) DP lecto.

exeatis. Ad quod verbum mox viri egredientes et vultures avolantes, nusquam comparuerunt. Jacebat autem idem Ludo infirmus in lecto opposito, vir senex et religiosus, corpore virgo. Visio haec sicut et subsequens relata mihi est a domino Hermanno Abbate, tunc ibidem Priore. Quantum vero agonizantibus fratrum praesentium oratio prosit[1]), eadem visione declarabitur.

CAPITULUM XVI.
De morte conversi super quem residebant corvi cum agonizaret, qui a columba expulsi sunt.

Circa idem tempus alius quidam conversus illic moriebatur, homo quidem ponderosus et tardus, et ideo ceteris despectus. Qui cum positus fuisset super mattam, finisque eius adesset, duo corvi advolantes inopinate, gyraverunt circa illum, tandem in trabe quae capiti eius imminebat residentes. Quos ut vidit frater Henricus cuius saepe in superioribus mentio facta est, daemones illos esse suspicans, quidnam facturi essent exspectavit. Interim pulsata est tabula, et accurrit conventus. Cumque crux introferretur, columba nivea illam praecedens, ostium infirmitorii prior intravit, et super iam dictam trabem volitans, inter eosdem corvos media resedit. Cumque cum illis decertaret, hinc inde alis eos verberans, tandem adepta victoria, et de domo eliminatis, ipsa in loco corvorum tamdiu erat residens, donec conversus exspirasset, et donec lotus et feretro impositus, eodem[2]) loco restitutus fuisset. Quem cum in oratorium fratres deportarent, columba eadem avolans crucem praecedebat; sicque nusquam comparuit. NOVICIUS: Quid videtur tibi fuisse columba illa? MONACHUS: Angelica aliqua persona[3]), quae fratrum orationibus adiuta, pro anima morientis cum daemonibus dimicavit, atque triumphavit. Quantus[4]) illic sit daemonum concursus, ubi hi moriuntur qui eis servierunt, sermo sequens ostendet[5]).

---

1) BDF prosit oratio. — 2) B eidem. — 3) ABEP angelicam aliquam personam. — 4) ACDEFP quantum. — 5) BP ostendit.

CAPITULUM XVII.

De morte Kononis de Malebech[1] monachi in Claustro.

Kono magnus dominus castri de Malberg[2], vir potens et dives in saeculo, tam valens in militia ne dicam in malitia, quam vigens[3] in prudentia saeculari, ante finem vitae in saepefato Claustro habitum suscepit regularem. Et quia temporis longinquitate non poterat, morum probitate dies suos dimidiare satagebat. Ubi adeo profecit, quod consummatus in brevi explevit tempora multa[4]; placita enim erat Deo anima illius. Unde et qui vocaverat eum ad suum servitium, non solum ei praestitit veniam delictorum, sed et tali ordine praecognitum ei fecit finem suum. Habebat conventus protholarium pulcherrimum, quem equitiae suae propter fetum nobilem deputaverat. Quem cum vir nobilis Henricus de Ysenburg[5] concupisceret, neque[6] pretio habere posset, hoc actum est ut absconse subtractus ei transmitteretur. Quem cum minime redderet, missus est praedictus Kono qui eidem Henrico fuerat in saeculo amicissimus. Et cum nihil proficeret, videns hominem obstinatum, irruente in se ut post patuit spiritu Dei, ad divinum eum iudicium appellavit, diem ei praefigens. Quid plura? Henricus appellationem contempsit, et Kono domum rediens, omnibus modis quibus potuit, ad eundem diem se praeparavit. Dicebat igitur Abbati: Domine sexta feria crucem accepi, sexta feria transfretavi, sexta feria in capella mea me vobis tradidi, sexta feria habitum indui regularem; Deus sexta feria laborum meorum mihi restituet mercedem. Expletis vero iam tribus annis in sancta conversatione, febre correptus est. Visitatus ab amicis, se dixit tertia die[7] moriturum. Illi autem recedere volebant, eo quod levis esset eius infirmitas, et nulla adhuc signa mortis[8] apparerent; sed ipse rogabat ne sollemnitati suae[9] deessent. Et factum est ut moreretur die tertio[10], hoc est in vigilia sancti Jacobi, sicut ipse praedixerat. Eo sane tempore erat mulier obsessa in villa Meyne, quae hora mortis eiusdem Kononis liberata est,

---

1) D Malebergh, E Malburg. — 2) D Malberch, ABEFP Malburg. — 3) C ingens. — 4) Sapient. 4, 13. — 5) ACD Ysenberg. — 6) B nec. — 7) ACF die tertia. — 8) B adhuc in eo signa mortis, AE adhuc signa mortis in eo. — 9) BC eius. — 10) C tertia.

et venit ad sacerdotem suum dicens daemonem exisse. Post paululum vero rediens diabolus, gravius vexare miseram coepit. Adducta est igitur ad sacerdotem, qui quasi concionando cum diabolo, coepit eum interrogare et dicere: Miser tu exieras? Ita est, inquit. Et ubi, ait, fuisti infelix? Respondit, Hemmenrode. Et quid, inquit, ibi fecisti? Ad quod diabolus: Konicho ibi iacebat super mattam, et debebat mori. Ad cuius transitum festinantes pene quindecim millia sociorum meorum, cum maximo tripudio hic transibant. Et videbar mihi nunquam gaudium aliquod habiturus, nisi ivissem cum eis. Sciens autem vas istud mihi traditum, me amittere non posse, reliqui illud ad tempus, et ivi cum eis. Dixitque sacerdos: Quid actum est ibi? Respondit diabolus: Supervenerunt maledicti tonsurati illi, et circumstantes cadaver, ita valide populare[1]) coeperunt, quod nullus nostrum propius accedere ausus fuit. Dixit iterum sacerdos: Et ubi devenit anima? Respondit diabolus: Ad pedes Altissimi. Et videte boni homines, quanta nobis iniuria sit illata. Homo iste nobis servierat plus quam quadraginta annis, ad omnem voluntatem nostram nocte ac die paratissimus; et modo tribus annis tantum alteri servivit domino, et ille nobis abstulit eum. Cum igitur nobis anima auferretur, furore commoti, in invicem tota debachatione grassati sumus. Et ego modo non habeo ubi me vindicem, nisi in hoc vasculo quod mihi traditum est. Transactis autem paucis diebus postquam res praemissa comperta est in Claustro, Herwicus quidam monachus per partes illas transitum habebat. Qui sciens quia diabolus mendax est et pater mendacii, experiri voluit huius rei veritatem. Divertens igitur ad obsessam mulierem, intersignum quo credi posset quaesivit a daemone. At ille primo noluit confiteri; sed a monacho iuramentis constrictus, dixit, quia Abbatulus tuus manum morientis in manu sua tenuit. Cui[2]) rei monachus ille conscius, aliis eius verbis credi posse consensit. Henricus vero de Ysenburg[3]) audiens eum praefixo die defunctum, pelli suae valde pertimuit, et cum multa festinatione ad Claustrum veniens, dextrarium superbe retentum[4]), nudis pedibus, manu propria ad defuncti sepulchrum adduxit, poenitentiam agens apud illum. Haec mihi de obitu monachorum Claustrensium comperta sunt. NOVICIUS: Si daemones electis in morte sic

1) id est, parabolare. — 2) F cuius. — 3) A Ysinberg. — 4) B detentum.

sunt importuni, quid fit de reprobis, quorum peccata sanctorum angelorum impediunt praesidia? MONACHUS: De hoc satis dicturus sum in sequentibus. Mors Kononis aliorum militum obitus ad memoriam mihi revocat, qui male quidem vixerant, sed felici fine decesserunt.

CAPITULUM XVIII.[*]

De morte Ludolphi monachi de Porta.

Erat quidam miles in Saxonia Ludolphus nomine, sed tyrannus actione. Hic cum die quadam vestibus novis atque scarlaticis[1] indutus in via equitaret, rusticum cum curru obvium habuit. Cuius cum vestimenta ex rotarum impulsu luto aspergerentur, ipse utpote miles superbus commotus valde, extracto gladio, homini pedem amputavit. Qui postea Deo miserante de peccatis suis dolens, in domo ordinis nostri quae Porta vocatur, factus est monachus. Non multo post in gravem infirmitatem incidens, cum quotidie a se male[2] commissa deplangeret, et maxime abscisionem iam dicti pedis, infirmario se consolanti respondit: Non potero consolari, nisi videro signa Job in corpore meo. Et ecce post dies paucos cycatricem ad instar fili coccinei contemplatus est circa talum suum, in eodem pede et in eodem loco ubi rustico pedem truncaverat. Qui paulatim coepit computrescere, ita ut vermes de eo scaturirent. Tunc repletus gaudio ait: Modo de venia spero, quia signa Job video in corpore meo. Sicque in multa cordis contritione atque gratiarum actione, invalescente morbo, spiritum reddidit. Haec mihi relata sunt ab Abbate Livoniae, qui filius est domus supradictae.

CAPITULUM XIX.[*]

De morte Allardi monachi de Lucka cui Christus cum matre et sanctis morienti apparuit.

Alterius cuiusdam militis mortem valde pretiosam retulit mihi Adam monachus de Lucka cuius in superioribus memini. Erat, inquit, in Saxonia miles quidam Allardus nomine, qui vir tantae fuerat[3] probitatis, ut in primo tornamento in quo

---

[*] Homil. II. p. 92. — 1) ADEFP scarlatis. — 2) FP a se mala, DE mala a se. — [*] Homil. III. p. 178. — 3) CFP fuerat tantae.

miles factus est, manu propria quatuordecim dextrarios acquireret. Qui sicut vir prudens, eundem honorem temporalem non suis viribus sed Deo ascribens, omnia restituit, et sodalibus cum saeculo valedicens, in Lucka monasterio nostrae religionis [1]) habitum suscepit. Et quia electos suos probat Dominus, tanta illum infirmitate flagellavit, ut vermes de eius corpore indesinenter scaturirent. Quorum foetorem simul et horrorem cum ministri sustinere non possent, ait Abbas praedicto Adae: Quid faciemus frater cum homine isto? Respondit ille: Dentur mihi quatuor lintheamina, et ego pro Christi nomine curam illius suscipiam. Quod cum factum fuisset, assidua pannorum mutatione foetorem temperavit tam sibi quam aegroto. Cumque dies adesset remunerationis tantae patientiae, ait Adae: Sternite mihi mattam, et pulsate tabulam, quia Dominus vocat me. Et fecit sic. Veniente conventu, post dictam letaniam, cum omnes pene ad lacrimas verbis valde compunctivis movisset, subiunxit: Modo ite domini mei dilectissimi, et dicite missas vestras, quia Salvator mundi et gloriosa eius Genitrix cum angelis et multitudine sanctorum illuc venturi sunt. Postea revertimini cum eis, quia animam meam suscipient. Interim dum missas dicerent, sicut mihi retulit saepedictus Adam, Allardus spiritu prophetico omnia quae in oratorio agebantur indicavit dicens: Tales missae a talibus sacerdotibus ad talia altaria celebrantur. Et miratus est valde de homine laico. Revertente conventu, ille vultu iocundo sic ait: Ecce Christus cum matre et sanctis suis praesens est, habentes manus suas [2]) sub mento meo, et iam suscipient animam [3]). Nec mihi credatis, si in instanti mortuus non fuero. Ad quod verbum mox exspiravit, morte verba confirmans. De cuius corpore statim tantus odor exivit, ut omnes illius suavitate reficerentur circumstantes. NOVICIUS: Valde me recreat horum oratio. MONACHUS: Ex quo sermo est de militibus, referam unde amplius aedificeris [4]); iterumque [5]) revertar ad personas religiosas.

---

1) BCF religionis nostrae. — 2) suas add E. — 3) BCE animam meam. — 4) C aedificaberis. — 5) que om BC.

CAPITULUM XX.

De milite occiso qui ad invocationem divini nominis salvatus est.

Miles quidam sceleratissimus ab inimicis suis captus est et occisus. Qui cum moreretur, haec ei verba ultima fuerunt: Domine miserere mei. In cuius morte quidam obsessus liberatus est. Quem cum post dies paucos atrocius[1]) vexaret, sicut supra dictum est de Konone, capitulo decimo septimo, interrogatus de hoc respondit: Multi congregati fuimus in morte militis illius, sed quia nihil ibi obtinuimus, amplius in hoc meo vasculo me vindico. Requisitus de causa, subiecit: Tria tantum heu verba moriens protulit, propter quae potestatem nostram evasit. Ecce huic praedoni ob invocationem divini nominis, sicut latroni in cruce, tormentum versum est in martyrium. NOVICIUS: In hoc exemplo satis considero quod poenitentia vera nunquam sit sera. MONACHUS: Duo subiungam exempla, per quae cognosces quod extrema contritio sit ex multa misericordia Dei.

CAPITULUM XXI.

De Frisone qui sine sacramentis obiit, satis a filio monitus.

In Frisia nuper homo quidam dives infirmatus est. Habebat autem filium monachum et sacerdotem in Clarocampo[2]) domo ordinis nostri. Pro quo cum misisset, quasi pro salute animae suae, nescio quo Dei iudicio, sine confessione, sine viatico, et sine inunctione mortuus est.

CAPITULUM XXII.

Item de Frisone occiso qui ante mortem omnia sacramenta suscepit.

Circa idem tempus in eadem provincia alius quidam Friso hostibus suis occurrens, vulneratus est ad mortem, et occisi sunt duo filii eius. Cumque patrem occisores aestimarent mortuum, abierunt. Comperto tanto scelere magister grangiae in Bethwerde, adducto plaustro, occisos superposuit, et cum

---

1) fortasse scripsit auctor: atrocius diabolus vexaret. — 2) monasterium Clarocampense, Cisterciensis ordinis primum in Frisia aedificatum est, anno 1165.

patrem adhuc spirare vidisset, clamavit: Vivitis adhuc domine? Cui cum ille minime responderet, timens hostes esse, subjecit conversus: Ego sum, ne timeatis. Tunc ille: Adhuc enim vivo. Mox levatus in vehiculo, deportatus est¹) ad grangiam; peccata²) sua confessus est, communicavit, inunctus est, sicque spiritum reddidit. Ecce prior cum tempus haberet poenitendi, et filius eum de salute quotidie moneret, omnia neglexit, moriens impoenitens. Alter vero semimortuus, oleo misericordiae et vino poenitentiae veri Samaritani confotus, de stabulo transivit ad palatium³). Et est in his impletum quod scriptura dicit: *Cui vult miseretur*, gratiam infundendo, *et quem vult indurat*⁴*)*, gratiam non apponendo.

CAPITULUM XXIII.

De Wigero milite qui a Sarracenis occisus est.

In Dioecesi Traiectensi miles quidam exstitit nomine Wigerus, in actibus militiae nominatissimus. In prima expeditione Dei munere compunctus, cruce signatus mare transivit, tam fortiter et tam instanter Sarracenos impugnans, ut tam Regi Jerosolymitano quam ceteris Christianis dilectus esset et acceptus, et inimicis Christi nimis⁵) odiosus. Qui cum per annum integrum Salvatori ibidem strenue ut dictum est militasset, et repatriare cogitasset, die quadam in oculis eius in conflictu servus eius occisus est. Cuius animam in specie columbae coelos videns penetrare, compunctus de visione, dicebat intra se: Quid agere proponis o miser? Si reversus fueris, vitia repetes dimissa, et erunt novissima tua peiora prioribus. Ex tunc fortius agens solito, die quadam conflictum intravit et occubuit. Cuius caput Sarraceni praescindentes⁶), cum multa gloria circumtulerunt. Christiani vero corpus rapientes atque sepelientes, ecclesiam super ipsum fabricaverunt.

---

1) est om BCF. — 2) E ibi peccata. — 3) Luc. 10. — 4) Rom. 9, 18. — 5) B nimis invidus ac. — 6) E praescidentes, ABCFP praecidentes.

CAPITULUM XXIV.

De Theoderico de Rulant qui orans ad sepulchrum Domini ut moreretur precibus obtinuit.

Circa illa tempora Theodericus de Rulant, vir potens et dives, devotionis gratia profectus est Jerosolymam. Prostratus[1]) ante sepulchrum Dominicum, huiusmodi fudit orationem: Domine Jesu Christe qui omnia nosti, si non habeo me emendare a vitiis pristinis, non me permittas redire in terram meam, sed ut hic mihi mori liceat concede. Audivit hanc orationem alius miles compater eius, et ait: Orastisne bene hodie compater? Etiam, inquit. Dicente illo, et cui vultis dimittere uxorem et liberos vestros? respondit Theodericus: Melius est ut illos deseram, quam animam meam[2]) perdam. Quid plura? Exaudita est oratio religiosi militis, et post paucos dies defunctus, coniunctus est[3]) civibus Jerusalem coelestis. Quam prope sit Dominus omnibus invocantibus eum in veritate[4]), mors alterius cuiusdam demonstrat.

CAPITULUM XXV.

De morte monachi de Oesbroeck[5]) qui vivere recusavit propter Abbatem inordinatum.

In Oesbroeck[6]) monasterio Dioecesis Traiectensis, monachus quidam fuit tenax iustitiae, zelum habens disciplinae. Cumque mortuo illius temporis Abbate, et[7]) is qui hoc anno defunctus est, ei per electionem substitueretur, ille sciens eum virum saecularem atque incontinentem, ingemuit dicens: Heu modo disciplina domus huius peribit. Est enim de ordine nigro monasterium, aliquando dives satis. Et ait: Domine Jesu Christe peto ne sinas me diutius vivere, ne[8]) videam desolationem huius monasterii. Cumque induci non posset ut eundem eligeret, sive professionem faceret, ait ad eum mente tranquilla: Deus novit, quod diligam vos; sed scio quod religio domus huius[9]) destruetur per vos. Mane dicta missa ab eodem Abbate se

---

1) CF qui prostratus. — 2) meam om B. — 3) DF defunctus est, coniunctus. — 4) Psal. 144, 18. — 5) ADEP Orsburg. — 6) EP Ostburg, AD Ostbrug. Coenobium hoc haud procul ab Ultraiecto fuit situm. — 7) et om R. — 8) B ut non. — 9) B istius.

inungi petivit, et vix obtinuit, contradicente Abbate, eo quod sanissimus videretur. Respondit: Hodie oportet me mori. Deinde strata matta, se in ea reposuit, et¹) per tabulam conventum advocari fecit. Perdictis²) orationibus cum minime moreretur, surrexit, stolamque in qua missas dicere consueverat³) collo imponens, coram altari more agonizantium se reposuit, hanc⁴) orationem fundens: Domina⁵) sancta Virgo Maria, si unquam per hanc stolam missam celebravi tibi placentem, suscipe animam meam in hac hora. Exauditus est iustus et exspiravit, et secundum prophetiam eius domus illa tam in spiritualibus quam in temporalibus⁶) valde defecit. Haec mihi relata sunt a quodam Abbate ordinis nostri, nec non ab Everhardo monacho et sacerdote eiusdem coenobii. NOVICIUS: Non miror si Deus quandoque iustos tollit, ne peccata dimissa repetant, vel ne mala imminentia videant, ut Josiam⁷); sed hoc me terret, quod iusti aliquando subito rapiuntur, vel quod horribilius est, igne, aquis, vel praecipitio pereunt. MONACHUS: Justi quacunque morte praeoccupati fuerint, in refrigerio erunt⁸). Multis enim causis omissis, quae assignari possent, una est, ut virtutes eorum occultae patefiant.

CAPITULUM XXVI.

De Abbate qui in Bauwaria incendio suffocatus, post mortem miracula fecit.

Ante hoc quinquennium, qui nunc est Dux Bauwariae, unum ex Abbatibus ordinis nostri ad se vocavit, nescio quid cum eo tractaturus. Nocte praeparatus est ei lectus in horreo. Qui cum dicto completorio isset cubitum, lumen quod a converso posti fuerat infixum, in stramen⁹) cecidit, et in flammas profecit. A quibus Abbas excitatus, cum ostium exire non posset, in modum crucis se in terram prosternens, exitum suum Domino commendavit. Comperto incendio Dux cum militibus et omnibus qui aderant accurrit¹⁰), reiectisque lignis ac stipulis Abbatem semiustum atque extinctum extraxerunt. Et ecce

---

1) B reposuit, hanc fundens orationem: Domina sancta Virgo Maria exaudi me. Et postea. — 2) BF praedictis. — 3) CF consuevit. — 4) B hanc rursum. — 5) Domina om B. — 6) CP corporalibus. — 7) Reg. IV, 23. — 8) Sapient. 4, 7. — 9) B stramina. — 10) D occurrit.

circa pectus eius apparuit capsella cum reliquiis, ventrem vero illius cathena ferrea stringebat. Quibus visis Dux compunctus dicebat: Videte quod sancto isti viro vestimentorum asperitas sufficere non poterat¹), nisi etiam cathenam superadderet. Sepultusque est Ratisbonae in ecclesia maiori. Post dies paucos cum duo milites in eodem loco missam audirent, unus sepulchrum eius ascendit. Ut autem Deus ostenderet qualis esset meriti illic tumulatus, miles tam vehementer in pedibus ardere coepit, ut desiliens clamaret. Quo comperto alter respondit: Sepulchrum est illius combusti Abbatis. Ex illa die habitus est in eadem ecclesia in magna veneratione.

CAPITULUM XXVII.

De morte inclusi de sancto Maximino in Colonia.

In ecclesia sancti Maximini in Colonia temporibus meis quidam fuerat inclusus, coenobii eiusdem initiator. Est enim illic congregatio sanctimonialium. Hic ante conversionem concubinam habuerat. Et quia simul peccaverant, similem susceperunt poenitentiam, adeo duram, ut uterque circulo ferreo ventrem suum ligaret. Ipse vero in praedicto loco se includens, missas suas celebrando Domino vacabat; cui illa foris in habitu religioso necessaria ministrabat. Adveniente tempore vocationis eius, dominum Ensfridum²) Decanum sancti Andreae, cuius vitam in distinctione sexta capitulo quinto descripsi, vocavit, confessionem fecit, vitam revelavit. Cui ille in virtute sanctae obedientiae praecepit, ut circulum sineret deponi; quod et fecit. Sicque eo defuncto, mulier post paucos dies coepit infirmari; et quia timuit quod sacerdoti acciderat, secretum suum prodere noluit. Cuius virtutem Deus non sinebat esse occultam. In hora vero qua exspiravit, vinculum eius dirupit³). Cumque fines ligaturae illius ferreae tunicam in qua moriebatur ex utroque latere suspenderent, multae matronae, feminae sanctae exitum praestolantes, postquam rem cognoverunt, de tanto miraculo Deum glorificaverunt. Haec mihi relata sunt a filia⁴) sororis praedicti sacerdotis. Vincula ista revocant mihi ad memoriam mortem cuiusdam sanctimonialis pretiosam.

---

1) DP potuit. — 2) BCF Eufridum. — 3) CFP disrupit. — 4) CF filio.

CAPITULUM XXVIII.

De morte Clementiae sanctimonialis Nivellae, circa cuius corpus inventi sunt novem circuli ferrei.

In Brabantia apud Nivellam monasterio sanctae Gertrudis virginis puella quaedam nobilis exstitit, Clementia nomine. Haec cum suadente diabolo lapsum carnis incurrisset, tunicam innocentiae quam polluerat, quotidianis lacrimis mundare satagebat. Sic dedita erat operibus misericordiae, ut omnes suos redditus pauperibus erogando, nihil pene sibi retineret. Tempore quodam circa hyemis principium, cum fere nuda esset, nimisque egeret, sedens iuxta altare sanctae Gertrudis, sic orovit: O dulcissima domina quomodo tibi serviam in hac hyeme, cum nihil habeam? Eadem hora superveniens quidam peregrinus, cum ad memoriam iam dictae virginis orasset, quinque solidos in sinum Clementiae iactavit, et abiit. Hoc quasi pro miraculo ipsa Wigero monacho Vilariensi retulit, et ipse mihi. Cum autem moreretur, inventi sunt circa corpus eius novem circuli ferrei. NOVICIUS: Mirabilia operatur Deus in sexu fragili. MONACHUS: Licet propositi mei sit in hac distinctione tantum tractare de morientibus, referam tibi tamen per occasionem huius sanctimonialis, fortem poenitentiam alterius cuiusdam mulieris.

CAPITULUM XXIX.

Item de Osilia Leodiensi quae circulis ferreis se ligaverat.

Non est diu quod virgo quaedam Leodiensis Osilia nomine, civi cuidam nupserat Metensi. Quo mortuo, quia pulchra erat valde, canonicus quidam Leodiensis illam duxit, in tantum eam amans, ut per clausuram ab humanis aspectibus illam removeret. Post cuius mortem illa de peccatis suis dolens, iuxta ecclesiam sancti Severini se reclusit, ubi ex nimia contritione saepe lacrimas sanguineas profudit. Insuper et vinculis ferreis se ligari fecit. Cum quibus cum stetisset in oratione, omnia dirupta[1]) sunt. Timens vero eadem vincula Deo non esse accepta, secundo ligata est. Quod cum confessa fuisset Abbati sancti Lamberti[2]), dolentem consolans

---

1) CF disrupta; sic et inferius. — 2) Vallis sancti Lamberti, abbatia ordinis Cisterciensis, in Dioecesi Leodiensi.

ait: Qui dixit Mariae Magdalenae, *dimissa sunt tibi peccata tua,* ipse vincula tua dirupit. Sicque consolata est. NOVICIUS: Si qua adhuc residua sunt de morte iustorum, ut explicentur exoro. MONACHUS: Quaedam tibi adhuc de his referam, in quibus consoleris simul et terrearis.

CAPITULUM XXX.

De morte Gerbrandi Abbatis Claricampi.

Ante hoc quadriennium Gerbrandus Abbas Claricampi in Frisia, cum Abbate nostro de Capitulo rediens generali, in via infirmari coepit, ita ut cum maximo labore Foniacum¹) perveniret. Ibique diem clausit extremum. In ipsa hora mortis eius, sanctimonialis quaedam de Syon quae domus est ordinis nostri pertinens ad Clarumcampum, facta in mentis excessu²), vidit animam eius ab angelis in coelum deferri. Expressit etiam domum et locum sepulturae eius, nec non et habitum in quo sepultus est. Vidit insuper successori eius Widoni duos dari baculos, scilicet virgas pastorales, ex quibus primam abiecit, alteram retinuit. Idem Wido Prior fuerat in Clarocampo, de quo assumptus est in Abbatem sancti Bernardi. Deinde post breve tempus mortuo praedicto Gerbrando, qui vir fuerat grandaevus, iustus et disciplinatus, idem Wido Abbate meo praesente, nec non et me, factus est Abbas Claricampi. Sicque secundum quod de illo praeostensum fuit, primum baculum abiecit, alterum adhuc retinens.

CAPITULUM XXXI.

De morte Udelloldis sanctimonialis.

In Monte sanctae Walburgis sanctimonialis quaedam fuit Udellolt nomine, femina bona et satis fervens in religione. Haec cum iam agonizaret, sicut audivi a sororibus quae praesentes erant, manum extendit contra ostium dicens: Ecce nuncius Dei foris stat, exspectans animam meam. Sicque post modicum reddidit spiritum, ab eodem angelo deducenda in paradisum. Hoc etiam scias quod saepe a mortuis vivi vocantur. Verbi causa³).

---

1) CF Funiacum. — 2) F excessum. — 3) BEF gratia.

CAPITULUM XXXII.

De morte Conradi cellerarii nostri.

Ante paucos annos Heydenricus sacerdos et cellerarius noster maior, in somnis apparens successori suo Conrado, tunicam propriam ei tradidit induendam. Quam cum ille induisset, infirmitate praeventus, post dies paucos defunctus est.

CAPITULUM XXXIII.

De morte Conradi monachi nostri quem Richwinus vocavit.

Nondum annus elapsus est, quod Lambertus monachus noster nocte Dominica in choro obdormiens, Richwinum cellerarium nostrum ante aliquot annos defunctum, chorum intrare conspexit. Et cum annueret ei manu dicens, frater Lamberte veni simul ibimus ad Rhenum; ille sciens eum mortuum, renuit et ait: Credite mihi non ibo vobiscum. A quo cum repulsam pateretur, ad oppositum chorum se vertens, quendam senem monachum Conradum nomine, qui circa quinquaginta[1] annos militaverat in ordine, simili signo ac verbo vocavit. Quem ille mox secutus est, caputio capiti imposito. Eadem die post coenam cum Prior quosdam ex nobis[2] vocasset, et idem Conradus praesens esset, ait ei me audiente iam dictus Lambertus: Vere domine Conrade, vos cito moriemini. In hac enim cuculla vidi vos hac nocte Richwinum sequentem, referens ei visionem per ordinem. Cui ille respondit: Non curo, modo vellem esse mortuus. Sequenti enim die si bene memini infirmari coepit, et post breve tempus defunctus, in eadem cuculla sepultus est.

CAPITULUM XXXIV.

De morte Gregorii Armenii quem mater defuncta vocavit.

Femina quaedam religiosa de Armenia cum filio et filia veniens Coloniam, in ecclesia maiori ieiuniis et orationibus Deo serviebant[3]. Vocabatur autem filius eius[4] Gregorius, homo simplex et sacerdos[5]. Nomen autem sororis Maria. Anno autem praeterito matre defuncta, infra tricenarium etiam

---

1) B quadraginta. — 2) E ex fratribus. — 3) BDE serviebat. — 4) eius add BCF. — 5) B rectus.

Gregorius ad extrema deductus est. Cumque soror coram illo sedens lacrimaretur valde, ille consolans eam ait: Noli flere, quia mater nostra vocat me. Et illa: Ubi est? Respondit: Ecce coram me stat. Sicque anima illa sancta carne soluta est. Corpus vero eius cum multo honore inter canonicos eiusdem ecclesiae sepultum est. NOVICIUS: Valde mihi videntur esse perfecti, quorum animae carne resolutae, mox ascendunt ad requiem. MONACHUS: Verum dicis. Neque hoc te lateat quod valde parva sunt iudicio hominum, quae perfectos, maxime claustrales, ab introitu gloriae quandoque retardant.

CAPITULUM XXXV.

De converso de Cynna qui propter obulum reversus est ad corpus.

Conversus quidam de Cynna[1]) quae domus est ordinis nostri, cum die quadam missus ab Abbate suo, navigio transiret per fluvium Albiam qui fluit per Saxoniam, nauta ab eo naulum requisivit. Qui cum diceret, nihil se ad manum habere pecuniae, respondit ille: Date mihi pro pignore cingulum vel cultellum vestrum. Non possum, inquit, his carere. Et adiecit: Ego promitto vobis cum ordine meo, quod dimidium denarium vobis remittam. Et dimisit eum nauta. Recedens ab eo conversus, eo quod res modica videretur, promissum parvipendit, nihil remittens. Non multo post infirmatus, cum omnibus qui aderant mortuus videretur, anima egressa, cum ad requiem ascendere vellet, praedictum dimidium denarium cuius in confessione non meminit, ante oculos habebat. Qui adeo crevit, ut mundo maior videretur. Cumque sursum nitenti semper obsisteret, neque aliud esset quod animam[2]) impediret, ad angelorum petitionem permissa est redire ad corpus. Mirantibus cunctis, visionem retulit, et missus est ab Abbate nautae integer denarius sub omni celeritate. Quem ut ille recepit, eadem hora secundum considerationem conversus exspiravit. Haec mihi narravit Abbas Livoniae, asserens sibi recitata a praedicto Abbate. Unde religiosi quanto saecularibus maius praemium sperant, tanto debent esse solliciti, ne morientes aliquid pulveris secum trahant.

1) Zinna, Coena beatae Mariae, coenobium fuit Dioecesis Magdeburgensis, haud procul ab oppidulo Jüterbock. — 2) animam om P.

CAPITULUM XXXVI.*)

De monacho qui propter cucullam quam moriens exuerat prohibitus est intrare paradisum.

Ante annos paucos[1] in regno Francorum quadam domo ordinis Cisterciensis, monachus quidam bonae vitae laborabat in acutis. Qui dum duplici calore torqueretur, infirmitatis scilicet et aeris, rogavit infirmarium quatenus sibi liceret cucullam exuere, et induere scapulare. Quod ille concessit, compassus infirmo. Qui cum abiret, reversus infirmum reperit exspirasse. Non modicum ex hoc turbatus, domum clausit, scapulare extraxit, reinduit ei cucullam, sicque in matta[2] illum ponens, tabulam pulsavit. Deportatus in oratorium, proxima nocte cum monachi secundum consuetudinem circa corpus psalmos legerent, ille in feretro se erigens et circumspiciens, monachos advocavit. Qui cum territi fugerent omnes in dormitorium, excepto Subpriore qui constantior erat, ait illi: Nolite timere. Ego sum ille frater vester, qui mortuus fui et revixi. Vocate mihi Abbatem. Interim signantibus monachis qui fugerant, quia surrexisset mortuus, factus est in dormitorio magnus motus atque concursus. Accedente Abbate ad feretrum, ait ille: Domine confiteor vobis quod sic atque sic mortuus sum. Ductus vero ab angelis ad paradisum, cum putarem me libere posse intrare, accessit ad ostium sanctus Benedictus, et ait: Quis enim es tu? Respondente me[3], ego sum monachus ordinis Cisterciensis; subiecit sanctus: Nequaquam. Si monachus es, ubi est habitus tuus? Iste locus est quietis, et tu vis intrare cum habitu laboris? Qui cum circumgyrassem muros eiusdem felicissimae mansionis, et per fenestras seniores quosdam magnae reverentiae illic conspexissem, uni illorum qui ceteris benignior[4] videbatur, ut pro me intercederet supplicavi. Cuius interventu permissus sum ad corpus redire, ut sic habitu a te recepto merear ad promissam beatitudinem introire. Quo audito Abbas cucullam in qua iacebat ei[5] extraxit, cucullam quam in infirmitate exuerat ei reinduens. Sicque accepta benedictione rursum exspiravit. Vocatur autem domus, in qua haec[6]

---

*) Homil. III. p. 107. — 1) B paucos annos. — 2) D mattam. — 3) ABF illo; sic et in Homilia. — 4) B dignior. — 5) ei om B. — 6) haec add B.

contigerunt, Szere. Abbas de Relazhusen¹) per nos transiens nobis retulit hoc miraculum, dicens se audivisse a Priore et conventu iam dictae²) domus.

CAPITULUM XXXVII.

De cive Strazburgensi cuius anima ad corpus rediit.

Simile ex parte contigit hoc anno apud Strazburg. Cum quidam civis ibi defunctus fuisset, et in feretro positus, anima ad corpus reversa est. Et cum clamaret, quomodo veni huc? quomodo veni huc? vocata est uxor eius. Ad quam ille: Dei misericordia reductus sum, et hoc tibi dico, nisi omnia quae habemus relinquamus, non poterimus salvari. Sicque omnibus prout poterat salubriter dispositis, infra triduum mortuus est. Fuerat eorum substantia de malo acquisita. NOVICIUS: Quid est quod maxime morientibus possit subvenire? MONACHUS: Confessio pura atque contritio. Ecce exemplum.

CAPITULUM XXXVIII.*)

De magistro Thoma theologo qui diabolum vidit in morte.

Magister Thomas theologus cum in praesenti expeditione in castro peregrinorum in camera quadam lecto decumbens esset moriturus, vidit diabolum in angulo stantem. Quem cum cognovisset, voce beati Martini allocutus est eum dicens: Quid hic astas cruenta³) bestia? Dic mihi quid est quod maxime vobis noceat? Cumque ille nihil responderet, Scholasticus subiunxit: Adiuro te per Deum vivum qui iudicaturus est vivos et mortuos et saeculum per ignem, ut dicas mihi huius interrogationis veritatem. Ad quod daemon respondit: Nihil est in Ecclesia quod tantum nobis noceat, quod sic virtutes nostras enervet, quomodo frequens confessio. Quando, inquit, homo in peccatis est, peccatis dico mortalibus, omnia eius membra ligata sunt, et non potest se movere⁴). Cum vero peccata eadem confitetur, statim liber est, et mobilis ad

---

1) Relaxhusen supra IV, 45. — 2) BCF praedictae. — *) Homil. III. p. 181. — 3) B o cruenta. — 4) Hom. se meritorie movere. Homil. IV. p. 141: „Noxa mortalis nexus ferreus est, sic hominis spiritum ligans, ut liberum arbitrium in eo ad bonum moveri non possit."

omne bonum. Quo audito doctor ille bonus, et crucis Christi fidelis praedicator, laetus exspiravit. NOVICIUS: De confessione non dubito quin valde sit bona, secundum quod tertiae distinctionis plurima probant exempla. MONACHUS: De morte iustorum haec dicta sufficiant, de quibus etiam in superioribus multa exempla redundant, quae recapitulare supersedeo, quia ad mortes malorum festino. Quam misere, quam horribiliter moriantur usurarii, avari, pecuniosi, dolosi, superbi, praedones, homicidae, contentiosi, luxuriosi, viciisque similibus subiecti, quae Apostolus appellat opera carnis [1]), quibusdam tibi pandam exemplis.

CAPITULUM XXXIX.

De usurario Metensi cui mortuo crumena cum denariis consepulta est.

In civitate Metensi, sicut mihi narravit Abbas quidam ordinis nostri, usurarius aliquis defunctus est, avarus nimis. Qui cum moriturus esset, supplicavit uxori suae, ut crumenam denariis refertam iuxta se poneret in sepulchrum. Quod cum illa fecisset quanto secretius potuisset, tamen latere non potuit. Accedentes aliqui sepulchrum latenter aperuerunt, et ecce duos ibi conspicantur bufones, unum in ore crumenae, alterum in pectore. Ille denarios ore de crumena extrahebat, iste suscipiens extractos cordi eius immittebat. Ac si dicerent: Nos pecunia satiabimus cor tuum insatiabile. Quibus visis illi timore perculsi [2]), terram reiicientes fugerunt. Quid putas animam huius [3]) pati in inferno a vermibus immortalibus, si tam horrenda in eius corpore demonstrata sunt in sepulchro? Non minus horrendum est quod sequitur.

CAPITULUM XL.

De usuraria in Freggenne quae mortua denarios numerantes imitabatur.

In villa Freggenne quae ad milliare unum distat a Colonia, matrona quaedam morabatur Jutta nomine, moribus quidem satis composita, sed usuraria. De quo vitio cum sae-

---

1) Galat. 5, 19. — 2) CF *percussi*. — 3) B *huius miseri*, CF *huiusmodi*.

pius argueretur a Subpriore nostro Gerlaco, qui tunc temporis ecclesiam iam dictae villae regebat, emendationem quidem promisit, sed non servavit. Tandem in peccatis suis mortua est, et propter tumorem corporis ne foeteret, posita super terram. Et ecce diabolus manus eius et brachia movit, ad instar numerantis pecuniam. Missum est pro Gerlaco, ut diabolum a vexatione corporis exorcismis cohiberet. Quod cum fecisset, corpus quievit. Et cum adiurare cessaret, illud non cessavit, nunc crura nunc manus movendo. Tunc tollens haristam, aquae benedictae intinxit, et ori eius immisit, quam illa avidissime masticare coepit. Tandem tollens stolam cum exorcismo collo eius circumligavit, sicque daemones [1] ab eius corpore compescuit. Erat ibi tempore eodem [2] rusticus quidam qui dicebat sacerdoti: Sciatis domine, quod diabolus in hac nocte stupenda operabitur in hoc corpore. Referam enim vobis simile, quod temporibus contigit pueritiae meae.

CAPITULUM XLI.

Item de usuraria de Bacheim cuius anima a daemonibus in specie corvorum evulsa est.

Fuerat in Bacheim villa proxima, famosa quaedam usuraria. Haec cum moritura esset, campum totum corvis ac cornicibus vidit repletum. Et clamavit fortiter: Ecce modo appropinquant ad me. Et adiecit: Owi, owi [3]; modo sunt in tecto, modo in domo, modo pectus meum laniant, modo animam meam extrahunt. Sicque cum ululatu efflavit spiritum, a daemonibus ad inferos deducendum. Qui eadem nocte corpus de feretro multis qui aderant videntibus tollentes, usque ad tectum levaverunt, et cum trabi impingerent, iuxta limen ostii illud cadere sinentes confregerunt. Extincta sunt luminaria, fugerunt homines, mane in iam dicto loco corpus reperientes. Quod bestiali sepulturae tradiderunt.

CAPITULUM XLII.

De Theoderico usurario qui moriens denarios masticavit.

In Dioecesi Coloniensi ante paucos annos miles quidam defunctus est nomine Theodericus, usurarius admodum nomi-

---

1) DE daemonem. — 2) BCDF eodem tempore. — 3) vulgari idiomate Coloniensi hoc dictum est, pro: o weh.

natus. Hic tandem infirmatus, materia ascendenté in cerebrum, factus est phreneticus. Qui cum quotidie dentes et os moveret, dixerunt ei ministri sui: Quid comeditis domine? Respondit ille: Denarios ego mastico. Visum ei fuerat quod denarios ori eius daemones infunderent. Non possum, inquit, sustinere daemones istos. Portate me ad monasterium Rode [1]), boni illic homines sunt, forte auxilio illorum ab his diabolis liberabor. Quo cum delatus fuisset, clamavit: Reportate me, reportate me; plures [2]) hic daemones video quam in domo mea. Erat enim de villa Wurme. Sic miser relatus, et a daemonibus agitatus [3]), exspiravit, quam execrabile vitium sit usura, in suis tormentis multis ostendens. Quidam dixerunt se in ore et in gutture eius denarios vidisse. NOVICIUS: Bene Apostolus avaritiam appellat idolorum servitutem [4]), cui sic daemones famulantur. MONACHUS: Avaritia heu non solum in saecularibus, sed etiam in personis ecclesiasticis regnat, eique famulantur [5]).

CAPITULUM XLIII.

De morte Walteri clerici dispensatoris Lutharii Praepositi Bonnensis.

Lutharius Praepositus Bonnensis clericum habebat nimis avarum, Monasteriensis ecclesiae canonicum. Et quia ex eius consilio idem Praepositus pendebat, multam pecuniam Walterus congregaverat. Qui cum moreretur, nec unum [6]) quidem denarium pro anima sua legavit. In ipsa hora mortis eius, Godefridus ecclesiae sancti Andreae in Colonia canonicus, coram domino suo Adolpho, tunc maioris ecclesiae Decano, et postea Archiepiscopo, in Porta Clericorum dormivit. Cui talis visio ostensa est. Visum est ei quod praedictus Walterus pecuniam de magno cumulo in tabula numeraret, et quod daemon ex altera parte in Aethyopis effigie residens, illius computationem diligentissime consideraret [7]). In ipsa computatione Walterus frequenter ex ipsa pecunia aliquid furtive vesti propriae submisit. Qua numerata, daemon in

---

1) Klosterrode, abbatia regularium canonicorum, secundo ab Aquisgrano lapide. — 2) CFP plures enim. — 3) CF exagitatus. — 4) Coloss. 3, 5. — 5) ACEFP eisque famulatur. Fortasse scripsit auctor: eisque principatur. — 6) CF unum solum. — 7) B considerasset.

haec verba prorupit: Computat argentum Walterus, subtrahit illud. Deinde manibus complosis, cum multo cachinno subiecit: Plus quam ducentas subtraxit Waltero marcas. Sic enim ex quadam superbia vocari solebat. Excitans dominum suum Godefridus, quid viderit recitavit. Et compertum est quod eadem hora exspiraverit. Praepositus vero omnem illius pecuniam tulit, asserens illam suam fuisse.

CAPITULUM XLIV.

De morte Godefridi canonici sancti Andreae in Colonia.

Godefridus vero non minus misere defunctus est. Erat siquidem avarus valde, et magnam in curia pecuniam collegerat. Die quadam tempore [1] Philippi Regis Romani magnum in domo sua debitoribus domini sui fecerat convivium, ex pecuniis eiusdem Philippi, quas Adolpho pro coronatione dederat, illis accommodata restituere proponens. Ante enim quam [2] de eodem convivio gustasset, apoplexia tactus obmutuit, et sine confessione atque sacra communione spiritum exhalavit. Post cuius mortem cuidam sacerdoti talis de eo visio ostensa est. Vidit eum Coloniae ante monetam incudi impositum; quem Jacobus Judaeus, imo Judaeorum episcopus, cui fuerat familiaris, malleo extendit usque ad denarii tenuitatem. Et bene concordabat poena culpae. Fuerat enim magister monetae, et monetariorum socius; et quia multam ibi congregaverat pecuniam, luere ibidem visus est avaritiae poenam. Quae de morte Hermanni secundi Decani in Colonia percepi, non tacebo [3].

CAPITULUM XLV.

De morte Hermanni secundi Decani in Colonia.

Erat idem Hermannus homo multum avarus, et amator pecuniae. Accidit ante hoc biennium ut canonicus quidam Bonnensis Winricus nomine, cognomento Stempel moreretur. Qui statim post mortem Erwino maioris ecclesiae in Colonia canonico, in somnis apparens ait: Rogo te ut ad diem meum venias, ante capellam sancti Nycholai. Quod cum Erwinus

---

1) tempore om ABCDEF. — 2) CE antequam enim. — 3) B ad praesens tibi non tacebo.

renueret, sciens eum mortuum, subiecit ille: Peto ut hoc ipsum dicas secundo Decano, quia dies erit octavo die. Ille evigilans, et de visione satis admirans, quid viderit, vel quid Winricus mandaverit, mane Decano recitavit. Qui statim visum intelligens, respondit: Ego satis timeo quod diem eius cito observare debeam, quia homo senex sum et debilis. Statim eadem die peius coepit habere, ita ut praedicto die moreretur. Quod ubi comperit Erwinus, timens quia et ipse moriturus esset, coepit se per confessionem atque sacram communionem ad mortem praeparare. Ad quem maior Praepositus: Cras in conventu dicite ei missam sollemnem, et sepelite, sicque satisfecistis petitioni eius. Quod ita factum est, atque iuxta capellam praedicti Confessoris ab eo sepultus. Adhuc idem Erwinus vivit, a cuius ore audivi quae dicta sunt. Inter avaros poenas solvent etiam advocati, qui modo salaria pinguia recipiunt, et causas subvertunt.

CAPITULUM XLVI.

De morte legistae in Saxonia cui morienti lingua divinitus subtracta est.

Narravit mihi ante paucos menses aliquis sacerdos de Saxonia, dicens: Nuper in terra nostra quidam nominatus decretista mortuus est. Qui cum hiaret, lingua in ore defuncti non est inventa. Et merito linguam perdidit moriens, qui illam saepe vendiderat vivens. NOVICIUS: Simile dixisse te recolo de Henrico Ratione in dictinctione sexta capitulo vicesimo octavo. MONACHUS: Recordor nunc cuiusdam verbi, de huiusmodi advocatis yronice dicti. Eodem tempore quo iam dictus Henricus obiit, mortuus est et magister Folco Treverensis; mortui sunt et plures nobiles terrae. Recte, inquit quidam canonicus, faciunt nobiles isti, quod morientes secum ducunt advocatos istos; erunt enim eis necessarii. NOVICIUS: Non ibi valebit Saxo neque Ratio, quia sine lingua, sive clauso ore, verba minime formantur. MONACHUS: In illo divino examine, ubi aperti erunt libri, et Jerusalem scrutabitur in lucernis [1]), nullus advocatorum neque pro se neque pro aliis assignare poterit aliqua falsa loca ex legibus sive decretis. Et haec dicta sint de avaris. De dolosis vero, cui [2]) coniuncta est avaritia, nunc aliqua subiiciam exempla.

1) Sophon. 1, 12. — 2) D quibus. Conf. VII, 20. p. 25.

CAPITULUM XLVII.

De Henrico rustico qui moriens vidit capiti suo lapidem ignitum imminere, per quem agros alienos proximo [1]) subtraxerat.

In Dioecesi Coloniensi villa Bude [2]) rusticus quidam fuit Henricus nomine. Hic cum morti proximus esset, lapidem grandem et ignitum supra se in aere pendere conspexit. Ex cuius ardore cum aeger nimis aestuaret, voce clamavit horribili: En lapis capiti meo imminens totum me incendit. Vocatus est sacerdos; confitetur, sed nihil illi profuit. Recogita, inquit, si aliquem lapide isto defraudaveris. Ad quod verbum ille in se reversus ait: Recordor me eundem lapidem ut agros meos ampliarem, in alienos terminos transtulisse. Respondente sacerdote, haec est causa; ille culpam confitetur, satisfactionem pollicetur, sicque a terribilli illa visione liberatur.

CAPITULUM XLVIII.

Item de rustico cui diabolus palum igneum mittere in os morienti minabatur, ob eandem culpam.

Simile contigit in villa cui Rotheim [3]) vocabulum est. Cum rusticus quidam ibidem moriturus esset, diabolus assistens, palum igneum ori eius immittere minabatur. Ille culpam non ignorans, quocunque se vertebat, semper diabolum cum palo praesentem habebat. Palum siquidem eiusdem quantitatis et formae de agro suo in agrum cuiusdam honesti militis eiusdem villae, Godefridi nomine transtulerat, sibi addendo quod illi subtraxerat. Ad quem cogente iam dicta necessitate suos misit, ablata restituere promisit; per quos ut reo ignosceret supplicavit. Quibus respondit miles: Non ignoscam; sinite filium mulieris bene torqueri. Iterum terretur ut prius, iterum nuncios mittit, sed veniam non consequitur. Tertio eis cum lacrimis venientibus, et dicentibus, rogamus vos domine intuitu Dei, ut vestra recipiatis, et misero culpam remittatis, quia mori non potest neque vivere licet; respondit: Modo bene vindicatus sum, modo remittam. Ab

---

1) CEF add *suo*. — 2) Bodenheim? — 3) CE *Rocheim*.

illa hora terror omnis diabolicus cessavit. Ex his exemplis satis colligitur quod secundum qualitatem culpae etiam Deus formet qualitatem poenae. Audi nunc quod te tibique similes consoletur, de divitibus atque superbis.

CAPITULUM XLIX.

De clerico mortuo qui rediens se iudicatum et in manus impiorum traditum exclamavit.

Fuit in regno Francorum clericus quidam nobilis et dives, quae duo saepe hominem extollunt, multisque vitiis subiiciunt. Qui cum mortuus fuisset, et in feretro positus, multitudine populi circumsedente, tam ex clericis quam ex laicis, ipse se erexit, cunctis audientibus in haec verba prorumpens: Justus iudex iudicavit, iudicatum condemnavit, condemnatum tradidit in manus impiorum. Quibus dictis se reclinans, iterum non dico obdormivit, sed de requie transivit ad laborem, de deliciis ad miseriam.

CAPITULUM L.

Item de clerico moriente qui se tubam infernalem audivisse testabatur.

In eodem regno alius quidam clericus fuit, et ipse vitiosus valde, sicut et superior. Qui cum admonitus fuisset ab amicis de confessione, essetque ei allatum corpus Domini a sacerdote, accipere noluit, vertensque se ad parietem, sic ait: Tuba canit apud inferos, eamus hinc. Sicque exspirans, tubam secutus est infernalem. NOVICIUS: Si sic Deus execratur divitias atque superbiam, puto quod valde puniat blasphemiam. MONACHUS: Valde Deus punit quandoque illud vitium, etiam in infidelibus, sicut nuper didici ex relatione cuiusdam monachi Vilariensis, qui circa haereticos Albienses cum domino Conrado Cardinali [1]) satis laboravit.

CAPITULUM LI.

De morte Comitis Fulkensis haeretici ob blasphemiam occisi.

Comes Fulkensis haereticus, et haereticorum coadiutor, cum ultimum castrum suum rehaberet, in tantam erupit [2])

---

1) ABE Cardinale. — 2) B prorupit.

blasphemiam, ut diceret: Velit nolit Deus, velit nolit Ecclesia Romana, et[1]) omnes sancti, ego terram meam rehabeo[2]). Moxque de equo cui insidebat[3]), ruens, horribiliter torquebatur; et cum a militibus esset elevatus, denuo ruit, poenam solvens blasphemiae. Reductus vero in domum suam, primum torqueri coepit in pedibus, deinde in cruribus, postea in pectore; et cum ei relictum fuisset officium linguae si forte poenitere vellet, ipsamque confessionem prorsus contemneret, circa quatuor menses a die qua percussus est, impoenitens exspiravit. Haec de divitiis, superbia atque blasphemia dicta sint. Quanta vero poena praedonibus praeparata sit, finis unius ostendat[4]).

CAPITULUM LII.

De morte Johannis Dani qui diabolum vidit in morte.

Circa illud tempus quo Philippus Rex inimicabatur Coloniensibus propter Ottonem, satelles quidam Johannes nomine, cognomento Danus, provinciam depraedatus est. Hic cum post multa mala moriturus esset, diabolus morienti nimis importunus fuit. In cuius aspectu pallens ac tremens, ad circumstantes clamabat: Date mihi gladium, ut repellam a me hunc qui me infestat virum nigerrimum. Dicentibus eis, neminem hic videmus, invoca Deum; miser ille desperatus respondit: Quid mihi posset prodesse, si modo illum invocarem? Multum, inquiunt. Tunc ille: Deus si potes, adiuva me; sicque exspiravit. Et satis timeo quod modicum ei profuerit tam infirma et tam extorta invocatio.

CAPITULUM LIII.

De quodam servo quem duo canes cum se episcopum simularet laceraverunt.

Eodem tempore servus quidam, aliquando cursor Ottonis Archidiaconi Leodiensis, officium suum deserens, multitudini praedonum, quae rutta[5]) vulgo dicitur, se[6]) associavit. Inter quos episcopum se nominans, et episcopum per infulam se repraesentans, sociis facere consueverat peccatorum absolutio-

---

1) B velint nolint et. — 2) BFP rehabebo. — 3) ADE cui insedebat, F cui insederat, B in quo sedebat. — 4) BCF ostendit. — 5) CF rotta, B rotha. — 6) se om AEP.

nem. Die quadam, duobus ex eis videntibus, duos canes Dominus ei immisit, a quibus totus laceratus et extinctus, poenam solvit depraedationis, atque irrisionis divinorum sacramentorum. Quia praedam homicidia frequenter sequuntur, aliqua tibi proferam exempla de morte miserabili homicidarum.

CAPITULUM LIV.

De morte Bernardi Monasteriensis qui sororium suum occidit.

Vix anni duo elapsi sunt quod civis quidam Monasteriensis defunctus est. Hic cum domum et pecunias multas filio suo unico dimisisset, ille luxuriose vivendo cum meretricibus et in tabernis omnia sua mobilia consumpsit. Domum vero sororio suo vendens, et 1) abiens, pretium illius in brevi dilapidavit. Necessitate compellente, ad eundem suum sororium rediens, ab eo tum propter uxorem, tum propter venditam possessionem detentus 2) est. Quem cum primum honeste satis, ac deinde negligentius tractaret, ille ex indignatione eum deserens, domum venditam repetivit, se circumventum conquerens. A quo cum nihil per iustitiam sive per minas obtinere posset, bipenni illum in medio foro occidit. Mox in ecclesiam sancti Pauli fugiens, clericis cantantibus clamare coepit: Vos domini defendite libertatem vestram. Quod et fecerunt. Venientes ad eum viri honesti, in fide sua eum educere voluerunt, volentes inter ipsum et occisi amicos componere 3), miserti illius. Quod cum primum acceptasset, mox habito secum consilio respondit: Non egrediar; absoluti sitis a pollicito iuramento. Quem post paululum unus ex sodalibus vocans, ait: Exi Bernarde, exi, vinum optimum in tali venditur taberna. Quos 4) secutus, post modicum proditus est, et captus. Requisitus cur exisset de ecclesia, respondit: Ita mihi ardere videbatur pavimentum sub pedibus meis, ut sustinere non possem. Posito eo in rota, cum mane scholares ad eum venissent, et dicerent: Bernarde vivis adhuc? fuerat enim litteratus; respondit: Adhuc vivo. Moxque subiecit: In nocte transacta campum istum plenum vidi daemonibus. Nullum tamen signum vel verbum poenitudinis ab eo videre vel audire potuerunt.

1) et om BD. — 2) C receptus. — 3) E pacem componere. — 4) CD quem.

CAPITULUM LV.
De latronibus Coloniae in rotis positis.

Cum tempore quodam tres latrones iuxta Coloniam rotali poena plexi fuissent, ego altera die cum ceteris scholaribus accurrens, quae ab uno illorum, qui adhuc vivebat, dicebantur audivi. Requisitus qua hora mortui fuissent socii eius, respondit: Hac nocte quando mortuus est iste qui iuxta me sedet, totus campus corvis fuerat repletus. Quos daemones intelleximus in specie corvorum animam egressam exspectantes [1]). Et cum haec miser ille vidisset, nec una quidem vice [2]) nobis audientibus Deum invocavit, nihil habens contritionis. Ex quo colligitur quod hi qui male vivunt, saepissime male finiunt, indigni misericordia, tam in praesenti quam in futuro. Quam crudele peccatum sit sanguinem fundere, et dissensiones fovere, praesens est exemplum.

CAPITULUM LVI.
De rusticis qui post mortem in sepulchro contendebant.

In Episcopatu Coloniensi duae generationes rusticorum inimicitias mortales exercebant. Habebant autem duo capita, duos videlicet rusticos magnanimes ac superbos, qui semper nova bella suscitabant, suscitata fovebant, nullam fieri pacem permittentes. Divino igitur nutu factum est, ut ambo uno die morerentur. Et quia de una erant parochia nomine Nuenkirgen, quia sic Domino placuit, qui per illos dissensionis malum ostendere voluit, in una fossa corpora eorum sunt posita. Mira res et inaudita. Cunctis qui aderant videntibus, corpora eadem dorsa verterunt ad invicem, capitibus, calcibus, ipsisque dorsis tam impetuose collidentibus, ut caballos indomitos putares. Mox unum extrahentes, remotius in alio sepulchro tumulaverunt. Et facta est rixa eorundem mortuorum, causa pacis et concordiae vivorum. NOVICIUS: Puto animas eorum magnam habuisse in inferno rixam. MONACHUS: De hoc quaestio nulla est. NOVICIUS: Si Deus sic discordias, rixas, et iras punit in saecularibus, puto quod eadem vitia plurimum abhorreat in personis claustralibus. MONACHUS: Hoc uno tibi ostendam exemplo.

1) ABEP exspectantium. — 2) B voce.

CAPITULUM LVII.

De subita morte cuiusdam conversi conspiratoris.

Non est diu quod in quadam domo ordinis nostri aedificium quoddam ad usus monachorum factum est. Quod quidam conversorum videns et invidens, diabolo cor eius inflammante, aliquos ad deiectionem eiusdem operis incitavit. Qui cum venissent cum instrumentis suis ante refectorium monachorum, auctor tantae conspirationis corruit et exspiravit. Quo viso ceteri valde timentes, cum multa festinatione et humilitate venerunt ad pedes Abbatis, peccatum suum confitentes, a quo poenitentiam susceperunt. Corpus vero conspiratoris in campo sepultum est. Postea ad petitionem conversorum, sicut nobis retulit Abbas noster qui audivit, Abbas praedictus petivit veniam in Capitulo generali, ut liceret ei corpus proiectum ponere in cimiterio; sed non recordor utrum fuerit ei concessum vel negatum. Referam tibi nunc aliqua exempla de vitio luxuriae, quae luxuriosos satis queant terrere.

CAPITULUM LVIII.

De morte canonici qui velatam sanctimonialem stupraverat.

Apud Traiectum inferius ante annos paucos, sicut mihi retulit eius concanonicus, clericus quidam defunctus est, qui sanctimonialem velatam corruperat. Ut autem Christus ostenderet, quam gravis sit culpa, ipsius sponsam violare, tale signum in defuncti genitalibus posuit, quod cunctis qui videre vel audire poterant esset terrori. Nolo autem illud exprimere, parcens verecundiae feminarum, quae forte lecturae sunt quae conferimus.

CAPITULUM LIX.

De morte puellae in cuius sepulchro canes se invicem mordebant [1]*.*

In villa quadam Dioecesis Coloniensis quae Luzheim[2] dicitur, puella quaedam cuiusdam honestae matronae ancilla ante aliquos annos defuncta est. Satis enim erat luxuriosa,

---

1) ADEP momordebant. — 2) P Lucheim.

satis vaga, et valde saecularis. Nocte quadam in somnis ante Christi tribunal rapta est, in cuius circuitu vidit angelos et Apostolos, martyres et reliquorum ordinum sanctos infinitos. Animabus in medium deductis, illae ad gloriam, istae ad supplicia iudicabantur. Cumque haec ancilla videret et tremeret, accusante conscientia, manus suppliciter ad iudicem tetendit. Cuius[1]) ille misertus, ait: Quid me oras? Da mihi minimum digitum tuum, et ego dabo tibi manus meas. Ac si diceret: Da mihi modicam fidem quod te de tuis vitiis emendes, et ego tibi dabo gratiam meam. Sicque evigilavit. Quae cum visum retulisset cuidam religiosae matronae nomine Aleidi, quae adhuc superest, de villa Gurzenich, respondit illa: Misera emenda vitam tuam, satis commonita es. Illa primum quidem timuit, sed timor idem citius cessavit. Cumque ut prius vitiis pristinis subiaceret, admonitioni flagella adduntur. Nam cum post acerrimas infirmitates exspirasset, et nudata super aream, tecta tantum lintheamine posita fuisset, duo canes ante domum in curia se momorderunt[2]). Supervenit tertius et quartus; deinde omnes canes villae, qui se invicem mordendo[3]) domum intrantes, lintheamen superpositum abstrahentes, dentibus suis comminuerunt. Qui vix a rusticis fustibus expulsi sunt. Cadavere vero sepulto, canes fugati redeuntes super eius tumulum interrupta bella renovaverunt. Timeo enim quod anima modicum habuerit pacis, sicut multi interpretati sunt. Et quia huiusmodi mulieres saepe magicis insistunt artibus, ut vehementius possint amari, contra idem vitium satis horrendum tibi proferam exemplum.

CAPITULUM LX.

De muliere maga quam daemones transferebant.

In Haslo villa Dioecesis Traiectensis, femina quaedam misera die quadam pedes suos pelvi imponens, et extra illam retrorsum saltans, sic ait: Hic salto de potestate Dei in potestatem diaboli. Quam diabolus mox rapiens, et in aera sustollens, multis qui erant in villa sive extra villam videntibus, ultra altitudines nemorum transtulit, ita ut usque in hodiernum diem nusquam compareret. Haec mihi de male viven-

1) B extendit. Cui. — 2) E momordebant. — 3) E momordendo.

tibus et male morientibus comperta sunt. De his vero qui bene videbantur vixisse, nec tamen bene consummati sunt, unum tibi referam exemplum quod nuper audivi.

CAPITULUM LXI.

De hospitalario qui se ipsum in aquis suffocavit.

Hoc anno cum Abbas noster iret ad Capitulum generale, iuxta Fitriacum[1]) a quodam hospitalario tam ipse quam Abbas de Scimenu caritative satis suscepti sunt. Comedentibus eis, idem hospitalarius, erat enim hospitalis magister, sedebat ad latus Henrici cellerarii nostri. Qui post prandium dicebat iam dicto Abbati: Est vobis notus homo iste? Etiam, inquit, homo bonus est et religiosus. Respondit Henricus: Credite mihi, in malo statu est; iam in mensa visum habuit infernalem. Mane vero cellerario dicente missam, Abbas noster nescio quo instinctu, sicut ipse nobis referebat, nihil aliud per totam missam orabat nisi hoc: Domine da mihi bonum finem. Eadem nocte praefatus hospitalarius ad vicinum flumen solus vadens, vestes exuit, et de ripa in aquas saltavit. Et cum ibi mergi non posset, altius ascendit, locum quaerens profundiorem[2]). Vigiles de castro videntes haec[3]), clamabant: Bone homo non est tempestivum tali hora balneari[4]). Erat enim nox Nativitatis Dominae nostrae[5]). Quid plura? Miserrimus de littore se praecipitans, in limo profundi infixus est atque submersus. Et territi sunt valde audientes haec, scientes hominem plus quam triginta annis pauperibus servivisse. Simile contigit cuidam converso in ordine nostro, qui pro sanctissimo viro ab omnibus habebatur. NOVICIUS: Satisfactum fateor interrogationi meae; sed adhuc unum est, quod nosse vellem. Quidam putant mortem esse personam; quibus[6]) concordat quod mors in specie hominis cum falce in picturis repraesentatur. MONACHUS: Huic fabulae consentiunt Judaei, qui dicunt unum esse angelum a quo interficitur omne genus humanum. Trahunt autem auctoritatem ab eo loco ubi per angelum percussa sunt omnia primogenita Aegypti. Quid autem sit mors, satis dictum est in capitulo primo huius

---

1) CDF Vitriacum, B Funiacum. — 2) EP profundiorem quaerens. — 3) BP hoc. — 4) B balneare. — 5) CF Dominicae. — 6) CF cui.

distinctionis. Referam tibi tamen aliqua occasione tuae interrogationis unde satis mireris.

CAPITULUM LXII.

De matrona agonizante quam mors deserens clericum iuxta stantem¹) invasit.

Sicut veraciter audivi, matrona quaedam nobilis in Episcopatu Coloniensi ante annos paucos infirmata est. Quae cum in extremis agere videretur, multaeque matronae tam²) ex ordine nobilium atque ministerialium circumstarent, inuncta est. In ultima vero collecta vocans ad se cognatam suam, cum tamen vix loqui posset, ait: Ne timeas, non moriar modo³). Vidi enim mortem recedere a me, et invadere clericum istum, digito eum demonstrans. Mirum in modum in ipsa hora femina desperata coepit meliorari, et clericus infirmari, adeo ut die octavo⁴) moreretur. NOVICIUS: In qua forma vidit mortem? MONACHUS: Nescio. Si formam requiris, audi quod sequitur.

CAPITULUM LXIII.

De monstro quod in specie feminae interfecit familiam duarum curiarum, cum in eas respiceret.

In Episcopatu Coloniensi villa cui vocabulum est Stamheim, duo milites habitabant⁵), ex quibus unus Guntherus, alter Hugo vocabatur. Nocte quadam, cum iam dictus Guntherus esset in partibus transmarinis, ancilla pueros eius, antequam irent cubitum, ad requisita naturae in curiam ducebat. Quae cum staret iuxta illos, ecce species quaedam mulieris⁶) in veste nivea et facie pallida contra ipsos ultra sepem respexit. Quae cum nihil loqueretur, et ancilla in aspectu eius horreret, monstrum idem possessionem Hugonis quae proxima erat adiens, ultra sepem illius praedicto modo respexit, deinde ad cimiterium de quo venerat rediens⁷). Post paucos vero dies infans Guntheri maior infirmatus, ait: Septimo die moriar; post alios septem dies morietur Dirina soror mea;

---

1) P astantem, D se stantem. — 2) coniiciebam eam. Sed similiter in Visionibus Angelae de Fulginio cap. 19. p. 42: „Affligor enim tam in corpore et anima ab eisdem." — 3) B non modo moriar. — 4) B octava. — 5) B manebant. — 6) B muliebris. — 7) BCF rediit.

deinde post hebdomadam morietur soror mea minor. Quod ita factum est. Post mortem vero infantum, mater et ancilla de qua supra dictum est, defunctae sunt. Eodem tempore obiit Hugo miles et filius eius. Horum testis fidelis est Gerlacus Subprior noster.

CAPITULUM LXIV.
Item de monstro quod Bonnae de uno sepulchro exivit et aliud intravit.

Simile contigit in ecclesia Bonnensi. Tempore quodam dictis vesperis, cum scholares in ipso crepusculo ludos exercerent in claustro, viderunt de uno sepulchrorum in quibus canonici solent sepeliri, speciem quandam humanae formae egredi, quae super aliqua sepulchra deambulans, in quoddam sepulchrum se demisit [1]). Post breve tempus mortuus est quidam canonicus, et in eodem tumulo, de quo fantasma illud egressum est, positus. Deinde post paucos dies alter canonicus in eadem ecclesia moritur, et in loco ubi ingressum fuerat sepelitur. Christianus Bonnensis, monachus noster, eidem visioni interfuit. Huiusmodi visionibus quandoque futura praesignantur. NOVICIUS: Secundum haec quae dicta sunt, beati quos Dominus invenerit vigilantes [2]). MONACHUS: Occasione huius verbi referam [3]) quod nuper audivi.

CAPITULUM LXV.
De monacho qui in Alna cadens exspiravit, dum legeretur Evangelium: Vigilate quia nescitis, et cetera.

Cum in Alna domo ordinis nostri Diaconus legisset Evangelium de Confessoribus, scilicet: *Vigilate quia nescitis qua hora Dominus vester venturus sit*[4]), verbis eisdem completis, quidam monachus in choro cecidit et exspiravit. Et timuerunt omnes, verborum Domini effectum considerantes. Unde fratres, quia nescimus qua hora Dominus noster venturus sit, vigilemus fide, vigilemus et opere, ut cum venerit, et per mortem pulsaverit, confestim et laeti aperiamus ei. Quod nobis praestare dignetur Dominus noster Jesus Christus, qui venturus est iudicare vivos et mortuos et saeculum per ignem. Amen.

---

1) BEF dimisit. — 2) Luc. 12, 37. — 3) CEF add tibi. — 4) Matth. 24, 42.

DISTINCTIO DUODECIMA
DE PRAEMIO MORTUORUM.

CAPITULUM I.

De poenis et gloria mortuorum.

SICUT hora undecima diem ad occasum trahit, ita duodecima eundem concludit. Bene autem in distinctione duodecima tractandum de praemiis mortuorum arbitror, quia die completo, laborantes in vinea remunerantur. Unicuique hominum dies suus est praesens vita; videat quomodo laboret in Ecclesia. Dies haec quibusdam brevior, quibusdam longior, quibusdam clarior, quibusdam obscurior efficitur. Dies haec aliis est hyemalis, his scilicet qui in infirmitate sunt et in angustiis; aliis aestivalis, eis videlicet qui in gloria vivunt et deliciis; aliis vero vernalis, qui in flore sunt iuventutis; nonnullis autumnalis, id est eis qui aetate maturi pondere defluunt senectutis. Duo sunt loca aeternaliter a Deo praeparata, in quibus labor diurnus remuneratur, coelum scilicet et infernus. In coelo merces est iustorum, in inferno merces reproborum. De illo, iudex in fine bonis dicturus est: *Venite benedicti Patris mei, percipite regnum quod vobis paratum est ab origine mundi.* De isto vero: *Ite maledicti in ignem aeternum, qui praeparatus*[1]*) est diabolo et angelis eius*[2]*).* Quanta sit merces iustorum, quam ineffabilis, quam admirabilis, quam inenarrabilis[3]), Isaias brevi sermone comprehendit dicens: *Oculus non vidit Deus absque te, quae praeparasti diligentibus te*[4]*).* De poenis inferni quae innumerabiles[5]) sunt, novem specialius notantur, quae sequenti versiculo comprehenduntur: Pix, nix, nox, vermis, flagra, vincula, pus, pudor, horror. Haec tormenta novem, fine modoque carent. Est adhuc tertius locus post hanc vitam quibusdam electis ad purgandum deputatus, et a re purgatorium vocitatus. Hic temporalis est, durans

---

1) ACEFP paratus. — 2) Matth. 25, 34. 41. — 3) AEP inenumerabilis, CF innumerabilis. — 4) Isai. 64, 4. — 5) ACEP inenumerabiles.

usque ad diem iudicii. Quanta vero sit futura gloria bonorum, sive poena malorum, quibus etiam suffragiis iuvari possint hi qui in poenis sunt purgatoriis, et si non plene quod prorsus est impossibile, ex his tamen quae sequuntur exemplis maiora poteris perpendere. NOVICIUS: Primum mihi ostendas tormenta reproborum, deinde poenas purgatorias bonorum, novissime gloriam et gaudium iustorum, ut sic nostra collatio cum laetitia finiatur. MONACHUS: Quanta sint tormenta tyrannorum, exactorum, usurariorum, adulterorum, superborum, sive aliorum qui graviter Deum offenderunt nec poenituerunt, secundum quod a religiosis didici personis, quibusdam tibi pandam exemplis.

CAPITULUM II.

De poena Lodewici Lantgravii.

Lodewicus Lantgravius maximus tyrannus fuit, de quo supra dictum est in distinctione prima capitulo tricesimo quarto. Hic cum moriturus esset, praecepit amicis suis dicens: Mox ut mortuus fuero, cucullam ordinis Cisterciensis mihi induite, et ne hoc fiat me vivente diligentissime cavete. Obedierunt illi; mortuus est et cucullatus. Quod ubi miles quidam vidit, commilitones yronice allocutus est dicens: Vere non est similis domino meo in omni virtute. Quando miles erat, non habuit parem in actibus militiae; factus vero monachus, omnibus factus est forma disciplinae. Videte quam diligenter custodit silentium suum. Nec unum quidem verbum loquitur. Anima vero eius cum educta fuisset de corpore, principi daemoniorum praesentata est, sicuti cuidam manifestissime revelatum est. Sedente eodem tartarico [1] super puteum, et scyphum manu [2] tenente, huiusmodi verbis Lantgravium salutavit: Beneveniat dilectus amicus noster; ostendite illi triclinia nostra, apothecas nostras, cellaria nostra, sicque eum reducite. Deducto misero ad loca poenarum, in quibus nihil aliud erat nisi planctus, fletus, et stridor dentium, et reducto, sic princeps principem affatur: Bibe amice de scypho meo. Illo [3] valde reluctante, cum nihil proficeret, imo coactus biberet, flamma sulphurea de oculis, auribus, na-

---

1) BE tartario. — 2) DE in manu. — 3) CF illo vero.

ribusque eius erupit. Post haec sic infit¹): Modo considerabis puteum meum, cuius profunditas sine fundo est. Amotoque operimento, eum in illum misit, et removit. Ecce iste est puteus in quo eum clericus vidit, sicut praedictum est in praefato capitulo.

CAPITULUM III.

De poena cuiusdam principis Alemanniae²).

Non est diu quod Hermannus Lantgravius filius praedicti Lodewici³) mortuus est. Post cuius obitum cum quidam sacerdos cui multa bona fecerat, die noctuque lacrimis et gemitu Deo pro illius anima supplicaret, nescio quis sanctorum ei in oratione assistens, ait: Quare tantum laboras pro homine hoc damnato? Nihil enim illi prodest, imo magis obest, eo quod anima eius in profundo inferni dimersa⁴) sit. Respondente sacerdote, domine multa bona fecit mihi, multum enim illi teneor; sanctus subiunxit: Cessa pro eo orare, quia anno integro antequam sepeliretur mortuus est, cuius corpus malignus spiritus loco animae vegetabat. Fuerat idem Hermannus tyrannus maximus, patri similis, de praedis, iniuriis, ceterisque similibus nil curans⁵). NOVICIUS: Non putabam corpus humanum sine anima posse comedere, bibere vel⁶) dormire. MONACHUS: Simile legitur in Vita sancti Patricii Hiberniensis Episcopi, de quodam homine qui aurigam eius occidit. In cuius corpore diabolus multis annis pro anima habitans, cum ad nutum sancti exisset, corpus corruit, et in pulverem redactum est. Item simile audivi a monacho nostro Gerardo quondam Bonnensi Scholastico.

CAPITULUM IV.

De clerico cuius corpus diabolus loco animae vegetabat.

Clericus quidam tam egregiam et tam dulcem vocem habebat, ut audire illam deliciae reputarentur. Die quadam

---

1) CDE inquit. — 2) sic CDEFP et corr A. Distinctionis huius, nec non et secundae, decimae undecimaeque tituli in codice B desiderantur. — 3) CDEFP et corr A quod alter quidam princeps Alemanniae. — 4) C demersa. Conf. VII, 38. p. 54. — 5) CDEFP et corr A fuerat idem princeps tyrannus maximus, vir magnanimus, modicum habens timoris Domini. — 6) B aut.

vir quidam religiosus superveniens, et cytharae illius dulcedinem aure percipiens, ait: Vox ista hominis non est, sed diaboli. Cunctis vero admirantibus daemonem adiuravit, et exivit, cadavere mox corruente ac foetente. Et intellexerunt omnes idem corpus a daemone diu fuisse ludificatum. NOVICIUS: Non dubito quin daemones valde in inferno [1]) illorum animas torqueant, quorum corpora in praesenti sic ludificant. MONACHUS: Verum dicis. Nunc revertamur ad tormenta tyrannorum, quia haec per occasionem dicta sunt.

CAPITULUM V.

De poena Wilhelmi Comitis Juliacensis.

In villa Enthenich quae in territorio Bonnensi sita est, miles quidam nobilis Walterus nomine habitans erat, tam domui nostrae quam ordini satis obsequiosus. Hic cum tempore quodam graviter infirmaretur solusque iaceret, diabolus illi ad pedes lectuli [2]) visibiliter apparuit. Erat autem, sicut ipse nobis retulit, facies eius ad instar symeae disposita, cornua habens caprina. In cuius aspectu cum primum terreretur, postea confortatus ait: Quis vel quid es, unde venis, vel quid quaeris? Respondit monstrum: Diabolus sum, animam tuam tollere veni. Dicente milite, recede leccator, certe animam meam non tolles, Christo me commendo; ille subiunxit: Waltere, si mihi consenseris, hominiumque [3]) feceris, non solum incolumitati te restituam, quin etiam super omnem tuam progeniem te ditabo. Respondit miles: Satis habeo, de divitiis tuis fallacibus non curo. Unde ergo [4]) tibi thesauri? Infra terminos, inquit, curiae tuae infiniti occultantur. Cum quo cum miles iam loqui delectaretur, ait: Dic mihi ubi est anima domini mei Wilhelmi Comitis Juliacensis nuper defuncti? Respondit diabolus: Nosti castra vicina Wolkinburg et Drachinfels? Novi, inquit. Et ille: Per fidem meam tibi dico, si ferrea essent tam castra quam eorum montana, et in illo loco [5]) mitterentur, ubi anima Wilhelmi est, antequam supercilium superius inferiori iungi posset, liquefierent. Quo dicto, mox cachinnando subiunxit: Ardor iste balneum lacteum ei est, in futuro quando corpus suum anima resumet, tunc

---

1) in inferno add B. — 2) B lecti. — 3) CF velleque meum. — 4) C igitur. — 5) D illum locum.

primum poenam debitam recipiet. Requisitus de anima Henrici Comitis Seynensis, respondit; Certe nos illam habemus. De poena tamen illius nihil expressit. Adiecit etiam interrogare illum de patre suo. Ad quod ille respondit: Viginti annis et uno illum habuimus; sed monocula illa, et calvus ille atque pediculosus qui in solario iacet, nobis eum abstulerunt. Monoculam vocavit uxorem eius, quae pro anima eius iugiter lacrimando, oculum unum perdiderat. Calvum dixit filium eius Theodericum monachum nostrum, qui ad videndum¹) germanum eodem tempore advenerat. Interrogatus vero de praedicta matrona, respondit: Vere nunquam potestati nostrae addicta est, eo quod mulier bona esset²) ac sancta. Fratrem autem tuum Lambertum, sic sellavimus, ut nostrum ius evadere non possit³). Qui ante paucos annos defunctus est, vir avarus et pecuniosus. Dicente iterum milite, dic mihi de quo loco venisti nunc ad me; respondit daemon: Ego et socii mei eramus in exequiis⁴) cuiusdam Abbatissae nigri ordinis, egressum animae eius praestolantes. Tunc miles: Quot eratis ibi? Respondit daemon: Nosti nemus in Cottinforst? Optime, inquit, novi. Et ille: Non sunt tot folia in arboribus, quot illic fuimus congregati. Non est tam grandis silva in provincia nostra⁵). Et quid, ait, obtinuistis ibi? Respondit: Heu nihil, femina fuit religiosa; sed et Mychael Archangelus superveniens cum fuste ferreo sic nos cecidit, et caedendo fugavit, ut dispergeremur quemadmodum pulvis qui a turbine impellitur. NOVICIUS: Si tot daemones congregati sunt in egressu unius animae, constat innumeros esse, quia per latitudinem mundi⁶) quotidie multi moriuntur. MONACHUS: Licet maligni spiritus ita sint in uno loco, quod non sint in alio, attamen tam agilis sunt naturae, ut in uno momento diversa transeant spatia terrarum. Vel dici potest quod cum fortiori numero insistant iustis morientibus, quam malis de quibus certi sunt. NOVICIUS: Placet quod dicis. MONACHUS: Requisitus etiam si esset⁷) in obitu domini Gevardi Abbatis nostri, tunc recenter mortui; respondit: Non est tantum arenae in littore maris, quot ibi fuimus. Sed modicum ibi obtinuimus, quia pediculosi illi more porcorum in

---

1) B visendum. — 2) B est. — 3) E posset. — 4) B obsequiis. — 5) B vestra. — 6) B orbis — 7) B fuisset.

humo iacendo grunnientes non sinebant propius nos¹) accedere. Habent praeterea domum quandam susurrii, Capitulum notans, in qua omnia nobis quae delinquunt subtrahuntur. Et dixit miles: Quomodo stultissime ausus fuisti ad obitum viri tam iusti venire? Ausus? inquit. Ego praesens fui ubi Dei filius exspiravit, sedens super brachium crucis. Hoc verbum a daemone prolatum et a laico recitatum, maxime mihi fidem fecit dictorum, eo quod in glossa legatur²) super Thobyam. Dicente Waltero, quae fuit portio vestra in Christi morte? respondit: Nulla. Malo nostro illic venimus, quia virtute morientis turbati et exagitati, detrusi sumus in infernum. Multa alia cum daemone quotiens solus erat conferebat, quae postquam convaluit, multis recitavit. Vis nunc audire qualis praedicti Comitis finis fuerit et poena? NOVICIUS: Etiam. MONACHUS: Infirmatus vero in castro suo Niethiecke³), pro quadam contumelia sibi illata venit Coloniam. Qui cum rediret, in via defectum cordis incurrit, et ait: Och nunquam de cetero videbo Coloniam. Cui⁴) in terram deposito, cum medicus diceret mortem esse in ianuis, subiecit: Consulo tibi ut uxorem tuam recipias. Respondente illo, non faciam; supplicavit ei pro quodam milite quem diu incarceraverat. Nequaquam, inquit, egredietur me vivente. Tunc medicus: Ergo ante diem crastinum egredietur. Quod ita factum est. Cum vero moriturus esset, in sinu cuiusdam adulterae⁵) quam viro proprio tulerat, iacebat. Cui cum illa diceret, domine quid faciam post mortem vestram? respondit: Juveni nubere debes militi. Haec ei verba ultima fuere. Eadem nocte, sicut mihi retulit Abbas quidam ordinis nostri, sanctimonialis quaedam sancti Mauritii in Colonia, in loca⁶) poenarum transposita est, in quibus puteum magni horroris, igneo tectum operculo, inter flammas vidit sulphureas. De quo cum suum ductorem adinterrogasset⁷), respondit ille: Duae tantum animae in illo sunt⁸), anima videlicet Maxentii Imperatoris, et anima Wilhelmi Comitis Juliacensis. Mane visum recitans, cum eadem die rumor insonuisset Coloniae de morte eiusdem Comitis, visionem fuisse veram intellexit.

---

1) BCEF nos propius. — 2) E legitur. — 3) DE Nydecke, B Niteke. — 4) B quo. — 5) CDEP et corr A matronae. — 6) ACEFP loco, D locum. — 7) BCF interrogasset. — 8) B tenentur.

NOVICIUS: Miror qua de causa sociatus fuerit Maxentio in poenis, tot annis interpositis, et tot tyrannis ante ipsum defunctis. MONACHUS: Propter consimilem culpam. Justum fuit ut qui pares erant in culpa, conformes fierent in poena. Utriusque vitam novi, Maxentii ex lectione, Wilhelmi ex multorum relatione. Uterque tyrannus, uterque supra modum luxuriosus. Sicut legitur in cronicis, nulla fuit in urbe Roma sive extra urbem matrona tam nobilis, tam pudica, dummodo oculis Maxentii placeret, quin de domo mariti sublatam corrumperet. Similia faciebat de virginibus et viduis. Viderunt ista viri et ingemuerunt, parentes et tacuerunt. Tanta erat illius crudelitas, ut cum nimio dolore cordis afficerentur, tristitiam tamen dissimularent. Tanta eius exstitit tyrannis[1]), ut passim senatores, cives, milites occideret, de quibus aliqua habebatur suspicio. Wilhelmus vero non his dissimilia operabatur, et si non pari potestate, non tamen impari voluntate. Sicut audivi, ita deditus erat luxuriae et incestui, ut vix aliquem[2]) haberet ministerialium, cuius uxorem aut filiam non violasset[3]), nullam habens differentiam inter matrem et filiam, inter legitimam et absolutam. Quantae fuerit circa subiectos sive comprovinciales crudelitatis, omnis novit Episcopatus Coloniensis. Maxentius uxorem propriam occidit; iste inclusit. Ille persecutus est Ecclesiam, multos pro fide occidendo; iste tempore schismatis imperii Romani persecutus est Sedi Apostolicae obedientes, sacerdotes de suis sedibus eiiciendo, quosdam mutilando, et bona ecclesiarum diripiendo. Haec acta sunt in[4]) temporibus Innocentii Papae. Anno praeterito canonicus quidam Aquensis retulit mihi de eodem Wilhelmo visionem satis terribilem. Post mortem inquit suam cuidam[5]) inclusae cui benefecerat, visibiliter apparens, vultu lurido ac macilento, ait: Ego sum miser ille Wilhelmus quandoque Comes Juliacensis. Quem dum illa interrogasset de statu suo, respondit: Totus ardeo. Et cum levasset vestem vilissimam qua indutus videbatur, mox flamma erupit; sicque cum eiulatu disparuit. Huic adhuc viventi Deus qui misericors est, ut eum a peccatis revocaret, aliquid gloriae suae ostendit. In die quadam Natalis sui[6]) in canone prioris mis-

---

1) E tyrannia, C tyrannidis. — 2) E add militem. — 3) CEFP et corr A non attentaret violare. — 4) in om BCF. — 5) B add religiosae. — 6) CF Domini.

sae voces suavissimas cum melodia dulcissima quasi in coelo eum audire permisit. Qui mox interrogans dominum Engilbertum, tunc maioris ecclesiae in Colonia Praepositum [1]), nunc Archiepiscopum, si voces easdem audiret, et ille se audivisse negaret, amplius mirabatur [2]). In canone vero secundae missae, nec non et tertiae, easdem voces quae diversae erant aetatis audivit. Cum haec recitata fuissent domino Hermanno Abbati Loci sanctae Mariae, Comitem adiit, ex ore eius quae dicta sunt audiens [3]). Invocavitque idem Comes testem Deum, nihil se mentiri, haec addens cum iuramento, quia si adhuc semel mihi talia concederentur audire, omnibus [4]) meis paratus essem abrenunciare. Modicum tamen coelestis haec consolatio illi profuit, peccatis eius maximis impedientibus. Puteus in quo [5]) missus est Comes iste, ad memoriam mihi revocat poenam cuiusdam mali sacerdotis.

CAPITULUM VI.

De poena sacerdotis cuius animam parochiani sui agitaverunt in puteum.

Erat in quadam villa sacerdos quidam miserrimus, luxuriae et comessationibus vacans, animasque sibi commissas omnino negligens. Qui cum mortuus fuisset, parochiani [6]) sub eo defuncti saxis comprehensis in locis infernalibus illum artare coeperunt, et dicere: Tibi commissi fuimus, tu nos neglexisti, et cum peccaremus, nec verbo neque exemplo nos revocasti. Tu occasio nostrae damnationis fuisti. Quem cum agitarent lapides post eum mittendo, ille in puteum cadens, nusquam [7]) comparuit. Haec cuidam religiosae de illo sunt ostensa.

CAPITULUM VII.

De poena sculteti de Kolmere qui missus est in Vulcanum.

Tempore quodam Suevis quibusdam peregrinationis gratia profectis Jerosolymam, cum in reditu navigarent iuxta montem Vulcanum, cuius perpetua sunt incendia, voces huiusmodi

---

1) B canonicum. — 2) B admirabatur. — 3) BCF audivit. — 4) CF add peccatis. — 5) B quem. — 6) D add sui. — 7) B nunquam.

de illo resonuerunt: Beneveniat, beneveniat amicus noster scultetus de Kolmere; frigus est, ignem ei copiosum praeparate. Illi personam cognoscentes, diem et horam notaverunt, et cum ad propria redissent, eundem scultetum die et hora eadem defunctum fuisse repererunt. Tunc accersientes eius uxorem, quid audierint[1]) indicaverunt. Quibus illa respondit: Si sic res se habent, dignum est ut illi succurram. Moxque omnibus relictis loca circuivit sanctorum, eleemosynis et orationibus pro anima illius Deo supplicando.

CAPITULUM VIII.

Item de sculteto de Leggenich qui in eundem montem missus est.

Alio tempore quidam Flammingi cum mare transirent, de eodem monte Vulcano vocem huiusmodi audierunt: Bonus amicus noster Sywardus hic[2]) venit, suscipite illum; qui cum multo stridore missus est in Vulcanum. Nam et ipse scultetus fuerat in Leggenich. Illi notantes tempus et nomen personae, reversi villam iam dictam intraverunt, et cum de sculteto requirerent[3]), eum eadem die et hora qua vocem audierunt in mari, obisse repererunt. Nam et ipse homo pessimus erat, sicut superior.

CAPITULUM IX.

Item de Brunone de Flitert qui in eundem Vulcanum proiectus est.

Simile est quod sequitur. Cum tempore quodam Conradus sacerdos de Rinkasle cum aliis provinciae nostrae peregrinis mare transiret, ante saepedictum Vulcanum, vox talis in eo audita est: Hic venit Bruno de Flitirt, suscipite illum. Quae vox cum ab omnibus fuisset audita, ait praedictus sacerdos confratribus: Testes estis vos omnes huius vocis; et statim notavit in tabella[4]) eis praesentibus diem et horam, dicens: Revera dominus Bruno mortuus est. Cum vero redirent a Jerosolyma, obvios habuerunt quosdam peregrinos provinciae suae. Quos cum adinterrogassent[5]) de statu

---

1) BCF audierunt. — 2) CD huc. — 3) C inquirerent. — 4) ACDEFP tabula. — 5) CDEF interrogassent.

praedicti Brunonis, acceperunt¹) ab eis quod mortuus esset. De tempore autem sciscitantes, diem eundem invenerunt, quo vocem praedictam in Vulcano audierunt. Conradus vero non multo post factus est monachus in Bergis²).

CAPITULUM X.

Item de poena Brunonis filii eius, cui in inferno propinatum est.

Idem Bruno nominis sui filium reliquit, quem plenius suis vitiis quam possessionibus hereditavit. Erat enim ipse sicut et pater, avarus valde, pauperum exactor, et supra modum luxuriosus. Ipse est Bruno de Flittere³), pincerna Comitis de Monte. Vix tres menses elapsi sunt quod mortuus est. In cuius obitu obsessa quaedam a daemone liberata, cum die quinta denuo vexaretur, dixerunt quidam ad diabolum: Dic nobis, ubi fuisti vel quare reversus es? Respondit ille: Vere maximum postea habuimus festum. Ad obitum Brunonis congregati fuimus, ad instar pulveris terrae. Cuius animam cum gaudio deducentes ad inferos, locavimus eam in sede debita, poculum infernalem⁴) ei propinantes.

CAPITULUM XI.

De Everhardo milite qui se erexit in feretro.

Eodem tempore mortuus est in eadem provincia alius miles Everhardus nomine, et ipse⁵) vir criminosus sicut superior. Media nocte diabolus corpus eius erigens in feretro, cunctis qui aderant terrorem incussit. Timentes amici eius ludificationem daemonum, corpus ligantes ante missam illud sepelierunt.

CAPITULUM XII.

De Decano Palernensi quem Rex Arcturus invitavit ad montem Gyber.

Eo tempore quo Henricus Imperator subiugavit sibi Syciliam, in Ecclesia Palernensi quidam erat Decanus, natione ut puto Theutonicus. Hic cum die quadam suum qui opti-

---

1) D perceperunt. — 2) in Veteri Monte. — 3) AEF Flitere, D Flitert, C Flitart. — 4) BP infernale. Homil. IV. p. 120: poculum amariorem. — 5) B add erat.

mus erat perdidisset palefredum¹), servum suum ad diversa loca misit ad investigandum illum. Cui homo senex occurrens, ait: Quo vadis, aut quid quaeris? Dicente illo, equum domini mei quaero; subiunxit homo: Ego novi ubi sit. Et ubi est? inquit. Respondit: In monte Gyber; ibi eum habet dominus meus Rex Arcturus. Idem mons flammas evomit sicut Vulcanus. Stupente servo ad verba illius, subiunxit: Dic domino tuo ut ad dies quatuordecim illuc²) veniat ad curiam eius sollemnem. Quod si ei dicere³) omiseris, graviter punieris. Reversus servus, quae audivit domino suo exposuit, cum timore tamen. Decanus ad curiam Arcturi se invitatum audiens et irridens, infirmatus die praefixo mortuus est. Haec Godescalcus canonicus Bonnensis nobis retulit, dicens se eodem tempore ibidem fuisse. NOVICIUS: Mirabilia sunt quae recitas. MONACHUS: Aliqua tibi adhuc de eodem monte dicturus sum.

CAPITULUM XIII.

De poena Bertolphi Ducis Ceringiae qui missus est in Vulcanum.

Circa hoc triennium homines quidam ambulantes iuxta eundem montem Gyber, vocem validam in haec verba audierunt: Praepara focum. Modico facto intervallo, idem clamatum est. Cumque tertio clamaret⁴), praepara focum magnum; respondit nescio quis: Cui praeparabo? Et ille: Dilectus amicus noster hic venit Dux Ceringiae, qui plurimum nobis servivit. Illi notantes diem et horam, per litteras audita Regi Frederico mandaverunt, interrogantes si aliquis in eius imperio mortuus fuisset Dux Ceringiae. Et compertum est, eadem die et hora Bertolphum Ducem Ceringiae fuisse defunctum. Erat autem idem Dux tyrannus immanis, tam nobilium quam ignobilium exhereditator, et fidei catholicae desertor. Qui cum non haberet prolem, instigante vitio avaritiae plurimam congregaverat pecuniam. Cum autem moriturus esset, rogavit sibi familiares ut omnes suos thesauros conflarent in massam. Requisitus de hoc, respondit: Ego novi quod cognati mei de morte mea gaudentes, sibi divident thesauros meos. Si autem

---

1) BC palefridum. — 2) B illic. — 3) E si dicere ei, CFP si dicere. — 4) BCF clamaretur.

in massam fuerint redacti, invicem se occident. Vides quanta invidia? Haec mihi a duobus Abbatibus relata sunt, ex quibus unus fuit de Ducatu Ceringiae, alter asseruit sibi eadem narrata a quodam Abbate qui litteras supradictas audivit cum legerentur coram Rege Frederico. NOVICIUS: Quid sentiendum est de his montibus, Vulcano scilicet, Aethna et monte Gyber? Cum animae in eos mittantur, estne ibi purgatorium sive infernus? MONACHUS: Os dicuntur esse inferni, quia nullus electorum sed reprobi tantum in eos mittuntur, sicut legitur in Dialogo de Theoderico Rege Gottorum [1]). Infernus putatur esse in corde terrae, ne mali lumen coeli videant. Referam tibi nunc aliqua exempla de poenis praedonum.

CAPITULUM XIV.

De poena Frederici militis de Kelle.

Civis quidam Andirnacensis Erkinbertus nomine, pater Johannis monachi nostri, cum die quadam ante lucem iret ad quoddam placitum, quidam ei occurrit in dextrario nigerrimo, de cuius naribus fumus et flamma procedebat[2]). Nunc viam tritam tenebat, nunc exorbitans in campum discurrebat. Haec videns Erkinbertus, primum valde territus est, et quia declinare non poterat, se ipsum confortans, cruce se signavit contra diabolum, dexteram armans gladio contra hominem. Ignorabat enim quid esset. Cui cum propinquasset[3]), cognovit eum quendam fuisse militem nominatum nuper defunctum, Fredericum nomine, de villa Kelle oriundum. Videbatur enim circumamictus pellibus ovinis, molem terrae gestans in humeris. Ad quem Erkinbertus: Estis vos dominus Fredericus? Respondente illo, ego sum; subiecit: Unde venitis, vel quid significant ista quae video? Ego, inquit, in maximis poenis sum; pelles istas cuidam viduae tuli[4]), quas nunc ardentes sentio. Similiter partem cuiusdam agri mihi iniuste vendicavi, cuius pondere modo premor. Si filii mei ista restituerint, multum poenam meam alleviabunt[5]). Sicque ab oculis eius evanuit. Qui cum recitasset die altera verba patris filiis, maluerunt illum aeternaliter in poenis manere, quam dimissa

---

1) Gregor. Dial. IV, 30. — 2) BDEF procedebant. — 3) B appropinquasset. — 4) E abstuli. — 5) D restituerent — alleviarent.

restituere. NOVICIUS: Similia te recordor dixisse in distinctione secunda capitulo septimo de Helia de Riningen. MONACHUS: Ecce aliud exemplum.

CAPITULUM XV.
De Henrico Nodo qui post mortem multis visibiliter apparuit.

In Treverensi Episcopatu, in quo et superior visio facta est, alter quidam miles erat, Henricus nomine, cognomento Nodus. Nam et ipse malitiosus valde erat [1], rapinas, adulteria, incestus, periuria, hisque similia, virtutes iudicans. Hic cum mortuus fuisset in provincia [2] Menevelt, in pellicio ovino quo uti solebat vivus, multis apparuit, domum filiae maxime frequentans. Non crucis signo, non gladio poterat fugari. Gladio saepe caedebatur, sed non poterat vulnerari; talem ex se sonum emittens, ac si mollis lectus percuteretur. Cuius amici cum super hoc consulerent dominum Episcopum Treverensem Johannem, dedit consilium ut aqua clavo Dominico superfusa, domus et filia nec non et ipse si adesset aspergerentur. Quod cum factum fuisset, de cetero non comparuit. Eandem filiam genuerat de ancilla sua, cum tamen haberet legitimam; quam cum fuisset adulta, miser corrupit. Non est diu ex quo ista contigerunt. NOVICIUS: Quid sentiendum est de his qui in bellis sive [3] tornamentis moriuntur? MONACHUS: Si iusta sunt bella, ut est defensio patriae, nihil eis oberit qui defendendo se moriuntur. Quantum autem delectentur daemones in mortibus illorum qui innocentes impetunt, subsequens declarat exemplum.

CAPITULUM XVI.
De tornamento occisorum iuxta Montenake.

Sequenti nocte quando exercitus Ducis Lovaniae a Leodiensibus occisus est, servus quidam Comitis Losensis iuxta Montenake, locum scilicet occisionis transiens, circa noctis principium, maximum ibi vidit tornamentum daemoniorum. Neque immundis spiritibus aestimo tantam fuisse exultationem,

---

1) erat add E. — 2) B in villa provincia. — 3) BCF sive in.

si non magnam illic cepissent praedam. De his vero qui in tornamentis cadunt, nulla quaestio est quin vadant ad inferos, si non fuerint adiuti beneficio contritionis.

CAPITULUM XVII.
De Waltero de Milene.

Sacerdos quidam de Hesbania¹) anno praesenti prope castrum Comitis Losensis dum in crepusculo noctis transiret de villa in villam, vidit in campo vicino maximum tornamentum mortuorum, valide clamantium, domine Waltere de Milene, domine Waltere de Milene. Erat idem Walterus in militia nominatus, nuperque²) defunctus. Intelligens sacerdos illos esse qui militum nundinas execrabiles repraesentabant³), subsistens, circulum circa se fecit. Cumque visio cessaret, et ipse procederet, iterum illos videns, fecit ut prius, sic usque ad lucem laborans. Hae duae visiones mihi relatae sunt a Wigero monacho Vilariensi. Referam tibi nunc exemplum de poena usurariorum.

CAPITULUM XVIII.
De milite mortuo qui nocte serpentes et bufones loco piscium ante portam filii suspendit.

Miles quidam moriens bonis de usura conquisitis filium suum hereditavit. Nocte quadam ad ostium fortiter pulsans, cum puer occurreret, et quid ibi pulsaret interrogaret, respondit: Intromitte⁴) me, ego sum dominus huius possessionis, nomen suum exprimens. Puer per foramen sepis prospiciens, eumque cognoscens, respondit: Certe dominus meus mortuus est, non vos intromittam. Cumque mortuus pulsando perseveraret nec proficeret, novissime dixit: Defer pisces istos quibus ego vescor filio meo; ecce ad portam illos suspendo. Mane exeuntes, repererunt in quodam ligamine multitudinem bufonum atque serpentum⁵). Revera iste est cibus infernalis, qui igne sulphureo decoquitur. NOVICIUS: Quid sentis de his qui male vivunt, et tamen elecmosynas multas faciunt? MONACHUS: Nihil eis prodest ad vitam aeternam.

1) BEP Hispania. Hesbania, sive ut habent CF, Hasbania, fuit Comitia in territorio Leodiensi. — 2) que om BCDF. — 3) B qui militi — praesentabant. — 4) BD intromittite. — 5) E serpentium.

CAPITULUM XIX.*)

De Bauvaro qui post mortem uxori apparens, dixit sibi eleemosynas nihil profuisse.

Non multi anni sunt elapsi quod quidam ditissimus ministerialis Ducis Bauwariae defunctus est. Nocte quadam castrum in quo uxor eius dormiebat, sic concussum est, ut terraemotus fuisse videretur. Et ecce ostio camerae in qua illa iacebat aperto, quodam gigante nigerrimo eum scapulis impellente, maritus eius ingressus est. Quem cum vidisset et novisset, ad se illum vocans, super sedile lecti sui residere fecit. Nihil vero territa, eo quod frigus esset, et illa sola camisia induta fuisset, partem operimenti sui scapulis eius superposuit. Quem cum de statu suo interrogasset, tristis respondit: Poenis aeternis deputatus sum. Ad quod verbum illa territa nimis, respondit: Quid est quod dicitis? Nonne eleemosynas magnas fecistis? Ostium vestrum peregrinis omnibus patuit[1]; non prosunt vobis beneficia ista? Respondit ille: Nihil mihi prosunt ad vitam aeternam, eo quod ex vana gloria non ex caritate a me facta sint. Quem cum de aliis interrogare vellet, iterum respondit: Concessum est mihi tibi apparere, sed non licet hic morari. Ecce ductor meus diabolus foris stat exspectans me. Si enim omnia folia arborum verterentur in linguas, tormenta mea exprimere non possent. Post haec evocatus et impulsus, in eius abcessu totum castrum ut prius concutitur, voces eiulatus eius diutius audiuntur. Visio haec valde celebris fuit et est in Bauwaria, sicut testis erat Gerardus monachus noster, quandoque canonicus Ratisbonensis, qui nobis illam recitavit. Ecce in his omnibus quae dicta sunt impleta est scriptura quae dicit: *Potentes potenter tormenta patientur*[2]. NOVICIUS: Haec et huiusmodi exempla potentibus deberent praedicari. MONACHUS: Quia ipsi sacerdotes ex magna parte male et incontinenter vivunt, potentes non pungunt sed ungunt. Quam grave sit peccatum luxuria sacerdotum, subsequens probat exemplum.

---

*) Homil. III. p. 78. — 1) Job 31, 32. — 2) Sapient. 6, 7.

CAPITULUM XX.*)

De poena concubinae cuiusdam sacerdotis quam diabolus venabatur.

Concubina cuiusdam sacerdotis cum esset moritura, sicut a quodam religioso didici, cum multa instantia calcios sibi novos et bene taccunatos¹) fieri petivit, dicens: Sepelite me in eis, valde enim mihi erunt²) necessarii. Quod cum factum fuisset, nocte sequenti longe ante lucem, luna splendente, miles quidam cum servo suo per viam equitans, femineos eiulatus audivit. Mirantibus illis quidnam hoc esset; ecce mulier rapidissimo cursu ad eos properans, clamavit: Adiuvate me, adiuvate me. Mox miles de equo descendens, et gladio circulum sibi circumducens, feminam bene³) notam infra illum recepit. Sola enim camisia et calciis praedictis induta erat. Et ecce ex remoto vox quasi venatoris terribiliter buccinantis, nec non et latratus canum venaticorum praecedentium audiuntur. Quibus auditis illa dum nimis tremeret, miles cognitis ab ea causis, equum servo committens, tricas capillorum eius brachio suo sinistro circumligavit, dextera gladium tenens extentum. Approximante⁴) infernali illo venatore, ait mulier militi: Sine me currere, sine me currere; ecce appropinquat. Illo fortius eam retinente⁵), misera diversis conatibus militem pulsans, tandem ruptis capillis effugit. Quam diabolus insecutus cepit, equo suo eam iniiciens, ita ut caput cum brachiis penderet ex uno latere, et crura ex altero. Post paululum militi sic obvians, captam praedam deportavit. Qui mane ad villam rediens, quid viderit exposuit, capillos ostendit; et cum minus referenti crederent, aperto sepulchro feminam capillos suos perdidisse repererunt. Haec contigerunt in Archiepiscopatu⁶) Maguntinensi. NOVICIUS: Si sic Deus punit peccatum fornicationis in concubinis, puto quod multo durius illud puniat in sacerdotibus qui illas peccare faciunt. MONACHUS: Verum dicis. Praeterea peccatum multum aggravant ordo et scientia. In eodem genere peccati plus peccat sacerdos quam laicus, plus monachus quam saecularis. Idem intelligas in sexu femineo.

*) Homil. II. p. 57. — 1) consutos. CF tacconatos, B taccinatos, ADE taccimatos. — 2) AP erunt mihi. — 3) C bene sibi, E sibi bene. — 4) CF appropinquante. — 5) BCF tenente. — 6) CF Episcopatu.

CAPITULUM XXI.

De sanctimoniali quae infantem a se occisum ignitum circumferebat.

Sanctimonialis quaedam de quodam monasterio nobis vicino quod nominare nolo, cum tempore quodam concepisset, ne proderetur eius stuprum, partum intra se necavit. Postea infirmata gravissime, ob nimiam verecundiam, confessis omnibus peccatis aliis, stuprum et parricidium tacuit; sicque exspiravit. Pro cuius anima cum quaedam eius cognata plurimum laboraret, defuncta ei in oratione visibiliter apparens, infantem igneum in manibus gestavit, dicens: Infantem hunc concepi et parturivi, animatum interfeci: unde illum indesinenter in tormentis circumfero, et est mihi ignis ardens et devorans. Quod si de hoc maximo peccato moriens confessionem fecissem, gratiam invenissem. Ex quo colligitur quod peccata quae hic detecta[1] non fuerint per confessionem, in futuro per poenalem detegantur confusionem. NOVICIUS: Quando anima egreditur de corpore, novit statim quid de se sit futurum? MONACHUS: Hoc videtur probari scriptura dicente in persona reproborum: *Deducunt[2] in bonis dies suos, et in puncto descendunt ad infernum[3]*. Ex quo probatur quod electorum animae qui[4] agilioris sunt naturae, mox sint ante Deum. Quod si aliquid in eis purgandum est, simili velocitate deducuntur in purgatorium, in quo salvationis certitudo est. NOVICIUS: Huic diversae visiones contradicere videntur, in quibus legitur quod opera bona nec non et mala in statera posita ponderentur[5]. His etiam consentire videtur quaedam visio in Dialogo sancti Gregorii, quam ipse minime diffinit, de quodam qui in ponte positus, manibus ab angelis trahebatur sursum, propter opera misericordiae; coxis vero et cruribus deorsum, propter opus luxuriae. Quibus tamen victoria cesserit, dicit videntem ignorasse[6]. MONACHUS: Licet auctoritas scripturarum praeferenda sit huiusmodi visionibus, referam tamen quod nuper audivi.

---

1) ABP tecta. — 2) CF ducunt. Homil. IV. p. 164: quia sicut scriptum est, in bonis deducunt nunc dies suos, et post mortem in puncto descendent in infernum." — 3) Job 21, 13. — 4) F quae. — 5) E ponderantur. — 6) Gregor. Dial. IV, 36.

CAPITULUM XXII.

De Jordano Cardinali[1]).

Ante paucos annos Romae quidam Cardinalis defunctus est, nomine Jordanus. De ordine quidem Cisterciensi assumptus fuerat, sed vita ordini in eo minime concordabat. Erat enim avarus valde, sicut a quodam Abbate audivi. Habebat autem notarium nomine Pandolphum. Hunc cum pro quodam negotio nescio quo misisset, interim exspiravit. Eadem hora cum ille expleto negotio rediret, mane ante lucem catervam miserabilem in agro contemplatus est. Sedebant homines in iumentis, in ore caudas habentes, versis dorsis ad capita illorum. Quos Jordanus cuculla indutus, nudis pedibus sequebatur, duobus daemonibus se ducentibus. In quorum aspectu dum notarius nimis horreret, clamavit Cardinalis: Pandolphe, Pandolphe, Pandolphe[2]). Subsistente clerico et dicente, quis es, aut quid clamas? respondit ille: Ego sum Jordanus dominus tuus, et mortuus sum. Dicente illo, quo ducimini? respondit: Ante tribunal Christi. Et ille: Nostis quid de vobis sit futurum? Non novi, inquit, Deus scit. Sed cum illuc venero, beatus Petrus de Cardinalia mea pro me redditurus est rationem, sanctus vero Benedictus de cuculla. Quod si illam mihi obtinere potuerit[3]), salvabor; sin autem, damnabor. Sicque oculis eius subtractus est. NOVICIUS: Non mihi placet in illo ducatu praesentia daemonum, et absentia sanctorum angelorum. MONACHUS: Haec dicta sint de poenis reproborum. NOVICIUS: Licet huiusmodi visiones saepe sint verae, magis tamen ei crederem qui revertens ab inferis visa recitaret. MONACHUS: Hoc fieri posse Job contradicit. *Sicut, inquit, consumitur nubes et pertransit, sic qui descendit[4]) ad inferos, non ascendet, nec revertetur ultra in domum suam, neque cognoscet eum amplius locus eius[5]).* Referam tibi tamen quod ante biennium audivi.

CAPITULUM XXIII.*)

De Everwaco ad infernales poenas deducto.

Theodericus Traiectensis Episcopus de castro Nureberg oriundus, servum quendam habebat Everwach nomine, provi-

---

1) AEF Cardinale. — 2) Pandolphe add ABCF. — 3) ABFP poterit. — 4) R descenderit. — 5) Job 7, 9—10. — *) Homil. III. p. 66.

dum satis, qui in diversis locis bona illius dispensavit. Erat enim in commisso fidelis, in administratione utilis, diligens ac circumspectus. Propter quod a domino suo amabatur. Unde quidam ex officialibus ei detrahentes, ex invidia accusabant illum apud Episcopum dicentes: Domine, non fideliter ut aestimatis Everwach bona vestra dispensat; consulimus ut cum eo computetis. Quod cum factum fuisset, tam rationabiliter computavit, ut omnem Episcopo tolleret suspicionem. Habebat enim omnia notata in cartula. Sciscitantibus accusatoribus de computatione, cum Episcopus respondisset, optime computavit; dixerunt illi: Nequaquam; sed computet nobis audientibus, et convincetur maximum vobis damnum intulisse. Quod cum ei intimatum fuisset ab Episcopo, ille timens aemulorum insidias, maxime quia cartulam perdiderat, ait intra se: Si aliquid modo in computatione titubavero, necesse erit me vel in corpore torqueri, vel carceris squalore usque ad mortem cruciari. Immissione igitur diaboli cuius instinctu ab invidis indebite vexabatur, campum solus intravit, ipsumque diabolum advocans, sic affatur dicens: Domine, si mihi succurreris in tanta necessitate posito, hominium tibi faciam, et in omnibus parebo. Cui diabolus respondit: Si abrenunciaveris Altissimo, matrique illius, te suscipiam, et de omnibus periculis cum multa tuorum confusione aemulorum a me liberaberis. Quid plura? Abrenunciat miser Christo, hominium facit diabolo, prospere succedit computatio. Ab illo tempore coepit diaboli virtutes magnificare, Christum blasphemare, adeo ut diceret: Qui serviunt Deo, miseri sunt et egent; qui autem sperant in diabolo, prosperis successibus gaudent. Et sicut mihi retulit Bernardus monachus noster, qui eum tunc temporis novit, ita totus deditus erat artibus magicis, ut si aliquem nosset scholarem eiusdem disciplinae, nummis eum redimeret, ut aliquid ab illo discere posset. Qui cum undecim annis in hac blasphemia perseverasset, accidit ut magister Oliverus Scholasticus Coloniensis in Episcopatu Traiectensi crucem praedicaret. Cuius praedicationi ille in tantum restitit, ut die quadam commotus Oliverus diceret ei in audientia totius populi: Tace infelix. Vas enim diaboli es, et diabolus loquitur per os tuum; cum tamen statum eius ignoraret. Everwach nullum arbitrans gratius obsequium se posse praestare domino suo, quam ut inimicum eius occideret, tribus diebus ad diversas stationes secutus est magistrum, longo ad hoc cultello praeparato, transfodere illum proponens, si forte sine turbis inveniretur. Et ecce tertia die subita infirmitate praeoccupatus, post paucos dies impoenitens defunctus est, et ab eo cui se reddiderat, ad loca poenarum deductus est. Primo loco, sicut ipse resurgens a mortuis confessus est Johanni Scholastico Xantensi, a quo ego quae dicturus sum audivi, missus est in ignem tam intolerabilis ardoris, ut diceret, si ex omnibus mundi lignis unus ignis esset confectus, mallem in eo usque ad diem iudicii ardere, quam per spatium unius horae illum sustinere. Ex quo extractus, iactatus est in locum tam frigidissimum, ut optaret redire in ignem. Deinde deductus est in tenebras palpabiles, tantique horroris, ut diceret intra se: Si servivisses centum annis Deo, bene te remunerasset, dummodo liceret tibi redire ad frigus. In hunc modum sex reliquas poenas quas scriptura enumerat pertransivit. Quo in extrema poena posito, Dominus opera eius priora considerans, et ut passa vel visa viventibus recitaret, misertus illius, angelum suum misit ad eum, qui diceret: Ecce talem mercedem recipiunt[1], qui serviunt diabolo. Subiunxitque: Si tibi liceret redire ad vitam, velles pro peccatis tuis satisfacere Deo? Ad quod verbum ille suspirans respondit[2]: Domine, si hoc esset possibile, nullam abnuerem satisfactionem. Tunc angelus: Domino placet ut ad corpus redeas; et quia in cruce[3] peccasti, per crucem satisfacias[4]. Mox se in feretro erigens, omnes exceptis duobus iuvenibus qui constantiores erant in fugam convertit. Quibus et ait: Ne timeatis, quia ego sum. Statimque sacerdotem accersiens, peccata sua confessus est; crucem suscepit, et cum domino Ottone Episcopo praedicti Theoderici successore transfretavit. In via singulis diebus in pane et aqua ieiunavit; iuxta equum suum in quo vestes eius et arma portabantur, nudis pedibus cucurrit. Et cum petris secantibus sanguis profluens[5] viam cruentaret, satis a confratribus arguebatur. Quibus respondit: Maiora horum sustinui. Qui cum pene omnia sua in Christi servitio expendisset, cum praedicto Episcopo et magistro Johanne rediens mare transivit. De quo cum nauta nau-

---

1) B recipient. — 2) BD suspirans ait, CF respirans respondit. — 3) CF crucem. — 4) DF satisfacies. — 5) BP perfluens.

lum requireret nec haberet, ait: Ego vobis¹) serviam quoadusque²) volueritis. Ad petitionem tamen praedictorum virorum dimissus est a nauclero. Qui cum reversus fuisset ad uxorem suam, sacro igne tactus est. Cui ardenti quadam nocte in somnis dictum est, quia si ad ecclesiam sancti Nycholai accederet, statim convalesceret. Ubi dum orans quatuordecim orationes dixisset nec convaluisset, desperatus ait: Sancte Nycholae quid moraris? Mox³) ut quintam decimam orationem incepit, perfecte convaluit; et est usque hodie color ignis in eius corpore sine dolore. Quam ecclesiam quae in villa Stalum⁴) sita est, de suo patrimonio reaedificans, in habitu religioso cum uxore sua Deo et sancto Nycholao in ea deservit. NOVICIUS: Vellem scire perfecte utrum iste revocatus sit de inferno sive de purgatorio. MONACHUS: Satis inde disputatum est. Quod non fuerit in purgatorio, ex hoc probatur, quod⁵) locus electorum sit, in quem nullus ingreditur, nisi in caritate decesserit. Si obiicitur illud: In inferno nulla est redemptio, potest dici, de illis intelligendum esse, qui non sunt reversuri ad corpus, quibus nulla ad redemptionem prosunt beneficia. Una est lex omnium contrariorum. Si Deus quorundam animas, sicut legitur in Dialogo, quandoque revocat ad corpus de gaudiis paradisi, quare non a simili malorum animas de poenis inferni? Sicut dictum est in distinctione prima capitulo tricesimo quarto, clericus quidam custodiente se diabolo corporaliter ad poenas infernales est deductus, et incolumis reductus. NOVICIUS: Placet quod dicis. MONACHUS: Nunc de poenis purgatoriis⁶) aliqua tibi proferam exempla, ab acrioribus ascendens ad mitiores, causas purgatorii utiles satis subnectendo.

CAPITULUM XXIV.

De purgatorio cuiusdam usurarii Leodiensis.

Usurarius quidam nostris temporibus apud Leodium defunctus est, et ab Episcopo de cimiterio eiectus. Uxor vero illius Sedem Apostolicam adiens, cum pro cimiterio supplicaret, et Papa non annueret, in hunc modum pro eo allegavit: Audivi domine quod vir et mulier unum sint, et quod Apo-

---

1) C. ego vobiscum ibo et. — 2) E quousque. — 3) B mox vero. — 4) Stalum om CDF; P habet quadam, E et corr A sancti Nycholai. — 5) B eo quod. — 6) BFP purgatorii.

stolus dicat, virum infidelem posse salvari per mulierem fidelem [1]). Unde quicquid minus factum est a viro meo, ego quae pars corporis eius sum, libentissime supplebo; parata enim sum pro illo includi, et Deo pro eius satisfacere peccatis. Supplicantibus vero pro ea Cardinalibus, ad mandatum domini Papae cimiterio restituitur. Juxta cuius sepulchrum illa domicilium fieri fecit, in quo se includens, eleemosynis, ieiuniis, orationibus, et vigiliis, die noctuque Deum pro illius anima placare studuit. Septem vero annis expletis, ille ei apparens in veste pulla, gratias egit dicens: Reddat tibi Dominus, quia propter tuos labores erutus sum de profundo inferni, et de poenis maximis. Quod si adhuc aliis septem annis similia beneficia mihi impenderis, omnino liberabor. Quod cum illa fecisset, iterum ei in veste alba et facie iocunda apparens, ait: Gratias Deo et tibi, quia hodie liberatus sum. NOVICIUS: Quomodo dixit se liberatum de profundo inferni, cum nulla in eo sit redemptio? MONACHUS: Profundum inferni, acredinem vocat purgatorii. Simile est illud quod Ecclesia orat pro defunctis: *Domine Jesu Christe Rex gloriae libera animas omnium fidelium defunctorum de manu inferni et de profundo laci,* et cetera. Non orat pro damnatis, sed pro salvandis; et accipitur ibi manus inferni, profundum laci sive os leonis, pro acredine purgatorii. Nequaquam praedictus usurarius fuisset a poenis liberatus, si non habuisset finalem contritionem. Quantum vero vitium avaritiae Deus in suis electis in purgatorio puniat, sequens sermo declarat [2]).

CAPITULUM XXV.

De purgatorio cuiusdam Prioris de Claravalle.

In monasterio Claraevallis Prior quidam mortuus est nostris temporibus, vir admodum religiosus, et amator disciplinae praecipuus. Hic post mortem ancillae Dei Aczelinae in oratione visibiliter apparens, forma et habitu statum suum satis ostendit. Erat enim facies eius pallida ac macilenta, cuculla tenuis et attrita. Quem cum interrogasset quomodo haberet, respondit: In magnis poenis hactenus fui; sed gratia cuiusdam fratris qui mihi plurimum astitit, in proxima sollemnitate

---

1) Cor. I, 7, 14. — 2) B declarabit.

Dominae nostrae liberabor. Stupente illa ac dicente, nos putavimus vos esse virum¹) valde sanctum; respondit: Nihil aliud Deus in me punivit, nisi quia nimis fui sollicitus ampliare possessiones monasterii, sub specie virtutis vitio avaritiae deceptus. Haec dicta sint de poena avaritiae; audi aliquid de poena luxuriae.

CAPITULUM XXVI.
De purgatorio cuiusdam Mariae in Frisia.

Ante hoc triennium cum dominus Henricus Abbas noster visitasset in Clarocampo tempore quadragesimali, etiam sorores in Nazareth visitavit. Eadem nocte dictis matutinis, cum se paululum reclinasset, huiusmodi visionem vidit. Videbatur sibi esse in quodam loco parietibus clauso, in quo quidem gravissima suspiria et gemitus audivit; sed cum diligentius circumspexisset, neminem ibidem²) videre potuit. Cumque audita suspiria durarent³), causam admirans, sic ait: Adiuro te per Dominum nostrum Jesum Christum⁴), ut quid tu sis edicas mihi. Cuius cum nullum audisset⁵) responsum, adiurationem iteravit. Tunc quasi aliquid accedere propius sentiens, nil tamen videns, huiusmodi audivit responsum: Ego sum una misera anima. Et⁶) ille: Satis misere gemis, cum tamen ignorem quae sit causa tuae miseriae. Respondit illa: In acerbissimis sum poenis. Ad quod Abbas: Quae est causa poenarum tuarum? Quia⁷) non servavi⁸) castitatem meam. Et ille: Fuisti mas⁹) an femina? Respondit: Femina. Et quod, inquit, tibi nomen? Dicente illa, Maria, mox subiunxit: Poterisne iuvari? Ad quod illa non respondit; sed ad preces conversa sic ait: Rogo vos per omnipotentem Deum ut dicatis mihi ad minus psalterium unum, et insuper aliquot missas. Cuius precibus cum libens annuisset dominus Abbas, protinus subiecit¹⁰): Possemne videre te? Et ecce hoc sermone completo, vidit coram se stare pulchram iuvenculam, tonsuratam more claustralium, in subnigra tunica. Quam cum plura interrogare vellet tam de statu eius quam de statu aliarum quarundam animarum, excitatus est. Dicta vero

---

1) B vos virum fuisse. — 2) BCEF ibi. — 3) B diu durarent. 4) Christum om AP. — 5) CF haberet. — 6) B tunc. — 7) D Cui illa: Quia. — 8) B add inquit. — 9) D masculus. — 10) CF subiunxit.

prima, quid viderit Abbati Claricampi et quibusdam monachis eius, nec non et mihi qui tunc praesens eram retulit; nec erat qui visum intelligeret, vel interpretari posset. Recitata est visio sororibus de Nazareth; sed non est inventa ibi Maria. Sciens vero saepedictus Abbas tam manifestam visionem sibi sine causa minime ostensam, cum venisset in Syon quae etiam domus est sanctimonialium ordinis nostri sicut et Nazareth, post verba exhortationis somnium¹) retulit, Mariam suam investigans. Et ecce una sanctimonialium matertera eiusdem Mariae haec²) audiens et admirans, secretius Abbati locuta est dicens: Domine, Maria haec filia sororis meae fuit, sanctimonialis in quodam claustro Frisiae nigri ordinis, quod Bredehorn vocatur, et est ante octo annos defuncta. Quae cum fuisset in quadam grangia monasterii, quidam clericus eam corrupit et impraegnavit. Cum vero in partu periclitaretur, vocans patrem et matrem et duas sorores³) maritatas, nec non et filiam materterae suae de Syon, confessa est eis peccatum suum, cum gemitu cordis; sicque exspiravit. Illi vero de animae eius salute desperantes, nihil ei beneficii impenderunt. Audiens haec dominus Abbas, gratias egit Deo, qui non tradit bestiis animam confitentem sibi, et animam pauperis sui non est oblitus in finem⁴), sciens in ea completum: *In quacunque hora peccator ingemuerit, salvus erit.* Cuius hortatu parentes spe concepta, coeperunt ei beneficia impendere; sed et ipse Abbas tam in monasteriis Frisiae quam in religiosis domibus provinciae nostrae missas et orationes atque psalteria plurima ei obtinuit, exceptis his quae ipse ei specialiter impendit.

CAPITULUM XXVII.

De purgatorio cuiusdam matronae propter artes magicas.

Miles quidam veniens ad sororem Bertradam⁵) inclusam de Volmuntsteine, sicut ab eius ore audivit Daniel Abbas Sconaviae qui nobis audita recitavit, pro anima uxoris suae nuper defunctae illi supplicavit. Cui oranti illa apparens, in poenis magnis se esse conquesta est. Quae dum causam requireret poenarum, eo quod pro honesta et bona muliere haberetur,

---

1) B somnum, D visionem. — 2) BCF hoc. — 3) B add suas. — 4) Psal. 73, 19. — 5) CF Bertradem.

respondit illa: Pro arte magica. Timui enim ne [1]) cum aliis mulieribus peccaret, si me odiret, et ego illi causa essem adulteriorum. Unde quibusdam artibus sicut edocta fueram, ad amorem meum illum inflammavi. Et quia in causa non erat libido sed pia intentio, bene potero iuvari. Haec cum relata fuissent militi, uxori valde condolens, orationibus, ieiuniis et eleemosynis illi succurrere studuit, animam eius quibuscunque poterat commendans. NOVICIUS: Terribile est quod Deus iudicio nostro tam minima tam graviter punit. MONACHUS: De hoc referam [2]) exemplum.

CAPITULUM XXVIII.

De monacho qui socio post mortem apparens dixit: Non putabam Dominum ita esse districtum.

Monachus quidam ordinis nostri nuper cuidam post mortem apparens, requisitus de statu suo, sic respondit: Nunquam putassem Dominum fuisse tam districtum. Nam minima quae hic non fuerint per satisfactionem deleta, observat. Deinde subiunxit et hoc. Deus, inquit, ignoscat praelatis nostris, quia magnis et multis saepe nos subiiciunt poenis. Valde illorum praecepta ligant. Quando enim indiscrete aliquid praecipiunt, et subditi hoc minus attendunt, vel parvipendunt, futuro iudicio reservatur. NOVICIUS: Quid dicis de monachis pertinacibus? MONACHUS: Pertinacia vitium est poena dignum, etiam si fuerit in bono [3]) contra praecepta praelatorum.

CAPITULUM XXIX.

De scholastico qui post mortem in Pruli tabulam percussit et scidit.

In regno Franciae domus est quae Pruli [4]) dicitur, ordinis Cisterciensis. In hac recenter contigit res satis mirabilis, sicut retulerunt nobis Abbates nostri anno praeterito revertentes de generali Capitulo. Nam quidam ab Abbate in quo visio facta est se audivisse [5]) testati sunt. Adolescens quidam in eadem domo factus est novicius, quem magister suus mox

---

1) D ne maritus meus, E ne vir meus. — 2) CF tibi referam. — 3) EP fuerit bona. — 4) Prulliacum, Preuilly, abbatia Dioecesis Senonensis, fundata a Theobaldo Comite Campaniae. — 5) ACEF audisse.

secutus est. Qui cum factus fuisset monachus, ita districte se habuit, ita singularis fuit, ut ei Abbas timeret, et pro indiscreto fervore saepius argueret. Ille vero salutaribus monitis non acquiescens, in pertinacia sua perseveravit, sicque post aliquot annos defunctus est. Nocte quadam cum Abbas quarta feria ad laudes in stallo suo staret, et contra presbyterium respiceret, tres personas quasi tres candelas ardentes ad se venire contemplatus est. Quibus propius accedentibus, cognovit omnes. Medius fuit praedictus[1]) scholasticus, et ex utroque eius latere duo conversi, omnes nuper defuncti. Tunc Abbas memor pertinaciae scholastici, interrogavit eum dicens: Quomodo habes? Respondente illo, bene; mox subiunxit: Numquid aliquid passus es pro inobedientia tua? Etiam, inquit, multa et maxima tormenta. Sed quia intentio mea bona licet indiscreta fuerit[2]), Dominus mei misertus est, nec sum damnatus. Et ait Abbas: Quid est quod iste, conversus, digito eum demonstrans, altero clarior est, cum ipse apostataverit, et alter nunqnam ex quo ad ordinem venit, graviter excesserit? Respondit monachus: Quia iste post lapsum fortius surrexit, et altero multo ferventior fuit. Interim choro cantante versiculum[3]): *Pedes sanctorum suorum servabit, et impii in tenebris conticescent*[4]), scholasticus[5]) signa suae praesentiae ibi relinquere volens, tabulam pedibus psallentium substratam, tam fortiter calce percussit, ut frangeretur. Sicque disparuit. Abbas vero in testimonium tam manifestae visionis, tabulam fractam reparari vel mutari non permisit. NOVICIUS: Ista recitari deberent monachis qui ex indiscreto fervore sibi et aliis inutiles fiunt. MONACHUS: Propter eos sanctus Benedictus in regula dicit, octavum gradum humilitatis esse, ut nihil agat monachus nisi quod communis monasterii regula vel maiorum cohortantur exempla. NOVICIUS: Sicut quidam in rigore suo nimis sunt pertinaces, ita alii verbis vel signis nimis sunt leves. MONACHUS: Et hi poena digni sunt.

CAPITULUM XXX.

De Johanne sacrista Vilariensi qui apparuit Abbati.

Sacrista quidam apud Vilarium meis temporibus defun-

---

1) C add monachus. — 2) B fuit, P fuerat. — 3) B illum versiculum. — 4) Reg. I, 2, 9. — 5) C add monachus.

ctus est, nomine Johannes. Hic quidem religiosus satis fuit, sed in verbis atque signis levem admodum se exhibuit. Die quadam post mortem eius cum dominus Ulricus[1]) tunc Abbas intraturus esset oratorium, et unum pedem posuisset introrsum, clara luce praedictus Johannes illi apparens, ad pedes eius procidit, orationes postulans. Quo viso Abbas territus, pedem retraxit, ostium post se claudens. Et iudicatum est a fratribus, causam purgatorii eius maxime fuisse levitatem. NOVICIUS: Quid si ipsi Abbates ordinem suum minus custodierint? MONACHUS: Sicut subiecto probabitur exemplo, et ipsi poenae subiacebunt.

CAPITULUM XXXI.

De purgatorio Abbatis qui invitus ivit ad laborem.

Recitavit mihi nuper Henricus maior cellerarius de Claustro visionem notabilem satis. Contigit, inquit, ut die quadam haberem socium viae monachum quendam ordinis nostri. Cumque simul conferremus de aedificatoriis, dixit mihi: Ego vobis referam quod nuper contigit in domo nostra. Habebamus Abbatem virum in disciplina ordinis satis perfectum, excepto hoc solo, quod nunquam pene cum fratribus exire voluit ad labores manuum. Hic cum moriturus esset, et monachus quidam quem familiarius prae ceteris diligebat, ei serviret, ait ei idem monachus: Domine rogo vos intuitu caritatis, ut infra hos triginta dies mihi apparendo, de statu vestro me certificetis. Respondit Abbas: Si mihi concessum fuerit, libenter faciam. Sicque defunctus est. Monachus vero quia multa fecerat ei bona, quotidianis lacrimis in oratione Deum pro illius excessibus ante aliquod altare placare studebat. Tricesima die, cum iam monachus de Abbatis reditu desperasset, ille oranti apparens, ait: Ecce hic sum sicut promisi tibi. Erat autem a cingulo et sursum tam corpore quam veste clarus valde, crura vero eius ulcerosa et ad instar carbonum[2]) nigerrima. Requisitus de statu suo, respondit: Tormenta quae in cruribus sustinui, nulla lingua posset exprimere. Dicente monacho, quae fuit causa tantorum tormentorum? ille subiunxit: Quia frequenter de labore mansi, nulla saepissime certa necessitate, ut est hospitum, sive audiendarum confes-

---

1) D Henricus. — 2) B carbonis.

sionum, me detinente. In residuo corpore nil poenarum passus sum. Roga igitur ex parte mea conventum, ut aliquas orationes pro me Deo offerat, et spero me citius fore liberandum. Unde, inquit, sciam vos esse liberatum? Respondit ille: Ante hoc altare tibi apparebo. Dicta sunt haec Priori; iniunguntur orationes; apparet iterum monacho, ab omnibus poenis se ereptum gratulatur¹). NOVICIUS: Miror utrum plus mortuis valeant orationes vel eleemosynae. MONACHUS: Audi de hoc solutionem cuiusdam mortui.

CAPITULUM XXXII.*)

De mortuo qui eleemosynas praeposuit orationibus.

Quidam post mortem amico suo apparens, cum ab eo interrogaretur, utrum sibi magis vellet impendi orationes sive eleemosynas²); respondit: Eleemosynas eleemosynas; orationes enim tepidae sunt. Hic devotae iustorum orationes excluduntur, quae penetrant coelos³). NOVICIUS: Quid sentis de missis? MONACHUS: Nulla oratio, nulla eleemosyna ad ereptionem animarum missae potest comparari. In missa Christus orat, cuius corpus et sanguis eleemosynae sunt. Has eleemosynas pauper quaedam anima sibi dari post mortem rogavit, sicut sequens docet exemplum.

CAPITULUM XXXIII.

De mortuo qui petivit missas tres in ordine nostro.

Adolescens quidam nobilis ad Claramvallem veniens, receptus est in conversum. Qui non alta sapiens, sed humilibus consentiens⁴), ad quandam grangiam missus, factus est ibi opilio ovium. Qui cum die quadam oves sibi commissas in agro pasceret, apparuit ei quidam suus consobrinus et ipse in adolescentia eodem tempore defunctus⁵). De cuius inopinato adventu dum admiraretur, et diceret, unde tam subito advenis, et quid quaeris? respondit ille: Mortuus sum, et poenis maximis crucior. Et conversus: Poteris iuvari necne? Respondit: Si potero habere tres missas in ordine vestro,

---

1) C gloriatur. — *) Homil. I. p. 112. — 2) B eleemosynas vel orationes. — 3) Eccli. 35, 21. — 4) Rom. 12, 16. — 5) DP consobrinus in adolescentia sua (sua om D) defunctus.

mox liberabor. Audiens haec conversus, cum licentia magistri sui ad Claramvallem festinavit, et quid viderit vel audierit Priori revelans, tres missas iam dicto impendi defuncto eius gratia supplicavit. Cui Prior gratanter annuens respondit: Ego unam celebrabo, alias¹) duobus sacerdotibus iniungam. Dictis vero missis mortuus iterum converso apparens in praedicto agro, gratias egit et dixit: Beneficio trium missarum quae pro me dictae sunt, ab omnibus poenis meis liberatus sum. Nec mirari debes si tantum valet Dominici corporis immolatio, cum quibusdam animabus ad liberationem prosit brevis verborum absolutio.

CAPITULUM XXXIV.

De purgatorio Christiani monachi Vallis sancti Petri.

Cum²) moreretur bonae memoriae Christianus monachus noster, cuius memini in distinctione quarta capitulo tricesimo, Abbas Gevardus domi non fuit. Qui cum septima die Capitulo praesideret, et cantor diceret secundum consuetudinem ordinis, domine absolvite fratrem nostrum defunctum; his verbis eum absolvit: Requiescat in pace. Eadem nocte Christianus cuidam seniori presbytero nomine Syfrido, tunc temporis novicio, et nihil prorsus de hac absolutione scienti, apparens in somnis³) ait: Hodie liberatus sum. Qui cum visionem magistro suo Ludolpho recitasset, ille absolutionis eius recordatus, satis admiratus est verborum virtutem. NOVICIUS: Miror si sancti sub quorum regula religiosi vivunt, post mortem ceteris sanctis aliquid eis magis succurrant. MONACHUS: Etiam, sicut in sequenti visione declaratur.

CAPITULUM XXXV.

De purgatorio sanctimonialis in Rindorp cui sanctus Benedictus astitit.

Non est diu quod sanctimonialis quaedam de monasterio Rindorp quod iuxta Bonnam situm est, Elizabeth nomine, debitum carnis solvit⁴). Est autem idem monasterium de regula sancti Benedicti Abbatis. Diligebat enim eadem Eliza-

---

1) DE alias duas. — 2) B dum. — 3) B in somnis apparens. — 4) B exsolvit.

beth specialiter sanctum Johannem Evangelistam, quicquid poterat honoris illi impendens. Habebat carnalem sororem in eodem monasterio, quae Aleidis vocabatur. Haec cum nocte quadam dictis matutinis, in lecto suo sedens, officium defunctorum pro anima sororis decantaret[1]), vocem quandam circa se audivit. Et cum requireret, quae esset; respondit: Ego sum Elizabeth soror tua. Et illa: Quomodo habes soror, vel unde venis? Respondente illa, male quidem habui, sed modo bene sum; Aleidis subiunxit: Profuit tibi aliquid sanctus Johannes quem tam ardenter dilexisti? Respondit illa: Vere nihil. Qui mihi astitit, sanctus pater noster Benedictus fuit. Ipse enim genua sua pro me flexit ante Deum. NOVICIUS: Cum vix aliquis evadat purgatorium, valde me terret quod quidam dicunt, minimam poenam in purgatorio maiorem esse omni poena quae excogitari potest in hoc mundo[2]). MONACHUS: Requisitus de hoc verbo a me quidam magnus theologus, respondit: Falsissimum est, nisi intelligatur de eodem genere poenae. Verbi gratia: Ignis ille acutior est igne nostro, frigus frigore nostro, et sic de ceteris. Cuius assertioni subsequentes visiones concordant.

CAPITULUM XXXVI.

De purgatorio Margaretae[3]) sanctimonialis de sancto Salvatore.

Circa hoc triennium puella quaedam parvula novem ut puto annorum in Monte sancti Salvatoris quae domus ordinis nostri est, in adventu ipsius Salvatoris mortua est. Defuncta vero clara die conventu stante in choro, ipsa chorum intravit; intrans ante altare profunde satis inclinavit, sic in locum suum ubi stare solita erat secedens. Quam iuxta se alia puella pene eiusdem aetatis stare videns, et mortuam sciens, tanto horrore concussa est, ut notaretur. Requisita vero a domina Benigna Abbatissa a cuius ore audivi quae dicturus sum, cur ita in choro concuteretur, respondit: Sic et sic soror Gertrudis in chorum venit; et cum dictis vesperis commemoratio fieret Dominae nostrae, ad collectam se in

---

1) B sederet — decantans. — 2) Gregor explanat. tertii Psalmi poenit. „Illum transitorium ignem omni tribulatione praesenti aestimo intolerabiliorem." — 3) imo, Gertrudis.

terram stans iuxta me prostravit. Finita vero collecta se erigens, abiit. Haec fuit causa horroris mei. Abbatissa timens illusiones diabolicas, ait puellae: Soror Margareta, hoc ei nomen erat, si denuo venerit ad te soror Gertrudis, dic ei, Benedicite; et si responderit tibi, Dominus, interroga unde veniat, vel quid quaerat. Sequenti die iterum illa venit, et salutata cum respondisset, Dominus, puella subiunxit: Bona soror Gertrudis, unde tali hora venis, vel quid apud nos quaeris? Respondit illa: Ad satisfactionem huc veni. Quia libenter tecum in choro susurravi, semiplena verba proferens, idcirco in eodem loco iussa sum satisfacere, ubi me contigit peccare. Et nisi tibi de eodem vitio caveas, eandem poenam moriens sustinebis. Cum quarta vice praedicto modo satisfecisset, ait consorori: Modo satisfactionem meam complevi; de cetero non me videbis. Quod ita factum est. Nam ea aspiciente tendebat versus cimiterium, mirabili virtute murum eius transcendens. Ecce tale fuit purgatorium huius virginis. NOVICIUS: Non est sanae mentis qui huiusmodi poenam omni poena huius mundi dixerit acutiorem. MONACHUS: De hoc plenius in sequenti capitulo disputabitur. Margareta vero ex comminatione [1]) defunctae sic territa est, ut infirmata ad extrema deveniret. Quae rapta in excessum mentis, sic iacuit, ut omnibus defuncta videretur. Post horam reversa, quasdam ex sororibus in praesentia Dominae nostrae se vidisse, quasdam se illic non vidisse testata est. Dicebat etiam quia eadem gloriosa Virgo Maria coronam in manu haberet, quam Stepponis sacerdotis esse dicebat. Idem Steppo presbyter fuerat [2]) valde religiosus et mire caritativus, in eodem monte Deo praedictisque sororibus serviens. Ut autem noveris non esse curandum quacunque morte iustus moriatur, idem Steppo cum in acutis laboraret anno praeterito, materia rapta in cerebrum, totus factus est phreneticus, ita ut multas blasphemias evomeret. Defuncto eo atque sepulto, Dominus merita eius volens ostendere, miracula ad eius tumbam dignatus est operari. Infirmi, sicut audivi, super illam [3]) dormiunt, et sani surgunt. NOVICIUS: Nunc edisseras quae residua sunt de purgatorio. MONACHUS: Quibusdam sola carentia divinae visionis purgatorium est, sicut in hoc patet exemplo.

---

1) B commonitione, CF continuatione. — 2) EP fuit. — 3) ABEP illud.

CAPITULUM XXXVII. *)

De purgatorio Wilhelmi monachi.

Ante hos duodecim annos monachus quidam Wilhelmus nomine apud nos defunctus est. Puer quidem ad ordinem venit, et vere puer, quia purus et impollutus. Genere nobilis erat, sed virtus mentis magis illum nobilitabat. Completo anno probationis, sequenti die coepit infirmari, et post paucos dies sancto fine decedens, explevit tempora multa. Qui statim post mortem cuidam monacho apparens, cum de statu suo requireretur, respondit se esse in poenis. De quo verbo cum ille territus fleret et diceret, si tu es in poenis qui nunquam peccasti, quid fiet de me peccatore, meique similibus? consolans eum defunctus ait: Noli flere, quia nullam aliam patior poenam nisi quod nondum vidi Deum; ipsam dilationem gloriae poenam reputans. Nec immerito. Spes[1] quae differtur, affligit animam[2]. Et adiecit: Ach quam clarum erit quod statim veniet ante Deum. Rogate, inquit, ex parte mea dominum Abbatem, ut in Capitulo orationes iniungat pro me ad tempus, et ut ipse pro me dicat collectam; sicque liberabor. Dicente monacho, unde erit collecta illa? respondit: De sancto Mychaele. Mane cum visio recitata fuisset domino Henrico Abbati nostro, ipse de eodem Archangelo statim missam celebravit, in Capitulo Psalmum, *Quemadmodum desiderat cervus ad fontes aquarum*[3], dicendum per septem dies, omnibus pro eo iniungens. Mira virtus orationum. Conrado nunc Priore Loci sanctae Mariae stante in choro cum in uno versiculo illius Psalmi, *Deus Deus meus ad te de luce vigilo*[4], leniter[5] dormitaret, saepedictum Wilhelmum sub pallio beatae Dei Genitricis stare conspexit, cum multa gratulatione dicentem: Modo omnino liberatus sum. Eodem tempore praedicto monacho secundo apparens, testatus est tantum septem diebus se fuisse in purgatorio, id est in carentia divinae visionis, multa illi de statu quarundam animarum revelans. NOVICIUS: Secundum hoc paradisus terrestris purgatorium est. MONACHUS: Revera si in eo animae sunt corporibus exutae, et eis visio

---

*) Homil. I. p. 125. — 1) CF add **enim**. — 2) Proverb. 13, 12. — 3) Psal. 41. — 4) Psal. 62. — 5) ADP **leviter**.

Dei negatur, idem locus deliciosus eis est purgatorium [1]). Cui consentire videtur quod sanctus Gregorius in Dialogo dicit, sub his verbis: Nam sunt quorundam iustorum animae quae a coelesti regno quibusdam adhuc mansionibus differuntur. In quo dilationis damno quid aliud innuitur nisi quod de perfecta iustitia aliquid minus habuerunt [2])? Sicut audivi a quodam magno theologo, quod quidam tam iusti sint [3]), ut post mortem puniri non mereantur, nec tamen statim Dei visione fruantur, propter pulverem venialium.

CAPITULUM XXXVIII.
De purgatorio sancti Patricii.

Loquamur nunc aliquid de purgatorio. NOVICIUS: Ubi est purgatorium? MONACHUS: Quantum ex variis colligitur visionibus, in diversis locis huius mundi. Paschasius teste Gregorio in calore termarum purgabatur [4]); monachus quidam sancti Eucharii in rupe quadam iuxta Treverim post mortem anno integro stetisse, et aeris inclementiam ibidem sustinuisse narratur. Qui vero de purgatorio dubitat, Scociam pergat, purgatorium sancti Patricii intret, et de purgatoriis [5]) poenis amplius non dubitabit. NOVICIUS: Vellem aliquid certi nosse de eodem purgatorio, quid sit, vel quae causa illius exstiterit. MONACHUS: Cum sanctus Patricius gentem illam converteret, et de poenis futuris dubitarent [6]), precibus obtinuit a Deo locum illum. Est autem fossa humilis muro vallata; et sunt ibi Regulares. Non est peccator adeo magnus cui alia satisfactio iniungatur, quam ut una nocte in eodem sit purgatorio. Volentem intrare, praemissa confessione, communicant et inungunt, thurificant et instruunt. Videbis, inquiunt, hac nocte insultus daemonum, et poenas horribiles; sed non poterunt te laedere, si nomen Jesu semper habueris in ore. Quod si daemonibus blandientibus sive terrentibus consenseris, et Jesum invocare neglexeris, peribis. Quem in vespera ponentes super fossam, locum claudunt, et mane revertentes, si non comparuerit, ultra non exspectatur [7]). Multi ibi perierunt, multi etiam reversi sunt; quorum visiones a praedictis fratribus conscriptae sunt, et volentibus intrare ostenduntur.

1) CF locus quantumlibet deliciosus purgatorium eis est. — 2) Gregor. Dial. IV, 25. — 3) CP sunt. — 4) Gregor. Dial. IV, 40. — 5) BP purgatorii. — 6) E dubitassent. — 7) B exspectant.

CAPITULUM XXXIX.

De monacho qui idem purgatorium intrare voluit.

Nuper monachus quidam ordinis nostri, sicut didici ex relatione cuiusdam Abbatis, ex licentia proprii Abbatis purgatorium sancti Patricii intrare volens, dissuadentibus secundum morem fratribus et Priore, super marginem [1] fossae positus est in vespera. Mox locus est versus [2] in baratrum; et ecce daemones quasi de abysso bullientes [3], dixerunt monacho: Si vis intrare ad nos, depone crucem; cucullam ad instar crucis formatam sic vocantes. Quibus ille respondit: Vestem meam non deponam. Paratus sum intrare, paratus sum vobiscum contendere, sed non sine veste professionis meae. Cumque tota nocte in hunc modum cum eo verbis disceptarent, nec tamen tangerent, mane in eodem loco ubi fuerat dimissus, repertus est. NOVICIUS: Unde habes auctoritatem quod post hanc vitam peccata remittantur? MONACHUS: Dominus dicit in Evangelio: *Qui dixerit verbum in Spiritum sanctum, non remittetur ei neque in hac vita neque in futura* [4]. Ex quo colligitur quod post mortem peccata venialia, nec non et mortalium poena, quae in purgatorio essent punienda, meritis et precibus sanctorum suffragantibus, vel orationibus, eleemosynis, aliisque misericordiae operibus Ecclesiae militantis intercedentibus remittantur. Unde Judas Machabaeus duodecim millia dragmas argenti misisse legitur Jerosolymam [5] pro peccatis occisorum [6]. Et haec de purgatorio dixisse sufficiat [7]. Hoc etiam scire debes quod summe boni ut martyres talibus post mortem non indigent; summe malis ut infidelibus nil prosunt; mediocriter vero bonis et mediocriter malis prosunt quidem, sed differenter [8]. Illis ut citius liberentur; istis ut mitius puniantur. Quorum tamen poena interminabilis est. NOVICIUS: Vellem nunc audire aliquid de gloria iustorum. MONACHUS: Prius tria de poenis reproborum praemittam exempla, locis suis neglecta, ut sic nigro colore substrato, albus magis elucescat.

---

1) B merginem. — 2) BCF versus est. — 3) BP bulientes, ACDEF ebullientes. — 4) Matth. 12, 32. — 5) BE in Jerosolymam. — 6) Machab. II, 12, 43. — 7) BEF dicta sufficiant. — 8) sic CF; ceteri indifferenter.

CAPITULUM XL.

De poena Abbatis Corbeyae.

Tempore schismatis inter Ottonem et Philippum Reges Romanorum, peregrinns quidam de transmarinis veniens partibus, sclaviniam suam pro vino quod in illis partibus fortissimum est exponens, in tantum bibit, ut inebriatus a mente sua alienaretur, sic ut mortuum eum aestimarent. Eadem hora ductus est spiritus eius ad loca poenarum, ubi super puteum igneo operculo tectum residere conspexit ipsum principem tenebrarum. Interim inter ceteras animas adductus est Abbas Corbeyae[1], quem ille multum salutans, cum calice igneo poculum sulphureum ei ministravit. Qui cum bibisset, amoto operculo missus est in puteum. Peregrinus vero cum ante limina iufernalia staret, et talia videndo tremeret, diabolus fortiter clamavit: Adducite etiam mihi dominum illum qui foris stat, qui sero vestem peregrinationis suae pro vino exponendo inebriatus est. Quo audito peregrinus ad angelum Domini qui eum adduxerat respiciens, promisit quia nunquam inebriaretur, dummodo illa hora de imminenti periculo liberaret eum. Qui mox ad se reversus, diem et horam notavit, rediensque in terram suam, eodem tempore praedictum Abbatem obisse cognovit. Ego eundem Abbatem Coloniae vidi, eratque homo valde saecularis, magis se conformans militi quam monacho. NOVICIUS: Qui hic dediti sunt ebrietati, puto quod in inferno male potentur. MONACHUS: De hoc aliud tibi referam exemplum.

CAPITULUM XLI.[*]

De poena Rudingeri et potu eius.

In Dioecesi Coloniensi[2] non procul a Colonia, miles quidam erat nomine Rudingerus, sic totus deditus[3] vino, ut diversarum villarum dedicationes, tantum propter bona vina frequentaret. Hic cum infirmatus moriturus esset, filia eum rogavit, ut infra triginta dies sibi appareret. Quo respondente, hoc faciam si potero, exspiravit. Post mortem vero filiae per

---

1) Corbeia nova, Corvey, abbatia ordinis S. Benedicti, Dioecesis Paderbornensis, iuxta oppidum Höxter. — [*] Homil. II. p. 5. —
2) B add villa. — 3) ABCEF add erat.

visum apparens, ait: Ecce praesens sum sicut postulasti. Portabat enim vas parvum et fictile quod vulgo cruselinum [1]) vocatur in manu sua, in quali in tabernis potare solebat. Dicente filia, pater quid est in vase illo? respondit: Potus meus ex pice et sulphure confectus. Semper ex illo bibo, nec eum epotare valeo. Sicque disparuit. Et statim intellexit puella, tam ex praecedenti vita quam ex poena, modicam vel nullam esse spem salvationis eius. Vinum quidem hic blande ingreditur, sed novissime mordebit ut coluber [2]).
NOVICIUS: Hoc tam in praedicto Abbate quam in Rudingero impletum considero. MONACHUS: Sclavinia peregrini qui eundem Abbatem in poenis vidit, visionem satis mirabilem ad memoriam mihi reducit.

CAPITULUM XLII.

De poena sacerdotis propter sclaviniam peregrini.

Ante illud tempus quo occisus est Conradus Episcopus Hildinshemensis, peregrinus quidam in villa quadam moriens, sclaviniam suam sacerdoti legavit, animam suam illi commendans. Quam vestem sacerdos quidem suscepit, sed de anima modicum curavit. Servi vero sive pueri noctibus se illa tegebant. Non multo post idem sacerdos in ordine nostro factus est novicius. Nocte quadam in dormitorio iacens et dormiens, per visionem [3]) raptus est ad loca poenarum. In quibus maximus erat daemonum concursus et occursus. Alii animas adducebant; alii adductas suscipiebant; alii susceptas tormentis debitis immittebant. Magnus illic erat clamor et tumultus, gemitus et planctus. Interim praedictus Episcopus claustris infernalibus praesentatur; sed princeps tenebrarum voce lugubri praesentantes sic affatur: Reducite reducite illum; non enim noster est, innocenter occisus est. Sacerdos talia videns et pavens, post ostium se occultavit. Videns diabolus praedictam in angulo quodam sclaviniam, dixit: Cuius est vestis illa? Responderunt: Sacerdotis illius qui stat post ostium. Quam cum a quodam peregrino in eleemosyna [4]) recepisset, nihil beneficii animae illius impendit. Ad quod diabolus: Valde occupati sumus, expediamus nos statim ab [5]) illo.

---

1) E crusilinum. — 2) Proverb. 23, 31—32. — 3) CE visum. — 4) CF eleemosynam. — 5) E de.

Tollensque vestem quasi in foetidam atque bullientem laxivam [1] intinxit. De qua cum faciem et collum sacerdotis percussisset, ille excitatus fortiter clamavit: Adiuvate adiuvate. Quem cum signo vocis compescerent, respondit: En morior, en incendor. Tunc surgentes invenerunt caput eius totum inustum; sicque in infirmitorium deportaverunt semivivum. Nullam enim fecerat de eadem negligentia confessionem. NOVICIUS: Valde terrere debet haec visio illos qui multas habent ecclesias, et multas quotidie recipiunt eleemosynas, et non deserviunt. MONACHUS: Neque nos sine timore esse debemus. His ergo quae tristia sunt omissis, veniamus ad praemia patriae coelestis.

CAPITULUM XLIII.
De gloria Irmentrudis Abbatissae in Ditkirgen.

In monasterio sanctimonialium quod Ditkirgen dicitur, quod in Bonnensi civitate situm est, Abbatissa quaedam fuit nomine Irmentrudis [2]. Erat enim virgo corpore, amatrix imo in domo eadem reparatrix disciplinae, et totius norma iustitiae. Cum vero moritura esset, passionem Domini coram se legi faciebat; et cum ventum fuisset ad locum illum: *In manus tuas commendo spiritum meum* [3], ex multa pietate cordis haec verba quae ei ultima fuerunt dixit: O amantissime virorum. Statimque agonizans, cum Christo et [4] in manus Christi [5] spiritum emisit. Quae cum post mortem beatae Aczelinae apparuisset, et illa de statu eius sciscitaretur, respondit: Statim in ipsa hora quando anima mea egressa est de corpore, fuit ante Deum. Et illa: Quare soror non apparuisti mihi per hos triginta dies? Respondit Abbatissa: Ego fui in gloria, et tu circa reliquias sanctarum virginum undecim millium eras occupata, nec te volui impedire. Huius sepultura cuidam sorori diu antequam Abbatissa efficeretur, praeostensa est. De alia siquidem domo propter suam religiositatem ab Episcopo Philippo assumpta fuerat, eratque soror Caesarii monachi nostri quondam Abbatis Prumiensis.

1) E laxiviam, D lixivam, P foetidum atque bulliens lixivum, CF foetidam aquam atque bullientem. Homil. ined. „Quando capita nostra lavamus, si laxiva fuerit bona et aspera, ipsae sordes pulvereae quasi in candorem nivis vertuntur." — 2) AEP Irmendrudis. — 3) Luc. 23, 46. — 4) et om CDEF. — 5) C Patris.

CAPITULUM XLIV.

De gloria sanctimonialis quae Aczelinae apparuit in sphaera ignea, et de tunica sancti David.

Haec Aczelina habebat quandam sororem spiritualem in congregatione, unice dilectam. Quae cum moritura esset, rogata est a beata Aczelina ut sibi post mortem appareret. Quod et fecit. Nam cum die quadam staret in oratione Aczelina, soror defuncta apparens ei in sphaera ignea, sciscitanti de suo statu, versiculo Davidico respondit dicens: *Sicut audivimus, sic vidimus in civitate Domini virtutum, in civitate Dei nostri,* et cetera¹). Nihilque aliud loquens, oculis eius subtracta est. NOVICIUS: Satis breviter satisque pleniter²) tam suum praemium quam supernae civitatis gloriam ostendit. MONACHUS: Cum mortuus esset beatae memoriae David monachus Claustrensis cuius vita signis et virtutibus valde exstitit illustris, data est praedictae Aczelinae una ex tunicis eius. Quam cum propter viri sancti amorem valde veneraretur, ille quadam die ei apparens dixit: Bona soror, tunica mea non est tibi necessaria, sed quidam peccator conversus est in Claustro, Gerardus nomine, cognomento Waschart, illi des eam. Quod et fecit. Sciens hoc frater eius carnalis Fredericus monachus noster, partem sibi dari petivit ex eadem tunica. Quam ille per medium scindens, partem sibi retinuit, reliquam fratri transmisit. Per quam plurimae sanitates apud nos factae sunt. Cum quanta celeritate iustorum animae coelos penetrent, adhuc alio tibi pandam exemplo.

CAPITULUM XLV.*)

De gloria monachi cuius anima ad instar sagittae fuit ante Deum.

Monachus quidam ordinis nostri alteri cuidam monacho sibi familiari post mortem apparens in gloria multa, cum de statu suo requireretur, respondit: Nunquam sagitta de arcu emissa tam cito volare potuit ad locum destinatum, quam cito anima mea de corpore egressa, fuit ante Deum. Nec

---

1) Psal. 47, 9. — 2) B plene. Homil. IV. p. 194: valde pleniter et excellenter. — *) Homil. I. p. 127.

mirum. Quadraginta enim annis Christo in ordine servierat, ad instar sagittae multos salubriter vulnerans exemplo rectae conversationis, pennis sublevatus contemplationis. In sagitta tria sunt, lignum, pennae, ferrum. In ligno propter fructum exprimitur boni operis plenitudo; per pennas, gemina id est Dei et proximi dilectio; in ferro quod acutum est, extrema compunctio. Nota quod sagitta non recte ducitur, nisi sit pennata, neque pervenire potest ad locum destinatum. Sic anima etiam si fuerit innumeris operibus bonis, id est de genere bonorum, bene decorata, et ferro acutissimi doloris timore peccatorum affecta, nunquam tamen sine alis caritatis ad locum perveniet aeternae quietis. De hoc loco David dicit in Psalmo: *Quis dabit mihi pennas sicut columbae, et volabo, et requiescam* [1])? NOVICIUS: Saepe in specie columbae iustorum animae leguntur coelos penetrasse. MONACHUS: Verum dicis; nam et unum exemplum recentiori tempore gestum, de hoc tibi referam.

CAPITULUM XLVI.

De scholare cuius anima in specie columbae assumpta est.

In civitate Bonnensi quaedam inclusa erat habitans, religiosa satis atque devota. Haec cum nocte quadam rimulis cellae suae splendorem immitti cerneret, et diem esse putaret, territa propter horas nondum dictas, surrexit, fenestram versus cimiterium aperuit; et ecce iuxta caput sepulchri cuiusdam scholaris recenter illuc sepulti, miri decoris feminam stare conspexit. Gloria corporis eius eandem lucem creaverat. Stabat et columba nivea super tumulum, quam illa rapiens misit in sinum suum. Inclusa vero licet iam intelligeret quae esset, tamen cum reverentia quaenam foret requisivit. Cui illa: Ego sum mater Christi, et animam scholaris huius qui vere martyr est tollere veni. Revera scholares si innocenter vivunt, et libenter discunt, martyres sunt. Quod si postea artes doctas in caritate, maxime in Dei servitio exercuerint, magnam ex hoc mercedem consequentur. De hoc audias exemplum.

---

1) Psal. 54, 7.

•CAPITULUM XLVII.

De manu scriptoris in Arinsburgh.

In Arinsburgh[1]) monasterio ordinis Praemonstratensis[2]), sicut audivi a quodam sacerdote eiusdem congregationis, scriptor quidam erat Richardus nomine, Anglicus natione. Hic plurimos libros in eodem coenobio manu propria conscripserat, mercedem sui laboris praestolans in coelis. Hic cum fuisset defunctus, et in loco notabili sepultus, post viginti annos tumba eius aperta, manus eius dextera tam integra et tam vivida est reperta, ac si recenter de corpore animato fuisset praecisa[3]). Reliqua caro in pulverem redacta fuit. In testimonium tanti miraculi manus eadem usque hodie in monasterio reservatur. Bene erat manus huius scriptoris pennata, id est opus eius caritate informatum. NOVICIUS: Satis Deus ostendit in instrumento, quanta fuerit merces laboris in coelo. MONACHUS: Audi aliud.

CAPITULUM XLVIII.

De odore magistri Petri Cantoris.

Magister Petrus Cantor Parisiensis verbo, vita et exemplo multos aedificaverat. Hic in Fontennella[4]) domo ordinis nostri factus novicius, infra annum probationis defunctus est, et in Capitulo sepultus. Cumque postea necessitate aedificiorum corpus eius esset transferendum, aperto sepulchro tam magnus et tam suavissimus ex illo odor efferbuit, ut nares omnium illius flagrantia reficerentur. Odor ille signum erat eximiae eius doctrinae, cuius mercedem receperat in coelo. Quantum vero gratiae, quantumve gloriae doctores sive praedicatores post hanc vitam mereantur, subsequens sermo declarat[5]).

---

1) BE Arinsberg, P Arnisberg, ACF Armisberg. Intelligit auctor, ut puto, coenobium Arnsburg, prope urbem Rinteln situm. — 2) B nostri. — 3) BDP praescisa. — 4) CDEFP Fontenella, KR Pontenella. Petrus factus est novicius in coenobio Long-Pont, quod fuit prope urbem Soissons. — 5) B sermo subsequens declarabit.

CAPITULUM XLIX.

De praedicatore ordinis Praemonstratensis.

Sacerdoti cuidam ordinis Praemonstratensis in hac quae modo fuit expeditione, praeceptum erat contra Sarracenos crucem praedicare. Cumque in ipsa praedicatione corporali molestia tactus, hominem deponeret, cuidam socio suo post mortem apparuit. Quem cum ille interrogasset, quomodo haberet, vel si aliquid [1]) molestiae moriens pertulisset, respondit: Videbatur mihi poena mea satis longa. Cumque morerer, non [2]) nisi daemones circa me vidi, qui animam egredientem coeperunt abducere. Ex quibus unus dixit: Nunquam bene servasti professionem tuam, neque obedientiam Abbati tuo promissam. Et subiunxit statim alter: Nunquam praedicasti sincere Dominum tuum, id est gratis. Et intellexi statim accusante conscientia, quia uterque verum dixisset. Cumque in hunc modum diversi diversa contra me proponerent, et ego iam positus fuissem in desperatione [3]), eo quod non esset qui pro me responderet, maxime cum circumspiciens, neque beatam Dei Genitricem, neque aliquem angelorum, sive aliorum sanctorum vidissem, ecce Christus adveniens, manu tenuit me dicens: Sequere me, quia tu praedicasti me. Mox turba omnis spirituum illorum immundorum disparuit ad instar fumi, et ego Christum secutus sum ad gloriam. Nullam enim aliam poenam excepto illo terrore passus sum. His etiam qui libenter orant, referam exemplum satis incentivum.

CAPITULUM L.

De cive in cuius cruribus scriptum erat: Ave Maria.

Civis quidam Coloniensis habebat illam consuetudinem, ut quotiens solus esset semper oraret. Eundo ad ecclesiam sive redeundo, vel in curia sua deambulando, angelicam maxime ruminabat salutationem. Qui cum mortuus esset, cuidam nepti suae in habitu splendido apparebat. In quo, maxime tamen in caligis et in [4]) calciis, scriptum [5]) erat per totum, versiculus *Ave Maria gratia plena*, et cetera. Quia ut dixi eundem versiculum deambulando frequentaverat, cruribus eius

---

1) BE quid. — 2) B nil. — 3) BDF desperationem. — 4) in om BC. — 5) CF scriptus.

et pedibus crebrius inscriptus apparebat. Ex his quae dicta sunt colligitur, quod sicut Deus secundum qualitatem et modum punit peccatum, ita remunerat et meritum, maxime in illis membris ostendens signum gloriae, per quae illa meretur. NOVICIUS: Unde est quod humana natura tantum abhorret mortem, cum tanta sit ei a Deo gloria praeparata? MONACHUS: Ipse Rex gloriae Jesus Christus Deus et homo, in tantum secundum sensualitatem mortem abhorruit, ut timore illius sanguinem sudaret. Anima naturaliter appetit esse in corpore, nec potest ab illo separari sine magna acerbitate.

CAPITULUM LI.

De converso qui dixit pectus suum quasi lapide maximo premi cum moreretur.

Ante hoc quadriennium cum Prior quidam de ordine Regularium in quadam curte monasterii sui hospites collegisset, et iam mensa esset praeparata, ipse tanto sopore coepit affici, ut nisi ocius dormiret moreretur. Qui cum in lecto se reclinasset, mox quidam eius conversus qui alteri grangiae praeerat, dormitanti affuit dicens: Domine cum licentia vestra vado. Et ille: Quo vadis? Respondit conversus: Ad Deum vado, quia mortuus sum in hac hora. Et Prior: Cum multi perfecti viri transeant per purgatorium, quid est quod tu tam absolute dicis te statim esse iturum ad Deum? Ad quod ille respondit: Habebam consuetudinem ut quotiens transirem coram crucifixo, hanc dicerem orationem: Domine per illam amaritudinem quam sustinuisti propter me in cruce, maxime quando anima tua egressa est de corpore tuo, miserere animae meae in egressu suo. Et exaudivit orationem meam Dominus, meique misertus est. Et dixit Prior: Quomodo fuit tibi morienti? Respondit: Videbatur mihi in agonia, quod totus mundus esset lapis unus, et premeret pectus meum. NOVICIUS: Verba huius conversi illis concordant qui dicunt nullam poenam in hoc mundo[1]) amariorem separatione corporis et animae. MONACHUS: Sicuti alibi dixi, de incertis non audeo iudicare. Scio enim quod viri perfecti propter vitam futuram quandoque valde ardenter desiderant mortem.

---

1) F add esse.

CAPITULUM LII.

De morte Theoderici et Guntheri.

Tres iuvenes de civitate Bonnensi conversionis gratia ad Novum Castrum[1]) domum ordinis nostri venientes, omnes ibidem recepti sunt. Ex quibus unus Theodericus, alter Guntherus, tertius vocabatur Sigerus. Primo mortuo, Guntherus reminiscens suae peregrinationis, et supernae beatitudinis ad quam suum comitem iam vocatum crediderat, quotidie ad illius tumulum flevit. Quem die quadam vox de sepulchro his verbis allocuta est: Consolare frater, consolare, quia citius venies ad me. Cuius vultum cum Abbas tristem cerneret, et tristitiae causam ab eo requireret, et ille dicere renueret, vix ab eo quae dicta sunt extorquere potuit. Paucis diebus elapsis, precibus ut puto Theoderici adiutus, et ipse vocatus est, illi coniunctus in coelo, cui cum multis lacrimis ut dictum est associari desideravit in mundo. Haec a Sigero Bonnae recitata sunt. NOVICIUS: Puto quod merces iustorum multa sit in coelo. MONACHUS: Hoc tibi ostendam in sequenti capitulo.

CAPITULUM LIII.

De converso qui dixit Cisterciensem ordinem maximam habere gloriam in coelo.

Conversus quidam nigri ordinis ante paucos annos defunctus est. Die quadam duobus monachis coenobii sui in conclavi sedentibus, ille ostio latenter aperto ingressus est ad eos. Quo viso cum terrerentur, scientes eum mortuum, ait ille: Cognoscitisne me? Respondentibus eis, bene te cognoscimus, tu es talis frater noster; coeperunt eum interrogare de statu quarundam animarum. Quos ille de singulis expedivit, dicens quasdam esse male, quasdam valde male, quasdam etiam bene, quasdam valde bene. Quem cum etiam interrogassent de griseis monachis, respondit: Praemium illorum maximum est, et lucent sicut sol in regno coelorum. Haec mihi relata sunt a quodam Abbate nigri ordinis. NOVICIUS: Huic visioni concordat quod dictum est superius in distinctione septima capitulo quinquagesimo nono, ubi ordo noster sub man-

1) Neuburg in Alsatia prope oppidum Hagenau.

tello beatae Dei Genitricis congregatus est. MONACHUS: Verum dicis. NOVICIUS: Quod iustis repromissum est a Domino: *Fulgebunt iusti sicut sol in regno Patris eorum* [1]), nescio utrum intelligendum sit de corpore vel de anima. MONACHUS: Corpora electorum post resurrectionem lucebunt ut credimus sicut sol, non sicut modo lucet, sed sicut luxit ante lapsum, hoc est septempliciter tantum ut modo, teste Isaia: *Et erit*, ait, *lux lunae ut lux solis, et lux solis septempliciter ut lux septem dierum* [2]). Anima vero multo plus lucebit quam corpus. NOVICIUS: Claritatem corporum vellem mihi aliquo exemplo probari. MONACHUS: Ut enim taceam de transfiguratione Dominici corporis, referam tibi exemplum quod nuper audivi.

CAPITULUM LIV.

De glorificatione pedum cuiusdam magistri.

Magister quidam Parisiensis infirmatus, cum de glorificatione corporum cogitaret, et haesitans in corde suo diceret, quomodo poterit esse ut corpora ista fictilia et putrida lucere possint in futuro sicut sol, ad pedes suos quos de operimento erexerat, respexit. Et ecce tantus splendor de illis exivit, ut oculi eius reverberati eos intueri nequirent. Moxque ad se reversus gratias egit Christo, cuius virtute antequam moreretur ad fidem resurrectionis reductus est. NOVICIUS: Quomodo poterunt oculi tantum fulgorem sustinere? MONACHUS: Ut dicit Augustinus, longe erunt tunc alterius potentiae [3]) quam modo; nam et ipsi glorificabuntur.

CAPITULUM LV.

De David monacho qui oculos in solem defixit.

Cum sanctae recordationis dominus David monachus Claustrensis adhuc esset in corpore, saepe sedens in labore, in ipsum globum solarem irreverberatis oculis ad instar aquilae respexit. Huius rei testes sunt seniores nostri, qui ea quae dicta sunt saepius viderunt. Si enim Deus tantam virtutem tribuit oculis infirmis, quid hoc miraris de oculis glorificatis?

---

1) Matth. 13, 43. — 2) Isai. 30, 26. — 3) Augustin. de Civit. Dei XXII, 29, 3.

NOVICIUS: Dic quaeso quae erit gloria corporum, vel quae gloria [1]) animarum? MONACHUS: Utriusque hominis gloria nobis inexplicabilis est.

CAPITULUM LVI.
De dotibus electorum post resurrectionem.

In novissimo die, ut dicit Apostolus, omnes resurgemus, sed non omnes immutabimur [2]). Soli electi immutabuntur, per glorificationem utriusque hominis. Gloria corporis consistit in quatuor dotibus, id est in subtilitate, claritate, immortalitate, agilitate. Quatuor erunt dotes corporis, ut omnis eius natura glorificetur. Corpus constat ex quatuor complexionibus, id est sanguine, colera, melancolia, flecmate [3]); quae cum quatuor elementis concordant. Sanguis concordat cum aere, colera cum igne, melancolia cum terra, flecma cum aqua. Est adhuc alia horum cum aetatibus et temporibus concordantia, quae huic loco non est necessaria. Quicquid enim corpus humanum habet de aere, transibit in subtilitatem; quod de igne, in claritatem; quod de terra, in immortalitatem; quod de aqua, in agilitatem. De his quatuor dotibus scriptum est: *Fulgebunt iusti, et tanquam scintillae in arundineto discurrent* [4]). *Fulgebunt*, ecce claritas; *et tanquam scintillae*, ecce subtilitas. Nihil subtilius scintilla. *In arundineto discurrent*, ecce agilitas. Discursus agilitatem exprimit. Per hoc quod sequitur: *Et regnabunt in aeternum*, exprimitur immortalitas, vel impassibilitas. Dotes vero animae sunt, agnitio, dilectio, fruitio. Anima beata Deum agnoscet, agnitum diliget [5]), dilecto fruetur. Post resurrectionem generalem, septenarius iste trinitati personarum iungetur, et felix tunc ille denarius electis repromissus perficietur [6]). Erit tamen in dispari claritate, par gaudium, ut ait Augustinus; quod non est intelligendum de affectione cordium, sed de rebus de quibus gaudetur. Unusquisque ibi gaudebit de gloria alterius. Quod dotes debeant inaequales esse, dicit Apostolus: *Sicut*, inquit, *stella a stella differt in claritate, ita erit et resurrectio mortuorum* [7]). NOVICIUS: De die iudicii vellem nunc aliquid [8]) certificari.

---

1) gloria om BC. — 2) Cor. I, 15, 51. — 3) B fleumate; sic et paulo post. — 4) Sapient. 3, 7. — 5) BE agnoscit — diligit. — 6) Matth. 20, 2. — 7) Cor. I, 15, 41—42. — 8) B add mihi.

MONACHUS: De die illo nemo scit, quia *dies Domini sicut fur in nocte*, id est inopinate et improvise, *ita veniet* [1]. NOVICIUS: Ubi erit iudicium? MONACHUS: Super vallem Josaphat in aere. NOVICIUS: Quot erunt ordines in iudicio? MONACHUS: Quatuor. Quidam ut summe boni iudicabunt et salvabuntur; summe mali sine iudicio damnabuntur; mediocriter boni iudicabuntur et salvabuntur; mediocriter mali iudicabuntur et damnabuntur. NOVICIUS: In qua forma apparebit Christus? MONACHUS: In forma servi omnibus apparebit, sed glorificata. NOVICIUS: Exhibebit omnibus eundem vultum? MONACHUS: Non. Bonis apparebit mitis, malis terribilis. Hoc tibi ostendam per exemplum.

CAPITULUM LVII.
De Eynolpho Templario.

Circa hoc biennium sacerdos quidam mortuus est in Briseke villa Dioecesis Coloniensis, de ordine Templariorum, nomine Eynolphus, vir satis religiosus. Quae de illo dicturus sum, ipse mihi ore suo non semel sed saepius recitavit. Cum adhuc puer esset, in domo materterae suae infirmatus, sacram communionem suscepit. Et cum se inungi peteret, quibusdam dissuadentibus dilatum est; sicque sine eodem sacramento exspiravit. Affuit et angelus Domini qui et dixit: Male actum est cum puero isto, eo quod sine sacra inunctione obierit. Et inunxit eum, iam tamen anima egrediente. Egressam vero divino vultui praesentavit. Quem vultum puer quasi per velamen contemplabatur, eique severus valde videbatur. Et ecce mox diabolus affuit. Qui cum puerum accusare vellet nec causam inveniret, ait ad Deum: Domine, puer iste obulum [2] germano suo furabatur, nec unquam inde egit poenitentiam. Justus es, et iuste iudicare debes. Non dimittes reatum, quia non restituit ablatum. Cui Dominus respondit: Velles ut pro tantillo puerum hunc damnarem? Mea iustitia non est absque misericordia. Supplicantibus pro anima viginti quatuor senioribus qui in circuitu sedis erant [3], culpa remittitur; moxque ad praeceptum Dei deducta, in puteum igneum proiecta est. In quo tantam poenam pertulit,

---

1) Thessal. I, 5, 2. — 2) C obolum. — 3) Apoc. 4, 4.

ut postea eam verbis explicare nequiret. Post horam ab angelo a quo missa [1]) fuerat, extracta, iudici praesentata est. Cuius faciem tunc amoto velamine perspicue vidit, tantam familiaritatem, iocunditatem atque dulcedinem puero exhibens, ut eam deosculari potuisset si voluisset. Et cum ante culpam in humana forma Christum vidisset, post purgatorium in divinitate eundem meruit contemplari. Juxta quem vidit gloriosam eius Genitricem in solio splendido residentem, et in circuitu eorum [2]) multitudinem Angelorum, Patriarcharum, Prophetarum, Apostolorum, Martyrum, Confessorum, Virginum, aliorumque iustorum. Diabolus vero timens animam perdere, ait ad Deum: Bonum est ut reducatur ad corpus, ut amplius adhuc tibi serviat. Cui Dominus respondit: Hoc non dicis propter eius salutem, sed propter tuam nequitiam. Speras enim quod per corpus peccando, cedere possit [3]) in partem tuam. Data tamen sententia, anima corpori restituitur, mirantibus cunctis qui aderant, quia per signa quae in puero viderunt, verbis eius credere compulsi sunt. Puer vero tum amore gloriae [4]), tum timore poenae, patriam suam deserens, conversionis gratia ad quandam domum ordinis nostri venit. Cuius desiderium cum conversus [5]), homo nequam ac superbus, qui hospitio praeerat, cognovisset, eo audiente sic ait: Videte quando tales garciones monachi fuerint effecti, statim volunt esse domini nostri. In cuius verbis adeo puer scandalizatus est, ut a proposito resiliret, et ad ordinem Templariorum se transferret [6]). NOVICIUS: Multae visiones de consummatione saeculi quotidie recitantur; nescio si eis fides sit adhibenda. MONACHUS: Quia de adventu Antichristi, et consummatione saeculi, multi sunt decepti, quae de his audivi scribere nolui. Forte imo non forte [7]), propter orationes sanctorum, iudicii tempus differtur, sicut ex subsequenti visione colligitur.

---

1) B immissa. — 2) BD eius. — 3) BDE posset. — 4) gloriae add D. Intellige gloriam patriae coelestis. — 5) B add quidam. — 6) iuxta villam Breisig domus fuit Templariorum. — 7) Homil. IV. p. 126: „sed forte, imo sine forte."

CAPITULUM LVIII.*)

De sancta Maria quae obtinuit ne angelus secundo buccinaret.

In Claravalle sacerdos quidam est Wilhelmus nomine, cuius mentionem feci in distinctione octava capitulo quadragesimo nono. Huic divinitus multa revelantur. Anno siquidem praesenti, cum in oratione staret, factus[1] in excessu mentis, raptus est ad tribunal Christi[2]. Ad cuius dexteram angelum cum tuba stare conspexit. Quem Christus clara voce cunctis coelestis patriae exercitibus audientibus, sic allocutus est: Buccina. Quod cum factum fuisset, tam valida erat vox eiusdem tubae, ut totus mundus quasi folium de arbore tremere videretur. Cui cum secundo diceret, buccina adhuc semel, mater misericordiae Virgo Maria, sciens mundum si denuo buccinaret consummari, ceteris sanctis tacentibus, surgens ad pedes filii procidit, et ut sententiam differret, mundoque parceret, cum instantia multa supplicavit. Cui Christus respondit: Mater, mundus in tam maligno iam positus est[3], et sic quotidie me suis peccatis irritat, ut vel sententiam suspendere, vel homini parcere merito non debeam. Non solum laici sed et[4] clerici et monachi vias suas prorsus corruperunt, et me de die in diem offendunt. Tunc illa: Parce dilecte fili mi, parce[5], et si non propter illos, saltem propter amicos meos, personas ordinis Cisterciensis, ut se praeparent. Abbates nostri hoc anno de Capitulo generali revertentes, nobis ista retulerunt. NOVICIUS: Quantum ex hac visione colligo, valde malis prodest iustorum cohabitatio. MONACHUS: Si decem iusti fuissent in Sodomis, Dominus multitudini pepercisset. NOVICIUS: Visio haec concordat miraculo capituli secundi septimae distinctionis, ubi imago Dei Genitricis sudasse dicitur timore imminentis iudicii. MONACHUS: Diem iudicii esse in ianuis, terraemotus per loca, et alia signa de quibus supra dictum est declarant. Sed valde consolatur, quod Salvator his fieri incipientibus, iustos admonet dicens: *Levate capita vestra,* id est exhilarate corda, *quia appropinquat redemptio vestra*[6].

---

*) Homil. III. p. 24. — 1) C factus est. — 2) ADE Domini. — 3) Johan. I, 5, 19. BCEF maligno statu iam positus est, D maligno iam positus est statu. — 4) P sed etiam, E sed et etiam. — 5) parce add B. — 6) Luc. 21, 28.

CAPITULUM LIX.

De coelesti Jerusalem et gloria sanctorum.

Festinemus ergo ingredi in civitatem illam in qua nulli sunt terraemotus, nulli gemitus vel suspiria, sed Dei laus assidua. In qua nulla pericula, sed securitas firma. In qua non est mortalitas, sed vita aeterna. In qua rancor nullus, discordia nulla, sed pax plena. In qua nullus esurit, nullus sitit, quia satietas illic perfectissima. Quatuor haec bona in tribus versiculis Propheta comprehendit dicens: *Lauda Jerusalem Dominum, lauda Deum tuum Syon.* Lauda corde, lauda ore. Quare? *Quoniam confortavit seras portarum tuarum.* Ecce securitas. *Benedixit filiis tuis in te.* Ecce immortalitas. In dextera illius longitudo dierum [1]. *Qui posuit fines tuos pacem.* Ecce pax et concordia. *Et adipe frumenti satiat te* [2]. Ecce satietas. De gaudio civium huius beatae civitatis in alio loco idem dicit Psalmista: *Sicut laetantium omnium habitatio est* [3] *in te* [4]. Comprehendit breviter, quod longis sermonibus explicari [5] non poterat. Non enim erit ipsa laetitia qualis hic agitur, ubi de filiorum susceptione laetamur, vel de munere divitiarum et [6] bonorum gratulamur. Quod igitur explicari [7] non potuit, sumpta qualicunque similitudine, dixit ut potuit. *Sicut laetantium,* inquit, id est vere laetantium, ut [8] sit expressio veritatis, et non nota similitudinis, ut ibi, *Tanquam unigeniti a Patre* [9], id est vere unigeniti. Istorum laetantium septiformis est actio. Vivunt vita infinibili; sapiunt arcana Dei; amant Deum et proximum. Laudant *quod oculus non vidit,* quia sunt invisibilia, et *quod auris non audivit,* quia sunt in pace quietissima, *nec in cor hominis ascendit* [10], quia sunt incomprehensibilia. Gaudent gaudio ineffabili; veloces sunt et securi. Beati sunt illi qui illuc [11] ducente Domino pervenerint [12], ubi omnis cogitatio vincitur, et cuncta desideria superantur, ubi talis felicitas accipitur quae nulla contrarietate perdatur. NOVICIUS: Miseri sunt qui ad tantam laetitiam non suspi-

---

1) Proverb. 3, 16. — 2) Psal. 147, 12—14. — 3) est om ABE. — 4) Psal. 86, 7. — 5) BE explicare. — 6) EFP vel. — 7) EF explicare. — 8) CF ut sicut. — 9) Johan. 1, 14. — 10) Cor. I, 2, 9. — 11) B illic. — 12) CP perveniunt. —

rant. MONACHUS: Quia¹) dialogo nostro finis imponendus est, simul Christum qui omnis consummationis finis est deprecemur, ut ea quae tua interrogatione, sive mea responsione confecta sunt, legentibus nec non et audientibus ad meritum proficiant, ut sic aedificatio proximorum, nostrorum fructus fiat laborum. Quod nobis praestare dignetur ipse de quo loquimur, Jesus Christus Dominus noster, mundi redemptor, electorum confrater, Rex angelorum, et ut breviter concludam, vita, merces, et laetitia omnium sanctorum. Cui cum Patre et Spiritu sancto laus, honor et imperium per infinita saecula saeculorum. Amen.

Codicis exigui stilus auctorem reticescens,
Ingeror in medium, veluti nova verbula spargens.
Sic ut mitis amor terat aspera, mitius illa
*Corrigat, ac mores addat nota vera salubres*²).

---

1) D Verum dicis. Quia. — 2) in his versibus, si primas verborum litteras compegeris, hunc habebis pentametrum:
   Cesarii munus sumat amica manus.

INDEX CAPITULORUM.

Distinctio septima de sancta Maria.

I. De his quae beatam Virginem Mariam mystica designant, et de beneficiis humano generi per eum collatis. 1
II. De imagine eius, quae sudavit timore divinae sententiae. . 3
III De plaga Frisiae ob iniuriam Dominici corporis. . . . 3
IV. De sacerdote idiota, qui a sancto Thoma Cantuariensi degradatus, per beatam Mariam officium suum recuperavit. . 5
V. Item de sacerdote in Derlar idiota et deposito, cui sancta Maria ecclesiam restitui praecepit. 6
VI. De domino Innocentio Papa, quem sancta Maria corripuit per Renerium, cum in ordinem Cisterciensem exactiones facere conaretur. 7
VII. De vindicta hostium Loci sanctae Mariae. 8
VIII. De Henrico canonico sancti Kuniberti, qui per intercessionem sanctae Mariae conversus est. 11
IX. De monacho apud monasterium infirmato, quod Trappa dicitur, cui sancta Maria gratiam confitendi obtinuit. . 12
X. Item de duobus mendicis, in hospitali eius Parisiis aegrotantibus, quos de confessione monuit. 13
XI. De Petro monoculo Abbate Claraevallis, cui in ecclesia Spirensi sancta Maria benedictionem dedit. 14
XII. Item de monachis atque conversis in Hemmenrode, quibus ad vigilias benedixit, Henrico converso inspiciente. . 15
XIII. Item de eodem converso, et ceteris conversis infirmis, quos noctu visitans beuedixit. 16
XIV. Item de monachis, quibus dormientibus benedixit, uno tantum neglecto, quia inordinate iacebat 16
XV. De eo quod beata Virgo Maria cum sancta Elizabeth et Maria Magdalena praedicto converso apparuit. 17
XVI. Vita domini Christiani monachi de Hemmenrode. . . 17
XVII. De sacrista de Lucka, qui nocte sanctam Mariam super altare residere conspexit. 23
XVIII. Item de quodam monacho eiusdem coenobii, qui sanctam Mariam ad vigilias circuire, et singulorum monachorum vultus detegere vidit, duobus tantum neglectis. 24
XIX. Item de altero monacho eiusdem claustri, cui beata Maria super altare in aere inter multitudinem sanctorum apparuit. 24
XX. De visionibus nobilis virginis de Quida. 25

XXI. De Christina sanctimoniali, quae sanctam Mariam in sua Assumptione coronam de coelo super conventum Vallis sancti Petri demittere conspexit. 28
XXII. De Ottone Praeposito Xantensi, qui precibus sanctae Mariae a duplici infirmitate curatus est. 30
XXIII. De clerico, cui sancta Maria pro lingua ab Albiensibus haereticis praecisa novam restituit. 31
XXIV. De Adam monacho de Lucka per sanctam Mariam a scabie capitis sanato, et de sanitatibus quas operatur in Monte Pessulano, et imagine eius apud Sardanay. 33
XXV. De converso, qui per Ave Maria ab infestatione diaboli liberatus est. 25
XXVI. Item de inclusa, quae eodem beneficio illusiones diabolicas evasit. 35
XXVII. Item de matrona, quae per eandem salutationem angelicam liberata est ab opressione adulterii. 36
XXVIII. De Theoderico milite, cuius vincula meritis sanctae Mariae dirupta sunt. 37
XXIX. De sacerdote de Polege, cui sancta Maria apparens timores tonitruorum temperavit. 38
XXX. De beata Elizabeth de Sconavia, quae ad illum versiculum: Audi nos, et cetera, vidit sanctam Mariam flexis genibus Christum pro conventu orare. 39
XXXI. Item de clerico, cui ad illum versiculum: Ora Virgo, sancta Maria panem in os misit. 39
XXXII. De milite propter domini sui uxorem tentato, quem sancta Maria per osculum liberavit. 40
XXXIII. Item de sanctimoniali, quam per alapham sanavit, cum in amore cuiusdam clerici esset accensa. 41
XXXIV. Item de Beatrice custode. 42
XXXV. De milite in vigiliis deficiente, quem sancta Maria in visione confortavit. 43
XXXVI. De Henrico monacho eiecto, qui meritis beatae Maria receptus est. 44
XXXVII. De miris visionibus domini Bertrammi monachi de Karixto. 45
XXXVIII. Vita domini Walteri de Birbech. 49
XXXIX. De Abbate nostro, cui virgam pastoralem sancta Maria porigere visa est antequam in Abbatem promoveretur. 57
XL. Item de Episcopo Theoderico, qui per ipsam Coloniae in Antistitem est promotus, eiusque nutu depositus. 58
XLI. De scholare Coloniensi, quem sancta Maria in somnis corripuit, cum ordini malediceret. 59
XLII. De poena Sybodonis et sociorum eius, ob iniuriam beatae Virginis. 60
XLIII. De poena lusoris, qui blasphemavit sanctam Mariam. . 62
XLIV. Item de poena cuiusdam matronae de Veldenze, quae de imagine sanctae Mariae stulte loquebatur. 62
XLV. De alia matrona, quae filiam a lupo raptam, per eandem imaginem recepit. 63
XLVI. De imagine sanctae Mariae in Yesse. 65

XLVII. De monacho medico, cui sancta Maria in choro electuarium suum primo negavit, et postea emendato donavit. 67
XLVIII. De sanctimoniali, cuius tybiam laesam sancta Maria in visione perunxit et sanavit. 68
XLIX. De incluso, qui per Ave Maria sensit miram dulcedinem. 69
L. De monacho, quem sancta Maria deosculabatur ante mortem. 70
LI. De Hermanno converso, pro quo defatigato sancta Maria horam decantavit, et finem praedixit. 71
LII. De Pavone converso, qui sanctam Mariam in fine suo vidit. 73
LIII. Item de sanctimoniali, cui morienti apparuit. 73
LIV. Item de Warnero monacho, cui in extremis subvenit, cum a daemonibus terreretur. 73
LV. Item de canonico Coloniensi, cui in fine se ostendit. . . 74
LVI. De Konone cruce signato, quem sancta Maria morientem consolata est. 75
LVII. De milite decollato, qui per eam evasit gehennam. . . 76
LVIII. Item de latrone, quem decollatum sepeliri fecit in ecclesia. 76
LIX. De monacho, qui ordinem Cisterciensem sub eius pallio vidit in regno coelorum. 79

Distinctio octava de diversis visionibus.

I. Ratio quare in octava distinctione de diversis visionibus tractetur. 80
II. De sacerdote cui nativitas Christi in somnis revelata est . 82
III. Item de sorore Christina et eadem nativitate. 82
IV. De diversitate somniorum, et visione spirituali. 83
V. De monacho qui Christum quasi recenter natum vidit cum Maria et Joseph 84
VI. De Priore qui vidit stellam in nocte Dominicae Nativitatis super cantantes. 86
VII. De Richmude quae in Epyphania Christum vidit in praesepio, Patris vocem audiens desuper. 86
VIII. De virgine cui Christus apparuit in aetate trienni. . . 87
IX. De praedicta Richmude quae Dominum vidit in domo pontficis inter persecutores. 89
X. De virgine cui Christus frequenter vigilanti apparet in cruce. 89
XI. De Daniele monacho cui Christus apparens in cruce, contulit gratiam lacrimarum. 90
XII. Quomodo intelligendum sit: Percussit petram, et cetera. 91
XIII. De Petro monacho de Claustro. 92
XIV. Item de monacho eiusdem coenobii tentato, in cuius aspectu crucifixi vulnera peruncta sunt. 93
XV. De Christina monacha cui crucifixus apparuit et senex perungens vulnera eius. 94
XVI. De sanctimoniali tentata quam Christus complexus est. 94
XVII. De duobus conversis Claustri qui viderunt Christum in aere pendentem in cruce. 95
XVIII. Item de converso de Lucka qui vidit Christum cum quindecim religiosis in aere crucifixum. 95
XIX. De crucifixione religiosorum. 96

XX. De Conrado converso qui in extasi factus, Christum vidit in cruce. 98
XXI. De milite cui crux inclinavit, qui inimico suo pepercerat ob illius amorem. 99
XXII. De sanctimoniali cui crucifixus tenebras temperavit. . 99
XXIII. De novicio cuius fronti crux impressa est, cum inclinaret ad Gloria Patri. 100
XXIV. De monacho pictore qui in Parascheve mortuus est. 100
XXV. De crucifixo ecclesiae sancti Georgii in Colonia, qui campanarium trusit. 101
XXVI. De vindicta in milites qui hostes suos in ecclesia occiderunt. 101
XXVII. De vindicta Dei in Damiatanos qui fune crucifixum traxerunt. 102
XXVIII. Item de concivibus quos crucifixerunt, cum confugere vellent ad Christianos. 103
XXIX. De Christo qui in paupere conquestus est converso se fuisse percussum. 103
XXX. De Henrico contracto monacho Claraevallis, qui in somnis vidit Christum in pectore suo obdormire, cum infirmus moreretur. 104
XXXI. De Theobaldo Comite qui in figura leprosi, Christi pedes lavit. 105
XXXII. De Episcopo qui leprosi nares lingens, gemmam decidentem suscepit. 105
XXXIII. Item de Episcopo Salzeburgensi qui leprosum communicans, vomitum eius sumpsit, cum sacramentum eiecisset. 107
XXXIV. De odore aromatico in Pascha. 108
XXXV. De passione Christi. 108
XXXVI. De Spiritu sancto. 109
XXXVII. De Henrico converso, et columba quam vidit super caput Hermanni Prioris. 111
XXXVIII. De monacho in cuius capite visa est columba cum legeret Evangelium. 111
XXXIX. De sanctimoniali cui mentaliter ostensum est sacramentum sanctae Trinitatis. 112
XL. Qua similitudine electi dicantur membra Christi. . . 113
XLI. De Angelis. 113
XLII. De virgine quae per angelum liberata est a stimulo carnis. 114
XLIII. De converso qui angelum frequenter vidit et dicendo gratiam perdidit. 115
XLIV. Quid operetur angelus bonus sive malus circa hominem. 115
XLV. De sorore Christina quae vidit angelum praesentatorem animarum. 117
XLVI. De hominibus qui viderunt reliquias montis Gudinsberg transmigrare in Stromberg. 118
XLVII. De militibus Templi quos pagani videre non poterunt dum horas suas dicerent. 119
XLVIII. De Patriarchis et Prophetis. 119

XLIX. De monacho Claraevallis qui sanctum Johannem Baptistam diligit. 120
L. Item de sanctimoniali eiusdem Praecursoris dilectrice. . 121
LI. De duobus monialibus contendentibus pro sancto Johanne Baptista atque Evangelista. 122
LII. De canonico Bonnensi quem sanctus Johannes Baptista trusit. 124
LIII. De mercatore cui meretrix vendidit brachium sancti Johannis Baptistae. 125
LIV. De dente eiusdem qui est apud nos, et de virtutibus per eum factis. 127
LV. De Apostolis. 128
LVI. De femina sortilega quae sanctum Andream repudiavit. 129
LVII. De pelle ursina sancto Andreae empta, per quam mare furens sedatum est. 129
LVIII. De homine per sanctum Jacobum a suspendio liberato. 130
LIX. De Gerardo milite quem diabolus de ecclesia sancti Thomae in India in momento transtulit in terram suam. . 131
LX. De dente sancti Bartholomaei de quo sanguis exivit cum deberet dividi. 133
LXI. De femina quae sanctum Judam contempsit. 133
LXII. De braxatrice ecclesiae sanctorum Apostolorum, cuius domus inter flammas miraculose servata est. 134
LXIII. De Karolo cive qui lapides ad fundamenta ecclesiae eorundem Apostolorum obtulit. 135
LXIV. De Martyribus. 136
LXV. De revelatione martyris nostri. 136
LXVI. De sanctis ante Alkazer in aere visis, per quos Christiani adepti sunt victoriam. 137
LXVII. De reliquiis martyrum quae Bernardum in latere stimulaverunt cum illicite moveretur. 138
LXVIII. De dente sancti Nycholai in Bruwilre. 138
LXIX. Quare beatus Thomas Cantuariensis plus ceteris martyribus miraculis choruscet. 139
LXX. De freno per quod multa fiebant miracula, cum eiusdem martyris esse putaretur et non esset. 140
LXXI. De Confessoribus. 141
LXXII. De converso cui sanctus Nycholaus apparuit in choro. 141
LXXIII. De fure quem idem confessor a patibulo liberavit. . 142
LXXIV. De Adam monacho quem sanctus Nycholaus cum sancto Paterniano ab infirmitate sanaverunt. 142
LXXV. De puero opilione cui sanctus Nycholaus mortem suam praedixit. 143
LXXVI. De tabula sancti Nycholai apud Porcetum. 144
LXXVII. De magistro Johanne cui infirmanti sanctus Martinus et sanctus Godehardus succurrerunt 145
LXXVIII. De Gerardo Abbate Claraevallis cui sanctus Eucharius cum sociis apparuit. 146
LXXIX. De Virginibus. 148
LXXX. De Theoderico Episcopo Livoniae qui sanctam Ma-

riam Magdalenam viduis, et sanctam Margaretam virginibus assistere vidit cum eas velaret. 149
LXXXI. De Arnoldo monacho Vilariensi quem sancta Maria Magdalena tactu sanavit. 149
LXXXII. De Abbatissa in Hovenne cuius oculos sancta Linthildis curavit. 150
LXXXIII. De imagine sanctae Katherinae ibidem. 150
LXXXIV. De osse sanctae Katherinae quod oleum stillavit. 151
LXXXV. De duabus sacris virginibus quae de Folcoldesrode reversae sunt Coloniam. 151
LXXXVI. Item de duabus virginibus undecim millium, quae per revelationem sunt inventae et nobis donatae. . . . 154
LXXXVII. De Viatore qui de earum reliquiis miraculose obtinuit. 155
LXXXVIII. De converso quem sacra virgo in somnis osculabatur. 155
LXXXIX. De osse equino quod de earum reliquiis miraculose proiectum est. 156
XC. De puella quae ad hymnum, Te Deum laudamus, chorum spallentium in coelum transferri vidit. 157
XCI. De his quae Hermannus Abbas vidit de loco nostro. . 158
XCII. De Rudolpho qui illotis manibus timuit tangere aspersorium. 160
XCIII. De monacho qui in excessu factus, propriam vidit animam. 160
XCIV. De sanctimoniali quae propter defectum unius pictantiae mirifice consolata est. 160
XCV. De converso qui dicendo perdidit dulcedinem divinitus concessam. 161
XCVI. De viatore prophetici spiritus qui apparuit Henrico converso. 162
XCVII. De Rudolpho canonico de Aldinsele cui viri candidati horas canonicas decantaverunt. 164

Distinctio nona de sacramento corporis et sanguinis Christi.

I. De sacramento corporis et sanguinis Christi. Interrogatio quid sit sacramentum, quae res sacramenti, quae causa institutionis, quae forma, quis modus conversionis vel sumptionis. 165
II. De Gedescalco de Volmuntsteine qui Christum sub specie infantis in manibus suis vidit. 167
III. De Adolpho sacerdote qui in hostia vidit virginem cum infante, deinde agnum, postea crucifixum. 169
IV. De Episcopo Livoniae qui Christum vidit in altari. . . 170
V. De sacerdote de Wickindisburg qui in canone dubitans vidit crudam carnem. 170
VI. De sacerdote qui hostiam in ore ob maleficia servans, de ecclesia egredi non potuit. 171
VII. De corpore Domini in ecclesia furato, quod a bobus in agro proditum est. 172

VIII. De apibus quae basilicam corpori Dominico fabricaverunt. 172
IX. De poena mulieris paralyticae propter corpus Domini quod super caules suos seminaverat. 173
X. De musca quae circa corpus Domini in hora sumptionis volitans, mortis poenam solvit. 174
XI. De muribus qui hostias non benedictas rodentes litteras non tetigerunt. 174
XII. De corpore Domini quod in flumen proiectum haereticos dimersit. 175
XIII. Item de corpore Domini quod nave confracta ad reliquas naves natavit. 176
XIV. De corpore Domini quod Coloniae de manibus sacerdotis labens lapidi miraculose impressum est. 176
XV. De hostiis in Anrode clericorum insania excussis. . . 177
XVI. De ecclesia combusta et corpore Domini intacto. . . 178
XVII. De Abbate Daniele qui formam sanguinis vidit in calice. 178
XVIII. De Heylardo sacerdote de Wuninsdorp qui formam humani cruoris vidit in calice. 179
XIX. De cive Hildinshemensi qui in canone vidit calicem cum dubitaret sanguine Domini exuberantem. 179
XX. De Hertwico scholare qui vidit formam sanguinis in calice in Risene. 180
XXI. De Hildebrando sacerdote de Mestede qui vidit speciem cruoris in calice cum duobus militibus. 180
XXII. De corporali sacramento infuso, qui ablui non potuit, donec inclusa dubitans illud videret. 181
XXIII. Item de corporali infuso, in quo sanguis humanus apparuit. 181
XXIV. De infirmo cui ablutio conversa est in sanguinem. . 182
XXV. De nobili femina cui ultima ablutio per panem suscepta conversa est in sanguinem. 183
XXVI. Qualis esse debeat vita sacerdotum. 183
XXVII. Quae exigantur in sacerdote, ut Christi corpus possit conficere. 184
XXVIII. De sacerdote Claustri, in cuius manibus infra canonem Christus visus est. 186
XXIX. De Hermanno Abbate in cuius manibus Henricus de Hart Christum vidit in missa. 186
XXX. De sacerdote qui infra canonem a terra suspenditur. . 187
XXXI. De Ulrico monacho Vilariensi. 188
XXXII. De sacerdote cui Dominus tantam contulit devotionem, ut venter eius dirumpi videatur accedenti ad altare. 189
XXXIII. De Richmude quae hostiam in elevatione ad instar cristalli vidit perlucidam. 189
XXXIV. Item de devotione eiusdem quando communicabat, et de claritate quam vidit super altare in canone. . . . 190
XXXV. De femina religiosa Brabantiae quam Christus propriis manibus communicavit. 191

XXXVI. Item de Hildegunde vidua quam Christus per se ipsum communicavit. 192
XXXVII. De converso Livoniae qui communicare desiderans hostiam reperit in ore suo. 193
XXXVIII. Item de Erkenbaldo de Burdem, cui idem contigit, cum ei ob occisionem cognati sacramentum fuisset negatum. 193
XXXIX. De corporali dulcedine sanctimonialis quam percipit in sacra communione. 195
XL. Item de dulcedine Aleidis Abbatissae Monasteriensis ex sacra communione. 195
XLI. De converso qui communicaturus vidit Christum sanguinem suum quasi stillare in calicem. 197
XLII. De converso qui vidit in os alterius conversi sacerdotem mittere puerum pulcherrimum. 198
XLIII. De Mauritio Episcopo Parisiensi qui in fine suo per communionem sacram sensum recepit. 199
XLIV. De puerulo qui hostiam non benedictam corpus non esse Domini deprehendit. 200
XLV. De converso qui per desiderium communicandi spiritum meruit prophetiae 200
XLVI. De femina religiosa quae communione sibi negata, dulcedinem eius sensit in gutture, similiter eius odorem ex remoto percipiens. 201
XLVII. De femina quae de solo corpore Christi vixit. . . 201
XLVIII. De milite qui virtute sacrae communionis in duello triumphavit. 202
XLIX. De milite qui suspensus mori non potuit, donec Christi corpus percepit. 204
L. De ancilla sacerdotis quae gratia Domini corporis sensum recepit. 205
LI. De milite qui coram Christi corpore in luto veniam petens, luti immunditias non sensit. 206
LII. De haereticis qui in ecclesiis furati sunt corpus Domini, et uno propter hoc suspenso. 207
LIII. De sacerdotibus indigne conficientibus. 207
LIV. De sacerdote in Hadenmare qui carbones visus est masticare in perceptione sacramenti. 208
LV. De sacerdote Frisone qui calcavit corpus Domini. . . 209
LVI. Ce Petro medico qui sub specie panis tantum credidit esse sacramentum et non rem. 209
LVII. De sacerdote malo a quo infans Christus in missa faciem avertit. 210
LVIII. De Erwino sacerdote qui corpus Domini in missa perdidit. 210
LVIX. De Daniele Abbate qui in calice reperit crudam carnem. 211
LX. De sacerdote sine ordinibus celebrante, cuius manus sacer ignis devoravit. 212
LXI. Item de alio qui sine ordinibus celebrans crucifixum vidit lacrimantem. 212

LXII. Quomodo sacra eucharistia sumi debeat. 213
LXIII. De Wirico converso qui carbones sumere visus est loco sacramenti. 213
LXIV. De converso proprietario qui corpus Christi sumere non potuit. 214
LXV. De hostia quae in Belle de corporali resilivit, ob vermiculum in ea decoctum. 215
LXVI. De corporali quod ob tactum impraegnatae sanctimonialis sanguineam contraxit maculam. 216
LXVII. Item de corporali quod Godescalcus in exsiccatione rupit, et divina virtus reparavit. 216

Distinctio decima de miraculis.

I. Quid sit miraculum; a quo vel a quibus fiant, seu in quibus; quae etiam sit causa miraculorum. 217
II. De Winando qui infra unam horam ab Jerusalem translatus est in Dioecesim Leodiensem. 218
III. De monacho idiota qui in somnis accepit scientiam praedicandi 219
IV. De clerico qui per minutionem litteraturam perdidit, rursum recepit eandem anno revoluto sanguinem minuendo. . 220
V. De converso Eberbacensi cuius tactu infirmi sanabantur. . 221
VI. De monacho contemptore temporalium cuius tactu vestimentorum infirmi sanabantur. 221
VII. De rustico fornaci in Hemersbach incluso et per sanctum Jacobum liberato. 222
VIII. De Abbate qui in caritate a monacho suo admonitus carnes comedit. 223
IX. De monacho qui carnem foetidam coepit comedere, cum Abbati suo obedire nollet ad esum carnium. 223
X. De femina a daemonio liberata et ab eódem ob inobedientiam confracta. 224
XI. De daemone quem Albertus Scodehart iocolariter eiecit. 224
XII. De Theoderico milite de Rulant qui fluxu sanguinis laborans Sarracenos miraculose fugavit. 226
XIII. De milite cuius vinea collecta, ob perfectionem decimationis repleta est miraculose. 227
XIV. De converso cuius oratione olla confracta miraculose illa reparata est. 228
XV. De converso ob cuius obdientiam pisa in agro siccans miraculose versa est. 229
XVI. De Sophia Abbatissa cui tenuis cervisia versa est in vinum. 229
XVII. De pistrice blasphemante cuius pasta versa est in fimum. 230
XVIII. De Ottone de Sconinburg qui per totam Quadragesimam carnes comedit, et post Pascha illis vesci non potuit. 231
XIX. De crucifixo apud sanctum Goarem vulnerato, de quo sanguis exivit. 232
XX. Item de cruce lanceata cui simile contigit. 232
XXI. De furibus qui in Traiecto crucem furati sunt et suspensi. 233

XXII. De matrona quae sine dolore peperit, cum convenisset in mariti signatione. 234
XXIII. De divisione solis in tres partes. 235
XXIV. Item de eclypsi solis et morte Philippi Regis. . . 236
XXV. De stella quae visa est Coloniae post meridiem. . . 237
XXVI. Item de stella maxima quae apparuit post solis occasum. 237
XXVII. De tonitruo et fulmine in vigilia sancti Mathiae. . 237
XXVIII. De theatro in Saxonia fulminato. 238
XXIX. De sacerdote in Elyzacia fulminato. 238
XXX. De Richwino per tonitruum a praedonibus liberato. . 239
XXX. De vidua quae mensuras suas ponens contra ignem, domum suam ab incendio liberavit. 240
XXXII. De cive Susaciensi cuius vestis combusta est, cruce custodita miraculose. 240
XXXIII. Item de pomo combusto, zona crucis quae circumligata fuerat illaesa. 241
XXXIV. De clerico qui a meretrice infamatus incendium non sensit. 241
XXXV. De piscatore fornicario quem candens ferrum ob confessionem non laesit, et postea recidivantem aqua frigida combussit. 243
XXXVI. De viatore incendiario quem frigidum ferrum inussit. 244
XXXVII. De crucibus quae apparuerunt in Frisia in aere tempore praedicationis crucis. 245
XXXVIII. Item de cruce quae apparuit in Sutherhusen iuxta solem 245
XXXIX. Item de alia cruce quae visa est in villa Docheym provincia Frisiae. 245
XL. Item de crucibus quae visae sunt eodem tempore iuxta Coloniam in villa Hellendorp. 246
XLI. De nube quae in Saxonia cadens multos submersit. . 246
XLII. De puero monstruoso post baptismum sanato. . . . 247
XLIII. De pagano apud Babylonem baptizato et sanato. . . 248
XLIV. Item de auctore huius Dialogi, qui beneficio baptismi convaluit. 248
XLV. De cane qui a scholaribus baptizatus, in rabiem versus est. 249
XLVI. De Richardo Rege Angliae et periculo eius in mari. . 249
XLVII. De pressuris quae facta sunt nostris temporibus. . . 250
XLVIII. De terraemotu in Cipro. 251
XLIX. De terraemotu in Brixa. 251
L. De terraemotu in Colonia. 252
LI. De igne qui visus est de coelo in terra Comitis de Monte. 252
LII. De homine de fodina in qua per annum iacuerat obrutus, mirabiliter liberato. 252
LIII. De homine qui sacramentum cinerum irridens pulvere suffocatus est. 253
LIV. De converso subulco et arbore eius meritis scissa. . . 254
LV. De puella et silice in signum stabilitatis eius scisso. . 255
LVI. De avicula meritis sancti Thomae Episcopi a milvo liberata. 255

LVII. De columbis quibus miles licentiam dedit avolandi. . 256
LVIII. De cynoniis quibus Prior Cisterciensis benedictionem dedit. 256
LIX. Quod hyrundines semper solita repetant habitacula. . 257
LX. De cyconia propter adulterium occisa. 258
LXI. De anulo Conradi Praepositi in esoce reperto. . . . 258
LXII. De aquis in sanguinem versis et piscibus earum. . . 259
LXIII. De bubalis qui custodem suum interfecerunt. . . . 259
LXIV. De lupa quae scholarem interfecit in Carpania. . . 260
LXV. De homine cuius omnes liberos lupi suffocaverunt. . 260
LXVI. De lupo qui puellam traxit in nemus, ut os de gutture socii erueret. 261
LXVII. De bufone qui persecutus est Theodericum cognomento Cancrum. 261
LXVIII. Item de bufone qui in phyala bibuli sacerdotis repertus est. 263
LXIX. De bufone qui repertus est super altare Judaeorum cum celebrarent cenophegia. 263
LXX. De serpente qui vulnus satellitis suxit et sanavit. . . 264
LXXI. De matrona Flandriensi quae serpentem in orbita bibit, et in partu eundem effudit. 264
LXXII. Item de muliere cui dormienti serpens per os ingressus est, et per partum egressus. 265

Distinctio undecima de morientibus.

I. Quid sit mors, et unde dicatur; et de quatuor generibus morientium. 266
II. De morte Meyneri sacerdotis de Claustro. 268
III. De Morte Ysenbardi sacristae eiusdem coenobii. . . . 269
IV. De morte Sigeri monachi. 272
V. De morte adolescentis laici cum quo angeli cum moreretur loquebantur. 273
VI. De Oberto converso qui moriens coelestem audivit harmoniam. 274
VII. De converso caeco qui audivit angelos officia exequiarum complere 275
VIII. De morte fratris Hildebrandi cuius animam in specie pueri speciosi conventus candidatorum deferebat. 276
IX. De converso mortuo circa cuius corpus frater Warnerus candelas stare vidit. 276
X. De morte Herwici Prioris. 277
XI. De morte Mengozi conversi qui ad mandatum Gisilberti Abbatis revixit. 278
XII. Item de morte Gozberti conversi qui reviviscens visa recitavit. 279
XIII. De finali contritione sacerdotis quandoque nigri monachi existentis. 281
XIV. De Rudingero monacho cui beatus David finem suum praedixit. 282
XV. De morte Gerungi quem homines nigri et vultures morientem observabant. 283

XVI. De morte conversi super quem residebant corvi cum agonizaret, qui a columba expulsi sunt. 284
XVII. De morte Kononis de Malebech monachi in Claustro. 285
XVIII. De morte Ludolphi monachi de Porta. 287
XIX. De morte Allardi monachi de Lucka cui Christus cum matre et sanctis morienti apparuit. 287
XX. De milite occiso qui ad invocationem divini nominis salvatus est. 289
XXI. De Frisone qui sine sacramentis obiit, satis a filio monitus. 299
XXII. Item de Frisone occiso qui ante mortem omnia sacramenta suscepit. 289
XXIII. De Wigero milite qui a Sarracenis occisus est. . . 290
XXIV. De Theoderico de Rulant qui orans ad sepulchrum Domini ut moreretur precibus obtinuit. 291
XXV. De morte monachi de Oesbroeck qui vivere recusavit propter Abbatem inordinatum. 291
XXVI. De Abbate qui in Bauwaria incendio suffocatus, post mortem miracula fecit. 292
XXVII. De morte inclusi de sancto Maximino in Colonia. . 293
XXVIII. De morte Clementiae sanctimonialis Nivellae, circa cuius corpus inventi sunt novem circuli ferrei. 284
XXIX. Item de Osilia Leodiensi quae circulis ferreis se ligaverat. 294
XXX. De morte Gerbrandi Abbatis Claricampi. 295
XXXI. De morte Udelloldis sanctimonialis. 295
XXXII. De morti Conradi cellerarii nostri. 296
XXXIII. De morte Conradi monachi nostri quem Richwinus vocavit. 296
XXXIV. De morte Gregorii Armenii quem mater defuncta vocavit. 296
XXXV. De converso de Cynna qui propter obulum reversus est ad corpus. 297
XXXVI. De monacho qui propter cucullam quam moriens exuerat prohibitus est intrare paradisum. 298
XXXVII. De cive Strazburgensi cuius anima ad corpus rediit. 299
XXXVIII. De magistro Thoma theologo qui diabolum vidit in morte. 299
XXXIX. De usurario Metensi cui mortuo crumena cum denariis consepulta est. 300
XL. De usuraria in Freggenne quae mortua denarios numerantes imitabatur. 300
XLI. Item de ususaria de Bacheim cuius anima a daemonibus in specie corvorum evulsa est. 301
XLII. De Theoderico usurario qui moriens denarios masticavit. 301
XLIII. De morte Walteri clerici dispensatoris Lutharii Praepositi Bonnensis. 302
XLIV. De morte Godefridi canonici sancti Andreae in Colonia. 303
XLV. De morte Hermanni secundi Decani in Colonia. . . 303
XLVI. De morte legistae in Saxonia cui morienti lingua divinitus subtracta est. 304

XLVII. De Henrico rustico qui moriens vidit capiti suo lapidem ignitum imminere, per quem agros alienos proximo subtraxerat. 305
XLVIII. Item de rustico cui diabolus palum igneum mittere in os morienti minabatur, ob eandem culpam. 305
XLIX. De clerico mortuo qui rediens se iudicatum et in manus impiorum traditum exclamavit. 306
L. Item de clerico moriente qui se tubam infernalem audivisse testabatur. 306
LI. De morte Comitis Fulkensis haeretici ob blasphemiam occisi. 306
LII. De morte Johannis Dani qui diabolum vidit in morte. . 307
LIII. De quodam servo quem duo canes cum se episcopum simularet laceraverunt. 307
LIV. De morte Bernardi Monasteriensis qui sororium suum occidit. 308
LV. De latronibus Coloniae in rotis positis. 309
LVI. De rusticis qui post mortem in sepulchro contendebant. 309
LVII. De subita morte cuiusdam conversi conspiratoris. . . 310
LVIII. De morti canonici qui velatam sanctimonialem stupraverat. 310
LIX. De morte puellae in cuius sepulchro canes se invicem mordebant. 310
LX. De muliere maga quam daemones transferebant. . . 311
LXI. De hospitalario qui se ipsum in aquis suffocavit. . . 312
LXII. De matrona agonizante quam mors deserens clericum iuxta stantem invasit. 313
XLIII. De monstro quod in specie feminae interfecit familiam duarum curiarum, cum in eas respiceret. 313
LXIV. Item de monstro quod Bonnae de uno sepulchro exivit et aliud intravit. 314
LXV. De monacho qui in Alna cadens exspiravit, dum legeretur Evangelium: Vigilate quia nescitis, et cetera. . . 314

Distinctio duodecima de praemio mortuorum.

I. De poenis et gloria mortuorum. 315
II. De poena Lodewici Lantgravii. 316
III. De poena cuiusdam principis Alemanniae. 317
IV. De clerico cuius corpus diabolus loco animae vegetabat. 317
V. De poena Wilhelmi Comitis Juliacensis. 318
VI. De poena sacerdotis cuius animam parochiani sui agitaverunt in puteum. 322
VII. De poena sculteti de Kolmere qui missus est in Vulcanum. 322
VIII. Item de sculteto de Leggenich qui in eundem montem missus est. 323
IX. Item de Brunone de Flitert qui in eundem Vulcanum proiectus est. 323
X. Item de poena Brunonis filii eius, cui in inferno propinatum est. 324
XI. De Everhardo milite qui se erexit in feretro. 324

XII. De Decano Palernensi quem Rex Arcturus invitavit ad montem Gyber. 324
XIII. De poena Bertolphi Ducis Ceringiae qui missus est in Vulcanum. 325
XIV. De poena Frederici militis de Kelle. 326
XV. De Henrico Nodo qui post mortem multis visibiliter apparuit. 327
XVI. De tornamento occisorum iuxta Montenake. . . . 327
XVII. De Waltero de Milene. 328
XVIII. De milite mortuo qui nocte serpentes et bufones loco piscium ante portam filii suspendit 328
XIX. De Bauwaro qui post mortem uxori apparens, dixit sibi eleemosynas nihil profuisse. 329
XX. De poena concubinae cuiusdam sacerdotis quam diabolus venabatur. 330
XXI. De sanctimoniali quae infantem a se occisum ignitum circumferebat. 331
XXII. De Jordano Cardinali. 332
XXIII. En Everwaco ad infernales poenas deducto. . . . 332
XXIV. De purgatorio cuiusdam usurarii Leodiensis. . . . 335
XXV. De purgatorio cuiusdam Prioris de Claravalle. . . . 336
XXVI. De purgatorio cuiusdam Mariae in Frisia. 337
XXVII. De purgatorio cuiusdam matronae propter artes magicas. 338
XXVIII. De monacho qui socio post mortem apparens dixit: Non putabam Dominum ita esse districtum. 339
XXIX. De scholastico qui post mortem in Pruli tabulam percussit et scidit. 339
XXX. De Johanne sacrista Vilariensi qui apparuit Abbati . 340
XXXI. De purgatorio Abbatis qui invitus ivit ad laborem. . 341
XXXII. De mortuo qui eleemosynas praeposuit orationibus. 342
XXXIII. De mortuo qui petivit missas tres in ordine nostro. 342
XXXIV. De purgatorio Christiani monachi Vallis sancti Petri. 343
XXXV. De purgatorio sanctimonialis in Rindorp cui sanctus Benedictus astitit. 343
XXXVI. De purgatorio Margaretae sanctimonialis de sancto Salvatore. 344
XXXVII. De purgatorio Wilhelmi monachi. 346
XXXVIII. De purgatorio sancti Patricii. 347
XXXIX. De monacho qui idem purgatorium intrare voluit. 348
XL. De poena Abbatis Corbeyae. 349
XLI. De poena Rudingeri et potu eius. 349
XLII. De poena sacerdotis propter sclaviniam peregrini. . 350
XLIII. De gloria Irmentrudis Abbatissae in Ditkirgen. . 351
XLIV. De gloria sanctimonialis quae Aczelinae apparuit in sphaera ignea, et de tunica sancti David. 352
XLV. De gloria monachi cuius anima ad instar sagittae fuit ante Deum. 352
XLVI. De scholare cuius anima in specie columbae assumpta est. 353
XLVII. De manu scriptoris in Arinsburgh. 354
XLVIII. De odore magistri Petri Cantoris. 354
XLIX. De praedicatore ordinis Praemonstratensis. 355

L. De cive in cuius cruribus scriptum erat: Ave Maria. . . . 355
LI. De converso qui dixit pectus suum quasi lapide maximo premi cum moreretur. 356
LII. De morte Theoderici et Guntheri. 357
LIII. De converso qui dixit Cisterciensem ordinem maximam habere gloriam in coelo. 357
LIV. De glorificatione pedum cuiusdam magistri. 858
LV. De David monacho qui oculos in solem defixit. . . . 358
LVI. De dotibus electorum post resurrectionem. 359
LVII. De Eynolpho Templario. 360
LVIII. De sancta Maria quae obtinuit ne angelus secundo buccinaret. 362
LIX. De coelesti Jerusalem et gloria sanctorum. 363

CORRIGENDA.

Vol. I.

51,	13.	Pro	attenderet	lege	attenderent
52,	21.	„	disederarent	„	desiderarent
175,	31.	„	apertum similiter	„	apertum, similiter
304,	29.	„	quam ipse	„	quam ipsi
310,	26.	„	diobolo	„	diabolo
338,	18.	„	ab Job	„	ad Job
355,	13.	„	Missa	„	Missam
386,	34.	„	meritis eis	„	meritis eius

Vol. II.

32,	9.	Pro	commedavit	lege	commendavit
101,	30.	„	Wescupe	„	Westupe*)
150,	13.	„	recendente	„	recedente
164,	30.	„	discutiatur	„	discutiantur
182,	34.	„	a cistam	„	ad cistam
198,	33.	„	Jesu	„	Jesum

*) iuxta AEP. Quae villa hodie Wisdorf dicitur.